GW01606504

LE LIVRE SUR LE LIVRE

Traité de documentation

Cet ouvrage est publié
avec l'aide de la Fédération Wallonie-Bruxelles
et avec le soutien du Mundaneum

Illustrations de couverture et de quatrième de couverture : © François Schuiten
Mise en page : Mélanie Dufour

www.mundaneum.org
info@mundaneum.be

www.lesimpressionsnouvelles.com
info@lesimpressionsnouvelles.com

Paul Otlet

LE LIVRE SUR LE LIVRE

Traité de documentation

fac-similé de l'édition originale de 1934

Préfaces de
Benoît Peeters, Sylvie Fayet-Scribe
et Alex Wright

LES IMPRESSIONS NOUVELLES

BOSTON
NEW YORK
WASHINGTON
MAROCCO
SAHARA
CUBA
EQUATOR
ATLANTIC
OCEAN

LES DEUX VIES DE PAUL OTLET

par Benoît Peeters

La présente réédition du *Traité de documentation. Le livre sur le livre* marque une nouvelle étape dans la redécouverte de Paul Otlet. À la fin des années 1980, lorsque François Schuiten et moi-même avons commencé à nous intéresser au Mundaneum, le nom de son fondateur et inlassable animateur avait sombré dans un oubli presque complet, y compris à Bruxelles où il avait vécu toute sa vie. Certains, lorsque nous parlions de Paul Otlet, pensaient même que nous avions inventé cet étrange archiviste pour l'une de nos prochaines *Cités obscures*. Il est vrai que le seul ouvrage alors consacré au Mundaneum – celui de l'Australien W. Boyd Rayward, paru à Moscou en 1975 – était parfaitement introuvable[1]. Quant aux fichiers du « Répertoire bibliographique universel » et aux documents de toute sorte réunis au Palais Mondial, ils avaient été transférés plusieurs fois dans des locaux peu adaptés. À chaque déménagement, des pans entiers des collections avaient disparu. Selon le mot d'André Canonne, l'un des derniers responsables des lieux, le Mundaneum était devenu le « Juif errant de la documentation universelle[2] ».

En peu d'années, la situation s'est transformée du tout au tout. Fin 1992, les collections ont été accueillies par la ville de Mons, grâce à l'intervention de l'actuel bourgmestre Elio di Rupo. Cinq ans plus tard, en 1998, le nouveau Mundaneum s'est ouvert à Mons, dans un ancien grand magasin coopératif[3]. Le lieu, qui rassemble une bonne partie des collections amassées depuis la fin du XIXe siècle, est accessible aux chercheurs tout en accueillant des expositions et des colloques. En 2002, sous le titre *L'Homme qui voulait classer le monde,* Françoise Levie a consacré à Otlet un documentaire, bientôt suivi par une riche biographie[4]. Et surtout, notamment grâce au travail de médiation réalisé par les équipes du Mundaneum,

1. W. Boyd Rayward, *The Universe of Information: The Work of Paul Otlet for Documentation and International Organization*, Moscou, Institute for Scientific and Technical Information, 1975.
2. Cité par Jacques Hellemans et Christian L'Hoest dans « Paul Otlet : l'universalisme », in : *Cent ans de l'Office International de Bibliographie*, Mons, éditions du Mundaneum, 1995.
3. Une excellente présentation des lieux est proposée dans l'ouvrage collectif *Le Mundaneum, Les Archives de la connaissance*, Bruxelles, Les Impressions Nouvelles, 2008.
4. *L'Homme qui voulait classer le monde, Paul Otlet et le Mundaneum*, Bruxelles, Les Impressions Nouvelles, 2006.

François Schuiten, Portrait de Paul Otlet, © François Schuiten

Paul Otlet a commencé à être cité, aux États-Unis et ailleurs, comme l'un des précurseurs de l'hypertexte, d'Internet et de Wikipédia. Avant même Vannevar Bush – dont le fameux article « As We May Think » date de 1945 –, Otlet a entrevu les principes directeurs d'une nouvelle « machinerie pour le travail intellectuel », envisageant, comme certains théoriciens contemporains, les possibilités de l'intelligence collective[5]. Depuis les années 1990, tandis qu'Internet prenait une place toujours plus importante dans nos vies, les historiens ont commencé à se pencher sur son histoire et les anticipations de Paul Otlet ont enfin pris tout leur sens. Le 2 juin 2012, au World Science Festival à New York, Alex Wright a souligné l'importance des intuitions du bibliographe belge dans le *Traité de documentation*, publié en 1934[6]. La presse internationale s'en est largement fait l'écho.

Deux hommes de progrès

Laissez-passer de Paul Otlet à l'Exposition universelle de Bruxelles de 1897

Né à Bruxelles le 23 août 1868, Paul Otlet est le fils du financier, industriel et sénateur Édouard Otlet, parfois surnommé le « roi des tramways ». Si Paul Otlet n'hérite guère de son goût pour les affaires, ses intérêts intellectuels et philanthropiques sont précoces. En 1888, alors que la colonisation belge ne fait que débuter, le jeune homme publie une brochure au titre sans équivoque : *L'Afrique aux Noirs*. Deux ans plus tard, il obtient le titre de docteur en droit, mais le Barreau ne le passionne pas plus que les affaires. « L'argent ne représente rien pour moi, note-t-il dans son journal. Je suis intéressé par l'universel, le bien de tous. » Il se cherche un véritable but, « quelque chose de grand, de continu et d'absorbant ». Il ne tardera pas à le trouver. Stagiaire chez le juriste Edmond Picard, il commence à s'enthousiasmer pour les questions de documentation et de bibliographie.

La rencontre d'Otlet et de La Fontaine est décisive. Né en 1854, Henri La Fontaine est de 14 ans l'aîné de Paul Otlet. Docteur en droit comme lui, et comme lui ancien collaborateur d'Edmond Picard, La Fontaine est le type même du bourgeois libéral et progressiste. Il rejoint le Parti ouvrier belge en 1894 et siège au

5. Voir notamment l'article de W. Boyd Rayward « Visions of Xanadu : Paul Otlet (1868–1944) and hypertext », in : *Journal of the American Society for Information Science*, vol. 45, mai 1994, p. 235-250. On pourra aussi se reporter à Alexandre Serres, « Hypertexte, une histoire à revisiter », in : *Documentaliste - Sciences de l'information*, Paris, vol. 32, n° 2, 1995, p. 71-83 ; Jean-Max Noyer, « Réflexions sur le développement des nouvelles mémoires collectives », in : *La Bibliothèque Universelle : défis technologiques*, Bruxelles, éditions du Centre de lecture publique de la Communauté française, 1996, p. 23-30 ; Jean-Didier Wagneur, « De la numérisation à la bibliothèque virtuelle », in : *Tous les savoirs du monde*, Paris, Bibliothèque nationale de France - Flammarion, 1996, p. 460-461. Un riche ensemble de contributions est proposé dans l'ouvrage collectif *Paul Otlet, fondateur du Mundaneum (1868-1944). Architecte du savoir, Artisan de paix*, Bruxelles, Les Impressions Nouvelles, 2010.

6. Ce contributeur au *New York Times* a dédié en juin 2014, une troisième biographie à Otlet intitulée *Cataloging the world: Paul Otlet and the birth of the Information age* (New York, Oxford University Press).

Sénat sous ses couleurs de 1895 à 1932. Très actif au sein de la franc-maçonnerie, il dirige plusieurs années durant la loge bruxelloise des Amis Philanthropes. Wagnérien acharné, alpiniste chevronné, La Fontaine est aussi, avec sa sœur Léonie, l'un des pionniers du mouvement féministe. Mais la grande affaire de sa vie est le pacifisme. Et curieusement, c'est pour développer ses efforts en direction d'une paix universelle que La Fontaine va rejoindre Otlet dans ses projets bibliographiques et qu'il va rester, plusieurs décennies durant, le principal bailleur de fonds du Mundaneum[7].

François Schuiten, Portrait d'Henri La Fontaine, © François Schuiten

La bibliographie apparaît en effet aux deux hommes comme un outil essentiel pour favoriser la diffusion du savoir et la fraternité entre les peuples. Pour Otlet et La Fontaine, la bibliographie n'est pas une simple affaire de recension : dans la lignée de Hegel et d'Auguste Comte, ils cherchent à unifier l'ensemble du savoir mondial et à dessiner un programme pour les chercheurs de toutes les disciplines. Le 14 septembre 1895, l'Office international de bibliographie (OIB) est fondé à Bruxelles. Le but est grandiose : « cataloguer intégralement la production bibliographique de tous les temps, de tous les lieux, sur toutes matières », bref établir un Répertoire bibliographique universel (RBU). S'inspirant de la méthode de l'Américain Melvil Dewey, l'Office adopte la Classification décimale universelle, toujours en vigueur aujourd'hui. Et pour permettre les intercalations, Otlet propose la fiche de 12,5 sur 7,5 cm, qui s'impose durablement. « Le principe de la fiche nous enchantait, écrira-t-il. Facilité de commencer le travail par où il était le plus facile, extension indéfinie de la collaboration, corrections, additions, remaniements toujours possibles[8]. »

Les premières années, le travail avance à un rythme soutenu. En 1897, le Répertoire comprend déjà 1 500 000 fiches. En 1900, l'Office international de bibliographie obtient un Grand Prix à l'Exposition universelle de Paris en présentant une partie des répertoires originaux, dans les meubles spécialement dessinés par Otlet. En 1903, un accord est passé avec la Library of Congress de Washington

7. Pour plus de détails sur Henri La Fontaine, je renvoie à l'ouvrage *Henri La Fontaine, Prix Nobel de la paix en 1913. Un Belge épris de justice*, Bruxelles, éditions Racine, 2012.

8. Paul Otlet, notes personnelles, archives du Mundaneum, Mons.

Le Répertoire bibliographique universel, vers 1900

pour la mise en dépôt réciproque d'un double des fiches réalisées par les deux établissements. Mais en ces premières années du XXe siècle, le nombre de publications commence à croître à un rythme exponentiel, beaucoup plus vite que la productivité des calligraphes. Le retard se creuse, d'autant que le cadre du projet ne cesse de s'étendre. Ce ne sont plus seulement les livres, mais tous les supports d'information, toutes les formes de documents – journaux, affiches, dessins, photographies, etc. – que Paul Otlet veut désormais répertorier. Avec La Fontaine, il fonde un grand nombre de nouvelles associations, dont le Musée du livre, le Musée international de la presse, l'Office de documentation féminine. Et bientôt, pour fédérer toutes ces initiatives, l'Union des associations internationales. « Partis de la Bibliographie, nous aboutissions à l'internationalisme. Organiser toutes les forces humaines pour une meilleure humanité, tel était le but général… » D'un simple outil de classement, Otlet et La Fontaine sont passés à une véritable grille de compréhension du monde.

Inlassable militant pacifiste, animateur des conférences internationales de la Haye, La Fontaine reçoit le Prix Nobel de la paix en 1913. L'année est bien mal choisie. La Première Guerre mondiale porte un coup terrible aux projets des deux hommes, tout en les renforçant dans leurs convictions pacifistes. En exil à Londres, puis aux États-Unis, La Fontaine publie un ambitieux plaidoyer pour les bases d'une paix future sous le titre *Magnissima Charta*. Quant à Paul Otlet, qui perd un de ses fils sur le front de l'Yser, il réfléchit dès 1914 aux bases d'une future Société des Nations (SDN).

De la fiche à la Cité mondiale

Au lendemain de la guerre, l'heure paraît favorable aux institutions internationales. Le conflit qui vient de ravager l'Europe, et dont la Belgique a particulièrement souffert, rend plus évidente que jamais une nouvelle coopération entre les États. Forts de leurs vingt années d'efforts, Otlet et La Fontaine bénéficient d'importants soutiens au sein du gouvernement belge et auprès du roi Albert.

En 1920 s'ouvre au Palais du Cinquantenaire, sous le nom de Palais Mondial, un curieux temple dédié au savoir, à l'enseignement et à la fraternité universelle, destiné à accueillir et diffuser les fonds documentaires rassemblés avant la guerre. Paul Otlet a encore étendu les dimensions de son projet. Il en est persuadé, les musées doivent devenir « des livres à trois dimensions, comme les livres transformés par leurs abondantes illustrations sont devenus de véritables musées graphiques ». Ébauche du « Musée universel encyclopédique » dont il rêve, le Palais Mondial tente de faire connaître, à travers une centaine de salles quelque peu bricolées, la civilisation de tous les pays. On y trouve des cartes et des tableaux didactiques, mais aussi des objets arrivés d'un peu partout : graines de plantes du Brésil, défenses de phacochère, revolvers de la Fabrique nationale de Herstal…

Paul Otlet (au centre) et Henri La Fontaine (à droite) devant l'entrée du Palais Mondial au Palais du Cinquantenaire à Bruxelles, sans date

Comme toujours, Paul Otlet voit déjà plus loin. Dans la lignée des Expositions universelles, il veut édifier un grand centre permanent, abritant de nombreux musées, bibliothèques et sièges d'institutions internationales. Vivant au milieu des fiches, Otlet veut penser le monde. Absorbé par une tâche de calligraphe dont il sent confusément qu'il ne pourra venir à bout, il se lance dans une fuite en avant de plus en plus éperdue. À la mesquinerie de son quotidien, aux tracasseries dont il commence à être victime, il oppose une rêverie de plus en plus grandiose.

Salle du Musée international consacrée à l'Espagne, 1927

C'est dès 1912 que l'idée de créer de toutes pièces une « Cité mondiale » est devenue son obsession principale. La rencontre avec le sculpteur norvégien Hendrik Andersen lui a permis de proposer une première concrétisation de cette vision. Pacifiste et internationaliste aussi convaincu qu'Otlet et La Fontaine, Andersen a publié en 1913, en collaboration avec l'architecte Ernest Hébrard, un superbe album intitulé « Création d'un centre mondial de communication »[9].

Grandiose et symétrique, sculptural et symbolique, ce projet d'une « capitale du monde » créée *ex nihilo* est l'une des expressions les plus remarquables de l'utopie urbanistique du début du XXe siècle. On en trouve des images dans la plupart des histoires de l'architecture, mais généralement sans qu'il soit fait la moindre référence au rôle joué par Paul Otlet. C'est lui pourtant qui

9. Très lié à Henry James, Hendrik Andersen est un personnage hautement romanesque, dont l'histoire mériterait d'être racontée en détail. Je me permets de renvoyer à l'ouvrage déjà cité de Françoise Levie, *L'Homme qui voulait classer le monde*, et particulièrement aux pages 128-141.

poussa Andersen à publier son ouvrage, avant de se battre pour tenter de faire construire ce prolongement tridimensionnel de ses rêves de bibliographe. Otlet en est profondément persuadé : « La Cité mondiale, observatoire et miroir de la vie nouvelle du monde, serait établie en un lieu exterritorialisé. Elle serait pour les affaires temporelles ce que sont la Cité vaticane et les cités religieuses de La Mecque, Jérusalem et Bénarès pour les affaires spirituelles. La Cité mondiale sera un livre colossal, dont les édifices et leurs dispositions – et non seulement leur contenu – se liront à la manière dont les pierres des cathédrales se "lisaient" par le peuple au Moyen-Âge. Et ainsi vraiment une édification immense s'élèverait avec le temps : *de la fiche à la Cité mondiale*[10]. »

Paul Otlet devant une maquette de la Cité mondiale, 1943

Dès 1918, Otlet cherche à lier le projet de la Cité mondiale et celui de la Société des Nations ; le siège de cette dernière serait situé au cœur de la capitale internationale qu'il appelle de ses vœux. Otlet insiste sur les avantages présentés par Bruxelles, avec des arguments assez semblables à ceux qui prévaudront quarante ans plus tard, quand on fera de Bruxelles le siège des institutions européennes. En novembre 1920, le choix définitif de Genève comme siège de la SDN le déçoit profondément, mais ne suffit pas à le décourager. Puisque Bruxelles n'en a pas voulu, c'est Genève qui accueillera la Cité mondiale… Et puisqu'Andersen ne jure plus que par la Rome mussolinienne, c'est Le Corbusier qui dessinera de nouveaux plans. Entre l'homme du XIXe siècle que Paul Otlet reste à bien des égards et le plus moderniste des architectes du moment, le rapprochement peut paraître paradoxal. Toujours est-il qu'en février 1928 Otlet signe une pétition internationale en faveur du projet de Le Corbusier pour le siège de la SDN. Une correspondance suivie s'engage entre l'architecte et le bibliographe. Si différents soient-ils, ils partagent une même passion de l'ordre et du classement, et une même foi dans l'avenir. Habitué aux propositions utopiques et aux manifestes idéologiques, Le Corbusier semble trouver son compte dans les visions grandioses de Paul Otlet. Sans doute espère-t-il aussi, grâce au vaste projet qu'il dessine, augmenter ses chances d'être choisi pour la construction du Palais des Nations.

Sur la seule foi de quelques encouragements verbaux, Paul Otlet engage Le Corbusier à donner au projet une dimension colossale, en renouant avec l'ampleur de la Cité mondiale d'Andersen. Telle qu'il la conçoit en 1929, cette Cité doit avoir

10. Paul Otlet, *Traité de documentation. Le livre sur le livre*, Bruxelles, Editiones Mundaneum, 1934, p. 419-420.

une superficie de 566 520 hectares pour un budget total de 5 milliards de francs or ! En ce qui concerne le financement de l'opération, Paul Otlet est beaucoup plus vague : l'édification devrait se faire « à l'aide de fonds à récolter par souscription mondiale ». En dépit d'une propagande intense, le projet ne tarde pas à s'enliser.

À Bruxelles, pendant ce temps, la situation tourne à la catastrophe. Dès 1922, le Palais Mondial se voit amputé de plusieurs salles. En 1924, la Foire internationale du caoutchouc impose de déménager temporairement l'ensemble des collections. 1934 est plus noir encore : sur ordre du gouvernement belge, le Palais Mondial doit fermer ses portes, et c'est dans sa propre maison, avec ses derniers fidèles, que Paul Otlet continue le travail.

Les tensions politiques de la fin des années 1930 achèvent de désorienter le chantre du Mundaneum. Otlet songe à transférer cette « Arche moderne » en Amérique pour la protéger de la destruction : un télégramme, envoyé au président Roosevelt le 15 avril 1939, reste bien sûr sans réponse. Rongé par l'amertume,

Photographie prise lors de l'inauguration de la salle du Musée international consacrée à l'Ukraine, 1937

Dessin de la Cité mondiale réalisé par Hendrik Andersen en 1913

Georges Lorphèvre (à droite), qui succèdera à Paul Otlet à la tête de l'Institut international de documentation, 1943

Otlet lance des appels à tous les dirigeants de l'époque, y compris à Hitler. Mais les Allemands voient le Mundaneum d'un très mauvais œil. Le 4 mars 1941, les autorités d'occupation ordonnent une évacuation dans les quinze jours des collections toujours entreposées au Palais du Cinquantenaire.
Le vieil homme consacre ses dernières forces à la création d'un *Otletaneum*, fondation vouée à sa propre mémoire et répertoriant tous ses papiers personnels, brouillons et jeux d'épreuves compris. D'universel qu'il était à l'origine, son projet s'est réduit à bien peu de choses. Comme son ami Henri La Fontaine, Otlet meurt peu avant la fin de la Seconde Guerre mondiale. Sur sa tombe, au cimetière d'Etterbeek, on peut lire ces mots : « Il ne fut rien, sinon mundanéen. »

La revanche d'Otlet

L'histoire de Paul Otlet ne serait que celle d'un rêveur malchanceux s'il n'avait publié en 1934 son ouvrage le plus important, *Traité de documentation. Le livre sur le livre*, celui où se concentrent les éléments les plus substantiels et les plus visionnaires de sa pensée.

On ne sait pas quand Paul Otlet a commencé la rédaction de cet énorme volume. Mais dans *L'Homme qui voulait classer le monde*, Françoise Levie a raconté comment il fut aidé dans la préparation du manuscrit et les relectures d'épreuves par une jeune Hollandaise nommée Milisa Coops. Celle qui avait alors à peine 20 ans a apporté 70 ans plus tard un précieux témoignage sur la genèse du *Traité*. « Quand je suis arrivée, l'ouvrage était terminé mais il devait être relu. Le professeur Otlet avait une écriture très peu lisible, ce n'était donc pas facile pour l'éditeur de déchiffrer le manuscrit. Je corrigeais les épreuves. Parfois il y avait un mot que ni l'imprimeur, ni moi, ne pouvions relire, il fallait alors demander au professeur Otlet qui, la plupart du temps, n'avait pas le temps ! Je faisais de mon mieux pour rendre le texte plus compréhensible ! J'avais des lunettes spéciales. Pendant six mois, nous avons travaillé à la même table, lui et moi, rue Fétis[11]. »

Réalisé en étroite collaboration avec l'imprimeur Guillaume Van Keerberghen, le *Traité de documentation* fut publié par les « Editiones Mundaneum » à l'adresse du Palais Mondial. On n'a guère d'informations sur le tirage de l'ouvrage ni sur une diffusion, mais on peut supposer qu'elle resta confidentielle.

11. Françoise Levie, *L'Homme qui voulait classer le monde*, *op. cit.*, p. 276.

Dans *Le livre sur le livre*, Otlet n'offre pas seulement aux documentalistes et aux bibliothécaires le plus complet des traités de méthodologie jamais écrit, il évoque aussi, dans les dernières sections de l'ouvrage, les « substituts du livre » que sont en train d'offrir les technologies émergentes. Dès 1906, avec l'aide de Robert Goldschmidt, Otlet s'était fait le promoteur du microfilm. Mais il veut maintenant aller beaucoup plus loin : « Coup sur coup des inventions merveilleuses sont venues étendre immensément les possibilités de la documentation. Elles ne se sont pas présentées dans le prolongement direct du développement du livre mais en quelque sorte dans son prolongement dévié : l'objet dans le musée, le télégraphe et le téléphone, la radio, la télévision, le cinéma, les disques. Il y a là sous un certain rapport des substituts du livre, en ce sens que les procédés nouveaux permettent d'atteindre les résultats que recherche le livre (information, communication), en mettant en œuvre d'autres moyens que lui. »

Otlet s'intéresse surtout à la manière de combiner ces différents médias, en des termes qui ne peuvent aujourd'hui qu'évoquer irrésistiblement Internet. Ces quelques lignes sont devenues célèbres : « Ici, la table de travail n'est plus chargée d'aucun livre. À leur place se dresse un écran et à portée un téléphone. Là-bas au loin, dans un édifice immense, sont tous les livres et tous les renseignements... De là, on fait apparaître sur l'écran la page à lire pour connaître la réponse aux questions posées par téléphone, avec ou sans fil. Un écran serait double, quadruple ou décuple s'il s'agissait de multiplier les textes et les documents à confronter simultanément ; il y aurait un haut-parleur si la vue devait être aidée par une donnée ouïe, si la vision devait être complétée par une audition. Utopie aujourd'hui, parce qu'elle n'existe encore nulle part, mais elle pourrait bien devenir la réalité pourvu que se perfectionnent encore nos méthodes et notre instrumentation. Et ce perfectionnement pourrait aller jusqu'à rendre automatique l'appel des documents sur l'écran, automatique aussi la projection consécutive... [12] » Alors que la télévision n'en est encore qu'au stade expérimental, Otlet est persuadé qu'elle ne va pas tarder à se répandre. Il imagine dès lors « le télescope électrique, permettant de lire de chez soi des livres exposés dans la salle "teleg" des grandes bibliothèques, aux pages demandées d'avance. Ce sera le livre téléphoté. » On n'est pas loin de Google Books et de Gallica.

Bientôt, assure Otlet, c'est tout le champ du savoir qui se trouvera bouleversé, dès lors qu'un « Réseau Universel d'Information et de Documentation » permettra de « relier les uns aux autres les centres producteurs, distributeurs, utilisateurs, de toute spécialisation et de tout lieu ». Une immense machinerie, formée « par la combinaison des différentes machines existantes, dont les liaisons nécessaires s'entrevoient », suscitera « un véritable cerveau mécanique et collectif ». « Ce Réseau, de quelque manière que ce soit, doit relier les uns aux autres les centres producteurs, distributeurs, utilisateurs, de toute spécialisation et de tout lieu. Il s'agit pratiquement que tout producteur ayant quelque donnée à faire connaître, quelque proposition à présenter ou à défendre, toute personne enfin puisse au moindre

12. *Traité de documentation*, *op. cit.*, p. 428. Les citations suivantes sont extraites du même ouvrage.

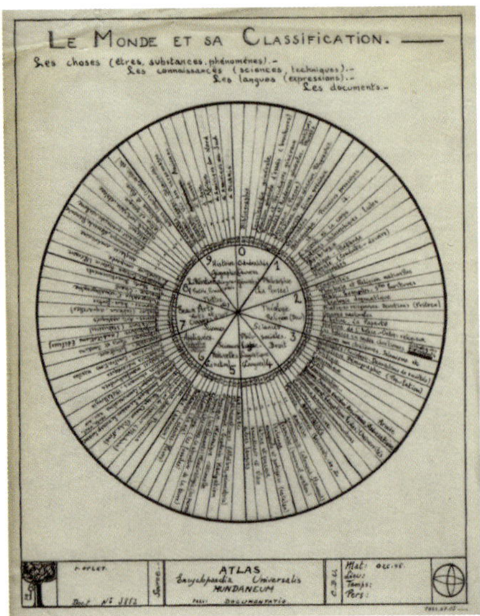

« Le monde et sa classification », calque de l'Encyclopedia Universalis Mundaneum (schéma de Paul Otlet), 1944

effort et avec un maximum de sûreté et d'abondance, entrer en possession de ce qui lui est offert. »

Parfois, c'est Wikipédia que Paul Otlet est en train d'anticiper : « Devant l'abondance des documents, le besoin s'impose de les résumer et d'en coordonner les matériaux en une Encyclopédie universelle et perpétuelle. Une telle encyclopédie, monument élevé à la pensée humaine et matérialisation graphique de toutes les sciences et de tous les arts est l'étape ultime. Elle aurait en fait pour collaborateurs tous les penseurs de tous les temps et de tous les pays ; elle serait la somme totale de l'effort intellectuel des siècles. »

Après l'oubli et le mépris dont Paul Otlet a été longtemps victime, il faut certes se garder d'une surestimation de ces pages finales du *Traité de documentation*. Par la technologie dont il dépendait comme par ses conceptions fondamentales, Otlet appartenait au XIXe siècle davantage qu'au XXIe. Centralisatrice et didactique, sa pensée est bien différente des échanges hétéroclites et multidirectionnels qui se sont développés sur le *World Wide Web* depuis une vingtaine d'années. Le débat, la contradiction, la polémique sont presque absents de la vision d'Otlet. « Membres producteurs de l'Humanité pensante », les travailleurs intellectuels doivent selon lui coopérer harmonieusement dans leur quête de la Vérité, évitant les « doubles emplois » pour s'intéresser en priorité aux champs encore inexplorés.

Il n'en reste pas moins qu'on se prend souvent à rêver d'un autre cheminement de l'Histoire. Né Français, Allemand ou Anglais, ou mieux encore Américain, Paul Otlet aurait sans doute vu se concrétiser certains de ses grands projets. À cet égard, une bonne part de sa vie mériterait d'être écrite au conditionnel : la Belgique aurait pu accueillir le siège de la Société des Nations, la Cité mondiale aurait pu se construire et, loin de sombrer dans une obsession confinant au délire, Otlet aurait pu être reconnu de son vivant comme un visionnaire et un précurseur… Mais le propre d'une utopie est de ne pouvoir se transformer facilement en réalité. La seconde vie de Paul Otlet n'en est que plus extraordinaire.

AFRIC
ATLANTIC
OCEAN

THÉORIE ET PRATIQUE PAR PAUL OTLET

par Sylvie Fayet-Scribe

1933, les livres brûlent en Allemagne[1], le moment est venu pour Paul Otlet de rompre le silence pesant, de fonder un contre-feu inédit : un traité de documentation, le livre sur le livre qui affirme et développe une science passée inaperçue, la bibliologie accompagnée de la bibliométrie.

431 pages sous nos yeux pour rendre sa place à « un art informulé[2] » : celui du livre articulé au document jusque-là resté sans histoire, sans science, sans norme, sans échange avec d'autres disciplines scientifiques, sans rôle dans le développement de la vie internationale : « chez 2 millions d'êtres humains, 3 continents, 60 états[3] », sans action sur les institutions, les administrations, les firmes (entreprises), les finances, les sciences, les techniques, le commerce et l'industrie.

Car Paul Otlet nous le prouve : au sein de ces différents secteurs, dans les formidables coulisses aussi bien professionnelles que scientifiques du modernisme européen et de la société de l'information occidentale en marche[4], la documentation est entrée en action, formant un homme nouveau, « une entité documentaire individuelle ».

Pour Paul Otlet, composer et transmettre ce traité, ce « manuel » permet à tout un chacun de choisir des données « organisatrices » pour son propre usage[5]. Au fil du texte, le lecteur en prend conscience : deux buts sont poursuivis en parallèle, fonder une science et donner des savoir-faire documentaires aux usagers par « l'autodidaxie » (p. 321, 379), par l'apprentissage de la documentation dans l'enseignement post-scolaire, dans la bibliothèque qui a un rôle social à remplir pour le plus grand nombre, et dans la documentation administrative publique ou privée « au service du public et non l'inverse » (p. 351). L'action scientifique est doublée par l'éducation populaire : « Théorie et Pratique » se trouve bel et bien être le sous-titre du traité. À chaque problème Paul Otlet propose une solution, sa pédagogie est celle de l'explicitation.

---

1. Paul Otlet, *Traité de documentation. Le livre sur le livre*, Liège, Centre de lecture publique de la communauté française de Belgique, 1989, p. 333 : « Un autodafé de 20 000 livres a eu lieu le 9 mai 1933 à Berlin ».
2. L'expression « art informulé » est de Paul Otlet, *Traité de documentation*, *op. cit.*, p. 395.
3. Paul Otlet, *Traité de documentation*, *op. cit.*, p. 19.
4. W. Boyd Rayward, *European Modernism and the Information Society, Informing the Present, Understanding the past*, (UK), Ahsgate, 2008.
5. Paul Otlet, *Traité de documentation*, *op. cit.*, Introduction (hors pagination).

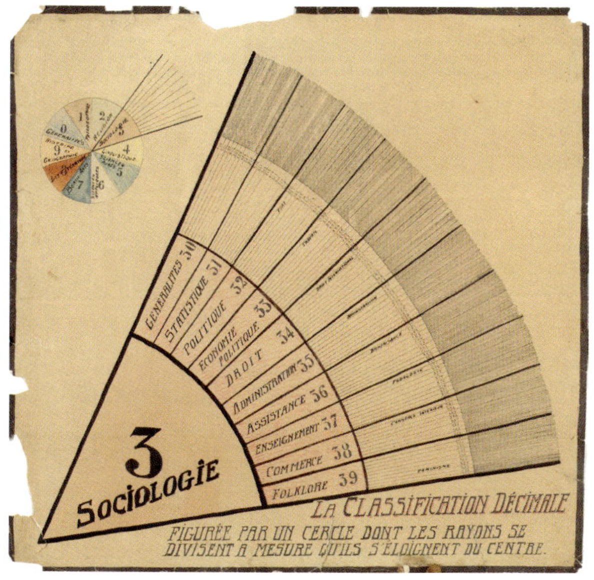

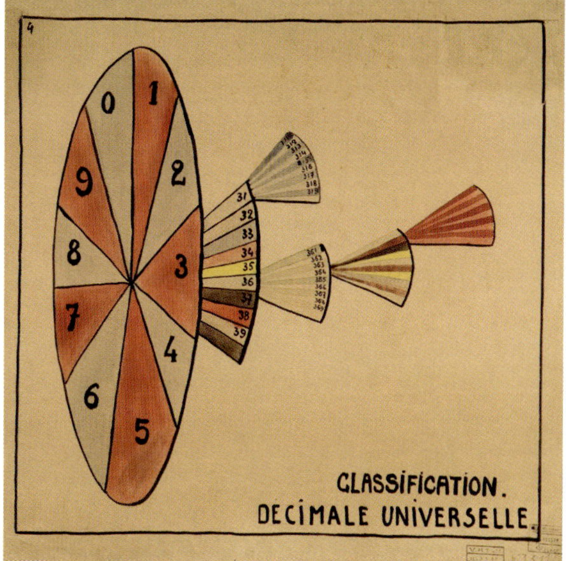

Panneaux de l'Encyclopedia Universalis Mundaneum consacrés à la Classification décimale universelle, sans date

Comment s'en étonner ? Otlet, pacifiste, internationaliste, promoteur de l'espéranto a l'ambition d'un citoyen du monde et explore le terrain de l'organisation intellectuelle des étudiants aussi bien que des travailleurs. Son *alter ego* et ami français, le général Hippolythe Sebert[6] qui partage les même buts, préface les *Ressources du Travail intellectuel en France* d'Edme Tassy. Quant à Otlet, il cite plusieurs fois l'ouvrage *Organisation du travail intellectuel* du docteur Chavigny, expert reconnu dans l'art de capitaliser ses savoirs : « Ranger, pouvoir les retrouver et savoir utiliser au jour voulu les matériaux acquis[7]. »

Otlet n'a plus de temps à perdre, parce que le livre qui régnait en maître dans le domaine de l'imprimé se voit concurrencé par des supports nouveaux : périodiques, photographies, microfilms, microfiches… mais aussi schémas, documents graphiques, images fixes puis animées. Des données[8] diverses qui constituent des « formes matérielles » composites voire inattendues : le dossier documentaire au sein duquel on rassemble des documents préexistants ou le dossier d'enquête composé de données brutes ; les objets eux-mêmes dans les musées sont devenus des documents.

Otlet se passionne pour les documents en images, il sent leur fertilité. Dans son propre traité, il les décline sous différents aspects : schémas, graphiques, tableaux,

6. Sylvie Fayet-Scribe, « Le réseau français de la bibliographie et de la documentation (1899-1930) », in : *Paul Otlet, fondateur du Mundaneum (1866-1944), Architecture du savoir, Artisan de paix*, Bruxelles, Les Impressions Nouvelles, 2010, p. 75-87.

7. Dr Chavigny, *Organisation du travail intellectuel, Recettes pratiques à l'usage des étudiants de toutes les facultés et de tous les travailleurs*, Paris, Librairie Delagrave, 1918, p. 12.

8. L'histoire du mot « données » dans les différents contextes employés par Otlet reste à faire : données brutes ? agrégées ? de bases ? données documentaires puis organisées ?

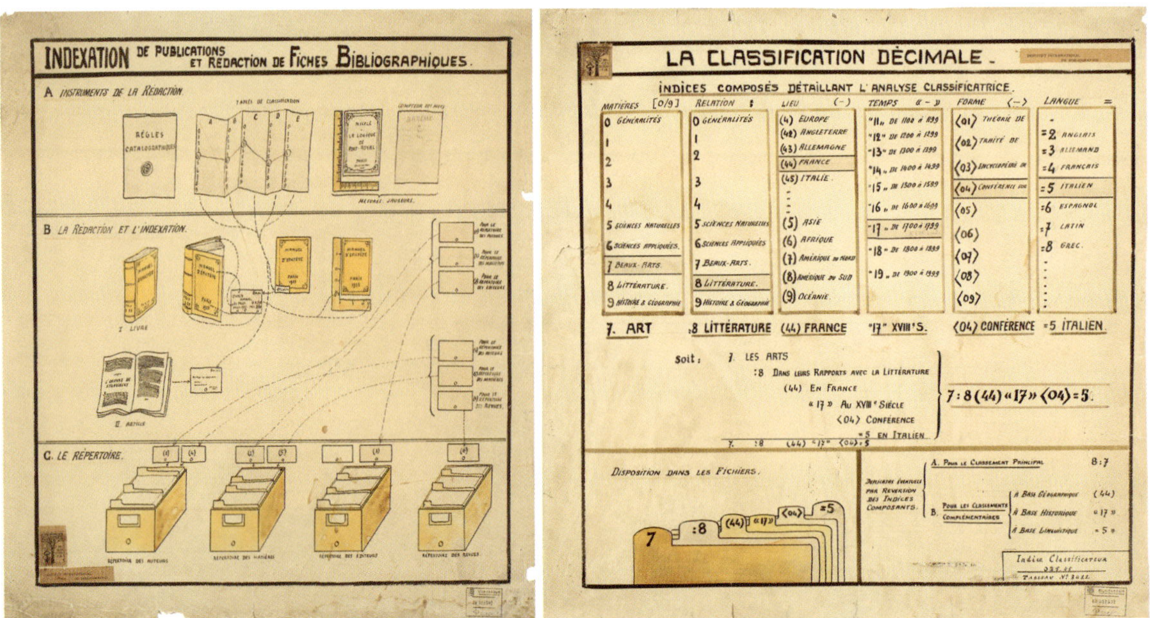

Panneaux de l'Encyclopedia Universalis Mundaneum consacrés à l'indexation des publications, à la rédaction des fiches bibliographiques et à la Classification décimale universelle, sans date

illustrations[9]… Un an après cette publication, son nouveau travail le pousse vers la création d'un atlas visuel. Dépasser les frontières habituelles, dans l'espace du document (nous dirions maintenant *medium*) et au sein des bibliothèques (*media*), adopter d'autres itinéraires et réfléchir en termes de nouvelles représentations schématiques. Continuer vers le fol espoir d'améliorer l'humanité, de la perfectionner grâce à l'exploitation des nouveaux supports du document… car ceux-ci sont désormais considérés comme porteurs d'une information qui peut être indexée et circuler dans « un réseau international de documentation ». Mais quels sont les acteurs de l'indexation ?

Les associations sociales ou scientifiques rassemblées au sein de l'Union des associations internationales (UAI) sont devenues de véritables coopératives de production intellectuelle (p. 401) face aux besoins des consommateurs. L'objectif est de dépouiller les périodiques, de réaliser une encyclopédie mondiale à l'aide de la Classification décimale universelle (CDU) et de guider les lecteurs grâce à des répertoires variés. Au moment où il rédige ce texte, Paul Otlet ne procède-t-il pas à l'adoption de la CDU pour sa table des matières ? Et son ouvrage ne mériterait-il pas une mise à jour permanente ?

Car ce traité est composé « à chaud » dans un moment difficile ; le gouvernement belge demande au Palais Mondial-Mundaneum (qui comprend l'ensemble de 17 millions de pièces autour du livre et du document et où sont installés les sièges des divers instituts et associations internationales) de déménager rapidement.

9. Michael K. Buckland, « Interrogating Spatial Analogies Relating to Knowledge Organization: Paul Otlet, and Others », in : *Library Trends*, vol. 61, n° 2, 2012, p. 271-285.

Alors le texte, humain, trop humain, laisse voir quelques scories : une page oubliée, et rattrapée dans les annexes, une phrase répétée dans les bas de notes, quelques coquilles orthographiques, des illustrations sans doute revues et corrigées à la hâte. Tristes traces. Paul Otlet, passé maître dans l'histoire du livre, de ses procédés de fabrication, de diffusion, de conservation, s'est sans doute livré à une relecture trop rapide de son manuscrit. Nous ne saurons rien sur certains aspects bibliologiques de son œuvre : des brouillons de travail de ce traité ont-ils existé ? Quels choix ont été faits pour le suivi des caractères typographiques à l'imprimerie ? A-t-il eu des collaborateurs ? Comment a-t-il constitué sa bibliographie ? Comment collectait-il et traitait-il ses propres informations ? Avait-il recours à des prises de notes ciblées ? A-t-il pu contrôler sa diffusion ?

On aimerait également appliquer à ce livre la méthode de la bibliométrie et de ses indicateurs statistiques, et même ceux de la scientométrie (puis webométrie). Quelle a été la réception de cet ouvrage ? A-t-il été traduit à l'époque ? Et aujourd'hui ? L'absence d'un index des noms propres révèle sans doute le manque de temps. Et pourtant à travers tous les noms rassemblés[10], formidable gotha de spécialistes du livre et du document dans les années 1930, tous les aspects sont couverts : économiques, sociologiques, politiques, mais aussi historiques, esthétiques et psychologiques. Nous y retrouvons Nicolas Roubakine et Gabriel Tarde, reconnus aujourd'hui.

Ce panorama n'exclut pas de taire certains travaux : par exemple tout le secteur lié à la comptabilité, à l'école moderne, qui donnera la « classologie ». Il occulte les techniques organisationnelles de classement et de classification qui naissent dans l'univers des bureaux des années 1920-1930, autour de la revue *Méthodes* dirigée par Thérèse Leroy ou encore de l'organisation commerciale de Gaston Ravisse, ou Joseph Wilbois (cf. les travaux de Delphine Gardey sur le monde des bureaux). Il traite en revanche de l'activité administrative, des organismes privés ou publics, lorsque celle-ci est confiée aux soins des archivistes (cf. p. 207, p. 349). Pour Paul Otlet, ces archives courantes constituent la documentation vivante des grandes administrations (matériaux de travail futurs pour l'historien).

Paul Otlet se réfère aux grands anciens de la bibliologie et de la bibliométrie[11] familiers du monde des bibliothèques. Il évoque maintes fois les travaux de Charles-Victor Langlois et rappelle à la fois l'École des Chartes et l'École des bibliothécaires américaines à Paris. Les travaux de rationalisation, de standardisation et bien sûr de normalisation du microcosme des ingénieurs, de la science et de ses applications industrielles lui sont également familiers.

10. Où quelques femmes se croisent avec beaucoup d'hommes : Marie Bethmann (p. 32), Mlle Kipiani (p. 66), Mme de Staël (p. 86), Mlle de Scudéry (p. 189) – la carte du tendre comme forme de synthèse – Alice Alickon (p. 198), Camille Auclair (p. 211), Margaret Mann (p. 308), Mary Wilson (p. 308), Mlle Tordeus (p. 323), Julia Petter (p. 380).

11. Robert Estivals, « Paul Otlet dans l'histoire de la bibliologie », in : *Cahiers de la documentation – Bladen voor documentatie,* 2, 2012, p. 67-70.

Mais pour établir la synthèse nécessaire, dans la cinquième partie, on le voit définitivement ouvert à d'autres disciplines : mathématiques (il souligne le rôle fondamental de l'algorithme), mécanique (afin de résoudre le *continuum* espace-temps), physique et chimie (pour s'inspirer de leurs lois), psychologie (afin d'étudier l'équilibre nécessaire à la réception du lecteur), sociologie (pour la coopération documentaire dans les groupes humains), métaphysique et théologie (pour la conscience morale des nouveaux phénomènes vécus en société). À l'injonction scientifique : un objet, une méthode, des lois, il répond par des faits, des principes, des règles.

En 1937, au Congrès mondial de la documentation à Paris, les termes « Science de l'information » commencent à être employés. Après la Seconde Guerre mondiale, un nouveau bond en avant se produit grâce à une bibliothécaire responsable de la création de la salle de bibliographie à la Bibliothèque nationale de Paris : Suzanne Briet[12].

Ironie ou respect ? Dans ses mémoires, Suzanne Briet surnomme Paul Otlet « Le mage » ; sans doute a-t-elle senti les limites de son positivisme et de sa méthode trop stricte d'indexation normalisée. Suzanne Briet ne classe plus, elle désigne et assigne un contexte ; c'est l'indexation qui crée une permanence documentaire. Par cette nouvelle orientation, le document entre de plain-pied dans la grande aventure sémantique et sémiologique de la deuxième partie du XXe siècle. Car nul royaume stable pour le document, nul régime imperturbable pour les techniques ; l'évolution de « l'outillage des machines intellectuelles » et l'avenir de la fiche relèvent de la révolution permanente[13]. Toute la société bouge, pourtant Paul Otlet fixe et rapproche la science du livre et du document avec celle des sciences naturelles : les grandes classifications de la botanique le fascine. Ce traité aurait pu se nommer « Physiologie du document, ses formes stables et composites ».

Devenue directrice de l'Institut national des techniques documentaires (INTD) au Conservatoire des arts et métiers (CNAM), Suzanne Briet propose un concept de base : « l'Unité documentaire ». Un document peut comporter plusieurs parties de nature différente, portant sur des sujets divers. On peut isoler et traiter à part chaque « idée élémentaire » pour en faire une fiche individuelle. Ce traitement permet de recueillir et de signaler l'information à un niveau très fin. En 1951, elle fait paraître un manifeste : « Qu'est-ce-que la documentation ? » qui complète le traité de Paul Otlet. Ce manifeste donne la clef du document : « Tout indice concret ou symbolique conservé ou enregistré, aux fins de représenter ou de prouver un phénomène physique ou intellectuel. »

12. Sylvie Fayet-Scribe, « Connaissez-vous Suzanne Briet ? », in : *Bulletin des Bibliothèques de France*, n° 1, février 2012, p. 40-44. Merci à Michael Buckland de l'avoir fait redécouvrir aux Français.
13. Julie Lauvergnier, *Classer et inventorier au XIXe siècle, administration des fonds et écriture de l'histoire locale dijonnaise par l'archiviste Joseph-François Garnier, 1815-1903*, thèse, Université de Bourgogne, juin 2012.

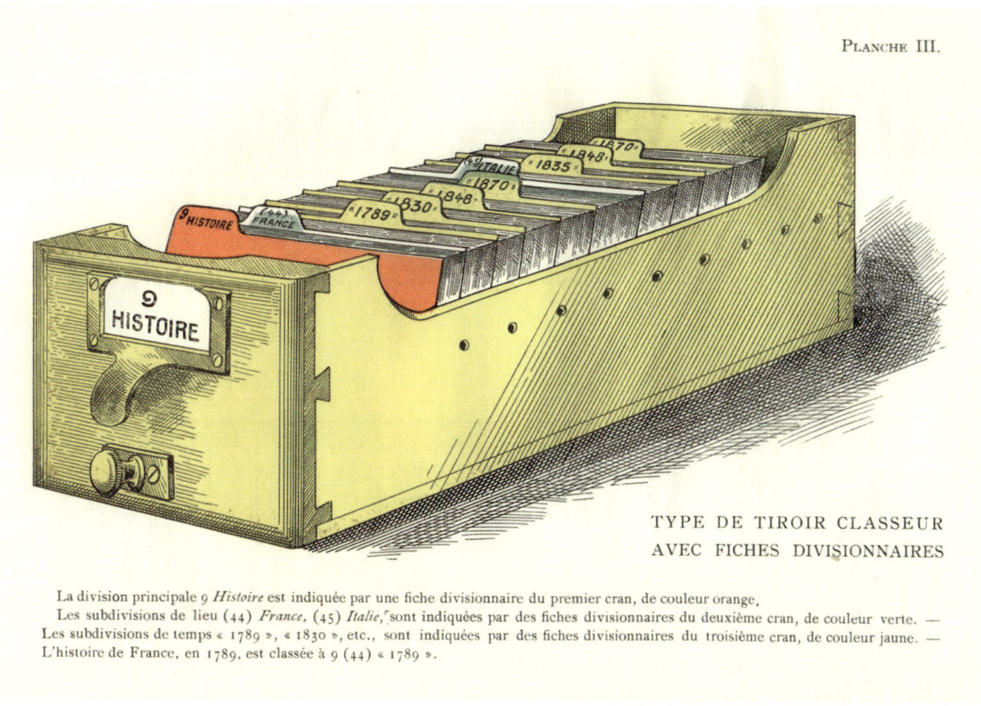

Tiroir du Répertoire bibliographique, illustration extraite du ***Manuel du Répertoire bibliographique***, 1905

En passant brièvement par le vocable « documentologie » des années 1960-1970, les décennies avancent et la France et les pays anglo-saxons voient se développer la science de l'information avec ses revues, ses congrès et ses chercheurs[14] ; celle-ci intègre la grande évolution due au Web, à la numérisation, à l'indexation et à l'annotation.

Face à la marche du temps, que devient la bibliologie ? Toujours présente et animée par l'Association internationale de bibliologie (en particulier en Afrique), elle se présente aussi comme un grand corps accidenté, livré à la science et greffé à diverses spécialités : « l'histoire culturelle du livre », « la bibliographie matérielle », « la science de l'information ».

Dans un contexte où les rapports homme/machine évoluent avec une extrême célérité, nous n'avons encore qu'une connaissance partielle du fonctionnement de notre cerveau.

C'est pourquoi la lecture, par fragments savoureux, du *Traité de documentation* permet à cette science[15] encore à la fleur de l'âge de se poser encore et toujours les bonnes questions.

14. Yves-François Le Coadic, *La science de l'information*, Paris, Presses Universitaires de France, 1994.
15. Fidelia Ibekwe-San Juan, *La Science de l'information, origines, théories et paradigmes*, Paris, Lavoisier, 2012.

CHRONIQUE D'UNE ANTICIPATION DU WEB

par Alex Wright

En 1931, l'historien britannique Hubert Butterfield critique ce que l'on appelle la conception *whig* de l'histoire : la tendance de certains historiens à « louer les révolutions pourvu qu'elles aient été couronnées de succès ». Fustigeant les auteurs qui présentent l'ensemble de l'histoire humaine comme une marche inévitable vers la démocratie libérale, il met en garde contre les tentations du « récit qui consiste en une ratification, sinon une glorification du présent ».

Nous sommes actuellement les témoins d'un âge d'or du modèle *whig* dans le monde de la technologie. En partie initiée par l'appareil marketing de la Silicon Valley, la version *whig* de l'histoire d'Internet tend à dépeindre le monde en réseau moderne comme le triomphe de la science informatique anglo-américaine, en mettant l'accent sur des innovateurs tels que Vannevar Bush, Douglas Engelbart, Vinton G. Cerf et Tim Berners-Lee, l'inventeur du *World Wide Web*.

Tous ces pionniers méritent sans aucun doute leur place dans les livres d'histoire. Mais l'histoire suit rarement une ligne droite. Elle est pleine de tours, de détours, d'impasses et de voies abandonnées qui peuvent approfondir notre perspective, jeter un éclairage nouveau sur le contexte social et culturel entourant des événements particuliers et, dans certains cas, nous attirer sur des chemins alternatifs. L'histoire de Paul Otlet constitue précisément l'un de ces chemins.

La récente vague d'intérêt populaire pour Otlet provient largement d'un bref passage de son livre, dans lequel il semble décrire quelque chose de très semblable au *World Wide Web* :

« Ici, la Table de Travail n'est plus chargée d'aucun livre. À leur place se dresse un écran et à portée un téléphone. Là-bas au loin, dans un édifice immense, sont tous les livres et tous les renseignements, avec tout l'espace que requiert leur enregistrement et leur manutention [...]. De là, on fait apparaître sur l'écran la page à lire [...]. Un écran serait double, quadruple ou décuple s'il s'agissait de multiplier les textes et les documents à confronter simultanément ; il y aurait un haut-parleur [...] si la vision devrait être aidée par une audition [1]. »

1. Paul Otlet, *Traité de documentation*, Bruxelles, 1934, p. 428 (tous les numéros de page renvoient à la première édition du livre).

François Schuiten, Esquisse pour la scénographie du Mundaneum à Mons, © François Schuiten

La vision d'Otlet offre un aperçu prophétique du futur monde en réseau. Cinquante ans avant l'invention du Web, des décennies avant l'avènement des puces électroniques, des semi-conducteurs ou des disques durs, il a imaginé les possibilités d'un réseau global d'informations partagées. Et bien avant Google ou Facebook, il a déjà commencé à considérer le problème de l'excès d'information.

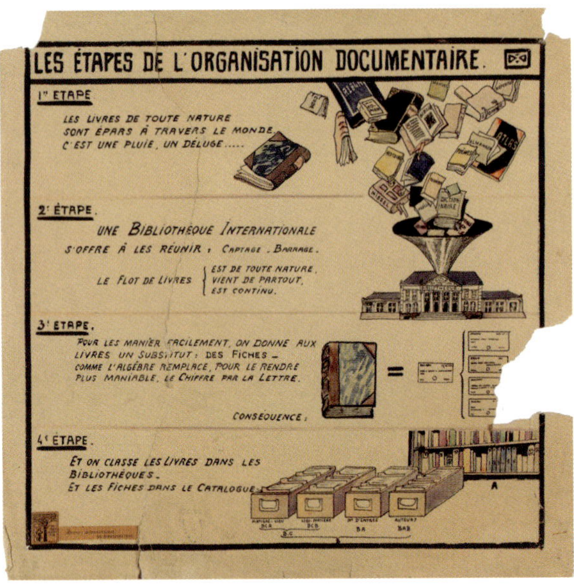

« Les étapes de l'organisation documentaire », panneau de l'Encyclopedia Universalis Mundaneum, sans date

« Malgré l'évolution de la pensée scientifique, du contenu bibliologique, les modes d'enregistrement de nos connaissances faisaient peu de progrès », écrit Otlet[2]. Il pense qu'une trop grande part du capital intellectuel de l'humanité reste prisonnière de la forme anachronique et de plus en plus inadéquate du livre traditionnel. Étant donné le développement exponentiel de l'information publiée qui commence à circuler sur le globe au début du XXe siècle, Otlet pense que le livre traditionnel doit évoluer vers quelque chose de plus fonctionnel qu'il nomme le « livre-machine », soit un appareil capable à la fois de collecter et de transformer la connaissance humaine[3].

« On entrevoit dès maintenant ce que pourraient être les grandes centrales du travail intellectuel », écrit Otlet, envisageant une ère à venir où l'humanité développerait de nouveaux outils pour gérer son patrimoine intellectuel collectif. Il décrit un « télescope électrique » permettant de lire, d'écrire, de consulter des photographies, de rechercher des matériaux archivés, ou encore d'assister à des « télélectures » à distance, de transcrire de la parole, et même de traduire un texte en plusieurs langues.

Se projetant encore plus loin dans le futur, Otlet imagine de nouvelles formes de médias combinant le texte, le son et les images filmées, et même un capteur permettant de transmettre des odeurs. Ce vaste réseau global de connaissances prendrait finalement forme sous les auspices d'une nouvelle entité internationale qu'il appelle Mundaneum.

Malgré sa remarquable anticipation, Otlet n'a évidemment pas inventé le *World Wide Web* (le mérite en revient directement à Berners-Lee). Néanmoins, son travail invite à réfléchir à la conception d'un système alternatif de recherche d'information hypertexte et à questionner nos postulats sur la manière dont un tel réseau pourrait – ou devrait – fonctionner.

---

2. *Idem*, p. 374.
3. Ronald E. Day, *The Modern Invention of Information: Discourse, History, and Power*, Carbondale, Southern University Press, 2001, p. 19.

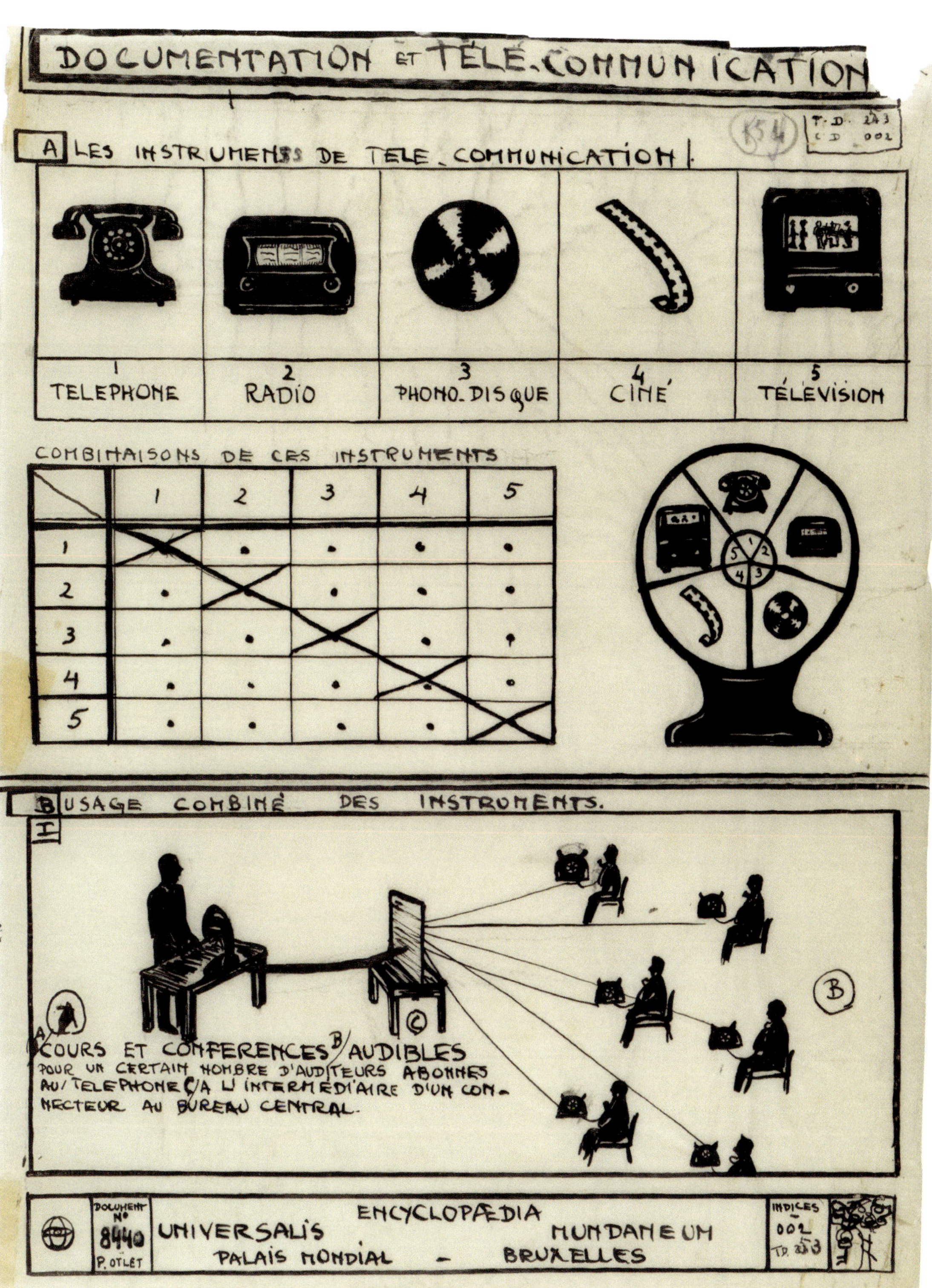

Schéma de Paul Otlet illustrant les outils de transmission de la connaissance, calque de l'Encyclopedia Universalis Mundaneum, sans date

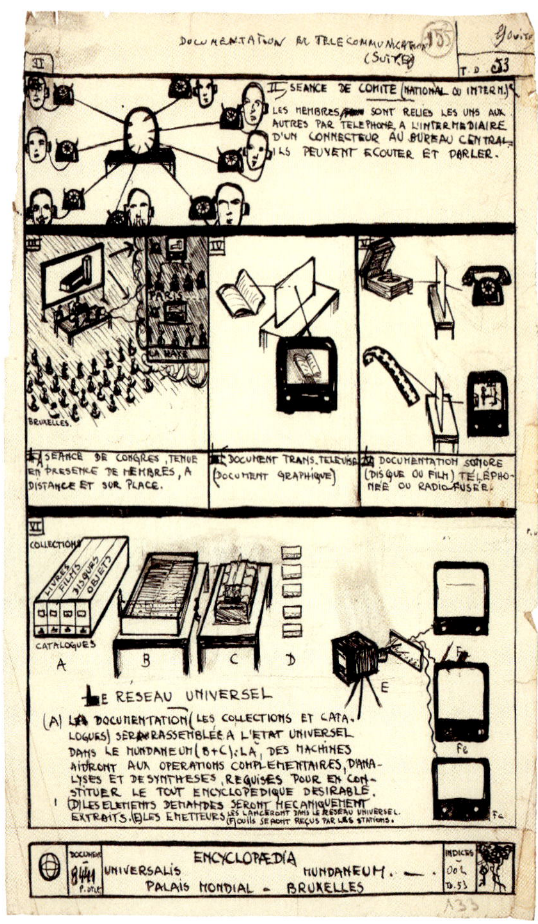

« Documentation et télécommunication »,
calque de l'Encyclopedia Universalis Mundaneum
(schéma de Paul Otlet), sans date

Au premier abord, le Web et le Mundaneum semblent partager un certain nombre de fonctions de base, dont beaucoup sont esquissées par Otlet dans le *Traité* : la capacité à stocker des documents à distance, à en réaliser des copies à l'infini, et à visualiser les relations entre ces documents grâce à des liens explicites. Un tel dispositif, affirme-t-il, constituerait « un cerveau mécanique et collectif[4] ».

Nonobstant sa force visionnaire, le Mundaneum d'Otlet diffère en plusieurs points essentiels de l'actuel *World Wide Web*. Si les deux systèmes impliquent un réseau global d'appareils connectés donnant accès à l'information du monde, Otlet propose une topologie du réseau très différente.

Le Web d'aujourd'hui n'a en premier lieu pas de « tête » – c'est un environnement partagé, ouvert, sans centre de contrôle qui détermine ce qui en fait partie ou non. Le Web équivaut à une grande expérience de décentralisation, c'est un environnement permissif où n'importe qui, en principe, peut publier ce qu'il veut – et dont aucune entité n'est en charge. Cette vision se démarque nettement de la conception d'Otlet d'un réseau global d'information fermement dirigé par une autorité centrale coordonnant les activités des sociétés savantes, des universités et des gouvernements. Le Web, pour le meilleur ou le pire, est conçu pour optimiser la liberté d'expression plutôt que le déterminisme factuel.

L'architecture plate et ouverte du Web provient en partie de l'essai publié par Vannevar Bush en 1945, *As We May Think*[5], dans lequel l'inventeur américain propose notamment son idée de Memex, une sorte de lecteur de microfilm sophistiqué permettant aux lecteurs de créer des « chemins associatifs » entre les documents. Bush pense qu'une approche de l'organisation ascendante, axée sur l'utilisateur, donnerait de meilleurs résultats qu'un système d'indexation descendant traditionnel. L'essai de Bush inspire Douglas Engelbart, qui en arrive dans les années 1960 à créer un environnement proto-hypertexte influent, l'oN-Line System (NLS). Ce

4. *Traité de documentation*, *op. cit.*, p. 391.
5. Vannevar Bush, « As We May Think », in : *Atlantic Monthly*, 176, juillet 1945, p. 641-649.

travail inspire à son tour Ted Nelson, dont le système Xanadu fournit le cadre conceptuel du *World Wide Web*. Couplé à l'architecture technique ouverte d'Internet, le Web est depuis ses débuts empreint d'une philosophie de décentralisation.

Cette décentralisation a un inconvénient. En l'absence d'une entité dirigeante unique, des entreprises privées se sont proposées d'aider l'utilisateur moyen à tirer un sens du chaos qui en résulte. Au final, un petit nombre d'entreprises puissantes comme Google, Facebook et Amazon ont émergé pour jouer le rôle qu'Otlet attribuait au Mundaneum : collecter, gérer et diffuser la propriété intellectuelle mondiale.

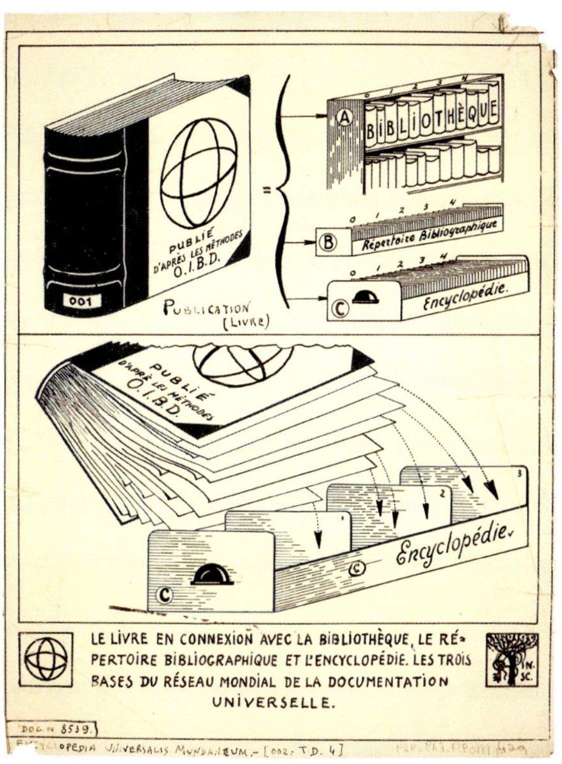

« Le livre en connexion avec la bibliothèque, le Répertoire bibliographique et l'Encyclopédie. Les trois bases du réseau mondial de la documentation », calque de l'Encyclopedia Universalis Mundaneum, sans date

Par contraste, Otlet envisage le Mundaneum comme une organisation purement non lucrative, en charge de classer toute la connaissance du monde disponible et de la rendre libre d'accès. À cette fin, il prévoit de mettre en place une petite armée de catalogueurs – ou « bibliologues », comme il les appelle – qui contrôlent l'arrivée des données dans le système et les classent selon les règles de la Classification décimale universelle (CDU). Les bibliologues rassembleraient les informations depuis des sources multiples pour donner aux lecteurs un aperçu d'un sujet, quel qu'il soit, et produiraient de nouvelles publications synthétiques qui constitueraient avec le temps un vaste dépôt central de la connaissance.

Tandis que le Mundaneum, tout comme le *World Wide Web*, rendrait l'information accessible à tout le monde, il le ferait sous les auspices d'un nouveau gouvernement mondial, utopique, confiant au Mundaneum la mission de lui servir de centre nerveux intellectuel et de constituer un centre de tri global et un point de coordination pour les sociétés savantes du monde et les autres organisations productrices de connaissance.

La conception qu'a Otlet d'un réseau de l'information très structuré nous invite à nous demander si l'humanité est vraiment mieux servie par un réseau plat radicalement ouvert tel que le *World Wide Web*, ou si un environnement plus fermement contrôlé avec de meilleurs outils d'indexation pourrait, paradoxalement, engendrer une liberté intellectuelle plus significative.

Berners-Lee lui-même a rapidement reconnu certaines des limites inhérentes au Web. En 2000, il publie un article dans la revue *Scientific American* où il décrit le Web sémantique qu'il propose, un terme générique pour un rassemblement de technologies destinées à rendre Internet plus utile en imposant des structures de données plus cohérentes – des ontologies – qui pourraient ensuite être partagées automatiquement entre les machines[6].

L'environnement qu'Otlet envisage comporte de nombreuses similitudes avec le « Web des données » de Berners-Lee. La conception des ontologies de Berners-Lee évoque l'idée de systèmes experts en connaissance qui caractérise la Classification décimale universelle (CDU) d'Otlet. Le professeur Charles Van den Heuvel suggère que les idées d'Otlet annoncent le Web sémantique dans la mesure où les deux systèmes fournissent des cadres hautement structurés pour fractionner les documents en composants séparés et les recombiner en de nouveaux formats utilisant un langage descriptif très structuré[7].

Des critiques ont soutenu que le Web sémantique de Berners-Lee revient à une tentative de contrôle centralisé dans les mains de quelques-uns ; elles ont également avancé que son maintien exige une classe privilégiée d'experts en ontologie (pas très éloignés de l'idée des bibliologues d'Otlet). Le Web, en revanche, s'est traditionnellement prêté à l'exploration amatrice – c'est d'ailleurs précisément la raison pour laquelle il est parvenu à être adopté aussi largement par les utilisateurs.

La question de savoir qui serait le « détenteur » du Web sémantique a mis en évidence l'un de ses problèmes les plus épineux, et révèle l'absence d'une pensée systémique en termes de politique de surveillance et de questions organisationnelles qui en découlent. La technologie seule n'est, semble-t-il, pas suffisante. Sans une opération administrative équivalente au travail d'organisation de la connaissance du monde, un tel effort semble condamné à rester inachevé. Sur ce point, Otlet est un point de référence utile.

Ces dernières années, le mouvement émergent des données liées (*linked data*) a dans une certaine mesure subsumé le Web sémantique original en proposant, comme compromis, une approche dans laquelle les ontologies seraient dérivées de larges ensembles de données grâce à un programme, plutôt que d'être créées manuellement par des équipes d'experts[8]. Cette approche pourrait encore permettre d'intégrer certaines des idées d'Otlet : une structure actualisée plus perfectionnée grâce à la découverte automatisée, la liaison bidirectionnelle et la capacité à extraire du contenu à partir de documents statiques, pour ensuite le synthétiser et le retravailler sous de nouvelles formes. Dans ce sens, les algorithmes et les robots

---

6. Tim Berners-Lee, James Hendler et Lassila Ora, « The Semantic Web: Scientific American », in : *Scientific American,* mai 2011.

7. Charles Van den Heuvel, « Web 2.0 and the Semantic Web in Research from a Historical Perspective. The Designs of Paul Otlet (1868-1944) for Telecommunication and Machine Readable Documentation to Organize Research and Society », in : *Knowledge Organization* 36, n° 4, s.d., p. 214-226.

8. Alex Wright, « Data Streaming 2.0. », in : *Communications of the ACM 53*, n° 4, avril 2010, p. 13-14.

Paul Otlet à son bureau, 1937

de recherche pourraient faire le travail qu'Otlet envisageait de confier à son armée de bibliologues.

Le Mundaneum ne verra sans doute jamais le jour, mais la pensée d'Otlet offre néanmoins une alternative intéressante, celle d'un monde en réseau utopique qui ne serait pas mû par des intérêts commerciaux ou la gratification personnelle mais par une éthique plus largement basée sur le progrès intellectuel, l'engagement social, voire la libération spirituelle. Bien que certaines méthodes d'Otlet puissent sembler anachroniques d'un point de vue contemporain, sa vision plus large d'un monde interconnecté peut encore s'avérer utile, en tant qu'objectif platonique.

Le *Traité de documentation* est à ce titre un antidote puissant aux tendances *whig*, en nous rappelant que notre passé technologique est, comme le suggère Borges dans sa nouvelle « Le jardin aux sentiers qui bifurquent », une « trame de temps qui s'approchent, bifurquent, se coupent ou s'ignorent pendant des siècles [9] ». L'histoire n'est pas une trajectoire, mais un labyrinthe.

Traduit de l'anglais par Jacques Gillen

9. Jorge Luis Borges, « Le jardin aux chemins qui bifurquent », in : *Fictions*, Paris, Gallimard, 1965, p. 103.

TRAITÉ
DE
DOCUMENTATION

LE LIVRE SUR LE LIVRE

THÉORIE ET PRATIQUE

PAR

PAUL OTLET

Les Livres et les Documents. — La Lecture, la Consultation et la Documentation. — Rédaction, Multiplication, Description, Classement, Conservation, Utilisation des documents. — Edition et Librairie; Bibliographie. Bibliothèque, Encyclopédie, Archives, Muséographie documentaire, Documentation administrative. — Organismes, organisation, coopération. — Office et Institut International de Bibliographie et de Documentation. — Réseau Universel d'Information et de Documentation.

[002 (02)]

EDITIONES MUNDANEUM
PALAIS MONDIAL
BRUXELLES
1934

Qui scite ubi scientia
habenti est proximus

—

OTLET, Paul. 002 (02)

1934. Traité de Documentation. — Le Livre sur le Livre. — Théorie et Pratique, 1 vol. (21 1/2 × 16 1/2), p., deux colonnes, Bruxelles, Editiones Mundaneum, Palais Mondial, Imp. Van Keerberghen & fils).

0 Fundamenta. — 1 Sciences bibliologiques. — 2 Le Livre et le Document en soi.— 3 Les Livres et les Documents : Unités et Ensembles considérés au point de vue de la Bibliologie comparée. — 4 Organisation rationnelle des Livres et des Documents. — 5 Synthèse bibliologique.

Notice bibliographique.

Commencé d'imprimer 1932.00
Achevé d'imprimer 1934.04

—

Imprimé par D. Van Keerberghen & fils
Bruxelles

PRÉSENTATION

O le travail des ans. O le travail des heures.
Ce qui ne fut d'abord que songe et que rumeur
Dans telle âme profonde
Devint bientôt le bruit et la clameur
Du monde.
E. VERHAEREN.

Cet ouvrage est consacré à un exposé général des notions relatives au Livre et au Document, à l'emploi raisonné des éléments qui constituent la Documentation.

Notre temps, parmi tous les autres, se caractérise par ces tendances générales : organisation et rationalisation des méthodes et procédés, machinisme, coopération, internationalisation, développement considérable des sciences et des techniques, préoccupation d'en appliquer les données au progrès des sociétés, extension de l'instruction à tous les degrés, aspiration et volonté latente de donner à toute la civilisation de plus larges assises intellectuelles, de l'orienter par des plans.

C'est dans un tel milieu qu'ont de nos jours à évoluer les Livres et les Documents. Expressions écrites des idées, instrument de leur fixation, de leur conservation, de leur circulation, ils sont les intermédiaires obligés de tous les rapports entre les Hommes. Leur masse énorme, accumulée dans le passé, s'accroît chaque jour, chaque heure, d'unités nouvelles en nombre déconcertant, parfois affolant. D'eux comme de la Langue, on peut dire qu'ils peuvent être la pire et la meilleure des choses. D'eux comme de l'eau tombée du ciel, on peut dire qu'ils peuvent provoquer l'inondation et le déluge ou s'épandre en irrigation bienfaisante.

Une rationalisation du Livre et du Document s'impose, partant d'une unité initiale, s'étendant à des groupes d'unités de plus en plus étendus, embrassant finalement toutes les unités, existantes ou à réaliser, en une organisation envisageant, à la base, l'entité documentaire individuelle que forme pour chaque personne la somme de ses livres et de ses papiers; l'entité documentaire collective des institutions, des administrations et des firmes; l'entité des organes spécialement consacrés au Livre et au Document, à l'ensemble ou à quelqu'une de ses fonctions : Bureau, Institut, Rédaction des Publications, Bibliothèques, Offices de Documentation.

Le présent ouvrage en donne une esquisse générale et en présente une méthode coordonnée.

Les exposés ne manquent pas qui ont dit comment faire, de simples notes, les feuilles d'un manuscrit; d'un amas de livres, une bibliothèque bien ordonnée; d'un amas de pièces de correspondance, de comptabilité, des archives en bon ordre; d'un ensemble divers de textes, une codification coordonnée. Mais ces publications en grand nombre, excellentes quant à leur but, n'ont envisagé chacune qu'un aspect des choses du livre, et par suite ont donné l'impression qu'il y avait comme autant de domaines spécifiques, distincts et séparés par des cloisons étanches, qu'il y avait, en abordant chacun d'eux, à s'initier à des notions toutes nouvelles, à se familiariser avec des pratiques sans connexion avec celles déjà acquises.

Le présent Traité vise avant tout à dégager des faits, des principes, des règles générales et à montrer comment la coordination et l'unité peuvent être obtenues.

Cette coordination, cette unité, l'Institut International de Bibliographie, l'Office International joint à lui, les Instituts qui coopèrent au Palais Mondial, le Mundaneum, s'efforcent depuis leur fondation en 1893, en 1895 et en 1920, de les étudier, de les définir, d'en faire une réalité vivante et tangible. Les Congrès internationaux de ces organismes, et d'autres, ont arrêté déjà un ensemble important de données régulatrices.

C'est d'elles que, dans cet ouvrage, on s'est inspiré directement et c'est à les développer qu'il s'applique sous une forme libre et n'engageant aucune institution. L'objectif est de préparer ainsi de nouvelles ententes, de nouvelles standardisations, de nouvelles œuvres à établir et à sanctionner en commun.

Pour des buts particuliers, d'autre part, on s'est efforcé de présenter distinctement les notions générales que l'analyse et la synthèse permettent actuellement de dégager. On les a aussi montré à l'œuvre dans des cas spéciaux, s'attachant à faire voir quels moyens la théorie et la pratique offrent maintenant aux organismes documentaires de tout ordre pour réaliser leurs opérations. Comme il ne saurait s'agir d'une standardisation et d'une mécanisation totales du travail, il est laissé à chaque organisateur de son propre travail, ou de celui d'autrui, de fixer finalement lui-même ses propres principes, directives et règles. C'est à chacun à composer, pour son propre usage, ou celui de ses services, un «Manuel de Documentation» retenant, adoptant et appliquant celles des données organisatrices générales dont il a pu faire choix dans le présent exposé; car celui-ci, s'il contient de nombreuses formules, n'a cependant en réalité rien d'un Formulaire.

TRAITÉ DE DOCUMENTATION

0

Fundamenta

Pour rendre accessible la quantité d'informations et d'articles donnés chaque jour dans la presse quotidienne, dans les revues, pour conserver les brochures, comptes rendus, prospectus, les documents officiels, pour retrouver les matières éparses dans les livres, pour faire un tout homogène de ces masses incohérentes, il faut des procédés nouveaux, très distincts de ceux de l'ancienne bibliothéconomie, tels qu'ils sont appliqués.

En vue des fins nouvelles proposées :

1° Les *Buts de la Documentation* ont été dégagés. 2° Les diverses *Parties de la Documentation* ont été distinguées les unes des autres, complétées et coordonnées. 3° Une *Méthode documentaire générale* a été élaborée et appliquée à toutes ces parties. 4° De même les diverses *Opérations de la Documentation*. 5° *Les organismes documentaires* ont été définis comme les entités qui groupent, élaborent et administrent tous les éléments ainsi traités. 6° La mise en relation de tous les organismes a été proposée et entreprise pour constituer sur des bases rationnelles et efficientes, *l'organisation internationale* du Livre et de la Bibliographie et constituer par coopération un *Réseau Universel de Documentation*. 7° La constitution d'une science et d'une technique générales du Livre et du Document a été poursuivie.

Voici le développement que prennent ces idées :

I. Buts de la Documentation.

Les Buts de la Documentation organisée consistent à pouvoir offrir sur tout ordre de fait et de connaissance des informations documentées : 1° universelles quant à leur objet; 2° sûres et vraies; 3° complètes; 4° rapides; 5° à jour; 6° faciles à obtenir; 7° réunies d'avance et prêtes à être communiquées; 8° mises à la disposition du plus grand nombre.

II Parties de la Documentation.

La Documentation comprend, en principe, les sept parties suivantes qui s'amalgament et se combinent :

A. **Les Documents particuliers :** Chacun d'eux est constitué d'un ensemble de faits ou d'idées présentés sous forme de texte ou d'image et ordonné selon un classement ou un plan qui est déterminé par l'objet ou le but que se proposent ceux qui les rédigent.

B. **La Bibliothèque :** C'est la collection des documents eux-mêmes maintenus chacun dans leur intégrité individuelle (Livres et publications diverses de toutes espèces). La collection est disposée en des réceptacles adéquats et rendus facilement accessibles (rayons, livres, magasins); elle est classée et cataloguée.

C. **La Bibliographie :** C'est la description et le classement des documents (Livres, périodiques et articles de revues, etc.) en distinguant la Bibliographie titre et la Bibliographie analytique. 1° Utilisation directe des bibliographies spéciales existantes. 2° Dépouillement, au point de vue des répertoires à former, des Bibliographies générales, et dépouillement des comptes rendus d'ouvrages paraissant dans les revues. 3° Relevé systématique des articles paraissant dans les revues de la spécialité et dans des articles se rattachant à cette spécialité paraissant dans les revues générales. 4° Analyse interne des publications (Livres, rapports, articles, comptes rendus, etc.), catalographie, indexation des éléments distincts contenus dans ces publications en se plaçant au point de vue des questions entrant dans l'objet de l'organisme de documentation qui y procède.

D. **Archives documentaires** (Dossiers, matériaux de la documentation) : Les Archives ou dossiers comprennent les pièces originales et les petits documents dans leur intégrité ou par fragments. Elles sont disposées en dossiers. Leur formation donne lieu au découpage des publications pour en redistribuer les éléments selon un ordre différent et former des ensembles de tout ce qui relève des mêmes questions. Les dossiers comprennent les extraits ou découpures de livres, de périodiques, de journaux, les notes manuscrites dactylographiées ou ronéographiées. Ainsi constitués, ils ont deux grands avantages : 1° Ces dossiers groupent les pièces réduisant ainsi au minimum l'effort de la consultation. 2° Ils permettent pour ainsi dire d'une manière automatique de saisir les choses plus objectivement et dans leur totalité, chaque document envisageant un point de vue, la réalité totale étant faite de l'ensemble de ces points de vue. 3° Ces dossiers portent en eux la possibilité d'une critique immédiate. Qui les consulte n'a pas à subir d'influence tendencieuse, mais est libéré des « préjugés » par la diversité même des sources réunies et aussi par les critiques variées présentées en tous les sens.

E. **Les Archives administratives :** Elles comprennent tous les plis, lettres, rapports, statistiques, comptes relatifs à un organisme. Elles donnent lieu à la formation : 1° de dossiers consacrés chacun à une personne ou entité, à une affaire ou question; 2° de répertoires ou fichiers réunissant selon les cadres unifiés les données analytiques de l'administration (Répertoire administratif général); 3° de tableaux avec texte, colonnes, schémas, images, condensant ces mêmes données sous une forme synthétique.

F. **Les Archives anciennes :** Elles sont constituées par les documents anciens, ordinairement manuscrits et originaux, relatif à l'administration d'autrefois et qui comprennent notamment les titres juridiques des organismes publics et les papiers privés de familles et des établissements commerciaux.

G. **Les documents autres que bibliographiques et graphiques :** c'est la musique, ce sont les inscriptions lapidaires, ce sont les procédés relativement récents par lesquels s'enregistre et se transmet l'image de la réalité en mouvement (cinéma, film, filmothèque) et la pensée parlée (phonographe, disque, discothèque).

H. **Les Collections Muséographiques :** Ce sont les échantillons, spécimens, modèles, pièces diverses, tout ce qui est utile à la documentation mais qui se présente comme objets à trois dimensions. C'est la documentation objective à traiter comme celle de la Bibliothèque et des archives quant au collectionnement, au catalogue et au classement.

I. **L'Encyclopédie** comprend l'œuvre de codification et de coordination des données elles-mêmes. Elle donne lieu à extraits et retranscriptions dans les cadres d'une systématisation unique. Ce qu'on pourrait appeler le Livre Universel par opposition aux livres particuliers.

Les données elles-mêmes sont bien distinctes des documents dans lesquels ils sont relatés ? Il s'agit d'organiser systématiquement des ensembles de ces faits et données. Pour chacun de leur ordre est établie une notice systématique type déterminant : a) les éléments qui sont à relever pour chaque catégorie des faits; b) le mode selon lequel il y a lieu de les disposer sur la notice (Règles documentaires).

Pour l'établissement de ces notices, on met à contribution toutes les sources recueillies. Les documents de la bibliothèque, les dossiers sont dépouillés et on utilise aussi les données documentaires recueillies par voie d'enquête. On a soin d'indiquer sur chaque notice la source des données.

L'Encyclopédie est formée : des Répertoires de faits sur fiches. Ces répertoires se rapportent soit aux questions, choses, objets, produits, soit aux pays, soit à l'historique, soit aux personnes et aux organismes. Ils sont disposés d'après les divers ordres fondamentaux de classification systématique (matière), historique (date), géographique (lieu); 2° de dossiers ou atlas dont chaque feuille mobile est consacrée à la mise en tableau (tabulation) d'une donnée disposée selon les formes bibliologiques les plus adéquates (schémas, illustration) en original ou provenant du dépouillement systématique du contenu des publications de l'I. I. B.

III. Opérations.

Le Document est l'objet d'un Cycle d'opérations, réalisant la plus complète division du travail et l'utilisation la plus dispersée de ses résultats. Un document est établi d'abord en original, ou prototype. Ensuite il est multiplié, puis il est distribué à ceux à qui il s'adresse. Puis en sont formés des collections ou ensembles où il ne perd rien de son individualité. En outre, il devient l'objet d'un travail complémentaire tendant à le juger et à l'apprécier, à en incorporer les données particulières aux données déjà existantes de la connaissance; finalement il est utilisé. L'étape ultérieure, éventuelle, mais non obligée, est la destruction du document entourée de mesures de précaution.

IV Méthodes.

Elles comprennent : 1° le collectionnement systématique des documents eux-mêmes; 2° la classification offrant un cadre commun à toutes les divisions de l'organisme et sous les numéros desquels figure tout sujet susceptible de l'intéresser; 3° le système de rédaction monographique et le système des fiches et feuilles à classement vertical; 4° le système des dossiers déposés dans les classeurs verticaux formant des ensembles organisés; 5° l'établissement des fiches catalographiques, multipliées et très détaillées de manière à mentionner les documents dans les diverses séries fondamentales de la classification auxquelles ils se réfèrent; 6° l'outillage mécanique et les processus chimiques pour couvrir, établir, reproduire, multiplier, sélectionner, classer, transporter les documents.

V. Organismes documentaires.

Les Organismes de la documentations sont : a) les Bibliothèques publiques générales; b) les bibliothèques spéciales; c) les Offices ou services de documentation soit indépendants, soit rattachés à des institutions scientifiques, des administrations publiques, des établissements ayant des buts sociaux; d) les offices ou services d'information et de documentation des organismes industriels, commerciaux ou financiers; e) les bibliothèques privées, studios, cabinets de travail des travailleurs intellectuels où l'on trouve aménagées les collections de livres, les documents et répertoires en vue de l'étude et de l'élaboration des travaux intellectuels.

VI. Organisation Universelle.

De l'enquête sur les faits et de leur examen général on peut dégager l'esquisse suivante d'une Organisation universelle :

1° L'organisation couvrira le champ entier des matières de connaissances et d'activité, ainsi que l'ensemble des formes et des fonctions de la documentation.

2° L'organisation implique la mise en œuvre des principes de coopération, coordination, concentration et spécialisation du travail, répartition des tâches entre organismes existants ou création d'organes nouveaux aux fins d'assurer des tâches anciennes. L'organisation se réalisera par concentration verticale, horizontale, longitudinale.

3° Les Offices de documentation seront multipliés de manière à répondre aux besoins constants. Ils seront spécialisés et couvriront chacun la partie du domaine général qu'il sera déterminé de commun accord.

4° La Répartition se fera selon les trois bases combinées a) de la matière (répartition verticale) (sujet ou science); b) du lieu (répartition horizontale); c) de l'espèce de fonction ou opération documentaire (répartition longitudinale.) [Publication, bibliothèque, bibliographie, archives, encyclopédie ou muséographie; locaux régionaux, nationaux ou internationaux; généraux ou spéciaux]; la solution complète du problème mondial comporte : cent matières, soixante pays, six formes de documentation, sous les deux modalités, production ou utilisation, soit un bloc ou réseau de 72,000 alvéoles. Au centre, au siège de l'Office mondial, seront rassemblées les collections générales ainsi que les services centraux d'échanges et de prêts, placés sous un régime de propriété commune et de gestion coopérative.

5° Afin de rationaliser leurs activités et de les rendre plus efficientes, il sera procédé graduellement à une refonte des organismes documentaires ou de leurs activités par voie de fusion, séparation, concentration ou décentralisation.

6° Le Réseau général sera organiquement et hiérarchiquement constitué de telle manière qu'en chaque matière les offices locaux seront reliés aux régionaux, ceux-ci aux nationaux, ces derniers aux internationaux et ceux-ci à l'Office mondial.

7° L'organisation nationale sera confiée à des organes nationaux groupant les forces officielles ou privées (Bibilothèques, offices et services existants).

L'Organisation internationale sera confiée à des organes internationaux sous l'autorité et avec la coopération desquels œuvreront les organes spéciaux. Les organismes spéciaux seront les uns privés (Associations internationales), les autres officiels (Société des Nations, Union Panaméricaine, Unions officielles des Gouvernements).

8° Les noyaux d'une telle organisation existent déjà largement mais épars, incomplets plus ou moins développés, travaillant sans coordination ni souci d'éviter les doubles emplois et de combler les lacunes. Ce sont : a) Les offices de documentation, les œuvres d'information, les bibliothèques spéciales en certains pays; b) Les Unions nationales de Documentation; c) Les Bibliothèques nationales avec leurs services de catalogues collectifs et de prêts; d) Le Service international des échanges; e) Les organisations productrices des catalogues et des bibliographies; f) Les Bureaux des grandes publications périodiques ou des publications à édition renouvelée: Revues, grands traités, encyclopédies; g) les Offices publics, scientifiques ou sociaux, qui recueillent et distribuent des informations utiles aux administrations publiques de tous degrés; h) Les organes de documentation, information et publication fonctionnant au sein des Associations privées, mixtes ou officielles; les services de cet ordre en liaison avec la Société des Nations; Secrétariat, Bureau International du Travail, Commission de Coopération Intellectuelle, Organisation internationale des Transports, Organisation économique et financière, Comités nationaux de coopération intellectuelle; i) L'Office et l'Institut International de Bibliographie, l'Institut International de Documentation ainsi que l'Union des Associations Internationales. Celle-ci, d'accord avec l'I. I. B. s'est attachée à susciter une meilleure organisation de la documentation au sein des Associations Internationales.

9° Il sera organisé, par voie de libre convention internationale groupant les organismes publics et privés, et à l'intermédiaire d'un Office central mondial, un Réseau Universel mettant en rapport coopératif tous les Offices particuliers de documentation, à la fois pour la production et pour l'utilisation.

VII. Sciences Bibliologiques.

La systématisation des connaissances relatives au Livre et à la Documentation comporte les données concernant leur systématique, terminologie, notation et mesure; la position des problèmes de recherches, les corrélations entre les sciences bibliologiques et les autres dans le cadre général de la classification des sciences, l'organisation des recherches et des études, l'historique de ces sciences.

1

La Bibliologie ou Documentologie

Sciences du Livre et de la Documentation

11 NOTION. DÉFINITION. CARACTÉRISTIQUES

111 Notion.

1. Livre (Biblion ou Document ou Gramme) est le terme conventionnel employé ici pour exprimer toute espèce de documents. Il comprend non seulement le livre proprement dit, manuscrit ou imprimé, mais les revues, les journaux, les écrits et reproductions graphiques de toute espèce, dessins, gravures, cartes, schémas, diagrammes, photographies, etc. La Documentation au sens large du terme comprend : Livre, éléments servant à indiquer ou reproduire une pensée envisagée sous n'importe quelle forme.

2. Le Livre ainsi entendu présente un double aspect: a) il est au premier chef une œuvre de l'homme, le résultat de son travail intellectuel; b) mais, multiplié à de nombreux exemplaires, il se présente aussi comme l'un des multiples objets créés par la civilisation et susceptible d'agir sur elle; c'est le propre de tout objet ayant caractère corporel et agencé techniquement.

112 Nécessité d'une Bibliologie.

Il y a une langue commune, une logique commune, une mathématique commune. Il faut créer une bibliologie commune : Art d'écrire, de publier et de diffuser les données de la science.

Nous avons besoin maintenant non plus seulement de Bibliographie, description des livres, mais de Bibliologie, c'est-à-dire une science et une technique générales du document. Les connaissances relatives au Livre, à l'Information, et à la Documentation sont demeurées trop longtemps dans l'état où était la Biologie il y a un siècle; il y avait alors de nombreuses sciences sans lien entr'elles et qui avaient cependant toutes pour objet les êtres vivants et la vie (anatomie, physiologie, botanique, zoologie).

La Biologie a rapproché et coordonné toutes ces sciences particulières en une science générale. Pour le livre, nous possédons dès maintenant des traités de rhétorique, de bibliothéconomie, de bibliographie, d'imprimerie. Mais nous n'avons pas encore bien formée, de Bibliologie, c'est-à-dire une science générale embrassant l'ensemble systématique classé des données relatives à la production, la conservation, la circulation et l'utilisation des écrits et des documents de toute espèce. Cette science conduirait les esprits à réfléchir plus profondément sur les bases mêmes qui servent de fondement aux diverses disciplines particulières du livre; elle permettrait d'envisager de nouveaux progrès, grâce à des définitions plus générales et plus approfondies, grâce à l'expression de besoins plus larges et à la maîtrise d'une technique qui puisse résoudre les nouveaux problèmes.

Des efforts doivent donc être faits pour constituer en science autonome toutes les connaissances théoriques et pratiques relatives au Livre, la Bibliologie. Cette science est appelée à faire sortir de l'empirisme les applications et les réalisations.

Nous devons former d'immenses bibliothèques, nous devons élaborer des répertoires puissants. Mais, de même qu'après de Jussieu et Linné décrivant des milliers d'espèces sont arrivés, les Darwin et les Claude Bernard qui ont créé la Biologie, science théorique explicative, évolutive de l'ensemble des êtres vivants, de même les temps sont venus maintenant où il faut fonder la Bibliologie, la science théorique, comparative, génétique et abstraite, embrassant tous les livres, toutes les espèces et toutes les formes de documents. Comme la sociologie, synthèse des sciences de la société s'est constituée avec toutes les sciences sociales particulières. Comme il existe une mécanique générale appliquée, indépendante de toute étude particulière du livre, science de toutes les formes particulières bibliologie : synthèse bibliographique, science particulière du livre, science de toutes les formes particulières de livres.

113 But.

La Bibliologie doit se proposer comme but :

1. Analyser, généraliser, classer, synthétiser les données acquises dans les domaines du livre et en même temps promouvoir des recherches nouvelles destinées surtout à approfondir le pourquoi théorique de certaines pratiques de l'expérience.

2. Elaborer une série complète de « formes documentaires » où puissent venir se déverser les données

de la pensée scientifique ou pratique, depuis le simple document jusqu'aux complexes des grandes collections et aux formes élevées que constituent le Traité et l'Encyclopédie.

3. Faire progresser ainsi tout ce qui peut tendre à l'Exposé plus méthodique et plus rationnel des données de nos connaissances et des informations pratiques.

4. Provoquer certaines inventions qui sans doute pourront rester longtemps isolées et sans application, mais qui un jour seront peut-être le point de départ de transformations si profondes qu'elles équivaudront en cette matière à de véritables révolutions.

5. La Bibliologie élabore les données scientifiques et techniques relatives à ce quadruple objet : 1° l'enregistrement de la pensée humaine et de la réalité extérieure en des éléments de nature matérielle dite documents; 2° la conservation, la circulation, l'utilisation, la catalographie, la description et l'analyse de ces documents; 3° l'établissement à l'aide de documents simples, de documents plus complexes, et à l'aide de documents particuliers, d'ensemble de documents; 4° au degré ultime, l'enregistrement des données de plus en plus complet, exact, précis, simple, direct, rapide, synoptique, de mode à la fois analytique et synthétique; suivant un plan de plus en plus intégral, encyclopédique, universel et mondial.

6. Au point de vue scientifique, le principe bibliologique fondamental, principe-tendance de la publication optimum s'exprime en ces quatre désiderata : 1° Dire le tout d'une chose. 2° Dire une fois tout. 3° La vérité sur le tout. 4° Sous la forme la plus apte à être comprise. Ce principe est tempéré de quatre manières : 1° Ce qui est encore ignoré. 2° La thèse de la vérité, le doute, la discussion, les thèses diverses. 3° La variété des intelligences : langue, degré, âge, préparations antérieures. 4° La pluralité des formes possibles, d'exposé à raison du goût de chacun, et du progrès possible dans la présentation, l'accessibilité, le prix.

114 Conditions de la constitution de la Bibliologie en science.

La Bibliologie doit répondre aux huit conditions suivantes qui sont nécessaires pour qu'il y ait science complète :

1. Un *objet* général ou spécial (êtres, entités, faits).

2. Un *point de vue spécifique* ou objet intellectuel distinct pour envisager ces faits et les coordonner.

3. *Généralisation, faits généraux, concepts fondamentaux, lois.*

4. *Systématisation,* résultats coordonnés, classification.

5. *Méthode:* avec ce qu'elle comporte: a) méthodes de recherches, procédés logiques ou de raisonnement; b) classification, terminologie; c) système des mesures; d) instruments; e) enregistrement et conservation des données acquises (Sources, Bibliographie).

6. *Organisation du travail* (division du travail, coopération, organismes nationaux et internationaux, associations, commissions, congrès, instituts couvrant les fonctions de recherches, discussion, décision des méthodes, enseignement et diffusion).

7. *Histoire.*

8. *Application* des divers ordres d'études et d'activité.

115 Objet propre de la Bibliologie.

1. Qu'est-ce qui dans le Livre lui est propre, qu'est-ce qui est proprement bibliographique? On a déjà dit la distinction entre: a) la Réalité objective, b) la Pensée subjective ou l'état de conscience provoqué ou le moi par la réalité, c) la Pensée objective qui est l'effort de la réflexion combinée et collective sur ces données premières jusqu'à la science impersonnelle et totale, d) la Langue, instrument collectif de l'expression de la Pensée. Collection totale, tout livre contient ces quatre éléments associés concrètement en lui-même et que, par abstraction seulement, il est possible de dissocier et d'étudier à part. Ce qui est propre au livre, c'est le cinquième élément: la pensée désormais fixée par l'écriture des mots ou l'image de choses, signes visibles, fixés sur un support matériel.

2. D'où ces trois conséquences: a) La Réalité, la Pensée objective ou subjective, la Langue ont chacune une existence antérieure et indépendante du livre. Elles s'étudient dans leurs connaissances respectives (Psychologie-Science-Linguistique). b) Au contraire, signes et supports sont bien le propre du livre et il s'agit dans les sciences bibliologiques de les étudier sous tous les aspects. c) Mais à son tour le complexe concret des idées, des mots, des images tel qu'il est incorporé dans le livre et le document («biblifié» ou «documentalisé») sont, à l'égard les unes des autres, dans la position de contenu et contenant. Leurs rapports, interinfluences, répercussions, sont à examiner, à leur tour et c'est là un domaine commun aux sciences du *a* et à celles du *b*.

3. Il y a lieu de poursuivre études et réalisations de la Documentation dans le cadre général de l'ensemble des connaissances et des activités en établissant des corrélations: a) avec les diverses sciences; b) avec les diverses techniques et leur objet (Science Universelle, Technique Générale); c) avec les divers plans d'organisation (Plan Mondial).

4. Définir la Bibliologie, c'est caractériser le domaine sur lequel cette science étend son empire et en même temps indiquer les limites qui séparent ce domaine des voisins.

5. Il y a lieu de distinguer l'objet d'une science de la science de cet objet. La science c'est l'organisation des connaissances d'un objet. L'objet existe en dehors de la

connaissance qu'on en a. La science géologique, par exemple, est de création récente, alors que la terre préexistait. Il y a eu des livres longtemps avant qu'il y ait eu des sciences bibliologiques.

6. La Bibliologie a un caractère encyclopédique universel, à raison du fait que les documents (son objet) se réfèrent à l'ensemble de toutes les Choses.

La Bibliologie participe de la même généralité que la Logique et la Linguistique: tout est susceptible, à la fois, d'expression, de documentation. La Logique, ont dit les Logiciens, est une science générale en ce sens qu'elle règle le contenu de toutes les autres et que toutes doivent se constituer d'après ses lois. Son objet d'une simplicité extrême et d'une extension illimitée est l'être de raison. La Bibliologie, en tant qu'elle considère les conditions du meilleur livre fait ou à faire, ne règle pas la pensée pour elle-même. Toutefois son influence est grande sur chaque pensée, car, de plus en plus, chacun tend à s'exprimer, à se communiquer aux autres, à les interroger, à leur répondre sous une forme documentaire. Or une telle forme peut ou altérer ou exalter la pensée elle-même. Par conséquent on doit tenir la Bibliologie comme une science générale, auxiliaire de toutes les autres et qui leur impose ses normes dès qu'elles ont à couler leurs résultats en forme de « document ». L'objet de la Bibliologie, comme celui de la Logique, est d'une simplicité extrême et d'une extension illimitée. C'est ici l'«être documenté», comme l'objet de la Logique est l'«être de raison».

7. Le point de vue propre à la Bibliologie générale est celui du Livre considéré dans son ensemble, de la totalité des Livres. De même que la Sociologie s'occupe, non des phénomènes qui se passent dans la société, mais des phénomènes qui réagissent socialement, de même la Bibliologie s'occupe des faits qui ont une action générale sur le Livre.

8. Le domaine propre de la Bibliologie doit être déterminé et exploré. Au sens large, il comprend l'Histoire de la Littérature et la Critique. Mais à côté de l'histoire des Livres et celle des auteurs, il y a parallèlement l'Histoire de la pensée.

116 Fondement.

Il y a une réalité faite du total et qui est ce qu'elle est. Au sein de cette réalité, nous voyons à l'œuvre l'Homme, les Hommes et leur Société au sein de la Nature. En l'homme, constatation sinon définition et explication, nous sommes amenés à distinguer deux éléments: 1° le moi profond, personnel, vécu; libre mobilité qualitative dans la durée étrangère à lui; mémoire pure plongeant dans le mouvement indivisible de l'élan vital; 2° le moi intelligent, aux fonctions pratiques, au mécanisme déterministe. Les deux éléments coexistent, produisant toutes les œuvres avec leurs deux méthodes, intuition et connaissances directes pour l'un; logique et connaissance discursive pour l'autre. On retrouve ces deux éléments dans l'individu, dans la vie de la société (pensée, sentiment, activité) et on les retrouve dans les livres qui en sont la manifestation ou l'expression.

L'intelligence, en le disputant à l'instinct, en procédant du conscient à l'inconscient, s'est faite claire, communicative, démonstrative, coopérative dans deux grandes créations qui lui sont largement propres, qui sont sociales: la Science systématique et la Civilisation coordonnée. Le livre est par excellence l'œuvre de l'intelligence, mais non pas exclusivement, car l'Intuition (Instinct, sentiment) y a aussi sa grande part. Une bifurcation a été déterminée parmi les espèces de livres selon deux grandes lignes divergentes: le livre de science et de pratique raisonnée; le Livre de littérature qui va de la simple notation spontanée aux fixations écrites et graphiques du mysticisme le plus élevé.

12 DIVISION ET MODES D'EXPRESSION

121 Parties des sciences bibliologiques

1. La Documentation doit se constituer en corps systématique de connaissances comme science et doctrine d'une part; en technique, d'autre part; en corps systématique d'organisation de troisième part.

A) Comme Science : l'étude de tous les aspects sous lesquels son objet peut être examiné, c'est-à-dire en lui-même, en ses parties, dans ses espèces, dans ses fonctions, dans ses relations, envisagé dans l'espace et dans le temps. Comme toute science la Bibliologie a donc pour objet: a) la description des faits dans le temps, ou histoire, et des faits dans l'espace, ou étude comparée (Graphie, soit *Bibliographie*); b) la compréhension et l'explication théorique des faits jusqu'aux relations nécessaires les plus générales (Nomie, soit *Biblionomie*).

B) Comme Technique : les règles d'application des faits aux besoins de la vie pratique et de la production. Ces règles embrassent tout le cycle des opérations auxquelles donne lieu la production des documents, leur circulation, distribution, conservation et utilisation (Technie, soit *Biblio-technie*).

C) Comme Organisation : l'aménagement rationnel des forces individuelles et du travail en collectivité en vue d'obtenir des résultats maximum par corrélation. Tout ce qui par entente et par coopération peut y amener plus d'ampleur et d'unité, par suite faciliter le Travail intellectuel et le développement de la Pensée (Economie ou Organisation, soit *Biblio-économie*).

2. La science est spéculative ou pratique. A côté de la science il y a l'art.

La science spéculative s'arrête à la connaissance de son objet; la science pratique fait servir la connaissance de son objet à une action ou à une œuvre ultérieure. L'art est un ensemble de règles pratiques, directives de l'action. La tendance moderne est de donner à tout ensemble de connaissances les trois caractères spéculatif, pratique, normatif. La Bibliologie tendra donc à être à la fois science spéculative, pratique et art. Les connaissances relatives à la Langue ont déjà ces mêmes caractères. De même la Logique qui est l'étude réfléchie de l'ordre à mettre dans les pensées dans le but, non seulement de connaître leur coordination, mais pour la direction ultérieure de la pensée.

La Bibliologie comprend deux sciences distinctes: la Bibliologie générale, globale et synthétique, qui contient l'observation du livre en son ensemble, avec les comparaisons et les indications qui en découlent, et les sciences bibliologiques partielles et analytiques contenant l'observation successive et séparée de chacun des aspects divers du livre: bibliologie économique, technologique, sociologique, esthétique, etc. (1).

3. Le phénomène du livre relève de la Logique et de la Psychologie, de la Sociologie et de la Technologie. C'est l'Intelligence qui crée le livre et qui s'en assimile le contenu. C'est la Technique qui le confectionne. C'est sur la Société qu'il réagit puisqu'il sert à mettre en relation au moins deux individualités et à les modifier.

La Bibliologie doit donc comprendre quatre grandes branches qui la relient à l'ensemble des sciences : a) La *Bibliologie logique*, ou les rapports du Livre avec l'exposé de la science; b) La *Bibliologie psychologique*, ou les rapports du Livre avec l'auteur; c) La *Bibliologie technologique* ou les rapports du livre avec les moyens matériels de le produire et de le multiplier; d) La *Bibliologie sociologique* ou les rapports du Livre avec la Société qui le fait naître dans son ambiance et l'y accueille.

122 Terminologie. Nomenclature.

1. Comme toutes les sciences, la Bibliologie doit avoir et possède effectivement une nomenclature, c'est-à-dire une collection de termes techniques. Malheureusement, comme pour l'Economie politique et la Sociologie en général, la plupart des termes de la Bibliologie sont empruntés au langage usuel. Il manque des termes spécialisés ou des définitions fixant le sens conventionnel des termes usuels. Ce n'est pas définir un mot que d'expliquer sa valeur philosophique ou métaphysique en lui laissant toutes les significations vagues du langage habituel. Définir un mot au point de vue d'une science c'est délimiter exactement et avec précision le sens au point de vue de la science envisagée.

2. La définition des mots doit reposer sur la définition des choses, des faits et des notions elles-mêmes qu'ils doivent servir à exprimer. Une définition doit être un exposé précis des qualités nécessaires et suffisantes pour créer une classe afin d'indiquer les choses qui appartiennent et n'appartiennent pas à cette classe (Stanley Jevons, *Traité de Logique)*.

3. Afin d'éviter des doubles emplois, il est préférable d'exposer la Bibliologie dans toutes ses parties et d'en présenter les termes et les définitions au moment où sont analysées et exposées les choses, les faits et les notions. Les définitions conduisent aux lois. Celles-ci sont l'expression de rapports entre les choses. Il n'y aura d'expression claire que si les choses mises en rapport ont été elles-mêmes clairement bien définies. Réciproquement, toute définition implique déjà certaines lois, rapports constants), ne fût ce que les lois des éléments constitutifs des choses définies.

4. En attendant que l'accord soit fait sur l'unité de la terminologie, nous employerons indifféremment les termes formés des quatre radicaux suivants, deux grecs, deux latins, en leur donnant par convention une signification équivalente : 1° biblion, 2° grapho (grammata gramme), 3° liber, 4° documentum.

5. Ce demeure un problème de disposer d'un vocabulaire de termes généraux et d'adjectifs suffisamment étendus, réguliers et adéquats pour exprimer ici les idées générales, les ensembles et les propriétés communes. On y tend. Le grec a donné le mot *biblion*, le latin le mot *liber*. On a fait, de l'un Bibliographie, Bibliologie, Bibliophilie, Bibliothèque; de l'autre Livre, Livresque, Librairie.

« Schriftum » disent les Allemands et, d'autre part, partant du radical « Buch », ils forment « Buchwesen » et « Bucherei ». Les Allemands aussi se servent du radical « Biblion », mais ils ont introduit à côté des mots « Bibliothek », « Bibliographie » des expressions nouvelles « Inhaltverzeichnis, Zeitschriftenschau » (Bibliographie du contenu des périodiques), « Referate » (Compte rendu analytique et critique), « Literaturübersichten in Kartenform » (fichier), « Literatur-Auskunftdienst, Beratungstelle », etc.

6. L'historique des termes est intéressant :

a) Le mot « Bibliographie » est né dans les temps grecs post classiques. Il signifiait alors l'écriture ou la copie, c'est-à-dire la production des livres. Au XVIIIe siècle encore, on entendait par Bibliographie l'étude des anciens livres manuscrits. La technique et

(1) D'après Zivny, la Bibliologie qui traite du livre dans le sens le plus général est divisée en théorique et pratique. Ces divisions comprennent: 1° la Bibliologie physique qui traite : a) la matière, écriture ou typographie, reliure et formes du livre comme unité (technologie des arts graphiques. Bibliographie graphique et descriptive) ; b) le livre comme un agrégat (catalogue bibliographique). 2° La Bibliothéconomie, production et distribution du livre.

l'histoire de la production du livre sont encore une partie de la science des livres. Pour le spécialiste de quelque partie de la science, la Bibliographie désigne toutes sortes de listes de livres; pour le bibliothécaire elle comprend le collectionnement, le soin et l'administration des livres dans les bibliothèques (Hoosen).

b) Le radical *gramma* a donné lieu autrefois à (———) ligne; c'est un terme de géométrie. *Grammœ*, arum f. pl. (au lieu de grammata), lettre, caractères. *Gramatica* (/) et *grammatice* (———)grammaire, la science grammaticale. Pour Ciceron la grammaire comprend l'interprétation des mots *Grammaticus*, Homme de lettres, littérateur, savant, érudit, critique, philologue; *Grammatophorus*, Messager (porteur d'un écrit); *Grammatophylacium*, Archives; *Graphice*, art du dessin, *Graphion*, dessin, plan, esquisse et l'art de lever des plans, *graphium* style, poinçon (pour écrire sur la cire).

Dans les temps modernes, le radical *Gramme* a formé télégramme, diagramme, cinégramme, barogramme et pourrait former photogramme. Des documents qui exposent le sujet selon l'ordre des choses, du lieu ou du temps, pourraient se dire « ontogramme », « topogramme », « chronogramme ».

7. Il y a lieu de construire la terminologie à partir du mot *Document*, plus général que Livre ou Biblion; ce changement de radical est justifié : 1° par les motifs qui ont fait admettre le mot Document, Documentation, 2° par le retard des pratiques du monde du livre qui n'ayant pas évolué assez rapidement, a laissé se créer toute une nomenclature à part pour des objets et notions dont il s'est désintéressé au début.

Les branches nouvelles que le mot livre n'a pas couvertes sont : a) les documents mêmes : estampes, pièces d'archives, documents d'administration, disques, photographies, films, clichés à projection; b) les collections constituées de documents : cartothèque, hémérothèque, périodicothèque, discothèque, filmothèque; c) le matériel spécial : fiches, rayons, casiers, classeurs, dossiers, fichiers, répertoires.

La série de base du Radical : *Document* serait donc :

Document (substantif) L'objet (signe + support). — *Documentation* (substantif) Action de documenter et ensemble de documents. — *Documentaliste* (substantif) ou *Documenteur* (substantif, même désinence que docteur) : la personne, les techniciens de la Documentation. — *Documenter*. L'action de faire usage du document. — *Documentaire* (adjectif) qui est relatif à la documentation. — *Documentatoire* : qui remplit la qualité d'être une suffisante documentation. — *Documentorium* ou *Documentothèque*, Institut de Documentation. — *Documento-technique* : Technique de la documentation.

8. Le problème de la Terminologie de la Documentation a été discuté à la XIe Conférence Internationale de l'I. I. B. (I. I. D.), à Francfort. Rapports Gérard, Dupuy, Ledoux, Otlet (Voir les Actes).

En ce qui concerne la Terminologie Technique, les dix dernières années ont vu des avancements révolutionnaires. Ce qui exigeait autrefois de longues périphrases (trois ou quatre mots), a fini par pouvoir s'exprimer en un tout. Le « Pitman's Technical Dictionary », traite maintenant de 60.000 à 70.000 choses distinctes.

124 Le Livre et la Mesure. Bibliométrie.

124.1 Notions.

1. En tout ordre de connaissance, la mesure est une forme supérieure que prend la connaissance. Il y a lieu de constituer en un ensemble coordonné les mesures relatives au livre et au document, la Bibliométrie.

2. Les mesures sont celles relatives aux objets, aux phénomènes ou faits, aux relations ou lois. Elle concerne le particulier (métrie proprement dite) ou les ensembles (statistique); elle concerne ce qui est ou ce qui devrait être (unité et standardisation).

Les mesures des rapports principaux considérées par une science prennent la forme d'indices. (Par exemple les géographes considérant les rapports de l'eau pluviale et des territoires ont créé l'indice d'aridité).

3. Les données acquises de la métrie en général, de la Sociométrie en particulier sont à prendre en considération pour réaliser la Bibliométrie.

L'adage « omnia in mensura », tout dans la mesure, est devenu l'idée directive de toutes les sciences qui tendent à passer du stade qualitatif au stade quantitatif. Le passage est désormais accompli pour les sciences astronomiques et physiologiques.

Les sciences biologiques ou bio-psychologiques s'efforcent de joindre à la description minutieuse la mesure aussi exacte que possible. La fréquence de la répétition d'un type permet une mesure indirecte de la vitalité de l'espèce végétale ou animale; la longueur, la portée des organes, leur diamètre, leur poids, la variabilité des caractères essentiels permettent de nouvelles précisions. L'anthropologie bénéficie de l'établissement de corrélations et de coefficients; l'anthropométrie a aidé la criminologie. La psychologie est entrée à son tour dans la voie des mesures multiples, indirectes, grâce aux corrélations psychologiques laborieusement établies. La sociologie tend aussi à devenir quantitative. Elle opère sur des groupes et les groupes sont susceptibles de dénombrements, dont la statistique établit les méthodes et enregistre les résultats. Les choses du livre ne sont guère mesurées, ni dans leur réalité objective et matérielle, ni dans leur réalité subjective et intellectuelle. Des efforts dans ce sens sont donc désirables.

Les sciences du livre, elles aussi doivent tendre maintenant à introduire la mesure dans leurs investigations. En tant que le livre est objet de psychologie, de sociologie et de technologie, ses phénomènes sont susceptibles d'être mesurés.

La « Bibliométrie » sera la partie définie de la Bibliologie qui s'occupe de la mesure ou quantité appliquée aux livres. (Arithmétique ou mathématique bibliologique).

Tous les éléments envisagés par la Bibliologie sont en principe susceptibles de mesure et il faut tendre de plus en plus à revêtir leurs données de la forme précise du nombre, à passer de l'état qualitatif ou descriptif à l'état quantitatif.

4. La mesure du livre consiste à rapporter toutes les parties et éléments d'un livre quelconque à ceux d'un *livre type*, standard, unité. Ce type devrait être le meilleur des livres.

124.2 La mesure des livres.

1. **Unités de mesure bibliologique.** — Etant donné que tout livre contient une portion de la matière bibliologique générale, on pourrait établir conventionnellement des unités de mesure de cette quantité et les comparer directement aux unités de mesures psychologiques et sociologiques en général, et, à l'aide de ces dernières les comparer aux unités physiques. La Physique a établi un système d'unités mesurant ses forces élémentaires et directement comparables les unes avec les autres. Elle a établi que ces forces sont d'ailleurs convertibles et transformables les unes en les autres, selon un rapport constant (loi de la conservation des forces). Les unités bibliologiques, elles, auraient à évaluer la quantité de matière ou d'énergie bibliologique emmagasinée dans chaque organisme bibliologique (ou livre). Cette évaluation serait faite en décomposant le livre en ses éléments composant ultimes, lesquels, d'autre part, auraient été mesurés par les mêmes unités.

2. **La Stylistique.** — La stylistique ou stylométrie a été créée récemment pour l'étude de la manière de s'exprimer des auteurs. On a introduit la statistique dans l'analyse des phrases, dans celles des expressions employées pour traduire les émotions dans le langage. (Ex. B. Bourdon).

3. **La stichométrie.** — Les anciens ont imaginé des moyens pour mesurer l'étendue des livres. On convint de prendre pour unité de mesure l'hexamètre grec renfermant en moyenne de 15 à 16 syllabes et 35 à 36 lettres. Cette unité s'appela stique ou épos (vers épique, en latin versus). On obtenait le nombre de stiques d'un ouvrage soit en écrivant un exemplaire type en lignes normales, soit par une évaluation approximative. Les Muses d'Hérodote avaient de 2.000 à 3.000 stiques.

C'est la mesure qu'observèrent plus tard les prosateurs, historiens, philosophes, géographes, auteurs de traité didactique. Quelques auteurs ne donnent exceptionnellement à leurs livres que 1.500 ou même 1.200 stiques, d'autres atteignent ou dépassent le nombre tout à fait anormal de 4.000 ou même 5.000 stiques, mais la très grande majorité oscille entre 1.800 et 3.000 stiques. La stichométrie ainsi entendue affirme un triple avantage : renvoyer au stique comme on renvoie maintenant au chapitre et au verset; fermer la porte aux suppressions et aux interpolations plus ou moins considérables; déterminer une fois pour toutes le prix de l'ouvrage et la rétribution due au copiste. (1)

4. On a entrepris des recherches statistiques, d'après les dictionnaires biographiques, sur la ratio plus ou moins élevée des savants nés dans tel pays ou partie de pays. Recherches de la supériorité de tel écrivain sur tel écrivain (par exemple Sophocle sur Euripide) d'après la longueur des articles qui leur sont consacrés, d'après le nombre d'adjectifs élogieux ou non (pro et contra) qui leur sont attribués dans ces articles, travaux basés sur la longueur des exposés et le degré d'éloge dans les expressions. (2)

5. **Mesures des incunables.** — Les procédés d'identification des incunables ont donné lieu à des mensurations d'une extrême précision.

6. **Bases de bibliométrie.** — Combien 1.000 mots représentent-ils : a) de lettres dans les diverses langues (français, anglais, allemand) ; b) d'espaces en différents textes réduits en centimètres carrés sur page (exemple perceptible : combien dans une pièce de théâtre, un roman, un journal, une séance) ; c) de temps de lecture à haute voix ou de lecture silencieuse.

Didot a fixé le point à la sixième partie de la ligne de pied de roi. Le mètre légal équivaut à 443 lignes et 296 millièmes. En négligeant l'infinitésimale fraction d'un tiers de point, nous avons 2.660 points dans un mètre.

Le centimètre vaut donc 26 points 6 et le millimètre 2 points 66.

Par suite, si l'on veut connaître le nombre de points contenus dans une mesure métrique, il suffit, suivant qu'il s'agit de centimètres ou de millimètres, de multiplier par l'un de ces nombres. Une feuille de papier, format 4°, mesure 0,45 × 0,56. Elle aura donc :

---

(1) Voir Vigouroux, Dictionnaire de la Bible, V°, Livre n° 2.

(2) Frédéric Adams Woods. - Historiometry as an exact science. Reprinted from Science; N. S. Vol. XXXIII, n° 850, p. 568-574, April 14, 1911.

0 m. 45×26,6 = 1.197 points; sur 0 m. 56×26,6 = 1.490 points. Mais le point a un multiple qui sert à simplifier. Ce multiple, certains l'appellent le cicéro, en souvenir des Offices de Cicéron, qui furent imprimés dans un caractère dont le corps y correspondait à peu près. Il est préférable de dire un douze, des douzes, c'est à la fois plus précis, plus commode et cela ne prête pas à confusion.

Quand on a une justification à prendre, on parle en douzes et quand on connaît le nombre de points, comme dans l'exemple ci-dessus, il faut diviser par douze. Il est donc plus simple de chercher immédiatement le nombre de douzes, et cela est assez facile si l'on veut se donner la peine de retenir que, dans un mètre ou 2.660 points, il y a 222 douzes moins 4 points (221 d. 8 points). Il faut souligner « moins 4 points »; c'est ce qui permet une approximation aussi exacte que possible. Quand la mesure métrique approche du quart de mètre, on aura à déduire un point et on fera de même pour chaque quart de mètre.

Dès lors, en douzes, le centimètre équivaut à 2,22, le millimètre à 0,222. En multipliant par ces nouveaux nombres, on a une approximation suffisante.

7. **Les coefficients.** — Les coefficients portent notamment sur :

1° les formats; 2° les points typographiques; 3° le poids du papier, étendue au poids, épaisseur des livres de type; 4° les prix unitaires.

La bibliométrie résume les statistiques et donne les indices de comparaison.

8. **Fréquence de lecture d'un auteur ou d'un livre.** — Il serait intéressant de savoir combien un auteur a été lu. Voici Voltaire. De 1740 à 1778 il se fit 19 recueils des œuvres, sans compter les éditions séparées, très nombreuses pour les principaux écrits (1). De 1778 à 1815, Quérard indique six éditions des œuvres complètes sans compter deux éditions incomplètes et déjà copieuses. Enfin pour la période de 1815 à 1835, en vingt ans, Bengesco rencontre 28 éditions des œuvres complètes (2). Puis rien de 1835 à 1852. De 1852 à 1870, 5 éditions, dont l'édition de propagande du journal « Le Siècle ».

Depuis 1870, une édition, celle de Moland, de caractère purement littéraire et historique et tout à fait sans rapport avec la conservation ou la diffusion du voltairisme. Au total, grande consommation jusqu'à la Révolution; puis ralentissement jusqu'en 1815; prodigieuse recrudescence de la demande sous la Restauration; puis de nouveau ralentissement; reprise sensible sous le second Empire. Cette courbe correspond assez à celle des mouvements libéraux ; on imprime et on réimprime Voltaire, surtout aux époques où ces mouvements rencontrent le plus de résistance et prennent le plus de violence. Cependant, il faut aussi tenir compte du fait que, sous la Révolution, après l'édition encadrée de 1775 et les deux éditions de Kehl; et, sous Louis-Philippe, après les 28 éditions qui se succédaient depuis vingt ans, le marché put être encombré; il fallut donner au public le temps d'absorber la production de la librairie. Toujours est-il que l'abondance même de l'offre, de la part des éditeurs, indique une demande considérable de l'opinion libérale. Il faudrait connaître le tirage de ces éditions. Le gouvernement de la Restauration a essayé de se rendre compte de la diffusion «des mauvais livres». D'un rapport officiel qui fut alors analysé par les journaux, il résulte que, de 1817 à 1824, douze éditions de Voltaire se sont imprimées, formant un total de 31,600 exemplaires et de 1 million 598,000 volumes. En même temps, 13 éditions de Rousseau donnaient 245,000 exemplaires et 480,500 volumes. Les éditions séparées d'écrits de l'un et de l'autre jetaient sur le marché 35,000 exemplaires et 81,000 volumes. Au total, c'étaient 2,159,500 volumes philosophiques qui étaient lancés en sept ans contre la réaction légitimiste et religieuse et de ce nombre effrayant de projectiles, Voltaire fournissait plus de trois quarts. (1)

9. **Bibliosociométrie.** — Comment mesurer l'action du Livre et du Document sur l'homme et la société ?

a) Voici par exemple un Traité de Physique, il est tiré à 2,000 exemplaires; chacun constitue comme une sphère d'influence ayant la potentialité d'agir sur tout lecteur qui s'en approchera. En ses 500 pages, supposons que le traité comprenne 15 chapitres avec en tout 50 sections et 600 alinéas, constituant chacun l'exposé d'une idée ayant un sens complet. Le « volume documentologique » global offert en lecture dans la société par ce traité est 600 alinéas × 2,000 exemplaires = 120,000 idées documentalisées. Mais les 2,000 exemplaires ont des sorts bien différents: exemplaires destinés aux livres de texte des étudiants du cours de professeur, circonstance qui a déterminé l'édition; exemplaires dans les Bibliothèques; exemplaires chez les particuliers; exemplaires dans les librairies; exemplaires de presse; exemplaires donnés en hommage; exemplaires restés en stock chez l'éditeur ou l'auteur. Après un certain temps ont agi sur le corps matériel des exemplaires du livre, les causes d'usure et de destruction et sur les idées exprimées par les livres, des causes du vieillissement (par ex. les livres de sciences dépassés). La chance pour les exemplaires de rencontrer leurs lecteurs est donc inégale et avec le temps, elle diminue ou s'accroît, proportionnellement à la notoriété de l'auteur et de l'ouvrage. D'autre part, les lecteurs sont de complexité et formation différentes. En présence d'un ensemble de données bibliographiques déterminé, ils procéderaient chacun à la lecture suivant leur spécialité, leur curiosité et leur réceptivité. Intervient aussi le degré de

(1) Bengesco, Q. IV, Nos 2122-2141.
(2) *Ibid.* Nos 2145-2174.

(1) *Voltaire*, par G. Lanson.

saturation, en fonction des connaissances ou des impressions antérieures acquises ou éprouvées et qui, pour un lecteur déterminé, diminue l'appétit et profit de la lecture.

b) Le problème général de « bibliosociométrie » consiste à déterminer les lieux et les temps et, eu égard aux lecteurs, la chance qui existe pour les ouvrages d'être lus, partant d'exercer leur action sur la société. Qu'il soit possible de poser théoriquement un tel problème, alors même que sa solution serait retardée ou empêchée par manque de données concrètes, c'est déjà une étape vers la solution, la seule mise en relation des termes indique déjà avec précision comment se présente la question et problème bien posé est à moitié résolu. D'autre part, une comparaison est à faire ici avec la nourriture. Quand il s'agit de nourriture capable d'alimenter les forces corporelles, on se préoccupe aussi d'établir l'unité générale de mesure alimentaire. Les livres à leur manière et pour l'esprit, sont une nourriture dont on doit pouvoir mesurer les « calories » intellectuelles. Les calories ce sont les idées susceptibles d'être transmises et comprises (1). Si nous supposons que dans les écrits l'unité correspondante à l'idée susceptible d'être comprise, soit non pas le mot, qui n'implique aucun jugement, ni la phase qui est trop peu explicite à elle seule, mais bien l'alinéa (verset ou articulet) qui exprime une idée complète, en conséquence, on pourrait poser les définitions conventionnelles des termes suivants avec les unités de base qui en résulteraient :

Idée : la plus petite partie d'un exposé présentant en soi un tout complet.

Idéogramme : la partie d'un document qui contient l'idée ainsi définie et qui par convention est l'alinéa.

Idéogrammite : l'unité d'idée (énergie intellectuelle) incorporée dans l'idéogramme et assimilable au moyen de la lecture. L'idéogrammite est ainsi, à la calorie, ce qu'est la réception d'une idée par le livre à l'alimentation par la nourriture.

Lecture : le fait de lire.

Lecturité : le rapport entre les livres existants et les occasions fournies d'être lus (de lecturus, gérondif de legere, lectus). (2)

Légibilité : Possibilité physique de lecture, quant aux livres.

Lecturabilité : Possibilités psychiques de lecture, quant aux lecteurs.

c) Si donc l'on généralise le cas du Traité de physique, pris antérieurement comme exemple, et qu'on en exprime les rapports en terme de formule, on a

Lecturité = (Livres différents × Exemplaires × Idéogrammites × Lecturabilités) : Légitibilité

ou en abrégé : $$Lu = \frac{L \times E \times I \times Lb}{Lg}$$

d) Pour toute communauté désireuse d'assurer par la lecture la culture de ses habitants et d'accroître l'usage social du livre, on doit conclure à la nécessité de pourvoir ses habitants d'un certain nombre de livres placés dans de bonnes conditions de lecture.

124.3 La statistique.

1. La statistique du livre se confond avec la Bibliométrie, bien que jusqu'ici elle se soit appliquée principalement à dénombrer la quantité produite des livres (éditions). Mais la statistique commence à s'étendre maintenant aux tirages, à la circulation du livre, aux Bibliothèques, à la Librairie, aux prix, etc... Déjà des travaux considérables ont été entrepris sur la statistique du livre. Ils ont porté sur les chiffres absolus et aussi sur les coefficients. Sans doute, il ne faut pas exagérer la valeur de ces chiffres car les dénombrements sont loin encore d'être complets, exacts, comparables. D'autre part, les coefficients que nous pouvons obtenir ne sont que des moyennes, qui comportent toutes sortes de variations, en fonction d'innombrables variables. Mais en tenant les nombres que déjà nous possédons comme provisoires, ils doivent être pour nous un acheminement vers des nombres plus exacts et plus complets. (1)

2. **Statistiques.** — Voici quelques données chiffrées à titre d'évaluation avant que des études systématiques poursuivies aient permis de dégager des coefficients.

Nombre des œuvres. — Il nous reste plus de 1,600 ouvrages de l'antiquité grecque ou latine.

La production actuelle. — Elle varie de pays à pays, de branche à branche, d'année à année. La production

(1) Le mot « Education », qui est très récent, a remplacé le mot « nourriture » dont usaient les grands écrivains du XVIIe siècle et du XVIIIe siècle. L'éducation nourriture physique et intellectuelle dans le cadre naturel est l'idée maîtresse de la philosophie de J.-J. Rousseau. L'Antiquité disait « *Nutrimentum Spiritus — Educit nutrix* ».

(2) La théorie de la lecturité est mise en lumière par des analogies avec deux théories d'ordre économique qui toutes deux ont été traitées par les méthodes mathématiques (calcul différentiel).

1° La loi du débit donnant lieu à la théorie des maxima et des minima traitée par Cournot. La quantité de marchandise débitée annuellement dans l'étendue du pays ou du marché considéré en fonction des prix (Aug. Cournot, *Recherches*, pp. 55-56) ;

2° La propriété de l'ophélimité, étudiée par Pareto et qui se définit : « L'ophélimité pour un individu, d'une certaine quantité d'une chose, ajoutée à une autre quantité déterminée (qui peut être égale à zéro) de cette chose déjà possédée par lui, est le plaisir que lui procure cette chose ». (Vilefredo Pareto, *Manuel d'Economie Politique*. Traduction Bonnet, Paris, 1909, pp. 158-159).

Voir aussi le résumé et le commentaire des deux théories dans L. Leseine et L. Suret, *Introduction mathématique à l'Economie Politique*, pp. 75 et 122.

(1) Voir par analogie Alfredo Niceforo : La misura della Vita. Extrait de la *Rivista d'Anthropologia*, Roma, 1912.

littéraire allemande en 1932 a été de 27 % inférieure à celle de l'année précédente.

D'après Holden, la statistique du nombre des ouvrages sur l'astronomie jusqu'en 1600 a été, siècle par siècle : 2e siècle (2), 3e siècle (2), 4e siècle (3), 5e siècle (5), 6e siècle (2), 7e siècle (2), 8e siècle (2), 9e siècle (5), 10e siècle (4), 11e siècle (8), 12e siècle (13), 13e siècle (14), 14e siècle (19), 15e (*) siècle (190), 16e (**) siècle (1933).

Pour la zoologie, la statistique a relevé les travaux suivants :

Périodes	Accroissement de la période	Total
1700-1845	13.560	13.560
1846-1860	40.750	54.310
1861-1879	125.000	179.310
1880-1895	115.000	294.310
1896-1908	104.415	398.725
1700-1908	Total 398.725	398.725

De 1911-1913 le nombre des ouvrages et mémoires scientifiques publiés sur les poissons atteint 1.178.

Quelques chiffres disent l'extension qu'a prise la Bibliographie médicale. *L'Index Catalogue*, dont la publication se poursuit, comprend 342.895 titres de livres et 1.527.038 titres d'articles de périodique. La Bibliothèque du General Surgeon Office de Washington, consacrée exclusivement à la médecine, comprenait en 1929, 842.395 volumes et brochures et 7.618 portraits.

On a établi que, sans compter les brevets, il paraît annuellement de un à un million et demi d'articles scientifiques et techniques (Dr. Bradford, The necessity for the standardisation of Bibliographical Methods, 1928).

L'U. R. S. S. déclare les chiffres suivants : 500 millions d'exemplaires en 1930, comparés à 120 millions avant la guerre. Maintenant 50 % d'ouvrages sur les matières économiques et sociales et 30 % sur les matières techniques au lieu de 5 et 14. On a publié 16 millions d'exemplaires d'œuvres de Lénine et 50.000 par an du « Capital » de Marx, 30 millions d'exemplaires classiques. L'an dernier il y aurait eu 52.000 titres d'ouvrages des 58 nationalités au lieu de 24 en 1913.

André Suarés écrit : « Il y avait cent manuscrits d'un poème pour cent princes amis de la poésie. Avec la Renaissance et l'incunable il y a eu cinq ou six mille exemplaires du même ouvrage pour vingt mille lecteurs. Il y a maintenant un million de volumes pour dix millions de gens qui lisent ».

Un humoriste a dit : puisque beaucoup d'imprimés, à raison des subtilités de leurs rédacteurs, doivent être lus entre les lignes, il y a de quoi doubler bon nombre de chiffres.

On estime à 12 millions le nombre de livres publiés depuis l'invention de l'imprimerie; à près de 200.000 la production annuelle de l'ensemble des pays; à plus de 75.000 le nombre des périodiques et journaux, à 1 millier celui des grandes bibliothèques générales et spéciales.

Il y a environ 30.000 revues scientifiques et techniques. On estime à plus de 3 millions le nombre des articles qui y sont publiés.

La Textil Chemische Gesellschaft a publié plus de un million d'analyses bibliographiques classées par matières et par auteur.

Quelques chiffres donnent une idée du nombre des documents.

Les chansons populaires lettones sont au nombre de 218.000.

A son 85e anniversaire (oct. 1932), le Président Hindenburg a reçu 22.000 lettres, cartes-postales, dépêches et cadeaux; 1.700 télégrammes. Ces envois ont été enregistrés et il y a été répondu.

Durée d'élaboration des œuvres. — Le temps d'élaboration des œuvres varie d'une extrême rapidité à une extrême lenteur.

L'œuvre de Forcellini (Totius latinitatis Lexicon) fut commencée en 1718. Interrompue à plusieurs reprises, elle ne fut terminée qu'en 1753, soit après 35 ans. Près de deux ans furent ensuite employés à la revision; le manuscrit fut transcrit par Louis Violato, qui consacra huit ans à ce travail et l'acheva seulement en 1761. Le Lexique ne parut qu'en 1771, soit après 53 ans. Forcellini était mort avant la publication de son œuvre.

Etendue des œuvres. — L'Odyssée se compose de 12.118 vers. L'Illiade se compose de 12.210 vers et chaque vers d'environ 33 lettres, ce qui donne un total de 501.930 lettres. Les poèmes épiques, lyriques ou didactiques des latins ne dépassaient guère mille vers dans un chant. Le roman de François Coppée, Henriette, soit un volume de 193 pages comporte 19.029 mots.

Le Mahabbharata, est un poème de 200.000 vers dont chaque chant (il y a en a 18) égale presque l'Illiade en étendue. (Il y a, en outre, le Rigveda et le Ramayana).

Les chansons de geste ont une étendue très imposante. Ils renferment, en général, vingt, trente, cinquante mille vers qui se suivent par tirades de vingt à

(*) 1440. Le siècle de l'invention de l'imprimerie.

(**) Grand ouvrage de Copernic, qui fut publié en 1543.

deux cents, et quelquefois davantage, sur une même assonance.

Le *Roman de la Rose*, œuvre capitale de la littérature française et même européenne, est un monument de 22.000 vers.

La National Education Association, fondée il y a 65 ans, accusait en 1923 pour le seul volume de ses comptes rendus (formant 1/10e du total de ses publications), une distribution de 111.000.000 pages. Son journal, de grand format, est envoyé à ses 130.000 membres.

En 1907 l'Armée du Salut possédait 69 journaux et périodiques et avait publié 1.013.292 exemplaires. (Dépt. des publications, Fortess Road, 79, London).

Les « Calendars » des Universités de l'Empire Britannique comprennent, pour une seule année, près de 50.000 pages.

Un milliard en billets de 1.000 francs formerait 2.000 volumes de 500 feuilles.

Tirage. — Au début de l'imprimerie, le chiffre du tirage habituel était de 275 à 1.000 exemplaires,

Le sermon de Spurgeon a été publié et répandu à un million tous les ans.

Le tirage du « Rotschilds Taschenbuch für Kaufleute », 60e édition, a atteint 1/2 million d'exemplaires. L'Abécédaire Georgien a été distribué à raison de 500.000 exemplaires sous le régime tsariste.

Edition. — De tous les livres, c'est la Bible qui a eu le plus grand nombre d'éditions. On lui connaît environ 700 traductions complètes ou partielles.

Poids. — « La plupart des livres anglais dépassent le poids de 400 grammes. »

Un livre de 3 centimètres sur papier India peut contenir 1.000 pages. (Exemple : l'Encyclopedia Britannica).

Prix. — On estime à 200 millions ce que coûte la production et l'organisation de la documentation chimique. De 1885 à 1893 de « Meyers Conversation Lexikon » il a été vendu pour plus de 24 1/2 millions de marks, soit plus de 143.000 exemplaires. Pour un livre scientifique de 350 pages tiré à 1.000, l'éditeur Alcan, avant la guerre, payait à l'auteur 500 francs et lui remettait gratuitement 50 exemplaires.

Typographie, lignes, lettres, mots. — Il y a 400 millions de lettres dans le grand Dictionnaire Larousse et à raison de 4.000 mots à la page (27.500×4.000) 90 millions de mots. Un volume de la « Bibliothèque scientifique Flammarion » contient :

a) pages : 300.
b) lignes à la page : 29, total : 8.700;
c) lettres à la ligne : 50, total : 435.000;
d) mots à la ligne : 8 à 9;
e) mots à la page, environ 215;
f) mots au volume, environ 65.000.

Il y a le type de volume de 320 pages (20 feuilles) à 33 lignes par page (= 10.560 lignes) à 10 mots par ligne (= 106.600 mots). Certains livres de type courant ont 60 lignes en moyenne à la page. On estime qu'un ouvrage compte en moyenne deux volumes.

Lecture. — Un roman de 100,000 mots se lit en 4 heures.

1 heure = 25.000 mots,
1 minute = 400 mots,
1 seconde = 6 mots 1/2,

soit une ligne en 2 secondes et une page à la minute.

Destruction. — On a évalué qu'en Russie, pendant la révolution, on a publié 60.000.000 de volumes, tandis qu'on en a brûlé 15 millions.

Espace cubique occupé par les Livres dans les Bibliothèques :

à Hannovre : 220,
à Stuttgart : 225,
à Boston : 225,
au British Museum : 224;

la division type des rayons sera :

1 rayon in-folio	=	45	centimètres
1 rayon in-4°	=	35	»
5 rayons in-8°	=	125	»
espace libre	+	21	»
7 rayons		224	»

ou 8 rayons in-8° = 200 + 24 = 224 centimètres.

La largeur des livres a été calculée :

à Goettingen :	8°, 20 cent.	à Halle :	8°, 35-
	4°, 30 cent.		4°, 25-35
	fol., 40 cent.		fol., 35-45
			grand in-folio + 45

On peut compter 80 livres par mètre carré de surface latérale. C'est la moyenne, des calculs ont donné respectivement 100, 66 et 63. Il y tendance à diminution de la grandeur des livres.

Outillage. — La puissance de l'outillage technique du livre peut être mesurée par les chiffres suivants : machine à fondre les caractères (Wicks), 60.000 caractères à l'heure; machine à composer Langston Monotype, 12.000 lettres à l'heure; machine à imprimer ou presser, 50.000 feuilles à l'heure, quadruple ou Pall Mall, 200.000; machine à relier, à rönder, 6.000 volumes par jour; machine à couvrir de toile ou de papier, 22.000 volumes par jour.

Dès 1910, les machines géantes débitèrent à l'heure 66.000 exemplaires d'un journal de 24 pages, pliés, ficelés en ballots, prêts à partir par la poste. Il suffirait de 10 compositeurs et 5 pressiers dans un grand journal pour faire le travail de 300.000 copistes.

Dès le commencement du XXe siècle, en Allemagne, 275.000 personnes étaient occupées dans les industries du livre et produisaient 100 millions en valeur pour l'exportation. Au même moment 125.000 personnes vivaient à Paris, de la presse, la pensée imprimée. Aux Etats-Unis, les capitaux investis dans les industries du livre étaient de 200 millions de dollars avec une valeur de produits annuels de 375 millions de dollars.

3. En face de cette statistique du livre et du document devrait se dresser celle de l'état actuel de notre civilisation dont ils sont l'expression et où ils doivent servir à œuvrer. Rappelons celle-ci : nous sommes deux milliards d'êtres humains, répartis en trois continents, cinq parties du monde, 60 Etats. Nous avons construit un million de kilomètres de chemins de fer; nous possédons quelque 60.000 navires; nous pouvons par Zeppelin faire le tour du monde en 21 jours et par radio en quelques secondes. Annuellement le commerce extérieur universel dépasse un milliard et demi de livres. Des industries toutes récentes, celle de l'auto et du cinéma investissent respectivement des milliards de capital. Et quand nous nous mettons à nous battre et à tout détruire, sans que nous disparaissions, nous pouvons, comme dans la guerre mondiale, aligner au tableau 10 millions de morts, autant de blessés et 2.000 milliards de dépenses, francs-or.

Mais quand nous édifions ce sont d'immenses organisations. 400 associations internationales, 200 trusts internationaux, 5 religions internationales, une Société des Nations comprenant déjà 54 Etats.

Véritablement notre temps est celui du colossal.

4. Il y a lieu de travailler ensemble à l'établissement d'une **Statistique Générale du Livre** en envisageant à la fois, les matières, les pays, les dates, les formes et les langues des publications. Divers essais de synthèse statistique ont été entrepris, dont le premier en date est celui de l'Institut international de Bibliographie. La difficulté de réunir des données exactes est considérable, mais on doit y tendre constamment. D'ailleurs, des données approximatives valent mieux que l'absence de toute donnée.

Le travail de préparation doit être réparti entre les divers pays et les diverses grandes spécialités. La statistique présentée au Congrès International de Bibliographie en 1910, publiée dans ses actes et aussi dans le Bulletin de l'Institut International de Bibliographie (1911), fasc. 1-3, page 1, constitue une première base. Des formules unifiées et coordonnées (Tableaux) indiquent le but vers lequel il faut tendre. Le résultat final du travail et de ses conclusions, a été présenté en une série de diagrammes.

La préparation de la statistique générale du livre repose sur le dépouillement des bibliographies existantes. Il se combine aussi avec un travail d'inventaire des sources principales à centraliser et coordonner dans le Répertoire Bibliographique Universel. Il s'agit aussi de produire une sorte de Bibliographie des Bibliographies choisie, limitée aux grands Recueils fondamentaux de la bibliographie, la notice de chacun d'eux, étant accompagnée d'indications relatives à l'état actuel d'achèvement ou avancement, ainsi qu'au nombre des unités enregistrées. Ces recueils constituent les sources, toujours contrôlables de la statistique elle-même. L'Institut International de Bibliographie a établi sous cette forme des états statistiques et des listes bibliographiques préparatoires.

5. La méthodologie de la statistique des imprimés a progressé. La Chambre centrale du Livre à Moscou a donné ses soins particuliers à l'élaboration de la statistique des imprimés russes envisagés sous les points de vue les plus divers : nombre total des unités imprimées, nombre des feuilles imprimées, tirage, réédition et reproduction, littérature originale et traduction, prix de vente, répartition territoriale de la production, groupes d'éditeurs (éditeurs privés, éditeurs scientifiques, éditeurs d'Etat), sujet traité, répartition de la production par groupes de lecteurs. Chacun de ces points est examiné sous quatre aspects différents : 1° nombre de spécimens imprimés; 2° nombre des feuilles imprimées contenues dans un spécimen imprimé; 3° tirage; 4° nombre de feuilles imprimées contenues dans le tirage total de toutes les publications. (N. Janitzky).

La statistique des imprimés de R. S. F. S. R. (Russie) en 1926 (142 pages), dont les chiffres de la production des imprimés russes sont présentés dans une série de tableaux analytiques et synthétiques. Les questions posées et les réponses numériques qui leur sont données constituent une remarquable méthode. La classification décimale sert largement de cadre aux tableaux fondamentaux. (Travaux de M. Yanaitski.)

6. Les premiers travaux d'ensemble sur la Statistique du livre ont été établis il y a quelque vingt ans par le Bureau International du droit d'auteur à Berne (M. Röthlisberger) et ensuite par l'Institut International de Bibliographie. Récemment, la Commission internationale de Coopération intellectuelle a demandé à l'Institut International de Statistique d'inclure plus de données intellectuelles dans les cadres recommandés aux administrations, et par conséquent aussi quant au livre. Il est projeté que l'Institut International de Coopération Intellectuelle publie un Annuaire de la Statistique Intellectuelle qui réunira notamment les statistiques scolaires et bibliographiques des différents pays. Parmi les récents travaux particuliers, citons celui fort suggestif de E. Wyndham Hulme : « Statistical Bibliography in relation to the Growth of Modern Civilization, 1923 ». Il y est mis en œuvre notamment les données, non publiées ailleurs, relatives à l'International Catalogue of Scientific Literature.

L'ouvrage statistique de Enrique Sparn « Las Bibliothecas con 50.000 y mas volumenes. (Cordoba, Ar-

(. . . .) « . . . . . »	Statistique générale des Livres *Production de livres en (pays) .... pendant l'année (millésime) ....*										
MATIÈRES	TOTAL — Livres et Brochures	RÉPARTITION									
		LIVRES*					BROCHURES **				
		TOTAL des Livres	Livres originaux	Livres traduits	Livres nouveaux	Livres réimprimés	TOTAL des Brochures	Brochures originales	Brochures traduites	Brochures nouvelles	Brochures réimprimées
0. Ouvrages généraux											
1. Philosophie											
2. Religion											
3. Sciences sociales, Droit											
4. Philologie, Linguistique											
5. Sciences pures											
6. Sciences appliquées, Technologie											
7. Beaux-Arts											
8. Littérature											
9. Histoire, Géographie											
Total. . .											

* Nombre minimum de pages d'un livre : 50 pages. — ** Nombre maximum de pages d'une brochure : 49 pages.

(. . . . .) « . . . . . »	Statistique générale des Périodiques
	Production des périodiques en (pays) .... *pendant l'année (millésime)* ....

MATIÈRES	TOTAL DES PÉRIODIQUES	RÉPARTITION				
		QUOTIDIENS	DE 2 A 6 JOURS PAR SEMAINE	HEBDOMA-DAIRES	MENSUELS	PLUS QU'UN MOIS
0. Ouvrages généraux						
1. Philosophie.						
2. Religion						
3. Sciences sociales et Droit						
4. Philologie, Linguistique						
5. Sciences pures						
6. Sciences appliquées, Technologie. . . .						
7. Beaux-Arts						
8. Littérature						
9. Histoire, Géographie						
Total. . .						

gentine, 1924)», demeure une source générale pour la statistique des bibliothèques. — Dans le Jahrbuch der Deutschen Bibliotheken 1929 a été donnée la carte des bibliothèques et instituts allemands.

124.4 La Mathé-Bibliologie.

1. Une place aux mathématiques doit être faite dans la Bibliologie. Toutes les sciences tendent sinon à prendre la forme mathématique, tout au moins à recourir à l'aide des mathématiques comme à une méthode de recherches complémentaire (physique, chimie, biologie, mathématique, sociologie, économie mathématiques). L'absence presque complète de travaux théoriques de cet ordre n'est pas un motif suffisant pour ne pas introduire le sujet dans le cadre général de la systématique de la Bibliographie. La Mathé-bibliologie se rattache à tout ce qui est de la mesure du livre (statistique du livre, bibliométrie).

La mathématique constitue un langage. Elle exprime les rapports logiques entre les faits objectifs. Dans le domaine social, elle est le moyen de mettre en œuvre et d'utiliser la statistique et de la relier, par un système de relations exactes, aux lois définies par la sociologie. On a montré, par exemple, qu'il est possible d'introduire l'économie dans le domaine des sciences précises, comme une théorie mathématique analogue à la théorie statistique des gaz par exemple, ou même à la thermodynamique en général.

On a montré, en un autre exemple, que dans chaque nation il existe un rapport mathématique entre les prix de détail, le salaire et le nombre de chômeurs. (1)

(1) F. Arnould : Theoritical study of unemployment, 1932.

13 MÉTHODE DE LA BIBLIOLOGIE

131 Généralités.

1. En général les méthodes valables dans les autres sciences le seront en Bibliologie. Mais il faut réfléchir à ces applications, en examiner la légitimité, voir comment on peut en étendre l'usage et les assouplir, sans en diminuer la rigueur, pour les conformer aux exigences des recherches dans les domaines nouveaux.

Venant après tant de sciences, la Bibliologie doit composer sa méthode de la comparaison de toutes les méthodes. A. Observation. B. Expérimentale : **les nouveaux** livres. C. Historique. D. Déductive. E. Inductive. F. Mathématique (emploi des symboles). G. Statistique.

Les mathématiques ont été primitivement empiriques et inductives; les sciences de la nature tendent à devenir comme les mathématiques conceptuelles et déductives. Il y aurait lieu de faire un effort pour traiter la documentation à la manière abstraite et de constituer par raisonnement des systèmes documentaires qui seront simplement possibles.

2. Les règles de la méthode scientifique consistent essentiellement à dénombrer les divers facteurs intervenant dans le problème posé et à élucider successivement l'influence de chacun d'eux pris isolément, tous les autres étant maintenant invariables.

Conformément donc à la méthode dans toutes les autres sciences : il s'agit : a) de déterminer les faits particuliers; b) après avoir établi ces faits, de les grouper en une construction méthodique ou système pour découvrir les rapports entr'eux. On doit isoler les faits pour les constater, les rapprocher pour les comprendre.

La première question est donc d'établir la manière de déterminer les faits. Elle consiste dans l'observation directe des faits. Mais le procédé est insuffisant. Beaucoup de faits sont passés et ce n'est que par les traces qu'ils ont laissé dans les documents que nous pouvons en avoir connaissance. D'autre part, les faits sont épars avec les objets même de la bibliologie : les livres. Il est impossible à un homme seul de procéder à l'observation personnelle et directe de tous ces faits. Force est donc d'ajouter à cette observation celle des autres observateurs et de combiner les observations propres avec des documents rédigés par les autres observateurs. Observation directe et méthode indirecte par les documents, tels sont donc les deux moyens d'arriver à déterminer les faits de la Bibliologie.

3. Les sciences, les techniques et les organisations les plus avancées constituent aussi des modèles dont il y a lieu de s'inspirer et de tenir compte pour sa constitution. En se poursuivant en toute autonomie, elle peut par ses desiderata, ses initiatives et ses inventions, offrir elle-même des modèles aux autres sciences, techniques et organisations.

4. Une science complète des faits et théorie; l'esprit d'observation et la spéculation. Ainsi la science linguistique par ex. est formée de l'histoire linguistique (fait) et de la psychologie linguistique (théorie). La science documentaire sera donc constituée : a) de l'Histoire du Livre et du Document (faits observés); b) de leur interprétation idéologique : Psychologie, Technologie, Sociologie.

5. Le Livre est un objet d'observation bibliologique. De même qu'un mathématicien, un chimiste, un biologiste sauront, dans les objets qu'ils observent, ne considérer que les caractères qui fondent leur science propre, de même le bibliologue sait dans un livre ne voir que les caractères bibliologiques en laissant de côté le contenu même du livre, le sujet traité. Ainsi à un chimiste importe peu s'il analyse les matières organiques du corps d'un lapin ou d'un poulet. On a donc introduit la mé-

thode de l'Histoire naturelle en Bibliographie, on lui a donné le nom de bibliographie systématique. (1)

Dans les sciences de la nature l'objectif est double : description des faits et leur explication ou théorie. Les faits ici échappant à l'homme, il faut leur reconstituer un commentaire satisfaisant. En Bibliologie l'objet d'étude est de création humaine. Il n'offre rien de caché, de mystérieux, mais ici l'invention, l'imagination préfigurant les formes futures est appelée à remplir un rôle analogue à celui de la théorie et des sciences de la nature : il s'agit dans les deux cas d'une construction scientifique.

6. Ayant décrit et comparé les livres (de tous temps, pays, matière, forme, langue) et les ayant classés d'après leurs diverses caractéristiques (Bibliologie descriptive, Bibliologie théorique) en dégager : 1° les possibilités relatives diverses pour l'expression des idées (production, conservation, compréhension, diffusion) (Théorie technique) ; 2° les lois suivant lesquelles s'est opérée la transformation des livres au cours des âges (Evolution du livre) ; 3° les applications principales à en déduire (Applications).

7. Pourrait-on, en Bibliologie, s'inspirer de la méthode mise en œuvre par la Rhétorique et la Poétique. Toutes deux cherchent à résoudre en formules et en préceptes ce qui dans les œuvres littéraires a paru le plus beau. Les chefs-d'œuvre leur ont servi de base, mais elles ont su se dégager d'elles jusqu'à s'élever, pour partie au moins au rang de science rationnelle. C'est que les chefs-d'œuvre de l'étude desquelles elles se déduisent sont eux-mêmes issus d'opérations logiques et naturelles de l'esprit humain. La Rhétorique et la Poétique, l'art de la composition littéraire recherchent cette suite d'opérations, l'analysent, se rendent compte de leur valeur et les traduisent en formules. Il faudrait étudier similairement les livres en tant que formes documentaires.

8. La dernière opération de la construction bibliographique, c'est de grouper les phénomènes successifs pour arriver à dresser le tableau de l'évolution. L'évolution est une série de changements qui va dans une direction qui nous paraît constante. L'évolution est un phénomène fondamental dans toutes les sciences qui étudient des êtres vivants.

Il faut préciser le sens de l'évolution bibliologique. Elle se rattache à l'évolution de la société et des usages, faits tout différents de l'évolution d'une espèce animale. Il n'y a de commun entre elles que le fait d'une transformation dans un sens continu, mais le processus de la transformation diffère.

Hérédité et Sélection sont les deux facteurs de l'évolution des espèces. L'évolution y étant purement biologique, ces facteurs sont purement biologiques. En bibliologie, comme en sociologie en général, les faits sont mixtes : partie physiologique, développement de l'Homme qui modifie le milieu et partie psychologique (intellectuel). Deux facteurs dominent : a) l'hérédité = tous les matériaux accumulés par le passé ; b) sélection = choix fait pour beaucoup de raisons entre ces matériaux pour continuer à transmettre les uns, à rejeter les autres.

9. Le livre sera successivement comparable à un mécanisme, à un organisme, à un psychisme, à un sociologisme.

132 L'analyse et la synthèse des éléments.

On distingue l'analyse et la synthèse, l'induction et la déduction, par suite les sciences rationnelles reposant sur la déduction et les sciences d'observation reposant sur la déduction. La documentation est une science d'observation qui, une fois arrivée à l'expression de certains rapports généraux, se sert de la méthode déductive pour en généraliser les données, et des méthodes de combinaison et d'invention pour imaginer des données nouvelles. Les recherches ont pour objet de déterminer les propriétés du livre et du document, et moyennant celles-ci, leur nature spécifique conséquemment les lois de leur action. L'objet de recherche est ou la découverte des causes ou celle des lois et la définition des types.

Après avoir décrit et comparé les livres de tous temps, pays, matières, formes, langues et les ayant classés d'apres leurs diverses caractéristiques (Bibliologie descriptive, Bibliologie théorique), il y a lieu d'en dégager : 1° les possibilités relatives diverses pour l'expression des idées (production, conservation, compréhension, diffusion des idées) (ce sont les questions techniques) ; 2° les lois suivant lesquelles s'est opérée la transformation des livres au cours des âges (Evolution du livre) ; 3° les applications principales à en déduire.

L'analyse et la synthèse sont constamment à l'œuvre dans le livre comme dans la science et dans les langues elles-mêmes. Il y a un système, le système bibliologique dont les éléments sont incessamment en action les uns sur les autres et subissent tous, à chaque moment du temps, les influences du total du système. Association des éléments, dissociation, redistribution dans des associations nouvelles, ces trois opérations sont continues. Toute forme bibliologique particulière ou analytique (par ex. l'exposé chronologique ou géographique, la disposition des termes dans la démonstration, la formulation des conclusions récapitulatives), en se perfectionnant, agit pour désintégrer les autres formes moins parfaites fixées dans certaines

(1) (Cole, George Watson. — Bibliographical problems : In Bibl. Soc. of Amer. Papers, 19, 1914, p. 119-142). — In Bibliog. Soc. Transactions, 1912-13, p. 40-53). Greg. — What is bibliography.

synthèses. Toute forme bibliologique, générale ou synthétique (par ex. un Traité, un Périodique) en se perfectionnant de son côté, entraîne la transformation, non seulement de ses propres formes particulières, mais de proche en proche, par imitation et par nécessité de coordination, entraîne les autres formes intégrées dans d'autres ensembles. A l'ensemble de ces mouvements, la Bibliologie doit apporter une attention spéciale : son étude constitue un point important de son objet.

133 Pluralité des systèmes bibliologiques.

1. Les peuples, au cours des âges, ont constitué leur système bibliologique, soit séparément, soit par imitation, soit par interinfluence. Il en est ici comme en Histoire naturelle. La cellule est au fond de toutes les formations, mais cependant chaque être a pu, à partir de l'existence purement cellulaire, prendre une direction divergente. Il en est ainsi comme en linguistique, le point de départ n'a pas été le même pour toutes les langues, elles se sont séparées dès l'origine avant de suivre leur route particulière et si leur évolution ultérieure est parallèle, elle ne coïncide pas entre elles dans leur système général. Les systèmes bibliologiques, Assyriens, Egyptiens, Grecs, Occidentaux, Orientaux, Primitifs, chaque peuple a donné naissance au sien. Ultérieurement, les évolutions ont fini par se confondre ou tout aux moins un système, le plus avancé, s'est substitué aux autres.

2. Il y a donc un « phénomène bibliologique », « effet bibliologique » (le mot effet est entendu ici dans le sens de phénomène bibliologique comme on dit par exemple l'effet photoélectrique). Il consiste essentiellement dans l'application de signes sur des supports (en surface ou en volume).

3. On doit se demander dans quelles mesures les propriétés bibliologiques reconnues ici affectent-elles vraiment la pensée coulée en forme documentaire ? Pour y répondre, il faudrait pouvoir dresser en parallèle le tableau d'un même ordre de pensée dans les divers cas considérés : a) parole improvisée, enregistrée par la sténographie; discours écrit; discours prémédité, mais non écrit; b) récit spontané et conte ou roman écrit; c) poésie orale et poésie écrite; d) théâtre improvisé et théâtre écrit; e) méditation interne sur un sujet scientifique, et exposé documenté du même sujet; f) tradition orale de souvenirs historiques et annales écrites; g) recettes et pratiques d'un métier et doctrine professionnelle écrite.

4. Il y a lieu : 1° d'observer directement les faits; 2° de les noter, de les décrire succinctement, de les répertorier; 3° de les analyser sous tous leurs aspects, de les disséquer; 4° de découvrir un rapport commun et constant liant tous les faits, prélude indispensable à l'élaboration de toute loi, à l'explication et à la détermination de la causabilité.

5. Il y a deux manières différentes de pratiquer la comparaison : 1° pour en tirer des lois universelles; 2° pour en tirer des indications historiques.

6. Une science avancée est faite d'un ensemble de principes fondamentaux qui ne sont plus discutés par les savants; d'un système de vérités établies, de lois démontrables et vérifiables expérimentalement. Mais le premier aspect d'une science, disait Kant, est un fouillis de phénomènes (Gewühl der Erscheinungen), une rapsodie de perceptions (Rhapsodie der Wahrnehmungen). Ainsi à la base de toute connaissance, il y des descriptions : 1° bien exactes; 2° faites en termes compréhensibles; 3° mesurées; 4° classées. D'où l'on s'élève à la considération des rapports généraux existants entre les éléments de la science envisagée et qui ont eux-mêmes été déjà décrits, dénommés et mesurés.

7. Toute méthode (meta-odos, chemin vers) s'exprime complètement dans un système et elle repose sur des principes. Il peut y avoir des systèmes divers et même nombreux, comme autant de chemins conduisant au même but et coordonnant les mêmes données que dégagent la pratique ou les discussions. Plusieurs systèmes aussi peuvent ne pas être opposés de principes, ni même de méthodes, mais exprimer seulement les différences d'étapes et de phases quant à leur élaboration.

134 Méthode d'exposé de la Bibliologie.

Deux méthodes dans l'exposé sont possibles. Ou bien traiter séparément en trois parties et même en trois ouvrages distincts : 1° la Bibliologie; 2° la Bibliotechnie; 3° les Règles, recommandations arrêtées ou préconisées par l'organisation internationale de la Documentation. — Ou bien traiter simultanément de ces questions, dans les cadres d'une classification unique dont les divers points seraient envisagés chacun à ces divers points de vue.

Dans le présent exposé, on a combiné les deux méthodes.

14 PROBLÈMES GÉNÉRAUX DE LA BIBLIOLOGIE

Comme toute science la Bibliologie a un problème fondamental sur lequel se concentrent constamment tous les efforts. Puisque le document consiste essentiellement en un mécanisme de transmission de la pensée par l'écriture et la lecture, ce problème peut être exprimé en ces termes : a) Lire la plus grande quantité, b) dans le moindre temps, c) avec le minimum de peine et de fatigue, d) le maximum d assimilation, e) le maximum de mémorisation, f) le maximum de réaction intellectuelle (travail de la pensée), g) le maximum d'agrément.

1. Pour faire progresser la bibliologie il importe de préciser, de systématiser et d'étendre les recherches nouvelles. Les théories reposent souvent sur des données incomplètes, vagues, livrées par le hasard plutôt que choisies.

2. Il faut des observations toujours plus précises. La matière à observer ce sont les livres et les documents. Mais il ne suffit pas qu'ils soient déposés dans les Bibliothèques, il faut encore qu'ils y soient examinés du point de vue bibliologique (la forme) qui est tout différent du point de vue scientifique (le contenu). Il faudrait aussi des centres d'études, de vrais laboratoires où puissent travailler de concert des « bibliologues » exercés à manier les matériaux et les instruments d'étude. Les problèmes doivent être posés en commun et résolus par la coopération commune.

141 Problèmes pratiques.

1. D'une manière directement pratique le problème fondamental de la Documentation a deux aspects, l'un de fond, l'autre de forme.

a) *Quant au fond.*

La documentation n'est que le troisième terme d'un trinaire : Réalité, Connaissance, Document. En conséquence, la Documentation a pour problème fondamental de formuler des méthodes propres, à dégager de l'amoncellement des documents les vérités originales, importantes, non répétées et placées dans le cadre systématique des sciences. Ce problème n'est pas sans analogie avec celui de la métallurgie, qui a pour objet une méthode pour séparer de la gangue les minerais dont le titrage est plus ou moins élevé,

b) *Quant à la forme.*

Le document n'est que le moyen de transmettre des données informatives à la connaissance des intéressés, qui, éloignés dans le temps et dans l'espace, ou dont l'esprit discursif a besoin qu'on lui montre les liens intelligibles des choses. Par conséquent, la documentation doit tendre à réaliser au maximum pour l'homme des conditions dont la limite à atteindre, soit l'ubiquité, l'éternité et la connaissance intuitive. Ces conditions sont idéales, étant impossibles à atteindre puisqu'elles sont celles-là où est placé le pur esprit. Mais on peut le tenir comme conditions-tendance.

Le problème est donc de chercher le perfectionnement du livre en lui-même (rapidité, richesse, extension, prix, etc.), le perfectionnement de chacun des éléments analysés, et le perfectionnement des substituts du livre, c'est-à-dire des autres moyens d'atteindre le but, des autres organes capables d'exercer la même fonction. La Documentation est partie d'abord du livre tel qu'il était donné par les auteurs et les éditeurs et elle a cherché à l'organiser. On doit se préoccuper maintenant d'étudier systématiquement le perfectionnement du livre et sa réforme en général et en lui-même. Ce mouvement soulève une suite de problèmes qui s'échelonnent ainsi :

a) La Bibliographie et la Bibliothéconomie : Traitement des livres reçus tout faits. b) La Publication. Les types rationnels de publications et la règle pour les établir. c) La structure d'une science : La manière d'ordonner et de systématiser l'ensemble des données relatives à une science. d) La classification générale des connaissances : la manière d'organiser les rapports entre les diverses sciences. e) La synthèse scientifique : principes, lois et méthodes devant déterminer et dominer les données de chaque science particulière.

La Bibliologie doit envisager successivement ces deux questions :

a) Etant donné les *livres* produits au cours des âges et qui continuent à être publiés, quelles caractéristiques, matérielles, graphiques et intellectuelles présentent-ils, et comment ces divers éléments sont-ils capables d'exprimer des data intellectuels?

b) Réciproquement, étant donné les data intellectuels, quels éléments matériels graphiques et intellectuels sont les mieux appropriés pour leur expression bibliologique et documentaire ?

4. En résumé, le problème pratique fondamental de la documentation peut encore être formulé en ces termes :

a) Comment toute pensée qu'elle soit intellectuelle pure, sentiment et émotion, ou tendances et volontés; qu'elle se réfère au moi ou au non-moi, comment toute pensée peut-elle s'exprimer au moyen de documents, c'est-à-dire de réalités corporelles et physiques, incorporant ou supportant les dites données de la pensée à l'aide de signes ou de formes ou d'éléments différenciés perceptibles par les sens et reliées à l'esprit par une correspondance.

b) Comment les documents de toute espèce, pris individuellement, ou dans leurs parties, ou dans les ensembles et collections qu'ils constituent, peuvent-ils réaliser au maximum cette expression en se conformant à certains principes, certaines dispositions raisonnées et coordonnées.

c) Comment comprendre la pensée de l'auteur exprimée graphiquement, en le moins de temps possible (vitesse), avec le moins d'effort possible, c'est-à-dire avec le maximum d'efficience (quantité, qualité).

d) Comment dans l'élaboration du livre opérer l'union de tous ceux que la division, conventionnelle ou historique, du travail, semble avoir séparés (coopération, rapprochement).

e) Comment obtenir un accroissement de l'efficience totale du livre d'une part en perfectionnant chacun des éléments composants du livre; d'autre part, en dégageant, de mieux en mieux, le but total et final à atteindre des buts particuliers et transitoires de chacune des parties. Et pour ce faire, comment se fonder sur les moyens traditionnels, ou inventer des méthodes et des moyens nouveaux.

142 Problèmes théoriques : La Bibliologie pure.

1. La question se pose d'une bibliologie pure, conçue à la manière de toute science pure, reposant sur quelques concepts fondamentaux, dont dans toutes les directions seraient déduites toutes les conséquences logiques et les possibilités imaginables. Sur de telles bases on a créé par exemple une mathématique pure, une physique pure, une économie pure, un droit pur.

On pourrait appeler du nom de Meta-Documentation ou Documentation pure les formes les plus hautes de la documentation. On affirmerait aussi ce fait : qu'il ne faut se laisser arrêter dans le raisonnement et l'invention par le désir seul d'aboutir à des résultats immédiatement pratiques et généralement applicables, mais pousser sans cesse plus loin. L'algorithme mathématique n'est pas à l'usage de tous; la mesure des phénomènes physiques s'opère par une instrumentation compliquée (par exemple celle de la lumière, celle du pendule). On connaît de même des conflits extrêmement confus pour lesquels le juge ou l'arbitre n'ont que faire des dispositions toutes populaires du mur mitoyen.

La documentation pure doit revendiquer la possibilité de s'élever aussi haut que le peuvent les facultés, non de tous, mais de quelques-uns, d'aboutir à des transcriptions documentaires rares ou uniques, des combinaisons de documents compliquées et inusuelles. Demain, c'est fort probable, saura simplifier, généraliser et tirer de l'utile de ce qui aujourd'hui serait simplement vrai et rationnel.

2. Le précédent des mathématiques est remarquable. Jusqu'au XIXe siècle toute investigation mathématique avait son inspiration et son importance seulement en fonction des problèmes pratiques posés depuis les débuts de la pensée humaine ou en fonction des nouvelles découvertes et inventions de la Physique. En ce sens la mathématique était la servante des autres sciences. Mais à partir du XXe siècle, sur la base du patrimoine de résultats accumulés par les génies synthétiques de Newton, Euler, Lagrange, Gauss et tant d'autres, les mathématiques s'afffirment un édifice logique et indépendant. La critique les libère de toute dépendance de l'intuition et elle-même, sur la base de ses propres concepts et postulats indépendants, établit un système de théorie logique toute enfermée en soi et n'ayant aucun besoin de reposer sur ce qui n'est pas elle-même.

3. Une Bibliologie pure pourrait être édifiée sur la base d'un concept composé des quatre éléments suivants : a) la représentation du monde; b) par un système de signes; c) sur des supports pratiques et maniables; d) donnant lieu à des enregistrements qui puissent être conservés, communiqués et diffusés.

On pourrait établir par le raisonnement logique toutes les possibilités inhérentes aux quatre termes, et à leur combinaison deux à deux, trois à trois, quatre à quatre. La représentation du monde serait étendue à celle du monde réel et du monde idéal. Quant aux signes, on envisagerait les signes visibles et les signes audibles, les signes abstraits et concrets, les signes fixes et les signes en mouvement. Le support serait envisagé sous le rapport des diverses dimensions, deux (surface), trois (volume) et du mouvement (dynamisme). La communication serait envisagée sur place ou à distance, et comme s'adressant aux divers types d'intelligence destinés à la recevoir.

4. Dans le cadre de la Bibliologie pure — cadre abstrait, sans cesse élargi par la critique, la déduction et l'induction — trouveraient donc place toutes les réalisations existantes ou ayant existé, c'est-à-dire tous les types de livres et de documents. Ceux-ci ont vu le jour dans un certain lieu, à une certaine époque et ont traité d'une certaine chose individualisée. La Bibliologie pure aurait pour caractéristique d'être dégagée de ces trois modes de contingence pour ne retenir, des données concrètes et réalisées, que ce qu'il y a en elles de généralisable.

5. Pourra-t-il arriver un jour à la Bibliologie ce qui est advenu de la Mathématique? Une transformation radicale de celle-ci s'est opérée au XXe siècle. Elle était d'abord simple moyen auxiliaire pour la seule description quantitative des phénomènes et non essentiellement pour la conception quantitative des phénomènes. Elle a été promue maintenant à la dignité d'élaborer les nouvelles catégories de pensées nécessaires pour la systématisation logique et pour la « conceptibilité » même de nouveaux phéno-

mènes (nouvelles conceptions du temps et de l'espace; géométrisation des phénomènes de gravitation, expression de la catégorie causale). Une transformation analogue en Bibliologie pourrait se concevoir, mais en sens inverse. Le document jusqu'à ce jour est essentiellement descriptif de qualités. Un perfectionnement des catégories bibliologiques pourrait tendre vers tels détails, vers une précision et une telle corrélation des parties avec les ensembles qu'on approcherait de la description quantitative par une voie autre que la mathématique elle-même. Ce serait le cas notamment avec une classification scientifique exprimée en indices ordinaux dans les cadres de laquelle auraient pris place les données scientifiques et grâce à laquelle pourraient être opérés mécaniquement des rapprochements, des décompositions et des compositions d'idées.

D'autre part, dans l'évolution humaine, on constate les quatre phases : sensations, intelligence, langage, écriture-documentation. Sans le langage, l'intelligence n'aurait pu se perfectionner, sans l'écriture-documentation le langage serait demeuré dans un état inférieur. Or, de même que par le langage les catégories de la pensée se sont constituées plus fortement et plus pleinement, de même en pourrait-il être avec une documentation à un stade plus avancé. Par son moyen, on entrevoit la possibilité de doter un jour la Pensée de nouvelles catégories élaborées par le processus indirect du document à la manière dont la mathématique contemporaine a elle-même élaboré de nouvelles catégories de pensée.

6. Lorsqu'Aristote créa sa logique, Athènes était en proie à un mal intellectuel redoutable. Les Rhéteurs y prétendaient pouvoir indifféremment prouver le faux et le vrai, l'utile et le nuisible. Plus tard, après les abus et les déviations de la scolastique vint un temps où la Logique et ses procédés furent profondément méprisés. La faute n'en est pas à l'œuvre d'Aristote qui est demeurée immortelle, mais à celle de ses successeurs qui en méconnurent l'esprit. Le chaos du livre et des documents appelle de nos jours une science qui obvierait au mal de la documentation devenue désordonnée, répétitive, contradictoire, un mal comparable sous certains aspects à celui des Rhéteurs dont Aristote finit par triompher. Cette science serait pour l'ordre à mettre dans les documents le prolongement de la Logique, qui est la science de l'ordre à mettre dans les idées. Quels que soient les abus auxquels donnera lieu infailliblement la nouvelle science, son utilité et sa nécessité sont incontestables.

7. Les transformations futures des livres. — Par une ascension extrême, on arrive à concevoir presque une *documentation sans documents.* Y pourrait conduire une généralisation extrême qui rappellerait dans ce domaine la marche qui a conduit les mathématiciens à ce qu'on pourrait appeler une mathématique sans nombre ni espace ! Les géomètres, en transportant des éléments géométriques vulgaires dans des espaces de plus en plus complexes, ont conduit à des géométries généralisées dont celle vulgaire, la géométrie d'Euclide, ne serait qu'un cas particulier. Les algébristes ont construit des arithmétiques généralisées. (1)

Le document élémentaire correspond à la pensée discursive. Il sert d'appui à cette pensée en lui permettant un développement explicite de plus en plus étendu et abondant. Le document du degré supérieur qu'on entrevoit correspondrait à la pensée intuitive. Il dépouillerait le document élémentaire de ses propriétés fondamentales, physiques et psychologiques pour le sublimiser et réduire à peu de chose et son substratum et la série enchaînée de ses signes. Quoi ! Comment? C'est difficile à formuler dès maintenant. Disons que la musique réduite à de purs tons, n'ayant peut être jamais été notés en peut donner quelque pressentiment ; qu'aussi la radio agissant « ubiquiquement » audible à volonté, venant subitement emplir de ses ondes ou l'en vider, un espace donné, celui à notre portée et par la seule pression d'un bouton. Disons que la musique et la radio nous permettent ici des anticipations bien que difficiles à pousser au delà de leur simple énoncé.

(1) Harris Haucock. — Foundation of the theory of algebric numbers. 1931.

15 RAPPORTS DE LA BIBLIOLOGIE AVEC LES AUTRES CONNAISSANCES

La Bibliologie, comme toute science, a des rapports avec les autres connaissances. Ces rapports sont dans deux directions : elle leur emprunte et elle leur donne. Les principales connaissances avec qui de tels rapports existent sont la Linguistique, la Technologie, la Logique, la Psychologie et la Sociologie.

Mais il y a aussi des rapports tout à fait généraux avec l'ensemble des connaissances et de la science comme telles et c'est eux qu'il y a lieu d'examiner tout d'abord.

151 Corrélations Générales.

Les rapports entre les choses, ceux entre les sciences qui y correspondent sont en principe des rapports mutuels. On a donc « Logique : Livre » et « Livre : Logique », « Psychologie : Livre » et « Livre : Psychologie », « Technologie : Livre » et « Livre : Technologie », « Sociologie : Livre » et « Livre : Sociologie ». La mutualité de ces rapports s'exerce cependant, en chaque cas, suivant deux directions différentes. Ainsi, il y a lieu d'envisager les influences de la Logique sur le Livre, mais inversement celles du Livre sur la Logique à laquelle il est venu apporter un instrument propre à des démonstrations rigoureuses et enchaînées en vaste système. (Par exemple qu'aurait été la Logique en œuvre dans la géométrie si elle n'avait pu s'exprimer dans les VIII livres d'Euclide). De même les influences corrélatives du Livre sur la Psychologie (formation de l'Esprit) sur la Technique (signification claire donnée aux choses produites) sur la Société (extension et précision du lien social), manière dont le livre réagit sur les phénomènes sociaux, en particulier, action du livre sur un public ou une foule dispersée et réciproquement.

Une formation systématique des termes pourrait exprimer clairement ces corrélations dans les deux sens. On dirait *Logique, Psychologie, Technologie* et *Sociologie bibliologiques.* On dirait corrélativement *Bibliologie, logique, psychologique, technologique* et *sociologique.*

152 La Linguistique ou Philologie Bibliologique.

1. Les rapports de la Bibliologie et la Linguistique constituent ce qu'on pourrait dénommer la Philologie bibliologique. Celle-ci a pour objet de montrer comment, à l'origine, s'est opéré le prolongement du langage dans le signe, après que la pensée elle-même sensation, sentiment, idée) se fut frayée un chemin extérieur par ce même langage, comment la langue a trouvé dans le livre le moyen de se fixer et progresser jusqu'aux formes complexes de la littérature, comment elle continue sans cesse de se développer par plus de livres, par la nécessité d'incorporer plus de pensées dans plus de documents, comment à cette fin elle procède sans discontinuer à l'amplification du vocabulaire, de la nomenclature, de la terminologie.

2. Les systèmes phonétiques, les systèmes morphologiques, les systèmes psychologiques du langage sont aussi complétés par un système bibliologique. Les travaux poursuivis depuis plusieurs siècles sur les langues, les études de grammaire comparée sont une indication de ce qui peut être attendu des études sur les livres. On a envisagé d'abord de classifier les langues envisagées successivement à divers points de vues, puis envisagées dans leur ensemble. On a examiné ensuite l'évolution de chaque groupe systématique de langages à travers le temps et vu la marche qu'il a suivie et dû suivre. D'où des études du point de vue étymologique et généalogique, des études dans les trois parties bien distinctes du langage, la phonétique, la morphologie, la syntaxe ou partie psychologique. Les formes bibliologiques étudiées d'après des méthodes analogues fourniront des résultats non moins remarquables.

3. Les textes pour l'étude des langues offrent des éléments précieux. Pour les langues anciennes les faits se laissent observer seulement avec leur aide. C'est sur des documents écrits qu'on observe par exemple l'attique, le gothique ou le vieux slave. On peut aussi déterminer l'état d'une langue à un certain moment, dans certaines conditions et l'examen des textes est alors le substitut de l'observation directe devenue impossible. Mais la langue écrite est bien loin d'enregistrer exactement tous les changements de la langue parlée, il y a des différences variables suivant les individus et leur degré de culture. Or, les langues romanes n'ont pas continué le latin littéraire, mais surtout le latin vulgaire. Les textes d'époques diverses fournissent des états de langue successifs. Les changements essentiels auxquels est dû le passage du type latin ancien au type roman, du IIIe siècle au Xe siècle après J.-C. trouve sa trace dans les monuments écrits. Mais la transformation des langues s'est faite aussi hors des textes. La Linguistique fait ses rapprochements en posant une « langue commune » initiale (Ursprache). Chaque fait linguistique fait partie d'un ensemble où tout se tient (système linguistique). On rapproche donc non pas un fait de détail d'un autre fait de détail, mais un système linguistique d'un autre système.

4. Dans chaque région il y a un groupe de parlers locaux de même famille et une langue écrite, langue de civilisation qui sert à tous les usages généraux, aux relations avec l'ensemble du pays et qui est la langue du Gouvernement, de l'école, des administrations, de la presse, etc. En pareil cas, la langue écrite a sur les parlers locaux une forte influence (1). Ainsi en France. Au Ve siècle avant J.-C., en Grèce, presque chaque localité grecque avait son parler propre alors qu'à partir de cette époque l'action de la langue générale de plus en plus forte élimine les unes après les autres les particularités locales et une langue commune fondée sur l'usage attique se répand sur toute la Grèce. Cette observation éclaire la notion de « langue classique ».

5. Il advient qu'une population toute entière sans voir renouveler sa population change de langue. C'est le cas de l'Egypte où après avoir persisté durant encore 4.000 ans des périodes historiques, l'égyptien est sorti de l'usage et a été remplacé par l'arabe. Sur le territoire actuel de la France, le gaulois a dû arriver avec la conquête celtique durant la première moitié du millénaire qui a précédé l'ère chrétienne ; puis il a cédé la place au latin après la conquête romaine. On ne peut donc pas identifier un pays avec la langue qu'on y parle, ni inversement une langue avec un pays. Cette observation a son importance dans la classification des documents.

---

(1) A. A. MEILLET : *La méthode comparative et linguistique historique,* p. 73.

6. La Parole. — Antérieurement à tout livre il y a la Parole et celle-ci coexiste parallèlement au Livre.

La vie en commun, la civilisation a besoin de la parole : entretien, communication, accord, ordre, avertissement, enseignement; la Parole dans les maisons, les salons, les bureaux, les ateliers, les administrations, les assemblées, les conférences.

Le téléphone c'est la parole portée au loin. Il y a eu le « Journal Téléphoné ». Le radiophone est aussi un mode de transmission de la parole.

Le langage offre les cinq degrés suivants dans l'échelle de l'ordre mis dans les pensées exprimées : a) Parler; b) Conversation; c) Débat; d) Cours et conférences d'après des notes; e) Théâtre d'après un libretto.

On retrouve dans les formes bibliologiques les équivalents des formes parlées. Ainsi, la conversation, l'interrogatoire (interview), dialogue, le récit, le débat.

7. La Conversation ressemble au chant. Le chant répond à un besoin organique tout autant qu'intellectuel. On chante pour chanter, et cela sans un but défini. De même, on peut converser par le besoin physiologique et psychologique de parler, et non point pour informer, décrire, prouver ou persuader. Il est vrai que le chant ordinairement exprime les sentiments les plus élevés et que ses paroles traduisent des idées élevées en forme poétique. Au contraire, la conversation peut se trouver terre à terre et formuler les lieux communs les plus ordinaires.

Les Salons furent très importants au XVIIIe siècle. Plus mondains et littéraires avant 1750 (les bureaux d'esprit), ils servent dans la dernière moitié du siècle surtout à la propagation des nouvelles idées. La Cour de Sceaux de la duchesse du Maine, les salons de Mme de Lambert, Mme de Teneur, Mme Geoffrin (rendez-vous des encyclopédistes), Mme de Deffand et Mlle de Lespinasse, Mme Necker.

8. L'improvisation est restée l'essentiel de l'art oratoire. L'improvisation fut à l'origine de la poésie. Il y avait alors uniformité des tournures, simplicité des rythmes, licences nombreuses du langage. Les almées savantes de l'Egypte, les rapsodes des Grecs, les bardes d'Ecosse, les scaldes du Nord, les trouvères et les troubadours, ont eu, à des degrés divers, le don de l'improvisation. Chez les peuplades sauvages qui existent encore aujourd'hui, on peut entendre des improvisations. Les tribus nègres elles-mêmes se réjouissent aux chants improvisés de leurs griots.

Avec les progrès du temps et des langues qui s'enrichissent et se compliquent, l'improvisation, devenue difficile, céda la place aux œuvres plus travaillées et finit par disparaître. Du moins elle cessa d'être le mode même de la poésie et n'en fut plus qu'une particularité, en genre inférieur.

En musique, l'improvisation n'est généralement qu'un jeu d'esprit. La distraction d'un grand artiste dont l'imagination féconde est aidée par de longues études et une science consommée. Beethoven, Mozart, ont été de grands improvisateurs. Toutefois, une improvisation si brillante, si étonnante qu'elle soit, n'atteindra jamais à la hauteur d'une œuvre mûrement réfléchie, élaborée avec amour et dans le silence qui convient à l'enfantement d'une véritable création. L'orgue, sa raison et ses conditions matérielles exigent l'improvisation.

9. La tradition, scientifique ou autre, continue à jouer un grand rôle. C'est la transmission des connaissances, elle s'opère non seulement à l'intermédiaire des documents, mais sans documents, par la parole, les objets ou les actes de l'habileté professionnelle (apprentissage, éducation).

153 La Sociologie Bibliologique.

1. Les rapports de la Bibliologie et de la Sociologie constituent ce qu'on pourrait dénommer la Sociologie bibliologique.

2. La sociologie est la science des phénomènes sociaux. Là où deux ou plusieurs hommes sont en présence il y a phénomène social. De nos jours une science générale s'est constituée embrassant toutes les disciplines qui étudient les phénomènes sociaux, c'est la sociologie.

3. Le Livre naît dans la société; ce sont les circonstances de temps et de lieu de la Société qui lui donnent sa physionomie propre. Tel Livre eût été impossible à concevoir et à publier avant tel moment ou en dehors de tel pays. Les circonstances sociales sont celles qui déterminent les formes de la coopération intellectuelle ou matérielle et les modalités commerciales ou autres selon lesquelles s'opère la diffusion des écrits dans le corps social. Pour les étudier dans leur véritable cadre, la Bibliologie emprunte à la Sociologie ses données fondamentales. Inversement elle lui apportera les conclusions d'ordre social de ses propres investigations.

4. La Sociologie d'aujourd'hui a mis en lumière ces trois principes : 1° La Société humaine est une totalité et chaque phénomène partiel s'y répercute sur tous les autres ; 2° Toute chose particulière dans la vie sociale est à considérer en fonction des autres : la notion des fonctions se substitue à celle des causes ; 3° Le point de vue prévalant dès lors doit être celui-ci de la relativité. Ces principes sont trois corollaires quant à la documentation, considérée comme expression de la pensée sociale : 1° La Documentation est une totalité ; 2° Les facteurs agissant dans chaque domaine de la documentation sont à considérer comme des fonctions dépendant les unes des autres ; 3° La valeur intrinsèque et extrinsèque (fond et forme) de la documentation est elle-même soumise à la relativité.

5. La conception nouvelle se fait jour d'une justice effective, d'une santé contrôlée, d'une économie dirigée, d'une politique scientifique, d'une Intellectualité largement coopérative. C'est la mise à contribution de tout l'ensemble des résultats déjà acquis par les sciences et des résultats qu'elles obtiendront demain. Il y a conséquemment un rôle immense entrevu pour la Documentation puisque la collectivité humaine, étendue jusqu'au degré mondial, ne saurait pratiquement établir son action, la poursuivre régulièrement, la prolonger dans toute la sphère internationale qu'en usant des documnets.

Dans cette conception nouvelle de la société qui tend à prévaloir, toute réalité si petite soit-elle, apparaît fonction de toutes les autres réalités existantes. C'est dès lors une harmonie et un équilibre permanent qui est à rechercher entre elles toutes, et ceci n'est possible que par une documentation de plus en plus perfectionnée (1).

Il faut attendre des événements mêmes certains effets psychologiques. Ils doivent conduire à une claire vision chez tous des exigences de notre époque. C'est à l'information documentée mise sous les yeux du public à accélérer ces effets psychologiques.

L'Intelligence de la Nation doit être mise en œuvre en même temps que celle de ses mandataires et de leurs organes d'exécution. Tout citoyen a sa responsabilité ; il doit être entraîné à agir. Parmi les idées nombreuses et confuses, il doit être rendu habile à clarifier et à choisir entre elles. Il doit s'exercer à l'acte et sortir du chaos où il se débat.

« Examiner » à quoi correspondent les problèmes, dans l'esprit des peuples et des hommes d'Etat, les pensées, les projets, les raisonnements auxquels sont suspendus le destin, la prospérité ou la ruine, la vie ou la mort des humains.

Point ne suffit que des hommes, des groupes, des organisations travaillent à dégager et dire ce qu'il faut faire. C'est la masse des citoyens qu'il faut toucher. Leur information est nécessaire, afin qu'avertis, ils fassent vouloir la coopération et contraignent à passer à la réalisation. Tout cela met en lumière le rôle de la *Documentation* dans la Société.

6. Dans l'Evolution, le rôle du livre à un certain moment est devenu capital. Améliorer le livre c'est améliorer la civilisation, terme global sous lequel viennent se ranger tous les éléments qui composent la société. On constate que l'évolution du corps de l'homme est devenue à peu près stationnaire depuis les temps historiques. Il n'y a guère eu de changements dans ses organes, ses membres, ses sens. Mais il s'est constitué comme un prolongement externe de sa personne. L'un, l'outil prolongement de sa main (main-outil) ; l'autre, le livre, prolongement de son cerveau (cerveau-livre). Il y a là une sorte de développement exodermique opposé au développement endodermique (hors les limites de l'enveloppe cutanée du corps). Ce qui fait penser à ce que les métapsychiciens appellent ectoderme. Perfectionner le livre, c'est perfectionner l'Humanité.

(1) Paul OTLET : a) *Constitution mondiale,* 1917 ; b) *Programme mondial, 1932 ;* c) *La Banque mondiale et le Plan Economique mondial,* 1932.

154 Science ou Logique Bibliologique.

Il y a lieu de remonter à la conception synthétique à se faire de toutes choses (Universalisme). A cet effet les distinctions fondamentales sont à rappeler. 1° La Réalité objective (l'homme et la société), 2° La Pensée qui cherche à se représenter cette réalité et qui l'associe à la réalité subjective du moi, 3° L'Expression et la formulation de cette pensée, soit par le langage qui est fugitif, soit par ses signes, l'écriture ou le dessin, en des documents. Le Livre à caractère scientifique peut donc être tenu comme déformations auxquelles ceux-ci sont soumis.

D'autre part la classification des sciences distingue : Les connaissances, d'abord toutes confondues, sans ordre et d'ailleurs fort élémentaires, se sont ensuite successivement spécialisées à l'extrême. Nous sommes entrés dans une période de synthèse où la corrélation de toutes les sciences est revenue au premier plan des préoccupations.

Il y a donc lieu d'envisager les sciences bibliologiques au même point de vue. Les corrélations seront de deux ordres : 1°) ce qu'elles empruntent aux autres sciences, 2°) ce qu'elles leur apportent.

La Bibliologie n'est pas encore constituée en science et devrait l'être en corrélation et en coopération.

Il y a utilité à rappeler les notions fondamentales sur la Science en général et sa formation.

1. **Notion de la Science.** — Une science est un ensemble de propositions qui constituent un système, un tout qui tient debout.

Laplace (O. C. VII. p. VI) a donné cette formule de la Science : «Une intelligence qui a pour un instant donné, connaîtrait toutes les forces dont la nature est animée et la situation respective de ces choses, si d'ailleurs cette intelligence était assez vaste pour soumettre ces données à l'analyse ». La documentation peut fonder la nécessité de son universalité sur cette définition de la science dont elle doit être l'auxiliaire.

Toute réalité concrète n'offre que de l'individuel. C'est l'intelligence qui par abstraction peut en dégager ce qu'il y a de général. La science d'un objet, d'un ensemble d'objets est précisément constituée par ce qu'ils offrent de général. Dans les conditions d'existence à remplir par les réalités concrètes il y a quelque chose de nécessaire. On peut donc intellectuellement déterminer des types, des espèces, et déterminer les conditions auxquelles doit satisfaire tout objet, tout phénomène imaginable de l'ordre étudié.

Les conceptions philosophiques, que ce soient celles de l'exemplarisme ou du mécanisme, conduisent au principe que dans l'intelligence résident non pas les choses mais des portraits des choses, des images intellectuelles dont le système, la ressemblance est ou n'est pas suspecte.

2. **Facteurs de la Systématisation.** — Il y a trois facteurs de la systématisation scientifique :

a) la définition qui dit ce qu'une chose est; b) la démonstration, qui passe des principes aux conclusions; c) la division ou différenciation.

On peut définir ainsi l'idéal d'une science parfaite : un ensemble de propositions évidentes et certaines, nécessaires et universelles, systématiquement organisées, tirées immédiatement ou médiatement de la nature du sujet et qui donne la raison intrinsèque de ses propriétés ainsi que des lois de son action.

Travaux analytiques. Travaux synthétiques, les deux sortes de travaux, avec les documents et les publications qu'ils comportent, sont à envisager distinctement et en corrélation. Analyse, synthèse sont les deux mouvements essentiels de la pensée, qui alternativement ou successivement décomposent un ensemble d'éléments et ses éléments forment un ensemble. Une économie dans la pensée, un gain dans le travail consistent à procéder à l'analyse et à la synthèse en liaison si étroite que sans peine l'une conduise à l'autre et réciproquement.

3. **But.** — Le but de la Science est de former et de constituer l'image intellectuelle du Monde mouvant (science statique, dynamique) et la détermination des points d'action sur lesquels est possible une action en vue de la transformation du monde selon les besoins humains (désidérata matériels et intellectuels).

Ainsi « Savoir pour prévoir afin de pouvoir ». Or, cela n'est possible pour l'esprit ni spontanément, ni immédiatement, ni directement, ni isolément. Il lui faut : 1° du temps; 2° de la coopération; 3° une méthode; 4° un outillage (langue, classification, logique, documentation).

4. **Espèces de sciences.** — Les sciences sont de deux ordres : 1° Sciences d'objets (sciences de réalités concrètes). Elles envisagent des choses éventuellement uniques comme la Terre, objet de la Géographie envisagé dans la synthèse totale qu'elle forme). 2° Sciences de phénomènes, d'aspects. Science abstraite, analytique, envisageant les choses ou quelques-uns de leurs éléments donnant lieu à des Types ou classification et à des lois).

Il y a les Sciences exactes et les autres. Pour être une science exacte, suivant la terminologie admise, il faut qu'une science s'exerce sur des objets mesurables :

a) les sciences de la Nature et les sciences de l'Homme et de la Société; institutions, objets artificiels et idées créés par l'Homme; b) les sciences des faits, sciences de lois, et les sciences d'application ou disciplines pratiques.

Le passé a connu la division des sciences en deux parties, l'une occulte, réservée aux initiés en savoir, sages et prêtres en même temps, et l'autre publique, ésotérique, pour le vulgaire et révélée par le moyen de symboles. (Les Egyptiens constructeurs de pyramides, Zoroastre, les Pythagoriciens, tous les tenants de la Gnose). Le Livre a été l'instrument de l'une et de l'autre de ces formes de science.

D'autre part, la pensée réfléchie exprimée dans les documents (écrits, images) relève de quatre ordres de production s'élevant des unes aux autres selon une progression croissante de précision et de généralisation abstraite :

a) Folklore; b) Littérature; c) Science; d) Philosophie.

5. **Mouvements internes dans la constitution de la Science.** — La constitution générale de la science est affectée en ce moment par de grands mouvements internes qui tendent à embrasser toutes les connaissances et dont la Bibliologie devra tenir compte. Ces mouvements sont :

a) L'Interdépendance plus étroite de toutes les parties (à l'intérieur et à l'extérieur).

b) l'Explication génétique, évolution historique. Actuellement dans les deux directions : approfondissement de son propre domaine; utilisation du domaine des autres sciences en offrant à celles-ci ses propres résultats.

c) la Mathématique des sciences, formulation de leurs lois, en langage mathématique (concentration, déduction).

d) l'Elimination de la distinction entre sciences pures et sciences appliquées. (1)

e) la Substitution de la notion de fonction à celle de cause.

f) la Substitution de la notion de loi statistique donnant lieu aux probabilités, à celle de détermination des causes. Restauration de l'individuel et de son libre arbitre relatif. Une révolution s'est accomplie dans cette conception à la suite des grandes découvertes de la Physique. La conception déterministe a été attaquée, on veut reconnaître une sorte de libre arbitre dans le monde des corpuscules (Heisenberg, Bohr). Impossible de connaître à la fois la position et le mouvement précis d'un corpuscule et son état immédiatement postérieur. Seules des considérations statistiques définiront un état le plus probable parmi les divers états possibles. La notion de loi, fondamentale jusqu'ici, serait par suite singulièrement modifiée.

g) l'importance grandissante du finalisme volontaire, humain, social, sous le nom de Plan (Téléologie).

5. **Constatation, Prévision, Action.** — Il faut aujourd'hui une science développée jusqu'à ces trois degrés : 1° Enregistrement des faits quand ils se produisent; 2° Prévision des faits et établissement des conséquences

(1) Comment se font les inventions. (A. Boutaric, Les Grandes Inventions françaises, p. 9).

utiles avant leur plein épanouissement; 3° Action en vue de produire ou de modifier les faits.

7. **Science générale comparée.** — Sans qu'un nom distinct, ni même une organisation distincte la caractérise, il se constitue sous nos yeux une Science générale comparée; c'est-à-dire une manière commune de constituer chaque science particulière, son contenu, son expression, son organisation. Telle science particulière sous l'empire de son développement propre peut ne pas avoir ressenti le besoin de telle méthode ou de telle forme d'organisme, ni avoir été amenée à poser tels ordres de problèmes, que ces besoins cependant naissent dès que les sciences se rapprochent et se comparent. La Bibliologie bénéficiera de tout ce qu'apportera cette « science commune ». Avant qu'elle ait été formulée, elle devra se confronter directement elle même avec les plus importantes et les plus caractéristiques des sciences.

8. **Science et objet de la Science.** — Une première et fondamentale distinction est à faire entre la chose et sa science, ici entre le Livre-Document lui-même et la science du Livre-Document. La Zoologie, science des animaux, est bien distincte de ceux-ci; elle a une histoire (évolution des conceptions concernant les animaux) bien distincte de l'Histoire des Animaux, leur évolution, laquelle donne lieu elle-même à une science propre : la Paléontologie.

9. **Caractère complet ou choisi des sciences. Importance des sujets traités.** — Décrire le Monde, décrire la Pensée des Hommes, décrire ce que cette Pensée conçoit de la Nature, de l'Homme, des Sociétés; quelle tâche immense. A priori, il est impossible de la réaliser 100 %. Pour écrire une histoire intégrale, par exemple, il faudrait écrire, seconde par seconde, ce qui s'est passé au cours du temps; pour décrire une géographie intégrale, il faudrait décrire non seulement la Terre, mais tout l'espace, mètre par mètre, au moins Kilomètre par Kilomètre. (1) Impossible et surtout inutile de construire et de communiquer un savoir complet. On a donc procédé de deux manières: en créant des types généraux auxquels sont supposées correspondre les entités particulières et en choisissant les sujets à traiter. Il y a bien des sujets qui sont sans intérêt. Les personnes d'esprit médiocre et sans portée, souvent qualifiées de curieux, s'attaquent volontiers à des questions insignifiantes. La liste des titres bibliographiques en fait foi. « Toute science doit tenir compte des conditions pratiques de la vie, au moins dans la mesure où on la destine à devenir une science réelle, une science qu'on peut arriver à savoir. Toute conception qui aboutit à empêcher de savoir, empêche la science de se constituer. — La science est une économie de temps et d'efforts obtenue par un procédé qui rend les faits rapidement connaissables et intelligibles; elle consiste à recueillir lentement une quantité de faits de détails et à les condenser en formules portatives et incontestables. Les sciences ont le choix entre deux solutions: être complètes et inconnaissables; ou être connaissables et incomplètes. Elles ont choisi la seconde, elles abrègent et condensent, préférant le risque de mutiler et de communiquer arbitrairement les faits à la certitude de ne pouvoir ni les comprendre ni les communiquer. » (Ch. v. Langlois et Ch. Seignobos. — *Introduction aux Etudes historiques*, p. 228.)

(1) André George. — *L'œuvre de Louis de Broglie et la Physique d'aujourd'hui.*

10. **La Science et le Livre.** — Notre temps a créé la recherche scientifique. C'est un accroissement illimité des connaissances provoquées à la fois par le désir intense de les conquérir et par une organisation pour le réaliser (personnel, plan, méthodes, outillage). Si de tout temps il y eut amour et effort de savoir, le point essentiel et la grande nouveauté est maintenant dans la recherche, ainsi définie. Or, les conditions *sine qua non* sont que les résultats se puissent comparer exactement et qu'ils puissent s'ajouter les uns aux autres. Il s'agit par des procédés très puissants, par une action continue, de constituer un capital — capital intellectuel — de lois et de procédés puissants. Continuité, addition, comparabilité, capitalisation, elles ne sont pleinement possibles que par la Documentation. Réciproquement, il n'y a Documentation satisfaisant aux desiderata de la science que si elle correspond à ces mêmes quatre but-desiderata.

155 La Psychologie et les Activités de l'esprit ou Psychologie Bibliologique.

1. En Bibliologie s'est ouvert un chapitre nouveau : La Psychologie Bibliologique: l'étude des rapports mentaux entre auteurs et lecteurs à l'intermédiaire du livre, étude du livre considéré comme une cristallisation des idées, des sentiments des volontés de qui le produit, une cristallisation qui a son tour va influencer cette autre cristallisation, plus souple et susceptible de modification qu'est l'utilisateur du livre. Nicolas Roubakine a poursuivi cette étude depuis plus de trente ans; pendant la guerre, il a été contraint par ses amis à sortir du milieu exclusivement russe où il présentait des faits et des idées de portée universelle. Par une action jointe, l'Institut Rousseau (Ecole des Sciences de l'Education à Genève) et l'Institut International de Bibliographie ont amené la création en 1916 d'une Section de Psychologie Bibliologique, transformée en 1928 en *Institut International de Psychologie bibliologique*. Celui-ci installé d'abord à Clarens, maintenant à Lausanne, a produit un très actif travail sous la direction et l'impulsion de N. Roubakine lui-même, assisté de sa collaboratrice Marie Bethmann. Les Principes de la nouvelle branche de science ont été exposés dans deux volumes écrits en français, forts de

600 pages (*Introduction de la Psychologie Bibliologique.* Paris, Povolosky, 1922) et en deux volumes russes de 900 pages parus en 1923-1924 et contenant les derniers développements. Une *Enquête internationale de Psychologie Bibliologique* a été entreprise en 1932. Elle a fourni d'excellents matériaux pour l'étude de cette science et pour la précision des types de lecteurs, étudiés longuement et en détail d'après leurs propres réactions bibliopsychologiques. Nul qui s'intéresse aux sciences du Livre ou aux sciences de l'esprit ne pourra plus désormais ignorer les nouveaux problèmes posés et les premières solutions y apportées. Car il s'agit d'une science mixte; elle entre à la fois dans la Psychologie et dans la Bibliologie; elle est une résultante de l'une et de l'autre, un apport de l'une à l'autre.

2. Les scolastiques, après Aristote, avaient posé trois termes: l'objet, l'esprit, la vérité ; ou en leur langage : l'objet connu, le sujet connaissant, le rapport de l'un à l'autre qui devait être une «equatio» pour mériter le nom de vérité. Toute leur logique, en grande partie encore celle d'aujourd'hui, est basée sur ce fondement. Mais leur psychologie était sommaire et derrière la Logique comme derrière elle, la métaphysique régnait en affirmation de principes absolus. Il a fallu la révolution scientifique et les patientes analyses de la Psychologie physiologique pour se pénétrer du point de vue phénoménaliste, relativiste et reconnaître tout ce que le « sujet connaissant » offre de modalités et d'individualités diverses. S'il n'y a pas deux hommes physiquement identiques, comment croire à la structure uniforme de l'esprit. Et alors, comment ne pas refaire sur de nouvelles bases l'œuvre individuelle et sociale de la Raison, conçue comme trop raisonnante ».

3. La biblio-psychologie est une branche spéciale de la psychologie scientifique; elle s'appuie avant tout sur les méthodes des sciences naturelles et des sciences exactes en général. Son objet est l'étude de tous les phénomènes psychiques liés à la création du livre, à sa circulation, à son utilisation et à son influence. Dans la biblio-psychologie, le mot « Livre » prend son sens le plus large: il indique à la fois: livre, journal, gazette, discours, conférence, etc.

Comme on le sait, l'attention des savants a été attirée jusqu'à nos jours principalement sur l'étude de l'origine des phénomènes littéraires. La biblio-psychologie, par contre, étudie la *perception* de ces phénomènes (paroles, livres, discours, etc.) et leur *influence* sur le lecteur ou l'auditeur. Elle passe de l'étude préliminaire du *lecteur* et du processus de la lecture à l'étude de l'auteur et de son travail créateur. Elle démontre que le lecteur ne connaît l'âme de l'auteur et le contenu de son œuvre que dans la mesure de leur action sur lui, dans des conditions données intérieures et extérieures (race, milieu social et son histoire, etc.). L'effet produit par un même livre sur un même lecteur dépend non seulement de l'individualité, mais aussi de toutes ces conditions, qui changent continuellement. C'est pour cela que la bibliopsychologie a formulé sa thèse fondamentale de la manière suivante : « Le livre n'existe qu'en fonction du lecteur. » C'est-à-dire: tout ce qui n'a pas été perçu par le lecteur, n'existe pas pour lui. Dans la mesure où deux lecteurs se ressemblent, le contenu d'un même livre leur paraît identique, et vice-versa. De ce point de vue: le livre n'existe, pour le lecteur, que dans la mesure où il en a aperçu le contenu, et ce contenu lui-même, pour autant qu'il est aperçu, n'est que l'expression de toutes les facultés du lecteur, de son âme, complexus des phénomènes psychiques excités par la lecture du livre. Le contenu du livre, en dehors du lecteur, n'existe pas, parce que pour chaque lecteur pris séparément il se trouve dans la projection des excitations produites par le livre sur l'âme du lecteur. Il s'en suit que pour étudier un livre, il est indispensable d'étudier ses lecteurs et leurs qualités physiologiques, psychologiques, anthropologiques, ethniques, sociales.

4. L'influence d'un livre est déterminée par l'individualité du lecteur, par la « mnème » de celui-ci. Le mot « mnème », d'un usage si commode pour tous les travailleurs du livre, a été introduit dans la science par le professeur R. Semon. Il indique la mémoire organique héréditaire de l'espèce, et la mémoire individuelle qui permet d'acquérir et de conserver les engrammes, c'est-à-dire les changements produits dans la matière organique par des excitations quelconques. Dans ce sens, la mnème est le total des engrammes.(1) La mnème ne se compose pas seulement des connaissances et des idées, mais aussi des émotions, des sentiments, des désirs et des réserves de conscience et de subconscience. Le livre représente pour le lecteur un ensemble d'aperceptions, c'est-à-dire d'excitations de ces centres psychiques tels qu'ils ont été constitués en lui par la mnème, par la totalité de ses expériences raciales et individuelles. Or, chaque mot n'excite pas seulement un, mais presque toujours un ensemble de phénomènes psychiques. Le lecteur peut enregistrer ces phénomènes suivant ses aptitudes personnelles, et l'état de sa conscience dans des circonstances et dans un moment donnés. Si nous écrivons sur l'axe des abcisses le texte et sur l'axe des ordonnées n'importe quelle classification des phénomènes psychiques, l'individu peut indiquer les impressions produites par chaque mot du livre au cours de la lecture et les classer respectivement. Chaque individualité se caractérise par le nombre et par la distribution de ces indications. En faisant la statistique de ces annotations, correspondant aux diverses catégories de phénomènes psychiques, on obtient la

(1) R. Semon. *Die Mneme.* 3. Auf. S. 15. — A. Forel. *Gehirn und Seele.* S. 8, 94.

somme et le pourcentage des excitations produites sur un lecteur par un livre et dans un moment donné.

5. De cette manière on peut obtenir des *coefficients biblio-psychologiques numériques* qui caractérisent le lecteur à un moment donné. La théorie de la statistique permet de passer de ces coefficients *individuels* à des coefficients *moyens* (pour un même lecteur, pour des lecteurs différents, etc.). Cette méthode spéciale conduit la biblio-psychologie à l'analyse des différents lecteurs, à préciser leurs types psychiques et à obtenir ainsi une série ou une échelle d'étalons d'un lecteur moyen (en général), d'un lecteur spécialiste (d'une branche déterminée d'une science), d'un peuple, d'une classe sociale, d'un moment de l'histoire, etc. ; on peut comparer avec ces étalons des coefficients individuels. Une telle comparaison permet de caractériser non seulement qualitativement, mais aussi quantitativement n'importe quel lecteur. On remplace de cette manière l'étude subjective des ouvrages littéraires par l'étude objective ; la même méthode nous permet d'introduire dans les opinions des critiques et des commentateurs leurs « correctifs comme lecteur » (équation personnelle) soit le correctif du critique. On arrive ainsi à expliquer le rôle des faux témoignages dans le domaine de la littérature et de la critique.

Cette méthode spéciale de la biblio-psychologie (la statistique des excitations produites par chaque mot du livre) donne la possibilité d'appliquer la théorie des probabilités et les courbes mathématiques à l'étude de tous les phénomènes psychiques de la lecture. De cette étude du lecteur, on passe à l'étude des *livres* eux-mêmes, puisque les *coefficients moyens* biblio-psychologiques, caractérisant le *lecteur moyen* d'un livre ne sont autre chose que la caractéristique de ce livre (conformément à la loi des grands nombres de Quetelet). L'étude par les mêmes procédés de toutes les œuvres d'un écrivain conduit à la constatation objective des qualités de ses travaux et à leur action dans tel ou tel sens sur les lecteurs. La comparaison de coefficients biblio-psychologiques se rapportant à toutes les œuvres d'un écrivain donné avec les étalons de différents types de lecteurs permet de caractériser chaque *auteur* aussi objectivement et à des points de vue différents.

6. En développant de plus en plus l'application de cette méthode et en basant toujours l'étude des livres sur l'étude préliminaire des lecteurs et celles des auteurs sur celle de leurs œuvres, la biblio-psychologie tend à transformer l'histoire et la théorie de la littérature en une des branches de la psychologie scientifique, en une science étudiant la qualité et la quantité des excitations psychiques produites par les livres. La même méthode permet de déterminer avec exactitude les notions fondamentales du *type* des livres, des lecteurs, des auteurs et de leurs relations réciproques.

Les lois fondamentales de la biblio-psychologie sont les suivantes :

a) *Loi de W. Humboldt-Potebnia* : « Le mot est un excitateur et non pas un transmetteur de la pensée ».

b) *Loi de E. Hennequin* : « Un livre produit un effet maximum sur le lecteur dont l'organisation psychique est le plus analogue à celle de l'auteur ».

c) *Loi de H. Taine* : « La race, le milieu et le moment de l'histoire déterminent la mentalité des lecteurs ».

d) *Loi de R. Semon* : « La compréhension du livre est une fonction de la mentalité du lecteur, c'est-à-dire de la totalité des engrammes formés en lui par la mnème ».

e) *Loi de Ernest Mach* : « L'économie du temps et des forces du lecteur s'accroît à mesure que le type du livre se rapproche de celui du lecteur ».

Les recherches biblio-psychologiques permettent donc de constater la dépendance fonctionnelle des trois facteurs : 1. le lecteur ; 2. le livre ; 3. l'auteur, et de l'exprimer par des coefficients numériques. Il s'ensuit qu'on peut utiliser un livre comme réactif sur le lecteur et réciproquement.

7. La Psychologie bibliologique récente est allée plus loin. Elle s'appuie maintenant sur des lois cosmiques, écrit M. Roubakine, elle n'étudie plus uniquement les phénomènes du livre et de la littérature d'après le point de vue social et des sciences naturelles. Elle tend à formuler la loi de la conversation et des critères. Elle a déjà formulé, et expérimentalement prouvé, la loi très importante des consonances et des disonances des émotions. Cette loi est la vraie base du travail pratique dans le domaine du livre et de la parole. Elle détermine la biblio-psychologie comme science du comportement verbal et étudie la dépendance fonctionnelle entre le percipent, l'agent et le milieu (temps et espace).

8. Les applications possibles de la Biblio-psychologie ont été résumés en ces termes par N. Roubakine :

1° la possibilité de rédiger les livres scientifiques de vulgarisation et les manuels scolaires de telle façon qu'ils soient plus lus que les belles-lettres ; 2° au lieu d'étudier dans les buts de l'instruction et de l'auto-instruction une quantité de livres, poursuivre ce travail avec un nombre de livres relativement petit, sans porter préjudice aux connaissances reçues et au développement mental ; 3° transformer les bibliothèques en des laboratoires où l'on étudie la circulation des idées et de l'opinion publique ; 4° organiser l'activité des maisons d'édition, des rédactions de livres et leur distribution de façon que cette activité ne ressemble plus à un tir désordonné sur un but invisible ; 5° et c'est là peut-être le plus important, faire comprendre à tous ceux qui, sous le régime social actuel, sont opprimés, humiliés, offensés et appauvris et qui maintenant n'ont ni les connaissances ni les possibilités pour travailler pour la création de meilleures conditions, qu'ils peuvent, eux aussi, lutter et travailler avec succès, sans verser ni larmes, ni sang; tous ils peuvent apprendre à créer une vie nouvelle, et la créer toujours et partout avec insistance et ferveur, et cela sans se faire remarquer par ceux qui, maintenant, construisent leur bonheur et leur aisance sur les malheurs des autres.

« La force du livre et de la parole n'est pas encore utilisée pleinement, dit N. Roubakine. Nous n'avons pas encore trouvé les meilleurs moyens de nous en servir. Nous ne savons pas encore les mettre en pratique. De nos temps, le livre n'est pas encore un instrument de la lutte pour la vérité et la justice. Mais nous pouvons et nous devons le rendre tel. » (1)

156 Les rapports du Livre avec la Technique ou Bibliologie technologique.

1. La Bibliologie Technologique envisage les rapports du livre avec les moyens matériels de les reproduire et de les multiplier.

Il y a de nos jours une Technique Générale qui embrasse dans ses cadres tous les moyens raisonnés d'action de l'homme sur la matière; tous les processus chimiques, mécaniques, électriques de l'industrie. Plus elle progresse et plus sont appelées à progresser ses applications au Livre et aux Documents.

L'invention dans un domaine retentit sur tous les autres; il y a emprunts et apports réciproques entre les domaines. Par exemple : les principes des presses, du clavier de la machine à écrire, inspiré lui-même du clavier du piano, la redistribution automatique dans la machine à composer ont suggéré maints dispositifs dans d'autres domaines que l'imprimerie.

2. Il n'y a pas eu une technique complète du livre, il y a encore bien des recettes. Le traditionalisme domine toute cette matière où il semble que l'on ne soit pas plus avancé que dans les premiers arts, alors que les progrès étaient la plupart inconscients et s'élaboraient avec une lenteur que nous avons peine à nous représenter.

(1) A. Ferrière « La biblio-psychologie d'après les travaux de N. Roubakine » dans les « Archives des Pyschologies». 1916. N° 12. — Du même auteur: «Transformons l'école », 1920, p. 93-98. — T. Kellen « Die Bibliologische Psychologie. Eine neue Wissenschaft von Büchern und Lesern » (« Deutsche Verlegerzeitung ». Leipzig, 1921. N° 22). — S. Salvoni « N. Roubakine » (« Culture Populaire ». N° 6. 1923). — Carel Scharten « De Mensch en de Geleerde Nicolas Roubakine » (« Telegraaf ». 17. VIII. 1922. Amsterdam). — V. Bauer « Biblio-psychologie, novà weda o knize », dans le « Ceska Osveta ». 1925. N° 6. — Thomson, J. « De macht van het boek » (« Algemeen Handelsblad », 4 en 5 Maart, 1921). — Rocznik Padagogiczny. Serja II Tom II. 1924 (par Prof. H. Radlinskà).

157 Enseignement ou Bibliologie pédagogique

1. Dans une mesure considérable, les livres et les documents constituent un enseignement. Les livres, dès lors, jouent un grand rôle dans l'enseignement et réciproquement les cours enseignés donnent naissance à un grand nombre de livres.

2. L'importance de l'Enseignement oral relativement aux autres moyens d'étude n'a pas cessé de dominer. Avant la découverte de l'imprimerie, c'était le moyen principal de transmettre les idées. Les manuscrits ne pouvaient pas rivaliser alors avec la parole, mais peu à peu les imprimés ont pris la place principale dans les affaires intellectuelles. Ils ont porté la lumière hors des écoles, hors des villes, hors des pays civilisés. Les paroles fugitives ont été remplacées par quelque chose de durable et de précis, qui permet à chacun de réfléchir sur les raisonnements et de comparer exactement les opinions. Pourvu qu'un livre soit bien fait, il a plus de lecteurs qu'on ne voit d'auditeurs dans les cours les plus fréquentés. (de Candolle).

3. L'art d'exposer s'inspirera de l'art d'enseigner. Or, celui-ci a subi une transformation profonde. Les nouvelles méthodes de pédagogie n'ont rien de commun avec les anciennes. Celles-ci étaient basées sur le principe faux que toute connaissance doit se fixer dans l'esprit au moyen de la mémoire. Il n'en est rien. On pouvait le croire à une époque où l'art d'enseigner consistait pour le professeur à transmettre ce qu'il avait lui-même appris et l'art d'apprendre à recevoir la parole de maître comme parole sacrée. Maintenant on s'est mis à étudier les phases de l'esprit humain, les manières dont les connaissances s'acquièrent dans l'enfance et dans le restant de la vie. Or, le cerveau humain à raison de la plasticité de son organisation cellulaire, est ainsi fait qu'il peut approvisionner les connaissances et les rappeler au moment voulu. Il est des circonstances qui peuvent aider ou contrarier le fonctionnement des centres nerveux. Tout ce qui est acquis ne doit pas être rappelé en même temps à la mémoire.

L'acquisition de la connaissance dépend de la force de l'impression. Acquérir la possession de la connaissance, sans imposer au cerveau un travail surchauffé et énervant. Toute forme d'activité moderne est agréable, tout travail fait avec plaisir, concentre sur lui toutes les forces mentales et, en conséquence tend à produire une impression profonde. Plus grande, pour un individu, est la facilité d'apprécier des ressemblances et des différences, plus sûrs et plus rapides seront son jugement et son raisonnement. Le principal de l'association fondé sur les ressemblances et les différences est un élément de grande valeur pour la transmission du savoir scientifique; il apporte une économie de temps et de force. Il suffit de rappeler les ressemblances qui sont connues et de ne plus insister que sur les différences, lesquelles constituent de nouveaux éléments pour l'esprit. Il faut connaître le mode naturel de travail de l'esprit. C'est l'ignorer que de placer subitement l'esprit en présence de choses abstraites, difficiles, indéfinies, complexes, de poser devant lui un corps de doctrine déjà établi et de principe qui sont le produit d'un long travail. L'enfant est capricieux, crédule, curieux et a besoin d'une grande autorité d'esprit. (1)

4. Pourquoi donc faut-il que l'esprit n'arrive à la synthèse des choses, à la sagesse de la vie qu'à une époque tardive, à un moment où les forces positives sont diminuées ? Pourquoi, dès l'éducation, les fondements de la synthèse ne pourraient-ils, grâce aux livres, être posés dans les jeunes esprits ? Le problème consiste, d'une part, à simplifier l'exposé des notions particulières, d'autre part, à mettre à même de comprendre le vaste ensemble, l'Univers.

158 Le livre et la vie, la Réalité.

1. Le Livre tend toujours à chasser les réalités vivantes ! Ainsi les étudiants lisent leurs livres d'anatomie sans assez se reporter à l'illustration vivante qu'ils emportent nécessairement avec eux, leur propre corps. Ainsi l'administration envisage les faits de la vie sociale à travers les rapports écrits; elle a une vue artificielle des situations qui exigeraient des décisions rapides.

Les problèmes se posent donc d'une part, lutter contre ce qui est trop « livresque », contre la lettre qui tue l'esprit; d'autre part enserrer la réalité dans les textes de plus en plus précis, dans des documents de plus en plus représentatifs et complets.

2. Si le livre sort de la vie, l'inverse est vrai aussi. Le livre, à son tour, produit la vie: vie extérieure, vie intérieure. Il produit la vie extérieure en ce qu'il introduit et entretient dans le corps social un nombre immense d'idées qui sont comme les prototypes d'actions entreprises. Il produit la vie intérieure en ce que, dans la pensée de chaque lecteur il fait naître un monde et l'en fait jouir. Par le livre chacun est conduit dans tous les pays, introduit dans tous les milieux, initié à toutes les expériences de la vie. Par lui, la représentation mentale s'élève, s'élargit, s'approfondit; elle peut prendre une précision et une acuité extraordinaire, avance de l'auteur, avance du lecteur et tout se passe bientôt comme si les choses vraiment étaient présentes n'étant cependant représentées que par leur double, le livre. Il est des romans qu'on ne lit pas, mais que l'on vit, et, s'ils sont vraiment des chefs-d'œuvre, dont on est tout bouleversé.

3. Et le livre doit exprimer toute la vie. Or, bien ou mal, le caractère entier de la vie a changé avec ces inventions de l'ordre intellectuel qu'on appelle le journal quotidien, la « téhéseff », le cinéma et, en perspective, la télévision ; avec la machine et la vitesse ; avec la dureté des conditions économiques et l'ébranlement social, profond. Une grande difficulté de l'esprit à notre époque c'est de prendre la mesure des changements qui modifient sans cesse les habitudes de la société, les rapports des hommes et des peuples entr'eux et l'apparence du monde. (L. Romier).

159 L'Evolution simultanée des Instruments intellectuels.

Les instruments que l'homme a forgés pour traiter intellectuellement les choses sont : 1° la Logique; 2° la Classification; 3° le Langage. 4° le Livre; 5° la Science coordonnée et écrite. Il y a un système et une théorie de chacun de ces cinq instruments.

Sans cesse il faut distinguer la réalité de la pensée (méditée, parlée, écrite). Or, la réalité, les faits, dépassent de beaucoup les besoins d'ordre de l'homme, son esprit de système et ses conceptions logiques. En effet, il y a, d'une part, les faits nouveaux, d'autre part, les points de vues nouveaux sous lesquels se perçoivent les faits anciens. Ainsi les groupements de la Classification ne sauraient être stables, et il faut sans cesse un effort pour faire cadrer les concepts nouveaux avec la classification établie et avec l'état des connaissances déjà systématisées en science. La distinction entre ce qui était confondu jusque-là, et le chevauchement d'un sujet sur un autre sujet sont constants. A cette difficulté s'ajoute celle du langage, de la Terminologie. Les mots ont des significations consacrées par les dictionnaires ou par les idées dominantes. Ils n'éveillent pas dans l'esprit de qui les entend, ou les lit, des images identiques à celles qui sont dans l'esprit de celui qui les prononce ou les écrit. Il reste alors à inventer de nouveaux mots. Mais l'écueil alors est qu'ils seraient moins compris encore. Conscient d'une terminologie inadéquate, on en arrive à accoupler plusieurs termes, à superposer significations et après avoir énoncé les mots à y ajouter d'autres pour marquer des nuances. Ainsi, un travail continu se poursuit simultanément, parallèlement ou connexement, dans les cinq domaines : Science, Logique, Classification, Terminologie, Livres. Ce travail est largement fragmentaire et occasionnel; il ne prend que rarement des formes assez imposantes pour retenir l'attention et c'est à la longue qu'on en perçoit le résultat.

---

(1) *Old and New Methods of Teaching*, by E. A. Lopez. Annual Reports of the Commissioner of Education. (U. S. A.) 1904, II, p. 2427.

16 ORGANISATION DES RECHERCHES ET DES ÉTUDES

La science est une chose, l'organisation de la science en est une autre, l'une et l'autre sont intimement liées. La Bibliologie s'organise en tant que science de la Documentation et du Livre, tandis que ceux-ci considérés du point de vue de la science particulière dont ils traitent (Médecine, Droit, Technique, etc.) sont eux-mêmes des facteurs d'organisation dans leur domaine respectif. Il s'agit donc en réalité de « l'organisation d'une partie de l'organisation », et il s'agit de recherches, d'enseignement et diffusion.

L'organisation des recherches et des études s'opère en tout domaine d'une manière de plus en plus systématique. Dans ses congrès suivis des travaux de réalisation qui en ont été la suite, l'Union des Associations Internationales s'est spécialement occupée de ces questions. (Voir Actes du Congrès mondial et Introduction aux volumes de l'*Annuaire de la Vie Internationale.)* Dans son *Manuel de Bibliographie historique* (t. II), M. Langlois a montré à propos de l'Histoire tout l'intérêt qui s'attache à l'organisation des Etudes dans une branche spéciale.

161 Recherches.

Divers organismes s'occupent de recherches tendant à faire avancer soit la Bibliologie en général, soit certaines de ses questions. Ces organismes sont ou bien des centres spécialisés à cet effet, ou des départements d'organismes plus généraux.

162 Enseignement.

La Bibliologie, comme science ou comme technique n'est guère enseignée dans les Universités. Les choses du livre et du document ont donné lieu assez tôt à un enseignement dont le caractère était surtout professionnel : préparer des Bibliothécaires et des Archivistes.

L'Enseignement de l'Ecole des Chartes, Paris, a eu très tôt un caractère scientifique. Il y a tendance maintenant à incorporer l'enseignement du Livre dans les Universités.

Ce devient une nécessité d'organiser dans toutes les branches de l'enseignement supérieur un cours de bibliographie et de documentation apprenant à connaître les sources de la science et la manière de se documenter, d'utiliser les documents. Savoir chercher est tout un art.

L'A. S. L. I. B. (Londres) dans sa Conférence de 1930, a par une résolution demandé que les autorités des Universités fassent donner aux Etudiants un enseignement sur l'usage efficient des Bibliothèques, que pour le moins les Bibliothécaires soient chargés de donner une fois l'an une lecture sur ce sujet.

Une Ecole des Bibliothécaires avait été organisée à Paris par l'American Library Association. Elle avait un certain caractère international. Cette Ecole a été fermée.

L'Enseignement des matières du livre doit lutter contre des difficultés énormes parce que la Bibliologie n'est pas présentée comme science centrale ou unique et que ses différentes branches se présentent en ordre indépendant et dispersé.

163 Associations.

Il y a autant d'espèces d'associations qu'il y a de branches du livre. Ainsi celles des éditeurs, des libraires, des bibliothécaires, des archivistes, des bibliographes, celles des bibliophiles. Celles des auteurs et des imprimeurs. Il y a des associations tout à fait spécialisées comme celles des amateurs d'ex-libris, des timbrophiles, etc.

164 Encouragement au livre.

Diverses questions intéressant les Livres et le Document, comme tels ont déjà fait l'objet de concours, par exemple pour l'hygiène. Il y a tous les prix littéraires ou scientifiques que décernent périodiquement les Académies et les Sociétés littéraires, il y a les bourses d'études qui, en favorisant les étudiants, facilitent l'établissement de leurs thèses, dissertations, rapport. Il y a les prix Nobel de littérature, médecine, physique et chimie dont chacun est d'environ 172,000 couronnes, soit environ 780,000 francs français.

165 Sources.

1. La Bibliologie possède un recueil important de Bibliographie dans *l'Internationale Bibliographie des Buch und Bibliothekswesen :* li paraît régulièrement depuis 1926, année où il se sépara du « Zentralblatt » et de ses suppléments. (1)

2. La Bibliologie possède aussi des recueils de matériaux, récents ouvrages ou périodiques qui sont à la base de toutes les considérations sur le livre. M. F. C. Lonchamp a publié un *Manuel du Bibliophile français* en 4 volumes, 1600 p. avec 385 illustrations. C'est un ouvrage d'ensemble, historique et bibliographique sur tout le livre et ses arts, depuis les origines jusqu'à nos jours. (1470-1921). (Imprimerie, illustration, reliure, ex-libris, etc.).

3. Les listes bibliographiques placées *in fine* de cet ouvrage, ainsi que les notes inframarginales au cours de l'exposé, indiquent les principales contributions. Tout l'ensemble constitue à ce jour la source des sciences bibliologiques et documentaires.

---

(1) HOECKER, R. et VORSTIUS, J. Internationale Bibliographie des Buch und Bibliothekswesen, mit besonderer Berücksichtigung der Bibliographie. — In Kritischer Auswahl Zusammengestellt von R. Hoecker und J. Vorstius (Leipzig Harrassowitz).

17 HISTOIRE ET ÉVOLUTION. PHASES DES SCIENCES BIBLIOLOGIQUES

1. Trois points de vue tendent à prévaloir dans toute science : le statique, le dynamique, le génétique ou évolutif. De même en Bibliologie. Très longtemps statique, elle-même doit se faire maintenant largement évolutive et génétique.

La loi d'évolution est générale. On la retrouve dans les phénomèmes biologiques, sociaux et ceux qui portent l'objet des autres sciences. Influence du milieu, procédés organiques divers et réitérés d'agrégation des parties en un tout; transition incessante d'un ordre moins homogène, moins organique, moins efficace et moins parfait à un autre plus homogène, plus organique, plus efficace et plus parfait.

Sous le nom d'« Histoire du Livre », des matériaux considérables ont été rassemblés, mais ils visent les détails plus que les ensembles. L'Histoire du Livre, distincte de l'histoire des sciences bibliologiques, sera traitée au chapitre qui envisage les livres aux diverses époques.

Une histoire du livre détaillée est une source incomparable pour la compréhension réelle du livre tel qu'il se présente aujourd'hui. Le livre est l'aboutissement d'une longue, très longue évolution et bien peu de ses détails qui soient le résultat d'un hasard et d'un facteur arbitraire. On est stimulé ainsi à créer de nouveaux types, en connaissance plus complète des possibilités. Les notes historiques éclairent tout exposé et lui donnent une signification plus vive.

Il semble que pour nos objets familiers comme pour nos connaissances, le plus difficile est d'en prendre conscience, de les détacher pour ainsi dire en nous-mêmes, pour leur faire prendre existence et consistance propre. C'est le « désaxement » facilité par l'histoire, qui rend possible cette « autonomisation ».

2. La Documentation, vieille comme l'homme au moment où il inscrivait ses premiers signes, a offert trois phases dans son développement récent :

1° Au sortir des temps modernes, les *Bibliothèques* constituent de grands centres d'érudition. Elles commandent l'activité intellectuelle et entreprennent l'œuvre de leur catalogue concurremment avec celle du collectionnement. C'est d'autre part chez elles et c'est avec leurs ressources en matériaux de toute nature que s'entreprennent alors les grandes compilations, recueils, dictionnaires, encyclopédies.

2° Ensuite la *Bibliographie* se dégage peu à peu de la Bibliothèque. Elle naît des besoins, non d'une collection déterminée, qui est satisfaite par le catalogue, mais de la Science, désireuse de se servir des livres où qu'ils soient entreposés. Pour se constituer une méthode, — celle de la description des livres et des études sur les ensembles de livres, — elle arrive bientôt à élargir la conception qu'elle se fait du livre lui-même jusqu'à lui substituer la notion du document. A partir de ce moment, à l'étroit dans les anciens cadres, la Bibliographie s'affirme autonome, l'égale même de la Bibliothéconomie, et critique son particularisme. En travaillant dans la catégorie de l'universel, elle influence rapidement la science, la production intellectuelle elle-même, à laquelle elle apporte le moyen de se représenter plus clairement sa propre universalité.

3° Et maintenant voici qu'une nouvelle phase est commencée. Ce n'est plus ni celle de la Bibliothéconomie, ni celle de la Bibliographie, c'est celle de l'ensemble du Livre et du Document, la Documentation. L'une et l'autre en sont des parties, mais des parties rattachées à un corps plus vaste, dont l'existence les élargit, les élève, les transforme.

On peut rapprocher tout ce développement de celui de la Chimie à travers les âges. Science théorique, industrie pratique, on ne trouve d'abord que les officines du moyen âge avec chez quelques esprits la préoccupation du problème de la matière, de ses espèces et de ses créations. La chimie naît lentement de l'Alchimie et de la Philosophie naturelle, et un moment vient, le nôtre, où toute la pharmacie est absorbée et réordonnée par la Chimie.

3. Il ne faudrait trop s'étonner que la Bibliologie ne se constitue que de nos jours. Il fallait d'abord que les livres existassent avant de pouvoir les décrire, les analyser et dégager de leur existence même des faits généraux. De même la Critique littéraire est apparue tardivement « le dernier produit d'une longue expérience disait Longin, avec la tâche de constater l'état-civil des vivants et de relever les morts ».

Proudhon *(sur l'Economie politique)*, a dit :

« L'Histoire de la Bibliologie est nécessairement prématurée si on la juge au point de vue d'une Science faite. » Mais elle est lumineusement utile sous ce rapport qu'elle » est le dernier degré que nous ayons à monter pour arri- « ver au sanctuaire ».

Il y a des sciences qui se sont formées au sein des universités. D'autres hors les universités : ainsi la Statistique. Il est compréhensible que la Bibliologie se soit constituée hors les universités et qu'elle s'impose aujourd'hui à elles.

4. L'histoire des moyens de communications montre les phases suivantes :

Première époque. — D'abord le langage est le seul moyen de communication. Plus tard, les nouvelles se transmettent par des signaux (feux de nuit, signaux par le langage des tambours en Afrique). Plus tard, le système des messagers.

Deuxième époque. — Communication par l'Ecriture.

Le livre, l'écriture sont si importants qu'on dénomme période préhistorique celle qui va des premières manifestations humaines aux premiers documents écrits.

Troisième époque. — Communication par des appareils mécaniques. Imprimerie (journal), Télégraphie, Téléphone, Poste, Radiophonie.

*XX*e *Siècle.* — Nous nous sommes trouvés subitement en présence du livre en large collaboration de la publication périodique et continuelle, de la commercialisation, des formes matérielles nouvelles, notamment des répertoires sur fiches, de l'invasion du texte par l'image, des procédés de notation, de chiffrage et de diagramme, de la culture simultanée de toutes les sciences de leur application.

Peut-être sommes-nous à un moment aussi important dans l'Histoire du Livre qu'a été la découverte et la généralisation de l'imprimerie au XVe siècle. En toute matière les grands changements d'orientation nécessitent de longues et patientes préparations. Après les efforts particuliers des dernières décades, nous assistons maintenant à ce qu'on pourrait appeler la rénovation de la pensée bibliologique.

5. Les phases du livre correspondent aux phases de la Pensée : 1° Les pensées primitives. 2° L'expression littéraire de la pensée morale, philologique, scientifique. 3° La science constituée. 4° L'étape nouvelle : la science synthétisée, documentée, visualisée, mathématisée, se condensant, se ramassant pour mieux bondir, plus loin et plus haut.

C'est la parole extérieure, la vérité, la phonation, qui a fini par modeler la parole intérieure, et a donné au travail de notre pensée l'expression verbale, une réalité presque tangible. De même, c'est l'écriture qui a donné une forme, une réalité à la science : l'écriture a peu à peu constitué les livres. D'une manière générale, on peut suivre cette histoire de la pensée cérébrée (cogitée) et se constituant peu à peu en un vaste organisme intellectuel, la science.

6. La science bibliologique dans sa première phase a été purement descriptive : la Bibliographie proprement dite. Dans une deuxième elle a tendu à devenir théorique : Bibliologie. Voici qu'elle tend à devenir technique, c'est-à-dire à influencer la confection du livre par des règles déduites de la théorie (Bibliotechnie). Cessant d'être la servante de livres tout faits, et insuffisamment bien faits, elle revendique une action sur les livres à faire. Elle prescrit à la fois les meilleures formes (abstraction faite du contenu) et l'opportunité d'écrire certains ouvrages selon les besoins scientifiques reconnus, ce qui est aujourd'hui livré entièrement à l'arbitraire des éditeurs et souvent des auteurs. Cette fonction, les sciences du livre ont à la partager avec l'organisation scientifique de chaque science.

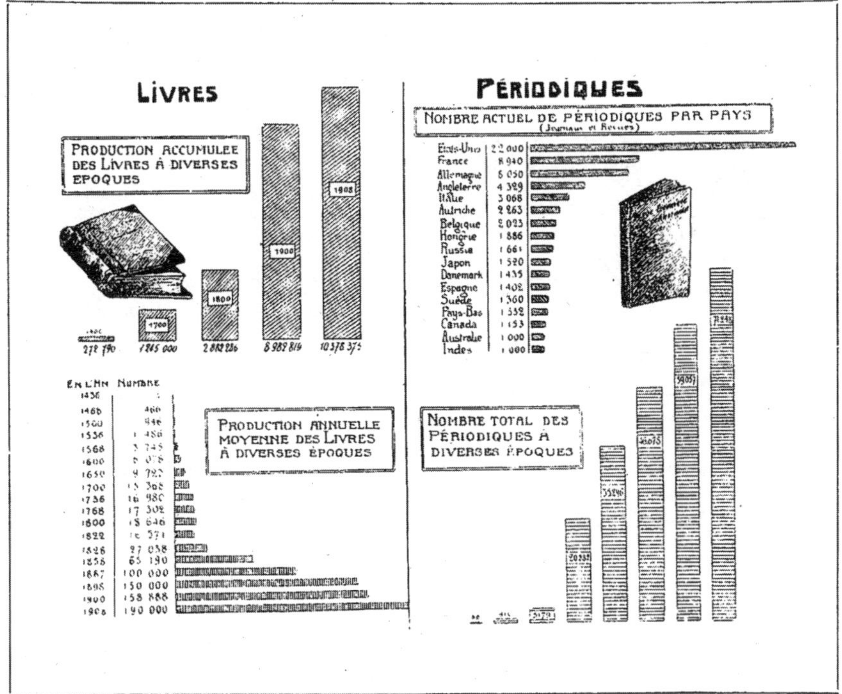

Figure 1

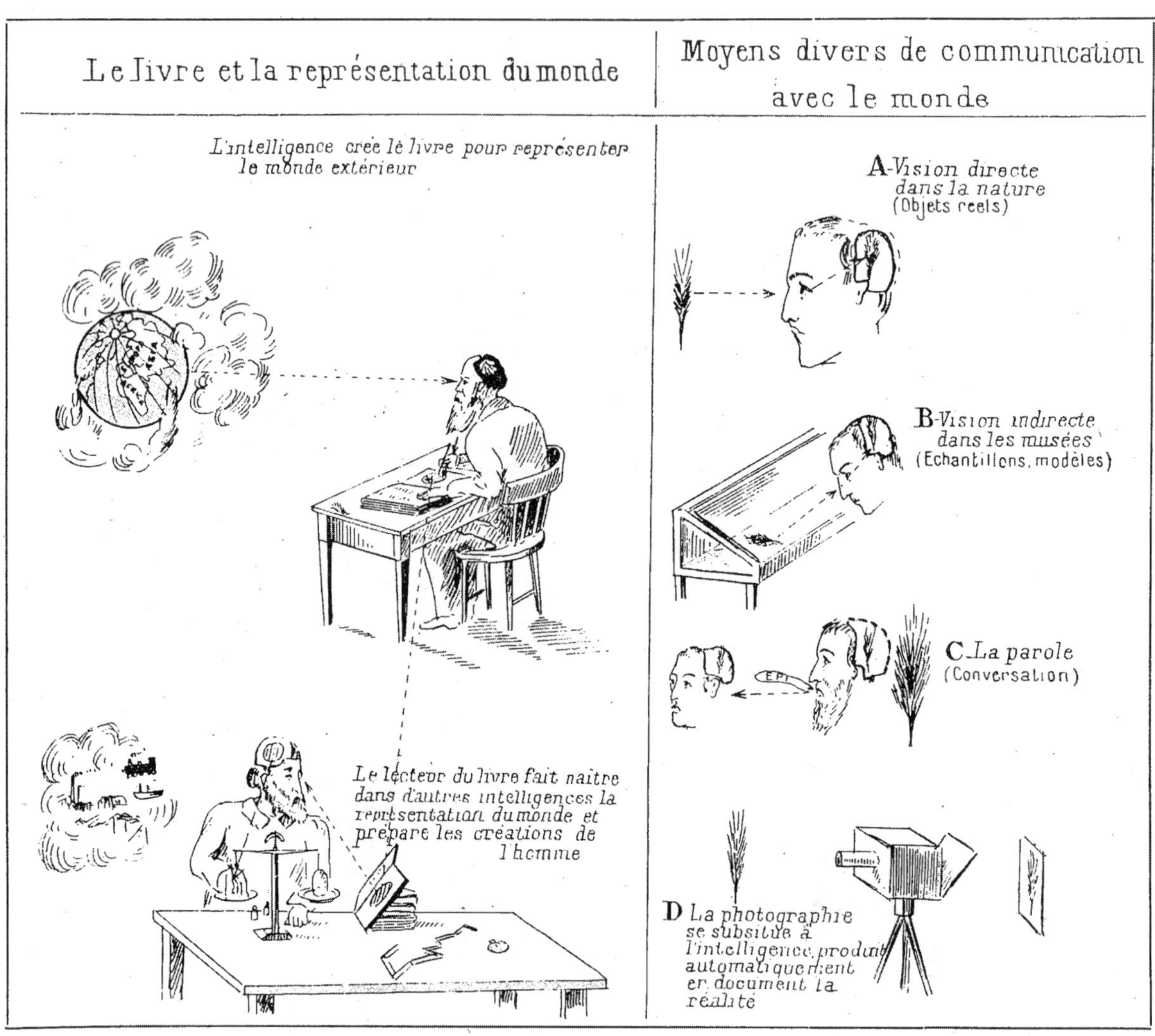

Le livre et la représentation du monde
Moyens divers de communication avec le monde
L'intelligence crée le livre pour représenter le monde extérieur
A-Vision directe dans la nature (Objets reels)
B-Vision indirecte dans les musées (Echantillons, modèles)
C-La parole (Conversation)
Le lecteur du livre fait naitre dans d'autres intelligences la représentation du monde et prépare les créations de l homme
D La photographie se subsitue à l'intelligence, produit automatiquement en document la réalite

Figure 2

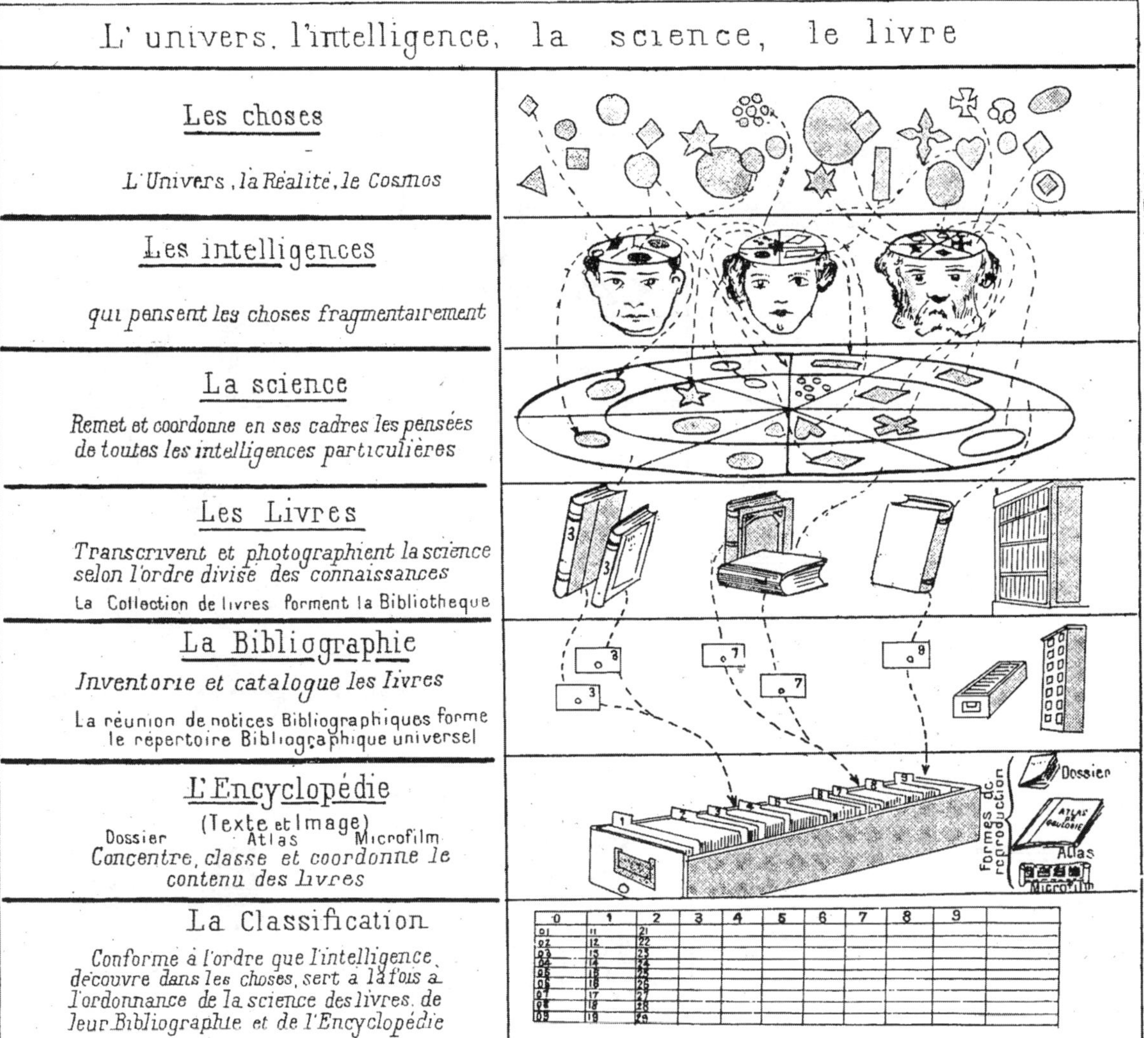

L'Univers, l'Intelligence, la Science, le Livre

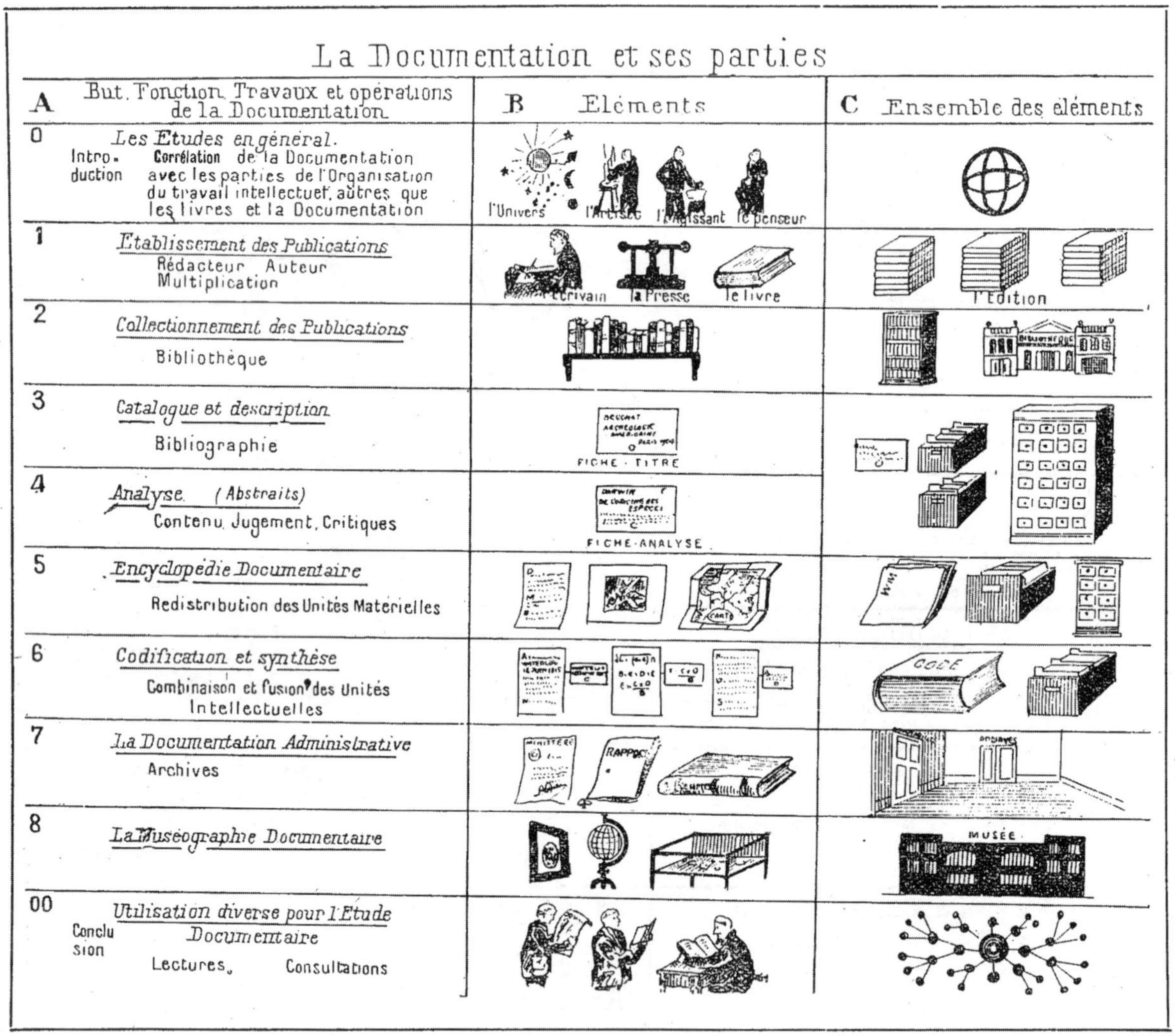

La Documentation et ses parties

A But. Fonction. Travaux et opérations de la Documentation	B Eléments	C Ensemble des éléments
0 *Les Etudes en général.* Intro-duction Corrélation de la Documentation avec les parties de l'Organisation du travail intellectuel, autres que les livres et la Documentation	l'Univers l'Artiste l'Agissant le penseur	
1 *Etablissement des Publications* Rédacteur Auteur Multiplication	l'Ecrivain la Presse le livre	l'Edition
2 *Collectionnement des Publications* Bibliothèque		
3 *Catalogue et description* Bibliographie	FICHE · TITRE	
4 *Analyse* (Abstraits) Contenu. Jugement. Critiques	FICHE · ANALYSE	
5 *Encyclopédie Documentaire* Redistribution des Unités Matérielles		
6 *Codification et synthèse* Combinaison et fusion des Unités Intellectuelles		CODE
7 *La Documentation Administrative* Archives	MINISTÈRE RAPPORT	ARCHIVES
8 *La Muséographie Documentaire*		MUSÉE
00 *Utilisation diverse pour l'Etude Documentaire* Conclu-sion Lectures, Consultations		

La Documentation et ses parties

2

Le Livre et le Document

Il y a lieu d'examiner successivement: 1. La notion générale du Livre et du Document. 2. Leurs éléments constitutifs: matériels, graphiques, linguistiques, intellectuels. 3. Leurs parties. 4. Leurs espèces ou types. 5. L s documents graphiques autres que les publications imprimées: manuscrits, cartes, estampes, archives, musiques, inscriptions. 6. Les autres espèces de documents, livres ou documents graphiques qu'on peut considérer comme leurs substituts: objets et appareils de démonstration, disque, film, etc. 7. Les opérations, fonctions, activités auxquelles donnent lieu le Livre et le Document : facture, description, critique, distribution et circulation, conservation, utilisation, destruction.

21 LE LIVRE EN GÉNÉRAL

211 Notion et Définition du Livre et du Document.

1. Définition générale.

Les livres — étant entendu par ce terme générique les manuscrits et imprimés de toute espèce qui, au nombre de plusieurs millions, ont été composés ou publiés sous forme de volumes, de périodiques, de publications d'art — constituent dans leur ensemble la Mémoire matérialisée de l'Humanité, en laquelle jour par jour sont venus s'enregistrer les faits, les idées, les actions, les sentiments, les rêves, quels qu'ils soient, qui ont impressionné l'esprit de l'homme.

Les livres sont devenus les organes par excellence de la conservation, de la concentration et de la diffusion de la Pensée, et il faut les considérer comme des instruments de recherche, de culture, d'enseignement, d'information et de récréation. Ils sont à la fois le réceptacle et le moyen de transport des idées.

Le développement de la production, le bon marché et l'excellence des éditions, la variété des matières traitées, la refonte à intervalles rapprochés des ouvrages fondamentaux selon des ensembles de plus en plus complets, de mieux en mieux ordonnés, ce sont là des circonstances qui concourent à accroître l'importance du rôle social des livres.

A côté des livres proprement dits, il y a la multitude des documents de toute espèce qui n'ont pas été publiés ou ne sont pas destinés à l'être.

La définition la plus générale qu'on puisse donner du Livre et du Document est celle-ci : un support d'une certaine matière et dimension, éventuellement d'un certain pliage ou enroulement sur lequel sont portés des signes représentatifs de certaines données intellectuelles.

2. Les plus petits documents.

Le plus petit document c'est une inscription, la borne millaire qui porte le nom d'une localité et un kilométrage. Le poteau qui porte « stop » ou ralentissement, une simple figure conventionnelle de la signalisation (rond, triangle, barrière fermée). C'est même moins, c'est le signe que le boyscout trace à la craie sur les arbres ou les rochers; sur papier c'est la carte de visite un nom suivi éventuellement des titres et de l'adresse; c'est le timbre-poste tout petit, plus petit encore le timbre réclame et toutes les petites étiquettes.

3. Le Biblion.

Il y a désormais un terme générique (Biblion ou Bibliogramme ou Document) qui couvre à la fois toutes les espèces : volumes, brochures, revues, articles, cartes, diagrammes, photographies, estampes, brevets, statistiques, voire même disques phonographiques, verres ou films cinématographiques.

Le « Biblion » sera pour nous l'unité intellectuelle et abstraite mais que l'on peut retrouver concrètement et réellement mais revêtue de modalités diverses. Le biblion est conçu à la manière de l'atome (ion) en physique, de la cellule en Biologie, de l'esprit en psychologie, de l'agrégation humaine (le socion) en sociologie. L'atome a donné lieu à une représentation de plus en plus précise et sur la base de laquelle se sont engagées toutes les recherches et discussions. (C'est Bohr qui en a donné la première figure.)

a) Dans le cosmos (ensemble des choses) le livre ou Document prend place parmi les choses *corporelles* (non incorporelles), *artificielles* (non naturelles), et ayant une utilité intellectuelle (non matérielle).

Les créations matérielles sont ou des productions ou des moyens de produire. Il y a : *a)* les moyens de produire les choses utiles et consommables (les machines) ; *b)* les moyens pour produire des phénomènes naturels, abstraction de toute préoccupation d'utilité (les appareils) ; *c)* les moyens de mesurer les phénomènes (les instruments). Le Livre est un moyen de produire des utilités intellectuelles.

b) *Les choses* ont avec les documents des rapports de diverses espèces :

1° Rapport de choses signifiantes à choses insignafiées, ce qui constitue le fondement même de la documentation.

2° Les choses elles-mêmes traitées comme objet de documentation quand à titre de spécimen et échantillon elles figurent dans des collections documentaires (musées, expositions).

3° Les choses créées, modèles et mécanismes pour démonstration scientifique, éducative ou publicitaire.

4° Les marques de toute nature portées sur les objets et qui servent à leur identification et signalisation.

5° L'application par analogie des méthodes de la documentation à l'administration des choses elles-mêmes (Documentation administrative).

c) Les écrits ont la propriété dite par l'adage « scripta manent verba volant». Les écrits restent si les paroles s'envolent. Mais au point de vue de la rigueur de la pensée on peut proposer en termes latins cet autre adage, les termes s'échelonnant en degré :

verba divagantur
scripta concentrant
constructiones coordinant
mechanica logicant

1° La parole peut divaguer. Autant dit, autant en emporte le vent. La parole étant successive peut se traduire sans qu'elle soit autre chose qu'une série de points, dont le lien matériel simplement sonore, est si léger qu'elle peut flotter en tous sens.

2° Les écrits concentrent la pensée de qui les établit. Ils sont en surface. On les lit, pouvant revenir dans le texte d'avant en arrière. Les liens logiques de la vérité s'ils ne sont pas réels peuvent facilement être décélés.

3° Les constructions, stéréogrammes à trois dimensions, coordonnent strictement les idées. Par les vides et les surcharges, par les trois directions de l'idée qui doivent être concordantes, qui permettent un contrôle facile, il est déjà plus difficile de s'aventurer dans des développements superficiels et mal étudiés.

4° Les machines enfin sont les logiciennes par excellence. Elles ne sauraient entrer en mouvement et s'y maintenir que par le jeu rigoureusement exact, concordant et simultané de toutes leurs parties.

d) Le Document offre de la Réalité une image à la sixième dérivation. On a en effet les termes intermédiaires suivants : 1° Le *Monde* (ou la Réalité elle-même) ; 2° Les *Sens* de l'homme qui perçoivent le monde exactement et complètement ; 3° L'*Intelligence*, qui élabore les données sensorielles ; 4° La *Langue*, instrument social de communication ; 5° La *Science*, ou connaissances collectives ; 6° Le *Document* composé par l'Intelligence et pour exprimer la Science.

Chacun de ses intermédiaires est une cause de déformations et de frictions absorbant l'énergie intellectuelle.

Tout effort doit donc être fait : a) pour supprimer ou atténuer les déformations et les frictions intermédiaires ; b) pour créer des moyens de percevoir ou se représenter la réalité.

5. Définitions littéraires du Livre.

L'homme passe, le livre reste. — Le livre porte aux générations futures la lumière, la consolation, l'espérance et la force (Milton). — L'imprimerie c'est l'artillerie de la pensée (Rivarol). — Le livre forme un cercle distingué, nullement bruyant, mais toujours vivant, dans l'intimité duquel on se repose à loisir (Montaigne). — Les livres réalisent la conversation imprimée (Ruskin). — Les livres sont des amis muets qui parlent aux sourds (Proverbe flamand). — L'organisation humaine la plus puissante, l'avantage le plus grand pour une société, c'est la mise à la portée de tous des trésors du monde emmagasinés dans les livres (Carnegie). — La littérature est le souffle vital de la civilisation, le sel du corps social (Wells).

Le livre, c'est la passion de répandre ses idées sur le monde et de les faire partager à tous les hommes (Suarez).

« Le livre, mais qu'est-ce donc pour qu'il attire à ce » point qu'on l'aime avec passion quand on l'a connu? » Un livre est une voix qu'on entend, une voix qui nous » parle, qui gagne notre confiance, d'autant mieux qu'elle » s'insinue plus doucement, plus intimement ; c'est la » pensée vivante d'une personne séparée de nous par » l'espace et le temps. C'est une âme, une âme dont nul » ne peut prévoir le destin, la durée et qui va auprès et » au loin souvent, on ne sait où, dans l'univers connu, » communiquer avec d'autres âmes, leur apporter ses » beautés et ses laideurs aussi, la vérité et l'erreur, hélas, » souvent ; une âme prenante, à peu près toujours, à cause » de son contact intime, seule à seule, avec l'autre âme » qu'elle touche, capable par conséquent de la faire magnifique et sublime, perverse ou dégradée. Et donc âme » qui réclame des soins délicats, âme qui exibe des attentions spéciales de tous ceux qui l'entourent et lui facilitent son élan. » (Gabriel Beauchesne.)

Le plus grand personnage qui, depuis 3000 ans peut-être fasse parler de lui dans le monde, tour à tour géant ou pygmée, orgueilleux ou modeste, entreprenant ou timide, sachant prendre toutes les formes et tous les rôles, capable tour à tour d'éclairer ou de pervertir les esprits, d'émouvoir les passions ou de les apaiser, artisan de factions ou conciliateur de partis, véritable Protée qu'aucune définition ne peut saisir, c'est le Livre. (Egger.)

L'Humanité est un homme qui vit toujours et qui apprend sans cesse. (Pascal.)

In Bibliothecis loquuntur defunctorum immortales animæ.

(Plinius senior.)

Nullus esse librum tam malum ut non aliqua parte prodesset.

(Plinius senior.)

Libri muti magistri sunt.

(Aulus Gellius.)

212 Analyse des caractéristiques du Livre et du Document.

Du nombre immense des livres particuliers existants, on dégage par analogie la notion du livre en général.

Il en est du livre comme des machines. Dans les premiers temps, chaque machine était considérée comme un tout, composé de parties qui lui étaient propres. A de rares exceptions près, les yeux de l'esprit ne distinguaient pas encore, dans les machines, le groupe de précision que nous désignons aujourd'hui sous le nom de mécanisme. Une machine était un moulin, un brocard était un procédé et pas autre chose. C'est qu'en réalité, il faut que la pensée sur un sujet donné ait déjà fait bien des progrès pour être à même de distinguer ce qu'il y a de général dans ce qui est propre à ce sujet; c'est la première distinction entre la pensée scientifique et la pensée ordinaire. (Reuleaux. Cinématique, p. 11.)

Il faut envisager les caractérisques du livre à la manière dont le naturaliste considère les espèces animales, végétales et minérales. La conception d'un type général et abstrait, le livre, s'en dégage à la manière dont la Zoologie, la Botanique, la Minéralogie, conçoivent l'animal parallèlement aux animaux, la plante parallèlement aux plantes, le minéral parallèlement aux minéraux. Il y a lieu d'examiner successivement :

1° Les éléments constitutifs du livre ou document;

2° Ses diverses parties et leur structure;

3° Les espèces ou familles d'ouvrages.

L'examen de ces données a sa raison d'être en soi et à toute fin. Il sert aussi de base aux opérations de collationnement, de bibliographie, de catalogue et de classement et leur donne un fondement scientifique et rationnel.

La détermination des caractéristiques d'un livre est indispensable pour le reconnaître et l'identifier. Cette détermination individuelle ne saurait se faire qu'en fonction des caractéristiques générales.

212.1 Caractéristiques générales.

Le livre peut être envisagé au point de vue des caractéristiques suivantes :

1° La Vérité (le vrai) ; 2° La Beauté (le beau) ; 3° La Moralité (le bien) ; 4° L'Originalité ; 5° La Clarté (compréhensibilité) ; 6° La Valeur économique (commercialité) ; 7° La Nouveauté.

Les documents ont en commun avec la parole de pouvoir ne pas exprimer la vérité. Ils ont en plus d'elle la possibilité de se présenter sous des dehors fallacieux, fausses attributions aux auteurs erronés ou pseudonymes, fausses dates, fausses indications d'éditeur, d'imprimeur, d'édition, etc. L'erreur volontaire, le mensonge volontaire peut être le fait de l'auteur. La propagation des documents apocryphes, trouvés ou défigurés, la diffusion intentionnelle d'informations mensongères peut être le fait de tiers. L'une et l'autre sont de nature à causer un dommage à la Vérité en soi, et aux personnes, physiques ou morales dont elles viendraient à diminuer la situation.

La nouveauté entraîne toute la documentation comme elle entraîne toute la vie contemporaine. Le journal, la T. S. F., le film, luttent de vitesse pour procurer au public insatiable le maximum d'informations dans le minimum de temps.

212.2 Qualités et défauts des livres.

Les qualités d'un livre-document répondent aux trois critères supérieurs : vrai, beau, bon. On dira par exemple un vrai et un faux bilan, les fausses Décrétales ; la bonne presse, les beaux livres.

Dans un ensemble de livres, les variations individuelles oscillent autour d'une moyenne (fluctuations). Un grand nombre ont une valeur moyenne ; sont peu nombreux les réels mauvais livres, très rares les livres supérieurs. Dans un diagramme ou statistique on retrouve la courbe dite en cloche ou de fréquence (Polygone de Quetelet).

Les défauts d'un livre sont : Erreur ; lourdeur, désordre dans l'exposé ; confusion de l'essentiel et de l'accessoire ; lacunes, arriéré.

212.3 Le livre, capital et outil.

Le livre est un *capital* d'idées qui s'amasse et se tient en réserve. L'homme accumule les idées et les faits comme il accumule les produits.

Le livre est une arme, un outil.

« Martin Luther, qu'on juge mal parce qu'on s'obstine à le considérer comme un théologien, fut surtout un patriote allemand, le plus grand idéologue contesté de ce pays. Il manie le pamphlet au lieu du cimeterre, mais il sait l'art d'armer les nobles contre les clercs. »

(Péladan.)

212.4 Unité, multiples et sous-multiples.

L'unité physique, matière du document, est marquée soit par la continuité matérielle de sa surface (ex. : la surface d'une lettre, d'un journal), soit par un lien matériel entre plusieurs surfaces (ex. : les feuilles reliées d'un livre), soit par un lien immatériel (ex. : les divers tomes d'un même ouvrage).

L'unité intellectuelle est la pensée.

Comme en toutes choses, on peut distinguer aussi dans le document : 1° l'unité ; 2° les parties ; 3° leur totalité ; 4° une pluralité d'unités ; 5° la totalité des unités.

On a vu précédemment ce qu'on peut considérer comme unité intellectuelle. Il y a des multiples et sous-multiples des unités matérielles et intellectuelles.

Toute chose considérée dans son ordre propre est placée au degré d'une échelle dont les deux extrémités sont le néant d'une part et la totalité d'autre part. Dans l'échelle de la série ainsi établie, on choisit plus ou moins arbitrairement une unité d'où l'on puisse procéder dans les deux directions montante et descendante. En ce qui concerne la Documentation, l'unité sera le livre, ses multiples seront les ensembles formés par le livre tels que les collections (bibliothèques) et ses sous-multiples seront des divisions telles que ses parties (chapitres, etc.).

212.5 Equation du Livre.

Sous une forme condensée et en se reportant aux tableaux ci-après des éléments et de la structure du livre, la définition générale peut prendre la forme suivante d'une équation énumérant les facteurs :

$$L = \frac{E\ (M + G + L + I)}{S\ (r + f + p + c + t + a)}$$

Ce qui se lit : Livre = éléments (éléments matières + éléments graphiques + éléments linguistiques + éléments intellectuels) : Structure (reliure + frontispice + préliminaires + corps de l'ouvrage + tables + appendices).

En exprimant ainsi la détermination d'un espace (lieu) et d'un temps (date) et les données relatives à l'auteur, l'équation se complète ainsi :

$$L = \frac{E}{S} \times e \times t$$

Francesco Lumachi (Nella republica del Libro, Firenze Lumachi, 1907, p. 190) donne du livre la formule suivante non complète :

$$L = \frac{A\ (t + e + l)}{P}$$

A = auteur ; t = typographie ; e = éditeur ; l = libraire ; P = public ; L = livre.

22 ÉLÉMENTS COMPOSANTS DU LIVRE ET DU DOCUMENT

220 Vue d'ensemble.

1° *Eléments matériels.*
- Substance, matière (support, surface).
- Forme matérielle (figure), dimensions (format).

2° *Eléments graphiques (Signes).*
- *Texte.*
  - Ecriture phonétique (Alphabet).
  - Notations conventionnelles.
- *Illustrations.*
  - *Images* (Reproductions concrètes).
    - Dessinées (Images à la main).
    - Photographiées (Image mécanique).
  - *Schéma (Diagrammes)* (Reproductions abstraites).
    - Etablis à la main.
    - Résultat d'un enregistrement mécanique.
  - *Décoration du livre.*
    - Figurines, culs de lampe, rinceaux.

3° *Eléments linguistiques.*
- Langue du livre.

4° *Eléments intellectuels.*
- Les formes intellectuelles du livre (Exposé didactique ; rhétorique, genres littéraires, formes bibliologiques).
- Les données du livre. (Matière scientifique ou littéraire, *res scripta*).

Un livre est la réunion de *feuilles* de papier imprimé. Sur ces feuilles, l'impression, divisée par *pages* est disposée, recto et verso, de façon à ce que les pages se succèdent en ordre, après la pliure ; car ces feuilles *seront pliées* plus ou moins de fois *sur elles-mêmes* selon le format extérieur prévu pour le livre. Puis elles sont *assemblées* suivant un numérotage, indépendant de la pagination. On nomme ce numéro de feuille la *signature de la feuille.* Une fois réunies dans leur ordre, on y ajoute, en tête, le titre qui généralement n'est que la répétition de la couverture (le faux titre qui précède ne donne que l'indication du livre), les feuillets contenant la préface, avant-propos, avertissement. On place soit en tête, soit en fin de volume la table des matières. On ajoute les hors-texte, cartes, planches, tableaux, etc. On coud les feuilles, puis on broche, on cartonne ou on relie : C'est le livre. (Bourrelier.)

Un livre est composé de plusieurs éléments : *éléments intellectuels* (idées, notions et faits exprimés), *éléments matériels* (substance ou matière disposée en feuilles d'un certain format, pliées en pages) et *éléments graphiques* (signes inscrits sur la substance). Les éléments graphiques sont le texte et l'illustration. Le texte se compose d'écriture alphabétique et de notations conventionnelles. L'illustration comporte les images, soit dessinées (images à la main), soit photographiées d'après nature (images mécaniques). Les illustrations sont placées dans le texte ou publiées sous forme de planches imprimées au recto seulement, jointes au texte ou mises hors texte, ou réunies en album ou atlas séparé du texte, mais faisant partie intégrante de l'ouvrage.

Le livre peut être envisagé :

1° *Comme contenu:* les idées qui se rapportent à un certain sujet ou matière, considérés dans un certain lieu et dans un certain temps.

2° *Comme un contenant:* une certaine forme de livre et une certaine langue en laquelle les idées sont exprimées.

Ces formes, à leur tour, sont de deux espèces : a) la forme de l'exposé objectif, didactique, scientifique, forme susceptible de progrès constant et qui sont comme les moules préparés pour recevoir la pensée; b) les formes littéraires proprement dites correspondant aux genres et espèces qu'étudie la Rhétorique.

Ces éléments servent de base à la classification.

221 Eléments matériels.

Les éléments matériels du Livre-Document sont constitués par son support, dont les substances peuvent être variées, diverses les formes et dimensions, et distinct le corps même de son enveloppe ou couverture.

221.1 Substance ou support.

221.11 Notions.

1. La principale substance sur laquelle sont portés les signes et qui en constitue le support est le papier.

« L'ère du papier », c'est même une des épithètes qui caractérise le mieux notre époque, mais le papier n'est qu'une des espèces de « matière inscrivante ».

2. Le papier est un moyen de créer et multiplier la surface.

Le papier soulève nombre de questions: La qualité, l'adaptation de différentes sortes aux usages variés auxquels on le destine, la standardisation proposée des formats, celle suggérée de certaine fabrication, les prix en fonction des possibilités de la consommation, les applications inattendues et réminiscentes des papiers et cartons. Le papier et le carton sont dans tous les pays devenus des éléments essentiels de l'organisation actuelle.

221.12 Historique.

1. On a écrit sur pierre, sur métal, sur poterie, sur papyrus, sur parchemin et finalement sur papier.

2. Le Livre de pierre, si solide et si durable, a fait place au livre de papier, plus solide et plus durable encore. « Ceci tuera cela. »

(Victor Hugo, *Notre-Dame de Paris.)*

3. Le *Papyrus* remonte très haut, à 3000 ans avant J. C. soit de plus 5000 ans.

4. Les livres sur papyrus ont du être interdits parce qu'on a écrit des livres en *prose* exigeant beaucoup d'étendue.

5. Le Parchemin *(membrana pergamena).* Il doit son origine à une querelle de Bibliothécaires. Pergame et Alexandrie étaient les deux grandes bibliothèques du Temps. Elles rivalisaient pour le nombre des livres. Un souverain d'Egypte, pour enlever aux copistes de Pergame leur matière première, interdit l'exportation du papyrus. A Pergame, on y répondit en perfectionnant un procédé déjà ancien: l'écriture sur peau: parchemin.

6. Le *Papier* a été inventé cent ans après l'ère chrétienne par un Chinois, Tsaï-Loune surnommé Tchong. Il avait imaginé non plus d'utiliser un tissu tout formé comme le papyrus, mais de produire l'espèce de feutrage qui est le papier, avec des fibres qu'il demandait aux vieux chiffons, aux débris de filets de pêche et même à l'écorce des arbres. Tsaï-Loune trouva, en somme, la méthode générale qui devait se perpétuer jusqu'à nous, dans le procédé de fabrication comme dans la matière première employée.

Le papier était inconnu en Europe jusqu'au XIIe siècle, époque où il fut importé de l'Orient par la voie de la Grèce. Sa préparation fut d'abord concentrée en Italie, en France et en Allemagne au XIVe siècle, et ce n'est que vers le milieu du XIVe siècle, alors qu'il était devenu d'usage presque général, qu'il commença à devenir le rival du velin comme matière du livre.

Le Papier pénétra dans l'Europe chrétienne avant la fin du XIIIe siècle et alors c'était l'Italie qui conduisait le monde. La manufacture de papier ne gagna l'Allemagne qu'au XIVe siècle et ce n'est qu'à la fin de ce siècle qu'elle devint assez abondante et assez bon marché pour que l'impression des livres soit une affaire pratique.

221.13 La fabrication du papier.

1. Le papier a d'abord été fabriqué à la main, dans des appareils dit « forme ». La première machine à papier date de 1828. La fabrication maintenant est continue et aboutit à des rouleaux de papier.

2. Depuis plus d'un demi-siècle, c'est au bois que l'on demande de fournir la matière première servant à la fabrication du papier. Le bois y sert sous forme, soit de pâte dite « mécanique » entrant dans les papiers les plus ordinaires, soit de pâte « partie chimique ». Ce dernier produit provient de la désagrégation du bois par des agents chimiques. Il a beaucoup plus de valeur que les précédents et s'emploie pour fabriquer des sortes de papiers supérieurs.

3. L'industrie de la cellulose et du papier en Suède et Norvège est actuellement en voie de transformation. En raison d'une moindre longévité du papier préparé avec la cellulose du bois par le procédé au bisulfite de chaux, comparée avec celle du papier de chiffons, on tend à

remplacer, pour la digestion de la pulpe de bois, le bisulfite par la soude caustique. Celle-ci serait préparée sur les lieux mêmes d'utilisation en prenant du sulfate de soude de fabrication anglaise ; ce sel est traité pour soude par un procédé analogue à celui de Leblanc. Ce mode de préparation de la cellulose est donc appelé fort improprement procédé au sulfate Il donnerait un papier de très bonne conservation.

4. En principe, le papier est composé de cellulose, c'est-à dire une combinaison dans laquelle entrent 36 grammes de charbon et 41 grammes d'eau.

Le beau papier autrefois se faisait de vieux chiffons de lin et de chanvre, mais les fibres de ces végétaux ont été remplacés par tous les végétaux plus ou moins fibreux ou par ceux dont la tige creuse est désignée sous le nom de paille : riz, maïs, ortie, houblon, genêt commun, bruyère, roseaux de marais, joncs, aloès, agave, bambous, alfa, phormium, tenax, hubuscus, mûrier à papier (broussonetia), arable papyfera, etc. On a été jusqu'à utiliser les tiges de réglisse, de guimauve, de pois, de pommes de terre, les feuilles de chataîgnes, voire même les algues marines.

En Indochine, on imprime sur du papier fabriqué avec du *bambou*, avec de la *paille de riz* et du tranh ou herbes à paillottes dont il existe, là-bas, des quantités inépuisables. Le tranh donne un papier très étoffé, très solide ; la paille de riz, au contraire, un papier très blanc mais fragile. On va utiliser les plus qui couvrent en Indochine des milliers de kilomètres, et le « papyrus cyperus », qui au Gabon, produit un papier magnifique. On va utiliser également le « ravinata », le « votoro », le « herana », végétaux très abondants à Madagascar.

On a proposé d'utiliser les feuilles des arbres. Elles se composent d'un tissu vert, le parenchyme soutenu par des nervures. Un broyage suivi d'un lavage permet d'isoler les nervures seules utilisables ; le parenchyme tombe en poussière et peut servir à la fois de combustible. La France importe annuellement 500,000 tonnes de pâte à papier, qu'elle paye cent millions de francs. Or ses arbres laissent choir annuellement de 35 à 40 millions de tonnes de feuilles. Il suffirait de 4 millions de tonnes pour fabriquer tout le papier consommé en France et en outre 2 millions de tonnes de sous-produits utiles. (1)

5. La fabrication du papier a fait des progrès considérables en ces dernières décades. Le progrès a porté sur les machines ; il porte maintenant sur les matières employées. On fabrique du papier au latex de caoutchouc qui, par l'imperméabilité qu'il confère aux feuilles, les met à l'abri de tout rétrécissement. N'étant pas absorbant, il demande moins d'encre ; sa souplesse facilite la pliure du papier.

6. Le film en celluloïd est devenu un support dans la photo et dans le cinéma. Il est en voie d'être remplacé par le film sonore en papier, incombustible, complété par le film photographique en papier.

Le papier a été longtemps le support-roi. Le celluloïd, par le film, a tendu à le détrôner. Mais on entrevoit qu'à son tour le papier pourra bien l'évincer.

7. Ainsi, de compositions en compositions, de substituts en substituts, le papier tend à ne plus être ce qu'il était à son origine, mais sa fonction dominant sa composition, peu importe sa substance, pourvu qu'il puisse le mieux servir soit de support aux signes, s'il s'agit de livres et de documents, soit de support ou de couleurs et de motifs s'il s'agit d'usage décoratif, soit encore de simple protection ou résistance s'il s'agit d'emballage, de couverture ou de confection d'objets.

On sait quel immense problème d'ordre économique pose aujourd'hui le papier, à raison du fait que les forêts s'épuisent, qu'on va les chercher de plus loin. On étudie actuellement, dans les laboratoires, le moyen de substituer au bois et à la pâte de bois, des graminées que l'on pourrait faucher tous les ans, qui seraient, en quelque sorte, comme le papyrus ancien, ce qui permettrait de mettre fin à ces hécatombes de forêts, lesquelles pourraient avoir d'autres destinations.

Nous serions à la veille d'une révolution dans l'industrie du papier. Les perfectionnements techniques ont, depuis la guerre, fait passer la production journalière par machine de 30 à 100 tonnes. Mais on considère maintenant pouvoir demander à la paille un substitut du papier. Le nouveau papier pourra mieux être conservé que l'actuel, auquel une longétivité de quinze ans seulement est assurée. Du nouvel état de chose résultera un déplacement des centres de production du papier, qui sont aujourd'hui au Canada et en Norvège, le pin et le sapin étant par excellence des arbres à papier.

On est arrivé à une sorte de substance unie mais constamment renouvelée. Le papier blanc des usines se couvre de caractères. On le lit. Après usage on le renvoie aux usines d'où, refondu, il ressort en blanc pour servir de substratum à de nouvelles et éphémères inscriptions.

221.14 Espèces de papier.

1. Les papiers sont d'espèces multiples. (1)

Papier vergé. Papier de Hollande. Papier Whatman. Velin : il a la transparence et l'aspect de l'ancien vélin véritable. Papier de Chine (fabriqué avec l'écorce de bambou). Papier de Japon. Simili Japon. Papier de ramie. Papier d'Alfa. Papier indien. Papier léger. Papier parchemin. Papier Joseph. Papier végétal. Papier bulle.

2. La durée d'un livre est en rapport étroit avec la qualité du papier dont il est fait : on pourrait classer les livres de bibliothèque en cinq catégories suivant la qualité du papier employé à leur confection.

(1) E. PERIER : « Le monde vivant ». *Le Temps*, 10 juin 1918.

(1) *Cim.* Petit amateur de livres. I. Papier.

a) Les livres imprimés sur du *papier léger,* ordinaire, connu sous le nom d'antique ou « poids plume ».

b) Ceux imprimés sur du papier fortement chargé et bien calandré.

c) Ceux imprimés sur différents genres de *papiers d'art* ou *papiers couchés.*

d) Les livres faits en papier d'épaisseur moyenne, sans charge excessive de matières minérales et composés en grande partie de cellulose de bois et de paille.

e) Le papier renfermant plus de 25 % de bois mécanique.

Il existe maintenant des papiers en *imitation-couché* (supercalandré), si parfaits qu'on peut les utiliser à la place de papier couché. Pour les ouvrages qui réclament beaucoup de texte sous un petit volume, il y a le «papier-bible », appelé en anglais « india-paper ».

3. Les papiers bouffants, mis à la mode par l'Angleterre et l'Amérique, ont l'avantage d'être légers et par conséquent avantageux tant pour leur prix intrinsèque en poids que pour le prix des livres. Les papiers bouffants d'alfa sont souples et s'impriment bien, mais ils encrassent les caractères parce qu'ils sont fort pelucheux et ralentissent le tirage.

4. Le *papier indien,* rapporté de l'Extrême-Orient en 1841, est fabriqué couramment depuis 1874 par la Oxford University Press. Ce papier est opaque, résistant et très mince. Les ouvrages imprimés sur ce papier atteignent à peine le tiers de l'épaisseur habituelle.

Le papier « biblio-pelure-India » est extrêmement mince, tout en étant résistant. L'épaisseur des volumes tirés sur ce papier n'atteint que le tiers de celle des volumes tirés sur papier ordinaire. Il peut n'atteindre que 28 grammes au mètre carré, tout en étant parfaitement opaque. Le tirage sur ce papier est destiné aux appartements et aux bibliothèques encombrées.

Le papier léger en poids mais non transparent a de l'importance pour les ouvrages de documentation. Par exemple, le papier de l'*Annuaire Militaire de la S. D. N. 1928-1929,* 5e année, a permis d'augmenter la matière en diminuant le volume de la publication.

Papier mince, très solide pour le Bædeker de Suisse. Doublé en matière sous le même volume. 568 pages plus les cartes ne forment qu'un volume de 25 millimètres.

5. Le papier Hydroloid « Vi-Dex » ne craint ni les manipulations multiples, ni la moiteur des doigts ; il peut impunément être mouillé, chiffonné et sali ; après lavage et séchage, il ressort intact et utilisable. L'encre ordinaire ne subit même pas les atteintes de l'eau.

221.15 Qualité du papier.

1. Le papier a pour caractéristiques :

a) Le *format* ou la longueur et la largeur des feuilles ou rouleaux.

b) La *force.* Ex. 110 gr. le m2.

Papiers extra minces, minces, forts, extra forts, carton.

La mesure du papier s'établit en m2. Ex. :

M2 = 43 gr. avec 10 % de charge.

2. Les papiers sont collés ou non collés, couchés ou en frictions. Ils se vendent par rames de 500 feuilles, par mains de 25 feuilles ou au poids par de grandes quantités en fabrication. Pour les ouvrages de luxe, on se sert aussi de papier extra-léger, à la cuve, vergé ou velin.

Il est impossible de fabriquer le papier d'une épaisseur régulière mathématiquement exacte ; toutefois la tolérance des variations entre feuilles d'une même fourniture n'est pas prévue par les conditions générales du Code des usages pour la vente des Papiers. Une large tolérance s'impose dans la comparaison de deux feuilles isolées.

3. La couleur du papier sert à des différentiations nécessaires. La force du papier joue son rôle pour la conservation des documents. Du papier fort est indiqué chaque fois que le livre ou le document est soumis à un dur régime ou qu'il doit durer longtemps. Le papier doit être opaque, c'est-à dire ne pas laisser apparaître le texte par transparence.

Une légère teinte du papier lui enlève sa crudité de blanc mat et repose les yeux du lecteur.

4. Le papier d'après sa destination exige des qualités spéciales : le papier à écrire ; celui destiné à l'édition en général, notamment pour l'impression, l'héliogravure, l'offset ; les tirages en couleur requièrent des qualités, la finesse du grain, l'élasticité, l'absorption, l'opacité.

Le couché rend l'impression plus délicate, le vergé lui donne l'aspect plus lourd, le papier lisse donne l'aspect le plus normal aux traits. La couleur du papier et celle de l'encre, parfois les deux peuvent améliorer ou détruire la lisibilité.

5. On a fait des recherches pour créer le papier ignifuge, invention utile pour les documents importants, les testaments, les billets de banque.

6. Dans les laboratoires de Bell-Téléphone, on a poursuivi des recherches en vue de produire un papier de l'épaisseur de quelques millièmes de pouces pour servir d'isolateur dans les installations téléphoniques.

7. Le papier porte des marques dites filigranes, dont l'existence sert à l'identification.

M. Briquet a publié une minutieuse description des filigranes des œuvres xylographiées de la Bibliothèque Royale de Munich et a révélé l'existence de 1363 variations de filigranes.

(Der Papier Fabrikant, Berlin, 1910.)

8. Il existe en Allemagne une réglementation pour les papiers destinés à un emploi administratif de l'Etat. Le Congrès pour la reproduction des manuscrits (1905) a émis le vœu de voir adopter une réglementation semblable pour les papiers destinés à supporter la reproduction de manuscrits.

En 1886 a été établi à Gross Lichterfelde près de Berlin, un institut pour l'essai du papier. A l'origine, son objet était exclusivement de contrôler tout le papier fourni aux services du Gouvernement prussien. Bientôt, il fut utilisé aussi par les commerçants résidant en Allemagne et même à l'étranger, qui désiraient voir vérifier si leurs papiers étaient conformes aux règles formulées par l'Institut. Celui-ci contrôle la composition, le format, l'épaisseur, le poids, la consistance, le toucher, la résistance à l'humidité et le pouvoir d'absorption, la perméabilité à l'égard de la lumière. Au début, les producteurs allemands se montrèrent hostiles à l'établissement de l'institut. Bientôt cette opposition disparut et l'on reconnait les avantages des essais officiels du papier. Aujourd'hui on attribue à cet institut une partie du succès du développement de la fabrication du papier en Allemagne. (1)

Un laboratoire officiel d'analyses et d'essais de papier fonctionne au Bureau des Standards, à Washington.

Les questions relatives à la conservation du papier ont été examinées par la Commission de Coopération Intellectuelle. Le *New-York Times*, pour répondre aux desiderata de la conservation du papier, imprime maintenant une édition spéciale sur «All-Rog Paper ».

La Library Association (London) a formé un Comité pour l'étude des questions relatives à la durabilité du papier. (2)

221.16 Consommation et prix.

221.161 *CONSOMMATION.*

Pour toute la France, la consommation du papier destiné au livre serait de 180 à 200 mille kg. par jour, celle du papier à journal de 60 mille kg.

Le tiers de la consommation totale du papier pourrait être du papier d'impression ordinaire, tandis que le papier d'emballage comprend environ les deux tiers.

Ces dernières années, la consommation du bois a considérablement augmenté. La superficie du sol en forêt est de 61 % en Russie et de 4 % en Angleterre. Les forêts du Canada et de l'Amérique ont été décimées. Les Etats-Unis consomment annuellement 90 millions de traverses. On prévoit une famine de bois aux Etats-Unis et au Canada dans quinze ou vingt ans.

Les Etats-Unis, en 1880, consommaient trois livres de papier à journaux par tête d'habitant chaque année. En 1920, il en consomme 35. Cette année-là, le papier aurait formé un rouleau de 73 pouces de large d'une longueur de 13 millions de milles. Les quotidiens ont une circulation journalière de 28 millions de numéros et de l'Atlantique au Pacifique, il y a plus de 100 quotidiens tirant à plus de 100,000.

Il faut signaler les méfaits de l'industrie du papier au point de vue de la déforestation. Ce sont de véritables forêts qu'il faut, en effet, pour assurer le tirage quotidien de 30,000 journaux, dont quelques-uns s'impriment à plusieurs millions, et celui des 200 volumes, ce chiffre représentant la moyenne de tous ceux qui se publient chaque jour dans le monde. Ces 30,000 journaux, tirant à dix milliards 800 millions d'exemplaires, consomment journellement mille tonnes environ de pâte de bois; exactement 350,000 chaque année. C'est, avec les livres et les revues, la charge de 37,500 wagons de dix tonnes, traînés par 1,800 locomotives, c'est-à-dire à peu de chose près, l'effectif du matériel d'une grande compagnie, ou encore le plein de 180 paquebots. Et encore, il n'est pas tenu compte des papiers d'emballage, cartons, prospectus, papiers à écrire, etc. Aussi bien, c'est 350 millions de m3 que doit fournir chaque année en Europe la coupe de bois. La France en donne 6.5 millions, l'Angleterre neuf millions, et la Russie, la Norvège, le Canada, les Etats-Unis fournissent le reste. Mais les Etats-Unis consomment à eux seuls 900 millions de m3. On coupe donc les arbres, on détruit les forêts pour alimenter tous les jours cette fabrication fantastique. Mais un arbre ne repousse ni en un an ni en dix.

Une semaine de publication d'un des journaux actuels à fort tirage, c'est une forêt qui sombre quelque part.

221.162 *PRIX.*

L'immense consommation de papier de notre temps en a fait une matière à spéculation économique considérable. Pendant la guerre mondiale, après la guerre, le papier a subi des hausses vertigineuses sans rapport avec les conditions normales du marché. La spéculation et l'âpreté au gain ont été remarquables. La tendance générale aux trusts a trouvé ici des réalisations.

Le papier est tombé de 24 centimes en 1862 à 2 centimes en 1900.

Le papier journal qui avant la guerre se vendait 28 fr. les 100 kg., était en février 1918 à 180 fr.

Le prix du papier est devenu excessif dans les pays où la monnaie a été dépréciée au cours de la guerre. On peut dire, par exemple, qu'en Belgique, alors que le coefficient de dépréciation de la monnaie est de 7, on paie jusqu'à 12, 14 et 15 le papier. C'est immédiatement une entrave à la production.

Le papier qu'on payait en 1914, 30 fr. les 100 kg. en France, y monte jusqu'à 415 fr.

Pendant la guerre, le papier et l'argent manquent.

Quand le papier a manqué en France, en avril 1916, la Presse a sollicité que le Gouvernement obtienne de l'An-

(1) Essais de fournitures de bureau pour l'administration des postes d'Allemagne. *(L'Union Postale,* Berne novembre 1927, p. 336.)

(2) PAQUET, T. Le Papier et sa Conservation. Bulletin *Le Musée du Livre,* 1925. 61.

gleterre un bateau pour aller chercher la pâte nécessaire au Canada.

La disette de papier amena la suppression de l'étendue des journaux. On parla même de supprimer un grand nombre de journaux.

Arrêté français du 2 février 1918 portant restriction à l'épaisseur des papiers à imprimer, au nombre et à la dimension des affiches, aux dimensions des programmes des théâtres, à l'emploi des gros caractères dans la composition des livres.

(*Bibliographie de la France,* 8 février 1918.)

La cherté du papier conduit à la concision.

Antérieurement, on connut une crise de papier sous la Révolution française. (1)

Le vieux papier à sa valeur. On a payé (octobre 1932) les rognures blanches 125 fr., le bouquin n° 1 33 fr., le journal blanc 65, le journal froissé, 26 fr. Par comparaison le journal appelé les bobines se payent 125 fr., le couché blanc supérieur 400, l'impression supérieure 220

221.17 Usages du papier.

Le Papier a des usages multiples. Son usage pour la documentation (écrire et imprimer), mais ses autres usages multiples aussi : emballage, tentures, matière d'objets usuels (serviettes, nappes, assiettes, plats, gobelets, etc.).

On a tiré du papier des effets mats ou brillants, des loques, des veloutés, des plissés, des grains nouveaux imitant les matières les plus riches, d'une variété insoupçonnée, qui ont fait d'un habillage banal un nouvel élément décoratif. Il a un rôle décoratif. Le papier sert à l'emballage, à la tenture, à la construction de maints objets. C'est une surface souple, simple, pas coûteuse, prête à toutes fins. Le mode de présentation (emballage) exerce une influence prépondérante sur les résultats recherchés par le producteur, le papier assurant aux produits des chances de diffusion sérieuse.

L'usage des boîtes se multiplie avec une variété infinie, à mesure que leur exécution est servie par un matériel mieux adapté. D'autre part, l'emploi du cartonnage publicitaire et même simplement démonstratif et didactique s'est étendu : pancartes, étiquetage, tableaux, des vitrines, formes découpées et autres formules attractives à base de carton. Celui-ci intervient maintenant dans l'enseignement pour les constructions du maître et des élèves. Il intervient dans les démonstrations scientifiques et didactiques. Par lui est rendu possible l'établissement de modèles à destination muséographique.

On a opéré des tissages de fil de papier. L'article produit est la toile pour l'emballage et la fabrication de sacs, à chaîne de jute ou alternée avec fils de papier et à trame entièrement en papier. Il est question de fabriquer également des tapis, carpettes, nattes et stores en fil de papier ou combiné avec des textiles.

(1) *Echo de Paris,* 26 mars 1916.

221.18 Matières supports autres que le papier.

Il n'y a pas que le papier. On écrit partout, on écrit de tout, on écrit sur tout. Sur tout, cela signifie sur toute matière, et quelle est vraiment de nos jours la matière qui n'ait pas été revêtue de signes ou d'images. Les inventions tendent à pouvoir écrire sur toute matière et à pouvoir fixer une marque, fût-ce une simple lettre, un numéro sur toutes choses.

1. On écrit et on imprime sur toile. Ex. albums indéchirables sur toile pour enfants de moins de 5 ans, publiés par la maison Hachette de Paris. Toiles dessinées et peintes avec textes indicatifs pour la confection de poupées. Les tissus ont été aussi des moyens d'écrire, peindre et dessiner. (Voir notamment le Musée des tissus de Lyon). On imprime en 3 ou 4 couleurs sur les sacs de jute à l'aide de rotatives sur lesquelles sont fixés des caractères en simili caoutchouc (système Tyger). Impression directe sur toile pégamoïde de cartes géographiques (système Cremers).

2. Edison avait annoncé un jour l'avènement de livres en feuillets de nickel. (Cosmopolitan Magazine, 1911.) Le nickel absorbera l'encre d'imprimerie aussi bien qu'une feuille de papier. Une feuille de nickel d'une épaisseur d'un dix-millième de centimètre est meilleur marché, plus résistante et aussi plus flexible qu'une feuille de papier ordinaire, de celui qui sert couramment dans la librairie. Un livre de nickel épais de 5 centimètres contiendrait 40,000 pages et ne pèserait que 460 grammes. Or, Edison alors se faisait fort de fournir 460 grammes de ces feuilles de nickel pour un dollar et quart.

La ciselure repoussée peut être, au même titre que l'eau-forte et la lithographie, considérée comme un moyen de reproduction artistique. La dinanderie, qui existe depuis le XIIe siècle, est de la ciselure repoussée sur cuivre. On a plus récemment appliqué le même procédé de repoussage à d'autres métaux, même à l'or. (1)

3. L'écriture au tableau noir dérivée de l'écriture sur l'ardoise, joue un rôle réel. La démonstration s'y poursuit en des images, des textes, des équations effacées dès que produites. Un coup d'éponge et le document produit disparaît sans autre trace que dans l'esprit des auditeurs-spectateurs. Les salles des cours s'entourent maintenant d'une ceinture de tableaux noirs, ou concentrés derrière la chaire, ils y étagent leurs plans superposés et mobiles.

4. On écrit non sur de la lumière mais en lumière. On a créé des lettres lumineuses permettant d'écrire de véritables phrases, quand elles sont placées dans leur cadre électrique. On écrit aussi en lettres au Néon.

5. Pendant la campagne électorale, les trottoirs et les rues sont devenus le support des appels aux électeurs.

6. La firme Savage a créé un projecteur d'un million

(1) L'artiste portraitiste A. Guaisnet.

et demi de bougies, avec lequel elle est parvenue à projeter de la publicité sur des nuages à 2,000 mètres de distance. Les lettres ainsi projetées ont 400 mètres de haut. L'appareil est monté sur wagon et un seul opérateur manœuvre toute la machine.

7. On arrive à imprimer les affichettes sur plaque de zinc résistantes. (Ex. : Compagnie des Messageries maritimes.).

8. On écrit aussi sur la peau. Le tatouage est bien connu. Mais voici que l'hôpital de Delaware, à la suite de confusions regrettables dans l'identité des bébés qui lui sont confiés, fait écrire un numéro sur le dos de chacun d'eux à l'aide d'un schlabone et d'une forte lampe solaire.

La Bibliothèque royale de Dresde possède un calendrier mexicain sur peau humaine.

221.2 Formes, Formats et dimensions du Livre et du Document.

Il y a lieu de distinguer :

1° les formes ou dispositions;

2° les formats ou dimensions.

221.21 Formes.

1. Le livre a connu des formes très diverses. Il a été successivement en lamelles rattachées les unes aux autres (livres orientaux) ; enroulé (volumen, d'où volume) ; en feuillets distincts reliés ou ligaturés (codex, codices d'où code), la forme qu'il a aujourd'hui.

2. L'histoire du livre montre comment insensiblement d'une forme l'on est passé à une autre forme et sous l'emprise de quelles circonstances la transformation a eu lieu. Ainsi, c'est vers 1263 que le greffier du Parlement, Jean de Montluçon, commença la rédaction du premier Olim. Son travail consista à copier sur des cahiers ou à résumer les décisions anciennes remontant à l'année 1255, qui étaient écrites sur des rouleaux, sur des rôles. Car avant Jean de Montluçon, les greffiers du Parlement, qui semblent n'avoir pas eu de registres, se servaient de rouleaux de parchemins appelés rôles.

3. De nos jours, le livre, le document se présentent sous cinq formes fondamentales.

a) En feuille in-folio (placard, affiche, journal, tableau mural.

b) En volume (codex) relié.

c) En fiche. Morcelé.

d) En pliant (carte dans étui).

e) En rouleau placé dans un étui (plan).

A chacune de ses formes correspondent certains avantages (coup d'œil d'ensemble, document en bibliothèque, accroissement indéfini dans les répertoires).

Les formes nouvelles possibles restent nombreuses, car rien n'indique que l'évolution les ait épuisées toutes.

4. Voici quelques formes caractéristiques données aux documents.

a) L'édition imprimée d'un seul côté (sur une face) permet, soit de découper les différents résumés pour les coller sur des fiches, soit de découper les résumés pour les introduire dans des dossiers sans détériorer ceux placés au dos, soit de prendre des notes au dos de résumés, si on conserve les fac-similes intacts.

Ex. : Bibliographie de l'I. I. B.

b) On a aussi des tirages interfoliés de feuilles blanches. Ex. Enquête ethnographique et sociologique sur les peuples de civilisation inférieure par la Société belge de Sociologie.

c) On a publié des livres formant listes d'adresses gommées à détacher et à donner. Ex. Directory of Libraries United States and Canada ; Wilson Cy Minneapolis.

d) Livres à onglets ou à signets. Ex. : Les livres liturgiques et les livres à lire fréquemment.

e) Albums, atlas à transformations, combinaisons amusantes pour les livres d'enfants, combinaisons didactiques dans les livres de science, tels que les atlas anatomiques ou les albums de machines.

f) La forme livre a été employée pour former diverses collections. Ainsi les albums de timbres, de cartes postales, d'échantillons (broderie, étoffes, crochet, etc.).

g) Livre dont une deuxième partie est reliée de manière à permettre, après l'avoir sortie de la reliure et l'avoir déployée, consultation simultanée avec la première partie. C'est en réalité comme si l'on avait deux livres en un. *Utilité.* — *a)* Livres dont l'index doit être consulté fréquemment. *b)* Atlas et index géographiques à consulter en cours de lecture. *c)* Livre avec recueil de planches à emporter. *d)* Modèles à l'appui des règles décrites.

h) Forme harmonica ou paravent pour un exposé faisant suite.

i) Livres à parties détachables. Ex. Le Guide allemand des chemins de fer.

Les «Guides Bædeker» ne se vendent qu'en volumes complets et reliés. Mais ils sont divisés en parties brochées séparément et qui peuvent se détacher. Dans ce but, on casse le livre au commencement et à la fin de la partie à séparer et l'on aperçoit de la gaze qu'il suffit de couper. Pour mettre ces parties brochées, on vend des couvertures reliées en toile.

j) Les publications sur fiches sont venues créer un nouveau type de documents basé sur une forme matérielle caractéristique.

6) Les innovations de formes et matières des livres et leur protection juridique ont fait l'objet d'études du Bureau Permanent du Congrès international des Editeurs (Milan 1906).

221.22 Formats.

1. Le format de papier est la grandeur obtenue par le pliage de feuille.

Le pliage du papier conduit à son découpage.

4 pliages donnent à découpage 16 parties.

2. Le pliage des feuilles de papier donne des pages. On obtient successivement par

1 pliage	4 pages
2 pliages	8 pages
3 pliages	16 pages
4 pliages	32 pages

Le papier se prête à tous les pliages. Un livre représente du papier plié. Mais la fantaisie des auteurs et des imprimeurs, surtout en matière de publicité, arrive à des dispositifs de pliage variés et parfois surprenants : les pliants, les dépliants. Les grandes cartes pliées indépendantes ou dans les volumes montrent aussi le parti tiré du pliage.

Le pliage des cartes permettra d'obtenir devant soi, toujours la partie de la carte que l'on désire consulter.

3. Dans les ouvrages imprimés les feuilles pliées donnent lieu aux pages; elles forment cahiers qui sont numérotés pour la facilité de l'assemblage et de la reliure. Ce numéro s'établit en petits caractères en bas de page et porte le nom de signature.

4. La désignation: in-folio, quarto, octavo, etc. prêtent souvent à confusion; elles n'indiquent pas les dimensions du livre, mais bien le nombre de pages à la feuille de papier.

Un in-folio	4 pages
Un in-4°	8 pages
Un in-8°	16 pages
Un in-16°	32 pages

soit 2, 4, 8 ou 16 pages sur chaque face de papier.

En *Belgique*, (d'après de Ruysscher n° 10714) le format de papier commercial appelé *coquille* en matière de papeterie, varie entre 43.5 × 56.5 et 44 × 56.

En *France*, il est généralement 44 × 56 et s'appelle également coquille.

En *Angleterre*, sous le nom de médium, l'on emploie le format 45 × 57 et large post 42 × 53.

En *Allemagne*, le format varie entre 44 × 56, 45 × 59 et 46 × 59.

5. Les formats anglais sont déterminés par les dimensions suivantes en inches (pouces).

Pott 8vo	6 1/8 × 3 7/8
Fcap 8vo	6 3/4 × 4 1/4
Crown 8vo	7 1/2 × 5
Demy 8vo	8 3/4 × 5 5/8
Med. 8vo	9 1/2 × 6
Royal 8vo	1 × 6 1/4
Imp. 8vo	11 × 7 1/2
Pott 4to	7 3/4 × 6 1/8
Fcap 4to	8 1/2 × 6 3/4
Crown 4to	10 × 7 1/2
4to	11 1/4 × 8 3/4 12 × 9 1/2
Royal 4to	12 1/2 × 10
Imp. 4to	15 × 11
Pott Folio	12 1/4 × 7 3/4
Fcap Folio	13 1/2 × 8 1/2
Crown Folio	15 × 10
Folio	17 1/2 × 11 1/4 19 × 12
Royal Folio	20 × 12 1/2
Imp Folio	22 × 15
Music sizes :	
Royal 4to	12 1/2 × 9 1/2
Music 8vo	10 × 7
Music 4to	13 1/2 × 10 1/2

6. Le format des livres anciennement s'indiquait sous la forme in 4°, in-16°, etc. Pour avoir plus de précision, on le mesure maintenant en centimètres sous la forme de deux facteurs, le premier celui de la hauteur, le second celui de la largeur Ex.: 28 × 12.

Dimensions approximatives des différents formats :

In-folio	45 × 32
In-4°	33 × 25
Petit in-4°	26.5 × 19
Grand in-8°	25 × 17
In-8°	22.5 × 14
In-18	19 × 12
In-12	17.5 × 10.5
In-32	16 × 10

Les formats sont quelquefois indiqués conventionnellement. Ainsi, à la Bibliothèque Centrale de Florence et dans beaucoup d'autres, on les a indiqués de la manière suivante :

In-folio = le volume de plus de 38 cm. de haut.
In-4° = le volume de 28 à 38 cm. de haut.
In-8° = le volume de 20 à 28 cm. de haut.
In-16 = le volume de 15 à 20 cm. de haut.
In 24 = le volume de 10 à 15 cm. de haut.
In-32 = le volume ne dépassant pas 10 cm. de haut.

Pour la standardisation des formats, voir n° 412.2. (1)

7. *Table des formats de papier en fonction du poids.* — Le tableau de concordance des formats de papier est basé sur la coquille qui mesure 44 × 56 cm. L'emploi du papier en bobines a introduit l'usage d'une base différente de poids au mètre carré.

Il semble, à première vue, qu'il suffit de savoir ce que le papier pèse au mètre carré; cependant, les commandes d'imprimés se font au nombre, et par suite, on a besoin de savoir ce que pèse une rame d'un format donné dans le poids indiqué.

Il y a un certain nombre de formules connues, servant dans les deux sens et dont la table permet, soit de contrôler le résultat, soit de connaître immédiatement ce dont on a besoin.

---

(1) *Cim:* Petit manuel de l'amateur de livres. Paris, Flammarion. (II. Le Format, p. 57-90).

Voici les formules les plus usuelles :

Coquille 44 × 56 .... formule 8
Raisin 50 × 65 .... formule 6,1
Jésus 55 × 70 .... formule 5,2
Grand-Jésus 56 × 76 .... formule 4,7
Colombier 60 × 80 .... formule 4,15
Grand-Colombier 63 × 90 ...... formule 3,52

Ex. : La coquille de 8 kilos la rame pèse 8 × 8 = 64, soit 65 grammes au mètre carré. En divisant ce poids de 65 gr. par la formule 6.1, on aura 10 kg. 655 pour la rame de raisin et l'on commandera du 10 kg. 500. On voit combien il est facile de se servir de cette concordance, de ce barème. Le technicien habitué à manier du papier, juge que celui qu'on lui présente est de la force de la coquille 8 kg. la rame. Un coup d'œil lui apprendra que ce papier pèse 65 gr. au mètre carré, que la rame raisin correspond à 10 kg. 550. Il commandera du raisin de 10 kg. 500. On sait que le poids de la rame, au kilo, multiplié par 2, donne, en grammes, le poids de la feuille ; le poids de la feuille, en grammes, divisé par 2, donne le poids de la rame en kilos. Une rame de 8 kg. donne 16 grammes à la feuille. La feuille de 20 grammes provient d'une rame de 10 kg.

8. Il y a des formats usuels :

Ainsi, le format ticket.

Le format timbre poste.

On a recherché de meilleurs formats et justifications pour les romans et autres ouvrages portatifs, plutôt destinés à une lecture rapide qu'à une conservation indéfinie.

Par le format du livre, on a cherché le moyen de le tenir d'une main, refermé (lire au lit, en fauteuil, en chemin de fer), plié en deux sans l'abîmer ; on a cherché aussi le moyen de mettre le livre en poche (ex. : les catalogues d'expositions et de musées).

Les formats des photographies n'ont aucun rapport avec le format des publications et répertoires.

Le format cahier scolaire.

Le format a une grande influence sur le coût d'impression. On a calculé que le format coquille imprimé sur deux colonnes donne lieu à un prix d'impression inférieur de plus de la moitié de celui du format roman ordinaire.

Le passé a connu les grands formats, les in-folio. Progressivement, on en est venu aux formats réduits d'aujourd'hui.

C'est Alde Manuce qui, pour faciliter la diffusion de la littérature latine, adopte le format petit in-8°, qu'on n'avait employé avant lui que pour des livres de messe.

Grand ou petit livre. — Ils ont l'un et l'autre des avantages suivant le cas. (Ex. : grand ou petit dictionnaire de langue). Avoir tout réuni en un volume est pratique pour la consultation, mais le volume est lourd, se déplace difficilement et son maniement est plus lent lors de la consultation.

On n'a pas renoncé aux ouvrages minuscules. L'éditeur «Taraporevala de Bombay» publie le Koran, le Bhagavad-Gita, le Khordeh Avesta en petites éditions d'un pouce sur 3/4 de pouce, reliées en métal avec verres grossissants.

Il existe une sorte de compétition entre typographes en vue d'établir le livre le plus petit. Les frères Salmin, éditeurs à Padoue, conservent le record avec un volume liliputien de 10 × 10 × 7 mm. de 208 pages. Il reproduit l'œuvre de Gaedeo à Mme Christina di Lorena (16-16).

L'éditeur Payot publie la Bibliothèque miniature (7 × 10 cm.).

221.3 L'enveloppe du Livre : brochage, rognage et reliure.

Le livre une fois confectionné a trois besoins :

1° que les feuilles n'en puissent être dispersées ; c'est la fonction du brochage ou ligature ;

2° que les pages puissent être lues sans que le lecteur ait à les découper ; c'est la fonction du rognage ;

3° que l'ensemble soit protégé contre les dangers de détérioration ; c'est la fonction de la reliure.

Pour maintenir ensemble les feuilles de documents de n'importe quel format et former ainsi des unités composées de rang successivement supérieur (documents distincts), il y a toute une série graduée de moyens :

1° Place libre en chemise de papier ou carton correspondant à l'unité supérieure (dossier) ;

2° Reliure mobile sous couverture commune et qu'on pourra facilement défaire, soit par perforation et liens (types dits biblioraphes ou classeurs, anneaux, agrafes), soit par pression latérale (reliure dite électrique).

3° Reliure fixe aux trois degrés : brochage, cartonnage, reliure proprement dite.

Les trois dispositifs décrits ci-dessus (libre, fixe mobile, fixe) ont des avantages et des inconvénients respectifs : a) rapidité d'emploi ; b) coût de l'outillage ; c) sûreté contre l'éparpillement ; d) protection contre le frottement et l'usure des feuilles ; e) intercalation continue ; f) espace occupé ; g) aspect extérieur.

3° Broché ou relié. (1)

221.31 Reliure.

1. *Fonction.* — La reliure peut avoir plusieurs fonctions ou utilités.

a) Garantir, préserver ;

b) Orner, embellir ;

c) Evoquer le contenu. Symboles ;

d) Significative : aider à signifier, comme par ex. : reliure de couleurs conventionnelles ;

e) Rendre plus compacte. Un exemple d'extrême con-

(1) Il paraît maintenant un *Annuaire International de la Reliure ancienne et moderne* (Jahrbuch der Einbandkunst) von Hans Londbier und Erhard Klette : Zweiter Jahrgang 1929. Le Dr. Schreiber a proposé un répertoire d'illustrations concernant les reliures.

densation obtenue par une bonne reliure est le «Websters New International Dictionary». Ce dictionnaire comprend 400,000 mots en 2700 pages ne formant qu'un volume.

2. *Espèces.* — La reliure de l'époque moderne peut être divisée en trois parties :

1° La reliure d'art;

2° La reliure d'amateur ou de bibliothèque et celle de luxe;

3° La reliure commerciale et la reliure usuelle (reliure d'éditeur). La reliure commerciale ne date que d'une soixantaine d'années; elle a pris un développement considérable; elle relève de l'industrie ainsi que la reliure usuelle qui s'exécute dans un grand nombre d'ateliers et sert à protéger les volumes des bibliothèques de prêt ou les volumes de peu de valeur: les volumes de prix, étrennes, les catalogues, etc.

3. *La reliure d'art.* — La reliure de notre époque présente certaines caractéristiques. La richesse, la beauté d'une matière de choix unie, polie, au grain fin et serré. La gaieté, l'éclat des coloris des cuirs employés. On les découpe en mosaïque, plus ou moins cubistes, où l'or, l'argent et l'ivoire viennent ajouter une note scintillante et qui chatoie.

On emploie les lettres du titre et celles du nom d'auteur comme unique élément décoratif. On perfore les plats du livre et on laisse apparaître des gardes généralement de cuir à travers ces orifices.

Dans la reliure décorative ainsi conçue, on se souviendra qu'un livre est fait pour être placé sur les rayons d'une bibliothèque, doit porter au dos sa signalisation et que ses plats ne peuvent être ornés d'éléments faisant obstacle à leur insertion dans les séries ou s'abîmant à la manipulation. On tiendra compte aussi qu'une décoration somptueuse et ayant exigé beaucoup de travail s'accommode mal de matière première: veau, velin, quand le maroquin existe. La femme excelle dans la reliure comme dans la toilette.

4. *Reliure d'édition.* — Jusqu'au milieu du siècle dernier on ne vendra pas de livres reliés en Allemagne; la reliure était l'affaire personnelle de l'acheteur. En 1882, un libraire de Leipzig eut l'idée d'offrir à ses clients des livres reliés et prêts d'être lus.

5. *Procédés de reliure* : a) par fil; b) par perforage; c) par pression.

Les machines sont venues révolutionner l'art autrefois tout manuel du relieur. Il y a des machines pour plier, brocher, ronder, recouvrir. Une machine pour ronder a fait passer de 500 ou 1000 à 5000 ou 6000 livres par jour. Machine pour recouvrir des livres et des revues, 22,000 en un jour.

6. *Matières.* — Les matières mises en œuvre dans la reliure ont été le bois, le cuir (parchemin, velin chagrin, basane), les étoffes (soie, velours, toile), le papier.

On a fait des couvertures de revues en aluminium (ex.: Revue de l'Aluminium).

MM. Dun et Wilson (1) ont inventé un nouveau type de reliure pour les périodiques (Nom Flam). Il consiste en celluloïd non inflammable avec cuir aux angles. La couverure de revue qui est caractéristique et souvent en couleur est visible grâce à la transparence. C'est sans bruit, clair, propre et durable.

7. *Artifices de reliure.* — Voici quelques artifices mis en œuvre dans la reliure.

Les coins protecteurs et la base du livre protégées par des lamelles de cuivre.

Intercalation de pages de couleur pour marquer les divisions.

La reliure en tranches coloriées (dans les collections de codes).

Les signets de couleurs différentes. (Id. dans les collections de codes.)

On a proposé à l'American Library Association d'arrêter pour les reliures de livres des couleurs conventionnelles correspondant aux matières traitées (selon la Classification décimale).

8. *Conservation de reliures.* — La reliure, pour se conserver, a besoin de soins, surtout quand elle est faite en cuir. Le cuir, en effet, se détériore de par sa matière même. Il faut enduits et onguents pour lubrifier les fibres, les rendre souples et résistantes et parce que rendues moins poreuses, les faire résister aux gaz délétères suspendus dans l'atmosphère.

221.32 Conseils pratiques pour la reliure.

a) Ne pas faire relier les livres récemment imprimés.

b) Choisir l'époque propice pour l'envoi d'un train.

c) Laisser au relieur un laps de temps raisonnable.

d) Pas de recueil factice.

e) Gare au rognage! Respecter les marges.

f) Conserver les couvertures imprimées.

g) Titres à pousser.

h) Modèles à donner au relieur.

i) Collationner les volumes; défets.

j) Il est utile de porter l'auteur et le titre abrégé sur le dos, sur le plat et sur l'envers de la reliure de manière à reconnaître immédiatement l'ouvrage quel que soit sa position.

k) On trouve dans certains livres un avis au relieur, ce qui est fort recommandable. (Ex.: Atlas des Enfants, Amsterdam Schneider 1773.)

l) Au point de vue matériel, pour être bien proportionné, un volume ne doit être ni trop épais ni trop mince. Les lourds ouvrages placés debout s'affaissent nécessairement jusqu'à ce que le milieu de la tranche du bas touche la planchette supportant le volume. Les minces plaquettes ont au dos des titres difficilement lisibles. On a été ainsi amené soit à faire deux volumes d'un seul livre trop

(1) Bellevie Bindery Falkirk, Scotland.

gros, soit à remettre en un même volume trois ou quatre trop minces plaquettes. En principe, il importe que chaque œuvre distincte conserve son indivisibilité, même après la reliure; c'est la condition d'un classement rationnel.

m) Les sous titres mal appliqués par l'imprimeur peuvent être rectifiés par le relieur, de telle sorte que l'identification ne soit pas troublée.

n) On peut recommander un solide cartonnage sur lequel est collé le titre même du livre broché, qui conserve ainsi l'aspect donné par l'auteur et l'éditeur. (1)

221.33 Rognage des livres.

Il est désirable que les livres soient remis aux acheteurs rognés (pages préalablement ouvertes). C'est un gain de temps pour tous; c'est aussi une mesure de protection des livres. On peut faire des tirages spéciaux pour bibliophiles; pour ceux-ci un volume n'a de valeur que s'il a conservé l'intégralité de ses marges; alors seulement il pourra le faire relier comme il l'entend.

Une revue de 96 pages ne peut être coupée par le lecteur en moins de 4 minutes, dont la moitié du temps ne se confond pas avec la lecture; c'est donc pour l'ensemble de 10,000 abonnés une perte sur le temps de la coupe à la machine (qui exigerait environ 10 heures), de près d'un mois de travail à dix heures par jour.

222 Eléments graphiques : les signes.

222.0 Graphie en général.

222.01 Les signes en général.

Il y a les idées ou choses signifiées et les signes des idées ou choses signifiantes.

1. Le livre est l'expression de la pensée par les signes. Toute pensée qui s'exprime a besoin de signes extérieurs. A la suite de l'évolution, les deux plus importants parmi les signes sont devenus la *parole* d'une part, *l'image* de l'autre. La parole a été notée par l'écriture, sorte d'image, dont les principaux types sont aujourd'hui à base phonétique. L'image à son tour, concrète au début, a donné lieu à l'image abstraite dont sont sortis d'abord les idéogrammes et les alphabets et de nos jours les graphiques, les diagrammes, les schémas, les notations dérivant des alphabets ou formés de signes conventionnels.

Dans le Document, dans le Livre, l'écriture, l'image, la notation viennent prendre place et, au stade de l'évolution qui est le nôtre, elles se combinent et s'amalgament en des dispositions et des proportions variées pour, comme à l'origine, mais plus adéquatement, exprimer la Pensée le plus intégralement possible.

Dans l'*écriture alphabétique*, dit Condorcet, un petit nombre de signes suffit pour tout écrire, comme un petit nombre de sons suffit pour tout dire. La langue écrite fut la même que la langue parlée. On n'eut besoin que de savoir reconnaître et former ces signes peu nombreux et ce dernier pas assura pour jamais les progrès de l'espèce humaine.

2. En dernière analyse tout système de signes repose sur les propriétés physiques des corps qui se manifestent en vibration et sont perceptibles par les sens. Les vibrations sont visibles, audibles ou tactiles. Les dispositifs permettent la transformation des unes dans les autres. Il y a par suite des documents visibles, audibles et tangibles.

Tous les sens ont été utilisés pour les signes. On a imprégné le papier de certain parfum, par exemple pour écarter les mites; on pourrait donc imaginer des livres destinés à donner des impressions odorantes diverses. On a donné au papier un relief, par exemple un gaufrage, un estampage, un perforage ou encore le pointillage de Braille pour les aveugles; le livre s'adresse ainsi au sens du toucher. Le rouleau phonographique ou le rouleau du piano mécanique sont destinés à l'audition. Et on a le livre par l'écriture et l'image, c'est-à-dire pour la vue. Ainsi par la vue, l'ouïe, le toucher, le livre est devenu un instrument pour éveiller les sens, à tout moment, dans un ordre suivi, et pour susciter ainsi dans l'esprit un enchaînement d'idées et de sentiments.

3. Les écritures sont de deux formes: alphabétique et idéographique.

1° Un alphabet est une série de signes ou caractères qui probablement ont commencé à être des dessins, mais qu'un long usage a abrégés et simplifiés et qui sont utilisés maintenant comme symboles des sons élémentaires de la voix humaine. Les combinaisons de ces signes, que nous nommons lettres, forment des mots. Ces mots nous nous en servons comme signe des idées et nous les combinons pour former un langage. Comme ces combinaisons sont purement arbitraires et formées par chaque langage par lui-même, elles sont inintelligibles du peuple qui parle un langage différent.

2° Les idéogrammes comme les lettres, ont été des dessins d'abord mais ils sont devenus par long usage de simples marques faites aisément à l'aide de la plume ou du crayon. Ils ne sont plus des dessins mais de pures symboles arbitraires des idées, intelligibles pour les personnes qui les ont apprises et non pour les autres. Les idéogrammes qui n'ont probablement pas commencé à être des dessins, mais qui sont connus du monde entier sont les chiffres 1, 2, 3, 4, 5, 6, 7, 8, 9 et 0.

Les signes mnémoniques existent à côté de l'écriture pictographique. Ex.: Le bâton du messager; les quippos comme le nœud du mouchoir, les grains du rosaire, les encoches du boulanger.

4. Nous avons besoin d'une théorie générale du signe, chiffre, notation, alphabet, image. Nous avons besoin d'un système graphique universel embrassant tous les signes

(1) *Cim:* Petit manuel de l'amateur de livre, III.

d'une part, adapté à tous les besoins de l'expression, d'autre part.

Au cours des âges un nombre considérable de signes graphiques ont été créés ; de leur ensemble se sont dégagés progressivement les alphabets. Des divers alphabets se sont dégagés quelques alphabets principaux et la tendance se poursuit vers l'unification sur la base de l'alphabet latin. On entrevoit pour l'avenir un grand système coordonné de signes graphiques s'étendant à tous les langages, à tous les modes d'expression susceptibles d'exprimer la réalité entière perçue et réfléchie par la pensée.

222.02 Symboles. Allégories.

Toute chose sensible qui devient la représentation d'une chose morale, d'un être abstrait, est un symbole. En iconologie et en numismatique, les symboles sont certains emblèmes ou attributs propres à quelque divinité ou à quelque personnage. Les symboles tiennent une grande place dans l'histoire des religions. Le sens est l'âme du signe, c'est l'idée qui se cache sous le mot, dans la phrase ou derrière le symbole. Si le sens est double ou douteux, le mot et le symbole sont des équivoques. Mais il arrive souvent que les deux ou plusieurs sens cachés sous le signe sont subordonnés entre eux, c'est-à-dire que le premier en réveille un second, qui peut même en réveiller un troisième: de là cette distinction en sens littéral et figuré (allégorique, spirituel, analogique, mystique).

Il y a toute une mystique des nombres et des formes élaborée et transmise au sein des mystères de l'Occultisme, de la Magie et de la Religion. Elle trouve son application aux objets, monuments et aux objets rituels. Elle constitue à sa manière toute une écriture, un langage.

1. Il arrive qu'une idée s'associe à un signe particulier et qu'un langage emblématique s'établisse. (Ex. les objets divers que les Malais de Sumatra s'envoient et qui, selon la quantité et la disposition des objets dans le paquet, morceaux de sel, de pomme, de betel, etc, expriment tel ou tel sentiment: l'amour, la haine, la jalousie). Mais il n'y a pas encore là un système d'expression, un moyen d'exprimer indifféremment toutes les idées.

2. *La symbologie chrétienne.* — C'est une langue conventionnelle. Quand on assiste à un service du culte, chaque objet, chaque geste correspond à une idée, quelle que soit l'opinion professée. Quant à la réalité de ces idées et les relations qu'elles expriment, il faut admettre que le procédé est véridique. C'est une langue par objets, et elle est artistique par le goût des objets.

3. *Dans le langage de l'Ego en Théosophie.* — Il ne s'agit pas d'un langage au sens ordinaire du mot, mais plutôt d'une communication d'idées, et d'une relation d'expériences au moyen d'images. Ainsi pour l'Ego, un son peut être représenté par une couleur ou une figure géométrique et une odeur par une ligne vibratoire; un événement historique apparaîtra non seulement comme une image, mais aussi sous forme d'ombre et de lumière, ou encore d'une odeur écœurante ou d'un parfum suave ; le vaste monde minéral ne révélera pas seulement ses plans, ses angles et ses couleurs, mais aussi ses vibrations et ses clartés.

(Eusebio Urban (Judge) *The Path*, juin 1890.)

222.03 Signalisation.

1. La signalisation a deux raisons d'être.

L'homme s'adresse à l'homme par des gestes, des cris, des appels, des signaux, en dehors de tout langage parlé ou écrit.

L'homme peut dire qui il est; toutes les choses, les plantes, les animaux, à notre connaissance, ne peuvent le dire. L'homme est donc amené à étiqueter les choses, à apposer sur elles un nom, un sigle, un numéro.

2. De grands systèmes de signaux ont été établis. Ainsi les signaux en mer, dans l'armée, sur les routes. Il y a la signalisation automatique des trains.

Il y a les signaux horaires. La Conférence Internationale de l'Heure de Paris en 1912 a admis en principe que tout point du globe devait recevoir au moins un signal horaire de nuit et un signal horaire de jour, avec un maximum de 4 par 24 heures.

3. Il est de nombreux instruments à bouche d'appel et de signalisation qui ne sont pas des instruments de musique proprement dit, mais sont néanmoins basés sur le même principe. Ainsi les sifflets, cornes et cornets d'appel, appeaux pour la chasse, etc., en corne, bois ou métal. Il y a des instruments d'appel et de signalisation à fonctionnement mécanique, électrique ou luminique.

4. Les signes sonores (l'ouïe) se perdent à distance et chaque fois qu'on s'en sert, il faut les renouveler. Les signes optiques, la vue, au contraire perdurent.

Donc dans l'ensemble ils ont un développement beaucoup plus parfait que la forme parlée.

222.04 Importance de la graphie dans le livre.

Le livre tout entier est formé d'éléments graphiques : écriture, notation, illustration. Tout ce qui touche à la langue, à l'alphabet, à l'orthographe, à la forme de l'écriture, à la disposition des textes, largeur de lignes, marges, blancs, facilite ou retarde la lecture, doit par conséquent être retenu comme facteur du progrès bibliographique. Et à côté du texte, il y a l'image.

222.1 Ecriture, Alphabet, Caractères typographiques.

De nombreuses questions se posent au sujet de l'écriture: sa notion, son histoire, ses espèces (alphabets), ses instruments, ses matières, son personnel; l'écriture chez les divers peuples, l'alphabet phonétique international.

Les méthodes pour apprendre à écrire. L'art de l'écriture ou calligraphie.

222.11 Notion.

1. L'écriture est l'art de fixer la parole par des signes conventionnels, tracés à la main, qu'on appelle caractères.

L'écriture est la plus merveilleuse des notations : avec 26 signes de l'alphabet latin, on peut reproduire l'infini des idées, comme avec les 7 notes de la musique, on peut noter la variété illimitée de la musique universelle.

2. Toute écriture s'appliquant sur un support consiste en réalité à y déterminer une coloration. Il s'agit de différencier selon la forme de certains caractères ou dessins, la couleur de l'écriture de celle du support physique qui sert aussi de fond. Cette différence s'opère, soit par incision mettant en jeu l'ombre et la lumière, soit par apposition d'une substance sur une substance (encre, couleur).

Quant à l'impression, tous les procédés eux-mêmes (typographique ou lithographique, caractères ou clichés) reviennent à réaliser un ouvrage soit en creux (gravure sur bois, clichés en métal, à la main ou par des acides), soit en relief (les lettres typographiques réalisées en relief).

3. L'écriture est idéographique ou phonétique. Dans le premier cas, elle représente la pensée, dans le second, elle ne représente que le langage.

L'écriture idéographique est la plus ancienne ; elle peint les idées ou plutôt les choses ; c'est comme une peinture abrégée et plus ou moins conventionnelle, car elle tend à se simplifier avec l'usage. Ainsi l'écriture des Chinois ; nos rebus ; certains caractères hiéroglyphiques. L'écriture phonétique exprime la parole par les syllabes (écriture japonaise) ou par les articulations et autres sons élémentaires qui la composent (écriture alphabétique) ; celle-ci par l'analyse des sons arrive à les exprimer tous et avec un petit nombre de lettres.

4. La disposition donnée à l'écriture sur le papier a quelque chose de fondamental. En principe on peut écrire normalement de gauche à droite et d'en dessus en dessous, mais l'inverse est possible. De droite à gauche, de bas en haut, on peut écrire et commencer par la première page à partir de l'extérieur ou par la page du milieu.

L'écriture de gauche à droite a pour raison d'être l'usage de la main droite. On a observé que le soleil aussi décrit sa courbe apparente de gauche à droite, dans le sens opposé à la rotation de la terre.

En principe, l'écriture est linéaire, car elle suit l'énonciation des sons qui se succèdent dans le temps. La ligne a donc pris trois directions fondamentales : horizontale, verticale et retour. (Boustropheron).

L'écriture pourrait-elle être transformée de simplement linéaire en surface et y aurait-il quelque parti à tirer d'une écriture plurilinéaire à la manière des partitions musicales ou des notations chimiques? Sur des lignes superposées ayant même direction, ou sur des lignes prenant d'un point central des directions diverses seraient écrits les développements d'un exposé qui se succèdent aujourd'hui linéairement. La musique est passée de l'homophonie (ainsi le plain-chant, la mélodie) à la polyphonie (plusieurs voix) enrichissant extraordinairement l'unité musicale de temps. Il n'est pas interdit de rechercher un enrichissement analogue de la forme écrite en laquelle s'exprimerait une pensée complexe, de complexité simultanée. Le tableau synoptique, le schéma, la notation moderne de la chimie se rattachent à une telle recherche.

5. L'art de l'écriture et celui du dessin ont des rapports étroits. Par exemple : la miniature et l'ornementation médiévale.

222.12 Histoire.

1. Les rudiments primitifs et anciens du dessin, de la sculpture, de la gravure et même de la peinture, que l'on trouve chez les hommes des cavernes, ont été le premier jalon vers l'écriture, vers le langage peut être, en tous cas vers la civilisation.

L'écriture est passée par trois stades :

a) Représentation figurée des objets et des idées.

b) Représentation altérée et conventionnelle des objets.

c) Représentation phonétique pure des articulations de la voix humaine (écriture alphabétique).

La plupart des peuples se sont attribués l'invention de l'écriture. Les Chinois la rapportaient à leur empereur Fou-Hi. Les Hébreux à Enoch, à Abraham ou à Moïse. Les Grecs tantôt à Mercure, tantôt au Phénicien Cadum. Les Scandinaves à Odin. Les Egyptiens à Thot, leur Hermès.

On a vu successivement : les inscriptions sur pierre égyptiennes, grecques et romaines ; les tablettes sur cire et plomb des Romains (plume et stylet) ; les parchemins persans et turcs ; l'écriture sur feuille de palmier de Ceylan et du Siam ; l'écriture des Japonais et des Chinois (pinceaux) ; les manuscrits sur parchemin du moyen âge avec plume d'oie ; l'écriture avec la plume d'acier (Senefelder).

Il en est pour l'écriture comme pour le langage. Au début, un signe signifie une phrase ou, plus encore, l'image d'une situation ou d'un incident pris dans sa totalité. Puis elle se développe en expression idéographique de chaque signe pris isolément ; vient ensuite l'écriture alphabétique. Des unités de plus en plus nombreuses sont représentées par des signes. (Jespersen.)

2. *Hiéroglyphes.* — Les anciens Egyptiens employaient pour écrire leur langue des hiéroglyphes. Ce système si caractéristique met en œuvre, pêle-mêle, des figures d'hommes, d'animaux, de plantes, d'astres, en un mot de tout ce qui peut être reproduit. Son nom de « hiéroglyphe » signifie « sculptures sacrées », car de fait à l'époque tardive où les voyageurs qui nommèrent ainsi cette écriture, visitèrent l'Egypte, elle était réservée aux

inscriptions des temples. Elle était si intimement liée au paganisme dans la vallée du Nil qu'elle disparut avec lui et que l'on put croire que le secret était à jamais perdu. Champollion, en 1822, en découvrit la clef.

L'écriture hiéroglyphe était proprement monumentale, tant dans l'usage public que dans l'usage privé. Sa cursive, employée dès les temps les plus anciens pour les besoins courants de la vie, reçut le nom d'écriture *hiératique* ou *sacerdotale*, à une époque tardive où elle était réservée aux livres saints des temples. Une simplification de l'écriture hiératique elle-même, adoptée à partir du VIIe siècle avant notre ère et devenue l'écriture normale au temps des voyageurs grecs, reçut d'eux l'appellation de *démotique* ou populaire.

Ecriture cunéiforme. — Les Sumériens inventèrent un système d'écriture au début de l'âge du cuivre. Les premiers éléments de cette écriture, purement pictographique, représentaient des objets matériels, schématisés, de face ou de profil. Bientôt, on constate l'insuffisance de ces signes et on invente l'idéographisme ou peinture des idées : l'objet figuré sert de symbole, soit pour d'autres objets matériels, soit pour des idées abstraites, la partie est utilisée pour le tout, la cause pour l'effet et du groupement de plusieurs idées sortent des idéogrammes composés : le signe de l'eau placé dans le signe de la bouche, par exemple, donne l'idée de boire. Ceci est encore insuffisant pour exprimer complètement la pensée ; il faut, en outre, marquer les rapports grammaticaux qui unissent les diverses parties du discours, c'est-à-dire les sons. Les idéogrammes éveillent dans l'esprit du lecteur les noms mêmes des objets représentés ; pour plusieurs d'entr'eux on retient seulement la syllabe initiale et on s'habitue à lire indépendamment de la valeur idéographique. Un même signe d'écriture sumérien peut donc avoir plusieurs valeurs distinctes, les unes idéographiques, les autres purement syllabiques ou phonétiques.

Pour faciliter la lecture, on prend l'habitude de placer comme déterminatifs certains idéogrammes devant ou derrière les noms appartenant à certaines classes d'objets, par exemple, l'usage du poisson avant le nom des poissons, et parfois on ajoute à un idéogramme son complément phonétique, c'est-à-dire la dernière de ses syllabes. Les Sumériens ont employé plus de 800 signes. Il est parfois tout à fait impossible de reconnaître l'objet primitivement représenté parce que les textes découverts sont pour la plupart écrits sur l'argile et il en est résulté une déformation complète des images. Le roseau dont on se servait pour tracer les signes les décomposait en éléments qui ressemblaient à des coins ou à des clous, d'où le nom d'écriture cunéiforme par lequel nous désignons l'écriture sumérienne, nom d'autant mieux justifié que sur la pierre et les autres matières dures, on prit de bonne heure l'habitude de copier naturellement les signes tels qu'ils étaient formés sur l'argile et l'on finit par abandonner complètement le tracé primitif, d'épaisseur égale, rectilinéaire ou curviligne. L'écriture cunéiforme est formée d'éléments disposés de 7 façons différentes. Les plus usités sont le clou horizontal, le clou oblique de gauche à droite ou coin, et le clou vertical de haut en bas. Elle a été adoptée par les Elamites, habitants du plateau iranien, par les peuples akkadiens, par les Assyriens.

Au début du 3e millénaire, elle est connue en Caucase et sur le plateau d'Anatolie ; plus tard, elle se répand dans les montagnes d'Arménie ; les Perses Acheménides enfin la simplifient et inventent un syllabilaire qui comporte seulement 41 signes. C'est grâce aux textes des Perses que le déchiffrement des cunéiformes a pu être effectué. (1)

Le développement de l'écriture hiéroglyphique, résumée brièvement est : images, mots, utilisation de ces mots pour la constitution de rébus, en transformant les signes ou mots en signes phonétiques à trois articulations ou à deux articulations, dont un petit nombre ont une tendance à s'atrophier, pour donner naissance à des syllabiques proprement dits, ayant une seule articulation consonantique, mais toujours avec l'impossibilité de noter les voyelles qui sont là, cependant, à l'état latent.

Il n'est pas invraisemblable que l'on constatera un jour que la découverte de l'alphabet n'a pas été le résultat d'un développement lent et continu, d'une évolution, mais au contraire le fait d'une indication qui provoqua la brusque « mutation ». (2)

3. L'emploi de l'alphabet a donné à la pensée humaine un essor illimité. Les Phéniciens (autochtones, non sémites et égéens) agglomérés sous le nom de Phéniciens, ont transformé l'écriture cunéiforme syllabique en une écriture alphabétique de 28 signes. (XIIIe siècle avant J. C.)

L'alphabet qui est devenu commun à tous les peuples indo-européens, est d'origine sémitique et dérive de l'écriture égyptienne par l'intermédiaire de l'alphabet phénicien. Il a subi des modifications nombreuses.

Bien qu'on attribue aux Phéniciens l'invention de l'alphabet, il est établi que les premiers signes devenus ensuite des caractères, remontent à la préhistoire. Cadmus aurait importé l'alphabet phénicien chez les Grecs qui le transmirent aux Etrusques et par eux aux Romains. L'alphabet romain est devenu le nôtre, l'alphabet latin. Comme le phénicien, l'alphabet grec n'eut d'abord que 16 lettres. 7 y furent ajoutées ensuite : g, h, k, q, x, y, z. L'alphabet français n'est que de 23 lettres, jusqu'à ce que la distinction de l'i et du j, de l'u et du v fut bien établie (XVIIIe siècle). L'alphabet de l'Inde, le plus

(1) M. Petit. — *Histoire générale des peuples. La Mésopotamie*, p. 22.

(2) Jean Capart : *Quelques découvertes récentes relatives à l'histoire de l'alphabet.* Bull. Classe des lettres de l'Académie de Belgique. 1920, n° 7-8, p. 408.

parfait, compte 50 caractères disposés non pas au hasard comme le nôtre, mais d'une manière méthodique.

4. Dans le système d'écriture grec, les inscriptions sont le plus souvent gravées sur marbre, sur airain, plus rarement sur plomb. L'écriture est ou rétrograde, ou boustrophède, ou stoichedon. (Chaque lettre était placée sous la lettre correspondante à la ligne supérieure : inscriptions artiques du Ve siècle ou en colonnes (kuonèdon) ; c'est le système chinois et proto-assyrien.) Le plus souvent elle est disposée comme dans nos livres, mais la ponctuation est absente ou capricieuse, les signes manquants toujours et les mots ne sont pas séparés. Les fautes d'orthographe et de gravure ne sont pas rares.

5. Les Runes sont les caractères dont se servaient les Scandinaves et les autres Germains. L'alphabet runique comporte 16 lettres et chacune est l'initiale du nom qu'elle porte et reproduit ordinairement la forme de l'objet désigné par ce nom. Ulphilas, évêque Goth du IVe siècle, a complété l'alphabet runique par quelques lettres et composé l'alphabet gothique, dont il s'est servi pour traduire la Bible. L'écriture gothique moderne date du XIIIe siècle : c'est l'ancienne gothique assujettie à des règles fixes et composée de traits réguliers. Il tend à faire place devant l'alphabet latin, bien que la guerre ait ralenti ce mouvement.

6. Les anciens Turcs (Ton-Kione, tribu des Hioung Nou) avaient des contrats sous forme d'entailles sur une planchette qu'ils scellaient en y marquant l'empreinte d'un fer de lance. C'est de leurs planchettes entaillées qu'ils se servent quand ils font la levée de gens de guerre et des chevaux et quand leurs rois font acquitter l'impôt, qui se compose de bétail, ils délivrent l'acquit par l'apposition d'un scel marqué au fer de lance. (Cahun.)

L'alphabet est indépendant de la langue. Les dialectes des groupes turcs n'emploient pas moins de six caractères d'écriture différents (sans compter les transcriptions avec l'alphabet russe), l'arabe, le syriaque transformé par les Oïgours, l'arménien, le grec, l'hébreu et le chinois, auxquels il faut ajouter l'ancienne écriture dite tchoudique ou runiforme, aujourd'hui reconnue pour turque. (1)

L'écriture nestorienne fut apportée jadis jusqu'au Pe-Lou par le monde chrétien. Elle s'imposa au monde turc et mongol et résista même au boudhisme et à l'écriture chinoise. Ce ne fut qu'après 1450 que l'Eglise musulmane se vit assez forte pour se passer de cet alphabet et imposer l'écriture arabo-persane. Encore le mongol et le mandchou, l'ont-ils fièrement et bravement conservée. L'écriture chinoise a dévoré et englobé les écritures de l'Inde, de l'Indochine, de la Corée et du Japon.

Les anciens peuples du Pérou ne connaissaient pas précisément l'écriture, du moins suivant notre système phonétique. Mais ils possédaient un nombre respectable de procédés symboliques, comparables à ceux des hiéroglyphes, et grâce auxquels ils pouvaient exprimer sur la trame des étoffes une foule de notions. Ils disposaient également de « Quipus », sorte de cordes à nœuds de plusieurs couleurs, auxquelles on attachait de petits objets et qui servaient aux fonctionnaires de l'Etat à établir leur comptabilité. En un mot, l'écriture était en voie de formation au moment de la conquête espagnole et la langue quichua pouvait se glorifier d'une littérature orale.

L'écriture que Saint Clément appelle *Kyriologique* ou expressive, mais qui était imitative, offrait la charpente des mots, sauf les voyelles qui étaient facultatives. La méthode kabbalistique n'employait que des initiales, ce qui les rendait des énigmes analogues aux signes.

7. Ultérieurement, on a pu assister à la naissance d'une écriture. Ce fut celle inventée d'une pièce par un iroquois vers 1818. Les Indiens avaient trouvé sur une personne une lettre dont le porteur fit une lecture inexacte. En délibérant sur cet incident, ils agitèrent la question de savoir si les pouvoirs mystérieux de la « feuille parlante » étaient un don que le Grand Esprit avait accordé à l'homme « blanc » ou bien une invention de l'homme blanc lui-même. Presque tous se prononcèrent pour la première opinion. Mais See-Tnah-Joh, dans une solitude forcée qui suivit le débat, se mit à réfléchir. Il apprit par les cris des bêtes féroces, par l'art de l'oiseau moqueur, par les voix de ses enfants et de ses compagnons, que les sons font passer les sensations et les passions d'une âme dans l'autre. Cela lui donna l'idée de se mettre à étudier tous les sons de la langue iroquoise et bientôt de composer un alphabet de 200 caractères pour les représenter. (1)

8. Des inconnues et des incertitudes existent encore au sujet des origines et de l'histoire de l'écriture. Les travaux se poursuivent, et bien des hypothèses continuent à être discutées.

Des études récentes ont porté sur le classement systématique de tous les éléments d'écriture des populations primitives du globe. M. H. Wirth, en les confrontant, a trouvé que tous ces signes se ramènent à un seul système datant de l'époque paléolitique. (2) Il proviendrait de la division de l'année solaire, les signes de l'alphabet désigneraient les points bi-mensuels du lever et du coucher du soleil en commençant par le solstice d'hiver. L'année étant divisée en 10 mois aux époques les plus anciennes et en 12 mois plus tard, on obtient ainsi 20 et plus tard 24 signes.

Si les prétendues découvertes de Glozel avaient été vraies, il eût fallu conclure qu'une écriture évoluée existait dans les Gaules où seraient venues puiser les civilisa-

---

(1) Léon Cahun. *Introduction à l'Histoire de l'Asie*, p. 36.

(1) Catholiques des Pays-Bas, 16 juillet 1830.

(2) Hermann Wirth. *Der Aufgang der Menscheit*. Eugen Diederich, Jena.

tions méditerranéennes. Les Phéniciens n'auraient rien inventé du tout. L'écriture des Français serait née sur leur sol. Glozel aurait représenté une grande civilisation européenne qui aurait su s'étendre sur un vaste territoire. Les objets de Glozel, disaient les inventeurs, appartenaient au néolithique le plus ancien ; ils comporteraient des galets avec incision d'animaux et de signes d'écriture, signes qui ont été dès le début de l'histoire des plaques d'argile gravées de signes — au nombre de 120 — analogues aux signes chinois et phéniciens.

Le Clément de St Marcq (Histoire générale des Religions) explique le mécanisme de l'histoire des cinq derniers millénaires par la lutte entre l'alphabet et l'écriture chinoise. Pour lui, l'Au delà a préparé et appuyé la Révolution alphabétique ou chrétienne.

222.13 Espèces d'écriture.

1. Il y a lieu d'envisager : 1° les diverses espèces d'écriture sur la base de l'alphabet latin ; 2° les diverses écritures sur la base d'autres alphabets.

2. A mesure qu'on a écrit davantage s'est affirmé la nécessité des écritures cursives, celles où les caractères d'un même mot sont tracés liés les uns aux autres et sans levée de la main.

Des progrès immenses ont été réalisés avec l'écriture cursive. Ecrire plus vite, plus vite. La vitesse a engendré la cursive. Puis le papier lisse, la plume, le stylo, la dactylo ont poussé plus loin la vitesse.

L'écriture anglaise — écriture coulée — et toute la calligraphie ont été ruinées par le stylo ; la machine à écrire en détruit la raison d'être.

3. Le plus petit changement de détail transforme entièrement une lettre et ce n'est pas par des courbes bizarres ni par des jambages cassés qu'on peut espérer créer de nouveaux types. Il y a trois genres propres dans la lettre : ce sont le romain, l'italique et le gothique. Il ne faut pas songer à dénaturer le romain. Ces lettres sont dans l'œil des peuples depuis 2000 ans et plus et leur lisibilité dépend de leur pureté de forme.

Le dédoublement de certaines lettres latines est arbitraire. Scinder, par exemple, l'I latin en un « i » et un « ji » ; l'V latin en un « u » et un « vé », c'est modifier l'alphabet d'une langue morte. Cela affecte la récitation de l'alphabet, l'épellation et le classement alphabétique.

4. *Lettres.* — Nos minuscules, en général, sont imitées de l'écriture caroline. Nos majuscules copient en principe la capitale du temps d'Auguste.

La capitale est toujours imposante. Elle a sa place dans les titres. Il faut envisager la facilité de lecture et la beauté d'un imprimé.

Le choix des signes et des caractères est influencé par leur existence ou non dans les imprimeries et sur les machines à écrire. En Allemagne, le choix des caractères joue un rôle important, *antiqua* (alphabet latin), *Fraktur* (gothique). Une complication spéciale y surgit du fait que le *Yiddish*, qui se rapproche de l'allemand, est composé et imprimé en caractère hébraïque.

222.14 L'alphabet.

Il y a lieu de considérer : 1° les lettres, 2° les accents, 3° la ponctuation, 4° les signatures et les sigles.

1. *Les lettres.* — Ce sont, dans l'alphabet français :
a b c d e f g h i j k l m n o p q r s t u v w x y z

Ces lettres ont leurs capitales correspondantes :
A B C D E F G H I J K L M N O P Q R S T U V W X Y Z

2. *Les accents.* — Ce sont des signes qui se mettent sur une voyelle pour en faire connaître la prononciation ou pour distinguer un mot d'un autre. En français il y a trois accents : l'aigu, le grave, le circonflexe.

Certaines langues (par ex. le Tchèque et le Polonais) ont leurs lettres largement accompagnées d'accents diacritiques.

3. *La ponctuation.* — Elle est faite de signes tels que
, . ; : ' - ? !

La ponctuation n'existe pas dans les textes anciens. A l'origine il n'y avait ni ponctuation ni séparation des mots. Introduite tard dans l'écriture, la ponctuation sert à marquer les divisions des phrases, la numérotation 1°, 2°, 3°, etc., ou la littéralisation A, B, C, a, b, c, etc. est une sorte de ponctuation des idées elles-mêmes qui se prolonge ensuite dans les autres domaines du livre-document : paragraphes, chapitres, etc.

Le ton, dit le proverbe, fait la chanson. On pourrait ajouter « comme l'habit fait le moine ». La seule écriture ne suffit pas. Le point d'interrogation fait changer le ton. Des langues écrites connaissent le point d'ironie. Les Iroquois terminaient chaque discours par *hiso* (j'ai dit) suivi de l'exclamation *koué* à laquelle l'orateur donnait l'intonation voulue, douleur ou enthousiasme guerrier.

Pourquoi ayant imaginé le point d'interrogation, ne pourrait-on développer le système, le généraliser, introduire dans le texte des signes qui accentueraient le sens des phrases par ex. +, ×, etc.

222.15 La connaissance des écritures.

La connaissance des écritures a donné lieu : 1° à la Paléographie ; 2° à la Graphologie sur les données de laquelle sont basées les études sur les faux en écriture.

222.151 *PALEOGRAPHIE.*

1. La paléographie est la connaissance des écritures anciennes et de tout ce qui s'y rapporte. Se dit particulièrement de l'art de les déchiffrer.

2. Le domaine de la paléographie a été déterminé par l'histoire. a) La paléographie ne comprend que la lecture des manuscrits, des chartes, des diplômes, accessoirement

celle des sceaux. Le déchiffrement des inscriptions tracées sur les monuments, les vases et les médailles relève de l'Epigraphie. b) La paléographie est une partie de la Diplomatique, au sens large, celle qui consiste au déchiffrement du texte, la diplomatique proprement dite ayant son objet d'analyser les textes, d'en déterminer la valeur, la critique et le classement des monuments écrits. A la paléographie appartient donc toute la partie pour ainsi dire extérieure de ces monuments, leur description, l'examen des substances sur lesquelles l'écriture est tracée, celui des matières qui ont servi à tracer l'écriture, des formes des lettres, des abréviations, des sigles, des signatures, des monogrammes, etc. Toutes ces choses peuvent fournir des indices sur l'âge du document examiné, en même temps que le déchiffrement, dernier but de cette minutieuse étude, en découvre le sens.

3. Au point de vue de l'évolution continue du livre, du document, des signes, de l'écriture, des substances et des encres il y a un intérêt réel à ne pas traiter séparément de la graphie « ancienne » (paléographie) et de la graphie moderne (technique du livre). La seconde continue la première et peut trouver en elle bien des éléments arrêtés dans leur développement par les circonstances, mais susceptibles de larges utilisations.

4. *Histoire.* – La Paléographie est relativement récente. Avant le XVIIe siècle et les premiers travaux des bénédictins, on n'en possédait même pas les premiers éléments : quelques rares érudits, depuis la Renaissance, s'étaient appliqués au déchiffrement des manuscrits et des diplômes ; mais leurs efforts restaient isolés et leur science personnelle. Les archivistes même des abbayes considéraient comme indéchiffrables les textes d'écriture mérovingienne dont les dépôts renfermaient les plus précieux spécimens. Ils consignaient naïvement en note leur complète ignorance. Ainsi se perdirent beaucoup de manuscrits considérés comme uniques. Le Père Papebroeck entreprit au XVIIe siècle de recueillir les quelques règles éparses qui pouvaient servir aux premiers éléments de paléographie ; il les consigna dans la préface du tome II (avril) des Acta Sanctorum et cet informe essai donna à Mabillon l'idée de son célèbre traité *De re diplomatica* (1681, in fol.). Montfaucon composa une *Paléographie grecque* (1708, in fol.) donnant les renseignements les plus utiles. Les grands travaux ont été complétés jusqu'à nos jours notamment par Kopp *Paleographia Critica* (Mannheim 1817, 4 vol. n-8°) ; Natalis de Wailly, *Eléments de Paléographie* (Paris, 1838, 2 vol. gr. in-4°) ; A. Chassant *Paléographie des chartes et des manuscrits du XIe au XVIIe siècle* (1847, in-8°), etc.

5. *Le déchiffrement.* — Le déchiffrement des écritures anciennes rencontre quatre ordres de difficultés : 1° La signification des caractères par rapport à la langue employée ; 2° la détermination des caractères employés ; 3° la forme des lettres à distinguer les unes des autres ; 4° les abréviations ; 5° les signes abréviatifs et les monogrammes.

6. *Forme des écritures anciennes.* — L'écriture cursive des Grecs était difficile à déchiffrer étant fort irrégulière ; les lettres sont inégales, les plus petites sont enclavées dans les grandes, plusieurs sont tout à fait défectueuses et l'absence de tout signe de ponctuation, les mots coupés arbitrairement à la fin des lignes. L'écriture cursive des Romains est plus indéchiffrable encore ; elle a un bel aspect, les traits sont élégants et variés, mais il faut la plus grande attention pour isoler les lettres les unes des autres à cause des liaisons, des traits parasites et de la position excessivement inclinée des caractères. Les liaisons des lettres concourent dans une certaine mesure à leur formation et les rendent méconnaissables en les faisant varier à l'infini. De plus, comme dans la capitale, il n'y a aucune séparation entre les mots.

222.152 *GRAPHOLOGIE.*

1. La graphologie tend à devenir une science exacte, dégagée maintenant des prétendues sciences divinatoires. C'est une méthode précieuse d'études du caractère humain. L'écriture est un geste social qui a pour but de communiquer la pensée. Appris par l'imitation, il devient rapidement individuel. La graphologie considère l'écriture comme une succession de petits gestes individuels. Après de très longs et très persévérants efforts (le premier essai d'étude de l'écriture date de 1622), elle est parvenue à classer méthodiquement tous ces mouvements. Une méthode rationnelle, expérimentale, par conséquent scientifique, est actuellement constituée. Le graphologue devient un collaborateur du médecin, de l'éducateur, du juge, du chef d'industrie. Le Collège Libre des Sciences Sociales de France a institué un cours de graphologie. On l'enseigne à l'Ecole de Chartes de Bucarest. Un Congrès international de graphologie, le deuxième, s'est tenu en 1928 à Paris et fut présidé par le professeur Pierre Janet.

2. La graphologie est la science qui permet, par un examen méthodique et approfondi de l'écriture, de pénétrer le secret des caractères avec leur complexité, leurs contradictions, leurs tares. L'écriture, en effet, est révélatrice avec ses mille formes, ses mille manières, ses combinaisons variant à l'infini, enregistrement direct de ces petits gestes non surveillés que le cerveau transmet automatiquement à la main et qui dévoilent l'être intime.

3. L'écriture est étudié tour à tour comme moyen et comme objet d'identification. On voit la personnalité humaine à travers l'écriture comme derrière un voile troué, qui masque presque entièrement certains faits et en révèle d'autres au contraire assez bien. (F. Michaud)

4. Comme il est incontestable dit le Dr Héricourt, que les caractères de la personnalité se dessinent sur le visage, il y a d'autres mouvements, comme ceux du geste, dont l'étude porte un égal intérêt. Personne d'ailleurs ne conteste la valeur de l'allure en général, quand il s'agit de reconnaître une personne dont on ne voit pas les traits,

on ne peut nier que les caractères particuliers d'un individu ne se peignent dans le nombre, la rapidité et l'ampleur de ses mouvements. La parole qui diffère selon l'individu, serait utile aussi à étudier dans un but d'analyse psychologique. Au fond de ses études diverses en apparence, on trouve que le sujet est toujours le même. C'est l'activité musculaire sous ses formes diverses. Le jeu de la physionomie, l'allure des bras et des jambes, la manière de parler, ce sont toujours des muscles en action, des mouvements en partie volontaires et conscients, en partie involontaires et inconscients. Or, il est un appareil moteur qui se trouve en relation encore plus intime que les autres avec la fonction cérébrale idéomotrice, et dont le jeu doit être en conséquence un reflet très fidèle des divers modes de cette activité : c'est celui qui prête à l'action d'écrire.

L'écriture est donc un geste, composée d'une multitude de petits gestes. Elle est le jet matérialisé de la pensée.

5. Les écritures paraissent être réellement toutes différentes. On découvre une infinie variété de particularités graphiques, même dans les bâtons des enfants. On arrive à des milliards en calculant les variétés les plus simples que l'on peut produire dans le chiffre 1, le plus simple de tous les signes. (Crepieux-Jamin. *Les lois fondamentales de la graphologie).* Les variétés graphiques sont attribuées aux variétés de caractères : il y a une relation entre le mot et son expression motrice.

6. Des méthodes perfectionnées ont été imaginées, notamment par Crépieux-Jamin *(L'Ecriture et le Caractère)*, par Persifor Frazer *(A B C de la Graphologie)*, par Bertillon *(La Comparaison des écritures)* par Locard *(Technique graphométrique).*

7. Autrefois les experts en écriture étaient des calligraphes, des lithographes, des maîtres d'école qui travaillaient dans des conditions matérielles déplorables, avec des instruments insuffisants. Leur procédé consistait à colliger dans les pièces soumises à l'examen des ressemblances purement matérielles de graphisme. Les vérifications se faisaient sans méthode définie, sans règle catégorique, précise. Aujourd'hui les experts en écriture se servent d'instruments de premier ordre : le microscope et la photographie.

8. *Expertise des écritures. Faux en écriture.* — Depuis qu'il y a des écrits, il y a des faux. Justinien en parle et nous avons toute une littérature sur cette question au moyen âge et dans les Temps modernes. Des incidents célèbres, *affaire Dreyfus, affaire Humbert-Crawford*, ont donné une importance dramatique aux théories en présence. Toute une science est née pour dépister et découvrir ces faux. La photographie et la microphotographie y ont aidé. Les retouches ont été décelées par la composition chimique différente des encres, l'actinisme différent donnant des nuances opposées à la photographie.

On a recherché le parallélisme grammatique et établi pour former des diagrammes une analyse graphométrique montrant la variation des valeurs angulaires des lettres authentiques et des lettres falsifiées. (1)

9. Des règles ont été tracées par les maîtres de la Société Technique des Experts en écriture et qui sont aujourd'hui enseignées dans ses cours.

222.14 Instruments, encres et spécialistes de l'écriture.

On a écrit avec toutes espèces d'instruments, on s'est servi de toutes espèces de matières pour tracer les caractères ; il y a eu des spécialistes de l'écriture.

222.141 *INSTRUMENTS.*

1. L'instrument de l'écriture est la plume et le crayon. La plume est placée dans le porte-plume ; le crayon est placé souvent dans le porte-mine, et il est de toute couleur.

Aux instruments de l'écriture sont apparentés les instruments du dessin : règle, équerre, «té», tire ligne, curseur, pantographe, etc.

2. Antérieurement on a écrit avec le stylet sur la plaque de cire, avec l'arindo ou calame, avec la plume d'oie.

Il n'y a pas plus d'une trentaine d'années, on écrivait encore en Birmanie avec un stylet de fer appelé «Kangit» sur des feuilles de palmier, sans l'aide d'aucune encre. Les feuilles étaient ensuite roulées et placées dans un tube où elles pouvaient, paraît-il, conserver l'écriture intacte pendant des centaines d'années. Cette méthode est encore employée par certains Birmans, spécialement par les prêtres.

3. Aujourd'hui l'emporte le stylo (le stylographe), porte-plume à réservoir, éventuellement avec plume en or ou en iridium.

Le premier porte-plume réservoir a été conçu et réalisé par un capucin savoyard, le F. Candide de Moglard.

On a critiqué l'usage du stylo. « Pour bien penser, il faut bien écrire ». La démarche même de notre pensée, sa recherche de la vérité, le crible qu'elle doit faire de tous les germes d'erreur que contient le raisonnement, se décalquent en quelque sorte sur le mouvement du style, la poursuite du mot juste et la logique des articulations d'une rigoureuse syntaxe. Or, l'instrument de l'écriture influence l'écriture elle-même. L'usage moderne du stylo ne permet pas à l'esprit la halte légère pendant laquelle on plongeait sa plume dans l'encrier, ce qui donnait le loisir forcé de réfléchir sans agir. L'emploi de la plume d'oie avec sa taille intermittente doublait opportunément la durée de ces repos nécessaires. Aujourd'hui on dicte au parlophone : c'est là sans doute le comble de la

(1) Voir les belles études du Dr Locard, directeur du Laboratoire de police technique de Lyon. L'auteur en a donné un résumé dans la *Revue Générale des Sciences*, 30 juillet 1922.

rapidité, mais elle est trop souvent acquise au prix d'un effrayant relâchement de la pensée. (E. Giscard d'Estaing)

La vieille calligraphie, imposée par des coups de règles sur les doigts s'en est allée. Et l'écriture est tombée en décadence. Les idées sociales à son sujet ont évolué. On a reconnu que la décadence avait commencé par l'introduction de la plume métallique, la plume pointue instrument de martyre pour le jeune enfant, de même que le cahier à réglure multiple. Toute la spontanéité a disparu avec la liberté. L'écriture doit rester dès le début, comme le dessin, l'expression de la personnalité, bien qu'avec des qualités essentielles de lisibilité, d'harmonie et de rapidité. (1) En Allemagne, il y a lieu de signaler la méthode Kuhlmann et la méthode Huliger, ainsi que les nouvelles plumes Sönnecken.

Les plumes ont grande importance. Les éducateurs ont condamné les plumes pointues qui conduisent à la tension nerveuse, puis à la crispation musculaire. Les grosses plumes donnent plus de régularité et de lisibilité à l'écriture. (Ex.: S 21 ou 20 ou 5 de Sönnecken, n°s 23, 28, 29 de Mallat.)

Heintze et Blanckertz ont entrepris en Allemagne un mouvement pour la réforme de l'écriture. (Verlag für Schriftkunde. Berlin 44 Georgenkurthstrasse.)

222.142 *LES ENCRES.*

1. L'encre est le liquide préparé pour écrire, imprimer ou dessiner à la plume.

2. Il y a un grand nombre d'encres différentes. Encre d'imprimerie, pâte composée de diverses matières et notamment de noir de fumée et d'huile de lin. Encre autographique, encre dont on se sert en lithographie pour écrire sur un papier préparé et transporter ensuite sur la pierre ce qu'on a écrit ou dessiné. Encre sympathique, liquide incolore sur le papier et que l'on peut rendre visible en soumettant l'écriture à certaines influences chimiques. Encre de Chine, préparation sèche de noir de fumée qu'on emploie particulièrement dans le dessin au lavis.

3. L'Egypte, semble-t-il, fut la première à étendre l'usage de l'écriture à l'encre sur pierre et bois, aux feuilles de papyrus convenablement apprêtées. Cette invention produisit une grande révolution dans l'art de représenter les idées et les choses. Elle aida à faire passer la peinture d'objets hiéroglyphiques en écritures et signes hiératiques, lesquels de plus en plus simplifiés, donnèrent naissance aux caractères coptes de l'écriture démotique. Les anciens écrivaient à l'encre en même temps que sur les tablettes de cire. Les encres des palympsestes étaient fort résistantes. Après un recul dans la fabrication du IXe au XIIe siècle, on assiste à un progrès continu. Les encres italiennes et espagnoles du XVIe siècle atteignent au plus haut degré de perfection. La décadence commence au XVIIe siècle. De nos jours les encres manquent de longue résistance.

4. En principe, il s'agit, dans l'écriture, de différencier la matière de manière à faire apparaître un signe sur un fond. On procèdera soit par coloration (noir ou couleur), soit par différenciation du volume (relief ou incision provoquant éventuellement des ombres). Il y a toute une échelle de la profondeur à la hauteur (lettres superposées). La différenciation de caractères et de textes peut se faire par la couleur.

5. Des livres ont été imprimés en couleurs. Pendant deux siècles, en France et ailleurs, on a imprimé à l'encre rouge et à l'encre noire ensemble.

La couleur rouge fut assez généralement affectée aux titres des livres, à la première lettre d'un alinéa. Dans les rescrits impériaux, la formule de la date est rouge. En Chine, l'usage de l'encre rouge dans les écrits officiels était réservé à l'empereur. On a écrit en bleu, en jaune, en vert.

L'or a été beaucoup employé au moyen âge, principalement du VIIIe au Xe siècle. On possède plusieurs évangiles, des livres d'heures et nombre de diplômes écrits de cette matière. L'or était réduit en encre et étendu au moyen de la plume, ou bien était appliqué par feuilles sur un appareil qui le fixait au velin, ou réduit en poudre, il était aggloméré au moyen de la gomme arabique.

L'expérience apprend que l'impression noir sur blanc vaut mieux que blanc sur noir. La couleur rouge est celle qui accroche le plus nos regards.. Le vert est la couleur suivant immédiatement le rouge dans ses effets sur l'attention. Ces faits découlent d'expériences de laboratoire et servent de base à la réclame.

De nos jours les livres d'art et les impressions de bibliophiles ont attaché du prix à la couleur des encres.

On possède le « Livre des quatre couleurs aux quatre éléments, de l'imprimerie des quatre saisons, l'an 4444 ». imprimé en rouge, bleu, orange et violet. (Ce qui donne une géométrie en couleurs.)

6. L'encre noire des anciens était composée de noir de fumée, de gomme, d'eau, de vinaigre. Elle fut employée jusqu'au XIIe siècle. On inventa alors l'encre composée de sulfate de fer, de noix de galle, de gomme et d'eau, qui est encore en usage.

7. La consommation d'encre est considérable. L'Allemagne consomme environ 40 millions de quintaux de papier par an. A cette consommation correspond celle de 360,000 quintaux d'encre d'imprimerie. Les plus grands consommateurs sont évidemment les journaux qui, à eux seuls, absorbent 40 % du total des encres. Les autres encres noires (labeur et illustration) n'atteignent pas même 20 % du chiffre total. Par contre, l'emploi des couleurs d'imprimerie représente environ le quart de la consommation totale. Les encres d'héliogravure y participent à raison d'un sixième. La matière colorante ne

(1) R. Dottrens. *L'enseignement de l'écriture, nouvelles méthodes.* (Paris, Delachaux et Niestle).

constitue que le quart du poids des encres employées. Les huiles minérales et huiles de lin composent également un quart du poids total, tandis que pour le reste, ce sont les résines, les dissolvants comme la benzine, le benzol, etc., qui complètent le volume.

Les fabriques d'encres d'imprimerie sont les plus nombreuses à proximité des grandes agglomérations. Berlin, la Saxe et le Hanovre accaparent ensemble 60 % de la production totale de l'Allemagne. La Saxe vend annuellement pour 12.5 millions de marks d'encres; Berlin pour 7.5 millions et le Hanovre pour 9.7 millions.

222.143 *SPECIALISTES DE L'ECRITURE.*

Primitivement, et pendant longtemps, le fait de savoir écrire était la spécialité de quelques hommes. Dans l'antiquité, les écriveurs étaient des esclaves. On a connu un temps au moyen âge où cette formule était d'usage dans les actes : « Et attendu sa qualité de gentilhomme, a déclaré ne savoir écrire ». Le grand cachet de cire, empreinte ou sigle, par la poignée de l'épée, remplaçait alors la signature. Les clercs avaient le privilège du savoir et de l'écriture aussi. Au XIVe siècle, on connut les corporations d'écrivains; elles étaient privilégiées; elles comprenaient les peintures et les enluminures; il y a eu des écrivains jurés, des écrivains publics. Peu à peu, le lire et l'écrire s'étendirent jusqu'aux temps modernes, où l'instruction devint obligatoire et où des campagnes énergiques, comme en Russie et en Orient, s'entreprirent contre l'analphabétisme.

Il y avait au moyen âge les *chrysographes* ou écrivains en or, les *tachygraphes* qui écrivaient avec rapidité et les *calligraphes* qui écrivaient à main posée.

Dans les pays d'occident, il n'y a donc plus d'écrivains publics, bien que le service d'écrire pour autrui s'y continue encore. Il n'y a plus que des écrivains tout court et des « écriveurs ». On définit les écrivains, des hommes qui composent des livres, des écrits destinés à la publicité, des hommes qui écrivent avec art et avec goût; « écrivailleur » se dit de qui écrit, mais sans grand intérêt, et « écrivassier », de qui a la démangeaison d'écrire.

222.15 **Ecriture à la main ou à la machine.**

L'écriture se fait: 1° à la main (calligraphie); 2° à la machine à écrire (dactylographie); 3° par des procédés typographiques : xylographie, caractères fondus se composant à la main; composition typographique à la machine.

222.151 *LA CALLIGRAPHIE, ECRITURE A LA MAIN.*

1. L'écriture à la main est, quant au tracé des lettres, tout un art. La belle écriture, l'art de ceux qui ont une belle écriture se dit la calligraphie.

Autrefois, comme chez les Orientaux encore aujourd'hui, la calligraphie indiquait un art plus relevé.

Les Chinois, les Arabes, les Turcs, les Indiens, les Persans ont porté très haut le goût de la calligraphie. Ils tiennent en grand honneur l'art de peindre l'écriture, d'en tracer les caractères avec un degré particulier d'élégance. Le calligraphe n'y est pas placé beaucoup au-dessous de l'écrivain qui compose un ouvrage d'un beau style.

3. *Enluminures.* — Les manuscrits qui nous restent sont les témoins de la grandeur et de la décadence de l'enluminure. Longtemps l'Orient conserva le goût et le secret de la peinture appliquée à la décoration des livres. En Occident, l'invasion des Barbares porta à l'art calligraphique, comme à tous les arts, un coup mortel. A partir du XIVe siècle, le goût se rétablit. Les dernières années du XVe et les premières du XVIe siècle virent éclore sous le pinceau des miniaturistes des productions exquises, particulièrement dans les ouvrages liturgiques. Elles allèrent à si haut prix que les princes seuls purent s'en procurer la jouissance. Bientôt après la typographie et la gravure les proscrivent.

3. *Calligraphie.* — Il y a des exemples modernes et les traditions de la belle écriture se conservent chez quelques-uns. (1)

Léon Bloy un jour de misère, proposa au comte Robert de Montesquiou Fezensac, poète et descendant d'une illustre famille française, de « transcrire lui-même son livre — La Chauve-Souris — sur un vélin fastueux, en écriture divine de moine carolingien, et d'orner chaque page d'exfoliations extraordinaires. » Il ajoutait « me voilà prêt à vous donner un an de ma vie épouvantable, à faire pour vous un chef-d'œuvre, si vous voulez me sauver, car je péris absolument. » Le poète, bien qu'immensément riche et d'une prodigalité vaniteuse, refusa.

4. Le chef-d'œuvre calligraphique a souvent consisté en certaines acrobaties et prouesses scripturaires. Ainsi, le fait d'écrire microscopiquement. Aelien parle d'un homme qui, après avoir écrit un distique en lettres d'or pouvait le renfermer dans l'écorce d'un grain de blé, un autre traçant des vers d'Homère sur un grain de millet. Cicéron rapporte avoir vu l'Illiade écrite sur parchemin pouvant se renfermer dans une coquille de noix. Il y a loin de ces œuvres de patience aux manuscrits latins du IVe siècle dont les caractères avaient une si grande dimension que Saint Jérôme les appelait des *fardeaux* écrits.

D'autre part des calligraphes se sont ingéniés à tracer des figures de personnes ou d'objets à l'aide de fines lignes d'écriture.

---

(1) Développement des maîtres calligraphes anglais du commencement des premiers scriptoria monastiques du moyen âge à la domination de l'écriture commerciale du XIXe siècle. The english writing-masters and their Copying Book 1570-1800. A biographical dictionary and a Bibliography by Ambroise Hesh with an introduction on the development of Handwriting by Stanley Morisson. Cambrigde-Universty Press, 1931.

5. Au début l'écriture était angulaire, parce qu elle était obtenue par les épigraphistes, sculpteurs sur pierre ou graveurs sur bronze qui faisaient les inscriptions. Quand on écrivit plus tard sur des matières où la plume était l'instrument, on put faire les courbes et l'écriture se modifia, elle devint cursive.

6. Une personne quelque peu habituée à manier la plume peut écrire en moyenne trente mots à la minute, ce qui représente avec les courbes et les inflexions, une longueur de 5 mètres ou 300 mètres à l'heure, 3000 mètres dans une journée de dix heures de travail, ou 1095 kilomètres par an. De plus, en écrivant 30 mots à la minute, la plume fait en moyenne 480 courbes et inflexions, soit 28.000 à l'heure, 288,000 par journée de dix heures ou 105,120 kilomètres par an, enlevés à la force du poignet et des doigts...

7. L'écriture lisible demeure un desiderata, surtout pour l'écriture commerciale, l'écriture comptable et l'écriture administrative. Cette lisibilité de l'écriture est difficile à obtenir avec la presse de la vie et l'obligation pour certains d'écrire vite et beaucoup.

C'est une vraie fatigue de lire des écritures différentes. Qu'on se figure par ex., un fonctionnaire ayant à lire tous les jours 100 à 150 requêtes écrites par des pauvres. Qu'on se figure aussi les peines des dactylographes et des typographes. « Il y a quelques années, disait un savant, il n'y avait que deux personnes qui savaient lire mon écriture, Dieu et moi ; maintenant il n'y en a plus qu'une, Dieu. »

8. Un mouvement s'est développé pour amener à se servir des deux mains pour écrire, indifféremment de la droite ou de la gauche. Les mutilations de la guerre ont ajouté aux raisons d'être de l'écriture ambidextre. (1)

222.152 *LA DACTYLOGRAPHIE. ECRITURE A LA MACHINE.*

1. L'invention de la machine à écrire a donné naissance à une technique et un art nouveau, la Dactylographie. Elle est encore tous les jours en progrès. (2)

2. La machine a standardisé, unifié le type d'écriture ; elle a permis d'écrire plus vite, et d'obtenir plusieurs copies à la fois.

Dans les concours de dactylographie, le championnat atteint des 20,000 mots en un temps de six heures et de 17,000 mots en 4 heures. On cite un record de 28,944 mots en 7 heures pour un travail dicté. (3)

3. On a créé des variétés de machines à écrire. Pour marquer les colis, on a commencé par opérer à la main ; puis on s'est servi d'alphabets pochoirs. C'était lent et l'erreur était facile. On a maintenant des espèces de grandes machines à écrire qui perforent les lettres de carton (carton huilé) en forme de pochoirs (Idéal-Stencil machine). On applique ensuite le pochoir sur les colis (jusque 2000 fois). La machine peut perforer jusque 150 pochoirs à l'heure.

222.153 *LES CARACTERES D'IMPRIMERIE.*

1. Les *caractères* ont toute une histoire. Les premiers étaient gravés sur bois. Gutenberg débuta ainsi. Son but était d'imiter le travail des copistes et de vendre le produit de la presse comme étant le fruit d'efforts calligraphiques. Les caractères étaient gothiques (lettres de forme suivi de lettres de somme). Schoepfer eut l'idée de fondre les lettres. Nicolas Jenson grava des caractères reproduisant des capitales romaines et des minuscules empruntés aux écritures latine, française, espagnole, lombarde et caroline dont la forme se rapprochait beaucoup. Puis les caractères se développèrent : Théobalde Manuce (Alde) introduisit les « italiques », Granjon la cursive. Il y eut le Garamond, l'Elzevir, le Didot, le Bodoni, le Baskerville. Le premier livre contenant du grec imprimé est le Lactance du monastère de Subiaco.

Louis Elzevir (Leyde 1595) fut le premier qui distingua l'*I* et l'*Y* consonnes des voyelles *J* et *V*. Lazare Zetnet (Strasbourg, 1619) introduisit l'*U* rond et le *J*, consonne à queue dans les capitales.

2. Il y a une filiation des lettres de la xylographie à la typographie. La classification de la lettre : a) la gothique : 1. la gothique de forme, 2. la gothique de somme, 3. la bâtarde, type de transition ; b) la lettre ronde ou Romain : 1. Elzevir, type et forme de transition, 2. Didot : didot type, égyptienne, latine, 3. antique.

Il y a toute une physiologie de la lettre. Le caractère et sa teinte ont une influence sur la compréhension des textes. La lisibilité des caractères est le desideratum suprême. (1)

3. Les types ou caractères d'imprimerie les plus employés sont les suivants : romain, italique (bâtarde), égyptienne (grasse), anglaise, gothique.

La grandeur des caractères d'imprimerie s'appelle corps. Les corps de lettres les plus usités dans les livres sont les suivants : corps, 6, 8, 9, 10 12.

4. Les exigences de l'ordre, de la rapidité, de la clarté, qui sont celles de la pensée et de l'information moderne, doivent avoir leur correspondants dans celles de l'imprimerie. Il faut tenir compte des conditions dans lesquelles est le lecteur. Nos nerfs sont mis à dure épreuve. Nos yeux sont très fatigués par suite du mouvement de la rue, du tourbillonnement de la publicité lumineuse et de la

---

(1) F. Garin : *Comment écrire des deux mains*. Guide pratique pour les mutilés, les gauchers, les droitiers. Paris, Nathan. — Voir aussi les travaux de Mlle Kipiani.

(2) Code technique de la dactylo. *(Revue sténographique belge*, 15 avril 1932, p. 99.)

(3) *L'art de dactylographier*. (Gerard G. L., L'organisation, p. 24.)

(1) Marius Audin : *L'Histoire de l'Imprimerie par l'Image*.

multiplicité des textes que la plupart de nos occupations ou de nos délassements nous contraignent à lire. L'imprimé, le livre, la revue, le journal, indispensables à notre existence, doivent donc apporter des soins spéciaux et ne pas augmenter cette fatigue. Il faut imprimer avec des caractères bien étudiés pour faire de la lecture un agrément et un repos pour les yeux. (2)

Il faut s'élever contre les caractères difficiles à lire. Les caractères doivent être simples et clairs. Pourquoi, lorsqu'il s'agit d'une indication qui doit servir à la communication avec autrui, créer une difficulté.

L'écriture cursive va se différenciant de l'écriture typographique. La condition de l'écriture cursive, c'est la rapidité, qui exige des liaisons; celles-ci rend l'écriture moins nette. La lettre typographique servant de matrice à des milliards de reproduction, peut être d'une fabrication lente et viser à la parfaite netteté.

La lettre du point de vue typographique a fait l'objet de sérieuses études physiologiques (citons entr'autres celles du Dr Javal). Il faudra en tenir compte dans l'évolution future.

5. Les catalogues de fonderies présentent des modèles remarquables en variétés. Les nouveaux catalogues de types de caractères allemands donnent par ex. les types suivants: la Mainz Fraktur; l'Ausburger Schrift, tendant vers la latine; la Secession-Grotesk; l'Antiqua (Bremen); la Cursiv (Hinci) italique; les écritures calligraphiques; Neu-Deutsch; Grasset Antiqua; Renaissance Antiqua; Romische Antiqua; Moderne Grotesk; Wandmalereien; Baldur; Antiken; Behrenschrift, etc.

Les catalogues français donnent, par ex., les catégories suivantes: allongées, alsaciennes, antiques, antiques allongées, antiques grasses, classiques, égyptiennes, italiennes, latines, blanches, ombrées, maigrettes, anglaises, ronde bâtarde, gothique.

6. Il existe aujourd'hui toute une industrie de la fonderie des caractères. Tandis que les machines à fondre les caractères ne donnaient que 3,000 lettres à l'heure, la Wick Rotations machine en produit 60,000 tout ébarbés et prêtes à être mises en paquets. Le brevet américain fut payé £ 250,000. La machine est surveillée par un homme et un gamin. Elle a été inventé par Frederick Wicks, de Glasgow, simple écrivain et journaliste qui chercha à supprimer le travail de redistribution des textes. La Monotype a repris l'idée sous une autre forme. Elle aussi composant chaque jour sur caractères neufs, évite la redistribution.

7. La durée des caractères dépend de la composition du métal. Des corps 7 et 8 ont souvent reçu deux millions d'impressions lisibles dans les journaux; la normale est un million, et mainte imprimerie rejette le petit type après 300,000. Pour les travaux courants et les ouvrages soignés, la limite doit être fixée beaucoup plus bas.

(2) Voir les récentes études de la « Linotype » et de son caractère Ionic, qui apporte, avec plus de clarté et de soutien pour l'œil, une capacité de 13 % de texte en plus, sur moins de papier.

222.16 Les systèmes spéciaux d'écriture.

Parmi les systèmes spéciaux et les modalités de l'écriture, il y a lieu de considérer: 1° l'idéographie, 2° la sténographie, 3° la cryptographie, 4° l'écriture des aveugles, 5° l'écriture médiumnique ou spirite; 6° l'écriture Morse.

222.161 *L'IDEOGRAPHIE.*

On entend par idéographie des signes qui expriment directement l'idée et non les sons du mot qui représenterait cette idée: les chiffres arithmétiques sont de véritables idéogrammes.

Tandis que les Chinois abandonnent l'idéographie et adoptent notre alphabet, voilà que l'Occident lui reconnaît des avantages et fait des essais pour y revenir.

En apprenant l'écriture et l'orthographe, on n'apprend guère de notions; et la communication de peuple à peuple reconnaît les obstacles de la langue.

Les *néoglyphes*, la nouvelle écriture mondiale du Prof. Alex. Sommer-Batek (Prague).

222.162 *STENOGRAPHIE.*

1. *Notion.* — La sténographie est l'art d'écrire rapidement en abréviations, d'écrire aussi promptement que la parole. Elle a d'abord été dénommée «brachygraphie» et « tachygraphie »; les Anglais lui ont donné le nom de « shorthand », c'est-à-dire main brève ou courte écriture.

L'art sténographique est une des plus précieuses inventions du XIXe siècle.

Dans l'état actuel de la sténographie, des vitesse de 200, 240 et 250 mots à la minute ne sont pas impossible (en anglais).

2. L'histoire de la sténographie remonte à l'antiquité. Les Hébreux l'avaient connue, les Grecs en faisaient usage, elle était courante à Rome. Cicéron écrivait par signes inventés par Ennius et qu'il apprit à son affranchi Tiron. Celui-ci les perfectionna (notes tironiennes). L'enseignement s'en répandit et ce devint courant pour les particuliers d'avoir un esclave ou un affranchi qui écrivait à la volée. On les appela d'abord en grec *tacheographi*, en latin *cursores*, coureurs à cause de la rapidité avec laquelle ils traçaient les discours. Ces cursores ont été appelés depuis *notarii*, à cause des notes dont ils se servaient. Le moyen âge a connu la sténographie.

3. En sténographie on supprime tous les accessoires de l'écriture, tout ce que les organes vocaux n'articulent pas, ou ce qui n'est pas perçu par l'oreille. Il n'est pas tenu compte de l'orthographie. On supprime même les simples voyelles. On se sert en outre de signes simplifiés.

4. Le document sténographié prend une place de plus en plus importante. C'est la division du travail. Au travail de la composition littéraire se substitue celui de l'improvisation parlée, laquelle est enregistrée d'autre part par le sténographe. Tous les débats publics, dans les parlements, les conseils, les comités donnent lieu à une formidable littérature. Les méthodes du travail personnel elles-mêmes se transforment sous l'empire de la sténographie. Théodore Roosevelt a donné l'exemple de dicter à ses sténographes ses adresses et messages au Congrès, et les réponses détaillées aux lettres qui lui étaient envoyées. Depuis en Amérique, en Europe ensuite, l'usage des sténographes privés s'est considérablement développé. Ce sont les sténo dactylographes.

5. Dans les Assemblées et Congrès, il y a une organisation permanente de la sténographie. Le service est ordinairement assumé par deux équipes de deux sténographes qui travaillent à tour de rôle 15 minutes par heure. Aussitôt après la relève, les deux sténographes se retirent pour dicter chacun à des dactylos la moitié de la prise.

6. Il existe un nombre considérable de systèmes de sténographie (Astier, Conen de Prépéan, Aimé Paris, Duployé, Meysmans, Prévost-Delaunay, Stolz, etc.).

La « Brevigraphie », inventée par Raoul Breval, utilise les lettres de l'alphabet et la ponctuation dactylographique ce qui permet de brevigraphier un discours sur une machine à écrire.

7. *Sténographie mécanique.* — La sténographie est devenue mécanique. D'admirables petites machines ont été inventées (notamment la Sténophile Bivort). Les avantages sont ceux ci :

Absence de toute méthode difficile à apprendre ; écriture en lettres alphabétiques ordinaires, facilité d'apprentissage ; lecture possible pour tous ; fatigue nulle ; vitesse illimitée, dépassant de loin la parole humaine ; mécanique simple, légère, peu volumineuse et silencieuse ; possibilité de sténographier en toutes langues et même dans l'obscurité.

On sténographie et on relit parfaitement les langues sans en rien comprendre.

Une fable connue, composée de 70 mots, est écrite en 10 secondes, ce qui donne la vitesse de 420 mots à la minute.

8. *Documentation sténographique.* — L'Association internationale des Sténographes a formulé le projet de concentration en une Bibliothèque unique de tous les documents dont le caractère commun est d'être le résultat de la sténographie. (Voir les communications faites à ce sujet par M. Depoin à l'I. I. B.).

9. *Problèmes.* — Il y a trois degrés dans les problèmes à résoudre :

1° Une sténographie personnelle efficace ;

2° Une sténographie lisible de tous ;

3° Un seul système de sténographie.

L'écriture sténographique mentale serait plus rapide que l'écriture alphabétique, de telle sorte que la sténographie ouvrirait la voie à l'écriture et à la lecture rapide.

Il est nécessaire de :

a) formuler les desiderata de la sténographie,

b) étendre toutes les possibilités de signes,

c) établir des écritures pour juger des systèmes,

d) critiquer les systèmes,

e) combiner en un seul les avantages reconnus de tous les systèmes et les perfectionner.

Il existe un grand nombre de systèmes sténographiques. Des efforts sont tentés pour réaliser l'unité sténographique, non seulement par langue, mais même internationalement (revendications formulées par Forel et Broda).

On a déterminé qu'un tableau phonographique complet comporterait environ 150 signes.

222.163 *CRYPTOGRAPHIE.*

1. La cryptographie est l'art des écritures secrètes. On lui a donné divers autres noms : cryptologie, polygraphie, stéganographie, etc.

2. De tous temps, les gouvernements, les hommes d'Etat, les ambassadeurs, les hommes de guerre, ont utilisé ce qu'on est convenu d'appeler le langage chiffré. A cet effet, on emploie des clefs, des grilles, des livres à pages repérées, des jeux de cartes, des livres typographiques (*Le Scarabée d'Or,* d'Edgard Poë).

Pendant la guerre, le *Bureau des chiffres* à l'Etat-Major français a été chargé de reconstituer le sens de tous les radiogrammes conventionnels.

En diplomatie, le chiffre a dû se développer parallèlement à l'usage du cabinet noir par où les gouvernements auprès desquels les ambassadeurs sont accrédités font souvent passer leur correspondance.

Des hommes de science se sont servi d'écriture secrète. Ainsi Francis Bacon usait probablement de cryptographie comme un moyen d'enregistrement scientifique de vers qu'il destinait à la postérité scientifique. Ces vérités auraient été inintelligibles pour les contemporains ou leur révélation aurait été dangereuse pour lui. (Bacon-Shakespeare. *Mercure de France,* 15-IX-1922.)

3. Les systèmes usités en diplomatie sont nombreux : méthode de Jules César, japonaise, par parallélogramme, de Scott, du Comte Gronsfeld, de Bacon, etc.

Les combinaisons sont à l'infini. Le déchiffrement se fait par tâtonnement, basé sur une vingtaine de règles (par ex. celle du redoublement des lettres).

4. La *clef* d'un chiffre est l'alphabet dont on est convenu. On en distingue de plusieurs espèces : le *chiffre à simple clef* est celui dans lequel on se sert toujours d'un même alphabet pour remplacer les diverses lettres d'une dépêche, et le *chiffre à double clef*, celui où on change l'alphabet à chaque mot. On se sert en outre de *nulles,* syllabes ou même phrases insignifiantes, que l'on mêle aux caractères significatifs. Pour augmenter encore

la difficulté de lire les dépêches en chiffres, on emploie une *grille*, carton bizarrement découpé à jour qui, dès qu'il est placé convenablement sur les dépêches, ne laisse paraître que les caractères nécessaires; car les caractères de remplissage n'ont été ajoutés par l'expéditeur qu'après qu'il a eu écrit la dépêche.

Le système d'écriture en chiffres le plus simple consiste à écrire les vingt-quatre caractères de l'alphabet (le *j* non compris) sur deux lignes horizontales et parallèles. Quand on veut déguiser un mot, il suffit de représenter les lettres de chaque mot par celles qui leur correspondent dans l'autre ligne. Ce n'est guère qu'un jeu d'enfant. Les systèmes usités en diplomatie sont beaucoup plus compliqués.

Autre exemple d'écriture secrète. On a choisi un volume quelconque dont chacun des correspondants possède un exemplaire. On a décidé de faire usage de nombres de 4 chiffres, dont le premier est celui de la page, le deuxième de la ligne, le troisième du mot, le quatrième de la lettre. On obtient, par exemple, le cryptogramme chiffré 6432, 7626, 3214, 8217, 8219, 2314 pour désigner V E R D U N. Ici 6432 signifie 6e page, 4e ligne, 3e mot, 2e lettre.

5. La ressource des alphabets secrets est devenue illusoire car le nombre des combinaisons est borné et d'habiles déchiffreurs finissent généralement par en trouver la clé. Ceci exige de nombreuses connaissances, la possession des langues, une patience à toute épreuve, car ce n'est qu'après une infinité de tâtonnements que l'on peut atteindre le but.

222.164 *ECRITURE DES AVEUGLES.*

1. Braille (1806 1852) créa un nouveau système d'écriture par un petit nombre de combinaisons de points saillants pour la lecture par le toucher. Il l'appliqua à la notation musicale. Foucault y ajouta de nouveaux perfectionnements. Ce système, répandu aujourd'hui dans le monde entier, a détrôné tous les autres.. Ernest Vaughan a imaginé une petite imprimerie qui donne une reproduction rapide du texte. Celui-ci, composé d'un côté en lettres romaines, se trouve être par le fait même, de l'autre côté en signes Braille.

2. Le lecteur normal de Braille réalise une lecture courante de 100 à 120 mots à la minute.

3. On a d'abord cherché à donner du relief aux lettres ordinaires. Toutes les écritures ont cédé la place à l'alphabet de L. Braille, aujourd'hui universellement adopté et que les Chinois eux-mêmes ont adapté à leur écriture idéographique. Avec un maximum de 6 points, Braille a réalisé 63 signes parfaitement tangibles. La lecture cependant a des limites et des conditions psychologiques. Le pouvoir séparateur du doigt est infiniment moindre que celui de l'œil. Tout agrandissement fait perdre dans la lenteur de l'examen analytique des consonnes ce qu'on gagne en netteté et clarté.

On a constaté dans un autre domaine, que la persistance des images lumineuses sur la rétine est impuissante à expliquer la reconstitution cinématographique. Il faut faire intervenir la synthèse perceptive, œuvre purement mentale. De même dans la lecture des aveugles. Epeler, c'est fatiguant et rebutant. La synthèse mentale d'éléments tactiles successifs ne peut s'opérer rapidement. La palpation (toucher) est essentiellement active: le doigt ne subit pas l'objet, il l'explore.

4. Des progrès récents très remarquables, bien que non décisifs, ont été faits dans l'écriture pour aveugles ou écriture dont la lecture exclut l'intervention de l'œil (écriture tangible ou sonore). On est en présence de l'otophone de Fournier d'Albe représentant chaque lettre par un motif musical; d'autre part du visagraphe de Naumburg et du photoélectrographe de Thomas et Coulaud qui fait appel au toucher. (1)

On est parvenu, à l'intermédiaire d'un système photoélectrique, à transformer de l'énergie lumière en énergie mécanique. Sur cette science on a construit des machines à écrire et lire pour les aveugles: l'Optophone (1920), Fournier d'Albe. Une échelle de 5 points lumineux est projetée sur le papier et parcourt la ligne de gauche à droite. De bas en haut, chaque point vibre suivant les fréquences 384, 512, 576, 640 et 768 correspondants aux notes sol, ut, ré, mi, sol (octave de premier). L'image de cette échelle lumineuse est renvoyée sur un poste de sélénium intercalé dans un circuit téléphonique. Le courant téléphonique est modulé par les vibrations lumineuses qui frappent les parties blanches du papier et rendent un son correspondant. Chaque lettre est ainsi répétée par un motif musical. Le visagraphe de Robert Naumburg (1931) et le Photoélectrographe de Thomas et Coulaud font appel au toucher.

222.165 *ECRITURE MEDIUMNIQUE OU SPIRITE.*

1. Les adeptes du spiritisme et de la métapsychie ont présenté des écrits obtenus par le médium et émanant de personnages morts. C'est l'écriture automatique qui a fait l'objet de recherches physico-psychologiques.

Pour correspondre avec les esprits désincarnés, on a imaginé un tableau portant les lettres de l'alphabet et qu'on appelle le « Ja-Ne ». Il a donné lieu récemment par perfectionnement à un téléphone avec l'au delà. (2)

2. A l'écriture Spirite se rattache la question de la photographie directe de la pensée. Certains n'écartent pas la possibilité qu'un jour, par quelques procédés encore ignorés, la pensée pourra s'enregistrer sans intermédiaire sur quelque plaque ou papier spécialement sensible.

(1) Pierre Henri: « Une application de la photoélectricité ». *Revue scientifique*, 23 avril 1932, p. 239.

(2) Voir *Bulletin de la Société Métaphysique de Belgique*, 1932.

3. La métapsychique et les sciences occultes ont leur manière spéciale d'envisager certains phénomènes, tel le rôle enregistreur du papier. Maeterlinck raconte (*L'Hôte inconnu*, p. 51) qu'un voyant consulté par sa femme pendant qu'il allait voir les chevaux d'Elberfeld, sur la remise d'un papier de lui fort ancien et sans rapport avec son voyage, décrivit les écuries où il se trouvait. « Faut-il croire que l'aspect de ce que j'allais voir un jour se trouvait déjà inscrit dans ce papier prophétique ou plus simplement et plus probablement que ce papier qui me représentait suffisait à transmettre soit au subconscient d'une femme, soit à Mme M. que je ne connaissais d'ailleurs pas encore, l'image exacte de ce que mes yeux contemplaient à cinq ou six cents kilomètres de là?»

Le papier serait imprégné du fluide des personnes qui l'ont touché. Explication : « Ou bien le papier réuni au » psychomètre et imprégné de fluide humain recèle, à » la manière d'un gaz prodigieusement comprimé, toutes » les images sans cesse renouvelées, sans cesse renais- » santes, qui entourent un être, tout son passé, et peut » être son avenir, sa psychologie, sa santé, ses désirs, ses » volontés souvent inconnues de lui-même, toute sa vie » en un mot, mystère aussi insondable que celui de la » génération, qui transmet, dans une particule infinitési- » male, la matière et l'esprit, toutes les qualités et les » tares, toutes les acquisitions, toute l'histoire d'une série » d'existences dont nul ne peut savoir le nombre. » D'autre part, si l'on n'accepte pas que tant d'énergie puisse se cacher, subsister, s'agiter, se développer et indéfiniment évoluer dans une feuille de papier, il faut nécessairement supposer que de ce même papier rayonne constamment un invraisemblable réseau de forces innommées qui, à travers le temps et l'espace, retrouvent à l'instant même et n'importe où, la vie qui leur donna la vie et le mettent en communication intégrale, âme et corps, sens et pensées, passé et avenir, conscience et subconscience avec une existence perdue parmi la foule innombrable.

Le papier absorberait comme une éponge toute la vie et de préférence la vie subconsciente de celui qui l'écrivit, et dégorgerait dans notre subconscience tout ce qu'il contenait.

222.166 *ECRITURE MORSE.*

L'alphabet Morse est celui qui, par des points et par des traits a standardisé les signes visibles du télégraphe et les signaux audibles de la T. S. F. Largement appliqué et généralisé, il devient la base de communications étendues.

222.167 *QUESTIONS DIVERSES.*

222.171 Méthode pour apprendre à écrire.

1. Gros problème. Des centaines et des centaines de millions d'humains qui doivent apprendre à écrire, d'où des méthodes en grand nombre. Tout progrès dans les méthodes correspond à un gain de temps dans l'enseignement.

2. Apprendre à écrire se fait en apprenant à lire et réciproquement.

Dans la méthode Montessori, on commence par rendre la main et les doigts exercés à un dessin et plus tard on passe au tracé des lettres. La méthode repose sur un développement de tous les sens. Les doigts sont exercés à suivre le contour de lettres taillées dans du carton recouvert de papier de sable, très sensible au toucher.

Des pédagogues ont pensé à faire apprendre à écrire aux enfants directement en se servant de la machine. Le mouvement de celle-ci et l'activité qu'ils peuvent y appliquer intéresse vivement les enfants, à qui ensuite seulement est apprise l'écriture à la main.

Cette idée est assez naturellement venue à l'esprit d'un pédagogue ayant remarqué que tout enfant, à la vue d'une machine à écrire, n'a qu'une idée : la mettre en mouvement. Il tape sur les touches, connait très rapidement les signes et apprend, en se jouant, à lire et à écrire. De cette manière, on utilise l'instinct du jeu, si vif chez tout être jeune, aux fins de l'éducation. C'est un principe qu'en pédagogie il ne faut jamais oublier. L'expérience a déjà montré qu'après cet enseignement dû à la machine, rien n'est plus facile que d'inculquer à l'enfant les premières notions de l'écriture.

222.172 *VITESSE DE L'ECRITURE.*

1. La main, de moyenne rapidité, trace à peu près un mot par deux secondes, un mot qui, tout compte fait des jambages et des boucles de ses lettres, de leurs courbes et inflexions, mesurerait une longueur de 16 cm. 666... La main « couvre » 5 m. à la minute, à l'heure 300, par jour 3,000 si la journée est de dix heures, et 1095 km. par an.

2. En dactylographie, on a atteint des vitesses de 45.5 à 60 mots par minute.

La reine des dactylos (l'Américaine Rose Fritz) a su atteindre la vitesse de 265 mots à la minute, soit trois à quatre mots à la seconde, à la condition que le texte lui soit connu et que les mots soient de petits mots. Autrement la vitesse tombe à 155. Au fond ce travail ne signifie pas autre chose qu'un copieux récital de piano pour un musicien.

3. La prise sténographique a des vitesse allant de 140 à 180 mots par minute.

4. Au service belge des chèques postaux, on a atteint l'écriture continue de 28000 nombres à l'heure, dont certains de sept chiffres.

222.173 *EMPLOI DE L'ECRITURE.*

Au début, les besoins pratiques de l'écriture ont été fort limités, par ex. pour établir des inventaires, pour des aides-mémoires pour la récitation de rituels. Graduellement le besoin d'écriture s'est étendu. Il se confond avec le besoin de document et se mesure comme lui.

222.174 *UNIFICATION DES ECRITURES : SYSTEME UNIVERSEL D'ECRITURE.*

L'outil élémentaire de notre travail écrit, l'alphabet, n'a pas été immuable dans le passé. Il est le produit d'une longue évolution procédant par simplification successive pour arriver à une plus grande généralisation d'expressions. Pourquoi ne pourrait-il encore évoluer ?

Cinq moyens ont été ou sont à envisager :

1° Un instrument de comparaison et de transformation des écritures;

2° Le remplacement de petits systèmes alphabétiques par de plus grands;

3° Une unification des alphabets sur la base de l'un d'eux, l'alphabet latin;

4° Un alphabet nouveau à la forme rationalisée et standardisée;

5° Un système général d'expressions unifié et standardisé dont l'écriture elle-même fasse partie.

1°) *Alphabet international.* — On a travaillé à l'établissement d'un alphabet international pour la transcription a) de tous les autres alphabets, b) de tous les sons parlés quelconques.

a) Les orientalistes ont arrêté en 1894 un alphabet correspondant à leurs besoins.

b) Les Américains ont créé un système de notation phonétique spécial pour l'étude des langues indiennes.

c) La transcription de l'arabe a été établie par la Société asiatique.

d) Parmi les nombreuses méthodes de transcription des langues non écrites, celle de l'abbé Rouseliot, directeur du Laboratoire de Phonétique expérimentale au Collège de France et professeur à l'Institut catholique de Paris, paraît remplir les meilleures conditions de précision scientifique et de simplicité. L' « Essai de Phonétique » avec son application à l'étude des idiomes africains, par le P. Sacleux, en fait application.

e) L'Association phonétique internationale a créé un alphabet international comprenant tous les sons et destiné à la transcription de toutes les langues telles qu'elles sont parlées.

Il permettrait de transcrire toutes les langues en symboles phonétiques, abstraction faite des orthographes et des alphabets employés.

f) L'Institut national chinois d'Histoire et de Philologie s'occupe d'une extension de l'alphabet phonétique international, en liaison avec l'enregistrement des dialectes chinois, spécialement un système de quasi-graphe «lettres accentuées » (tone-letters). Les systèmes de romanisation de Matteo Ricci et de Nicolas Trigault ont trouvé une place dans la phonologie chinoise à la manière de 36 initiales adoptées du Sanskritt.

2°) *Renforcement des petits systèmes alphabétiques.* — On a assisté à l'extension même d'alphabets différents sous la forme de quelques grands alphabets et cela parallèlement au mouvement qui a conduit à l'établissement de quelques grandes langues nationales, après le refoulement des patois.

3°) *Unification à base d'alphabet latin.* — Un grand mouvement s'est manifesté vers l'unification des alphabets sur la base de l'alphabet latin. En effet, on constate que le retour au gothique n'a guère fait de progrès en Allemagne dans ces dernières années.

Les peuples Turco-Tartares de l'U. R. S. S. ont consacré et adopté l'alphabet latin de 1922 qui, a dit Lénine, constitue une révolution pour l'Orient. Et en effet, les peuples du Nord du Caucase et de l'Asie centrale n'avaient pas de langage écrit avant la révolution d'octobre. Dans l'Azerbajoor, on a constaté que la facilité d'assimilation de l'alphabet latin sur l'alphabet arabe était de 7 à 80 % plus grande.

a) C'est l'Association des Orientalistes de Moscou qui s'est occupé du nouvel alphabet turcoman (MM. Barthold, Pavlovich, Menued Zadé). On a analysé l'ancien alphabet arabe et l'alphabet latin et l'on a démontré qu'on ne pouvait remédier à leurs défectuosités qu'en introduisant un nouvel alphabet turcoman, basé sur les caractères latins. Toutes les allusions au fanatisme religieux des masses, et les divers motifs invoqués par les adversaires de la latinisation ne supportent pas la critique; il faut renoncer à l'alphabet lié avec tout le passé religieux musulman de l'Orient. Les adversaires de l'alphabet latin ont répliqué qu'il fallait aborder cette question avec la plus grande circonspection et prendre en considération les divers degrés de développement culturel et la différentiation des classes parmi les populations turco-tartares. Il a été formellement décidé de créer, près l'Association des Orientalistes, un comité pour l'introduction d'un nouvel alphabet turcoman. (1)

b) Les Slaves emploient les uns l'alphabet Cyrillique (Grands Russes, Russes blancs, Ukraniens, Serbes et Bulgares), les autres l'alphabet latin (Tchécoslovaques, Polonais, Croates, Slovènes et Serbes de la Lusace). Les Russes ont agité la question de l'adoption de l'alphabet latin. Les autres nations intéressées ont pris ensuite intérêt à cette question, qui a fait l'objet d'une enquête du périodique bulgare « Blgarska Kniga » (Sofia n° 2, 1930).

En faveur de la réforme, on a fait valoir qu'elle mettrait en contact plus intime les nations slaves entre elles; qu'elle les rapprocherait des civilisations occidentales, que l'alphabet latin était plus simple; il en résulterait des économies dans la composition typographique et l'impression en général. La majorité cependant, en Bulgarie, s'est prononcée pour le maintien de l'alphabet cyrillique.

(1) Bulletin d'information n° 27 de la Société pour les relations intellectuelles.

L'Académie des Sciences de Leningrad a établi un nouvel alphabet latin. Une conférence de Chinois et de Mongols a été convoquée à Vladivostok en vue de l'adaptation à la langue chinoise en se fondant sur les intérêts de la culture et des lecteurs en général qui ne connaissent que peu l'alphabet latin. Des sons existent en bulgare expressibles seulement en cyrillique. Certains reconnaissent que si la Russie donnait l'exemple, il faudrait suivre.

En Russie il est mené une campagne intensive pour l'introduction de l'alphabet latin. L'alphabet russe y fut introduit par Pierre-le-Grand. (Petrus I.)

En Russie même la question n'a pas encore été tranchée. On redoute de voir tomber dans l'inutilisation le million de livres existant dans les bibliothèques et qui auraient été lus comme le sont maintenant les livres en slavon ecclésiastique. Pendant longtemps, il faudrait considérer des millions de Russes comme illettrés jusqu'à ce qu'ils aient acquis la connaissance du nouvel alphabet. On a proposé un moyen terme : employer l'alphabet latin pour une partie de la production des livres, en particulier pour les livres qui s'adressent aussi à l'étranger.

c) L'adoption des caractères latins est déjà réalisée en Turquie. Le premier dictionnaire mixte turc-allemand en caractères latins avec la nouvelle orthographe vient de paraître (composé par Mehmed Ali, 15,000 mots). La réforme est adoptée aussi dans certaines régions de l'Union Soviétique. Le Gouvernement de Chypre lui fait une place. En Perse, la presse le demande.

L'adoption de l'alphabet latin à la place de l'écriture arabe en Turquie est entrée en vigueur partiellement le 1er décembre 1928 et complètement le 1er juin. A cette date, tous les documents officiels ont été imprimés en nouveaux caractères. Les nouveaux caractères vont faciliter l'étude de la langue turque aux étrangers et aider ainsi indirectement au commerce.

d) L'écriture chinoise se compose de 40,000 signes. La Science dans ces conditions est la culture exclusive de la mémoire, c'est-à-dire de la partie matérielle de l'intelligence qui ne peut que s'atrophier par un semblable exercice. Une vie d'homme suffit à peine à l'apprendre. L'écriture est encore un obstacle au progrès de la civilisation. Elle a contribué dans une proportion considérable à arrêter l'évolution progressive du peuple.

Il faut connaître plus de trois mille caractères différents pour entreprendre la lecture de l'ouvrage le plus simple. Il en faut 40,000 pour les œuvres de lettrés. Le peuple ne sait donc pas lire. Aussi les Chinois ont-ils ouvert des salles où se tient un personnage qui lit à haute voix les journaux. Puis des rénovateurs sont venus qui ont simplifié l'écriture et les lettrés se mettant résolument à l'œuvre, firent front aux vieux préjugés, qui considéraient comme une honte véritable d'écrire la langue qui se parle et fondèrent des journaux dont la lecture est accessible aux plus humbles. On continue à faire usage de caractères idéographiques, mais les mots ont exactement la même sonorité que le langage oral ; de plus la forme des phrases est celle du discours ordinaire.

Grâce au Dr. Hu Shik, le langage parlé est devenu en Chine, après 1930, le langage écrit, mettant fin à l'isolement intellectuel où se trouvait le peuple, à raison du langage littéraire des lettres. Ce fait permet au mouvement pour l'éducation des masses dirigé par M. Y. C James Yen, à rendre l'enseignement accessible à toutes les classes.

Maintenant des tentatives sont faites pour écrire le Chinois en caractères romains avec 24 lettres auxquelles on devrait ajouter 10 autres, comme par ex. le ñ espagnol qui a son correspondant hollandais flamand dans le nj (méthode de Mgr Ibanco o. f. m. Vicaire apostolique de Jenanfoe, Chine).

f) On s'est occupé au Japon de la réforme graphologique. Plusieurs hommes éminents du Japon, ayant à leur tête M. Hayashr, qui fut ambassadeur à Londres et Ministre des Affaires Etrangères à Tokio, s'occupent de la question. Déjà un groupe progressiste publie une revue imprimée en caractères latins. Cet alphabet rendrait des services pour le commerce, mais il est insuffisant pour la langue littéraire.

g) M. Bean a créé en Indo-Chine deux journaux annamites, dont l'un en caractères latins. (Cokner annamite transposé en caractère français.)

h) M. Takanadate, professeur à l'Université de Tokio, a proposé à la Commission des Coopératives Intellectuelles de recommander à tous les pays d'étudier la possibilité d'adopter les caractères latins dans leur langage écrit et lorsqu'il y a des systèmes d'orthographe différents en vigueur, d'unifier l'orthographe le plus possible, conformément à la nature de chaque langue. La Commission s'est prononcée en faveur de l'importance d'une méthode de transcription uniforme des langues à côté de l'écriture nationale en vue d'une meilleure compréhension mutuelle des peuples.

4° Il y a lieu de chercher la rationalisation et la standardisation de l'alphabet.

a) Un mouvement s'est fait jour pour le perfectionnement international de l'alphabet latin : des caractères de plus en plus clairs, la réforme des écritures cursives, dessin nouveau d'alphabets, abandon progressif de certaines lettres comme J et Y.

b) En langue internationale, on a cherché à éviter les signes qui causent des difficultés comme z, y, œ, etc. On se sert de signes simples pour des combinaisons fréquentes de son (x, c, etc.). (1)

c) Les caractères de l'écriture ont évolué depuis trente siècles sans méthode, dit M. Javal et la typographie même présente de sérieux inconvénients pour l'hygiène

(1) Baudoin, Marcel. Nécessité d'un alphabet international. *Bull. Inst. Inter. Bibliogr.*, 1900, v. p. 155-188.

scolaire. N'est-il pas possible, avec les données de la science actuelle, de faire mieux ?

La réforme de l'alphabet s'étend dans deux directions. Attribution des signes (un signe, un son) et formation de signes.

Un alphabet parfait devrait avoir autant de lettres et de signes complémentaires qu'il y a d'articulations et de sons élémentaires et distincts.

A s'en tenir simplement au graphisme, toutes les lettres sont formées de traits constitués de lignes droites, brisées ou courbes. La sténographie a établi une classification des traits du graphisme et leur a attribué une signification rationnelle que ne connaissent pas les signes arbitraires et traditionnels de l'alphabet.

d) On pourrait enseigner un mode d'écriture classificateur et synoptique, sténographie d'idées et non de mots. La disposition des idées se faisant avec le minimum de mots et le maximum de propriétés devra être relative, étant exprimée clairement et par des positions et des grandeurs de caractères ainsi que par des signes très simples de relation et de classification. C'est ce vers quoi tendent les essais d'idéographie.

5° *Nouveaux systèmes d'expression.* — Le processus de la formation de l'écriture, aux origines, nous montre vers quoi peut tendre aujourd'hui l'Humanité. L'écriture est née d'un besoin : communiquer et transmettre les faits. L'écriture est née sur plusieurs points à la fois, donnant lieu à plusieurs développements autonomes; elle ne dérive pas d'une forme primitive unique. Enfin certaines races peu civilisées en restaient à une étape rudimentaire de l'écriture, tandis que d'autres la franchissaient rapidement pour arriver de bonne heure à posséder un système d'écriture complet, pouvant rendre toutes les nuances de la pensée.

De nos jours, nous constatons des perfectionnements partiels de l'écriture, des innovations réalisées dans divers domaines spontanément sous l'empire de trois nouveaux besoins: simplification, généralisation à tous les pays, extension à des idées et des faits plus complexes.

Un nouveau système doit être formé sur la base de l'ancien, accru de toutes les innovations reconnues bonnes et développé d'une manière coordonnée.

Il faut créer une théorie générale de la graphie embrassant tous les cas possibles et s'adaptant toutes les combinaisons possibles qui vont en se multipliant extraordinairement. (1)

Lentement mais sûrement, le mouvement mondial conduit les peuples à avoir besoin d'un système général d'expression. De ce système doit faire partie l'écriture, comme aussi la langue et la documentation. Quelle que soit la lenteur propre au développement d'un tel mouvement, c'est le devoir des hommes de rechercher sans cesse ce qui théoriquement et pratiquement peut y conduire.

222.2 Notation et abréviation.

A côté de l'écriture usuelle prend place une catégorie importante de signes et de conventions: La notation, les abréviations. Le problème se pose aussi d'un système universel de notation.

222.21 Notation.

1) La notation (la forme notée) prend place entre les mots de la langue (texte) et l'image. Elle exprime, sous une forme conventionnelle: 1° des éléments, parties ou aspects (termes); 2° leurs rapports entr'eux (formules, questions); 3° la classification des éléments et des rapports; 4° éventuellement leurs nombres et leurs mesures; 5° l'expression condensée des lois.

2) Arrivées à un certain développement, les sciences créent leur notation. Ainsi, les notations de la mathématique et de la chimie. Cette notation est plus ou moins développée, complète.

3) Une notation intégrale des sciences bibliologiques comprendrait ainsi les cinq ordres d'éléments susdits. Des premières réalisations de la notation bibliologique se trouvent: a) dans l'établissement de la Bibliométrie; b) dans les formules de la Psychologie bibliologique; c) dans les Tables de classification bibliographique, principalement dans celles de la Classification décimale.

4) Le nombre: se dit de signes ou ensembles de signes qui représentent une quantité.

Chiffres: Le chiffre est l'expression matérielle d'une grandeur numérique, tout comme le mot est le signe d'une idée. L'un et l'autre répondent au même titre à une opération fondamentale de l'esprit et sont dès lors également indépendants.

Le système universel des unités a pris sa forme scientifique dernière en se fondant sur le centimètre, le gramme et la seconde, et en s'exprimant en la forme des nombres ordinaires suivant la multiplication et la subdivision décimale de toutes les unités (système décimal, système métrique, système C. G. S.).

Le numérotage en toute matière acquiert une grande importance. On numérote les dynasties, les souverains, les Pontifes, etc.

5) La technique a créé une notation propre. Elle l'applique aux plans; elle l'applique parfois sur la chose elle-même: machine, installation, locaux. Par ex.: la notation relative à l'électricité.

6) La notation chimique représente généralement l'atome d'un corps simple par une lettre symbolique et la molécule de corps composé par des assemblages d'un certain nombre de ces symboles. De nos jours, la stéréo-

(1) La combinaison des moyens d'expression n'a-t-elle pas donné lieu récemment à un cours de sténographie mécanique de l'esperanto, par T. S. F.

chimie a créé un mode de représentation des rapports de composés par des figures à trois dimensions.

La notation chimique a une très longue histoire. Elle subit une transformation radicale avec Lavoisier et Berzelius. Elle poursuit son évolution.

7) La notation musicale naît chez les Grecs. Le moyen âge en perd la clé. Il créa sa notation à lui, ces neumes en « pattes de mouches » *(pedes muscarum)*. Cette « danse de cousin » muckentanz, comme dit Ambros, désignait vaguement la direction vocale sans valeur ni même intervalles précis.

Les neumes étaient des signes de notation musicale, usités d'abord en plain-chant, plus tard aussi dans la musique profane. A leur origine les neumes sont simplement les accents qui en grammaire marquent les inflexions de la voix dans le discours. Leur forme, d'abord cursive et déliée, devient plus large, plus anguleuse pour aboutir à la notation carrée. Chacun d'eux a un nom particulier; il indique que la voix doit monter, descendre ou se tenir à l'unisson sans toutefois faire connaître la note d'unisson ou le degré précis de descente ou d'ascension: la mélodie est supposée connue par l'usage. Pour suppléer à l'insuffisance de cette notation, Gui d'Arezzo, au XIe siècle, introduisit l'usage de la portée, composée de quatre signes, sur laquelle il échelonna les neumes.

Ultérieurement, on en vint à la forme actuelle de notes correspondant aux temps, aux mesures et aux clés. Le chef d'orchestre dirigeant un grand opéra (de Strauss par exemple) a devant lui une partition allant jusqu'à 27 portées synchroniques correspondant chacune à une des parties, instrument ou voix. Des travaux considérables ont été entrepris d'une part pour traduire en signes musicaux modernes la musique ancienne ou exotique, d'autre part pour substituer un système de notation plus simple et plus rationnel au système devenu traditionnel. (1)

8. Leibnitz dans sa « characteristica universalis » a imaginé un symbolisme pour exprimer toute idée, semblable aux symboles de l'algèbre. Ce symbolisme a été réalisé dans les temps modernes par Boole, Peano, Burali, Whitehead, Russel, etc. (symbolisme logique, mathématique). On a appliqué la logique aux questions les plus controversées de la philosophie ancienne et moderne. (J. Butler, Burke). — Les symboles de l'algèbre et de la logique constituent une langue internationale semblable à l'Esperanto et à l'Interlingua.

9. Système de Notation.

Les chiffres, les lettres et les symboles conventionnels constituent des éléments de notation. Pour établir un système développé de notation avec lettres on dispose des trois systèmes. 1° Les exposants. Ex. Le système de la Bibliothèque Nationale de Paris. Ex.: A1, A2, A3. 2° Les répétitions des lettres. Ex.: AA, BB, CC, etc. 3° La combinaison des majuscules. Ex.: AB, AC, AD, etc.

(1) Travaux de Tirabassi; Travaux de Hautston.

222.22 Abréviation.

1) Les *abréviations* consistent dans des suppressions de lettres ou de mots admises par l'usage et remplacées généralement par des signes courts: on les emploie pour écrire plus vite et en moins d'espace.

Les *sigles* sont des lettres initiales qui s'emploient comme abréviations d'un mot. Ainsi S. C. R. M. sont les sigles de *Sacra, Catholica, Regia, Majestas.*

2) Les anciens usaient surtout des abréviations dans les inscriptions; mais ils s'en servaient aussi dans les lois, les décrets, les discours, les lettres et plus rarement dans les manuscrits de leurs ouvrages. Les Hébreux, les Grecs, les Romains se servaient des abréviations. Elles consistaient en une ou plusieurs lettres d'un mot, pour représenter ce mot. Voilà pourquoi Cicéron *(signa verborum)* les appelait *singulæ litteræ*, d'où l'on a fait *siglæ*, sigles. Il y a deux espèces de sigles : les sigles simples, qui désignent chaque mot par la seule lettre initiale, comme D. M. S. *(Dis manibus sacrum)*, les sigles composés qui, après la lettre initiale, présentent une ou plusieurs lettres du mot, comme CS *(consul)*, COSS *(consulibus)*, S. P. Q. R. *(Senatus Populusque Romanus)*, AM *(Amiens)*. Le mot grec par exemple K. A. P. A. I. (tête) faisant allusion aux cinq chefs de l'Eglise grecque, est composé des initiales de *Constantinople, Antioche, Rome, Alexandrie* et *Jérusalem*. D. O. M. se traduit *Deo Optimo Maximo.*

Il existe à la Bibliothèque Nationale de Paris un manuscrit, connu sous le nom de *Virgile d'Aper*, dans lequel plusieurs fragments de Virgile sont écrits en sigles. En voici le premier vers : *Tityre, t. p. r. s. t. f.*, pour *Tityre, tu patulae recubans sub tegmine fagi*. De telles abréviations ne s'employaient sans doute que pour tenir lieu de passages trop connus, dont on ne voulait pas se donner la peine de faire la copie entière; autrement, elles seraient incompréhensibles. Chevillier, dans *L'Origine de l'imprimerie de Paris*, en donne un exemple tiré de la *Logique* d'Occam. On jugera par ce spécimen des singuliers rébus que les copistes donnaient à deviner : *Sic hic e fal sm qd simplr a e pducibile a Deo g a e. Et silr hic a n e g a n e pducibile a Deo.* Ce qu'il faut lire ainsi : *Sicut hic est fallacia secundum quid simpliciter: A est producibile a Deo. Ergo A est. Et similiter hic: A non est. Ergo A non est producibile a Deo.* Certains sigles embarrassent surtout les paléographes: ce sont ceux qui abrègent les noms propres.

L'emploi des sigles a été continué de nos jours. Dans certains, on double la lettre pour marquer le pluriel : ainsi MM (Messieurs), PP (Pères). Les sigles sont fréquemment employés en anglais. En ces temps derniers, surtout depuis la guerre mondiale, on les a multipliés en toutes langues. On a ainsi formé des mots conventionnels (ex. : U. R. S. S.) dont les syllabes, consonnes et voyelles, sont empruntées aux divers mots composant un nom, en particulier celui d'une association, d'une institution ou d'une firme.

3) Dans des travaux comparés et de synthèse, quand il s'agit de comparer, compléter, reviser les résultats de divers auteurs, d'en composer un exposé unique, collectif, coopératif, on a poussé l'abréviation jusqu'à représenter les ouvrages cités chaque fois en référence, par la simple initiale du nom des auteurs. (1)

Les abréviations sont une cause d'obscurité. Par exemple, dans les ouvrages d'histoire naturelle, le nom des auteurs en abrégé à la suite des termes taxonomiques.

Dans les livres scientifiques on écrit les longues expressions répétées à quelques lignes d'intervalle par les sigles de leurs principales lettres. Ex. : aksl. Altes Kirilulige slavisch.

4) Les *abréviations* jouent un rôle en Bibliographie.

En principe, elles ne sont pas désirables, puisqu'elles peuvent exiger du lecteur de se référer des abréviations à la Table de celles-ci.

Mais on a fait valoir qu'il y a là une économie matérielle qui peut chiffrer et qu'il s'agit encore plus de faire gagner du temps à ceux qui manient beaucoup d'indications bibliographiques. Il y a donc lieu d'organiser les abréviations et cela dans une double direction ; dans chaque science et dans chaque pays d'abord ; dans tous les pays et entre toutes les sciences ensuite.

5) L'abus qui a été fait des abréviations les a fait proscrire par le législateur moderne. C'est pourquoi elles sont interdites en Belgique, notamment dans les actes de l'Etat civil, dans le Livre journal, dans les actes notariés et dans les copies de pièces. (Art. 42 du Code Civil, 65 du Code de Commerce, 24 de la loi de Ventôse, an XI).

222.23 Autres signes usuels.

Il existe un grand nombre de signes conventionnels utilisés en documentation. Avec les signes de correction typographique, les signes de soulignage et d'annotation de livres et de documents, etc.

Les signes suivants et d'autres possibles sont employés pour renvoyer aux références placées en marge ou au pied des pages. Lorsqu'ils sont épuisés, on peut faire usage de signes doublés.

* astérisque.
† croix.
‡ double croix.
§ section.
‖ parallèle.
π paragraphe = marque montrant qu'il y a un changement dans le sujet de discours.
☛ doigt, index = attention, important.
⟶ l'*Obèle*, signe que l'on rencontre dans les anciens manuscrits. L'obèle marque la répétition des mêmes phrases et les mots surabondants ou les fausses leçons.

(1) Ex. Decroly : Développement du langage parlé chez l'enfant, p. 19.

222.24 Notation universelle.

1. A parcourir les publications à cinquante ans de distance (1882-1932), il y a incontestablement un nouvel aspect de la page texte. Celle-ci était formée presque entièrement de texte compact, fait de caractères typographiques, à la première de ces dates. Voici que le texte maintenant est de plus en plus éliminé et refoulé, produisant un double effet en sens inverse : avec les images, les publications deviennent accessibles par un plus grand nombre de personnes ; avec les schémas, les cartes, les diagrammes, les notations scientifiques, les formules mathématiques, le texte s'adresse à des lecteurs de plus en plus spécialisés.

2. Ainsi naît tout un nouveau langage graphique, langage composite, fait de l'emploi simultané de ces divers moyens d'expression. Il suffisait autrefois d'apprendre à lire les caractères alphabétiques. Il faut maintenant apprendre à lire, à comprendre les autres modes d'expressions graphiques. Et il y a de nouveaux «illettrés», et une sorte de nouvel analphabétisme. Avec les modèles des choses, avec leur représentation à la fois figurée plus concrètement et plus abstraitement, les problèmes reçoivent une compréhension meilleure et plus claire, les définitions sont plus précises, les différents êtres, états, phénomènes sont mieux séparés et classés, leurs rapports sont mieux déterminés. Finalement tout se mesure et les conséquences des mesures apparaissent sans difficulté.

3. Peut-être sommes-nous sur la voie d'une méthode universelle d'expression. Elle combinerait en elle l'essentiel de ce que nous donne : a) la considération logique des rapports et des systèmes de rapports ; b) la terminologie rationnelle ; c) la notation (symbolisme, algorithme) ; d) les procédés du calcul et des équations mathématiques ; e) la classification ; f) les formes de la documentation. Tout ce qui existe actuellement à l'état séparé dans ces six ordres d'idées qui s'étendent à la linguistique, à la mathématique, à la logique, à la documentation, ne serait plus considéré que comme des cas particuliers d'une théorie générale.

4. On aurait ainsi une notation pour l'ensemble de connaissances sur l'Univers et la Société. Ce serait là un progrès immense. Longtemps on a considéré les formules de Riemann, développées par Einstein, comme un échafaudage de symboles mathématiques, une ingénieuse algèbre. Voici qu'on est porté à y voir un des précurseurs d'une figuration de tout ce que comprend le

vaste monde. La notation recevrait un développement universel parallèle à celui de la classification et du schéma.

222.3 Illustration.

1. L'illustration du livre et du document prend la forme d'images réelles, d'images schématiques et de motifs décoratifs. Le mot *illustration* est un terme générique qui s'applique à l'ensemble des vignettes et dessins que contient une œuvre, abstraction faite de ses espèces, de sa qualité et de son nombre. Ce terme comprend donc toutes les formes de présentation, tous les documents autres que les textes. Il correspond au mot anglais « Picture ».

2. L'histoire de l'illustration du livre est marquée par les étapes suivantes :

a) L'*enluminure* ou peinture des livres : une des principales expressions de l'art du moyen âge. Elle est une source de renseignements sur la peinture des siècles primitifs ; c'est un art d'une minutie extrême ; *Westwood* (paléographe anglais) a compté à la loupe sur une surface d'un demi centimètre carré 158 enlacements d'un mince ruban de couleur, bordé de traits blancs, sur un fond noir. Art complexe, essentiellement conventionnel.

d) Dès 1423, gravures populaires en bois, origine même de l'imprimerie. Les premiers imprimeurs désirèrent voir les produits de leurs presses rivaliser autant que possible avec les œuvres des anciens calligraphes et enlumineurs. Cela les conduisit naturellement à intercaler des images dans leurs publications. Les livres à images, imprimés d'un seul côté et où le texte n'est que l'accessoire des figures, ont même précédé les livres où l'image n'est que l'ornement, l'éclaircissement, l'illustration du texte.

c) XVe siècle. Gravure en taille douce (métal) inspirée de l'art du nielleur, mais le bois reste pour le livre.

d) XVIIe et XVIIIe siècle. Gravure en métal.

e)XVIIIe siècle. Lithographie.

f) XIXe siècle. Gravure sur bois (buis debout). Photogravure. Trois couleurs.

A partir du XIXe siècle paraissent les grands illustrés, les magazines à gravures abondantes qui, en chaque pays, au nombre de plusieurs, apportent chaque mois, chaque semaine, voire chaque jour l'illustration graphique des événements d'actualité. Les journaux quotidiens ont fait une place aux clichés et paraissent abondamment illustrés.

Les journaux de mode ont été parmi les premiers à publier des illustrations.

3. Les plus grands artistes de tous les temps ont apporté leur contribution à l'illustration des livres. Certains artistes dessinateurs et graveurs se sont particulièrement distingués comme illustrateurs.

4. Jamais on a tant illustré de livres et jamais autant. Bien plus, jamais tant d'artistes n'ont travaillé ou prétendu à l'ornement d'un texte. Tous s'y mettent depuis 20 ans.

En Allemagne, l'illustration du livre est devenue si considérable qu'on l'a appelée « Illustrationsseuche » (épidémie de l'illustration).

Notre temps, dit Neurath, est près d'être appelé l'Epoque des yeux. La démocratie moderne a commencé avec le discours, la presse, le livre. Aujourd'hui, c'est le cinéma, l'affiche réclame, le magazine illustré, l'exposition.

Le livre en fait devient de plus en plus un composé de textes et d'illustrations. Quelle est la meilleure de ces combinaisons ? 1° Insertion des illustrations dans le texte. Mais il ne faut pas que le texte soit tellement coupé, fragmenté par tant de reproductions, séparé en tronçons quasi invisibles par d'innombrables hors textes, qu'on ait peine à s'y retrouver. D'autre part, il est difficile à faire coïncider sans complication ni monotonie les illustrations types avec les textes qui les commentent. 2° Publication à part du texte suivi avec un système de références commodes d'un volume d'illustrations et de planches. 3° Publication sous forme de monographies sur feuilles, l'image étant la base, et le texte étant son commentaire.

222.31 Images réelles.

1. *Notion.* — L'image est une figure représentant une chose et obtenue par le procédé de quelqu'un des arts du dessin.

2. La surface réfléchissante devenue le miroir et la glace ont étendu la vision de l'homme. D'abord il a pu se voir lui-même, puis il a pu disposer sa vision dans des conditions plus pratiques, par réflexion d'angle, en angle comme dans les lunettes astronomiques.

Condillac instruisait sa statue en lui présentant des images et des sons.

3. Espèces d'images réelles représentant des objets, leur apparence physique réelle ou interprétée artistiquement, les dessins à la main multipliés éventuellement par les procédés de reproduction et les images obtenues par la photographie, qui elles aussi peuvent être reproduites typographiquement ou lithographiquement, la photographie servant aussi à reproduire le dessin à la main lui-même. Dessin et photographie peuvent être documentaire ou artistique ; ils peuvent avoir en vue l'illustration ou la décoration du livre ; être insérés en lui ou faire l'objet de document distinct, séparé.

Il sera traité sous 253 de la photographie, des estampes, gravures ; sous 272 des procédés de reproduction.

3. Théorie scientifique.

a) En physique, l'image est la reproduction d'un objet par l'effet de certains phénomènes d'optique : un miroir reflète une image, la photographie fixe l'image de la chambre obscure, il se forme dans chaque œil une image d'un objet. L'image regardée dans le miroir ou dans l'eau paraît renversée.

b) On distingue l'image réelle de l'image virtuelle. L'image réelle est celle qui est formée en un lieu autre que celui qu'occupe l'objet, par le concours de rayons déviés par la réfraction ou par la réflexion, comme celle qui se forme en avant des miroirs concaves. L'image virtuelle est celle qui n'est pas due au concours effectif des rayons lumineux. L'œil en reçoit l'impression par une erreur des sens qui fait supposer l'existence de l'objet sur le prolongement en ligne droite des rayons déviés, comme celle que l'on perçoit en arrière de tous les miroirs.

c) Il y a en physique (optique) une théorie de la production des images; en physiologie une théorie de la perception des images, en psychologie une théorie de l'association des images, en pédagogie une théorie éducative des images. La Bibliologie requiert une théorie de la transmission des connaissances par l'intermédiaire d'images de mieux en mieux faites, de plus en plus multipliées et répandues au maximum.

d) Dans une image : (paysages, portraits ou scènes de mœurs), il ne s'agit pas de relations exprimées, comme dans le langage (proposition, sujet, verbe, attribut) mais bien des relations implicites. Car ou bien l'image exprime des relations préexistentes en l'esprit dans lequel elles sont déjà traduites en mots; ou bien l'image tracée à l'origine est traduisible ensuite en mots.

Les relations et les éléments de l'image sont soutenus par les objets figurés, par les propriétés qu'on leur y attribue (grandeur, forme, couleur), par les rapports de position qu'ils y occupent. L'image est de perception simultanée, alors que le langage parlé ou écrit est de perception successive. Cependant l'esprit ne saurait percevoir instantanément. L'esprit doit analyser les relations incorporées implicitement dans l'image et ensuite, ayant ainsi compris, il peut désormais se servir de l'image comme de substitution de la synthèse comprise, substitution dans laquelle il est à tout moment capable de retrouver tous les éléments analysés, et d'autres encore.

4. *L'image et la mystique.*

1° A l'origine l'image revêt un caractère magique, mystique, sacré. L'image n'est pas seulement une représentation. Elle est quelque chose de l'être représenté lui-même. (L'envoûtement, le double.) L'image participe du même caractère mystique que le nom de certains êtres qui ne peut même être prononcé. (Le nom de Dieu, l'Evangile qui est sacré, la Messe qu'on ne peut lire en langue vulgaire, ordinaire, etc.)

2° L'image « mentale » d'un objet est une réalité particulière, à côté de la réalité de l'objet; il s'agit de la décrire exactement, de telle sorte que, de la seule description, se déduisent les propriétés particulières de l'image, qui l'opposent à l'objet physique et à la forme de l'image.

3° Paracelse disait que « l'homme se transfigure dans l'objet contemplé ou imaginé par lui ». Dans l'objet contemplé, parce qu'il reflète tous les progrès réalisés sous l'impulsion de l'espèce humaine; dans l'objet imaginé parce que là, l'homme peut donner libre cours aux anticipations de son imagination et créer une image répondant à ses aspirations les plus hautes et à ses notions les plus précieuses de la perfection et de l'harmonie.

4° Les méditations connues et dirigées sur une image matérielle par sa forme même, son aspect sensible, deviennent le point de départ d'une suite d'autres images internes qui procurent un certain état mystique, la présence sentie d'un culte religieux. (1)

5° « Tout objet réduit d'une dimension à une autre ne peut jamais être reproduit d'une façon exacte. Le dessin d'une maison n'aurait que peu ou pas de signification, si nous n'avions jamais vu une maison; nous n'y verrions que des lignes et des ombres, il ne nous suggèrerait aucune idée. Un dessin sur une surface plane réduit un objet de trois dimensions à deux dimensions : les tableaux représentatifs des périodes des mondes et des globes dans les ouvrages esotériques, la réalité représente de quatre à sept dimensions et il s'agit d'interpénétration. Le dessin ici est analogue à la représentation du fonctionnement d'une montre en alignant les différentes roues sur un même plan. Les tableaux des réalités hyper-évoluées doivent être conçus spirituellement, sinon au lieu d'éclairer le sujet ils sont cause de confusion. » (2)

6° Dès que l'instinct du merveilleux eut fait admettre à l'homme l'existence d'êtres surnaturels, il éprouva le besoin de les représenter au moyen de figures sensibles, et il leur prêta l'aspect, les gestes, la physionomie des êtres vivants qu'il avait sous les yeux. Bientôt même il s'habitua à identifier les êtres divins qu'il avait conçus avec les images qu'il avait essayé d'en faire. De là le culte des images ou des idoles (idolâtrie signifie le culte des images).

De tous temps l'Eglise et les religions organisées eurent à s'occuper des images. Le rôle du double chez l'Egyptien; l'interdiction des images aux Hébreux par Moïse. Les Grecs ne croyaient pas à la nature divine d'une statue de Diane ou de Jupiter, mais attribuèrent subtilement à certaines idoles vénérées des vertus tout à fait merveilleuses. Dans l'Eglise primitive, les images ne furent pas d'abord honorées publiquement. Vers le IIIe ou le IVe siècle l'Eglise commença à relâcher sa sévérité à cet égard. Les Musulmans attaquèrent les Chrétiens sur

(1) Le Berneuchener Bund dirigée par Wilhelm Stählin (Munster).

(2) Max Heindel. Cosmologie des Rose-Croix. 1925, p. 201.

ce point et prohibèrent les images. Des Chrétiens d'Orient manifestèrent la même répulsion ; un empereur les soutint, le Pape les anathémisa. Le culte des images a triomphé, mais les protestants iconoclastes modernes, les attaquèrent sur ce point.

7° Dans l'Eglise catholique romaine, on se sert donc d'images et de statues, tandis que dans les églises d'Orient les statues sont défendues. La doctrine catholique concernant la vénération des images a été formulée par le Concile de Trente en 1563 Les honneurs et la vénération leur sont dus, non parce qu'elles-mêmes sont divines ou possèdent quelque attribut particulier, mais à cause des honneurs dus à ceux qu'elles représentent, à leurs prototypes. Chez les Grecs, le culte des images est dit la *dulia* (vénération secondaire) par opposition à la *latria* (culte suprême) qu'on ne peut offrir qu'à Dieu seul.

8° Les millions d'images répandues partout et consacrées à l'écriture sainte ne représentent ni les dieux, ni leurs personnages dans les vêtements de l'époque (comme le croit la masse ignorante), mais suivant une conception idéalisée qui répond au goût d'artistes postérieurs. Les écoles de peinture italienne ont exercé l'influence prépondérante ; cela vient de ce qu'au moyen âge l'Italie était non seulement le siège des Papes qui gouvernaient le monde, mais de ce qu'elle produisait aussi les plus grands peintres, sculpteurs, architectes qui se mettaient à leur service.

5. *Dessin.*

« Le dessin, dit Léonard de Vinci, c'est une imitation de ce qui est visible, faite avec des lignes. On entend par le dessin non seulement la forme particulière des corps, mais encore l'analogie de toutes les parties qui en forment l'ensemble, qu'on appelle proportion. L'ensemble est ce qui présente à la vue l'union de toutes les parties d'un corps dans la proportion qui lui est propre, et sa perfection naît des rapports et de l'harmonie des mouvements. »

6. *Dessin et photographie.*

Le crayon des artistes qui savent voir et comprendre est doué de souplesse, de facilité, d'élégance, de ce don de simplification, de cette qualité essentielle qu'on appelle touche spirituelle et légère. Ils ont le talent de dire beaucoup avec peu de moyens.

Mais la photographie vient en aide aux artistes. Les épreuves photographiques sont pour eux un recueil incomparable d'informations, de notes précises mille fois supérieur aux croquis du dessinateur le plus alerte et le plus exercé.

Dessin et photographie se complètent. Il est des objets que la photographie rend imparfaitement.

7. *L'enseignement et le dessin.*

L'écriture de nos jours se double de dessin. Pourquoi ne pas savoir dessiner comme on sait écrire.

« De tous les exercices qu'on peut imaginer pour provoquer la spontanéité de la pensée, le plus naturel, le plus logique et le plus fécond est le dessin. » (1)

« Développer l'œil et la main par le dessin, c'est développer le sens de l'observation, le raisonnement, la sensibilité, c'est développer les instruments mêmes de l'intelligence, c'est donner à celle-ci un moyen de s'exprimer, d'extérioriser la vision intérieure, en des formes, car le dessin, c'est l'idée rendue visible. Dessiner, c'est créer. »

« Le dessin est roi dans les écoles en Amérique ».

La petite princesse Elisabeth d'Angleterre prend ses premières leçons de piano au moyen d'une nouvelle méthode : les touches sont indiquées par diverses images d'animaux.

(Miroir du Monde, 5 mars 1932, p. 295.)

8. *Perspective.*

1° L'invention du dessin perspective a été une découverte immense pour la technique de la représentation. La troisième dimension n'a été représentable qu'à partir de ce moment. De quand date-t-elle ?

2° Le premier effort fait pour représenter la réalité sphérique par un plan a été la perspective. Si l'on n'avait pas trouvé ce premier mode de représentation, un autre mode greffé sur celui-là rendrait d'immenses services. Il faut donc dégager le problème, les conditions, les éléments de sa solution.

Géométrie descriptive.

Toute la géométrie descriptive est consacrée à l'étude des projections : projection octogonale sur deux plans, projection oblique, conique, sphérique, globulaire, stéréographique. C'est la base de la perspective et du dessin perspective. C'est la théorie des ombres, de la dégradation et de leur représentation. C'est la technique de la stéréotomie.

La cartographie met en œuvre diverses espèces de projections : a) Mercator ; b) stéréoscopique ; c) conique ; d) Flamsted ; e) Flamsted modifié ; f) projections polaires.

9. *Caricature.*

La caricature est l'art d'exprimer une idée par le dessin.

La caricature (satyre, humour) constitue un département important de documents.

Le nom de Debucourt, Daumier, Monnier, Gavarni, Forain jalonnent un siècle de la caricature française. Celle-ci a donné lieu à une Exposition (1932) et au Salon des Humoristes.

222.32 Images schématiques.

1. Distinctes des images donnant des choses leurs apparences réelles (images physiques et concrètes), il y a celles qui en donnent la figure idéologique, images

(1) Jean Delville. — La défense de l'art. 1932.11.1.

intellectuelles et abstraites. Les premières conduisent aux secondes par d'insensibles transitions.

Pour l'assimilation des matières par l'esprit sont utiles des schémas, comme sont utiles des tableaux synoptiques et des plans de matières traitées.

2. Les images schématiques comprennent : a) les schémas proprement dits ; b) les graphiques ou diagrammes qui traduisent en lignes (courbes), en surfaces, en blocs les données numériques des mesures et des statistiques.

3. Diagrammes. — Par des traductions de chiffres, lignes et figures de documents de grande proportion, on obtient des diagrammes qui, pour approximatifs qu'ils soient, sont cependant pleins d'intérêt.

Les diagrammes sont des dessins géométriques qui servent à démontrer une proposition à résoudre, un problème, à représenter le rapport de situation de choses, ou à figurer d'une manière graphique la loi de variation d'un phénomène.

Les diagrammes sont donc constitués par des courbes qui traduisent en lignes les nombres mesurant les phénomènes. Deux courbes de même échelle comparées entre elles montrent en leur différence un rapport auquel à son tour peut être donné la forme d'une troisième courbe directement comparable aux deux autres. Ex. Le diagramme de Rueff, corrélation entre la courbe du chômage et celle qui représente les rapports des salaires aux prix de gros.

Le diagramme, figure géométrique, a une forme qui varie avec les données représentées. On peut concevoir l'établissement d'un appareil qui donne du phénomène un diagramme analogique dont toute la configuration varie avec les transformations mêmes du phénomène. Les propriétés du diagramme peuvent être étudiées mathématiquement, par la trigonométrie notamment. Elles peuvent donner lieu à des mesures qui seront celles des phénomènes et à un enregistrement photograhique donnant lieu à pellicule cinématographique.

Les résultats d'une recherche peuvent avantageusement être mis sous la forme de diagrammes. Ex. Van t'Hoff et ses élèves ayant ainsi déterminé les lois de la cristallisation des sels de mer, les ont mis sous la forme de diagrammes triangulaires (stéréochimie).

L'Harmonigramme est le tableau chronologique de l'ensemble des réalisations à prévoir pour un certain travail à enlever à une date fixe. C'est un instrument de prévision, de coordination et de contrôle grâce auquel la direction et ses collaborateurs ont constamment sous les yeux l'ensemble des opérations particulières à réaliser. L'enchaînement et la concommittance de toutes les opérations y sont intuitivement motivés. Aucune mémoire humaine ne pourrait se substituer à cet instrument synoptique qui permet de conduire méthodiquement et avec sûreté des milliers d'opérations. Exemple : Le tableau chronologique de l'Exposition de Bruxelles 1935 comprend 85 colonnes verticales pouvant contenir près de 3,200 fiches et indiquant les diverses catégories de travaux. Elles sont coupées par des colonnes horizontales permettant de suivre mois par mois la réalisation de chacun des travaux projetés, depuis son début jusqu'à sa fin. — L'Harmonigramme transcrit donne le résultat de l'analyse d'un dossier administratif et donne l'image de sa vie.

4. Les graphiques sont aussi des dessins simplifiés. Ils constituent un langage, le langage de la ligne. Dans toute étude où la forme prend de l'importance (par ex. la Zoologie), l'art du dessin annote les caractères et se lie étroitement à la statique, à la mécanique et à l'anatomie animale. Il donne, des formes à ces trois points de vue, une compréhension prompte et sûre.

En matière de botanique, on a publié, en Hollande, des descriptions qu'on a appelées des « penportraits ». Au lieu d'avoir des diagnoses excessivement détaillées, d'un seul coup d'œil on a, dans ces ouvrages, des descriptions, des plans qui donnent bien l'équivalence des diagnoses. C'est alors, non plus à un texte que l'on a recours, mais à la vision directe, schématique.

5. Les graphiques d'organisation des organismes (entreprises, administrations, instituts, secrétariats) ont pour but de rendre visible d'un coup d'œil : a) la composition du système : ses organes, son rôle, sa composition, son organisme ; les opérations et l'ordre dans lequel elles doivent être exécutées ; les organismes accessoires ; b) les liaisons entre les différentes parties du système et certaines de ces parties et l'extérieur de l'organisme. Ces liaisons sont un des buts principaux du graphique ; c) les fonctions et les noms des exécutants ; d) l'ordre chronologique des tâches et travaux ; e) les diverses modalités utiles à connaître pour la conduite du travail. (1)

6. L'art d'établir des schémas (la schématique) doit devenir une branche de la bibliologie ; elle est, en tant que celle-ci, la théorie de l'enregistrement et de l'exposé méthodique des connaissances scientifiques.

La place du schéma dans le livre est indiquée par le tableau suivant :

Livre	texte (écriture)			
	image	concrète	réelle	dessinée
		abstraite	fictive	mécanique (photo, calque, enregistrement automatique).

La marche progressive de la constitution d'un langage schématique commun consiste en ceci : a) trouver une expression diagrammatique pour l'exposé de toute idée ; b) obtenir l'accord collectif sur des schémas bases de manière que les études faites une fois serviront pour

(1) Voir notamment le graphique de l'organisation du Contrôle Budgétaire établi par MM. F. Greiner et A. Martynoff. Bulletin du Comité National belge de l'Organisation scientifique, 15 juillet 1932, p. 88.

toutes; c) faire que sur le schéma collectif de base chacun indique ce que son travail apporte de neuf, soit comme addition, soit comme modification. Il suffirait de donner des couleurs conventionnelles à ce qui est général et connu, aux particularités individuelles et aux conclusions propres au travail.

7. Le Gesellschaft und Wirtschaft Museum de Vienne a produit une véritable renaissance des hiéroglyphes de l'idéographie (Wiener methode). Dans le domaine de la statistique sociale, il a formulé ce principe : « Ce que l'on peut exprimer en images et en couleurs ne doit pas l'être en signes alphabétiques ». La réalisation répondit aux nécessités de la visualisation et de l'esthétique.

8. Il faudra, dans les imprimeries, établir des cases pour la composition typographique des diagrammes et des cartogrammes. Si de telles cases existaient et si des indications pour leur utilisation étaient formulées et répandues, les auteurs trouveraient certes le moyen d'exprimer ou de préciser beaucoup d'idées en s'en servant sans devoir recourir à des clichés spéciaux dont le prix est généralement prohibitif.

222.33 Motifs décoratifs.

1. L'illustration est une chose, la décoration en est une autre. Composition pittoresque et composition décorative.

2. La calligraphie au moyen âge employait des ornements, des miniatures, des vignettes de toute nature.

A son début, la gravure sur bois, dite alors taille d'épargne, était exécutée sur des bois ligneux, filandreux, hêtre ou sapin, à l'aide d'un seul outil, le canif. Les tailleurs d'Ymaiges s'efforçaient à rendre simplement le dessin tracé sur le bois; ils y mettaient pas mal de science et toute leur âme : leurs naïfs fac-similés n'ont jamais été surpassés.

Ce que nous appelons l'adaptation typographique est recherchée aujourd'hui comme une bien rare qualité. En ce temps, elle était venue d'elle-même, un jour où le graveur avait tracé le dessin et la lettre sur le même bloc. L'instinct et le goût firent le reste : jamais images plus franches et vigoureuses n'épousèrent plus harmonieusement le texte.

Malheureusement, au cours du XVIe siècle, une autre recherche vint altérer le caractère propre de la gravure sur bois. Les graveurs voulurent rendre les effets de perspective aérienne des tableaux, ils imitèrent les travaux séduisants de la gravure sur cuivre, au burin, qui se développait parallèlement. La taille se resserra continuellement, compromettant le résultat de l'impression.

Au XVIIe et au XVIIIe siècles, la gravure sur cuivre se substitua à peu près complètement dans le livre à la gravure sur bois. L'eau-forte, surtout, à ces brillantes époques, obtint un succès considérable. Par sa facture grasse et le charme de sa vivacité, elle atteint admirablement son but: l'arabesque jaillit spontanément sur la page, l'illustration directe, alerte, suit le texte rapidement en de gracieuses fantaisies, tandis que le noir doré de la morsure s'accorde délicieusement à la couleur des fontes en réalisant une parfaite unité. Pendant la Révolution, le beau livre disparaît complètement, et toutes les tentatives du XIXe siècle ne parviennent pas à renouer les bonnes traditions des siècles précédents. Au point de vue illustration, les différentes techniques de la gravure se confondent ou se heurtent; la gravure sur bois qui végète tristement s'est faite interprétative, elle est dite « en ton » et cherche à traduire par des teintes toutes les nuances du modèle. D'ailleurs, le buis a remplacé les bois de fil, sa matière parfaitement homogène, résistante et plastique, se prête à toutes les virtuosités du burin... mais, hélas, l'habileté n'a jamais remplacé l'Art.

La gravure sombra dans le métier, et l'apparition de la photographie devait achever la débâcle.

3. C'est vers le milieu du XVIe siècle que la taille-douce fut introduite dans le livre. Les premières gravures de ce genre ont une facture rigide imposée par l'outil. — Jacques Callot et Abraham Bosse arrivèrent pourtant à donner au burin une souplesse extraordinaire qui, en modifiant la technique de la gravure, préparait l'avènement de l'eau-forte. — Au XVIIe siècle, les grands maîtres portèrent l'art de l'eau-forte à sa plus haute perfection et, suivant l'inoubliable exemple de Christophe Plantin qui fit appel à Rubens pour ses illustrations, tous les nouveaux éditeurs accordèrent leur préférence à la gravure sur cuivre. — Au règne de Louis XIV — l'âge d'or du burin — l'eau-forte arrive à son plein épanouissement et l'école de Simon Vouët décore le livre de reproductions ou d'improvisations mordues généreusement.

Sous Louis XV, l'engouement pour l'eau-forte est complet. C'est le temps où tout le monde fait de l'eau-forte et Madame de Pompadour, elle-même, n'hésite pas à y tremper ses jolis doigts. — Le livre s'enrichit de vignettes gracieuses, légères, de rocailles, de broderies d'arabesques et des charmantes compositions des maîtres et petits maîtres du XVIIIe siècle dont les impressions d'un blond doré s'harmonisent si bien avec les fontes élégantes de l'époque. — Au XIXe siècle, l'invention de la photographie entraîna la décadence de la gravure, précipitant celle du livre. (Tattegrain.)

4. Notre temps est porté à supprimer les ornements. Il n'en aime pas moins les formes belles, bien proportionnées, harmonieusement riches de couleur; il les trouve notamment dans la nature. Le modernisme évolue rapidement, on peut déjà considérer avec recul le modernisme d'après 1900, 1910, 1920 et 1925.

5. On a posé la question: Un livre doit-il être uniquement décoré ou doit-il contenir des personnages ? Contre la figuration de personnages on allègue qu'il y a un grand danger de leur donner corps. Chaque lecteur le

fait avec son tempérament et son goût. Il faut un artiste de génie pour imposer sa conception du personnage. (Ex. Gustave Doré a créé *Gargantua,* Naudin a incarné *Le Neveu de Rameau,* Brouet *Les Frères Zemganno.)* Un ornement, un paysage accompagneront au contraire le texte sans entrer en lutte avec lui. Ainsi le faisaient les éditeurs français du XVIIe siècle. Ceux d'après-guerre y reviennent pour les éditions demi-luxes ou livres purement typographiques. (1)

Fernand Lot a dit de Gustave Doré : « Traducteur du » rêve des plus hauts poètes de tous les temps, il n'a pas » été au-dessous de sa tâche. Il a su même si bien y » ajouter son propre rêve que sans lui désormais, Cer- » vantes, Dante et l'Arioste seraient appauvris ».

6. Il y a toute une géométrie des tracés basée notamment sur les projections et la perspective. Il y a une composition décorative par combinaison de points, lignes, plans et jeux de fonds.

Le monogramme est un signe emblématique composé de lettres enlacées ou liées et qui expriment le nom propre d'une personne.

7. Il faut applaudir aux progrès réalisés par les procédés photomécaniques. Au point de vue documentaire, le domaine de la science est des plus vastes et elle n'a aucun intérêt à en franchir les limites. Par contre, le domaine de l'art appartient aux artistes et le livre d'art a besoin de spécialistes conscients. Le livre est un conseiller, il guide, il inspire, il instruit. Le *beau livre* est, en outre, un précieux ami. Il faut pouvoir l'aimer sans arrière-pensée et pour cela aucun détail ne peut en être négligé.

222.4 La page. — L'esthétique du Livre.

1. *Notion.* — De la mise en œuvre des divers éléments graphiques résulte la page ainsi que l'aspect qu'elle prend : page texte, page illustration ou page mixte.

Les éléments de la page sont : a) les caractères typographiques ; b) les illustrations ; c) la décoration ; d) la justification (largeur du texte d'où largeur des marges) ; e) la place donnée aux éléments, les colonnes ; f) les blancs, les marges ; g) la mise en page. On a traité précédemment des trois premiers points.

La mise en page est au livre document ce que la mise en scène est au théâtre.

Chaque partie du livre, chaque espèce de livre, chaque partie de chacune des espèces donne lieu à un type de présentation de la page imprimée. Ces types combinent des éléments communs avec des éléments qui leur sont propres.

La disposition de la page a été étudiée minutieusement, à la fois en vue de faciliter la lecture d'une part et de répondre aux desiderata de l'esthétique d'autre part. La pratique et la bibliophilie deviennent lois. La page est destinée à être vue (lue). Le mécanisme de la vision est donc en jeu. Les lois de l'optique et de l'occulistique sont à dégager et à observer avant tout. (1)

(1) Raymond Hesse : Le livre d'après-guerre et les Sociétés de Bibliophiles.

2. *Historique.* — La page texte d'après les époques présente un aspect très différent : Grèce : compact, pas de ponctuations. Moyen âge, enluminé. Renaissance : gloses, commentaires. Moderne : illustration et rubrication.

Les premiers livres imprimés étaient parfaits à tous les points de vue, depuis le papier jusqu'à la reliure qui a tenu pendant des siècles. Ce fut suivi ensuite d'une période d'hésitations et de décadence relative de l'art typographique que l'on peut caractériser parfaitement par les productions si laides que l'on connaît bien. Au commencement du XXe siècle, il y eut dans l'imprimerie une renaissance au point de vue artistique.

De nos jours, il s'est fait une réaction du style des imprimés publicitaires, des affiches, sur le style des livres et la composition. La mise en vedette des éléments est devenue de ce chef plus osée. (2)

3. *Les caractères typographiques.* — Il existe des signes numérotechniques qui ont plus de 4000 ans d'existence, des signes « alphabétiformes ».

Lorsque la forme de l'édition est fixée dans ses grandes lignes, la première chose à faire est de choisir un caractère dont la physionomie soit en rapport avec l'esprit du texte. Cet accord entre l'œuvre littéraire et sa notation typographique est absolument nécessaire, car le lecteur en sera toujours influencé, même à son insu. La principale qualité à rechercher est la parfaite lisibilité et il est toujours dangereux d'adopter une fonte nouvelle, insuffisamment éprouvée.

Eviter le texte tout entier en capitales. Le bas de casse est plus lisible que les capitales. L'ensemble composé en capitales peut attirer l'attention, mais à la lecture la fatigue vient vite. La différenciation des grandeurs et des types de caractère est d'une grande ressource pour distinguer les diverses espèces de données dans un texte. Par ex. le principal du secondaire ; le résumé du corps même de l'ouvrage ; les rubriques du texte lui-même ou des notes.

4. *Lignes.* — La composition typographique s'opère en lignes continues. On pourrait, si l'on voulait, lui donner la forme de certaines figures.

Dans l'«Elan» de 1926, Osenfant s'est appliqué à des recherches typographiques (psychotypie). Il essaya d'adapter l'expression optique des caractères d'imprimerie au sens des mots. Il conclut : L'effet produit par les « formes sensibles » est puissant même quand il s'agit

(1) a) Dr. Javal. — La lecture et l'écriture.
b) Cock. — Les Annales de l'Imprimerie, oct. 1910, p. 133.

(2) Le Manuel de Géographie des frères Alexis offre des types caractéristiques d'emplois de textes variés et subordonnés.

des signes conventionnels; les formes sensibles ne sont pas conventionnelles, mais impératives.

5. *La justification.* — La largeur des pages a cette importance qu'elle permet des dispositions synoptiques ajoutées à la clarté du texte, rend aisée et rapide la référence à toutes les parties du sujet. (1)

Il est des conditions physiologiques imposées aux livres par nos organes. On sait combien est pénible la lecture des longues lignes exigeant un repérage difficile à chaque extrémité et à chaque commencement.

Les journaux ont ouvert la voie à la justification physiologique et rationnelle et en particulier le journal anglais. Des journaux présentent de front 7 colonnes de 5.5 cm. *(L'Indépendance Belge).* La fiche 12.5 × 7.5 est donc équivalente à la largeur de deux colonnes de journal. Dans le livre on a souvent établi deux colonnes, quand il était de grand format. La Société des Nations produit une quantité de textes imprimés souvent rebutants à lire parce qu'ils ne répondent pas à ces conditions. Les documents de la S. D. N. si difficiles à lire ont des lignes de 14 cm. 2/3, presque plus larges que trois colonnes de journal.

Les revues s'essayent à des caractères de plus en plus petits et à des justifications de plus en plus étroites. Ex.: *Le Mouvement Communal* (Bruxelles) imprime fréquemment ses pages (19 × 25) en trois colonnes, petit caractère, sans filet séparatif.

6. *La mise en page.* — Toute une mise en page avec des colonnes, des demi-colonnes, des retraits a été réalisée pour rendre un texte plus clair, plus rapidement assimilable, pour permettre de se reporter plus vite et plus directement à un passage déjà lu ou à découvrir.

Ex.: Les sections du Conseil d'Etat français faisaient des rapports qu'on imprimait à mi-marge avec celui du Ministre. — Les Tables de la Classification Décimale, édition française et édition anglaise, ont réalisé des mises en page bien équilibrées.

De la mise en page relève la manière de couper les articles de journaux en renvoyant leurs suites plus loin, et la manière de disposer les articles de revue pour faciliter le découpage à l'aide d'un seul exemplaire.

Un exemple de disposition typique d'un texte est donné par les notices bibliographiques imprimées sur fiches et en général par de nombreuses formules dites administratives.

7. *Les marges.* — Les marges sont l'espace blanc qui apparaît sur les côtés du texte d'un livre ou d'un dessin. Une proportion des marges aux textes, des blancs aux noirs, s'impose. Les marges sont parfois utilisées pour les rubriques annonçant les sujets traités, pour des ratures, pour les références aux textes de base. De larges marges servent aux notes marginales du lecteur.

8. *Les colonnes. Le sens de direction du livre.* — La colonne divise les pages d'un manuscrit ou d'un imprimé par le milieu au moyen d'un blanc ou d'une ligne qui les sépare de haut en bas. La page peut être divisée en plusieurs colonnes. Ainsi, la page des journaux, des dictionnaires et des grandes encyclopédies, celle des éditions polyglottes.

Les livres orientaux se feuillettent de gauche à droite, les livres occidentaux de droite à gauche. On peut disposer les pages soit dans le sens horizontal par rapport à la reliure, soit dans le sens vertical.

Il est déplaisant d'avoir à changer le sens de lecture et de vision d'un livre, album et atlas. S'efforcer d'imprimer toutes les planches dans le même sens, de manière à n'avoir pas à retourner le livre.

9. *L'esthétique du livre.* — La présentation typographique doit faire l'objet des soins les plus attentifs. C'est dans le choix des caractères pour titres, sous-titres et rubriques, c'est dans le sectionnement des masses en alinéas bien équilibrés que résident en grande partie les conditions de la belle et bonne page écrite ou imprimée.

La simple typographie est un art véritable par la stricte proportion des caractères et des titres, par l'ordonnancement des blancs, par tous ces détails dont la réunion produit cette chose exquise et rare: un beau livre.

Les grands principes que William Morris a engagés à observer sont les suivants. Il importe de ne rien négliger pour faire du bon ouvrage avec du matériel irréprochable, ce qui constitue l'unité du livre n'est pas la page isolée; mais la double page du livre ouvert, les deux masses de texte n'étant séparées que par un étroit espace au pli de la feuille; la largeur des marges doit croître dans l'ordre suivant: la tête, les côtés, la base. Morris attachait une importance capitale à l'espacement, non seulement quant à l'assiette de l'œil de la lettre sur la base, mais aussi quant à la distance entre les lettres d'un même mot, les mots d'une même ligne, les lignes d'une même page. Il nous a démontré que même sans le moindre essai d'ornementation un livre peut devenir une œuvre d'art, pourvu que les caractères en soient bien dessinés sur une base carrée, qu'ils soient de même nature et rapprochés dans la composition sans « blancs inutiles ». Morris voulait que l'illustration, soit planche, soit ornementation, fît partie intégrante de la page et fut comprimée dans le plan du livre.

Ainsi l'esthétique au point de vue typographique est l'art qui consiste à donner aux travaux que l'on exécute le sentiment qu'ils doivent exprimer. L'esthétique est la science qui permet d'établir les principes et les règles de la beauté. Pour qu'une œuvre d'art appliqué soit digne de fixer l'attention, elle doit répondre aux trois conditions suivantes : a) remplir son but; b) avoir em-

(1) Exemple : Liquidators Index and Summary of the Companies act and Winding of Rules, 1929; by J. H. Senior and H. M. Prak. London, Sir Isaac Pitman.

ployé logiquement les matériaux dont elle est composée; c) être conçue dans une forme d'art qui reflète l'époque dans laquelle l'œuvre a été créée. Pour le livre, les deux premiers points sont du domaine de la technique typographique. Le troisième point est du domaine des arts appliqués.

Des artistes, des illustrateurs collaborent à la confection du livre par la création de lettres ornées, entêtes, culs de lampe, illustrations de tous genres. Le livre peut donc être de l'art appliqué. Lorsqu'il est illustré, il ne peut plus être isolé des arts plastiques. Les artistes du livre ont souvent été les inspirateurs des diverses formes d'ornementation; ils ont aidé à la création des styles, c'est-à-dire à celle de la forme graphique du caractère d'un peuple à une certaine époque.

Dans le passé, le livre a appliqué à son illustration le style de son époque. A notre époque, il existe un style moderne adéquat aux exigences de notre temps, auquel chaque peuple créateur a déjà imprimé son genre propre. Le livre sera de ce style nouveau, style très compliqué, mais si savant et d'une grande saveur artistique lorsqu'il est traité par un homme de talent. (1)

Le livre a réalisé le problème de l'art appliqué, de l'art uni à l'industrie et qui incorpore une pensée, un sentiment, une harmonie aux choses d'usage quotidien. Ce problème, qui est très passionnant, se présente pour le livre dans des conditions spéciales: sa multiplication. Le livre est une pensée qui a été réalisée.

Certains éditeurs excellent à donner à une simple plaquette toute l'importance d'un livre, tant par l'emploi des fontes d'imprimerie judicieusement choisies que par sa disposition graphique et par l'adjonction d'illustrations ou d'ornements propres à en accuser et à en relever la décoration. (2)

Mais l'art appliqué au livre n'a pas toujours été judicieusement réparti. « Les ouvrages les moins destinés à demeurer dans les bibliothèques, ces milliers d'opuscules boiteux sur des questions de petite érudition provinciale ou ces romans de cape et d'épée tard venus, sont d'ordinaire les mieux imprimés et les plus soignés, au rebours d'autres plus importants composés en tête de clou et dont le papier s'effrite. » (Bouchot. Le Livre, p. 238.)

223 Éléments linguistiques. Les langues

Les documents pour la plupart sont constitués d'éléments linguistiques; ils sont exprimés en une certaine langue; ils sont une traduction en signes alphabétiques des mots du langage.

(1) L. Titz. — L'esthétique du livre moderne. Publication du Musée du Livre, XIII, 1910.

(2) Voir notamment: Anatole France. Discours prononcé au cimetière de Montmartre le 5 octobre 1902. Paris, Edouard Pelletan, 22 p. in-4°.

Il y a quatre termes à rappeler ici : a) la ***Réalité*** ou Universalité des choses existantes; b) la ***Pensée*** qui conçoit la réalité et en organise la connaissance scientifique ou qui partant de la réalité en combine les conceptions selon les possibilités de l'imagination; c) le *Langage* qui exprime la pensée; d) la *Documentation* qui enregistre et fixe le langage.

La Documentation est donc intéressée par tout ce qui touche à la langue. Or, le mouvement des langues est complexe; il soulève un grand nombre de questions : ce qu'est la langue, quelles en sont les espèces et les variétés, d'où elles viennent, comment elles évoluent et se transforment.

Tout perfectionnement dans le langage en apportera un au livre. De là l'intérêt pour: a) le développement de la langue; b) le développement de la littérature; c) les langues internationales artificielles qui font un progrès considérable; d) la réforme orthographique qui s'impose de plus en plus à mesure que se démocratise l'enseignement et que les masses des peuples sont appelées à la connaissance de l'écriture et de la lecture; e) les récentes réformes: extension prise par l'étude des langues, nombre de ceux qui parlent certaines langues, simplification des langues, de leur orthographe, de leur écriture; influence des mouvements politiques (nationalité) et des mouvements économiques (affaires) sur le mouvement culturel dont la langue est une des expressions; influence de la langue écrite sur la langue parlée, notamment sur sa fixation, traductions.

223.1 Notions.

1. *Rapport entre Réalité, Langage, Science.* — Un lien génétique existe entre le langage, la réalité et la science. « En thèse générale, dit Condillac, l'art de raisonner se réduit à une langue bien faite. En effet, l'art de raisonner se réduit à l'analyse et les langues sont les seules méthodes analytiques vraiment parfaites. Les hommes commencent à parler le langage d'action aussitôt qu'ils sentent et ils le parlent alors sans avoir le projet de se communiquer leurs pensées. Ils ne forment le projet de parler pour se faire entendre que lorsqu'ils ont remarqué qu'on les a entendus, mais dans le commencement ils ne projettent rien encore, parce qu'ils n'ont rien observé. Tout alors est donc confus pour eux dans leur langage et ils n'y démêleront rien tant qu'ils n'auront pas appris à faire l'analyse de leurs pensées. » — En d'autres termes : a) chacun a une expérience propre; b) chacun rapporte son expérience en des termes généraux qui constituent *sa* langue; c) les termes généraux de chacun se confrontent et, par l'intermédiaire du langage, les expériences se mettent en commun; d) l'annotation de l'expérience et des documents, par l'intermédiaire du langage commun, généralise et coordonne l'expérience et la langue particulière en général.

Pour les Pythagoriens, dont étaient Platon et, dans une si large mesure, les premiers Pères de l'Eglise, le moindre être n'est que la réalisation de la pensée divine. *(In principio creavit Deus coelum et Terrain. In principio erat Verbum.)* Ils appelèrent logos la pensée divine et considérèrent la nature comme un discours interminable de paroles divines, comme le grand souffle en vertu duquel les idées se transforment dans la musique des paroles. Comme corollaire la pensée humaine est à la parole, comme la pensée divine est à la création. Ne pourrait-on prolonger cette comparaison jusqu'à la Documentation ?

2. *La langue et l'être humain.* — La langue tient au fond de l'être. Ce n'est pas qu'une forme fortuite que l'on pourrait modifier sans modifier le contenu même de ce qu'elle saisit ou exprime. Toute expérience qui se produit dans la vie psychique de l'homme a son caractère déterminé par le caractère de la langue. La langue n'exprime pas seulement coordinations logiques, telle une forme algébrique d'une valeur uniforme et universelle, mais encore des contenus émotionnels qui sont au plus haut degré personnels. Et cela, non seulement au point de vue de l'homme pris individuellement, mais encore dans le sens de ce qu'on pourrait appeler les personnalités collectives. Car la communauté des langues ne relie pas seulement les choses individuelles, elle relie également la collectivité de cette communauté humaine avec tout le passé dans lequel cette collectivité s'est formée. Le soin des mots, leurs affinités émotives caractéristiques, les tournures et les structures idiomatiques, la littérature dans laquelle tout cela s'est fixé fortement le sediment spirituel d'un long passé culturel commun. Nulle part ce qu'on a appelé le subconscient collectif ou encore la « mémoire collective » de l'espèce n'existe de façon plus vivace et plus expressive que dans la langue, et l'expression « langue maternelle » montre bien qu'il s'agit ici d'une collaboration intime de l'hérédité biologique et sociale. (1)

Le Langage est humain en ce sens qu'il n'existe que par les hommes et entre les hommes. Il intervient à trois moments : a) langage intérieur (on pense largement avec des mots et des signes) ; b) langage parlé à l'aide de sons ; c) langage écrit reproduisant les sons du langage parlé ou les signes.

3. *Le vocabulaire.* — Toute une édification intellectuelle se poursuit à la base des mots. D'après les phrases les mots prennent un sens spécial. Mlle Desœuvres a donné la liste de 2903 mots appartenant au vocabulaire d'un enfant de sept ans (le développement de l'enfant de 2 à 7 ans). D'après L. et E. Aufroy, le vocabulaire suit une progression ascendante de 4900 à 19800 mots de 7 à 14 ans. *(Bulletin de la Société Binet.)*

L'impossibilité de transférer la pensée est absolue et insurmontable. Celui qui écoute peut seulement par une inférence de sa propre pensée conclure que celui qui parle a pensé à la même chose que lui. Ce qui passe dans la parole entre les deux personnes est simplement un son, dégagé de tous les sens. Les paroles participent donc de cette double nature : avoir un sens, être un son.

Chaque homme adulte est le dépôt vivant d'une connaissance profonde du langage. Non seulement il possède un vaste emmagasinement de mots, mais il est en quelque sorte un artiste dans la manière de les employer. (1)

4. *Maîtrise de la langue.* — Un Japonais a dit : La langue n'est pas seulement vivace, elle est une créature douée de la plus délicate sensibilité. Elle dirige l'homme bien plus qu'elle n'est dirigée. L'homme peut être libre de prononcer le premier mot, mais il est moins libre quant aux mots suivants : le prestige de la langue commence à agir et à entraîner la pensée.

5. *La Linguistique et la Philologie.* — La Linguistique est l'étude de la phonétique et de la structure (morphologie, syntaxe) des langues (dialectes, idiomes) en vue de la classification systématique et de la déduction des lois générales qui s'en dégagent. L'élément dominant chez le linguiste est l'esprit de comparaison et de synthèse. La Philologie s'attache à étudier d'une façon approfondie une langue ou une famille de langues ; elle en critique les documents, s'efforce de les situer dans le temps et dans l'espace, et d'en expliquer le sens profond, d'en déterminer l'auteur et d'en vérifier l'authenticité (critique et herméneutique). Elle étudie la grammaire de la langue ou des langues dont elle s'occupe, aux différentes périodes de leur évolution, elle retrace l'évolution phonétique, morphologique et syntaxique (grammaire historique), l'évolution lexicologique dans ses travaux sur l'étymologie (dictionnaire étymologique). Enfin, elle étudie la génèse, la transformation, l'évolution des genres littéraires et de la littérature en général, aussi bien d'une langue en particulier que d'un groupe de langues (histoire littéraire). Elle compare aussi les différentes littératures du monde dans les études générales (histoire littéraire comparée). Pour atteindre ces différents buts, la Philologie a recours à différentes sciences auxiliaires. L'élément dominant chez le philologue est le sens historique et le culte du beau. La philosophie du langage est l'exposé des conclusions de la linguistique et de la philologie en tenant compte des résultats acquis dans le domaine des différentes sciences qui s'y rapportent. (2)

---

(1) Henri De Man. — Nationalisme et Socialisme. *Equilibre*, mai 1932, p. 26.

(1) Gardiner, Alan H. — 1932. The Theory of Speech and Language. Oxford, Clarendon Press.

(2) Classification décimale, division 4, Observation L, p 282. On a donné de la Philologie les définitions suivantes : Boeck, la connaissance de ce qui est reconnu, c'est-à-dire de ce qui est apprécié, de ce à quoi on attribue de la valeur. Naville : c'est la science des œuvres durables dans lesquelles l'homme a incorporé avec art la vie de son esprit (œuvre littéraire et œuvre d'art) — (donc durée et valeur). C'est une science historique, mais aussi une science économique. Salomon Reinach : la

La linguistique est la science du langage en tant que phénomène naturel. Elle est alliée à l'étude scientifique des diverses langues existantes ou ayant existé : Philologie comparée, étymologie scientifique, phonologie, glossologie, grammaires comparées, idiomographie, philologie ethnographique. (Sur les rapports de la Linguistique avec la Bibliologie, voir n° 152.)

6. *Psychologie.* — Pour Meillet (caractères généraux des langues germaniques), la philologie comparée est fondée sur ce principe psychologique : pour rendre compte des transformations, il fait appel à des tendances ou « principes actifs de changement ». La réalité de ses tendances se mesurant à la réalité de leur manifestation dans les faits, il n'y a pas d'inconvénients à postuler leur existence avant même qu'elles se traduisent dans les données, ainsi que leur persistance après même leur dernière manifestation selon l'ordre chronologique.

7. *Division du langage.* — Raoul de la Grasserie a donné les divisions naturelles suivantes de chaque langage normal.

	SYLLABUSCOPIE (La syllabe)	PRÉMIASCOPIE (Le mot)	PRATERSCOPIE (La phrase soit simple soit composée)
Phonologie.	Gamme des phénomènes, quantité, genèse, croissance, décroissance.	Harmonie vocalique, accent tonique, apophonie, périphonie.	Accent des proclitiques et enclitiques, liaisons.
Morphologie.	Différentiation dans les langues monosyllabiques.	Lexicoscopie, racine, réduplication, composition, dérivation, variation vocalique, formes du genre, du nombre, de la détermination, du temps.	Grammatoscopie, déclinaison et conjugaison, soit synthétique par , flexion interne ou externe, ou variation vocalique, soit analytique par préposition.
Idéologie.	Différentiation du sens des mots, au moyen des différents sons. Différentiation de la partie du discours auquel un mot appartient, d'après l'ordre des monosyllabes.	1° Concept et emploi du genre, du nombre, de la détermination, du temps. 2° Concept et emploi des différentes parties du discours. 3° Concept des idées et leur application aux mots ou sensitiques.	1° syntaxe d'emploi, emploi de la déclinaison et de la conjugaison, des prépositions, etc. 2° Syntaxe d'accord. 3° Syntaxe d'expression des relations par l'ordre obligatoire des mots.

8. *La Grammaire.* — a) La grammaire se définit l'art qui enseigne à parler et à écrire correctement. Elle est née longtemps après la poésie et l'éloquence. Les premières traces qu'on en trouve en Occident sont éparses dans Platon et Aristote ; elle ne commençait à former une science à part que lorsque les philosophes d'Alexandrie et de Pergame s'en occupèrent en analysant la langue grecque. La plus ancienne grammaire est due à Denys le Thrace, élève d'Aristarque. Vers la fin du XVIIIe siècle seulement parut la première grammaire philosophique due à Arnauld et désigné souvent sous le nom de *Méthode de Port-Royal.* Au XIXe siècle, S. de Sacy produisit sa *Grammaire Générale.* On possède de nos jours des grammaires de toutes les langues, y compris celles des peuples primitifs dont les linguistes ont étudié le parler.

b) Certains grammairiens (James Harris) ont ramené les dix espèces de mots auxquels l'analyse ramène tout le discours à deux grandes classes : 1° les mots significatifs par eux-mêmes ou principaux : comme il n'existe que des substances et des attributs (adverbe, adjectif, participe-adverbe), les mots ne peuvent être que substantifs (noms, prénoms) ou attributs (adverbe, adjectif, participe-adverbe) ; 2° les mots significatifs par relation ou accession. Ils servent à mieux désigner ou déterminer les êtres (définitifs), soit à unir entr'eux les êtres ou les faits (connectifs : articles, pronoms démonstratifs, possessifs, indéfinis, la conjonction et la préposition que certaines langues remplacent au moyen de la déclinaison).

Les idées de durée, de temps, d'espace dans leur acceptation métaphysique donnent des formes au langage. La pensée analysée dégage les modes de propositions qui sont ou *perceptives* (indicatif des verbes) ou volitives (autres temps).

223.2 La Parole et l'Ecrit.

1. *La Parole.* — La parole est une voix articulée qui exprime quelque idée proprement dite. La voix articulée est celle qui résulte de l'émission non seulement de voyelles, mais encore de consonnes, et par conséquent de syllabes. La parole selon la pensée de saint Augustin est le premier et comme le roi des signes : « Verba obtinuerunt principatum significandi ». La parole seule est pleinement vivante, l'écriture est morte et ne revit que par l'interprétation, comme Platon l'a déjà remarqué.

---

philologie embrasse l'étude de toutes les manifestations de l'esprit humain dans l'espace et dans le temps. Elle se distingue aussi de la psychologie proprement dite qui étudie l'esprit au moyen de la conscience, indépendamment de l'espace et du temps, dans son essence et non dans ses œuvres.

Eloquentia, en latin, signifie l'art de bien dire ce qu'on a à dire. Au delà de la littérature, de l'expression et de l'exprimée, il y a l'«ineffable» : parvenir par la méditation à des zônes de pensées dépassant le niveau de l'expression verbale où toute pensée rétrécie par l'expression perd immédiatement sa qualité. Alors, le rôle de la suggestion commence.

Elargir de plus en plus la parole — non pas véritablement en cercles ni ondes concentriques — car les ondes à la surface de l'eau s'engendrent par chocs et restent à la surface, tandis que la parole et l'élargissement de la parole doit se faire par lien et c'est l'image de la spirale, la spire de la parole s'élargissant, s'élevant toujours plus.

2. *La parole sacrée.* — La parole jusqu'à nos jours a conservé quelque chose de mystérieux et de supérieur.

Dieu a été défini le Verbe : « Et Deus creat Verbum ». (1)

Les quatre lettres hébraïques I. H. W. H. correspondent à l'idée de Dieu. *(Jehovah,* traduit *Kurios* dans la version des Septantes et *Dominus* dans la Vulgate.) De grandes discussions ont été soulevées sur la manière de prononcer ce mot. En réalité, la véritable prononciation était connue du grand prêtre seul ; elle a fini par se perdre. On aurait même pris l'habitude de ne plus prononcer du tout l'«ineffable» tétragramme et de lui substituer directement *Adonaï* ou comme chez les Samaritains, le mot *schema* littéralement « le nom ».

Keyserling montre, dans tout ce qui vient de l'esprit, un en comportement qui paraît paradoxal à notre âme terrestre, sorcellerie, magie, verbe, symbole lui semblent s'imposer à notre monde comme des pensées inquiétantes venues d'ailleurs.

3. *Conversation et conférence.* — La conversation roule sur n'importe quoi et comporte tous les genres ; elle se dit des entretiens journaliers. L'entretien roule sur des choses importantes et a lieu entre deux ou un petit nombre de personnes. Le dialogue, c'est l'entretien ou la conversation qu'un auteur fait tenir à ses personnages dans ses livres ou même sur la scène. Dans un sens plus général, le dialogue c'est l'entretien considéré du point de vue littéraire. La conférence faite sur les sujets les plus importants développés soit avec fantaisie, soit didactiquement. Le colloque est un entretien qui porte sur des sujets religieux et auquel prennent part ordinairement des personnages ayant qualité à cet effet. Les paroles préparées donnent lieu au discours, à l'oraison, au sermon, au panégyrique, à l'homélie, au prone, à la harangue, à l'allocution, au plaidoyer.

(1) « Saint est Dieu, le père de toutes choses... Tu es saint, toi qui a constitué les êtres par la Parole... Reçois le pur sacrifice verbal de l'âme et du cœur qui monte vers toi, ô inexprimable, ô ineffable, que le silence seul peut nommer. » (Hermes Trimégiste.)

b) Les causeurs, les conteurs, race à peu près disparue depuis l'imprimerie et surtout grâce à la multitude des journaux, ont joué un rôle important dans les sociétés qui nous ont précédé. Ce sont les rapsodes dans la Grèce, les bardes dans la Gaule, les Scaldes dans le Nord. Ils sont les gardiens des traditions, ils disent aux guerriers les nobles faits de leurs ancètres, ils montrent aux peuples les histoires merveilleuses de leur origine. Quand son rôle héroïque est terminé, quand l'écriture a fixé les traditions dont il est le dépositaire, il ne disparaît pas pour cela ; il se borne à amuser ceux qu'auparavant il instruisait et alors commencent ces contes, ces anecdotes, qui vont sans cesse se répétant et s'augmentant et formant une phase nouvelle qui n'est pas la moins curieuse dans l'histoire de l'esprit humain. Les conteurs à Rome, dans les pays d'Orient, ont souvent été chargés de détourner le peuple du souvenir de sa liberté perdue. Des Kalifes ordonnèrent que chaque café eut son conteur. Au Japon les conteurs ont encore un grand rôle. Au moyen âge, en France, ce furent les jongleurs, les troubadours, les trouvères, les menestrels et ils vont de château en château, d'habitation en habitation. Plus tard ce furent les fins causeurs des salons et des dîners, dans une société qui se réjouissait d'être spirituelle.

Madame de Stael *(de l'Allemagne),* a écrit :

« Le genre de bien-être que fait éprouver une conversation ne consiste pas précisément dans le sujet de cette conversation ; les idées ou les connaissances qu'on peut y développer n'en sont pas le principal intérêt, c'est une certaine manière d'agir les uns sur les autres, de se faire plaisir réciproquement et avec rapidité, de parler aussitôt qu'on peut, de jouir à l'instant de soi-même, d'être applaudi sans travail, de manifester son esprit dans toutes les nuances par l'accent, le geste, le regard, enfin de produire à volonté comme une sorte d'électricité qui fait jaillir des étincelles, soulage les uns de l'excès même de leur vivacité et réveille les autres d'une apathie pénible. »

Les Conférenciers ont aussi leurs managers, organisant les tournées. On a assisté aux Etats-Unis à la faillite retentissante d'un de ces managers (M. James Pond), avec un passif de près de 7.000 livres sterling. C'est que la Radio a concurrencé considérablement les conférences d'hommes connus.

4. *Discours.* — Le mot discours a deux sens : la parole que l'on énonce, le papier écrit qu'on lit. L'orateur qui parle affronte la tribune pour les débats les plus ardus, les mains vides, fort seulement de son intelligence, de sa mémoire et de ses certitudes, est sûr de sa voix, de ses gestes, de sa pensée. Il sait ce qu'il veut faire et ce qu'il doit dire. L'orateur qui lit est celui qui, tout de cabinet, s'effraie de la lumière des assemblées. Les idées, les faits, le raisonnement, l'enchaînement de pensées peuvent alors être totales et s'imposer la certitude de n'énoncer

que du réfléchi ; mais alors ni improvisation, ni intuition, ni illumination ; une technique sèche, terne, sans vie. (1)

Elocution «Actor and Elocutionist », disent les Anglais.

Ossys-Lourié : « La faculté oratoire est un art inférieur. » Les habiles savent en user pour captiver les médiocres » qui s'intéressent moins à l'idée qu'à la fabrication, » même absurde, pourvu qu'elle flatte leurs désirs et leurs » penchants. L'orateur ne produit pas, ne crée pas, il » imite, répète ; il n'est jamais créateur, toujours vul- » garisateur. »

La justesse de cette affirmation est très contestable. Beaucoup d'orateurs créent.

Au moyen âge, la prédication était douée d'une efficacité intérieure et d'un succès du dehors qui touchaient au miracle. Quelques exemples : Le franciscain Berthold de Ratisbonne (milieu du XIIIe siècle) aurait eu des auditeurs évalués de 60.000 à 200.000. Vincent Ferrier, né à Valence en 1346, Dominicain, parcourut presque en entier l'Espagne, la France, l'Italie, l'Angleterre, l'Ecosse et l'Irlande. Dans tous ces voyages il ne cessait de prêcher. « Des foules immenses de populations le suivaient et les grands volaient à sa rencontre. Il emmenait avec lui des prêtres pour entendre les confessions et célébrer les offices, des chantres et des orgues, des notaires pour rédiger les actes nécessités par des reconciliations entre ennemis, des hommes éprouvés pour soigner les vivres et les logements. Ce n'était pas un homme, mais un ange qu'on croyait entendre. » (2)

Le Vendredi Saint les franciscains en Alsace prêchaient six à sept heures. Il se faisait un grand commerce de guides à l'usage de prédicateurs ruraux. « Dormi secure » (Dormez tranquillement, prédicateurs, 36 éditions) et « Dictionnaire des Pauvres ».

La Parole entrave dans le téléphone, l'amplificateur, le phono, le radio, des instruments extraordinaires.

La compétition ainsi se poursuit entre la parole basée sur l'ouïe et l'écriture basée sur la vue. C'est à qui aura l'usage plus facile, plus précis, ira plus vite, plus sûrement, plus agréablement, directement et économiquement.

5. *Débats.* — Les débats ont une importance considérable dans les pays de libre discussion. Toute une procédure des débats a été instaurée au cours de l'Histoire parlementaire. Deux faits entr'autres la caractérise : d'une part la procédure écrite y est étroitement unie à la procédure orale et à chaque phase des débats correspondent des types des documents : proposition, rapport, résolution ; les débats donnent lieu à des comptes rendus, *in extenso*, sténographiés ou dactylographiés. D'autre part la procédure interparlementaire s'est à ce point internationalisée que fondamentalement elle est à peu près la même partout, elle a pu servir de type lorsque des hommes se sont rencontrés dans les grands congrès internationaux, qu'ils ont même organisé une Union interparlementaire et fondé la Société des Nations.

(1) Parmi les parlementaires vivants, M. Poincaré, ancien Président de la République, écrit ce qu'il va dire. M. Caillaux n'a rien devant lui.

(2) Mœller : Histoire de l'Eglise, III, p. 39 et 53.

Dans la recherche de la vérité ou dans la défense des intérêts par voie d'arguments, toute affirmation est susceptible d'être discutée et de donner lieu ainsi à débat. Au cours du débat (contestation, altercation, controverse, litige) sont présentées les objections, les réfutations, les réponses. La contestation est le refus d'accéder à une allégation ou aux prétentions de quelqu'un.

Des efforts ont été faits de tout temps pour améliorer les discussions orales. Les temps anciens ont connu des formes très bien ordonnées pour la discussion des thèses théologiques et philosophiques, pour les débats religieux (les colloques). Et là aussi l'alliance du document et de la parole a trouvé d'heureuses réalisations. De nos jours, le besoin de débats approfondis et bien ordonnés se fait grandement sentir. (1)

6. *Ecrire et parler.* — Ainsi, le langage prend la forme de l'écriture. L'écriture à son tour transforme la langue. La documentation a des desiderata relatifs à la langue.

Parole et écriture sont cependant choses différentes. La pensée parlée a ses lois, la pensée écrite a les siennes. C'est une erreur de vouloir modeler l'une sur l'autre. La concision, possible dans l'écrit bien réfléchi est difficile dans les expressions parlées. La brièveté du temps de parole est opposée aux développements possibles en parlant. Par contre un rôle y est dévolu aux gestes et aux démonstrations. Mais l'écrit avec son illustration a pour lui la précision.

Cormenin l'a bien dit : « Les discours écrits ne font point d'effet à la tribune, les discours improvisés ne font pas d'effet à la lecture. » Longtemps en Angleterre, il était interdit de lire un discours, il fallait l'improviser. Le rythme de la phrase parlée est différent de celui de la phrase écrite. Le style aussi differt. Tantôt il faut être plus bref, plus direct, tantôt au contraire plus explicite.

« La nécessité d'un ordre rigoureux ne s'impose pas au professeur qui *parle* elle devient évidente pour celui qui *écrit*. Le lecteur a sous les yeux le commencement et la fin, il suit le raisonnement ; pas moyen de tricher. Vous pouvez enseigner un cours écrit ; quand vous le rédigez, un cours oral ne tient généralement plus debout. »

(Bouasse)

(1) Voir les débats des Tribunes libres, tel que le Rouge et le Noir en Belgique. Les débats organisés au Palais Mondial avec cadre du débat fixé d'avance, annonce à l'assemblée (un objet, une méthode, des conclusions) avec apport sous les yeux d'une documentation largement visualisée empruntée au Musée mondial et à l'Atlas universalis ou préparée pour y être réversée ensuite.

Modern Debate Practice by Waldo O. Willhoft, London Pittman.

Dans la causerie, la pensée, sans s'astreindre à un ordre logique rigoureux, peut se dérouler en agréables méandres. Dans la phrase parlée, surtout dans la phrase oratoire, il y a une facilité de compréhension provenant du ton. Rien que la hauteur du débit annonce déjà l'importance relative des diverses parties de la phrase. Ceci n'existe pas pour la phrase écrite où tout paraît «recto-tono». D'autre part, le ton de voix est analogue à un accord: Là telle note appelle forcément les autres (do, mi, sol... do). Ici le ton suspensif annonce forcément une suite qui viendra.

Le domaine écrit se circonscrit encore d'une autre manière. On l'a précisé récemment en tentant une délimitation entre l'ethnographie et le folklore.

« En général, a-t-on dit, l'ethnographie couvre toutes » les activités sociales des primitifs, et chez les civilisés » elle ne s'étend qu'à ce qui correspond aux stades des » règles et des institutions. C'est-à-dire à ce qui conserve » par des écrits. Au contraire, le folklore couvre chez » le civilisé le domaine des usages, coutumes et traditions » qui se conservent par des moyens oraux. Chez les pri- » mitifs, toutes les acquisitions et organisations sociales » sont conservées et transmises par la tradition orale. » Par leur étude, ethnographie et folklore se confondent. » Chez les civilisés on distingue: les acquisitions et orga- » nisations sociales sont conservées et transmises par des » moyens écrits ou imprimés et enseignés (domaine de » l'ethnographie), ou elles sont conservées et transmises » par la tradition orale (domaine du folklore). » (1)

7. *Les crieurs.* — Les annonces et réclames qu'il importait de faire au public ont longtemps été lues à haute voix par un crieur de profession au milieu de groupes rassemblés ou peuple rassemblé à son de trompe, dans certains cas convoqué par le bruit d'une pelle à feu frappée avec une clef de fer. A partir de 1830 en France, les avis émanant de la municipalité (échenillage, corvées, tirage à la conscription) ont été annoncés au roulement de tambour. Ailleurs la sonnette est intervenue.

223.3 Historique, Evolution.

1. Le langage a une longue évolution. Tout lui est mouvement. L'évolution du langage est nécessaire en général.

Elle se poursuit simultanément dans un double sens: Segmentation des idiomes en langues spéciales et en dialectes; développement des langues nationales et refoulement des patois.

Chez certains peuples la langue est si instable qu'il ne faut que quelques années pour ne plus la reconnaître.

La transcription phonétique des chansons populaires produit de précieux documents pour l'étude des langues.

(1) Albert Marinus: Ethnographie, Folklore et Sociologie, p. 21.

2. Une même langue présente des variations d'après le temps, les lieux et les milieux où elle est parlée et écrite. On distingue généralement la langue aux diverses époques de son existence en langue vieille ou ancienne, en langue moyenne et en langue nouvelle ou moderne. Pour les temps modernes, on distingue aussi la langue classique, unifiée, officielle ou littéraire. On distingue enfin les divers dialectes, patois ou idiomes locaux qui sont différents d'après les régions et les temps.

3. Depuis le commencement, les langues se sont fait la guerre; elles ont rivalisé comme les races et se sont mêlées comme les sangs. La terre a entendu plus de 2000 idiomes primitifs ou dérivés, vivants ou morts, illustrés par une littérature ou barbares.

4. Chaque peuple a eu sa langue, sa poésie et sa littérature. Ces biens ont eu le même sort que leurs possesseurs. Un peuple s'emparait-il d'une riche contrée pour y fonder un empire durable et florissant, sa langue ne tardait pas à se développer avec les connaissances, les mœurs et les institutions. Ce peuple, au contraire, vaincu par les ennemis du dehors et la corruption du dedans, s'affaissait-il sur lui-même, le langage tombait en ruine avec lui et ses riches matériaux servaient à constituer de nouveaux édifices.

5. A l'intermédiaire du livre et du document se poursuit la lutte des langues. Une langue ne s'étend que si elle est l'organe d'une civilisation douée de prestige. Ainsi la « Koinê ionienne attique » a remplacé tous les autres parlers grecs. Ainsi le latin l'a emporté sur les parlers barbares; l'espagnol et le portugais sur ceux des peuples de l'Amérique du Sud; l'anglais sur ceux des peuples de l'Amérique du Nord. La multiplication des « langues communes », dans l'Europe d'aujourd'hui, et cela en un temps où il y a au fond unité de civilisation matérielle et intellectuelle, est une anomalie. (1)

Le phénomène « interlingua » se poursuit; il y a eu dans le passé des langues communes intermédiaires, il pourra en naître dans l'avenir.

6. L'antiquité civilisée a connu la prédominance du grec; au moyen âge tout est en latin; plus tard, la réaction s'opère; les parlers nationaux deviennent des langues littéraires; par ex. Dante et Luther renoncent à écrire en latin pour se servir de la langue vulgaire qu'ils purifient et développent.

7. Dans la lutte des langues le latin ne perd pas ses avantages. Il continue à être employé dans l'Eglise catholique; il fait l'objet des études dites d'Humanités. Le Congrès international de Botanique a encore imposé le latin comme langue obligée de diagnose. On a recherché à moderniser le latin (latin sans flexion). Récemment la grande firme allemande Siemens et Halske, après avoir installé ses hauts parleurs et appareils de radio dans la

(1) Meillet, A. — La méthode comparative en linguistique historique.

cathédrale de Spire — l'antique sanctuaire qu'illustrèrent les saint Bernard, Conrad et Frederick Barberousse —. en donnent une description illustrée sous ce titre bien moderne « De Amplificatoribus in œde spirensi institutis ». Si haut parleur était traduit *amplificator* et microphone *microphonum*, les «Spezialbahnsprecher» se disaient *Tubi*, et les « Siemens Bändchenmikrophon » s'exprimaient *Laminatum*. De l'ensemble était-il dit « Effectus autem est 200 Watt ».

En Allemagne a été fondée en 1933 *Societas Latina* et sa revue en latin (München, G. Horth). Peano et ses collègues dans *Schola et Vita* font campagne pour le latin simplifié sans flexion.

8. Une œuvre lente mais formidable se poursuit sous nos yeux: la refonte systématique du langage. Elle s'étend : 1° aux ensembles linguistiques d'une part, en constante évolution; 2° à la création d'une langue internationale; 3° aux ensembles désignés conventionnels, qui vont en se multipliant, depuis les symboles mathématiques jusqu'à la nomenclature de la chimie.

223.4 Espèces de langues.

1. On distingue les langues de plusieurs manières : 1° d'après le lieu où elles sont parlées (asiatiques, africaines, américaines ou océaniennes); 2° d'après leur dérivation en familles dont les principales sont : a) les langues sémitiques: hébreu, arabe; b) les langues aryoeuropéennes : du midi, sanscrites, iraniennes (zend) pélasgiques (grec, latin), celles du nord: celtiques, germaniques, slaves.

2. On a posé cette question: la civilisation a-t-elle tout à gagner à la multiplication de foyers de culture, notamment à la revision des langues et des littératures régionales? On enseigne aujourd'hui en finlandais à Helsinski, en esthonien à Tallin; en lithuanien à Kaunas, en letton à Riga, alors que le russe y dominait seul il y a vingt ans. La science et l'unité humaine ne sont elles pas compromises par cette dispersion d'efforts, et par cette surabondance de moyens d'expression ? (Th. Ruyssen.)

223.5 Langue littéraire.

Certains écrivains ont inventé quelquefois pour eux-mêmes une syntaxe et une grammaire. On a été amené à poser le principe que le style ne doit pas sortir des traditions normales de l'activité intellectuelle.

(Gonzague True.)

Gustave Flaubert, écrit M. Brunot, avait la tête pleine de l'idée d'un style irréalisable qui « devait être rythmé comme les vers, précis comme le langage des sciences, qui nous entrerait dans l'idée comme un coup de stylet, et où notre pensée voyagerait sur des surfaces lisses comme lorsqu'on file dans un canot avec bon vent arrière. Forçat du verbe, sentant son premier jet lâche et même incorrect, il cherche dans une angoisse de chaque jour cette forme que personne n'a jamais possédée, s'acharnant sur une page, raturant, s'interrompant pour se remettre à l'école des grands écrivains de tous les temps, puis se réappliquant à la tâche, toujours inassouvi, toujours rugissant et de son impuissance et de la pauvreté des matériaux que la langue lui fournit ». Il déclamait ses phrases, les écrivait au tableau noir et s'estimait heureux lorsque, après dix heures de travail acharné, il avait écrit soixante lignes dont il était à peu près satisfait.

Ce qui ne peut s'exprimer directement le sera par la voie détournée de la suggestion. Pour un véritable talent la suggestion est beaucoup plus puissante que l'expression directe (par ex. transférer aux choses les qualités des hommes et aux hommes celles des choses. (1)

Des poètes ont analysé les instruments de travail, les modes d'expression favoris, le choix des mots pour leur sonorité, leur valeur plastique, images, symboles, allégories. D'autres ont examiné l'architecture de leur œuvre: l'esprit du poète qui choisit, organise, ralentit ou précipite l'expression poétique. (2)

223.6 Orthographe.

1. L'art d'écrire correctement se disait *orthographia*, qui en français donne orthographie, ancien synonyme d'orthographe. Ce terme exprime l'art d'écrire les mots d'une langue correctement, c'est-à-dire avec les caractères et les signes consacrés par l'usage.

Le latin, le grec, l'italien, l'espagnol s'écrivent comme ils sont parlés. Il n'en est pas de même du français et de l'anglais.

2. L'orthographe française est fort compliquée et cela pour plusieurs motifs. Il y a l'écriture des mots en eux-mêmes et le rôle qu'ils jouent dans le discours. Au lieu de correspondre à la prononciation comme c'est son rôle naturel, l'orthographe dépend de l'étymologie dont elle s'écarte néanmoins très arbitrairement et très fréquemment; de l'analogie qui est constamment violée; de l'usage surtout qui est presque toujours abusif, souvent incertain et contesté. A ces causes de confusion, il convient d'ajouter les vices de l'alphabet français où l'on trouve: 1° le double emploi de *c*, *ç* et *s*, de *e*, *è*, *ai* et *ei*, de *f* et *ph*, de *g* et *j*, de *s* et *z*, etc.; 2° le double rôle de *h*, *ch*, *et*. Enfin l'étonnant abus des lettres nulles qui hérissent un nombre immense de mots. A toutes ces difficultés dues à l'orthographe d'usage s'ajoutent celles de l'orthographe de règle. Il y a en français une mul-

(1) Le droit des peuples de disposer d'eux-mêmes. *Revue de métaphysique et de morale, 1933.*

(1) Boillot: Sur l'affiche de Ulen pour la plume Waterman.

(2) Paul de Reul: L'art et la pensée de Robert Browning. Bruxelles, Lamertin 1929, 527 p.

titude de règles et une innombrable quantité d'exceptions. C'est avant tout une langue de nuances. Aucune autre peut-être n'a autant de moyens de varier la pensée à l'aide de certains procédés de syntaxe, qui malheureusement sont souvent fort subtils. Ecrivains, lexicographes se perdent dans des détails insignifiants et que l'on ne parvient pas à régler d'une manière sûre. Ex. : l'emploi des majuscules, l'usage du tiret, la formation du pluriel dans les mots composés, les règles du participe passé.

Après trois cents années d'existence, l'Académie française a fait paraître récemment sa grammaire toujours retardée. Elle a soulevé une tempête de protestations. L'orthographe est exigée partout mais non toujours obtenue. « Faire des vers sans mettre l'orthographe, a dit le P. Petit, c'est porter un habit brodé sans avoir de chemise ». Napoléon ne connaissait pas l'orthographe, ni avant lui, Henri IV, Louis XIV, le Maréchal de Richelieu.

3. Pour presque toutes les langues, il existe un mouvement réformateur : en français, en anglais, en allemand, en néerlandais, etc. Des ouvrages paraissent en orthographe simplifiée. (1)

4. Depuis le XVIe siècle des efforts nombreux ont été faits en vue d'une réforme de l'orthographe française. Ils ont rencontré de l'opposition.

L'orthographe, disent les opposants, est une forme conventionalisée de l'écriture. Elle a l'avantage de s'imposer aux irrégularités des dialectes et aux changements historiques des sons. Elle lie les forces et les expressions d'une civilisation. Sans orthographe ou avec une orthographe phonétique, Shakespeare et la Bible ancienne seraient des œuvres étrangères pour les Anglais d'aujourd'hui. Le langage littéraire comme lien d'une civilisation et voix d'une nation doit être regardé d'abord comme un langage écrit, bien qu'il ne doive pas rester sans relation avec le parler pour devenir vivant.

Les grammairiens ont donc tenté un effort systématique pour établir un moyen de relation commun et bien authentique entre les communautés à dialectes divers d'une nation.

M. Brunetière a adressé à la réforme deux reproches : elle changerait la « figure » des mots et en altérerait l' « harmonie » et, ce faisant, elle transformerait le français en une sorte de volapük. M. Renard réplique qu'au XVIe et XVIIe siècle l'orthographe avait une autre figure, que dans les éditions d'aujourd'hui on la modernise et que Brunetière lui-même, dans son édition des « Sermons » de Bossuet, n'a pas respecté l'ancienne orthographe.

A la fin du XVIIIe siècle, l'Académie a simplifié en bloc 5.000 mots sur les 18.000 que comptait la langue. Et nul ne protesta.

5. Pour l'anglais, nulle académie n'a la garde de son orthographe. Depuis cinq siècles l'anglais s'est simplifié et perfectionné. Le Dr Murray, éditeur du « New English Dictionary », édité par la Clarendon Press, a fait beaucoup avec ses collègues pour fixer en dernier lieu l'orthographe.

La Spelling Reform Association a fait aux Etats-Unis le plus grand effort pour simplifier l'orthographe anglaise. Elle poursuit cet idéal : avec 42 caractères différents écrire les 42 sons distincts de l'anglais. (1)

Antérieurement l'Association Phonétique internationale a établi un alphabet pour la notation de toutes les langues. (Voir aussi l'ouvrage Melvil Dewey, Seer Inspirer-Doer 1851-1931.

6. *Graphisme et phonétisme.* — La lutte qui intéresse beaucoup le livre, demeure ouverte entre ceux qui imposent l'orthographe étymologique et ceux qui préconisent l'orthographe phonétique. (2)

C'est la typographie en dernier ressort qui décide de l'orthographe réformée.

Certains pensent que la réforme radicale de l'orthographe française, comme au XVIe siècle, est impossible pour l'Académie. Tous les livres imprimés antérieurement deviendraient du même coup illisibles et le sacrifice serait trop grand.

Les néo-espérantistes déclarent que la langue est faite d'abord pour les yeux, ensuite pour l'oreille, et revendiquent le maintien de la forme orthographique des mots. Ils estiment que 90 fois sur 100 le graphisme jouera le grand rôle.

7. Dans les langues autres que le français et l'anglais, la réforme de l'orthographe se poursuit.

Ainsi, l'orthographe serbe a été fixée par Karadjitch au XIXe siècle selon le principe phonétique ; les Croates-Slovènes ont gardé la tradition étymologique, mais Gay, au XIXe siècle aussi, a perfectionné pour eux les caractères latins en y ajoutant les signes jusqu'alors spéciaux au tchèque.

8. Toute insuffisance d'un système réagit toujours sur les autres systèmes. Ainsi on a laissé s'établir l'orthographe au petit bonheur. Phonétique par essence, l'écriture s'est faite étymologique. D'où ces conséquences. a) On a du inventer une orthographe phonétique pour la sténographie et la « sténotype » (machine à sténographier) en fait l'emploi. Au dactylo ou au typo à opérer alors le redressement de l'écriture phonétique en écriture orthographique. b) La transformation de la parole énoncée (le son) en un texte lisible (imprimé) est concevable à l'intermédiaire d'appareils électriques, mais rendue impossible par suite de la non concordance entre le son et l'orthographe. Déjà on a réalisé aux Etats-Unis cette expérience. Un reportage de match de boxe décrit au téléphone à un

(1) Della Rocca de Vergalo. La réforme générale de l'ortografe. Paris, Lemerre. 5 fr.

(1) Dewey, Melvil. Simpler Spelling : Reazons and Rules (In Decimal classification, edition 12th 1927, p. 49).

(2) Paul Reuner. Gutenberg Jahrbuch 1930, p. 338-343.

typo (monotype) qui compose directement à toute vitesse, au clavier, la bande de papier perforée génératrice des textes fondus, générateurs à leur tour de la composition à placer sous les presses.

Est en cause ici toute la lexigraphie. Cette phrase : *La documentation internationale au service d'une civilisation mondiale* contient quatre mots dont aucun n'était admis par l'Académie française avant 1878. C'est l'idée de là qu'elle fait ainsi aux mots internationale et civilisation; le mot mondial n'a été admis par l'Académie qu'en 1931; le mot documentation demeure exclu du français académique.

223.7 Langues internationales.

1. Le français, l'anglais, l'allemand, l'espagnol sont des langues dites internationales à cause de leur grande diffusion. Le français a été longtemps la langue diplomatique. L'anglais a reçu un traitement égal au français à la Société des Nations. Tous les documents y sont publiés dans les deux langues.

Les ouvrages publiés ou traduits en anglais auront dans une immense population un très grand débit. Ce sera pour les écrivains et les traducteurs un encouragement que ni l'allemand ni le français ne pourront offrir. Le tiers de la population du globe comprendra bientôt l'anglais.

Le nombre de langues de grande circulation a augmenté: l'arabe, le russe, le japonais ont acquis ce même caractère.

2. *Langue internationale.* — L'homme n'est plus satisfait des langages spontanés que la tradition lui a légués. Il veut rationaliser le langage d'abord dans le sens de l'internationalité, ensuite dans celui de la systématisation logique.

Le langage pensé, parlé ou écrit s'est formé lentement au cours des âges. Il présente ces trois caractéristiques fondamentales : a) il s'est constitué en unités indépendantes, différenciées et «incompréhensibles» les unes des autres parmi des groupes d'hommes plus ou moins nombreux; b) il a évolué tantôt en se différenciant, tantôt en s'unifiant suivant que les communautés humaines étaient ou non en rapports fréquents et constants les unes avec les autres; c) il comprend des données spontanées ou empiriques, inhérentes à l'état des connaissances d'acquisition et d'invention des hommes et des données rationnelles ou susceptibles de raisonnement, d'invention et de discipline volontaire.

Dans l'état de civilisation universelle auquel est arrivé l'Humanité et qu'il importe de voir développer maintenant, une langue universelle est désirable.

Le langage peut naître de trois processus: a) du simple mélange de langues entr'elles. Ainsi il advint largement dans le passé. Mais des siècles, voire des millénaires, paraissent nécessaires à cet effet; b) de la prédominance d'une langue existante. Ainsi il advint de certains dialectes dans chaque langue nationale, du grec et du latin dans l'antiquité. Mais les luttes nationales qui s'étendent jusqu'au langage s'opposent à semblable absorption et la civilisation nouvelle devrait être faite d'éléments empruntés à toutes les natures, l'instrument de son expression doit être aussi égale et commune.

Dans le langage comme dans la Documentation, il s'opère une différentiation entre: ce qui est spontané, familier et ordinaire: langage vulgaire; ce qui est cultivé, imagé, esthétique: langage littéraire; ce qui est rationnel et précis: langage scientifique. Les trois langages tels qu'ils sont actuellement constitués, se parlent, mais les deux derniers, les littéraire et scientifique, s'écrivent de plus en plus.

Il y a lieu d'élaborer rationnellement et de répandre efficacement un langage universel. De nombreuses tentatives ont été faites depuis trois siècles. Elles ont chacune mis en lumière des éléments précieux, soit en formulant mieux certains desiderata, soit en présentant des solutions de plus en plus adéquates à ceux-ci. En forme finale, on tend vers une élaboration nettement consciente du langage synthétique: une *Pasilalie* permettant de tout dire internationalement, une *Pasigraphie* permettant de tout écrire.

Une langue internationale est le complément indiqué d'une civilisation universelle. Les hommes appartenant à une même unité auront à se comprendre les uns les autres. La langue internationale devrait être choisie par un corps qualifié et être enseignée obligatoirement dans les écoles. Il y a un grand nombre de langues internationales, il en naît tous les jours. La plus répandue et la plus populaire est l'esperanto. Des études ont été poursuivies en vue de créer une langue philosophique et scientifique universelle.

Un grand mouvement s'est produit pour une langue internationale. Au moyen âge et jusque dans les temps modernes, la langue de la Rome, anciennement adoptée par l'Eglise et consacrée par le Droit (droit romain) était la langue commune de toute l'intellectualité, enseignée dans les écoles. De nos jours l'effort s'est porté sur une langue artificielle dont le vocabulaire soit formé de racines ayant un maximum d'internationalité et dont la grammaire soit simplifiée et régularisée jusqu'à ne comprendre que quelques règles sans exception. L'esperanto est la plus répandue des langues internationales. Né il y a 45 ans, il a pris un grand développement. Il est répandu dans le monde entier et il continue à progresser. Il y a dans chaque pays des congrès nationaux annuels d'espérantistes et une organisation internationale fortement constituée.

On a estimé à environ 125,000 le nombre des espérantistes du monde. Ce nombre comprend beaucoup d'hommes de culture très simple.

Les espérantistes sont répandus dans 100 pays. Ils sont organisés en 1776 associations locales, dont 632 associations professionnelles.

L'esperanto a apporté de nouvelles possibilités à la documentation. a) Livres et documents édités en esperanto et disposant de ce fait d'un rayon de présentations. b) Résumés des ouvrages et des travaux en esperanto. c) Bibliographie dont les rubriques et les titres soient traduits en esperanto et combinés avec la classification décimale. (1)

3. Les applications de l'esperanto se font nombreuses. Des revues polonaises, lithuaniennes, japonaises donnent des résumés en espéranto. Les actes de la Conférence internationale « Vrede door Religie » (La Haye, 31 juillet 1928) ont paru en deux versions dans le même volume, hollandaise l'une, espéranto l'autre. Les orateurs avaient parlé chacun en leur langue et ils avaient été traduits immédiatement. Certains s'étaient exprimés directement en espéranto.

Les applications de l'espéranto à la documentation ont fait l'objet des Travaux du Centra Officejo (Paris) et en en particulier ceux de son président, le général Sébert. (2)

4. Dans la lutte pour la langue internationale unique, on a fait valoir les desiderata plus complexes de la langue en sciences, arts et politique. Les uns veulent une langue simple prête à être immédiatement employée. Les autres envisagent la nécessité d'un Institut International interlinguistique qui créerait en collaboration une telle langue. (3)

L'Espéranto et l'Ido sont en compétition, mais l'espéranto a l'organisation de propagande la plus puissante. Deux tendances se disputent au sein de l'espéranto, l'une met la langue nouvelle au service des intérêts et de l'idéologie réformiste et bourgeoise; l'autre organise le développement et l'application de l'espéranto pour la lutte révolutionnaire.

Des centaines de projets de langue internationale existent et de nombreuses études sur ce sujet, de nombreux projets approfondissent chaque jour le problème. (1)

(1) Des propositions intéressantes ont été faites par M. Vseevolhold Cheshichhin (Niizhnij-Noovgorod) dans l'ordre de la langue internationale, comme pasigraphie :

a) Employer indifféremment les radicaux des grandes langues de circulation internationale en y ajoutant les désinences grammaticales de l'esperanto et en séparant le radical de la désinence par des *points*, dont le nombre correspond par convention à chaque langue. Ex.: *Chieno*. Chien (français) substantif.

b) Employer les indices chiffrés de la classification décimale comme radicaux exprimant les concepts et les combiner avec les désinences grammaticales de l'esperanto. Ex.: *599.725 oj* Chevaux.

c) Compléter cette dernière notation par un hiéroglyphe chinois.

d) Obtenir à volonté une correspondance conventionnelle entre les chiffres de la classification décimale et les syllabes désignant les notes de la musique soit 1 = ut, 2 = re, 3 = mi, 9 = de, 0 = hha.

soit cheval-oj ou 599.725 oj *Soldedesire soloij*.

Les notes pourraient être chantées comme dans certains langages anciens.

(2) Voir Publication de l'Institut International de Bibliographie.

(3) Voir propositions W. Jezierski, Schola et Vita, 1931, n° 1-3, 1932, n° 1-2, p. 92.

223.8 Terminologie scientifique spéciale.

La terminologie scientifique est devenue fort spécialisée et difficile à comprendre pour les non initiés. Elle complique la lecture des ouvrages. Le problème d'une terminologie scientifique et universelle est posé. (Voir les considérations présentées au n° 122.)

2. Dans la vie courante, on a fréquemment recours à l'usage de noms spéciaux. Ainsi, pour le nom de sociétés commerciales, on exprime Liége-Namur-Luxembourg par *Linalux;* la *Serma* dénomme la « Société d'Electricité de la Région de Malmédy». Il est aussi des familles de sigles: le « Syndicat d'études et d'entreprises au Congo » se dit *Synkin*, mais il est en relation avec *Symaf* qui a elle même pour filiales régionales *Symor*, *Symetame* et *Syluma*. Des noms sont aussi empruntés à des qualités. La soie artificielle à l'acétate de cellulose se dit *Setilose; Çalin* pour *cela lint; Durobor*, nom de la Cie internationale de Gobeleterie inébréchable (dur au bord).

3. La nomenclature ancienne est une cause de confusion. Que de temps gagné si l'on pouvait réformer la nomenclature. Quoi, par exemple, de plus simple à faire comprendre que la détermination de la position géographique par la longitude et la latitude. Et pourtant les complications s'accumulent à raison des termes employés et des conventions qui manquent de simplicité. *Méridien* alors que *longitude* signifie la même chose. Division du cercle en degrés et non décimalement. Expression de la mesure du méridien en lieues et non en kilomètres. Répartition de degrés de latitude en deux séries de 90° et de ceux de longitude en deux séries de 180°, au lieu d'avoir une notation unique de 0 à 360° qui supprimerait les déterminations subséquentes des degrés en N. S. E. O., ce qui embrouille les esprits.

4. Leibnitz dans sa *Characteristic Universalis* imagina, pour exprimer toute idée, un symbolisme semblable à celui de l'algèbre. Ce symbolisme a été réalisé dans les temps modernes par Boole, Peano, Whitehead, Russel, etc.

223.9 Divers.

223.91 Traductions.

1. Les ouvrages donnent lieu éventuellement à des traductions en plusieurs langues. Ann Vickers, le nouveau

(1) Couturat: Histoire de la langue internationale. — E Wüster: Internationale Sprachnormung in der Technik. Un linguiste autorisé, comme Otto Jespersen, a construit à son tour une langue artificielle, le Novial (International Language G. Allen Union, 1928).

roman de Sinclair Lewis, l'auteur de Babbitt, a été publié simultanément le même jour en 17 langues.

2. La Commission de Coopération intellectuelle a demandé que soit signalé, pour être traduit en plusieurs langues, le meilleur livre de chaque pays. Elle a aussi fait procéder à un « Index Traductionum ».

3. Les éditions polyglottes combinent plusieurs langues en un même ouvrage. La Bible polyglotte de Plantin est un exemple typique. On a publié des œuvres classiques de traduction en deux colonnes intralinéaires ou infra-marginales.

Pendant la guerre, Rizoff, Ministre de Bulgarie à Berlin, a publié un ouvrage en quatre langues juxtaposées, traitant des frontières historiques de la Bulgarie.

4. Les traductions d'ouvrages scientifiques sont souvent des adaptations à un nouveau public, elles sont ainsi mises à jour de recherches récentes.

223.92 Signalisation.

La signalisation est une forme de langage, mais qui s'exprime à l'aide d'instruments matériels. Les signes sont à l'état de repos ou de mouvement. Par ex.: la signalisation des routes, des chemins de fer, de la navigation, des langues. La signalisation des contrebandiers entr'eux. Les signaux sont optiques ou acoustiques ou tous deux à la fois; les uns et les autres peuvent être fixes ou mobiles.

On a établi des signalisations à tort et à travers. Nous sommes entourés de signaux. C'est la tour de Babel de la signalisation. Une standardisation, une corrélation s'impose : Une Signalisation Universelle.

223.93 Corrélations de la langue.

La langue a de nombreuses corrélations. Dans un cours récent à la Sorbonne reproduit sous le titre de « L'Homo Loquens » (Annales de l'Université de Paris, mai 1931, p. 218-233), M. Léon Brunschwig a donné une belle synthèse des conceptions à travers l'histoire du langage, de ses rapports avec la pensée et avec la logique, et incidemment avec la classification.

224 Eléments intellectuels. Les formes d'exposés.

224.0 Vue d'ensemble.

1. Les éléments intellectuels, ce sont les idées (conceptions, sentiments, activités, imaginations), ce sont les formes dans lesquelles s'expriment les idées (exposés scientifiques et didactiques d'une part, exposés littéraires et artistiques d'autre part). Le domaine des Sciences et de l'Enseignement a été et vraisemblablement ira en s'étendant immensément, celui des Lettres et des Arts aussi. En même temps la corrélation deviendra de plus en plus étroite entre la pensée et son expression. Le Livre écrit a rendu possible la concentration d'esprit nécessaire pour produire des œuvres approfondies, équilibrées, riches de substance et impeccables de forme. La mémoire du créateur livrée à elle-même n'aurait jamais pu atteindre ce résultat; la pensée est si subtile, si fugitive qu'il faut savoir la fixer. L'ère des improvisations des premiers poètes est bien close. Mais qu'on songe à ce que l'algorithme, pur système de signes et de symboles, a été pour les mathématiques et on concevra l'importance de ces formes bibliographiques et documentaires. De plus en plus précises, mieux enchaînées les unes aux autres, elles se présenteront comme des moules tout préparés pour recevoir la pensée, pour l'exprimer avec un maximum de force, de clarté et par conséquent d'efficience. Ces formes, ces moules, seront le résultat de l'effort collectif, additionné et progressant. Joints à la préoccupation de mieux classer les idées, de diviser les textes pour faire davantage ressortir le classement et les rapports, ils feront de plus en plus, du livre, un langage supérieur entièrement réfléchi, se superposant au langage normal des relations usuelles qui, lui, est tout spontané. Un tel langage sera l'instrument adéquat à l'édification des immenses architectures d'idées que constitueront de plus en plus nos Sciences, nos Enseignements, nos Lettres et nos Arts, partis, eux aussi, du savoir et du faire primitif pour s'élever jusqu'à l'intelligence et l'action raisonnées.

Ainsi entrevu, le Livre devient le moyen d'élaboration de la pensée humaine, la concrétion de cette pensée à ses degrés les plus élevés. La Bibliologie ne se borne plus à être technologique. Elle devient, on l'a vu, psychologique, pédagogique, sociologique.

2. Dans la présentation du sujet ici, il y a lieu de distinguer les questions suivantes : a) les règles de la composition littéraire en général, le terme littéraire s'étendant ici à tout ce qui est lettre ou écrit, donc à la science et à la technique non moins qu'à la littérature. La composition littéraire est dite aussi Rhétorique; b) le style en général; c) les divers types d'exposés; d) les diverses espèces d'ouvrages ou formes de livre; e) l'ensemble de livres qu'on peut distinguer en scientifiques d'une part et littéraires d'autre part. (1)

3. La forme d'un livre est très différente selon qu'il s'agit d'une œuvre littéraire ou d'une œuvre scientifique. Fantaisie et imagination dans un cas; rigueur scientifique et rationalisation dans l'autre. Cependant les formes d'exposés, qu'elles soient littéraires ou scientifiques, ont de commun de nombreux éléments qu'il convient d'examiner ensemble.

(1) Tout ce qui concerne la *Littérature* est classé ci-après ainsi que tout ce qui concerne les *Ecrivains*. Pour l'étude des formes, voir aussi ce qui est dit sous *Formules, Bilan* et *Méthodes pédagogiques*.

4. Les formes représentent les diverses structures bibliologiques en lesquelles les matériaux sont ordonnés. Les formes peuvent être considérées en leur état simple, «élémentaire », fondamentales : elles sont alors des parties ou des aspects des ouvrages. Elles peuvent aussi, en se combinant, constituer la forme des ouvrages eux-mêmes en leur totalité et comme telles être définies les « formes des formes ». (Pour l'énumération et le détail des diverses formes, on se réferera à la Classification décimale. Tables des subdivisions communes de formes.)

5. La forme du livre n'est pas arbitraire. Elle est largement commandée par des besoins, voire par des buts à atteindre. Mais, comme il arrive presque toujours, ce sont des besoins très limités immédiats qui ont commandé toute cette évolution. Ces besoins on peut les définir ainsi : 1° enregistrer complètement et facilement ; 2° faire retrouver aisément le document ; 3° faire lire rapidement.

La forme du livre est le résultat de l'œuvre collective comme le contenu même. Quand on étudie le livre point par point, élément par élément, forme par forme, on constate l'immense et le séculaire effort qu'il a fallu pour créer ce qui aujourd'hui nous paraît si simple que nous ne saurions guère l'imaginer autrement. Aussi ne pouvons-nous deviner tout ce que l'avenir nous réserve encore dans ce domaine des formes du livre.

6. La forme du livre est distincte de sa substance, les données qu'il contient sont relativement indépendantes. Des données de différentes sources (différents auteurs, différents pays) peuvent être comparables au point de vue de la forme, car elles se rapportent à un même objet, au même temps, et parce qu'elles sont exprimées de la même manière. Malgré cela, ces différentes données peuvent fort bien n'être pas comparables, relativement au fond, certaines étant le fruit d'une observation consciencieuse, d'un raisonnement logique, et d'autres au contraire résultant de la fantaisie et de l'invention de toutes pièces. Ce serait commettre une erreur de les amalgamer, comparer, additionner.

7. Deux problèmes sont à traiter séparément : celui des méthodes et de l'organisation de la recherche scientifique ; celui des méthodes et de l'organisation de l'expression donnée aux résultats de cette recherche (livre, documentation). Ce dernier problème consiste notamment à examiner quelles sont les qualités de forme requises pour que les données scientifiques, après avoir figuré dans des documents particuliers, puissent être réunis dans des livres généraux (Encyclopédie universelle). Ainsi les données peuvent se rapporter les unes à un objet, à un fait, à un phénomène déterminé, les autres à un groupe de faits, d'objets ; les unes étant exprimées en telles unitées de mesure, les autres non, etc. Elles peuvent être rédigées de telle sorte que la juxtaposition des textes, leur confrontation, leur addition sont impossibles. En combinant ces différentes données, on commet de nouveau une erreur et même en certain cas la diversité de forme est si apparente, si vivante, qu'il devient absurde de vouloir tenter un rapprochement, grouper le tout en une même colonne, un même tableau.

On voit donc que les exigences de forme et de fond sont différentes et peuvent être étudiées séparément. Les exigences de forme sous un certain aspect sont même plus essentielles que les autres chaque fois qu'il s'agit de coordonner des travaux très étendus comme le sont les travaux internationaux et ceux qui portent simultanément sur les domaines de plusieurs sciences ou branches d'activité. (1)

8. Jusque récemment le livre était *synthétique :* de vaste ensemble historique descriptif, instructif ou sentimental ou lyrique. Ainsi les épopées, les gros livres religieux. Puis il est devenu analytique, pour tendre à redevenir à la synthèse rationnelle.

9. Deux états d'esprit sont en présence : les uns sont en faveur d'une véritable fixation de l'exposé, dans des grandes lignes tout au moins, et susceptible d'être exprimé en des principes et des normes. Les autres redoutent cette fixation et proclament la liberté.

La Bruyère disait : « Entre toutes les expressions de la pensée, il y en a une qui est la meilleure ». Lors de la lutte des Classiques contre les Romantiques, il s'est trouvé un académicien pour dire que les genres en nombre et en texture étaient déterminés d'une manière immuable. Mais l'immuabilité des formes n'existe pas et leur systématisation à outrance ne va pas sans inconvénient. Les formes d'exposé ont des moments. Quand elles sont créées elles aident puissamment à l'ordre dans les idées ; plus tard elles deviennent tyranniques et compriment souvent la pensée.

Il faut donc proclamer le droit à la libre recherche dans tous sens. (Pareto.)

Le positivisme ayant été préoccupé de liaison et de coordination de faits et de données intellectuelles a constitué un grand embarras au libre mouvement des diverses sciences. (de Ruggiero.)

On possède d'ailleurs des exposés scientifiques qui ne refondent pas systématiquement la science mais qui touchent à toutes ses parties pour les rénover et les conduire dans des voies nouvelles. Ex. : L'œuvre de Poincaré.

Les écrits sont de diverses sortes, comme les pensées : celles qui s'efforcent d'être objectives, impersonnelles (scientifiques) ; et celles qui visent à condamner (plaidoyers) ; ceux qui cherchent à amuser (œuvres littéraires). Que de discours, d'articles de journaux, de brochures de propagande, qui consistent à travestir les choses, en passant sous silence, en exagérant, en mettant à une place inexacte, en inventant, en niant.

---

(1) Cf. en ce qui concerne la comparabilité statistique. U. Ricci : Les bases théoriques de la statistique agricole, 1914, p. 7.

224.1 Technique de la Composition littéraire. Rhétorique.

1. *Notion.* — La rhétorique est la théorie de l'éloquence, celle-ci définit l'art de persuader. Elle recherche l'essence de l'éloquence et résout en formules, en préceptes ce qui, dans un beau discours, paraît être l'instinct du génie. Ainsi la rhétorique procède expérimentalement. Elle a été faite d'après les chefs-d'œuvre oratoires comme la Poétique d'après les épopées et les tragédies. Elle prend place entre la Grammaire et la Logique et doit se souder naturellement à la Documentation.

La Rhétorique peut être conçue en grande partie comme une science rationnelle en voie de constant développement et perfectionnement. Car les chefs-d'œuvre ou exemples dont elle se déduit sont eux-mêmes issus d'une série d'opérations logiques et naturelles de l'esprit humain. La Rhétorique recherche cette suite d'opérations, l'analyse, se rend compte de leur valeur, la traduit en formule.

Toutes les œuvres de l'esprit s'accomplissent par trois opérations: 1° la recherche des idées (dite aussi invention); 2° l'ordre dans lequel elles doivent se produire (dite aussi disposition); 3° l'expression (dite aussi l'élocution). Bien que distinctes, ces trois opérations dépendent pourtant étroitement l'une de l'autre.

« En effet, si l'esprit a réuni avec soin tous les éléments qui doivent entrer dans le corps de l'ouvrage, s'il a déterminé par un examen approfondi leur existence relative et leur rapport de génération, ces éléments s'uniront en vertu de leurs affinités réelles et trouveront d'eux-mêmes leur enchaînement naturel; de plus, par une conséquence rigoureuse, l'intelligence maîtresse des matériaux de l'œuvre qu'elle médite, assurée de l'ordre dans lequel ils doivent se disposer, les produire au dehors avec une expression puissante et colorée qui reflètera ses clartés intérieures et l'animera de sa chaleur. » (1)

2. *Historique.* — Aristote, dégageant la rhétorique de toutes les subtilités scolastiques, l'a fondée non sur des artifices mais sur des principes universels; il l'a définie, l'art de parler de manière à convaincre, ou la dialectique des vraisemblances et il lui a donné pour base le raisonnement. Son but est d'enseigner que la langue de l'orateur n'est autre que celle du raisonnement et que le meilleur style est celui qui vous apprend le plus de choses et qui nous les apprend le mieux.

Qu'on se représente ce que fut la rhétorique pour les anciens et pour les humanistes. Presque une science encyclopédique. Il fallait un effort pour distinguer le fond de la forme. (Cicéron, De Oratore I, IV, 17).

Est enim eit scientia comprehendenda rerum plurimarum, sine qua verborum volubilitas inanis atque irridenda est; ipsa oratio conformanda non solum electione sed etiam constructione verborum; et omnes animorum motus, quos hominum generia natura tribuit, penitus pernoscendi, quod omnis vis ratio que dicendi in esrum qui audiunt mentibus at sedandis ant excitandis exprominenda est.

Un humaniste comme Montanus, par exemple, doit préciser que la rhétorique n'est qu'une adéquation et un ordonnancement des moyens aux fins qui permet d'obtenir des formes expressives amples, tout en exigeant « un solide bagage idéal, émotionnel et volitif, doit reconnaître la distance qui sépare les disciplines scientifiques de l'art de la parole ».

3. *Traités.* — Les traités de rhétorique sont nombreux. Ceux des grecs, dont le principal est celui d'Aristote, ceux des latins anciens dont celui de Cicéron, ceux de la Renaissance dont celui d'Erasme, ceux du XIXe siècle dont les traités de V. Leclerq, Gérusez, D. Ordinaire, Edouard Laboulaye. (1)

Le professeur des lettres part d'un texte qui est une réalité complexe, et le fait analyser aux points de vue grammatical, logique, intellectuel, esthétique; il fait trouver par les élèves des lois ou règles correspondant à ses diverses particularités; il en fait faire des applications variées. (2)

De la méthode littéraire: journal d'un professeur dans une classe de première (746 p. couronné par l'Académie, 6e édition). Ce livre n'est ni un manuel ni un recueil. C'est une sorte de cinématographe où le lecteur peut voir et entendre travailler ensemble le professeur et ses élèves: préparation des devoirs, correction, explication, commentaires. C'est l'art de travailler, la méthode, le savoir faire.

4. *Rhétorique ancienne et technique moderne de la composition littéraire.* — La rhétorique, telle que l'enseignaient les anciens, comprenait les éléments les plus variés, elles déterminait à la fois les lois de la composition et les lois du style; elle confinait à la logique par l'étude de la dialectique et du raisonnement, à la mimique par celle du geste et de la diction, mais en général tout cela n'était que pure forme. Elle enseignait la meilleure manière d'habiller les idées sans fournir une idée, en donnant au contraire le moyen de suppléer par toutes sortes d'artifices au manque d'idée. Elle pouvait faire fleurir une éloquence toute en surface, mettre de l'ordre et de la méthode dans des riens, exposer intarissablement des choses qui ne valent pas la peine d'être dites.

Exorde, exposition, prévision, preuves, réfutation, récapitulation, péroraison, c'était toute la rhétorique et l'on

(1) Géruzet. —Cours de littérature conforme au plan des études rhétoriques (1852).

(1) Marmontel : Eléments de littérature. — Laharpe : Cours de littérature. — Batteux: Principes de littérature. — Blair: Leçons de rhétorique. — Baldensperger: La littérature. Création, Science, Durée. — Broeckaert (R. P.): Le guide du jeune littérateur.

(2) *My class in Composition*, de Bézard, adopté par Phillis Robbins.

n'en sortait pas. En réalité toutes ces parties se retrouvent dans les discours spontanés, les moins étudiés. Mais la rhétorique ancienne consistait précisément à les dissimuler à recouvrir le squelette de muscles et de peau.

Mais voici que depuis l'antiquité la science a fait son œuvre. C'est elle toute entière qui correspond à la partie invention; et pour une partie c'est la mathématique moderne qui offre la forme d'énonciation la plus avancée. Il n'en demeure pas moins que l'idée de rationaliser le discours comme la langue, comme la pensée, fut une pensée géniale des Grecs et qu'en possession des moyens nouveaux dont nous disposons, nous avons à reprendre cette œuvre en l'élargissant. C'est notamment une des tâches de la Documentologie.

224.2 Le style.

1. Le style est un résultat. — C'est l'homme, a dit Buffon; c'est aussi l'époque; c'est la matière traitée. — Impondérable, indéfinissable, parce que tout en tenant dans la réalité, il exprime à sa manière ce lien de toutes les choses, suivant qu'explicitement ou tacitement, en termes déployés ou par ellipse et syncope, l'écrivain tend à faire éprouver l'unité concrète et synthétique du champ traité.

Le style, dit Covturat, c'est l'ordre que l'on met dans l'expression de la pensée. C'est aussi le fait d'exposer les notions avec clarté en les classant, en dépit de l'énorme fourmillement d'idées qui jaillit dans l'esprit de qui écrit. Le style est la forme d'exposé, ou plus exactement, chacune de ses formes a son style.

2. Il y a diverses espèces de style: le style simple, le style tempéré, le style sublime. L'aristocratie de France, berceau de la langue française, s'imagina de hiérarchiser son vocabulaire, comme elle hiérarchisait le peuple de France lui-même. Il y eut des mots nobles, des mots bourgeois, des mots roturiers, d'autres frappés d'interdit, comme le nom de certaines parties du corps humain.

En Chine, il y a sept espèces de style : antique, littéraire, fleuri ou mondain, commun, demi-vulgaire, familier et épistolaire.

3. Chez les moralistes, particulièrement chez les moralistes français, l'observation des choses se condense en une maxime, une réflexion, une pensée. (Pascal, Vauvenargues.)

Parlant de Taine, Bréder et Hasard (Histoire de la Littérature française illustrée, § II, p. 240), s'expriment ainsi : « La solidité de la pensée, la logique lumineuse du » développement se réflètent dans son style avec une » limpidité absolue; il n'est pas jusqu'à l'aspect typo- » graphique qui ne témoigne dès les premiers regards de » cette rigoureuse ordonnance : le petit tiret s'ajoutait » aux points et aux virgules pour séparer le théorème » initial, puis les différentes parties de la démonstration, » puis la conclusion; toutes les cases tracées dans le » domaine d'un chapitre se trouvent remplies également » et l'on continue à voir se dessiner ces cases même » pleines. »

Anatole France demande le « sarclage » de la page écrite, il veut que l'on arrache le chiendent des *que, qui, qu'on, dont,* que soient bannis le point, la virgule, le tiret. On écrit, ajoute-t-il, selon son rythme et le format usuel de son papier. Il faut écourter les épithètes, supprimer la « potinière », se garder de l'ampoule, du pathos. « Rien n'est aisé comme de tonner, de détonner et d'étonner. » « Une pièce qui serait applaudie à chaque vers tiendrait le spectateur vissé toute la nuit sur son strapontin. »

Former des phrases organiques ayant un axe autour duquel tourne et s'ordonne la pensée, avec un rythme, un nombre, une harmonie, tout ce qu'un style soutenu suppose de réflexions, des richesses intimes de forte éducation classique, de capacité de synthèse, d'ordre enfin. Remy.

Chaque auteur a son dictionnaire et sa manière; il s'affectionne à des mots d'un certain son, d'une certaine couleur, d'une certaine forme et à des tournures de style, à des coupes de phrases où l'on reconnaît sa main.

J. Joubert.

Sujet, verbe, régime direct ou indirect, les inversions, les figures de rhétorique, quelques images, la phrase était *linéaire;* elle devient *volumétrique*, elle se monte étroitement sur l'objet tel qu'il est rêvé par l'émotion et de manière qu'il apparaisse dans sa racine et dans sa fleur, dans l'instant et dans la durée. (Delhorbe sur Ramuz.)

Amplifions, disons qu'elle devient *dynamique*.

Pour bien écrire, il faut trois qualités :

a) la correction (non barbare) éviter barbarisme, solécisme, gallicisme;

b) la clarté (non obscure) propriétés des termes et simplicité naturelle de la construction;

c) l'élégance (ni plat, ni vugaire) : élégance, de *eligere*, consiste à choisir des mots, des locutions et une construction de phrase qui rendent la pensée avec plus de grâce ou de force.

4. De nos jours les poètes se sont exclus eux-mêmes de la foule en grand nombre. Ils ont voulu raffluer, quintessencier, suggérer et non émouvoir, cérébraliser et faire de leur art une science intellectualiste et non un sacerdoce sensible. D'où sont nés souvent l'obscurcisme, l'hermétisme, l'incohérence. Les poètes sont devenus étrangers à la masse, parlant une langue incompréhensible au service de pensée et bien souvent puérilement vide. Mais en raffinant, ils ont atteint aussi des formes supérieures d'expression de la pensée et il faut savoir gré de leur effort.

5. Le style télégraphique des nouvelles de Presse habitue les esprits à la concision dans la clarté. La Presse de tout pays en cette dernière année s'est vue

obligée de présenter en de courts cablogrammes les données très complexes des grandes négociations politiques et économiques. Il y a eu là un autre effort trop méconnu.

6. Le style peut être élevé tout en restant accessible : qualité rare. Les Français ne croient pas qu'il y ait matière si difficile qui ne puisse être présentée au public dans une forme facile, familière et courante. La clarté française.

224.3 L'Exposition, les Exposés.

1. *Notions.* — Tout document est un exposé de données, faits et idées. Cet exposé est plus ou moins bien ordonné, clairement formulé, fortement stylé. Le progrès est toujours possible dans une présentation plus lucide, une coordination plus exacte, un équilibre plus harmonieux des données doctrinales. Il l'est aussi dans une description plus adéquate des éléments.

« Il y a des gens, dit Pascal, qui voudraient qu'un auteur ne parlât jamais de choses dont les autres ont parlé ; autrement on l'accuse de ne rien dire de nouveau. Mais si les matières qu'il traite ne sont pas nouvelles, la disposition en est nouvelle. Quand on joue à la paume, c'est une même balle dont jouent l'un et l'autre ; mais l'un la place mieux. J'aimerais autant qu'on l'accusât de se servir de mots anciens : *comme si les mêmes pensées ne formaient pas un autre corps de discours, par une disposition différente ;* aussi bien que les mêmes mots forment d'autres pensées par de différentes dispositions.

2. *Des genres d'œuvres.* — Il y a trois grands genres d'œuvres : a) le *genre didactique,* où l'on se contente d'exposer les principes des arts et des sciences ; b) le *genre philosophique,* où on démontre ces principes ; c) la *critique* où on en fait l'application aux arts et aux ouvrages existants.

a) *Genre didactique.* — On appelle didactique, tout ouvrage qui a pour objet principal et essentiel d'instruire. Le terme indique les compositions où l'on se borne à enseigner les principes des arts et des sciences à ceux qui sont censés les ignorer. Les qualités sont *l'exactitude* et *la concision.*

b) *Genre philosophique.* — On appelle philosophique tout ouvrage qui tend à exposer et à démontrer les principes des sciences. Toute démonstration logique consiste à déduire une ou plusieurs conclusions certaines d'une vérité connue (syllogisme, enthymène, dilemme). Dans toute démonstration il s'agit avant tout de poser nettement *l'état de la question,* c'est-à-dire de faire connaître ce que l'on suppose certain et ce que l'on prétend démontrer. Cet exposé doit se faire d'une manière rigoureuse et par des définitions logiques. Bien établir la question et ne jamais s'en écarter, définir exactement les termes et leur conserver partout la même acceptation : telle est la première règle de toute discussion.

Une œuvre philosophique doit présenter un raisonnement suivi et complet. L'ensemble ou du moins chaque partie instable de l'ouvrage peut se résumer en un syllogisme général dont la conclusion forme la *proposition* de cette partie, et dont les prémisses sont développées et prouvées à leur tour par d'autres syllogismes qui se subordonnent et s'enchaînent les uns aux autres jusqu'à la démonstration complète. La démonstration d'une de ces prémisses, pour être claire et distincte, exige souvent qu'on l'entreprenne par parties, c'est-à-dire qu'on établisse des *divisions :* c'est particulièrement dans ce cas que la forme sèche et nue du raisonnement peut ou doit apparaître en tête de l'ouvrage, afin de projeter sa lumineuse clarté jusque dans les profondeurs les plus reculées du raisonnement. Une logique rigoureuse doit lier toutes les parties d'un ouvrage et dessiner clairement les divisions. Etablies sur ce principe, les divisions seront aisément complètes sans rentrer les unes dans les autres, exactes sans excéder les limites du sujet. Ces limites sont déterminées par la proportion générale de l'ouvrage.

(R. P. Broeckaert.)

Il y a deux méthodes de démonstration. a) La *méthode synthétique :* elle suppose de la part de celui qui écrit une connaissance préalablement complète du sujet où il n'a plus rien à se démontrer à lui-même, rien à rechercher. Ce qu'il possède, il le compose (sun, tithêmi), il en fait un édifice régulier où l'idée simple et générale forme la base, où ensuite l'idée particulière et concrète forme les détails et les accessoires. b) La *méthode analytique* (ana-luo) est le procédé de celui qui est à la recherche de la vérité : il faut qu'il décompose (analyse) son sujet, qu'il en détaille les objets particuliers, qu'il les examine et les rapporte les uns aux autres, qu'il en déduise enfin l'idée simple, générale, abstraite. Le principe ainsi trouvé par l'analyse devient la base de la synthèse.

c) *Genre critique.* — On appelle critique l'œuvre qui tend à juger une autre œuvre et à examiner comment elle répond ou non à des principes posés en critères (Voir n° 274.)

L'exposé peut être 1° une présentation des faits, 2° un jugement des faits, 3° une défense ou une attaque.

La documentation peut revêtir la forme objective, commentée et à dialectique serrée ou la forme pamphlétaire adoptée par les critiques d'un état de chose donné ou par les protagonistes des innovations.

3. *Degrés divers dans l'exposé.* — L'exposé d'une même question, notion, science, peut être fait selon des degrés divers.

a) Le premier ordre de degré est relatif à la longueur de l'exposé. Celui-ci, au point de vue idéologique, est proportionnel au caractère général ou détaillé de l'idée ; au point de vue littéraire, il dépend du caractère implicite ou explicite, délayé ou concis de l'expression ; au point de vue documentaire, il dépend de l'extension matérielle du document.

b) Le deuxième ordre de degré est relatif à l'état mental de ceux auxquels s'adresse le document (âge, formation scolaire, classe souche, spécialiste). On distingue ici les degrés préparatoire, élémentaire, moyen, supérieur, spécial. (Voir n° 155.)

Dans un travail déterminé, il faut savoir se limiter.

Il faut distinguer l'exposé complet (traité, encyclopédie) de l'exposé particulier (ouvrage, article).

Un exposé complet n'est pas toujours nécessaire ni désirable.

Un exposé particulier a un but, une occasion. Place doit lui être faite à côté de l'exposé complet.

En remontant jusqu'à la source, il y a lieu de se demander ce qu'il faut documentaliser. On répondra : tout ce qui a trait aux questions dont l'ensemble constitue la structure de la science envisagée, ou tous les faits importants, noyés aux yeux d'un témoin non prévenu dans la masse des faits accessoires.

En principe cependant, un livre scientifique doit être complet (complétude). Même un livre ayant en vue les études premières, celles dont tout le reste découle, doit comprendre à la fois l'exposition des *éléments* et celle des *théories* qui s'en dégagent. D'ailleurs la définition entre les uns et les autres est souvent similaire.

Il semble aussi qu'il faille distinguer trois sortes d'esprit auxquels correspondent trois sortes d'ouvrages : a) pour les analystes, spécialistes, la monographie descriptive ; b) pour les systématiques, universalistes, le traité ; c) pour les synthétistes, théoriciens, l'exposé théorique.

La matière est présentée dans trois espèces d'exposé :

1° Exposé littéraire : pittoresque, narratif, successif, simultané (impressions esthétiques et appels au sentiment).

2° Exposé personnel : visant un lecteur ou une catégorie de lecteurs (ad hominen), ne traitant pas ce qu'on sait qu'ils connaissent déjà. La lettre est le type de ces exposés.

3° Exposé systématique : objectif, didactique, la matière présentée pour elle-même et complètement, sans égard à la catégorie de lecteurs ni à l'impression esthétique.

A un autre point de vue, il y a deux grandes catégories d'écrits. Les écrits destinés à faire avancer la science (contenant des faits scientifiques nouveaux). Les écrits destinés à vulgariser et répandre la science. Parallèles à la publication dite scientifique.

Il y a lieu de laisser l'érudition à la portée de ceux qui ont le désir de savoir, le désir de s'instruire, qui ont le goût de la nature, de l'art, des choses vraies, utiles ou belles.

En général, la vulgarisation scientifique est impossible pour qui ne participe pas lui-même à l'édification de la science. Il importe de porter d'emblée au cœur des problèmes soulevés et de présenter l'explication nette exigeant du lecteur l'effort qu'on est en droit d'attendre de lui. « Autrement, il n'y a que délayage de l'ensemble des vérités acquises à l'état de douceur mielleuse ».

(Edgard Heuchamp.)

Le *Scientific American* a ouvert un concours destiné à récompenser l'auteur qui saura le mieux, en moins de 3,000 mots anglais, exposer d'une manière claire et non technique la théorie d'Einstein. *L'Illustration* (Paris), à son tour, a publié un exposé complet sans un seul mot technique, dû à M. Charles Nordmann (28 mai 1921).

c) Le troisième ordre de degré se rapporte à la complexité des données : a) manière d'incorporer dans une rédaction un fait ou une idée simple ; b) manière de combiner un nombre de données dans un ensemble : un ouvrage ; c) manière de combiner dans un ensemble divers ouvrages ; d) manière de concevoir la combinaison les uns avec les autres de l'ensemble des ouvrages.

224.4 Le Plan.

Un livre, a dit Taine, est une subordination de rapports généraux à un rapport particulier.

Le Plan est à la base de tout exposé systématique (scientifique, didactique). Il consiste essentiellement en classification et ordre mis dans les idées (voir Classification sous n° 412.3). La difficulté provient d'une part de la complexité des sujets traités et de la multiplicité des points de vue sous lesquels ils peuvent être envisagés ; d'autre part de l'entrecroisement constant de ces points de vue. Le plan a pour but d'apporter ordre où il y aurait confusion et enmêle. Toute chose considérée (être, phénomène, événement, question) se présente dans un complexe d'autres choses : corrélation, répercussion, enchaînement de causes et d'effets. Tout document y relatif participe à la même complexité et le plus petit exposé traite de points secondaires en même temps que du point principal. En conséquence on y trouve forcément des données que ne révèle pas son titre, expression du sujet principal, ce qui dans les opérations du classement et de la catalographie entraîne à une pluralité d'indices et de notices.

« Le problème fondamental, dit Bouasse, se pose : Comment distribuer les matériaux ? En série. Le choix des séries est subordonné à la condition de n'introduire les idées que (le plus possible) les unes après les autres, au fur et à mesure des besoins, de manière que le lecteur se familiarise immédiatement avec elles sans risque de les confondre. Le choix des séries est encore subordonné (dans les sciences) à la facilité plus ou moins grande de se représenter matériellement les théories et de les illustrer par des expériences. »

Dans un livre bien construit, on aperçoit le squelette qui forme le support de l'argumentation générale et qui montre son harmonie et sa consistance. C'est tout l'opposé de ce que recommandent les rhétoriciens de masquer le squelette par l'art des transitions insensibles.

Les ouvrages *didactiques* attachent beaucoup d'importance au « plan d'étude ». On dresse un plan d'avance pour l'étude de chaque objet. (Ex. Alexis, Géographie.)

224.5 Classification ou ordres des Exposés.

1. Les principaux ordres d'exposé sont: 1° l'ordre des matières; 2° l'ordre géographique ou topographique (distribution dans l'espace); 3° l'ordre historique ou chronologique du développement; 4° l'ordre alphabétique (par exemple les biographies).

Un livre aussi peut être considéré comme une *marche* : un point de départ et un but vers lequel on progresse.

2. C'est un problème général en documentation que de déterminer les rapports entre les divers ordres de classement: matière, lieu, temps, forme et langue. Chacun de ces ordres constitue en lui-même une succession dont la ratio de la progression lui est propre, et c'est erreur de réduire en fragments cet ordre que d'y introduire, à chaque échelon, les documents d'un autre ordre.

3. L'étude d'un sujet, la préparation et la rédaction d'un ouvrage pourront se permettre avec diverses catégories de formes de document. Par ex.: le texte, les illustrations, les listes bibliographiques, les listes chronologiques, les extraits anthologiques d'ordre littéraire, les notes explicatives détaillant les documents justificatifs (Poésie sur le sujet). On peut établir les données de ces formes différentes en plusieurs séries documentaires distinctes constituées en fiches ou dossiers séparés; on peut aussi réaliser un exposé unique combinant toutes les formes: l'illustration étant placée en regard ou au milieu du texte, les notes et la bibliographie disposées en notes inframarginales, les citations ou extraits poétiques ou littéraires, les faits chronologiques et les documents insérés à leur place dans le texte lui-même.

L'étudiant et l'auteur, bien avertis des différences scientifiques de ces diverses formes, choisiront celui de ces modes qui leur conviendra, mais ils se souviendront de l'adage latin « Electa una via excluditur altera ». Le choix d'une méthode excluera l'autre.

224.6 Ordres d'exposition.

Il faut distinguer trois ordres d'exposition : 1° l'ordre de démonstration, il peut n'appeler que fort tardivement une notion d'une utilité connue; 2° l'ordre de découverte, historique dans l'ensemble de l'humanité ou chronologique dans la vie du chercheur; 3° l'ordre d'initiation ou d'enseignement.

L'ordre d'exposé est bien distinct de l'ordre d'invention. L'auteur qui communique sa pensée ne doit pas forcément obliger le lecteur de refaire avec lui, en ses zigzags, le chemin qu'il a dû lui-même se frayer à travers l'inconnu. Le terrain une fois reconnu par le pionnier, la route pour d'autres peut être directe. L'ordre d'exposé scientifique doit avoir pour objectif l'utilisation des données: celles-ci, en leur existence documentaire, doivent devenir aussi maniables que des instruments dans un cabinet de physique, des matières dans un laboratoire de chimie.

D'autre part, il peut être utile dans l'enseignement d'initier de bonne heure à des notions faciles à comprendre, mais dont la démonstration rigoureuse prend place après une longue suite d'autres démonstrations. Ainsi par exemple, en mathématique, la notion de la fonction pour être bien comprise, peut être placée au frontispice de la science. « L'inconvénient est mince, car s'il peut être agréable pour la satisfaction complète de l'esprit, de posséder ainsi une définition globale et synthétique, nous cherchons en vain qu'elle peut être l'utilité, soit au point de vue de l'enseignement, soit à celui d'une compréhension générale des choses, pour celui qui cherche à acquérir une simple initiation préalable. »(A. Laisant, La mathématique, p. 28.)

On doit pouvoir lire un livre dans un autre ordre que celui des pages, afin de pouvoir comparer. Ainsi, dans un livre d'histoire tout ce qui concerne l'art, ou l'industrie dans un livre d'art, tout ce qui concerne l'art d'un certain siècle ou chez un certain peuple. La notation bibliographique des chapitres contribuera à cela.

Une même matière, pour des buts différents, peut être diversement distribuée et ces ordres se trouvent successivement dans le même ouvrage. Ainsi les programmes, catalogues des universités. On y trouvera la distribution des cours de trois manières : par matière, par professeur et par jour et heure de la semaine.

On devrait pouvoir lire un livre scientifique en le parcourant et en éliminant facilement du regard tout ce qui n'intéresse pas.

« L'utilité des séries artificielles ou transposées n'est pas douteuse. C'est à elle que nous devons nos arts et notre industrie. Dans les recueils scientifiques il est souvent commode d'abandonner l'ordre naturel des faits et des idées et de lui en substituer un autre; tel est le cas des dictionnaires. » (Proudhon.)

224.7 L'exposition dans la science.

1. *Historique.* — L'exposition scientifique est la dernière venue dans l'évolution des formes: c'est dans les temps récents qu'elle a commencé à faire concurrence aux formes, à l'antique, oratoire ou sentencieuse, patriotique ou philosophique. L'exposition scientifique est caractérisée par l'objectivité, la simplicité, la clarté, la méthode.

2. *Notion.* — Exposer un sujet scientifique, c'est le circonscrire (sa place parmi les autres sujets); le définir (ce qu'il a de spécifique); l'analyser (de quoi il se compose).

3. *Fondement.* — « La science n'a d'intérêt que par son bloc. Nos explications étant purement verbales

(en ce sens que nous sommes capables seulement d'énoncer sous le nom de principe, une proposition qui contient un grand nombre de faits), la science des particuliers devient une pure définition de mots. On ne peut concevoir le rôle de l'explication physique que sur des ensembles. — Suivant que vous commencez l'exposition par tel ou tel bout, le système des explications se transforme complètement. Ce qui était *fait d'expérience* devient *définition de mot;* inversement ce qui était incontestable comme *définition de mot* devient à démontrer comme *fait d'expérience.* Nos philosophes sont peu familiers avec ces notions, pour nous élémentaires; elles ne sont ni dans Aristote ni dans Lachelier. Qu'ils apprennent que, suivant le cas, les mêmes propositions intervertissent leur ordre de préséance; par suite, que leur certitude (apparente) change de nature. Ils voudront bien se rappeler que l'explication en physique est la comparaison de fait avec les échelons d'un sorite développé d'une manière indépendante. » (1)

4. *L'exposé comparable à une architecture d'idées.* — La division d'un discours — qui va ainsi de la simple phrase à l'alinéa, au paragraphe, à la section, au chapitre — est d'importance primordiale. Il s'agit de faire comprendre au lecteur l'architecture de l'édifice intellectuel qui lui est proposé: il s'agit aussi de lui permettre de s'intéresser à telle partie et non à telle autre. Il doit pouvoir être distrait sur tel détail mais reprendre intérêt à telle autre partie, sans que le fil soit perdu.

La carastéristique du livre d'être une « architecture d'idées », de données intellectuelles, conduit à prendre en considération l'énorme révolution accomplie de nos jours par l'architecture elle-même. Il est impossible de se désintéresser désormais de l'évolution des concepts architecturaux. La guerre redonnant une faveur nouvelle à l'esprit technique et aux solutions catégoriques, l'architecture se tourna vers les solutions de la science dédaignées jusqu'alors au profit des recherches dites artistiques et qui n'étaient souvent que décoratives, partant parasitaires. Des formes neuves, insoupçonnées sont alors apparues, fruit de la tendance générale vers la civilisation rationnelle, où s'efforce notre génération. L'architecture nouvelle utilise aussi les matériaux nouveaux (pierre, brique, bois, fer, béton, acier, paille comprimée, béton de cendres, verre). Elle vise à l'insonorisation, à l'aération du gros œuvre, à l'utilisation de l'espace. La régularisation de l'architecture et sa tendance à l'urbanisme total aident à mieux comprendre le livre et ses propres desiderata fonctionnels et intégraux. (2)

(1) H. Bouasse. Introduction du tome III du *Cours de Physique.*

Sur les conditions et les exigences de la science, voir n° 152.1.

(2) Voir les œuvres d'Henry van de Velde, de Le Corbusier, d'Alberto Sartori (Eléments de l'architecture fonctionnelle. Tormo Hoepli. 678 reproductions).

Tout ce qui dans l'exposé écrit n'est pas ordonné selon la logique produit une distorsion de l'esprit, d'autant plus troublante, pénible, inefficiente, que l'esprit a davantage pris conscience de l'ordre logique.

Les qualités exigées dans les ouvrages scientifiques sont: a) la *justesse dans les pensées:* elle est le fruit d'une étude sérieuse; b) la *méthode dans le développement:* elle consiste surtout à ne pas mêler les objets distincts de l'enseignement dans les sujets un peu compliqués, à établir et à respecter les divisions naturelles; c) la *clarté dans l'expression:* elle veut que l'auteur se mette en garde contre les entraînements de l'imagination; d) le *sentiment des proportions,* si important dans la composition d'un ouvrage.

5. *Analyse de l'exposé.* — La forme de l'exposé consiste avant tout dans une disposition des éléments : a) toute phrase peut être ramenée à un type (sujet, adjectif, verbe, adverbe, complément); b) tout raisonnement (suite de phrases) a un syllogisme; c) tout exposé (suite de raisonnements) a un type littéraire ou scientifique; d) tout livre (suite de tels types) a un type d'architecture livresque.

On a la graduation suivante : la syllabe (phonème), le mot, la phrase simple, complexe (plusieurs proportions), l'alinéa (plusieurs phrases).

A la base de l'ordre des mots dans la phrase, il y a ce qu'on nomme la construction grammaticale. Deux facteurs la déterminent: l'ordre des idées et l'harmonie des sons. Les Hébreux dans leur langue pauvre ont suivi l'ordre des idées, les Grecs et les Latins ont souvent fait sacrifier à l'harmonie des sons la clarté d'un style simple et direct. Le moderne latin et les anglo-saxons font des constructions directes, les germaniques rejettent le verbe à la fin.

6. *Formes intellectuelles fondamentales.* — On peut dégager les formes intellectuelles suivantes, que les mathématiques ont singulièrement précisées, mais qui sont susceptibles de généralisation à tous les domaines des sciences.

Une *théorie* forme un enchaînement continu. — Un *axiome* est une vérité évidente par elle-même. — Une *proposition* ou *théorème* est une vérité qui a besoin d'une démonstration pour devenir évidente. — On donne le nom de *principe* à une ou plusieurs propositions qui se rapportent à une même théorie. — Une *hypothèse* est une supposition. — Une *règle* est l'indication de la marche à suivre pour arriver à un résultat désiré. — Un *système* (ex. en arithmétique, du grec systema, assemblage) est un ensemble de conventions sur un même sujet. Ex.: système métrique, système de numérotation. — Un *problème* est toute question à résoudre. La résolution d'un problème comprend la solution, (indication des opérations à faire pour arriver au résultat demandé) et le calcul (exécution des opérations indiquées par la solution).

7. *Une science.* — Toute science a des faits, un objet, un programme ou but, des théories, des méthodes.

On peut rédiger l'exposé dans l'ordre suivant : définition, proposition, prévisions, conséquences, règles, remarques, exercices, problèmes.

« A côté ou au-dessous des travaux d'érudition, il faut à toute science des exposés synthétiques, oraux et écrits. Pour de pareils exposés, les idées générales sont nécessairement au premier plan, les faits au second, alors qu'au contraire, dans l'enseignement érudit, il faut, comme disait Fustel de Coulanges, une année d'analyse pour autoriser une heure de synthèse. »

(Salomon Reinach.)

8. *Desiderata. Recommandations.* — Les recommandations, suggestions et desiderata suivants sont proposés pour une claire exposition : 1° la pensée sera divisée ; 2° les parties seront reliées les unes aux autres, formant «chaîne», chaque point étant un problème ou un aspect spécial du sujet traité. Parfois ces points sont strictement classés, parfois ils sont réunis par les liens d'un raisonnement bien articulé ; 3° elles seront classées ; 4° exprimées en termes adéquats, précis, concis, vivants ; 5° disposées en divisions numérotées ; 6° chaque division sera rubriquée ; 7° elle sera susceptible de se condenser en une proposition énoncée clairement ; 8° la pensée toute entière pourra donc être liée à un résumé intégral formé de l'ensemble des propositions particulières exprimé dans les divisions du développement ; 9° termes précis, répéter les mêmes mots plutôt qu'un équivalent ; 10° phrase construite simplement, sans inversion, courte ; 11° exposé direct, enchaînement des idées directs sans incidences (dégression) ; 12° système logique de division et subdivision apparaissant bien nettement tout en soignant la rédaction littéraire ; 13° l'illustration, réelle et schématique ; 14° les références d'une partie à l'autre de l'exposé ; 15° présenter éventuellement dans le texte les données générales et renvoyer les notes de toute espèce dans une seconde partie. Quelquefois l'auteur fait un exposé synthétique, à l'occasion d'une polémique, mais renvoie à un appendice les notes où la discussion reprend ses droits. Un savant aux idées synthétiques, après avoir produit beaucoup d'idées particulières, finit par incorporer ses études particulières à un ouvrage général ; (1) 16° indiquer les sources bibliographiques. Au point de vue de l'exposition la méthode scientifique veut des renvois confirmatifs au bas des pages ou à la fin du volume. Indication des sources exactes de l'affirmation produite. La science devient liste, inventaire, tableau numérique. Ex. classification du spectre, des étoiles : catalogue du Harvard College Observatory ; 17° donner des résumés. Il y a l'exposé, le résumé de l'exposé et parfois le résumé du résumé (1) ; 18° établir des tableaux. Les données de la science tendent de plus en plus à être «tabulisées», à prendre la forme de tableaux soit en colonnes correspondant aux caractéristiques ou parties à relever, soit en schémas systématiques.

9. *Observations complémentaires.*

a) La méthode scientifique (en écrivant), dit de Candolle, consiste à donner sur chaque question d'abord les faits, ensuite le raisonnement, enfin les conclusions, sans dissimuler au lecteur ce qui paraît obscur ou incertain, mais le grand public n'aime pas cette méthode. Il veut qu'on débite d'une manière hardie, en posant certains faits ou certains principes comme démontrés et qu'après on l'intéresse par le développement de détails et de conséquences.

b) On est amené à rechercher maintenant un procédé pour rendre apparente la structure du livre que cachaient les auteurs anciens et pour qui le livre passe comme le bâtiment à la phase : la vérité des matériaux apparents. — Montrer la structure par le dessin du plan (développement synoptique, décimalisation et rubricage). Idée mère ou proposition, preuve, notes, bibliographie : textes différents d'après la nature des matériaux.

c) L'art d'exposer doit s'inspirer de l'art d'enseigner et des progrès qu'il a réalisés. Inversement l'art d'enseigner doit faire une place capitale à l'art d'exposer.

« Avec des procédés d'enseignement plus expéditifs, une sévère économie d'efforts stériles, on apprendrait le grec en trois ans et le latin en deux. En érudition comme en pédagogie, la solution du problème est identique : il faut perfectionner l'outillage de la transmission du savoir, accroître le rendement sans exagérer l'effort, augmenter le travail utile par la suppression des frottements qui le gaspillent. L'esprit humain qui est la plus souple des machines, se prête admirablement à des transformations de méthodes quand il est entre les mains d'ingénieurs qui connaissent ses aptitudes et ses résistances. Le jour où la pédagogie, qui n'est encore qu'un art, sera devenue une science positive, le problème de la surcharge des programmes n'alarmera plus que les timides et les indolents. »

Boissacq, citant Salomon Reinach.

d) *L'exposé par l'image.* Il y a une méthodologie de l'exposé par l'image.

e) On peut aussi développer le sujet de la manière suivante : 1° de simples points énumérés, bien distincts, sans lien dans la rédaction mais avec connexité implicite ; 2° des informations sans préoccupation d'ordre (type dictionnaire et encyclopédie) ; 3° un raisonnement selon un des modes typiques (syllogisme, dilemme, sorite, etc.) ; 4° la systématisation-classification rigoureuse.

(1) Voir à titre d'exemple : Freemantle, Comparative politics.

(1) Victor Cousin : Du vrai, du beau et du bien, 23e édition, p. 660.

f) Il y a des manières diverses de traiter un même sujet : a) des parties ou l'ensemble; b) sommairement ou en détail; c) sous un angle étroit ou un angle large; d) toutes choses présentées au même rang ou en mettant en évidence le fait le plus saillant; e) selon un ordre strict de classement (matière, temps, lieu, etc.) ou un ordre dispersé; f) les données présentées simplement et sèchement en elles-mêmes, ou se détachant sur un arrière-fond d'interprétation, de comparaison, d'idées générales destinées à les faire ressortir et à montrer leurs connexions.

g) Autres recommandations : 1. Examiner tous les problèmes que pose ou peut poser le sujet considéré. 2. Développement sur les à-côté de ces problèmes. L'étayer d'une documentation abondante, choisie, classée, expliquée. 3. Présentation méthodique des divers cas d'espèce. 4. Pour chaque question faire un résumé historique, puis indiquer les opinions des auteurs, conclure par son opinion propre.

10. *L'exposé dans les diverses sciences.* — Chaque science a non seulement sa terminologie propre, mais des méthodes rigoureuses d'exposition et dialectique. Il s'agit de ne pas faire disparaître l'énoncé des faits et de propagation essentielle, dans les parties de considérations enchevêtrées sans ordre.

a) *Philosophie.* Il est des œuvres d'un caractère géométrique dont les parties sont tellement liées entr'elles qu'elles se refusent à toute analyse, qu'elles tomberaient en poussière aussitôt qu'on veut les disséquer, membre à membre, articulation à articulation. Ainsi la *Logique* de Hégel (1812-1816).

b) *Droit.* La forme d'exposé donnée aux pièces judiciaires, les « attendus » et les « considérant » sont de solides armatures, des formules qui guident la pensée, la protègent et la défendent. (1) Les lois prescrivent un ensemble de « formalités » auquel les dites données se conforment pour avoir une solidité.

c) *Mathématique.* Bien souvent des considérations de méthodes et de principes sont associées à des applications et des calculs, d'où difficultés pour les commençants d'en saisir la filiation naturelle. Il est utile de les réunir en un corps de doctrine séparé, où l'enchaînement devient plus sensible. (Ex. ce qu'a fait de Freycinet pour le calcul différentiel.)

d) *Sciences naturelles.* Les sciences naturelles sont arrivées à des types d'exposé qui correspondent bien à tous les degrés de développement d'une idée et de son énoncé. On peut à propos des animaux, par exemple, trouver soit une description complète, soit quelques mots de diagnose à son sujet, soit la simple indication de sa place au milieu des genres voisins. On a créé des types morphologiques et en remontant à ceux-ci, on peut trouver la description précise et détaillée de sa conformation intérieure, sauf des différences secondaires qui n'altèrent point sa constitution essentielle et qui indiquent les diagnoses par lesquelles ont le fait dériver du type.

e) *Botanique.* Elle répartit ses matières en quelques types d'ouvrages. Les flores (simple catalogue ou ouvrages méthodiques où sont décrits les végétaux indigènes). Les ouvrages généraux, où sont réunis en un corps d'ouvrage toutes les plantes disposées méthodiquement et décrites d'une manière claire et concise (synopsis, prodromus, nomenclature). Les monographies où les auteurs ne font connaître qu'une seule famille.

f) *Technique.* La technique ou science de l'action toujours directe et toujours pressée, s'expose de plus en plus en des formes directes instructives, dépouillées de l'inutile.

Description d'une donnée à l'aide d'une figure (Ex. : A. Guillery: Manomètre d'enregistrement avec contrôle permanent de ses inductions. Académie des Sciences, 2 juillet 1928). Résultats exposés à l'aide de tableaux (Ex. E. Rothee et A. Hee : Sur les propriétés magnétiques des zones stratigraphiques de la vallée du Rhin. Académie des Sciences, 2 juillet 1928.)

Tableaux des Associations de normalisation de divers pays, notamment ceux de la Deutsche Normenausschuss. Description de brevet d'invention avec l'obligation par l'inventeur de rédiger sa revendication en forme imposée.

g) *Architecture.* On trouve ici les types d'ouvrages suivants: les œuvres architecturales; les monographies des monuments les plus beaux: on voit souvent dans cette analyse l'enrichissement de données nouvelles de portée générale (ex.: Penrose). Tous les édifices d'une ville d'art. Tout ce qui touche une famille d'édifices (églises, palais, maisons, etc.) Les éléments et la théorie de l'architecture (ex. les murs, les voûtes, les escaliers).

h) *Histoire.* On distingue ici trois grandes catégories de formes: 1° les sources (documents proprement dits); 2° les travaux critiques sur les sources et qui sont simplement préparatoires; 3° les travaux de construction qui varient entr'eux d'après le but de l'œuvre, et par suite la nature des faits, façon de diviser le sujet, c'est-à dire d'ordonner les faits, la façon de les présenter, la façon de les exprimer, le style. (1)

(1) Voir « Une Croisade », *Journal des Tribunaux* (Bruxelles, 2 février 1902).

(1) L'Histoire de France de E. Dermot (cours moyen, 1re année, éducation civique, histoire de la civilisation, 144 p.) Voici un type de livre moderne pour l'étude de l'histoire. Les 2000 ans d'histoire sont divisés en 69 leçons, conduisant des Gaulois à l'année 1911. Chaque leçon ne comporte qu'une page. Elle a son titre général. Elle est divisée en trois, quatre ou cinq points rubriqués et numérotés. Les mots typiques, ceux qu'il faut retenir sont imprimés en italiques. Un résumé encadré et en italiques; un questionnaire achève la page: en regard un croquis, dans le texte, s'il y a lieu, une carte, des por-

11. *Examen des ouvrages particuliers quant aux principes d'exposé.* — Un grand travail reste à faire : l'examen scientifique et pratique des ouvrages particuliers au point de vue de leur forme et des principes d'exposé mis en œuvre.

Ce travail doit porter sur les grandes œuvres du passé et sur les œuvres qui paraissent au jour le jour ; c'est donc un travail continu : c'est la véritable observation bibliologique, tandis que d'autres, par l'expérimentation bibliologique, consisteront dans l'élaboration des ouvrages en pleine conscience et connaissance des principes de l'exposition.

Des ouvrages célèbres présentent d'intéressantes caractéristiques, positives ou négatives, quant aux formes d'exposé. Ceux d'entre eux qui manquent d'ordre dans l'exposé font mieux comprendre la valeur même de l'ordre, mais en même temps ils sont peut-être plus près de la vie, qui en soi n'est guère ordonnée. Voici quelques exemples :

a) Le dialogue de Platon, « Parménide », dit Victor Cousin, demeure un des ouvrages de Platon dont il est le plus difficile de déterminer le vrai but et de suivre le fil et l'enchaînement à travers les mille détours de la dialectique éléatique et platonienne. Longtemps la vraie pensée de Platon est restée un problème. Est-ce un grand exercice de dialectique, où le sanctuaire mystérieux où se cache, derrière le voile de subtilité presque impénétrable, la théorie des idées ?

b) Le *Coran* est illisible deux fois pour un occidental. Une partie de son inintelligibilité est due à son arrangement. Dans la préparation de l'édition « canonique », on n'a fait aucun essai pour présenter chronologiquement les matières ; des révélations de différentes périodes ont été souvent mêlées les unes aux autres en une seule dans le même chapitre. Le principe général de l'œuvre a été de placer d'abord les chapitres les plus longs et ensuite les plus courts. Or, les premières révélations étant souvent contenues dans les chapitres les plus courts, on peut dire que la meilleure manière de lire le Coran est de commencer par la fin. Son inintelligibilité provient aussi de l'esprit désordonné du Prophète qui, dans la partie historique de ses révélations, mêlaient les choses. Le contraste est frappant avec la Bible où l'ordre historique est suivi. Le Coran parle d'Adam, d'Abraham, de Jésus, de Moïse et des autres sans ordre et sans qu'on puisse ressusciter l'ordre dans lequel ils apparaissent dans la suite des temps.

traits caractérisés avec une légende et un récit, lecture illustrée se rapportant à l'un des faits visés dans la leçon. Il est lui-même divisé par point. A la suite du récit, sous le titre « à souligner », l'indication des points du récit à relever et qui éclairent l'histoire des mœurs et les progrès de la civilisation. In fine une chronologie donnant cent dates, divisée par périodes et en trois caractères, romains, italiques, égyptiennes, pour faire mieux ressortir les faits caractéristiques. Ce petit volume cartonné se vendait 90 centimes.

c) L'*Imitation de Jésus Christ* présente un texte peu suivi et peu cohérent : les préceptes qui en constituent la substance sont disséminés dans tout l'ouvrage, confondus avec les éléments de mysticité et les règles spéciales à la vie monastique.

d) L'œuvre de Nietzsche est curieusement morcelée en une infinité de pensées, d'axiomes, de critiques à l'adresse de tous les philosophes. Elle constitue une série de documents précieux, d'idées nouvelles et des thèses d'une implacable logique. (Thoran Bayle.)

e) Le souci de répondre perpétuellement à des objections qui le plus souvent se répètent sous des formes diverses et ne sont pas toujours indispensables à l'exposé de la thèse, affaiblissent l'œuvre de certains philosophes. Ainsi Le Dantec et William James.

Beaucoup d'auteurs d'œuvres modestes se sont grandement préoccupés de soigner la forme d'exposé au contraire de ces exemples célèbres. On trouve chez eux, explicitement ou en germe, bien des innovations susceptibles de généralisation, bien des formes devenues susceptibles de devenir des « espèces ». (1)

(1) Voici quelques exemples :

a) En ce qui concerne les sciences pures, mathématique, chimie, physique, botanique, zoologie, etc., C. A. Laisant a entrepris chez Hachette une collection d'ouvrages rédigés pour les années de l'enfance et tendant à son initiation. Ces petits livres (Initiation mathématique, etc.) s'adressent aux parents désireux d'initier leurs enfants, tout en les amusant et en les intéressant par des observations effectives, aux rudiments des différentes sciences, dont la connaissance est devenue, dans une époque de progrès comme celle où nous vivons, d'une nécessité presque absolue.

b) Dans les Tables de logarithmes du service géographique de l'armée, pour éviter les chances d'erreur et de fatigue, on a adopté le perfectionnement suivant : Les caractères sont d'un type nouveau et leur disposition dans les nombres ne peut laisser place à la confusion. Le papier a été teinté pour amoindrir pour les yeux l'effet de la lumière réfléchie ; il est légèrement jauni pour toutes les tables, sauf pour certaines de teinte bleue pour les faire reconnaître de suite. (Imprimerie Nationale, 1889.)

c) Manuel Astruc. « Formulia » : Notions de 7 sciences appliquées à l'automobile. La chimie, la physique, la mécanique, la trigonométrie, l'algèbre, la géometrie, l'arithmétique sont mises à contribution.

d) Voici les « Tables nautiques » de C. Cornet (Gauthier Villars). « Les deux tables de cet ouvrage, dit l'auteur, permettent de résoudre le triangle sphérique avec sûreté et rapidité ; elles ont été étudiées pour éviter les erreurs, faciliter les entrées, éviter de feuilleter. »

e) E. Cottet. Leçons et exercices d'analyse à l'école primaire. Livres d'exercices avec des points à la place des mots, à remplacer par les élèves.

f) Dans « La femme a ses raisons... », par Charles Oulmont. L'auteur présente le journal intime de ses deux héros en texte juxtaposé sur deux colonnes. Il souligne ainsi d'amusante façon les malentendus qui se glissent dans ce ménage.

g) Jules Laforgue, sentant passer en lui un flux tumultueux de sensations, d'idées, d'impressions fugitives, ne savait mettre de l'ordre dans tout cela et jetait tout pêle-

12. *Exposé par les méthodes de l'Idéographie et des Symboles.* — a) Selon l'ordre chronologique, les premiers symboles sont les chiffres 0, 1, 2, etc., dont l'origine est très ancienne. Suivent les symboles des opérations arithmétiques +, — (a. 1500), × (a. 1600) ... les relations = (a. 1550), > (a. 1650), les nombres e, π (a. 1700)... Pendant le dernier siècle les symboles Σ π, lim, mod, sgn, E, ... ont pénétré dans l'usage commun.

Ces symboles permettent d'exprimer complètement quelques propositions :

$$2 + 3 = 5 \qquad 2 < e < 3 \qquad \lim_{4=\infty} \left(1 + \frac{1}{n}\right)^n =$$

$$\int_0^\infty \frac{\sin x}{x} dx = \frac{\pi}{2} \text{ etc.}$$

b) En général on se sert des symboles mathématiques pour exprimer les parties d'une proposition, lesquelles doivent être accompagnées du langage ordinaire, pour former des propositions complètes.

La partie réservée au langage ordinaire, plus petite dans quelques travaux d'analyse, était encore grande dans les ouvrages géométriques. Le calcul barycentrique de Möbius, la science de l'extension de Grassmann, les quaternions de Hamilton, pour ne citer que les théories principales, permettent maintenant d'opérer sur les objets géométriques comme on opère en algèbre sur les nombres.

c) La logique mathématique à son tour étudie les propriétés des opérations et des relations logiques qu'elle indique par des symboles.

La logique mathématique a été successivement développée par Leibnitz, Lambert, Boole, de Morgan (1850), Schröder (1877), Mc Coll (1878), Bertrand Russel. On peut en retrouver des germes jusque chez Aristote.

d) Peano a créé une idéographie qui résulte de la combinaison des symboles logiques avec les algébriques. (1) Il a écrit entièrement en symboles quelques théories mathématiques et certains auteurs l'ont suivi. Ailleurs on s'en est tenu seulement pour énoncer sous forme plus claire des théorèmes. En général cette idéographie est considérée par ses créateurs comme l'instrument indispensable pour analyser les principes de l'arithmétique et de la géométrie, et pour y démêler les idées primitives, les dérivés, les définitions, les axiomes et les théorèmes. On s'est aussi servi pour construire de longues suites de raisonnement, presque inabordable par le langage ordinaire.

Peano a essayé de réunir en un seul volume les propositions écrites entièrement en symboles et qu'il appelle « formules ». C'est son « Formulaire de Mathématique » dont il a donné trois éditions successives (t. I, en 1892-1895; t. II, en 1897-1899; t. III en 1901). Ce dernier comporte 230 p. Il est le fruit d'une précieuse collaboration avec divers savants, et contient quantité d'indications historiques et bibliographiques. Le Formulaire est toujours en construction, tous les développements étant continuellement publiées dans la Revue de Mathématique.

Les termes du langage mathématique connus remontent à plusieurs milliers. Il s'est accru pendant les siècles. Il était de 1,000 environ sous Archimède, et arrive à 17,000 dans le vocabulaire publié par M. Muller en 1900, sans compter les noms appartenant à la Logique. Il ne convient point, dit Peano, d'ériger tous ces mots en symboles; il les a exprimés par environ 100 symboles.

Dans le langage ordinaire, on a plusieurs formes pour représenter une même idée indiquée dans le formulaire par un symbole unique et chaque symbole a un nom. Mais on lit les symboles et les ensembles de symboles, sous une forme qui s'approche du langage ordinaire. Un peu d'exercice permet de lire ainsi facilement les formules.

Le formulaire est divisé en §§. Chaque § a pour titre un signe idéographique. Les signes se suivent dans un ordre tel que tout signe se trouve défini par les précédents (à l'exception des idées primitives). Un § quelconque contient les propositions qu'on exprime par le signe du § et par le précédent. Ces derniers servent à classer les propositions du §. En conséquence on trouve dans le formulaire la place d'une proposition déjà écrite en symboles à peu près comme on trouve la place d'un mot dans un dictionnaire. Toute proposition est indiquée par un nombre qui a une partie entière et une partie décimale, dans le but de faciliter l'interpolation. Le signe * placé devant un texte indique le changement de la partie entière.

e) Des efforts devraient être tentés dans d'autres sciences que les mathématiques, pour y introduire l'idéographie et parallèlement d'autres exposés précités ainsi celui à la manière du Formulaire des Mathématiques. On conçoit l'utilité qu'il y aurait à traiter ainsi notamment les sciences, la sociologie, aujourd'hui champ de bataille dans toutes les directions.

Il n'est pas inutile de rappeler ici cette pensée de

mêle dans des poèmes amorphes où, à travers des obscurités laborieuses, passaient, çà et là, des éclairs de génie.

h) Certains auteurs dispersent à travers tous leurs ouvrages sous forme de réflexions éparses ou mélangées à d'autres faits, leurs idées qui, si elles étaient condensées didactiquement en un chapitre spécial, dessineraient avec forme leur conception. Le lecteur par suite est obligé de reconstituer lui-même la théorie et de relire ensuite l'ouvrage inspiré par cette théorie. Il y a là une commodité de lecture à réaliser.

(1) Peano a imaginé que toute théorie soit redite en symbole. Cela, dit-il, exige une analyse profonde des idées qui figurent dans cette branche; avec les symboles, on ne peut pas représenter des idées non précises. Il condense toutes les idées et proportions diverses, grâce à cette notation. Il réalise un formulaire classé dont chaque proposition est exprimée par une formule. Il classe les propositions dans l'ordre de combinaison en suivant l'ordre de série des symboles. Il donne aux propositions un numéro décimal pour permettre les interpolations.

Proudhon. «Il faut distinguer phraser de prouver, avant d'exiger des auteurs de telles conditions de certitude, il faut apprendre à ceux qui lisent, aussi bien qu'à ceux qui écrivent ce que c'est que phraser et ce que c'est que prouver. Tout le fatras, l'obscurité, les contradictions, l'entortillage, les inextricables prologues, les sophismes brillants et les séduisantes chimères dont nos livres regorgent; toutes les incertitudes de l'opinion, les bavardages de la Tribune, le chaos dans les lois, l'antagonisme des pouvoirs, les conflits administratifs, le vice des institutions, viennent de notre misérable logique, de notre langage anti-sérielle.

Je veux que l'écrivain, plus ami de la vérité que de la gloire de bien dire, plus désireux de me convaincre que de me surprendre, sans négliger l'élégance du style, la forme de la pensée, la rapidité de l'exposition, fasse briller à mes yeux, dans une pénétrante analyse, le rapport des termes qu'il compare; qu'il m'en fasse toucher du doigt la formule; qu'il justifie de la propriété et de la suffisance de son point de vue; que par la puissance des divisions et des groupes, par la magie des figures, il me montre, pour ainsi dire *in concreto*, la vérité de ce qu'il affirme; surtout que dans la conclusion il ne dépasse jamais le champ de la série.

Il faut distinguer, phraser et prouver. »

(Cf. le n° 159. L'évolution simultanée des instruments intellectuels. 222.24 Notation Universelle.)

224.8 L'exposé et les formes intellectuelles dans la littérature.

En principe, de par son objet propre, la Littérature se distingue de la Science; mais dans la réalité, la distinction n'est pas toujours facile à déterminer et en pratique elle n'est pas toujours observée.

L'objet immédiat de la poésie est de séduire, celui de l'éloquence est de persuader, celui de l'histoire est de décrire les faits vrais pour en instruire les hommes. L'objet de la Science et de la Philosophie est de chercher la vérité dans la réalité et dans les choses, et d'étendre le domaine de nos connaissances sur elles.

Les formes littéraires existent en grand nombre et entremêlent leurs éléments. On peut distinguer les formes élémentaires, la prose et la poésie, les genres proprement dits. Force est ici de se borner à quelques observations générales, laissant tout le développement aux Traités de Littérature.

1° *Les formes élémentaires.* — Les principales formes élémentaires sont la narration, la description, le dialogue. L'unité de pensée s'exprime dans la proposition. Suivant le sens et la manière d'être, la proposition prend des noms spéciaux: la *Sentence* est une proposition qui renferme un grand sens; l'*Axiome* est une vérité première évidente par elle-même; le *Proverbe* est une sentence devenue populaire; l'*Aphorisme* est une sentence ou un précepte scientifique, qui résume en peu de mots de grandes vérités; l'*Apophtegme* est un dit mémorable. La *Narration* est la partie du discours qui comprend le récit des faits: l'exposition la précède et la confirmation la suit. On distingue: 1) la narration oratoire: elle exprime le fait sous le point de vue le plus favorable à la cause; 2) la narration historique: elle doit exprimer l'exacte vérité, mais ne le fait pas toujours; 3) la narration poétique: elle est laissée à l'imagination du poète.

2° *Poésie, Prose.* — La prose et la poésie s'appliquent à presque tous les genres. De l'inspiration naquit la poésie (langage des dieux). Entre la poésie et la prose, il y a plus qu'une distinction fondée sur la mesure, la cadence et l'observation des autres règles poétiques. Ces deux formes de la parole répondent surtout à deux manières bien différentes de sentir et d'exprimer le vrai et le beau. On distingue les poésies lyriques, épiques ou héroïques, dramatiques, didactiques ou philosophiques, élégiaques, pastorales ou bucoliques, érotiques, satyriques, descriptives. Au point de vue du rythme et de la mesure, on distingue 1) la poésie rythmique. On y observe la cadence et le nombre de syllabes, mais non les quantités, car elles sont toutes réputées égales: telle est la poésie moderne en général et celle aussi des Orientaux. 2) La poésie métrique. Elle repose sur la quantité des syllabes dont les unes sont brèves et les autres longues: ainsi la poésie grecque, latine, allemande.

3° *Les genres littéraires.* — Les principaux genres littéraires sont la poésie, le roman, le théâtre, l'histoire et la critique. Peu à peu, au cours des temps, ces genres se sont constitués. Puis les grands courants de la vie et de la pensée les ont transformés; constamment il y a eu influence de chaque genre sur les autres.

4° *L'Epopée.* — A l'origine des peuples on trouve bien souvent des récits légendaires et poétiques, remplis d'actions héroïques et merveilleuses. Ainsi le *Mahabharata* et le *Ramayana* chez les Hindous, le *Chah Nameh* chez les Persans, l'*Iliade* et l'*Odyssée* chez les Grecs, la *Chanson de Roland* chez les Francs, les *Niebelungen* chez les Allemands. Il est des poèmes épiques qui ne marquent plus les origines d'une littérature, mais qui se rapportent de précédents: la *Pharsale* de Lucain, l'*Enéide* de Virgile, la *Divine Comédie* de Dante, la *Jérusalem délivrée* du Tasse, le *Paradis perdu* de Milton, la *Messiade* de Klopstock, la *Franciade* de Ronsard, le *Télémaque* de Fénélon, les *Martyrs* de Châteaubriand.

On donnait autrefois le nom de poème épique au récit d'une grande action nationale. On lui donne aujourd'hui celui d'encyclopédie poétique d'une civilisation (Charles Hillebrand. Etudes italiennes). L'*Iliade*, c'est la guerre de Troie et c'est le contraste entre le monde asiatique et européen. La *Divine Comédie*, c'est la lutte entre le Pape et l'Empereur.

« Pour composer une épopée, dit Lalo, voici la recette. On écrit vingt-quatre chants, contenant quelques dieux aux enfers, quelques-uns au ciel, voire un en purgatoire si l'on est bon catholique, un songe ou au moins un sommeil, une prophétie, un ou deux dénombrements de quoi que ce soit; enfin une bataille. Ce récit doit être essentiellement noble et métaphorique; en vers si l'on peut; si l'on ne peut pas, en prose poétique. »

5° *Le Roman.* — De tous les genres littéraires, c'est le roman qui est devenu au cours du XIXe siècle le genre littéraire par excellence. S'il est inférieur à la poésie pour l'expression directe du sentiment, il la dépasse de beaucoup quand il s'agit d'en donner une analyse détaillée ou de développer des idées philosophiques ou artistiques, et aucun genre, pas même le drame ou la comédie, ne peut rivaliser avec le roman pour la peinture de milieux historiques ou contemporains.

6° *Le Discours.* — Toute parole d'une certaine longueur prononcée en public et avec une certaine méthode. L'orateur doit plaire, instruire et persuader. Les discours offrent la même variété que les genres d'éloquence: religieux, parlementaire, académique. Les rhéteurs divisent le discours en sept parties: exorde, proposition, division, narration, confirmation, réfutation, péroraison.

7° *La Dissertation.* — Est un discours philosophique qui diffère des compositions oratoires proprement dites en ce qu'il se borne à établir un point de doctrine par la voie du raisonnement, sans s'attarder à persuader en faisant appel à l'imagination et à la sensibilité. Analyser, exposer, déduire toutes les raisons qui vont à la même conclusion réfuter les adversaires, être soi-même invincible ou irréfutable: c'est là toute la dissertation.

8° *Le Journal intime.* — Des écrivains tiennent leur journal (Amiel (16,000 pages), Mauriac, Gide, Barrès, de Vigny, Pierre Lougi, Katherine Mansfield). Pour certains, la fonction du journal est de nourrir l'œuvre et ils ne publient à l'état brut que des résidus, les pages qu'ils n'ont pas transformées en œuvres d'art, leurs carnets sont alors des recueils de notes qui servent pour leurs œuvres. Pour d'autres, le journal est bien le miroir de l'âme intérieure de qui l'écrit: une œuvre qui possède ses lois et son climat propre.

Le journal de Albert Schumann commencé le 12 septembre 1840, le jour de son mariage et où lui-même et sa femme devaient, alternativement chaque semaine, écrire tout ce qui les aurait touché tous deux dans leur vie conjugale. (Publié dans les *Annales* de Paris, 1932.)

9° *Biographie.* — Elle peut prendre des formes variées: dire l'histoire de la personne; être un exposé purement objectif de ses doctrines ou de ses opinions successives; considérer la personnalité comme un document psychologique de valeur exceptionnelle. Les biographies seront mêlées à l'Histoire générale; on a développé récemment le genre « biographie romancée » où la vérité objective s'associe aux fictions de l'imagination.

10° *L'Enigme.* — De nos jours, l'énigme n'est guère qu'un jeu d'esprit. Mais les Anciens, et surtout les Orientaux, dont la langue abonde en images, l'employaient souvent pour exprimer des pensées plus ou moins profondes. L'Ecriture a gardé le souvenir de quelques enigmes de Salomon, de Samson, etc. Dans la légende grecque, nous trouvons l'énigme du Sphinx, celle d'Esope. Longtemps négligée, l'énigme fut cultivée au XVIIe siècle par Boileau et par l'Abbé Cottin. Aujourd'hui nous la voyons remplacée par la charade, le logogriphe, le rébus.

225 Éléments scientifiques ou littéraires du livre : Les données de l'exposé.

1. *Le contenant.* — Les éléments considérés précédemment sont ceux du « contenant » ou « forme » dans le sens large du mot (éléments matériels, graphiques, linguistiques, intellectuels). Les éléments considérés ici sont ceux du « contenu » ou « fond ». Ce sont les éléments scientifiques ou littéraires, les données mêmes de l'exposé: faits et idées.

Derrière le Livre « contenant », il y a le « contenu », la Littérature au sens large, (les lettres, la « chose littéraire » : Res litteraria. Materia Bibliologica, Res scripta, l'Encyclopédie immatérielle des connaissances).

En fait, la matière des livres, c'est tout ce qui est constaté et pensé, senti et éprouvé, voulu et proposé. La division de la matière en scientifique, littéraire, pratique ou d'action sociale est relativement récente. Il y a eu au début confusion et mélange, puis lente différenciation. Cette matière n'a d'autre limite que la Pensée humaine, laquelle, elle-même, n'a en principe d'autres limites que la Réalité universelle.

Les traditions orales ont fini par être écrites comme les coutumes ont été rédigées; les chansons populaires transcrites, les paysages, les sites, les industries, les choses photographiées ou filmées.

A grands traits on peut répartir les livres produits dans les catégories suivantes : ouvrages anciens, ayant une valeur par eux-mêmes ou comme sources de l'Histoire; ouvrages littéraires; ouvrages scientifiques; ouvrages techniques et professionnels; publications administratives officielles; publications commerciales.

2. *Contenu de la masse des livres.* — A quoi sont consacrés ces millions d'ouvrages, ces centaines de millions de documents écrits chaque jour, à la vie plus ou moins durable ou éphémère et dont, ne fût-ce que d'un instant et sur un point particulier, l'effet est venu s'inscrire dans la Réalité Universelle ? Tout le Travail de l'Intelligence aboutit à des pensées, à des unions, des combinaisons, des cycles de pensées, constituant les systèmes, les théories, faits des vérités, d'erreur, d'opinion. Il aboutit en un mot à des Idéologies qui tendent, par synthèse et élimination, à une mentalité Universelle et Humaine.

Pour se rendre compte de ce que contient la masse des livres, il y a lieu : 1° d'en faire une statistique classée ; 2° d'envisager les causes générales de la production ; 3° de suivre les grands courants de la pensée à travers les âges. Il nous faut une histoire des sciences, des connaissances, signalant toutes les innovations, toutes les idées dites révolutionnaires qui ont chacune été le point de départ d'une efflorescence d'œuvres nouvelles. Car une idée s'exprime par une pléiade d'hommes en un courant de livres ; ex. la Renaissance, la critique religieuse, les grands courants modernes. Chaque mouvement a créé un livre prototype : ce livre une fois créé, il s'est développé, réédité, continué d'édition en édition. Ex. : les livres sacrés, les œuvres des grands philosophes, les dictionnaires de langue, les encyclopédies, les recueils d'inscriptions, etc.

Qu'y a-t-il dans la masse des livres ? Quel spectacle aurions-nous si, par un miracle bibliographique, il nous était donné tout à coup de pouvoir les lire en même temps dans toutes leurs parties, sur toutes leurs pages ? La première chose qui frapperait serait la répétition ; puis le dépassement de beaucoup d'assertions désormais sans valeur ; puis encore la futilité et la petitesse extrêmes de quantités de questions traitées ; enfin la manière inadéquate et inefficiente dont la plupart des exposés sont présentés. Mais bientôt frapperait la grandeur de l'œuvre accomplie, la liaison et l'enchaînement qu'offre la matière traitée par toute la succession des livres.

3. *La Pensée bibliologique universelle.* — La matière des livres, au sens large, est dite la matière littéraire. En fait, c'est tout ce qui est constaté et pensé, senti et éprouvé, voulu et proposé. La division de la matière en scientifique, littéraire, pratique ou d'action sociale est relativement récente. Il y a eu au début confusion et mélange, puis lente différentiation. Cette matière n'a d'autre limite que la Pensée humaine, laquelle elle-même n'a en principe d'autres limites que la Réalité universelle.

Il n'y a en réalité qu'une seule Pensée. Cette pensée circule à travers la société humaine (toutes les générations, tous les pays) par un échange perpétuel. Elle prend partiellement et momentanément sa fixation dans les Livres. L'analogie ici est réelle avec les forces physiques qui se ramènent en réalité à une seule, laquelle circule par un échange perpétuel dans la nature morte aussi bien que dans la nature animée et s'incorpore dans les divers corps.

La portion de la Pensée humaine incorporée dans les livres constitue la matière bibliologique en général. Celle-ci a pour caractéristique additionnée d'être : 1° pensée ; 2° exprimée ; 3° écrite ; 4° en correspondance plus ou moins adéquatement avec la Réalité extérieure. (1)

(1) Le magnifique discours de Hofmannnsthal, testament de ce grand poète, sur l'*Ecrit, domaine spirituel de la Nation.*

C'est toute une longue évolution qui a conduit au point actuel. Comment on est arrivé à faire de toute la matière de la pensée une matière bibliologique, à réaliser la concentration des connaissances en sciences bien systématisées à prendre conscience des problèmes et à les poser clairement, à créer des méthodes pour les résoudre. Cette évolution passe de l'homogène à l'hétérogène (expression de Spencer) de ce qui est un, semblable, confus au début, à ce qui se diversifie, se ramifie, se spécialise progressivement.

4. *L'Erudition.* — a) Avoir de la littérature se dit de celui qui a lu beaucoup de livres, les meilleurs surtout, et a conservé dans sa mémoire les impressions que cette lecture a produites sur l'esprit. b) L'érudition suppose en plus avoir lu les commentaires qu'on a fait des livres, avoir comparé les diverses éditions, connaître le temps où vivaient les auteurs, les sources où ils ont puisé, etc. Le terme *érudition* (Gelehrte Bildung, Gelehrsamkeit) a été borné par l'usage au savoir littéraire dans tous les genres. Il comprend, outre l'histoire littéraire et la connaissance des langues et des livres, l'histoire des peuples, tant anciens que modernes, l'archéologie, la numismatique, la chronologie, la géographie, la partie historique de toutes les sciences. c) Le *savoir* et la *science* indiquent plutôt la connaissance des choses que celles des livres ; mais *savoir* est absolu généralement dans sa signification ; *science* est plus précis et suppose une étude plus approfondie.

5) *Le Développement de l'Erudition.* — Les développements successifs de l'Erudition présentent un très grand intérêt. « Tous les travaux isolés entrepris pendant des siècles par des érudits qui n'en prévoyaient pas la destination finale, viennent se réunir comme des ruisseaux se jettent dans un fleuve et concourir à un but commun digne des plus grands efforts. » (1)

Ils indiquent par quelle suite d'efforts elle est parvenue à acquérir tant d'importance.

a) Aristote fut un observateur et un penseur, il laissa une œuvre de vaste érudition et la mit au service de la science. Ses disciples, à part Théophraste, négligèrent la science, se perdirent dans les détails ou se bornèrent au rôle de commentateur.

b) Chez les Romains on trouve aussi beaucoup de commentateurs et de scoliastes, avec trois érudits remarquables : Varron (Antiquités humaines et divines), Pline l'ancien (Histoire naturelle) et Aulu Gelle (Nuits antiques). Varron composa environ 80 ouvrages formant ensemble plus de 580 livres. Aulu Gelle donne le premier modèle de l'érudition littéraire, de la science des textes, des rapprochements ingénieux.

c) Après la destruction de l'Empire romain, les lettres se retirèrent en Orient. L'esprit créateur manqua. Ce fut

(1) Voir des vues détaillées sur ce développement dans les grands dictionnaires généraux et spéciaux.

une érudition mesquine, étroite, sans portée, à la mesure des esprits byzantins, pour qui des discussions puériles tenaient lieu de vie intellectuelle. Toutefois la Bibliothèque, composée au IXe siècle par le patriarche Photius, reste un modèle. C'est l'analyse de 280 ouvrages de poésie, d'éloquence, de théologie, de philosophie et de linguistique : extraits et jugements. Le recueil de Sindas (XIe siècle) à la fois lexique, encyclopédique et biographique, est une compilation sans méthode.

d) L'Erudition moderne naquit en Occident, peu de temps avant que la prise de Constantinople par les Turcs ait fait émigrer en Italie les savants et les lettrés. Ils ont nom de Chrysoloras, Bessarion, Théodore Gaza, Lascaris, George de Trebizonde, Philelphe, Pogge, Ange Politien.

e) Puis vint la découverte et les progrès de l'Imprimerie. Le travail des érudits consista à retrouver, à publier et à réparer les débris des lettres et des sciences anciennes, gâtées en tant d'endroits par l'ignorance des esprits. Beaucoup de ces hommes furent les premiers comme imprimeurs (Alde Manuce). Les vastes et précieux répertoires intitulés : « Trésor de la Langue latine » et « Trésor de la Langue grecque ». Erasme, Scaliger, Casaubon, Guillaume Budé, créateur de la Bibliothèque de Fontainebleau, berceau de la Nationale et créateur des chaires libres de latin, de grec et d'hébreu, origine du Collège de France. — Juste Lipse, Montaigne, Rabelais.

f) Au XVIIe siècle, l'emploi des formules et des citations, l'apparat pédant qui ne disparut que graduellement (Molière, qui crée le type de Vadius dont l'original était Ménage).

La véritable érudition étend son domaine : André Duchesne crée l'historique de France ; les frères de Sainte Marthe firent fonder la Gallia Christiana, continuée par Haureau. Philippe Labbe publie la Collection des Conciles, Baluze les capitulaires des rois de France, le Père Menetrier fonda la science héraldique, les Augustins avec le P. Anselme étudient les généalogies des Rois de France, les Bollandistes commentent les *Acta Sanctorum*. Les Bénédictins préparent de grands travaux historiques et littéraires, avec Jean Mabillon, et son *Traité de la diplomatie* discernant les vrais des faux diplômes ; Richard Simon fait une première exégèse de l'Ancien Testament.

Edition de «Nouveaux instruments utiles aux linguistes, aux littérateurs, aux historiens » de Elzevir, celle *ad Useum Delphini*, la collection des *Variorum ;* la Byzantine du Louvre, la *Bibliothèque des Pères*, les Bibles polyglottes. Du Cange publie ses Glossaires du latin et du grec du moyen âge, Heinsius écrit sur les poètes latins, les Vossius sur les historiens de l'Antiquité, Graevius publie son Thesaurus des antiquités romaines et Gronovius celui des antiquités grecques.

g) A la fin du XVIIe siècle commencent à être publiés, sous forme de dictionnaires, des ouvrages pour vulgariser certaines parties de l'érudition : le Grand Dictionnaire de Moreri (1674), le Dictionnaire historique et Critique de Bayle (1695), continué par Chaufepié et Prosper Marchand. Montfaucon enseigne la Paléographie Grecque. Dans son *Antiquité expliquée*, il donne un résumé complet des connaissances alors acquises en archéologie grecque, latine, juive, gauloise. Don Rivet aidé de ses confrères de la Congrégation de Saint-Maur, entreprend l'*Histoire littéraire de la France*. En France, l'Académie des Inscriptions s'ouvre aux érudits. Fabricius, Burmann, Brunck, Ernesti, Heyne, Reiske, Wolf, Schneider, Muratori, etc., enrichissent par d'incessantes recherches, par des publications de plus en plus parfaites, le trésor de l'Erudition.

h) Au XIXe siècle les travaux sont continués sous l'impulsion de la force acquise et par le génie d'hommes aux larges vues d'ensemble. Les progrès réalisés par l'Allemagne, la France, l'Angleterre, l'Italie en philologie, en exégèse, en histoire. Publication du Magasin encyclopédique de Millin. Les hiéroglyphes sont déchiffrés par Champollion, progrès dans la possession des langues et des littératures orientales (Sylvestre de Sacy, Chezy, Abel de Remusat, E. Quatremère, Eugène Burnouf, etc.) L'érudition possède les signes graphiques, les grammaires, les traductions d'œuvres littéraires, philosophiques ou sacrées, propres à faire pénétrer dans le génie des civilisations lointaines. L'étude historique et archéologique se poursuit. De grandes collections d'auteurs grecs et latins, du moyen âge, sont réédités ; les documents et mémoires sur l'histoire se multiplient. La critique s'organise sur des bases de plus en plus sévères et opère une revision dans tous les domaines. Aidée des découvertes archéologiques, les fouilles notamment, elle donne à l'histoire une base solide qui la rapproche des sciences exactes. Les travaux de linguistique conduisent à la philologie comparée. Les croyances et les religions sont elles-mêmes soumises à un examen serré.

6. *Extension de la Materia Bibliologia.*

a) La *matière littéraire* s'étend toujours. L'exotisme a pénétré toutes les littératures nationales. On va maintenant jusqu'aux littératures indigènes. Après l'art nègre, au tour de la littérature nègre. Depuis quelques années, l'Institut international des langues et civilisations africaines a organisé parmi les africains de toute race des concours de littérature dans leur propre langage. Ces compositions ont été traduites (André Remaison : Draeh, le livre de la Sagesse noire, orné de nègreries, par Pierre Courtois. Paris, Edition d'Art H. Piazza).

Il y a aussi un immense bavardage, caquetage, coassement.

b) En art, en critique, en littérature, en poésie, en psychologie, il n'y a pas, il ne doit pas y avoir de sujet réservé. Aucun domaine ne doit rester inexploré aux investigations de l'esprit et de la création humaine.

c) Les sujets traités ou pouvant être traités sont innombrables, comme les éléments qui constituent le monde et les rapports entre ces éléments. Deux exemples en feront saisir l'étendue. Pour étudier la situation respective les uns à l'égard des autres de 60 pays, envisagés sous huit rapports différents à l'intervalle de dix en dix années, pendant le dernier siècle écoulé, il y a lieu de traiter (60 × 60 — 60) × (8 × 8 — 8) × 10 = 17,912,200 données. Les 60,000 questions énoncées dans la Classification décimale, envisagées dans leurs rapports les uns avec les autres dans les 3,000 lieux mentionnés et à 10 moments différents du temps, donnent plus de 10 quintillons de possibilités.

7. *Livres faits, livres à faire.*

Un livre représente un ensemble d'idées et de faits classés dans un certain ordre. On pourrait par la classification et la bibliographie tracer une carte très intéressante des livres faits et des livres restant à écrire ou possibles. En telles langues existent tels livres, en d'autres pas (livres possibles); de même en telle science on a étudié telle question à telle époque, ou en tel pays, ou sous tel aspect; on n'a pas fait une étude intégrale de tous les pays, époques ou aspects; ou bien on n'a pas fait de même dans d'autres sciences.

8. *Contenu d'un livre.*

Un livre qui expose une thèse contient nombre de notions intéressantes et souvent peu connues, étrangères au sujet lui-même, mais servant à étayer une démonstration.

Un livre ainsi est une contribution au sujet qu'il traite; une contribution aussi aux autres sujets.

Il y a grand intérêt à dégager ces notions de l'ensemble avec lequel elles ont été amalgamées pour la première fois et de les placer dans leurs séries propres respectives. A cette œuvre s'emploient les analystes, les critiques, les commentateurs, les synthétistes.

23 STRUCTURE ET PARTIES DU LIVRE

230 Vues d'ensemble.

Reliure. Couverture (Brochage). Feuillets de garde.	
Frontispice.	Faux-titre. Page-titre. Sous-titre.
Préliminaires.	Dédicace. Préface. Introduction.
Œuvre proprement dite (Corps de l'ouvrage) Divisions. Parties, chapitres, sections, paragraphes, alinéas, intitulés, numérotation, sommaire. Pages. Pagination. Titre courant. Rappels en marge. Notes marginales. Texte et Illustrations. Caractères (Majuscules, minuscules, signes). Vignettes, figures, illustrations. Tableaux.	
Tables. Table méthodique. Index alphabéticque. { Matières. Personnes. Lieux. Répertoire chronologique.	
Appendices. Planches hors texte. Annexes.	

Le *volume* est la division matérielle d'un ouvrage. Le *tome* en est la partie intellectuelle.

a) Un livre a diverses *parties :* La reliure, — la couverture, — le titre (titre, faux-titre, sous-titre, frontispice), — les préliminaires (dédicace, préface, introduction, préambule) ; — l'œuvre proprement dite, les Tables des matières et index, les appendices (annexes, planches hors texte).

b) Le livre présente d'abord sa *page titre* avec le titre de l'ouvrage, le nom de l'auteur, ses qualités, le rang de l'édition, la date de publication.

c) Un livre a un *auteur* (dénommé ou anonyme, réel ou pseudonyme, particulier ou collectif) — l'auteur peut avoir un ou plusieurs collaborateurs; — il peut être auteur de l'œuvre ou simple éditeur de l'œuvre d'autrui.

d) La *division matérielle* de l'œuvre se fait en volumes, livraisons ou fascicules, feuilles et pages.

On peut convenir d'une terminologie d'après le nombre de pages: plaquette (jusqu'à 50 pages); brochure (de 50 à 100 pages); volume (au delà de 100 pages).

La *feuille* est l'ensemble de la surface imprimée, qui est plié ensuite pour former des pages (feuilles de 4, 8, 16, 32 pages). Un *feuillet* est la partie d'une feuille de papier formant deux pages (volants, feuilles volantes).

e) La *division intellectuelle* de l'œuvre répartit la matière en tranches qui groupent les matières connexes et qui présentent un même enchaînement. Cette division se fait en parties, tomes, chapitres, paragraphes, sections, alinéas, versets. Ces divisions ont des intitulés ou rubriques, des numéros d'ordre et sont parfois accompagnées de sommaires. Les pages portent un numérotage ou pagination et parfois un titre courant, des rappels et des notes infra-marginales.

Souvent des *introductions ou préfaces* expliquent l'objet de l'ouvrage, le point de vue de l'auteur, l'occasion qui a fait écrire l'ouvrage.

f) Les *tables des matières : méthodique ou systématique, alphabétique, chronologique, numérique.*

Les tables se réfèrent soit aux matières, soit aux noms de personnes ou de lieux, soit aux dates, soit aux numéros des pièces et documents.

g) Les illustrations intercalées dans le texte servent à l'expliquer par la représentation visuelle des objets. Elles ont leur commentaire dans le texte et il y a lieu d'y recourir en chaque cas.

h) Un livre donne lieu à des *reproductions* en exemplaires multiples exécutées par un imprimeur (typographe, lithographe, graveur, photographe). On distingue les éditions successives d'un même ouvrage, des réimpressions. On fait les distinctions suivantes :

Un *exemplaire* est un ouvrage complet, abstraction faite du nombre de pages, aussi bien que du nombre de volumes et de tout ce qu'ils comportent. Il s'applique à l'unité de tirage d'un ouvrage, d'une gravure, etc.

On distingue les *tirages* effectués successivement (on dit souvent *mille)*, qui n'impliquent aucune idée de correction ni de modification quelconque dans le texte, reproduit souvent, d'après un cliché ou une composition conservée, et les *éditions* qui supposent un texte revu, remanié ou complété, et qui sont par conséquent recomposés typographiquement.

Certaines œuvres n'existent qu'à l'état de manuscrits, originaux ou copies, ces manuscrits sont parfois de la main de l'auteur (autographes).

i) Le plus souvent, le livre a un *éditeur commercial,* il constitue rarement une *impression privée.*

Mais il y a les publications faites par les administrations publiques (publications officielles) et par les corps savants. Ces publications sont tantôt dans le commerce, tantôt hors commerce.

Le tableau ci-dessus résume ces distinctions et présente les parties d'un livre dans l'ordre de structure qui leur est ordinairement donné, ordre qui n'a rien d'invariable.

Les éléments composant les documents (n° 22) entrent dans la structure du livre. Ils donnent lieu à ses diverses « parties structurées ». Il ne sera traité ici que des parties du livre proprement dit et du livre en général. Ce qui concerne les parties des diverses espèces de livres et celle des autres documents est traité avec chaque matière spéciale. Les points suivants sont examinés séparément : 1° les titres et indications externes ; 2° les préfaces, dédicaces, introductions ; 3° le corps de l'ouvrage, son sectionnement, division et chapitres ; 4° les tables et index ; 5° les appendices et les autres parties de l'ouvrage.

Chacune des parties du livre a son histoire et ses transformations, chacune a son utilité.

En général les auteurs et les éditeurs se conforment à un ordre devenu traditionnel en les diverses parties du livre et qui est celui énoncé ci-dessus. Des exceptions cependant viennent souvent compliquer la présentation. (1)

231 Titre et indications externes.

Il s'agit ici : 1° du titre et du sous-titre ; 2° du nom de l'auteur ; 3° de la date ; 4° de l'adresse bibliographique des éditeurs et imprimeurs.

La page première du livre est dite page-titre. Elle porte le titre, les noms de l'auteur et de ses collaborateurs, l'adresse bibliographique.

Le frontispice ou grand titre est le nom donné à la page titre d'un grand livre quand elle est ornée d'allégories ou d'autres motifs et aussi de la gravure placée en tête et qui tiennent à l'œuvre elle-même par une relation régulière.

Des règles ont été adoptées par l'Association des éditeurs anglais pour la rédaction des pages de titre. (2)

C'est la page titre qui fournit les principaux éléments de la notice bibliographique. L'I. I. B. a proposé que l'on imprime, sur le plat et au dos de chaque ouvrage, l'indice de la Classification décimale et, au verso de la page titre, une notice bibliographique complète portant, explicitement et en forme régulière, tous les éléments nécessaires à son identification. Cette notice servirait ainsi, une fois pour toutes, aux diverses descriptions qui en seraient faites. En la reproduisant en triple exemplaire sur feuille détachée (slips) sur fiches, tout possesseur aurait le moyen pratique de faire figurer l'ouvrage dans ses catalogues ou répertoires, sans effort de rédaction ni même de copie. (3)

Le U. S. A. Government a pris l'initiative d'insérer dans ses ouvrages une page dite «Library Catalogue Slip» sur laquelle sont imprimées, prêtes pour le bibliothécaire, les entrées par l'auteur, sujet et série.

231.1 Le titre.

231.11 Notions.

Le titre est le mot ou la phrase avec lesquels s'énonce ou se fait connaître le sujet ou la matière d'une œuvre,

---

(1) Le système de politique positive de A. Comte, en quatre volumes, donne un cas typique de l'ordonnancement compliqué d'un ouvrage. Le tome I comprend une préface et des dédicaces très longues, un complément de la dédicace, un discours préliminaire en cinq parties avec une conclusion générale du discours préliminaire, une introduction fondamentale en trois chapitres (avec un appendice). Le tome II a une préface et un appendice à la préface formée de quatre éléments, un préambule général et sept chapitres suivis d'une conclusion générale du tome II Les tomes III et IV sont construits de la même façon. Le tome IV contient une conclusion générale de ce tome, une conclusion totale du système de politique positive, une invocation finale et un appendice du tome quatrième.

(2) Voir Bulletin de l'I. I. B. 1898, p. 144.

(3) Voir comme modèle la publication de l'I. I. B. n° 65, Manuel du Répertoire Bibliographique Universel, etc.

de quelque document manuscrit ou imprimé ou de chacune des parties ou divisions d'un livre. Le titre est souvent trop étendu.

Il doit décrire fidèlement et adéquatement le contenu du volume, à moins qu'il s'agisse d'un ouvrage de fantaisie. Il faut que la page titre permette d'identifier l'ouvrage, de le classer et de l'indexer.

S'il y a plusieurs sections ou chapitres d'un livre, et qu'ils sont étendus, chaque section doit recevoir un titre intelligible en connexion avec lui.

Erreurs et confusions sont engendrées par des titres inexactes ou vagues. L'impression d'un titre exige que l'on fasse usage de différentes grandeurs de caractères de manière à marquer l'évolution et l'importance comparée des idées.

Tout titre bien fait devrait être une véritable indication de ce que contient le livre, presque sa définition.

Le titre complète l'œuvre ou plutôt la précède, il s'y attache, il en est inséparable. Le titre individualise l'œuvre littéraire et la distingue des œuvres similaires (Cour de Paris, 19 janvier 1912).

Le titre peut être banal ou générique et nécessaire ou bien il peut être original et constituer lui-même une création littéraire.

Dans les manuscrits et les impressions anciens, l'«incipit» (les premiers mots de l'ouvrage) fait office de titre.

Titres et sous-titres. — La lisibilité faite de la clarté des caractères, l'ordonnance des titres sont qualité fondamentales. Car le texte est fait avant tout pour être lu.

Le libellé des titres, leur nombre, leur importance relative, leur disposition sont objet de soins. Les titres nets, les sous-titres explicites nombreux, substantiels, donnent un exposé schématique, mais suffisant à la rigueur, de la matière exposée.

On ne s'est pas borné à désigner des ouvrages par leurs titres. On a, en histoire, donné certains noms à certaines théories. Ainsi, parlant des théories de Malebranche, on appelle l'une « la Vision en Dieu » et l'autre l'« Hypothèse des causes occasionnelles ».

Il y a des livres publiés sous plus d'un titre. (1)

231.12 Historique.

A l'origine les ouvrages étaient dépourvus d'un titre spécial et rarement ils portaient l'indication du lieu ou de la date de leur exécution. Le premier livre avec un titre, à la moderne, est le *Calendario* de Jean de Monteregio (Venise 1476).

Les livres d'Henri Estienne (1502-1520) portent, soit au titre, soit à la fin, l'année, le mois et même le jour de la publication, quelquefois la formule de la date, avec l'indication de son nom et de sa demeure, comprend des expressions ayant rapport au sujet du livre. Ordinairement le titre porte une gravure ou un symbole. Souvent ses ouvrages portent le nom des correcteurs qui en avaient lu les épreuves.

Fourrier, l'inventeur des séries, affectionnait parmi elles la série conjuguée. Ses ouvrages sont coupés de la sorte : avant-propos et post-propos; préface et postface; prolégomènes, cis-légomènes et intermèdes, etc. La tête du livre opposée à la queue, la deuxième division à l'avant-dernière et la conclusion placée au corps de l'ouvrage.

231.13 Caractéristiques du titre.

Le titre est au livre ce que la figure est à l'homme. On reconnaît le livre par son titre comme l'homme par son visage. Un titre bien fait doit en peu de mots donner une connaissance exacte à chacun du contenu et des caractères.

Le titre d'un livre a une grande importance; il est en fait fonction de l'époque plutôt que du livre et un livre s'achète surtout sur le titre. Le titre est parfois tout un poème et l'auteur n'en a pas écrit de meilleur. Il y a des règles qui doivent en déterminer le choix. Il faut, paraît-il, se défier du titre formé d'un nom. (Henri Baillère).

On a dit avec raison: le titre doit venir à l'auteur d'un jet ou il ne lui viendra pas heureux, appelant et précis. Un auteur écrit en fonction du titre de son ouvrage.

231.14 Espèces de titres.

On distingue : 1° le titre de la couverture; 2° le titre intérieur, souvent plus complet; il fait foi dans les descriptions; il comprend: titre et sous-titre; 3° le faux-titre; 4° les titres des diverses parties; 5° les titres en marge des pages; 6° les titres en haut des pages ou en haut des colonnes (titres courants).

231.15 Desiderata des titres.

Evitez le titre commençant par *un* ou *le*. Evitez des titres négatifs. Evitez des titres au passif, le présent est préférable. Evitez le mot d'ordre d'un titre. Recherches sur, contribution à sur... Examen de... observation. Ces mots sont des indications sur la forme matérielle bibliologique ou intellectuelle des ouvrages, non sur leur sujet.

Evitez les titres longs.

Il y a des titres qui sont tout un programme. Ex.:

Le livre de Saint-Simon publié en 1814: « De la réorganisation de la Société européenne et de la nécessité de rassembler les peuples de l'Europe en un seul corps politique en conservant à chacun son indépendance propre».

La publication 126 de l'Union des Associations internationales : « De l'organisation des Forces Internationales et de leur concentration à Genève ».

Les recueils d'études ou de nouvelles portent généralement pour titre celui de la première d'entre elles, mais c'est induire en erreur le lecteur du titre.

(1) A modern Proteus, or a list of books published under more than one title. New-York 1884.

Il y a double titre quand il y a titre de la collection et titre de la monographie dans la collection.

Certains des titres portent mention détaillée du contenu. Ex :. Dictionary of Philosophy and Psychology including many of the principal conceptions of Ethics Logic, Aesthetics, Philosophy of religion and giving a terminology in English, French, German and Italian written by many hands and edited by James Mark Baldwin. P. H. D. Princeton.

Il y a titre précis lorsqu'aucun doute n'est possible sur le contenu. Ex. : L'Europe moins la France ?

Le faux-titre a notamment une raison d'être pour remplir une page blanche quand le titre est tiré sur un quarton (4 pages), après que le tirage du corps de l'ouvrage a déjà été fait. Le faux-titre a aussi l'utilité d'isoler la page titre des mentions du verso de la couverture. Ces utilités sont très contestables.

231.16 Titres curieux et indésirables.

a) Les titres des œuvres littéraires peuvent être fantaisistes ; leur fantaisie ou leur profondeur ont souvent un charme prenant. Mais les titres des travaux scientifiques ne sont pas toujours clairs. Ceux des instruments de travail devraient l'être. Qui sous le titre « Les Faux Amis de Derocquigny» découvrira un lexique de mots anglais généralement mal traduits en français. Le langage figuré n'est pas à sa place dans un titre. Il faut que quelqu'un ne connaissant pas le nom d'un ouvrage puisse en découvrir l'existence par le seul jeu de la logique. (Félix Boillot.)

Un titre curieux, énigmatique, c'est comme un mur derrière lequel il pourrait se passer quelque chose.

Le défaut d'esprit synthétique, universaliste, se remarque à propos du titre des livres. Les auteurs donnent des titres généraux au lieu de titres spéciaux, se figurant être seuls à traiter du sujet. C'est comme si, au point de vue des auteurs, on devait tout classer sous le mot «écrivains» : il n'y a plus moyen de s'y reconnaître.

b) Voici quelques exemples de titres inadéquats. (1)

« Un pape, un empereur, un roi ». (Il s'agit de l'examen des droits religieux du Tsar.)

« Di un libro molto prezoso en poco noto ». (Prof. C. Castellani, Rivista delle Bibliotteche, anno IV, vol. IV, p 33.)

« Le ver rongeur des sociétés modernes ».

« L'envers de la médaille ».

« Essai de solution philologique d'une question d'archéologie généralement réputée insoluble ».

« Pourquoi nous prononcer pour la négative ».

Dans certains recueils de brevets, une bière (cercueil) a été classée parmi les boissons et un orgue électrique (boîte de distribution de courant), ainsi dénommée par son inventeur, a été classée parmi les instruments de musique.

(1) Livres à titres bizarres. Revue des Bibliothèques et Archives de Belgique, 1906 (sept. déc. 492).

231.17 Place et forme du titre.

Deux hypothèses.

A. Le titre vient le premier, suivi du nom de l'auteur car : 1° on lit d'abord le titre puis l'auteur, aux étalages surtout ; 2° on obtient un titre plus net car entouré de plus de blanc.

B. Le titre après le nom car : 1° on économise le mot *par*, ce qui fait une ligne (il est vrai qu'elle compense le tiret après le nom en tête ; 2° le titre marque le nom d'une œuvre qui se présente d'une manière autonome. Un bijou, un tableau, un monument ne se signe pas «par».

Des majuscules de même grandeur sont employées pour les mots du titre. Ceci par analogie avec les inscriptions romaines des monuments, mais c'est un fait qu'un long texte en capitales est difficile à lire. Rien n'accroche l'œil. Des capitales initiales plus grandes sont justifiées.

231.18 Les titres et les notices bibliographiques.

La description bibliographique du titre a donné lieu à ces questions : Droit de l'abréger — ou de le modifier pour le rectifier — ou de le développer pour l'expliquer dans les catalogues. (Discussion à la Société royale de Londres.)

D'autre part, le titre sert de base au classement de l'ouvrage. Un auteur a le droit de voir son livre figurer sous la rubrique de son titre et un bibliographe est à couvert si son classement correspond au titre, sans préjudice des notices classées secondairement aux réels sujets traités.

231.19 Régime juridique du titre.

1. La loi protège le titre comme le livre, mais cette protection est subordonnée à ce fait que le titre soit original et un titre composé.

2. Le titre d'un journal en France n'est protégé que s'il est déposé au Parquet et si la publication s'en suit. L'usage conserve le droit, le non usage l'éteint, mais un non usage définitif. Donc bien des publications peuvent cesser de paraître sans cesser d'exister, si leur propriétaire en publie un ou deux numéros dans l'année.

3. Une décision de justice a dit :

« Attendu qu'il n'est pas douteux qu'en choisissant le titre « Les Deux Gosses » et en se l'appropriant pour le faire servir à la dénomination de bandes cinématographiques qu'elle met en vente, la société défenderesse, encore que les vues qu'elle reproduit en public par le moyen de ces bandes n'aient aucun rapport avec l'ouvrage de M. Decourcelle, a cependant voulu profiter de la vogue qui s'attachait dans le public à ce titre ;

» Attendu que le droit de l'auteur n'est pas limité à la propriété littéraire de son œuvre, puisque ce titre l'individualise et permet de la distinguer des œuvres similaires. » (Tribunal de commerce de la Seine. Art moderne, 1907.)

4. Le Congrès international des éditeurs a demandé des droits de propriété exclusive des titres caractéristiques de livres.

Vœu n° 60. — « Il est désirable d'adopter un système d'enregistrement de tous les titres caractéristiques, système comportant le droit exclusif de se servir du titre pendant la durée du droit d'auteur. En Autriche, la protection des titres est réglée par l'article 22 de la loi sur les droits d'auteur. La jurisprudence des Chambres de commerce et d'industrie se prononce pour l'enregistrement comme marques. En conséquence, non seulement les titres, comme marques verbales, mais aussi en général les pages-titres peuvent être enregistrées par les Chambres de commerce et d'industrie en vertu de la loi sur les marques et modèles. » (1)

231.2 L'auteur.

L'auteur est la personne qui créé ou invente une œuvre, imaginative ou documentaire.

a) Sur les imprimés, le nom de l'auteur est placé sur la page titre; dans les articles de revue ou de journal, il est souvent placé à la fin.

b) Dans les manuscrits anciens, il se trouve à la fin. Au moyen âge et à la renaissance, les auteurs latinisaient leur nom, ce qui a donné lieu à beaucoup de confusions dans le catalogage de leurs œuvres.

c) L'orthographe, surtout celui des noms propres, a été longtemps fantaisiste. Les prononciations locales y contribuaient largement. Ainsi Montarby ou Monterby.

d) Les ouvrages qui ne portent pas de noms d'auteur sont dits anonymes (sans noms).

L'usage qui consiste à supprimer les noms des auteurs a été appliqué très souvent aux œuvres de femmes. Et c'est là une clé pour les retrouver. Les auteurs masculins ont toujours été cités par les historiens, même quand on leur attribuait les ouvrages des autres, ou quand ils n'avaient peut-être jamais existé, comme Orphée, Pythagore, Zoroastre et tant d'autres.

Dans les *Vers Dorés* (p. 189), à propos d'un ouvrage, de Lysis dit: « S'il n'attacha pas son nom à cet ouvrage, c'est qu'à l'époque où il écrivait, l'ancien usage persistait encore de considérer les choses et non les individus.

Les disciples d'un grand homme n'avaient point d'autre nom que le sien. Tous leurs ouvrages lui étaient attribués. Ceci nous explique comment Vyasa aux Indes, Hermes en Egypte, Orphée en Grèce, ont été supposés les auteurs d'une telle multitude de livres que la vie de plusieurs hommes n'aurait pas même suffi pour les lire.

(Fabre d'Olivet.)

Dans le débordement de jalousie sexuelle de cette époque, on attribua à un homme créé par l'imagination des prêtres tous les ouvrages écrits antérieurement à lui par des femmes, dont les noms disparurent à jamais de l'Histoire. (Céline Renooz: L'ère de vérité, II, p. 448.)

e) Parfois des auteurs dissimulent leur véritable identité sous des noms empruntés ou imaginaires. Leurs ouvrages sont alors des pseudonymes.

Cette dissimulation de la personnalité a pour cause le désir d'une plus grande liberté d'expression ou le désir d'échapper à des représailles ou envie.

Il paraît fastidieux à certains d'employer toujours le même pseudonyme et leurs œuvres paraissent sous un très grand nombre de noms.

f) L'auteur joint souvent à son nom ses propres titres, qualités, notamment ceux de sa profession ou ceux de ses titres scientifiques qui forment son autorité quant à l'ouvrage. Parfois le nom de l'auteur est suivi de l'indication de son œuvre principale. (1)

g) Parfois l'auteur appose sa signature ou son paraphe sur les exemplaires de son œuvre.

On trouve souvent le portrait de l'auteur en tête des livres.

231.3 Date. Millésime.

a) En principe les ouvrages doivent être datés.

b) Dans les manuscrits la date est placée à la fin. Dans les ouvrages imprimés elle est ordinairement placée sous la page titre, parfois en forme « achevé d'imprimer », parfois auprès du nom de l'imprimeur.

c) Beaucoup d'œuvres ne sont pas datées, sont antidatées ou postdatées. La détermination de la date doit faire parfois l'objet d'études très nombreuses.

Ainsi, l'on débat depuis longtemps la date de la composition des huit livres de la Politique d'Aristote. Tantôt le Livre VIII est attribué aux débuts de la maturité d'Aristote, tantôt à ses dernières années.

d) Les Elzevirs n'ont daté que très peu de leurs ouvrages, peut être pour ne pas se compromettre aux yeux des puissants.

e) Des éditeurs prennent ou reprennent la mauvaise habitude de ne pas dater les livres qu'ils publient, de n'y inscrire aucun millésime. L'avantage commercial, c'est qu'ainsi un volume peut garder longtemps l'apparence d'une nouveauté. Mais c'est comme une supercherie, au détriment de la vérité, et cette supercherie est une source d'erreur, en bien des cas, pour les historiens et les critiques. Il est parfois de la plus grande importance de savoir si un ouvrage est antérieur ou postérieur à un

(1) Voir l'édition de la loi autrichienne commentée par le Dr Baron de Seiller, Vienne. Mauz 1904.

(1) Ex.: Truth of the War, by E. D. Morel, Author of...

autre. A la Bibliothèque Nationale de Paris, on a pris l'habitude, pour remédier à cet inconvénient, d'inscrire au composteur la date de réception de chaque volume non pourvu de millésime. Malheureusement, les imprimeurs ne font pas toujours le dépôt légal l'année même où paraît le volume.

Au Ministère de l'instruction publique français, cette question du millésime a été examinée par le comité des travaux historiques. Unanimement, le vœu a été exprimé que la loi sur le dépôt légal soit modifiée à ce sujet, et qu'il soit ajouté un article ordonnant que le millésime de l'année soit imprimé sur le titre de chaque volume. Le gouvernement annonce la sanction de ne plus souscrire à aucun ouvrage qui ne porterait pas d'indication de millésime.

Le Copyright oblige les éditeurs à dater leurs livres, mais souvent ils ont soin de placer la mention du Copyright et de la date à une place où nul n'aurait l'idée de la chercher.

f) Dans les écrits ecclésiastiques, il y a la date du permis d'imprimer *(Nihil obstat).*

Certains ouvrages qui ont exigé un long temps d'imprimer portent la date de l'achevé d'imprimer.

g) Certains livres sont datés par année, mois et jour. Ex. : Albert Cheron : Les innovations législatives égyptiennes en matière de société. Paris, Rousseau, 26 mai 1931.

h) Détermination de la date d'ouvrages non datés. — La citation dans le corps du livre de tiers ouvrages qui sont datés est un moyen de déterminer la date antérieure à laquelle il n'a pu être imprimé.

i) La contrainte d'exprimer la date de la publication d'un livre en chiffres romains remonte à l'origine de l'imprimerie. Tandis que les règles de l'emploi des chiffres arabes sont certaines en incunables, il n'en est pas de même des chiffres romains. Souvent D (500) est exprimé par des éléments I Ɔ, et M (1000) par C I Ɔ. Par suite d'addition et de soustraction on est souvent placé devant des sigles. Voici quelques exemples inintelligibles de millésimes rares ou embarrassants.

MccccLXXII (1000+400+50+20+2)	1472
MiiijD (1000+500—4)	1493
M' Ɔ VIII	1508

j) Les dates ne sont pas les mêmes pour tous les calendriers. Il est proposé un calendrier universel dû à la réforme du calendrier grégorien. La S. D. N. a publié la classification en 9 catégories de divers projets actuellement existants.

231.4 Adresse bibliographique.

a) L'adresse bibliographique (Direccion bibliographica pie de imprenta) est la mention placée ordinairement au pied de la page titre du livre. L'adresse comprend le nom et l'adresse de l'éditeur, tout au moins la ville, et on comprend aussi dans l'adresse la date de publication au sens étendu du mot.

b) Les ouvrages portent d'ordinaire le nom de l'éditeur. Ils portent quelquefois celui de l'imprimeur. Le premier est porté sur la page titre, le second est souvent indiqué in fine. Des imprimeurs apposent parfois leur signature autographique.

c) Des circonstances douanières amènent maintenant à indiquer sur les volumes le pays où est imprimé l'ouvrage.

d) Le « colophon » est le paragraphe placé à la fin des livres imprimés dans lequel est donné le nom et l'adresse de l'imprimeur, le lieu et la date de commencement ou d'achèvement de la publication ou quelques autres particularités.

e) Les typographes hollandais ne faisaient jamais figurer leur nom sur leurs productions. Le plus souvent l'éditeur seul signait le livre, sans ajouter s'il en était en même temps l'imprimeur.

232 Préface - Introduction.

a) Tout discours préliminaire dont on fait précéder un livre, soit pour en expliquer le plan et l'intention qui a présidé à sa composition, soit pour gagner la bienveillance du lecteur, prend le nom de préface. On lui donnait autrefois le nom de prologue, mais ce nom aujourd'hui n'est guère employé que pour les pièces de théâtre. On l'a appelé aussi « Isagoge, préliminaire, préambule ».

b) La préface prend quelquefois le nom d'avant-propos. Elle est elle-même précédée parfois d'un avant-propos dont elle est le développement et la justification.

c) L'introduction présente en un résumé toutes les connaissances nécessaires à l'intelligence de l'ouvrage. Elle fait connaître, par exemple, l'état de science des arts et des lettres à une époque ; elle rappelle les événements au nombre desquels s'encadre la vie ou l'histoire particulière que l'on va raconter. L'introduction peut se développer au point de devenir elle-même un véritable ouvrage.

d) En tête d'une édition on établit l'historique de l'ouvrage : telle édition, année, tirage. Ex. : Encyclopedia Britannica.

e) Préliminaire. — Ce nom est donné à l'ensemble des chapitres et documents qui en qualité de préambule précèdent le texte de l'œuvre.

On trouve ceci en tête d'un livre :

« Pour faciliter au lecteur l'étude de cet ouvrage, je lui conseillerai de commencer par la lecture du dernier chapitre qui résume la direction générale de tous mes arguments. »

La préface concerne : 1° l'origine de l'œuvre ; 2° son aspect ; 3° ses relations avec les œuvres antérieures de l'auteur ou avec d'autres œuvres ; 4° l'indication des collaborateurs et les remerciements ; 5° les conditions du travail de l'auteur.

L'usage veut que l'auteur explique comment et pourquoi il a écrit son livre, le but qu'il a poursuivi.

Porphyre, disciple de Plotin, mit aux catégories d'Aristote une préface exacte et élégante que la postérité ne sépara plus de l'ouvrage même.

Il faut commencer et terminer la lecture d'un ouvrage par la préface : commencer pour savoir dès l'abord ce que l'auteur promet ; terminer pour contrôler s'il a tenu parole.

Parfois la préface forme une œuvre par elle-même. Ainsi dans les œuvres de Bernard Shaw.

Dans son traité, « Le salaire, l'évolution sociale et la monnaie », M. Fr. Simiand (Paris, Alcan) commence par indiquer aux lecteurs ce qu'ils doivent lire de son ouvrage selon qu'ils disposent d'un peu de temps, d'une heure ou deux, ou de quelques loisirs.

La dédicace est le paragraphe ou la lettre (épitre dédicatoire) qui se place au commencement d'une œuvre, ordinairement après la page titre et adressé à la personne à qui elle est offerte. Les dédicaces avaient une grande importance autrefois, où les écrivains, dépendant des seigneurs, devaient manifester de cette dépendance en la proclamant publiquement.

La préface doit définir le but, l'esprit et le plan de l'ouvrage.

Postface. — Elle a sa raison d'être lorsque la publication de l'ouvrage s'est poursuivie sur un long espace de temps pour permettre à l'auteur de mettre à point certaines questions.

Avertissement. Avis aux lecteurs. — Contient des observations pratiques sur la manière de se servir de l'ouvrage.

But du livre. — Champ du livre. — Ordre du livre et marche de l'ouvrage.

233 Corps de l'ouvrage.

Le corps d'un ouvrage c'est le texte lui-même dégagé de tous accessoires tels que préface, préliminaire, appendice, tables, etc.

Le corps consiste dans les matières qui y sont traitées et c'est la partie de l'auteur ; entre ces matières, il y a un sujet principal à l'égard duquel tout le reste est seulement accessoire.

233.1 Division, sectionnement des ouvrages.

1. *Notion.* — Le texte se divise communément en tomes, parties, livres, chapitres, sections, paragraphes, etc. entre lesquels est distribué toute la matière.

Au sectionnement il faut des tables correspondantes. Ces facilités pour le lecteur ne doivent jamais être négligées dans des livres qu'on peut être appelé fréquemment à feuilleter.

Le but du sectionnement est de retenir l'attention, exciter l'intérêt, soulager la mémoire. Il faut y joindre une habile disposition typgraphique, notamment l'emploi de caractères variés, usage des vignettes et des gravures.

La division en paragraphes et les rubriques aménagées en marge permettent au lecteur de passer tout ce qu'il juge superflu pour lui.

Le traitement logique d'un sujet selon un cycle de divisions et subdivisions nettement accusées dans le texte est un progrès dans le livre scientifique et didactique. Il correspond à un développement de la ponctuation dans un double sens : 1° c'est une ponctuation d'un degré plus élevé que le simple point (.) ; 2° c'est une ponctuation placée à la division logique de l'idée et non des seules phrases du langage qui les exprime.

Le titre est en fonction de la division adoptée. Il est comme la rubrique générale à placer en tête de la table des divisions et celles-ci sont comme autant de sous-titres du titre lui-même.

Les divisions sont de divers ordres. A côté de celles qui correspondent au développement fondamental du sujet, il y a celles qui se rapportent aux introductions et conclusions, aux conditions externes du sujet comme sa présentation, à des annexes, des tables. Ainsi on peut diviser un ouvrage en parties (livres) et lui donner outre les parties principales numérotées, une partie préliminaire (définition du sujet dans son ensemble et indication de la marche de son développement) et une partie complémentaire (par ex. l'histoire et la bibliographie du sujet). Une préface, un épilogue.

2. *Historique.* — Les anciens ne connaissaient pas la division d'un ouvrage en plusieurs livres, d'un poème en plusieurs chants d'étendue à peu près égale, *L'Iliade et l'Odyssée* comprenaient bien un certain nombre de rhapsodies qu'on pouvait réciter séparément, mais ces rhapsodies ne répondaient pas du tout à trois chants distincts et nous apprenons d'un scoliaste qu'on les écrivait à la file sans autre marque de séparation que le signe appelé *Coronis.* Ni Hérodote ni Thucydide ne divisèrent leurs histoires en livres. De même Xenophon, Platon, Théophraste, en un mot tous les auteurs qui ont précédé l'ère d'Alexandre.

C'est à partir de ce moment seulement que des écoles annexes de grammaire et de critique ayant été fondées en annexe à la Bibliothèque d'Alexandre, ceux-ci éprouvèrent l'embarras de retrouver un passage ou de vérifier une citation. On divisa donc chacun des poèmes d'Horace en vingt-quatre chants destinés à être écrits sur autant de petits rouleaux et désignés par la série de lettres de l'alphabet grec.

Hérodote fut partagé en neuf parties qui prirent le nom de neuf muses. Le même principe fut appliqué ensuite aux autres ouvrages. A partir des premiers Ptolemées tous les écrivains sectionnèrent eux-mêmes leurs ouvrages de longue haleine en livres de longueur uniforme.

Le morcellement des ouvrages en rouleaux à livres faisait souvent des coupures arbitraires selon l'étendue des rouleaux du commerce et les rouleaux s'égaraient rendant le livre incomplet. On serrait alors les rouleaux dans un même écrin, moyen insuffisant. Que de livres furent ainsi perdus, rendus incomplets! C'est assez tard qu'on prit l'habitude de terminer la ligne avec le sens.

3. *Unités du sectionnement.* — A la manière de la simple arithmétique, en toute matière il doit être déterminé ce qui doit être tenu pour l'unité normale (un), avec ses multiples d'un côté (deux, trois, dix, cent), ses sous-multiples de l'autre (un dixième, un centième, etc.) Cette détermination est conventionnelle. Par elle se réalise l'analyse et la synthèse, la décomposition et la combinaison. Il serait inexact de faire de l'idée la pensée scientifique correspondant à l'unité de la réalité objective. Car s'il y a des unités déterminées en certaines parties de la science, elles manquent en d'autres et certaines sciences n'en ont pas du tout. L'analyse scientifique redeviendra une idée dite simple et une plus simple, jusqu'à la plus ultime qui est l'*être* sans détermination. Dès lors la proposition implicite ou explicite dans la phrase n'est que l'unité de langage, l'unité du discours verbal ou écrit (documentaire).

Une unité extérieure et qui ne cadre pas exactement avec l'unité de pensée. Celle-ci détermine l'auteur en chaque cas particulier correspondant à une phrase principale avec éventuellement une ou plusieurs phrases déterminatives et précisantes, attendu que grammaticalement est possible la phrase courte ou le complexe de la phrase, allant jusqu'à la période. Dans la pratique ce sera ou à peu près l'alinéa, ou ce que les anciens appelaient les *versets*.

4. *Espèces de divisions.* — a) Le tome correspond à une très grande division de l'ouvrage. Le terme volume indique une division matérielle dépendant uniquement de la reliure. Ordinairement la division par volume concorde avec la division par tome. Il n'est pas rare cependant de rencontrer des tomes reliés en un volume; il est très rare au contraire que plusieurs volumes séparés soient nécessaires pour contenir un seul tome.

Les études d'une science sont trop vastes pour être enfermées en deux ou trois volumes.

b) Le chapitre définit chacune des parties dans lesquelles se divise une œuvre ou un écrit aux fins du meilleur ordre et de la plus facile intelligence de la matière dont il est traité.

Un chapitre correspond à une question en science.

c) Le paragraphe se définit chacune des divisions d'un écrit ou d'un imprimé qui se font en passant d'un point à un autre.

Dans les grammaires on donne comme titre aux paragraphes les phrases qui servent d'exemple. Ainsi le contenu se précise et à la seule lecture de l'exemple la règle est rappelée.

d) Verset. — Le livre ancien est formé de versets. Courtes phrases, deux ou trois phrases au plus. L'enchaînement des versets laissait idéologiquement à désirer. Rien de notre art moderne d'exposer.

Dans certaines sciences la division des matières porte des noms spéciaux. Ainsi en géométrie, les divisions sont appelées théorèmes, problèmes, corollaires, scolies.

5. *Desiderata du sectionnement.* — a) Il est désirable que, dans l'intérêt des diverses parties et chapitres, les matières soient autant que possible traitées d'après un plan symétrique. (1)

b) Le sectionnement doit être rigoureusement conforme à la division de la matière elle-même.

Les auteurs parfois donnent à plusieurs chapitres qui se suivent le même intitulé et en font des suites ou des fins. C'est un procédé inadmissible. La disposition systématique de la matière doit être indépendante de la longueur des textes et il y a quelque chose de choquant à voir couper un développement pour des raisons aussi extrinsèques.

6. *Titre courant.* — Le titre courant doit remplir dans le livre un office utile. Il faut le considérer comme le sommaire ou le résumé de la page au dessus de laquelle il est placé.

C'est une erreur de donner à toutes les pages d'un livre le même titre courant, celui du livre lui-même. Ce titre est bien connu du lecteur et mieux vaut consacrer la place à mentionner sur les pages paires (gauches) les grandes divisions de l'ouvrage et sur les pages impaires (droites) les divisions les plus spéciales; de toute manière des mots expressifs, empruntés à l'ordre systématique. En vue du découpage des livres scientifiques et techniques, il pourrait être utile cependant que chaque page porte en bas le titre avec le nom de l'auteur et l'année.

7. *Division en cartons.* — Les parties d'un livre peuvent être mise en évidence par des feuilles de papier fort ou de carton blanc ou de couleur portant sur les côtés les notations du sectionnement. Ex.: *Manuel de l'Institut International de Bibliographie* (publication n° 67). Certains comptes rendus annuels de la Caisse d'Epargne de Belgique.

8. *Mention de la fin des ouvrages.* — Il y a lieu d'indiquer clairement qu'un article, partie d'ouvrage ou volume est fini. Si la publication de certaines parties ou volumes est indéfiniment ajournée, le fait doit être mentionné clairement sur les numéros subséquents. Le mot « Finis » ou « Fin » est consacré. On l'accompagne parfois d'une vignette.

(1) Exemple: dans les 19 volumes de sa *Géographie Universelle*, Elisée Reclus a maintenu l'ordre le plus régulier dans la description de tous les pays: généralités, orographie, hydéographie, climatologie, flore, faune, etc. Voir à ce sujet la Théorie des subdivisions communes de la Classification décimale.

Quantité d'ouvrages dont les suites ont été annoncées (à suivre) n'ont jamais été continués ni achevés, souvent de par la volonté des auteurs qui ont changé d'opinion.

233.2 Notation des divisions.

La notation des divisions réalise un système pratique et précis. (1) Il sert à la consultation, à la référence et à la signalisation.

La notation des paragraphes peut tenir lieu de transition. Le lien peut être dans la pensée qui se suit et embrasse sans peine des objets divers parce qu'elle les rapporte tous à un objet supérieur parfaitement déterminé.

Espèces de notation. — L'indication des divisions peut se faire par une notation basée soit sur des chiffres, soit sur des lettres.

a) Les chiffres donnent lieu au numérotage, soit un numéro courant (numerus currens), soit un numéro décimal correspondant aux divisions de la Table des Matières (voir Tables de Matières).

Les chiffres sont des chiffres arabes ou des chiffres romains.

b) Les lettres donnent lieu à une littération (ex.: littera C, littera Cb). Les lettres sont majuscules, minuscules ou une combinaison des deux. Elles peuvent être latines ou grecques, ou une combinaison des lettres des deux alphabets. Ex.: B.γ.

c) Il peut y avoir combinaison de chiffres et de lettres. Ex.: II B.γ

Numérotage. — Le numérotage est de création relativement récente. Ce n'a été qu'au XVIe siècle, dans l'édition de Du Moulin (Lyon 1554) et de Le Conte (Paris, 1556) qu'on a commencé à donner des numéros aux différents chapitres ou canons des distinctions et des causes des œuvres de Gratien. Pendant tout le moyen âge et souvent encore dans les temps modernes, on les a cités par le premier mot du canon.

C'est tardivement aussi qu'ont été numérotés les versets de la Bible. Dans l'usage, les chapitres des divers livres qui la composent sont indiqués conventionnellement par des chiffres romains et les versets par des chiffres arabes. Ex.: *Mat.* V, 1-8. Evangile selon Saint-Mathieu, chap. V, versets 1 à 8.

Les articles des codes, des lois, des conventions sont numérotés. Le Code civil français (code Napoléon) comporte 2.200 articles. Les lois de certains Etats sont elles-mêmes numérotées par année. On dira « Chapter 415 of the Laws of 1897 ».

Le numérotage des vers, éventuellement des lignes, est un moyen pratique pour les notes inframarginales ou en fin de texte.

Dans l'édition des classiques de Teubner, les vers sont numérotés de cinq en cinq.

(1) Sur la numérotation en général, voir ce qui en est dit sous « classification » et sous « administration ».

Dans les Proceedings de la British Museum Commission de 1849, toutes les questions et toutes les réponses ont reçu un numéro d'ordre continu.

Le numérotage sera ou unique à travers toutes les parties d'un ouvrage ou recommençant. Parfois les suppléments édités plusieurs années après sont paginés et numérotés à la suite (ex.: Géographie des frères Alexis).

233.3 Ordre des matières dans le livre.

Un livre a une progression, une série, la raison qui procède à son enchaînement (la classification, l'ordonnancement, la logique). La question des ordres a été traitée à l'occasion des éléments intellectuels du livre.

La série échelonnée ou graduée comme dans les règnes animal et végétal est la forme la plus ordinaire aux ouvrages de raisonnement dans lesquels on procède par division et subdivisions du sujet.

L'ordre varie à l'infini d'après les auteurs, d'après les ouvrages et même d'après un même ouvrage quand il s'agit d'une œuvre constituant une collection. Ainsi S. Berger ne compte pas, pour l'Ancien Testament seulement, moins de 212 ordres différents, distribués en sept series principales et il déclare expressément que cet ordre pouvait être augmenté. Pour le Nouveau Testament, il signale 38 ordres.

233.4 Rubrication.

Les divisions reçoivent leur dénomination (titre, intitulé, rubriques). Les rubriques facilitent énormément la lecture et les recherches. Si les divisions circonscrivent nettement le sujet traité, les rubriques concentrent la pensée sur leur objet principal. Bien rubriquer un document est tout un art. L'auteur qui s'impose de le faire voit s'améliorer son exposé, car le fait seul d'avoir à exprimer des rubriques adéquates, claires et se succédant en série, oblige à préciser quel est l'objet d'un paragraphe ou d'une section et à mûrement réfléchir à l'ordre du plan d'exposés.

Autrefois, il y avait un spécialiste, le « rubricateur » ou enlumineur qui traçait sur les livres les rubriques.

La rubrication des lois et des ordres du jour de congrès et assemblées législatives fournit ample matière expérimentale à une technique de la Rubrication. (1)

(1) Dans sa « Somme des connaissances humaines », Elie Blanc s'exprime ainsi : « Les articles sont numérotés de 1 à 10,000 et chaque volume en comprendra 100 exactement, ce qui simplifiera extrêmement les renvois et les recherches. Plusieurs articles de moindre importance pourront être réunis sous un même numéro d'ordre. Ils seront désignés distinctement s'il y a lieu, par des décimales. La numérotation adoptée peut donc satisfaire à tous les développements ultérieurs et à toutes les exigences. Chaque article, s'il est étendu, sera précédé d'un sommaire dont chaque partie sera développée dans un paragraphe distinct. »

Les rubriques ont joué un rôle énorme dans le Décret de Gratien (Droit Canon).

233.5 Pagination.

1. *Notion.* — Les pages d'un livre, les feuilles d'un document sont numérotées et le numérotage est continu. But : *a)* moyen de maintenir l'ordre entre les éléments épars, d'éviter toute interversion des feuilles pendant la correction, le tirage, le brochage, la reliure; *b)* moyen d'indiquer l'endroit exact de l'ouvrage quand les éléments sont rassemblés, de faciliter les renvois des tables de matières, les références d'une partie à l'autre des volumes, les citations.

La pagination se rapporte à la division des éléments matériels du livre (le support, le papier), tandis que la notation de divisions se rapporte à la division des éléments intellectuels.

2. *Dispositifs de la pagination.* — La pagination peut se présenter de diverses manières : a) Haut ou bas des pages. b) Côté extérieur ou intérieur des pages ou en leur milieu. Il convient de placer la pagination sur les côtés extérieurs des pages. 1° A l'extérieur des pages, car ainsi on peut feuilleter seulement leur extrémité gauche et droite, en économisant l'opération d'avoir à les découvrir entièrement; 2° au bas des pages, car on peut disposer du haut des pages et les parties en belle page peuvent elles-mêmes être paginées. c) Grand ou petit caractère, nombre encadré ou non, en grasse ou souligné. C'est une erreur de ne pas indiquer en très grands caractères la pagination des livres de fréquente consultation.

3. *La mise en page.* — Elle peut offrir différents dispositifs. 1° Continue, c'est-à-dire recto et verso. 2° Recto seulement, le verso étant blanc réservé à des annonces et par conséquent sacrifiable à volonté pour le découpage. 3° Disposition permettant l'isolement de chaque article par découpage et collage. 4° Renvoi de la suite d'un article plus loin dans le même fascicule. 5° Les livres classiques présentent souvent une page ou deux pages placées en regard quand elles se réfèrent à une même idée. (Ex. : Histoire, Géographie.)

A la pagination il est utile d'ajouter les indices du chapitrage et de les placer à droite et à gauche du titre courant. (Voir le dispositif adopté dans ce traité.)

4. *Pagination continue ou fractionnée.* — Il y aurait avantage et simplification, dans les ouvrages scientifiques, à n'avoir qu'une seule pagination continue à travers un même ouvrage. Il n'y aurait pas d'exception pour les pages titres et les chapitres en belle page. Pour des raisons d'esthétique, la pagination en ce cas serait reportée au bas des pages.

Il y aurait peut-être avantage pour les tables et les citations à ce que les périodiques adoptent une pagination continue à travers les semestres et les années. Ce serait en même temps une statistique toute faite de leur matière imprimée.

On atteindrait de hauts chiffres, mais cela est secondaire. Ainsi la pagination du *Börsenblatt* donne, en 1905, la page 7449.

Lorsqu'il est publié des articles très longs, on a employé une pagination séparée simultanément avec une pagination continue.

Dans les publications à fascicules ou à partie distincte, on peut arriver à une pagination fractionnée sous cette forme : 14—27, ce qui signifie Fascicule 14, p. 27. Ex. : Traité d'hygiène de Chantemesse et Mosny. Cette notation serait reproduite seulement aux pages impaires.

La « Revue de l'Université de Bruxelles » a donné à ses articles deux paginations : celle de la revue et celle des articles. Ainsi se sont trouvés tout paginés les tirés à part. (1)

362	8

9	363

5. *Pagination en chiffres arabes ou romains.* — On s'est élevé contre les chiffres romains et on demande que la pagination aussi soit faite en chiffres arabes. S'il y a lieu de créer plusieurs séries, on pourrait les distinguer en faisant accompagner d'une lettre les séries secondaires.

Les belles pages (celles qui commencent le volume, les parties ou les chapitres) ne sont point paginées. On l'a demandé cependant pour faciliter la consultation, et on l'a indiqué parfois au pied de la page.

6. *Subdivision de la page.* — Il peut y avoir intérêt à pouvoir désigner avec sûreté la colonne, la partie de la page, la ligne, et même le mot.

a) La colonne se désigne par 1er, 2e, 3e, etc.

Pour les journaux on pourrait convenir d'indiquer la page, la colonne et le rang de l'article dans la colonne, soit p. (1—4—3).

b) La partie de page et par conséquent la partie de la colonne peuvent être indiquées en divisant la page en 5 par les lettres A B C D E écrites en marge.

Ainsi, dans Quérard, *Supercheries littéraires* et Barbier, *Dictionnaire des ouvrages anonymes.*

c) Les lignes peuvent être désigné par leur ordre

---

(1) Dans le Grand Concours de Bruxelles 1888, on trouve formulé ces desiderata :
« Rechercher un système uniforme de tomaison, de » pagination, de titre courant.
» Quel serait le moyen de provoquer une convention » entre les éditeurs et les imprimeurs de divers pays » pour arriver : a) à adopter le système de la tomaison » effectuée, c'est-à-dire à supprimer la tomaison fractionnée en parties de quelque nom qu'on les appelle; » b) à adopter le chiffrage continu, sans lacune, de la » pagination, c'est-à-dire abandonner la coutume de ne » point chiffrer les pages commençant par un titre de » chapitre ou un titre explicatif, et à supprimer comme » titre courant dans un livre le titre même de ce livre » ou à le remplacer par les titres du contenu des chapitres ? »

numérique répondant en marge de cinq en cinq lignes. Ex.: 5, 10, 15, 20, 25, etc.

La reproduction des anciens textes porte déjà en marge un numérotage continu des lignes. (1)

d) Le mot est désigné par le rang occupé dans la ligne. D'où cette mention :

Ex.: p. 35^9—36^8 qui signifie de la page 35, ligne 9 à la page 36, ligne 8. Autre ex.: p. 35^{9-4}, qui signifie page 35, ligne 9, 4e mot. Les articles, les nombres, les lettres initiales comptent comme des mots, ainsi que les parties de mots coupés au commencement et à la fin des lignes. Si l'on adoptait le système suggéré de désigner un livre par son numéro d'ordre (pays, année et numéro d'ordre), et si le système était généralisé on pourrait, à l'aide de quelques nombres, désigner un *mot* dans l'ensemble universel des livres. Ex.

(493)-«1933»N°-1227-p. 35^{9-4}.

7. *Pagination intercalée.* — Pagination spéciale suivie d'astérisques ou de lettres quand il y a interfoliation, notamment parties de revues à relier séparément à la fin de l'œuvre. Voir la partie « Bibliographie » de la *Revue d'Histoire Ecclésiastique.*

8. *Substitut de la pagination.* — Dans les documents manuscrits ou imprimés sous forme de feuilles volantes ou fiches, la pagination perd sa fonction à raison de l'intercalation toujours possible et du classement possible d'après des bases diverses. Les indices de classement de la matière servent alors à la pagination. L'on inscrit cependant à chaque feuille ou fiche un numéro destiné à les individualiser et qui sont empruntés à une série unique. On peut, ainsi, sous une même classe, les retrouver avec certitude.

234 Tables, Index.

234.1 Notions.

1. Les tables sont des listes placées au commencement ou à la fin du livre et dans lesquelles sont indiqués les chapitres ou les divisions notables qu'il contient, avec la référence aux pages où il en est traité afin d'en faciliter la consultation.

Une table des matières peut être définie comme la bibliographie (ou catalographie) du contenu d'un seul ouvrage.

2. La table des matières a plusieurs fonctions : a) annoncer le contenu d'un ouvrage; b) faire retrouver le lieu où une question y est traitée; c) décharger le texte de certaines indications en les reportant *in fine* (par ex. un index des espèces dans un traité de zoologie); d) permettre d'embrasser le sujet général dans sa complexité, les parties et l'ensemble, les corrélations des parties, le tout grâce à un résumé synoptique des matières traitées.

(1) Voluspa. Texte d'après les vélins de la Bibliothèque de Copenhague, dans Van den Bogaert, *Recherches sur l'histoire primitive des Belges.*

C'est une réduction des matières présentée méthodiquement de façon qu'on puisse en voir l'ensemble d'un seul coup d'œil (table généalogique, chronologique).

La table des matières établit entre les diverses parties d'une œuvre un lien solide de cohésion. En la dressant, on constate souvent les lacunes.

3. La table est un élément absolument nécessaire. Ce sont les données de l'ouvrage ordonnées selon un autre plan mais, cette fois, avec simple référence aux textes qui ne sont plus répétés. Ainsi, par exemple, ajouter une table géographique ou une table chronologique à un ouvrage disposé dans l'ordre des matières, c'est comme si l'on écrivait une seconde fois en prenant pour base l'ordre des lieux et une troisième fois l'ordre des dates.

Les tables et index constituent en principe le moyen de suppléer à la redistribution des matières de l'ouvrage selon un ordre autre que celui adopté dans le corps de l'ouvrage.

Les tables d'un livre doivent contenir tous les renseignements utiles et être de facile accès.

Elles doivent donc compléter toute publication. Elles ont une importance capitale, en particulier les tables des grands traités, des œuvres des Collectivités, des Périodiques, des Annuaires.

4. *Rapport avec la Bibliographie.* — Les tables des matières et les index constituent en un certain sens des instruments de recherches bibliographiques et comme tels forment des compléments aux Bibliographies. Il en est ainsi surtout des tables et index des périodiques.

234.2 Historique.

Les premiers qui imaginèrent l'index alphabétique furent les Grecs (syllabikê, syllabus) comme le rapporte M. Tullius à Atticus. Il s'agissait de retrouver facilement « cum enim studiosi illi veteres locupletem rerum ac verborum omnium copiam semper et cum maxima commodidate, in promptu agere per desiderarent, excogitarunt sibi indice alphabetaris ordine digestos. Les Jurisconsultes, les théologiens rédigèrent bientôt des tables Amatores litterari, prœsertin jurisconsulti et theologi, libros fere omnes professionis suœ in eleneos, syllabos, indices, tabulas et repertoria copiossima redigerumt ». (Dutripon.)

Dans les ouvrages du XVIIIe siècle, il y avait des tables analytiques très développées, sorte de résumé des propositions développées dans les mémoires.

Les Anglo-Saxons ont de bonne heure attaché une grande importance aux index.

234.3 Espèces de tables et index.

Les tables peuvent être : a) générale ou particulière, b) méthodique ou alphabétique; c) se référer aux matières (idéologique), aux noms de personnes (onomatique), aux lieux (géographique) ou à tout autres données.

Les tables d'un ouvrage peuvent donc se dénommer de deux manières : par leur objet et par la forme de classement. a) Par leur objet : elles seront par matières (idéologique), par nom de personnes (onomatique), par lieu (géographique), par date (chronologique. b) Par leur forme de classement : alphabétique, systématique, numérique, décimale.

Certains ouvrages comportent deux tables de matières. L'une, simple division systématique du sujet, donnant une vue d'ensemble. L'autre analytique, développant en détail la première dans le même ordre systématique.

Sur les caractères et les avantages respectifs du classement systématique, synthétique et analytique de la base alphabétique ou notes, voir ce qui se dit au sujet de la classification.

Le nombre et la variété des index et des tables va en se multipliant dans les ouvrages et ils s'établissent à divers points de vue. (1)

d) Le Manuel général des Travaux de l'Institut de Droit international, 1893.

234.4 Tables systématiques.

a) S'il s'agit d'un travail étendu, la table des matières en constitue le plan qui autrement se dissimule dans le développement comme le squelette sous la chair.

b) Tout livre devrait être accompagné de la table systématique des matières. La table des matières peut souvent avec avantage être répétée par fragments dans l'ordre alphabétique. Elle ne doit jamais être écrite en phrases continues à travers la page, ce qui trouble la lecture. Elle doit toujours indiquer les doubles pages initiales et finales. Ex. : 1—20.

c) Il y a des tables de matières explicatives où les chapitres sont développés par arguments, puis par sommaires correspondant à une thèse ou proposition (ex. : Traité d'Economie Politique de Leroy-Beaulieu).

d) Lorsqu'un ouvrage a plusieurs volumes, ou qu'il est publié par l'auteur plusieurs livres ayant d'étroites connexions les unes avec les autres, il est opportun de publier *in fine* la table synthétique détaillée de l'ouvrage complet. (1)

e) On peut commencer et poursuivre une publication par livraisons ou fascicules sans suivre l'ordre systématique de l'ouvrage. Quand l'œuvre est suffisamment avancée, on publie la table des matières ordonnant la suite en un ordre rationnel. Chaque partie de l'œuvre, quelle que soit sa taille, ayant été brochée à part, l'abonné n'a qu'à remplacer l'ordre chronologique de parution par l'ordre méthodique donné dans la table des matières. Ex. : Encyclopédie des Mathématiques.

234.5 Index alphabétique.

1. *Notion.* — a) L'index établi par ordre alphabétique des mots ou des noms donne le moyen de trouver aisément les matières qui sont traitées dans un livre ou un document. Un livre reçoit du fait de son index une amplification de son usage, une valeur pratique accrue.

L'index remplace tous les noms cités, dans un ouvrage, par des numéros de page ou de division. Ce qui fait que, connaissant un nom, on en trouve aisément la matière, de même que, par la matière, on apprend à connaître le nom auquel elle se rapporte.

Dans certaines de ses parties l'index constitue une sorte de vue synoptique sur la matière. Bien que basée exclusivement sur l'ordre alphabétique, il présente un certain ordre successif qui subordonne alphabétiquement, les parties aux parties et aux parties de parties.

b) Faire un index est tout un art, un art difficile, compliqué et dont les principes et les règles se dégagent chaque jour davantage. Il y a quelques années se constituait en Angleterre une *Index Society* pour pourvoir d'index les ouvrages qui n'en ont point et depuis la méthodologie de l'«indexing» s'enrichit sans cesse de nouvelles contributions.

2. *Méthodes.* — a) Les index alphabétiques contiennent des termes techniques et des noms usuels.

Les mots-matière des objets, questions, etc., et les noms peuvent être donnés en deux index distincts ou en un seul ordre alphabétique.

Ex. : Extrait de l'Index de *The Library*, 1905, p. 452.

Legends, bequeathed by Caxton, rather «Sacra Legenda» than « Golden Legends » 335 199.

Leighton, Alexander, proclamation for his capture, 25.

Lemaître, Jules, notice of his « La Massière », 188.

Letter Writer, a Jacobean, 22-24.

b) Index : avec indication en grasse du siège principal de la matière et subdivisions par points traités : ex. dans Gustave Lanson *Histoire de la Littérature française*. Lesage, 522 ; comédie *534*, 628, 664, 665 ; roman : *668-674*, 675, 678, 679, 710, 748, 811, 817, 820.

---

(1) Exemples : a) le *Traité de Géologie* de E. Haüge. Sur 2024 pages, il compte 100 pages de tables et index, ceux-ci au nombre de six, plus une bibliographie.

b) Le *Traité de Zoologie concrète* d'Yves Delage, contient cinq tables, une méthodique au commencement et quatre à la fin : index bibliographique, table des mots techniques, celle des noms des hôtes des parasites, l'index générique des protozoaires.

c) Vernes *(Manuel d'Histoire des Religions)* fait suivre son livre d'une table intitulée : *Résumé analytique d'après le contenu des paragraphes.* Addition de notices bibliographiques étendues avec jugement sur leur valeur, placées en tête des différentes divisions du livre. Chaque paragraphe est accompagné d'un titre indiquant son contenu et d'une table spéciale, ou résumé analytique, placée à la fin du volume, récapitule ces titres de façon à permettre au lecteur de trouver aisément les pages qu'il a besoin de consulter.

(1) Ex. : Maurice Borgey : *L'élevage humain.*

c) Les notes sont indiquées par les n^{os} des pages suivis de la lettre *n* en italique. Ex. Mandchourie, 52*n*.

d) Trop souvent les index font perdre du temps, quand ils sont multiples, clôturant chaque série (annuelle ou autre) de la publication et quand ils ne donnent qu'un seul index sans déterminatif. Seuls les index cumulatifs et les index à plusieurs vocables (un mot précisé par un ou deux autres) rendent des services désirables.

e) Au lieu de faire figurer dans cet index de simples mots, il est préférable d'y introduire des propositions et de subdiviser les points de vue.

Ex. : *L'index de Enforced Peace* 1916, non en deux colonnes mais en une seule ligne.

League to Enforce Peace, appeal to intellect, not emotion.
Monroe Doctrine, George Grafton, Wilson and Jefferson, definition of
  Not a part of International Law.
  Spreads a Pax Americana over two Continents.
  U. S. bound to arbitrate questions under variety of ideas of.

f) Index consistant en réalité en une redistribution d'un texte sous des rubriques alphabétiques et une répartition de ce texte sous chaque rubrique jugée utile.

Ex. : Index to the Constitution annexée à la publication de la Constitution américaine faite par la Carnegie Endowment. On y trouve sous un mot *Soldiers*, shall not be quartered in time of peace in any house without the consent of the owner, art. 3. (1)

234.6 Autres tables et index.

Il est un grand nombre de tables générales. Elles visent la possibilité d'utilisation de l'ouvrage à divers points ; leur clarté et facilité de consultation doivent faire l'objet d'une attention particulière.

a) *Table géographique.* — Elle renferme l'index rangé par ordre alphabétique ou par ordre méthodique. Il suffira de se reporter à un nom quelconque de ville, de pays ou de région pour voir immédiatement tout ce qui dans un ouvrage intéresse ce lieu.

La terre, ses aspects, sa structure, son évolution, par Aug. Robin. Paris, Larousse.

Index alphabétique illustré de tous les termes géographiques ou géologiques et de tous les noms propres cités dans le volume.

b) *Tables chronologiques.* — En une seule série sont présentées les dates accompagnées s'il y a lieu des termes qui les précisent : environ, presque, avant, après, entre.

Table générale du Journal officiel de la colonie de Madagascar depuis sa création jusqu'à la fin de l'année 1901.

Date de la promulgation	Analyse	Numéro du journal	Date du journal	Observations

Henri Mazel a émis le vœu de voir dresser une chronologie historique des événements racontés et une table philosophique des principales idées de l'œuvre.

c) *Listes des auteurs.* — Listes des auteurs dont les opinions sont discutées ou citées dans cet ouvrage. (Ex. : Vareilles Sommières : Les personnes morales.

d) *Tables de personnages.* — Il s'agit non des auteurs ni des personnes mentionnées, mais de personnes fictives introduites dans les œuvres d'imagination. MM. Christophe et Cerfbeer ont publié un « Répertoire alphabétique des personnages » de la *Comédie humaine* de Balzac (il y en a plus de mille) .

e) *Iconographie.* — Table des figures et des cartes (par n° de figure et selon l'ordre des pages). Table des gravures. Table des planches (reproductions photographiques, hors texte).

Ex. : *Félicien Rops et son œuvre*, édition Deman, 1897. « Cet ouvrage contient une table iconographique constituant un Répertoire général de l'œuvre gravé et lithographié, aussi complet qu'il nous a été possible de l'établir. »

Complément au catalogue descriptif de l'œuvre gravé de Félicien Rops, par E. Ramiro. « Il renferme diverses tabulations : tables des ouvrages illustrés par Rops et des ouvrages dont l'illustration lui est attribuée. Table des auteurs dont il a illustré les œuvres et ceux dont l'illustration lui est attribuée. Table des illustrations du catalogue. Liste numérotée des œuvres qui s'y trouvent décrites avec renvoi à la pagination : errata.

f) *Index des manuscrits.* — Les ouvrages d'érudition comprennent aussi un index spécial des manuscrits avec l'indication des pages où ils sont cités.

g) *Index des initiales.* — Il est parfois donné à part.

h) *Concordances.* — On donne le nom de *Concordance de la Bible* à une sorte de dictionnaire où tous les mots de l'Ecriture Sainte sont classés par ordre alphabétique, avec l'indication des passages où ils se trouvent. Il existe des Concordances en latin, en grec, en hébreu. La concordance latine la plus ancienne remonte au XIIIe siècle, et a été faite par le frère franciscain Saint Antoine de Padoue. Presque à la même époque, le dominicain Hugues de Saint-Cher, vulgairement appelé le cardinal Hugues, en composa une autre plus complète, qui fut aussitôt améliorée par le franciscain Arlot Thuseus et le dominicain Conrad d'Halberstadt : c'est à l'occasion de cette concordance que la Bible fut divisée en chapitres.

(1) Voir dans la Bibliographie *in fine* les travaux sur la méthode d'index. Lire dans *Bulletin I. I. B.* : Note sur la manière de préparer des index. Voir comme modèles : Review of Reviews Index. — Pool Index (A. L. A. Index). — Certains index des publications de la Société des Nations.

Table analytique des matières du Recueil périodique des assurances (longue analyse des cas cités).

Table analytique de la Revue encyclopédique Larousse.

La première concordance hébraïque a été faite de 1438 à 1445, par le rabbin Marchodée Nathan, qui adopta la division par chapitres du cardinal Hugues, et y ajouta la subdivision par versets. Il n'existe pas de véritable concordance grecque pour l'Ancien Testament, mais on en possède plusieurs pour le Nouveau; la première a été composée par Xiste Bétulius, en 1546, et complétée plus tard par Robert Etienne. (1)

i) *Table des espèces.* — Les descriptions des espèces et en particulier les espèces nouvelles ont une grande importance dans les Sciences de la Nature. Pour faciliter les recherches comprises, on indique les espèces usitées dans un index spécial. Ainsi, par ex., la Table des Protozoaires dans le *Traité de Zoologie Concrète* d'Yves Delage. Cette table est imprimée en deux sortes de caractères : l'un plus gros pour les noms de groupe, l'autre plus petit pour les noms de genre. Dans chacune des deux séries on trouvera deux sortes de noms. Les uns sans parenthèses, alignés au bord de la colonne, sont ceux de groupes adoptés ou de genre décrits dans l'ouvrage. Les autres, entre parenthèses et en recul sur l'alignement de la colonne, désignent les synonymes, soit de groupes, soit de genres décrits et chaque synonyme est suivi d'un mot sans parenthèses qui est le nom du groupe ou du genre dont il est synonyme et qui est décrit dans l'ouvrage à la page indiquée par le numéro qui suit son nom à sa place alphabétique. Cela permet de trouver immédiatement les noms des genres et des groupes non acceptés dans l'ouvrage, et relégués par l'auteur en synonyme. Mais il fallait en outre faire l'opération inverse, et indiquer pour chacun des groupes et des genres acceptés par l'auteur les noms synonymes admis par d'autres auteurs. D'ordinaire, c'est dans le corps du texte que se trouvent ces indications, mais ici c'est dans la table qu'elles sont reléguées, placées entre parenthèses à la suite des noms acceptés, après le numéro indiquant le renvoi au texte.

234.7 Tables et index d'après les sciences.

D'après les sciences et les techniques, les Tables ont des formes et présentent une importance variée.

a) En matière de brevets d'invention où il s'agit d'épuiser les recherches, les index ont une importance capitale.

b) Pour les ouvrages de Philologie basée sur la totalité de ce qui s'est dit relativement à un texte, ils ont une non moindre importance.

c) Dans le Droit, les tables jouent un rôle capital dans les recueils de jurisprudence. Il s'agit, sur une question donnée, de retrouver toutes les décisions judiciaires y relatives qui ont été publiées dans les nombreux recueils existants.

234.8 Place et forme matérielle des tables.

a) Régulièrement, c'est en tête du livre que doit se placer la table des matières qui contient l'idée et le plan de l'auteur, toutes choses que le lecteur veut et doit tout d'abord connaître, de même que c'est en tête des chapitres que se place le sommaire, c'est-à-dire la table des matières afférentes à chaque chapitre. Aujourd'hui cependant, on a pris l'habitude de rejeter cette table à la fin du volume, après l'index alphabétique. Cela est dû en partie à la nécessité de déterminer la pagination, ce qui est impossible avant l'achèvement du volume. Mais il est loisible de placer celle-ci en tête en l'imprimant sur un carton extra, paginé et portant des folios en chiffres romains.

La coutume se répand de placer la table en tête du volume ; elle constitue ainsi la meilleure des préfaces.

b) Tout le volume étant subdivisé et les paragraphes indexés, les références seront faites au moyen de ces nombres avec les paragraphes en exposant. Ex. : 321.4^{1}

c) Pour éviter d'ajouter une table aux précédentes, on combine parfois deux tables en distinguant par des astérisques certains noms ayant certain caractère. (Ainsi Yves Delage, dans son Traité de Zoologie, combine une liste alphabétique des Protozoaires parasites avec son index générique des Protozoaires.)

d) *Tables cumulatives.* (Voir le principe sous n° 241.31 Périodiques.)

e) On peut encore innover quant aux dispositifs : voici l'index alphabétique d'une publication disposé en forme de dépliant placé à la fin de l'ouvrage, afin de faciliter la consultation. La table peut se déplier et former ainsi une partie à consulter apparente, le livre restant ouvert. Exemple : Edmund Stemmer (Budapest), catalogue n° 9.

Autre exemple : répartition géographique des industries et des métiers publiée par l'Office du Travail de Belgique.

f) Les divisions et subdivisions de la table des matières d'un ouvrage peuvent être exprimées par une notation décimale appropriée. Divers cas sont à distinguer :

1° Une notation personnelle et synthétique distincte de la notation de la Classification décimale elle-même qui est universelle et analytique. Cette notation de la table des matières est avantageusement appliquée à la désignation et à la numérotation des divisions et subdivisions dans le corps même de l'ouvrage. Le présent traité a appliqué cette méthode.

2° Certains ouvrages ont, quant à la distribution intérieure des matières, suivi strictement l'ordre de la

(1) E. P. Dutripon. *Concordantiae Bibliorum sacrorum vulgatae editionis.* Paris, 1838, Bélin, in-folio, 3 colonnes, plus de 25,000 versets. Index commun à tous les livres composant la Bible. L'auteur montre, par un exemple, qu'avec les mots de la Bible ayant été ainsi réunis, on peut former des exposés systématiques comprenant exclusivement les paroles sacrées ordonnées sous des rubriques choisies (par ex. définition, nécessité, cause, mode, temps, lieu, etc.).

Classification décimale. Ils ont indiqué visiblement cet ordre en plaçant les indices bien en évidence. Ils se sont servi pour les divisions et les rubriques de caractères de grandeurs variées, de proportion à l'aire que couvre chaque division. (Voir à ce sujet ce qui est dit dans la Classification.)

3° Il est demandé d'adjoindre à tous les documents, livres, articles de périodiques, brevets, etc., le ou les indices de la Classification décimale qui correspond à la matière traitée. Il est utile de mentionner ces mêmes indices à la suite de chaque chapitre et même de chaque paragraphe des ouvrages scientifiques. Il y aurait à cela trois avantages : concordance de la classification particulière propre à l'ouvrage avec la Classification universelle ; élaboration de la table décimale des concordances à placer *in fine* du volume ; facilité donnée pour la dissection de l'ouvrage et la répartition de ses fragments dans les dossiers respectifs de l'Encyclopédie documentaire.

4° *Adjonction aux autres tables et index.* — Les tables de matières décimales selon la C. D. sont surtout précieuses au point de vue des langues. C'est un fait connu qu'il faut beaucoup moins de temps pour apprendre à lire une langue que pour la parler ou l'écrire, et que la plupart des personnes qui font des recherches sont habituées à lire les revues de leur spécialité en plusieurs langues. Cette lecture est rendue facile par le grand nombre de mots techniques qui sont presque tous internationaux et aussi par l'illustration qui devient de plus en plus abondante. Mais il y a grosse difficulté à se servir des index alphabétiques : là il faut connaître à fond la langue et sa synonymie. Un index décimal rend ici des services considérables.

235 Autres parties du livre.

1. *Appendice.* — Par appendice (ou annexe), on entend la partie qui se place à la fin d'une œuvre, et qui contient notes, documents, pièces justificatives destinés à éclairer, expliquer ou illustrer le texte. Souvent l'appendice reproduit les documents *in extenso*, notamment dans les livres d'histoire, pour éviter au grand nombre des lecteurs la fatigue ou la confusion qui pourraient résulter de l'abondance des matériaux. Certains auteurs rejettent dans l'appendice les citations, les détails scientifiques, les développements plus amples, les remarques qui se rattachent au texte et cela sous des numéros correspondant à ceux du texte lui-même.

2. *Bibliographie.* — a) La bibliographie peut être disposée de diverses manières : 1° dans le texte courant ; 2° au bas des pages ; 3° à la fin de chaque chapitre ; 4° résumé à la fin du volume. Dans les 3e et 4e cas, elle peut faire référence globale ou bien pour chaque sujet elle peut renvoyer à la page même qu'elle concerne et non à une seule page pour tout le chapitre. L'inconvénient de citer les ouvrages au bas des pages ou bien de le faire dans une partie à part consiste dans les répétitions ou dans la localisation dans une seule catégorie des ouvrages qui peuvent en intéresser plusieurs.

b) A l'index bibliographique placé *in fine* renvoyer les chiffres inscrits entre crochets à la suite des noms d'auteur imprimés en petites capitales. Ex. : Yves DELAGE : *Zoologie concrète.*

c) Des listes ou tables bibliographiques peuvent être établies d'après les divers ordres de classement, comme elles le sont pour les Bibliographies séparées et pour les tables des matières (systématiquement ou analytiquement si les listes sont placées par nom d'auteur ou à l'inverse, alphabétiquement si elles sont classées dans l'ordre systématique par matière).

d) En indiquant la page initiale et finale des articles, on fait connaître aussitôt sinon l'importance, au moins les dimensions des articles. Ex. : p. 14-27, article allant de la page 14 à la page 27. Dans les éditions successives et les traductions, la pagination change le plus souvent, et il en résulte des difficultés et des confusions dans les renvois à tel ou tel passage. C'est pourquoi on a adopté un système de renvoi au chapitre, à la section, au paragraphe (§), etc. Ex. : Baldwin, *La pensée et les choses.* Préface : p. XVII.

e) *Citation et notice bibliographique.* — La citation peut se faire soit par l'édition de la page, soit par le chapitrage. La citation précise va jusqu'à la ligne et jusqu'au mot.

3. *Résumé en langue étrangère.* — Chaque auteur écrivant en une langue peu répandue devrait se donner la peine, à côté de son ouvrage en langue nationale pour ses compatriotes, d'en donner aux étrangers la traduction dans une langue internationale. Ex. : Les articles de la Revue polonaise d'éducation ; la thèse du Dr Domec, etc.

4. *Indication des autres œuvres de l'auteur.* — Les ouvrages portent souvent l'indication des autres œuvres du même auteur ou de la même collection. L'information est utile pour le lecteur ; elle est utile pour la diffusion des œuvres mentionnées.

5. *Planches.* — Elles sont souvent disposées hors texte, complétant celles qui sont placées dans le texte. Elles se réunissent quelquefois toutes ensemble *in fine*, imprimées sur papier couché, tandis que le texte est imprimé sur papier ordinaire.

6. *Annonces.* — Le Journal, la Revue, le Livre ensuite, sont devenus des porte-annonces. Celles-ci sont insérées dans le texte ou sur feuilles spéciales intercalées, soit au commencement, soit à la fin du volume ou du fascicule. Une couleur spéciale du papier prévient le lecteur qu'il s'agit d'annonces. Une disposition combinée des annonces au verso du texte facilite le découpage de celui-ci.

7. *Errata et corrigenda.* — a) Au cours d'impression

de l'ouvrage des erreurs sont commises qu'il est utile de relever *in fine* en une liste dite *Errata et corrigenda,* erreurs et corrections.

b) *Addenda et corrigenda.* — Les listes en ont une grande importance dans certains ouvrages qu'elles améliorent d'autant plus qu'un temps plus long s'est écoulé entre les premiers et les derniers volumes. Reste la question de rendre vraiment utile ces listes sans obliger à y recourir constamment. Les corrections à la main, d'après ces listes, des passages fautifs du texte est un moyen, mais il n'est pas satisfaisant, car il abîme les livres.

c) Les éditions successives sont aussi corrigées, augmentées et remaniées. Certains auteurs ont la probité de signaler eux-mêmes leurs changements d'opinion. Ainsi Lanson, *Histoire de la littérature française,* XIe et XIIe édition, p. XVIII et note 1, a signalé pour l'éducation littéraire de jeunes gens, ce qu'il appelle ses « notes de repentir et de conversion ».

8. *Sommaires et Thèse.* — a) Des résumés sommaires, précis ou abrégés sont souvent joints aux ouvrages et ont de grands développements. Ex. : Lilly's «Four English Humorists of the Nineteenth Century. — Voelken « Indian Agriculture ».

Chaque chapitre est précédé d'un court sommaire (ou argument) qui le résume et permet d'en embrasser le contenu.

Desiderata : 1. Placer ce sommaire détaillé en tête de chaque chapitre. 2. Reproduire ce sommaire dans la table des matières. 3. Indiquer les idées développées sous forme de proposition ou thèse ou seulement de sujet ou rubrique.

b) On peut résumer les principales doctrines et propositions contenues dans un ouvrage sous la forme de Thèse placée à la fin. Ex. : Traité élémentaire de Philosophie à l'usage des classes. Edité par l'Institut supérieur de Philosophie de l'Université de Louvain. Tome II : après la *Théodicée* et in fine du volume.

c) *Supplément.* — Comme dans toute œuvre humaine, l'auteur reconnaît qu'il a commis des erreurs et des oublis. Il publie alors des *suppléments,* quand est terminé son ouvrage s'il est de longue haleine.

24 ESPÈCES, CLASSES, FAMILLES D'OUVRAGES

240 Généralités.

240.1 Notion.

Les documents forment des espèces (types, formes, catégories) qui combinent de manière différente, d'une part les éléments composants dont il a été traité au no 22, d'autre part les parties structurées dont il a été traité au no 23.

Les espèces de livres et de documents peuvent se classer en quatre grands groupes.

a) Les documents proprement bibliographiques (traités ici sous no 24).

b) Les documents graphiques, autres que les publications imprimées et les manuscrits d'ordre littéraire et scientifique (no 242).

c) Les documents qui, sans être bibliographiques ni graphiques, sont cependant des équivalents ou des substituts du livre (no 243).

d) Les documents qui sont le résultat de l'enregistrement, sous toutes formes de données relatives à l'administration publique et privée, aux « affaires » (correspondance, notes, rapport, comptes, registres, état, listes et répertoires, etc.).

Depuis l'invention de l'écriture, celle surtout de l'imprimerie, les livres se sont tellement multipliés, qu'ils forment presque autant de classes, de genres, de familles et d'espèces que les productions naturelles les plus connues. La Bibliologie est devenue une science presque aussi vaste que la Botanique et la Minéralogie.

La nature, avec des éléments relativement peu nombreux, produit des complexes morphologiques très variés. La théorie mathématique des combinaisons entre en action. Il en est de même des livres et les travaux faits pour classer en séries les éléments chimiques, les végétaux, les animaux, doivent suggérer des travaux analogues pour le livre.

Il faut étudier, signaler et collectionner les livres comme on étudie les plantes et les animaux, pour leurs types et non seulement pour leurs individus.

A cette fin, on possède les diverses espèces de catalogues de livres qui déjà ont largement avancé le travail.

En leur ensemble les livres forment comme l'immense orchestration des voix humaines. On y trouve des grandes familles d'instruments et dans chaque famille des espèces bien caractéristiques qui tous ont leur raison d'être. Le *Livre* proprement dit, la *Revue* et le *Journal* sont trois de ces grandes familles. Le Journal à fort tirage offre quatre ou cinq types, la Revue une douzaine de types, le Livre au moins une vingtaine. C'est là ce qu'en terme technique on peut appeler les « formes » du livre et leur étude se confond avec celle des espèces. Elles sont déjà au 2e degré, les complexes de formes bibliologiques plus élémentaires au 1er degré. Il faudrait pouvoir décomposer tous les documents en ces formes élémentaires, systématiser celles-ci et voir ensuite comment elles se combinent entre elles pour donner lieu aux diverses familles des formes de livre.

240.2 Classification.

La classification des espèces de livres peut se faire à plusieurs points de vue.

I. — D'après le contenu ou sujet traité.

A. — *D'après les matières traitées.*

Les livres dans leur ensemble tendent à enregistrer toutes les connaissances acquises et à former ainsi le corps bibliographique de la science. Les connaissances ou sciences sont ordonnées selon un ordre hiérarchique, et une classification: Philosophie, sciences sociales, philologie, etc. Il en sera question plus loin. Les spécialisations dérivant de la division du travail conduisent à consacrer ordinairement un livre ou un document à une science, à une question, à un point particulier.

B. — *D'après les lieux.*

On distingue aussi les ouvrages selon le pays ou lieu auquel se rapportent les matières traitées: ex.: Angleterre, France.

C. — *D'après le temps.*

On distingue les ouvrages selon le temps ou moment auquel les matières sont considérées. Ex.: XVe siècle.

II. — D'après le contenant.

On considère la forme à cinq points de vue différents : formes matérielles, formes scripturales, formes linguistiques, formes documentaires, formes intellectuelles, formes de destination.

A. — *Formes matérielles.*

1° Le *Livre,* ou ouvrage séparé, qui paraît sans suite et en un tout complet et indépendant. 2° La *Brochure* ou plaquette (pamphlet), livre de peu d'étendue. 3° Les *Feuilles volantes,* placards et publications paraissant en livraisons successives. 4° La *Revue* ou *Périodique,* publication qui paraît à des dates régulières, avec suites, et dont les numéros successifs des années antérieures forment des collections. La revue est principalement destinée à tenir les lecteurs au courant de tout ce qui se passe dans un certain domaine, dans une certaine science. C'est une sorte de journal publiant les nouvelles de chaque spécialité. 5° Le *Journal* qui présente les faits au jour le jour.

B. — *Formes scripturales.*

On distingue suivant qu'il s'agit : a) de manuscrit (ancien ou contemporain, autographe); b) d'ouvrage composé sortant des presses; c) de reproduction dactylographique ou polygraphiée par des procédés autres que l'imprimerie.

C. — *Formes linguistiques.*

Les livres sont écrits en toutes langues. Ils donnent lieu à des groupes distincts d'après ces langues, qui, elles-mêmes, se rattachent à de grandes familles (latine, germanique, slave), et qui ont leur patois. Il y a une classification des langues. — Dans l'organisation des bibliothèques, on distingue les ouvrages en langue nationale. (En Belgique: français, flamand, allemand) et en langues étrangères.

D. — *Formes documentaires.*

On distingue : 1° Les œuvres dites bibliographiques, c'est-à-dire les textes et les publications proprement dits. 2° Les *Estampes,* gravures, affiches, cartes postales illustrées et tout ce qui contient une illustration et est publié à part. 3° Les *Photographies* non publiées. 4° Les *Cartes* et *Plans.* 5° Les *Partitions musicales.*

E. — *Formes intellectuelles.*

On distingue des catégories d'œuvres d'après la disposition interne des matières, d'après certaines formes bibliologiques qui se sont constituées au cours de l'évolution du livre.

Parmi les livres proprement dits, on distingue les *Monographies,* ouvrages qui traitent d'une question particulière (ex. : Monographie de l'acier), les *Manuels ou Traités,* ouvrages qui exposent toute une science ou un ordre de connaissance, d'une matière, systématiquement et dans toutes leurs parties (ex.: Traité de Physique, Manuel de Chimie); les *Encyclopédies* ou *Dictionnaires,* consacrés, comme les traités, à toute une science, mais qui en diffèrent parce que les matières sont réparties en un certain nombre de mots ou rubriques, qui se succèdent dans l'ordre alphabétique (ex.: Encyclopédie de la Construction), les *Thèses* ou *Dissertations académiques.*

F. — *Formes de destination.*

A ces divers ordres de classement on pourrait en ajouter un sixième, celui qui prendrait comme base la manière dont l'œuvre est traitée, le caractère des auteurs et des lecteurs (Psychologie bibliologique). A ce point de vue, on peut distinguer:

Les livres pour le grand public instruit, pour les spécialistes, pour des catégories spéciales de lecteurs, pour l'enseignement aux divers degrés, pour le public en général. On peut distinguer encore :

Livres de faits (Exposé des sciences).

Livres de spéculation: Livres d'imagination, d'induction, d'investigation, d'invention.

Livres d'idées ou livres de philosophie: Etudient les faits au point de vue de leur relation de cause à effet.

Livres de sentiments: S'adressent aux facultés affectives, et particulièrement aux facultés sociales, esthétiques, émotives, morales (destinés à l'éducation littéraire).

Ces ordres de classement sont fondamentaux. On peut considérer que chacun d'eux occupe une des faces du cube ou bloc qui représenterait l'ensemble des ouvrages. Ce sont les mêmes ouvrages que l'on peut répartir chaque fois selon un ordre différent.

Ainsi un ouvrage sur la *Philosophie* (matière), en *Angleterre* (lieu), au *XVII*e *siècle* (temps), qui serait un *traité* (forme), composé en *français* (langue)).

La classification bibliographique fournit le moyen de classer les collections et leur catalogue en tenant compte de ces classes fondamentales.

Elle permet aussi de classer les répertoires bibliographiques, les dossiers, les fichiers de notes.

Une classification des œuvres peut aussi se faire à d'autres points de vue. (1)

a) Les livres et documents sont :

1° ceux d'ordre scientifique, objectif, utilitaire;

2° ceux d'ordre littéraire, imaginatif, récréatif.

Ils se développent dans des conditions différentes, réalisant des types généraux dont il a été possible de déduire des principes, des normes et des règles différentes. Laissant largement de côté ici les œuvres littéraires, dont les traités de littérature ont fait leur matière, nous nous attacherons surtout aux œuvres scientifiques.

L'œuvre scientifique n'a pas pour but de plaire, ni de donner des recettes pratiques pour se conduire, ni d'émouvoir, mais simplement de savoir.

b) Au point de vue des bibliothèques publiques, on distingue les divisions suivantes :

Ouvrages de lecture courante et ouvrages d'études.

Ouvrages de références, d'informations, de renseignements, qu'on consulte, qu'on ne lit pas dans leur ensemble (dictionnaires, encyclopédies, atlas).

Ouvrages d'étude de tout genre.

c) A d'autres points de vue encore, les œuvres peuvent être distinguées de diverses manières, selon qu'elles sont: spécialisées ou constituant des ouvrages d'ensemble; de petite ou de grande étendue; d'un ou de plusieurs auteurs; périodiques ou non; simples dans leur contenu ou formées de diverses œuvres rassemblées; livres pour être lus, ou consultés ou étudiés.

240.3 Histoire. Evolution. Génétique.

Les espèces d'ouvrages, à la manière de la plupart des œuvres humaines, ont été formés au cours du temps, tantôt par l'action collective, les ouvrages se transformant lentement et fragmentairement sous l'influence les uns des autres; tantôt par l'action individuelle, un auteur créant une œuvre qui devient un type. A l'origine tout est complexe, vague, confus; ensuite tout tend à se diversifier, s'individualiser, se préciser. Cette double action est déterminée tantôt par des besoins pratiques, tantôt par des considérations théoriques où intervient la Logique, l'Esthétique, les fins morales. L'évolution se poursuit sous nos yeux.

L'Humanité a débuté par la Poésie. La Prose est venue plus tard. (Quintilien: Rhétorique.) Le Journal est du XVIIe siècle: Abraham Verhoeven et Renaudot. La Revue naît au XIXe siècle, surtout sous le nom de mercure, correspondance, annales, magazine. Puis l'on voit naître les publications industrielles (Amérique, Angleterre). Aujourd'hui les publications d'art.

Au livre on a substitué la revue, puis les annuaires, puis la documentation sur fiches, puis la coordination internationale de l'information scientifique.

Tous les jours on voit naître des ouvrages d'un type nouveau, qui n'était pas ou guère représenté dans l'ancienne littérature. Un livre est capable de créer une science nouvelle ou tout au moins une branche d'une science, un des aspects de l'exposé d'une science.

On peut arriver aussi à de *nouvelles formes* du livre par deux voies : 1° ou bien l'on se demande quels buts devraient être atteints par le livre, à quoi il devrait servir (usage autre que celui qu'il a déjà); 2° ou bien, après avoir analysé la structure du livre actuel, on envisage d'autres distributions de ses éléments nouveaux, des développements et nouvelles liaisons de ses parties.

240.4 Corrélation entre les espèces.

1. On peut concevoir deux cas : ou bien forme et fond sont à ce point rattachés l'un à l'autre que le fond (les données) est tenu comme ne pouvant être exprimé qu'en une forme documentaire déterminée; ou bien les formes sont à ce point indépendantes du fond, qu'elles sont susceptibles d'« informer » toute donnée d'un fond quelconque. En fait c'est ceci qui a tendance à se produire. Une forme nouvelle au début s'applique à un certain fond mais bientôt on lui trouve d'autres applications et finalement on parvient à la dégager *in se* et à généraliser son emploi à la matière universelle. Par ex. le périodique a commencé par les nouvelles politiques, la photographie par le portrait, le cinéma par les scènes d'acrobatie.

2. Les formes des publications et des documents sont apparues au cours des âges. Elles ont pu se développer par scissiparité, sans guère de liaison les unes avec les autres. Les liaisons aujourd'hui doivent être opérées et c'est d'un système complet de publication que chaque science doit pouvoir disposer. (Voir plus loin le système proposé.)

3. Voici quelques exemples de rapports entre les diverses formes :

a) Le traité peut se décharger largement des détails sur les dictionnaires encyclopédiques et réaliser ainsi à un haut degré l'œuvre synthétique.

(1) L'*œuvre* (en lat. *opera*, mot dérivé de opus, operis) est le résultat permanent du travail ou de l'action, en particulier une production de l'esprit, en très particulier un écrit, un livre. Bien que « ouvrage » se rapporte à la chose faite et œuvre à l'action, le mot œuvres au pluriel, s'applique pourtant aux écrits d'un auteur, mais toujours avec un sens général: œuvres complètes, œuvres posthumes. Quand on veut parler spécialement de l'une d'elles, l'idée devenant plus précise, plus matérielle, s'exprime par le mot *ouvrage*.

b) Le périodique a des rapports avec le traité exposant la manière similaire. La liaison est désirable : en faisant dans le périodique des références constantes au traité; en faisant du périodique un substitut du traité; en s'efforçant alors d'indexer en détail chaque partie, de se référer constamment de l'un à l'autre, d'établir des tables systématiques détaillées.

c) Les traités sont mis en rapport avec les Annuaires bibliographiques (revues critiques), les Centralblätter (listes bibliographiques). Ex.: Paleontographica: Beiträge zur Naturgeschichten der Vorzeit. Neues Jahrbuch für Mineralogie, Geologie und Paleontologie.

d) L'alternative se présente entre des traités trop vastes ou trop anciens, où l'on risque de se perdre, et thèses, brochures, articles de revues où la science se trouve disséminée et émiettée.

e) Les revues permettent la publication de travaux de détail, de minces découvertes à qui l'on n'aurait pu faire les honneurs coûteux d'un livre; les bibliographies tiennent les travailleurs au courant de l'état de la science; les comptes rendus critiques relèvent les erreurs.

f) On distingue par gradation, d'après le caractère d'achèvement des travaux: 1° les simples notes ou articles dans un journal; 2° les mémoires; 3° les ouvrages; 4° ce qu'on appelle « un livre », nom qui s'applique à une composition sur un sujet bien délimité, dans laquelle on suit une marche logique, pour en tirer des conséquences au moyen d'idées neuves ou de faits en grande partie nouveaux.

g) Il est des ouvrages qui sont simplement composés de deux sortes d'ouvrages, fragmentés et juxtaposés. Par ex.: certaines Zoologies, certaines Anatomies comparées. Les descriptions des espèces zoologiques et botaniques se trouvent éparses dans un grand nombre de périodiques et dix mémoires spéciaux qu'il faut compulser et consulter pour toute détermination. On y parvient par des listes de revision, des catalogues ou répertoires régionaux, des ouvrages d'ensemble publiant des descriptions. On a en zoologie de travaux, dont le cadre est zoo-géographique (monographies d'espèces, des lieux et autres déterminants ex. Pellegrin: Les poissons du bassin du Tchad, Paris 1914) et d'autres dont le cadre est précisément zoologique. Ils consistent en une monographie complète de toutes les espèces connues d'un groupe naturel important. D'autres ont un cadre biologique (vie fonctionnelle).

h) On fait des documents sur des documents, sur des documents de documents, et ainsi de suite sans limitation. Les livres donnent lieu à des bibliographies, puis à des bibliographies de bibliographies, à des bibliographies des bibliographies de bibliographies. D'une œuvre on fait la critique, puis la critique de la critique. (1)

(1) Augustus Rolle. A History of Shakespearian Criticism. Oxford University Press, 1932.

i) Pour capter l'attention l'image est plus efficace que le texte; la maquette supérieure à la photographie; l'appareil en mouvement surtout de plus haut intérêt que l'immobile.

240.5 Espèces, cycle bibliologique et types d'exposé.

a) La classification par espèces de livres et documents intervient à tous les stades du cycle bibliologique; quant à la production, il y a des auteurs, des imprimeurs, des éditeurs spécialisés (par ex. pour le périodique, pour le dictionnaire); quant à la distribution: des librairies spécialisées (ex.: Librairie des dictionnaires); quant à la conservation: catalogue, collection, organisme (ex.: les ouvrages d'ensemble sont classés dans la Bibliothèque des références, les périodiques dans les Hemerothèques); quant à l'utilisation: genre de lecteurs: quant à l'organisation: règles et plans spéciaux.

b) D'autre part, les diverses espèces d'œuvres étant intimement liées à des modes fondamentaux d'exposé, dans un but de simplication on a traité éventuellement de ceux-ci à l'occasion de certaines espèces.

241 Documents dits bibliographiques.

241.1 Œuvres spécialisées.

On a trois sortes de travaux: des *travaux particuliers* (analyse, monographie); des *travaux généraux* (synthèse, théorie); des *travaux documentaires,* englobant tous les faits particuliers et les ordonnant synthétiquement.

Quatre types caractéristiques d'ouvrages spécialisés sont à distinguer : 1° la brochure, le pamphlet, le petit écrit; 2° la monographie proprement dite, brève ou étendue; 3° l'essai; 4° le livre proprement dit, de proportion limitée, distinct du traité et de l'encyclopédie.

1. *Brochure.*

Ce terme s'applique au caractère matériel de l'écrit : c'est un écrit de peu d'étendue comparé au livre. Le journal et la revue ont enlevé de son importance à la brochure. Mais pour la propagande, les tracts clairs, courts et suggestifs, sont fort précieux.

Voltaire fit clair, court et vif. Plus de grands ouvrages. De petits in-12°, des brochures de quelques feuilles. « Jamais, disait-il en pensant à l'Encyclopédie, vingt volumes in-folio ne feront de révolution: ce sont les petits livres portatifs à vingt sous qui sont à craindre. Si l'Evangile devait coûter 1200 sesterces, jamais la religion chrétienne ne se serait établie. »

La brochure n'a pas la même vie dans chaque pays. Elle tend à être vendue avec les journaux plutôt qu'avec les livres. Une devanture représente une valeur; l'occuper par une brochure de faible prix, c'est immobiliser pour peu d'avantages une place trop considérable.

En Angleterre, les Smith sont les grands éditeurs de brochures à raison de leurs bibliothèques de gare. Pendant la guerre, ils publiaient peu. Leur objectif était exclusivement mercantile, ils faisaient paraître ce que le public demandait et non ce pour quoi une préparation du public était nécessaire.

Des concours sont parfois organisés pour l'établissement des meilleures brochures. Ainsi « L'Emulation agricole » organisa en 1908 un concours pour la rédaction de monographies contre l'abandon des campagnes. 787 monographies furent présentées.

2. *Monographie.*

a) C'est la description d'un sujet, complète et à tous points de vue. C'est la mise en valeur de tous les documents, de tous les éléments d'information se rapportant à un sujet unique et limité de manière à en composer un portrait qui soit l'exacte ressemblance du modèle. (1)

On ne peut plus guère publier que des matériaux et il faut des laboratoires pour les élaborer. D'où le principe de la publication en éléments pouvant se réunir, formant une collection et le principe de répertoire sur fiches ou feuilles destinés à ordonner ces éléments en collections.

Une monographie en réunissant tout ce qui concerne un sujet est un travail d'analyse et de synthèse bibliographiques.

b) Il y a des collections de monographies et des monographies publiées selon des plans systématiques. (2)

c) Au degré le plus simple un document est une *description* qui peut elle-même être ramenée à une définition (3) ; plus simplement encore la définition est remplacée par le défini : le nom (mot, terme). L'énumération, le catalogue et le dictionnaire sont des collections de descriptions ou de noms.

La description, base essentielle de la monographie, est aussi un élément des divers types de publication.

Les descriptions des objets des sciences doivent être de plus en plus précises. Elles visent soit les caractères qu'il n'est pas possible de mesurer, soit la détermination des caractéristiques numériques (caractérisation).

La question des descriptions est liée à celle des signalements. (4)

(1) a) Mascarel. Monographie des communes et des paroisses.

b) Michel Edmond. — Monographie d'un canton type : topographie, géologie, mœurs et coutumes, groupements sociaux. 1911, un vol. avec cartogrammes, graphiques et similigravures. 12 fr.

(2) Les monographies des systèmes scolaires d'une cinquantaine de pays et les descriptions du développement, année par année, de certains d'entr'eux, publié dans l'Educational Yearbook (1924-1928).

(3) Liard, Louis. — Définition géométrique et définition empirique.

(4) Ed. Jacky. — Traité de signalement des animaux domestiques. Nomenclature descriptive des expressions employées dans le signalement. Avec un tableau de l'âge des animaux domestiques d'après la dentition (fr. 1.50).

En sciences naturelles, les descriptions se font conformément à des méthodes devenues habituelles.

Constamment les descriptions y sont renouvelées. Or de nouvelles espèces doivent être décrites. De là des refontes, des rééditions. Chaque espèce reçoit une « diagnose » suffisante et une figure qui mette en lumière ses caractères fondamentaux. Les dimensions sont exprimées suivant leur nature en mètres, millimètres ou microns (millièmes de millimètre) représentés par les lettres m, mm ou µ. Les descriptions dans certains ouvrages de sciences naturelles sont précédés de tables dichotomiques. (Ex. S. Garman, The Plagiostoma. Cambridge (Harvard) 1913.)

Dans les descriptions des objets, il faut des conventions pour désigner les positions décrites. Ainsi dans les descriptions anatomiques, l'animal est supposé placé verticalement, la tête en haut, la face ventrale en avant. Les termes haut, bas, avant, arrière ont donc les significations qu'implique cette orientation. Les termes droite et gauche s'appliquent toujours à l'animal décrit sans tenir compte de la position de l'observateur.

b) Le Congrès international de Navigation a demandé l'étude d'un formulaire clair, court, mais cependant suffisamment complet qui renfermerait les renseignements nécessaires pour définir les caractéristiques de chaque rivière, étudiée au double point de vue de son régime et des besoins de la navigation. (1)

c) Les mêmes considérations qui justifient la classification universelle et l'unification des formats conduisent directement au principe de la publication sous forme de *monographie,* c'est-à-dire d'éléments intellectuels unitaires, séparés, distinctement substitués aux recueils polygraphiques ou tout au moins prenant place à côté d'eux. Il est désirable dans chaque science d'en arriver par entente internationale à un système de caractéristiques minimum à exiger pour une description scientifique (diagnose).

3. *Essai.*

C'est la composition concrète, généralement en prose, de caractère critique ou philosophique, sur une question bien délimitée et sans caractère dogmatique. On possède les œuvres d'essayistes célèbres : Montaigne, Francis Bacon, Charles Lamb, de Guincey, Carlyle, Macaulay, Addison, Emerson, Sainte Beuve, Anatole France, Jules Lemaître, Paul Bourget, Emile Faguet.

H. Spencer a défini ainsi l'essai. « Au cours des années employées par moi à écrire diverses œuvres systématiques, de temps en temps ont surgi dans mon esprit des idées qui ne se prêtaient pas à entrer dans celles-ci. Beaucoup

(1) Voir rapport M. V. E. Timmof. — Bulletin de l'Association internationale permanente des Congrès de Navigation. Janvier 1930, p. 65.

d'entr'elles ont trouvé place dans des articles publiés pour des revues et sont actuellement réunies dans les trois volumes de mes essais. »

A l'essai se rattache la conférence. Elle est généralement prononcée, mais sur écrit préalablement rédigé et elle est souvent publiée. Francisque Sarcey, qui n'aimait pas le genre, a dit : « C'est l'art de ne rien dire avec intérêt ». La conférence scientifique est une leçon. La conférence littéraire consiste aussi en une sorte de leçon familière, actée, spirituelle, alerte et, la plupart du temps, improvisée. « C'est l'art d'amuser un public en buvant de l'eau sucrée — c'est l'art de faire de la causerie quelque chose qui soit à mi-chemin du discours et de la conversation. »

4. *Le livre.*

Le livre, de par ses divisions, pourrait être considéré comme l'unité normale placé entre la brochure, d'une part, et l'ouvrage d'ensemble, d'autre part.

Sur chaque question, de temps en temps, des ouvrages

241.2 Ouvrages d'ensemble.

d'ensemble sont devenus nécessaires. L'utilité d'une bonne mise au point apparaît d'autant plus évidente que les travaux particuliers se sont multipiés. Il faut alors entreprendre le triage des publications et dégager les faits qui méritent d'être retenus, montrer l'importance respective de ceux-ci, et indiquer les conséquences pratiques et discuter les hypothèses auxquelles ils ont servi de base.

Que ces ouvrages soient rédigés sous forme de traité et de cours méthodique ou sous forme d'encyclopédie et de dictionnaire, leur but est toujours de condenser, de réunir en un seul ouvrage d'étendue limitée, toutes les connaissances actuelles relatives à leur objet.

241.21 Traités. Manuels.

241.211 *NOTIONS.*

a) Le traité est un ouvrage qui résume et condense, sous une forme concise et claire, nos connaissances les plus précises sur une science. Par un choix judicieux des matières, il s'attache à en présenter un tableau d'ensemble, insistant sur les faits acquis, passant rapidement sur les expériences douteuses et les questions mal élucidées.

Un traité magistral est un document fondamental; c'est une mine de renseignements bien coordonnés; c'est la somme des connaissances sur un sujet.

Le traité doit être d'abord le guide indispensable de tous ceux qui veulent s'initier à la connaissance d'une science, il est leur compagnon, leur ami de toutes les heures. C'est lui qui dans les universités fournit aux maîtres le cadre de leur enseignement et met les élèves en mesure de compléter par leur travail personnel des leçons qui ne peuvent guère porter que sur une partie plus ou moins restreinte d'un vaste domaine.

b) Les traités et manuels seuls sont insuffisants dès qu'on aborde des questions nouvelles ou qui n'intéressent pas les auteurs de manuels et résumés. On est contraint de chercher des éclaircissements au delà d'eux, dans les œuvres originales elles-mêmes. L'érudition alors n'est ni hors-d'œuvre ni vain ornement; elle est partie intégrante de la substance même de la recherche. (Meyerson. De l'explication dans les sciences, p. XIII.)

c) Une science affirme sa constitution et son autonomie le jour où elle a donné lieu à un traité. Le traité naît ainsi quand les notions nouvelles d'une science exigent d'avoir recours à de nombreux mémoires épars dans les recueils scientifiques. Quand les matériaux innombrables sont accumulés, véritable entassement de richesses, l'esprit court grand risque de s'égarer au milieu d'eux s'il ne prend pour guide un ouvrage méthodique qui lui permette d'embrasser l'ensemble, tout en faisant connaître avec des détails nécessaires les éléments principaux.

Par exemple, une science aussi nouvelle que la criminalistique compte déjà un traité à 6 volumes (le traité du Dr Locard).

d) Le traité systématique, s'il peut se décharger largement du détail sur le dictionnaire encyclopédique, réalise à un haut degré l'œuvre synthétique. Des esprits s'y essaient à embrasser l'ensemble de la matière, à l'ordonnance de la manière la plus coordonnée, à l'animer du souffle de l'unité. Dans les traités sont semées avec largesse des idées qui ont préoccupé souvent les savants la vie durant. Un traité est l'expression de l'esprit arrivé au but de son grand effort pour saisir et pour comprendre. Il est comme un testament intellectuel total à l'œuvre où il s'inscrit.

e) Bien des sciences, bien des problèmes scientifiques ont été créés ou développés, en commençant par créer des chaires ou des instituts, en formant des professeurs, en amenant ceux-ci à écrire des manuels. En commençant par l'enseignement supérieur, on y prépare les organes et le personnel pour l'enseignement secondaire et primaire.

f) Le traité doit embrasser les données d'une vue systématique et synthétique; l'encyclopédie, les répertoires et catalogues sous une forme monographique; le périodique sous forme d'information courante.

241.212 *HISTOIRE DES TRAITÉS.*

Le traité est le produit d'une longue évolution historique qui n'a pas eu le même rythme dans tous les domaines des connaissances. Voici quelques faits.

a) Tout ce que la géométrie élémentaire avait trouvé pendant l'époque classique fut résumé par Euclide (IIIe siècle avant J. C.) dans ses éléments « Stoikeia ».

Peu de livres ont eu un succès aussi durable. Depuis son apparition jusqu à nos jours, il n'a cessé d'être utilisé. Depuis rien d'essentiel n'a été changé. Les Anglais appellent encore leurs livres de géométrie élémentaire « Euclid ».

b) Les vrais manuels de l'antiquité sont les compilations du Ve et du VIe siècle, celles de Martianus Capella, d'Isidore de Séville, de Bolie, etc.

c) Les Upanishad sont des traités de philosophie religieuse dont le nombre dépasse 200 et qui sont très différents entre eux. Ce sont comme des appendices aux « Brahmana » ou ouvrages d'exégèse théologique.

d) L'établissement par Justinien au VIe siècle, des Institutes de droit romain, véritable traité de droit à l'usage de l'enseignement a apporté un type remarquable de traité.

e) Avant la Quintinie, qui fut « directeur général des jardins fruitiers et potagers de toutes les demeures royales», il n'y avait pas de traités d'horticulture en France. C'est en observant les jardiniers, en les interrogeant, que la Quintinie apprit les secrets que s'étaient transmises les unes aux autres les générations de jardiniers.

L'idée de consigner l'expérience de la vie pratique des métiers est tard venue. L'encyclopédie au XVIIIe siècle ayant procédé à la description de beaucoup d'arts généralisés, après elle on a publié des traités ou manuels sur ces matières spéciales.

f) Les Physiocrates n'ont pas fait de traité méthodique. La science n'a d'eux en ce genre que le petit *Abrégé des principes de l'Economie politique*, disposé en tableaux et formules, à la manière des arbres généalogiques, écrit en 1772 par le margrave de Bade ou peut-être par Dupont de Nemours.

g) Dans la période qui s'ouvre au XVIIIe siècle, les professeurs d'université créaient en Allemagne, surtout à Göttingen, pour les besoins de l'enseignement, la forme nouvelle ou *Manuel d'histoire*, recueil méthodique des faits soigneusement justifiés, sans prétentions littéraires ni autres.

Le traité ou manuel a pris un grand développement en Allemagne au cours du XIXe siècle. Histoire des religions, histoire des institutions, histoire littéraire ancienne et moderne, histoire de l'art, droit, sciences naturelles, il ne fut pour ainsi dire pas de hautes études qui n'eut le sien. La France longtemps en retard sous ce rapport regagna le terrain perdu et produisit d'admirables traités.

C'est de l'Allemagne que pendant longtemps les autres pays ont été tributaires pour les ouvrages destinés à l'enseignement supérieur.

h) Le traité de chimie organique fut réalisé pour la première fois par l'infatigable Beilstein. Actuellement, on ne trouverait plus de chercheurs ou d'hommes de science de la même envergure qui pourrait continuer sous le même esprit et en inspirant autant de confiance, ce travail qui s'est accru à l'infini. Il a donc été nécessaire de confier la construction des traités à toute une équipe de collaborateurs.

i) En ces dernières années, un grand mouvement renouvelle les traités dans toutes les branches de la science et détermine la création de types nouveaux.

241.213 *ESPECES ET TYPES DE TRAITÉS.*

Les traités réalisent des variétés nombreuses et tendent même à se fixer en quelques types fondamentaux. Il n'y a pas pour une science qu'un seul type de traité; il en est plusieurs, certains auteurs se plaçant à des points de vue différents, et ces traités vont en se complétant, en s'appuyant même les uns sur les autres. Les données suivantes le montrent.

a) On peut distinguer :

le traité complet en plusieurs volumes;

un appoint de nouveauté (œuvre de création, opinion, discussion) ;

un compendium de vulgarisation ayant surtout pour objet de réunir en un seul, ordonné, facile à lire et commode à consulter, les nombreuses publications spéciales, importantes ou modestes et concernant chacune des points de la science.

b) Les traités présentent l'exposé tantôt à un point de vue théorique, tantôt à un point de vue pratique, tantôt ils combinent les deux points de vue.

Un traité souvent comprend deux ordres de données: 1° une mise au point de la science traitée qui tient compte de tous les aspects ou problèmes, y compris les recherches les plus récentes; 2° un exposé des idées personnelles de l'auteur.

Il y a bien de grandes choses qui n'ont que de petites places dans les traités classiques, et qui dès lors méritent d'être abordées dans des ouvrages spéciaux.

Inversement, des ouvrages portent le titre d'encyclopédie tout en étant systématique (ex.: Encyclopédie des sciences mathématiques). Des ouvrages portent le titre de traité tout en étant alphabétique (ex.: Traité alphabétique des droits d'enregistrement, de timbre et d'hypothèque, par E. Maguéro).

c) Il existe des manuels alphabétiques (ex.: Le manuel alphabétique de philosophie pratique, par John Carr). Ostwald a écrit un traité de chimie en forme de dialogue.

Certains éditeurs se sont préoccupés de fournir des cours complets. Ainsi la librairie Savoy a donné un Cours complet d'Histoire naturelle: *Botanique* (Ph. van Tieghem, 1600 p.), *Géologie* (A. de Lapparent, 1280 p.), *Zoologie* (Claus, traduit par Moquin Tandon, 1566 p.).

Beaucoup de traités sont rédigés conformément au programme des cours de tel ou tel établissement d'enseignement (ex.: Traité des machines à vapeur, de Alheilig et Roche, rédigé conformément au programme des cours de machine à vapeur de l'Ecole centrale)

Souvent des maîtres ayant professé leurs cours à l'université ne l'ont pas publié, mais ils en laissent des notes. Et d'autre part, il se trouve que certains de leurs élèves ont transcrit ces cours à l'audition orale et que l'un d'eux, s'aidant de notes et de transcriptions, en fasse la publication d'un livre (ex.: Histoire de l'Eglise, par J. D. Maehler, publiée par le R. P. Gams).

Le traité didactique exige des explications orales. Il n'est donc pas complet par lui-même, ce complément étant laissé au maître.

On a employé parfois la forme d'un ouvrage général, s'adressant au grand public instruit, et celle des rapports complémentaires renfermant des études techniques s'adressant aux spécialistes. (Ainsi J. Murray et J. Hjort: The Depth of the Ocean, London 1912, relatif à la campagne océanographique du Michael Sats dans l'Atlantique).

Certains traités consacrés à une science sont accompagnés du sommaire d'une science auxiliaire. (Ex.: Louis Roule, Traité raisonné de la pisciculture et des pêches. A la 2e partie est jointe un sommaire d'océanographie).

Quand la matière auxiliaire est très importante pour un ordre d'étude, il en est fait un traité propre. Ex.: Traité de zoologie médicale.

Des ouvrages de grande étendue ont été résumés. D'autres ont été condensés (ex.: Le système de politique positive de A. Comte a été condensé par Ch. Cherfils, Paris, Girard, 1912). Le plan et dans la mesure du possible la lettre du texte ont été respectés jusqu'au scrupule. La Philosophie positive a été condensée par Miss Martineau.

d) Traité synthétique. — Il semble aujourd'hui que les traités sont l'expression des grandes synthèses scientifiques. Qui veut reconstruire l'architecture de l'ensemble d'une science compose un traité. Et les ouvrages de cette espèce sont essentiellement de grandes architectures d'idées. Il ne s'agit pas de procéder par élimination ou élagage, ce qui en ferait un simple schéma, mais de s'arrêter à l'essentiel.

Les traités peuvent se contenter de résumer en un chapitre ce qu'ont dit les auteurs qui ont traité chacun fragmentairement du sujet, à un point de vue particulier; mais autre chose est utiliser tous ces éléments synthétiquement et substituer des notions coordonnées à des notions autrement décousues. Mais en réunissant en une même étude de l'objet étudié ce qui n'a été souvent vu que séparément chez plusieurs, parfois assez éloignés les uns des autres, on s'expose naturellement à établir des connexions plus ou moins inexactes, à réunir des dispositions exclusives l'une de l'autre, etc. Il faudrait avoir approfondi tous les groupes d'objets par des études personnelles pour éviter sûrement ces écueils. C'est impossible. Force est donc d'admettre les inconvénients de la méthode et de chercher ultérieurement à les corriger.

A côté ou au-dessous des travaux d'érudition, il faut à toute science des exposés synthétiques, oraux ou écrits. Dans des pareils exposés, les idées générales sont nécessairement au premier plan, les faits au second, alors qu'au contraire, dans l'enseignement érudit, il faut, comme disait Fustel de Coulanges, une année d'analyse pour autoriser une heure de synthèse. (Salomon Reinach.)

Ouvrages d'introduction. — Il faut attacher le plus grand prix aux ouvrages considérés par leurs auteurs à faire prendre en quelque sorte par chaque science la conscience d'elle-même. Pour les mathématiques, Pierre Bontroux a réalisé œuvre semblable dans *Les principes de l'analyse mathématique, exposé, historique et critique* (2 vol. Herman, 1914 et 1919) et dans *L'idéal scientifique des mathématiques dans l'antiquité et dans les temps modernes* (Paris, Alcan). L'auteur utilise l'étude approfondie qu'il a faite de l'évolution de la pensée mathématique pour écrire un traité dont on a dit qu'il était l'initiation la plus directe et la plus substantielle qu'on puisse souhaiter tout à la fois et indivisiblement à la science, à l'histoire et à la philosophie des mathématiques. Cet ouvrage soulève le problème du devenir de la science mathématique et il en dégage la mission actuelle des mathématiciens.

e) Naissance de nouvelles formes. — On voit à un moment donné naître de nouvelles formes de traité et elles sont intimement liées à la conception même que l'auteur se fait de la structure même de la science.

Ainsi, dans les sciences naturelles, on a longtemps publié des traités dits de zoologie et d'anatomie comparée où l'on trouve le sujet traité de la manière suivante : Le règne est divisé en grandes sections qui sont étudiées séparément. Par ex.: Mollusques. Le chapitre commence par des généralités sur le groupe; c'est une anatomie comparée des mollusques dans laquelle on expose la variation des fonctions et des organes dans ce groupe, tel qu'on ferait au chapitre Mollusques dans un traité d'anatomie comparée tel qu'on le comprenait autrefois. Puis on annonce que le groupe se divise en tant de classes et immédiatement on aborde leur étude, on les examine séparément les unes à la suite des autres. Prenons celle des Gasteropodes. On les traite comme on fait de l'embranchement des mollusques, puis on passe à la sous-classe, de l'ordre au sous-ordre, sans se préoccuper des animaux qui possèdent les organes toujours de la même manière et alors on change brusquement de plan. On entre dans la zoologie pure. On décrit les familles, les genres principaux voire les espèces, mais sans en faire connaître autre chose que les caractères presque exclusivement extérieurs qui les distinguent et qui sont suffisants au but de la zoologie qui est de nommer et de classer.

Ce n'est là ni de la zoologie ni de l'anatomie comparée, mais des chapitres d'anatomie comparée emboîtés les uns dans les autres et dont le dernier de chaque groupe contient un chapitre de zoologie pure.

Le défaut est que ce livre, concret pour être lu et consulté mais non pour apprendre quand on ne sait déjà. L'étudiant ne peut trouver de notions concrètes de descriptions analogues assises sur un être réel sans les chercher dans des monographies spéciales.

Un nouveau type de traité de zoologie a été réalisé par Yves Delage et Herouard (traité de zoologie concrète).

L'auteur s'est proposé de présenter les choses sous la forme où l'étudiant le désire, où il a besoin qu'elles soient pour en avoir une notion précise et pour les retenir.

La liaison s'opère entre revue et traité. Ainsi le Recueil de Législation, de Doctrine et de Jurisprudence coloniale, publié sous le patronage de l'Union Coloniale française, et en liaison avec le Traité de Droit Colonial de P. Dareste. Ce traité donnera une base de documentation que le Recueil tiendra à jour, et réciproquement. Les 34 années antérieures du Recueil qu'il n'est plus possible à tous d'acquérir seront en quelque sorte résumées par le Traité.

Les trois publications suivantes ont été en partie coordonnées sous la direction du prof. J. E. Conrad.

— Grundriss zum Studium der politischen Œkonomie, en un volume.

— Handwörterbuch der Staatswissenschaften, 3e édition 1908 à 1911.

— Jahrbuch für Nationalœkonomie und Statistik.

Ces publications forment donc un traité, une encyclopédie alphabétique et une revue.

Certains traités sont en liaison avec des tableaux muraux (ex.: Manuel de l'arbre, édité par le Touring Club de France).

Beaucoup de traités sont établis en collaboration, notamment en Allemagne, où plusieurs rédacteurs spécialistes sont groupés sous une direction éditoriale. (Ex. Handbuch der Technischen Mykologie, de Lafar.)

Les temps sont venus où les sciences, continuant à avoir besoin de grands traités systématiques, sont dans l'impuissance de les voir produire par des individualités isolées. La collaboration à deux ou trois est devenue courante; celle d'une association d'auteurs, d'un comité d'action comprenant des douzaines de membres y fait suite. Voici que s'instaurent peu à peu des instituts permanents dont la mission dévolue d'abord à de simples monographies, s'étend ensuite à des rapports et ultérieurement à des refontes et mises à jour de ces rapports. Les organismes internationaux officiels ou privés remplissent ici une fonction très importante. Ce qui se passe à la Société des Nations et au Bureau International est particulièrement intéressant à suivre, comme ce qui se passe dans les Instituts Scientifiques du Gouvernement des Etats-Unis.

f) Dans certaines matières, telles que l'art, le mot systématique a été pris dans un sens différent. Un ouvrage d'Art et d'Archéologie s'ouvre par une introduction donnant la définition et la division de l'art. Vient ensuite, coupée par période, l'histoire de l'art de différents peuples, c'est-à-dire celle de son développement organique. La partie systématique prend alors l'art dans son ensemble, elle l'étudie en lui-même, dans les matériaux qu'il emploie, dans les procédés qu'il applique, dans les conditions qui s'imposent à lui, dans le caractère qu'il prête aux formes, dans les sujets qu'il traite, dans la répartition de ses monuments sur toute la surface du terrain occupé par la civilisation. (Plan du manuel de l'archéologie de l'art, d'Ottfried Müller, commenté par Perrot et Chippiez.)

« Après une période de synthèse philosophique et de théories esthétiques dont les deux tentatives les plus puissantes furent à ses débuts les *Vorlesungen über die Esthetik*, de Hegel (1835-1838) et à son déclin la *Philosophie de l'Art* de Taine (1867), l'ambition des historiens de l'art dut se faire plus modeste. Avertis par l'insuffisance des encyclopédies éphémères, dont il serait d'ailleurs injuste d'oublier les services, ils se bornèrent à des monographies. Etudier l'œuvre d'un artiste, l'histoire d'un monument, l'art d'une région, dépouiller les inventaires et les comptes, constituer des séries, dresser des catalogues, tel fut le mot d'ordre dans tous les laboratoires historiques. A l'histoire de l'art comme à l'histoire sociale en politique, on applique la devise célèbre de Fustel de Coulanges : « Une vie d'analyse pour un jour de synthèse. » André Zinkel. Histoire de l'art. Introduction.

g) La philosophie a produit de grands traités depuis Aristote et depuis le moyen âge. Le Cours de Philosophie publié par l'Institut supérieur de Philosophie de Louvain comporte une série de volumes consacrés aux diverses parties de la philosophie par les divers professeurs.

Les traités types en psychologie sont ceux de Wundt, de Lieps, de James, d'Höfdening, etc.

L'Allemagne continue à publier de grands traités. Par ex. celui de Joseph Fröbes (Lehrbuch der experimentellen Psychologie, 2 vol. ensemble 1278 pages). Une somme, un ouvrage énorme, patient, serré et admirablement documenté, comme il n'en paraît guère qu'en Allemagne, un traité que, grâce aux tables, on peut consulter comme une encyclopédie.

h) Les auteurs des grands traités scientifiques sont placés devant une tâche énorme à raison des rapides transformations de la science.

« La difficulté d'écrire un traité de physique, dit M. E. H. Amagat, consiste à faire place aux études nouvelles tout en répétant les théories classiques. S'il est opportun de modifier dès maintenant l'exposé de certaines branches de la physique en groupant de loin, autrement sans lien apparent, dont la dépendance réciproque résulte aujourd'hui de faits expérimentaux solidement établis, ne paraît-il pas dans d'autres cas, plus convenable au contraire et plus prudent de conserver sans modifications essentielles l'exposition consacrée, en faisant entrevoir que dans l'avenir des retouches et des adaptations pourront devenir nécessaires ? Ne serait-il pas regrettable et prématuré, par exemple, de mutiler actuellement l'œuvre admirable de Fresnel, sous prétexte de la souder en un ensemble plus homogène aux théories électro-magnétiques ? Il n'est donc pas de science, à l'heure présente, dont l'exposé soit hérissé d'autant d'écueils que celui de nos connaissances en Physique, si l'on tient compte surtout de la difficulté de discerner les travaux qui doivent rester, dans l'avalanche de matériaux trop souvent médiocres dont la science est de plus en plus encombrée, conséquence inévitable de son extrême diffusion. »

Le Traité de Physique de Chivolson est présenté comme un intermédiaire entre les livres classiques, rédigés souvent en vue d'un programme d'examen déterminé et les mémoires originaux des ouvrages spéciaux.

Le grand traité de mécanique de Tisserand donne une exposition générale des connaissances de l'astronomie à la fin du XIXe siècle. C'est une œuvre magistrale et durable qui remplace le traité de Laplace; c'est un ouvrage qui condense tous les résultats antérieurs au point de vue mathématiques et physiques.

Le traité de géologie de Hang est le plus récent. Il est fort étendu (4 volumes). Il renverse toutes les théories antérieures, montrant le dynamisme dans les phénomènes.

Le traité de géologie de Lapparat a remplacé en 1882 tous les traités précédents. En 1903 avait déjà paru la 6e édition. Il a pu, grâce à son succès, être tenu à jour. Il est comme un répertoire de connaissances de la terre à notre époque. L'ouvrage de Suess, grâce à son point de départ tectonique, a plus de vie. Le livre de Haug donne un enseignement par les gravures, qui enlève définitivement à la géologie ce qu'elle avait autrefois d'un peu rébarbatif.

Le grand ouvrage d'ensemble sur la paléontologie de Karl von Zittel est une revision complète des connaissances acquises sur les animaux et les plantes fossiles avec une histoire de chaque groupe, de son origine, de son évolution et de ses rapports vraisemblables avec les rameaux voisins.

Le grand ouvrage d'Yves Delage et E. Hérouard, *Traité de zoologie concrète*, peut être considéré comme un traité type.

Dans le cours de zoologie de J. Lensen, l'auteur choisit, comme type, pour chaque groupe zoologique, un animal dont la description permet de dégager les caractères du groupe entier.

A propos d'un traité qui a fait époque (Les colloïdes, par J. Duclaux, chef de laboratoire à l'Institut de France. Paris, Gauthier Villars, 1920), on a fait l'observation suivante: que sur le nombre de travaux ayant pour objet l'étude théorique d'une matière nouvelle, il arrive qu'ils ne s'inspirent pas d'une doctrine unique. L'esprit se perd alors au milieu des contradictions et une mise au point s'impose. Le premier moyen est de réunir toutes les données certaines en un ensemble cohérent. Le second consiste dans l'élimination de détails inutiles et surtout des doctrines périmées. Les théories se succèdent en révélant des formes de plus en plus parfaites. On peut reléguer dans l'histoire beaucoup de lois et de règles reconnues fausses ou inapplicables qui, très connues auparavant, continuent à subsister pour la forme et la tradition.

Il y a des rassemblements de données connues qui sont éparses. Par exemple, les poissons du Japon avaient été décrits dans des recueils non seulement du Japon mais dans tous les pays; ils exigeaient des recherches bibliographiques absorbantes. Un répertoire dressé par MM. Jordan Tanaka et Snyder (Journal of the College of Science, Imperial University of Tokio; t. XXXIII, I, 1913) en a rassemblé et coordonné tous les documents dispersés.

Les ouvrages raisonnés des sciences appliquées ont une très grande importance. Il faut dresser sur des bases scientifiques et précises les préceptes de l'application, il faut raisonner la pratique et l'emploi des choses. Il s'agit d'une part de considérer les objets et êtres décrits, tels qu'ils se comportent dans la nature et tels qu'on doit les envisager par rapport à l'usage que nous faisons d'eux. « Il s'agit de montrer comment les problèmes nombreux et parfois complexes que soulève la pratique, trouvent leur solution dans les études scientifiques et comment par suite ces dernières devant prendre leur rang et occuper leur place qui est la première, il est nécessaire de les exposer telles qu'elles sont, comme d'en présenter toutes les conséquences. » (1)

i) La médecine a une matière immense à recueillir et à systématiser. Les traités sont des œuvres considérables.

Le nouveau traité de médecine et de thérapeutique a été publié en fascicules sous la direction de MM. Brouardel et A. Gilbert (40 fascicules, 200 fr. Paris, Bailère 1906). Il est dit dans la préface : « Laissant aux dictionnaires et aux traités du temps jadis, la forme antique de lourds volumes, incommodes à consulter encore plus à lire, le nouveau traité paraît en fascicules séparés, entièrement distincts, ayant chacun leur titre, leur pagination propre, leur table des matières. Chaque fascicule se vend séparément et forme un tout complet réunissant les maladies qui constituent des groupes naturels.

» Pour assurer à la publication une plus grande rapidité, les fascicules sont publiés aussitôt prêts, sans tenir compte de l'ordre des numéros »

Le *Traité d'hygiène* publié par Brouardel et Mosny, avec un grand nombre de collaborateurs (Paris, Baillière et Fils) est divisé en 20 fascicules qui ont paru mensuellement, mais sans suivre l'ordre des numéros afin d'assurer une publication plus rapide, écueils où s'étaient

(1) Louis Roule. *Traité raisonné de la pisciculture et des pêches.*

heurtés jusqu'à présent les grands traités de médecine publiés en gros volumes avec des collaborateurs multiples.

j) Le Droit présente cette particularité qu'il a dans la pratique non moins que dans la théorie, besoin de textes et d'interprétation de texte. De là l'importance des traités de Droit. L'ordre suivi par l'exposé des traités de Droit fournit un moyen en quelque sorte mécanique de se retrouver dans le dédale des opinions et des décisions judiciaires.

Un ouvrage de droit anglais, tel que celui de Taylor *Law of evidence as administered in England and Ireland* cite dans ses 1253 pages environ 10,000 cas.

Les *Pandectes belges* (Corpus Juris Belgici) inventaire général du droit de la Belgique, par Edmond Picard et ses collègues comprennent plus de 120 volumes. Son fondateur a rapporté dans un écrit spécial intitulé *Une grande aventure juridique*, la genèse et le déroulement de ce grand travail.

Le *Traité pratique de droit civil français* de MM. Planiol et G. Ripert est entrepris avec le concours de professeurs des facultés de droit. Il paraîtra sous une forme condensée un exposé complet de la doctrine de la législation et de la jurisprudence. Il comprendra 13 volumes de 800 à 1000 pages et un 14e consacré aux tableaux. Il combine en un seul ouvrage les avantages d'un exposé méthodique de doctrine, d'un répertoire de jurisprudence et d'un code annoté.

Le *Traité de droit international public* de Pradier-Foderé est en 8 volumes d'un millier de pages chacun. Il est accompagné d'une table analytique de 198 pages.

Du *Droit Romain* de Georges Cornil (Aperçu historique sommaire ad usucum cupidæ legum juventutis. Bruxelles 1921, X-746 p.) son rapporteur a dit : c'est le fruit magnifique de trente années d'enseignement et d'une vie toute consacrée à l'étude et à de sérieuses recherches. Il résume de façon personnelle tous les travaux antérieurs sur la matière, y compris ceux de l'auteur. C'est en 700 pages tout ce que la pensée humaine a, jusqu'à nos jours, enfanté de plus savant et de plus profond sur ce grand sujet renouvelé de siècle en siècle: le droit romain que les modernes comprennent mieux que les Romains eux-mêmes ont jamais pu le comprendre. C'est un chef-d'œuvre en son genre.

k) Sous le titre « Les archives du manuel social », publié sous la direction des PP. A. Vermeersch et A. Muller S. J., paraissait périodiquement en forme de fascicules d'importance variable, des études dont l'ensemble composera un Manuel doctrinal de première valeur sur toutes les questions sociales à l'ordre du jour. Le fond de cet ouvrage sera constitué par la réédition refondue, mise à jour et considérablement augmentée du Manuel social du P. Vermeersch.

l) Le Manuel de littérature de Brunetière se divise typographiquement en deux parties: en haut des pages, un « discours » d'affilée sur la suite de lettres françaises jusque environ 1880; en bas des notices consacrées aux divers auteurs.

m) Les traités d'histoire sont les œuvres dites de seconde main qui sur le fondement de documents originaux exposent les conclusions des auteurs sur les faits. Il y a le traité d'histoire générale et le traité d'histoire spéciale.

Le difficile est le bon sectionnement des séries. Ex.:

Le répertoire chronologique de l'histoire universelle des Beaux-Arts, depuis les origines jusqu'à la formation des écoles contemporaines, par Roger Peyre. Vérification des dates. Concordances de l'Histoire des Beaux-Arts chez tous les peuples. Paris, H. Laurens, 534 p.

Par année, sous chaque année par pays, une table alphabétique des noms propres usités.

Dans l'Histoire spéciale (ex.: Histoire de l'Art). Il s'agit de présenter un tableau de l'histoire, l'évolution avec assez de détails pour que l'entraînement puisse en être suivi.

La difficulté est de faire une place aux influences des matières exclues des sujets traités. Il est impossible dans le traitement d'une matière si vaste et si complexe de conserver pour chaque partie des coupures rigoureusement synchroniques. Mais on s'efforcera du moins que le groupement et l'enchaînement logiques des œuvres et des faits ne soient jamais rompus.

n) Les grands *Grundrisse* des Allemands sont élaborés en collaboration d'après des plans généraux dressés par les directeurs de la publication. Ex.: Le Grundriss de Ueberweg.

o) Il existe de grandes collections de traités ou manuels. Par ex. en français la collection des manuels Roret pour les divers arts et métiers.

La nouvelle collection des « Mises au point » (Paris, Gauthier Villars) a pour but de compléter avec un minimum d'efforts l'instruction générale scientifique et de la mettre au courant de l'essentiel de la science moderne. Ce ne sont pas des traités didactiques, ni des ouvrages de documentation, mais bien des livres de lecture scientifique; nulle formule n'arrêtera le lecteur et des figures schématiques ou photographiques éclairent constamment le texte. Un index sommaire des récentes publications accompagne chaque volume. Celui-ci comprend :

1° un rappel des principes essentiels nouveaux et anciens;

2° un tableau juste, assez complet et détaillé, très clair avec références et documentation (modérée) de l'état actuel des sciences, tant comme principe que comme application, en insistant davantage sur les plus récentes, peu connues du public d'âge mûr, sans négliger l'historique de la science étudiée, l'enchaînement des découvertes, l'évolution des idées et doctrines et le perfectionnement des méthodes;

3° des conclusions générales de l'extension possible de la science envisagée, les possibilités d'évolution des théories et des principes; enfin les principaux problèmes qui restent à résoudre et perfectionnements à réaliser.

La collection des « Manuels Hœpli » comprenait dès 1906 plus de 900 volumes. Cette collection forme la plus vaste encyclopédie des sciences, des lettres et des arts ayant paru en Italie. Les manuels portent sur toutes les branches. Leur prix varie de fr. 1.50 à 12 fr.

On a appelé « encyclopédie » une collection de traités sur les branches des sciences humaines ou sur toutes les branches d'une science complexe.

241.214 *METHODES. DESIDERATA.*

Une méthodologie du traité se dégage progressivement de l'expérience. Plusieurs auteurs dans leur introduction en ont formulé certains principes. (1) Des observations, recommandations, desiderata sont à formuler à ce sujet.

a) Le traité doit être concis. Dire beaucoup de choses en peu de mots, tel est l'idéal du bon traité. Mais la concision ne saurait être au détriment ni de la précision, de la clarté, ni de la complétude.

Il doit résumer la multiplicité des faits et les découvertes quotidiennes. Le but est de dégager des milliers de monographies des « contributions » entassées sur les rayons des bibliothèques, les résultats positifs et les vues générales qu'il semble permis désormais de considérer comme assurés. C'est utile ne fut-ce que pour marquer plus nettement sur la carte les frontières des terræ incognitæ.

Le traité résume à l'usage des débutants tous les travaux antérieurs de manière à leur rendre l'étude plus aisée et à leur fournir sur toutes les recherches qu'il leur plairait d'entreprendre un point de départ et une méthode.

Ils ne doivent pas être aussi complets que possible, mais l'auteur doit se préoccuper de ne jamais laisser le lecteur sans aucun renseignement sur un sujet. Les détails sont l'affaire des ouvrages plus spéciaux.

b) Le traité doit être complet; il doit être l'exposé de toutes les matières de la science à laquelle il est consacré.

Il y a lieu d'envisager le traité le plus complet et en tirer ensuite des types moins complets, soit qu'on y omette des parties, soit qu'on en résume d'autres.

En principe, il y a donc des traités de type élémentaire (minimum), moyen, supérieur (maximum).

Des procédés typographiques peuvent faire distinguer les degrés de l'exposé. Par ex. dans le sommaire et dans le corps même des chapitres, les idées et les faits de première importance sont imprimés en caractères gras qui attirent l'œil. (Ex.: Cours d'histoire: Ch. Guignebert. L'Europe et le moyen âge, de Dupont Ferrière).

Chaque paragraphe du texte est résumé en une phrase liminaire composée en caractères gras. (Ex. : Résumé aide-mémoire d'histoire de la littérature française de De Plinval.)

c) Le traité doit faire application des formes bibliologiques les plus avancées. Tout ce qui a été dit des parties et de la structure du livre se retrouve ici. Un traité en fait est la réunion en une superstructure bibliologique de divers éléments structurés plus simples. (Par ex.: le chapitrage, les notes historiques et autres, les tables, la bibliographie, les illustrations, etc.)

Ainsi les idées générales qui dominent chaque science comme prémisses ou comme conclusion, les lois qu'elle établit, les grandes séries de faits et les formules qui les résument, sont exposées dans des paragraphes dont chacun porte un numéro d'ordre et se complète par une suite de notes imprimées en caractères plus fins. Dans ces notes sont indiquées les idées d'une importance secondaire et les applications particulières de chaque loi; les assertions sommaires sont justifiées par des renvois aux ouvrages spéciaux d'où elles ont été tirées; parfois même les plus importants des textes que l'auteur a visé sont transcrits en entier. Par là, le lecteur est ou dispensé de recourir aux sources ou mis à même de savoir auxquelles il doit s'adresser aux plus riches et aux plus privés.

d) Le traité doit être coordonné, il doit être synthétique. Les propositions les plus importantes sont à présenter dans l'ordre optimum de leur enchaînement. Beaucoup d'auteurs, pris de court par le temps, se bornent à reproduire comme chapitre d'un livre des études particulières parues en articles dans les revues ou présentées dans les congrès. C'est un avantage de posséder en un même recueil l'ensemble de leurs pensées, mais ce serait un avantage plus grand s'ils s'astreignaient — travail long, méticuleux et difficile — de reformer leurs divers écrits sur une matière en un seul qui se présenterait dans l'unité de son corps d'idée et de sa forme d'expression.

e) Le traité doit être systématique. La rédaction alphabétique est la plus éloignée de toutes des principes de la classification naturelle. Il faut dès lors, chercher à donner à la rédaction systématique tous les avantages de la recherche systématique. (Voir ce qui a été dit sous le n° 224. Exposés systématiques.)

La méthode de découverte n'est pas forcément celle qui convient à l'exposé des résultats acquis. En fait cet exposé se fait de deux façons s'il s'agit de toute une science: sous forme de dictionnaire ou sous forme de traité.

Dans le dictionnaire on expose à chaque mot ce que l'on sait de l'objet correspondant en utilisant toutes les

(1) Yves Delage : « Sur la manière d'écrire dans les sciences naturelles. Préface d'un mémoire sur l'Embryofence des éponges ». In: Arch. de zoologie expérimentale et générale, 2e série, t. X, 1892. Voir aussi la préface et l'avis au lecteur du traité de zoologie concrète du même auteur.

lois qui s'y rapportent. On fait donc une synthèse d'explications. Il en résulte qu'en général un tel article ne sera compris que par un lecteur déjà familiarisé avec les lois elles-mêmes. Les dictionnaires sont commodes pour chercher des renseignements, des détails que l'ordre alphabétique permet de trouver aisément, mais ils ne donnent aucune idée de l'enchaînement des lois scientifiques, c'est-à-dire de l'essentiel de la science.

Le traité se propose d'exposer cet ordre, un ordre linéaire et logique, mais il ne donne pas la moindre idée de la façon dont la science se fait. Ils sont précieux pour les gens de métier, savants ou étudiants. Dans les parties les plus avancées des sciences où l'enchaînement déductif des lois est bien conçu, ils sont d'admirables monuments de logique.

En somme, pour décrire l'arbre de la science, ou bien on le met en morceaux qu'on étiquette et qu'on range dans l'ordre alphabétique : c'est le dictionnaire. Ou bien on le décrit en allant des racines vers les feuilles : c'est le traité synthétique, mais pour des raisons variées, on en éloigne toutes ou presque toutes les feuilles. (1)

f) Le traité doit offrir de l'unité. Il est nécessaire que les gros traités soient faits en un seul traité, de temps et conçu avec un rigoureux esprit d'unité, faute de quoi l'indécision se produit dans les recherches et le défaut de proposition dans les vues. Les sciences, les faits ne marchent point d'un pas régulier. Sur certains points, ils sont stationnaires sur d'autres ils se transforment avec rapidité ; leur variation et leurs progrès sont subordonnés aux variations et aux progrès des sociétés. Il faut à un moment donné en tracer le tableau, ce que ne peuvent les périodiques.

g) Le traité pourrait être à la fois impersonnel en ce qu'il rapporte l'état de la science œuvre connue et personnel en ce qu'il donnera un classement et une direction de pensée aux données exposées et qu'il rattachera aux diverses matières classées des données nouvelles et originales.

h) Le traité doit être à jour.

Le traité classique en élimine cependant tout ce qui trop récent ou trop individuel encore, risque d'être éphémère. Il doit aussi éliminer tout ce qui est tombé définitivement en désuétude et n'est plus pris en considération ou au sérieux par personne. Cependant il signalera en note l'existence du récent et du périmé.

j) Le traité doit présenter des concentrations classées de données. Il y a des travaux possibles avec l'appareil bibliographique existant, mais fastidieux et provoquant le gaspillage du temps. Ainsi par ex., avec certains traités de zoologie, l'étudiant est obligé de prendre un animal et de rechercher dans le chapitre anatomique tout ce que l'on dit de lui en citant son nom entre parenthèses, à la suite de quelque courte indication, de manière à se constituer un type au moins sur lequel il puisse reposer son esprit. Mais jamais il n'y arrive, car celui que l'on cite à propos de l'appareil digestif n'est plus cité quand on passe au système nerveux ou aux organes de la reproduction. Il n'arrive jamais que le même soit pris à propos de toutes les fonctions et l'étudiant se résigne, de guerre lasse, à prendre les choses comme il les trouve et à rester dans le vague des abstractions. Ce travail qu'il n'a pu faire, c'est à l'auteur à le faire pour lui. *C'est à l'auteur à lui présenter les choses dans la forme où il le désire*, où il a besoin qu'elles soient pour en avoir une notion précise et pour les retenir. (Yves Delage.)

j) Le traité, par son contenu et sa présentation, sera un stimulant au développement de la science et non une cristallisation. En montrant les progrès dans le passé, il doit être un rappel pour le progrès dans l'avenir ; en indiquant les points acquis, il doit signaler les problèmes posés et restant à résoudre.

Le traité ne doit pas chercher à imposer le *statu quo* dans l'encre et le papier, et à le perpétuer sous cette forme.

k) Le traité sera l'ouvrage essentiel de l'exposé fondamental de chaque science, l'ouvrage intégral. On y trouvera à leur expression optimum, les divers éléments bibliologiques combinés entre eux également.

l) Le traité fera partie intégrale de l'organisation de la documentation et de l'édition.

Il en sera partie notamment : 1° en mettant en œuvre toute la série coordonnée des formes bibliographiques élémentaires ; 2° en s'établissant en corrélation avec la série des formes fondamentales de publication (encyclopédie, revue, annuaire, atlas, bibliographie) ; 3° en appliquant les règles formulées pour la publication et pour la bibliographie ; 4° en étant une contribution au plan de la Documentation universelle.

m) Le traité sera largement en coopération. L'organisation suivante, déjà largement esquissée dans la réalité, permettrait d'arriver à une documentation intégrale. Elle reposerait à la fois sur l'enseignement, sur les services scientifiques officiels et sur les sociétés scientifiques, les chaires des instituts supérieurs, les séminaires similaires de tous les pays, qui sont presque tous membres des associations internationales. Celles-ci pourraient assumer en coopération systématisée et continue, établir un traité fondamental de chaque science. Puisque les matières ont à être enseignées partout, le travail de mise au courant de la matière est déjà effectué par les professeurs. Les cours partout devraient être objectivés par un traité complet mis à la disposition des étudiants. Les assistants des maîtres, aidés d'étudiants, auraient la tâche de l'élaboration matérielle des traités au moyen des matériaux publiés de divers côtés.

(1) E. Brucker : L'éducation de l'esprit scientifique. Revue scientifique, 30 mai 1908.

241.22 Encyclopédie. Dictionnaire.

241.221 *NOTIONS.*

a) L'encyclopédie est l'ouvrage qui traite ou prétend traiter de toutes les sciences humaines. L'encyclopédie est aussi le terme donné à la connaissance de tout ce que l'homme peut savoir. Le mot vient du grec enkuklopaideia qui signifie littéralement cercle de sciences, de *en* dans, *kuklos* cercle et *paideia*, instruction science.

b) Le mot encyclopédie a reçu cinq sens différents : 1° l'encyclopédie dite *universelle;* l'ensemble d'une science dans toutes ses notions abstraites et concrètes; 2° l'encyclopédie dite *vulgaire:* notions sommaires sur toutes les parties d'une science ou des sciences; c'est l'encyclopédie des gens cultivés; 3° l'encyclopédie comme science *préliminaire*, notamment pour préparer aux études; 4° l'encyclopédie comme science *complémentaire* (compléter les lacunes des études); 5° l'encyclopédie *philosophique:* ensemble des généralités abstraites et permanentes d'une science: les normes ou premiers principes; les constantes. (1)

c) L'encyclopédie répand des connaissances sur tout ce qu'il n'est plus permis à personne d'ignorer: science, industrie, technique, histoire, art, société. Elle permet de suivre partout le mouvement grandissant de l'évolution humaine. A notre époque la curiosité de la pensée est devenue générale et l'encyclopédie est devenue l'outil de cette curiosité. C'est l'âge où la riche matière des dictionnaires se systématise en encyclopédies méthodiques.

Nous sommes, disent toutes les œuvres, à l'âge de l'encyclopédie. Elles ajoutent: l'esprit le mieux nourri n'est pas celui qui connaît les choses, mais celui qui sait où les trouver (n'est-ce pas là une nouvelle version de la primitive devise de l'Institut International de Bibliographie : « Quid scit ibi scientiae habendi est proximus »). Il faut créer l'habitude de recourir à l'encyclopédie (Encyclopedia habit). L'encyclopédie est la pierre angulaire (Cornerstone) de la Bibliothèque. Elle est le lien entre tous les livres. La voilà pénétrant déjà dans l'école et de là elle pénétrera à la maison, comme le dictionnaire a débuté aussi par l'école aux Etats-Unis. Elle est le moyen illimité de répondre aux questions sans limites. Pas besoin comme aux livres d'index placé à la fin; tout sujet, si large ou si spécial, figure à sa place alphabétique propre. Et ils ajoutent encore: les connaissances qui ont coûté à l'homme des centaines de millions, on les achète aujourd'hui pour un prix vraiment insignifiant.

d) Les ouvrages en la forme *dictionnaires* sont utiles pour cencentrer des renseignements nombreux où l'on se préoccupe plus de la précision et de la « monographie de chaque sujet » que de leurs liens de dépendance et de connexion. Ce sont par excellence des ouvrages que l'on consulte au lieu de les lire de la première à la dernière page. Les Dictionnaires comme les Encyclopédies sont des instruments plus souples que les infidèles mémoires. Ils les aident et laissent les hommes plus libres, plus dispos. Ils fournissent vite, à toute heure, suivant les besoins de l'instant, les renseignements, la documentation de la vie, des sciences, des métiers. Ainsi l'instrument d'information par excellence est le dictionnaire dont la forme offre un ordre plus large, mais de consultation plus aisée que l'ordre logique ou scolaire des questions.

Un dictionnaire se compose de notices et chaque article étant un tout complet par lui-même, est plus compréhensible que les parties des traités qui reposent sur l'exposé antérieur. On peut donc les comprendre directement et par là tout en restant scientifique, on obtient un résultat de vulgarisation. On vise à donner l'exposé complet et scientifique des faits connus jusqu'à ce jour.

e) Il y a inconvénients et avantages à la forme dictionnaire : il est impossible d'y trouver une question traitée dans son ensemble et il faut aller en chercher les éléments dans dix articles et parfois dans dix volumes. C'est le morcellement arbitraire et indéfini avec les doubles emplois et les répétitions innombrables. C'est l'absence complète de méthode et d'unité mal dissimulée par la régularité apparente que consacre l'ordre alphabétique. La lenteur avec laquelle paraissent les volumes et le nombre auxquels ils s'élèvent lassent souvent la patience du public.

Un traité et un dictionnaire ne rendent pas les mêmes offices. Quand on cherche un renseignement précis sur un point quelconque, on le trouve rarement dans un traité dogmatique. Ceux-ci étant des ouvrages classiques doivent être courts et peu coûteux, insuffisants et détaillés. Un dictionnaire facilite les recherches par le fait d'un vocabulaire détaillé. Certains articles très généraux sur des questions fondamentales peuvent constituer de véritables monographies rapprochant le dictionnaire du traité.

Une science pour être complète doit sortir des limites trop étroites où on la tient souvent enchaînée et envahir les domaines qui lui étaient autrefois interdits en les traitant du point de vue de la science envisagée.

Certes, sur ces sciences connexes, on n'utilisera que des livres communs et des mémoires déjà publiés, sans prétendre user du neuf; mais ce sera déjà une œuvre bien importante que de rassembler les données éparses, de manière à les présenter dans leur ensemble. En outre, l'histoire d'une science, la biographie et la bibliographie ne sont guère présentées dans les traités. En conclusion, le dictionnaire n'est pas le manuel ni le traité. Il n'a ni la belle ordonnance ni l'enchaînement des idées qu'on admire dans ces ouvrages. L'ordre alphabétique s'y oppose. Il brise fatalement la suite logique, les intéressantes discussions sur les points controversés. En revanche

(1) Comp. E. Picard. Les constantes de droit, 1921, p. 1.

il donne en peu de signes tout ce que le lecteur a besoin de savoir; il replace les faits, les choses, les personnages dans leur vrai cadre, il résume les découvertes, le tout débarrassé des difficultés techniques et mises à la portée des esprits peu cultivés.

241.222 *HISTORIQUE.*

L'idée de réunir dans un seul ouvrage toutes les connaissances humaines est fort ancienne. Les premiers livres confondaient tout; c'était des polygraphies dans toute la force du terme. L'œuvre du temps a consisté à distinguer les genres. Aussi les anciens livres sacrés, la Bible notamment, étaient de véritables encyclopédies. Moïse et Confucius ont été des centralisateurs. Les exposés de la philosophie antique, épanouis dans l'œuvre d'Aristote, offrent une idée de l'encyclopédie. Les écrits des polygraphes grecs, ceux de Caton, Varon et Pline, ont un caractère encyclopédique. Au Ve siècle de notre ère, Martianus Capella réunit en un seul livre les sept sciences qui composaient alors tout le savoir humain: grammaire, dialectique, rhétorique, géométrie, astrologie, arithmétique et musique. En avançant dans le moyen âge, on rencontre des encyclopédies spécialement consacrées à telle ou telle science et connue sous le nom de « Summae » ou « Specula ». Salomon, évêque de Constance, tenta au IXe siècle un *Dictionarium Universale*. L'œuvre littéraire gigantesque du moyen âge est l'encyclopédie d'Albert Le Grand, 21 volumes in-folio dans l'édition Jammy (1615) et 38 in-quarto dans l'édition Borgnet (1890-99). Saint-Thomas d'Aquin produisit sa Somme qui a traversé les âges. Sous le régime de saint Louis, au XIIIe siècle, le dominicain Vincent de Beauvais composa à la demande du roi, son *Speculum historiale, naturale, doctrinale et morale*, vaste compilation destinée à reproduire les notions éparses dans les divers écrits. Cependant dans tous ces ouvrages l'idée d'une encyclopédie demeurait encore incomplète. Des tentatives plus précises furent faites dès le commencement du XVIIe siècle. En 1606, un professeur de Brême, Mathias Martins, traça le plan d'une encyclopédie complète; Henri Alated publia à Herborn une *Encyclopedia VII Tomis distincta* (1620). Bacon, par sa classification méthodique des connaissances humaines (1620), sera le germe de ce qui devrait au XVIIIe siècle produire de véritables encyclopédies. Le *dictionnaire historique et critique* de Bayle (1696) a exercé une immense influence sur la direction des idées au XVIIIe siècle. On l'a appelé une œuvre à l'allemande, une compilation informe de passages cousus à la queue les uns des autres. L'auteur ne cherchait qu'un texte, un prétexte pour développer ses propres idées.

La plus célèbre des encyclopédies fut celle fondée par Diderot sous ce titre « Encyclopédie ou Dictionnaire » raisonné des sciences, des arts et métiers, par une » société de gens de lettres, mis en ordre par Diderot et » quant à la partie mathématique par d'Alembert (1751-» 1772, 28 vol., suppl. 1776-1777, 5 vol.; table analytique » et raisonné, 2 vol. 1780). »

En tête de l'Encyclopédie fut donné le fameux *Discours préliminaire*, supérieur, disait Voltaire, à la Méthode de Descartes et égal à ce que Bacon a écrit de mieux.

L'Encyclopédie ne traitait que de certains sujets choisis relatifs aux lettres, aux arts, aux sciences ou aux métiers. Et elle les présentait dans leur ensemble.

Cet immense recueil fut plusieurs fois réimprimé. Monument grandiose des connaissances humaines et de l'esprit philosophique novateur, l'Encyclopédie fut un instrument de guerre en même temps qu'une œuvre de science. La Révolution y puisa la plupart de ses principes. Une infinité de publications du même genre ont paru depuis dans divers pays.

Les Encyclopédies se sont succédées en France, après la première. Le «Dictionnaire philosophique» de Voltaire. L'«Encyclopédie méthodique» éditée par Panckouke et Agasis (1782-1832) en 201 volumes; articles classés par matières constituant de cette sorte une série de dictionnaires particuliers de diverses sciences. « Encyclopédie moderne» (1824-1832). «Encyclopédie des gens du monde» (1831-1844). «Dictionnaire de la Conversation. Encyclopédie nouvelle» (1834). «Encyclopédie catholique» (1838).

Le grand dictionnaire universel du XIXe siècle, de Pierre Larousse (1865) se propose ce programme: Combiner le dictionnaire et l'encyclopédie, enregistrer dans l'ordre alphabétique tous les mots, quels qu'ils soient, en groupant autour de chacun d'eux les faits et les idées qui s'y rattachent et en donnant l'explication immédiate, faire un dépouillement complet du savoir humain répondant à la formule « Instruire tout le monde sur toutes choses ».

En Angleterre, il y eut un mouvement encyclopédique parallèle à celui de la France et le devançant parfois. « The Encyclopedia » de Chambers est de 1728. L'Encyclopédie britannique publiée à Edimbourg (1771) a abouti à l'Encyclopedia Britannica de nos jours. (Voir ci-après.)

En Allemagne, de nombreuses encyclopédies furent aussi publiées. Celle de Zedler (1751), de Jablonsky (1767), de Koster (1778), de Hübner, l'*Allgemeine Encyclopädie* de Ersch continuée par Grüber (1818), le Konversations Lexikon de Brockhaus.

La Chine s'est montrée de bonne heure le pays des encyclopédies. Le *Paï-Wen-Yun-Fou* est celle qui contient avec la langue tout ce qui concerne la Chine dans l'ordre physique et moral. Il est dû à 76 lettrés réunis à Pékin sous la présidence de l'Empereur Khangh-hi, œuvre de 127 volumes terminée en huit ans (1711). (1)

(1) Sur les encyclopédies et les dictionnaires, voir Larousse, Dictionnaire Universel, Introduction et Ve Dictionnaire. Un exemplaire en 3,000 volumes de l'Encyclopédie chinoise a été donné aux Instituts du Palais mondial.

241.223 *ESPECES.*

a) On distingue les encyclopédies générales et spéciales, les exposés alphabétiques des exposés méthodiques, les encyclopédies réelles des dictionnaires de la langue, les traités, les encyclopédies des textes, des collections qui reproduisent les notions et les données.

On a distingué aussi les ouvrages encyclopédiques, lexicographiques et les ouvrages biographiques, ces deux dernières catégories devant cependant être tenues comme des contributions importantes à l'Encyclopédie totale.

La Terminologie est insuffisamment fixée. Les termes encyclopédies et dictionnaires s'emploient indifféremment quand l'œuvre est alphabétique. Parfois le terme encyclopédique a été attribué à des traités systématiques (par ex. *l'Encyclopédie des sciences mathématiques).*

b) D'une manière générale, il y a deux grands types d'encyclopédies : l'encyclopédie analytique qui prend le type de dictionnaire, qui enregistre les détails et qui sert de « dock » aux curiosités de l'esprit; l'encyclopédie synthétique qui présente les éléments essentiels et expose le savoir selon les grandes lignes de la classification.

c) Les grandes collections fractionnées en petits volumes constituent en fait de véritables encyclopédies systématiques. Ainsi les collections allemandes telles que « Grosschen Sammlungen » et « Aus Natur und Geisteswelt » (Verlag Teubner).

241.224 *TYPES D'ENCYCLOPEDIE.*

Il existe un grand nombre de grandes encyclopédies. L'existence des unes a facilité l'établissement des autres.

a) L'Allemagne possède diverses grandes Encyclopédies. Le « Brockhaus » et le « Meyers Konversations Lexikon ». Celui-ci a été fondé en 1826. A chaque édition, le nombre de volumes augmente. (17 volumes de la 5e édition avec 10,500 illustrations et un tirage accusé de 250,000 exemplaires). La grande encyclopédie allemande « Der grosse Herder » (Herder et Cie, Freiburg, Maison Catholique). Elle ajoute aux données documentaires des réflexions et des conseils pratiques. Abondamment illustrée.

L'encyclopédie «Brockhaus» a instauré ce procédé de retirer de la circulation les anciens exemplaires, en les reprenant en payement d'une partie du prix. Car il ne suffit pas de lancer des livres nouveaux, il faut empêcher l'encombrement produit par les anciens.

b) L'Italie a mis sur pied une encyclopédie nationale. Un mécène — c'est la première fois que cela se produit — a fondé un institut pour établir cette encyclopédie. Il y aura trente-deux grands volumes illustrés.

D'autre part, une « Enciclopedia delle enciclopedie » est en cours, en 16 parties spéciales de 1,000 pages, mais en vente séparément. L'œuvre sera complétée par deux volumes de dictionnaire synthétique. Comprenant tous les mots du savoir suivi d'une brève interprétation et de références aux volumes où la matière a été traitée, c'est donc une fusion de la méthode alphabétique et de la méthode synthétique (trattatistico).

c) L'Encyclopædia Britannica a été fondée en 1768. La 14e édition récemment parue offre des faits typiques du degré de développement où en sont arrivées les grandes encyclopédies. L'édition a été réalisée par la coopération de 3,500 collaborateurs de partout. Il a été dépensé £ 400,000 avant toute impression. L'œuvre totale a coûté £ 500,000 (environ 62 millions de francs belges). Il n'y avait plus eu refonte de l'Encyclopædia depuis vingt ans. Les éditeurs annoncent leur œuvre comme la première Encyclopaedia « humanised », pratique au plus haut degré, complètement « pictured » (illustré) et non seulement à jour, mais « à la minute ». Elle est l'œuvre d'une firme : «The Encyclopædia Britannica Cy Ltd», qui a fait copyright tout son contenu en 1929. L'éditeur en chef a été Mr. J. L. Garvin. Les éditeurs ont formulé ainsi les buts multiples qu'ils ont eu en vue : Pour tous ceux qui désirent comprendre le temps extraordinaire où nous vivons, les nouveaux mécanismes, les nouvelles structures sociales et économiques. Le « digest » des informations universelles que l'on peut obtenir n'importe où, sur n'importe quel sujet. Toutes les connaissances assimilées par l'Humanité et les informations indispensables sur aujourd'hui. Accessibilité immédiate à toutes les connaissances, les faits et les théories, tout ce qui est arrivé dans le monde et tout ce qui existe aujourd'hui. La solution apporte à généraliser des problèmes qui se posent à chacun à chaque instant dans la vie, dire comment faire une multitude de choses. Elle répond au besoin de lecture. Elle permet de continuer seul son instruction, la matière y étant exposée par les meilleurs maîtres. (1)

L'Encyclopédie comprend approximativement le contenu de 500 livres de format moyen. Au prix moyen de 10 s. 6 d. chacun, cela ferait £ 262.10 s., soit approximativement dix fois le prix de l'Encyclopédie. Elle comprend 500 cartes, dont 192 en couleurs, et réunies en un volume avec un index géographique de 100,000 noms de lieu (Atlas-Index). Des bibliographies sont données à la fin de chaque article pour diriger la lecture. L'index alphabétique comporte un volume séparé : il comprend 500 mille rubriques, 15,000 illustrations visualisant le texte, plus de 1,200 planches, dont beaucoup en couleurs.

En tête de chaque grand article traitant des grandes divisions de connaissances, il y a une introduction indiquant quels articles sont à lire pour avoir une connaissance appropriée du sujet. Ceci est une caractéristique nouvelle.

(1) La présentation dit : « It is not only a book to consult, but a book to enjoy, without any sacrifice of that erudition which has been the peculiar glory of the Britannica in the past, it has been « humanised » so that the riches of all knowledge are accessible and intelligible to the plain man. »

Le papier de l'Encyclopédie est approprié à son objet. C'est le résultat d'années d'expériences. Il a été spécialement fabriqué. Le corps est de pur sulfite et chiffons. Il est de couleur crème claire, opaque et velouté. Les pages sont faciles à tourner.

C'est un fait remarquable qu'une œuvre de cette ampleur puisse être produite sous la forme d'une entreprise privée. Elle marque une audacieuse tentative pour étendre de plus en plus le marché de l'Encyclopédie et par une publicité commerciale appropriée pour faire comprendre dans les milieux de la science, de l'éducation, de l'administration, des affaires, dans le milieu des familles, les avantages de posséder l'instrument d'étude et d'information qu'est une grande encyclopédie. Le prix complet est de £ 27 6 avec reliure en pleine toile et meuble pour contenir les volumes. Le prix est de £ 1 à la commande mais il y a 25 payements mensuels consécutifs de 23/9 chacun. L'Encyclopædia Britannica projette de reprendre et grouper en volumes spéciaux tout ce qui concerne telle branche de science et de l'activité humaine.

d) Les Soviets ont mis en publication la grande encyclopédie russe. Aux Etats-Unis l'Encyclopedia Americana est complétée par « The Americana, an Encyclopedia of Current Events». D'autre part, la World Book Encyclopedia avec sa nouvelle édition en 12 volumes, 8,000 pages, 10,000 illustrations, a coûté un million de dollars d'établissement.

En Espagne, l'Encyclopedia España est fort bien documentée et abondamment illustrée.

L'Encyclopedia Espasa, de la maison « Espasa Colpe », comprend 70 volumes.

L'Encyclopédie anglaise « Europa » est sur feuilles mobiles.

Pour la France, le Larousse du XX° siècle en 6 volumes comprend 200,000 articles, 50,000 gravures.

La « nouvelle encyclopédie française » est en préparation. M. de Monzie en a conçu le plan. Selon la préface, il ne s'agit plus d'établir une compilation, ni un dictionnaire « qui serve de dock » aux curiosités de l'esprit. Les manuels, les ouvrages de diffusion élémentaire ne manquent point.

L'originalité de l'encyclopédie, qui comptera dix à douze volumes, consistera dans la substitution à la formule alphabétique, encore observée dans la dernière encyclopédie, publiée sous la direction de Marcelin Berthelot, d'un classement nettement méthodique. Et, pour faciliter les recherches, un dernier tome recensera alphabétiquement touts les matières traitées. Enfin, suivant des règles à définir, l'ouvrage sera constamment mis à jour des progrès scientifiques. Les biographies seront réduites au minimum; aucune dépense somptuaire d'illustrations n'entravera l achèvement de la tâche.

Les méthodes qui interviendront à l'origine dans la répartition des sujets seront de la rigoureuse et féconde loi de la division du travail. L'esprit de parti sera exclu. On fera appel à l'Université, mais il ne s'agit pas d'une œuvre universitaire.

Les ressources? Il s agit ici d'une entreprise désintéressée. Elle ne demande rien au budget. Par des dons, des legs, l'autonomie civile devant lui être octroyée par le Conseil d'Etat, elle devra s'assurer des fonds. Ni les libraires, ni les éditeurs ne siégeront au comité. S'il y a bénéfice, il ira à la caisse des lettres et des sciences. L'œuvre s'inspirera de l'esprit de dévouement qui anime les savants.

241.225 *ENCYCLOPEDIES ET DICTIONNAIRES SPÉCIALISÉS.*

Les encyclopédies et dictionnaires spéciaux existent pour toutes les branches de nos connnaissances : philosophie, sciences, arts, littérature, histoire, religion, Bible, etc.

Voici quelques exemples et quelques particularités :

a) Parmi les anciennes publications, on peut citer : *l'encyclopédie des sciences philosophiques* de Hegel (1817), *l'encyclopédie d anatomie et de physiologie* par Todd (Londres, 1835-1859), *l'encyclopédie de la littérature anglaise* de Chambers (1843), *l'encyclopédie de la littérature américaine* (1857), *l'encyclopédie de théologie protestante* de Herzog (1853-1859).

b) En pédagogie: de 1903 à 1910 paraissent en 10 volumes « l'Encyclopädisches Handbuch der Pädagogik »; en 1905 le « Paedagogisch Woordenboek » hollandais; en 1911 le « Nouveau dictionnaire de pédagogie » sous la direction de F. Buisson. Maintenant voici en Allemagne le « Lexikon der Pädagogik der Gegenwart » sous la direction de Pieler (1930); en Italie « Pedagogia » de Santamaria dans l'« Enciclopedia delle Enciclopedie », M. Formiggini.

Le nouveau dictionnaire de pédagogie et d'instruction primaire de F. Buisson s'est assigné ce but : Donner aux maîtres un guide pratique et sûr de toutes les connaissances qui leur sont utiles, pour qu'ils orientent convenablement leur enseignement, pour qu'ils connaissent bien l'œuvre à laquelle ils sont voués et pour qu'ils aient une idée exacte de l'avenir qui les attend.

Le dictionnaire donne à la fin une table alphabétique des articles avec renvoi aux pages, pour permettre de se rendre compte de l'ensemble des sujets traités et, parcourant d'un coup d'œil les titres des articles, de voir quels sont ceux où ils pourront chercher un complément d'information sur tel ou tel point donné. *In fine* la liste des collaborateurs en faisant remarquer que les articles non signés doivent être attribués à la Direction du Dictionnaire. La liste indique la qualité des auteurs, mais non les articles dont ils sont l'auteur dans le dictionnaire.

c) Dans le domaine de la technique, les dictionnaires techniques illustrés de A. Schloman sont publiés en anglais, français, allemand, italien, espagnol et russe. Les éditions nouvelles apportent constamment des extensions et perfectionnements.

Le « Pitman's technical dictionary of engineering and industrial science in seven languages» (le 7e est le portugais) est édité par S. Slater avec une large collaboration.

L'encyclopédie technique des aide-mémoires Plumon (Paris, Béranger, Liége) est divisée en fascicules traitant chacun d'une partie bien déterminée de la technique. Cette division permet à chaque ingénieur, grâce à un nouveau mode de reliure, de se composer lui-même son aide-mémoire suivant ses besoins et avec le minimum de frais.

d) L'Encyclopédie des sciences mathématiques de ce siècle est le résultat d'une collaboration de mathématiciens allemands et français. L'auteur de chaque article de l'édition allemande a indiqué les modifications qu'il jugeait convenable d'introduire dans son article et d'autre part la rédaction française de chaque article a donné lieu à un échange de vues auquel ont pris part tous les intéressés.

L'importance d'une telle collaboration, dont l'édition française de l'encyclopédie offre le premier exemple, n'échappera pas. Une édition anglaise suivant les mêmes principes était en préparation en 1914.

e) Dans le *Dictionnaire de Physiologie* de Ch. Richet, le premier mémoire mentionné et indiqué immédiatement après le mot même, est le mémoire fondamental et les indications bibliographiques principales. Les indications contenues dans ce mémoire, on ne les reproduit plus, et l'on se contente de rapporter, sans autre citation, les résultats scientifiques obtenus par les auteurs qui y sont cités. Pour tout le reste, il y a l'indication des sources auxquelles il a été puisé.

f) Le dictionnaire médical de Dechambre déjà réédité comprend 100 volumes.

g) Il y a des encyclopédies juives en français, allemand, anglais, russe.

241.226 *DICTIONNAIRE, LEXIQUE, VOCABULAIRE, GLOSSAIRE.*

a) Un *dictionnaire* est un recueil de mots d'une langue ou de plusieurs langues, rangés dans un ordre, tantôt méthodique, le plus souvent alphabétique. On donne aussi le nom de dictionnaire à certains recueils ou répertoires alphabétiques (dictionnaire de chimie, d'histoire naturelle, de sciences). Le *lexique* est un petit dictionnaire qui renferme un choix de mots, ceux qui ont été employés à une époque ou par un auteur, ou qui appartiennent à tel genre. Le *vocabulaire* est un dictionnaire alphabétique contenant les mots d'une langue avec une explication succincte, ou bien les termes particuliers à une science, à un art, à une époque, à une littérature. Enfin, le *glossaire* est un dictionnaire où l'on explique certains mots moins connus.

Le dictionnaire, dit Camille Lemonnier, est le trésor inépuisable de l'éloquence et du savoir humains; c'est le recueil énorme où se décante l'expérience des âges.

La lecture des anciens dictionnaires est pleine d'intérêt. On se rend compte immédiatement de la conception des hommes du temps sur les sujets éternels.

b) Les plus anciennes compilations auxquelles on puisse donner le nom de dictionnaire de la langue ne paraissent pas remonter au delà du règne d'Auguste. On en a donné deux raisons. Pour songer à compiler un tel ouvrage, il faut que la langue sur laquelle on travaille soit déjà à son apogée sinon à son déclin et aussi que l'on ait sous les yeux la collection des ouvrages écrits dans cette langue. Avec l'établissement du centre intellectuel d'Alexandrie, ces conditions se réalisaient. Le premier en date est le *Lexique homérique* d'Appollonius le sophiste, recueil des mots employés par Homère, qui parut à Alexandrie au temps d'Auguste. Il est suivi d'une série de glossaires et de dictionnaires, œuvres embryonnaires d'Andromachus, de Pollux, d'Harpocration d'Alexandrie, de Photius de Suidas, etc.

Ce n'est qu'au XIe siècle qu'on trouve l'essai sérieux d'un dictionnaire; il est d'un certain Papia, surnommé le Lombard, qui lui donna le titre de *Elementarium*. C'est un vocabulaire latin dans lequel l'auteur a fait entrer, comme exemples, des vers et des passages grecs. Au XVe siècle Jean Crestone, carme de Plaisance, rédigea un dictionnaire grec-latin (1476). En 1523, Guarnio de Tavera publia un lexique grec intitulé: *Magnum ac perutile Dictionarium*. En 1572, Henri Estienne, continuant les travaux de son père, mit à jour son fameux *Thesaurus lingae graecae* (5 vol. in-folio). Puis on vit paraître le premier dictionnaire où les mots français avaient été rangés par ordre alphabétique, celui de Nicot publié après la mort de l'auteur par le libraire Jacques Dupuys. Alors parut le Dictionnaire de l'Académie française (1694) dont la 17e édition a été publiée en 1844. L'Académie travaille constamment à des revisions. C'est un exemple à la fois d'une œuvre collective et d'une œuvre à édition continue.

Le *dictionnaire étymologique* de Menage est de 1650; le *dictionnaire français* de Richelet, de 1680; le *dictionnaire de Trévoux* de 1704, le *dictionnaire universel de la langue française*, avec la prononciation figurée (1813), le *dictionnaire de la langue française* de Littré.

Le premier dictionnaire anglais (latin-anglais) remonte au Xe siècle, et se trouve dans une grammaire latine. Le fameux dictionnaire de Johnson qui domina tout le domaine de la lexicographie anglaise est de 1755. L'américain Noah Webster publia son dictionnaire en 1806. L'English Dialect Dictionary en 6 volumes fut achevé en 1905. Ce fut Charles Richardson (1775-1868) qui le premier fit attention à la signification changeante des mots. De là sortit l'« English Oxford Dictionary » commencé par la Philological Society en 1842 et achevé en 1928 grâce au travail de J. A. H. Murray. (1)

c) Un *dictionnaire* est un catalogue de mots. C'est la matière première de la langue enregistrée et tout nouveau dictionnaire incorpore les anciens. Un dictionnaire est ainsi un ensemble de monographies classées alphabétiquement. Ces monographies peuvent être établies suivant un même plan et embrasser toutes les mêmes éléments, présentés chaque fois dans un même ordre. Ainsi le Dictionnaire de la langue latine, de Freund, donne les éléments : 1° grammaticaux ; 2° étymologiques ; 3° exégétiques ; 4° synonymiques ; 5° historiques spéciaux ou chronologiques ; 6° rhétoriques ; 7° statistiques.

Dans son dictionnaire grec-français, Alexandre résume et classe au commencement des grands articles les différents sens d'un mot, en renvoyant par des chiffres aux exemples qui les confirment.

Il existe un dictionnaire parallèle des langues russe, française, allemande et anglaise, par Ph. Reiff (Carlsruhe, 4e édition).

d) Des dictionnaires de la langue ont été établis à divers points de vue, d'après divers principes et selon divers ordres de classement : dictionnaires d'étymologie (par ex. pour le français ceux de Scheler et de Stappers), dictionnaire du type dit analogique ou des idées suggérées par les mots (par ex. ceux de Boissière et de Rouaix), dictionnaire idéologique (Robertson), dictionnaire historique des mots de la langue, dictionnaire logique (Le Blanc, Elie Blanc), dictionnaire des rimes, etc.

241.227 *DESIDERATA. METHODES.*

a) De l'étude des encyclopédies, on peut dégager les desiderata suivants : 1° intégralité ; 2° classification méthodique adaptée au but de synthèse en même temps que d'analyse ; 3° impartialité ; 4° collaboration ; 5° continuité.

b) Les encyclopédies ont à fournir des renseignements exacts, complets et détaillés sur toutes choses ; embrasser toutes les connaissances humaines en l'état actuel de la science ; toute la langue, toutes les terminologies avec les mots les plus nouveaux, tous les hommes, tous les faits, toutes les idées jusqu'à aujourd'hui.

c) La forme la plus avancée serait pour chaque science une *encyclopédie systématique* ; 2. éditée en connexion avec l'internationale de la science qui en détient le plan et la constitution ; 3. reliée au système de publication de cette science ; 4. établie en coopération internationale et interspéciale ; 5. que chaque chapitre ne soit pas seulement l'œuvre d'un spécialiste mais d'un comité de spécialistes de divers pays se mettant d'accord sur un texte minimum et indiquant leurs variantes propres.

d) La forme dictionnaire est appropriée au premier stade d'une science, alors qu'il s'agit de recueillir les faits. Un dictionnaire spécial peut être entrepris par un groupe d'hommes disposés à poursuivre des observations anotées et à dépouiller du point de vue de la science et de ses questions les sources documentaires qui existent. Il est travaillé selon un plan d'après lequel la matière est répartie par ordre alphabétique. Le travail est réparti entre collaborateurs. On fait usage de fiches d'un format arrêté d'avance. Chacun établit sur elle la matière dont il a accepté la charge. Un double des fiches est remis au Secrétaire qui collectionne le tout. Quand tout est centralisé, un Comité de rédaction met de l'ordre et rédige en forme le ou les dictionnaires.

e) Parlant du Dictionnaire de la Bible, Vigoroux s'exprime ainsi : « Un dictionnaire de la Bible ne saurait remplacer un commentaire. Un dictionnaire doit nous dire nettement, précisément, sans verbiage, sans parti pris, ce qu'on sait actuellement de certain ou de probable d'un tel personnage, tel fait, telle théorie. Les articles d'un dictionnaire doivent être comme des monographies détaillées quoique concises ; ils doivent résumer et condenser à notre usage ce qui a été écrit de plus judicieux sur chaque point particulier. »

f) Il ne faut pas se méprendre sur le caractère et la valeur du travail encyclopédique. Sainte-Beuve, bien qu'avec une exagération malheureuse, a écrit : « La moindre lettre de Pascal était plus malaisée à faire que toute l'Encyclopédie. » La vérité est celle-ci : le travail de création et de synthèse est une chose ; le travail de collectionnement, de réédition, de classement, de résumé et de définition en est une autre. Deux travaux également utiles et absolument nécessaires. Toute synthèse ne vaut que parce qu'elle repose sur des faits abondants et contrôlés ; tout inventaire de ces faits vaut surtout s'il peut conduire à des synthèses.

g) Les auteurs, des éditeurs et des libraires se sont spécialisés dans le domaine des dictionnaires. (1)

Edison avait une bibliothèque constituée uniquement de dictionnaires. Cela lui épargnait beaucoup de temps, car il y trouvait rapidement l'information dont il avait besoin.

h) Sur la conception d'une encyclopédie rationnelle, universelle, internationale, voir l'exposé dans la 4e partie.

241.31 **Revues. Périodiques proprement dits.**

241.311 *NOTION.*

a) Par publications périodiques on entend au sens large les journaux politiques, littéraires, scientifiques ou professionnels, ainsi que les publications de même ordre

---

(1) A survey of english dictionaries by M. M. Mathews, Oxford University Press, London.

(1) La Maison des dictionnaires réunissait dans son catalogue tous les dictionnaires connus (Paris, 6, rue Herschel).

paraissant périodiquement (notamment les journaux de modes et les publications publicitaires). Au sens restreint un périodique ou « publication en série » (serial publication) est toute publication paraissant à des intervalles réguliers ou irréguliers, avec un numérotage consécutif et avec un terme non fixé d'avance. (1) Elle est sauf exception due à une collaboration. En général, elle est spécialisée quant au sujet et quant aux pays, régions ou localités. Le mot « Magazine » emprunté à la langue anglaise, désigne un périodique illustré paraissant ordinairement une fois par mois. Le IXe Congrès international des Editeurs a donné du périodique cette définition (au point de vue des tarifs postaux) « les Publications, Journaux et Revues, Recueils, Annales, Mémoires, Bulletins (en collection) paraissant au moins une fois par trimestre » — la Bibliothèque Nationale de Paris, beaucoup plus large, étend la définition aux publications paraissant plus d'une fois par an. D'après le tarif postal français, cessent d'être considérées comme périodiques les publications paraissant moins d'une fois par mois.

b) Les connaissances relatives aux périodiques (sciences et arts du périodique) ont droit à des noms similaires aux autres connaissances et elles donnent lieu à une distribution ou classification analogue. En conséquence: 1° *Périodicologie* sera le nom de la science du périodique; elle observera et décrira (périodicographie); elle expliquera par causes et effets, par genèse et état de coexistence; elle systématisera dès lors en lois (périodiconomie); elle commencera donc en analyse et elle finira en synthèse. 2° *Périodicotechnie* sera le nom de l'art du périodique : la manière de le rédiger, éditer, diffuser, conserver au mieux et avec le maximum d'efficience. 3° *La périodico-économie* sera le nom de l'ensemble des mesures tendant à organiser les efforts pour donner aux périodiques, dans la société, au degré local, régional, national, international, toute l'expansion que mérite leur utilité.

c) Quelques chiffres donneront une idée du nombre des périodiques. En Belgique il oscille autour de 2,200. Une liste des périodiques du monde parus de 1900 à 1921 et se trouvant dans les Bibliothèques de Grande-Bretagne a relevé 24,678 titres. Le tirage des périodiques est fort différent de l'un à l'autre. Le tirage de « feuilles de loisir », par exemple, est considérable en Allemagne : la *Berliner Illustrierte Zeitung* a un tirage de 1,753,580 exemplaires, la *Münchener Illustrierte Presse* 700,000, la *Kölnische Illustrierte*, 300,000.

241.312 *HISTOIRE, EVOLUTION DES PERIODIQUES.*

L'histoire des périodiques est rendue difficile parce que l'on a peine à distinguer les commencements de ce que nous appelons une Revue. Au début, la dénomination de *Journal*, qui a prévalu plus tard sur celle de *Gazette*, fut d'abord réservée aux recueils littéraires et scientifiques. On appelait alors *Journal* un ouvrage périodique qui contenait les extraits des livres nouvellement imprimés avec en détail des découvertes que l'on fait tous les jours dans les arts et dans les sciences (encyclopédie). Ce fut, disait-on, un moyen inventé pour le soulagement de ceux qui sont ou trop occupés ou trop paresseux pour lire les livres entiers.

1. On a distingué cinq époques dans l'histoire de la littérature périodique : 1° sa naissance au XVIIe siècle; 2. son jubilé au XVIIIe quand en Angleterre Addison et Steele produisirent leurs brillants travaux; 3° sa rapide expansion dans la première moitié du XIXe siècle; 4° la révolte des spécialistes dans la dernière moitié du siècle; 5° la vaste production d'aujourd'hui avec comme objectif l'approbation du public.

2. La France et l'Angleterre ont marché de pair pour le développement de la presse périodique, l'une ou l'autre étant première pour tel genre ou pour tel genre. Le développement a eté similaire en Allemagne, mais avec moins d'intérêt pour le périodique qu'en Angleterre.

3. Le commencement du périodique est marqué par la publication des catalogues de livres, avec bientôt des notices et commentaires. Puis paraissent en France le *Journal des Savants* (1665), *Nouvelles de la République des Lettres* de Bayle, les *Mémoires de Trévoux;* en Grande-Bretagne les *Acta Philosophica* (1665), les *Philosophical Transactions* (1665) de la Royal Society; en Allemagne les *Acta Eruditorum* (1682). Vinrent ensuite des appréciations critiques par des hommes compétents, puis des contributions originales, des mémoires. Il fallut pour faire le *Journal des Savants* (1665) une large collaboration. Dès 1702, l'abbé Bignon institua une compagnie pour continuer le « Journal des Savants ».

4. Le XVIIIe siècle commence l'« essai » et conçoit le périodique comme un type: *Spectator (1711) Gentleman's Magazine, Guardian* (1712). La politique commence à être mêlée à la littérature. On tire jusqu'à 4,000 exemplaires. Mais le Stamp Act vient apporter un frein à la franche critique. Trait caractéristique au XVIIIe siècle, on voit en Amérique chaque ville de quelque importance désirer avoir sa propre revue exprimant l'opinion de la ville et dirigeant le goût littéraire des habitants.

5. Au début du XIXe siècle paraissent en Angleterre des revues de haut style. *Edinburgh Review* (1802) qui se continua 127 ans jusqu'en 1929, *Quarterly* et *Blackwood* qui proclama « qu'il voulait relever le goût en littérature et appliquer les principes philosophiques et les maximes de vérité et d'humanité à la politique. »

6. Dans les 50 dernières années naquit le Magazine populaire *(All the Year Round*, 1859); *Cornhill* (1860), *Mac Millan's Magazine* (1860). On voulait distraire le

(1) Voir définition de la Manchester Union List, 1898. Leigh Repts of Proc. of the 55th meeting of the Library Association.

public. En France, ce qu'on appela journaux de lecture et de récréation n'apparut que plus tard. Les premières revues pour les enfants parues à Brooklyn aux Etats-Unis *(The Young Misses' Magazine)* suivies d'un grand nombre à partir de 1870.

7. La fin du XIXe siècle vit se produire les grandes revues scientifiques sous l'empire d'une réaction et aussi par nécessité d'une communication plus ample, plus rapide et plus étendue entre savants. Ainsi la *Classical Review* (1887), l'*Asiatic Review* (1875). La France fut en avance sur ces types de revues, car le *Journal du Palais* (Droit) date de 1672 et les *Nouvelles découvertes dans toutes les parties de la médecine* de 1679.

8. L'illustration dans les périodiques arrive dès les années soixante. *L'English Illustrated Magazine* est de 1864. C'est l'un des ancêtres du périodique illustré. En 1871 le *Strand Magazine* obtient un immense succès au moment même où W. T. Stead crée la *Review of Review.* Très tôt en France paraissait *Le Tour du Monde* de Charton et *L'Illustration* qui demeure le maître parmi les illustrés. Il faut attendre le XIXe siècle pour voir se constituer des revues proprement dites et la fin de ce siècle pour assister à l'efflorescence des organes des corps scientifiques et professionnels de toute catégorie.

241.313 *BUT. FONCTION.*

La Revue prend place entre le Livre et le Journal et sa fonction s'en trouve déterminée. Le Livre est généralement une œuvre individuelle sur un sujet particulier et qui est achevé au moment de sa parution. Le Journal est dû aussi à une collaboration, mais il paraît d'ordinaire tous les jours et contient des nouvelles de toutes espèces. La supériorité du Périodique sur le Livre provient de la spécialité de ses articles émanant chacun d'une compétence. L'auteur d'un livre n'est pas également versé dans tous les domaines du sujet qu'il traite et cela se constate en le lisant. Les revues sont devenues les moniteurs, les journaux de l'information dans tous les domaines. Elles assurent à tous l'information rapide de toutes les nouveautés, dans le domaine des lettres, des arts, des sciences, de l'éducation, de la philosophie, de l'industrie, du commerce, de l'agriculture, de l'économie politique et sociale, etc. Le Congrès International de la Presse Technique et Professionnelle (1929) a proclamé que c'est à la Presse technique que revient le rôle de diffuser de par le monde les derniers progrès. Une bonne revue ne peut laisser passer d'idées neuves sans les signaler et les discuter. Ne pas confondre un périodique avec un ouvrage publié par livraison. Ainsi Spencer a publié ses *premiers principes* par livraisons périodiques. Six livraisons formaient un volume. Souvent les articles publiés dans nos revues par un auteur donnent lieu à publication d'un livre. Mais toute la matière scientifique qui figure dans les périodiques est loin de passer en forme de livre. Ainsi notamment en astronomie. Les journaux quotidiens eux renferment abondamment la matière de l'Histoire au jour le jour et à ce titre ils doivent être conservés. Les revues devraient supposer l'existence des grands ouvrages imprimés auxquels leurs articles font naturellement suite, ouvrage de longue haleine déjà fortement en retard sur ce que l'on peut avoir appris au moment de leur parution. Les revues ont une valeur durable : a) parce que la science ne se renouvelle pas totalement tous les trois ou quatre ans ; b) parce qu'elles contiennent le développement historique des questions ; c) parce que les conditions financières des travailleurs individuels ne leur permettent pas de renouveler périodiquement les livres mêmes de leur bibliothèque. Cependant les périodiques anciens n'ont pas une égale importance pour toutes les sciences et cela à raison du caractère des sciences traitées. Ainsi les périodiques de Mathématiques, de Philosophie, d'Histoire, par exemple, ont une valeur permanente ; ceux de Médecine et de Technique, par contre, sont vite périmés.

241.314 *CLASSES DES PERIODIQUES.*

Les périodiques se divisent en deux classes principales : 1° les périodiques publiés d'une manière indépendante ; 2° les publications qui apparaissent sous les auspices d'un corps. Les unes ont un nom individuel (ex. Annales de Bretagne), les autres ont un titre général (ex. Rapport, Bulletin, Journal). En principe chaque organisme tend à avoir sa Publication périodique, Revue ou Bulletin, en laquelle sont publiées les informations qui le concernent. En attendant la possibilité de créer leur propre publication, certains organismes disposent d'une partie ou rubrique dans les publications de tiers. La coopération pourrait conduire les associations à s'entendre pour publier ensemble ou par groupes similaires un périodique collectif. Dans une couverture commune, elle contiendrait des feuilles ou cahiers mobiles. Il y aurait là économie d'impression et de transport en même temps que bonne division du travail et bien des publications d'étendue réduite pourraient se présenter ainsi avec plus d'aspect, être sûres d'avoir accès dans les bibliothèques.

La Revue est une forme en évolution constante et à la recherche de son propre équilibre. Elle tend tantôt vers le Journal, tantôt vers le Livre (quand par ex. un numéro entier est consacré à une même question, à une même œuvre, à une même personnalité et qu'il en est fait un tirage spécial parfois numéroté. (1)

(1) Exemple : Le n° 7 de *L'Architecture d'aujourd'hui*, consacrée à l'œuvre d'Emile Perret. Un autre numéro sera consacrée à la Russie.

Nosokomeion, revue trimestrielle des hôpitaux, Stuttgart, Kohlhammer. Chaque numéro constitue un volume de plus de 300 pages, édité en plusieurs langues. Les études ou articles publiés en langues étrangères sont suivis d'un résumé en français. Illustrations abondantes.

Il a paru des revues « en volumes » comme on pourrait les appeler. Chaque numéro contient avec une pagination particulière des feuilles qu'on peut réunir pour former cinq ou six volumes contenant chacun un ouvrage à part. On a créé récemment des journaux qui substituent aux revues petit format et à composition compacte des publications de grand format comme les quotidiens à six ou huit colonnes, avec titres en caractères grands, variés, retenant l'attention et facilitant la lecture parcourue, avec illustration abondante, d'information récente. Par ex. *Pax* (Paris) pour les questions internationales; *Le Siècle Médical* (Paris) pour la médecine. Ce périodique comporte 14 pages. Il est bi-mensuel et ne coûte que 20 centimes. La manchette porte qu'il est « exclusivement réservé au Corps médical ». Il fut créé en 1927 grâce à l'initiative des laboratoires du Synthol et de leur puissante organisation. En 1930 il s'est complété par une édition en langue espagnole. Les Américains et les Anglais publient beaucoup de collections de brochures (pamphlets) qui paraissent sans périodicité fixe mais sont numérotés. Des revues se créent pour faire connaître spécialement les peuples les uns aux autres : la *Revue d'Allemagne* en français, en anglais *The french Quarterly*, « une revue donnant une vue (survey) adéquate et impartiale des différents aspects des activités intellectuelles françaises d'un point de vue moderne ».

241.315 *PARTIES.*

La revue comprend trois éléments fondamentaux : a) les rubriques permanentes permettant de suivre la science ou l'objet du périodique, le mouvement sous ses divers aspects; b) les études sur des points particuliers (monographies); c) les études synthétiques qui exposent un problème dans toute son étendue et sa complexité. Un bon périodique spécial se compose donc de rubriques les unes variables, les autres permanentes. Il se compose éventuellement : 1° d'un éditorial présentant certains faits, en soulignant l'importance; 2° d'articles de fond; 3° de mélanges et variétés, documents inédits, notes, critiques, etc; 4° de bibliographies méthodiques (de comptes rendus critiques); 5° d'une chronique donnant des précisions sur les travaux entrepris ou en cours, l'état présent d'une question, des détails intéressant les personnes, etc. (faits, documents).

L'« article » est l'écrit de dimensions régulières qui s'insère dans les périodiques et autres publications analogues et dans lequel on traite de questions plus ou moins importantes.

241.316 *OPERATIONS. FONCTIONS.*

On ne citera ici que pour mémoire les noms des chapitres dont il y aurait lieu de traiter sous cette appellation générale. Il s'agit du Cycle entier des opérations relatives à la production (rédaction, impression, édition), à la distribution (librairie), à la conservation (bibliothèque), à l'utilisation (lecture, consultation).

241.317 *PERIODICO-ECONOMIE. ORGANISATION.*

La périodico-économie traite des mesures d'organisation. En principe celles-ci se divisent en deux groupes : 1° celles relatives à l'organisation intérieure de l'entité productrice d'un périodique; 2° celles relatives à l'organisation générale de l'ensemble des périodiques.

1. Organisation scientifique du travail et documentation : tous les principes et recommandations en ce qui concerne la bonne organisation de ces institutions et administrations trouvent à s'appliquer ici (organisation du bureau, organisation scientifique du travail). (1)

Les périodiques sont amenés à organiser leur propre documentation qui doit comprendre : a) ce qu'ils ont imprimé, les manuscrits et lettres; b) ce qu'on leur envoie à imprimer et qui ne l'est pas; c) les nouvelles qu'ils apprennent de leurs correspondants; d) les nouvelles des agences de presse non publiées par eux; e) les autres revues et journaux; f) les autres sources de documentation. Les revues trouvent dans leur documentation le moyen de publier instantanément des informations étendues au sujet des faits qui leur sont annoncés sommairement par lettres ou télégrammes. Connaissant la valeur de leur correspondants, ils trouvent aussi dans leurs lettres des éléments précieux d'orientation parmi les nouvelles recrues de sources tierces.

2. Finances : Les revues indépendantes et qui disposent d'une rédaction et d'une administration bénévoles vivent de leurs abonnements ou s'il s'agit d'une association éditrice et de leur bulletin, des ressources qui en proviennent. On estime souvent à 500 le nombre minimum d'abonnés nécessaire pour couvrir les frais d'impression et de poste. En Belgique, il existe un certain nombre d'abonnements obligatoires : a) aux publications officielles par les communes; b) au bulletin religieux (semaine religieuse) par les paroisses aux frais des fabriques d'église. En Belgique aussi, le gouvernement, représenté par ses divers ministères, souscrit souvent des abonnements pour encourager les périodiques.

3. Exposition : des expositions de périodiques ont été organisées en diverses circonstances. Elles ont été combinées avec l'exposition du Livre en général à Leipzig en 1914 et avec l'exposition de la Presse en général à Cologne en 1927 (Pressa). Une exposition de la Presse a eu lieu à Tifflis en 1930. Une exposition de la Presse périodique belge a eu lieu au Palais Mondial en 1922, due à la coopération de l'Union de la Presse périodique,

(1) Il est hautement désirable de donner une organisation d'ensemble aux périodiques, en liaison avec celle de la documentation en général. (Voir ce point.)

de l'Institut International de Bibliographie et du Musée de la Presse.

4. Concentration des périodiques: devant le nombre considérable de périodiques, nombre qui s'accroît de jour en jour, on doit se demander s'il est nécessaire qu'il y ait tant de périodiques scientifiques. Il serait désirable de voir réaliser plus de concentrations dans les périodiques, des fusions, des simplifications, des cartels. La transformation des périodiques dans de telles directions s'imposera au triple point de vue scientifique, technique et financier.

5. Le périodique dans les bibliothèques: Le périodique a conquis sa place dans les bibliothèques. Entré modestement chez elles, il y a plusieurs décades, il y occupe maintenant une place grandissante, au point qu'en certaines il a fait l'objet d'un département spécial. La Bibliothèque Royale de Belgique possède maintenant 4,000 périodiques divers dans la salle publique; environ 1,500 dans ses réserves, en tout environ 10,000 avec les collections non continuées. Le budget annuel est de 200,000 francs belges. On prépare en ce moment la nouvelle salle qui sera affectée aux périodiques dans la Bibliothèque Nationale de Paris.

La John Crerar Library reçoit 4,168 périodiques courants et 17,000 autres suites comme des rapports annuels et des parties de livres publiées en séries. 11,000 collections de périodiques scientifiques et techniques sont remis au « Science Museum » à Londres.

6. Association et Congrès de Presse Périodique. — Dans de nombreux pays existent des associations autonomes et distinctes s'occupant de presse périodique. Ainsi en Belgique la déjà très ancienne Union de la Presse Périodique. Dans d'autres pays, la Presse périodique et quotidienne sont confondues en un seul organisme de défense et de représentation. Dans certains pays même la Presse périodique n'est pas dégagée des associations d'éditeurs. Par contre, là où l'évolution différentielle est plus accentuée, on trouve des associations de Presse périodique spécialisées, et là où l'esprit d'entente et de coopération est insuffisamment développé, on trouve sous des noms différents plusieurs associations en concurrence et rivalité. Au delà des Associations Internationales ont été constituées avec leurs Congrès internationaux (Association, Fédération). Il y a le Congrès, tout général, de la Presse périodique et celui spécialisé de la Presse Périodique Technique.

241.32 Journaux.

241.321 *NOTION.*

a) Le *Journal* a été défini par Hatin : « Tous les écrits quels que soient le mode et l'époque de leurs publications successives qui, par leur titre, leur plan et leur esprit, forment un ensemble et un tout. (1)

Le journal est une publication qui paraît tous les jours et qui, à raison de son grand tirage et des ressources indirectes qu'il peut en acquérir, est vendu dans des conditions de particulier bon marché. Le journal est le miroir universel de la vie contemporaine; il peut en être la critique. Le journalisme est devenu à la fois une science et un art. Un journal est un moyen de mise en commun des idées.

« La Presse est le clairon qui sonne la diane des peuples. » (Victor Hugo, *La légende des siècles.)*

Le nom de *gazette* (gazetta, petite pièce de monnaie de la valeur de deux liards, que l'on payait pour lire cette feuille) a été réservé jusqu'en ces derniers temps pour désigner les feuilles politiques. La dénomination de *Journal*, qui a prévalu plus tard, fut d'abord réservée aux recueils littéraires et scientifiques.

L'étymologie du mot gazette est instructive. Dès 1563, les Vénitiens achetaient au prix d'une *gazetta*, petite pièce de monnaie, les *Notizie scritte*, sorte de journal manuscrit, dont l'impression était prohibée. De là le nom de *gazette*, devenu synonyme de journal. Quant à la *Gazette de France*, encouragée par Richelieu, qui y faisait insérer des pièces plus ou moins officielles, elle s'appela d'abord le *Bureau d'adresse*. Ce fut au XVIIIe siècle qu'elle prit le nom de *Gazette*, auquel furent ajoutés plus tard les mots: *de France*. Comme elle était soumise à des censures plus ou moins sévères, il y eut, à différentes reprises, des *gazettes à la main*, c'est-à-dire manuscrites, qu'on distribuait *sous le manteau*.

b) Il est un aspect tout grandissant du journal. C'est bien lui qui raconte la vie au jour le jour, la vie publique, et ce que, de la vie privée, il rend public. Or il est du Monde un grand théâtre « Theatrum Mundi ». Une pièce immense, aux multiples personnages, aux scènes compliquées, aux épisodes infinis. Le journal raconte cette grande pièce. Aux heures où le drame s'intensifie, où il devient tragédie, comédie, épopée, la lecture de la feuille quotidienne devient passionnée. Il n'y a alors si palpitant feuilleton que la simple succession des dépêches reçues de toutes les capitales. Les journaux dans leur ensemble constituent les pièces les plus précieuses, les plus authen-

---

(1) Hatin. — Bibliographie historique et critique de la Presse française. Précédé d'un essai historique et statistique sur la naissance et le progrès de la presse périodique dans les deux mondes. Paris, Didot 1866. — La *Tribune* de Londres a donné cette définition : « A great London daily Journal is something more than a purveyor of news, however important that element of its activities may be. It is a mirror of the life and thought of its time; an open platform for the ventilation of Political and Social grievances, and the advocacy of reform; an instrument by means of which Public Opinion may be instructed, guided and made effective. »

tiques de l'esprit de chaque nation. Ils sont parmi les instruments de l'histoire d'une époque sous quelque face qu'on la veuille étudier. Nulle part ailleurs, on ne saurait trouver des renseignements plus nombreux. Et si on leur applique la méthode adéquate, dans leur ensemble plus sûr, c'est en interrogeant ces témoins des événements auxquels ils ont été presque toujours intimement mêlés, en les confrontant, en les contrôlant les uns les autres, qu'on peut arriver à la vérité.

Le journal est avant tout « Journal », c'est-à-dire relation des événements qui se produisent dans le monde au jour le jour, comme au temps d'une vie moins accélérée les « annales » s'écrivaient « à l'an l'an ».

c) Le journal offre ces trois tendances: 1° il s'adresse au public, à la grande masse de lecteurs (chercher à étendre leur nombre); 2° il concentre les nouvelles et les informations (s'efforcer de les multiplier); 3° étant périodique et assumant une fonction régulière, il tend à être le plus fréquent possible.

d) Le journal constitue une espèce bien caractérisée de document. Il constitue aussi un genre littéraire. Non seulement l'article de journal, son esprit, son allure, sa composition, mais le journal tout entier.

e) Le journal à un sou avant la guerre était même la sorte de livre la plus répandue aujourd'hui. Le journal est devenu la seule lecture de la plupart des gens. Aujourd'hui un grand journal, c'est matériellement et intellectuellement un livre, bien plus, presque une bibliothèque qui paraît tous les jours.

f) La Presse est devenue une puissance intellectuelle qui a extraordinairement grandi, ou plutôt, c'est la communication de la pensée humaine, faits et opinions qui a trouvé en elle un instrument de concentration, d'amplification et de diffusion que l'on ne pouvait soupçonner. Le cardinal Maffi disait à ses prêtres : « Vous prêchez le dimanche; mais le journal prêche tous les jours et à toute heure. Vous parlez à vos fidèles à l'église; le journal les suit à la maison. Vous les entretenez pendant une demi-heure; le journal ne cesse de leur parler. »

g) La valeur de la Presse est bien inégale. Elle constitue même largement une non-valeur et pour certains de ses organes une anti-valeur.

« Les journaux, disait Jules Claretie, forment une usine formidable de renseignements, d'idées, de nouvelles, un moulin à paroles et à polémiques, broyant le grain quotidien, le blé, l'ivraie, les hommes et le meunier même. »

La science contient encore plus de choses que le journaliste le mieux intentionné n'en saurait y mettre. (Jean Labadie, *L'Opinion*, 18 mars 1922, p. 299.)

L'exploitation d'un journal a un double caractère : entreprise de publication (information, polémique, littérature, fantaisie, reportage); entreprise de publicité (réclames, annonces, abonnements, fondation d'imprimerie).

Les Français ne pensent plus, n'ont plus le temps de penser; ils ne pensent plus que par leur journal. Ils ont un cerveau de papier. Drumont.

Les défenseurs du journal moderne répondent à l'enquête de la *Revue Bleue* (1897) : « N'ayez que des choses sublimes et délicates à me confier, je parlerai un autre langage. Je ne représente plus une aristocratie intellectuelle, je représente la foule. Que la foule ait une âme, je serai une âme aussi. Je suis le Forum antique transporté à domicile: n'ayez que des orateurs dominés par l'idée de la Cité. Je suis la Bible éparse de l'Humanité: faites-moi des révélations dignes du génie de l'Homme. Réformez-vous, je me réformerai avec vous. »

241.322 *HISTOIRE DES JOURNAUX.*

a) Le journal a déjà une longue histoire dont les étapes peuvent être résumées ainsi. Origine: Abraham Verhoeven («Nieuwe Tijdinghen») à Anvers (1605); Theophraste Renaudot en France (1631). (Bureaux d'adresses et de rencontres.) La Liberté de la Presse. Les Révolutions anglaise puis française donnent essor à la Presse. La presse à vapeur. Journal à bon marché. Marinoni et les presses rotatives. La « Presse jaune » américaine. L'Illustration. Marconi: les journaux conquèrent les océans et les nouvelles diffusées par radio. (1)

b) Les Romains ont connu les journaux, les quotidiens, sorte d'affiches qu'à l'époque de Jules César on allait lire aux carrefours de la ville. «Acta diurna populi romani» (1)

c) Avec les « Acta diurna », il y a les Actes des premiers chrétiens. Il y a les correspondances des savants du XVIe siècle qu'ont renouvelées Guy Patin, Saumaise et Vossius, correspondances qui étaient les vrais journaux d'alors.

d) On a beaucoup recherché et discuté les origines du journal moderne comme on l'a fait des origines de l'imprimerie. C'est qu'il est difficile de décider à quel moment il y a encore simple écrit de circonstances, pièces isolées se rapportant à un seul événement (Relatio, Zeitung, Tijdinghen, Avviso, Couranten) et à quel moment il y a publication périodique continue. Il semble bien que l'origine doit être recherchée dans les « Nieuwe Tijdinghen »

(1) Eug. Hatin a écrit une « Histoire politique et littéraire de la Presse en France » (1859-1861, 8 vol.). Il y a procédé surtout par monographie consacrée à la fondation et au développement de chaque journal. Il y a joint des chapitres qui résument l'historique d'une époque, envisageant à la fois les grands et les petits journaux et une bibliographie générale de journaux. « Je me suis étudié, dit l'auteur, à rassembler tous les faits touchant à la presse, à les contrôler, à les coordonner, à montrer comment est né et a grandi le journal, par quelles phases successives et si diverses il a passé depuis deux siècles. C'est en un mot l'histoire de l'instrument plutôt encore que celle de ses effets que je me suis proposé d'écrire. »

(1) V. Leclerc : Les journaux chez les Romains.

d'Abraham Verhoeven, dont les premiers numéros ont paru le 17 mai 1605. (1)

e) Il y eut au XVIIIe siècle trois sortes de journaux : les gazettes officielles qui ne contenaient rien ; les gazettes orales que M. Funk Brentano a étudiées dans les *Nouvellistes ;* les gazettes clandestines ou nouvelles à la main, étudiées par Paul Beyle et J. Herblay dans la *Nouvelle Revue.*

f) Jusqu'à la Révolution, la lecture d'une Gazette, agent de renseignement, demeure le privilège des classes riches. Leur prix était trop élevé pour la bourse des paysans ou des ouvriers. La lecture et la difficulté des communications leur fermaient les campagnes, tout aussi bien que le matériel des imprimeries était impropre à en produire une quantité considérable d'exemplaires. Elles ne recrutèrent guère de fidèles dans les classes proches du peuple. Les petits bourgeois de Paris se cotisaient pour les acheter en commun ou payaient leur location aux cabinets de lecture.

Les journaux révolutionnaires conquirent un instant la foule, une foule restreinte il est vrai, formée par le peuple parisien. Aussi délaissèrent-ils le domaine aride de l'information pour se jeter dans la bataille politique. Aussi les contemporains consacrèrent-ils la presse sauvegarde de toutes les libertés et même éducatrice du peuple. Sous l'Empire la Presse a subi un dur esclavage.

Pendant la Révolution, époque d'effervescence du journalisme, on arbora toutes les dénominations pour lancer un journal. Ils s'appelaient des bulletins, feuilles, annales, chroniques, courriers, postillons, messagers, avant-gardes, avant-coureurs, sentinelles, spectateurs, observateurs, indicateurs, miroirs, tableaux, lanternes, etc.

g) Lorsqu'après Napoléon la presse se releva, elle retourna à son rôle politique. Les hommes de la Restauration l'y convièrent. La plupart des journaux toutefois coûtaient encore fr. 0.15, ce qui tenait à l'écart la masse des paysans et des ouvriers. Toutefois, le journalisme étendit alors le champ de sa clientèle dans de vastes proportions, car il conquit définitivement les provinces où les feuilles de l'ancien régime et surtout de la Révolution avaient déjà poussé d'heureuses reconnaissances.

Vers 1800, les « Nouvelles » de Paris arrivaient en quatre jours ; celles de Londres en dix ; il fallait deux semaines pour recevoir les correspondances de Vienne ; un mois pour celles de Rome.

h) Au XIXe siècle, la révolution dans la diffusion même du Journal fut faite par M. de Girardin. Jusque là le journal, à raison de son prix élevé, était considéré comme un objet de luxe. En 1835, la presse politique comptait à Paris et en province à peine 70,000 abonnés sur une population d'environ 33 millions d'âmes. La raison était dans leur tarif d'abonnement. Le *Journal de Paris* coûtait avant la Révolution 24 livres pour Paris et 30 pour la province, le *Mercure*, bien qu'ordinairement mensuel, 24 et 32 livres, enfin les gazettes étrangères coûtaient, en 1779, celle d'Amsterdam 48 livres, celle de Clèves 42. Girardin fixa le prix de la *Presse* à 40 francs par an, les annonces devaient couvrir la différence. Dès 1838 la page d'annonce était affermée 150,000 francs. La réforme d'Emile de Girardin, le journal à 5 centimes acheva la pénétration de la presse dans toutes les classes de la société. Ainsi le journal est devenu pour tous, « comme le tabac, comme le café, un besoin impérieux de notre existence. »

L'abolition du timbre sur les journaux a été aussi un pas vers la Presse à bon marché. La publicité en est un autre. Un autre moyen de lancement de la presse fut le roman-feuilleton, dont Alexandre Dumas et Eugène Sue furent les écrivains souvent aussi plus littéraires que moraux.

Le journalisme a pris son essor aussi grâce à la facilité des communications, à la transmission instantanée pour ainsi dire des nouvelles, au perfectionnement de l'industrie du papier et la machine à imprimer.

A la fin du XIXe siècle, Paris possède une soixantaine de journaux quotidiens, qui comptent parmi leurs rédacteurs et directeurs les hommes politiques les plus considérables, passant de la rédaction au pouvoir et du pouvoir à la rédaction. La presse en province compte 3.200 journaux, parmi lesquels près de 1,200 quotidiens.

En 1704 parut en Amérique la première Gazette hebdomadaire. Un siècle plus tard, le journal américain au plus fort tirage ne dépassait pas 900 exemplaires quotidiens. En 1871, on ne comptait pas dans toute l'Amérique plus de 11 journaux arrivant à sortir par jour 10,000 exemplaires. En 1896, le tirage total quotidien des journaux américains s'élevait à 8 millions pour atteindre en 1929 66 millions d'exemplaires. En même temps les formats se sont agrandis et nul ne s'étonne de 60 pages quotidiennes et de 200 pages dominicales de certains journaux.

i) Tous les moyens offerts par la science moderne ont été mis à contribution par le journal pour se procurer des nouvelles (et au besoin les inventer), pour multiplier rapidement ses manuscrits, pour porter instantanément le papier noir et blanc à ses lecteurs.

On voit succéder les inventions suivantes. Jusqu'en 1832, les journaux étaient imprimés à la main. Cette année-là est introduite la presse à vapeur. Puis les presses rotatives (cylindre). La stéréotypie vient permettre de les multiplier, la composition en cylindres courbés la perfectionne. Des machines multiples sont construites combinant 6 ou 8 presses et tirant 100,000 à l'heure. La composition se fait à la linotypie et à la monotypie. L'extension des chemins

(1) A. Govaert : *Origine des gazettes et nouvelles périodiques*, Anvers 1880. — Van den Branden : Abraham Verhoeven. — Patria Magazine, avril 1933 : *Het stormachtige leven van Abraham Verhoeven, de eerste Courantier van Europa.*

de fer qui transportent les journaux. La télégraphie, les câbles, les téléphones, la T. S. F.

j) De nos jours deux tendances: Les grands journaux de Paris ont pour caractéristique leurs chroniques criminelles. La chronique judiciaire, dit Tarde, à elle seule a fait commettre plus de crimes par la contagion du meurtre et du vol que l'école n'a jamais pu en empêcher. Les journaux de province ont pour caractéristique les personnalités. Parce que le peuple comprend plus aisément les images concrètes que les idées abstraites, ils délaissent la discussion des idées et ne combattent les opinions qu'à coup de personnalités offensantes sur ceux qui les prônent. Tous ils poursuivent non pas le bien de la foule, mais leur argent et la déclaration d'éducation et d'autres belles choses ne sont que des mots de façade derrière quoi se fait la besogne cupide. J. Pigelet.

k) Quant à l'avenir il semble devoir être caractérisé par la concentration des journaux; la transmission instantanée des illustrations à distance. Les substituts du journal: la radio (journal diffusé, la presse parlante ou informations journalistiques à domicile); le cinéma (actualités, la presse filmée). Demain la presse télévisionnée.

241.323 *FONCTION DES JOURNAUX. OPINION PUBLIQUE.*

a) Aujourd'hui sont intéressés aux journaux: 1° le public des lecteurs; 2° les gouvernements; 3° les différentes organisations qui veulent éduquer et diriger les masses, créer ou entretenir des mouvements dans l'opinion; 4° les propriétaires des journaux; 5° les journalistes, écrivains, rédacteurs; 6° le personnel ouvrier, administratif et technique; 7° les annonciers.

b) C'est par la presse que se poursuit l'œuvre de démolition, de défense et de reconstitution sociale. Le mot de Mgr Ketteler est devenu célèbre : « si Saint Paul revenait au monde, il se ferait journaliste ».

Trois cas sont à distinguer: 1° la propagation de faits et des nouvelles exacts et objectifs. Ils conduisent immanquablement à une meilleure compréhension mutuelle à travers le monde; 2° la fausse nouvelle. Elle trouble les esprits et les excite les uns contre les autres; 3° l'absence de nouvelles. Elle engendre l'ignorance et crée la peur avec ses malentendus et finalement la haine. Il faut compter avec la conspiration du silence. Il est des pays où la Presse n'aborde pas toutes les questions. (1)

Les journaux ont une action quotidienne continue. Il y a eu des campagnes de presse célèbres. Par exemple, celle de Cornély dans le *Figaro*, à propos de l'affaire Dreyfus. Chaque jour un petit article incisif, éloquent, ramassé, précis, du trait, de la bonne humeur et surtout de la persévérance, de l'unité et de la méthode. Chaque jour une goutte tombait et peu à peu la trouée se faisait dans la conscience publique. Ce fut un merveilleux exemple de ténacité et de persuasion. Que dire de ce qui s'est passé avant et après la guerre: le bourrage de crânes.

c) C'est par la voie de la Presse, et non plus par les revues et les livres que les savants, les explorateurs, les novateurs exposent au public leurs nouveaux concepts, leurs découvertes, leurs théories. Par l'abaissement du prix des journaux, ceux-ci pénètrent partout, jusque dans les bourgades les plus reculées. La politique a fait place à l'information et se réfugie dans les quotidiens spéciaux.

d) On a longtemps pensé que la liberté de la presse à elle seule pouvait être le remède aux maux engendrés par la Presse. Avant la guerre encore, on pouvait écrire de bonne foi :

« Grâce à la liberté de la Presse, le peuple est toujours assuré d'être éclairé du pour et du contre sur toutes les affaires. L'information contradictoire, la discussion, le droit de réponse qui mènent, l'instruction des partis politiques apportent à tous les intéressés les éléments multiples et opposés parmi lesquels on peut choisir les témoignages et juger les dépositions.

» Mais par-dessus tout, la liberté de la Presse favorise la défense de tous les intérêts et sauvegarde la nation contre les entreprises de ceux qui, possesseurs du pouvoir, seraient tentés d'en abuser à leur profit, ou bien au bénéfice d'un petit nombre de privilégiés. Si les scandales politiques, si les malversations sont devenus extrêmement rares comparés à ce qu'ils étaient sous l'ancien régime, ce n'est point parce que la nature humaine a changé beaucoup, c'est surtout parce que la publicité des journaux a transformé les administrations en maison de verre où tout se passe au grand jour. A la vérité la liberté de la Presse est indispensable, mais insuffisante. Le problème ici se pose dans les mêmes conditions que pour la liberté économique. Elle est précieuse, mais à soi seule insuffisante. » Jules De Bock, *Le Journal à travers les âges*, p. 131.

241.324 *CARACTERISTIQUES.*

a) *Spécification.* — Dans sa forme actuelle, avec son esprit, ses tendances, son objet, le journal apparaît donc comme une création tout à fait spécifique, nettement différente du livre et du périodique. Sans doute entre les matières du livre et celles du journal la ressemblance peut exister et rien n'empêcherait de débiter par tranches beaucoup de livres (ex.: feuilletons, etc). Mais la matière ici est secondaire. Le fait de présenter chaque jour à des lecteurs des informations sur des questions qu'ils n'ont pas sollicitée, dans une forme mâchée, kaléidoscopique, panoramique, avec un but comme en a un l'avocat d'une cause, là résident les différences essentielles. Et c'est dans leur maintien et leur accentuation peut-être qu'il faut voir l'avenir du journal. Il n'est pas trop de

(1) M. de Tressan, France. Assemblée de la Société des Nations. *Journal* 1932, p. 233.

pouvoir disposer pour deux fins différentes de deux formes bibliologiques qui soient psychologiquement et sociologiquement différentes.

b) *Nombre.* — En 1846, d'après Balby, il se publiait dans tout l'Univers environ 3,000 journaux. En 1866, d'après Hatin, le nombre en aurait été de 12,000, avec chaque jour 3,000 versant toutes les vingt-quatre heures sur le globe de 5 à 6 millions de feuilles. Avant la guerre, le nombre de journaux et de périodiques était évalué ensemble à 72,000.

c) *Périodicité.* — On peut dire que les presses à nouvelles roulent tout le temps. On a des journaux du matin, du midi, du soir et même plusieurs éditions d'un même journal au cours de la journée.

d) *Etendue.* — Chaque numéro du *Temps* représente un volume d'environ 100 pages. Voilà 2 millions de pages pour la collection du journal. Le *Berliner Tageblatt* publie 44 pages, le *Lokal Anzeiger* 48, la *Gazette de Voss* 32, sans compter son supplément. Le journal anglais est immense, on le consulte, on ne le lit pas. Le journal allemand est lu du commencement à la fin. Un numéro du *Times*, du *Nieuwe Rotterdamsche Courant*, d'un grand journal américain, contient pour un prix minime la matière d'un volume in-8° de 300 pages.

e) *Tirage.* — On peut le connaître par les chiffres donnés de temps à autre dans les comptes et certifiés par les autorités comptables. Le *Daily News and Leader* publie chaque matin le chiffre de son tirage. C'est un appel à la publicité. En France, chaque jour, 300 journaux couvrent le pays de 18 millions d'exemplaires. Pendant la guerre le tirage du *Petit Parisien* est monté à plus de 2 millions. Le *Berliner Tageblatt*, avec ses six suppléments hebdomadaires, arrive à peine à 100,000 exemplaires.

f) *Rapidité d'information.* — La nécessité d'être le premier à annoncer les nouvelles a fait faire des prodiges. En Amérique les grands journaux préparent d'avance des notices bibliographiques sur tous les grands hommes. On les remet à jour quand ils sont malades et qu'il y a danger de mort. La lutte de vitesse va plus loin. Dans les derniers jours de la mort du Pape, pendant toute une semaine, un des journaux de l'Ohio, imprima chaque matin 500 exemplaires avec ce télégramme : « Rome. Le Pape est mort aujourd'hui. » Ces 500 exemplaires furent régulièrement détruits jusqu'au jour où la mort a été réelle. Ainsi le journal put être le premier de la Cité à annoncer la nouvelle. Pendant que se vendaient les premiers numéros, on imprimait les autres.

241.324.1 *Espèces de presse.*

a) On distingue les journaux : 1° d'après leur périodicité ou le commencement de leur publicité : quotidien, hebdomadaire ou plusieurs fois par semaine, journal du soir, du midi ou du matin ; 2° d'après leur destination. Ceux qui s'adressent à la masse ou à une élite ; 3° d'après les matières : journaux d'information, journaux politiques, journaux spéciaux ; 4° d'après leur organisation financière. Journaux constituant des entreprises commerciales ; journaux d'Etat, journaux de partis politiques. Parfois désireux de posséder un journal indépendant, les abonnés en souscrivent les actions (ex. : *Le Quotidien*). D'autres fois la propriété du journal s'abstient systématiquement de tout ce qui est exploitation. (Ex. *Christian Science Monitor.*)

b) *Presse financière.* — Il y avait en Belgique il y a quelques années plus de 900 journaux financiers. Leur nombre se trouve actuellement réduit à moins du quart de ce chiffre. Le procédé de certains de ces journaux est simple : par des études circonstanciées, souvent habilement présentées, mais toujours tendancieuses, arriver à jeter la suspicion sur toutes les valeurs autres que celles du patron du journal et conclure par un conseil d'achat d'ailleurs intéressé en faveur de ces dernières.

c) *Journaux de modes.* — Le premier journal de mode en France date de 1768 (Journal du Goût ou Courrier de la Mode). C'est par dizaines que l'on compte aujourd'hui les journaux de ce type.

d) *Journal mondial.* — L'idée se fait jour d'un journal mondial, placé sous le contrôle efficace de tous les intéressés et publiant d'une part les nouvelles, d'autre part les démentis et les rectifications. Un tel journal, tout le monde pourrait le consulter avec confiance pour y trouver une présentation sincère et digne de foi des nouvelles internationales. Un tel journal serait à compléter par une Centrale de radiophonie diffusant journellement ces nouvelles ; et par une Agence internationale de Presse répandant les nouvelles parmi les journaux existants ; par une Union de la Presse internationale, attachée à la Société des Nations et à l'Union Pan-Américaine, par une section d'information au sein de cette organisation ou de l'organisation mondiale qui y serait substituée. (1)

241.325 *COMPOSITION ET PARTIES DU JOURNAL.*

a) Un journal est composé d'un ensemble de rubriques, les unes permanentes ou périodiques, les autres occasionnelles. Articles de fond divers. Articles de discussions politiques. Nouvelles du jour et faits divers. Roman-feuilleton, nouvelles locales, annonces.

b) Il faut distinguer les nouvelles (news) et les vues (views). Quelques feuilles (papers) sont des journaux (news papers) ; d'autres au contraire tendent à être des revues (views-papers). Les journaux sont imprimés, dit Steed, pour dire les nouvelles. Le goût des nouvelles est aussi vieux que le monde ; un apport constant de nouvelles intéressantes et vraies est nécessaire à la vie de tout journal.

(1) Voir les suggestions des Associations de Presse pour la collaboration à l'organisation de la Paix. (N° officiel des publications de la Société des Nations, Conf. D. 143.)

c) Le numéro du samedi 14 décembre 1929 d'un grand journal parisien donne une juste mesure de la mentalité de certains organes dits « d'information ». En première page, trois colonnes sur les massacres de Palestine, une colonne sur la trombe d'eau de l'Hérault, trois colonnes sur le cadavre découvert dans une malle, à Lille; deuxième page: trois colonnes et demi sur le cadavre dans une malle, un conte, un feuilleton et de la publicité. On a souvent dénoncé la façon dont la presse parisienne dite d'information comprend son rôle.

d) La Presse française s'est distinguée à toutes les époques par le soin et la recherche des grandes et belles formes littéraires.

On a demandé que l'article de journal soit court, concis, complet, simple et pourtant élégant; qu'il ne dépasse pas une colonne, un bon millier de mots. En Angleterre le *Globe* n'accepte pas d'articles dépassant 1200 mots, le *Daily News*, mille mots, payés 1 livre, le *Daily Graphic*, 900 mots. « Je lis rarement sans colère ou sans fatigue un article de raisonnement, tandis que je ne me fatigue pas d apprendre des faits », disait Zola.

La lecture des journaux est facilitée par des titres détaillés et la place constante des articles.

e) Le classement des matières prend une importance partout dans un journal qui atteint jusqu'à 16 et 20 pages et qui paraît en éditions presque continues. Ce classement prend comme base soit les catégories de nouvelles, soit l'ordre où elles parviennent, soit les pays, soit les «formes» des articles (article de fond, correspondances, reportage, interviews, comptes rendus, etc.)

En général le classement des matières dans les journaux présente quelque chose d'ahurissant, comparé à la belle ordonnance du livre. C'est la confusion même et la lutte entre articles et informations pour capter l'attention. Le journal rappelle le spectacle désordonné de la rue ou du voyage, avec peu d'efforts pour aider l'esprit à classer et lire les faits et à attribuer à chacun son importance relative.

Les feuilles américaines, suivies par les feuilles continentales, classent les matières en amorçant toutes les principales à la première page et en renvoyant pour la suite aux autres pages.

La *Neue Freie Presse* met ses télégrammes en vedettes. La *Kölnische Zeitung* les éparpille dans son texte pour obliger à le parcourir. Le *Berliner Tageblatt* met dans chaque numéro le fait sensationnel qu'il faut avoir lu, la *Frankfurter Zeitung* publie des renseignements détaillés sur des faits de politique internationale ou de commerce.

Voici la décomposition et la mise en page d'un numéro du *Daily Telegraph* :

1re p.: Annonces de mariages, d'établissements de bienfaisance, de séances musicales, de voyages, annonces légales, etc. — 2e p.: Cours de la Bourse et publicité financière. — 3e p.: Compte rendu des divers marchés commerciaux anglais; départs des paquebots; un ou deux articles d'intérêt général. — 4e p.: Chroniques musicales et littéraires avec des clichés d'annonces d'éditeurs de musique et de marchands de pianos. — 5e p.: Articles divers et problèmes d'échecs. — 6e p.: Annonces sportives et chroniques de sport; informations religieuses et nouvelles diverses. — 7e p.: Suite des diverses rubriques sportives et clichés d'annonces sur deux colonnes. — 8e p.: Annonces théâtrales et annonces diverses de droguistes, parfumeurs, grands magasins; les informations du jour; une annonce pour le journal même. — 9e p.: Articles divers, nouvelles. — 10e p.: Informations étrangères; Bourse des Etats-Unis. — 11e p.: Critique d'art, nouvelles du continent. — 12e p.: La mode et des annonces de couturières, de modistes, etc. — 13e p.: Informations militaires et navales, annonces à la ligne d'éditeurs, d'institutions, etc. — 14e, 15e et 16e pages: petites annonces diverses.

f) La *manchette* est la phrase que certains journaux impriment en tête, près de leur titre et qui varie chaque jour. *L'Œuvre* a lancé ce genre qui est difficile. Une bonne manchette doit être courte et suggestive plutôt qu'explicite. Elle n'impose pas une idée toute faite: elle donne à réfléchir.

g) En dehors de la *réclame* tapageuse qui attire l'œil, il y a l'annonce proprement dite, qui est comme l'instrument d'une société de services mutuels créée pour le journal et qui est à encourager. C'est le moyen le plus rapide et le plus direct de rapprocher l'offre et la demande. Le *Times* publie régulièrement plusieurs pages supplémentaires d'annonces, comprenant ensemble de 60 à 80 colonnes de 300 lignes chacune. En Amérique, il y a des jours où le *Herald* publie 4,500 annonces réparties en 100 colonnes et embrassant toutes les branches d'affaires, tous les besoins de la vie contemporaine. Elles sont rangées avec tant d'ordre et sous tant de rubriques diverses que le lecteur trouve sans peine ce qu'il cherche dans cet océan de lignes microscopiques. Le *Times* fait parfois 50,000 fr. d'annonces par jour; une feuille de Berlin, en trois semaines, a enregistré 400,000 fr. d'annonces.

Mais il y a excès maintenant: l'annonce est doublée par la réclame et triplée par la propagande.

Le journal, cette admirable machine intellectuelle, retourne à la matière. Il finit par être entièrement doté par la publicité. Il en a besoin pour vivre, pour faire ses dividendes, alors deux conséquences s'imposent. D'une part, cherchant sans cesse à étendre son tirage afin de pouvoir hausser ses tarifs de publicité, il descend le niveau moyen de ses lecteurs et fait appel à leurs plus bas sentiments, à leur regrettable ignorance. D'autre part, il se tait sur les questions vitales pour ne pas déplaire aux puissants qui lui achètent sa publicité et menacent de la lui retirer dès que les articles parlent clair et franc.

241.326 *TYPES DE JOURNAUX.*

a) Le journal à combinaison *La Croix de Paris*, publié par la Maison de la Bonne Presse de Paris. Grâce à ses 14 modes de combinaison, il se transforme aisément en journal régional, à partie commune et partie spéciale, portant toujours le titre de « Croix ». Ex.: *La Liberté pour tous*, éditée par la Maison de la Bonne Presse de l'Ouest. Le journal à 4 pages à 5 colonnes, deux pages forment la partie commune, deux pages la partie spéciale réservée à la chronique locale ou régionale. 1,000 journaux avec une page entière de composition spéciale reviennent à fr. 32.50.

b) Camille Lemonnier, vers 1900, écrivait : « *Le Soir* » de Bruxelles a été créé par un typo comme journal » gratuit, quasi obligatoire. Il a trouvé le moyen d'avoir » des écrivains de talent qui, pour vingt francs, écrivent » des articles de trois ou quatre colonnes. Tous les jours, » le seul des journaux belges, il publie une chronique » de tête sur des sujets de science, d'art, d'utilité publi- » que. Il est une des créations les plus remarquables du » journalisme européen. »

c) En 1907, le *Daily Mail* de Londres a fait paraître une édition en caractères Braille à l'usage des aveugles.

d) Letellier, gros entrepreneur du Panama, allait être compromis dans l'affaire. Un journaliste de beaucoup de talent mais de moralité douteuse le convainquit que pour se défendre il devait fonder un journal. Ce fut l'origine du *Journal* auquel Xau, en quelques mois, donna le plus grand essor. Le moyen fut simple: la pornographie. Tous les jours un demi-million de Français put s'offrir, pour un sou, deux articles échauffants et en dernière page, aux annonces, de la prostitution. Le succès fut si énorme qu'au cours de la guerre Letellier put vendre le journal quelque vingt millions.

e) Dans la catastrophe qui frappait la civilisation pendant la guerre, dans les émotions élémentaires et vitales qu'elle a soulevées et dans l'universelle floraison d'héroïsme, on a pu voir la preuve des profondes survivances, des forces affectives et des instincts. On a vu ainsi aux prises l'autorité de la raison et de l'intuition et cela si fortement qu'on pouvait lire, sur les murs de Paris, des affiches portant : « *L'Œuvre*, propre, vivant, n'est pas le journal que lisent les imbéciles ».

f) Le *Tape* (création moderne) est un journal financier unique en son genre, comme on va pouvoir en juger, publié à New-York. Il paraît tous les jours de Bourse et s'imprime en cinq heures, de 10 heures du matin à 3 heures de l'après-midi. Son format est sa moindre singularité: environ 300 mètres de long sur 2 cm. de large. Il ne se vend pas au numéro, mais compte d'innombrables abonnés dans tous les Etats-Unis et au Canada. Il paraît simultanément à San-Francisco, Montréal, Québec, etc., en même temps qu'à New-York. C'est l'organe officiel de la Bourse de New-York. Il ne publie que la pure vérité, c'est-à-dire les cotes successives enregistrées de toute transaction effectuée, au nombre de près de 5,000 actuellement (1910).

L'éditeur du *Tape* commande à 20 reporters, sans cesse occupés à noter les cours au fur et à mesure qu'ils se produisent et qui se divisent la besogne méthodiquement. Quarante télégraphistes spéciaux envoyent ces cours à douze collègues installés au haut du bâtiment de la Bourse, qui les transmettent au bureau central du *Tape*. Là vingt autres employés, par une simple pression du doigt sur un bouton actionnant un fil électrique, impriment d'un seul coup chaque cote sur des appareils tellement petits que chacun d'eux tient dans un chapeau. Ces vingt mille cotes en même temps paraissent sous les yeux des abonnés quelques secondes après leur fixation en Bourse, dans un rayon de vingt mille autour de la Bourse. Au delà, c'est la compagnie qui, au moyen de milliers et de milliers d'autres petites presses semblables, répand en quelques minutes, dans tous les Etats-Unis et le Canada, les cotes successives de toutes les valeurs transactionnées à New-York. On en est arrivé à appeler « tape-prices » (prix enrubannés) les prix successivement cotés pendant une séance de Bourse et indiquant au fur et à mesure les fluctuations du marché, depuis le prix d'ouverture jusqu'au prix de clôture.

241.327 *INFLUENCE. PROPAGANDE. VALEUR ET VÉNALITÉ DE LA PRESSE.*

a) A l'âge d'or de la presse, on disait : La Presse est l'organe informateur et directeur de l'opinion. Elle s'honore d'être l'écho et l'animatrice de l'opinion publique. La Presse qui instruit et moralise les nations, forme l'opinion publique, elle régit le monde entier.

Certes, la Presse est et demeure le principal moyen de formation et d'expression de l'opinion publique, et la guerre a montré que l'opinion était désormais le mystérieux et formidable levier du gouvernement des nations modernes; il convient donc d'avoir une Presse qui soit fonction des relations que les pays respectifs se proposent d'établir entre eux. La formation d'un courant d'opinion a deux sources principales: 1° l'infiltration lente des idées et des faits — et par des faits il faut entendre aussi bien l'énoncé ou l'appréciation d'un intérêt — amenés sur une même pente par des canaux dont le plus important est la Presse quotidienne ou périodique; 2° un événement qui soulève soudainement le vieux fonds d'idées de la masse, qui déplace en quelque sorte la ligne de partage des eaux, qui charge le cours des opinions et crée en peu de temps un état d'esprit différent, c'est-à-dire en somme des possibilités économiques et politiques nouvelles.

(Henry Moresset.)

b) La Presse fut longtemps un organisme de propagation de nouvelles, de diffusion et de défense des opinions.

S'étant développée en proportion de l'instruction publique, elle est devenue une affaire commerciale très coûteuse, dont les revenus les plus assurés proviennent de la publicité. La transformation de la presse d'opinion, à tirage restreint, en grande presse d'information et de publicité est un des chapitres les plus importants de l'histoire sociale contemporaine.

Les grands journaux font la conspiration du silence contre tout ce qui ressemble à une idée (le mot est d'André Tardieu lui-même) et souvent ils sont en dernière analyse aux mains de quelques personnalités. En France et ailleurs, la grande Presse s'abstient soigneusement de citer les journaux qui œuvrent en marge d'elle-même.

Les peuples se méprennent réciproquement sur une foule de manifestations de l'opinion. En matière de politique extérieure, les journaux, même en temps de paix, sont tous tendancieux : des discours officiels, ils ne reproduisent que ce qui répond à leur buts politiques propres. Ceci est soigneusement éliminé de sorte que les bonnes paroles sont tombées dans le vide ; cela au contraire, peu important en soi, fait l'objet de commentaires passionnels, sensationnels. Les opinions isolées de quelques groupes sans importance réelle ou de quelques individualités sans mandat sont présentées comme l'expression de l'opinion publique ou la politique même suivie par les gouvernements responsables. D'ailleurs même la Presse dans son ensemble ne présente pas toujours adéquatement l'opinion publique.

c) La Presse d'information est souvent Presse de déformation. La Presse pêche par ignorance ou parti-pris.

« Rien, dit Charles Richet *(Les Coupables)*, n'est plus servile qu'un journal. Il n'ose pas, pour ne pas déplaire à ses abonnés, résister au sentiment populaire et cependant c'est le journal qui détermine le sentiment populaire. Cercle vicieux redoutable ; car l'opinion publique est la fille immédiate du journal. Le journal crée l'opinion et l'opinion dirige le journal. Il n'a pas le courage d'être plus qu'un reflet. Un reflet ! Mais les vacillantes lueurs qu'il se complait à refléter sont celles qu'il a lui-même le premier projetées dans l'espace. »

d) L'analyse politique et sociale de la presse s'impose donc. Mais qui la fera cette analyse ? Il faut connaître le volume d'une opinion. Quand les organes attitrés du pangermanisme lancèrent dans le public des articles menaçants, en rassurant les populations en proclamant que ces feuilles étaient sans influence et presque sans lecteurs. L'événement a prouvé le contraire.

e) Presse. Opinions de presse.

« Il nous plaît de voir comment un même événement
» survenu chez nous ou au dehors, réagit dans nos divers
» terroirs, quelle résonance il trouve dans les divers
» milieux de notre opinion. Et quand, après ces lectures
» variées, on s'efforce de parvenir à la synthèse qu'elles
» commandent, on se sent plus ferme et plus rassuré sur
» le sens des grands événements que nous voyons s'ac-
» complir sous nos yeux et mieux armés aussi pour les
» suivre et les diriger dans leurs évolutions successives. »

(Albert Lebrun, Président de la République Française.)

f) Après Fashoda, les organes nationalistes de Paris, *L'Intransigeant, La Presse, La Patrie*, etc., adressaient à l'Angleterre et aux Anglais les pires invectives et les plus virulents sarcasmes. Quelques années après, ils exaltaient à l'unisson, l'Entente cordiale. Ils faisaient de l'opinion des jouettes, car dans les deux cas ils ne parlaient pas seulement circonstances mais principes.

Au cours des événements qui ont porté Hitler au pouvoir, on a vu le gouvernement prussien imposer aux journaux la publication d'un manifeste contraire au referendum organisé par ses adversaires et réprouvé par les journaux. Le président Hindenburg est intervenu au dernier moment pour faire modifier la législation.

g) On devra se demander aussi si la Presse ne devra pas être systématiquement complétée par des mesures de publicité politique. Ce qui fut fait en Angleterre pour la conscription volontaire, plus tard pour le grand emprunt, mérite d'être étudié avec la plus grande attention. Des masses énormes d'hommes ont été convaincus en très peu de temps d'un devoir patriotique à remplir : s'enrôler et apporter leur souscription à la patrie. (1)

h) « Le journal contemporain, dit H. de Brandeis, est fatalement obligé d'obéir à la loi de l'intérêt qui est vitale pour lui, qui le transforme en un jouet, instrument cherchant à satisfaire le goût, quel qu'il soit, de son client, ou bien il est l'instrument de campagne politique ou financière. Chaque personne qui ouvre une feuille quotidienne est en droit de se demander si ce qu'elle y trouvera a été mis là pour flatter sa manie ou pour influencer sa pensée au profit d'un tiers. L'utile, la seule chose qu'il importe de vulgariser n'y trouve un abri qu'exceptionnellement et comme à regret. Le journal est trop souvent la propagation des immoralités. »

i) Il est important d'avoir des journaux répandus dans tout un pays et combattant les idées particularistes. C'est un moyen de former une opinion commune. Ainsi les journaux ont pu contribuer à former l'âme de la Chine. C'est une indication de ce que pourrait être de grands journaux réellement mondiaux pour la préparation de la « République mondiale des esprits et des activités ».

j) On a fait à la Presse trois grands reproches : 1° elle est méchante ; 2° elle est vénale ; 3° elle est de contenu inférieur. Beaucoup d'organes de la presse, pour vivre, ont ou les subventions du gouvernement ou celles de grosses affaires qui sont intéressées à voir influencer de certaine manière l'opinion publique et les parlementaires. Dans une phase ultérieure on a vu la propriété des jour-

(1) Voir dans les journaux illustrés de l'époque, notamment *Le Miroir* du 4 mars 1917.

naux passer directement à certaines firmes (notamment celle des armements). On a vu aussi à l'inverse, des journalistes devenir riches et puissants, acquérir la propriété d'usines.

Une étude sur la corruption de la Presse et ses conséquences politiques serait aujourd'hui une des plus instructives parmi celles qui pourraient être faites sur le mécanisme réel et les coulisses de la politique mondiale.

Aujourd'hui un homme enrichi par des moyens qui empêchent tous ceux qui le connaissent de lui donner la moindre estime, peut s'acheter un journal et dès lors devenir « tabou » en s'imposant à l'admiration de 1.400,000 lecteurs.

Pendant la guerre, les histoires scandaleuses de Tellier, de Humbert, d'Aimereyda, *(Le Journal, Le Bonnet Rouge)* ont mis à nu des pratiques, des influences et une moralité déconcertantes.

Quelques mois avant la guerre, *Le Journal* fut racheté par le Creusot. Son principal collaborateur, devenu après son directeur, fit naturellement une campagne de presse en faveur de l'augmentation des armements. *Le Figaro* fut subventionné par les banques allemandes, comme l'a démontré le procès Cailliaux. La *Rheinische Westfähliche Zeitung*, qui réclamait chaque année impérieusement des armements, appartenait à la Maison Krupp.

Dans tous les pays maintenant, des groupes, par les idées, les intérêts ou l'argent, influencent la Presse. Ils y procèdent par une action souvent occulte. En France, le Creusot dispose maintenant du *Temps* et des *Débats*. En Belgique, l'*Action et Civilisation, Le XXe Siècle, L'Indépendance, L'Etoile Belge, La Gazette*; en Allemagne, les divulgations sensationnelles (affaire Klepper) ont fait connaître de quelles subventions jouissaient quelques quotidiens importants : *Deutsche Allgemeine Zeitung, Kölnische Volkszeitung, Berliner Tageblatt, Frankfurter Zeitung*. Dans la Cité de la Société des Nations, le *Journal* de Genève. (1)

Les chances diminuent pour le lecteur d'être renseigné complètement et exactement. Pour une très grande partie, la Presse n'est plus que l'instrument ultime de banquiers et d'industriels, une machine à orienter l'opinion publique dans un sens favorable à certains intérêts privés. Les organes indépendants de la Presse ont fort à faire pour vivre.

k) Le 29 novembre 1917, *L'Œuvre* publiait en manchette : « Amasis (pharaon d'Egypte) fut l'auteur de cette loi qui oblige tout Egyptien à déclarer chaque année au gouverneur de son nome d'où il tire ses moyens d'existence, et celui qui n'obéit pas, celui qui ne paraît pas vivre à l'aide de ses ressources légitimes est puni de mort. Solon l'Athénien ayant pris cette loi en Egypte l'imposa à ses concitoyens qui l'observent encore et la jugent irréprochable. » (Hérodote.)

La magie du « noir sur blanc » ou « c'est écrit » des Mahométans, du Tabou qui représente la parole, expression de la réalité quand elle est moulée en caractères d'imprimerie. Les journalistes procèdent souvent à tort et à travers et sans réfléchir aux conséquences de leurs informations et de leurs articles. Ils font penser aux apprentis sorciers, ils suscitent parfois des réactions populaires, dont par la suite ils ne sont plus les maîtres. (1)

La vanité et la fureur de la publicité dès le XVIIe siècle furent grandes. « Tel, s'il a porté un paquet en cour, a mené une compagnie d'un village à l'autre en pleine paix, ou payé le quart de quelque médiocre office, se fâche s'il ne voit pas son nom dans la Gazette... »

Les fausses nouvelles au XVIIe siècle. « ... L'Histoire est le récit de choses advenues ; la Gazette seulement le bruit qui court. La première est tenue de dire toujours la vérité ; la seconde fait assez si elle empêche de mentir. Et elle ne ment pas, même quand elle rapporte quelque nouvelle fausse qui lui a été donnée pour véritable. » (Théophraste Renaudot, 1631.)

l) La grande Presse est systématiquement dévouée à tous les gouvernements successifs et contradictoires pendant qu'ils sont au pouvoir. On a vu en France, en 1932, la Presse se prononcer en masse pour le Japon après l'avoir fait pour la Chine ; abandonnant à droite, au commandement et d'un coup la « thèse française » pour se rallier avec effusion aux propositions Tardieu à Genève, alors que la veille, émue, elle les déclarait « une utopie criminelle et une trahison ».

Certains gouvernements font passer à l'étranger, dans quelque journal de troisième ordre, un article élogieux pour leur politique, quelque déplorable a-t-elle pu être. Leurs services de Presse font ensuite reproduire cet article qui sort de leur propre officine par l'un ou l'autre journal à leur service, comme étant une approbation venue de l'étranger ! Manière coûteuse de « bourrer le crâne » du pays ! Certains journaux ont des relations directes notoirement connues avec les ministres des affaires étrangères de leur pays. *Le Temps, Le Times.)*

En France, le Président du Conseil a disposé un moment de 24 millions de fonds secrets par an. Un député socialiste a critiqué cette institution à la Chambre, le 24 juin 1916 (*Journal de Genève*, 9 juillet 1916). Outre les aides financières aux journaux, il y a celles aux journalistes. Il y a des services de Presse parmi les organes de l'administration de tous les pays. Le service de Presse du ministère des affaires étrangères de Belgique a coûté environ 300,000 fr. par an.

Beaucoup de journaux sont alimentés aux fonds secrets, qui ont quelquefois été appelés « le fonds des reptiles ».

(1) Voir les incidents scandaleux rapportés par Philippe Lamour dans *Monde*, quand fut troublé un exposé de la Presse fait à la Sorbonne au cours de l'hiver 1933.

(1) *Apprentis sorciers ;* toute l'édition, 10 juin 1933.

m) A côté des affaires publiques, il y a les affaires privées. Ici l'une des formes de l'action de la Presse est « le chantage ». Quand un journal connaît sur quelque personnalité une anecdote qu'il lui serait peu agréable que le public connaisse, il lui propose un marché en lui vendant son silence. Des banques ou entreprises financières achètent ainsi la publicité des journaux; ils leur achètent les numéros ou les subventionnent. M. Vallé a estimé que pour l'affaire de Panama, la Presse a reçu 14 millions. (1)

n) Par la trustification on voit se réaliser graduellement une « Internationale de la Presse ». C'est celle-ci, hélas, bien triste à le constater, qu'on a dénommé l'Internationale du fascisme et l'Internationale sanglante des armements. (2) Ainsi sous nos yeux et par des voies différentes toutes matérielles se constitue une puissance spirituelle énorme qui rappelle celle des religions autrefois, des grands Pontifes qui les dirigent. Mais elles avaient, elles, de Grands Inspirés.

241.328 *LE PUBLIC. LES LECTEURS.*

a) Le lecteur suit son journal. Il a confiance en lui, il raisonne comme lui; il en reçoit les faits avec une appréciation exprimée à leur propos. On peut constater que lorsque la direction d'un journal change sans que le lecteur en soit averti, le lecteur à son tour change d'opinion.

b) Le public comprend-il les journaux qu'il lit? Connaît-il assez de mots pour cela. M. Bony a cherché à répondre en analysant le n° du 9 juillet 1920 du journal *Le Temps*. Il y a relevé 45,500 mots sur lesquels 2,800 noms propres et une centaine de mots étrangers. Il s'y trouvait donc environ 42,600 termes du langage courant. Sur ce nombre il y avait 3,838 mots différents. De sorte que, rien que pour lire ce numéro, il fallait connaître près de 4,000 termes. La 1re page contenait 1,371 mots différents; la 2e, 780; la 3e, 551; la 4e, 470; la 5e, 406; la 6e, 260. Encore les mots ne comprenaient ni les pronoms et adjectifs possessifs. Et pour comprendre « actif », il faut connaître « acte », et comprendre « barque » pour « débarquer », etc. En outre des mots ont plusieurs sens; « malaise économique », « mécanisme du crédit international ». En somme pour comprendre ce numéro du *Temps*, il faut comprendre environ 6,000 mots. Pour enseigner ce vocabulaire à un enfant, en supposant qu'il en connaisse 1,000 et qu'il puisse en retenir 20 par semaine, il faudrait six ans.

(1) Ce qui fut distribué à la Presse en France à l'occasion de l'affaire du Panama. Paul de Cassagnac a reproduit la fameuse liste Flory dans *L'Autorité* du 30 mars 1893. Reproduit dans Didier: *Le Journal et la Revue*. Conférence à la Maison du Livre, Bruxelles 1910.

(2) L'Internationale sanglante des Armements, par Otto Lehmann-Russbüldt. Bruxelles-Eglantine.

c) Parmi ceux qui lisent les journaux, peu lisent autre chose et comme le remarque Tanneguy de Wogan, aucune lecture n'est plus préjudiciable à l'habitude de l'attention soutenue que celle-là. La lecture du journal ne fixe jamais l'esprit sur un sujet quelconque pendant plus de 3 ou 4 minutes à la fois et chaque sujet vient présenter un changement de scène complet. Il en résulte que le nombre de lecteurs du livre diminue graduellement et d'une manière continue chez toutes les nations civilisées. L'influence immédiate du livre sur la politique et sur la société diminue aussi proportionnellement. Les idées de l'auteur du livre ont à passer par le crible du journal avant de pouvoir exercer leur effet sur l'esprit populaire.

Pour la propagande par la Presse, une idée doit pouvoir prendre la forme de quelque « nouvelle ». Alors elle est communiquée par les agences, elle est lue et les journalistes en font matière à article.

d) De l'avis des criminalistes, rien n'est plus favorable aux attentats que la reproduction à fort tirage et avec force détails, des crimes et des délits de tout genre.

e) Le public n'a-t-il pas la Presse qu'il mérite ? Une enquête a été poursuivie sur cette question: raison poussant vers la lecture d'un tel journal plutôt que tel autre. Cette enquête a obtenu ces trois sortes de réponses : 1° par habitude; 2° pour les annonces; 3° pour la nécrologie. (1)

241.329 *ORGANISATION.*

Un journal exige toute une organisation, impliquant direction, collaborateurs, ateliers de production, services administratifs. Tous les progrès réalisés dans l'art d'écrire et de reproduire, dans la coopération intellectuelle, dans l'administration, trouvent application ici. L'organisation s'opère dans deux directions: organisation interne de chaque journal et organisation générale de l'ensemble de la Presse.

1. *Science du journal (journalisme).*

Il s'est constitué une science du journal. Elle porte en allemand le nom de *Zeitungswesen*. (2) On pourra risquer en français le terme d'*Hémérologie*, coordonné avec ceux d'Hemerothèque, de Bibliologie et de Périodicologie. Que les matériaux de cette science sont abondants et que de nombreux exposés, complets ou partiels en aient été présentés déjà, en témoignent les 7,000 titres de l'«Internationale Bibliographie des Zeitungswesens » du Dr. Karl Bömer (Leipzig O. Harrassowitz).

2. *Cycle des opérations.*

a) Communication. — Les nouvelles reçues et transmises (voire fabriquées) par les agences de presse constituent

(1) *Rouge et Noir* : 1932.08.03, p. 5.

(2) Brunhuber Robert. — Das moderne Zeitungswesen (system der Zeitungslehre). Leipzig. G. J. Göschen 1907, 109 S. Geb. 0.80 M. Sammlung Göschen 320.

chaque jour une masse considérable. Télégraphie et téléphonie fonctionnent tout le jour durant et les informations sitôt reçues, sont transcrites, multipliées et envoyées aux journaux abonnés. Ceux-ci ne sont à même de publier qu'une partie de ces dépêches, communiqués et articles. Que devient l'autre partie ? Il est désirable dans l'intérêt de l'Histoire de la conserver en quelques exemplaires prototypes.

Il existe des combinaisons de tarifs télégraphiques et téléphoniques pour les journaux.

b) Impression. — Les grands quotidiens d'information possèdent à eux leur presse, leur rotative, leur matériel d'impression et de clichage.

c) Transports. — Question capitale pour la Presse. En 1929 il y eut à Genève une Conférence européenne relative aux transports de journaux et périodiques. Elle délibéra sur l'essentiel du problème devenu fort complexe.

d) Distribution. — Les journaux de Paris qui n'ont pas un service particulier de vente au numéro dans les départements chargent de ce service soit les Messageries Hachette, soit les Messageries du *Petit Journal*. Les dépositaires en province font connaître le nombre d'exemplaires qu'ils écoulent de chaque journal. Les employés des messageries prennent au bureau du journal la quantité totale demandée et adressent à chaque dépositaire un colis qui contient le nombre demandé par lui de tous les journaux qu'il débite. A Paris fonctionnent des systèmes qui divisent la capitale en secteurs, dont le préposé assure les débits et reprend les invendus.

Il s'est formé des services de messageries de journaux qui sont pour les journaux l'analogue des maisons d'édition ou de commandes. Ils prennent les envois pour les petits marchands.

En France la maison Hachette a 7,000 employés dans son service; elle sert 16,000 vendeurs de journaux, elle possède 279 autos; par son intermédiaire sont vendus 28 millions de pièces imprimées par an ou environ 77,000 par jour, dont 10 périodiques édités par elle-même.

Les messageries étendent leur action. Un accord est intervenu entre les Messageries Hachette et le Poste Parisien qui leur réserve l'exploitation de la publicité littéraire de ce grand poste, ainsi que l'organisation de ses conférences.

3. *Les journalistes.*

a) Dans un journal on distingue la direction et la rédaction et elles ont des responsabilités civiles, administratives et pénales très différentes. Une fonction spéciale est celle du secrétaire de la rédaction chargé du bon à tirer final. Les collaborateurs d'un grand journal sont dispersés à travers le monde entier. Le journal a des rédacteurs attitrés, des rédacteurs occasionnels, des contributeurs éventuels bénévoles.

b) Contrairement à ce qui se passe en France, un homme politique en Angleterre n'est jamais publiciste. Les journalistes y remplissent un rôle tout aussi important que celui de ministre, mais c'est un rôle distinct. Celui qui n'assume aucune responsabilité peut exposer ses idées. La tâche est grande et belle pour le publiciste qui peut exercer une influence sur les événements et posséder une belle autorité.

On s'est beaucoup occupé depuis quelques années dans les journaux littéraires de définir les rapports qui existent entre le journalisme et la littérature. Des journalistes font œuvres littéraires; le journal est un moyen de faire connaître les œuvres au grand public. (1)

c) Le Bureau International du Travail a publié une étude sur « les conditions de travail et la vie des journalistes ». Elle passe en revue la situation des journalistes dans les divers pays aux points de vue de l'aspect général de la profession, de la formation du journaliste, du degré d'organisation de la profession, des conditions de travail proprement dites (durée du travail, repos hebdomadaire, vacances, etc.), des salaires, du marché du travail et des institutions de prévoyance. Elle relève les différences frappantes qui existent d'un pays à un autre en ce qui concerne la situation du journaliste.

Les vrais journalistes ne font pas métier de leur conviction et de leur caractère. Ils ont une conscience et défendent dans les journaux avec sincérité ce qu'ils croient être juste. Il est exact qu'un journaliste est souvent un homme plus soucieux de prendre la réalité immédiate dans ce qu'elle a de confus et de passionnant que d'étudier les phénomènes transcendants sous l'aspect de la réalité.

Le Congrès de la Presse Belge (août 1921) a estimé que la profession de journaliste, mission de confiance, de collaboration et d'initiation, a le caractère du mandat rémunérateur, il a repoussé la qualification d'employé, mais estime que les garanties de statut, de préavis et de congé sont nécessaires à l'exercice de la profession. Le syndicat journaliste et le syndicat de la Presse en France ont négocié, mais sans succès, l'établissement d'un statut des journalistes servant de base aux conventions entre les journaux et leurs collaborateurs.

On compte à Paris six fois plus de journalistes qu'il n'en est besoin. Un jour peut-être la Presse ne sera plus représentée que par quelques grandes feuilles d'information, qui tueront les autres, d'où une situation de chômage à envisager pour l'avenir.

4. *Agences. Informations.*

a) Les agences télégraphiques de nouvelles ont été fondées par Reuter en 1849. Il y a eu en Europe quatre

---

(1) Paul Ginisty : *Anthologie du Journalisme*, Paris, Delagrave.

grandes agences : Reuter, Wolf, Stefani et Havas, qui plus ou moins trustées se communiquent leurs télégrammes et qui tiennent ainsi comme dans un filet l'opinion de l'univers. Les agences, telle Havas, ont dans chaque capitale un correspondant qui lui envoie les nouvelles télégraphiques dans ses bureaux de Paris. Là elles sont imprimées et adressées par cyclistes aux journaux abonnés qui les reproduisent.

b) Avec le télégraphe et le téléphone les journaux locaux ont 6 ou 8 heures, parfois 12 heures d'avance sur les journaux de la capitale. Il y a donc une recrudescence de vie pour ces journaux. Les agences télégraphiques envoyant à tous les journaux les mêmes nouvelles ont tué le journal international, tel que *L'Indépendance Belge*. Les représentants de la presse allemande (réunion du 22 août 1915) ont compris ce danger et demandent l'organisation d'un service de renseignements dans le « sens national vu qu'il est plus important encore d'envoyer des informations de l'Allemagne à l'étranger, que de recevoir de lui des nouvelles souvent stupides et que les faits contredisent. »

Il faut assurer à l'Allemagne l'indépendance absolue et la liberté de ses informations.

c) Le journal s'est distingué de la revue et maintenant les informations se distinguent des journaux (bureaux et agences de presse, les communiqués, les dépêches). A l'Exposition Pressa les mot « Nachrichtenwesen » avait pris place à côté de celui de Zeitungswesen. (Runkel. -- Oeffentlicher Nachrichtendienste, 1928.)

d) Pendant la guerre, on a voulu supprimer les agences. Elles sont revenues plus puissantes. Havas et Reuter avec les 18 agences nationales se sont entendues. Elles ont divisé le monde au point de vue des nouvelles. Rien ne passe qui ne soit contrôlé nationalement ou par les pays qui ont le monopole chez d'autres.

e) Les informations se vendent aux journaux. Elles se vendent aussi aux grands particuliers. Les agences qui achètent un article 50 francs, en font faire 10 exemplaires à la machine et le revendent 10 francs en province, gagnant ainsi 50 francs sur l'article.

f) Il y a des agences de petites nouvelles. Ainsi « Informations quotidiennes de la presse associée », Directeur-fondateur Jean Bernard. Envoi de 5 à 10 feuilles d'informations inédites qu'on ne trouve nulle part ailleurs, abonnement pour les quotidiens, les hebdomadaires, etc.

5. *Trusts. Concentration.*

a) Du temps de Girardin, avec 300,000 francs on créait un organe sérieux. Aujourd'hui il faut 5 millions pour lancer et soutenir un journal dans le goût du jour.

b) Partout il y a tendance à la concentration. La concentration des journaux a été considérable. En Allemagne, Stinnes, le grand industriel a possédé à lui seul 60 grands journaux. De grands trusts de journaux fonctionnent en Allemagne : groupe Ulstein-Konzern, Moses. L'ensemble des publications d'Ulstein (comprenant la *Vossische Zeitung* et la *Berliner Zeitung am Mittag*) accuse le tirage formidable de 4,210,920 exemplaires. L'entreprise possède 66 rotatives, 114 autos, deux canots automobiles et trois avions. Elle consomme 8 millions de tonnes de papier par an.

c) Le trust de journaux de Lord Northcliffe, ce féodal du journalisme, multimillionnaire, nommé lord et chargé d'une haute mission diplomatique aux Etats-Unis.

d) Le fameux trust organisé par Hearst aux Etats-Unis fut assez puissant pour retarder quelque peu l'entrée en guerre des Etats-Unis. L'imprimerie des journaux ou trust Hearst tire chaque jour cinq millions d'exemplaires et l'on sait quelle quantité de pages ont les journaux américains.

Un autre trust comprenant 521 journaux vient de se fonder à New-York. Ce trust possède de nombreuses lignes télégraphiques dont l'ensemble donne une longueur supérieure à 10,000 kilomètres.

e) Certaines imprimeries recueillent les journaux qui cessent de vivre. Elles continuent de les faire paraître, les imprimant tous avec la même matière. On ne change que le titre. Ainsi n'importe qui a la facilité de faire imprimer un journal dont il sera propriétaire. 200 exemplaires lui coûteront 10 francs.

L'homme qui résoudrait le problème d'acheter dans tous les pays la majorité des journaux et des agences télégraphiques serait automatiquement le maître du monde. Mais tous les organes de presse ne sont pas à vendre et de nouveaux journaux peuvent se créer. Cependant on aurait sur tous les journaux une certaine domination si on les tenait par le papier. L'on peut acquérir l'autorité sur les papeteries si l'on achète dans les lieux d'origine de vastes forêts d'où se tire la pâte de bois. Hugo Stinnes avait commencé par opérer ainsi, il était devenu maître de la production du papier en Allemagne, Finlande et Scandinavie. (1)

6. *La presse et les Nouvelles (vraies ou fausses).*

a) En réalité c'est par les dépêches de tous les pays, envoyées par les agences, que chacun est tenu au courant de ce qui se passe. Tous les matins ou tous les soirs, parfois aux deux moments et encore à midi, les dépêches rendent compte de ce qui se passe dans l'immense arène du monde où les faits se déroulent par suite de luttes ou de coopération de travail régulier ou d'innovation générale.

L'homme-journal — celui d'Helgoland, mort en 1907 — se rendait de ferme en ferme chaque jour et racontait à haute voix les dernières nouvelles du monde entier. En arrivant à chaque ferme il rassemblait les habitants en sonnant une petite cloche. Il ne se faisait pas payer, mais

(1) L'Allemagne nouvelle de Victor Cambon.

ses auditeurs lui témoignaient une reconnaissance proportionnelle à l'intérêt des nouvelles qu'il apportait.

b) La Conférence des Experts de Presse (août 1927) a commencé à synthétiser les éléments relatifs aux nouvelles, comment les recueillir et assurer la transmission rapide, la protection avant et après la publication, la diffusion intensive. Une fois entré dans cette voie féconde, on peut entrevoir comme développement logique le besoin accru de documentation sûre, rapide, complète ; la nécessité d'envisager d'autres moyens de diffusion de la vérité, de les étendre non seulement aux nouvelles au sens journalistique du mot (informations du jour), mais aux articles et surtout aux données mêmes sur lesquelles reposent les faits intéressant la vie internationale.

c) On n'a pas encore défini la fausse nouvelle. C'est là une matière fluide, éphémère et délicate à saisir. Parfois on est en présence de nouvelles tendancieuses, déformées ou inspirées, parfois telle nouvelle se voit donner une importance disproportionnée. On connaît les interminables discussions à Genève sur la définition de l'agresseur ! Une étude historique de l'effet des nouvelles de presse sur l'opinion publique aux périodes critiques est reconnue désirable.

La question des fausses nouvelles a été soulevée à la S. D. N. Comment réduire ou éliminer ces fausses nouvelles dont l'effet est d'irriter l'opinion publique. L'aversion unanime des Journalistes et des Associations de Presse s'est manifestée non seulement à l'égard de l'intervention gouvernementale, mais à l'égard de toute intervention extérieure. Il faut tenir compte du prix que le public est disposé à payer pour les nouvelles. La majorité du public ne payerait pas les nouvelles exigées au prix où celles-ci reviennent. Il faut donc que la publicité payée et les autres intérêts commerciaux viennent combler la différence. D'où une influence puissante qui tend à faire dévier les nouvelles de leur caractère d'objectivité complète. Une déclaration des Associations de Presse demande, dans l'intérêt de la Paix, que les industries d'armement ne soient pas autorisées à posséder ni à diriger indirectement des feuilles publiques. On a fait remarquer que l'absence de nouvelles était aussi préjudiciable que la fausse nouvelle. Le silence crée la peur, ce qui mène aux malentendus et en fin de compte à la haine.

d) On a proposé que la Société des Nations soit chargée de propager des nouvelles par elle contrôlées, par conséquent que la S. D. N. contrôle rapidement les nouvelles qui publiées déjà lui paraissent suspectes, qu'elle dispose d'un organe qui serait l'auxiliaire de ceux qui existent et en qui le monde pourrait avoir confiance. (1)

e) Il a été créé récemment un tribunal d'honneur des journalistes chargé de trancher les litiges mettant en jeu un intérêt international. Il est compétent pour sanctionner

(1) Proposition de M. Jules Raisson au Comité français de Coopération européenne.

d'une sorte de flétrissure morale les auteurs de renseignements volontairement erronés et ceux mêmes qui ont mis un soin insuffisant à se documenter. Il ne peut toucher ni aux doctrines, ni aux idées, mais il a pour but de maintenir la notion d'honneur dans les relations entre journalistes étrangers. (1)

f) A la Table Ronde de l'Union des Associations Internationales, M. Briantchaninoff, l'organisateur des Congrès Psychosociologiques a présenté un projet de Cour Internationale privée destinée à s'occuper des affaires de Presse dans ses rapports avec l'opinion publique.

7. *Documentation.*

a) Le journal comme la revue a trois utilités documentaires : 1° on le lit quand il paraît ; 2° on en fait des collections (très peu) ; 3° on les découpe (beaucoup).

b) Il y a lieu de distinguer la documentation par la Presse quotidienne et la documentation de la Presse quotidienne : 1° la Presse quotidienne apporte les nouvelles en premier lieu, les articles de revue et les livres ne contenant la matière que beaucoup plus tard ; 2° elle contient des éléments qui se retrouveront plus tard dans les périodiques et les livres ; 3° elle contient l'expression immédiate de la pensée et de l'opinion publique à l'égard des événements ; 4° par les entrecoupements, les reproductions similaires ou les altérations, par les erreurs mêmes constantes dans une série d'articles publiés dans les journaux différents, on peut se rendre compte dès l'origine de certaines nouvelles, des sources qui les lancent et les paient (ex. Ivor Kreuger pour Ivan Kreuger).

Le journal comme documentation c'est : 1° l'actualité ; 2° la mise sur la trace du fait ; 3° un exposé court bien titulé ; 4° des articles de vulgarisation des questions ; 5° une matière abondante à bon marché.

c) Certains journaux dressent pour eux-mêmes la table des matières du contenu des numéros. Le *Times* publie les tables de son contenu.

d) Les Archives contemporaines (système Keesing) publient une documentation chronologique illustrée des événements mondiaux. La publication est hebdomadaire Elle se fait en 4 langues. Un index alphabétique accompagne l'index cumulatif. L'index portant le numéro le plus élevé est seul à conserver, il reproduit en les commentant tous les précédents qui peuvent dès lors être détruits.

e) Des journaux publient des revues de la Presse dans lesquelles les articles sont cités textuellement, pour venir en aide à la presse et aussi pour leurs propres services. Le Ministère des Affaires étrangères de France a organisé un service de traduction de journaux étrangers et publié des Bulletins de Presse abondamment pourvus et présentés d'une manière assez objective.

f) Des journaux ont publié des éditions résumées. Ainsi les numéros hebdomadaires pour l'étranger de la *Gazette*

(1) Voir rapport P. Otlet au Congrès Psychosociologique.

de Cologne, autrefois *L'Indépendance d'Outremer,* la *Kölnische Zeitung Wochensausgabe.*

g) Il y a un service de découpure de presse dans toutes les grandes administrations publiques et privées. Des agences de découpures de journaux se sont constituées (type: Argus de la Presse), moyennant payement par découpure elles envoient au jour le jour tous les extraits de presse concernant une question ou une personne. Ces agences ont de nombreux lecteurs qui parcourent les journaux les ciseaux à la main, après s'être mis en mémoire, d'après des listes dressées et tenues à jour, tous les sujets qui intéressent les abonnés. Les hommes politiques, les artistes, les personnes en vue sont désireux de connaître ce qu'a dit d'eux la presse. C'est elle qui fait la notoriété (ce qu'on appelait autrefois la gloire).

Les bureaux d'un grand journal constituent des centres de documentation très importants. Ils reçoivent une grande correspondance, et des inconnus lui envoient quantité de documents. Il est désirable que cette documentation, susceptible d'améliorer considérablement la valeur des nouvelles publiées, soient organisées et les méthodes générales de classement et de catalogage trouvent ici leur application.

h) Les journaux sont précieux à conserver. La France, dit le bibliophile Jacob, ne conserve pas les journaux, qui sont pourtant les meilleurs instruments de l'histoire d'une époque, à quelque point de vue qu'on la veuille étudier. Ces pauvres journaux s'en vont tristement au néant, à l'oubli et plus tard, demain peut-être, on les payera au poids de l'or. Ce sont les oracles de la Sybille écrits sur des feuilles de chêne; n'est-il pas étonnant que notre XIXe siècle laisse s'anéantir chez la beurrière et chez l'épicier les pièces les plus précieuses, les plus authentiques de l'esprit national.

i) La conservation des journaux soulève quatre questions différentes : 1° sous quelle forme présenter les journaux quotidiens dans les bibliothèques publiques et aussi dans les grands cercles ? 2° comment conserver des collections complètes de certains journaux (Hémérothèques) ; 3° comment constituer des archives de la presse comprenant des exemplaires types de tous les journaux (Musée de la Presse) ; 4° comment utiliser les journaux sous forme de découpures (Encyclopédie documentaire).

j) Tous les journaux du pays dans la bibliothèque nationale, quelques grands quotidiens et les journaux locaux dans les autres, au moins un journal source de faits et de l'histoire contemporaine dans toute bibliothèque. On relie les journaux en fin de trimestre. Ceux de consultation courante sont collés sur onglets et reliés au jour le jour. Les numéros dépareillés de plusieurs journaux que l'on désire conserver font l'objet de recueils factices où les numéros de plusieurs organes sont classés par ordre de date.

La Bibliothèque Nationale de Paris possède une collection complète des journaux parisiens. La Library of Congress de Washington possède des collections considérables.

Dans certaines bibliothèques anglaises, les journaux sont affichés. Ils se lisent debout devant des pupitres. Les journaux les plus répandus comme le *Daily Mail,* le *Telegraph,* le *Times* sont affichés à deux ou même trois exemplaires, de façon que plusieurs lecteurs puissent les compulser à la fois.

La Bibliothèque doit posséder un choix judicieux de journaux. « Par les journaux, elle met chacun en situation de se faire une opinion personnelle raisonnée, basée sur une information pluriale et contradictoire, au lieu d'avoir seulement l'opinion toute faite de l'unique journal qu'il lit. »

k) On a constitué de grandes collections de spécimens de journaux. A Aix-la-Chapelle, M. Oscar von Forkenbeek est parvenu à réunir 75,000 feuilles de journaux différentes dans le Zeitungs Museum, subventionné par la ville. En Belgique, on s'est vivement intéressé aux collections les plus importantes. Le Musée de la Presse au Palais Mondial comprend maintenant les collections de Warzée, Vanden Broek et de Fonvent en un ensemble considérable. (1)

8. *Institutions.*

Le journalisme a fait surgir tout un ensemble d'institutions communes pour les rapports professionnels et la déontologie, pour l'aide mutuelle, pour l'enseignement, les maisons et instituts de Presse.

a) En Amérique le journalisme a pénétré dans les Universités. A Columbia, il a élevé le journaliste au rang d'un professionnel, bien que ce soit peut être une affaire. A Berlin, à l'Université on a créé non seulement une chaire de journalisme (Zeitungswissenschaft), mais un Institut, laboratoire ou bibliothèque où 800 journaux sont découpés et classés. Il y a les Ecoles de Journalisme à l'Université de Chicago, Philadelphie, Colombo (Ohio) qui ont des cours préparatoires de journalisme. Université catholique de Lille. En Allemagne, professeur Koch à Heidelberg. Le Secrétariat du Volksverein de München-Gladbach s'est transformé en une école de journalisme.

b) La Maison de la Presse de Paris créée pendant la guerre (rue François Ier) n'a été fermée qu'en décembre 1922. Elle comprenait un service d'informations recevant, analysant et diffusant les contenus de la Presse du monde entier; un service de propagande répandant des opinions. Ce dernier service avait la naïveté de se présenter ouvertement comme organisme de propagande française, afin que nul n'en ignore.

La « Maison de la Bonne Presse » (Paris, 5, rue Bayard) fondée par les Assomptionnistes et reprise par M. P. Feron-Vrau, est aujourd'hui une maison d'édition considérable. Elle comprend un personnel de près de 600

(1) La collection de journaux de feu le Dr Guilmot — 80,000 spécimens environ — a été acquise par M. le Juge Berrewaert de Louvain. C'était incontestablement la plus importante du monde.

personnes. Ce chiffre n'est rien auprès du nombre des collaborateurs de bonne volonté qui se sont groupés autour d'elle et qui forment une armée de plus de 50,000 zélateurs, chevaliers de la Croix, pages du Christ, porteurs de ses diverses publications. Par ses journaux et revues, elle pénètre chaque semaine dans plus d'un million de foyers; le total des tirages de toutes les publications réunies dépasse deux millions.

Elle a son imprimerie, une administration qui se tient en relation constante avec tous ceux qui s'occupent de propagande, de rédaction pour ses 25 revues et journaux.

c) La Fédération internationale des Journalistes est une institution permanente. Elle a constitué dans les grandes capitales d'Europe, sièges d'organisation nationale officielle, des commissions de travail: documentation et archives, finances (Paris), étude juridique (Berlin), prévoyance et assistance (Vienne), études techniques (Genève), propagande (Londres). La Commission de documentation a mis au point un important recueil de contrats et textes organiques, conventionnels ou légaux, véritable code international de la condition de journaliste.

Une Association Internationale de Journalistes accrédités à la Société des Nations a été constituée à Genève en 1927. Le problème de la collaboration de la presse à l'organisation de la Paix a été discutée à l'assemblée de Genève (1932) (Document A. 312, 1932). La Conférence de Madrid a traité un aspect de la question: les relations télégraphiques.

Récemment, le Comité exécutif de la Fédération internationale des Journalistes a adopté une résolution condamnant les persécutions de la presse en Allemagne et déclarant la rupture momentanée avec la Fédération des Journalistes allemands.

d) Il a été formé en mai 1933 à La Haye une Fédération internationale des Associations de directeurs et des éditeurs de journaux.

e) Des Instituts du Journalisme ont été créés en divers pays. En Allemagne notamment « Deutsches Institut für Zeitungskunde ». Des publications spéciales ont été consacrées à la théorie et à la pratique du journalisme. Ex.: en Allemagne la Zeitungswissenschaft.

La création d'un Institut International de la Presse a été décidée par le Comité de la Fédération Internationale des Journalistes (Prague, avril 1929). C'est à la suite du vœu délibéré en 1927 par la Conférence internationale des Associations internationales de Presse.

f) Des expositions internationales de la Presse ont eu lieu dans maintes expositions générales. Il y en eut aussi dans des expositions plus spéciales. Celle du Livre à Leipzig en 1924, celle de Pressa à Cologne en 1927.

g) La création d'une Bibliothèque (Hémérothèque) mondiale de la Presse doit retenir l'attention. Elle est appelée à devenir un Département important de la Bibliothèque Mondiale.

9. *Desiderata. Réforme.*

a) Parmi les objets de ces réformes, on peut indiquer les suivantes : extension du nombre de pages des journaux, multiplication des rubriques, collaboration compétente, informations sur la vie du dehors et « l'heure qu'il est dans le monde », édition de suppléments spéciaux répondant au besoin de lecture dominicale, apportant aux feuilles à la fois de la distraction, des connaissances, de l'idéal et de la beauté. Le journal populaire constitue trop souvent pour le paysan sa seule revue et sa seule bibliothèque. Il devrait être transformé en organe distributeur d'une nourriture intellectuelle, saine et abondante. C'est là un minimum de desiderata. On peut se demander, d'autre part, si, sans apporter aucune restriction à la liberté de la presse, il ne conviendrait pas d'en voir combattre les mauvais côtés par des informations plus nombreuses et plus systématisées émanant des autorités, gouvernement et administrations. La conception même du *Journal officiel* est demeurée quasi invariable depuis plus d'un siècle. Il y a, dans le développement et l'adaptation de l'idée maîtresse à qui il doit sa naissance, de précieuses possibilités. L'Etat doit à ses membres des informations précises, détaillées, continues sur ce qu'il veut, entreprend et propose à la conception de ses membres.

b) En ce qui concerne la lecture et la documentation par leur moyen, on peut souhaiter notamment : 1° qu'il soit constitué dans les grands centres des salles de lecture de journaux, comme en Angleterre et en Amérique, afin de combattre l'influence néfaste de la lecture d'un journal unique et tendancieux; ces salles de lecture devraient être, autant que possible, annexées aux bibliothèques; 2° que ces dernières organisent des collections de journaux, les unes centrales ou générales, les autres locales ou spéciales; les journaux sont des sources importantes de l'histoire et des organes de la tradition; 3° qu'il soit publié pour au moins un journal de chaque pays des tables détaillées comme celles que publie le *Times* et dont les index, en rappelant la date des principaux événements, puissent faciliter les recherches dans les numéros contemporains même des autres journaux. A défaut, même simultanément, que des catalogues bibliographiques manuscrits sur fiches à plusieurs entrées soient établis au centre national de collectionnement de journaux, qu'il soit procédé à une utilisation plus généralisée et plus systématique des découpures de journaux pour alimenter la formation des Répertoires de Documentation. Il y existe des possibilités d'une meilleure utilisation à cet effet des services de presse des administrations et des argus de la Presse. Œuvres de distribution de vieux journaux; utilisation systématique des feuilles déjà lues pour étendre la lecture gratuite dans toutes les classes sociales.

c) Remèdes divers à envisager. — 1° Limiter la liberté de la presse. Impossible. 2° Se montrer plus sévère pour la répression des délits. Par le régime qu'a mis en vigueur la loi de 1881, la presse irresponsable est aujourd'hui au-dessus de la loi, puisque les délits qu'elle commet sont presque toujours impoursuivis, puisque quand ils sont poursuivis, les poursuites, lentes, tardives, coûteuses, semblent avoir pour but de sauver le coupable, de décourager le plaignant, puisque les vrais auteurs du délit, soigneusement protégés, voient amener devant les tribunaux l'homme de paille de leur journal, le gérant; puisque les peines édictées ou prononcées sont inefficaces ou ridicules. L'avocat général Cruppé qui s'exprime ainsi demande un tribunal plus moderne composé de trois éléments: le magistrat de profession, le juge populaire et l'expert. Toute personne, association, administration prise en partie ou diffamée par la presse doit avoir le droit de répondre dans l'organe qui l'a attaqué à la même place et pour au moins autant de lignes du même format. (1) 2° Former une ligue de l'élite des journalistes repoussant toutes accointances avec les pamphlétaires et les pornographes (M. Leroy Beaulieu). 4° Créer des associations pour la protection des lecteurs de journaux. (2) 5° Combattre l'idéal bas par un idéal élevé, opposer la presse sérieuse à la presse frivole et corruptrice.

241.329.1 *LA PRESSE DANS DIVERS PAYS.*

1. *Angleterre.* — La presse anglaise n'eut pas une longue enfance. Dès le XVIIIe siècle, elle présenta un caractère de virilité. Elle intéressa par des récits de voyage en feuilleton. Elle fut longtemps l'organe de l'opinion, son porte-voix sincère et authentique, le défenseur attitré des intérêts et des citoyens anglais, l'incarnation de l'âme anglaise. La presse est maintenant trustée, aux mains de quelques potentats et risque fort de dégénérer.

Les journaux anglais à l'inverse des journaux français, semblent avoir essentiellement pour but de renseigner vite et bien. Peu de théories, peu de considérations générales: des faits, des faits, des faits. Cette forme de journalisme suffit à elle seule à caractériser la société britannique.

Le journal anglais vise l'information, le lecteur n'y cherche point une direction de conscience. Le journal français est avant tout politique. Le journal anglais dispose de forts capitaux, le journal français pas. Le journal anglais ne peut être vénal, il risque trop; le journal français est accessible aux tentations.

2. *Allemagne.* — Les débuts de la Presse y ont été secs et impersonnels. C'est Frédéric II qui, en éveillant la conscience nationale, a donné le premier essor à la Presse, bien que sa puissance d'expansion date surtout de la révolution allemande de 1848. Il y avait en 1928, 3,293 journaux et 4,730 revues. Cette Presse n'est pas centralisée comme en France; il y a de grands journaux de province.

Quand Bismarck fit voter une loi contre les socialistes (1878) ils s'organisaient sous forme de sociétés sans but politique en apparence, «cercle de fumeurs», cercle choral. Ils transportèrent leur journal en Suisse, à Zurich, d'où les exemplaires entrèrent en contrebande dans toute l'Allemagne. Ils imprimèrent secrètement des feuilles volantes et continuèrent leur propagande.

A Berlin, Scherl, qui fut un colporteur vendant livres et montres, a créé la *Woche*, puis le *Localanzeiger*, puis le *Tag*. Le *Tag*, vers 1906, a deux éditions: *politische* qui donnait la reproduction réduite du *Localanzeiger; unterhaltung*, toutes espèces d'autres nouvelles. Tous les jours de la semaine le *Tag* a un autre supplément: agricole, littéraire, etc. Il tire à 100,000. Le gouvernement le subsidiait car c'était précieux pour lui que le public assez cultivé pour lire le *Tag* demeure dans les opinions moyennes. En tête du *Localanzeiger*, on trouve en quelques mots le résumé des événements saillants du monde entier. La lecture de ce résumé donnait l'assurance immédiate que l'on pouvait être tranquille, qu'aucun événement ne forçait à modifier le cours de ses idées ou l'orientation de son activité.

En Allemagne les auteurs connus publient souvent leurs essais dans les quotidiens.

A Berlin il y avait environ 10,000 vendeurs de journaux à la rue, dont 6,800 avaient leur place stable.

Pendant la guerre, Ludendorff organisa la fameuse « Kriegspresseamt ». Wolf mentait, mentait toujours. « Le mensonge est un devoir patriotique », telle fut la devise. Le pouvoir militaire étant omnipotent, le pouvoir civil n'existait plus. La propagande du Kriegspresseamt s'inspirait de deux principes : l'espoir et la haine.

Il y eut tout un temps deux presses officieuses, celle de la Chancellerie et celle de von Tirpitz qui avait organisé au Ministère de la Marine un bureau de presse à tendances pangermanistes. La presse n'a guère été qu'un informateur officiel, obligé notamment d'insérer les articles préparés par l'autorité. Le gouvernement faisait publier des articles par l'intermédiaire non seulement de ses organes mais de journaux indépendants. Le gouvernement a déclaré que les articles de sources officielles ont pour but de fournir aux petits journaux des nouvelles intéressantes.

C'était l'agence nouvelle « Tranzoceana » qui envoyait les nouvelles par télégraphie sans fil au cours de la guerre, les câbles sous-marins étant devenus inutilisables. Cette

(1) Lors du vote de la loi scolaire par les catholiques en 1884, *Le Journal de Bruxelles* créa le Bureau des démentis; en moins d'un mois on parvint à purger les feuilles des adversaires de la plupart des canards dont elles nourrissaient leurs lecteurs à l'occasion de cette loi.

(2) Le jour où nous pourrons faire une nouvelle législation sur la Presse, séparer la Presse littéraire et politique de la Presse financière, nous aurons fait une heureuse besogne d'assainissement. (Franck à la Chambre Belge, 16 mars 1922, p. 379.)

agence était soutenue par les industriels et par les subsides du gouvernement.

La législation sur la Presse en Allemagne, l'organisation du Pressebureau, et la censure pratiquée en temps de paix, jointes à la confiance du peuple allemand, permettaient à Berlin de créer dans toute l'Allemagne l'opinion qui lui convenait sans en avoir l'air. En effet, un règlement obligeait le journaliste allemand de remplacer un texte censuré par un texte accepté. Depuis l'avènement d'Hitler la Presse connaît une concentration aux mains du gouvernement.

3. *Etats-Unis.* — Le journalisme américain est devenu une formidable machine. Il compte les plus complets exemples dans la «Yellow Press» la Presse jaune. C'est le journal qui est connu comme moyen de gagner beaucoup d'argent. (La chaîne des journaux de Hearst.) A côté existe la « Human interest Press », qui fait un usage abondant des incidents qui révèlent la nature humaine et fait naître les émotions. (Par ex. *Le Star,* de Kansas City.) L'Amérique a des « news papers » et « newspapermen », l'Angleterre et le continent ont des journalistes. Il y a une grande différence. Les journaux américains font d'immenses sacrifices pour utiliser tous les moyens créés par la science pour la transmission rapide de l'information. Le journal américain, comme instrument de nouvelles, est des années en avance sur les autres.

La Presse américaine est en général une pure entreprise commerciale, de parfaite à-moralité, exploitée selon une technique savante, rationalisée, mécanisée, le dernier cri de la réclame, de l'information, du reportage. Elle est trustée.

La Presse des Etats-Unis a une grande influence. Elle est riche et en général intéressante ; elle occupe, en temps de prospérité, d'après les rapports fournis par le Ministère de l'Intérieur, 261,000 employés qui touchent 2,5 milliards de dollars par an et 28,000 hommes travaillent avec 5,000 femmes, rien que pour rédiger les 20,000 publications diverses dont 2,300 sont quotidiennes, et ont une circulation presque incroyable de 44 millions d'exemplaires en moyenne par jour. (Le nombre de livres divers publiés, en une seule année prospère, a été de 227,495,000, y compris les livres d'école, etc.) On imprime en moyenne par jour aux Etats-Unis : 312,000 journaux italiens, 334,000 journaux allemands, 536,000 journaux en hébreu. Il y a lieu de remarquer que la plupart des juifs sont d'origine russe et allemande, quoiqu'un grand nombre préféraient déclarer qu'ils étaient polonais quand les pays qui les ont vu naître étaient tombés en défaveur.

Il y a aux Etats-Unis plus de 2,300 journaux quotidiens et 14,600 hebdomadaires. Pratiquement on compte un exemplaire par 5 habitants. Ces journaux représentent un capital de 1,154,786,000 dollars. Un seul de ces journaux occupe 2,066 personnes, dont 48 rédacteurs au service de l'information et 466 personnes au service de la publicité. Une soixantaine de journaux américains ont leur bureau à Paris.

Il y a quarante-quatre publications périodiques de langue française aux Etats-Unis, dont 7 journaux quotidiens, 2 tri-hebdomadaires, un bi-hebdomadaire, 24 hebdomadaires, 2 revues bi-mensuelles, 6 revues mensuelles, 2 revues trimestrielles. Le tirage total des journaux quotidiens de langue française est de 43,700 exemplaires. Le *Daily Mail,* le *New-York Herald* et le *Chicago Tribune* ont une édition parisienne.

Un journal américain laisse en blanc ses pages du milieu pour permettre ainsi au lecteur d'y emballer ses tartines.

4. *Italie.* — La Presse italienne fait une grande part à la politique, au théâtre, à la critique littéraire et philosophique, aux articles d'idée générale. Le goût du pittoresque, du lyrisme même, paraît le trait caractéristique de l'information italienne : devenu industriel et conquérant, l'Italien n'en continue pas moins à considérer le monde en artiste. (Gabriel Arboin.)

5. *Hollande.* — La Hollande possède de très grands journaux : la *Nieuwe Rotterdamsche Courant,* l'*Algemeen Handelsblad,* le *Telegraaf,* le *Maasbode.*

La *Nieuwe Rotterdamsche Courant (N. R. C.)* fournit l'exemple le plus avancé de la Presse hollandaise. Le vendredi 19 mai 1933, « Ochtendblad » 12 pages et le soir « Avondblad » 24, soit un total de 36 pages. Il donne en moyenne 28 ou 30 pages par jour (8 ou 10 le matin, et 20 le soir). Aussi le *N. R. C.* est le journal qui donne la plus grande place à l'art en général, non seulement à la littérature hollandaise, mais à la littérature de tous les pays, française, allemande, anglaise, russe, scandinave, espagnole, italienne, etc., etc.

6. *Japon.* — La presse japonaise est une de celles qui a le plus progressé. En 1860 les Nippons connaissaient à peine les journaux. Ce sont les Européens qui ont fondé les premiers journaux. Il y a aujourd'hui 115 grands journaux dont la moitié ont plus de 10 pages par jour et dont deux tirent 900,000 et 1,500,000 exemplaires *(Tokio-Nichinichi* et *Osaka-Mainichi).* Avec les périodiques paraissant plus de 3 fois par mois, il y a 8,445 journaux. Les journaux sous forme de sociétés anonymes sont devenus de grandes entreprises capitalistes au service du capitalisme. Il n'y a pas de grand journal exprimant la culture et l'idéologie de la masse prolétarienne.

241.33 Annuaires (Almanachs, Calendriers, Adresses).

241.331 *NOTION.*

a) Les annuaires sont des recueils destinés à reproduire chaque année une série de faits ou d'événements concernant une contrée, un département, une localité ou une branche quelconque des connaissances ou des activités humaines. Les annuaires paraissent généralement au début de chaque année pour servir de guide aux personnes de profession déterminée. Ils contiennent les données utiles à l'exercice de la profession ou déterminent la succession des travaux qu'ils ont à faire, ainsi que la manière de les exécuter.

Un annuaire donne des renseignements sur la composition des organismes officiels et privés de toute nature, de la spécialité à laquelle il se réfère (administration, sociétés, instituts de recherche et d'enseignement, presse spéciale) ; souvent des informations sur les personnalités elles-mêmes. Renseignements généraux d'ordre commercial, juridique, administratif. Données fondamentales et permanentes sur la matière.

b) Il est difficile de définir l'annuaire par des caractéristiques bien nettes. Dans ce qu'il a d'essentiel, l'Annuaire est un ensemble de données mises annuellement à jour. Mais cette définition conviendrait aussi au Traité et à toute forme d'ouvrage réédité annuellement. Pour qu'il y ait annuaires, il faut une seconde condition, qu'il y ait matière même annuellement renouvelée. C'est le cas des statistiques et des états du personnel des organisations, des listes d'institutions existantes, des adresses des personnes, des abonnés aux services publics ou privés.

Les annuaires sont des documents difficiles à enfermer dans une définition simple. Ils ont — ou ils devraient avoir — de commun, d'une part le fait d'être publiés annuellement, d'autre part le fait de contenir des informations de caractère synthétique et bibliographique. Il y en a qui forment cependant des publications annuelles et constituent une série indépendante. (Ex. : le catalogue annuel de bibliographie, le recueil annuel des bibliographies, les recueils annuels des administrations officielles (publiant des documents officiels), les recueils ou rapports des associations et les actes de certains congrès.) Les annuaires ont pour objet de mettre au courant de la situation et des progrès dans tous les pays et en un domaine déterminé.

Une longue élaboration améliorée d'année en année a conduit aux grands annuaires actuels. Un annuaire peut reproduire chaque année, mise à jour, sa partie générale. Chacun de ses volumes alors est un tout complet par lui-même.

241.332 *TYPES D'ANNUAIRES.*

a) Plusieurs annuaires ont acquis une grande réputation : l'*Annuaire du bureau des longitudes*, l'*Annuaire du Commerce* Didot-Bottin, l'*Annuaire historique* fondé en 1818 par Lesur, l'*Annuaire du clergé de France;* l'*Annuaire diplomatique*, l'*Annuaire militaire*, etc.

b) Sébastien Bottin (1764-1853) était en 1794 secrétaire général de l'administration centrale du Bas-Rhin quand il y publia le premier *Annuaire statistique* qu'on ait vu en France. De 1809 à 1853 il continua la publication annuelle que de La Tynna avait commencé à faire paraître en 1801. A la mort de Bottin l'*Almanach du commerce de Paris, des départements et des principales villes du monde* fut réuni à l'*Annuaire du commerce* de Didot, publié depuis 1797. Les mots un Bottin ou un Didot-Bottin sont devenus des sortes de nom commun pour désigner le livre d'adresses (dit almanach de cinq cent mille adresses).

L'annuaire Didot-Bottin en est arrivé à la 137e année de publication. La collection forme plus de 200 volumes et constitue un très précieux répertoire de documents historiques, consultables sur demande dans l'immeuble de l'annuaire.

L'annuaire contient aujourd'hui des adresses de tous pays, il comporte 20,000 pages en 5 volumes pesant environ 30 kilos. Mis à plat les volumes d'une seule édition formeraient une pile neuf fois plus haute que le Mont-Blanc !

c) La Belgique possède un « Annuaire permanent de documentation financière et industrielle ». C'est un recueil sur fiches mis constamment à jour, distribué hebdomadairement, publié par la collaboration d'un groupe d'experts comptables, d'ingénieurs commerciaux, d'actuaires et de juristes. Sa 12e année comportait 5 volumes contenant environ 9,000 notes sur les sociétés dont les titres font l'objet de transaction.

d) La *Minerva, Jahrbuch der Gelehrten Welt*, annuaire du monde savant, a été fondé en 1892. Elle est consacrée au progrès des relations du monde scientifique. Après la guerre a été publié l'*Index Generalis*, directeur R. de Montessus de Ballore (Paris Editions Spes) donnant des indications sur 1,100 universités et grandes écoles, 315 observatoires, 3,000 bibliothèques, 775 instituts scientifiques, 250 laboratoires, 1,250 académies et sociétés savantes, 2,300 pages, 60,000 noms de notabilités intellectuelles (liste alphabétique). Prix : fr. 192.50.

e) Il y a aussi le type des « Qui êtes-vous ? » annuaire des contemporains, sorte de biographie documentaire, le « curriculum vitæ », les fonctions et titres actuels, les œuvres produites.

« Who's who in America » ; « Who's who in Great-Britain » ; Wer ist's » ; « Wie is dat » ; « Vem är det ».

Les annuaires peuvent aussi être des catalogues de personnes ou d'institutions. Ex. : « Botaniker Adressbuch » ; « Index Biologorum », etc.

f) Des annuaires internationaux ont été produits. Ainsi le Répertoire international de la Librairie, œuvre du Congrès international des Editeurs (liste de toutes les maisons d'édition et de librairie : livres, musique, arts).

On a établi des annuaires comme guide pratique pour la correspondance, le voyage et les relations au sein des congrès internationaux, des conférences et des réunions. Ainsi l'*Annuaire du Bureau international d'Education* (Genève), l'*Annuaire de la Vie internationale*, publiés par l'Union des Associations Internationales (Bruxelles).

Les données alors sont à la fois nationales et internationales.

g) Le *Deutsche Schule im Auslande* présente en son numéro de décembre 1928 une forme pratique d'annuaire. C'est un résumé de tous les renseignements utiles aux étrangers désireux de faire un séjour en Allemagne. Ces renseignements comportent : 1° l'énumération des services s'occupant de cette question ; 2° la bibliographie des ouvrages à consulter.

h) Le *Frankfurter Gelehrten Handbuch* du Dr Borzmann s'applique exclusivement à une ville : Francfort.

i) Le nouvel Institut intern. de Droit public publie un annuaire qui contient les lois de droit public adoptées dans différents pays d'Europe et d'Amérique au cours de l'année 1928.

j) Des annuaires (Jahrbücher) existent en Allemagne pour les diverses branches du droit. Ils présentent chaque année les résultats essentiels obtenus dans ce domaine, tels que les offrent les ouvrages, les revues, la juridiction, et la pratique administrative. Le dernier créé de ces annuaires est le «Jahrbuch des Treuhandrechts» (Annuaire du droit fiduciaire) de J. Heins.

k) Certaines publications de la Société des Nations sont des œuvres magistrales dans le genre annuaire. Ainsi l'*Annuaire Militaire* 1928-1929 contient en ses 1,123 pages des informations abondantes sur l'organisation militaire de 60 pays à l'exclusion des colonies. Chaque année toutes les monographies sont revues et corrigées d'après les documents les plus récents. Dans la grande majorité des cas, grâce aux documents périodiques paraissant à des intervalles rapprochés, on a pu suivre et insérer dans l'année même des informations la concernant. Ainsi en 1929, les informations jusqu'au commencement même de l'année 1929. Des graphiques et tableaux récapitulatifs font ressortir les caractéristiques principales de l'organisation des différentes années et donnent des vues d'ensemble sur les diverses marines.

L'annuaire devient ainsi la forme de publication mère des données essentielles recueillies par les observatoires sociaux par lesquels sont complétées de plus en plus les grandes organisations.

l) Une commission spéciale d'experts réunis à l'Institut international de Coopération intellectuelle a dressé un plan de publication d'une série d'annuaires spécialisés (annuaire des savants, annuaire des littérateurs, annuaire des artistes). Ils ont envisagé la distribution du travail entre les différents pays, l'institution jouant le rôle d'un collecteur et d'un metteur en œuvre. Au-dessus de ces annuaires spécialisés serait placée une publication plus générale et sommaire : un « qui êtes-vous international », liste bio-bibliographique des principales notabilités du monde entier, pour l'exécution de laquelle une importante subvention privée a été attribuée à l'Institut.

241.333 *DESIDERATA. RECOMMANDATIONS.*

a) Les annuaires sont désirables particulièrement dans les domaines où les changements sont si rapides qu'il importe d'avoir périodiquement des situations à jour. Ils devraient comprendre des renseignements présentés sous une forme concentrée, facilement consultables, sur les points suivants : 1° énumération des établissements, associations, institutions et personnes relatives à la spécialité, notions sur les personnes célèbres ; 2° chronologie (dates importantes, date de l'œuvre) ; 3° calendrier général et calendrier des faits à venir relatifs à la spécialité (congrès, réunions corporatives) ; 4° législation sur la matière (lois, arrêtés, etc.) ; 5° codes des usages ; 6° tableaux des unités, barèmes, tables, formules ; 7° terminologie : vocabulaitre international (français, anglais, allemand) des termes employés dans la spécialité ; 8° tarifs ; 9° brevets ; 10° statistiques ; 11° bibliographie de la spécialité : a) ouvrages et articles de l'année, b) bibliographie fondamentale, c) liste des périodiques ; 12° documentation : offices de documentation, grandes collections existantes, musées spéciaux (autonomes ou sections) ; 13° enseignement : écoles et cours ; 14° commerce : fournisseurs de la branche ; 15° adresses en général ; 16° annonces classées relatives à la spécialité.

b) En bonne terminologie il faudrait remplacer le terme « annuaire » par « répertoire » quand la publication n'est pas annuelle. Il manque en français une notion équivalente à l'anglais « directory ». (1)

c) Toutes les notices devraient être rédigées par les intéressés eux-mêmes, conformément à une formule ou à un questionnaire. C'est le moyen d'être exact. Les meilleurs annuaires conservent leur composition typographique. Ils envoient chaque année aux intéressés l'épreuve de la notice qui les intéresse, en demandant de la compléter et de la corriger.

d) Il faudrait dans chaque pays une centrale d'adresses, ou tout au moins une organisation générale des adresses. Les éléments de cette organisation seraient : 1° les registres et fichiers de l'état civil et de la population tenus par les villes ou des autres administrations ; 2° les annuaires généraux et spéciaux publics (adressiers, directories, livres de téléphones, de chèques postaux, etc.) ; 3° les adressiers manuscrits établis par les institutions spécialisées ; 4° les renseignements que les particuliers seraient invités à fournir.

241.334 *ALMANACH. CALENDRIER.*

L'almanach contient, outre le calendrier, des renseignements astronomiques et parfois des prédictions sur le

(1) L'Institut international de Bibliographie a satisfait à un ensemble de desiderata documentaires dans son *Annuaire de la Belgique scientifique, artistique et littéraire* (publication n° 71).

temps. On y ajoute aujourd'hui certains renseignements spéciaux (almanach du laboureur, des missions, du pèlerin). En général, l'almanach est un ouvrage populaire. Il pénètre jusqu'au fond des campagnes. Il s'arroge souvent la spécialité de la prédiction du temps. (1)

L'origine des almanachs est très ancienne. Les Grecs donnaient le nom d'almanach aux calendriers égyptiens. Registre ou catalogue qui comprend tous les jours de l'année distribués par mois avec les données astronomiques, des notices et dates relatives aux actes religieux et civils principalement les saints et les fêtes.

La succession des phénomènes annuels et les divisions de l'année se rencontraient sur les monuments publics bien avant l'emploi des tablettes mobiles.

Un almanach est imprimé chaque année à Pékin sur les presses impériales et tiré à huit millions d'exemplaires qui sont aussitôt expédiés dans toutes les provinces du Céleste Empire. Et l'intérêt qu'y prenaient les Chinois, la confiance qu'ils accordent à ses renseignements et à ses prédictions étaient tels que chaque année ces huit millions d'exemplaires étaient tous vendus jusqu'au dernier.

Le calendrier astronomique publié comme contenu dans les almanachs et dans beaucoup d'annuaires, indique l'ordre des jours, des semaines, des mois, avec les noms de saints, les fêtes, etc.

On a souvent donné le nom d'almanach aux publications officielles ou officieuses, annuelles (almanach royal, almanach de Gotha) relatives aux administrations des Etats, celui d'annuaires aux recueils de statistiques des Etats. Mais ces derniers annuaires se sont considérablement amplifiés. (2)

241.335 *ANNEES.*

a) Les « années » (Jahrbücher, Yearbooks) (telles l'année philosophique, l'année psychologique, l'année sociologique (3), l'année électrique) sont des publications qui rendent compte plus ou moins complètement des travaux faits dans l'année sur une science déterminée et publiés dans des langues différentes, permettant à chacun de connaître rapidement les travaux de ceux qui étudient les sujets qui l'occupent et de se servir de ces travaux.

b) Les Années constituent ainsi des parties de la Bibliographie générale. Il en est surtout ainsi pour les Jahrbücher allemands. Mais certaines Années comportent des tables de chronologie, de faits, de contacts, etc. qui les font déborder du cadre bibliographique. D'autre part existe souvent chez les rédacteurs le désir d'extraire des œuvres recensées les idées générales de marquer la direction et le mouvement scientifique en rapprochant plusieurs ouvrages.

c) On peut se demander pourquoi n'y aurait-il pas régulièrement des rapports périodiques sur l'état de nos connaissances comme toutes les autres branches d'activité privée ou publique en ont (industries, administrations, etc.) ? La British Association a confié à des comités spéciaux le soin d'élaborer des rapports sur les progrès scientifiques réalisés dans une matière déterminée. C'est permettre à chacun de suivre le mouvement des idées et des faits de la science sans avoir à lire la masse entière de la littérature du sujet. Pour diviser le travail, cette lecture est faite par quelques-uns pour tous.

La Chemical Society publie annuellement des rapports sur les progrès réalisés dans les différents départements de la chimie durant l'année. (1)

241.4 Collections. Recueils de textes. Commentaires.

Les Recueils, les Collections et les Commentaires figurent parmi les plus grandes œuvres bibliographiques. Leur établissement a donné lieu à des sommes de labeur énorme.

Diverses questions sont à examiner: la publication de collections d'ouvrages constituant chacune une individualité; les recueils de texte qui ne constituent pas des ouvrages entiers; l'examen des textes et les principes à suivre pour leur publication; la reproduction des manuscrits, notamment par les procédés photographiques; les commentaires des œuvres.

241.41 Notion.

a) Le *Recueil* est le nom générique donné à un assemblage, à une réunion d'actes, de pièces, d'écrits, d'ouvrages en prose ou en vers et aussi de morceaux de musique, d'estampes, etc. Les recueils comprennent donc plusieurs ouvrages de même forme ou qui traitent la même question. Ainsi: Recueil des lois, Recueil de discours, Recueil de pièces de théâtre. Les grandes collections des ordres religieux (Bénédictins et Jésuites : les Bollandistes), celles des Lequates, celles des historio-

(1) Le célèbre Sarragozano, almanach espagnol, tirerait, rapporte-t-on, 50,000 exemplaires annonçant pour tels jours le bon temps, 50,000 autres annonçant le mauvais temps. La moyenne des appréciations des lecteurs se maintiendrait favorable au talent de divination de l'éditeur.

(2) Exemple: l'« Annuaire du Canada » 1927-28, publié par le Bureau fédéral de la Statistique, section de la Statistique générale (un volume de 1,122 pages) porte comme sous-titre « Répertoire statistique officiel des ressources, de l'histoire, des institutions et de la situation économique et sociologique de la puissance ». Il provient par transformation successives, de l'Annuaire et Almanach parus depuis 1867.

(3) *L'Année sociologique*, fondée par Duckheim (Paris Alcan), a repris sa publication avec la collaboration de l'Institut français de sociologie. Avec 150 pages de mémoire elle en comprend au moins 400 de bibliographie analytique où non seulement sont analysés les livres, mais encore où les faits sont répartis et organisés.

(1) Exemple de rapport: L'état actuel de la science. Rapport de M. E. Picard. Article de Adhémar dans la *Revue de Philosophie*, 1901 ou 1903.

graphes. Ainsi: *Collection des Pères de l'Eglise, Collection des Conciles, Collection des Bollandistes, Collection des mémoires de l'Histoire de France, Recueils de traités.*

b) Le but des Recueils et des collections est de classer et publier, sans omission ni erreur, tous les documents ayant rapport à une question. L'impossibilité matérielle de rassembler certains documents existants justifie les ouvrages qui reproduisent et analysent le contenu d'originaux. Certaines rééditions ont pour but d'éviter les pénibles recherches dans les publications originales. Ex. : Tableaux de statistiques rétrospectives publiés par la Statistique Internationale du mouvement de la population.

c) Le recueil correspond à une opération bibliographique fondamentale, elle-même en corrélation avec une organisation intellectuelle fondamentale. Les choses se groupent et se réunissent d'abord dans l'esprit et se présentent sous une forme non matérielle. C'est dans ce sens que Cousin a écrit « L'histoire est un recueil d'expériences dans lesquelles on peut étudier la loi de la pensée humaine ». Le groupement, la réunion des documents considérés comme des unités, des entités documentaires distinctes peut se faire de manière bien différente selon le but désiré, les principes du choix, la base du classement.

d) Les générations ont fait succéder leurs efforts pour nous donner les grandes collections de textes dans l'état où nous les possédons maintenant. Les éditions ont été sans cesse en se perfectionnant, comme texte et comme forme de présentation.

241.42 Espèces, types de recueils et collections.

Il y a un grand nombre d'espèces de recueils et collections.

a) *Histoire.* — Pour étudier les documents d'une façon historique, on a senti le besoin d'en faire des éditions *critiques* établies en comparant méthodiquement les différents manuscrits. On a compris l'avantage de les réunir en grandes *collections* (notamment les collections allemandes pour le moyen âge). On a de même réuni les inscriptions en *corpus*. On a dressé le catalogue des manuscrits des auteurs antiques, on a commencé l'inventaire des documents inédits des archives.

En histoire on a réimprimé des pièces seules et on a formé des corpus ou recueils de pièces qui sont les principaux instruments et les principales entreprises de l'érudition historique ancienne et moderne.

La plupart des documents historiques ont été réunis dans des collections qui les ont rendus d'accès facile. Voici des exemples : sous le nom de *Monumenta germaniæ* on a recueilli des collections de documents relatifs à l'histoire de l'Allemagne. Le « Recueil des ordonnances des rois de France » est une vaste collection in-folio entreprise sous Louis XIV et continuée depuis.

Au commencement du XVIIIe siècle le savant Muratori réunit toutes les plus remarquables sources de l'*histoire médiévale italienne*. C'est pour son temps un merveilleux effort de savoir et de critique et le corpus le plus complet de textes historiques du VIe au XVIe siècle pour l'Italie, la somme indispensable de recherches. Le commandeur S. Lapi a conçu et mené à bonne fin l'édition nouvelle dite *Rerum italicarum scriptores*, qui après sa mort fut achevée par Carducci et Fiorini. La découverte de manuscrits que Muratori ne connut point et qu'il crut perdus, la nouvelle direction donnée à la critique historique en ce qui concerne l'étude des sources et la préparation de leurs textes, les moyens plus amples et plus exacts de recherches et de reproduction dont nous pouvons disposer dans ce but, ont permis de renouveler l'œuvre de Muratori.

« Mon édition, dit Lapi, suivra dans chacune de ses parties l'ordre donné par Muratori à son recueil et elle en reproduira — sauf quelques exceptions justifiées — tous les textes et leurs préfaces. Chaque page portera l'indication de la page correspondante dans l'édition de Muratori. De riches tables analytiques, fondues en une table générale à la fin de l'ouvrage, accompagneront chacun des écrits. Chaque tome conservera la numération qu'il a reçue dans l'édition originale ; mais toutes les fois que cela sera nécessaire, il sera divisé en parties dont chacune formera un ou plusieurs volumes à part, avec une numération particulière de façon que, bien que ces tomes soient publiés par intervalless et par livraisons, il sera facile de leur rendre leur place dans le tableau de l'entière collection. Une numération, en continuation de celle des volumes qui composent le recueil de Muratori, sera donnée aux volumes des Aggiunte (additions) publiés par Tartini et par Mittarelli. Cette numération s'étendra aux autres volumes que j'espère y ajouter moi-même, y comprenant des textes que Muratori ne put insérer dans la collection, soit que ces textes aient été déjà édités, soit inédits, en partie ou en entier. »

La collection des chroniques belges inédites, publiées sur ordre du gouvernement par la Commission Royale d'Histoire, comprend déjà 125 vol. in-4°. De toutes parts, on continue à publier des pièces d'archives et de manuscrits, sauvant ainsi de la destruction et de l'inutilisation relative quantité de pièces qui sont les vestiges du passé. Ce travail s'accompagne d'une revision comparée des textes pour arriver à des versions plus exactes. Le travail des Index et des Tables de ces documents se poursuit parallèlement.

b) *Littérature.* — On a réuni en collections les œuvres littéraires de l'antiquité et du moyen âge ; on a commencé à le faire même pour certaines œuvres modernes.

Des éditions excellentes d'ouvrages particuliers ou d'œuvres complètes des auteurs anciens facilitent à tous l'accès des trésors d'autrefois. Par ex. les *Conciones latinæ* (Harangues latines), le livre classique des rhétoriciens dans lequel Henri Estienne, il y a trois siècles, a réuni les meilleurs discours, extraits de Tite Live, Saluste,

Tacite et Quinte Curce; les *Narrationes*, recueil de faits historiques extraits des mêmes auteurs, à l'usage des classes de seconde.

c) *Collections religieuses.* — Patrologie. Canon. Il existe de vastes collections de documents religieux. La Patrologie de Migne, ouvrage qui concentre toute la littérature de l'Eglise des douze premiers siècles. —Les collections canoniques de l'époque de Grégoire VII : ces collections furent composées au moyen de matériaux fournis par de vastes compilations entreprises à l'instigation, ou tout au moins avec l'aveu du Pape. Les recherches qui furent poursuivies dans les archives du Saint-Siège et dans les bibliothèques des églises et des monastères ne contribuèrent pas peu à renouveler le droit canonique. — Des *Regesta Pontificum Romanorum* de Ph. Joffé, continuée par Potthast, embrassent 19 pontificats et résument plus de 26,000 lettres.

L'*Amplissima collectio Conciliorum* (Mansi) [Conciliorum omnium catholicæ Ecclesiæ collectio amplissima]. Elle sera complète en 60 volumes tirés à 350 exemplaires.

Il y a 279 souscripteurs. Pour les années jusqu'à 1720, ce sont des reproductions et fac-similés de l'ancien Mansi, de Coleti, du supplément à Coleti par Mansi. A partir de 1720 on a établi des continuations typographiques par Martin et Petit. L'ouvrage a pour but de centraliser en une seule collection tous les documents relatifs aux conciles.

Les *Anecdota Maredsolana* publiés par dom Germain Morin, moine bénédictin de l'abbaye de Maredsous, sont des recueils de pièces relatives à l'ancienne littérature chrétienne. Ces textes, pour la plupart inédits, sont publiés avec des notes critiques.

d) *Recueils juridiques.* — Les recueils juridiques figurent parmi les plus grandes collections. Ils comprennent la législation et la jurisprudence ou décisions des cours et tribunaux. Il en sera traité avec la Documentation et le Droit est à ranger dans ce groupe.

Le « Recueil des Traités » publié par la S. D. N. en vertu de l'art. 18 du Pacte, comprenait, fin 1932, 125 volumes, avec 4 index généraux ayant publié plus de 3,000 traités ou engagements internationaux. Les recueils publient les renseignements utiles sur la prolongation des engagements, sur les modifications qu'ils peuvent avoir subis, sur les adhésions, les rectifications, les dénonciations dont ils ont été l'objet. Ces annexes donnent donc la situation exacte des relations entre Etats.

e) *Livres diplomatiques.* — On a donné des noms de couleur aux livres diplomatiques. Ainsi le Livre rouge (Espagne), vert (Italie), blanc (Angleterre, affaires étrangères), bleu (Angleterre, affaires intérieures, Blue Book).

f) *Collections de documents scientifiques.* — En toute science il existe des documents ayant fait époque et devenu classiques. On en a fait l'objet des collections publiées. Ex. : Classical documents of the theory of Evolution. *Les Maîtres de la Pensée scientifique*, collection de mémoires et ouvrages publiés par les soins de Maurice Solovine et devant comprendre les mémoires les plus importants de tous les temps et de tous les pays.

La *Bibliothèque égyptologique* (Paris, Leroux 1879-98), fondée par M. Maspero. L'auteur annonçait son intention de rééditer dans une collection d'un format et d'un prix abordable, les œuvres des égyptologues français dispersés dans divers recueils et qui n'ont pu être réunies à ce jour. Les en extraire pour les grouper et constituer un instrument de travail, un monument.

Le service des antiquités égyptiennes, établi par la France en Egypte, élabore un catalogue général des antiquités égyptiennes, où se trouveront réunis tous les documents relatifs à l'Egypte. Le service a fait diplomatiquement, par la voie du Ministère des affaires étrangères d'Egypte, appel aux gouvernements étrangers.

g) *Collections générales.* — Sous le nom de Bibliothèque ou noms analogues, des ouvrages sont publiés en série. Dans certaines collections chaque volume est indépendant mais l'ensemble forme une unité. Ex. : L'évolution de l'Humanité : toutes les Histoires fondues en une seule. Paris, La Renaissance du Livre. — Bibliothèque utile (Alcan) ; Bibliothèque populaire ; Bibliothèque des actualités industrielles ; Bibliothèque de philosophie scientifique ; Bibliothek der allgemeinen und praktischen Wissenschaften ; Webers illustrierte Catechismus.

Les *Volksbücher* de Meyer forment une collection d'ouvrages populaires à 10 pfennigs. Ils en sont au nombre de plus de 2,000 numéros. L'Universal Bibliothek de Reklam à 20 pfennigs. Nelson's six-pence classics. All unabridged. (1)

h) Ne pas confondre les œuvres éditées avec l'intention d'en constituer des collections et les recueils factices constitués *ad libitum* dans les bibliothèques publiques et privées par la reliure de plusieurs ouvrages en un seul. (Voir reliure.)

i) On donne souvent le nom de recueil aux publications périodiques et celles-ci sont de périodicité fixe ou peuvent être simplement continuées, paraissant quand il y a lieu sous des numéros de suite. Ex. : Les publications en fascicules de certains bureaux de statistiques. Autre ex. : *Annales du Musée du Congo.* Divisée en séries comprenant chacune un nombre indéterminé de tomes, chaque tome comprenant un certain nombre de fascicules.

On a créé des séries de monographies sous des titres généraux. Ex. : Historische Studien (E. Ebering), Literarische Forschungen (E. Felber).

---

(1) Pellisson M. — 1906, Collections de livres à l'usage du peuple. Bulletin de Bibliothèques populaires, avril 1906. Bref historique des collections qui ont été publiées.

Un vœu a été émis par le Congrès International des Editeurs de Berne 1905, sur les Bibliothèques professionnelles (juristes, médecins, architectes).

j) Parmi les recueils on peut ranger les œuvres complètes d'un auteur.

241.43 Publications de textes.

241.431 *NOTION.*

Un des plus grands travaux consiste à remonter jusqu'à la source, jusqu'aux documents originaux. Les notions des anciens savants sont éparses dans les œuvres des *citateurs*. Beaucoup de savants du moyen âge ont une partie de leurs œuvres éparses dans les ouvrages de commentaires. Ainsi quantité de livres anciens ne sont connus que par des fragments, des traductions ou des citations.

Les fondateurs de grandes doctrines (par ex. Zenon et Chrysipe) ne nous sont connus que par des textes de plusieurs siècles postérieurs qui ne représentent pas leur pensée dans son intégrité. De bonne heure les disciples ou les commentateurs ont détruit l'unité du système; ils en ont retranché selon leurs principes et les besoins de leur époque, les parties qui leur semblaient les plus arides et encore dans celles-ci ont-ils fait des choix.

Les textes sont invoqués pour une justification rapide et sûre de faits, pour une illustration commode ou frappante des idées.

Il ne faut pas confondre la matière première avec le produit fabriqué, c'est-à-dire les sources historiques avec les narrations faites au moyen de ces sources; entre les témoignages et la transformation de ces témoignages, c'est-à-dire les sources et les facilités de les déchiffrer. Il faut donc des textes et des textes exacts. Point de textes mutilés, tronqués ou inexactement reproduits.

La correction des textes est affaire d'importance. Comment attribuer à tel auteur tel texte si l'attribution comporte des paroles qui ne sont pas de lui, ou en supprime qui sont de lui. Gui Patin (1602-1672) dit avoir compté d'abord plus de 6,000 fautes, puis plus de 8,000 dans le Plutarque d'Amyot.

Le texte désigne les propres paroles de l'auteur par opposition aux notes, gloses, commentaires. La restitution des textes altérés appartient spécialement à la philologie et à la critique, sciences cultivées dès l'antiquité, mais qui ont pris de nos jours de grands développements, grâce surtout aux progrès de la linguistique et de l'histoire. On ne saurait trop recommander de recourir à l'étude intelligente des textes : « C'est, a dit La Bruyère, le chemin le plus court, le plus sûr et le plus agréable pour tout genre d'érudition. »

241.432 *REGLES POUR LA PUBLICATION DES TEXTES.*

La publication des textes a donné lieu à des règles et recommandations diverses dont voici les principales. Elles ont été dégagées peu à peu des meilleurs usages et codifiées. (1)

a) Publier les textes intégraux, ce qui est différent d'un choix de morceaux ou d'une collection dite de « chefs d'œuvres » ou « de grands classiques ».

b) Publier toutes les œuvres de la littérature d'une certaine langue ou d'un certain pays et d'une certaine époque.

c) Etablir les textes d'après la méthode qui préside aux travaux philologiques et avec un appareil critique appropriée.

d) Présenter les œuvres telles qu'elles se sont présentées, qu'elles sont apparues à leur contemporains et conformément à la dernière volonté de l'auteur. Reproduire le texte de la dernière édition et dans l'orthographe du temps.

e) Accompagner l'ouvrage: 1° d'une préface d'ouverture large et vivante; 2° d'un appareil critique; 3° de notes; 4° d'un glossaire de termes; 5° de variantes; 6° de renseignements bibliographiques.

f) Les éditions critiques doivent être établies en fonction directe de la tradition manuscrite et non sur la base d'une édition antérieure. Le texte doit reposer sur l'ensemble des manuscrits qui peuvent avoir une autorité, et non sur un manuscrit arbitrairement isolé des autres, ce manuscrit fût-il le meilleur.

On publie les textes des éditions critiques, présentant les variantes de différentes impressions et s'il y a lieu les diverses rédactions de manuscrits. Souvent les éditions sont accompagnées de l'indication des sources et d'un commentaire historique et philologique.

g) L'*apparat critique* signale tous les endroits où on peut soupçonner soit une faute de composition, soit une faute d'auteur ou négligence d'auteur. Il relève toute contradiction, toute invraisemblance de fait, tout anachronisme, toute obscurité ou ambiguité, toute incorrection grammaticale, toute anomalie métrique ou prosodique, toute « pluripartition » orientée, tout manque de proportion, de symétrie.

h) *Numérotage, renvois numériques, pagination, linéation.* — Dans les éditions critiques des œuvres en vers, on numérote les vers de 5 en 5, de 4 en 4, de 3 en 3, ou d'après l'analyse des strophes et autres grandes unités. Pour la prose, à l'intérieur d'une division préexistante, livre, chapitre ou paragraphe, on a proposé de diviser en phrases et en incises. Les phrases formant un sens complet sont numérotées par des exposants préposés 5 sed..., 6 tamen. A l'intérieur de ces phrases, des incises

(1) Principes d'édition de la collection des Universités de France. Principes de la Société des textes français modernes. — Havet Louis: Règles pour éditions critiques. Règles et recommandations générales par l'établissement des éditions Guillaume Budé. Etablis à l'usage des collaborateurs de l'association Guillaume Budé.

de sens complet peuvent être distingués par des lettrines en exposant : « *Sed...* [a]*nunc antem...* [b]*non modo ne...* [c]*sed etiam...* » Semblable division dispense du numérotage des lignes qui augmente les frais de composition. Elle permet d'ailleurs de mettre dans l'apparat des renvois définitifs, ce qui diminue le travail, les chances d'erreur et les frais de correction. Un tel système rendrait possible pour l'avenir les renvois précis, indépendant de toute pagination et linéation.

i) *La disposition.* — Lorsqu'une traduction accompagne un texte pour en faciliter l'intelligence et en constitue une sorte de commentaire suivi, chaque page de la traduction recevra le même numéro que la page de texte correspondante. Les alinéas de la traduction seront les mêmes que les alinéas du texte. Les numéros des chapitres et autres divisions importantes du texte seront répétés dans la traduction.

j) Multiplier les alinéas (aller à la ligne) à chaque chapitre, à chaque paragraphe, à chaque grande unité matérielle, à des intervalles de 10 à 20 vers, à chaque tronçon de texte finissant avec une phrase au sens complet et l'ensemble du tronçon constituant une sorte d'unité logique. Cela facilite la consultation et évite pendant l'impression, de trop nombreux remaniements de lignes, lorsque des erreurs sont à corriger.

k) Entre deux renvois numériques, l'apparat critique se décompose en *unités critiques* séparées par de doubles traits verticaux || A chaque unité critique correspondra un tronçon de texte nettement défini, tel que ses limites coïncident dans toutes les sources visées. Ex :

|| erat alius Prisc : erat B. Non, alius erat DE ||

l) *Titres courants.* — Les livres, chants, chapitres, paragraphes, actes, scènes, contenus dans chaque page seront annoncés par un titre courant.

m) *Renvois et index.* — Rien n'est plus fatigant à consulter qu'une série de renvois du type usuel. I, II, 3; III, 4, 5; II, V, 13; XIV, VII, 22; 25. Cela tient à ce que les divers renvois n'y sont pas de même forme, et aussi à ce qu'il faut faire attention à la nature des signes de ponctuation qui représentent des abréviations. On aura avantage, tout au moins dans les index, à employer des chiffres arabes séparés par des virgules collées, en libellant chaque renvoi sans souci des autres et sous forme intégrale : 1, 2, 3; 1, 3, 4; 1, 3, 5; 2, 5, 13; 14, 7, 22; 14, 7, 25. Malgré la répétition des chiffres de divisions supérieures, ce système économise un peu de place, en même temps qu'il repose l'œil et l'esprit.

n) Parfois dans la publication des textes, après études et comparaisons des sources : 1° on conserve certaines imperfections, mais au lieu de les maintenir à l'intérieur d'un texte qui doit servir aux études, on peut les rejeter en notes; 2° on conserve les titres traditionnels des articles indispensables aux lecteurs, mais qui ne se trouvent pas dans le manuscrit reproduit; 3° pour rendre le texte plus utilisable on le transcrit d'après l'orthographe moderne (latin ou langues vivantes); 4° on rétablit les références exactes citées dans le texte lorsque celles-ci ne le sont pas.

241.433 *TYPES DE PUBLICATION DE RECUEILS.*

a) Pour expliquer Aristote, Albert le Grand se livre à une paraphrase extensive, qui suit le plan général des ouvrages et où le texte des versions latines est absorbé en entier. Paraphrase bourrée d'interpolations, émaillée d'observations personnelles, incorporant une foule de matériaux empruntés aux commentateurs arabes et juifs et qui s'inspire du souci d'initier des profanes à un immense trésor de savoir. D'interminables digressions sur divers sujets viennent entrecouper la marche des idées : *præter hoc digressiones facilmus* est une formule favorite. Elles donnent l'impression que l'auteur a voulu y consigner une érudition inépuisable. (1)

b) Une récente édition de la *Somme Théologique* de St Thomas par A. D. Sertillanges O. P. (Tournai, Desclée 1925) se présente ainsi sur une même page, divisée en deux; on trouve l'un sous l'autre, en bas le texte latin, en haut la traduction française. L'article comme dans le texte est encadré de ses objections et de ses réponses. Au bas des pages ses notes très brèves et peu nombreuses pour ne pas alourdir le texte s'y ajoutent chaque fois qu'il y a lieu d'élucider un point obscur on une difficulté textuelle. Chaque volume est suivi : 1° d'un appendice donnant des notes explicatives concernant le texte même du traité et les idées générales de St Thomas et concordant avec les notes exposées ailleurs; 2° d'un appendice contenant des renseignements techniques d'ordre plus général concernant la doctrine contenue dans le traité : aspects divers sous lesquels cette doctrine peut être envisagée; 3° table analytique des matières.

c) Une nouvelle collection dénommée « Documentation internationale » vient de paraître. Le 1er volume est consacré à Constantinople et les détroits. « Non sommairement, dit M. de Lapradelle, non pas quelques aperçus, mais *in extenso* l'intégralité des pièces que le gouvernement soviétique a tirées des archives russes. Il ne pourrait s'agir ici, suivant les strictes règles de la méthode documentaire, que d'une traduction intégrale, sans aucune omission; toute coupure semble en effet toujours plus ou moins subjective. La seule méthode vraiment scientifique, qui porte en elle-même jusque dans l'apparence, le caractère et la preuve de son objectivité, c'est la publication intégrale... »

Le Dr Mardrus, confrontant et colligeant des variantes innombrables de l'Histoire de la Reine de Saba, créa un texte arabe dont il publia la traduction. (2)

(1) Maurice Dewulf. Le milieu intellectuel d'Albert le Grand. Rev. catholique des idées et des faits. 1933.01.27.
(2) Fasquelle, Paris 1917.

241.44 Commentaires des textes.

La publication de textes ne va pas sans commentaires qui dépassent souvent le simple rétablissement de l'écrit primitif pour pénétrer jusqu'à la pensée des auteurs. Les commentaires sont immenses de la Bible, du Coran, du Talmud, des Sentences du Lombard et de nos jours des Codes, récemment des Traités internationaux.

Les commentateurs donnent des versions à eux ou reproduisent les versions d'auteurs en indiquant leurs sources. Il y a des cas (par ex. des commentaires de Dante), où l'on n'a limité les notes que par la nécessité de donner encore du texte suffisant sur chaque page.

Pendant des siècles la culture a consisté à discuter des textes au lieu d'étudier par l'observation ou l'expérience les réalités !

241.5 Catalogues.

1. *Notions.*

a) Le *catalogue* constitue une espèce d'ouvrage bien caractérisée.

Le catalogue est aussi une forme élémentaire d'exposé, qu'elle soit appliquée à l'échelle d'un ouvrage entier ou qu'elle prenne place parmi les éléments d'un ouvrage complexe.

b) Le catalogue a été défini : Liste, énumération de personnes ou de choses classées dans un certain ordre. Le catalogue donne les caractéristiques des choses telles qu'elles résultent de leur examen et analyse. Le catalogue est le «document» dans lequel sont enregistrées les choses. Les catalogues sont les inventaires (relevé), les guides dans les recherches, les clefs des collections.

c) Il y a des termes synonymes ou équivalents employés avec des sens que l'usage a distingué, à raison surtout du but proposé. Le catalogue est une liste raisonnée, dressée avec soin, avec méthode, dans un ordre propre à faire connaître l'importance de l'ensemble et souvent avec des détails particuliers sur chaque objet.

Le *dénombrement* tend surtout à faire connaître des choses ou des personnes. L'*état* tend à faire connaître l'exacte situation des choses afin que la réflexion puisse ensuite s'exercer à les modifier s'il y a lieu, à les perfectionner, à les comparer avec d'autres choses de même nature. L'*inventaire* est la liste des objets, principalement pour des fins juridiques ou économiques (liste d'objets après la mort d'une personne, dans un magasin, ou une usine, dans un musée), il a pour but de faire connaître la valeur totale de ces objets ou d'en permettre le « recollement». La *liste* est purement et simplement la suite des noms propres à désigner chacun des objets qu'on a besoin de connaître, accompagnée éventuellement de quelques indications utiles. Le *répertoire* signale les objets dans un ordre propre à faire retrouver chacun d'eux au besoin ; ce n'est point, comme l'inventaire, la liste des choses trouvées, c'est plutôt celle des choses à trouver, à chercher. (Reperire = retrouver.)

d) Le catalogue est parmi les plus utiles des ouvrages. C'est un instrument indispensable pour les chercheurs, pour les étudiants. C'est aussi la base des acquisitions scientifiques, la forme fondamentale que prend l'inventaire de la nature des connaissances humaines, des œuvres et des richesses créées.

e) Parmi les diverses espèces de catalogues, ceux qui concernent les livres occupent une place considérable ; ce sont les catalogues d'éditeurs, de libraires, de bibliothèques et surtout les Bibliographies. Il en sera traité sous les divisions ultérieures.

f) En dehors de la documentation proprement dite et des catalogues auxquels elle donne lieu, il y a les catalogues des objets, des êtres, des phénomènes et des personnes.

g) Un immense travail (catalographie) se poursuit, avec plus ou moins d'ordre de division dans le travail, de continuité dans l'effort, mais il se poursuit inlassablement à travers les âges. On doit par la pensée entrevoir le moment où tous ces éléments pourront être concentrés et constituer un seul ensemble homogène et organique, un Catalogue Universel dont le Répertoire Bibliographique Universel ne serait que la partie consacrée aux Livres et aux Documents. Ce serait d'une inestimable valeur intellectuelle pour la science, les études et les applications techniques et sociales.

2. *Caractéristiques.*

a) Coopération et continuité. — Les catalogues sont par excellence des œuvres collectives et continues et tendant à la totalité. Ils vont en se complétant, se supplémentant et s'améliorant sans cesse, d'œuvre en œuvre, d'édition en édition ; le travail des devanciers est incorporé à celui des suivants. Les objets à cataloguer s'accroissant ou leur position, situation se modifiant, il y a continuité nécessaire dans le travail.

b) Progrès réalisés. — A raison de ces caractéristiques, l'œuvre catalographique s'est perfectionnée dans diverses directions : 1° règles précises et conventionnelles pour la rédaction de notices ; 2° organisation du travail, répartition des tâches et centralisation du travail accompli ; 3° recours à la photographie comme observateur, témoin objectif ; 4° système des fiches facilitant les intercalations et par suite la coopération et la continuité.

c) Les catalogues d'objets de collections sont souvent des contributions de premier ordre à l'étude de la matière. Il en est ainsi si les auteurs s'attachent à analyser minutieusement les objets catalogués, à en donner des descriptions qui correspondent à de véritables « diagnoses », si en outre ils ont soin après l'analyse de résumer les vues de synthèse dans quelque Introduction ou Conclusion, enfin s'ils adjoignent une bibliographie et des références aux collections similaires. (Ex. Le catalogue monumental des instruments de musique chinois au Musée instrumental de Bruxelles, par Victor Mahillon.)

d) Les descriptions cataloguées permettent d'établir les catalogues de collections déterminées de spécimens ou duplicata comme de simples inventaires renvoyant pour tous détails aux numéros des descriptions faites une fois pour tous.

3. *Espèces de catalogues.*

Les catalogues sont de diverses espèces :

1° Quant à l'objet auquel ils se réfèrent : a) catalogues des choses : matières, êtres naturels, phénomènes, faits et événements ; b) catalogue des documents auxquels ont donné lieu les choses.

2° Quant à l'étendue ou champ couvert : a) catalogue d'existence (l'universalité des choses ou des documents similaires) ; b) catalogue d'un ensemble, d'un dépôt, d'une collection déterminée.

3° Quant à la forme matérielle : a) catalogue en forme de registre ; b) catalogue en forme de fiches.

4° Quant au classement : les diverses bases de la classification, matière, lieu, temps, forme, langue, etc., exprimées par les divers types de notation, mots rangés dans l'ordre alphabétique, numéros, symboles, numériques ou littéraux.

4. *Types de catalogues.*

a) Catalogues d'étoiles. — Les catalogues d'étoiles sont des tables contenant, pour un lieu et une époque déterminés, la liste des étoiles fixes visibles, avec indication, en regard de chacune, de ses éléments astronomiques, savoir : longitude et latitude célestes ou ascension droite et déclinaison. On a la longue tradition des catalogues d'étoiles d'Hipparque (1022 étoiles), Ptolemée, Albategni, Ouloug-Bey, Tycho Brahé, Kepler, Hevelius (1654 étoiles), Flamstead (2910 étoiles), Lacaille. Vers 1870, grâce aux travaux de Lemonnier, Mayer, Bradley, Maskelmé, de Zach, Delambre, Piazzi, Bessel et d'autres, les observatoires possédaient des catalogues contenant plus de 100.000 étoiles des deux hémisphères, jusqu'à la 12e grandeur, et ensuite les catalogues des nébuleuses dressé par W. Herschell, Messier, etc. (4000). La connaissance des temps donne chaque année un catalogue des positions d'un certain nombre d'étoiles remarquables avec les variations des ascensions droites et de longitude pour tous les dix jours.

Actuellement les catalogues visuels des étoiles donnent les coordonnées équatoriales de 300.000 de ces astres. Le catalogue photographique embrasse à peu près deux millions d'étoiles. Œuvre colossale, dont l'initiative prise par les Français remonte à 1884. Immense inventaire céleste, qui transmettra aux astronomes de l'avenir l'état du ciel à notre époque.

b) Flore et faune. — Les flores, les faunes, les prodromes sont en un certain sens des catalogues ou leur prolongement. Ils donnent une description complète des plantes et des animaux, tous ou certaines espèces, d'un pays, d'une région, d'une localité, de leurs propriétés utiles. Ils sont souvent accompagnés de cartes botaniques ou zoologiques, d'étymologie des noms, de tableaux analytiques pour arriver aux noms des familles et des genres, d'un tableau synoptique des familles, d'une table alphabétique des familles, des genres, des espèces et des synonymes. Ils sont accompagnés de figures.

Une société d'Allemagne est en voie de publier le Prodromus du règne animal.

« Das Tierreich » est le titre d'un grand ouvrage de résumé zoologique entrepris par la Société zoologique d'Allemagne.

c) Catalogues commerciaux.

Le catalogue est une liste et une description de produits, une présentation au public des qualités commerciales de ces produits. C'est un commis voyageur silencieux. Le catalogue est une publication destinée à amener des affaires. Dans son catalogue le fabricant décrit les avantages et les détails de ses marchandises, les facilités dont il dispose pour fabriquer des produits uniformes et de bonne qualité. Il y passe en revue les procédés de fabrication et la perfection de leur fini. Il s'y efforce par tous les moyens en son pouvoir de convaincre le lecteur que les marchandises qu'il fabrique ou qu'il vend sont justement celles qui lui conviennent le mieux, à l'exclusion des autres.

Les catalogues commerciaux ont acquis une grande importance. Les notices donnent des caractéristiques. Les objets sont numérotés : ils portent parfois aussi les mots d'un code conventionnel. Des soins considérables sont apportés : présentation esthétique, illustration abondante, rédaction technique, précision et information scientifique. Les prix, variables, sont souvent indiqués dans une liste distincte du catalogue lui-même.

d) Catalogues-guides.

Une forme nouvelle de catalogues se multiplie. Quand le travail d'inventorier ou de publier toutes les collections dépasse les forces d'argent ou du travail, on établit un *guide* à travers les collections, guide donnant des indications à la fois sur l'institution, son organisation, ses fonds divers, ses ouvrages importants.

241.6 Tables et Tableaux.

1. *Notions générales.*

a) Il est en voie de se constituer toute une technique des tables et du tableau (tabulation). Le texte en lignes continues et paragraphes se dédouble d'une tabulation, texte en colonnes et en cases. Le résultat du tableau, c'est de mieux classer les données par affinités, de leur donner un ordre de suite, directement visible, de mettre en lumière, d'éliminer les lacunes et les répétitions, de faciliter la comparaison, d'ajouter aux corrélations entre les diverses données.

La table consiste donc en une réduction des matières présentées méthodiquement de façon qu'on puisse en voir l'ensemble d'un seul coup d'œil. (1) Elles sont souvent de simples résumés et s'attachent aux points principaux.

b) Quand il s'agit de données formant des ensembles, des collections de faits, il y a avantage : 1° à en standardiser la rédaction ; 2° à disposer les données en tableaux avec colonnes affectées à chacun des éléments à enregistrer. On peut ainsi les consulter selon des entrées diverses et on obtient une uniformité qui ajoute à la facilité de consultation.

c) Dans l'imprimerie, on comprend sous la dénomination générique de «Tableaux», tous les ouvrages à colonnes, à filets et à accolades, tels que statistiques, registres, états, tarifs, prix courants, factures, etc. Le tableau est la page encadrée et divisée en compartiments séparés par des filets.

d) Dans un sens figuré un tableau est un exposé panoramique de l'état d'une chose ou d'une question. Ce nom est, avec ce sens, donné à certains documents. Ainsi on estime désirable de voir établir par intervalle un tableau des progrès des sciences en toute matière. (Bilan des Sciences.)

e) Il y a un grand nombre de catégories ou espèces distinctes de tables. Il n'est traité ci-après que des principales.

2. *Tableaux synoptiques.*

Les tableaux synoptiques ont pour but de permettre d'embrasser du même coup d'œil les diverses parties d'un ensemble, d'en offrir une sorte de vue d'ensemble. Ces tableaux servent soit à faire ressortir clairement une classification, soit à faciliter les comparaisons entre des objets, des temps et des pays différents.

Il existe donc deux espèces de tableaux synoptiques : 1° ceux qui ont pour but de mettre sous les yeux un enchaînement scientifique (ex. tableaux des méthodes de Jussieu en Botanique) ; 2° ceux qui ont pour but de rappeler les faits comparés.

Le tableau synoptique placé à la fin d'un ouvrage, d'un chapitre, d'une leçon. 1° fixe la connaissance ; 2° facilite la récapitulation.

Les tableaux facilitent compréhension et mémoire : ils parlent aux yeux. Ainsi par ex. dans la grammaire on a le tableau des déclinaisons, le tableau des verbes, etc. Spencer a établi d'importants tableaux synoptiques de documents de la sociologie avant d'écrire ses principes. (1)

Condorcet parlait de tableaux synoptiques par lesquels les élèves pouvaient parcourir une véritable encyclopédie.

3. *Tables statistiques.*

Il est tout un art, le tableau statistique. Cet art s'est développé parallèlement à la science statistique et sous l'empire des grands travaux accomplis par l'Institut International de Statistique en vue de préciser, rendre comparable et étendre les données numériques.

Un tableau statistique est un groupement de données selon un certain ordre très parlant, où les rapports respectifs des données sont indiqués par la place occupée tout autant que par la mention inscrite : tableau des principales valeurs de l'encaisse des banques, etc.

4. *Tables chronologiques.*

Ce genre de tables dispose les matières en ordre de date. En histoire elles sont nombreuses. Par ex. Table chronologique des chartes et diplômes imprimés concernant l'histoire de la Belgique (Bruxelles 1866-1892, 8 vol. in-4°) par A. Wauters, sous les auspices de l'Académie de Bruxelles.

5. *Tables généalogiques.*

Ces tables ont pour objet de montrer clairement les liens de parenté, descendance et alliance existant entre membres d'une même famille humaine. Elles ont une grande importance dans les dynasties, les familles princières, les familles nobles (voir armoiries, blasons) et, à cause des héritages, dans toutes les familles en général.

6. ***Tables diverses dans les sciences mathématiques, physiques et naturelles.***

En science, on nomme table un cadre renfermant les résultats numériques soit de calculs effectués directement, soit d'expériences. Ce sont donc des séries de nombres ou d'observations que l'on inscrit dans un ordre méthodique pour faciliter les recherches.

1° En mathématiques les tables ont pour objet d'éviter à l'opérateur des calculs longs et pénibles en en donnant les résultats calculés dans les hypothèses aussi voisines que possible les unes des autres. Tel est l'objet des tables de multiplication, de logarithme, de sinus et de tangente, de fonction elliptique et la table de Pythagore ou table

(1) Table vient du latin *Tabula*, planche, ais, morceau plat de métal ou de pierre servant à écrire ou graver, d'où écrit, liste, registre et enfin peinture sur un panneau de bois, tableau.

(1) Spencer, Herbert. Descriptive Sociology or groups of Sociological facts. (En français par James Collier, Paris Alcan, 1 vol. in-folio.)

H. Spencer a entrepris avec l'aide de 3 collaborateurs de présenter l'inventaire classé des faits sur lesquels doit reposer toute sociologie. Ces faits ont donné lieu à des tables historiques synoptiques diverses en colonnes d'après les différents faits, et en extraits textuels d'ouvrages classés d'après le sujet social traité. L'œuvre devait s'étendre aux sociétés non civilisées, aux sociétés civilisées tombées en décadence et aux sociétés civilisées encore florissantes. Un premier volume seul a pu être publié de tout le travail achevé, car Spencer dépensa 4,425 livres et ne recouvrit par la vente que 1,054 livres.

de multiplication donnant tous les produits de dix par nombres simples multipliés deux par deux. C'est le type le plus ancien, le type classique des tables numériques.

2° En astronomie, les tables ont pour origine des calculs fondés soit sur des lois empiriques fournies par l'observation, soit sur des lois mathématiques de la mécanique céleste. Ces tables soumises à des vérifications journalières servent à guider les praticiens (par ex. les navigateurs).

3° En physique et en chimie, les tables n'ont plus d'autre origine que l'expérience. Les lois de phénomènes étant inconnues, on y supplée par un tableau des valeurs correspondantes, des causes agissantes et des effets produits. (1)

4° Quelle que soit la nature du phénomène réduit en table, la table est à simple ou à double entrée, suivant que le résultat ou l'effet dépend d'une seule cause ou donnée ou de deux causes ou données.

a) Une table à simple entrée ne contient que deux colonnes dont l'une renferme la valeur de la cause et l'autre celle de l'effet. Les cases de l'une et l'autre colonne se correspondent d'ailleurs suivant une règle convenue qui naturellement à pour base ordinaire la juxtaposition. Les tables de logarithmes, de sinus, de tangentes, un grand nombre de tables astronomiques, les tables de dilatation des différents corps par la chaleur, etc., sont des tables à simple entrée.

b) Les tables à double entrée sont formées de lignes plus ou moins prolongées et en nombre plus ou moins grand, selon que l'on a donné plus ou moins de valeur à chacune des causes considérées. En général on les dispose de façon à former un cadre rectangulaire en inscrivant sur une ligne horizontale différentes valeurs de la première cause, sur une ligne verticale la valeur de la seconde cause, et en suivant le résultat dans la case placée à l'intersection de la colonne qui correspond à la valeur de la première cause et de la ligne qui correspond à celle de la seconde. Telles sont : la table de Pythagore où les deux données sont les deux facteurs du produit ; les tables des fonctions elliptiques, où les données sont l'amplitude et l'excentricité.

c) Une table à triple entrée, c'est-à-dire une table où le résultat dépendrait de trois données pour être construite d'après le même principe, exigerait les trois dimensions ; elle ne serait donc pas réalisable sur une feuille de papier à moins qu'on n'eut recours aux procédés de la géométrie descriptive. Habituellement on y supplée, ce qui est loin d'être avantageux, en formant plusieurs tables à double entrée, dont chacune a pour argument la valeur de la troisième cause.

(1) G. Bigourdan. — Le climat de la France, 1916. Les tableaux résument un nombre immense d'observations longuement et laborieusement poursuivies par une pléiade d'observateurs, munis des meilleurs instruments. Et les courbes qu'ils ont servi à construire les traduisent immédiatement d'une manière claire. Ils offrent le moyen de connaître pour tel point que l'on veut, les valeurs moyennes mensuelles de la température, de la pression et, presque comme s'il y avait eu là une station météorologique.

7. *Tables de constantes numériques.*

La compilation des données numériques extraites de mémoires divers (coefficients) donne lieu à un type d'ouvrage *sui generis*.

Les Tables annuelles internationales de constantes et données numériques relèvent les données les plus importantes de chimie, de physique et de technologie. — Le vol. IV comprend environ 1300 pages de tableaux. On en a éliminé les données qui dépendaient des conditions expérimentales ou se rapportant à des systèmes mal définis. Les titres des mémoires correspondant et une certaine bibliographie accompagnent chaque tableau. C'est là ce qu'on a appelé la « documentation numérique ».

Des Tables critiques internationales des données numériques de physique, chimie et technologie sont publiées aussi par l'U. S. Bureau of Standards. Le Conseil national des recherches américain a créé un comité chargé de la publication des tables critiques.

Il serait désirable de voir s'étendre à toutes les sciences la publication de tables de caractéristiques ou constantes. Ces données essentielles dans la constitution des sciences sont éparses dans un grand nombre d'ouvrages et de périodiques. La documentation nécessite sans cesse le groupement et le regroupement des données acquises, leur systématisation, leur critique, leur publication limitée à telle ou telle classe de données.

8. *Tables des lois de la science.*

Il est désirable de posséder pour chaque science un répertoire méthodique et concis des grands faits établis, un recueil des lois qui serait pour les idées générales de cette science ce que sont, par ex., pour les faits les recueils de constantes numériques. Parmi les prétendues lois et les soi-disant règles universelles, il y a lieu de faire un triage sévère des données pour chacun des principes énumérés, des sources bibliographiques permettant de remonter aux origines, de les appuyer de quelques exemples types et d'indiquer les exceptions, de distinguer avec soin ce qui est vraiment général de ce qui est seulement établi dans quelques cas, ce qui est prouvé de ce qui n'est que préalable. Léo Errera *Revue de l'Université de Bruxelles*, juillet 1898, p. 34. Le « Recueil des lois de la biologie générale » de M. Herrera, 1897, Mexico 147+XII p., est un essai de codification de la biologie en lois et sous-lois.

9. *Autres Tables.*

Les tables et index des matières placés *in fine* des ouvrages ; les tables de classification, scientifique ou bibliographique et les tableaux systématiques des sciences, les bibliographies et les catalogues qui énumèrent et décrivent les ouvrages à divers points de vue, ne sont que des espèces particulières de la famille des tables en général. Il en est traité ailleurs.

10. *Tableaux graphiques. Atlas.*

a) Les tableaux graphiques combinent à la fois des textes concentrés et disposés synoptiquement, des images de tous types obéissant aux idées de la meilleure compréhension. Il réalise l'exposé rapide, complet, frappant, agréable, facile à mémoriser. C'est l'économie du temps qui intervient.

Visualiser de plus en plus les données s'impose comme une loi nécessaire. Les efforts de notre temps se réclament de ceux du célèbre pédagogue tchèque J. A. Comenius (Komenski) qui, pour réaliser le principe pédagogique qu'il avait énoncé en ces termes lapidaires, « les mots avec les choses, les choses avec les mots », publia au XVIIe siècle le premier livre d'instruction avec des illustrations : *Orbis sensualium pictus* (1648). Il classait les connaissances primaires, les énonçant en phrases courtes, en diverses langues, et en regard présentait des images représentatives des choses et des idées que les mots exprimaient. C'est la première tentative d'enseignement intuitif. Elle eut un succès prodigieux.

Quand l'Abbé de l'Epée, s'aidant des initiatives de Pereira, publia son « Instruction des sourds-muets par la voie des signes méthodiques » (1774) et son « Dictionnaire général des signes employés dans la langue des sourds et muets », il était parti de cette proposition : « Faire entrer par les yeux dans l'esprit des élèves, ce qui est entré dans le nôtre par les oreilles. »

La supériorité de la visualisation est grande sur la parole et sur l'écrit qui présente les abstractions de son texte.

On est arrivé à faire un tableau idéologique comme on fait un tableau peint: le peintre choisit un sujet bien délimité et le réalise en peinture. Par là il peut se concentrer et achever, par la répétition accumuler toute une œuvre. Qui écrit, produit, enseigne n'a que l'article, la brochure ou le livre. Il est conditionné par les difficultés d'impression. Avec le tableau idéologique il peut attaquer le travail de toutes parts et achever des exposés dont il pourra ensuite établir ou compléter la série.

b) Il y a tout un ensemble coordonné de moyens d'illustration. On peut prendre un sujet (par ex.: le corps humain) et l'envisager à l'aide de photographies en noir et de photographies en couleur, par la reproduction d'anciens dessins, par les schémas, par les rayons X, la photographie au microscope, le diagramme, les cartes de répartition, etc.

c) Formes des atlas. — Le terme atlas s'est généralisé. Il s'est appliqué tout d'abord à une collection de cartes reliées. Il s'applique maintenant également à des recueils de planches ou tableaux se rapportant à une question spéciale. Le terme atlas tend ainsi à exprimer une forme générale. Ex.: Atlas photographique du Rhône de A. Challey. Atlas of Physiological Chemistry de Funke. Atlas de microbiologie. Un atlas de la lune de Levy et Poiseux construit à l'échelle de 1 millimètre pour 1,800 mètres. Atlas anatomique.

241.7 Autres espèces de Documents.

Il faudrait traiter ici des diverses autres espèces de livres et aussi de documents qui, par leur multiplication et les principes de leur établissement, constituent les familles de l'espèce bibliologique toute entière (le genus bibliologicum). On s'est borné à traiter sommairement de quelques espèces, à en énumérer d'autres et à renvoyer à d'autre parties du traité et aux tables alphabétiques placées à la fin de l'ouvrage.

a) *Catéchisme.*

Le catéchisme est une œuvre qui contient l'exposé succinct de quelque science ou art et qui est rédigé en forme de question et de réponse.

La question est mieux précisée. Tous les mots portent car on a soin de tenir la pensée en éveil par une question à laquelle l'esprit n'a pas su répondre et dont on fournit la réponse. C'est aussi un moyen de diviser un exposé. De simples rubriques sont trop concises, ne peuvent pas exprimer les différences d'une rubrique à l'autre.

b) *Code.*

Le code est un corps de lois disposées selon un plan méthodique et systématique, ou une compilation de lois et statuts d'un pays. Un code comprend autant de livres qu'il y a de matières juridiques. Il y a les codifications officielles et les codifications privées. Ainsi Pasquale Fiore a présenté tout un ensemble de règles juridiques tendant à l'organisation juridique de la société internationale, sous le titre de « Droit international codifié ». (1) Il ne s'agit nullement, dit-il, d'un ensemble de règles juridiques ayant la même autorité que celles réunies dans un code de lois positives. Il n'a pas intitulé son ouvrage « Code de droit international». Il s'est proposé, suivant l'exemple de Paroldo, ensuite de Petrushevees, de Bluntschli et Field, d'exposer sous la forme d'un code les règles de droit international, droit historique, droit scientifique et droit rationnel, ce qui existe déjà et ce qui devrait devenir du droit positif — dans le but avant tout de présenter au public un système, autant qu'il est possible, méthodique et complet. Dans le même sens a été rédigé le projet de constitution mondiale de la Société des Nations. (2)

(1) Nouvelle édition. Paris A. Pedone, 1911.

(2) Paul Otlet. *Constitution mondiale de la Société des Nations.* Paris, Cres, 1917.

Les codes sont les instruments documentaires de la systématisation des principes, des lois et des règles. Il peut y avoir des codes d'idées et des codes de pratique. Ex. : Codes des règles d'une profession. Codes des règles bibliographiques. Codes des vœux des Associations internationales.

c) *Thèses.*

Les thèses sont les travaux produits par les étudiants pour obtenir certains grades académiques. Leur importance bibliographique est grande. Il y a, par ex. dans la Bibliothèque de l'Université de Lyon, 135,000 volumes et 115,000 thèses. Les thèses font avancer la science sur des points de détail; leur sujet est le plus souvent donné par les maîtres qui aident les étudiants à les établir. Les thèses présentées aux universités sont pleines de matériaux recueillis avec soin et méthode.

Au sens général les thèses sont des positions à l'égard de certaines questions controversées ou exposées pour la première fois. Elles sont explicites (formulées en termes mêmes par les auteurs) ou implicites (mises en forme par d'autres d'après les écrits originaux). Ex. : Les thèses de Doctorat, les propositions dont la condamnation est demandée à Rome.

Une thèse de quelque ampleur ne peut être condensée en quelques pages sans perdre la plus grande partie de sa force convaincante.

d) *Guides.*

Guide est le titre donné à un grand nombre d'ouvrages qui contiennent soit des renseignements, soit des préceptes et des conseils de diverses natures. Ex. « les guides de l'étranger », Guide Joanne, Bædeker, Guides bleus, les belles publications du Touring Club italien, « le guide des mères ».

Les Guides de voyage (guide Bædeker, guide Joanne, guide bleu, etc.) occupent une place particulière parmi les livres. Leur préparation intellectuelle exige des voyages et des recherches documentaires considérables, des enquêtes et des collaborations diverses. Matériellement, ils ont parfois de 500 à 600 pages, avec une impression fine et compacte, sur papier mince, contenant facilement sous le même volume la matière de quatre ou cinq romans. Leur typographie est compliquée, avec plusieurs corps différents, coupés à chaque instant de mots en gras, en italique ou en capitales; des cartes et plans dessinés, gravés et imprimés spécialement, la plupart en plusieurs couleurs et dont chacun a du être plié et collé à la même page voulue; le tout assemblé est revêtu d'une solide reliure souple.

Il entre dans les guides une énorme quantité d'érudition. Ils sont préparés par des recherches, des notes, des correspondances, des dossiers. Le guide présente un réseau d'itinéraires méthodiques : le problème consiste à décrire une surface par une série de lignes entrecroisées; à la façon des mailles d'un filet, chaque maille étant assez étroite pour ne laisser échapper aucune localité intéressante; chaque croisement étant muni de renvois qui permettent commodément tous les itinéraires personnels les plus variés à travers les mailles. Pas de redites, pas de « doublons », pas de trous surtout. Et chaque chose a sa place logique. (1)

e) *Index des espèces.*

Tous les travaux descriptifs (espèces minérales, végétales; lieux géographiques; personnages historiques) devraient être accompagnés d'index alphabétiques, relevant tous les noms cités de manière à constituer une contribution directe à l'étude systématique collective du sujet et entrer dans le cadre universel arrêté pour l'organisation des résultats de la science.

f) *Rapports.*

Le rapport est le compte que l'on rend d'une mission qu'on avait reçue, d'une chose dont on était chargé, d'un examen qu'on avait à faire. C'est aussi l'exposé de conclusions proposées au sujet d'un projet de loi, de règlements, d'un projet de résolution à prendre par des assemblées d'ordre scientifique ou social.

On fait des ouvrages intitulés « rapport sur l'état des connaissances relatives à un sujet ». (Ex. A. T. Masterman Report on Investigation upon the Salmon, 1913.) L'auteur résume et met au point les études de ses devanciers, en fait la critique, expose ses recherches personnelles.

La création des grands organismes internationaux spécialisés, tant officiels que privés, a permis de confier à des corps responsables et bien qualifiés la présentation des rapports annuels sur la situation dans divers domaines. Ainsi, par ex., tous les ans l'Institut International d'Agriculture présente une vue d'ensemble sur la situation agricole du monde.

Des Universités, faculté par faculté, publient des rapports annuels sur l'activité scientifique originale de leurs maîtres et étudiants. (2)

L'administration moderne se fait à l'intermédiaire de rapports écrits. Qu'on se représente les cabinets des Directions de Politique étrangère. C'est à travers les rapports qu'y arrive la connaissance des faits de tous les pays où des hommes luttent pour des objectifs précis et cherchent à conserver entre leurs mains les gouvernements des affaires. La nécessité pour eux de parcourir à chaque seconde l'Europe et le monde entier, de voir un univers de pensée et d'action auquel les sens de tant d'hommes restent aveugles.

(1) Marcel Bonmarché. — Comment on fait un guide bleu. Toute l'édition, 9 mai 1933.

(2) Exemple : Faculté de Pharmacie. Rapport annuel du doyen. *Annales de l'Université de Paris*, mai 1931. p. 193.

g) *Répertoires.*

Ce sont des recueils de certains faits, de certaines données constituant listes ou inventaires. Les répertoires ont des affinités avec certains annuaires et avec certains catalogues.

On établit maintenant des répertoires documentaires dont la caractéristique est d'envisager d'un sujet qu'une seule particularité, qu'un seul élément et de le traiter sous toutes les formes sous lesquelles il puisse être rendu accessible. Ainsi la Bibliographie, la Biographie, les constantes physique et chimique, le Répertoire des Peintures datées. (1)

La Conférence Economique Internationale de 1927 (S. d. N. a recommandé (XI) qu'il soit dressé un répertoire des ports ouverts au trafic international, répertoire mis périodiquement à jour.

h) *Documents et ouvrages divers.*

Un grand nombre de documents et d'ouvrages portent des noms spéciaux. Ainsi :

Nobiliaire, livre qui traite de la noblesse et de la généalogie des familles.

Missel: livre liturgique qui comporte les prières des offices divins et particulièrement de la messe.

Bréviaire: livre liturgique, manuel qui contient les prières de l'office ecclésiastique.

Antiphonaire: livre liturgique qui contient les antiphones, les hymnes et dans lequel la musique était toujours annotée.

Encyclique: lettre ou missive que le Souverain Pontife adresse à tous les évêques du monde catholique. On le désigne comme les bulles par les premiers mots avec lesquels ils commencent. Ex. les Encycliques *Humano Genus, Rerum novarum, Quadragesimo anno.*

Message: communication officielle entre le pouvoir législatif et l'exécutif ou entre les deux assemblées législatives.

Minute: extrait d'un écrit.

Album: c'est un livre en blanc communément relié avec plus ou moins de luxe et destiné à contenir de brèves compositions littéraires, des sentences, des maximes, des pièces de musique, des signatures, des portraits, etc. Il y a des albums en blanc avec ouvertures régulières dans les feuilles doubles et destinées à placer des photographies.

Lettres, Epîtres. — Chez les Grecs et les Romains, les écrits destinés à la correspondance étaient ordinairement expédiés sous forme de rouleau. On les exécuta d'abord sur des feuilles de papyrus de petites dimensions; puis, à partir du IVe siècle sur des feuilles de parchemin. L'usage du papier de chiffon commença à la fin du XIIe siècle ou commencement du XIIIe. La mode de séparer le corps de la lettre de son enveloppe remonte à environ un siècle. Au début les enveloppes se faisaient à la main, plus tard à la machine. On donne le nom d'épître aux lettres missives des anciens qui nous sont parvenues et, en particulier, aux lettres de Saint Paul et de quelques autres apôtres (v. Bible). Les lettres missives ont donné naissance à tout un genre de littérature, très étendu et très varié, le genre épistolaire. Il comprend soit les lettres écrites réellement à des correspondants, soit les ouvrages écrits sous forme de lettres, comme les *Lettres provinciales* de Pascal, les *Lettres persanes* de Montesquieu, les romans par lettres.

Billet. Ticket. Bulletin. — En usage dans l'administration. Petit document ayant pour but de certifier que le porteur a acquitté le prix du voyage. Le bulletin de bagage est le reçu du bagage enregistré qui doit accompagner le voyageur par le même train. Il est l'équivalent de la lettre de voiture ou du connaissement pour le transport des marchandises par terre ou par eau.

Communiqués. — La guerre a érigé les communiqués, en genre spécial. C'est, par des organes ou des personnes autorisés, la relation officielle d'un fait. Admirables vraiment ont été les expressions trouvées pour minimiser les défaites et maximaliser les victoires; pour mentir tout en disant la vérité sans la dire. (Voir notamment: «Plutarque a menti» de Pierrefeu.) Le communiqué est en vigueur dans les chancelleries, dans les conseils des ministres et dans les informations données à la presse par les organismes de tout ordre. Il s'agit de présenter les faits en peu de mots, de les rendre intérssants et de les utiliser pour sa cause.

Actes notariés. — Il y a des actes que l'on authentifie et faire cette opération est la fonction des notaires depuis les Romains (notae).

Actes de congrès. — Il est des congrès qui se sont réunis sur des questions spéciales et dont les rapports ont constitué de véritables encyclopédies de la question nouvelle.

Recettes. — En toute matière il y a les recettes pratiques. Elles se transmettent ordinairement de bouche en bouche ou par la pratique. Elles finissent maintenant par s'écrire. Ainsi se technicise, se scientise tout ce qui a été empirique dans la vie, dans les métiers, dans l'éducation des enfants, dans l'art de conduire les hommes et les affaires.

Journal de bord. — Le journal de bord est un registre que le pilote d'un navire est obligé de tenir, sur lequel il marque régulièrement chaque jour les vents qui ont régnés, le chemin qu'a fait le navire, la latitude observée ou estimée, les profondeurs, etc., en un mot toutes les remarques qui peuvent intéresser la navigation. Par

(1) Répertoire des Peintures datées, par Isabelle Errera (Bruxelles, Van Oest, 2 vol. 25×32 de 450 p.). Le but de ce livre est de répertorier les peintures datées de toutes les écoles depuis 1085 jusqu'en 1875, c'est-à-dire 40,700 numéros environ. La date résulte, soit de l'œuvre elle-même, si elle y est inscrite, soit de documents probants, soit de références contrôlées à l'aide de travaux des auteurs les plus réputés, de catalogues de ventes, de musées, etc.

l'ordonnance de la marine de 1689, le capitaine commandant un vaisseau du roi est obligé de tenir un journal exact de sa route. Ces journaux au retour de chaque campagne sont réunis au dépôt des cartes et plans de la marine; et les observations et remarques qui s'y trouvent, servent à perfectionner l'hydrographie et la construction des cartes marines.

Livre des origines (Stud Book). — Le livre où sont enregistrés des êtres vivants en vue de connaître leur hérédité et leur ascendance. Ainsi le Stud Book des chevaux. Le Stud Book des chiens établi en Belgique par la Société Royale de St-Hubert. On a établi un Stud Book international de certaines plantes.

Enseignes. — Le terme « calicot » prévaut pour désigner les enseignes ou pancartes temporaires portant des inscriptions en grandes lettres. On appose les calicots sur des édifices, maisons, expositions. On s'en sert aussi pour porter des indications, des protestations ou des demandes dans les cortèges et manifestations.

Pétitions. — Les pétitions politiques amoncellent des sées par des colporteurs, parvenaient dans les masses 600 mètres, contenant 5,035,697 signatures demandant la prohibition d'exportation d'objets pouvant donner la mort. Remise au Sénat des Etats-Unis. Reproduite en film cinématographique (mai 1916). Une pétition monstre a été celle présentée à Genève à la Conférence du désarmement en 1932, organisée par la Ligue internationale des femmes; elle fut reçue par l'assemblée et portait environ six millions de signatures.

i) *Catégories diverses.*

Des catégories de documents et de livres embrassent des ouvrages de diverse nature, de divers sujet, mais présentant certaines caractéristiques communes. Par ex.:

1° *Livres populaires.* — Le grand mouvement de diffusion de la science auquel nous assistons de nos jours est tout nouveau dans l'histoire. Aux plus grandes époques intellectuelles d'autrefois, la science ne sortait pas de petits cercles et seules les publications populaires, diffusées par des colporteurs, parvenaient dans les masses populaires. Ainsi les *bestiaires* du moyen âge pris à des sources pseudo-savantes. Ainsi aujourd'hui encore, les almanachs, les images dites d'Epinal.

2° *Livres professionnels. Livres de métier.* — Leur importance grandit à raison de la spécialisation de la complexité et des incessants changements de la technique. Mais d'autre part, l'introduction des machines enlève leur valeur aux connaissances individuelles. Les livres professionnels évoluent vers des livres d'industrie.

3° *Ouvrages dits de vulgarisation.* — Il y a toute une catégorie de livres qui ne représentent aucune notion nouvelle ou scientifique, mais qui ont pour objet de placer à la portée du vulgaire les indications qui s'expriment en termes scientifiques et dans leur appareil compliqué. Ex.: Livres de médecine usuelle, Traités usuels de droit.

4° *Documents de propagande.* — Il se poursuit dans nos sociétés, à l'intervention du livre, une immense propagande, la propagande de tous ceux qui veulent convaincre, persuader, obtenir, dans un but quelconque, l'adhésion des esprits. Ce sont tous les partis politiques, les gouvernements et les autorités aux divers degrés, les œuvres, les sectes philosophiques, les religions. On s'est mis à étudier psychologiquement et sociologiquement ces divers types de propagande, en particulier la propagande des Missions, celle des révolutionnaires, celle des gouvernements en temps de guerre. A la plus intense de ces propagandes on a donné irrévérencieusement le nom de « Bourrage de crânes ».

j) *Classes d'ouvrages après leur forme.*

Des classes de livres ont été établies à raison de la circonstance toute objective et matérielle soit du nombre de pages (livre, brochure ou feuille volante), soit de la forme des feuillets: enroulée (volumen), reliée ou brochée (codex), mobile (fiches ou cartes postales). (Voir ce qui a été dit de la Forme sous le n° 221.2.)

k) *Modalités des ouvrages.*

On peut distinguer les livres d'après certaines modalités du style. Ainsi les livres en exposé continu et ceux qui sont établis par question et réponse (dits catéchisme); les livres qui s'expriment en style direct, soit que l'auteur emploie le *je*, soit que s'adressant à des interlocuteurs déterminés il dise *vous* ou *tu* (1); au contraire les livres qui sont impersonnels. (Voir ce qui a été dit de l'Exposé sous le n° 224.)

241.8 Modalités d'une même œuvre. Edition. Traduction. Extraits. Arrangements.

Une même œuvre prend des formes variées: ses éditions successives, l'état de ses divers exemplaires, ses traductions, les extraits, arrangements, transformations, les emprunts, copies, citations, plagiats qui en sont faits; son insertion dans la collection des œuvres complètes de l'auteur ou dans d'autres collections à bases diverses; sa continuation en d'autres œuvres, par l'auteur ou d'autres auteurs.

241.81 Edition.

a) L'édition est l'indication concernant le numéro d'ordre de chacune des réimpressions d'une œuvre. Il ne faut pas confondre les termes tirage, réimpression et édition. Les uns et les autres signifient le résultat de l'action d'imprimer une œuvre. Mais la réimpression se distingue de l'édition nouvelle. Il y a réimpression lorsqu'on se borne à reproduire sans modifications, ajoutes ni retranchements l'édition antérieure. On tire sur com-

(1) Ex.: Gradet. Cours d'architecture.

position conservée ou sur composition recomposée. On reproduit aussi en fac-simile, par certains procédés spéciaux. En principe l'édition nouvelle implique modification.

b) Les éditions sont ordinairement numérotées et portent souvent la mention « édition nouvelle ou refondue, ou revue et augmentée ». Par ex. : « Nouvelle édition entièrement refondue et complétée en tenant compte des Conférences de La Haye de 1899 et de 1907 ».

c) L'édition est clandestine ou publique, définitive ou provisoire, approximative ou en fac-simile, officielle ou privée, originale ou princeps, réalisée du vivant de l'auteur ou posthume. Toutes les œuvres produites sont loin d'être éditées. D'où, pour les auteurs dont la valeur a été reconnue plus tard, des éditions posthumes.

d) Certaines éditions sont dites « définitives ». Expression malheureuse. Qu'est-ce qui est définitif ? L'édition de 1917 des « Fleurs du Mal » de Baudelaire a vu ajouter encore un certain nombre de poèmes à l'édition dite définitive.

e) Souvent les éditions successives ne se distinguent de la première que par une meilleure systématisation des idées et une documentation plus complète, l'idée maîtresse demeurant inchangée. Les diverses éditions d'un ouvrage en constituent en quelque sorte l'évolution. Celle-ci dans une certaine mesure se conjugue avec l'évolution de la science contemporaine. Les éditions successives doivent donc compléter l'œuvre et la corriger parallèlement au progrès incessant des découvertes. L'œuvre d'un auteur se perfectionne à travers des éditions successives. Un ouvrage parti de quelques pages finit par former un gros volume. L'édition successive d'une œuvre va en se développant et en s'améliorant. Elle rappelle le germe qui grandit, la plante qui meurt chaque année et renait au printemps suivant, toute renouvelée dans sa sève et ses verdures, toute agrandie après le repos fécond de l'hiver.

f) Des ouvrages ont cent ans d'existence et par des éditions successives sont constamment rajeunis à travers les années. Ainsi le « Stieler Atlas » édité par Julius Pertes (1re édition en 1823). De même « L'Atlas Vidal Lablache » est constamment tenu à jour, s'améliorant et se complétant. Il est des livres qui se publient en éditions annuelles. Ex. : Les « Leitfaden für den Unterricht der Geographie ».

g) Un roman avant d'être publié en livre paraît aujourd'hui dans une revue ou en feuilleton dans un journal. Il en est parfois de même des mémoires, des relations de voyage, voire d'études scientifiques.

241.82 Exemplaires.

a) L'exemplaire est une œuvre complète, faisant abstraction du nombre de pages et aussi des volumes et tomes qu'elle comprend. C'est l'unité faisant partie du tirage multipliée d'une œuvre, d'une grande œuvre. Une bibliothèque, par exemple, peut posséder trois exemplaires d'une même œuvre, l'un en un volume, l'autre en deux, le troisième en quatre.

b) Les exemplaires d'une œuvre, surtout d'une œuvre ancienne, peuvent différer entr'eux par leur état de complétude et de conservation, les notes manuscrites ou annexes. Ces modalités ajoutent à la valeur de l'ouvrage et jouent un grand rôle en Bibliophilie. D'autre part, les exemplaires sont dans des liens de propriété avec leurs possesseurs et en portent souvent la marque sous forme d'inscription, d'ex-libris ou d'armoiries sur la reliure.

241.83 Traductions.

1. *Notions.*

La traduction est la reproduction d'une œuvre en ses idées et ses mots, mais en une langue différente. Il est malheureusement déjà malaisé de bien savoir sa langue et absolument impossible de savoir toutes les langues. D'autre part l'activité littéraire se manifeste presque dans tous les pays. On doit donc renoncer à lire la plupart des auteurs dans leur texte original. Le rôle des traducteurs sera donc de plus en plus considérable et de plus en plus nécessaire. Ils seront les agents de liaison de l'esprit humain. Puissent-ils se montrer exacts et vigilants. On saura par la traduction passer d'un peuple à l'autre les trésors de la sagesse et des littératures humaines. Les traductions ont assoupli, enrichi chaque langue de mots nouveaux, elles ont grossi le trésor commun des idées philosophiques et morales, économiques et scientifiques. Les traductions ont aussi fait connaître au monde des œuvres qui, si elles étaient restées confinées dans le cercle du même parler, y aurait pu être lues mais non comprises. Que de livres ont été connus seulement par la traduction.

Les tendances nationalistes actuelles qui portent les auteurs à écrire dans la langue de leur pays, alors que celui-ci ne comprend que peu d'habitants, fait de la traduction une nécessité. Ex. : les ouvrages écrits en hollandais, flamand, finlandais, norvégien, islandais, bulgare, etc.

Beaucoup d'auteurs puisent leurs informations, leurs idées et même leur composition dans des ouvrages étrangers connus d'eux seuls. D'où une pseudo-originalité due à l'ignorance des non-initiés à la langue des autres pays.

Les traductions ont aidé à enrichir le vocabulaire des langues. Par elles surtout les langues nationales ont été amenées à se compléter.

Depuis longtemps les étudiants tchécoslovaques, au cours de leurs études, avaient coutume de s'attacher à quelque ouvrage étranger, à le méditer, à le traduire par une langue de plus en plus complète, et à enrichir ainsi la culture nationale tchèque.

Par la transmission, par la reproduction des œuvres particulières de chaque peuple chez les autres peuples, une véritable communion spirituelle pourra s'établir entre toutes les parties de l'Humanité.

2. *Historique.*

On a traduit de tous temps, surtout aux époques passées, alors que l'étude des langues était moins poussée. Ptolémée Philadelphe fit traduire en grec pour les propos de la Bibliothèque alexandrine un nombre apparemment immense d'ouvrages apportés, dit-on, de tous les pays du monde. Il faut faire une mention spéciale aux traducteurs juifs, qui ont joué un rôle important, mais obscur, comme intermédiaires intellectuels pendant tout le moyen âge. Certains ont traduit en arabe des ouvrages grecs, ou en hébreu des ouvrages arabes et syriaques qui eux-mêmes reproduisaient souvent les originaux grecs, les versions hébraïques ont été ensuite traduites à leur tour en latin, et c'est par cette voie qu'une partie des ouvrages d'Aristote, d'Avicenne, d'Averroès, plusieurs auteurs techniques de l'antiquité paraissent être parvenus à la connaissance de l'Europe occidentale. Sous la dynastie des Han, en Chine, les livres boudhiques apportés de l'Inde sont officiellement traduits. Avec les dernières éditions, la Bible est traduite maintenant en 886 langues ou dialectes.

3. *Traductions caractéristiques.*

Il est des traductions célèbres ou caractéristiques. La *Version des Septante* (la Bible traduite en grec), la *Vulgate* (la Bible traduite en latin), la traduction d'Aristote au moyen âge. La traduction par Delille des *Georgiques* de Virgile, le *Paradis perdu* de Milton traduit par Chateaubriand, la *Divine Comédie* de Dante traduit par Lamennais; *L'Iliade* d'Homère par Leconte de Lisle, la traduction de Shakespeare, par François Victor Hugo.

Les Editions Montaigne (Paris) publient la collection « Les chefs-d'œuvre de la littérature allemande », texte de l'œuvre et traduction en regard, chaque ouvrage contenant une étude approfondie sur l'auteur, ainsi que sur la genèse et les sources de l'œuvre. A la fin du volume des notes.

4 *Dispositions typographiques de la traduction.*

On a donné divers dispositifs aux traductions. Traduction juxtalinéaire, éventuellement en deux couleurs. Traduction en note, au pied des pages. Publication en double texte placé en regard. (1) Traduction en publication séparée (partie du maître, partie des élèves, ou partie des devoirs corrigés).

(1) Voir par exemple « Formation de la Houille », par le Prof. Potomé, traduit par le R. P. Gaspa rSchmitz S.J.

5. *Difficultés de la Traduction.*

La traduction offre quatre espèces de difficultés :

1° La connaissance des langues, de la part du traducteur.

2° L'absence de mots, de tours de phrases pour rendre l'équivalent d'une langue dans une autre sans rien affaiblir ni modifier des effets, des couleurs, des nuances.

3° L'effort pour fixer ce quelque chose de presque insaisissable et pourtant essentiel, ce souffle dont l'esprit de l'auteur pénètre l'œuvre entière qui lui donne la vie, le mouvement, l'individualité et peut être comparé au principe vital dans les corps organisés.

4° L'obstacle qu'oppose aux équivalences les différences de sentiments, de mœurs et d'idées qui produisent les différences de siècles, de races, de climats.

Que de difficultés pour bien traduire : les contresens, les traductions inexpressives, incomplètes. Les faux amis ou les trahisons du vocabulaire anglais, de Koessler et Derocquigny en disent long à ce sujet, et le compte rendu qu'en a donné F. Boillot y ajoute : (French Quaterly Vol. X, N° 4, p. 2). Chaque mot a une histoire. Les mots se présentent enveloppés d'une atmosphère due aux associations d'idées qui d'habitude les accompagnent et qu'une tarduction littérale, pourtant la seule bonne, est impuissante à rendre. Les mots n'ont pas le même sens dans les diverses professions. Les aubergistes sont redoutables.

Les mots appartiennent aussi à des classes sociales, comme les individus, et la confusion des classes est fort déplacée dans le langage. Il se produit souvent une sorte de décalages entre lesquels évoluent les mots de même structure en français et en anglais. Ce décalage affecte leur valeur intellectuelle, morale ou sociale, séparément ou simultanément.

Gare aux métamorphoses. Elles ont un degré d'usure, c'est-à-dire une puissance d'évocation difficile à reconnaître pour un étranger. Un ouvrage traduit représente toujours une somme d'erreurs, d'ambiguités et d'inexprimés.

Traduttore, traditore, dit le proverbe italien. Montesquieu a dit : « Les traductions sont comme ces monnaies de cuivre qui ont bien la même valeur qu'une pièce d'or et même sont d'un plus grand usage pour le peuple; mais elles sont toujours faibles et de mauvais aloi ». Mme de Sévigné a comparé les traducteurs à des domestiques qui vont faire un message de la part de leur maître et qui disent le contraire de ce qu'on leur a ordonné.

Les bévues des traducteurs ont été énormes. «Crocodilos» lézard, a été traduit par Crocodile, la ville de Corfinium est devenue un capitaine Corfinium; « Omnis bonus liber », L'homme de bien est libre, a été transcrit: tout livre par quelque endroit est toujours bon. Il est, a-t-on traduit, plus facile à un chameau de passer par le trou d'une aiguille qu'à un riche d'entrer dans le royaume des cieux. Le traducteur a confondu « Kamelos » (chameau» avec « Kamilos » (câble). (1)

6. *Méthodes de la traduction.*

La traduction est un travail plus complet que la version, celle-ci peut à la rigueur consister uniquement dans la substitution d'un mot à un autre ayant le même sens dans une langue différente, tandis que la traduction exige tous les changements nécessités par la différence qui peut exister entre le génie des deux langues. Dans les écoles, on appelle couramment version les exercices par lesquels dans l'étude des langues, on traduit la langue maternelle des textes écrits en d'autres langues. Le thème, c'est l'inverse, c'est l'équivalence en une autre langue d'un texte de langue maternelle. Certaines traductions sont serviles, mot à mot; d'autres constituent des interprétations d'allure libre et dégagée.

Des écoles depuis longtemps se partagent quant au caractère à donner à la traduction. (2) Pour les uns, il faut être littéral (photographier l'original). Pour les autres, il faut « faire œuvre de résurrection dans une nouvelle patrie d'une littérature endormie au tombeau; c'est la vie nouvelle d'un verbe passé dans un verbe présent ».

C'est par exemple, Homère, Moïse, Virgile, Dante, Shakespeare pensant et parlant français. Mais on constate que traduire ainsi c'est le plus souvent rendre les auteurs méconnaissables. Il y a imitation, non plus traduction.

La traduction allemande de Shakespeare par Schlegel et Tieck **est criblée de fautes et, malgré cela, grâce à** cette traduction incorrecte, Shakespeare est mieux compris en Allemagne que dans les pays anglo-saxons, il y est devenu quasi plus une propriété allemande qu'anglo-saxonne.

Un Code de recommandations à suivre dans les traductions pourrait être fort utile. (3)

L'effort à faire pour le rapprochement des races et leur intercompréhension d'abord, demeure immense. On ne parle pas la même langue des idées, il faut établir des traductions non point mot à mot, mais sens à sens. Des livres ont paru dans ce sens. Par ex. aux Index : « The Mysterious Kundalin, The Physical Basis of the Kundalini (Hatha) Yoga » in terms of Western Analogy and Physiology by Dr Vasant G. Rele. — Bombay D. B. Taraporevala, Sons & C°.

(1) Les anciennes traductions latines d'ouvrages arabes de médecine contiennent beaucoup de fautes. Dans le projet de publier un *Corpus medicorum arabicorum*, on a indiqué qu'il faut tenir compte des traductions qui ont répandu en Occident la médecine arabe et signaler les différences entre les traductions et les textes originaux.

(2) Un bon traducteur, disait déjà saint Thomas (prologue de son opuscule contre les erreurs des Grecs), doit tout en gardant le sens des vérités qu'il traduit, adapter son style au genre de la langue dans laquelle il s'exprime.

(3) Voir à ce sujet: Some notes on translations for students taking the Library Association language test by Thomas D. Pearce. The Library Assistant, may 1933, p. 94.

Parfois l'auteur apporte des éliminations des passages trop spéciaux au pays d'origine ou il tient compte des critiques faites à son livre en donnant à sa pensée une expression plus correcte. (Ex. Socialisme théorique de Bernstein, traduit par A. Cohen.)

On peut faire acte de grande initiative en traduisant des ouvrages d'avant-garde d'une science dans une autre; en ne se bornant pas à loin à la transcription servile d'une langue dans une autre mais en y ajoutant préface, commentaire et notes. Ex.: La traduction de l'Origine des espèces faites en français de 1862, par Clémence Roger.

7. *Domaine de la traduction.*

Dans l'ensemble quelle est la proportion de la pensée écrite, traduite dans les diverses langues. Des coefficients pour en juger seraient intéressants à établir suivant la formule $Aa = Ab \pm Ac \pm Ad... \pm Az$.

Le nombre de traductions va en augmentant, mais augmente aussi le nombre des œuvres originales. En réalité, on constate : 1° Que tout n'est pas traduit. On ne traduit pas toutes les œuvres, ni tous les auteurs. Pour être traduit un ouvrage doit avoir une grande notoriété. 2° On traduit avec retard. 3° On traduit incomplètement. (En général seulement l'ouvrage principal de l'auteur.) 4° On traduit plus ou moins exactement. 5° Les traductions en restent généralement à une ou deux éditions rapidement rendues surannées par la parution successive de trois ou quatre éditions refondues de l'original.

8. *Applications de la traduction.*

Des progrès se constatent dans l'extension du « polyglottisme dans les publications », notamment dans les périodiques. Ainsi : 1° Nombre de périodiques publient des sommaires et des résumés en plusieurs langues. Par ex. *Le Bulletin de la Fédération dentaire internationale* donne article par article la traduction en français, en anglais et en allemand. 2° Dans les congrès internationaux les résolutions sont traduites en plusieurs langues et parfois les comptes rendus. 3° La Société pour les Relations Culturelles entre l'U. R. S. S. et l'étranger, sous la direction du Prof. R. N. Petrof, a fait paraître une revue illustrée en trois langues : français, anglais et allemand. Son radio-journal est transmis en anglais, allemand, français, espagnol et hollandais. Il est audible de toute l'Europe et même de l'Amérique.

9. *Organisation de la traduction.*

L'œuvre de traduction peut-elle être abandonnée à elle-même et à l'initiative individuelle ou convient-il de l'encourager, de la diriger, de l'aider ? La seconde hypothèse paraît la vraie et déjà bien que timidement on s'y essaie.

1° Le Congrès des P. E. N. Clubs de 1928 a préconisé une espèce de clearing house des Traductions et des Traducteurs (bibliographie des traductions et liste des traducteurs, etc.).

2° L'Index translationum. Répertoire international des Traductions est publié par l'Institut International de Coopération intellectuelle. Il donne trimestriellement la liste des traductions paraissant dans les principaux pays et tirées des bibliographies nationales. Pour commencer, il a annoncé les traductions paraissant en Allemagne, Espagne, Etats-Unis, France, Grande-Bretagne et Italie. (Le n° 1, juillet 1931, par ex., comprend 915 titres.)

3° Sur le rapport de M. Ciarlantini concernant les traductions, le Bureau permanent du Congrès international des Editeurs est chargé d'une étude tendant à constituer un organisme international de renseignements relatifs aux Traductions, aux Editeurs de tous pays qui en publient, à la bibliographie de ces traductions et à la clientèle de leurs lecteurs.

4° L'Association des Traducteurs de Moscou s'est proposé de familiariser les lecteurs de l'U. R. S. S. avec les œuvres choisies de la littérature étrangère et vice versa le lecteur étranger avec la littérature soviétique; d'assumer la défense des intérêts syndicaux des traducteurs, d'améliorer les conditions dans leur travail en perfectionnant par des garanties collectives la qualité des traductions. (Bulletin de V. O. X. n° 36, p. 19.)

5° Certains gouvernements, certains groupements se sont préoccupés de donner un caractère moins aléatoire à la traduction. Il y a un haut devoir intellectuel à faire connaître des œuvres utiles parues en d'autres langues. Ainsi des traductions ont été faites par ordre. Ex. : *Psychologie de l'Education*, de Lebon; traduction faite par l'ordre du grand-duc Constantin, président de l'Académie des Sciences de Russie.

6° Il est intéressant de rappeler un décret proposé par Talleyrand au Comité de l'Instruction publique en 1791. Il porte « Les Directions des Bibliothèques prendront » des mesures pour que tous les ouvrages publiés dans » tous les genres et dans toutes les langues soient achetés » sur des fonds spéciaux. Ces livres, après avoir été inscrits » sur les registres, seront examinés par les classes respec- » tives de l'Institut et ceux qui auront été distingués par » elles seront traduits en tout ou en partie par des inter- » prètes attachés à cet effet en nombre suffisant aux biblio- » thèques. » Ce décret n'a pas été exécuté.

241.84 Extraits. Anthologie.

D'une œuvre on fait des extraits, des sélections, de longues et multiples citations; on publie des morceaux, des parties, des fragments. D'un ensemble d'œuvres, on fait des anthologies, les unes générales pour faire connaître et apprécier une littérature, les autres spéciales pour faire connaître une matière par les meilleurs écrivains qui ont écrit à son sujet. Ex.: Les florilèges, collection de fragments d'œuvres de poètes ou de prosateurs.

L'auteur ou ses éditeurs, de son vivant ou posthumement, rassemblent parfois dans un ordre logique et coordonné les meilleures pages écrites sur des sujets déterminés. (Ex. La Vie future, page du R. P. Monsabré, par J. Chapeau.) (1)

241.85 Arrangement. Transcription.

a) Il s'agit ici non de copie (reproduction), mais de transformation apportée au texte original pour quelque fin utile. Deux fins en particuliers : 1° Adapter un texte à une catégorie de lecteurs. La traduction en une autre langue en est le cas typique. Les « éditions à l'usage de » en sont un autre. On y remplace les mots difficiles par d'autres plus simples, ou l'on multiplie les notes explicatives. Ainsi pour les éditions scolaires (ex. l'Epitomsée, histoire sainte en latin tirée de la Bible, par Lhomond), aussi pour les œuvres de vulgarisation (ex. les ouvrages de Nicolas Roubakine). 2° Disposer les éléments d'un texte dans un ordre différent plus directement utilisable. Ce cas se distingue du résumé et de l'extrait, auquel généralement il participe, par ce caractère d'ordre interverti. Par ex. pour la mécanisation des opérations administratives et comptables des données d'une entreprise, les données des documents originaux (conventions, lettre, procès verbaux) sont retranscrites. La paraphrase d'une lettre-convention, par ex., est la reproduction de l'original avec seulement modification ou interversion de certains mots.

b) Version. — Les éditions de l'œuvre d'un auteur préparées à son intervention constituent largement une histoire des modifications de sa pensée ou des conditions nouvelles dans lesquelles a pu s'exercer son travail. 2. Un auteur peut à ce point avoir transformé sa propre œuvre, qu'il s'agit moins d'édition que de version nouvelle. Montherlant a réclamé le droit pour un auteur « jusqu'à l'âge du pied dans la tombe, de revoir et de corriger ses ouvrages ». Un écrivain, dit François de Roux, doit être libre d'améliorer et même d'abîmer une œuvre de lui. Les différentes versions d'un ouvrage de premier ordre ne se perdent jamais et chacun, tant que l'auteur est en vie, peut toujours choisir celle qu'il préfère.

c) Les livres capitaux, les livres saints ont fini par subir une rédaction « historique ». Les transcriptions, les omissions, les adjonctions et les traductions ont pu être de nature à exercer sur la forme originale d'expression une influence dissolvante.

d) L'adaptation de l'œuvre peut se faire à l'une des formes littéraire, musicale, théâtrale, cinématographique, cinéphonique, phonographique, radiophonique. Ainsi on

(1) *New Larned History for Ready Reference.* Cet ouvrage est un exemple d'extrait d'auteur. L'ouvrage traite de l'histoire universelle sous forme de dictionnaire. Les articles reproduisent les mots même dont se sont servis les meilleurs historiens du monde, avec citation exactes des sources.

tire une pièce d'un roman, on fait un roman d'une pièce, et aussi un scénario de cinéma. Ex. : *Sapho* de Daudet.

e) Dans les livres classiques élémentaires, on trouve le volume du maître en contre-partie à celui de l'élève. C'est un réarrangement de la même matière.

f) Il y a rapport étroit entre traduction et adaptation.

Les idées ont besoin de traduction et d'adaptation pour pénétrer d'un peuple chez un autre peuple. « Pour naître et durer, les formules du Marxisme me semblaient bizarrement lointaines, dit Dmitrievsky (dans les conclusions du Kremlin). On aurait dit qu'elles étaient écrites en une langue étrangère, absolument incompréhensible au peuple. Plus loin, je découvris que seul Lénine sut traduire le marxisme en langue russe. »

241.86 Le Neuf et le Plagiat. Emprunt. Copie. Citation.

1. *Notion.*

Le *Plagiat* consiste à s'inspirer directement d'autres livres sans les citer ; à publier une identité de thèmes ; des idées empruntées en quantité à autrui, à produire des décalcages de textes.

Le plagiat à tous les degrés s'approprie un extrait, une phrase, un mot trouvés dans un auteur estimé, pour les insérer dans son travail, borner sa tâche à les adapter à sa pensée ; ou faire de larges emprunts ou même s'approprier tout un ouvrage.

En 1868, La Bruyère écrivait : « Tout est dit et l'on vient trop tard depuis plus de sept mille ans qu'il y a des hommes et qui pensent ».

2. *Historique.*

Le Plagiat a été pratiqué depuis les temps les plus anciens. Les Romains empruntèrent aux Grecs (par ex. : Phèdre écrit ses fables d'après Esope ; Cicéron emprunte aux philosophes). Virgile qui avait cependant écrit le *Sic Vos non Vobis* fut convaincu d'avoir emprunté des vers entiers à Ennius. Shakespeare a emprunté à des auteurs obscurs, disant qu'il aimait à tirer une fille de la mauvaise société pour la faire entrer dans la bonne.

Au XVIIIe siècle, il était courant d'emprunter aux Anciens. « Prendre des anciens et faire son propre de ce qu'ils ont écrit, c'est comme pirater au delà de la ligne ; mais voler ceux de son siècle en s'appropriant leurs pensées et leurs productions, c'est tirer la laine au cours des rues, c'est ôter les manteaux sur le Pont-Neuf. » La Fontaine a emprunté maintes de ses fables à Esope via Phèdre. Voltaire a plagié, Alexandre Dumas a plagié et justifié le Plagiat en général de Schiller, à Walter Scott, à Chateaubriand.

« Ce sont les hommes et non pas l'homme qui incitent ; chacun arrive à son tour, s'empare des choses connues de ses pères, les met en œuvre par des combinaisons nouvelles, puis meurt, après avoir apporté quelques parcelles à la somme de connaissances humaines qu'il lègue à ses fils, une étoile à la voie lactée. »

Toute l'épopée et la tragédie antique reprises par les modernes avaient une même matière. Molière ne se faisait nul scrupule de dérober ou plutôt de reprendre son bien où il le trouvait. On lit dans *Hello* de de Vigny tout un chapitre copié de Chamfort. Jean Lorrain avait inséré dans un article des phrases de Rimbaud. Il y a eu le cas de M. Benoit et de *L'Atlantide*, tributaire de *She* de l'Anglais Haggard. de Musset a dit : « Il faut être ignorant comme un maître d'école pour se flatter de dire une seule parole que quelqu'un ici-bas n'ait dite avant vous ; c'est imiter quelqu'un que de planter des choux ! »

3. *La question du plagiat.*

La question du plagiat a été formulée ainsi : dans quelle mesure un auteur, même si ses sources nous échappent, est-il redevable à son temps, à son éducation intime, à ses modèles littéraires, et plus généralement à ses aînés dans la carrière ? Est-ce qu'il est en droit de prétendre à une originalité effective dans le fond et dans la forme ? (1)

La notion de la propriété littéraire est toute moderne. Elle laissait indifférente les époques où la personnalité de l'écrivain s'effaçait derrière son œuvre. Le plus souvent il ne songeait même pas à signer celle-ci, car ou bien il avait de bonnes raisons de ne pas le faire (son rang, ses fonctions, la prudence l'en détournant), ou bien il était conscient de l'humeur de ceux qui allaient le lire ; pour eux il importait peu de savoir qui était le créateur : la création absorbait toute l'attention et monopolisait l'intérêt.

Dans les manuscrits des XIIe et XIIIe siècles, il est exceptionnel qu'une chanson de gestes soit signée ; à combien d'auteurs différents n'a-t-on pas attribué les plus jolies productions de l'ancienne lyrique. Même le plus grand écrivain du moyen âge français, Chrétien de Troye, n'a pas échappé à ces variations déconcertantes. Tantôt on lui retranche un poème qu'il a certainement composé, tantôt on lui endosse la fâcheuse paternité d'écrits qui lui font un moindre honneur que le sien. La plus belle épopée du moyen âge français, le « Roland» » est anonyme. (Maurice Wilmotte).

4. *Espèces et modalités.*

Il y a lieu de distinguer :

a) L'imitation : c'est le Pastiche. Une série d'*A la manière de*, formule illustrée par Charles Muller et Paul Reboux (genre continué par *La Page arrachée)*.

b) Les rencontres ou hasard, plus fréquents qu'on ne croit et qui ont donné lieu au proverbe « Les grands esprits se rencontrent ».

---

(1) M. Wilmotte. — Qu'est-ce qu'un plagiat ?

c) La supercherie littéraire ou copie d'un ouvrage entier. L'usage de ce fonds commun, de ses banalités inévitables auxquelles l'intelligence est condamnée comme le corps l'est au mouvement.

Les supercheries littéraires étaient très familières aux écrivains du XVIe siècle. Ils aimaient à faire passer, sous le couvert de l'antiquité et d'une latinité agréable et fleurie quelque élégie ou quelque épigramme qui sentit son Catulle et son Martial. On attribue à Vièves la reconstitution à sa manière de quelques « acta diurna » avec des centons de Cicéron, de Tacite, de Suétone, de Pline et des scholies anecdotiques d'Asconius Pedianus. (1)

d) Citation. — En science les vérités s'accumulent et en leur qualité des vérités deviennent des « lieux communs». Impossible d'avancer un exposé si chaque phrase doit être rapportée à son auteur d'origine. La littérature ayant comme caractère propre la création, l'emprunt est sévèrement jugé. En Histoire, en Philologie, les citations sont de stricte obligation car ce sont des sciences de témoignages ou de texte. La citation a aussi pour but de renvoyer à des sources où peuvent être trouvés des développements étendus.

La citation peut se faire soit en termes exprès, soit en résumant l'idée, soit en signalant à titre d'information qu'on se trouvera bien de consulter aussi tel ouvrage, soit en indiquant de la Bibliographie du sujet.

5. *Reconnaissance du plagiat.*

C'est tout un travail que celui de reconnaître les sources où un autre a puisé, les extraits qu'il a utilisés textuellement. Il est des méthodes pour y parvenir. On les a appliquées pour la reconstitution à travers d'autres œuvres, des écrits (passages) d'auteurs dont les ouvrages avaient disparu, par ex. au moyen de grandes codifications.

241.87 Œuvres complètes.

Une œuvre peut prendre place dans la collection des œuvres complètes de l'auteur, ou dans d'autres collections constituées sur des bases diverses.

De certains ouvrages il est fait ce qu'on appelle les « grandes éditions ». Ainsi la Ditta G. Barbera à Florence réimprime l'édition nationale des œuvres de Galilée. (Le opere de Galileo Galilei.) Elle comprendra 21 volumes in-4°, 11,500 pages ornées d'un grand nombre de dessins, de fac-similés et d'autographes, notamment les notes autographes d'Antonio Favoro éditeur de l'édition antérieure. On publiera trois volumes par an. Prix 4,500 lires. L'édition sera sur papier à la main en caractères Bodoriani.

(1) Quérard. — Les supercheries littéraires.

241.88 Continuité des œuvres.

Une œuvre peut être continuée sous d'autres titres par le même auteur ou des auteurs différents peuvent la continuer sous le même titre ou des titres différents. Edition nouvelle par un même auteur, ou l'ouvrage d'un autre sur le même sujet; il y a affinité entre les deux formes. Il y a différence de degré seulement dans la *refonte* ou *forme*. On en arrive à la continuité des œuvres. Ex:. Hector Berlioz a écrit un traité d'orchestration, œuvre monumentale, encyclopédie de la technique orchestrale. Gevaert dans son « Traité d'orchestration » modifie les allégations devenues surannées de Berlioz. Richard Strauss a composé les « Commentaires et adjonctions au traité de Berlioz » (commentaires coordonnés et traduits par Ernest Closson, Leipzig, Peters). Par ces adjonctions Strauss a fourni les recettes les plus rares dispersées dans ses propres ouvrages.

242 Documents graphiques autres que les ouvrages imprimés.

242.1 Les manuscrits.

242.11 Notion.

On appelle manuscrits les écrits faits à la main, généralement de caractère historique, religieux, scientifique ou littéraire.

La science des manuscrits, connaissance des manuscrits, de leur authenticité, de leur date, etc., rentre dans la *paléographie* et la *diplomatique*.

242.12 Historique.

Les plus anciens manuscrits connus ont été trouvés dans les tombeaux égyptiens; ils sont tous sur papyrus et au moins contemporains de Moïse. Les plus anciens manuscrits grecs et romains sont également sur papyrus. Ils ont été découverts sous la forme de rouleaux carbonisés dans les ruines d'Herculanum.

Les manuscrits les plus anciens et par conséquent les plus précieux, sont écrits sur parchemin ou sur papyrus. A part quelques papyrus égyptiens, aucun manuscrit ne remonte au delà du II° siècle de notre ère. Les manuscrits sur papier de chiffe ne sont pas antérieurs au XIII° siècle. Tantôt les manuscrits sont disposés en rouleaux, d'où le nom de *volume;* tantôt ils forment des feuillets distincts et reliés *(codices)*. Pendant le moyen âge, les moines montrèrent beaucoup de zèle pour multiplier les livres par de bonnes copies et les conserver à la postérité; leurs manuscrits, et en particulier les missels, offrent des enluminures très riches et des lettres ornées avec beaucoup d'art.

Au Ve siècle, on recopie sur parchemin en codices les papyrus antérieurs, tant fut grand l'engouement pour les codices.

Au moyen âge, étant donné la pénurie du papier et parfois aussi l'ignorance de la valeur des ouvrages, on écrivait souvent sur des parchemins dont on avait gratté la première écriture. Celle-ci, dans bien des cas, a pu être rétablie et on a retrouvé par là des monuments importants de la littérature ancienne. (Ex. : la *République* de Cicéron, les *Institutes* de Gaius). On donne le nom de « palympsestes » à ces manuscrits.

242.13 Enluminaire. Miniature. Décoration.

Ce reste un sujet de discussion, si c'est l'écriture qui a donné lieu à l'enluminure des manuscrits. Mais les plus anciennes inscriptions sont accompagnées d'images. Le *Livre des Morts* des Egyptiens est aussi notre plus ancien livre illustré. Mais il y en eut de fort anciens pour les mathématiques, la botanique et la médecine. Les Grecs eurent une tradition d'illustrations. L'art byzantin l'a continuée avec tendance vers l'art décoratif oriental (plus grand formalisme, symétrie dans la composition, suppression des fonds. Les notes irlandaises d'enluminures (VIIe au Xe siècle) commencent avec la pure décoration non pas illustrative du texte, mais artistiquement unie à elle. La renaissance Caroline (IXe siècle) combine le style classique, byzantin et celtique. (1) L'unité devient admirable, la page texte, les lettres initiales, les peintures et le cadre forment un ensemble décoratif harmonieux. Les miniatures constituent, comme les livres illustrés de nos jours, des sources précieuses de documentation iconographique : portraits, édifices, scènes de la vie familière, dessins scientifiques ou quasi scientifiques dans les traités botaniques, les lapidaires, les bestiaires, les œuvres médicales. (2)

242.14 Erreurs dans la copie.

Les anciens ouvrages manuscrits étaient accompagnés d'une formule certifiant conforme à la minute officielle. Cette formule disait souvent « nous avons collationné ».

A la vérité, les fautes de copies pullulaient dans les manuscrits. Au XIIIe siècle, le cardinal Hugues de Saint-Cher, dominicain, entreprit de corriger l'Ecriture sainte d'après le texte original et les meilleurs manuscrits. Il en a publié une édition et le chapitre général de son ordre, en 1236, décide que toutes les Bibles de l'ordre seraient revues et ponctuées d'après elle.

Les erreurs dans les manuscrits ont été classées ainsi par Hall :

A. Confusion et tentative pour y remédier. (1) Confusion de lettres et syllabes similaires. (2) Mauvaise interprétation des abréviations. (3) Mauvaise transcription de mots par suite de ressemblance générale. (4) Fausse combinaison ou séparation, fausse ponctuation. (5) Assimilation de terminaison et accommodation à une construction voisine. (6) Transposition de lettres (anagrammatisme) et de mots et de phrases, déplacement de phrases, de sections et de pages. (7) Fautes dans la transcription du Grec et Latin et vice versa. (8) Confusion de nombres. (9) Confusion de noms propres. (10) Fautes dues au changement de prononciation. (11) Substitution de synonymes à des mots plus familiers. (12) Nouvelle orthographe. (13) Interpolation ou tentative de corriger ou de remédier à une omission antérieure. — B. Omission : (14) Haplographie ou omission de mots de commencement ou de fin similaires. (15) Lipographie (parableptis) ou simple omission de toute espèce. — C. Addition : (16) Dittographie ou répétition d'un contexte immédiat. (17) Insertion de notes ou glosses interlinéaires ou marginales. (18) Lecture complétée. (19) Addition due à l'influence d'écrits de même espèce.

242.15 Collections. Bibliothèques.

Les manuscrits sont conservés dans les bibliothèques. Ils y donnent lieu à des fonds spéciaux, éventuellement à des sections, départements ou cabinets. Ces fonds y représentent des valeurs intellectuelles et économiques considérables.

Parmi les bibliothèques les plus riches en manuscrits, il faut citer la *Bibliothèque du Vatican*, la *Bibliothèque Nationale* à Paris, celle du *British Museum* à Londres. La *Bibliothèque Royale* à Bruxelles est aussi fort riche, procédant de l'ancienne bibliothèque des Ducs de Bourgogne. Les Bibliothèques américaines ont acquis beaucoup de manuscrits, rendant tributaires d'elles les travailleurs européens.

242.16 Catalogue de manuscrits.

Les catalogues de manuscrits sont fort importants, car il s'agit d'œuvres souvent uniques, non encore reproduites et dont, en tous cas, il importe de connaître les divers exemplaires existants. Certains manuscrits anciens ont été connus très tardivement par suite de l'ignorance des possesseurs ou du grand travail d'identification nécessaire dans les dépôts.

Le manuscrit des Institutes de Gaius ne fut découvert qu'en 1816 à Vérone.

---

(1) Morey, Charles Rufus. Sources of medieval style. Art Bulletin 7 (1924).

(2) Choulant. History and Bibiography of an Anatomic Illustration (1920). — Engelman, R. Antike Bilder aus römischen Handschriften in phototypischer Reproduktion. Leiden, Sijthoff 1909.— Bradley, J. W. Illuminated manuscripts. London Methuen 1905. — Jacobi Franz. Deutsche Buchmalerei in ihren stilistischen Entwicklungsphasen. Mun. Bruckmann 1923. — Henry Martin. Le livre français des origines à la fin du second Empire. Paris, Van Oest 1926. — Société française de reproduction de manuscrits ou peintures. Bulletin.

La description des manuscrits a donné lieu à des règles de plus en plus précises. Elles sont communes en partie aux règles de description (bibliographique, catalographique) des imprimés.

Les manuscrits sont désignés par leur numéro dans le catalogue des bibliothèques. L'âge d'un manuscrit peut être déterminé d'après les caractères particuliers de l'écriture.

On a imprimé le Catalogue général des Manuscrits des Bibliothèques de France.

242.17 Travaux sur les manuscrits.

Les travaux auxquels donnent lieu les manuscrits sont : 1° Les reproductions; 2° les éditions; 3° les études.

1° *Reproduction de manuscrits.* — Elles sont ou typographiques ou photographiques: diverses copies peuvent exister d'une même œuvre, déposées dans diverses collections. Les copies n'ont pas toutes une valeur. Il existe souvent des fragments outre les œuvres complètes.

Il importe d'arriver à la reproduction intégrale du document. Toute impression procure des exemplaires qui sont des copies exactes de l'original. Il n'en était pas ainsi pour les manuscrits. Par l'invention de la xylographie et de l'imprimerie, cette copie est devenue de plus en plus mécanique et automatique. La photographie donne maintenant une copie exacte qui n'a pas besoin d'être relue et corrigée comme la copie manuscrite ou typographique. Pour que nul n'ignore qu'il s'agit de copie, on en fait mention, d'où une première différence avec l'original. Les fautes ou erreurs involontaires sont d'autres différences. Seule la reproduction fidèle de ces manuscrits par les procédés photomécaniques les plus perfectionnés peut préserver les manuscrits d'une ruine complète, en même temps qu'elle présente l'immense avantage de les mettre à la portée de tous les travailleurs sous l'aspect même des originaux. (1) La reproduction des manuscrits est opérée tantôt par extrait, tantôt intégralement.

De remarquables reproductions en couleurs ont été réalisées (notamment celle du Bréviaire Grimaldi).

2° *Edition des manuscrits.* — Les éditions de manuscrits donnent lieu à un travail considérable. Les œuvres anciennes sont conservées par diverses copies manuscrites, entières ou fragmentaires. Dans l'édition, il s'agit de faire choix entre les meilleures versions des diverses copies.

Les manuscrits édités constituent un texte critique plus ou moins conjectural basé sur la comparaison (collation) de tous les manuscrits (MSS) existants d'une œuvre donnée.

Pour ce travail, on désigne généralement celle-ci par des lettres conventionnelles. L'édition comporte plusieurs conditions et opérations :

(1) Ex. : Codices græci et latini photographiæ depicti duce Scatone De Vries, Bibliothecæ Universitatis Leidensis Præfecto.

a) respecter le graphie ou dire le pourquoi des corrections ;

b) établir la numérotation des pages ou des vers, afin de reconnaître les lacunes ;

c) identification des personnages, des lieux, des dates et des choses ;

d) tables des personnages, mentions, notes topographiques, glossaires ;

e) éablir une ponctuation ; résoudre les abréviations ;

f) présenter une analyse de l'œuvre et de son objet ;

g) présenter en planches hors texte un fac-simile ; reconstituer un tableau des armoiries ;

h) présenter les variantes, les discuter, adopter l'une d'entr'elles (leçons). Par la comparaison de manuscrits, compléter le texte de l'un par le texte de l'autre en tenant compte de la valeur des copistes-scribes, de leur manière de procéder (scribes peu soigneux mais respectueux du texte transcrit, scribes attentifs à combler les lacunes mais introduisant des mots de leur invention).

i) Discuter les données qu'apportent les miniatures pour l'élucidation du texte. Parfois les miniatures sont supérieures en exactitude au texte et émanent d'artistes mieux informés que les auteurs eux-mêmes, éventuellement de collaborateurs ;

j) Donner des indications sur la langue de l'auteur : phonétique, morphologie, vocabulaire, syntaxe, sur le parler des personnages, la langue des scribes ;

k) Une étude sur l'auteur. (1)

En Italie, à la Laurentienne, à Florence, on suit la trace des lectures faites d'un manuscrit. Chaque manuscrit a sa feuille et on y inscrit le nom des lecteurs qui les ont demandés. Ceci afin d'établir les priorités.

3° *Etudes sur les manuscrits.* — Elles portent sur divers points particuliers du manuscrit (notes, observations, analyse, corrections de détails, essai d'interpollation, étude sur les œuvres en tant que contribution à l'exposé du sujet, par ex. étude comme document pour l'histoire d'une époque, d'une institution, d'un personnage.

242.18 Les papyrus.

Le rouleau de papyrus a été le principal, le presque seul matériel d'écriture utilisé pour tous les grands travaux de littérature en Egypte et dans le monde grec et romain depuis le quatrième millénaire avant Jésus-Christ jusqu'au moyen âge. Le papyrus a délivré les bibliothèques des baguettes de bois, de pierres et de briques.

La découverte de papyrus grecs par milliers durant les dernières quarante années a été un événement sensa-

(1) Comme méthode d'édition, voir la publication récente : Jacques Bretel, *Le Tournoi de Chauvency*, édition complète par Maurice Delboville. Bibliothèque de la Faculté de Philosophie et Lettres de l'Université de Liége : fasc. XLIX, 1932.

tionnel pour tous ceux qui étudient l'antiquité; elle a provoqué un enthousiasme qui a permis de parler d'une renaissance du XIXe siècle. En 1918, d'après W. Schubart (Einführung in die Papyruskunde) la publication des payprus avait porté déjà sur plus de 1300 textes littéraires ou fragments.

On a découvert des huttes entières de papyrus, sorte de débarras de documents administratifs de l'époque empilés.

La « Papyrologie » est la science qui a pour objet de déchiffrer les manuscrits sur papyrus.

Cette branche de la paléographie a pris une importance considérable au cours de ces dernières années; en très peu de temps, les documents qu'elle nous a révélés ont permis d'élucider une foule de points obscurs ou mal connus dans l'histoire politique et littéraire de la Grèce. C'est presque exclusivement aux découvertes faites en Egypte que nous sommes redevables de ces résultats, non seulement parce qu'après la décadence de la Grèce propre le royaume des Ptolémées devint le foyer de la vie et de la pensée helléniques, mais parce que l'usage du papyrus y était plus courant que dans les autres pays, et aussi en raison des conditions climatériques et des coutumes funéraires qui favorisaient la conservation des objets les plus délicats.

La tâche est délicate : le déchiffrement et la reconstitution de ces manuscrits. Ces documents nous sont parvenus en effet, le plus souvent en fort mauvais état; trouvés les uns au milieu des ruines — quelquefois dans des jarres où on avait l'habitude de les serrer, mais trop fréquemment dans les décombres ou les anciens tas d'ordures, les autres dans les sarcophages, où ils avaient servi au cartonnage des momies, ils sont parfois brisés, souvent à moitié effacés par l'humidité, presque toujours déchirés. Pour arriver à dérouler et à étaler sans les émietter ces feuilles séculaires, le papyrologue doit être doublé d'un chimiste et d'un manipulateur adroit, qui sache procéder à ce travail minutieux avec autant de dextérité que de patience; il faut savoir aussi assouplir le manuscrit sans en altérer les caractères, ranger dans l'ordre voulu les divers feuillets d'un même rouleau ou les fragments d'un même feuillet, etc. Puis vient la lecture proprement dite, qui n'est généralement pas des plus aisées: certains papyrus, surtout les « papiers d'affaires », sont tracés d'une écriture courante, dont les caractères ne se distinguent pas sans peine, où les mots ne sont pas séparés, où manquent un grand nombre de signes d'orthographe et de ponctuation, où abondent les corrections confuses et les abréviations conventionnelles; pour s'y reconnaître, il faut à la fois un coup d'œil perspicace et des connaissances très spéciales. Ces difficultés sont plus sensibles pour les papyrologues que pour les autres paléographes; car la plupart des papyrus contiennent, soit des actes rédigés d'ordinaire sans grand soin matériel, soit des copies hâtives d'œuvres classiques, sortes d' « édition à bon marché », où les inadvertances sont fréquentes, et qui ne sont pas non plus calligraphiés comme les parchemins du moyen âge, œuvre de patience et d'art, auxquelles les moines consacraient les nombreux loisirs de leur existence oisive.

En présence de ces documents détériorés, confus, incomplets, la critique des textes s'est imposée comme première tâche aux paléographes et aux philologues qui avaient entrepris de les éditer ou de les commenter. Si en France, en Allemagne, en Italie, ailleurs, ont été faites de nombreuses publications, c'est surtout à l'école anglaise que l'on est redevable, semble-t-il, des plus importants travaux, dans cet ordre d'idées.

Les documents d'origine papyrographique se répartissent en deux groupes distincts: les papyrus littéraires et les papyrus non littéraires. Les premiers sont de beaucoup les moins nombreux: dans le lot le plus important, celui d'Oxyrhynchos, ils forment tout au plus un sixième du total. Ils consistent, avons-nous dit, en copies généralement assez médiocres des ouvrages en prose ou en vers de l'âge classique; malgré leurs défauts, l'intérêt en est considérable D'abord ces papyrus, dont la majeure partie date des trois derniers siècles avant notre ère, sont de beaucoup antérieurs aux plus anciens manuscrits que nous possédions déjà; ils dénoncent ainsi bien des altérations qui se sont produites dans les textes sous la main des scribes du moyen âge. Puis, ils nous font connaître des parties nouvelles de certaines œuvres qui nous étaient parvenues très mutilées; des morceaux plus ou moins étendus de poésie épique, lyrique ou dramatique, des passages parfois assez longs d'historiens, d'orateurs, de philosophes, de théologiens sont venus s'ajouter de cette façon, aux fragments que l'antiquité nous avait transmis.

Enfin et surtout, plusieurs ouvrages entièrement perdus, et dont nous ne savions guère que le nom, nous ont été restitués par quelque « coup de pioche heureux » ou par une trouvaille... chez un brocanteur indigène.

Les papyrus non littéraires, dont on connaît déjà plusieurs milliers, comprennent des actes privés ou publics des genres les plus divers: baux, procès-verbaux, ventes, prêts, devis, mémoires, reçus, pétitions ou requêtes, lettres d'affaires, dépositions de plaignants et de témoins, rapports de police, résultats d'enquêtes judiciaires, etc. Ces documents, dont les plus importants et les plus nombreux datent de l'époque romaine, sont d'un intérêt capital pour l'étude des institutions publiques et des relations privées sous la domination impériale; comme le gouvernement central laissait aux provinces une certaine autonomie dans l'administration des affaires purement locales, c'est encore d'une civilisation hellénique que ces écrits sont les produits et les témoignages concrets. Les renseignements que ces papyrus nous fournissent sont assez précis pour avoir permis à plusieurs historiens de trancher des questions jusqu'alors très confuses et de faire revivre un passé qu'on croyait à jamais enseveli dans les ténèbres.

242.19 Manuscrits modernes. Incunables.

1. *Manuscrits modernes.*

a) La période des manuscrits n'est pas close, quel que soit le nombre des œuvres imprimées, il en est aussi qui ne passent pas à l'imprimerie. Que deviennent-ils ? Restent-ils dans les tiroirs des éditeurs et dans les bureaux de rédaction ? Les bibliothèques sont amenées à réunir les manuscrits, car ils représentent un travail effectué.

b) De nos jours on publie certains ouvrages, non pour le grand public mais pour usage restreint et on les dit alors « Als manuskript gedruckt », imprimé comme manuscrit.

c) Depuis quelque temps on étudie attentivement les manuscrits des grands auteurs et l'on tâche par leurs ratures et surcharges de se rendre compte de leurs procédés de style.

2 *Incunables.*

a) On comprend, sous ce nom, les livres toujours fort recherchés qui remontent aux origines de l'imprimerie et parurent avant 1500, 1512 ou 1520. On distingue les incunables xylographiques, obtenus au moyen de planches et les incunables typographiques, composés en caractères mobiles. Les premiers sont les plus anciens, mais de date incertaine; quelques-uns cependant paraissent remonter au delà de 1440.

b) Le nombre total des livres du XVe siècle est étonnamment grand. Le *Repertorium Bibliographicum* de Haim en a enregistré 16,300. Le *Gesamtkatalog der Wiegendruk* édité par la Commission prussienne (1925) y a ajouté un tel complément qu'on peut s'attendre un jour à 30,000.

c) En Bibliographie et dans les Bibliothèques, on traite généralement les Incunables comme une classe spéciale d'ouvrages à cause de leur valeur et parce qu'ils font la transition entre la période des manuscrits et celle des impressions du XVIe siècle. Cependant à la fin du XVe siècle, le livre moderne était établi en ses dispositions essentielles. Les caractères du type de Jenson et d'Alde lui donnent aussi un haut degré de lisibilité. (1)

(1) Haebler. *Handbuch der Inkunabelkunde.*

242.2 Cartes et plans. Atlas.

1. *Notions.*

a) Une carte est la représentation cartographique de la terre ou d'une de ses parties sur une surface plane. La carte peut être définie: un enregistrement synoptique des faits géographiques en fonction de lieu.

b) La méthode géographique consiste à déterminer l'extension des phénomènes à la surface du globe (Ratzel). Le procédé le plus sûr pour imprimer un cachet géographique à toute recherche est de chercher à en exprimer cartographiquement les résultats. La représentation cartographique a pour la géographie une importance exceptionnelle (de Martonne). La topographie est la description et la représentation graphique d'un lieu, c'est l'art de représenter graphiquement un lieu sur le papier avec les accidents de la surface.

c) La carte représente la tentative faite de bonne heure pour donner une représentation aussi analogique et indéformée que possible du contour et du relief de la terre. On y tient compte: 1° de la position; 2° de la dimension; 3° de l'orientation: mesures par rapport à des points pris comme base, nord, sud, est, ouest; par rapport aux pôles et à l'équateur; 4° la mesure: échelle par rapport aux mesures de bases, le mètre.

Les anciens ont donné aux régions représentées des dimensions et des positions fort inexactes.

d) Il en est des cartes comme des écrits. Elles peuvent être plus ou moins faciles à lire. La cartographie n'est pas seulement l'art de représenter les données vraies de la Géographie, de l'aspect géographique de tous les ordres de faits. Elle est devenue celui de les représenter avec l'efficience requise de tout document en général.

e) Reconstitution par l'image des choses.

La carte permet aussi la reconstitution de choses par l'image. Ainsi, on peut dresser un véritable atlas physique de tous les aspects géographiques d'un même lieu de la terre aux diverses époques de l'évolution géologique.

En traçant ainsi une série de cartes géographiques pour les périodes successives de l'histoire terrestre, on voit comme dans un kaléidoscope mouvant, les mers changer à chaque instant de forme et de place, les continents émerger un instant, puis s'enfoncer sous les eaux. Il semble qu'à tracer ces transformations, on pourrait apercevoir certains traits relativement constants et un rythme, une période dans la marche de ces flux et de ces reflux. Peut-être de les dater par rapprochement avec des influences astronomiques à phases connues. (1) De Launay: Histoire de la Terre, p. 82-83.

(1) Phillips. - List of Works relating to cartography, Washington, 1901. — Warne, F. I. - 1919. Cartography in tien lessons. In-vol. XIV-159 p. Washington. Illustrations. — De Marchi, L. (Padova). - La reppresentazione della Superficia terrestre. Scientia, 1919. — Fordham. - Maps, their history Characteristics and uses. — U. S. Library of Congress, Division of Maps: List of Geographical Atlases. Washington, 1919-20, 4 vol. by P. L. Phillips. List cf Geographical Atlases. Jeorg W. L. G. Post War Atlases. In Geog rev. 13 (1923), p. 582-98.

La carte est un moyen de marquer le connu et l'inconnu. Ex. : La comparaison de la carte d'Afrique ou des régions polaires, il y a quelques années et aujourd'hui. La comparaison entre la carte des océans au début des études océanographiques et aujourd'hui.

f) Pour l'enfant amoureux de cartes et d'estampes, l'Univers est égal à son vaste appétit. Comme le monde est grand à la clarté des lampes; aux yeux du souvenir que le monde est petit. (Baudelaire.)

g) Les cartes et plans ont deux caractéristiques essentielles : 1° être la représentation de l'espace (superficie ou trois dimensions) et par là être une espèce du genre qui s'étend à tous les exposés à base du lieu (voir n° 224) ; 2° être cette représentation de l'espace sous forme conventionnelle et abstraite et par là être ainsi une espèce du genre qui s'étend à toutes les images schématiques (voir n° 222.32). Le fait pour une carte ou un plan d'avoir une existence autonome ou de faire partie d'un autre document est secondaire, bien qu'il s'en suive certains effets documentaires.

2. *Historique.*

Dans le principe, on dessina les cartes sur des tables ou planches (d'où les mots *tabula* et *mensa*). L'emploi de pièces d'étoffes pour cet objet introduisit plus tard le mot de *mappa* que les Espagnols et les Anglais *(map)* ont conservé dans le sens absolu et exclusif de carte géographique et d'où est dérivé le mot français de *mappemonde*. Enfin lorsque le parchemin et le papier remplacèrent les tables et les mappes, le nom de *carte* vint se substituer aux dénominations précédemment admises.

Le moyen âge semble n'avoir connu que des représentations assez grossières du globe terrestre ; elles brillaient par leur rareté et par leur absence de précision scientifique, alors même que leur exécution révèle parfois des qualités esthétiques de choix. Les tables gravées sur argent ou les sphères précieuses étaient des objets d'art et de luxe, dont la possession était réservée aux Souverains. La fameuse mappemonde de Fra Mauro (1459), monument capital dans l'histoire de la Cartographie, ne connaît point elle-même les parallèles ni les méridiens. Avec l'imprimerie, au moment de la Renaissance, la cartographie prend un grand essor. En 1471 est publiée la première traduction latine de Ptolémée, en 1478 la première édition de ses cartes gravées sur cuivre. Destinées à fixer les nouvelles découvertes, elles passent dans toutes les mains et les cartographes sont amenés à envisager sous toutes ses formes le problème des projections.

Désormais une fièvre cartographique secoue l'Europe. Des ateliers travaillent en Italie, en France, en Allemagne, aux Pays-Bas. En 1570 Mercator complète les cartes ptoléméennes et applique divers systèmes de projection. Ortelius publiera des collections de cartes modernes sous le titre générique de « Théatrum Orbis » dont le début remonte à 1570.

Colbert avait le souci de posséder des cartes exactes, permettant aux navigateurs de gagner plus sûrement les ports des Indes, sans l'aide des pilotes hollandais qui n'étaient d'ailleurs pas disposés à mettre leur expérience au service des Français.

Les vieux « portulans », les cartes, les atlas du XVIIe et du XVIIIe siècle n'étaient pas seulement des documents, c'étaient encore des œuvres d'art rehaussées de vues, de figurines et d'ornements exécutés avec un soin précieux.

Les premières cartes reproduites par la gravure datent de quelques siècles à peine. Elles étaient l'œuvre de particuliers : de savants comme les Mercator, les Ortelius ; d'imprimeurs comme les Hondius ; de libraires-éditeurs comme Frickx ; puis de militaires comme ce général comte de Ferraris qui a doté les Pays-Bas de la première carte topographique. Plus tard on doit citer en Belgique l'extraordinaire Philippe Vander Maelen, qui a publié, outre de nombreux atlas, les premières cartes topographiques au 60,000^{e} et au 20,000^{e} de la Belgique indépendante. De nos jours la carte d'un pays exige un travail énorme, une exactitude de plus en plus grande, des détails de plus en plus nombreux. Il faut disposer de capitaux et d'un personnel nombreux et exercé. Les Etats ont confié la confection des cartes, leur publication et leur tenue à jour à des établissements officiels : le service géographique de l'Armée en France, l'Ordonnance Survey en Angleterre, l'Istituto Geografico Militare en Italie, l'Institut Cartographique Militaire en Belgique.

Les anciennes cartes géographiques étaient fondées sur des reconnaissances, des postulats ou des arpentages partiels. Elles n'avaient encore pour assurer leurs bases ni grandes opérations de géodésie, ni observations astronomiques. Elles restaient très fautives quant aux formes générales des grandes régions et aux dimensions de continents. La Méditerranée dans les cartes de Sanson est trop longue de 300 lieues et de 1500 lieues trop avancée à l'Orient.

Plusieurs mappemondes du moyen âge représentent la terre comme carrée. Cette figure étant commandée à l'esprit des géographes par un texte de l'Evangile de St-Mathieu disant que le Seigneur enverra ses anges aux quatre coins du monde pour y faire résonner les trompettes du jugement dernier.

Les mappemondes anciennes semblent avoir été établies souvent sans proportions avec le souci d'y placer les noms rencontrés dans les géographies et les voyageurs. La carte participe ainsi de l'inventaire et de la classification.

On avait autrefois dans les bibliothèques d'énormes

mappemondes ceinturées de cuivre, étoilées de roses des vents. (1)

Les mappemondes les plus célèbres sont celles de la Cottonan Library (Xe siècle), celle de la Bibliothèque de Turin (1687), la mappemonde de Nicol Oresme et Guillaume de Pilastre (XIVe siècle), celle de Fra Mauro (1459 au Couvent de Mureno), le moine vénitien que ses contemporains qualifiaient de *Cosmographus incomparabilis.* La mappemonde a 1m937 × 1m965, couverte de dessins à la plume et de miniatures éclatantes d'or et de couleurs avec nombreuses notes. (2)

242.23 Technique.

a) La cartographie a fait trois progrès : 1° par des globes, elle représente la forme de la terre; 2° par les procédés d'emboutissage des métaux, elle peut obtenir des tranches globulaires de la terre en nombre illimité; 3° par des reliefs.

b) La confection des cartes est en général confiée à des Instituts spéciaux (Institut cartographique, géodésique ou topographique). Les cartes pour être comparables doivent être de même projection, de même méridien d'origine et de même coupure (nombre de degrés en latitude et en longitude). Il est important aussi d'unifier les échelles des cartes et plans afin de les rendre comparables et superposables.

(1) Vicomte de Santarem. Atlas des Mappemondes.

(2) La fameuse *carte du Tendre* n'a rien de commun avec la géographie. Le Tendre est le pays imaginaire de l'amour dont Mlle de Scudéry a donné la description dans son roman de *Clelie.* On a cependant donné une reproduction graphique de cette imagination.

c) Il y a deux problèmes fondamentaux : 1° la représentation des figures de la surface sphérique sur les surfaces planes de la feuille de papier; 2° la représentation des figures à trois dimensions et en relief sur ces mêmes surfaces planes. C'est tout l'art des projections. (1)

Des progrès immenses ont été réalisés par la cartographie.

d) Il fut un temps au moyen âge et à la renaissance où les plans ne représentaient que des vues cavalières. On ne s'imaginait pas la possibilité de représenter des rues par des lignes. (Ex. : plan de Rome à la Bibliothèque Victor-Emmanuel.)

Mercator imagina un nouveau système de projection pour représenter sur une grande échelle les dimensions de la terre.

Elisée Reclus a proposé d'imprimer les cartes sur des calottes sphériques qui pourraient s'assembler en atlas aussi bien que les feuilles plates.

La surface d'une sphère ne peut être étalée sur un plan sans être déchirée. A moins que la surface soit élastique. Mais alors les figures tracées seraient déformées. Toute carte géographique est donc une déformation de la surface terrestre et des figures qu'on y observe. (2)

L'Institut de Géographie de l'Université de Paris dirige en ce moment une grande enquête sur la cartographie des surfaces d'aplanissement.

e) Voici d'après De Martonne le tableau des principales projections.

(1) Mellnish, R. K. An introduction to the Mathematics of Map Projection. PP VIII-144. London, The Cambridge Press. (Théorie fondant la construction des cartes.)

(2) De Martonne. — *Traité de géographie physique* I, p. 54.

TABLEAU DES PRINCIPALES PROJECTIONS

	Projection vraie		Canevas conventionnels
	Sécante	Tangente	
Projections horizontales	Non perspective	Proj. équivalente de Lambert { normale, transv., oblique }	
	Perspective vraie stereograph. { normale, transv., obliq. }	Stereographique externe	
	Perspective de l'ap. Orthogr. { normale, transv., obliq. }		
Projections cylindriques	Carte plate	Normale : Proj. de Mercator Transversal : Casmin	Proj. de Sanson Proj. de Mollweide
Projections coniques		Proj. : équiv. de Lambert Proj. : equidistante de Delisle	Proj. de Bonc Proj. polyconique

f) Toute une révolution a été apportée dans l'art des cartes et plans par les affiches des chemins de fer et des sites. Il s'est agi de se faire comprendre du grand public. De simples cartes étaient trop savantes. Des vues directes photographiques étaient trop fragmentaires. Un art nouveau de projection et de composition est né ; un art aussi de déformation, de simplification, d'exagération. On a combiné le plan avec les perspectives cavalières, on a groupé les vues panoramiques en médaillons.

g) Cartes simple surface à deux dimensions sont présentées comme des projections de trois dimensions. Ainsi les cartes géographiques, les cartes batymétriques, les cartes météorologiques.

On a représenté le relief du terrain par des courbes conventionnelles dites de niveau et généralement équivalentes en hauteur.

Toute la physique du globe peut se traduire par des courbes d'égal élément ou courbes isoplèthes, isothermes, isothèses, isolaires.

h) Le procédé photographique du levé des cartes et plans a simplifié les représentations. Cartes photographiques hypsométriques prises en aéroplanes, en ballon, dirigeable ou captif, ou en cerf volant même, au moyen d'une chambre panoramique multiple. Elle peut donner une image immédiate de la densité circulatoire de certains points de ville.

i) Importance depuis la guerre des tranchées des services cartographiques à l'arrière des armées en campagne. Ce service pour l'armée britannique occupe 1,000 à 1,200 hommes.

Les cartes permettent des calculs et des opérations. Ainsi le pointage des pièces de canon se fait en traçant sur la carte des lignes qui réunissent les points de visée et de l'objectif, de manière à tracer l'angle de pointage. Le rapporteur en indique l'ouverture.

j) Cartogrammes. Le cartogramme s'applique à la distribution des phénomènes dans l'espace. Il s'agit alors de cartes géographiques dessinant les aires de distribution mais combinées avec des indications complémentaires. Ces indications présentent la forme de hachures ou pointillés plus ou moins denses, colonnes ou cercles, inscrites dans les vues correspondantes des courbes (niveau ou climat, signes conventionnels, nombre, lettres, marques ou signatures, couleurs ou teintes graduées). Les cartogrammes présentent la distribution d'un même élément d'après les degrés de son intensité, ou de divers éléments d'après leurs variétés.

242.24 Espèces de cartes.

Les cartes offrent un grand nombre d'espèces.

a) D'après le genre de faits localisés (montagnes, routes, chemins de fer).

b) D'après le but ou usage.

c) D'après l'échelle.

d) D'après la substance sur laquelle elles sont reproduites.

On a dressé des cartes de tout : cartes terrestres, superficie et tréfond, cartes marines, cartes du ciel.

1. *Cartes géographiques.* — Les cartes géographiques, les cartes marines et les cartes astronomiques ont acquis une importance et une précision croissantes, à mesure que se développaient parallèlement l'art du dessin et les connaissances géographiques et astronomiques. Les cartes géographiques sont *universelles* (mappemonde, planisphère) ou *générales*, ou *particulières*. Elles sont dites *topographiques*, *chorographiques*, *physiques*, *politiques*, etc., selon le genre d'indications qu'elles contiennent. Les anciens connurent des cartes, du moins les cartes itinéraires ; mais la cartographie n'a été portée à sa perfection que dans les derniers temps. Chaque pays de l'Europe possède une carte d'état-major fort détaillée. Celle de France est au 80,000^{e} et compte 267 feuilles. Il en existe une réduction au 320,000^{e}. Les Etats maritimes possèdent aussi des cartes marines ou hydrographiques, indispensables pour la sûreté de la navigation.

En collaboration de tous les pays a été commencée la carte au millionième. C'est l'œuvre d'une Association internationale spéciale. Un compromis est intervenu pour faire accepter par tous l'échelle métrique et le méridien de Greenwich.

On a fait des cartes peintes murales fixes (par ex. les grandes cartes du Musée du Congo) ; des cartes sculptées murales (gare Versailles, chantiers).

Les cartes de voyage se sont multipliées. Pour la France, par ex., *cartes Michelin :* cartes de France au 1/200,000^{e} en 86 feuilles cartonnées ou entoilées ; *cartes Tour de France* en 25 coupures. Cartes du service géographique de l'armée, telle la carte au 1/80,000^{e} en 274 feuilles revisées périodiquement par les officiers du service géographique. Elles sont en coupures en pochettes, elles ont des cartes d'assemblage.

On a publié des cartes-plan qui développent une sorte de panorama en images et suivant une échelle établie, de tout ce que l'on voit des deux côtés d'une route suivie. (Ed. J. Burrow et Co : A motor Tour through the Cathedral Cities in the South.)

Les cartes cyclistes avec les profils en long du chemin parcouru.

Parlant des cartes de M. Maurice Lugeon sur la région des Hautes Alpes, M. Millioud dit : « Dessinées d'après des photographies obtenues à l'aide d'un procédé spécial, elles sont d'un relief, d'une précision et pourtant d'une simplicité à nous rendre rêveurs. C'est encore et plus que jamais de la science, mais c'est plus, c'est du grand art. Comment ces vues schématiques, avec leur coloration si riche et si délicate, mais toute conventionnelle, peuvent-elles éveiller en nous le sentiment de la nature aussi fortement que le tableau d'un peintre ? La forme, le relief, l'ossature sont à la montagne, plus encore qu'en tout autre lieu, le support, la substance de la beauté. Et l'architecture a aussi sa part de mouvement et de vie dans l'immuabilité de la ligne. »

2. *Cartes géologiques et batymétriques.* — On connaît aujourd'hui très largement le tréfond de la terre. Ce sont les cartes géologiques qui en représentent la texture. En tous pays, elles sont confiées à des organismes spéciaux dépendant de l'Etat et qui procèdent progressivement à l'établissement et au perfectionnement de la carte en utilisant au jour le jour tous les sondages ou les mises à jour qui sont faits (ex.: organisation du service géologique de Belgique). La carte publiée en planchettes n'est que le résumé d'une vaste documentation en dossiers mis à la disposition des intéressés.

Les cartes du fond des océans (carte batymétrique), prolongement en quelque sorte des cartes des côtes dressées pour la navigation, ont fait l'objet d'un travail d'ensemble réalisé par l'Institut Océanique international, dû à l'initiative du Prince de Monaco.

3. *Cartes marines.* — Dans les cartes marines, on portera tous les détails utiles au but qu'on se propose dans toutes les circonstances qui peuvent se rencontrer et on supprime tout ce qui est étranger à cet ordre d'idées.

La carte marine est une représentation schématique de la mer et du littoral en vue de la navigation.

Le relevé des cartes sous-marines par le projecteur d'ultra-son remplace les sondages. Il est autrement sûr, rapide et économique. On dirige le projecteur d'après le retour en écho de l'onde envoyée.

4. *Cartes aériennes.* — Elles constituent un nouveau type de carte. Elles doivent servir à la navigation aérienne. Ces cartes constituent en même temps une contribution à la cartographie générale à laquelle elles apportent la contribution d'une vision de la surface terrestre prise de haut et « à vol d'oiseau ». Elles ressuscitent ainsi l'ancien procédé des vues cavalières. Aux procédés de la prise d'avion s'est ajouté celui en ballon sphérique ou cerf-volant offrant des vues perpendiculaires. Ex.: Carte aéronautique de la France. Projection cylindrique. (Desmons, Paris, Challamel.)

5. *Cartes astronomiques.* — Les cartes et atlas astronomiques ont acquis une grande perfection. Il faut leur rapporter les catalogues d'étoiles commencés par les anciens. Le catalogue de Ptolémée *(Almageste)* renferme 1,022 étoiles. On a catalogué depuis lors plus de 300,000 étoiles, dont 10,000 étoiles doubles, plus de 7 ou 8,000 nébuleuses. La carte photographique du ciel comprendra toutes les étoiles jusqu'à la 14e grandeur. (Voir ce qui a été dit précédemment de l'Atlas du ciel sous le no 241.5.)

242.25 La disposition matérielle.

Les cartes, par leur étendue et la nécessité de les consulter synoptiquement ou en détail, présentent bien des difficultés qui ont donné lieu à des dispositions matérielles spéciales.

a) On a trouvé le moyen de plier les cartes en les collant sur toile. On a ainsi réduit au format livre des grandes cartes (ou pourrait à l'inverse déplier des livres en format carte et ce serait des sortes d'affiches ou placards).

b) Les cartes peuvent être simplement sur papier ou montées sur toile, brochées, reliées en atlas, aussi avec texte.

c) Au point de vue matière, on a des cartes par feuille sur papier, en pochette des cartes sur toile, des cartes pliées sur toile, des cartes imprimées sur toile. Etui-boîte pour les collections de cartes ou d'itinéraires. Pour donner toute la solidité aux cartes, on les a pégamoïdées, c'est-à-dire enduites d'un produit dit pegamoïd, qui donne à la toile plus de souplesse, évite les cassures, fixe les couleurs et les rend inaltérables. (Procédé des cartes murales de Joseph Cremers, Bruxelles, Office de Publicité.)

d) Aux cartes se rattachent les mappemondes de formes sphériques. Elles appartiennent aussi à la catégorie des instruments et appareils.

242.26 Atlas.

a) L'atlas est une collection de cartes géographiques contenant le plus souvent la figure générale de la terre et celle de ses parties plus ou moins détaillées. Ces volumes sont ainsi appelés parce qu'Atlas soutenait le monde et qu'eux le contiennent au moins en figure. C'est dans le titre de la Collection des cartes de Mercator publiées un an après sa mort, en 1595, que le mot Atlas paraît pour la première fois, mais c'est Ortelius qui, en réalité, a créé le premier Atlas. La figure d'Atlas, dans la position où le représentaient les anciens, était gravée sur le frontispice de l'ouvrage.

b) « Il faut faire effort, dit Vidal de Lablache, pour » unir intimement une étude générale qui serait la science » de la Terre, à la description de la Terre. La cartographie est assurément pour cela l'instrument le mieux » approprié. Où trouver un moyen d'expression aussi » capable de concentrer les rapports qu'il s'agit de représenter ensemble à l'esprit ? Dans un atlas, les rapports » des choses apparaissent en grand nombre et en clarté. » Il doit stimuler la curiosité et offrir matière à réflexion.»

Par extension, on donne encore le nom d'Atlas à tout recueil de cartes, de tableaux, de planches que l'on joint à un ouvrage pour en faciliter l'intelligence ou que l'on publie séparément. On en a traité sous le no 241.5.

En conséquence, on peut définir l'atlas une collection de cartes, de plans ou d'estampes réunis en volume.

L'atlas maritime est un recueil de cartes marines qu'on appelle souvent un *Neptune*.

c) On a publié et on continue à publier un nombre considérable d'atlas, les uns perfectionnant les autres. La Library of Congress possède à la date de 1920, le chiffre étonnant de 5,324 atlas, dont le catalogue forme quatre gros volumes.

242.27 Plans.

a) *Notion.*

Le Plan est un tracé qui représente sur une surface plane les différentes parties d'un édifice ou d'un appareil.

b) *Les plans d'architecte.*

Les plans d'architectes sont des moyens essentiels de représentation de leur conception et des directives pour les constructions. Les plans se complètent par des maquettes avant la réalisation et après par des photographies. Le plan, les élévations et les coupes sont désignés sous le nom de figures géométrales. Ces figures, vu leur étendue, doivent souvent être tracées sur des feuilles séparées sans pouvoir être mises en concordance. On a établi tout un ensemble de projections de figures sur un système de plans géometraux. Les édifices, machines et autres constructions présentent généralement trois directions principales : l'une verticale, les deux autres horizontale et rectangulaire.

Le plan est la projection sur un plan horizontal.

L'élévation longitudinale est la projection sur un plan longitudinal.

L'élévation droite est une projection sur un plan latéral.

c) *Les plans industriels.*

Les plans industriels, ceux des constructions et des fabrications de l'industrie sont devenus essentiels dans la technique de la production.

d) *Le cadastre.*

En principe le cadastre est le registre dans lequel les propriétés foncières d'un pays sont indiquées avec leur étendue et leurs limites. Le cadastre est accompagné de plans. C'est la seule base possible d'une contribution foncière. Une grande administration, en tous pays, est chargée du cadastre. Les premières mensurations des Egyptiens établirent chez eux les vrais cadastres. Le Domesday Book le réalisa en Angleterre. En France ce fut Charles VII qui conçut l'idée d'un cadastre général. La méthode d'établir le cadastre des terres publiques a été instauré par le Congrès américain dès la fin du XIXe siècle. Elle a consisté dans un système rectangulaire qui fut appliqué aux villages et aux Etats.

242.28 Plans reliefs.

a) Les plans reliefs donnent en trois dimensions (sorte de stéréogramme) la représentation des carcatéristiques en hauteur de la surface terrestre.

b) On a réalisé des cartes relief en matière plastique diverse : papier mâché, carton pierre, béton et récemment même en éternite (carte en relief de la Belgique).

c) La France possède à l'Hôtel des Invalides une collection unique en Europe de 105 plans en relief des places fortes et un certain nombre de reliefs représentent des sciences diverses. La galerie fut commencée par Louvois. On donna à tous les reliefs la même échelle pour la dimension horizontale et verticale, 1 pour 600.

Il y a à la Bibliothèque Nationale une collection de plans reliefs géographiques scientifiques.

Pour des cartes à grande échelle, il faut non seulement connaître la valeur des signes conventionnels adoptés pour la désignation des faits géographiques observés à la surface de la région représentée (voies de communication, villes, rivières, forêts), mais savoir déduire du mode de figuration en plan son relief (hachures ou courbes de niveau) l'interprétation des formes du terrain. Pour faire comprendre ce relief, on a dressé des cartes reliefs en perspectives fuyantes ou des vues panoramiques à vol d'oiseau (ex. : les cartes reliefs de M. Trinquier insérées dans *L'Illustration)*.

D'autre part, on a dressé des perspectives reliefs adaptées aux besoins actuels de la géographie scientifique sous le nom de « blocs diagrammes » et elles sont devenues un auxiliaire précieux pour la représentation des formes du terrain. Leur valeur a été accrue en y ajoutant sur leurs faces latérales des coupes géologiques révélant la structure de la région représentée, les relations du modèle avec cette structure apparaissant alors avec une grande netteté. M. W. M. Davis a le premier vulgarisé et synthétisé l'emploi de ces reliefs. Paul Castelnau en a donné la théorie. (La théorie du bloc diagramme : *Bulletin de la Société de Topographie de France*, juillet-août 1912.)

Pour éviter tout arbitraire, toute équation personnelle dans le tracé de ces blocs, M. P. Th. Dufour a imaginé les perspectives reliefs : nouveau procédé permettant d'obtenir les perspectives reliefs par simple transposition automatique et projection oblique des formes du terrain représentées sur les cartes hypsométriques *(Les Perspectives reliefs*, revue de géographie annuelle, tome VIII, 1916-1918, fasc. IV). Un appareil fort simple (longue bielle et pantographe) permet de faire automatiquement des tracés et d'obtenir l'expression réelle des faits géographiques.

242.29 Collections, Institutions, Locaux, personnes.

Les collections de cartes et plans en principe confondues avec celles des livres dans les bibliothèques, tendent à s'y spécialiser.

Des collections considérables de cartes ont été faites dans les Bibliothèques de Paris, Bruxelles, Washington, etc. ; elles ont des cabinets de cartes (mappothèques).

Dans toutes les bibliothèques il y a intérêt à constituer un fonds spécial.

242.3 Iconographie. Estampes, gravures, photographie.

Les documents dont il s'agit ici ont pour caractéristique de genre d'être des images, d'être concrets, et d'avoir soit une existence autonome, soit d'être insérés dans un autre document.

242.31 Les Images. L'iconographie.

Il y a lieu de traiter distinctement notion, histoire, espèces : 1° de l'image en général; 2° de la science de l'image : l'iconographie; 3° des publications et recueils d'images; 4° des collections d'images : *Iconographia Universalis;* 5° des catalogues d'images : Iconobibliographie; *Iconobibliographica Universalis;* 6° des collections, des clichés ou matières d'images.

Parmi les images il est quelques grandes catégories : 1° les estampes et gravures, eaux-fortes; 2° les photographies; 3° les cartes postales illustrées; 4° les cartes à jouer; 5° les livres d'images pour les enfants. On est amené quelquefois à constituer un seul groupe de toutes les images sur papier ou carton quel que soit : a) le procédé d'établissement (à la main ou par l'appareil photographique) ou de reproduction, à la main, mécaniquement ou terminés à la main; b) à l'état d'original, de copie ou de reproduction; c) le texte qui les accompagne comme titre, légende ou explication sommaire, les images étant tenues pour l'essentiel et le texte l'accessoire; d) le fait d'être ou non encadrées; e) le sujet qu'elles présentent (images scientifiques, scolaires, religieuses, etc.); f) la colorisation (noir ou en couleurs chromos).

On a été amené à donner à certaines images les dimensions usuelles des cartes postales. Ces images avec les cartes postales peuvent constituer une collection classée. Les livres d'images pour les enfants constituent une importante catégorie.

Les principes généraux de traitement de documents bibliographiques (texte) sont fondamentalement les mêmes pour le traitement des documents iconographiques (image), notamment les collections, les formats, la classification, les règles descriptives.

Il est désirable, pour les faire entrer dans les cadres de l'Encyclopédie, que toutes les images publiées séparément (planches, cartes postales, etc.) portent leur indice de classement. Munis des indices de matière, lieu, temps, personne, les documents peuvent alors à volonté prendre place dans les séries formées d'après ces bases.

1. *L'image et son évolution.*

L'image des objets permet de s'en former une idée nette et précise, tandis que la meilleure description orale peut laisser dans l'esprit du lecteur du vague et de l'indécision. L'homme a désiré l'image de tout temps. Les possibilités de reproduction par la gravure sur bois et sur métal, parallèlement à l'imprimerie, ont multiplié les images tantôt incorporées dans les livres, tantôt séparément (estampes). De vastes collections iconographiques se sont constituées surtout depuis la Renaissance. La photographie avec bientôt la photogravure et les divers procédés de reproduction des couleurs, le cinéma, ont créé d'immenses possibilités nouvelles, à la fois pour l'illustration du livre et pour des publications indépendantes. Des collections se sont constituées, complémentaires à celles des cabinets d'estampes. Des listes et des catalogues ont été élaborés.

Le rôle de l'image ne saurait être exagéré. Elle est pareille au mot, l'autre manière d'exprimer les choses. Notre époque devrait s'en servir systématiquement et elle tend à le faire, illustration du livre et du journal, illustration par l'affichage et le musée, éducation par le dessin dès le jeune âge et accompagné de l'image à tous les degrés de l'enseignement.

Les images se classent en réelles, possibles, imaginables.

Les grands traités employent simultanément la photographie qui est exacte, le dessin qui est interprétatif et le schéma qui réduit à l'essentiel.

On a traité antérieurement de l'image en général. On s'y réfère ici (voir n° 22.3 et les divisions).

2. *Le monde en image.*

Il n'est pas exagéré de dire qu'aujourd'hui, avec plus ou moins de perfection, de rigueur scientifique, de goût artistique, le contenu du vaste monde accessible à l'homme a été largement photographié. Il continue à l'être si bien que la pensée doit envisager l'existence d'une Documentation Iconographique Universelle (en prototype ou reproduction) à côté de la Documentation écrite (manuscrite ou imprimée). Dans divers domaines on a insisté sur ce qu'il y a lieu de voir photographié pour protéger les documents naturels, les restes du passé contre les altérations ou la disparition. D'autre part, devant l'étendue du savoir il devient nécessaire de trouver de nouveaux moyens pour s'instruire. Or l'image peut servir de base à un nouveau langage permettant une assimilation plus générale, plus facile et plus prompte. Un nouveau labeur s'impose : enfermer dans la série des images toutes les idées qui peuvent y être enfermées.

3. *L'Iconographie : science de l'image.*

L'Iconographie est la science des images produites par la peinture, la sculpture et les autres arts graphiques. Elle tend à devenir de nos jours la science de l'image en général, quel que soit son mode de production.

L'Iconographie chrétienne est la première qui ait été réduite en corps de science.

L'Iconographie est aussi le terme qui exprime l'ensemble des documents iconographiques.

Pour les âges où manquait la photographie d'aujourd'hui, on possède fresques, sculptures, bas-reliefs, gemmes, inscriptions, grafittes, papyrus, mosaïques, fonds de coupes, etc. Leur témoignage n'est ni moins formel ni moins précieux que celui des textes. L'ensemble concourt à offrir la synthèse de l'histoire du changement de la vie.

Dans le passé tout le travail iconographique des artistes constituait la lecture du peuple : le livre n'existait pas ; le journal moins encore.

De grands recueils ont vu le jour. Le premier en date est de Mazzochi qui publia en 1517 un recueil intitulé « Illustrium Imagines. (1) Les recueils depuis se sont succédés. (2)

L'ouvrage récent, *Botanical Pen-Portraits* de MM. J. N. Moll et H. H. Janssonius (La Haye Nyhoff) est un exemple typique de la substitution de dessins aux descriptions verbales (texte).

On a réalisé des collections de portraits. Par ex. : Porträtsammelung der Nationalbibliothek). La base est le portrait ou personnage représenté, peu importe le procédé du document : gravure, dessin, photographie. Ces collections ont à procéder par référence à d'autres collections établies séparément, à raison de la matière (par ex. : la médaille, le tableau peint), de la forme (par ex. : le buste ou le relief) ou des dimensions (par ex. : portrait en pied.

Le Comité International des Sciences historiques a décidé une enquête auprès des historiens de différents pays sur l'organisation de la documentation iconographique en particulier au sujet des méthodes de classement.

On a créé en Hollande un « Rijks Bureau voor Kunsthistorische en iconografische Documentatie ».

De nos jours des collections ont été formées d'images de toute espèce et sur tout sujet, élargissant la conception ancienne du Cabinet des Estampes, jusqu'à y comprendre aussi les photographies. Il faudrait leur réserver le nom d'« Iconothèques ».

(1) Les ouvrages zoologiques d'Aristote étaient accompagnés de dessins. Quand la description devient difficile l'auteur renvoie à la figure qui entoure le texte. Ces images souvent représentent des parties qu'on a reconnues que par dissection.

(2) Exemples de Recueils d'Iconographie.

Errera, Isabella. Répertoire abrégé de l'Iconographie. 20 vol. environ.

L'Allgemeiner Bildneskatalog de Hans Wolfgang Singer va comprendre de 8 à 10 volumes, renseignant sur cent mille portraits de plus de 25,000 personnes, de tous pays et de toute époque. Il utilisa 18 collections de portraits en Allemagne.

Leach (Howard Seacoy). Princeton's Iconographic index (In L. J. 50 1925, p. 208-10).

Ribemont-Dessaignes, A. 1910. Iconographie obstétricale, fasc. I à III.

4. *Publications iconographiques.*

L'image trouve sa place dans toutes les Publications dont elle vient illustrer le texte. Mais il est aussi des publications d'images et des recueils d'images. Les publications exclusivement iconographiques se multiplient. Elles prennent la forme de livres, d'albums, d'atlas. A l'inverse de l'ouvrage illustré où le texte demeure l'essentiel, ici les indications écrites sont simplement l'accessoire. (Ex. : Les publications de Boisonnas. L'Index iconographique des maladies de la peau, du Dr Chatelain, etc.).

5. *Collections iconographiques.*

Avec force motifs, on a demandé l'extension et la multiplication des collections de photographies documentaires (archives photographiques). On a proposé que dans toutes les bibliothèques, une place leur soit faite à côté des estampes ou en combinaison avec les estampes. On a émis le vœu que les Offices de Documentation de chaque science se préoccupent de réunir systématiquement toute l'iconographie de cette science. On a indiqué cette dernière tâche comme devant être spécialement celle des organisations internationales (voir par exemple ce qu'a commencé à faire l'Institut International d'Agriculture de Rome). On a envisagé la formation d'une Collection Universelle en liaison avec la Bibliothèque mondiale d'une part, avec l'Encyclopédie Universelle d'autre part. Désireux de travailler dans la mesure de ses possibilités à défricher le vaste champ de la Photographie documentaire, l'Institut International de Bibliographie a envisagé ces desiderata dans les études préparatoires et les premières réalisations de l'Encyclopédie documentaire. Il possède actuellement une collection d'environ 150 mille documents photographiques montés sur feuilles et sur fiches, classées par matières et organisées comme partie graphique de son Encyclopédie documentaire. Celle-ci est elle-même formée de dossiers et de documents mobiles et tend à répondre à ces desiderata : compléter les grandes encyclopédies publiées, être développée continuellement et sans fin, contenir les documents de toute origine et non l'opinion d'un seul auteur, constituer pour l'étude de chaque question un dossier international comparé, utiliser par découpage les articles des revues et journaux dont l'importance documentaire, comme source indicative tout au moins, grandit chaque jour. « Il y a lieu d'établir ou de réaliser de grandes collections intégrales d'images d'après un plan méthodique et d'aboutir à la confection d'une vaste encyclopédie imagée qui instruira tout en amusant, montrant tour à tour la genèse des choses, la composition des objets, la beauté de leurs formes, l'évolution des êtres, la fabrication et la disposition des produits ». (François David, *Encyclopédie d'images*, p. 8.)

Il faut organiser des Archives Photographiques générales où les artistes et les savants, les érudits et les publicistes, les artisans et les ouvriers puissent trouver ce qui leur est nécessaire pour l'étude, pour le cours, pour le livre, pour le journal, pour le travail.

On a commencé à établir à l'I. I. B. un *Dictionnaire iconographique décimal* sur fiches, offrant une illustration type de chaque chose représentée dans la Classification Décimale. Il ne suffit pas de posséder une photographie de chaque chose; les choses changent d'aspect (villes, sites, personnes, etc.). Leur histoire est enregistrée dans des photos successives.

6. *Index iconographique universel.*

Les Congrès internationaux ont préconisé l'établissement d'un Index Iconographique Universel, relevant les images dessinées, gravées, photographiées, séparées ou jointes aux ouvrages, en donnant la liste par auteur et par matières traitées, indiquant les lieux de dépôt. Des travaux remarquables existent dans cet ordre d'idées. Par ex.: l'*Index locupletissimus iconum botanicarum*, l'*Index of Portraits de la Library of Congress.* L'élaboration des index particuliers devrait être répartie par pays, par matières, par époques, selon un plan d'ensemble à la manière de la Bibliographie. Une méthode commune devrait être adoptée (règles catalographiques, formats, classification). Un Index Central sur fiches devrait concentrer, au premier stade, l'Index des Index, au second stade la Somme des Index. A raison des affinités étroites entre l'un et l'autre, l'Index Iconographique Universel doit être rattaché au Répertoire Bibliographique Universel. (Voir Code des Règles n° 63.)

7. *Collection de clichés, cuivre, bois.*

A raison de leur intérêt, de leur valeur, et du coût de production, on est amené à conserver les clichés ou matrices des images qu'il s'agisse de dessins, gravures ou photographies.

Les clichés ont diverses formes: les plaques de verre négatives, les diapositives pour projection, les simili ou photogravures destinés à l'impression. Des mesures doivent être prises pour les conserver car ils constituent une valeur réelle et ils sont de nature, par le prêt, à améliorer grandement l'Enseignement, les conférences, les publications. Il y a aussi les bois et les cuivres. On a récemment mis en lumière l'importance des grandes chalcographies nationales, formées de cuivres gravés (notamment celles du Louvre à Paris).

Un mot français unique manque pour dénoncer semblable collection. Le Buffalo Museum of Science, qui a 70,000 clichés avec manuscrits descriptifs, l'appelle « Lantern Slide Library ».

242.32 Dessin.

a) La sculpture, la peinture, l'architecture sont fondées sur le dessin, qui n'est pas moins nécessaire aux arts industriels qu'aux beaux-arts. Tout le dessin est dans le contour et le profil des objets. Selon les moyens employés, on distingue le dessin au crayon, au pastel, à l'estompe, à la plume, etc. Au point de vue de l'exécution, le dessin est une simple esquisse, un croquis, ou bien une étude, une académie, un carton. On distingue aussi le dessin au trait seulement, et le dessin ombré, le dessin lithographique pour gravure. La propriété des dessins de fabrique est protégée par la loi. Par des procédés mécaniques, on produit aujourd'hui des copies réduites et très précises de dessins donnés. (Voir n° 222.31 sous 5 à 8.)

b) La caricature joue un grand rôle. Il se rencontre parfois « qu'une illustration de journal renferme dans le hasard heureux d'une caricature le résumé de toute une situation politique ou sociale ». (Bourget.)

242.33 Gravures. Estampes.

1. *Notion.*

a) Les gravures et estampes sont la reproduction obtenue par l'impression d'une plaque de métal, ordinairement en cuivre, sur laquelle on a tracé au moyen d'un burin, d'acide ou d'autres procédés mécaniques, des dessins et des figures.

En imprimerie on oppose «gravures» à «composition», les premières se faisant par tous les procédés de la clicherie, la seconde par des caractères typographiques.

b) Gravures, estampes, lithographies et autres produits des arts graphiques présentent un caractère réellement artistique. Elles sont en taille douce, au burin, à l'eau forte. Elles sont en noir ou en couleurs. Elles existent en exemplaire unique ou en plusieurs exemplaires. Elles sont des œuvres d'art ou ont un caractère commercial, comportant annonces, réclames ou indications de cette nature. Elles sont généralement tirées sur papier spécial et, lorsqu'il s'agit de tirages limités, elles portent le plus souvent un numéro de tirage et la référence ou la signature de l'auteur.

« Avant la lettre », c'est l'expression artistique et d'atelier qui désigne un tirage de l'œuvre entièrement achevé en ce qui concerne le dessin, les contours et les ombres, mais qui ne porte ni signature, ni devise, ni légende. Le graveur en tire seulement quelques exemplaires et ensuite complète la planche avec la gravure de la lettre.

c) Les gravures se présentent comme des suites d'illustration, parfois des tirages à part ou des séries de gravures publiées soit en album, soit séparément.

La gravure, par tous ses modes de reproduction et par son succédané la photographie, est utilisable sous des formes variées. La démarcation est difficile entre l'estampe proprement dite et le livre illustré. Entr'eux se présente le recueil d'estampes format album, donc livre.

Il y a aussi des livres à images imprimés d'un seul côté et où le texte n'est que l'accessoire des figures.

Certains ouvrages comportent des planches illustrées isolées, en portefeuille ou reliées à part. Ainsi fréquemment les ouvrages traitant d'architecture.

Les bons graveurs sur bois, tout en créant des œuvres indépendantes, aux valeurs éminemment décoratives, deviennent simultanément des illustrateurs de livres et sont même amenés à créer des livres xylographiques.

d) La gravure est à étudier à un double point de vue : en tant que forme documentaire; en tant qu'œuvre d'art (étude des artistes, dessinateurs et graveurs, qui se sont distingués dans la création indépendante, la reproduction d'œuvres d'autres artistes ou la simple illustration des livres).

2 *Histoire.*

La gravure a une longue histoire. La xylographie est l'impression faite sur planche de bois gravé. Les livres imprimés par ce procédé se disent les xylographes. Ils n'ont ni date, ni signature; ils sont presque toujours les résumés très sommaires de grandes œuvres destinées au peuple et accompagnées d'images pour mieux retenir son attention. La gravure a eu des hauts et des bas (voir n° 222.31).

Depuis quelques années, il se produit une sorte de renaissance de la gravure, sur bois et au burin. Elle laisse aux procédés photomécaniques ce qu'ils peuvent mieux réaliser maintenant; mais elle donne à l'artiste inventant lui-même son œuvre, le moyen de la concevoir en fonction de la technique. De nos temps l'expression directe et synthétique d'une émotion subjective va remplaçant la recherche de la transposition raffinée et analytique de l'observation objective. (1)

3. *Ethnologie.*

Chez les Orientaux la gravure occupe une place importante et a reçu des développements.

Les « Kakemonos », pièces en hauteur de dimensions variables, tableaux que l'on suspendait aux parois intérieures des habitations. Les « Makimonos » sont des bandes horizontales plus étroites d'une longueur atteignant parfois quinze mètres, que l'on conservait en rouleaux et qui représentaient des sujets d'histoire, des légendes religieuses, des fantaisies de toute nature se divisant en une succession de multiples fragments complémentaires.

Il y a aussi la chromoxylographie (impression en toutes couleurs).

Les « Sourimonos » sont des impressions en toute couleur avec adjonction des couleurs métalliques (or, argent, bronze, étain et noire). Pour produire de telles estampes il a fallu une succession d'au moins 25 clichés divers.

(1) Louis Lebeer. Introduction de l'œuvre de Joris Minne. (Bibliothèque Royale de Belgique. Exposition 22 avril 1933.) Voir aussi l'œuvre de Max Elskamp.

4 *Conservation. Classement.*

Les gravures se conservent de diverses manières : en portefeuilles et layettes, en albums reliés, dans des meubles spéciaux à tiroirs ou sur des porte-folio.

Les gravures sont souvent encadrées. Le cadre parfois est lui-même une œuvre d'art. De toute manière il doit être en harmonie avec l'œuvre et n'être qu'un accompagnement à l'objet encadré et non la chose principale. Le cadre doit se plier aux exigences de la gravure et non pas l'inverse. La gravure coupée ou pliée est diminuée considérablement en valeur marchande.

5. *Catalographie.*

La catalographie de la gravure a réalisé des œuvres considérables qui prennent place à côté de celles de la bibliographie et souvent en annexe de celle-ci. Des règles ont été établies pour la description et le classement. Cette catalographie entre dans la voie de reproductions réduites. Ex. Hugo Smidt Verlag a entrepris la publication du catalogue de gravures de Gersberg: la gravure allemande sur bois en feuilles détachées. Le catalogue comprendra les 1,600 reproductions de gravures de l'œuvre en dimensions réduites d'environ 1/5, 1/8, 1/10 de la grandeur originale.

6 *Calcographie.*

La calcographie, nom ancien pour désigner les collections de cuivre gravé conservé pour la reproduction. La calcographie du Louvre est un trésor précieux et trop peu connu. Il est des calcographies dans beaucoup de pays. L'Institut de Coopération Intellectuelle a organisé dans diverses capitales des expositions de calcographie.

242.34 Affiches.

1. *Notion.*

L'affiche illustrée (le placard colorié) est une des espèces d'un genre constitué par les vues murales en général. Celles-ci comprennent aussi toutes les peintures sur mur, panneaux et palissades ayant le même but que l'affiche. On assigne aux unes et aux autres d'aguicher l'œil et d'être des fenêtres ouvertes sur l'activité des hommes et sur les beaux paysages.

Les affiches sont des schémas, des symboles: ils attirent par une illustration qui doit évoquer des objets, des produits, des sites.

2. *Histoire.*

C'est encore à Renaudot que l'on doit les *Petites-Affiches.* Elles commencèrent de paraître en 1638, disparurent à la mort de leur fondateur (1653), mais reparurent en 1715. La publicité devait aller toujours plus grandissant. Aujourd'hui le gouvernement et les particuliers ont fréquemment recours aux affiches proprement dites. Seules les affiches du gouvernement peuvent être imprimées sur papier blanc ; les autres sont imprimées sur papier de couleur et soumises à un droit de timbre assez élevé.

Les premières affiches sur papier étaient manuscrites. Elles se sont montrées en France au XVIe siècle pendant les guerres de religion. Elles trouvèrent tout aussitôt leur véritable place, les murailles. Les partis ne se faisaient point faute d'en appliquer partout, soit secrètement, soit ouvertement. Le siècle suivant vit les premières affiches imprimées.

3. *Pays.*

L'affiche triomphe ; aux Etats-Unis, c'est la publicité qui a donné tout l'essor à cette traduction de la pensée. En cela l'objectivité de la langue anglaise l'a puissamment servie, martelant doublement dans notre intellect le concept qu'elle veut traduire.

L'affiche (placard) a joué un rôle important dans l'éducation du public en U. R. S. S. Elle a servi au passage de l'économie paysanne à des procédés progressifs d'agriculture, elle lutte contre l'analphabétisme, pour la meilleure hygiène, pour la productivité du travail. Elle ne se borne plus à quelques figures laconiques ni suggestives ni aux appels. Elle prend un caractère didactique, offrant des données sur telle ou telle forme de la vie économique, expliquant par des diagrammes la marche de tel ou tel processus économique. Beaucoup d'affiches s'adressent aux nationalités de l'U. R. S. S. en leur langue matérielle.

L'image qui a été un précieux moyen pour l'enseignement de l'enfant doit le rester pour la foule des illettrés et des moins lettrés.

4. *Espèces.*

Il y a les affiches publicitaires (commerce), les affiches administratives, les affiches politiques et électorales, les affiches du tourisme.

On imprime des affiches sur toile atteignant de grandes dimensions (par ex. celle pour le roman *Ann Vickers*, de Sinclair Lewis, prix Nobel. 3 m. × 0.45).

Les compagnies de chemins de fer publient des affiches sur les villes et les sites de leur réseau. Les gares sont devenues ainsi des sortes de salons de peinture. On a créé des types de grandes affiches photographiques.

5. *Affiches politiques.*

En tous pays maintenant la propagande politique et en particulier les élections se font à coup d'affiches.

Aux élections présidentielles aux Etats-Unis, on fait usage d'affiches, de journaux et de placards aux couleurs éclatantes, tendant à attirer, à impressionner les électeurs par des appels brefs et des phrases lapidaires. Des chars à bancs parcourent les avenues et les rues, montés par de bruyants orchestres et des agents électoraux qui exhibent des pancartes avec toutes sortes d'inscriptions recommandant leur candidat. Certaines organisations démocratiques ont imaginé un transparent gigantesque haut de plusieurs étages et que véhiculent trois camions automobiles. Toutes les dix secondes ce transparent s'éclaire électriquement et on peut lire des inscriptions en lettres énormes, tour à tour rouges, bleues et blanches. La foule, nuit et jour, est influencée par la réclame des partis qui frappe ses yeux, ses oreilles. Les affiches, les éditions de journaux, la caricature se succèdent.

L'Angleterre a pris des mesures, au cours de la guerre, pour l'étude des ressources économiques de l'Empire et créer un mouvement pratique d'affaires pouvant lui permettre de remplacer par les produits de l'Empire ceux qu'elle retirait auparavant des empires centraux. C'est l'Imperial Institute de Londres, associé au Colonial Office et aux Chambres de Commerce de l'Empire qui a incité ce mouvement.

Des expositions d'affiches électorales comparées ont été organisées au Palais Mondial.

6 *Lisibilité des affiches.*

Des expériences sur la lisibilité à distance des affiches ont donné l'ordre suivant des couleurs : 1. noir sur jaune ; 2. marron sur chamois ; 3. noir sur chamois ; 4. jaune couvrant sur rouge ; 5. jaune sur vert sombre ; 6 noir sur orange, etc.

7. *Edition, vente des affiches.*

Jusqu'ici les affiches illustrées ne sortaient pas du domaine publicitaire. Voici qu'on les édite régulièrement. Les compagnies de chemins de fer français ont fait exécuter ces documents par des maîtres de l'affiche et elles les offrent en vente au public à des prix forts réduits.

242.35 Blason : héraldique.

a) *Blason.*

Le blason remonte à la plus haute antiquité : on le connut chez les Israélites, chez les Grecs. Mais le blason proprement dit a pris naissance au moyen âge, au moment des croisades. La Renaissance y fit grand honneur. Sous Louis XIV chacun voulut avoir ses armoiries.

Abolies à la Révolution, les armoiries furent rétablies après.

Le blason est tout un système de signes emblématiques c'est une notation. On y distingue l'*écu*, les *émaux*, les *figures héraldiques* ou *pièces honorables*, les *ornements intérieurs* ou *meubles*, etc. L'écu est le *champ* sur lequel sont placées les armoiries et qui représente l'ancien bouclier. En France, il a d'ordinaire la forme d'un rectangle

(1) De l'affichage politique. Conseils pratiques pour la rédaction, l'apposition et la protection des affiches, jurisprudence et texte de loi sur la presse, publié par le Comité des droits de l'Homme et du Citoyen. Montpellier, 1895, in-166°.

posé droit et terminé en bas par une petite pointe vers le milieu. Il prend le nom d'*échiquier*, quand il est divisé en cases d'échiquier (au nombre de 20 ou 24), les unes de métal et les autres de couleur. Le tiers supérieur de l'écu s'appelle *chef;* le milieu, *centre;* le bas, *pointe.* Il peut être divisé de quatre manières *(partitions):* par une ligne perpendiculaire médiane *(parti);* par une ligne horizontale *(coupé);* par une diagonale de droite à gauche *(tranché);* par une diagonale de gauche à droite *(taillé).* Les émaux comprennent les *2 métaux (or et argent);* les *six couleurs :* l'*azur* (bleu), le *gueules* (rouge), le *sinople* (vert), le *sable* (noir), l'*orané* et le *pourpre* (violet); les *deux fourrures :* l'*hermine* (blanche) et le *vair* (bleu). Les figures héraldiques ou pièces honorables sont: le *chef,* la *fasce,* le *pal,* la *croix,* la *bande,* le *chevron,* etc.; on en compte 19.

Les ornements intérieurs ou meubles sont les figures naturelles ou artificielles d'hommes, d'animaux, de plantes ou d'autres choses : *alérions, merlettes, tours, étoiles, besants,* etc. Ajoutons encore les ornements extérieurs : *casque* ou *timbre, couronne, lambrequins, supports.*

Parmi les espèces d'armoiries, on remarque: les armoiries de *villes,* que les communes adoptèrent lors de leur affranchissement ou en quelque autre circonstance; les armoiries de *sociétés* ou de *corporations* (universités, corps de marchands, etc.); les armoiries de *familles,* de beaucoup les plus nombreuses. Elles sont dites *brisées* quand les cadets les modifient pour se distinguer de la branche aînée; *diffamées* si le roi leur a imposé une modification injurieuse; *à enqueere* ou *fausses,* si elles violent les règles ou la vérité ; *parlantes,* si elles désignent les noms des possesseurs. Autrefois le juge d'armes composait les armes des nouveaux anoblis.

b) *Héraldique.*

Le Blason fut longtemps regardé comme une science et même, à une certaine époque, c'était la première de toutes les sciences aux yeux de ceux qui occupaient le premier rang de la société. Cette science avait pour objet la description et la composition des armoiries que chaque famille noble se transmettait de père en fils comme le signe éclatant de sa noblesse et de son ancienneté. Elle était enseignée par les hérauts d'armes qui avaient pour principale fonction de décrire l'écu des chevaliers lorsqu'ils se présentaient pour combattre dans les tournois. Or, comme il s'y présentait des chevaliers de toutes les nations, il s'en est suivi que les termes devinrent identiques partout.

242.36 Cartes postales illustrées; Cartes à jouer; Ex-libris.

242.361 *CARTES POSTALES ILLUSTREES.*

a) Les cartes postales illustrées ont pris un développement considérable. Elles font l'objet d'un commerce important et de collections. Elles sont de genres variés. Les unes tirées sur papier au bromure d'argent et similaires ont une valeur sensiblement supérieure aux cartes ordinaires. Les autres sont agrémentées d'accessoires en matières textiles, fleurs artificielles etc. Les cartes postales se présentent isolées, brochées en carnets, en feuilles.

« Expression de la vie, la carte postale en est le panorama raccourci. Baptême, première communion, fiançailles, mariage, joie de la maternité et de la paternité, l'art d'être grand'père, enfin le divorce. Pas encore de mort — le divorce marque en cartes postales la dernière étape d'une vie de conte bleu. » (1)

b) On a reproduit en cartes postales les monuments, les musées d'art et les autres musées.

« Il y a les cartes postales fantaisistes, l'écœurante féerie de chromos, les paysages neigeux qu'entourent des soleils et des lunes invraisemblables, des amoureux à la framboise, des jeunes gens qui souhaitent une bonne fête avec un bouquet de roses et un air bête, — mais à côté, les jolis visages et les fleurs photographiés rehaussés de justes couleurs. » (Marius Richard.)

c) Les cartes postales sont reproduites au bromure par l'impression et par l'héliogravure, la phototypie, le double ton, les procédés photochromatiques, l'offset. Certaines maintenant du format 6 × 9 donnent l'illusion parfaite de la photographie d'amateur. On vend les cartes postales par séries de 10 à 20 vues.

d) Autrefois on les collectionnait. On les glissait avec précaution dans des albums. Aujourd'hui la vulgarisation a tué la collection, mais on conserve les cartes à raison des souvenirs qui s'y rattachent (aide-mémoire).

242.362 *CARTES A JOUER.*

Les cartes à jouer constituent en un certain sens des documents. Elles portent des images et des mentions qui ont donné lieu à d'intéressantes études de folklore. Dans beaucoup de pays les cartes à jouer sont l'objet d'un monopole d'Etat ou d'impôts spéciaux.

Les cartes ont tous les formats, les jeux se composant ordinairement de 32 ou de 52 cartes. Elles sont imprimées sur carton, bristol; il en est sur celluloïd. Aux jeux de cartes se rattachent les tarots. Ce furent les premières cartes inventées pour servir d'amusement. On croit qu'ils vinrent de l'Asie comme les échecs, avec lesquels ils présentent quelques points de ressemblance. Ils furent introduits en France vers la fin du XIIIe siècle. Outre les 52 cartes ordinaires, les tarots avaient une cinquième série comprenant 22 figures représentant les atouts ou les triomphes et portant plus spécialement le nom de tarots. On a trouvé en Chine le matériel d'un jeu qui

(1) Alice Halickon. Panorama de la carte postale. *Le Musée du Livre.* Bulletin, mars 1932, p. 43.

se composait de 77 tablettes et qui, pense-t-on, peuvent avoir servi de type au jeu des tarots. On joue encore ce jeu dans certaines parties de l'Allemagne et de l'Italie.

242.363 *EX-LIBRIS.*

Les Ex-Libris présentent deux caractères. 1° Celui de leur fonction : être une marque de propriété combinée éventuellement avec la cote de l'ouvrage et d'autres indications y relatives. 2° Le caractère d'une œuvre d'art, gravure, estampe.

Les ex-libris, les marques d'imprimeurs, les frontispices avec leurs vignettes parlantes et leurs motto suggestifs, disent bien les aspects multiples du livre.

242.37 Photographie.

1. *Notion.*

a) La photographie est l'art de fixer sur une plaque couverte de substance impressionnable à la lumière, les images obtenues avec l'aide d'une chambre obscure. Elle est une méthode permettant d'obtenir par l'action de radiations visibles ou invisibles l'image durable d'un sujet. (E. Picard.) La reproduction de cette image s'appelle aussi photographie.

b) La photographie est donc l'« écriture à l'aide de la lumière » (photo-lumière, graphein-écrire). Depuis son invention elle a répondu de plus en plus à cette définition. Il y a maintenant trois manières d'écrire un texte ou un dessin : à la main, à la machine (dactylographie ou imprimerie, grande et petite), à la photographie. Lamartine définissait la photographie une collaboration de l'artiste avec le soleil.

La *méthode photographique* est appelée à remplacer de plus en plus la *méthode visuelle*. L'objectif, la plaque ou le film, le papier sur lequel l'image reproduite parvient à être fixée, sa multiplication en documents photographiques, c'est là un processus véritablement amplificateur de l'œil et amené à se substituer à lui, non seulement dans l'observation scientifique, mais dans la vie pratique (Travail, Education, Récréation).

2. *Historique.*

Ce qui a été, laisse quelque part quelque trace et, à la condition de trouver un réactif suffisamment sensible, on peut avoir l'espoir de le déceler. Le moindre rayon de lumière, la moindre vibration de l'éther, peut-être la pensée elle-même, peuvent s'inscrire et produire une empreinte ineffaçable. « Qui sait, disait Marcelin Berthelot, si un jour la science avec ses progrès ne retrouvera pas le portrait d'Alexandre sur un rocher où se sera posée un moment son ombre. »

(1) Jardere, H. — Ex-libris, notices historiques et critiques sur les « ex-libris » depuis leur apparition jusqu'à 1894. — Paris, 1895 .

Les étapes du développement de la photographie sont celles-ci : 1° Fixation des images obtenues sur métal (Daguerréotype 1838) ; 2° épreuve sur papier (1839) ; 3° négatif sur verre permettant de tirer un nombre infini d'épreuves sur papier (1845) ; 4° plaques recouvertes d'une émulsion à la gélatine pour remplacer le collodion ; 5° accroissement de la sensibilité de la plaque réduisant le temps de pose ; 6° obtention de belles épreuves par addition aux émulsions de matières colorantes : plaque orthochromatique et panchromatique ; 7° application de la photographie à tous les domaines scientifiques et industriels ; 8° utilisation des prises de vue photographiques pour le lever exact et rapide d'une carte (photogrammétrie) combiné avec l'avion (photoplan) ; 9° la photographie des couleurs ou photographie intégrale, Lippman (1908) ; 10° la photographie des couleurs dites interférentielles (méthode Trichrome) procédé des plaques autochromes avec 6 à 7,000 grains par millimètre carré ; 11° les filmcolors, des pellicules autochromes dont le support est une feuille de celluloïd.

3. *Espèces de photographies.*

a) On a la série des termes suivants : a. négatives ou positives ; b. noir ou couleur ; c. plane ou en relief (stéréogrammatiques ; d. original — diapositive sur verre ou film-pellicule — photographie ou photogramme ; e. cliché typographique ou photogravure ; f. normale, microscopique, macroscopique (réduction et agrandissement) ; g. statique ou en mouvement (cinéma, dynamique) ; h. à voir ou à projeter ; i. muette ou sonore.

b) La photographie a donné lieu à bien des modalités : a. agrandissement ou réduction ; b. combinaisons variées des photographies entre elles, les créations imaginatives, le mouvement ; c. les photographies donnent lieu à plusieurs types d'impression : séparées et par elles-mêmes, en album de vues, illustrant les publications elles-mêmes accompagnées de textes descriptifs, éditées sous la forme à projeter.

c) Comme documents, on distingue la photographie d'art, la photographie d'amateurs et la photographie industrielle. Comme sujet, on distingue les photographies d'art, les photographies industrielles, les photographies documentaires et scientifiques.

4. *Le domaine de la photographie.*

a) On peut dire que la photographie est une manière d'écrire basée sur les principes mathématiques, physiques et chimiques. La photographie est la plus importante des machines intellectuelles inventées par l'homme. Non seulement elle reproduit, mais elle produit les documents et représente la réalité directement sans l'intermédiaire d'un cerveau. En faveur de la photographie, il y a la présomption qu'elle ne peut pas tromper, qu'elle est un témoin irrécusable et irréfutable, qu'il n'y a pas à faire la part de l'« équation personnelle ». La photographie a donc fait reculer le dessin. D'autre part elle doit lui laisser un champ propre, ce que la photographie ne peut pas rendre, à savoir : 1° condenser en un même tableau toutes les idées que comporte un ensemble de divisions de la classification et dont le sujet ne se trouve pas ainsi condensé dans la nature des choses. En cherchant à réunir sur une même image toute une série d'idées, le dessin doit s'appliquer à donner à l'idée exprimée toute sa valeur instructive. Ex. : la photographie nous montre un arbre avec son développement dans l'air, tandis que le dessinateur peut nous le faire voir en plus avec ses ramifications dans le sol. 2° Rendre l'expression des sentiments, matière que l'appareil photographique n'a pas facilement l'occasion de saisir dans toutes ses nuances. Le plus souvent les peintures auront pour mission de distinguer pour le fixer au milieu d'un ensemble d'action, le trait le plus caractéristique, à la fois plus abondant en idées, le plus suggestif et le plus assimilable. 3° Réaliser des créations imaginaires. (David.)

La photographie d'objets matériels et des sciences est souvent froide et schématique, tandis que le dessin peut être chaud et détaillé, rend souvent ce que l'objectif n'aurait pu saisir. Un artiste sent, redit et fait rendre à travers le dessin et la peinture l'essence intime de la vie qu'il veut exprimer.

b) La photographie est le moyen de représentation le plus réaliste, celui dont l'objectivité mécanique atteint la plus précieuse approximation lorsqu'il s'agit d'obtenir de la nature une image à deux dimensions. Elle remplace le relief par une perspective et fournit à la lumière et à l'ombre des équivalents. L'œil humain est soumis à l'imperfection en même temps qu'à la sensibilité de tout organisme. D'où pour lui d'innombrables variantes dans l'analyse de la lumière et des formes qu'elle revêt, autant que dans l'interprétation de leurs rapports. L'instrument au contraire en fixant un instant de l'état lumineux d'un objet ne subit aucune de ces infériorités, aucune de ces émotions. Avec régularité, il obéit impartialement aux seuls principes arithmétique et physique de son invention et de sa fabrication.

Il y a la photographie scientifique, exécutée avec le maximum d'impersonnalité et dépendant du raisonnement et de la logique ; il y a la photographie dite d'art guidée par un choix, sentiment ou émotif. « La machine en général a permis de pénétrer dans un monde nouveau ; le passage de l'inconnu à la conscience opéré par lui est accompagné d'une étrange sensation d'irréalité. » L'œil inhumain d'un objectif peut voir et fixer des aspects inconnus, parce qu'ils n'existent que pendant la fraction de seconde que dure l'acte de la photographie, que l'œil humain ne saurait voir ou concevoir que dans une certaine mesure, sous un certain angle et d'une certaine façon.

c) La photographie élargit le domaine de la documentation non seulement par ce qu'elle reproduit des documents, mais parce qu'elle en produit, tantôt par des meilleurs procédés, tantôt en atteignant des domaines inaccessibles autrement : photographie aérienne ou sous-marine, agrandissements, aspects nouveaux.

5 *Technique de l'image photographique.*

a) Verre ou celluloïd, il s'agit d'un support sur lequel est posée la matière sensible : l'émulsion. Film ou plaque la sensibilité aux couleurs est capitale. C'est la traduction des couleurs dans leurs proportions optiques, c'est-à-dire exactes. On désigne cette propriété par le mot « orthochromatique ».

b) On peut comparer une image photographique à une image visuelle qui s'est gravée sur la rétine de l'œil d'une personne et qui, par la réalisation d'une merveille scientifique, peut de nouveau impressionner d'une façon identique d'autres individus éloignés d'une distance quelconque de l'objet primitivement vu ou après un temps illimité. L'image photographique est absolument complète, elle reproduit les plus petits détails des objets, elle retrace tout ce que la vue est à même de saisir. Dans le dessin graphique, au contraire, quels que soient la patience et le talent du dessinateur, il y aura toujours des détails oubliés ou indiqués d'une façon incomplète. La rétine de l'objectif est bien autrement puissante que celle de l'œil humain. Dans un grand nombre de cas, la photographie constitue un véritable moyen mécanique de vision beaucoup plus parfait que celui possédé par l'homme dans ses organes visuels : les yeux. Elle permet l'inscription des phénomènes d'une durée extrêmement courte ou extrêmement éloignée ou petits (photographie microscopique ou macroscopique). Une collection d'images photographiques représente au plus au point l'emmagasinement des images dans le cerveau, emmagasinement qui, on le sait, constitue la mémoire et donne des matériaux à toutes les fonctions intellectuelles. Un casier de photographies nous représente le schéma d'un lobe du cerveau. L'objectif est seul capable de voir et de dessiner juste, sans interprétation et sans erreur. Et c'est en cela que la photographie a opéré une révolution dans le monde en créant le seul procédé capable de faire une *copie véritable*. Tout document exact doit donc, si c'est une copie, provenir d'une photographie.

c) On a procédé à des retouches, des suppressions, des collages, du photomontage. Toutes les altérations de la photographie primitive sont à connaître du point de vue de la photographie documentaire ; elles sont des moyens d'art et de poésie du point de vue de la photographie artistique.

6. *Etablissement des documents photographiques.*

a) Les photographies documentaires doivent répondre à certaines conditions. On a commencé à les déterminer dans les divers domaines des sciences. Par ex. : pour la photographie astronomique, pour la photographie archéologique (Précis d'Archéologie du moyen âge, de

Brutails, ch. VI), pour l'architecture (J. Jamin: Congrès international de Photographie, 1910). Il est désirable de voir rattacher ces recommandations particulières à des règles générales. (Voir Code n° 64.) La photographie scientifique exige des points de repère pour le calcul. De là tout un développement, la Photométrie ou Photogramétrie.

b) Il demeure essentiel à la photographie d'obtenir des images exactes. La méthode décrite par M. E. Estanave (Académie des Sciences, Paris, 16 juin 1930) lui a permis d'obtenir l'image aérienne du sujet, visible à toute distance et présentant en vision binoculaire tous les caractères de la photographie intégrale, image unique, en grandeur naturelle avec son relief et la même variation de champ qu'on observerait si l'on se déplaçait devant le sujet lui-même.

c) Les Congrès ont réglementé déjà largement les formats des plaques, des appareils, des épreuves stéréoscopiques, des fiches, etc. La standardisation apporte d'heureux résultats. Il y a lieu de l'étendre aussi aux publications et collections et d'intégrer les formats de la photographie à la série des formats de la Documentation générale. De grand format (tableau), moyen format (feuille), petit format (fiche), format film (microgramme) ou formats métriques intermédiaires.

d) Mais la copie photographique va révolutionner toute la documentation. En dehors des manuscrits, elle va permettre de réduire les prêts, les envois à l'étranger, les voyages mêmes aux grands centres dont les périodiques ne doivent pas sortir, ne sont moyen efficace que dans des cas d'exception. On voit les bibliothèques se doubler d'un service photographique qui va transformer les grands dépôts et les collections spéciales non plus en salles de travail, mais en *centres d'émission*, d'où les documents rayonneront (Morel). Deux voies sont ouvertes: la copie photographique à grandeur réelle. La copie à réduction (le livre microphotographique, le microfilm).

Un appareil nouveau, construit comme un appareil d'agrandissement du microphote, permet d'obtenir la photocopie des manuscrits, au recto et au verso, d'où économie de papier et de place.

e) Les photocopies peuvent être de véritables extraits. Elles sont en tout point l'équivalent de copies à la main qui auront été faites dans un livre ou dans une encyclopédie (texte ou image). Mais ce sont des extraits disposés dans l'ordre désiré, si bien qu'en réalité on peut se trouver en présence d'un exposé nouveau, d'un véritable livre nouveau, qui n'a jamais été écrit antérieurement, mais dont la pensée qui choisit les documents a pu concevoir le plan, les idées directives, certains détails, sans qu'elle ait été obligée de procéder elle-même aux développements.

La photographie a forcé les peintres, attaqués sur ce terrain de la vérité extérieure, à se tourner davantage vers l'expression de la vérité intérieure, psychologique. Le cinéma de même agit sur l'art dramatique. Quant au journal, il est consacré aux nouvelles et à l'information rapide. Mais il vit au jour le jour et il n'est point de surface. L'écrivain lui va se tourner de plus en plus vers l'âme en abandonnant les domaines des histoires et des faits anecdotiques où le journalisme excelle. Ainsi se vérifiera la pensée de Théophile Gautier, que le livre seul a de l'importance et de la durée.

La photographie a été longtemps dominée par la conception de la peinture. C'est récemment qu'elle est devenue franchement réaliste: elle reproduit la chose directement, crûment — et nous émerveille; ainsi, pores béants et rides nettes d'un visage; tissu aux ciselures précieuses d'un vulgaire bout de bois, détails de structure de texture ou de facture de n'importe quel objet photographié. Nouvelle conception de l'espace; un pouvoir de connaissance directe du monde qui nous entoure, et de notre vie même. (1)

7. *Applications diverses de la photographie.*

La photographie a donné lieu à d'innombrables applications. D'autre part, elle n'a pas été seulement un substitut automatique du dessin, elle a donné lieu à des formes de documents impossibles sans elle; ainsi :

a) La photographie composite (Galtonienne). Elle ne retient que les traits capitaux de visages divers et donne un type symbolique.

b) La Gastrophotographie est la photographie appliquée au contrôle visuel de l'estomac, venu en aide au diagnostic médical (apareil de F. Bac, Porges et Heilpern). (2)

c) Pour le chronométrage des temps de travail, on a placé de petites lampes électriques à des points convenablement choisis du corps de l'homme (main, tête), on a photographié ensuite les mouvements. Les trames lumineuses figurent les trajectoires des lampes électriques.

d) La métrographie est la technique nouvelle qui emploie l'objectif pour mesurer les images. M. Andieu dans son ouvrage « Les révélations du dessin et de la photographie à la guerre », décrit la manière d'utiliser la représentation du paysage sous quelque forme qu'elle soit, au moyen de mesures métriques. Après enquêtes auprès de toutes les catégories de gens, médecins, artistes, topographes militaires, il a dégagé une façon normale de regarder les objets, c'est-à-dire l'angle optique sous lequel l'œil voit. Il est arrivé ainsi à une sorte de distance humaine, réflexe ou acquise, dont il a fait la clef d'un système. Par là il rend simple et commode l'exploitation de la perspective et de son inverse, en faisant abstraction des règles géométriques.

e) La photographie métrique, appelée aussi photogrammétrie, donne une image absolument conforme aux mesures métriques. Elle permet d'arrêter les proportions de

(1) L. Moholy Nagy : Une vision nouvelle.
(2) *Revue Scientifique* 1932, p. 150.

grandeur et de distance des objets et de pouvoir reproduire la photographie comme plan sur n'importe qu'elle échelle. La photographie stéréophotogrammétrique elle, a l'avantage de donner une vue plastique à l'image.

7. Photographie aérienne.

Les photos aériennes sont venues révéler un nouvel aspect de bien des choses et aider à leur meilleure connaissance. (Ex. Cartes de pays et plans de villes, vues des pyramides, études du trafic et de la circulation, etc.). Avec la photographie aérienne, chaque commune pourra avoir une véritable image de son territoire. La photographie aérienne a eu son couronnement dans les vues prises au-dessus du Mont Everest à 10,000 mètres d'altitude, au début de 1933, par Clydesdale et Mc Intyre. La photographie aérienne donnant une vue des choses de loin, permet de découvrir des particularités qui échappent tout à fait quand on est près. On a pu découvrir ainsi en Mésopotamie une immense cité pouvant contenir quatre millions d'habitants. Sur les rives du Tigre, des anciens systèmes d'irrigation, des forts disposés en série. (Article de M. G. D. Beazeley, dans *Geographical Magazine* de mai 1919. Analyse dans : *Bulletin mensuel de la Société Centrale d'architecture*, oct. 1919.)

Au cours des dernières années des sociétés anglaises ont relevé par photos aériennes des dizaines de milliers de kilomètres carrés en Afrique, en Asie et en Amérique. La cartographie de ces régions a été accomplie dans le dixième du temps demandé pour le relèvement par moyens terrestres et pour une dépense de moins d'un quart. Souvent les levés aériens effectués auraient été impossibles à faire du sol; la région marécageuse du Soudan connue sous le nom de Sudd en est un bel exemple. Des avions totalisant mille heures de vol aux altitudes de 3,500 à 4,500 mètres, ont photographié cinquante mille kilomètres carrés du Soudan et de l'Ouganda et les cartes furent livrées deux ans après le commencement de l'entreprise. L'arpentage terrestre le plus rapide de cette région avec l'organisation la plus compréhensive, aurait pris au moins dix ans et aurait été loin de fournir tous les renseignements précis que révélaient immédiatement les photographies aériennes.

Les photographies aériennes fournissent un moyen simple, direct et rapide de relever de grandes étendues; elles ont aussi l'avantage de fournir immédiatement des renseignements précieux sur la constitution même des régions relevées. Elles montrent les endroits où de riches dépôts minéraux sont susceptibles d'être découverts, où la terre est propre à la culture, les zones où les forêts doivent être conservées pour des raisons commerciales ou pour servir de protection, les meilleurs alignements pour les chemins de fer et les routes, et maintes autres informations de la plus grande valeur pour le gouvernement et le développement rationnel du pays. La photographie aérienne a révélé en outre toute une partie de l'histoire ancienne en montrant la configuration des anciennes villes, des routes et terrassements. Même en Grande-Bretagne, des détails historiques, qui seraient restés cachés peut-être à jamais, ont été découverts grâce à la photo aérienne.

La photogrammétrie stéréoscopique conçue par le Prof. Hugershoff, de Dresde, a réduit au dixième les opérations sur les terrains et les opérations de bureau à la sixième partie du temps employé avec les anciennes méthodes. On peut maintenant cartographier des terrains inabordables et impénétrables, d'extension considérable. Les appareils dits à autocartographier, du même, permettent de faire des plans en relief, avec courbes de niveau exacts, à l'échelle de 1:10,000 ou 1:20,000, des forêts et des chaînes de montagnes élevées. Les vues sont prises en aéroplanes ou latéralement de chemins de fer dans les montagnes, de vapeur sur les côtes. En deux heures, un aéroplane peut prendre des photographies qui couvrent une superficie de 300 km2 pour des plans à l'échelle de 1:10,000 et de 1,200 km2 à l'échelle de 1.20,000. (1)

g) *Photographie du ciel.* — Une œuvre d'importance capitale a été entreprise : la représentation photographique de tout le ciel stellaire. Y travaillent 18 observatoires et certains ont déjà achevé la tâche leur dévolue. L'œuvre totale comprendra 2,000 feuilles contenant les images de 50 millions d'étoiles jusqu'à la grandeur 14, obtenues avec poses d'environ une demi-heure. Elle comportera aussi un catalogue indiquant la position d'environ 2 millions d'étoiles jusqu'à la grandeur 11, obtenues par pose de 5 minutes.

La photographie appliquée à la représentation du ciel nous permet: 1° d'embrasser d'un coup d'œil l'immensité de l'univers accessible à nos moyens de recherche; 2° de tirer de cette représentation fidèle du ciel l'immense avantage de substituer des mesures aux images.

La scintillation des étoiles donne lieu à une extinction plus rapide sur la plaque photographique que dans l'œil humain.

h) La stéréoscopie doit être considérée d'une part comme un problème mathématique et d'autre part comme un problème graphique. L'illusion de relief donnée par la stéréoscopie est due en partie à une éducation cérébrale qui, lorsque chacun de nos yeux reçoivent une image spéciale, ne nous laisse jamais voir qu'un seul objet sous trois dimensions. Cette éducation dans laquelle notre imagination entre puissamment en jeu est devenue si parfaite que si l'on vient à regarder avec les deux yeux un dessin formé de quelques traits et de quelques points diversement disposés, notre esprit s'efforce toujours d'y voir l'image d'un objet à trois dimensions qui n'existe pas. (Eyckmann *Annales d'Electrobiologie*, août 1909.)

Le Dr Herbert Yves (exposé à la Société des Ingénieurs du Cinéma à New-York) voit la solution du problème dans ces desiderata: pas d'appareil de vision individuelle

(1) Munich, Kartographische Gesellschaft.

pour les spectateurs ; une seule pose photographique pour chacune des images successives constituant le film ; un système de projection unique. M. Yves a cherché à distribuer les vues différentes sur l'image elle-même. (Parallax stereogramme.)

i) *Photographie automatique.* — L'administration hollandaise des téléphones, section d'Amsterdam, a mis en fonctionnement un système remarquable de comptabilité photographique pour ses 30,000 abonnés. Tous les postes reliés par fils ont leur compteur disposé côte à côte, par groupe de 100, dans une grande salle. Chaque mois un appareil photographique automatique placé sur rail et balayant tous les compteurs un à un de ses foyers lumineux, enregistre microscopiquement sur film continu les consommations du mois. Dans une salle annexe fonctionne en plusieurs exemplaires l'appareil à établir les factures des abonnés. Le film du mois est projeté, agrandi sur un verre mat, avec parallèlement le film du mois précédent. Une dactylographe transcrit à la machine sur papier les chiffres des deux mois placés en regard : le jeu de machines à calculer branché sur la machine à écrire, opère automatiquement le décompte : nombres index du mois courant, nombre index du mois précédent, X prix au kilowat. Le contrôle est opéré par une seconde machine qui transcrit le nombre dans l'ordre inverse de la première ; les erreurs ne sont donc à rechercher que dans les limites de deux totaux discordants. Cette méthode a mis fin aux contestations. Toute la comptabilité de deux ans résumée en (30,000 abonnés × 24 mois = 720,000 × 2 nombres = 1,440,000 nombres) n'occupe dans les archives que le cinquième d'un mètre cube.

j) *La photographie intégrale.* — L'appareil visuel des insectes est formé d'un très grand nombre d'yeux extrêmement petits, ayant chacun une cornée, un cristallin et une rétine. Il y en a 25,000 et plus chez certaines espèces et il est vraisemblable que toutes ces images partielles formées sur l'ensemble des rétines donnent un relief fortement accusé. De plus cette disposition doit permettre aussi la variation du champ de vision suivant le déplacement de l'animal et des objets différents peuvent ainsi lui apparaître successivement. Gabriel Lippmann, en 1908, s'est demandé s'il serait possible de réaliser un système de photographie intégrale permettant de rendre toute la variété qu'offre la vue directe des objets et il a indiqué les principes d'une solution de ce problème difficile. Rappelant l'œil composé des insectes, il est formé une image qui nous « représente le monde extérieur s'encadrant en apparence entre les bords de l'épreuve comme si ces bords étaient ceux d'une fenêtre ouverte sur la réalité ». En 1921, Estanave (Marseille) a utilisé pour remplir le rôle de plaque gaufrée ces minuscules loupes qui s'incrustent dans certains porte-plumes d'enfants (loupes Stanhope). Il a réalisé ainsi, en réunissant 1,160 de ces loupes en un bloc rigide, des photographies d'objets très brillants répondant aux conditions de la Théorie Lippmann. Beaucoup reste à faire, mais la photographie intégrale est possible.

8. *Organisation.*

a) La photographie a donné lieu à diverses mesures d'organisation et divers organismes caractéristiques. La photographie relève de la documentation. L'ensemble des photographies existantes constitue l'image photographique du monde. Il y a lieu d'organiser et d'inclure l'organisation de la photographie dans l'organisation générale de la documentation. En 1906 s'est tenu à Marseille le Congrès International de Photographie documentaire. L'Institut International de Bibliographie et sa section de Photographie documentaire y ont présenté un premier ensemble systématique des règles concernant l'organisation, le classement, la collaboration. (Voir les Actes de ce Congrès et Bulletin de l'Institut International de Bibliographie et Annuaire de la Vie Internationale, p. 2434.) Ce premier ensemble amplifié, précisé et mis en rapport avec la documentation générale, a été traité à nouveau dans le Code des Règles pour l'Organisation de la Bibliographie et de la Documentation qui ont été présentés successivement à la Conférence Bibliographique internationale de 1910 (voir Actes) et au Congrès International des Associations Internationales (1910, actes p. 168). La photographie documentaire et l'Iconographie générale sont traitées ensemble dans le chapitre VI de ces codes. Voir publication n° 119. Code de l'I. I. B. pour l'organisation internationale de la Photographie.

b) Il s'est formé des organes propres à la photographie, des centres de production et d'édition. Certaines grandes maisons ont une place considérable, par ex. : Braun, Boissonnas et Alinari, les artistes de la photographie.

c) On a créé dans certains musées des collections importantes relatives à la science et à la technique de la photographie (par ex. : à Munich, à Paris, etc.).

d) Des agences photographiques procurent aux journaux les vues des faits du jour. Des abonnements règlent les modalités d'utilisation et de payement.

9. *Reproduction des documents existants. Photocopie.*

a) La photographie est venu apporter le moyen sûr et économique de reproduire des documents anciens. En premier lieu il s'agit des manuscrits. Les congrès internationaux du Livre, des Bibliothèques, de la Bibliographie, sont revenus à maintes reprises sur ce sujet. En 1898 et 1905, il s'est même tenu un Congrès international pour la reproduction des manuscrits. Plus récemment, la Commission de Coopération Intellectuelle de la Société des Nations a abordé la question. Dans les assemblées scientifiques, on a demandé la publication des fiches phototypiques représentant les types originaux des espèces décrites par les anciens auteurs (mémoires de Leval et E. Joubin). D'une manière générale, des mesures doivent être prises pour la reproduction immédiate en photographie des documents uniques ou rares dans tous les domaines.

Les procédés photographiques de reproduction ont été employés récemment pour reproduire les « Histoires des vingt-quatre dynasties » de 1195, l'Edition « PENA » qui doit comprendre 800 volumes avec environ 130 mille pages. C'est l'histoire de cinq millénaires de la civilisation chinoise. Les œuvres originales sont datées depuis 1034 A. J. C. Par la photographie, on a pu en réduire le format original. L'œuvre montre la belle avance qu'avait la Chine dans les procédés des planches de lettres gravées qui précéda la typographie proprement dite,

b) Avec le nombre, la dispersion et les prix croissants des livres, des journaux et des revues techniques, il n'est plus guère possible au particulier d'en acquérir régulièrement, les plus importants même.

L'achat au numéro des périodiques contenant les articles que renseignent les fiches est certes une solution déjà moins onéreuse. Toutefois, elle oblige les lecteurs à une correspondance compliquée et les éditeurs à conserver, pour les dépareiller ensuite, des collections complètes. Comme le nombre des exemplaires en stock est forcément limité, et que les numéros s'épuisent d'une manière inégale, les éditeurs sont souvent dans l'impossibilité de pourvoir à la demande. La consultation de Bibliothèques est toujours possible mais il faut aussi que les articles puissent être joints aux dossiers d'études. La solution est dans la Photocopie des articles selon les méthodes de la photographie normale ou de la photographie microscopique.

c) Il y a les perfectionnements des procédés de reproduction à grandeur, notamment : La Schwartz-Weiss, photographie réelle du Noir Blanc, le Photostat, le Comtophote, etc. (1)

Le « Recordac » est un appareil, créé par la Firme Kodak, permettant aux banques la photographie microscopique automatique des chèques, de manière à permettre leur retour en original aux signataires. Sur un film de 16 mm. de large et 200 pieds de long, on peut photographier 16,000 chèques. Une bobine de 3 3/4 × 3 3/4 × 3 3/4 de pouces contient 8,000 chèques. On applique aussi le procédé à la copie photographique des pièces de caisses de toute espèce en vue d'éviter l'encombrement.

242.38 La projection.

1. *Notion.*

a) Le jour où quelqu'un projeta la photo, exhumant l'antique lanterne magique, certes il ne savait pas tout juste ce vers quoi de grand il nous mettait en route. Il posait deux nouveaux principes : la surface occupée seulement pendant les secondes où elle est utile et rendue immédiatement après pour d'autres fins ; d'autre part la possibilité de pouvoir agrandir ou réduire l'objet à volonté. C'est toute la projection.

L'évolution de la projection a été marquée par les étapes suivantes : 1° elle a commencé avec la vieille lanterne magique ; 2° elle a pris plus tard la forme de diapositives sur verre ; 3° puis sur clichés, celluloïdes et même papiers ; 4° le mouvement par le livre microphotique (Photoscope, Cinéscope) a donné lieu aux vues sur pellicules, format film, en bobine d'abord, puis séparable en images distinctes ; 5° le développement de la projection actuel.

b) La projection est la reproduction et l'agrandissement à distance d'un objet ou d'une image. Elle est de trois espèces : 1° projection de diapositives (verre ou colophane) ; 2° projection de corps opaques (Epidoscope) ; 3° projection aux rayons Rœntgen. Elle se réalise de près ou de loin, avec ou sans fil. La reproduction s'opère soit sur un écran, soit sur papier photographique, où se fixe l'image. La projection agrandie sur écran fait naître un document virtuel qui s'évanouit bientôt, n'accaparant ni immobilisant aucun support, n'occupant l'espace qu'au moment utile et disparaissant ainsi pour faire place à une autre projection.

c) Une classification générale de la projection donne les divisions suivantes : a) fixe ou animée ; b) en noir ou en couleur ; c) d'objets translucides ou opaques (diascopique ou épiscopique) ; d) de grandes dimensions ou microscopique ; e) sans relief ou avec relief ; f) sur écran ou en panorama ; g) sans parole ni musique, avec parole et musique ; h) avec fil ou sans fil ; i) dans l'obscurité ou en pleine lumière. Les divers appareils et procédés existants relèvent de ces caractéristiques : lanterne magique, cinéma, photoscope, cinéscope, films parlants, films sonores.

2. *Le livre microscopique ou microphotographique. Le livre projeté.*

a) Nous avons proposé, dès 1906, avec Robert Goldschmidt (1), de donner au livre ou aux documents en général une forme nouvelle : celle de *volumen* en miniature obtenus comme suit : chaque page, élément ou combinaison de pages est photographiée directement sur une pellicule ou film du format cinématographique universel. Les images ainsi obtenues se présentent successivement, étant juxtaposées côte à côte sur la bande filmée et dans les dimensions réduites de 18 × 24 mm.

(1) Hanauer : *Minerva Zeitschrift* B. D. V. — Ernst Walser (Basel) : *Centralblatt für Bibliothekwesen 1928*, p. 417.

(1) *Bulletin de l'Institut International de Bibliographie*, 1906. — R. Goldschmidt et Paul Otlet : La Conservation et la Diffusion de la Pensée. Le Livre microphotique. Publication n° 144 de l'I. I. B. — L'idée depuis a fait son chemin et le procédé tend à devenir universel.

Fig. 1. — Projection sur la table de travail.

Fig. 2. — Film serti dans son cadre réduction aux 2/3.

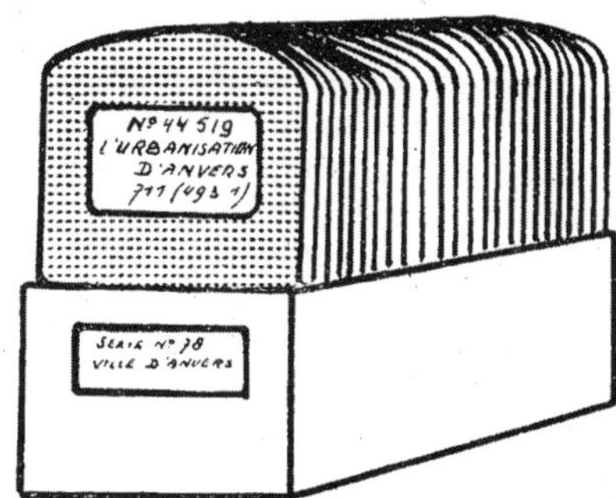

Fig. 3. — Série de cadres.

Fig 4. — Lampe et disque recevant les films en cadre.

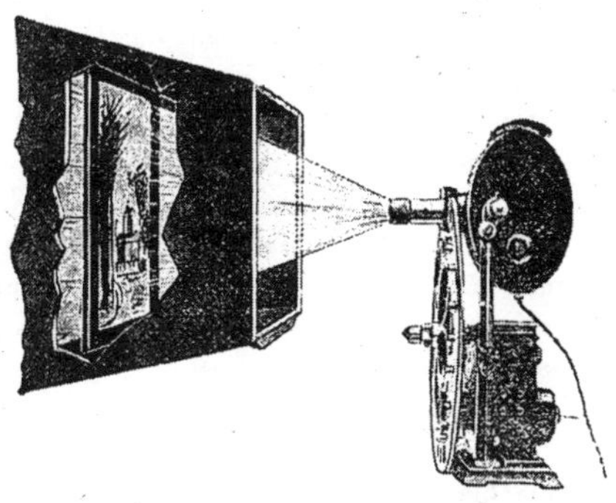

Fig. 5. — Projection en plein jour dans une caisse d'ombre.

ILLUMINATION
FÊTES DE
LUMIÈRE

Fig. 6. — Agrandissement de la photographie sur film d'un article extrait d'une revue.

Fig. 8.
Loupe à dérouleur pour film.

Cette image virtuelle reproduit dans ses moindres détails le texte, manuscrit ou imprimé, ainsi que les illustrations.

Ce négatif sert de matrice ou prototype, d'où seront tirés des positifs de même dimensions. La lecture de ces positifs pourra se faire soit à l'aide de verres grossissants, soit par une simple petite lampe à projection ou « machine à lire », qui a été construite spécialement et dont le volume est si réduit qu'elle se met en poche.

b) La nouvelle méthode permet de filmer en deux cents secondes, cent pages d'un livre à reproduire. En une heure, plusieurs milliers de pages peuvent donc être ainsi enregistrées par un seul appareil et cela à un prix modique. En enroulant chaque livre séparément dans sa boîte, un meuble (microphotothèque) composé de dix tiroirs d'un mètre de surface sur 12 cm. de hauteur, peut contenir 18,750 volumes microphotographiés de 350 pages. C'est l'équivalent d'une bibliothèque dont les rayons mis bout à bout auraient 468 mètres. On obtient les positifs sur film par contact. Des machines spéciales pour cette opération permettent d'obtenir jusqu'à 1,000 mètres à l'heure, soit 52,000 pages.

c) En ce qui concerne la lecture, la « Machine à lire » reconstitue en vraie grandeur le texte ou le document graphique. La lanterne a environ 30 centimètres cubes de volume, elle fonctionne avec une lampe électrique alimentée par n'importe quel courant ou par une pile. La lanterne permet de voir le document, soit par projection verticale directe de haut en bas sur une surface opaque blanche quelconque, placée sur la table, soit par transparence, en renversant l'appareil de façon que la projection se fasse de bas en haut. Dans ce cas, l'on remplace la surface blanche par un support transparent, verre dépoli ou papier calque. Quand l'appareil est disposé horizontalement, il permet de faire la projection sur n'importe quelle surface ou transparent, écran, mur, plafond même. De cette façon, il rend possible la vision pour un grand nombre de personnes à la fois (conférences, écoles, démonstrations scientifiques, etc.). Si l'on désire conserver un document agrandi, il suffit de remplacer l'écran par une feuille de papier sensible au bromure d'argent et l'on obtient alors, après développement, une reproduction à la grandeur désirée, suivant l'acuité visuelle du lecteur. Si l'on veut reproduire le document entier un petit nombre de fois, un appareil spécial permet le tirage continu sur papier sensible de l'image agrandie du film. Si l'on désire au contraire reproduire en agrandi un très grand nombre d'exemplaires, un processus continu d'impression utilisant l'encre d'imprimerie permet de reproduire très rapidement autant de copies que l'on désire.

Projection en plein jour. — Images et textes peuvent se voir à l'œil nu et se lire à la loupe. Un tirage sur papier sert de catalogue utilisable comme aide-mémoire, notamment au moment de la leçon ou de la conférence. Sur le type fondamental élaboré des applications diverses, divers appareils ont été réalisés (Photoscope, Cinéscope, Zeiss, etc.).

d) Bibliothèque, Institut, Musée, Office d'administration étendu, Bureau d'études industrielles, Ecole, peut donc avoir aujourd'hui son microphote et commencer sa collection de l'Encyclopédie : acquérant les films ou en produisant eux-mêmes. Demain tout travailleur intellectuel aura sur sa table cet instrument nouveau qui doublera les moyens de sa documentation en lui offrant, sous une forme merveilleusement réduite, un Musée et une Bibliothèque.

e) Le format microphote est de 18 × 24 mm. (image de cinéma) ou de 24 mm. de large sur 23 mm. de haut, ce qui permet d'insérer en largeur et en hauteur n'importe quel document sans que l'on doive retourner le film. Pour la bonne mise en pages, tenir compte alors de ce que les images doivent s'insérer dans un cadre 24 × 33 ou multiples de ces dimensions. Les documents noirs et gris sont les seuls qu'on puisse photographier sans surprise, les couleurs donnant des tons gris ou noirs. Les textes à placer sous les images doivent être calligraphiés à l'encre de Chine sur fond blanc ou tapés à la machine avec un ruban bien noir. Ne pas mettre trop de texte sous les vues et bien proportionner la grandeur des caractères à celle des images. Il est utile de porter sur l'image une marque de collection, un numéro de repère, un indice de classement, un titre. Les vues sont montées en bandes s'enroulant en bobines. Un microfilm en bobines peut se composer de 20 à 60 images, mais il n'y a pas de limite de longueur. Elles sont aussi utilisables, image par image, montées en petites plaques dans un encadrement métallique et mobile pouvant dès lors recevoir toute espèce de classement différent. On a créé de petits appareils de prise de vue (le Photoscopique, le Centvues, etc.).

f) La projection des microfilms a été opérée d'une manière automatique (autofilm). Cette projection est continue, en cycle, recommençante, et ne demande d'intervention humaine que pour la première mise en mouvement. L'appareil se compose de la lanterne, du film, d'un mécanisme de rotation, d'un écran et d'une prise de courant.

On peut projeter en plein jour avec un avant-corps noir devant l'écran. L'appareil est placé dans un lieu public (galerie d'exposition ou de musée, vitrine, coin de rue ou de parc). Il s'adresse au passant. C'est une sorte de publicité murale applicable pour la diffusion de toute espèce d'information. Des lampes à lire ont été construites qu'on place sur le document (Busch, Berlin). On a construit des lunettes spéciales (agrandisseur binoculaire Zeiss).

---

(1) Hanauer, J. — Das Kleinstlichtbild im Dienste von Technik und Wissenschaft. — Das Technisch Blatt, Beilage der *Frankfurter Zeitung*, 5 Sept. 1929.

3. *Projections diapositives.*

Les diapositives sur verre ont longtemps été les seules. Elles sont lourdes, fragiles, coûteuses. Le Congrès international de Photographie en a unifié le format. Il en a été constitué des collections dans les centres d'études.

4. *Projection des corps opaques.*

La projection des corps opaques repose sur le principe de la lumière réfléchie, elle exige un foyer lumineux puissant. C'est le développement de l'ancienne idée des « ombres chinoises », très répandues en Extrême-Orient. Il y a de nombreux instruments : l'épidoscope de Zeiss, l'épidoscope de Bergé, le Panoptique, le Miror.

5. *Radiographie.*

a) Nous sommes avec les rayons X et les appareils qui les produisent aujourd'hui, en possession d'un puissant moyen d'investigation, voyant sans détruire, pénétrant sans lésion, les objets les plus précieux, et que les sciences anthropologique, paléonthologique, préhistorique, se doivent d'employer et de joindre à leurs procédés ordinaires d'études (ex. : momies, silex, etc.). On dispose de la plaque de verre et de l'épreuve photographique positive sur papier. (1)

b) La photographie, la cinématographie même avec seize vues par seconde, ont utilisé l'action sensible des rayons X. Dans les amphithéâtres de médecine, on projette des films où apparaissent le mouvement d'un squelette, le jeu d'un muscle ou la contraction d'un estomac occupé à la digestion. La radiographie ne montre que des ombres, l'ampoule n'éclaire pas, elle peint des ombres chinoises sur la paroi.

Les rayons sont des outils de diagnostic et de reconnaissance de la maladie ; ils sont en outre des remèdes. Les rayons Rœntgen ont donné lieu à de nouveaux documents : les Photogrammes des images produites par le merveilleux instrument. La clarté des films dispense de tous les raisonnements, du flair de jadis. La chirurgie de fractures devient presque banale. Les images des poumons, de l'estomac, du pylore, du rein, de la vessie, tous organes qui peuvent être anormaux et sont relevés. Avant le XIX° siècle, avant Laennec, le tronc était comme une terre inconnue. L'art de la percussion et de l'auscultation furent l'objet de sarcasmes pendant des années ; aujourd'hui il suffit de voir. Le rayon Rœntgen s'applique en masse. En Suisse, toutes les recrues passent devant l'écran afin que l'on puisse voir la tuberculose débutante et compensable.

6. *Projections diverses.*

Le Dr Manfred de Manheim a construit une machine à projection sur les nuages à hauteur de 800 à 1,000 m. et visibles à plusieurs kilomètres de distance. Voilà le ciel appelé à jouer pendant la nuit le rôle de la feuille de papier sur laquelle toute pensée pourra s'inscrire, le rôle de l'écran sur lequel se projette la photographie ou le plan.

(1) La Radiographie en Anthropologie et en Préhistoire, par le Dr Foveau de Courmelle. *Revue Mondiale*, 15 nov. 1920, p. 177.

242.4 Archives (pièces, collections, dépôts).

1. *Notion.*

Les archives constituent une partie de la documentation générale. Non seulement leurs méthodes et leurs installations se transforment, mais aussi la conception de leur objet. « Archives » (écrit avec une majuscule) désigne soit le bâtiment (dépôt) des Archives, soit l'ensemble des collections y conservées, soit encore l'administration des Archives. « Archives » (écrit avec minuscule) désigne une collection déterminée, importante ou non ; l'expression est synonyme de collection ou fond d'archives. Un fond d'archives est l'ensemble des documents écrits, dessinés ou imprimés, reçus *ex officio* par une administration ou par ses employés, ou émanant d'eux, pour autant que ces documents étaient destinés à reposer sous cette administration ou ces employés. (1)

Par archives, on entend donc 3 choses :

1° la collection des documents publics et privés constituée par les pièces reçues ou rédigées officiellement par une administration ou l'un de ses fonctionnaires et qui lui servent de preuve ou témoignage ;

2° le local où cette collection est conservée ;

3° l'administration qui a leur garde et leur gestion.

2 *Historique.*

Les anciens conservaient dans leurs temples les archives, de même que le Trésor public. Dans les premiers temps de la monarchie française, les rois se faisaient suivre de leurs archives en voyage et même à la guerre, les exposant ainsi à bien des dangers. Sans parler ici des archives des autres Etats, ni surtout des archives incomparables du Vatican, les *Archives nationales françaises* furent vraiment organisées sous Louis XIV (1688). Elles ont été réorganisées en 1870 et rentrent dans les attributions du ministère de l'Instruction publique. Elles comprennent trois sections : historique, législative et judiciaire, administrative et domaniale.

Les collections publiques les plus anciennement classées sont le trésor des chartes, les archives des Parlements et de la Cour des Comptes. Les grandes collections formées par des particuliers ont donné à Colbert l'idée d'un système général de conservation et de classement des archives nationales. On organisa d'abord celles des ministres. Clairambault, le jeune, sous les ordres de Louvois, réunit les Archives de la Marine à St-Germain-en-Laye, et

(1) Cuvelier. — Bulletin de l'Association Bibl. et Arch. de Belgique, 1908, p. 40.

le dépôt de la guerre fut établi aux Invalides (1688). Le Marquis de Torcy, ministre des Affaires étrangères, créa en 1710 un dépôt permanent des papiers diplomatiques. L'immense dépôt des Archives Générales de France ne fut organisé qu'à l'époque de la Révolution par Camus et Dannou. Vers 1860, les documents du seul dépôt de la guerre, manuscrits ou lettres, autographes, se composent de 5,000 volumes reliés et de 6,000 cartons.

3. *Espèces d'archives.*

Les diverses espèces d'archives sont : 1° les archives des particuliers comprenant les archives personnelles, les archives de famille et les archives des firmes d'affaires ; 2° les archives des entités commerciales, industrielles et financières, soit des firmes, soit des sociétés ; 3° les archives des administrations et institutions (par ex. Parlement) publiques à tous les degrés ; 4° les archives des Cours et Tribunaux ; 5° les archives des organismes scientifiques ; 6° les archives des organismes sociaux, œuvres, partis, associations de toute nature ; 7° les archives économiques et sociales. Le Comité international des Sciences historiques procède à une enquête en tous pays sur l'organisation des archives économiques et sociales contemporaines. Jusqu'ici de telles archives ont été systématiquement formées à Bâle, à La Haye, à Cologne, à Bruxelles. Elles ont pour objet de conserver notamment le souvenir de la vie de notre temps et le faire subsister au même titre que les archives administratives parmi les sources des Histoires contemporaines. La vie courante mérite certes autant d'attention que les grands événements diplomatiques ou militaires. (1)

4. *Fonctions et utilisation.*

Les archives sont de plus en plus fouillées et refouillées. C'est que l'Histoire cesse d'être une spécialité, le récit des événements politiques ayant rapport avec l'autorité, donc avec les princes aux temps passés. L'histoire, c'est la relation de ce que toutes choses ont été dans le passé, les personnes, les objets, les œuvres, les idées, les sciences, les arts, le travail, tout l'homme et toute la civilisation. Les archives alors sont des sources parmi lesquelles investiguer l'état passé, l'état transitoire et fugitif du

(1) L'art. 12 des statuts du Parti de l'ordre politique national à Genève porte : « En cas de dissolution les » archives sont détruites en tout ou en partie ou con- » fiées en mains sûres par ordre du chef, avec interdic- » tion de les laisser consulter avant l'expiration d'un délai » de cinquante ans, sous peine de droit et tous dommages » intérêts. » Il demeure toujours important que des mesures soient prises contre la destruction d'archives d'associations et d'archives de particuliers ayant été associés à la vie publique. Tous lieux de conservation, moyennant garantie, devraient être les dépôts d'archives nationales. Un grand dépôt international devra trouver sa place au Mundaneum.

5 *Institutions connexes.*

Aux dépôts d'archives sont rattachés maints services, institutions, collections. Ainsi aux *Archives nationales* à Paris est annexée l'*Ecole des Chartes*. Le Musée Paléographique des Archives comprend les documents originaux les plus curieux de l'Histoire de France depuis 625.

6. *Archives et documentation administrative.*

Le terme « Archives » en français a été employé parfois dans le sens de « papiers » de toute espèce, les uns anciens, les autres modernes et courants, d'un individu ou d'un organisme. En ce sens il y a confusion. On a été amené à faire une distinction entre les deux et à proposer deux appellations distinctes. « Archives » pour désigner les papiers anciens, « Documentation administrative » pour désigner les papiers courants nécessaires à toute administration. Dans la réalité, les liens les plus étroits existent entre les deux ordres, car les archives anciennes, dans le passé, ont été vivantes, formées de pièces d'une véritable documentation administrative.

D'autre part, les réformes proposées dans l'organisation de la Documentation administrative iront en répercussion sur l'organisation des archives anciennes elles-mêmes, étant donné que tôt ou tard, c'est dans celles-ci que seront versées les pièces devenues trop anciennes et que ce versement sera opéré sous la forme et dans l'ordre nouveau qui leur auront été donnés.

7. *Organisation des archives.*

La question de la concentration des archives se pose comme celle de la centralisation des bibliothèques.

Il y a des associations d'archivistes reliées en organisation internationale.

L'organisation des archives a fait l'objet de grands travaux : classement, conservation matérielle des pièces, description, catalogue, communication, etc. (1)

8. *Publication des archives.*

Un travail immense accompli par la publication des manuscrits et des archives mis à la disposition de tous.

242.5 Musique.

242.51 Notion.

a) Dans le vaste cercle de la documentation, la musique occupe un secteur important. Tantôt cette documentation est séparée de toutes les autres, tantôt combinée avec elles.

Il y a écriture, imprimerie, édition, librairie, bibliothèque, catalographie, critiques musicales.

(1) Fournier, Paul Eugène Louis. — Conseils pratiques pour le classement et l'inventaire des archives et l'édition des documents historiques écrits. Paris, Champion, 1924. Traité d'archivistique de Fruin, traduit par Cuvelier.

La musique touche à la documentation de plusieurs manières : 1° Elle a des rapports avec la parole, qui en a avec l'écriture. La musique est la langue des sons harmonieux, comme la langue est le mode d'expression des idées. 2° Elle donne lieu à des documents destinés à la fixer et à la conserver : partitions musicales. 3° Elle a réalisé une notation fort intéressante, dont l'étude comparée montre bien que la notation du langage par l'alphabet n'est qu'un cas particulier de la notation en général. 4° Elle fait entrer l'esprit dans un domaine nouveau de relations. 5° La musique n'est pas indépendante des autres matières : elle déborde sur la littérature et la philosophie, l'ethnologie, les amusements, et par toutes ces ramifications, elle est rattachée à la documentation générale.

b) La musique est en soi tout un monde. Les sons qu'elle met en œuvre se succèdent dans le temps, exprimant soit des sensations agréables pour l'ouïe, soit des sentiments de nature diverse. La musique des maîtres peut agir sur le tréfond de l'âme et transformer même la personnalité. Avec la musique, nous sortons du domaine des idées rationnelles, liées entr'elles par des liens logiques et exprimées en mots. Nous sortons aussi du domaine des formes et des couleurs susceptibles de représenter des réalités existantes ou imaginées. Nous entrons dans une sphère différente où des relations de types nouveaux sont établies entre sons.

Beethoven dit : « La musique est une révélation plus haute que la science et la philosophie. » La musique est un langage non-articulé. L'homme a créé d'une pièce le monde des êtres musicaux que sont les airs de musique et leur architecture de plus en plus complexe en symphonie et poème lyrique. C'est de l'artificialité toute pure. Demain, qui sait, l'humanité créera quelque art nouveau basé sur un autre sens.

La musique est la forme d'art la plus universelle et la plus immédiate qui serve à l'expression de l'âme humaine ; elle est aussi la plus apte à résoudre l'exclusivité artificielle des peuples et à faire parler directement l'homme lui-même des secrets les plus cachés et des passions les plus sincères de son être. (J. Kodolanyi.)

c) Les uns veulent voir dans la musique une idée. Mahler, disciple de Liszt, disait : « Quand je conçois une grande peinture musicale, il vient toujours un moment où le mot (das Wort) s'impose à moi comme support de mon idée musicale. » (1) Tout art doit comporter un sens intelligible et un enseignement. Les autres disent : Non, la musique est l'art d'émouvoir par la combinaison de sons. Plus un être donné jouira de sons pour et en eux-mêmes, plus il sera musicien, il le sera autant moins qu'il jouira des sentiments, puis des images, puis des symboles ou des idées que les sons suscitent en lui, en dehors de la sphère audito-émotive propre. (1) Il existe une sorte d'incompatibilité créatrice foncière entre le genre musical et le genre littéraire. « La musique me parle une langue enchantée que j'écoute avec ferveur en fermant les yeux sans chercher à la comprendre avec mon esprit. Je la trouve belle et je l'aime chaque fois qu'elle m'inspire une émotion indéfinissable que j'appelle la musique. »

d) Les éléments constitutifs de l'idée musicale sont l'intonation, la durée, l'intensité, le timbre, la valeur harmonique, les groupes rythmiques, etc.

La théorie générale de la musique comporte l'étude des éléments mêmes de l'art : le son et ses facteurs, les différents modes de production et de groupement (mesure, rythme, mélodie, harmonie des sons, les procédés de notation, d'expression, de perception de l'œuvre musicale, etc.). Elle est à la base de toute vraie connaissance de l'art des sons.

e) Les éléments du langage musical sont profondément liés à la vie organique et émotive de l'être humain. Ils ont une signification générale immédiatement perceptible par tous les peuples, malgré la différence des races ou des idiomes parlés. Mais d'autre part, les sentiments ou les idées que traduit ce langage reflètent souvent ce qu'il y a de plus personnel dans l'âme de l'artiste et ils se rattachent de toute façon à un mouvement particulier d'une utilisation locale ou nationale.

La musique est donc internationale par son mode d'expression et la puissance de rayonnement qui en résulte, nationale par son mode de production, par le foyer d'où elle émane. (P. M. Masson.)

La musique est une discipline de psycho-réflexes et cela non seulement pour les individus, mais pour les collectivités. L'action s'exerce par la cinétique et la statique ou changement du rythme, par l'intensité du mouvement. Elle joue un rôle de magie dans les épisodes ethniques de vie sociale des peuples en Asie. (2)

Dans les conditions habituelles de composition, l'idée, ou si l'on veut le thème, la mélodie, formés dans le subconscient, s'accompagne, il est vrai jusqu'à un certain point de leur harmonisation, de leur timbre, de leurs transformations futures, de développements dont ils sont susceptibles ; tout cela est contenu dans l'idée comme la graine contient la plante, la fleur, le fruit. Mais tout cela doit prendre corps, être « rédigé » dans le traitement harmonique ou polytonique, la disposition des accords, l'orchestration, etc. Ces opérations délicates et compli-

(1) Romain Rolland. — Musiciens aujourd'hui.

(1) Dr Ch. Odier. — Comment faut-il écouter la musique ? — Semaine Littéraire, 28 février 1919.

(2) E. Rosenstein. — Géographie musicale, folklore persan. — *Annales de l'Academia Asiatic* (Teheran) 1931, vol. 2, p. 20.

quées constituent le travail artistique proprement dit, l'élaboration de l'idée. (E. Closson.) (1)

f) La musique présente diverses caractéristiques qui ne se présentent pas pour les autres formes d'expression, bien qu'elles puissent s'en inspirer. 1° Les caractères synthétiques et concentrés de certaines œuvres. Bach, Beethoven, Mozart, Wagner, sont les quatre plus grands génies de la musique, qui résument ou contiennent en germe tous les autres. Aveo eux, on pourrait reconstruire toute l'histoire de cet art. 2° La plus-value donnée à une œuvre par suite d'un progrès réalisé hors d'elle. Ainsi les instruments modernes et l'ampleur donnée aux orchestres apportent une grandeur et une noblesse nouvelle à la musique ancienne. Par ex., si Mozart pouvait écouter l'exécution actuelle de ses œuvres, que dirait-il ? On se demande comment les virtuoses du temps devaient les jouer sur les primitifs instruments dont des spécimens sont à voir dans nos musées.

3° La musique se distingue essentiellement des autres arts en ce qu'elle est un art d'interprétation. Le sculpteur, le peintre, sont à la fois les inventeurs et les producteurs de leurs œuvres. Une fois réalisée, celle-ci demeure fixée immuablement dans la forme même où l'auteur l'a conçue. L'œuvre musicale n'existe pas par elle-même ; elle doit être créée et recréée chaque fois qu'on veut la réentendre. Le compositeur note simplement sur le papier quels sons doivent être produits et pendant quelle durée, pour donner à sa création cette vie éphémère. Et cette notation est toute conventionnelle. Que l'on vienne à en perdre la clef, qu'un détail devienne douteux et le plus beau chef-d'œuvre se trouve réduit à un cryptogramme irritant. Cette notation doit être interprétée. D'où l'importance extrême que l'artiste *reproducteur*, chanteur, instrumentiste, chef d'orchestre joue dans la vie musicale.

242.52 Histoire.

La musique a une longue histoire. Elle remonte aux origines de l'Humanité. (2)

La poésie a été chantée avant que les paroles se sont dissociées de la musique à la manière dont, en peinture, les compositions, de murales qu'elles étaient et faisant corps avec l'architecture, sont devenues des œuvres indépendantes, des tableaux de chevalet.

Aux origines premières, on ne séparait pas la poésie du chant, et le nom de chant est encore celui de certaines poésies que l'on chante ou qui peuvent être chantées ; c'est aussi le nom des divisions de certains poèmes, comme l'*Iliade* et l'*Odyssée*. Dans l'ancienne poésie française, on donnait le nom de chant à plusieurs espèces de pièces de vers, les unes assujetties à certaines règles et les autres libres. En particulier le chant dit *Royal*, qui fut longtemps en vogue, était une sorte de ballade composée de cinq strophes de 11 vers. Elle commençait par l'un de ces mots : *Sire, Roi, Prince*. De là son nom.

A partir du XIX° siècle, l'histoire de la musique remplace la classification par genre au moyen d'études sur les diverses écoles nationales. Cette répartition n'est pas idéale, mais il en sera ainsi jusqu'à ce que le temps nous ait donné le recul nécessaire pour déterminer les grands courants qui régissent l'imbroglio compliqué de l'art d'aujourd'hui. (E. Closson.)

Au moyen âge la musique était un des sept arts libéraux dans les Ecoles et les Universités.

Le dernier tiers du XIX° siècle et le début du XX° ont apporté de grands changements dans les goûts artistiques du public français. Tandis que jusque là, la musique véritable semblait réservée à des groupes d'initiés, on a vu cet art prendre une importance de plus en plus considérable et devenir en France, comme en Italie, en Allemagne, partie intégrante de la vie de la nation.

(G. E. Bertin.)

Dans la musique contemporaine, il y a prédominance de la vision des choses tangibles exprimées par un descriptivisme qui part de la sensation, arrive à la synthèse des choses mêmes. La musique moderne ne dépasse pas l'image dans son élévation la plus haute ; grande prépondérance donnée par elle à la couleur phonétique ou harmonique. (A. Tirabassi.)

242.53 Questions fondamentales.

a) *Parallèle entre la musique et le livre.*

La musique a réalisé au cours des âges une matière d'une complexité extrême et a su mettre en œuvre à cet effet des moyens d'expression de plus en plus savants et plus nombreux. Elle peut à cet égard fournir au livre et à la documentation des exemples et une inspiration, car un parallèle entre le livre et la musique met en évidence les points suivants (voir ce qui a été dit sous le n° 222.2) :

1° La notation.

2° L'instrumentation.

3° L'orchestre et ses exécutions considérables (ex. : la Messe des Morts de Berlioz exige de 150 à 200 exécutants).

(1) *La Musique et la Vie intérieure*, par L. Bourguès et A. Dénéréaz. C'est une histoire des phénomènes psychologiques d'ordre musical, une étude de métamorphoses successives du son à travers les années et les siècles, double histoire : des émotions humaines révélées par la musique et des sonorités révélatives de ces émotions.

Rieman. *L'Esthétique musicale*. — Lavignac A. et de la Laurencie L. — *Encyclopédie de la Musique et Dictionnaire du Conservatoire*. — E. Closson, *Esthétique musicale*, 1921.

(2) Voir le Grand Tableau synoptique de l'évolution de la musique, publié par Dénéréaz, Lausanne.

Paul Landormy. *Histoire de la Musique*.

4° La polyphonie. — La musique ne peut se développer que dans le temps ; mais par l'harmonie et la polyphonie, elle a réalisé une simultanéité de succession qui lui donne un plus large champ, et qui est comme un succédané de l'espace. Or, on sait que cette construction à base scientifique commencée au moyen âge, a demandé des siècles d'élaboration et dure encore. (Ribot.) La musique a une architecture sonore s'exprimant dans le temps, comme l'architecture visuelle s'exprime dans l'espace. L'idée de faire entendre simultanément plusieurs notes ou plusieurs mélodies (polyphonie, harmonie) paraît de prime abord assez singulière. Elle est entièrement étrangère à certaines races en possession de systèmes musicaux raffinés. L'origine paraît purement harmonique. On serait parti de l'unisson, diversifié peu à peu à cause des particularités techniques des divers instruments, de la fantaisie individuelle, etc. On aurait pris goût à ces variantes qui intentionnément pratiquées auraient abouti à des écarts. (E. Closson, *Esthétique musicale.)* Analogiquement, on peut se demander si l'on ne pourrait écrire simultanément plusieurs textes comme déjà on conjugue texte et illustration. La notation d'un brouhaha de conversations serait une écriture simultanée.

5° L'interprétation. — Tandis que les monuments de l'art plastique, par leur fixité, nous ramènent de force à l'époque de leur création, les œuvres musicales du passé, recréées par l'interprète moderne dans un esprit nouveau, se confondent par lui avec les œuvres contemporaines. On peut observer que cette « re-création » s'opère aussi dans le livre à raison de la part qu'y apporte le lecteur (psychologie bibliologique).

6° L'oreille et l'œil. — La musique partage avec le livre l'intérêt des hommes. L'organe de la musique est l'oreille tandis que l'organe du livre est l'œil. Le livre présente des idées, la musique se borne à présenter des sensations. L'influx nerveux, manifestation de la sensibilité de l'homme et de sa pensée est animé d'un mouvement. Lorsque le mouvement s'accélère, le sentiment est vif ou gai. Dans le cas contraire, il est lent ou triste. C'est de cette manière et non d'une autre qu'on peut rendre les sentiments par la musique. Tel sentiment ne répond nullement à tel son ; et même la musique est impuissante à rendre l'ensemble des sentiments par un moyen direct, mais sentiment et musique seront en rapport par un substratum qui leur est commun : le mouvement ; ils deviendront synchroniques si le sentiment devient vif, la musique sera plus rapide ; s'il est désordonné, la musique rompt sa mesure ; s'il est triste, les notes seront plus lentes ; elles seront aussi plus graves, car la gravité d'une note est sa lenteur intérieure. (de la Grasserie.)

7° Entre la musique et la littérature. — Les rapports deviennent à la fois plus rapprochés et plus éloignés. La musique se constitue en autonomie distincte de la pensée logique. D'autre part, c'est à notre époque seulement qu'on en est venu à introduire dans la musique des imitations (musique descriptive) et des pensées (musique intellectuelle). (Herwarth Walden.)

b) *Esthétique musicale.*

On s'avance toujours plus loin dans l'examen de l'esthétique musicale. Un ouvrage comme celui d'E. Hoffman *(Das Wesen der Melodie)* s'efforce d'analyser l'essence de la mélodie. Toute mélodie décrivant une courbe quelconque, impression sentimentale, se transforme en impression intellectuelle en une ligne spatiale, du temps elle passe dans l'espace et devient pour ainsi dire visuelle. M. Hoffman expose à l'aide de diagrammes, de chiffres, d'équations, de logarithmes. Il fait un rapprochement entre la conception auditrice de l'aveugle et la conception visuelle du sourd.

c) *La musique, la mathématique et la réalité.*

La musique et la mathématique ont certaines affinités. L'une et l'autre au regard du langage ont conduit l'homme à des résultats étonnants. La mathématique dans ses applications à la physique et à l'astronomie a abouti à traiter des réalités « micro-physiques et macro-physiques » déroutantes pour la logique ordinaire. (1) D'autre part, la musique a créé un royaume de réalités sonores qui dépasse immensément les bruits naturels. Elle s'est élevée pour certains à une véritable religion. « La musique, dit Camille Mauclair, n'est autre chose que la dernière forme de la métaphysique qui ne veut pas mourir dans le monde et qui n'étant plus crue sur parole, s'est fait sonorité pour recommencer la conquête des âmes. » (2)

242.54 Instruments de musique.

a) L'instrument de musique est à la pensée musicale ce que le livre est à la pensée logique. Il sert à reproduire cette pensée avec ou sans l'intermédiaire de l'homme et de la partition musicale.

b) L'étude des instruments de musique nous montre les efforts faits pour rendre toutes les notes, tous les sons, tous les timbres, une reproduction qui est une création de sons.

La plupart des peuples ont leur instrument de musique national : gusla, cithare, tambourin, guitare, balalaïka.

c) La musique mécanique s'aide de plaques, cylindres, bandes et rouleaux faits de toute matière : métal, papier, carton, etc. « On a appelé la musique mécanique de la musique en conserve. » A cette musique se rattachent les papiers perforés, en rouleaux pour pianos mécani-

(1) Yoland Mayor. — Les constituants ultimes de la matière et de l'énergie. — *Revue Scientifique*, 10-6-1933.
Laker, K. — *Das Musikalische Sehen Graz*, 1913.
Hovker, R. — *Die Graphische Darstellung als Mittel zum Musikalischen Hören*, 1899.

(2) Mauclair, Camille. — *La religion de la musique*, 3e édition, Paris 1921.

ques et les plaques pour appareils de reproduction de musique de documents.

d) La musique a vu surgir de nouveaux instruments : le groupe des sax, les tubas de Verdi, l'emploi de tuyaux métalliques pour les flûtes s'est très répandu. On a construit des violons métalliques dont le son rappelle celui de la trompette. L'époque actuelle devrait faire surgir de nouveaux instruments plus sensibles, puisque l'harmonie tend davantage vers les intervalles rapprochés, les dissonances et même les tiers et les cinquièmes de ton. (Debussy.) Il y a les instruments composites, l'orphéol, le luthéol de Cloetens.

e) Il a été produit dans ces derniers temps nombre d'instruments électriques, radioélectriques ou photoélectriques. Il ne s'agit pas de ramener l'art à la science ou inversement. Les techniques nouvelles apportent seulement le tribut de moyens nouveaux avec tous les avantages inhérents à leur nature : extension à toutes les régions de la gamme, prolongement du registre des divers instruments existants, production de mélodies anharmoniques, transposition instantanée et automatique des morceaux, transmission électrique ou radioélectrique de la musique avec ou sans fil, distribution rationnelle du son au moyen de hauts parleurs disposés en raison des nécessités acoustiques.

L'étherophone de Thérémits (instrument sans clavier). Le piano radioélectrique de Grivelet (instrument avec clavier). Le cellulophone de Toulon. L'orgue radioélectrique de Bertrand. (1)

Dans l'orgue électronique, les sons sont produits par les oscillations électriques de lampes. Le clavier de l'orgue est en contact avec ces lampes. Une touche du clavier, en s'abaissant, forme contact et relie à la lampe oscillante le circuit filtré d'un jeu qui lui donne le timbre cherché et le sonorise dans un haut parleur.

f) L'inventeur de l'harmonium de bruiteur, M. Russolo, propose, au point de vue musical la conception de l'« inharmonie ». Il insiste sur les nouvelles possibilités infinies de cette vision musicale absolument différente de l'harmonique traditionnelle. Celle-ci se peut considérer comme *verticale*, tandis que l'inharmonie peut se représenter dans un développement *horizontal* du passage des tons bas aux tons hauts et vice versa, dans une forme inharmonique.

242.55 Notation musicale.

a) De même que les chiffres, les notes sont d'invention relativement récente. Guy d'Arezzo aurait le premier imaginé de remplacer les lettres musicales par des points disposés sur des lignes parallèles (1023). D'abord égales en durée, les notes furent ensuite distinguées en *blanches, noires*, par le Chanoine Jean de Muris (1338). J.-J. Rousseau et plusieurs musiciens, de nos jours, ont essayé de substituer les chiffres aux notes.

b) Le langage de la musique est d'une telle subtilité, que les signes qui le fixèrent demandèrent plus de recherches et exigèrent plus d'essais que le langage ordinaire. Cette notation ne s'établit que plus tard, après beaucoup d'hésitation. Mais comme toutes les inventions humaines, son développement suivit les règles de notre esprit analytique qui ne cesse de viser à une plus grande clarté.

Au début les musiciens interprétaient de mémoire les airs qu'ils entendaient. Ainsi les Egyptiens, les Chaldéens, les Syriens et les Hébreux. Ce procédé était peu propice à faciliter le développement de l'harmonie. Les Grecs ne plaquaient jamais d'accord, ils s'abandonnaient au plaisir simple d'une mélodie que tout laisse croire aussi rudimentaire que celle des Arabes et des Orientaux. Les Grecs notaient ce qu'ils jouaient au moyen de leurs lettres alphabétiques, à l'imitation des Indous. Les Romains suivirent l'exemple des Grecs. D'où encore pour les Allemands et les Anglais, un A pour noter « la », un B pour noter « si ».

Au VIIIe siècle, les moines imaginèrent de marquer les mouvements ascendants de la voix par un accent aigu et les mouvements descendants par un accent grave. On juxtaposait l'accent aigu et le grave, qui prenaient différentes positions selon l'intonation que l'on voulait indiquer. Le groupement de ces accents constitua ce qu'on appela des neumes, longs signes qui équivalaient en réalité à plusieurs notes. Les copistes scindèrent ces neumes qu'ils réduisirent par abréviations à de simples points de forme carrée ou en losanges. Puis on leur donna pour point d'appui une barre horizontale dont elles étaient plus ou moins rapprochée. Deux lignes augmentaient la signification de la note, qui évoluent bientôt sur trois, puis sur quatre lignes.

Gui d'Arezzo indiqua le début de chaque vers de l'hymne à saint Jean par une syllabe différente qui correspondait au nom de la note. De ces syllabes on ne garda que les premières lettres et de celles-ci que celles qui donnèrent naissance à nos clefs. Les barres de mesures, les bécarres, bémols, dièzes, furent introduits successivement. Par le « si » modulant, par le B tantôt « mollis », tantôt « quadratis », le chromatisme a pu se développer jusqu'au jour où pour la première fois il acquit avec Monteverde une puissance dramatique qui fut la plus grande révolution musicale de tous les siècles.

A mesure que l'écriture se précisait, l'*harmonie* devenait plus savante. Au XVIIe siècle, Monteverde mêlait à l'harmonie consonante, jusqu'alors exclusivement en usage, l'harmonie dissonante naturelle. Il créait au surplus le système tonal actuel basé sur l'attraction de la note sensible et de la sous-dominante. Ce système devait détrôner le plain-chant. En 1581, Vincent Galilée aban-

(1) Michel Adam : *Revue Générale de l'Electricité*, 7 janvier 1928. *Revue Scientifique*, 25 février 1928, p. 120.

donnait le chant choral et pratiquait le chant monodique, principe de notre récitatif et de notre déclamation lyrique.

c) Il faut lire l'histoire infiniment compliquée de la composition et de l'écriture musicale pour se rendre compte du rôle de cette dernière à la fois pour l'élaboration et pour la conservation des compositions. La paléographie musicale (séméiographie) a connu bien des particularités, chefs, modes, temps, prolations, altérations, conformations des notes et pauses, points, color, ligatures, etc. Il y a eu les neumes, les notes, plus tard la portée que seule nous connaissons de nos jours. La musique a été monophonique puis polyphonique. La succession des notes en différentes hauteurs constituent les premiers éléments schématiques de la mélodie. Les places où se produisent ces montées et descentes mélodiques, suivant leur rapport avec les éléments modaux et autres, prennent une signification syndoxique particulière. Une ou plusieurs courbes mélodiques comportant les éléments de l'introduction et de la conclusion constituent la phrase. L'ordre mélodique incomplet en soi, se détermine, « prend forme » avec la durée relative accordée aux notes. La phrase musicale débute par l'ictus initial qui constitue l'élan du départ. Par celui-ci, les notes s'intensifient, rythmiquement, c'est-à-dire que les valeurs de durée mesurées rigoureusement d'après une unité type, étalon (musica mensurata) ou seulement énoncées en longue ou brève et non exactement mesurée (musica plana) au fur et à mesure de leur succession perdent chacune une partie de leur durée ou longueur théorique. Cette intensification, protase, par la diminution progressive des valeurs parvenues à son maximum prend le nom d'accent agogique. Celui-ci précède l'apodose qui, contrairement à la protase fait augmenter proportionnellement et progressivement la durée des notes, rigoureuse mesure et non à mesure qu'elle ; s'approchent de mora vocis qui précède le repos. La juste valeur agogique donnée aux notes par rapport à la place qu'elles occupent dans la protase et dans l'apodose constitue le rythme. Les compositeurs aux XVe et XVIe siècles avaient l'habitude d'écrire sur des cartelles, ou morceaux de parchemin, la partition. Les parties séparées étaient transcrites dans les livres de chœur ou on les disposait sur une ou deux pages. Le livre de chœur était l'unique exemplaire autour duquel se disposaient tous les chanteurs pour l'exécution. Plus tard, lorsque la musique fut imprimée, on trouva rarement les parties ainsi disposées. La manière la plus usitée fut celle d'un cahier par parties. Au temps de la grande époque contrepointique, la partition proprement dite était inconnue. Le premier essai de partition, selon le sens moderne, remonte à la fin du XVIe siècle. C'était par la seule audition que l'on pouvait prendre connaissance des œuvres musicales de ces temps, leur disposition par parties séparées ne permettait point la lecture simultanée de ces diverses parties. L'on sentit peu la nécessité visuelle de l'ensemble des parties contrepointiques, car les compositeurs anciens étaient chantres en même temps et ne dirigeaient guère que leurs œuvres. Pour les compositions d'autrui, ils devinaient les beautés d'œuvres établies selon des règles communes et strictement observées. Les notations ont été en se simplifiant, mais en enlevant peut-être à la musique elle-même quelque chose de sa complexité. Par ex. les ligatures (réunion de deux ou plusieurs notes formant un seul signe) et application de plusieurs syllabes sous une ligature. Dès la fin du XVIe siècle, on abandonna les ligatures qui deviennent de simples embellissements graphiques facultatifs. On procède actuellement à la transcription de la musique ancienne en notations modernes. La première trouve dans la seconde une stricte équivalence de ses valeurs phonétiques et de durée. La transcription se fait éventuellement en quatre clés (sol, do 3e ligne, do 4e ligne, fa 4e ligne). (1)

d) La lecture de la musique est l'action de saisir rapidement, d'après la notation des partitions, le ton et la valeur des notes.

e) La réforme de la notation musicale fut l'objet de nombreux travaux. Ils tendent vers une « notation continue » (Houtstont, Pierre Hans, etc.). Le système traditionnel altère les notes par des dièzes et des bémols, simples ou doubles. Depuis l'adoption de la gamme tempérée, on n'a plus distingué que onze tons, soit une division de l'octave en douze demi-tons égaux. Or, avec les sept notes actuelles et les dièzes et les bémols simples ou doubles, on les altère, ce qui donne en réalité $7 \times 5 = 35$ notes écrites différentes pour onze sons. Le bécarre rétablit la touche et l'on dispose de clés diverses. La musique moderne étant dissonante et modérée à l'excès, l'indication de la tonalité par l'armature à la clé est devenue inopérante puisque à peine établie, on la quitte pour passer à une autre.

La notation continue a plusieurs avantages : 1° elle supprime les altérations et contre-altérations qui affectent jusque 80 % des notes ; 2° elle établit une portée continue avec une seule clé et des signes de tonalité-modalité ; 3° supprimant la gravure à la main, elle permet d'écrire les partitions à la machine à écrire et à la linotype ; 4° elle limite les erreurs de copie à la gravure évaluées à 10 % ; 5° elle supprime en moyenne 80 % des signes ; 6° elle diminue de moitié le prix de la musique ; 7° elle traduit les sons à la vue par les arabesques des notes.

La notation musicale a déjà changé plusieurs fois. Quand la notation du plain-chant fut reconnue impuissante à traduire la musique instrumentale, on adopta la notation actuelle ; celle-ci a dû pratiquement abandonner deux clés d'ut, une de fa et une de sol, et l'on a altéré chaque note.

(1) Les indications ci-dessus sont tirées du Dr. Antonio Tirabassi : *Grammaire de la Notation proportionnelle et sa transcription moderne.* Bruxelles, Falk 1930.

La lecture d'une partition est un prodigieux effort d'esprit dont on a peine à se rendre bien compte. Les partitions des opéras de Strauss ont jusque 32 portées.

f) On a créé des systèmes de sténographie musicale permettant de réaliser des dictées musicales sans arrêt, sans répétition, tout comme s'il s'agissait de la sténographie d'un texte littéraire. La notation ordinaire est renforcée par des signes réduits à leur plus simple expression. La notation ordinaire est illogique comparée à la valeur représentée : les notes longues y ont des signes simples (rondes et blanches) et s'écrivent par conséquent rapidement ; les autres notes, plus lentes à écrire peuvent être remplacées par des points placés au-dessus ou au-dessous des signes conventionnels. Les silences affectent la même forme que les notes, mais en plus grand. (1)

g) On a imaginé un système permettant l'analyse harmonique complète de toute œuvre ancienne ou moderne. (2)

242.56 Partitions musicales. Bibliographie.

1 *Partitions musicales.*

a) L'œuvre musicale écrite est immense. Certains musiciens ont été d'une grande abondance. L'édition de Haydn actuellement en cours ne comprendra pas moins de 80 volumes.

b) Les auteurs ont un numérotage continu de leurs œuvres. On dit un numéro de musique. La chronologie et les opus ne correspondent pas toujours. Il en est ainsi de l'œuvre de Beethoven.

c) Les œuvres musicales ont un titre tiré soit des circonstances de leur production, soit de leur forme musicale, soit de quelque particularité de leur structure, soit encore purement conventionnel. Les musiciens numérotent généralement leurs œuvres (Opus n° ...). Certains ne l'ont pas fait, tels Mozart et Haydn, mais il y a été procédé dans les catalogues consacrés à leurs œuvres.

d) La musique donne lieu à divers procédés de reproduction. Elle est gravée ou lithographiée, mais d'une manière générale sans grand progrès depuis le temps de Bach.

Il existe maintenant de la musique typographiée. Ce genre de composition nécessite des spécialistes entraînés. Peu d'imprimeries en possèdent les « casses » et c'est là une grave lacune. (3)

Enfin, les grandes œuvres musicales modernes n'existent pour la plupart qu'en manuscrit. Une partie seulement est éditée. On continue à copier la musique comme au moyen âge on copiait les manuscrits.

e) On distingue la musique (composition musicale) d'une part et la littérature musicale (ouvrages sur la musique, histoire, théorie, exécution, critique, etc.) d'autre part. La littérature musicale est très étendue. Elle est traitée comme les ouvrages imprimés sur n'importe quelle autre matière.

2. *Catalographie. Bibliographie.*

a) La catalographie musicale s'opère suivant des règles que la pratique a peu à peu introduites et que l'on tend à codifier. Les principales caractéristiques relevées quant aux œuvres sont le n° de l'auteur, le titre de l'œuvre, son n° d'opus dans l'œuvre totale de l'auteur, sa longueur en pages, le nom et l'adresse de l'éditeur, comme dans la catalographie des livres.

b) Il existe d'excellentes bibliographies musicales : le *Handbuch* de Aber, la *Litterature of Music* de Matthew, la *Study of the History of Music* de Dickinson, la *Bibliographie des Bibliographies musicales* de Brenet (152 p.). l'*Universal Handbuch der Musikliteratur* de Pazdirek.

Au Congrès International des Editeurs (Bruxelles 1933) le Dr Aber a traité de l'établissement d'une bibliographie musicale internationale.

c) On possède d'importants catalogues de bibliothèques musicales : Boston Public Library, Allen A. Brown Collection, British Museum, etc. J. B. Kaiser (Library Journal 50, 1925, p. 700-04) a proposé un catalogue sur fiches comprenant les cinq grandes bibliothèques de Paris.

242.57 Diffusion de la musique.

La diffusion de la musique a été aidée : 1° par les contacts de personnes et des peuples, par les voyages. Ainsi, en Roumanie, les tziganes nomades et musiciens ont beaucoup fait pour répandre la musique populaire ; 2° par la notation musicale et la multiplication des partitions ; 3° par l'organisation de sociétés musicales, orchestres, concerts, théâtres ; 4° par les instruments de musique mécanique (orgues mécaniques, pianos, orchestrions) ; 5° par la T.S.F. Elle a rendu accessible aux différents peuples, même aux plus renfermés, la musique populaire des autre nations. On a pu, à travers cette musique, obtenir une vue propre et merveilleuse de l'âme même des races les plus diverses. Les postes de diffusion roumains, serbes, slovaques, polonais, russes, syriens, norvégiens, etc., ont accordé une place importante dans leurs programmes à la musique populaire de leur pays. Ils ont offert ainsi au public le trésor des richesses ethnographiques à peine accessibles auparavant et seulement au prix de recherches et d'études, à une élite de spécialistes. Ainsi la radio de Budapest a été pour la musique tzigane une renaissance inespérée.

---

(1) Système de sténographie musicale de Fernand Masuy, La Louvière (Belgique).

(2) H. Riemann : *Les éléments de l'Esthétique musicale*, éd. française par G. Humbert.

(3) Gambles, William. — *Music Engraving and Printing* (London, Pittman 1923).

242.58 Organisation commerciale de l'édition de la musique.

Des éditeurs se sont spécialisés dans la musique. Ils ont produit en nombre et en quantité. Par ex. : Breitkoff et Hartel à Leipzig, Ricordi à Milan, Durand à Paris, etc.

En Allemagne, la musique est une industrie fortement organisée ; elle constitue pour le Germain un excellent instrument de propagande, un mode particulièrement efficace de pénétration pacifique et de colonisation intellectuelle. La musique importée et exportée représente des poids et des valeurs appréciables.

La librairie musicale est organisée à l'instar de la librairie de livres. La musique d'orchestre constitue un matériel étendu et qui ne peut intéresser qu'un nombre limité de personnes. Ce matériel est souvent loué avec condition d'achat.

242.59 Bibliothèque et collection de musique.

On a constitué de grandes et nombreuses collections d'œuvres musicales (bibliothèques musicales, musicothèques). Les unes constituent des instituts autonomes et indépendants (bibliothèques des conservatoires). Les autres sont des annexes de grandes bibliothèques : ainsi le Département de la musique de la Library of Congres de Washington. On tend à adjoindre des œuvres musicales aux bibliothèques publiques.

On a organisé l'abonnement à la lecture universelle. Ex. à Lausanne : Fachard frères comprend plus de 200 mille numéros.

Un Institut de Technologie musicale a été créé à l'Ecole supérieure de Technique de Breslau. Il est consacré aux recherches sur les relations entre la musique et la technique. Il possède de remarquables archives sur l'économie et sur la technique musicales.

242.6 Monuments dits figurés : Inscriptions, Monnaies, Médailles.

L'archéologie envisage les faits sociaux à travers les monuments où elle se figure ; l'épigraphie, la paléographie, la numismatique les devinent à travers les inscriptions, les monnaies, les médailles qu'elles ont laissées.

242.61 Inscriptions.

a) Le mot *inscription* s'applique généralement à tout ce qu'on écrit sur la partie extérieure d'un objet, comme un monument, un livre, un immeuble, etc. En raison de l'importance toute particulière que les inscriptions antiques ont comme monuments authentiques pour la connaissance de l'histoire des antiquités et de la langue des anciens peuples, on s'est de bonne heure occupé de les réunir et de les commenter. Ainsi l'*épigraphie* est-elle devenue de nos jours une des bases de l'archéologie.

Les anciens gravaient sur le marbre, la pierre ou le bronze, une foule d'actes publics et privés, de documents de toutes sortes que la diffusion illimitée des pièces imprimées permet aux modernes de confier simplement aux papiers. Les inscriptions sont donc une des sources les plus abondantes de l'histoire ancienne.

b) Les anciens ont prodigué les inscriptions non seulement sur les temples, les tombeaux, mais encore sur les armes, les meubles, les ustensiles. Très précieuses au point de vue des sciences historiques et philosophiques : chronologie, biographie, linguistique, etc., les inscriptions sont l'objet particulier de l'épigraphie. Des recueils étendus et très étudiés des *Inscriptions grecques, latines*, etc., ont été publiés (*Corpus Inscriptionum*). *L'Académie des Inscriptions* publie depuis 1867, entre autres monuments, un *Corpus Inscriptionum Semiticarum.*

Autre type de grand recueil : *Corpus Inscriptionum Latinarum consilio et auctoritate Academiœ litterarum Regiœ Borussicœ editum.* Berlolini (1863-1885). Les lacunes de ce Corpus sont comblées au fur et à mesure par une publication qui contient, outre les inscriptions nouvellement découvertes ou rectifiées, des dissertations épigraphiques : *Ephemeris Epigraphica.*

Il y a des recueils spéciaux. Ex. : *Corpus inscriptionum* de Blanchard consacré à la médecine et à la biologie.

c) Recueil définitif avec fac-similés ou recueil provisoire avec texte conjectural en minuscules. Les inscriptions sont souvent fragmentaires, mutilées. La question de la transcription est ici soulevée : on a posé le principe de la transcription brute, sans ajoute ni déformation.

d) Les modernes eux aussi continuent l'œuvre de transcription. Ils en mettent partout. Enseignes, étiquettes, inscriptions sur des objets. Une promenade dans les villes, dans les lieux publics en dit long : rideau de théâtre, inscription sur porcelaine et menus cadeaux, cartes postales, plaques commémoratives, etc., plaques tombales, inscriptions sur les maisons, dans les lavatories, sur les guérites, sur les bancs, les arbres, les murs des lieux d'excursion.

L'épigraphie s'installe aussi sur les socles des monuments. Elle s'étend en historiation sur les parois de certains édifices (ex. sur tous les murs de pourtour du nouveau Musée Colonial Français) ; l'épigraphie prend aussi la forme du bois avec les planches — le mémorial que le brise-glace *Malyguine* a laissé aux lieux visités par lui.

242.62 Monnaies et Médailles.

a) Les monnaies sont des pièces de métal (or, argent, cuivre, etc.) frappées par l'autorité souveraine pour servir aux échanges. Les monnaies sont en or, argent, bronze et en mélanges plus rares, l'électrum ou alliage d'or et d'argent, le patin ou alliage d'argent et d'étain, le plomb.

Les monnaies existent en nombre immense, mais des temps anciens, il n'en demeure que relativement peu.

b) Les médailles ont pour objet de commémorer des périodes et des événements historiques. Elles sont frappées par des autorités ou des associations. Les médailles antiques, dont il existe de belles collections, étaient en général les monnaies des anciens. Les villes de la Grèce, jalouses de transmettre à la postérité les chefs-d'œuvre dont elles s'enorgueillissaient, avaient l'habitude de les reproduire sur leurs monnaies. On dirait que ne disposant pas de la gravure typographique, ces villes intelligentes ont voulu y suppléer par la gravure en médailles.

c) Aujourd'hui on frappe des médailles pour conserver le souvenir d'un événement ou d'un personnage. On appelle *médailles pieuses* celles qui représentent quelque sujet de dévotion et dont les fidèles font usage: la médaille de l'Immaculé-Conception et celle de saint Benoit. Le plus souvent les médailles sont rondes; il y en a d'ovales, de carrées, de polygonales; elles sont en or, en argent, en bronze, en étain, en plomb, etc. Il y a même des monnaies antiques en verre et en terre cuite. La dimension des médailles s'appelle *module*. On distingue, dans les médailles, le côté *droit* ou de la tête et le *revers;* la *légende* et l'*exergue* ou inscriptions qu'elle porte; le champ, espace compris entre la légende et le sujet; le *type* ou sujet principal; les *symboles* ou sujets accessoires et emblèmes; il faut y ajouter encore les marques du graveur. La numismatique, qui s'occupe de l'origine et de l'authenticité des médailles, de leur classification, etc., est une branche importante et curieuse de l'archéologie et de l'histoire; elle a sa terminologie.

Ses progrès furent très grands le jour où fut écartée l'idée fausse que médailles et monnaies devaient faire la matière de deux sciences distinctes.

d) On peut former une classe spéciale de documents constitués par les plaques et images honorifiques qui se disposent sur la poitrine, autour du corps, en écharpe et en bandoulière ou présentées aux funérailles sur des coussins. Avec les écussons, les armoiries, les figures de blasons, les obit, disposés dans les églises en accessoires de dalles tombales et, dans les cimetières, les croix, tombes et mausolées, il y a là un langage conventionnel qui s'exprime à l'aide d'objets qui sont comme des documents.

e) La classification des médailles et des monnaies se fait de diverses manières d'après la matière, d'après le temps, d'après l'ordre géographique.

f) La numismatique a créé des signes de convention pour marquer le degré de rareté des pièces. Plusieurs systèmes ont été inaugurés dans ce but. Le plus ancien est celui de Beauvais qui l'a exposé dans son « Histoire abrégé des Empereurs », publiée en 1769. Ex.: C pièce connue. *R R R R* pièce presque unique. Le second système est celui de Mionnet (1806). Ex.: *R4* quatrième degré de rareté. *R** pièce unique.

g) On a constitué de grandes et nombreuses collections de monnaies et de médailles, formées ordinairement dans les bibliothèques où elles sont organisées en «Cabinets spéciaux». Les pièces sont classées, numérotées, cataloguées, décrites.

242.63 Sceaux, Cachets.

a) Comme on l'a dit, l'usage des sceaux et des cachets remonte à une haute antiquité. Ils étaient gravés souvent sur le chaton des bagues, sur des émeraudes, etc. Il y a cette différence entre les sceaux et les cachets que ceux-ci sont employés par les particuliers et ceux-là par les souverains ou d'autres autorités publiques. Les empereurs romains se servaient d'un sceau d'or pour authentiquer les actes importants. Le pape se sert de deux sceaux: l'un pour les brefs (anneau du pêcheur sur cire rouge), l'autre pour les bulles (sceau de plomb). On les brise solennellement à sa mort. Chaque évêque a son sceau, dont il se sert pour authentiquer certains actes, reconnaître des reliques, sceller des pierres sacrées, etc.

b) Quand le sceau d'une pierre sacrée est rompu, il faut la faire consacrer de nouveau. Chaque curé ou chaque paroisse doit avoir son sceau particulier. Sous l'ancienne monarchie française, on distinguait le *grand sceau*, le *petit sceau* et le *sceau secret*. Sous l'Empire, le sceau représentait l'aigle impérial, etc. On donne aujourd'hui le titre de *Garde des sceaux* ou *Chancelier* au ministre de la Justice. La connaissance des sceaux *(sigillographie, sphragistique)* est l'une des branches de la diplomatique, de l'archéologie et de l'histoire.

c) Les sceaux et cachets font l'objet de collections, inventoriées, décrites et cataloguées, organisées soit dans les bibliothèques, soit dans les dépôts d'archives.

Les pierres gravées utilisées largement comme cachets ont donné lieu à d'importantes collections réunies sous le nom de « glyptothèques ». On y a souvent adjoint des collections d'empreintes qui permettent de voir les progrès de l'art dans tous les temps. Lippert a publié une collection de plus de 4.000 empreintes, avec un catalogue. (Glyptothèque de Lippert.)

243 Documents dits « Substituts du Livre » .

a) Coup sur coup des inventions merveilleuses sont venues étendre immensément les possibilités de la documentation. Elles ne se sont pas présentées dans le prolongement direct du développement du livre, mais en quelque sorte dans son prolongement dévié: l'objet dans le musée, le télégraphe et le téléphone, la radio, la télévision, le cinéma, les disques. Il y a là sous un certain rapport des *substituts du livre*, en ce sens que les procédés nouveaux permettent d'atteindre les résultats que recherche le livre (information, communication), en mettant en œuvre d'autres moyens que lui. Mais il y a là aussi élaboration acquise, recherchée ou entrevue de nouveaux types de documents. A ce double titre une place importante doit leur être faite dans la Documentation. C'est à défaut d'un nom commun pour les désigner, qu'un terme collectif, provisoire peut leur être appliqué : les substituts du livre. Mais ces substituts ne sont pas de simples « Ersatz ». Ils se produisent avec une telle puissance et un si irrésistible courant que dans leur effet ils font penser à ce qui se passe dans le domaine des communications matérielles. Le déjà séculaire chemin de fer voit l'auto et l'avion lui disputer le champ qu'il avait, il y a dix ans encore, en quasi exclusivité. Après que la pensée en a trouvé le moyen, par l'écriture ou le dessin et par le papier, de se fixer en substance constituant support, la voilà qu'elle fait un retour en quelque sorte à ses origines, la parole même et qu'elle s'incorpore en des phénomènes qu'un immense appareillage nouveau permet de produire

b) La documentation auditive et sonore prend sa place à côté de la documentation visuelle et graphique. C'est le vaste domaine de la parole, de la musique et du signal par le son, soit d'expression directe et présente, soit retardée ou conservée (phonogramme), soit encore d'expression transmise à distance (téléphone, T. S. F.).

Au document écrit s'oppose la tradition orale. Il y a des traditions poétiques, religieuses, symboliques, historiques; et aussi des traditions scientifiques et techniques. Beaucoup de données scientifiques ne sont pas écrites; beaucoup de procédés opératoires se transmettent de patron à ouvrier, d'homme à homme. On a quelquefois parlé de livre visible, livre audible, livre tangible (taillé).

c) De toute manière la documentation n'est qu'une des branches d'une classe plus générale: les moyens d'Information et de Communication. Il est d'autres modes de communication de la pensée que le document et c'est d'eux qu'il va être question maintenant. Ces autres modes sont ou complémentaires de la documentation proprement dite ou établis en association avec elle.

Le livre n'est qu'un moyen: ce n'est pas un but. D'autres moyens existent et peu à peu ils rendent mieux que le livre et s'y substituent. Ainsi: les expositions universelles remplacent avantageusement les traités de géographie; l'histoire est connue du grand public par les opéras; les musées attirent l'attention sur les sciences.

243.1 Objets. Matériel de démonstration.

1. *Notion.*

a) Le document écrit ou graphique est la représentation des choses matérielles ou des images intellectuelles et abstraites des choses. Les choses matérielles elles-mêmes (objets) peuvent être tenues pour documents lorsqu'elles sont érigées comme éléments sensibles, directs d'études, ou de preuves d'une démonstration. Il s'agit alors de « documentation objective » et de « documentation automatique ».

b) Les objets de toute espèce donnent lieu à des collections. Ainsi les objets naturels: minéraux (éléments et composés chimiques, roches), plantes (herbes, bois, racines) animaux (anatomie, tératologie). Ainsi les objets créés par l'homme: matières, produits, objets techniques.

Il y a les préparations et coupes micro- et macroscopiques.

Il y a toutes les collections de l'archéologie qui repose sur des œuvres matérielles, œuvres qui se divisent elles-mêmes en artistiques, quand elles ont un caractère monumental ou esthétique et techniques dans le cas contraire.

Les reliques sont des parties du corps d'un saint personnage, soit des objets ayant été à son usage ou ayant servi à son supplice, que l'on conserve religieusement.

2. *Espèces d'objets.*

Les « objets » sont donc de cinq grandes espèces :

1° Les objets naturels : matière et structure.

2° Les objets artificiels, créés par l'homme pour ses besoins : matière et structure.

3° Les objets qui portent des traces humaines : ils servent à des interprétations et ont des significations.

4° Les objets démonstratifs, également créés par l'homme, mais en vue de représenter et de démontrer des notions.

5° Les objets d'art.

3 *Modèles. Maquettes. Reliefs.*

a) A côté de l'objet réel ou naturel, il y a l'objet reproduit, interprété ou même le nouvel objet proposé à la construction à grande échelle. C'est le modèle ou maquette (stéréogramme). Il se produit en volumes à trois dimensions, il peut être colorié, il peut aussi être mis en mouvement (articulé), soit à la main, soit à la machine (reproduction stéréo-mécanique).

b) Les modèles sont les uns scientifiques, les autres techniques.

1° Les modèles scientifiques sont établis pour des buts de démonstration. Maxwell qui conçut toujours des modèles, disait dans une adresse en 1870 à la British Association : « Dans l'intérêt des personnes douées de différents genres d'esprits, la vérité scientifique devrait être présentée sous des formes variées et regardée comme tout aussi scientifique quand elle revêt la forme robuste et les vives couleurs d'un modèle scientifique, que quand elle a la ténuité et la pâleur d'une expression symbolique. »

2° Les maquettes techniques ont une grande utilité aussi en architecture. « Là où l'homme de métier peut se contenter d'un plan pour concevoir, le client qui finance a besoin de voir », dit une firme fabriquant des maquettes.

c) Les reconstructions sont des représentations en nature : objets retrouvés, restaurés, montage colorié, reconstituant d'une manière vivante et réelle le milieu étudié. Ces reconstitutions qui représentent aussi exactement que possible l'image de la réalité, sont complétées agréablement ou de façon instructive, par des peintures, des photographies, des notices explicatives.

d) Les modèles peuvent être de grandeur naturelle (fac-similé), réduite ou agrandie.

Des modèles sont établis en papier. Ce sont des patrons, des pochoirs, etc. La confection des vêtements et des objets destinés aux travaux des textiles et de la couture en font un large emploi (modes).

e) Les maquettes peuvent être des reliefs (cartes et plans en relief) ; elles peuvent n'indiquer seulement la troisième dimension (par ex. le plan en relief des salles placées à l'entrée d'un édifice).

f) On reproduit les œuvres de sculpteurs par le procédé de moulage. On y applique à cet effet une substance propre à en retenir l'empreinte et à servir de moule. Les opérations consistant à verser dans les moules les métaux en fusion ou d'autres matières propres à s'y solidifier (pièces de fonte, cloches, canons) ont conduit aux moulages plus fins des sculptures. Les moulages résultant de ces opérations ont donné lieu à de grands musées (par ex. Paris, Trocadéro ; Bruxelles, Musées du Cinquantenaire). Ces moulages ont donné lieu à la création d'ateliers annexes, à des échanges internationaux, à des ventes au public. Sous les auspices de la Section des Musées de la Commission Internationale de Coopération Intellectuelle a été organisée une exposition de moulage (d'après les chefs-d'œuvre de grands musées).

4. *Instruments scientifiques.*

a) Un instrument scientifique, envisagé sous l'angle de la documentation, peut être défini un moyen, soit constater un phénomène ou une propriété (observation), soit de les mesurer, soit de produire le phénomène à volonté, en mettant en de certains rapports ses éléments constitutifs (expériences).

Les instruments et appareils scientifiques de mesure, de constat, instruments de mathématique, d'astronomie, de physique, etc., reposent sur l'optique et l'acoustique et sont ainsi en quelque sorte les prolongements des organes des sens, les yeux (la vision), les oreilles (l'audition). On peut considérer ces instruments soit comme des outils indirects, soit comme documentation, soit comme matériel démonstratif.

b) L'abaque est la machine à calculer d'origine étrangère employée par les Romains dans toutes leurs opérations arithmétiques, et sont aussi les tableaux dressés pour effectuer une multitude de calculs. Les Chinois et les Tartares possèdent le *sou-wan-pan*, machine à calculer introduite en Russie, vers la fin du moyen âge et de là importée en 1812 en France, où elle devient le boulier des écoles. C'est la valeur des signes numériques de l'Abaque qui a été le principe de la numération écrite. Plus tard, le nom d'Abaque a été donné à certaines représentations des nombres par des diagrammes.

c) Des instruments servent à faire des démonstrations de plus en plus complètes. Il y a par ex. le petit planetarium destiné à montrer les mouvements de la Terre autour du Soleil, ceux de la Lune et des planètes. Ce sont des contributions types pouvant inspirer d'autres représentations ayant d'autres objets. Zeiss a créé d'immenses planetarium servant à démontrer les phénomènes astronomiques.

d) Les étalons sont des instruments scientifiques de mesure. Le 30 avril 1799 fut présenté le mètre définitif. On le déposa aux Archives à Paris. En 1880 fut construit le nouveau prototype du mètre, copie identique à celui des Archives et le nouveau du kilo. Ils sont en platine avec 1/10 d'iridium. On les déposa au Pavillon de Breteuil offert à l'Institut International du mètre à Sèvres près de Paris. C'est le cas typique d'un objet de valeur commun qu'il fallait construire et confier à un organisme de conservation.

e) Les instruments s'organisent en série. Ainsi, ils donnent lieu au *tableau de bord* sur les autos, les navires, les avions. Sur les autos, ce tableau comprend monture, compteur kilométrique et totalisateur, manomètre de pression d'huile, un indicateur de niveau d'essence, un bouton enrichisseur de gaz au départ, une clef de contact d'allumage et des lampes de contrôle. Ces instruments d'ordre pratique ont tous leur fondement dans des instruments scientifiques.

f) Le *Touring Club* a établi des cartes automatiques des distances qui peuvent être rangées dans la catégorie des instruments de mesure.

5. *Matériel didactique. Matériel démonstratif.*

a) Ce matériel s'enrichit chaque jour de nouvelles pièces. On est sur la voie d'une représentation des idées à plusieurs dimensions, un « livre à trois dimensions à l'état dynamique ».

Le matériel didactique entre-t-il dans la Bibliographie ? Faut-il le cataloguer dans les Répertoires, a-t-il place dans les comptes rendus bibliographiques ? Ce matériel s'édite : par ex. le matériel Montessori, le nouveau matériel éducatif et sensoriel Decroly.

La méthode Montessori met en œuvre un ensemble d'objets de formes conventionnelles.

b) Il faut rappeler ici les inscriptions automatiques, les appareils qui enregistrent d'eux-mêmes les phénomènes.

On a réalisé des dispositifs publicitaires sous forme d'effigies coloriées en carton, bois ou métal, pouvant êtres placés debout dans les vitrines. Le procédé est susceptibles de généralisation et de prendre place dans les expositions et musées.

Dans les tableaux lumineux (Lichttafeln), certaines parties sont transparentes et la lumière électrique, projetée à travers elles, fait apparaître à volonté tantôt l'une, tantôt l'autre, tantôt toutes simultanément.

Le *tableau magnétique* (Magnettafeln) sur des surfaces magnétisées; les objets à talon métallique qui y sont placés peuvent demeurer fixés sans aucun lien et être déplacés à volonté selon les besoins de la démonstration.

c) L'étude par l'objet réel prend une importance croissante. Les travaux manuels sont de plus en plus à la base de tout l'enseignement à raison de leur caractère concret, intuitif, pratique et expérimental. Désormais l'enfant apprendra autant par la main et l'outil que par le cerveau et le livre. (1)

Il y a lieu maintenant de créer un matériel autoéducatif pour toutes les matières de l'enseignement, de mettre en rapport les uns avec les autres tous leurs éléments.

6. *Jeux didactiques.*

a) On se sert de jeux éducatifs pour favoriser l'éveil de l'enfant et permettre de nombreuses répétitions des mêmes notions. Les jeux incorporent donc des idées, des notions, des problèmes et par là sont des documents. (2)

Les jeux éducatifs permettent de réaliser l'individualisation du travail et la répétition des notions par des exercices spéciaux. On multiplie les jeux didactiques. (Par ex. les jeux d'Histoire, le Jeu des Nations pour l'initiation à la Société des Nations). C'est un matériel qui a des affinités avec la documentation. Tandis que le livre est statique, le jeu est dynamique. On procède en quelque sorte à une démonstration successive selon une *ratio* que détermine ou le sort ou un calcul. Le jeu intéresse, il captive l'attention de la jeunesse, il passionne même les grands. Mais le jeu ordinaire n'est en général le véhicule d'aucune connaissance. Que de notions n'auraient pas pénétré le corps social si les jeux de cartes, de dominos, de dames, d'échecs avaient eu des significations analogiques au lieu de se maintenir avec leur sens étroit et vaguement historique. (Origine et histoire du Tarot.)

b) Il faut s'étendre sur le sens du terme jeux éducatifs et élargir la question. La psychologie a assimilé le jeu à l'activité normale. En jouant l'enfant est lui-même. L'adulte plus tard continue à jouer en réalisant sa vie. Quand joue-t-on ? Difficile à dire. Il y a jeu, dit-on, lorsqu'il n'y a pas action, but sérieux, mais « puéril ». Le jeu est synonyme alors d'occupations futiles, de distractions pures qui peuvent quelquefois reposer l'esprit, mais n'ont le plus souvent d'autre effet que de le soustraire à l'action du temps si lourd pour les esprits futiles.

c) Tout jeu, tout sport est une lutte: l'homme contre l'homme, contre les forces de la nature, contre lui-même. Il y a possibilité de succès et de défaites alternatives de l'un ou de l'autre, spectateurs associés à la lutte, assistant au déroulement des ses péripéties, intéressés éventuellement par des enjeux.

En somme il y a sinon une représentation d'une idée comme dans le spectacle proprement dit, dans la fête, au moins la marche vers un résultat préfiguré, espéré, assigné comme fin à l'action.

Beaucoup de jeux ont un matériel qui par de certaines côtés sont assimilables à des documents (objets documentaires). Ici (jeu de l'oie) il s'agit d'une course à obstacles imaginaires et représentée sur un carton. Jeux de cartes dont le plus complexe et qui va en se complexifiant sans cesse est le bridge (développement du whist). On doit faire se succéder une série d'actions déterminées par le hasard ou le calcul.

Une troisième forme est représentée par la marche de pièces à significations diverses et propres à travers des tracés géométriques, pièces ayant chacune leurs propriétés, partant leur signification, et donnant lieu à des relations, pièces dont la mise en mouvement vers le but est déterminé aussi par le hasard ou le calcul (tric-trac, dames, échecs, où tout est constamment visible).

d) Le jouet d'enfant se rapproche de plus en plus des instruments de démonstration et du matériel didactique (jeux éducatifs). Ce sont d'une part les jeux de construction, les lanternes magiques et les appareils de projection qui ne peuvent servir que comme jouet.

Nombre de jeux didactiques sont établis sur simples cartons.

Le genre poupées est largement « représentatif ». Il y a des poupées de tout genre, les bébés personnages, poupées mascottes, fétiches, poupées pour théâtres guignols et théâtres de marionnettes, théâtres d'ombres, les poupées décoratives qui ne sont pas des jouets. Il y a les animaux en étoffe, en caoutchouc ou en autres matières.

Les passe-temps eux-mêmes prennent une forme documentaire, les problèmes de bridges, les mots croisés, le jeu des « batailles navales », etc.

(1) A. Nyns. — *Les travaux manuels à l'école primaire.* Bruxelles 1910, broch. 24 p.

(2) Il primo libro dei Conti C. dei Giochi, G. B. Parairo. — E. E. Smyth. Teaching Geography by Probleme 1925. — Matériel Herbinière-Lebert donnant des chiffres, des couleurs, des formes, des lettres de l'alphabet. Jeux auto-correcteur. (Paris Nathan.) — *Meccano* est le jeu qui a rendu populaire l'art de l'ingénieur.

243.2 Disque : phonogramme.

1. *Notion.*

Le phonographe (gramophone) réalise l'enregistrement direct du son sur rouleaux ou sur disques. Ceux-ci constituent des documents et de véritables substituts du livre, des documents écrits.

Le disque est de grande portée pour la diffusion internationale. (1)

2. *Historique.*

Il y a bien longtemps que les inventeurs ont réalisé des machines parlantes. Ils cherchaient dans la voie de l'orgue. C'est Scott Martinville qui, rapporte-t-on, aurait le premier trouvé le principe de l'inscription du son, de l'enregistrement des vibrations acoustiques. Charles Cros plus tard imagina le moyen de reproduire le son, sans toutefois parvenir encore à réaliser pratiquement cette reproduction. Edison fut non pas l'inventeur, mais le réalisateur du phonographe.

3. *Technique.*

Les rouleaux et les disques ont été en cire, puis en ébonite. On enregistre sur métal. On a créé des disques souples.

La recherche porte sur l'édition de disques nouveaux bon marché, dont la souplesse et la légèreté rendraient l'expédition par la poste aussi facile que celle d'une lettre ordinaire. On a déjà créé les phonocartes, cartes postales en carton recouvertes d'une matière spéciale recevant l'enregistrement. (Forti et Marotte.)

Les disques de gramophone sont enregistrés directement ou impressionnés soit à la machine, soit chimico-électriquement. Ils donnent lieu à des matrices (moules métalliques ou galvaniques).

Tout instrument qui enregistre le son est par le fait même enregistreur de la musique et de la voix.

4. *Caractères des disques. Edition. Conservation.*

a) Les disques à l'origine étaient des rouleaux. Plus tard ont été créés les disques (plaques, cylindres). Les disques ont été progressivement standardisés quant aux dimensions. Celles-ci se déterminent d'après leur diamètre. Les disques sont en ébonite, encore toujours assez cassables. Il est aussi des disques incassables. Au centre se trouvent inscrites les indications relatives à leur identification et sur lesquelles sont basés leur classement et leur catalogue. Ils portent notamment la marque des firmes (Odéon, Voix de son Maître, Colombia) et un numéro d'ordre dans le fond de chaque firme.

(1) L'Institut de Coopération intellectuelle a présenté un rapport sur l'usage du phonographe dans ses connexions avec les problèmes musicaux d'ordre international.

b) Les disques sont placés dans des enveloppes qui les protègent, avec perforation ouverte au centre pour permettre la lecture de leur identification. Les disques ainsi protégés peuvent être placés dans des tiroirs classeurs à la manière des dossiers. Les mêmes meubles peuvent être employés dans les deux cas.

c) Les disques s'éditent à l'instar des livres et de la musique. Incessamment se produisent des œuvres qui se comptent maintenant par dizaines de millions de disques.

Les répertoires de disques constituent de gros volumes. Des opéras comme *Faust* ou *Carmen* ont été enregistrés d'un bout à l'autre avec orchestre et chant en 28 disques double face au prix moyen de 5 fr.

Les disques ont des prix très différents. Ils vont de 15 à 30 francs. Les disques pygmés valent de 5 à 8 francs.

d) La critique des disques a pris une importance rapidement grandissante. Des revues et journaux spéciaux lui consacrent une place croissante. Les critères du bon disque s'établissent. Le choix du meilleur disque en est la conséquence. Les amateurs de disques (discophiles) ont constitué entr'eux des Associations qui organisent des auditions publiques. (1)

5. *Espèces de disques. Application.*

a) Il y a actuellement quatre sortes principales de disques : musique sans paroles, chant, diction, bruit.

b) On enregistre des discours, des tracts, des appels, des récitatifs et des déclamations.

On enregistre des cours, des conférences. On sera amené à composer un enseignement complet par disque. (2)

c) Toutes les grandes firmes ont coulé sur la cire des poésies, des fables, des pièces de théâtre. Ces disques sont de valeur bien inégale, soit par la technique de leur enregistrement, soit par le choix du morceau déclamé ou bien encore par le talent de l'artiste. (Ex. le monologue d'Harpagon dit par de Féraudy, *La Cigale et la Fourmi* présenté par Georges Berr.)

d) Etude des langues. — Grâce au phonographe, la question de l'enseignement des langues a réalisé un grand progrès. L'efficacité provient du parallélisme de son action sur l'esprit du spectateur-auditeur qui se trouve simultanément impressionné par le sens auditif et le sens visuel.

Les plaques transcrivent des voix autorisées choisies

(1) Pour une discothèque idéale (choix mensuel des disques les plus réussis des diverses maisons). — *La Joie musicale*, 5 février 1931, p. 15.

(2) La « Vocalion Chantal C° » a procédé à l'enregistrement d'un cours du prof. Blanckaert (Université de Gand) au prix de 1,500 fr. pour un disque double face 25 cm. (grand format) (originaux, matrices, clichés et 3 exemplaires). La « Columbia » a réalisé un intéressant cours de l'Histoire de la musique.

parmi les plus expressives. En une trentaine de leçons, on peut acquérir un vocabulaire très suffisant pour les besoins de la vie courante. En faisant comprendre, imiter, répéter, l'appareil permet d'assimiler naturellement la phonétique, l'articulation en même temps que l'on suit un cours de grammaire et de syntaxe basé sur les conversations que l'on entend et que l'on suit sur des textes ce que l'on entend. Un simple livre silencieux ne peut donner cela. (1)

e) M. L. Heck, directeur du Jardin Zoologique de Berlin, a publié la relation de son voyage d'exploration en Afrique orientale en joignant à chaque volume un disque sur lequel sont enregistrés les cris des animaux qu'il a capturés et dont question dans son ouvrage.

f) Enregistrement de la parole dans les assemblées. — La « Filene-Findley Instantaneous Interpretation system » a permis la traduction simultanée de discours dans les assemblées, chaque auditeur ayant à sa disposition des écoutes téléphoniques pour entendre la traduction du langage de son choix. On peut entendre en anglais, français, allemand, espagnol et éventuellement dans d'autres langues au choix. On a cherché un appareil permettant en même temps l'enregistrement automatique électrique de tous les discours et supprimant la sténographie. Le nom des orateurs et le texte des amendements sont projetés sur l'écran.

g) On peut obtenir des enregistrements sonores sur des disques ou des films transparents et faire annoncer l'heure par une source lumineuse, une cellule photoélectrique et un système de miroirs mobiles et d'obturateurs permettant de recueillir les enregistrements dans un ordre réglé par une horloge-mère.

h) A l'aide d'un écran lumineux reproduisant son regard et de disques phonographiques répétant ses conseils, le Dr. Radwans parvient, rapporte *Tout* (21 août 1932), à provoquer la suggestion voire l'état d'hypnose.

6 *Industrie.*

Le phonographe est devenu une grande industrie. Les usines de la « La Voix de son Maître » à Hayers (à 12 milles de Londres) constituent toute une ville de neuf mille âmes — une agglomération de grands buildings — d'où sortent chaque semaine des dizaines de milliers d'appareils. Il existe un syndicat international, dont la fusion récente des entreprises Gramophone et Colombia a consolidé la position. La production coopérative des disques de phonos a été commencée, en lutte contre le syndicat par la « Kooperativa Förbundel » suédoise. Celle-ci vend les disques aux 2/3 du prix du monopole.

La matière sonore fait l'objet de grands trusts, de grandes combinaisons financières. Le trust de la Société Internationale d'acoustiques Kuchenmeister et de ses sociétés sœurs du Film parlant, de l'Ultraphone, du Radio, de l'Orchestrola Vocalion, du Telegraphon. L'une des sociétés produit 17,500 disques de gramophones par jour, une autre 35,000.

Les grosses firmes phonographiques ont à elles leurs studios, leurs appareils enregistreurs, leurs procédés particuliers et aussi leurs artistes.

Depuis 1921, la vente des disques de Caruso dans le seul Etat de New Jersey, a produit la somme de neuf cent mille dollars.

7 *Desiderata documentaires. Méthodes.*

a) Le disque est une documentation. Il offre de l'intérêt soit au point de vue de la musique, soit au point de vue des paroles. Il y a donc lieu d'en former des collections, de les cataloguer, de déterminer les desiderata de méthode pour faciliter la documentation de et par les disques.

b) Pour les disques comme pour les livres, il y a lieu de distinguer le traitement des ensembles tendant à l'Universel et le traitement propre à des fonds particuliers Des Phonothèques ou discothèques se constituent, sorte de bibliothèque phonographique. Déjà les Américains emploient cette terminologie : « The vast recorded library of the world's music ». Il est désirable de voir constituer une collection universelle de disques « Phonoteca Universalis » et un catalogue ou inventaire universel des disques. Il est désirable de voir constituer partout des fonds de disques, de les traiter comme partie des collections documentaires en général et de les mettre en harmonie avec la Phonothèque Universelle. Les mêmes règles et principes sont applicables pour les ensembles universels et les fonds particuliers.

c) La standardisation des disques est désirable. Impossible sans elle de constituer des collections. Les disques normaux sont de 25 cm. Il y a des disques de 12, 25 et 30 cm.

8. *Collections. Catalographie. Classement.*

a) Collections. — On a, sous des noms variés, constitué des collections de disques (Phonothèque, Discothèque). On a formé notamment des collections relatives aux enregistrements d'ethnologie, de folklore musical et chanté, à la voix des grands hommes et des grands orateurs, à la diction, au chant, à l'exécution des artistes.

L'Institut Phonétique, commun aux Facultés de Médecine, Sciences et Lettres de l'Université de Paris, possède

(1) Linguaphone. Conversational course. Le cours consiste en 30 leçons au gramophone; chaque leçon comprend trois parties. Une description parlée, une conversation pratique, une page entière d'illustrations dépeignant le sujet de la leçon. Les illustrations donnent lieu aussi à des tableaux muraux de 30 × 40 pour les classes inférieures. Vocabulaire de 3,000 mots. Le cours de Linguaphone existe aussi en français. Le Pathégraphe a aussi réalisé un cours de langue.

le Musée de la Parole et du Geste (anciennes Archives de la Parole) : spécimens de tous les parler du monde, langues, dialectes et patois, mélodies populaires. (1)

La Phonogram-Archiv-Kommission des K. Akademie des Wissenschaften a rassemblé une collection de plusieurs milliers de cylindres, accompagnés de la documentation correspondante. Une institution semblable fonctionne à l'Université de Berlin.

Le British Museum conserve une collection nationale de disques de phono.

b) Classement. — Le classement des disques soit dans les collections, soit dans les catalogues, peut donner lieu à trois ordres différents. A) Alphabétique par compositeur-auteur des paroles ou du texte, par artistes, par titres des œuvres. B) Par firmes. C) Par matière établie selon la Classification décimale, ou catalogue par genre. Les grandes rubriques peuvent être : 1° opéra, opéra comique, opérettes classiques ; 2° mélodies, romances classiques ; 3° chansons, molonogues, rires ; 4° soli et ensembles instrumentaux ; 5° orchestre, symphonie, musique militaire, fantaisies, etc. ; 6° danses ; 7° musique religieuse ; 8° textes. On se limite aux grandes rubriques. Sous chacune, le classement est fait par ordre alphabétique d'artistes, d'instrument ou d'orchestre.

c) Catalographie. — L'extension du disque rend désirable l'établissement de catalogues aux notices bien écrites, au classement bien fait, à la publication bien ordonnée. Chaque grande firme publie son propre catalogue, certaines discothèques établissent le leur. Un Catalogue Universel des disques est devenu utile en liaison avec le Catalogue Universel des Livres.

Les notices des disques peuvent prendre la forme et les dispositions des notices bibliographiques. Ainsi elles comprendront : 1° nom d'auteur ; 2° titres ; 3° date de l'œuvre ; 4° genre d'instrument et de voix ; 5° nom de l'artiste ; 6° firme ; 7° n° d'ordre dans le catalogue de la firme et couleur d'étiquette ; 8° diamètre des disques ; 9° nombre de parties ou de disques ; 10° date de l'enregistrement du disque. Exemple :

Boieldieu 1887. — *Le Calife de Bagdad*, ouverture (orchestre). Disque *Odéon*, n° 170.093, étiquette bleue, diamètre 30. (Enregistré en deux parties le 1929.11.24).

Les éditeurs de disques pourraient faciliter les opérations de la documentation comme les éditeurs de livres. Il est indiqué d'inscrire sur les disques mêmes toutes les caractéristiques relatives à leur identification et de joindre aux disques des fiches ou notices de catalogue, éventuellement d'imprimer le texte de la notice sur l'enveloppe de papier.

9. *Le livre sonore.*

La nouvelle invention du « Livre Sonore » permet par le seul mécanisme d'une machine avec un électro-traceur accouplée à un amplificateur d'éditer instantanément un document, un livre, une lettre, pouvant parler. Le livre sonore se présente sous l'aspect de petits rubans donnant lieu à lecture auditive après être passée par un petit phonographe ad hoc.

L'invention part de deux procédés connus :

1° Le procédé qui consiste à graver électromécaniquement à la surface d'un disque de cire les courbes représentatives des ondes sonores gravées par un microphone.

2° Le procédé du film parlant qui permet de tirer rapidement un nombre illimité de copies photographiques (tirage par diagotypie) qui défilent devant une cellule photo-électrique permet, sans usure notable, un très grand nombre d'auditions de longue durée.

L'invention combine les deux procédés et réalise une chaîne de huit transformations d'état physique dont chaque maillon est un usage fidèle du maillon qui précède. 1° On utilise un microphone devant lequel parle le speaker. L'énergie acoustique de la voix est transformée en énergie électrique. 2° Le très faible courant électrique qui prend naissance est fortement amplifié. 3° Le courant amplifié est transformé par vibrateur de courant électrique en énergie mécanique. 4° Cette énergie mécanique est utilisée pour raboter superficiellement le film. 5° Le film, qui porte ainsi sur fond opaque l'image transparente de la vibration sonore, défile entre une lampe et une cellule photo-électrique. L'énergie du faisceau lumineux, qui varie au travers des sinuosités du sillon, est transformée en énergie électrique. 6° Le très faible courant photo-électrique qui prend naissance est fortement amplifié. 7° Le courant amplifié est envoyé dans un haut-parleur qui transforme l'énergie électrique en énergie mécanique vibratoire. 8° La vibration mécanique de la membrane du haut-parleur se trouve transformée en énergie acoustique dont les ondes reproduisent fidèlement celles qui ont, quelques secondes auparavant, frappé la surface sensible du microphone.

Le déroulement du film est à la vitesse de 45 centimètres à la seconde. Les films gravés ou leurs copies peuvent être reproduits dans n'importe quel « lecteur photo-électrique » (phonographe, photo-électrique du commerce). Un grand nombre de sillons pouvant être juxtaposés dans la largeur du film, le Livre Sonore se présente sous la forme d'un disque de pellicule enroulé de 35 millimètres d'épaisseur et d'environ 20 centimètres de diamètre permettant de donner une audition ininterrompue de six heures de parole. Le film original peut être conservé indéfiniment. Le prix de l'enregistrement est bas ; le matériel d'enregistrement peut être installé dans n'importe quel local, la reproduction sonore peut se faire à domicile par des moyens peu coûteux.

(1) Voir *La Joie Musicale*, 1930, 15 février.

243.3 Films : cinéma.

243.31 Notion.

a) Le cinéma (Motion Picture) a été appelé la *machine à refaire la vie*. C'est le 7e art. (1)

b) Les premiers essais concluants datent de 1895. Le développement de l'invention a été tel que des représentations cinématographiques ont lieu maintenant sur la surface entière du globe, jusque dans les pays les moins ouverts à la civilisation et dans les bourgades les plus reculées. C'est que le cinématographe donne la plus étonnante illusion de la réalité et de la vie qu'il se puisse imaginer, en faisant uniquement appel au sens de la vie, qu'on peut considérer comme le plus subtil, le plus parfait pour tout dire.

c) Le cinématographe donne lieu à la projection à raison de 15 par seconde d'une série de photographies prises suivant le même rythme, les images de ces projections sur la rétine du spectateur se fondant en une sensation unique continue. Cette fusion a lieu grâce à la persistance des impressions lumineuses sur la rétine pendant environ un dizième de seconde et après qu'a disparu la cause qui l'a engendrée.

d) Les films soulèvent des questions nombreuses. Comme document on y retrouve ainsi que dans les livres les éléments matériels (support), les éléments graphiques, les éléments intellectuels, les éléments scientifiques ou littéraires. On y retrouve aussi le cycle des opérations documentaires : élaboration (tourner le film), édition et vente, catalographie, critique, formation des collections, utilisation (projection).

243.32 Historique.

a) L'historique du cinéma est à présenter à plusieurs points de vue. Au point de vue technique, en 1825, l'Anglais Fitton applique à l'image le principe de la retention rétimème. En 1829 ce principe donne naissance au disque de Newton. Viennent ensuite le Phénakisticope ou Kaléidoscope, le Praxinoscope de Raynaud et enfin le fusil photographique de Marey en 1875. Ce sont les véritables ancêtres du cinéma. En 1895, les frères Auguste et Louis Lumière présentent le cinématographe. En 1900, les frères Pathé inaugurent le premier studio cinématographique à Vincennes.

Et depuis l'invention proprement dite du cinéma, le progrès s'est manifesté dans trois directions : le cinématographe en couleurs naturelles, le relief en cinématographie et le film parlant (synchronisation de la reproduction de la voix et de l'image).

b) Au point de vue des données reproduites, le cinéma a plusieurs époques dans son histoire. 1° Il commence en 1895 par des prestidigitateurs qui multipliaient les acrobaties, les fantaisies, les apparitions, les dédoublements, les prises d'images à l'envers. 2° Les appareils se présentent dans les foires avec des pellicules allant des scènes mélodramatiques aux aventures de voleurs, aux crimes horribles en passant par des sujets légers et plus que légers. 3° En 1902, on aborde le grand sujet historique : ex. les drames célèbres à grande mise en scène, avec films parfois de 300 mètres. 4° En 1905, les acteurs connus et aimés du public cessent de considérer le cinéma comme une distraction de bas-étage. Delvaux, de Max, Mounet-Sully, représentent *Athalie et Œdipe*, premiers essais pour porter le théâtre au cinéma.

c) Au point de vue esthétique. 1. Les débuts du cinéma ont été de caractère expérimental. Ils en constituent l'étape métaphysique par l'exposition contemplative et interrogative des choses et des phénomènes comme par la présence d'une action offerte comme simultanée. 2. Alors suivirent des périodes grises pendant lesquelles la technique se perfectionne. 3. Le cinéma aborde timidement un pseudo-naturalisme éphémère. 4. Il atteint brusquement son âge d'or en réalisant les premiers films matérialistes de l'école italienne : il est près du théâtre et offre des documents réels et concrets des troubles psychiques de toutes sortes, du cours véridique des névroses. 5. Le cinéma comique, celui dont les films portent à rire. 6. Les films de propagande révolutionnaire. 7. Le cinéma surréaliste. (1)

« Le cinéma, art qui le premier a dû s'appuyer sur l'argent progresse par l'argent. » (Real Cleid.)

« L'industrialisation peut, demain, détruire tous les espoirs qu'avait fait naître en nous la découverte du monde des images. »

d) Le cinéma n'en est encore qu'à ses premières étincelles. Un avenir illimité est ouvert devant lui. Le cinéma peut devenir plus important que l'imprimerie. De même que les contemporains de l'invention de celle-ci se sont mal rendu compte de son immense importance, peut-être en est-il de même pour nous à l'égard du cinéma.

243.33 Caractéristiques.

243.331 *EN GENERAL.*

En ce siècle de vie intense, le cinéma dispense de voyager, de lire, de se bourrer le cerveau de mille choses encombrantes dont le souvenir s'est effacé au moment où l'on veut y recourir.

Le cinéma au contraire parle au cerveau par les yeux.

---

(1) Coustet, Ernest. *Le Cinéma*, article illustré dans *Larousse mensuel*, mai 1920. — Ciné, par Maurice Widy. Etude de l'histoire du ciné et de son industrialisation. — Le scénario du cinéma, par Marcel Desinatine. — Revue du Cinéma éducateur, publié par la S. D. N. — Balasz, Bela *Der Geist des Films*.

(1) Salvator Dali. Abrégé d'une histoire critique du cinéma. (Edition des cahiers libres).

La méthode d'enseignement par l'aspect, c'est-à-dire intuitive, n'a-t-elle pas toujours été la plus démonstrative? Le cinéma vous transporte partout, même dans les endroits les plus inaccessibles. Le cinéma pénètre partout. Il initie aux secrets de toutes les fabrications, il vous fait assister à toutes les démonstrations, il consigne tous les faits. Un livre, un récit intéressant, un événement se produit dans le monde et le lendemain le cinéma le montre à tous, comme si l'on avait assisté à la lecture ou si l'on avait été spectateur oculaire de l'événement.

Les pièces de théâtre, les féeries les plus compliquées, les drames les plus émouvants sont représentés par le cinéma dans les sites et les cadres les plus appropriés. Aucune représentation théâtrale ne peut égaler la scène cinématographique. Quant aux scènes à transformation, il y en a de réellement déconcertantes. Elles renversent toutes les conceptions, elles confinent à la magie. Puis les scènes de genre, les scènes amusantes.

En résumé, le spectateur assis commodément dans le fauteuil des théâtres cinéma assiste à tous les événements intéressants se passant dans le monde entier. Les opérateurs sont présents partout, n'importe à quels sacrifices d'argent.

(Prospectus du Cinéma Pathé, 1909.03.04).

243.332 *CARACTERISTIQUES PARTICULIERES.*

a) Avec le cinéma, peut-on dire, il n'y a plus de passé: la réalité passagère subsiste éternellement vivante et ce n'est pas un des moindres prodiges du cinématographe que d'avoir définitivement vaincu, semble-t-il, la puissance destructive du temps. (Darguin et Auvernier.)

b) Le cinéma s'adresse au cerveau par le sens le plus avide d'expression, la vue, dont le champ d'exploration est plus vaste que celui des autres sens. Le ciné agit sur le cerveau plus directement que le cours et même que le théâtre, parce qu'il supprime l'effort d'interprétation de la langue écrite et parlée et qu'il condense l'émotion par la vue immédiate des choses. Il économise le travail mental.

c) Le cinéma est devenu de pratique courante. Il joue un grand rôle dans les campagnes de propagande. Il présente l'image vivante, palpitante, frémissante; il la pénètre en une suite harmonieuse; il ne fait pas seulement œuvre de démonstration, il est au premier chef un instrument d'attraction. L'image animée n'aide pas seulement à penser, elle grave profondément la notion que l'on veut enseigner. Elle réussit à faire pénétrer certaines notions parmi les personnes simples et non habituées au travail mental.

d) Le peuple est passé directement de la lecture, de l'analphabétisme, au cinéma. Il est plus facile de voir que d'entendre, de percevoir toutes formées les images que de transformer soi-même en images intéressantes les sons perçus de la langue.

Avec la parole (au théâtre) nous ne pouvons être émus que par l'intermédiaire des mots, c'est-à-dire en réalité des idées; nous ne pouvons être touchés que de ce que nous comprenons. Le cinéma, au contraire, ne vise jamais à faire comprendre, mais uniquement à faire sentir et à suggérer. Il ne s'adresse comme la musique et les arts plastiques qu'aux sens et à l'imagination. Bien loin de lui servir, la parole lui nuit le plus souvent parce qu'elle le circonscrit et le lance dans la voie de l'analyse, alors qu'il est essentiellement synthèse. (Gaston Rageot.)

Le cinéma, c'est plus qu'un art, plus qu'une science; c'est la plus forte puissance existante. (L. Aubert.)

Le cinéma sonore a complété l'illusion.

Le cinéma aide à se représenter les milieux et les faits, celui qui est sous sa tente au cœur du Sahara reçoit les mille jeux d'instruments d'un concert donné à Varsovie; celui qui est assis dans un fauteuil d'une salle des Champs Elysées assiste au combat d'un tigre et d'un python dans la jungle de Java, entend les rugissements du fauve et le souffle du reptile.

e) En 1914, le cinéma était seulement une agréable distraction, un spectacle commode ayant ses admirateurs fervents. On ne l'employait guère pour la propagande. En 1933, le cinéma est une puissance; sa clientèle est immense et façonnée par la publicité. Ce qu'il montre aux foules porte davantage que ce que l'orateur le plus habile peut laisser tomber du haut d'une tribune sur l'auditoire le plus attentif. Une idée exprimée par le truchement du film trouve plus de réceptivité qu'une idée diffusée par le moyen pourtant formidable de la T.S.F. (Marcel Lapierre.)

f) Les dessins animés nous mènent dans un monde ignorant des lois qui régissent le nôtre, dans un monde où la fantaisie grotesque ou plaisante ou parfois dramatique règne en maîtresse. Le son synthétique nous révèle des sons inconnus, des voix, des tonalités de sons nés du néant.

g) Le commerce en général vend des réalités substantielles. Le cinéma, au contraire, vend des visions comme le théâtre vend des auditions. Passé le film, joué la pièce, tout s'est transformé en un échange de monnaie substantielle contre des images « phénoménales ». Le rien ou presque rien qui se mue en valeur a provoqué et entretenu un état foncier de spéculation dans le monde du cinéma.

h) Le cinéma tient de l'affiche et de l'annonce. Il est suggestif, permanent, attrayant, plein d'argumentations convaincantes. On crée une attraction dans une vitrine, un stand, un magasin, en installant un appareil de projections à mouvement continu, ne demandant aucune surveillance, appareils sans fin, dont le film se déroule en cycle sans cesse recommençant, avec écran visible aux lumières. Le voyageur de commerce moderne attend le client possible en son domicile projette un film documentaire en le commentant et montre ainsi la fabrication, l'utilisation et la qualité de son article. Le tout est installé en une valise et n'importe où se monte instantanément.

i) Le cinéma est mouvementé. Il est jeu d'ombres et de lumières agissant sur des valeurs et des surfaces généralement douées d'une vie active. Volumes, ombres, lumières. Equilibrer les rapports en fonction du mouvement, et réaliser l'union vivante, voilà le secret de la mise en page décorative au cinéma, le secret de la mise en scène. Un film est une vision de beauté, non plus projeté uniquement dans l'espace ou sur un plan, comme un tableau ou peinture, mais projeté aussi dans le temps, par la continuité d'action, par la durée et la réalisation complète du mouvement. (Léon Chenon.)

j) Le cinéma porte en lui les germes d'une expression unanime, sincère et exclusive du monde moderne. Tragédie chez les Grecs, Cathédrale au moyen âge, cinéma chez nous. Même rang exactement. Ni la poésie, ni le théâtre, ni les ballets russes, ni les cirques, ni la peinture, la sculpture, la littérature, pas même la musique. Car tout cela, sauf la musique, est statique et le monde moderne est mouvement, dynamisme. (1)

243.333 *AVANTAGES POUR L'EXPOSE DES NOTIONS.*

1° Le cinéma s'impose chaque fois qu'un phénomène est fonction du temps. Il faut de longues périphrases et des gestes plus ou moins précis pour faire comprendre des mouvements successifs et surtout simultanés. 2° Pour une démonstration, tous les spectateurs même très nombreux voient également bien sans avoir besoin de se serrer autour de leur conducteur. 3° Les détails de petites dimensions peuvent être projetés en gros plan : un rouage de montre peut nous apparaître comme un cercle de deux mètres de diamètre. 4° Certaines démonstrations présentent des détails fastidieux. S'agit-il par exemple de démonter un appareil, il suffit d'indiquer le commencement et la fin de l'opération sans qu'il soit nécessaire comme dans la réalité, de devoir dévisser tous les boulons. 5° L'ordre du film peut être logique, alors que la démonstration in re exigerait des allées et venues incessantes, les choses étant groupées par les nécessités de fait du travail et non par la suite normale des idées.

Le film offre les ressources du dessin animé qui permet de donner une vue interne des objets en fonctionnement, et possède l'avantage du croquis fait au tableau dont les parties apparaissent successivement. Les dessins animés font une impression claire, durable et récréative. Ils sont applicables à l'exposé des théories les plus complexes.

Le cinéma ralenti ou accéléré donne aux spectateurs les notions les plus nouvelles et les plus précises. Il analyse les mouvements de mécanismes délicats ou résume en quelques secondes des phénomènes que leur lenteur rend imperceptibles. (1)

(1) Jean Denis analysant l'ouvrage de Moussinat sur la Naissance du Cinéma, dans la *Revue catholique des idées et des faits* (5 août 1932).

243.334 *MESURE ET STATISTIQUE.*

a) La prise de vue se fait à raison de 18 images par seconde ou 20 mètres de pellicule par minute.

Un film résiste en général 120 à 125 jours de projection à raison de huit projections quotidiennes.

Il y a des films cependant qui passent plus de 1000 fois.

Au rythme normal de 16 images par seconde, adopté pour la projection des films cinématographiques, une bande, dont le déroulement exige seulement 10 minutes, représente 9,600 images. Un film d'une heure ne comporte pas moins de 57,600 photographies.

Un film tel que celui de l'ascension du Mont Blanc, 4,200 mètres à 52 images par mètre, donne plus de 200,000 images.

On édite des films de différents formats de façon à pouvoir être projeté sur des appareils soit de type courant, soit sur des postes dits d'amateur.

Pour les formats réduits, on a employé les formats 9.5 mm. et 16 mm.

b) Le Bureau de Censure des cinémas de Pensylvanie doit voir annuellement de 12, à 20 millions de pieds de film. 90 % de tous les films sont tournés aux Etats-Unis.

Les chiffres suivants, se rapportant à un pays d'importance secondaire, sont très frappants. L'Office roumain de la censure a autorisé en 1930 la projection de 1,035,000 mètres de film, soit 673,000 d'origine américaine, 254,000 d'Allemagne et seulement 14,000 de Roumanie. On a estimé à 60 % la proportion de films sonores par rapport au total.

c) Il y a 25,000 salles de cinéma aux Etats-Unis. Certains films ont coûté jusqu'ici dix millions, mais sont rapidement amortis en Amérique. C'est pourquoi on peut les céder si bon marché en Europe et qu'en réalité seuls presque, les films américains passent à l'écran.

Aux Etats-Unis l'industrie du cinéma est la 4e pour l'importance des capitaux investis. En France, on a constitué un syndicat qui dispose déjà de 200 millions ; il est attiré par le fait que telle salle qui coûte un million d'achat en rapporte autant par an. Un modèle joli, une petite fille de 7 ans gagne aux Etats-Unis entre 300 et 400 mille francs parce que son visage est photogénique.

243.34 **Technique.**

243.341 *ESPECES DE PROCEDES ET D'APPAREILS.*

a) On appelle appareil de prises de vues ou simplement « Camera », l'appareil qui sert à prendre les photographies du sujet, de la scène en mouvements, et « Projec-

(1) F. Meyer. *Bulletin du Bureau International de l'Enseignement secondaire*. 1927, p. 103.

teur cinématographique » ou « cinéprojecteur » l'appareil qui sert à les projeter sur l'écran. Le film est composé d un support transparent recouvert d'une couche de gélatine portant les images photographiques. Le support, autrefois en celluloïd inflammable, aujourd'hui en acétate de cellulose inflammable, a une épaisseur d'environ 0.12 mm., la couche de gélatine a une épaisseur de 0.03 mm. Le film présente, en dehors des images, des perforations qui servent à son entraînement mécanique. Les perforations du film standard de 35 mm. et celle du film de 16 mm. sont disposées sur deux files latérales, celles du film de 9 mm. sont disposées sur une seule file établie au centre. Les éditions Pathé-Baby présentent en outre des encoches qui servent à provoquer leur arrêt au passage des titres ou de certaines images. Le format standard de 35 mm. est celui des films employés dans les appareils professionnels des salles de cinéma urbaines. Les bénéfices sont assez élevés pour que soient d'une importance secondaire les prix des appareils. Mais pour le cinéma d'enseignement, de salon, de petites exploitations rurales, il suffit de films donnant une projection de 1.50 m. à 2 m. de largeur, visible pour une centaine de spectateurs.

b) On appelle « réel » une longueur de film contenant environ 16,000 images. Cette longueur est de 300 m. pour les deux films de 16 mm. et de 9.5 mm. Les dimensions des images sont: film standard (24 × 18), film de 16 (9.72 × 7.24), film de 9.5 (8.5 × 6.4). La durée de projection de 100 m. de film de 35 mm. est de 5 minutes 4 secondes. Si l'on prend des vues à vitesse lente et qu'on les projette à vitesse rapide, les mouvements semblent accélérés. C'est ainsi par ex. que l'on a pu montrer en quelques secondes la croissance d'une plante qui se fait en plusieurs jours. Si au contraire on prend les vues à grande vitesse et qu'on les projette à vitesse lente, les mouvements semblent ralentis. C'est ainsi que l'on peut montrer au ralenti certains mouvements de sport.

c) La vitesse normale de prise de vues et celle de projection du cinéma est de seize images par seconde. Cette vitesse suffit à la reconstitution de l'immense majorité des mouvements. Mais il reste une catégorie très importante de mouvements très rapides qui dépassent les limites de ce procédé, par ex. le battement de l'aile d'une mouche ou le projectile à sa sortie du canon.

Marey dès 1879 obtenait 20 images par seconde. Bull en obtenait 3,000 en 1904. Voici que E. Abraham et E. Bloch ont fait varier la rapidité de 20 à 50,000 images par seconde.

M. Bull a étudié les mouvements les plus rapides du vol des insectes, des projections de balles, en portant les images à plusieurs milliers par seconde, grâce à l'étincelle électrique. On parle maintenant de 60 et même de 100,000 images à la seconde. M. Noguès a inventé l'ultra-cinéma avec lequel il obtient à la seconde jusqu'à 400,000 images, celles-ci projetables sur l'écran.

d) Le cinéma recourt à des spécialités multiples dont les progrès à leur tour le font progresser : optique, électricité, éclairage, mise en scène, archéologie, architecture, maquillage, photographie, etc. Le cinéma sous des noms divers a cherché dans des voies multiples la solution de problèmes techniques : cinématographie coloriée, cinéphonographie, cinématographie de mouvements ultra-rapides et de mouvements ultra-lents, microcinématographie, le film en relief.

Le cinématographe balistique de Cranz est capable de donner 6,000 clichés à la seconde et pouvant enregistrer un cliché simple en silhouette dans l'espace de temps inconcevablement réduit d'un millionième de seconde.

« Avec une telle vélocité, les mouvements de la machine ou de la balle la plus rapide, les mouvements naturels les plus fugitifs, la plus imperceptible vibration de l'aile d'un insecte peuvent enfin être saisis et fixés sur la pellicule sensible. » (1)

On a réalisé l'affiche animée au moyen de prismes triangulaires représentant sur chacune de leurs faces une phase d'un mouvement quelconque et par leur rotation sur eux-mêmes d'une façon intermittente, on reconstitue ce mouvement.

La mise en scène exigeant la présence simultanée du dirigeant en plusieurs endroits, on s'est servi de la télégraphie sans fil. (Strokheim dans Monegasque.)

Les appareils peuvent être arrêtés à volonté et l'attention concentrée sur une image rendue fixe. On cherche un appareil universel qui pourrait projeter les films fixes et les films animés, éventuellement en même temps. On a réalisé par un appareil indépendant la projection des vedettes qui doit varier de pays à pays.

Edison a réalisé le cinéma transportable dans une malle et permettant le cinématographe en pleine lumière.

Le cinéma, grâce au ralenti, peut dévoiler toutes les opérations délicates. On peut présenter sur l'écran des dessins schématiques et animés.

e) Diverses inventions ont été faites pour donner le relief au cinéma. M. Berggreen a réalisé, en 1929, par un jeu de lentilles et de calculs optiques, le problème : obtenir le relief avec un seul appareil de prise de vues et la projection panoramique sur un écran qui couvre l'ensemble d'une scène de théâtre.

L'enregistrement sonore étant synchronique, il est désormais possible de reproduire par exemple une opérette entière, les personnages grandeur nature donnant l'illusion absolue de chanter et de danser devant le trou du souffleur. L'appareil comme les yeux humains capte deux images et les réduit en une seule sur le film. La projection de même traverse deux lentilles avec ce résultat

(1) *Illustration*, 5 nov. 1910, p. 305.

que le mécanisme fait le travail d'adaptation de la rétine, à l'aller comme au retour, si l'on peut dire.

Il donne l'illusion de la vision naturelle, étant en proportion exacte de notre champ visuel. Ce n'est pas une photographie agrandie par une projection considérable, mais une sorte de contre-miroir de l'objet exposé.

L'optique est arriérée d'un siècle. La fabrication de rayons optiques est entrée dans la pratique courante.

« Le problème du relief a sa clef dans la mesure infinitésimale du temps. »

Un jour peut-être le problème de la lecture sera résolu ainsi : lire plus vite.

f) Cinéma en couleurs. — On a inventé le cinéma en couleurs, c'est-à-dire le cinéma qui n'augmenterait en rien le prix de la pellicule, mais nécessiterait seulement l'adjonction d'un petit dispositif d'un prix abordable aux appareils de projection.

M. Legg a monté un appareil photographique inspiré du cinéma, dont l'objectif comprend 22 lentilles. 2,600 instantanés à la seconde. Constatation : l'étincelle électrique ne se meut pas en zigzag, mais selon une spirale très compliquée. L'instantané plus rapide que l'étincelle électrique.

g) On a créé un appareil réalisant l'orchestre pour cinéma. Un seul homme remplace vingt exécutants et peut obtenir des ensembles parfaits d'instruments, aussi bien des solos de flûte, violon, clarinette, etc.

h) En Russie on a posé le principe que le son ne doit pas être le complément du spectacle, mais un nouveau et puissant moyen d'expression du cinéma. On s'y est spécialement attaché aux films dessinés, à l'emploi de poupées au cinéma et à la création mathématique du son.

i) La dernière formule du cinéma américain consiste à transformer la salle de spectacle en une sorte de prolongement de l'écran lui-même. Le cinéma « atmosphérique » est conçu de telle sorte que les spectateurs peuvent s'imaginer participer vraiment à l'action. (1)

j) Les procédés de prises de vues sont nombreux. Le « trucage » du cinéma est tout un art, comme il l'est en photographie. Il s'agit de produire l'illusion. Certaines vues consistent en des déplacements successifs d'objets opérés à la main, tandis que s'arrête la prise de vues.

Pour les comédies animées, telles que celles dont « Mickey » est le héros, Walt Disney, l'auteur, doit produire en moyenne 10,000 dessins.

k) Le cinéma trouve des applications exceptionnelles. Par ex. à l'hôpital : films projetés au plafond. Au théâtre : projection cinématographique sur fond circulaire. Le cinépanorama : cinéma principalement documentaire, où les vues seraient projetées sur la paroi intérieure d'une sphère par un ou plusieurs appareils dont les images se raccorderaient ; ce système permettrait de reconstituer un paysage ou une scène dans son entièreté ; (1) le Planetarium de Zeiss réalise dans le même principe la projection de la voûte céleste.

(1) *Le Courrier Cinématographique*, 3 déc. 1932.

243.342 *LOCAUX. ARCHITECTURE.*

a) Pour la prise de film, on a créé des studios ingénieusement agencés. On a vu des cités de cinéma s'édifier, par ex. à Rome et principalement à Hollywood.

b) La salle de cinéma est une création récente. On en a précisé ainsi les conditions : « Plus que toute autre réalisation architecturale, la salle de projection doit répondre strictement à sa fonction. Toute adjonction esthétique y est superflue, l'action se déroulant dans une salle relativement obscure. La salle de cinéma doit être un endroit confortable, d'accès facile, où l'on vient « visionner » et « auditionner » un film et non voir de l'architecture. » (2)

c) Les salles de cinéma les plus avancées contiennent 3,000 personnes et plus. Elles sont meublées de fauteuils Pullmann. Leur écran est macroscopique, la reproduction est sonorisée, les sourds y trouvent des casques amplificateurs.

243.35 **Film parlant.**

Les films se distinguent maintenant en muet et parlant (cinéphonogramme).

a) Le film parlant est une grande invention. Enregistrant à la fois l'image et le son et les projetant dans un synchronisme parfait, il constitue indubitablement un des progrès les plus extraordinaires. L'inscription du son sur la bande filmée se fait d'après divers systèmes qui ont largement cherché à se contrefaire : horizontalement, verticalement, transversalement. On a cherché à faire à la plume des inscriptions directes sur la partie de la bande réservée à l'enregistrement du son : la voie s'ouvre ici à des combinaisons illimitées.

b) Au point de vue artistique, quelques esthètes protestent avec véhémence. Le film parlant, disent-ils, cesserait d'être une interprétation, il ne serait qu'une copie servile de la réalité. Mais d'autres, au contraire, répliquent que du film parlant naîtra une esthétique nouvelle.

Pirandello a dit : « Les personnages de cinéma sont des images, des fantômes : les fantômes ne parlent pas, ce serait macabre et effrayant. Les images du film sont distantes, lointaines et la voix résonnera toute proche. Le cinéma est le langage des apparences et les apparences ne parlent pas. Le vrai langage est la musique. Il faut ôter le cinéma de la littérature et le mettre dans la musique, car il faut que le film soit le langage visuel de la musique.

(1) Projet P. Otlet, reprenant les essais des frères Lumière.

(2) G. Herbosch. — Etude théorique sur les salles pour projections de cinéma sonore, *La Cité*, 1933, p. 21.

Il y a en ce moment un certain retour à l'expression par l'image en diminuant la valeur explicative du dialogue. La parole n'est plus nécessaire à la compréhension. Elle n'est qu'un élément de plus entrant dans la synthèse cinégraphique (chœurs, conversations générales, cris, chant). (1)

c) Le film sonore vient amener une transformation dans la technique depuis le scénario jusqu'à l'architecture des décors, le choix des artistes, la prise de vue. Il y aura le film intégralement parlant qui restera toujours placement rationnel. Mais le film muet comportera de la musique, des conversations et sera projeté dans tous les pays. Les parties peu importantes du dialogue pourront être tournées en deux versions : l'une muette et l'autre parlante. Les parties principales seront tournées dans les principales langues du globe. La cadence des images sera de 24 à la seconde au lieu de 32 ou 34.

d) Le cinéma s'est sonorisé et la radiophonie s'oriente vers la télévision.

Le film parlé, par un détour, nous reconduit au document. C'est Gaumont lui-même qui le dit.

L'admirable de l'invention, c'est la possibilité extrême de disposer de l'équivalent d'une gamme infinie d'instruments, chacun de timbre différent et dont nul luthier ne serait capable de créer le timbre. Une intervention de la main sur le film même, peut ajouter telles harmoniques nouvelles.

243.36 Espèces de films.

243.361 *GENERALITES.*

On distingue diverses espèces de films : 1° les films scientifiques destinés plus particulièrement à des spécialistes déjà au courant des sujets traités et non à la vulgarisation pour le grand public ; 2° le film d'un intérêt général, spécialement édité pour les écoles et destiné à compléter l'enseignement des matières ; 3° les films affiches (poster-film), constitués par des dessins animés, des diagrammes, projetés sans arrêt dans les endroits publics, par des appareils automatiques ; 4° les films dramatiques bâtis sur un scénario et interprétés par des acteurs ; 5° les documentaires, reportages, et destinés aux programmes des théâtres et cinémas publics.

Le cinéma aussi est récréatif, artistique, scientifique, documentaire, pédagogique ou social.

243.362 *FILMS ARTISTIQUES.*

a) Le cinéma s'est affirmé le septième art.

« Il faudrait, dit M. Pierre Benoit, que les intrigues mises à l'écran fussent conçues immédiatement par leurs auteurs sous la forme cinématographique, comme le sujet d'un roman se présente au romancier en chapitres, comme pour l'auteur dramatique l'action prend de suite la forme du dialogue. Songez quelles ressources le « simultanéisme » de l'écran offre à l'écrivain d'imagination. Il lui permet de réaliser le mouvement que la lecture des chapitres d'un livre rend quelquefois difficile à obtenir, de donner en un clin d'œil par des paysages l'atmosphère que les longues descriptions arrivent à peine à créer, de rendre tout comme tangible. »

b) Le cinéma ne tuera pas le théâtre, mais il lui fait déjà une concurrence inquiétante. Le film reste toujours et partout le même, dans les petites localités comme dans les grands centres. On n'en peut dire autant des théâtres de province. Les grands films sont très chers, mais une fois établis, il n'y a pas de frais d'artistes à payer journellement.

c) On a monté des films énormes.

Salambo, 2,500 mètres, 10,000 acteurs, 300 chevaux, 7 actes, mise en scène grandiose, édité par le Photodrama de Chicago. Prix de ce film 1,215,000 francs.

Le grand film allemand (de l'Union Gesellschaft) sur le XVIe siècle anglais (Henri VIII et Anne de Boleyn) a coûté pour l'édification seule de la ville «Bolleynstaad» 1,250,000 marks. On a reproduit en plâtre tout Westminster. 4,000 figurants, 200 ont eu des rôles à remplir, 200 chevaux 20 régisseurs.

Le film *Le cœur de l'Asie - l'Afghanistan*, vient de paraître, comme résultat de l'expédition cinématographique spéciale du « Sovkino » sous la direction de M. Yerofew (à qui l'on doit aussi *Au delà du cercle polaire* et *Le Pamir)*. La méthode est celle des faits, mais des faits significatifs, pittoresques, marquants, réunis pour caractériser la localité photographiée. Le film montre le système moyen âge de l'Afghanistan : nomades féodaux, paysans, ainsi que les rapports entre les différentes classes de population, et sur le fond de cet état social arriéré, les germes d'une époque nouvelle, les réformes d'Amanoullah Khan, les nouvelles institutions et les nouveaux rapports des différentes tribus et classes par rapport aux réformes.

d) Les scènes du passé qui n'ont pu être cinégraphiées ne seront pas perdues cependant pour le film. On les reconstituera dans des milieux et avec des personnages d'une existence éphémère mais suffisante pour en fixer la représentation. De là les immenses chantiers où l'on voit évoquer des époques entières et des pays entiers. Le film *Robin Hood*, par exemple, fait revivre toute l'époque de Richard Cœur de Lion. Vingt-deux experts et techniciens ont travaillé avec l'aide de 146 volumes traitant des mœurs et coutumes de ce temps. Dix mille artistes ont travaillé à la réalisation de cette production.

e) Le principe du cinéma russe a été exposé de la manière suivante. La tonique de notre temps est la men-

(1) Parmi les films parlants remarquables : *La mélodie du monde, Halleluyah, City street, Quatre de l'infanterie, L'opéra de quatre sous, Jeunes filles en uniforme, Le million, A nous la liberté, La lumière bleue, Le chemin de la vie, Je suis un évadé, Les lumières de la ville.*

talité scientifique de l'homme rationnel qui veille et domine les forces ubiques du moi arbitraire avec le frein de son intellect. A la mentalité positive de l'homme moderne doit correspondre un art positif fondé sur ce que la science connaît du livre.

Mais la science a découvert les horizons immenses de l'irrationnel qui autrefois se confondaient avec ceux de démoniaque et qu'a connus l'homme primitif. La science a donné une destination collective à toutes les activités humaines. En posant en conflit le monde intellectuel et le monde irrationnel, le cinéma russe a essayé de construire un art de signification universelle, qui au delà des frontières et des distances, crée des formes absolues pour parler à la conscience de l'espèce, l'inconscient collectif qui existe dans chaque esprit, plus qu'à la conscience individuelle. (1)

f) C'est dans le film, et non dans la littérature, que se reflète aujourd'hui le mieux le véritable visage d'une nation.

243.363 *FILM SCIENTIFIQUE DOCUMENTAIRE.*

a) Le cinéma est considéré comme un auxiliaire important dans tous les ordres d'exposés. Il l'est pour la synthèse de l'exposé d'une question, l'analyse étant faite par la parole et la projection fixe; pour l'étude du fonctionnement d'un appareil ou d'une méthode de fabrication; pour l'étude d'un phénomène. Le cinéma est aussi un agent incomparable d'information, de documentation, de démonstration et d'éducation du sens de la vision. Sa place est prévue dans l'enseignement du dessin.

Les applications scientifiques et documentaires sont innombrables. L'enseignement de la chirurgie se fait normalement aujourd'hui par le film. C'est Doyen, fort critiqué il y a quelques années, qui en a été l'initiateur. Ce fut la ville de Glasgow qui prit l'initiative de faire établir un film descriptif, pour faire connaître au monde entier ses beautés, son caractère, ses formes d'activité. Ce film sera renouvelé tous les dix ans par la constitution d'un « Film d'or » de Glasgow.

Le cinéma a montré les théories d'Einstein.

Grâce au film, l'anthropologiste peut aujourd'hui posséder dans ses tiroirs tous les actes spéciaux aux divers peuples en collationnant ainsi leur vie. Il les comparera à son gré, étudiera les mouvements, assistera aux fêtes, aux combats, aux cérémonies religieuses et civiles, aux divers modes de commerce.

On représente des mouvements exécutés par des démonstrateurs d'élite. On peut accélérer, ralentir ou arrêter à volonté la marche du film de manière à suivre aisément les commentaires.

(1) V. Bougolaski. *Nouvelles soviétiques*, juillet 1931.

On a produit l'illusion de la vie accélérée: un rosier qui en quelques secondes pousse des feuilles et un bouton, des paysages pris à diverses saisons et qui raccordés font voir sur l'écran un champ qui en quelques minutes se couvre de neige, s'en dépouille, puis se garnit de feuillages et de moissons. Le département de l'agriculture des Etats-Unis a entrepris de prendre les portraits successifs d'un tout jeune chêne, d'heure en heure, même la nuit.

Inversement on a ralenti les mouvements: les battements d'une aile d'oiseau, les formes que prend la goutte d'eau pendant sa chute. Il a suffi d'accélérer la prise de vues, en prenant par ex. 64 images au lieu de 16 par seconde; projeté à l'allure normale, le mouvement sera montré quatre fois plus lent.

Le Dr Commandon est arrivé à cinématographier à raison de 32 poses par seconde des êtres prodigieusement petits, tels que ceux qui vivent dans le sang.

En 1918, Abraham et Bloch ont enregistré par l'étincelle électrique 50,000 images par seconde. Ils emploient une source d'électricité à haute tension, 12 à 15,000 volts et procèdent grâce à un dispositif qui réalise des durées d'éclairement qui sont de l'ordre du millionième de seconde. On a cinématographié ainsi des insectes à vol rapide, des balles de revolver et même des projectiles d'artillerie à leur sortie du canon ou de divers points de leur trajectoire.

L'étude du vol des insectes est destinée, après celui des oiseaux, à fournir des éléments pour l'aviation. Le prof. Magna a développé plusieurs films pris à la fréquence inconnue jusqu'ici de 3,000 images à la seconde. Cette vitesse ayant été ramené sur l'écran à 16 images à la seconde, on peut suivre au ralenti les battements des ailes d'une libellule, d'une mouche, d'un moustique, d'un papillon, et d'un bourdon de jardin. Ce dernier donnait au naturel 200 battements d'aile par seconde.

b) Combinaison du cinéma et de la radioscopie. — Le cinéma et la radioscopie ont été combinés. Ainsi les films réalisés à la Faculté de Médecine de Paris, reproduisant le mouvement des organes contenus dans le thorax, comme le diaphragme et le cœur. Moyen d'investigation précis et fidèle.

On a réalisé cette démonstration : progression d'un lait de bismuth dans l'appareil digestif de la grenouille. L'avantage du système de démonstration, c'est qu'on peut économiser les expériences; une expérience une fois faite et enregistrée peut se montrer indéfiniment sans devoir être recommencée et l'on voit mieux que si l'on montrait l'expérience *in vivo*.

Un nouvel instrument, le Phonoscope destiné au diagnostic du larynx, a permis d'étudier le mécanisme de production de la voix humaine. Avec des ralentis de l'ordre de 1/3000 au 1/8000, on obtient sur l'écran des images faisant voir le fonctionnement même de l'organe. (1)

c) Les actualités. — Elles constituent en réalité l'édition d'un grand journal. Des prouesses de rapidité s'y développent. Ainsi aux obsèques du Président Doumer, *Pathé-Journal* disposait de trois camions sonores et de quatre opérateurs muets et volants ; le jour même, à 21 heures, cinq copies arrivaient à Bruxelles et y étaient projetées.

d) Une œuvre de condensation a été commencée dans le film. Ainsi l'Empire Marketing Board a procédé à des extraits de vieilles bandes documentaires soigneusement sélectionnées et montées selon une idée directrice bien nette, autour d'un thème central ou d'un leit motiv, par ex. le Niagara devenant le symbole de la puissance et de la richesse du Canada. Des kilomètres et des kilomètres de pellicules ont été condensés en quelques centaines de mètres, riches de vie et de rythme.

De même qu'on fait des livres avec des livres, extrayant, combinant, amalgamant, de même on fait des films avec des films, sélectionnant, modernisant, redonnant vie nouvelle à fixations anciennes.

243.364. *FILMS EDUCATIFS.*

a) Le nombre de films instructifs et documentaires produits en 1932 est de 416. Ces films ont été produits par 141 sociétés et ont ensemble une longueur de 238,832 mètres. Le tableau des six dernières années montre une forte régression. 1932 : 141 producteurs, 429 films, 244,086 m. ; 1931 : 160 prodcteurs, 469 films, 324,284 m. ; 1930 : 194 producteurs, 658 films, 418,374 m. ; 1929 : 215 producteurs, 728 films, 412,803 m. ; 1928 : 222 producteurs, 808 films, 455,039 m. ; 1927 : 214 producteurs, 870 films, 409,619 m.

b) Dans l'enseignement, le film formant spectacle retient complètement l'attention de l'élève que rien ne vient distraire durant la projection. C'est un maître inlassable et qui peut répéter indéfiniment la même leçon. Il est de taille à faire gagner dans certaines parties de l'enseignement, jusqu'à un an sur trois. On peut présenter des expériences de mécanique, par exemple, avec la dernière aisance, tandis que dans une classe seuls les élèves du premier rang auraient pu les suivre. Un film américain sur l'industrie laitière fait comprendre aux ouvriers agricoles les plus obtus dans quelles conditions d'hygiène il importe de traiter les vaches et de préparer le lait, sous peine si on les néglige, de causer de vraies catastrophes.

Edison, estimant que le cours ordinaire des études « représente un maximum d'ennuis pour un minimum d'intérêt », fut amené le premier à créer pour l'éducation de son petit-fils, des films destinés à enseigner la physique, la chimie et l'histoire naturelle. Maintenant dans l'enseignement le cinéma complète les explications verbales, les manipulations des expériences, la lecture des livres, la visite des musées. Les films tournés à des vitesses différentes montrent plus clairement le détail d'un mouvement rapide ou difficile, en raccourci l'ensemble d'une évolution insensible. (1)

Aux Etats-Unis l'enseignement par le film, la visual education, a fait l'objet d'études approfondies. Les éditeurs se préparent à éditer des livres comportant des textes en liaison avec l'illustration des films. On entrevoit une économie dans la méthode. La ville de Chicago annonce qu'elle gagnerait trois millions de dollars par an si toutes les écoles étaient équipées par la « visual education ».

c) Deux méthodes sont en présence : 1° créer des films pour chaque cours de l'école, faire cadrer exactement ces films avec les programmes, et même avec chaque leçon ; 2° aux films ainsi mécanisés qui forcent le spectateur à accepter ce qu'on lui donne, substituer des visions plus libres de la réalité ou de l'imagination créatrice (vues de l'éducation nouvelle).

L'utilisation pédagogique rationnelle du film exige la possession de la pellicule qui convient au moment même où elle peut le mieux servir à illustrer la leçon, c'est-à-dire à l'heure de cette leçon. Pour cela, il conviendrait d'avoir à l'école une petite collection de films comme on a une bibliothèque.

d) La pédagogie par le cinéma est partout à l'ordre du jour. Au Japon elle s'est extraordinairement développée. On prétend que les 120 millions qui y ont été consacrés à cette forme d'enseignement ont déjà permis, sur une seule génération, de gagner trois années d'études. Le grand progrès réalisé récemment consiste à pouvoir rendre fixe à volonté le film qui est déroulé et d'attirer ainsi l'attention sur les passages de grand intérêt. Une lampe à incandescence construite spécialement, munie d'un réflecteur parabolique, évite toute inflammabilité. Les appareils deviennent petits au point de pouvoir être transportés dans une petite caisse ne pesant guère 15 kg. A partir de 1,300 francs, on peut acquérir un appareil projetant à 8 mètres des images donnant un écran de 2 mètres sur 2. Il fonctionne au moteur ou à la main. Les films étant à perforation universelle, ils peuvent passer indifféremment sur tous les appareils. A défaut de courant électrique, on peut se servir d'accumulateurs portatifs. L'obscurité des salles s'obtient par la peinture en noir des rideaux existants.

La méthode d'enseignement par le cinéma à arrêt

---

(1) Le Phonoscope à cordes vibrantes, par le Dr Clary. *Revue Scientifique*, 13 août 1932, p. 464. Il permet à l'homme d'exprimer et de faire entendre sa pensée.

(1) Sluys, A. — La cinématographie scolaire et post-scolaire. — Document n° 45 de la Ligue de l'Enseignement. Bruxelles 1922.

facultatif permet au degré élémentaire, des classes d'observation ; au degré moyen, des classes de vocabulaire ; au degré supérieur, des classes documentaires.

Des instituteurs ont imaginé de placer des bons parmi les parents des élèves et de faire servir le cinéma scolaire de la semaine au cinéma récréatif du dimanche. Les 50 centimes payés alors paient la gratuité offerte aux enfants et remboursent les bons émis.

Le cinéma comme la photographie et le phonographe commence à servir aux «souvenirs vivants», le film de circonstances personnelles, familiales ou publiques dont on désire conserver la mémoire.

e) On a appliqué le cinéma à l'éducation des sourds-muets et au traitement des bègues. Le Dr Doyen l'a fait entrer dans les salles d'opération et de son aveu les projections ont servi à critiquer son art : il s'est mis à l'œuvre et a perfectionné ensuite ses propres procédés opératoires. On a proposé de faire servir les films à l'éducation des orateurs, des acteurs, des danseuses qui, pouvant s'observer eux-mêmes au naturel, peuvent ensuite se corriger.

f) L'Institut International de Cinéma éducatif a été fondé à Rome comme organisation dépendant de la Société des Nations. Elle publie une revue pleine d'intérêt.

243.37 Etablissement et utilisation des films.

243.371 *ETABLISSEMENT DES FILMS.*

Progressivement se dégage une méthode pour l'établissement des diverses catégories de films.

Pour établir un bon film, il faut la collaboration : 1° d'un spécialiste fournissant les éléments ; 2° d'un didactique classant ces éléments, élaborant les scénarios ordonnés, transformant les documents en schémas animés ; 3° d'un technicien du cinéma donnant au film un aspect artistique et séduisant en y appliquant les ressources de la prise de vues et du tirage : cacces ; vus ; fondus, pour enchaîner le gros plan sur les vues d'ensemble ou les diverses parties d'une machine ou d'une opération entre elles. (F. Meyer.)

Il faut distinguer les choses organiques et inorganiques. Les inorganiques doivent être projetées au repos (simple diapositive). Dans plusieurs catégories, on peut les regarder plus longtemps (par ex. des instruments). Pour les organiques (par ex. une opération) il faut éviter de projeter des données à trop petite échelle et noyées dans les détails. C'est le schéma qui s'impose : le schéma animé.

243.372 *UTILISATION DES FILMS. LES SPECTATEURS.*

a) Les études de bibliologie psychologique s'appliquent au cinéma. Il y a lieu de les poursuivre dans l'action du film sur le spectateur.

b) Les écrivains autrefois lisaient. Les jeunes poètes sans conteste sont allés au cinéma voir des images mobiles sur l'écran. Le rythme rapide, c'est l'impression dominante chez les débutants d'aujourd'hui. (C. H. Hirsch.)

c) Le cinéma et les névroses. — Le cinéma crée un danger par son action sur les nerveux, les anormaux et les malades mentaux. De par l'impression qu'il exerce à tout âge, grâce à la fièvre d'attirance, grâce à une mise en scène de plus en plus perfectionnée, il maintient, pendant des heures, un véritable pouvoir de suggestion, d'hypnotisme, pourrait-on dire. L'obscurité de la salle, le silence sépulcral, l'impression de sentir tous les regards rivés au même tableau, la musique tour à tour entraînante, enivrante ou enchanteresse, toutes ces circonstances réalisent mieux que ne le ferait l'institut de psychothérapie le mieux outillé, la préparation favorable à produire l'état d'hypnose et la suggestion. (1)

d) Une action est commencée de tous côtés en vue de donner à la jeunesse le cinéma qui lui convient. (2)

243.38 Point de vue moral, social, commercial.

243.381 *POINT DE VUE MORAL ET SOCIAL.*

a) Une triple action occulte s'exerce par le cinéma : 1° une action commerciale, exploitant les masses, leur crédulité et leurs passions ; 2° une action politique favorable à l'idéologie gouvernementale (subventions secrètes des gouvernements aux cinémas, notamment pour la production des actualités et l'entretien d'un esprit militaire et même guerrier) ; 3° une action sociale favorable à l'ordre des choses existantes et contraire aux transformations (cinéma de classe).

Il faut être sur ses gardes. Le « documentaire » n'est pas toujours un pur document. Du bourrage de crâne s'y ajoute, car le cinéaste est souvent invité à apporter au film sa foi et ses partis-pris.

b) Les gouvernements ont organisé la censure du cinéma. Elle est tour à tour orientée en fonction de cette triple action.

Pour le cinéma, on a réalisé un mode spécial de contrôle (France, décret du 20 juillet 1919 ; Belgique, loi du 1er septembre 1920). Défense de recevoir dans les cinémas publics les enfants de moins de 16 ans, sauf dans les cas où tous les films portés au programme ont été autorisés par une commission officielle de contrôle.

c) Le cinéma a une action puissante sur les sentiments de guerre et de paix. Le film de Remarque *A l'Ouest rien de nouveau* l'a montré.

---

(1) Dr V. de Ruette. — Cinéma éducatif ou cinéma démoralisateur. Publication de l'Institut International du Cinématographe éducatif, 1933.

(1) Première expérience du Ciné Mundaneum (Palais Mondial) dans les écoles et les cinémas. Voir notice explicative. — Comité de l'Enfance S. D. N. Effet du cinéma. Rapport sur les travaux du Conseil. 1926, p. 113.

d) Le *Cuirassé Potemkine* met l'art technique cinématographique au service de l'idéal politique communiste; *Retell*, film national-socialiste, a montré une telle forme de persuasion qu'il réussit à convaincre jusqu'aux adversaires les plus résolus du mouvement.

En Russie le cinéma, comme tous les arts, a été intégré dans le plan d'ensemble de l'édification socialiste. Il y donne une large information et une vision artistique de l'industrialisation, vision accompagnée de paroles, de bruits et de musique.

e) Le cinéma a été dans les pays d'Orient l'instrument révolutionnaire par excellence. D'une part, il a détruit le prestige du blanc et de sa civilisation camouflée et surfaite en montrant sur l'écran ses tares et ses maux. D'autre part, il a en ces pays initiés les classes dominées, les femmes, les travailleurs, les petits, aux conquêtes de l'émancipation des mêmes classes en Occident.

f) Le cinéma devient une arme redoutable. On se battra un jour devant l'écran comme dans la salle de meeting, pour ou contre l'ordre établi. L'enjeu est l'emprise sur les foules, à commencer par les enfants. En Belgique, sur une population de 8 millions, 90,000 personnes s'asseyent chaque jour devant l'écran, soit plus de 1 %.

Un film tiré par certains établissements est vu en trois mois par 300 millions de spectateurs. Quel est le moyen de diffusion qui peut lutter avec un tel instrument de propagande, si ce n'est la lumière dont il dérive si directement ? (1)

g) On a suggéré de prendre des films sonores des séances du Parlement.

h) A l'influence néfaste de certains films, il convient, dit M. Coustet d'opposer les leçons d'énergie, de santé morale et physique qui se dégagent de nombreux romans cinématographiques et nous devons reconnaître qu'à ce point de vue, tout au moins, les éditeurs américains ont donné un exemple doublement heureux, puisqu'ils ont produit des œuvres attrayantes qui sont en même temps de puissants générateurs de force et de gaîté saine, généreusement dépensées.

i) Le cinéma pose le problème de la vérité physique du document. Autrefois le bon public croyait aux exercices ultra périlleux des artistes de cinéma dans les films d'acrobatie. Des initiés divulguèrent les nombreux trucages. Ceux-ci aujourd'hui interviennent dans de nombreux documentaires. Un mannequin substitué à un homme dans un sacrifice humain, scène avec des hommes sauvages en pays inexploré, enregistré chez un colon avec son personnel (documentaire remanié).

(1) « Supposez qu'un homme de génie, un apôtre, un penseur, un prophète trouve désormais la thèse régénératrice qui améliorera l'humanité, et qu'on puisse l'exposer, la condenser en un thème cinématographique, en moins de trois mois elle sera révélée au monde entier à qui, si demain l'admirable doctrine révélée dans l'Evangile se manifeste comme jadis, à l'univers, on peut dire sans ironie et sans hyperbole, que ses propagateurs ne s'appelleraient plus Mathieu, Luc et Jean, mais Pathé, Gaumont, Edison. » (Pierre Decourcelle. Conférence au Congrès de Cinématographie, 1910).

243.382 *POINT DE VUE COMMERCIAL.*

a) la tendance dans l'industrie internationale du film est à l'élimination des petits films et des petits cinémas pour faire place aux grandes productions.

b) On a vu un danger dans la constitution de trusts qui industrialisent une production du film qui devrait être avant tout un art.

c) Le film commercial est destructeur de talent. On a pulvérisé à coup de dollars la magnifique floraison des œuvres suédoises. On a détourné le cinéma allemand vers ses tendances au mysticisme et à la rêverie et en France s'est opéré un sectionnemnt ne laissant aux vrais artistes que le domaine d'un cinéma d'essai. (D. Coen.)

d) Insignifiance des films. — Riche d'hommes, d'intelligences, de ressources multimillionnaires, on produit des films qui ont demandé à être tournés quatre, six mois. Et l'on a l'impression trop souvent ressentie « ce n'est que cela ».

e) On a dénoncé le cinéma moderne en ces termes : de toutes les œuvres d'art, c'est la plus coûteuse à produire; un poème, une pièce de théâtre, un tableau, une statue, de la musique n'exigent guère pour être produit par l'artiste. Au cinéma, il y va de centaines de mille francs, de millions. Le capital intervient: il veut gagner comme sur une marchandise quelconque. Puis il la veut conforme à l'esprit de la société: morale bourgeoise, de sensualité, de respect à l'ordre établi, d'accident heureux venant compenser la triste condition (la petite dactylo épouse finalement son patron riche). Opium.

Certains films coûtent des millions. Le *Napoléon* de Gance a coûté 7 millions. Il a mis en scène 5,000 soldats. Les frais généraux coûtent jusque 40,000 fr. par jour. Un studio se loue jusque 25,000 fr. par jour.

Les cinéastes demandent la création d'une Banque du Cinéma. Ils doivent payer aujourd'hui des escomptes-participations aux commanditaires s'élevant jusqu'à 40 %. La censure édulcore les films sociaux.

f) Les industriels du cinéma répondent: la faute en est au public qui a sifflé de bons films. L'Etat ne saurait faire mieux. S'occupe-t-il de ce que lit le public ? Il faudrait généraliser la mesure prise en Allemagne. Le film d'art est détaxé. Les intellectuels au début, il y a 35 ans, ont méprisé cet art fait pour être traité par les princes de l'esprit; ils l'ont abandonné à des valets. Le succès de l'écran à l'encontre du livre et du théâtre est qu'il n'exige aucun effort de l'esprit. Il suffit d'ouvrir les yeux. Il est une distraction, avant tout.

243.39 Documentation. Cinémathèque. Cinécatalographie.

a) Il est devenu nécessaire d'opérer l'inventaire et la conservation des films.

Que deviennent les films projetés qui sont dans le commerce ? Comment les cataloguer, comment les obtenir plus tard ? On a donc créé des cinémathèques (cinéthèque, filmathèque). On a établi des catalogues de films. (1)

b) Le nombre de cinémathèques croît dans les divers pays.

A Paris, la cinémathèque nationale française a été réalisée au Trocadéro. Elle conserve les 500,000 mètres de films tournés pendant la guerre par les soins du Service cinématographique de l'armée. Les salles ont été divisées en boxes indépendants à l'aide de cloisons métalliques pour parer aux risques d'incendie et elles sont pourvues d'un système de ventilation perfectionné pour maintenir les conditions hygrométriques voulues. On espère que les firmes contribueront en déposant un positif, surtout le négatif. On se propose de sélectionner les films après dix ans. (2)

En France, le Ministère de l'Agriculture a un service de prêt gratuit de films et une somme de 2 millions a été affectée à l'achat de films agricoles documentaires, etc., à la suite des décrets des 20 novembre et 17 décembre 1923.

A signaler aussi à Paris le Musée de la Parole, de Ferdinand Brunot.

En Angleterre les dépôts du Comité de l'Union Chrétienne des jeunes gens mettent à la disposition de tout village situé dans le territoire du Comité et contre une rémunération modérée 600 pieds de films avec tout le matériel nécessaire pour un opérateur expérimenté.

c) Il est prévu que l'Institut International de Cinématographie éducative à Rome coopérera à la constitution d'une bibliothèque internationale du cinématographe et à l'élaboration d'un catalogue général des films éducatifs.

d) Tandis que les livres placés dans la bibliothèque y sont à durée quasi illimitée, sans altération, les films obtenus jusqu'ici par la technique nécessitent des précautions. On évalue en général à une vingtaine d'années le maximum de longévité d'une bande négative. Les positifs, déroulés et réenroulés tant de fois par les appareils de projection se détériorent. Aussi les bandes considérées comme étant dignes d'être sauvées devront-elles périodiquement être tirées à nouveau, afin qu'un négatif neuf puisse à son tour en prolonger l'existence.

e) Une grande cinémathèque comporte les services suivants : service de cinématographie, une salle de projection, un atelier de montage des films, une réserve de films, une bibliothèque, une salle d'exposition des appareils scolaires, un musée du cinéma.

f) On a établi des catalogues de films (ciné-catalographie). Le film étant un document, les règles de la catalographie bibliographique en général y sont largement applicables : auteur, collaboration, titre, sujet, date, substance du support, format, étendue, modalité (couleur, son, etc.), éditeur, versions successives.

243.4 Radiophonie. T. S. F.

243.41 Généralités.

a) Du point de vue documentaire, la Radio peut être définie le « livre à entendre ». Il est en un certain sens un substitut du livre et, du point de vue bibliologique, il convient d'en bien saisir les caractères.

b) La radio se révèle le plus formidable instrument de transmission intellectuelle, artistique et morale qui ait été mis à la disposition de l'homme. Il donne aux penseurs, aux conférenciers, aux poètes, aux musiciens, avec un minimum d'efforts, le maximum de communication tant par l'étendue que par l'intensité. La pensée confiée au journal ou au livre est un numéro du tirage, sujet à toutes les lenteurs des transports. Il lui faut pour se faire admettre, vaincre la résistance qu'offre chez tout homme l'effort à lire et la lâcheté à réfléchir. Au contraire, la pensée radiodiffusée ne demande, pour être accessible, que la peine de tourner un bouton et pouvant aisément s'associer à une occupation matérielle, comme le travail manuel, comme les repas trouve tout naturellement un public disposé à l'accueillir. De plus, elle est seule à atteindre plusieurs catégories d'auditeurs fermées pour une raison ou pour une autre à l'action du livre et du journal. Ainsi les illettrés, les pauvres, les aveugles, les infirmes. Par ce fait seul, elle dépasse donc immensément les ressources de l'imprimerie, de la tribune, du théâtre, ou de la chaire. C'est à peu près la totalité des populations du globe qui pourra être atteinte et impressionnée. (Lhaude)

Le Pape a fait inscrire sur la porte de la station du Vatican : « Jusqu'aux limites de la Terre, au-dessus des ondes de l'Ether, à la Gloire de Dieu et pour le Salut des hommes ». Le Recteur de l'Université de Louvain, en un discours rectoral, a dit : « La Radio et le Cinéma sont devenus de plus puissants propagateurs d'idées que la chaire de vérité ». Lénine est le premier homme d'Etat qui ait saisi la forme de propagande de la radio.

(1) Demande du Congrès International de Cinématographie que soit formé un catalogue général de films documentaires et constituée une cinémathèque générale. Vœu n° 11 de la 2e section du Congrès International des Bibliothèques et des Bibliophiles, Paris 1923. « Que le dépôt légal soit étendu aux productions cinématographiques sous la forme pareille au projet de loi déposé devant les Chambres françaises, forme qui en permet la conservation et la consultation dans les bibliothèques. » (MM. Guisbach et Perrot.)

(2) Fernand Lot : La Cinémathèque du Trocadéro. Larousse, 15 mars 1933.

La T. S. F. (conférences, concerts, théâtre ou reportages) devient le livre le plus attrayant et le plus passionnant; chacune des divisions du cadran condensateur d'un récepteur est une tranche de vie que le haut parleur reproduit fidèlement à notre commandement, sans manœuvres compliquées. (1)

c) Le radio participe du livre en ce que son audition peut être individuelle. Il s'adresse au seul sens de l'ouïe et à des auditeurs pour la plupart isolés dans leur foyer. Il ne se prête pas aux influences des auditeurs ou des spectateurs assemblés dans un même local (influence des foules, assemblées publiques, meetings).

Mais d'autre part, comme le livre a tué le manuscrit, il est possible que la machine parlante tue le volume imprimé dans les temps à venir. La machine parlante écrit un texte sur les ondes et le fait entendre à tous les vivants, sur toute la surface du globe: par là elle dénature et ruine le dialogue intérieur fait de silence, qui est le délice du livre. Nous allons à un monde où la solitude même du cœur sera publique.

d) Toutes les civilisations, toutes les littératures ont connu tout d'abord une force orale. C'est par la voix humaine que se transmettaient de génération en génération toute les vieilles traditions et la musique et la poésie, toutes les manifestations intellectuelles des races. Chants d'Homère, légendes scandinaves, folklores locaux, légendés terrifiantes, chansons historiques et complaintes. L'écriture d'abord, l'imprimerie ensuite ont relégué l'audition orale de la pensée dans un domaine plus étroit. Rôle des livres imprimés dans ce grand mouvement de l'esprit qui porte nom la Renaissance. La science lui donne aujourd'hui une puissance telle que la découverte de la radiodiffusion apparaît dans la vie de l'homme comme un phénomène social plus lourd de conséquences que l'invention de l'imprimerie elle-même.

e) Le radio connaît un développement considérable à une époque où toutes nos idées, toutes les valeurs sociales admises dans la masse jusqu'en 1914, sont directement ébranlées.

Evidemment cet état de choses soulève les responsabilités pour la diffusion des doctrines fausses, des transmissions délétères et immorales. L'invention d'un moyen aussi puissant que la radio coïncide avec une période de fermentation intellectuelle et sociale. A une échelle plus grande, le fait de l'imprimerie produite à la Renaissance pourra se renouveler. Mais on attend les géants qui pourront s'emparer de l'instrument et l'utiliser pour des tâches à la hauteur de sa puissance.

f) A ce jour plus de 13 millions d'appareils de radiophonie sont en usage dans le monde entier. Il y a dans le monde 420 stations fonctionnant régulièrement.

(1) Comité Radiophonique de l'Enseignement : La Parole Libre T. S. F.

Aux Etats-Unis : 168 stations, 15 millions d'auditeurs; budget: 2 milliards de francs français. Pas de taxe. Suède: 31 stations, 162,000 auditeurs; budget: 690,000 fr. Taxe 48 fr. par poste. Allemagne: 29 stations, 3,980,000 auditeurs; budget: 537,400,000 fr. Taxe 63 fr. par poste. France: 23 stations, 800,000 auditeurs; budget: 4 millions 800,000 fr. Aucune taxe. Belgique: 5 stations, 228,400 auditeurs; budget: 6 millions de fr. Taxe 60 fr. par poste à lampes.

243.42 Technique.

a) Les progrès techniques ont été rapides. Aujourd'hui le synchronisme est obtenu. Le fonctionnement devient absolument automatique: index sur un cadran de lecture. On a des appareils combinant le gramophoe et le radio. Par un seul bouton de manœuvre, on passe d'un bouton à l'autre. Le « tout contrôle » permet de choisir la localité préférée. Un instrument permet à la réception des signaux leur lecture à l'oreille par le son. Un appareil spécial, le micro portatif, est attaché aux épaules du reporter qui reste ainsi libre de ses mouvements et toujours à distance égale du micro.

b) La Broadcasting House de Londres, inaugurée en mai 1932, est le centre de radio le mieux équipé du monde. Elle a coûté 900,000 livres et comprend 22 studios, chacun établi pour un genre d'émission déterminé. Les studios sont à l'abri des bruits, placés dans une sorte de tour au centre même des onze étages. Chaque genre de programme nécessite son studio et chacune des 22 salles a été établie dans un but précis, car il faut un genre d'audience pour chaque genre d'émission, pour donner à l'auteur le relief sonore qui contribue à rendre plus fidèle la transmission radiophonique. On procède dans une place spéciale (mixed unit) à un dosage savant d'intensité des effets recueillis par chaque microphone : une sorte de chimie du son, mélange acoustique où interviennent aussi les hauts-parleurs et des «echorooms», chambres à écho.

L'émission réalisée par le speaker, l'orchestre ou les acteurs est contrôlée par des aides-régisseurs et un régisseur central, « régisseur acoustique ». Celui-ci dirige l'émission du studio d'une chambre de contrôle (contrôle room) central muni d'une série d'appareils de mesures reliées à des récepteurs d'essai placés à quelques kilomètres. Là est disposé une série de clés et boutons pour effectuer les dosages de sons (volume contrôlé). Enfin le contrôle de tout ce qui passe par « la controle room » se fait au pupitre de supervision où un ingénieur peut aussi surveiller la marche de l'ensemble de toutes les émissions.

Des signaux, lampes de différentes couleurs, portent les instructions. La lumière rouge, signal devenu conventionnel dans tous les studios, veut dire « attention, le monde t'écoute ». L'ensemble de la maison comprend 180 pièces, 1 km. 6 de corridor, 800 portes, 80 km. de fils et 1,700 personnes doivent pouvoir respirer dans des studios dépourvus de fenêtres. L'établissement sert à la transmission aux « Stations national » et « London régional », aux intercontinentales, et bientôt aux transmissions à l'«Imperial Broadcasting». On prévoit que prochainement la télévision sera intégrée définitivement dans les émissions régulières.

Ainsi quelques années après l'étonnante invention de la radio a été réalisée une centrale, une surcentrale qu attend encore le livre, vieux de millénaires, malgré ce qui a été réalisé dans les bibliothèques.

243.43 Diffusion. Distribution.

Toute une organisation a été rendue nécessaire pour permettre au public d utiliser en grand le radio. Les systemes sont différents de pays à pays. Voici quelques données à ce sujet.

a) Aux Etats-Unis, l'invention nouvelle s'est vu consacré par D. Rockefeller, la Cité du Radio, édifiée au centre de New-York. Certaines universités américaines possèdent une station de radio. Ex. The State University of Iowa (Wsui). On a constaté en ces derniers temps la demande croissante de la part du public de programmes d'informations. Les sans-filistes ne font plus de distinction entre ce qui est éducatif et récréatif; les deux sont fréquemment synonymes. On désire les deux combinés en un. La « Columbia Broadcasting System » a décidé de limiter à six minutes par heure les conversations d'ordre publicitaire. (1)

On a contraint les auditeurs à se déclarer et l'on a fini par avoir raison des pirates de l'éther. Le succès de retransmission a été tel que les Associations des Universités en Amérique, voyant diminuer la fréquentation des terrains de football pour les matches à jouer par les équipes d'étudiants, y a interdit le microphone.

b) La radio belge, INR, en 1932, a eu 6,582 heures d'émission avec une consommation de 1,100,000 kw. Elle a utilisé 30 relais internationaux. Le nombre d'heures des émissions scolaires a été de 65.20, celles des émissions colombophiles de 28 h. 40. Le p. c. du temps réservé aux conférences, causeries, lectures a été de 8.58 %. Journal parlé 313 heures, reportages parlés 161. interviews 70, conférences 319, chronique 402, jeux radiophoniques et sketches 93, sujets divers 250.

c) En Grande-Bretagne le nombre des auditeurs marche vers les 5 millions. Au Congrès Eucharistique de Dublin en 1932, on disposa 400 puissants hauts-parleurs électro-dynamiques pour rendre audibles à l'immense multitude, sur un parcours de 25 kilomètres, toutes les cérémonies et tous les discours.

d) En Allemagne il y a 4 millions de sans-filistes. En 1932, il a paru dans ce pays 6,465 livres ou articles de revues concernant des questions de radio-diffusion, dont 67 % s'occupaient de technique.

e) En Hollande fonctionnent quatre grandes fédérations régionales. Elles ont des programmes fort étendus, comprenant des cours. Un magazine annonce ceux-ci et publie documents graphiques utiles aux exposés oraux. Ces fédérations comprennent de nombreux membres volontaires et sont, certaines, très riches par suite de ces cotisations. « Nous profitons, donc nous payons, ne voulant pas être des parasites », tel est leur esprit.

243.44 Applications.

Les applications de la T. S. F. sont devenues nombreuses et variées. Le Journal radiodiffusé est une réalité. Le théâtre aussi (radiodrame). La T. S. F. a été installée à bord des navires, des trains et des avions. On a diffusé en Suède des cultes matinaux pour les malades, les infirmes, les écoliers. La Tour Eiffel donne l'heure mondiale. Par la retransmission, le microphone d'une station peut se promener dans tous les centres d'intérêts de la région. Le radio-reportage se rend dans les usines, dans les mines, dans les chantiers, dans les réunions, dans les lieux témoins de phénomènes naturels. On a organisé déjà, à l'intermédiaire du radio, des débats entre membres des sociétés scientifiques de New-York et de Londres, à 5,000 kilomètres de distance. La description de la bataille du Jehol a été radiodiffusée par des avions munis de microphones survolant le champ de bataille. La cavalerie américaine a été pourvue d'appareils radiophoniques.

On a étudié aux Etats-Unis la fondation d'une Université par T. S. F.

Les laboratoires scientifiques de l'Université de New-York ont diffusé un son étrange, vibrant, assez pareil à la note d'un violoncelle. C'était la transformation en onde sonore d'un rayon lumineux de la planète Vénus capté par un puissant télescope et dirigé sur une cellule photo-électrique.

Les vertus publicitaires de la radio la font rechercher au détriment du journal. L'abus de la réclame dans les radios en détériore le caractère. On a monté le radio aux Etats-Unis sur la base commerciale de la publicité. Des voix s'y sont élevées contre ce fait. La Grande-Bretagne, le Canada, la France et d'autres pays ont établi toute une organisation spéciale pour les émissions de radio. Le contrôle de l'Etat existe et les buts éducatifs sont affirmés.

Dans une publication, les yeux peuvent écarter les annonces qu'on ne veut lire. Au radio, on doit toutes les entendre. (1)

---

(1) M. Mally, Président de la Columbia, dans son message de Noël 1932.

(1) Radio-Broadcasting by the American plan. Tracy F. Tyles 1933.

243.45 Radiophonie scolaire.

a) Des dispositions spéciales ont été prises pour organiser la radiophonie scolaire. Celle-ci a rapidement progressé aux Etats-Unis, en Angleterre, en Roumanie, en Allemagne, en Hollande, en Autriche, en Russie, au Mexique, etc. Il ne s'agit pas de substituer le radio au professeur, mais d'aider celui-ci à varier et à compléter son enseignement. Elle doit être complétée par tous les moyens intuitifs possibles (matériel didactique, cartes, projections fixes, textes écrits au tableau noir, etc.). Ce n'est pas un passe-temps, un délassement, mais une leçon ordinaire pour laquelle les élèves doivent être prêts au travail.

b) Les divers modes de présentation de l'enseignement par radio sont: les leçons ordinaires, les conférences, les causeries, les dialogues, la présentation dramatique, le mode narratif, les reportages éducatifs.

L'Institut International de Coopération Intellectuelle a publié un rapport sur la Radio-diffusion scolaire (1932).

c) On a protesté en Amérique contre le fait que l'éducation par radio serait aux mains de comités désignés par des particuliers et travaillant avec les fonds de fondations privées agissant de concert avec les grandes compagnies commerciales. On veut sauvegarder le microphone à l'égard de ceux qui voudraient s'en servir pour leurs propres intérêts et endoctriner les citoyens. (1)

d) Les organismes radiophoniques de l'enseignement se sont constitués. Ils ont inscrit à leur programme: Obtenir des grands postes émetteurs la diffusion régulière des programmes destinés à tous les degrés de l'enseignement. Faire que le statut de la radiodiffusion soit d'un esprit démocratique assurant à la Nation elle-même la gestion des postes d'émission.

243.46 Le radio et la documentation.

a) La radiodiffusion est constituée par essence de sons libres et non encore sur documents. On rejoindra la documentation de deux manières : 1° *A l'émission.* Des documents peuvent servir de base, soit des disques qui sont radiodiffusés, soit des bandes perforées qui mettent en mouvement, dans l'ordre inscrit par les perforations, les mécanismes appelant les sons, paroles, musique, signaux, bruits. 2° *A la réception.* On a déjà opéré certain enregistrement ou réenregistrement sur disques.

b) Il s'esquisse toute une technique du parler par radio. A la base est un document écrit qui doit être fort net et porter, telle une partition, des signes conventionnels pour assurer les pauses, les accentuations. On préconise à la vitesse de 130 à 160 mots à la minute le ton de la conversation et non celui de la conférence. On recommande d'éviter les mots qui contiennent certaines lettres donnant lieu à des fritures. Ex. les *s*, les finales *p* ou *t*.

(1) Education by Radio, 25 May 1933.

Il y a lieu de combiner la distribution de textes imprimés avec la radiodiffusion des paroles.

c) « La radiophonie inaugure la dictature de la voix qui venue de loin passe. Les paroles solitaires et éphémères ne peuvent avoir ni la densité, ni la complexité des textes qui se soumettent amiablement à des ralentissements et à des reprises ou des récitations auxquelles un corps tendu assure un pouvoir de suggestion et de fascination. » (Pierre Bourgeois.)

243.47 Radio et musique.

La radio basée sur le son ne s'est pas bornée à être un instrument de transmission de la parole ou de signaux. Elle s'est développée comme instrument de musique.

Cela dans trois directions: par la diffusion de la musique ordinaire, avec ou sans voix humaine, par la création de la musique écrite pour le radio, par la création d'instruments de musique reposant sur la T. S. F. et apportant des sonorités toutes nouvelles (l'orgue radiophonique, les instruments de Theremis, etc.).

243.48 Organisation internationale.

Le radio fait naître des problèmes qui dépassent les frontières et une organisation internationale doit lui être donnée.

a) Les stations ont poussé comme des champignons. Il en existe actuellement 259 en Europe. Un organisme international était nécessaire pour mettre de l'ordre dans cette abondance. L'Union Internationale de Radiodiffusion fut créée en 1925. Elle nomma plusieurs commissions dont la commission technique. Elle a élaboré un plan de répartition des longueurs d'ondes. Plan de Genève 1925, plan de Prague 1929. Plan de Madrid prévu en 1932.

b) L'Institut International de Coopération Intellectuelle a réuni en 1933 un Comité en vue d'étudier les mesures préventives et les mesures positives que pourraient prendre les gouvernements et les entreprises de radiodiffusion, afin de mieux adapter cette force nouvelle aux intérêts internationaux. Ces études ont porté sur les matières pouvant faire l'objet d'accords généraux ou régionaux entre les gouvernements et les entreprises de radiodiffusion, l'application de ces accords, la possibilité d'éliminer les émissions susceptibles de troubler les bonnes relations internationales, les mesures constructives tendant à favoriser les rapprochements des peuples par des émissions faisant connaître leurs diverses civilisations.

c) La Société des Nations dispose maintenant de sa station près de Prangins à quelques kilomètres de Genève. Edifiée dans le but de réaliser une liaison directe avec tous les Etats-membres, cette station servira pendant les périodes où l'assemblée ne siège pas, à la radiodiffusion de conférences et de cours en faveur de la

Société des Nations. L'installation est due à la collaboration internationale (Marconi, Philips, etc.).

243.49 Anticipations.

a) Que demain la pluralité simultanée des émissions d'ondes se réalise, le livre pourra s'emparer de l'invention. On imagine déjà des œuvres classiques ou de grande actualité phonographiées et mises en « débit constant » dans les annexes des bibliothèques. Chacun pourrait ainsi, à volonté et de loin, obtenir la lecture désirée. Ce sera le livre radié.

b) On pourrait avec fantaisie imaginer que soient fixées, « gelées », quelque jour les ondes de la radio. Qu'elles le soient dans quelque lieu de l'espace immense, à une échelle réduite (microscopique), de façon que l'emmagasinement soit limité faute de place. Ce serait là comme un document puisqu'il aurait corps matériel, mais à des distances telles qu'il serait ni visible, ni tangible, ni audible. Un appareil de « lecture » ou d'audition servirait à l'interprétation, à l'utilisation ultérieure des données qui auraient été une fois radiodiffusées. Un immense enregistrement pourrait être fait de toutes les paroles dites, de tous les gestes faits partout. Ce serait vraiment le « Journal » de l'Humanité inscrit dans le ciel, ses annales consultables à tout instant, l'analogue du grand livre des mérites des hommes que, suivant la tradition, un Ange écrit constamment: la Mémoire Mondiale, partie de la Mémoire Divine. Une imagination ? Certes. Une anticipation ? Peut-être.

243.5 Télévision.

243.51 Notion.

a) La télévision consiste dans la transmission des images à distance. La télévision est l'expression générique. Elle comporte les divers procédés techniques ou méthodes pour atteindre le même résultat: transmission des images à distance sans fil. Le procédé se divise actuellement en deux groupes : 1° la Téléphotographie; 2° la Télévision proprement dite (Photovision Radiovision, Phonovision).

b) La télévision en tant que mode de transmission immatériel des informations est un substitut du livre. Mais en même temps, à la manière de la Télégraphie et de la Radiophonie, elle peut donner lieu à des documents. (On dit couramment Bellinogramme, Marconigramme, du nom des inventeurs.) Les documents sont ceux qui seront faits, en vue de l'émission au départ et ceux qui seront établis à la réception. On peut imaginer que l'image en mouvement transmise à distance y soit à nouveau cinématographiée à l'arrivée et aussi que tout un film créé au loin, puisse donner lieu, non seulement à une vision, mais à une reproduction à distance en tant que film.

On arrive donc à envisager trois moments: image statique (photo), représentation dynamique directe de l'image (cinéma), reproduction à distance sur documents nouveaux d'une image en mouvement « télévisée ».

c) La projection sans fil (télévision) conduira à une économie dans les films et dans le papier remplacé par l'écran.

243.52 Téléphotographie. Radio-téléphotographie.

a) La téléphotographie est la transmission à distance des textes, des dessins et des photographies, réalisée soit par fil soit par radio.

b) Le fond du problème à résoudre: traduire une image en courant électrique transmissible par fil ou par radio; reconstituer ensuite l'image au point de perception. Ce au moyen de la cellule photo-électrique qui est le meilleur instrument pour la transformation des valeurs lumineuses en valeurs électriques. (Autrefois on se servait du selenium, métalloïde dont la conductibilité pour le courant électrique varie selon l'intensité de la lumière qui l'éclaire.)

Appareils Belin (français), Baird (anglais), Larolus-Siemens (allemand).

Le procédé est celui-ci. La photographie ou la feuille portant le texte à transmettre est placée sur un cylindre qui tourne en progressant régulièrement le long de son axe à la manière d'un écran sur une vis. Sur ce cylindre on fait tomber un pinceau lumineux intense. La lumière renvoyée tombe sur une pile photo-électrique.

Tout dessin, toute photographie est constitué par un assemblage de points blancs et noirs. C'est sur ce fait qu'est fondé toute la photogravure, la microphotographie et maintenant la télévision avec ou sans fil, avec ou sans mouvement.

Grâce à l'emploi de la cellule photoélectrique, on a créé l'« œil électrique ». Les sons sont transformés en signes lumineux et inversement : le cycle a été réalisé *son — image — son.*

Pour transmettre une photographie à distance, on ne dépasse pas aujourd'hui 2,500 éléments par image, soit par 20 images complètes 50,000 signaux par seconde. Pour transmettre correctement un film cinématographique (ce cas particulier de la télévision porte le nom de télécinéma) il faut décomposer chaque image en 300,000 éléments. Si le film se déroule à la vitesse de 20 images par seconde, il faudra six millions de signaux par seconde ou 60 fois plus.

243.53 Télévision proprement dite.

La télévision ne diffère de la téléphotographie que par le nombre des signaux qu'il faut parvenir à transmettre dans un temps très court. En effet, une impression lumineuse persistant pendant environ un dixième de seconde, les taches lumineuses produites sur un écran, les unes à côté des autres en moins d'un dixième de seconde, seront perçues simultanément et sembleront former une image d'ensembles continus.

La télévision fait l'objet d'essais en divers pays, notammnt ceux de Rignaux et Baird. Les studios de Berlin et de Londres font des essais réguliers et quotidiens. Le jour est arrivé où les auditeurs de radiodiffusion peuvent, tout en écoutant une scène de théâtre, voir en même temps sur un écran évoluer les acteurs. L'association de la radiotélévision et de la radiotéléphonie supprime définitivement pour l'homme l'effet de l'éloignement puisqu'elle permet à tout instant de voir l'être qui lui est cher et de lui parler en quelque point du globe il se trouve.

243.54 Applications faites ou à envisager.

a) Des services publics de télautographie ont commencé à fonctionner. Sont admises à la transmission les images de tous genres, c'est-à-dire les photographies (positives ou négatives), films, dessins, plans, impressions, manuscrits, originaux, sténogrammes, etc. A l'arrivée, les télégrammes apparaissent noir sur blanc. Le format normal admis par l'usage est de 18 × 25 cm. La taxe de base est par cm2.

b) Une société de 1,5 millions de dollars est fondée à New-York pour appliquer la télévision dès avril 1933. La télévision est annoncée devoir être courante dans un rayon de 200 milles autour du poste émetteur. Des studios sont prévus dans les grand centres. Les appareils de réception trop coûteux pour être achetés par la clientèle ordinaire seront placés en location à des prix abordables.

c) Le monde de la presse est sous le coup d'une révolution provoquée, d'abord par l'adoption des reportages téléphotographiques et ensuite et surtout par la mise au point du télé-journal ou projection télégraphique en bloc d'une page entière de journal.

La téléphotographie permet de projeter en même temps à Marseille, à Lille ou à Londres une page entière de journal composé à Paris (téléclichage) de telle sorte que le papier lui-même sortira en même temps dans ces différentes villes. En Chine où l'alphabet Morse rencontre de sérieuses difficultés à raison de l'écriture idéographique, le téléphotographe est utilisé pour transmettre intégralement un texte écrit.

d) Des scènes vivantes d'aspect seront reproduites en même temps à des millions d'exemplaires sur des dispositifs qui permetteront au public d'obtenir la sensation de voir, suivant nature, se dérouler l'action des acteurs les plus distingués ou les panoramas les plus lointains, les plus pittoresques, sur une scène de théâtre et même chez soi, et d'entendre en même temps le chant et la musique lointaines, enregistrés par les appareils récepteurs. Il sera possible alors de pouvoir assister d'un fauteuil de spectacle et même de chez soi : 1° à l'exécution naturelle de scènes lointaines représentées par les plus grands acteurs du monde ; 2° au déroulement devant les yeux des panoramas les plus pittoresques du monde et au naturel, aussi bien, sinon mieux que pourrait le faire le voyageur, toujours à la merci d'un incident de voyage et de troubles fâcheux provoqués par les intempéries du moment où s'exécute le voyage ; 3° à l'exécution d'après nature, de travaux et d'expériences les plus inédits qui permettront de développer l'esprit de l'homme et de le mettre au courant de tous les progrès humains. (1)

La télévision a fait entrevoir cette possibilité : une représentation théâtrale donnée dans la capitale d'un pays pourra être vue et entendue par téléviseur et haut parleur dans toutes les autres villes du pays.

e) Bientôt la télévision sera un problème essentiellement résolu, comme il l'est déjà scientifiquement ; l'image se reproduit à distance sans fil. On peut imaginer le télescope électrique, permettant de lire de chez soi des livres exposés dans la salle « teleg » des grandes bibliothèques, aux pages demandées d'avance. Ce sera le livre téléphoté. Et à ondes courtes, on calcule qu'un appareil sommaire de transmission ne coûterait qu'une dizaine de francs-or. D'où la perspective qu'on pourrait avoir simultanément en émission toutes les feuilles d'un livre et les consulter de chez soi, dans le rayon d'une ville, pour commencer avec l'espoir ultérieur de plus grande distance. Un atlas encyclopédique de 100 planches conçu comme ouvrage de référence fondamental et émis en permanence par 100 appareils engagerait une dépense de 1,000 francs.

f) Un océanographe, le Dr Hartan, a imaginé un appareil destiné à enregistrer et à reproduire photographiquement ce qui se passe dans les milieux sous-marins qu'on ne saurait atteindre. L'observateur fait descendre au fond de la mer le transmetteur des télévisions. L'image apparaît sur un écran placé dans une chambre obscure du navire et il suffit d'appuyer sur un bouton pour photographier un paysage ou cinématographier une scène des fonds marins.

243.6 Spectacles. Théâtre. Fêtes. Liturgie.

243.61 Généralités.

a) Les spectacles en tant qu'ils reproduisent des scènes et présentent aux yeux des images vivantes sont des substituts de documents. Ce sont le théâtre, les cortèges, les représentations, les fêtes, distractions spectaculaires ; mais ce sont aussi les exercices des cultes et la liturgie.

D'autre part, les spectacles donnent lieu à des espèces particulières de documents, librettos, scénarios, programmes, annoncements, etc.

Spectacle a été défini dans un sens large : distraction due au mouvement artistique. Mais il ne s'agit pas des

(1) Jean de Laby. La Société future, p. 247.

spectacles que n'inspire aucune pensée littéraire, tels que ceux des grands Music-Halls. (1)

b) Les spectacles reposent sur l'illusion. Celle-ci est l'apparence qui se présente à nous comme la réalité. Il existe autant de variétés d'illusions que nous avons de sens. On voit se produire tour à tour l'illusion de la vue, de l'ouïe, de l'odorat, du goût et du toucher. On peut déterminer six classes d'illusions :

1° Les illusions naturelles. Par ex. le mirage, la réfraction de la lumière, l'écho.

2° Les illusions pathologiques : tous les états mentaux relevant de la maladie.

3° Les illusions scientifiques : la plupart des instruments d'optique peuvent créer ces illusions. En particulier les glaces déformantes, le microscope même, qui a la propriété de faire paraître les objets plus gros qu'ils ne le sont réellement.

4° Les illusions artistiques : ce sont toutes les conventions qui interviennent, par ex. la perspective dans le dessin et la peinture ; la sculpture en relief ou en demi-bosse.

5° Les illusions du théâtre réalisées par le moyen des décors, des lumières, de la mise en scène, des imitations : orage, pluie, tempête, bataille, roulement de voiture, cloches, etc.

6° On pourrait ajouter l'illusion documentaire celle du document appelé à représenter la chose elle-même.

André Chenier écrivit : *L'illusion féconde habite dans mon sein. D'une prison sur moi les murs pèsent en vain. J'ai les ailes de l'espérance.*

243.62 Théâtre.

1. *Notion.*

a) Le théâtre est une reproduction de la vie, avec reconstitution des milieux historiques ou géographiques. Il devient de nos jours une synthèse de tous les moyens susceptibles de créer l'illusion de la réalité complétée par celle de l'art. La parole, la musique, le costume, la mise en scène, le mobilier et le décor.

b) Le *théâtre* n'est qu'une *transcription*, une interprétation de la vie exactement au même titre que les autres arts. (P. Souday.) C'est au théâtre que l'art déploie le mieux tous ses prestiges. Sur la scène, on fait apparaître tous les héros de la fable et de l'histoire, comme aussi les personnages et les passions du jour : tout favorise l'illusion. « Le spectateur est témoin, en quelques heures, de faits tragiques, qui rempliraient une vie entière. Des événements mémorables se passent sous ses yeux ; il assiste à des entrevues fameuses, à des complots ténébreux, à des luttes décisives. Confident de tous les personnages, il est informé de leurs projets et mis au courant de leurs intrigues ; l'innocent lui est connu ainsi que le coupable ; il assiste à toutes les péripéties du drame, et il attend, en tremblant, le dénoûment. Il semble que l'art ici se surpasse lui-même, et que la scène l'emporte sur la tribune. Il n'en est rien cependant. La parole brille au théâtre, mais elle ne règne que par l'éloquence et le discours. » (E. Blanc.) Le théâtre est un des modes les plus importants de l'« Expression ». Il permet aux hommes de se promener dans un fauteuil d'orchestre à travers les pays, les temps, les années, les sociétés.

c) Assembler les hommes, c'est déjà les émouvoir, disait Thiers. Le théâtre peut et doit servir l'évolution des idées. Sa voix éloquente plaide avec plus d'autorité que le livre ou le journal en faveur de la justice et de l'humanité. L'influence directe qu'il exerce sur l'opinion doit être, en certains cas, utilisée au mépris de toutes théories sur l'esthétique dramatique. Le spectacle fréquent de belles pièces doit faire partie de la culture intellectuelle, donc morale, d'un individu. Il lui donne au même titre qu'une lecture sérieuse, que la vue d'un noble tableau, que l'audition d'une belle symphonie, des idées plus hautes que les pensées médiocres où l'inclinerait la banalité de sa vie personnelle. Il éduque sa pensée et affine ses mœurs ; il moralise aussi, mais par un prêche déguisé. Il est vrai que le théâtre s'adressant à une foule hétéroclite, ne peut par suite aborder que les thèmes les plus généraux de la sensibilité humaine.

d) Le théâtre est redevenu un instrument systématique de la propagande. Les communistes organisent dans chaque pays une section du Théâtre Prolétarien. Les anti-communistes sont entrés dans la même voie. (1)

e) Le théâtre peut être considéré comme un moyen complexe d'expression d'idées très complexes ; une machine, un outil à penser.

f) La documentation peut sous plusieurs points de vue réclamer le Théâtre comme entrant dans son domaine. C'est évidemment un substitut du Livre : le livre joué. C'est par excellence une « représentation » fictive ou naturaliste de la vie elle-même, souvent une reconstitution historique. Le théâtre continue, sous la forme orale, la modalité que revêtait toute la littérature avant qu'elle ne fut écrite. Le théâtre repose sur l'illusion. C'est un substitut de la réalité. La littérature théâtrale est considérable. Elle a fait l'objet de grandes collections spécialisées.

2. *Histoire.*

Le théâtre a une longue et complexe histoire.

a) Les hommes d'Etat de l'ancienne Grèce ont su tirer parti du théâtre, profiter de la curiosité des hommes pour

(1) Ex. *Sidonie Panache* : mise en scène qui dépasse 1 million de francs ; 200 artistes, 10 chevaux en scène ; 16 tableaux somptueux.

(1) *La Tragédie du Dniester*, drame en 4 actes de P. Paul Humpers. (Séminaire apostolique des Frères oblats, Waeregem, Belgique.)

les intéresser à des souvenirs patriotiques, à des pensées fécondes, propres à fortifier leurs cœurs, à élever les esprits, à épurer le goût par la vue et l'audition des chefs-d'œuvre. De là est né l'amphithéâtre grec. Ce fut dans un but patriotique que ces immenses constructions, d'abord taillées dans le flanc des collines comme à Orange, reçurent les dimensions suffisantes pour contenir toute la population d'une ville, même d'une république. Celui d'Ephèse aurait contenu jusqu'à 100,000 spectateurs. Ce fut un puissant moyen d'influence, de direction des masses.

L'amphithéâtre d'Orange a 100 mètres de diamètre intérieur. La salle du Trocadéro construit en 1877 peut contenir 4,625 places (à l'instar de l'Albert Hall de Londres).

b) Les Confrères de la Passion furent au XVe siècle les véritables pères du Théâtre en France. Leurs mystères, miracles et moralités tenaient à la fois de la représentation et de la présentation. Le spectacle d'alors joignait à la simplicité du scénéario, la multiplicité des plans dans le décor et dans ce décor, l'interminable défilé des épisodes et des images. L'Eglise à l'exemple du Christ, son fondateur, a toujours employé la parabole.

Au moyen âge on distinguait les différents genres de mystères. Les grandes pièces comprenaient les mystères de l'Ancien et du Nouveau Testament, de l'histoire grecque, de l'histoire romaine, de la vie des Saints. La représentation exigeait quelquefois quatre, cinq et jusqu'à vingt-cinq jours. Le mystère de la prise de Troie ne renfermait pas moins de 40,000 vers.

c) Louis XIV limita à trois les scènes de Paris en 1680. L'origine foraine des spectacles secondaires est due à la lutte entre les scènes privilégiées et la Foire. Celle-ci a vu éclore presque tous les genres hybrides. L'histoire des salles de spectacles correspond plus ou moins à celle des genres.

d) De nos jours, l'exploitation du cinéma est venue complètement bouleverser l'organisation routinière du théâtre. Le théâtre a maintenant lui-même des substituts. C'est le cinéma parlant, la pièce jouée une seule fois et filmée, peut être reproduite partout et à tout moment sans nouvelle intervention des acteurs humains. C'est aussi la pièce entendue au radio et que demain la télévision permettra de voir.

3. *Espèces.*

Il y a bien des espèces de théâtre, tragédie, comédie, drame, vaudeville, simple farce; en prose et en vers; parlé et en musique (opéra, opéra comique, opérette).

Des formes d'art nouvelles surgissent de temps en temps. C'est, par exemple, le Théâtre de Wagner à Beyreuth, le Gœthaneum à Bâle.

4. *Composition dramatique.*

Les traités de littérature résument les principes que l'histoire, l'expérience ou la convention ont imposés à la composition dramatique. Le nombre a été introduit dans le théâtre. La loi des trois unités, temps, lieu, action, remonte aux Grecs et a reçu une large application chez les classiques français. Il a été fait des recherches pour cataloguer et réduire toutes les situations dramatiques. C'est Gozzi qui en eut la première idée, Goethe le rapporte dans ses conversations avec Eckermann. Georges Polti a repris la question. (1) Gozzi établit que toutes les situations possibles se ramènent à 36. Il indique les références aux cas réalisés dans la littérature et il y ajoute des variétés (ex. le remords, les crimes d'amour, la révolte, etc.). Polti a aussi inventorié le nombre de surprises que nous pouvons éprouver dans l'art et dans la vie et il est arrivé au nombre de 1332!

5. *Personnes : les acteurs.*

Au théâtre l'auteur s'adresse au public à l'intermédiaire des acteurs. Ceux-ci ajoutent ou enlèvent à l'œuvre. Il en est comme en musique où les compositeurs sont livrés aux exécutants, mais avec cette différence que la partition musicale réalise une notation plus étroite des intentions de l'auteur que ne le peut le libretto théâtral. Un bon acteur sait traduire avec sa sensibilité profonde les mouvements intérieurs des personnages complexes et nuancés. Il est des acteurs qui ne jouent par leurs personnages, mais qui incarnent, qui sont les personnages eux-mêmes. Ils participent alors à ce caractère d'être eux-mêmes des documents vivants, étant des substituts (des sosies) de ces personnages.

6. *Locaux et salles de spectacles.*

Les salles de spectacles ont une grande importance. D'elles aussi l'on peut dire que ce sont des appareils à voir et à entendre. Dans l'antiquité, la première forme que revêt l'espace dans lequel le spectacle se déroule est un cercle au centre duquel on organise des danses et des luttes. Plus tard, les règles du jeu se fixant, on leur réserva un emplacement qui fut doté d'une forme architecturale. On y découvre deux types distincts : le cirque et le théâtre. Le cirque embrasse toute la superficie d'un cercle (360°), son prototype est l'arène. Le théâtre arrive d'emblée à une forme parfaite chez les Grecs. Il se modifie à la période romaine; au moyen âge pour la représentation des mystères, les trois porches des cathédrales servent de scène et le parvis de salle de spectacles. Le théâtre de Shakespeare, datant du XVIe siècle s'écarte de ces formes. Dans les temps modernes, par suite de la rigueur des climats dans le Nord et de la fréquence des représentations qui deviennent journalières, les spectacles quittent le plein air et se donnent

(1) G. Polti (auteur de l'art d'inventer les personnages dramatiques; de la Notation des Estes) dans le *Mercure de France.*

dans un espace fermé. Au XIXe siècle deux types : la Scala de Milan et le Théâtre Wagnérien de Beyreuth. Au XXe siècle, quatre types : le théâtre (Van de Velde à Cologne, Gropius), la salle de concerts (salle Pleyel de Gustave Lyon et salle du Palais des Beaux-Arts à Bruxelles), la salle des conférences (projets de Hannes-Meyer et de Le Corbusier pour le Palais de la Société des Nations), la salle de cinéma, salle à visions et sons, reproductions et figures, mixtes entre la salle de théâtre et de concert ; il en est de quatre types : le rectangle, le trapèze, le cercle, l'ové. Le théâtre a réalisé des perfectionnements en ce qui concerne la salle et des dégagements et également l'agencement de la scène et des coulisses. Les besoins de la mise en scène ont considérablement évolué. Un plateau-modèle d'aujourd'hui ne ressemble guère à celui d'hier.

7. *Mise en scène.*

Jadis on était indifférent à la mise en scène. De nos jours on cherche à placer les pièces dans leur milieu. Les reconstitutions ont été nombreuses. On a même fait du théâtre pour avoir l'occasion de faire de l'archéologie. En ce qui concerne le costume, la réforme remonte à la Clairin et à Lekain. Mais la grande réforme de la décoration est du début de ce siècle. Les hommes dans un décor ; des indications plastiques infusant une vie particulière, intense, à l'image visuelle ; les masses et les individus soumis au rythme de l'ensemble. Les drames fantastiques, les féeries, les pièces à tiroirs sont conçues par les auteurs dramatiques en se servant de maquettes et des machines théâtrales, des « trucs » que leur proposent les petits inventeurs, ou qu'à leur tour, ils font établir. Les maquettes sont ensuite réalisées en augmentant les proportions.

8. *Pays.*

a) Allemagne. — Le théâtre occupe une place importante dans la vie intellectuelle de toutes les grandes cités allemandes. Il y a en Allemagne 250 théâtres. A l'opposé de ce qui se passe en France, où Paris seul consacre le succès d'une pièce, en Allemagne toutes les grandes villes peuvent créer des œuvres de valeur. (1) En Allemagne, sous l'influence des idées émises par Gordon Craig dans *The Mask*, M. Reinhardt, directeur du Kamerspiel et M. Brahm, directeur du Lessing's Theater, ont à Berlin poursuivi des études complètes de mise en scène. Mais c'est au Schauspielhaus de Dusseldorf qu'elles ont été poussées le plus loin. Ce théâtre a été fondé en 1905 par Gustave Lindeman et sa femme Louise Dumont. (Pièces : Médée, Faust, La Fiancée de Messine, etc.). Le théâtre s'est transformé en Allemagne en ces dernières années. Tandis que périclitent les théâtres dits d'affaires, les théâtres populaires prospèrent étonnamment. Celui de Berlin groupe 160,000 membres disposant de trois immeubles. C'est un grand mouvement de socialisation du théâtre au service d'une idéologie politique et qui rejoint les théâtres communaux exploités sous le contrôle direct des conseils communaux. Des écoles d'art théâtral ont été annexées à quelques universités. L'Institut de Kiel détient la plus grande bibliothèque théâtrale d'Allemagne.

Chez les peuples germaniques, le théâtre n'est pas un simple instrument de délassement. C'est un organe de la pensée et un instrument de l'éducation, au même titre que l'Université, la Bibliothèque, le Musée. Des théâtres y reçoivent des subventions de millions.

b) Russie. — Au théâtre bourgeois, expression de la classe possédante, le « Théâtre Prolétarien » oppose le théâtre de masse moyenne, expression des aspirations profondes des travailleurs manuels et intellectuels. A ce contenu nouveau, procédant d'une idéologie et d'une littérature nouvelle, correspond également une technique en tous points nouvelle.

9. *Corrélations.*

a) Texte écrit, texte lu, texte lu à haute voix, déclamation, théâtre, ce sont les termes d'une même série et ils sont en corrélation.

b) La genèse de l'opéra est pleine d'enseignements sur le mouvement qui conduit les arts à s'associer. L'opéra est une synthèse de plusieurs arts. En France, on fut longtemps hostile aux opéras italiens qu'avait introduit Mazarin. Le goût français s'effarait encore à l'idée d'un spectacle, comédie ou tragédie, dont toutes les paroles fussent chantées. Les gens de lettre étaient toujours plus ou moins ennemis de la musique et ne voulaient pas accepter qu'elle pût entrer en concurrence avec la poésie. Corneille la reléguait dans les entr'actes, pendant les changements de décor.

c) Il y a analogie frappante entre ce que les peintres nomment composition et ce que les gens de théâtre nomment mise en scène, c'est-à-dire entre l'art de disposer sur la scène les personnages d'une comédie ou d'une tragédie et l'art de disposer les personnages d'un tableau sur la toile. Les acteurs forment une succession de tableaux d'expression essentiellement mobile et fugitive, mais qu'il suffirait de photographier instantanément pour les transformer en autant de compositions heureuses ou saisissantes. Au retour, on peut considérer telle ou telle toile de peinture historique comme de véritables tragédies jouées en pantomine et immobilisées devant nous. Une différence : le peintre trouve dans la distribution des lumières et des ombres un moyen de donner de l'importance à ses figures principales, tandis qu'au théâtre, sauf jeux de lumière spéciaux, l'éclairage est uniforme.

243.63 Fêtes. Jeux publics.

a) Dans la célébration des Fêtes, la distinction entre

(1) Voir Etude dans la *Revue de Paris*, mai 1929.

acteur et spectateur disparaît. Chacun est participant. Les fêtes sont des solennités religieuses ou civiles instituéées en commémoration d'un fait jugé important. On trouve ces fêtes chez tous les peuples à toutes les époques de leur histoire. Chez les Grecs, les Bacchanales ou Dionysiaques, les Eulésies, les Panathenées, les Jeux Olympiques et Pythiens, les Panhellénies; chez les Hébreux le Sabbat, la pâque, les Tabernacles. Chez les Romains les Ambarvaees, les Lupercales, les Saturnales, les féeries latines. Chez les Chrétiens, l'Anonciation, la Noël, la Passion, Pâques, l'Ascension, la Pentecôte, la Toussaint. En France les fêtes étaient des combats simulés, des tournois, des chasses, des festins plus tard les entremets, les mystères, le théâtre, la musique, les mascarades. Avant la révolution, il y avait 82 fêtes par an où l'on chômait, ramenées par le concordat à 4 sans compter les dimanches. Chez les Grecs, les moyens des fêtes étaient les sacrifices avec tout l'appareil pompeux des cérémonies, des processions où la jeunesse étale ses attraits, des pièces de théâtre, des danses, des chants, des combats où brillent tour à tour l'adresse et le talent, combats gymniques au stade, combats scéniques au théâtre. Chaussard (Fêtes et courtisanes de la Grèce) a subdivisé les fêtes de la nature en « Création, Rénovation, Exaltation, Dégradation ».

b) Les jeux et les spectacles de toute sorte ont toujours fait partie des réjouissances publiques et même des solennités qui ont un autre caractère. Ainsi les anciens célébraient les *jeux funèbres* aux funérailles des héros, des rois ou des princes. Dans *l'Iliade* sont décrits les jeux donnés par Achille, après la mort de Patrocle. A Rome, les jeux funèbres affectèrent un luxe inouï. Tibère les interdit à ceux qui n'avaient pas au moins 400,000 sesterces. Mais ils ne furent abolis que par Théodoric (600). Les jeux les plus célèbres sont ceux que célébraient les Grecs à Olympia, à Némée, etc. en l'honneur de Jupiter ou de quelque autre dieu. On y voyait accourir la nation tout entière, avec ses athlètes les plus fameux, ses poètes les plus vantés, tous ceux qui étaient avides de gloire. On y disputait, en effet, tous les prix, ceux de la force, de l'adresse, de la poésie, de l'éloquence. On a essayé de nos jours de rétablir les Jeux Olympiques. Ils ont aujourd'hui leurs analogues mais bien inférieurs, dans les concours de toute sorte : courses de chevaux, de vélos, d'autos, etc. A Rome les jeux dégénérèrent en combats de gladiateurs et autres spectacles cruels. C'est à ce genre de spectacle dégradant qu'on peut rattacher les courses de taureaux.

c) Parmi les signes de fête et de joie publique se font remarquer les illuminations, pratiquées de tous temps et chez tous les peuples. Les Romains se servaient de torches de pin pour illuminer, pendant leurs jeux séculaires. Les Grecs avaient leurs *lamptéries*, leurs processions aux flambeaux aux mystères d'Eleusis. La *fête des lanternes* est célébrée en Chine de temps immémorial. Aujourd'hui la science a mis ses merveilleuses ressources au service de nos réjouissances civiles ou religieuses : gaz, électricité, feux d'artifice, etc. Parmi les illuminations périodiques et religieuses, citons : celle de Rome pour la Saint-Pierre ; celle de Lyon en l'honneur de l'Immaculée Conception.

d) Les fêtes et les manifestations jouent un rôle de premier plan dans le nouveau régime allemand. C'est M. Goebbels, Ministre de la Propagande, qui y préside.

243.64 Cérémonies civiles. Etiquette.

Les cérémonies civiles comprennent toutes les formes extérieures observées dans les actes solennels. Elles comprennent le cérémonial d'Etat et de Cour, le cérémonial diplomatique ou d'Etat à Etat, le cérémonial officiel, qui règle les rapports entre fonctionnaires, les préséances, etc. Toutes ces questions d'étiquette et d'observances civiles, dont l'ancien régime a exagéré sans doute l'importance, ne laissent pas de mériter l'attention. Les cours, et mêmes les maisons des présidents de république ont leurs maîtres de cérémonies ou des dignitaires qui en exercent les fonctions : introducteurs des ambassadeurs, etc. L'histoire a conservé le souvenir de M. de Ségur, grand-maître des cérémonies sous Napoléon Ier, comme un Dreux-Brézé l'avait été sous Louis XVI. Il existe aujourd'hui, au ministère des affaires étrangères, un Bureau du protocole, qui remplit le même rôle. On entend, en effet, par protocole diplomatique ou protocole, le cérémonial à suivre dans les rapports politiques. Il embrasse les qualifications et titres attribués aux Etats, aux souverains, aux ministres, etc., les formes courtoises à observer dans les documents politiques. L'application de ce cérémonial est jugée important pour le maintien des bonnes relations et de la paix publique. Mais depuis la guerre, bien des choses ont changé à ce sujet.

L'Etiquette se dit spécialement du cérémonial de Cour, qui règle les rapports du souverain ou des princes et des hauts dignitaires avec ceux qui les approchent. Elle était très sévère chez les monarques d'Orient, où certaines infractions pouvaient être punies de mort (ainsi histoire d'Esther). Les Byzantins la cultivèrent aussi avec son formalisme. Elle fleurit à la cour de Bourgogne, au temps de Philippe le Bon. De là elle passa en Autriche puis en Espagne, où elle régna avec vigueur. Introduite en France par Anne d'Autriche, elle contribua pour sa part à la splendeur, tantôt vraie et tantôt factice, du règne de Louis XIV. Le *Dictionnaire des étiquettes* de Mme de Geneis est la somme de toutes les règles suivies alors à la Cour de France. L'étiquette disparut avec l'ancien régime et l'Empire ne réussit pas à la rétablir. Utile en elle-même, l'étiquette devient, par l'abus qu'on en fait, ridicule, tyrannique et intolérable.

243.65 Culte. Liturgie.

a) Le Culte est l'ensemble des formes que prend la religion, les actes qu'elle inspire à l'homme dans ses rapports avec Dieu. Le culte est intérieur et extérieur. Toutes les religions ont donné une place au culte. L'Eglise catholique accompagne l'exercice du culte de cérémonies de grande pompe. Le livre y est intimement lié (Evangeliaires, livres d'heures, livres de prières).

b) Les cérémonies religieuses règlent ce qui a rapport au sacrifice, aux offices ou prières publiques, à la liturgie, à l'administration des sacrements : baptême, mariage, aux funérailles, etc. Elles sont instituées pour rehausser le culte divin, élever l'esprit de l'homme et l'instruire en honorant la divinité. On distingue les rites essentiels aux sacrements que Jésus-Christ lui-même a institués, et les rites qui ont été établis par des apôtres ou leurs successeurs. S. Denys, l'auteur de la *Divine hiérarchie*, dit que les cérémonies furent instituées par les apôtres et par leurs successeurs « afin que selon la portée de notre entendement, ces figures visibles fussent comme un secours par lequel il nous fût possible de nous élever à l'intelligence des augustes mystères ». Le Concile de Trente défend d'omettre ou de changer les cérémonies employées pour l'administration des sacrements, alors même qu'elles ne sont point essentielles. Cette défense regarde en particulier les évêques, qui ne peuvent dès lors composer des rites particuliers.

c) Un mouvement qui a son siège à l'abbaye du Mont-César de Louvain tend à la participation active des fidèles (des laïcs) aux actes du culte catholique, à la richesse et à la variété du cycle liturgique. Plus de spectateurs muets, de témoins passifs. « L'historien, l'archéologue, y » verra une restauration d'usages abolis par une évolution » que l'on ne juge pas toujours heureuse. L'homme d'ac- » tion, un moyen d'associer les âmes non plus seulement » dans les œuvres apostoliques, mais dans la manifestation » et l'exercice de la vie religieuse la plus essentielle. Le » psychologue un procédé d'ascétisme éprouvé par les » siècles et approuvé par l'Eglise. Mais il est un point de » vue supérieur à ceux-là. Si le culte est prière et action » du corps mystique de l'Eglise, la participation à ce culte, » plus qu'une méthode salutaire, est une pratique néces- » saire. Elle tient aux profondeurs et à l'essence même » de la vie chrétienne envisagée dans sa réalité collective. » La vie liturgique est la participation des âmes au culte » public, participation qui n'a guère de valeur sans cette » union profonde et spirituelle. » (1)

d) La musique religieuse est de première importance dans le culte. Dans l'Eglise orthodoxe les chants revêtent une grande ampleur, chez les Protestants ce sont les Hymnes et les Cantiques. Dans l'Eglise catholique, le plain-chant et la Réforme grégorienne, la grande supplication du *Kyrie*, la grande louange du *Gloria* et du *Sanctus*, la grande affirmation théologique du Credo, les tendresses du Benedictus (Roland de Lassus, Palestrina, Marcelle, Bach, Haendel, Beethoven, Mozart). La musique religieuse est transmise par le livre (Manuscrits des moines. Antiphonaires. Partitions).

(1) R^{me} Dom Capelle à la XVIe Semaine liturgique (1933). — Voir la question longtemps controversée de la messe dialoguée (rapport de Dom Gaspar Lefebre). — Sur la conception de la communion des Saints et l'identification avec le Christ, voir l'ouvrage du P. Mersch sur le Corps mystique du Christ.

e) « Une musique spécifiquement religieuse devrait s'in- » corporer au culte au point de ne jamais s'en distinguer. » Il y faut cependant le travail des siècles : la liturgie de » la Messe elle-même, si fixée qu'elle nous paraisse dans » ses parties essentielles, a mis du temps à imposer sa » forme, sa déclamation, sa mélodie. Le grégorien a été » une nouveauté comme plus tard le palestrinien, peut » être aussi choquante à l'origine (Ghéon). »

« Rome a arrêté les novateurs qui proposaient d'intro- » duire le phonographe à l'office même. La musique et » surtout le chant d'église, n'est, fut-il dit à ce propos, » un simple ornement artistique, une décoration acciden- » telle que chacun varie et applique à sa façon. L'Eglise » chante parce que parler ne suffirait pas à l'élan de sa » prière et ce chant est sa prière. Il doit traduire les senti- » ments du cœur humain par un acte conscient et person- » nel, chaque fois renouvelé de son être vivant ; nulles » machines, si perfectionnées qu'elles soient, ne peuvent » être substitutées à la voix que Dieu a donné aux hom- » mes pour le louer. » (1)

243.66 Divers.

a) *Myologie expressive.* — Les divers mouvements de l'âme s'expriment d'eux-mêmes sur notre visage, sans le concours de notre volonté par le jeu des muscles de la face. C'est ce que l'on nomme physionomie. On a fait de cette partie de la myologie une étude approfondie et savante. (Notamment le prof. Gratiolet.)

b) *Danse.* — Au point de vue chronologique, la danse se place parmi les arts les plus anciens. Geste instinctif et geste étudié de la poésie et de la musique. Les gestes de chaque individu, les gestes les plus naturels, ceux de chaque jour, de tous les instants sont adaptés, rendus spectaculaires, grossis ou amoindris selon les besoins de la cause et les lois de l'optique scénique. La mimique du visage contribue, en plus du geste, à donner à la danse un cachet d'humanité. La danse classique est une série de pas qui sont classés, définis et qui forment pour le danseur l'alphabet dont il se servira pour créer avec la musique une danse dont tous les pas sont prévus, comme rendement, durée et fin. Dans la danse tous les éléments dansants participent à un tout qui se révèle homogène, dirigé par un chef, chargé de traduire par le geste une

(1) D. Bède Lebbe. — Phonographe et chant d'Eglise. Revue Liturgique Assomption, 1933. — On s'est servi du phonographe pour apprendre la musique religieuse, en dehors des offices.

idée ou une pensée, avec un vocabulaire de gestes illimité. « Chaque geste des interprètes trouve, en se prolongeant dans notre esprit, une signification et une résonance propre à chacun des spectateurs et cela selon ses réflexes personnels. La danse pratiquée de cette manière est plus logique et plus claire, elle exprime par le geste, ce que l'on ne dit pas et ce que l'on ressent. C'est une langue. C'est un poème, c'est une musique oculaire. » (1) Les ballets russes, et après eux d'autres spectacles, ont réalisé de véritables petits chefs-d'œuvre d'harmonie à argument, musique, chorégraphie, décors, costumes.

c) *Costumes et uniformes.* — La vie sociale a longtemps eu recours aux costumes et aux uniformes pour exprimer ses hiérarchies et son histoire. Avec le militarisme, l'uniforme a pris une grande importance. Les récents mouvements politiques lui ont fait une place presque fondamentale. (Chemises noires de Mussolini, chemises brunes d'Hitler.)

Une organisation active, a dit Einstein, est nécessaire pour dramatiser la paix. Et l'Internationale verte s'est présentée « comme un nouvel ordre de vie dans un monde nouveau ». S'adressant à la vie, cet ordre est réalisé par des symboles, des couleurs, des drapeaux, et aussi des gestes, des machines et des parades extérieures. La nouvelle « Union internationale pour la paix », créée par la Jeunesse, veut aussi revêtir ses membres de brassards et d'uniformes.

d) *Voyage.* — Il est également un spectacle, une documentation instructive qui passe sous les yeux. Voyager ou pénétrer soi-même dans certains milieux, c'est recevoir les sensations directes des choses et vivre au milieu d'elles, agir en fonction d'elles.

Aller voir de visu ce dont on a lu les descriptions ou compléter un plan de lectures par un plan de voyage; les unes devant précéder, les autres suivre. Avoir visité le monde.

e) *Les Institutions.* — Au delà des œuvres d'art, il y a pour les peuples leurs institutions, faites de leurs lois fondamentales. Elles sont comme une « objectivation » d'eux-mêmes et chez certains un grand passé s'y déploie bien plus qu'en des documents et des œuvres d'art. Sur le plan de l'Histoire, on parle toujours d'Athènes et de Rome et non de Paris, Berlin ou Londres, parce qu'elles n'ont ni l'Acropole ni le Forum. Le folklore, qui est devenu une science et est entré dans la sociologie, est proche des institutions.

243.7 Les œuvres d'art. L'art.

243.71 Généralités.

1. — *Notions.*

a) L'art est l'homme ajouté à la nature: *Homo additus Naturæ* (Bacon). (Définition qui pourrait d'ailleurs s'appliquer tout aussi bien à la science qu'à l'art.)

L'art a pour but de manifester quelque caractère essentiel ou saillant, partant quelque idée importante, plus clairement et plus complètement que ne le font les objets réels. L'œuvre d'art tend à se nourrir de toute la science, de toute la vie personnelle et sonnante de son époque. Il résume la vie, car c'est l'époque qui crée son style et son visage. (Taine.)

L'art, c'est la plus sublime mission de l'homme, puisque c'est l'exercice de la pensée qui cherche à comprendre le monde et à le faire comprendre. (Rodin)

L'art est la métaphysique émue. (Définition de la revue *Rythme et Synthèse.)*

L'art, machine à émouvoir. — L'œuvre de science s'attache à reproduire la réalité, l'œuvre d'art est une transformation de la réalité, déformation, humanisation, création. (1)

b) L'art a tenté la transmission et l'assimilation des manières de sentir entre les hommes. Il a passé sur toutes leurs sensibilités, mis en vibration son archet magique, les disciplinant, les accordant par l'imposition douce des sensations plus exquises de l'artiste qui se répandent contagieusement dans son public. L'art a socialisé les sensibilités comme la religion ou la science, les intelligences, comme la politique ou la morale, les volontés. (G. Tarde)

c) Le raisonnement, l'esprit, la partie claire en nous n'est qu'une partie de nous. Il y a tout le domaine des idées confuses, des sentiments, des sensations, des tendances. L'art et la science sont des modes d'expression de ces deux parties de nous-mêmes. La science (connaissance exacte, raisonnée) agrandit tous les jours son domaine, sciences et techniques nouvelles, programmes d'action consciente. La science envahit le domaine de l'art. Le livre scientifique exproprie le livre d'art et de littérature. Mais tandis que les frontières de l'art (l'expression de la personnalité de l'homme) reculent ainsi d'un côté, de l'autre elles s'étendent. Au grand art, la peinture, sculpture, musique, sont venus s'ajouter les arts industriels qui fournissent à l'homme de nouvelles occasions d'exprimer sa personnalité : l'art dans tout ce qui nous entoure, chez nous, dans la cité, à l'atelier, dans l'édifice public. Puis la compréhension de l'art dans la nature. Enfin voici que les plus hauts penseurs conçoivent la vie elle-même de chacun, comme une œuvre d'art, et instaurent le bon goût en règle suprême de la conduite.

d) On l'a dit. L'homme moderne sait qu'il n'est de réalités profondes que celles qui nous affectent directe-

(1) Will' Arco. — Sur les ballets de Kurt Jooss d'Essen. *Le Rouge et le Noir,* 1933.01.25.

(1) Seailles, *Essai sur le génie de l'art.* — Guyau, *L'art au point de vue sociologique.* — Perez Bernard, *L'art de la poésie chez l'enfant.* — Souriau, *L'esthétique du mouvement. La suggestion dans l'art.* — Ricardon, *De l'idéal.* — Hirth, *Physiologie de l'art.*

ment; il se complait aux ingénieux agencements de la science et de l'industrie, mais il a besoin de ces certitudes idéales qu'autrefois la religion donnait: doutant d'elles et des métaphysiques, il est ramené à lui-même et le monde vrai se passe au dedans de lui; ce vide angoissant ce n'est ni l'action seule, ni les jouissances du corps qui peuvent les remplir, ni même la spéculation pure, qui ne donne guère de pâture aux sens. A l'art de pourvoir à ce besoin que fera de plus en plus impérieux, la vacance que la machine donne à l'homme; soulagée du labeur abrutissant qui réduisait la pensée, et privée de la religion, une époque sans art vivrait de durs moments angoissés. L'art aura mission de distraire supérieurement et de donner ce contentement exalté sans lequel le calme de l'âme est impossible; il doit même faire vivre de beaux rêves éveillés; plus iront les temps machinés, plus l'homme aura besoin de jouer de ces cordes qui semblent reliées à l'infini.

2. — *Eléments constitutifs de l'œuvre d'art.*

a) Les facteurs déterminant l'art en son évolution sont: nos sens, susceptibles d'une perfection dont nous ignorons le terme; la raison; d'impérieuses nécessités physiques; les sentiments; l'ambiance économique sociale, politique et culturelle.

b) L'art comporte trois éléments distincts : 1° la représentation esthétique de la réalité (art graphique, plastique et scientifique); 2° des créations de lignes et de couleurs hors toute signification réelle (les ornements); 3° l'élément suprasensible.

La portée de l'œuvre artistique s'apprécie aux trois points de vue : 1° sa valeur en soi; 2° ses qualités techniques; 3° sa signification à l'égard de la civilisation au sein de laquelle elle nait.

3. — *Facteurs de la production des œuvres d'art.*

La création artistique est le résultat de la mise en œuvre de nombreux facteurs. Cette création a fait l'objet d'études approfondies.

« L'art et la volonté, dit Schwob, ont leur source dans ce qu'il y a de plus individuel en nous, dans le centre de toutes nos facultés. Aussi l'essence de l'art c'est la liberté, tandis que la science cherche la détermination. Celui qui fait prédominer dans notre personnalité un élément au désavantage des autres amoindrit l'art parce qu'il restreint le libre mouvement de l'individu. » (1)

Pour le Dr Weiss (*Rivista Italiana di Psicoanalisi*, n° 1, 1932), la différence entre les fantaisies ou rêves divins et l'œuvre d'art consiste en une attitude spéciale du Sur-Moi qui se laisse corrompre par la beauté et donne son absolution à ce qui n'est en somme qu'une réalisation future d'instincts réprouvés par l'artiste même.

(1) Byvanck. — *Un Hollandais à Paris en 1891*, p. 232. Paris, Perrin, 1892.

D'autre part la création artistique peut être interprétée comme une espèce de maternité et répond de ce fait à une attitude féminine qu'on retrouve dans chaque artiste.

243.72 Évolution.

a) Au début l'art était très simple, comme toutes les manifestations sociales. La musique avait des modes simples, les belles lettres des images purement symboliques et représentatives comme les hiéroglyphes; la peinture était décorative, comme un accesoire de la statuaire et de l'architecture, la sculpture, comme une fonction artistique différenciée et indépendante ne s'appliquait qu'à l'architecture; celle-ci se réduisait à la satisfaction du besoin que l'homme éprouve de s'abriter contre les intempéries et les agressions.

b) Les Chaldéens, les Perses, les Grecs et les Romains avaient donné à leurs prêtres la splendeur des costumes et la pompe des cérémonies; les mêmes ancêtres spirituels ont transmis aux chrétiens leur plain-chant solennel. Les corps de métiers de Byzance et de l'Europe occidentale ont élevé des basiliques admirables, puis sont venus peintres et sculpteurs qui ont décoré les nefs et les chapelles et ont transformé telle cathédrale en un musée. Tous les arts, nés de l'initiative individuelle et presque toujours sous l'influence de quelque poussée de rébellion, se sont associés en cortège à la religion catholique. Plus tard chacun des arts s'est émancipé de l'église et ce qui est jeune, nouveau, créateur, s'est fait en dehors d'elle. (E. Reclus)

243.73 Esthétique.

a) A mesure que les œuvres d'art ont été produites, ceux qui ont réfléchi à ce qu'elles étaient, les esthètes, les philosophes et les historiens de l'art, les critiques, ont édifié des théories explicatives, dégagé des normes, entrevu de nouvelles possibilités.

b) Le Beau est tout ce qui enrichit le trésor de notre vie intérieure. Il y a émotions esthétiques quand notre moi se sent agrandi en étendue, en richesse ou puissance, de quelque chose qui vient d'une autre personnalité humaine. Les facultés esthétiques se ramènent à un pouvoir d'expression chez l'artiste, à un pouvoir de sympathie chez le témoin.

c) L'idée de beauté est l'obsession divine des grands artistes comme l'idée de vérité obsède les philosophes et les savants. Elle est le fruit spirituel de l'idéal de perfection qui hante l'âme des hommes depuis que leur pensée, chercheuse de clarté et de logique, a voulu créer à l'imitation des rythmes de l'univers, de l'harmonie. L'esthétique est la mystique du sensible point de départ de la contemplation, commencement visuel ou auditif de l'extase, le fondement même de l'amour. La perception du beau n'est point égale chez les artistes. Elle est relative aux puissances ou aux limitations de leur psychologie ou de leur pouvoir de création. Le plus grand triomphe de l'art est quand il suscite en nous les émotions les plus profondes et les pensées les plus sublimes. Les plus belles formes doivent encadrer les plus belles idées. L'art doit être l'enchantement de la culture humaine, la manifestation sociale de l'idée de beauté. (1)

d) Le développement des beaux-arts a consisté en une intensification systématique des plaisirs ressentis par l'œil et par l'oreille; développement simultané de deux voies : accroissement de la capacité de jouissance (subjective); accroissement des moyens de jouissance des autres (objectif).

243.74 Espèces d'art.

a) Il y a un grand nombre d'arts. L'art basé sur l'ouïe est la musique.

Les arts basés sur la vue sont au nombre de quatre principaux : la sculpture, la peinture, l'art des jardins, l'architecture. Les trois premiers sont une imitation de la nature. La sculpture donne la forme; la peinture donne la couleur et la représentation de la forme; l'art des jardins est la nature elle-même adornée; l'architecture est l'anneau reliant les beaux-arts et les arts pratiques. On a rangé parmi les arts, le théâtre, la danse, les arts décoratifs, la photographie et le cinéma.

b) Tolstoï a établi une distinction entre l'art des classes riches, fait de séduction maladive et de sensualité, art de plaisir et de luxe autant dans le domaine littéraire que dans celui des arts plastiques, et l'art du peuple qui pourrait être celui qui exprime les grands sentiments humains de ceux qui travaillent, les grandes idées qui sont le fond des aspirations sociales.

c) La faculté de prendre plaisir aux formes et aux objets réguliers a précédé celui de prendre plaisir aux objets irréguliers. Les sauvages sont insensibles à la beauté des paysages. L'humanité n'a découvert aucune des beautés de la nature, maintenant devenues classiques, jusqu'au XVIe et XVIIe siècle, et cela est aussi vrai des races Indo-Germaniques que des autres. (1)

243.75 Architecture.

a) L'architecture est l'art de bâtir suivant des règles déterminées par la destination des édifices. Elle est l'art de diviser et d'enclore l'espace. Il y a l'architecture religieuse, civile, militaire, hydraulique, industrielle. Il n'y avait de monuments parfaits selon les Grecs que ceux possédant à la fois la beauté, la commodité et la solidité. Pour réaliser la beauté, la composition architectonique doit avoir égard à l'ornementation, à la symétrie, à l'harmonie ou eurythmie, à la convenance. La commodité dépend de la situation, de la forme, de la distribution des diverses parties. Les modernes ont renversé un grand nombre de ces principes.

b) Plus durable que la plume, plus impressionnante qu'elle, la pierre est parfois une excellente expression de l'esprit. Un grand monument, les bâtiments destinés à des institutions intellectuelles (instituts, laboratoires, musées, bibliothèques) portent pour toujours l'empreinte de leur créateur; quand l'idée est fertile, elle grandit; la pierre suit.

c) L'« architecture feinte » est le nom donné à des peintures décoratives qui, par le moyen de la perspective linéaire et des couleurs, reproduisent tous les détails de l'architecture réelle. Fort employée autrefois, surtout en Italie, on l'a appliquée aux décors de théâtre et pour ceux des fêtes et réjouissances.

243.77 Sculpture.

a) Les productions originales de l'art statuaire sont en marbre, pierre, bois, métal ou toute autre matière. Ce sont des statues, bustes, haut et bas-reliefs, sujets, groupes, reproduction d'animaux, etc. N'y sont pas compris les sculptures ornementales de caractère commercial (chapiteaux, colonnes, cheminées).

b) L'homme très tôt a produit des œuvres de sculpture. On en a trouvé dans les cavernes des primitifs. Les Egyptiens, les Assyriens, les Perses, les Grecs, les Romains nous ont laissé des œuvres de sculpture remarquables et souvent d'une grande perfection : statues de dieux, idoles, bas-reliefs. Les Grecs commençaient à exécuter des bustes en ronde bosse vers le temps d'Alexandre. A Rome, les premiers bustes furent les images des ancêtres, en cire coloriée, en marbre, en bronze, même en plâtre moulé sur nature.

c) La statuaire est plus ou moins près de la réalité, depuis le bas et le haut-relief jusqu'à la représentation en ronde bosse.

Dans le bas-relief proprement dit, les figures sont peu saillantes et comme aplaties sur le fond; dans le demi-relief ou demi-bosse, les figures sortent de la moitié de leur épaisseur; enfin, dans le haut-relief ou plein-relief, les figures sont presque détachées du fond. Les Assyriens, les Grecs ont laissé de superbes bas-reliefs : ceux du Parthénon, par exemple, sont encore des modèles. Parmi les bas-reliefs romains, citons ceux de l'Arc de Titus et de la Colonne Trajane.

243.78 Les Œuvres d'art et la Documentation.

a) Les œuvres d'art, les monuments figurés, sont des documents. Elles sont l'expression de cette partie de la

(1) Jean Delville. — *L'idée de beauté, la défense de l'art.* 1 mai 1933.

(1) Voir de Humbold: *Kosmos.* Bd. II, S. 16-23. — Burdet, *The Sacred Theory of the Earth,* vol. I, pp. 194-196. — Carpenter, *Mental Physiology,* p. 154.

réalité qui est l'homme, le sentiment de l'homme. Par exemple, toutes les productions de l'art, interpretes de symboles et d'allégories, la peinture, la sculpture, l'art des vitraux, des tapisseries, des vases, l'architecture même en un certain sens. La cathédrale du moyen âge fut appelée le Livre du Peuple qui pouvait voir et ne savait pas lire. Dans les œuvres d'art sont incorporées des données intellectuelles et les œuvres d'art donnent lieu à des reproductions. Par ces deux côtés, les œuvres d'art sont rattachées à la documentation, puisque les documents se définissent incorporation de données susceptibles de reproduction.

b) Les œuvres d'art intéressent la documentation sous plusieurs aspects : 1° la notion de représentation visuelle des objets, des idées et des sentiments; 2° la mise en œuvre du dessin et de la couleur; 3° l'idée de beauté, animatrice et directrice de la production des œuvres et qui comme elle inspire aussi les œuvres littéraires; 4° la littérature considérable à laquelle a donné lieu l'art, sa théorie, sa pratique, ses œuvres, sa critique et son histoire; 5° le parallélisme historique dans le développement des lettres et des arts, tous deux également effets et facteurs de la culture; 6° la reproduction des œuvres sous les formes matérielles du document; 7° la place énorme que l'art a pris dans la documentation de tout sujet et réciproquement celle des méthodes de la documentation appliqueés aux œuvres d'art.

c) La langue du peintre n'est pas la même que la langue du poète. Le peintre n'a pas besoin de traducteur. La toile, pour être comprise, n'exige aucun truchement. Le peintre s'adresse au public national ou étranger, directement sans intermédiaire. Il travaille pour le monde entier. De là les influences immédiates de l'art pictural.

Les œuvres sculptées aussi ont un caractère hautement documentaire, outre leur caractère artistique. Ainsi les Prophètes, les Vices du portail de la cathédrale d'Amiens, les bas-reliefs des porches de Notre-Dame de Chartres, les œuvres sculpturales de tant d'autres cathédrales constituent l'interprétation en pierre de conceptions bien définies. (1)

Il nous est parvenu quelques 25,000 vases grecs. C'est un riche répertoire documentaire plus sûr que les textes. Il nous donne une idée de la grande peinture dont les originaux sont irrémédiablement perdus. Articles industriels, ces vases se prêtent à un classement géographique et chronologique infiniment mieux que les vestiges de la statuaire.

d) Collections. — Les œuvres d'art sont réunies en des collections publiques ou privées (musées, galeries, Pinacothèques, Glyptothèques). Les plus célèbres sont, en France, celles du Louvre et de Versailles; à Rome, celles du Vatican et du Palais Farnese; celles de Florence, de Dresde; les deux Pinacothèques (ancienne et nouvelle) de Munich; les musées de Leningrad, Amsterdam, Bruxelles et les musées du Nouveau monde, entr autres ceux de New-York, Boston, Chicago, Philadelphie, etc. Les collections de tableaux et de sculptures font l'objet de la Muséographie.

e) Reproduction. — Les œuvres d'art sont produites en original, elles peuvent donner lieu ensuite à des reproductions, soit plastiques, soit graphiques.

Les moulages des productions de l'art statuaire sont en plâtre, staff, ciment, carton-pierre, etc. Il existe des musées de moulage.

Les procédés graphiques sont ceux de l'imprimerie. L'exactitude étant la qualité maîtresse requise, les éditions se succèdent avec le but notamment d'un perfectionnement que l'on peut suivre tel à travers les divers ouvrages effectués. Par les procédés de reproduction, les œuvres de peinture et de sculpture se sont multipliées immensément. Au début, on a procédé à la reproduction d'œuvres originales préexistantes; on voit maintenant des créations picturales et sculpturales avoir comme but premier et dernier la reproduction mécanique. On pourrait aujourd'hui réaliser une série de copies en plâtre ou sur toile en couleurs, grandeur naturelle, de toutes les œuvres de peinture et de sculpture, de toutes les nations, de tous les temps et ce dans des buts de documentation. Ces copies serviraient soit à des expositions itinérantes, soit aux collections permanentes. Quelque jour, les progrès du moulage, de l'imprimerie et des presses permettront de réaliser la multiplication des tableaux à grande échelle comme déjà à l'inverse sont obtenues les copies en réduction. Un Musée universel d'art par la reproduction, présentant dans un ordre classé l'ensemble des œuvres magistrales, est un desideratum.

f) La catalographie des œuvres d'art a été largement réalisée, ainsi que la bibliographie des ouvrages traitant des œuvres d'art et de leurs reproductions graphiques.

g) Les notes ou croquis des artistes dessinateurs, peintres, sculpteurs, constituent pour eux une documentation personnelle de premier ordre. Esquissées en quelques secondes sur nature, elles leur servent ensuite dans les reconstitutions. Il faut pour celà observer toujours, et, écrivait Léonard de Vinci, « dessiner sur le champ ce que vous aurez remarqué; il faut pour cela avoir toujours avec vous un carnet de poche, car ces recueils d'études sur nature doivent être conservés avec grand soin pour servir à l'occasion; la mémoire ne suffisant pas, c'est un magasin de documents que vous amassez pour y puiser au besoin ». La méthode documentaire trouve à s'appliquer ici : format, collection, classement, catalogue.

(1) Winkelman, *L'art chez les Anciens*. — Emeric, David, *Recherches sur l'art statuaire*. — Blanc, Ch., *Grammaire des arts du dessin*.

25 OPÉRATIONS, FONCTIONS, ACTIVITÉS AUXQUELLES DONNENT LIEU LE LIVRE ET LE DOCUMENT

a) Le livre et le document sont l'objet de la plus grande division du travail et coopération qui soient. Ceci pour leur établissement et pour tout travail ultérieur auquel ils donnent lieu. L'analyse de ce travail se ramène à dégager une série d'opérations (actes, activités) qui, groupées d'après leur objet, constituent en quelque sorte les « fonctions » de la documentation.

b) elles forment un cycle, celui de la vie ou phase du livre, dont il va être traité ici :

1° Facture intellectuelle (rédaction, composition). Origine du livre. — 2° Facture matérielle (imprimerie, reproduction, multiplication). — 3° Description (catalographie, bibliographie et études objectives auxquelles donnent lieu le livre). — 4° Critiques (jugement porté sur le livre). — 5° Distribution et circulation (comprenant l'édition, la librairie, le transport, les échanges, les prêts, le dépôt légal). — 6° Conservation. — 7° Utilisation (lecture, consultation, création de nouveaux livres, par extraits ou fusion et assimilation d'autres livres). — 8° Destruction (maladie, accident, amortissement et fin du livre).

Dans les phases du livre, on retrouve la formule générale de l'évolution : création, multiplication, distribution, dissolution.

c) A tous les stades de ce cycle d'opérations interviennent de multiples facteurs : les parties et les espèces de livres, considérées comme résultat à attendre du travail fait, ou comme matière du travail à faire ; les méthodes ; les personnes ; l'outillage ; les locaux ; les organismes spéciaux ou généraux. Il est traité de chacun de ces facteurs à leur siège principal. (Voir nos 23, 24, 41.)

d) Il est impossible à un esprit seul de réaliser le livre. Le travail doit y être divisé. Ceux qui conçoivent, qui écrivent, qui résument, qui commentent, qui impriment, qui corrigent, sont d'autres hommes. Il est des règles pour chacune de ces opérations. (Ex. règles des éditions critiques, règles de l'art d'écrire, règles typographiques, règles du classement alphabétique, etc.) L'emploi simultané de ces règles ne saurait être demandé à une même personne. C'est donc à plusieurs qu'il faut se mettre sur une même œuvre, sur un même texte, pour lui donner forme définitive. A l'origine, il n'y avait pas de division du travail entre les diverses opérations du livre. Ce n'est que du XIXe siècle que date la constitution en branches spéciales de l'imprimerie, l'édition, la librairie. La coopération étroite s'y impose.

e) Les opérations sont envisagées ici : 1° comme opérations en elles-mêmes et à l'état isolé, dans leur suite ou continuité, dans leurs liaisons les unes avec les autres ; 2° quant à leur objet, qui concerne des documents à l'état d'unité, ou des ensembles de documents ; 3° quant aux agents des opérations, personnes ou organismes. — Opérations, objets, agents, sont en connexion si étroite qu'en grande partie on en a traité ensemble. Ce qui concerne les principes d'organisation, les méthodes, l'outillage, les locaux et le personnel est traité sous 4 *Organisation rationnelle de la Documentation.*

251 Facture intellectuelle.

251.0 Généralités.

a) Dans la production intellectuelle des documents, il y a lieu de distinguer producteur, produits, opération, instrumentation et matière.

La production intellectuelle proprement dite n'est qu'un stade du cycle. Il procède du stade antérieur et transmet au stade ultérieur.

Celui qui produit le livre et le document (écrivain, savant, artiste) en est le facteur ou le metteur en œuvre principal. Son action est déterminée par sa personnalité et son caractère, par son attitude générale quant à la vie et la société, sa formation générale antérieure, la préparation particulière de l'œuvre élaborée, la réunion de la documentation spéciale et son utilisation.

b) L'auteur se sert de l'écriture pour dans une langue qu'il choisit, exprimer les données intellectuelles selon un certain ordre et en les illustrant éventuellement de certaines images ; l'auteur met en œuvre ainsi les divers éléments du livre et du document examinés antérieurement et auxquels il est fait ici référence. Il y a lieu d'examiner ici les points suivants :

1. le travail intellectuel en général ; 2. les auteurs et l'œuvre ; 3. les opérations ; 4. la production organisée ; 5 les organismes collectifs des écrivains.

251.1 Le travail intellectuel.

251.11 Principes.

a) La composition des livres et des documents est une espèce dont le genre est le travail intellectuel en général. L'élaboration des idées est indépendante de leur rédaction. Dans l'ordre du temps, l'esprit réfléchit puis compose le document. Découvertes du savant, création de l'inventeur, méditation du philosophe, délibération de l'homme d'action. On a dit précédemment combien le document aide à réfléchir, à faire prendre claire conscience des idées.

b) Le travail intellectuel, comme tout travail, doit passer de la phase spontanée à la phase réfléchie et, sans rien perdre de la force et de l'originalité que lui donne la spontanéité même jaillie des sources de la vie, il faut lui donner l'autre force que donne l'expérience commune généralisée par la science, la rationalisation. Il y a donc méthodes et procédés à mettre en œuvre par soi ou en coopération avec d'autres; organisation à apporter chez soi et dans le domaine de l'action commune.

c) La production intellectuelle est due aux facteurs individuels et aux facteurs sociaux. Ces derniers sont fort nombreux. Parmi eux sont dominants tels ou tels dans le cas de chaque auteur, de chaque œuvre de chaque auteur. Gaston Rageot a posé cette question: « Quelle est dans la mentalité des écrivains modernes et dans le succès de leurs œuvres la part exacte du public ? Quelles sont les lois du succès ? » (*Le succès. Auteurs et public.* Essai de critique sociologique. Paris, F. Alcan, 1906). L'auteur conclut que la manière d'être du public a supprimé des personnalités vraiment éminentes; on constate le caractère de plus en plus industriel de la littérature, la nécessité grandissante de l'actualité et par suite l'impuissance de l'écrivain à réfléchir et à méditer.

d) Il y a intérêt à déceler la nature et les facteurs déterminants de la création intellectuelle en observant les œuvres; à pénétrer ainsi les mobiles profonds de l'activité humaine.

251.12 Conseils pour le travail intellectuel.

a) Avoir un sujet principal d'étude ou de travail et y penser avec persistance, y ramener toute réflexion, observation, démarche, lecture. Mais simultanément suivre l'ensemble de ses études et les faits du jour. Tenir aussi toute sa documentation à jour par quelques instants consacrés à elle quotidiennement.

b) Avoir une méthode. Le désordre, le manque d'organisation ne sont pas la marque d'un esprit supérieur, il s'en faut. Si grandes soient l'intelligence, la facilité de travail, les qualités ou le caractère, sans la méthode dans le travail, elles demeurent terres en friche. De moins bien doués, mais plus avisés et plus disciplinés, pourront l'emporter.

c) « Savoir travailler c'est avoir connaissance de tous les procédés qui peuvent faciliter la tâche à accomplir, la rendre plus profitable. Les buts généraux d'une vie intellectuelle personnelle, indépendante, sont : vouloir, savoir, pouvoir. Le facteur du vouloir, c'est la création d'une personnalité capable de profiter des études poursuivies; le facteur du savoir, c'est la mémoire; le facteur du pouvoir, c'est la documentation. » (Chavigny)

d) Se livrer de bon matin au travail créateur. On profite mieux de cette maturation si curieuse qui se fait d'elle-même au cours du sommeil.

e) Bien diviser son temps et sérier son travail.

f) Eviter la fatigue cérébrale. Conserver la fraîcheur d'esprit. Mais la fatigue provient moins du travail lui-même que des tracas, des préoccupations, des rivalités, des ambitions non satisfaites, des conditions matérielles, du bruit, de l'interruption et du morcellement, de la presse et de la bousculade dans lesquelles le travail s'effectue.

g) Se reposer d'un travail par un autre travail d'une nature différente. Avoir son plan général personnel de vie intellectuelle. Repasser de temps en temps ses propres notes, ses écrits pour les confronter avec ses idées du moment. Placer son activité particulière dans la perspective des objectifs généraux qu'on s'est proposé, de son plan général.

h) Avoir un siège principal de travail, son « atelier » où sont réunis les matériaux, la documentation et aussi l'outillage, le mobilier et les accessoires familiers. On doit pouvoir travailler en tous lieux comme en tous temps. Avoir toujours sur soi le carnet à fiches disponibles. Mais ces lieux de travail, fixes et ambulants (en auto, en chemin de fer, en bateau) ne sont que provisoires, transitoires ou succursales. Il faut un centre, que ce soit chez soi, au bureau ou à l'Institut.

i) Etablir un équilibre entre le physique et le mental. De l'exercice, éventuellement du sport; marcher au lieu de se faire transporter au siège de ses occupations; travailler en plein air. Faire alterner un travail de physique avec un travail intellectuel. C'était la règle des anciens ordres religieux. Ce serait la loi dans la Cité Collectiviste : un travail physique utile est préférable à de vains exercices gymnastiques.

j) Savoir prendre congé et des vacances, « dételer », la division rationnelle de la journée de travail, de la semaine, du temps des vacances fait maintenant l'objet d'un examen sérieux.

k) Les intellectuels américains ont introduit l'année sabbatique: un renouvellement de l'esprit tous les sept ans.

l) N'ignorer ni ne négliger les questions d'hygiène mentale. Les fragiles mentaux, les prédisposés aux maladies mentales ont à s'abstenir de certaines études dangereuses pour l'équilibre de leur esprit. Eviter les curiosités malsaines et au-dessus des forces dont on dispose. Eviter ce qui peut conduire à l'alcool, aux drogues, à la toximanie.

m) Travailler avec calme et sans nervosité, en avançant sans se presser, en se concentrant sans s'absorber. Avoir toujours place clair, nette, grande devant soi sur la table de travail, c'est un moyen. Pour y arriver, mettre de suite tout papier à sa place sinon définitive, au moins transitoire, et faire qu'elle soit telle qu'en même temps rien ne serait oublié par cette mise hors la vue.

n) Il est des conditions extrêmement favorables à la production des écrivains. L'activité intellectuelle du savant réclame d'impérieuses et constantes façons, le calme, la paix avec vie déblayée de contingences et de secousses.

o) Ecrire à des moments réguliers est une méthode. Ecrire quand on se sent prêt à le faire en est une autre. Une troisième est de se placer résolutivement devant le papier blanc, ayant en vue son sujet et de commencer à le développer, à le reprendre, à le reclasser, et cela sans découragement. (1)

251.2 Les auteurs et l'œuvre.

251.21 Notions.

Tous les producteurs, tous les intellectuels ont en commun un grand nombre de traits et l'élaboration des œuvres requiert des conditions largement identiques dans un grand nombre de rapports. Il n'est cependant question ici que des écrivains et de l'élaboration des écrits.

De l'écrivain on demande: la culture intellectuelle, l'examen de soi-même, l'observation permanente de la nature, des êtres et des choses; les tableaux humains constamment enregistrés, la réflexion, le respect de son œuvre, le recours aux sources, l'effort ininterrompu, la stylisation, le maximum de sa puissance imprimée à sa personnalité.

Par d'infinies gradations on s'élève de l'homme qui simplement note pour lui certains faits à l'écrivain d'occasion, à celui qui se voue en ordre principal à la fonction d'écrire, au génie qui écrit. Tous ont des papiers. Et parmi ceux-ci, dans les dossiers, des manuscrits non édités, non achevés, esquisses, ébauches, fragments, matériaux, éléments d'œuvres en gestation.

251.22 Espèces d'auteurs.

On distingue les écrivains littéraires, scientifiques, techniques, sociaux, administratifs.

1. *L'homme de lettres.*

a) L'écrivain « fort en sa partie » est un spécialiste de l'expression littéraire et du style. Jules Blois disait : « Je dis les mots que je veux et quand je veux, au moment calculé par moi. » Un auteur est un architecte de mots. L'auteur est présent dans chaque syllabe, responsable de chaque virgule; devant son livre, en son livre, il dirige la symphonie de son univers mental en devenir bibliologique, le chœur innombrable des mots et des images.

b) L'auteur est l'élément subjectif de la connaissance. D'un même événement deux auteurs feront deux récits différents. Il y a là une « équation personnelle », expression courante en astronomie et dont le rapport déborde de cette science sur tous les ordres de connaissances.

Paul Marguerite écrit : « J'appartiens désormais à l'univers de frictions observées et vues, à ce singulier dédoublement de l'artiste qui crée avec du réel et de l'imaginaire, opère par une alchimie d'indosables éléments, l'illusion plus ou moins parfaite dans l'âme du lecteur. Je serai à certaines heures le voyant éveillé d'un songe et même, lorsque je vivrai mes plus médiocres actes quotidiens, un travail inconscient ou mi-conscient persistera en moi. »

c) On peut classer par ordre les écrivains. Il en est de premier, troisième et dixième ordre. Ceux qui sont classés pour nous du dixième ordre, ont été parfois pour les contemporains du premier.

d) Notre temps a fait de la littérature un métier. Il a perdu le respect de la chose écrite. Il verse dans la confusion entre les écrivains et les faiseurs de livres. « D'invraisemblables monuments de niaiseries sont quotidiennement présentés aux éditeurs. Et ceux-ci favorisent un débordement de médiocrités au milieu desquelles les véritables valeurs sont noyées. »

2. *L'homme de science.*

a) Presque tout homme de science a un problème central qui le passionne et à la solution duquel il consacre tous ses travaux particuliers. C'est pour lui qu'il devient érudit ou savant. Pic de la Mirandolle essaya de prouver que les différents peuples de la terre sont redevables de toutes leurs vérités religieuses à une révélation primordiale déposée dans les livres de Moïse, et c'est à l'ardeur infatigable avec laquelle il poursuivit ce but qu'il dut ses vastes et solides connaissances dans les langues orientales.

Le désir impatient, la fièvre, la sainte folie de la recherche de la vérité avant tout et par dessus tout. Ceux qui ne possèdent pas dans leur âme ce feu sacré passent à travers le monde de la nature en lui jetant un regard distrait et superficiel; les savants de race s'arrêtent aux moindres détails et cherchent la raison de toute chose. Ils passent le jour et la nuit à poursuivre l'idée qui les occupe, qui les préoccupe, qui ne leur laisse pas de trève. C'est le *Delenda Cartago* des hommes de science. C'est pour eux comme un cauchemar; aussi ne mesurent-ils pas leurs efforts, leur fatigue, leur immolation parfois. (1)

Ceux qui ont l'âme du chercheur: c'est d'abord pour leur profonde satisfaction personnelle qu'ils s'atteleront des

(1) Sur le processus du travail de l'esprit et les conditions d'élaboration du savoir, s'en référer aux travaux sur la psychologie, la logique, la méthodologie et la philosophie des sciences. Voir notamment :
Paulhan. *Analyses et esprits synthétiques.*— Ribot. *Essai sur l'imagination créatrice.* — Toulouse : Poincaré. *Enquête sur la supériorité intellectuelle.* — Poincaré. a) *La science et l'hypothèse.* b) *La valeur de la science.* c) *Science et méthode.* — Boutmy. *La vérité scientifique.*

(1) Jean Boccardi : Les sciences d'observation à travers les âges. *Revue Scientifique* 1933, p. 226.

années entières à une besogne solitaire qui ne provoquera aucun fracas retentissant, d'autant plus qu'ils œuvrent sans bruit, sans relations, sans participer aux coteries en dehors desquelles il n'y a que très exceptionnellement des succès; les repas et les réceptions nécessaires pour ne pas être ignorés, ne sont point leur fait. Ils ne se livrent pas volontiers et on les nommera maniaques parce qu'au lieu de traiter brillamment et superficiellement une question, ils iront d'une manière uniforme aussi loin que possible dans l'acquisition, le renforcement ou la démolition d'une certitude. Ne s'en tenant point aux apparences faciles, ils mettront en œuvre des années de patience pour aboutir à un résultat dont l'importance paraîtra peu proportionnée au travail dépensé, à l'esprit de ceux qui considèrent la science comme un roman brillant, sans avoir jaugé la somme formidable de connaissances minuscules nécessaires à la brusque synthèse quelquefois écrasante et souvent momentanée.. (Jean Painlevé)

b) Le savant appartient à deux familles: celle des analystes cloîtrés dans la spécialité, excellents observateurs et critiques très fins, mais redoutant les théories et les observations; celle des esprits synthétiques à vues larges, grands amateurs de théories, passionnés d'unité, étendant toujours le champ de leurs investigations, tout en réduisant le nombre de principes explicatifs.

« Nécessité de ces hommes de haute culture générale, de grande conscience, dominant les détours et les alentours de chaque science, des hommes qui aient la faculté et l'habileté de filtrer en quelque sorte la production mondiale pour ne laisser passer que ce qu'elle contient d'essentiel et de bon, des hommes qui sachent dégager de leur gangue les faits importants pour les mettre en valeur à leur vraie place et les employer ensuite à l'édification de synthèses accessibles à tous. » (A. Lacroix.)

251.23 L'œuvre.

L'œuvre est dans l'auteur d'abord; elle en sort par l'accouchement laborieux de la composition, pendant lequel le cordon ombilical continue à la relier à lui; au troisième stade, l'œuvre vit d'une vie indépendante : l'auteur se détache d'elle comme elle se détache de lui.

L'œuvre est le ou les volumes qui contiennent un travail ou une étude complète de caractère quelconque.

a) L'œuvre anonyme est celle qui ne porte pas la signature, les initiales, l'anagramme. Les œuvres anonymes sont fort nombreuses.

« Anonymus » a été statufié. C'est un moine à la figure presque cachée et dont la statue se dresse à Budapest.

b) Pseudonyme. C'est le nom simulé pris par l'auteur pour cacher sa personnalité. Il est formé souvent de l'anagramme du nom. On a demandé si c'était bien, cette dissimulation, cette hypocrisie, cette duplicité.

c) On a répondu que les pseudonymes et les figures de fantaisie sont pour certains auteurs des possibilités illimitées de leur imagination. Ils se détachent d'eux pour expérimenter ou décrire des types de vie qui transposent leurs propres conflits et définissent intellectuellement les systèmes philosophiques, scientifiques ou religieux. Personnalités mystiques en lesquelles un auteur s'incarne successivement. De Stendhal on a dénombré jusqu'à présent plus de 200 pseudonymes, véritables dédoublements de l'être.

d) L'œuvre posthume est celle qui voit le jour après la mort de l'auteur. L'écrivain, le savant, laissent en mourant des papiers, manuscrits inédits,, inachevés, ou de simples matériaux. Pascal laissa des papiers qu'on fit imprimer aussitôt. Newton en laissa contenant d'importantes découvertes.

C'est généralement par des soins pieux que les œuvres posthumes sont alors éditées. Les manuscrits sont rarement achevés; des notes et matériaux laissés par l'auteur des œuvres sont souvent tirés après un tri et des liaisons rédigées entre les parties.

e) L'œuvre apocryphe est celle qui, sans raison, est attribuée à un auteur déterminé. A beaucoup d'auteurs on a fait de telles attributions; aussi à des œuvres collectives. (Les Evangiles apocryphes, les Fausses Décretales, etc.).

f) L'œuvre d'un auteur se compose de ses œuvres particulières et de ses œuvres complètes (réédition de ses œuvres particulières).

g) Il y a les œuvres sur les œuvres. On a consacré des ouvrages à la vie des auteurs (biographie). On s'attache à l'histoire de leur évolution.

D'un créateur il faut connaître les maîtres, les influences de son travail. Il faut savoir s'il y a école: c'est-à-dire un enseignement de directives imposées ou apportées par un maître ou des maîtres reconnus pour tels. (1)

Les auteurs sont en grand nombre des savants. Or, « l'histoire de la science ne saurait être séparée de l'histoire des savants. Il n'est pas indifférent de connaître leurs antécédents, leur caractère, l'évolution de leur carrière, ce que furent les conditions de leur existence, les conditions favorables ou difficiles du milieu où ont été effectués leurs travaux, d'en avoir aussi l'origine, de suivre le développement de leurs conceptions et de la réalisation en fonction de l'ambiance scientifique et sociale de leur temps. Et tout cela aide souvent mieux à juger de la valeur de ce que nous leur devons. » (2)

251.24 Productivité des auteurs.

Combien d'hommes écrivent, combien d'œuvres produit un écrivain ?

(1) Exemple: W. Jäger Aristotels Grundlegung einer Geschichte seiner Entwicklung. Berlin 1923.

(2) Alfred Lacroix. — *Figures de savants.*

a) Il est difficile de déterminer le nombre d'écrivains. On obtiendrait un chiffre approximatif en divisant le nombre de livres et séparément le nombre d'articles qui paraissent par une moyenne d'œuvres par auteur.

D'après le « Census of Occupation » de 1932, il existe aux Etats-Unis 12.000 auteurs.

b) Certains hommes ont produit un courant constant d'articles, de livres et de brochures. Ex. : L'œuvre de Sainte-Beuve comporte 70 volumes. Un travailleur infatigable comme P. Bleeker n'a pas publié moins de 500 mémoires sur les poissons et s'est occupé de 15,000 espèces. Charles Jenks, auteur de *Diamond Duck* et de *Nick Carter*, était arrivé à écrire jusqu'à 10,000 mots par jour pour répondre aux demandes des imprimeurs d'ouvrages pour la jeunesse.

Le journaliste américain Gilson Willet a donné ces détails sur le travail fourni et les gains réalisés par lui au cours de 18 années de carrière. Pendant cette période, il a écrit 7,200,000 mots et a reçu pour cela 72,000 dollars qui font 360,000 francs, soit un sou par mot. Il a en outre publié plus de 100 courtes nouvelles et plus de 1,500 articles de magazines. Ses articles ont été publiés dans 60 revues mensuelles ou hebdomadaires différentes. Six mois de l'année, il voyage à la recherche de la documentation et l'année dernière, il a pour cela parcouru 15,000 milles, soit plus de 24,000 kilomètres.

M. Edgard Wallace, l'auteur anglais dans le genre d'aventures policières, est mort en 1932 à 56 ans, avec une production de 150 romans, 30 pièces de théâtre et de nombreux films. D'où une fortune d'un million de livres sterling faite en vingt ans. Wallace perdait immédiatement aux courses l'argent que venait de lui rapporter ses romans, mais il jouissait d'une prodigieuses facilité d'écrire. Un jour, raconte son biographe, il avait laissé approcher la date — c'était un samedi — à laquelle il devait remettre à un journal un roman de 120,000 mots. Le mardi précédent, on l'apercevait encore sur le champ de courses, où il perdait jusqu'à son dernier centime. C'est alors qu'il se mit à la besogne et qu'il dicta, nuit et jour, au dictaphone, le sujet de son roman à ses secrétaires. La cuisinière, le jardinier, la femme de chambre, le chauffeur, tout le monde fut mis à contribution pour classer les feuillets du roman, au fur et à mesure qu'ils étaient dactylographiés. Le samedi matin, il manquait encore 40,000 mots, mais le soir tout était en ordre. Le lendemain, muni du chèque de 1,000 livres qu'il avait encaissé, Wallace apparaissait souriant, sur le champ de courses de l'Alexandra Park.

251.25 Pourquoi l'on écrit.

Des causes particulières et personnelles, des causes occasionnelles, des causes permanentes agissent sur la production des livres et des documents.

Il est d'un grand intérêt de se rendre compte des causes qui influent directement la production des œuvres : pourquoi les auteurs écrivent. (1)

1. *Causes personnelles et particulières.*

On écrit pour les mêmes motifs que l'on parle ; parce que vivre c'est penser et penser c'est s'exprimer par la parole ou l'écrit. Ne plus parler, ne plus écrire, c'est descendre vivant dans le silence du tombeau. On écrit pour exposer, raconter, expliquer, informer, prescrire, conseiller, exhorter, consoler, protester, admirer, chanter, prier. L'homme écrit par besoin de s'exprimer comme il parle, comme il chante. Il y est poussé par l'utilité, mais aussi pour l'exercice normal d'une faculté.

Le philosophe ancien ou le guru hindou parle en se penchant sur le disciple qu'il aime et qu'il connaît.

Aux environs du XVIe siècle, on a commencé à écrire pour remplacer les prédicateurs dont on désirait occuper la chaire. Les prédicateurs parlaient à tout un monde, à tout un peuple représentant le magistère universel de l'Eglise romaine, à qui le Christ a enjoint de parler *super tecto.*

« Même quand ils ne s'aiment pas, les hommes ont besoin d'épancher ce qu'ils sont en eux-mêmes ; le langage en est l'attestation. Cette communication se fait notamment au moyen du livre. C'est lui qui, sous une forme particulière, rompt le silence qui nous est insupportable. » (Ed. Picard.)

Paul Marguerite écrit : « L'ivresse de traduire sa pensée au long du magique fil d'encre qui se dévide et qui tient au cerveau et à la rétine, fait voir, fait toucher, fait vivre les paysages et les êtres. Le métier d'écrivain, le plus noble, le plus beau, le plus fier qui soit. Que de fois j'ai contemplé avec émotion le petit bout de bois emmanché d'une lancette fendue, le porte-plume qui me sert et aussi selon les vers de Mallarmé, ... *le vierge papier que sa blancheur défend.* Quoi, cela et quelques gouttes noires suffisent. Balzac dresse sa « Comédie humaine », Victor Hugo sa forêt sonore et chantante, Pascal griffonne ses « Pensées », La Rochefoucauld burine ses « Maximes ».

Question plus profonde : pourquoi agit-on et sous l'emprise de quels facteurs le conscient et le sub-conscient sont-ils mis en mouvement ? Pour Freud, et son école la sexualité est la base certaine de la plupart des activités de l'homme. D. H. Lawrence (Fantaisie de l'Inconscient) voit autrement : « C'est le pur désir du mâle humain de créer quelque chose de merveilleux hors de sa propre tête et de son propre moi, par la foi et le délice de sa propre âme qui met tout en marche. Le motif purement religieux est le premier motif de toute activité humaine. Le motif sexuel vient en second et il y a un grand conflit entre les intérêts des derniers. » Il y a donc chez l'écrivain le sens intérieur d'un but.

(1) « Pourquoi écrivez-vous ? » Enquête de *Littérature*, Paris, nov. 1919. 8, place du Panthéon. — Une enquête a aussi été conduite par les Ecrivains de l'U. R. S. S.

Dans l'antiquité et au moyen âge, le barde traditionnel chantait pour son souper. Les auteurs écrivaient par plaisir, pour des buts éducatifs ou dans l'espoir de dons ou de privilèges de la part de patrons littéraires ou d'hommes publics influents.

Quand on constate combien impérieux est le besoin de parler dans certaines circonstances, on peut se rendre compte que ceux qui écrivent obéissent à un besoin analogue. Que de gens aimeraient mieux se faire couper la langue que de taire les mots qui leur brûlent les lèvres; que d'hommes ont sacrifié leur situation et leur position au besoin de faire un mot d'esprit ou de lancer une phrase vindicative.

Malva, l'écrivain prolétaire belge répond : « Bien malin celui qui se connaît assez que pour dire en toute honnêteté, pourquoi il écrit. C'est un besoin qui doit avoir des origines. Ma vie d'ouvrier m'a incité à écrire. Etant sensible de tempérament et mélancolique, je ne puis voir les misères d'autrui sans aspirer à les dire. Aussi dois-je vivre ce que j'écris. Ma mémoire affective me sert beaucoup; les souvenirs affluent en moi quand je les sollicite. Je n'accorde à l'imagination que le champ indispensable à la tenue du récit. A Malva le mineur, chacun vient raconter des histoires. On lui dit : « Toi qui écrit, eh! bien, tu devrais leur dire ça. « (1)

« Pourquoi j'écris ? Ce que j'ai dans le cœur, il faut que cela sorte, et c'est pour cela que j'écris. »

(Beethoven.)

« Je n'ai pas écrit pour produire une œuvre d'art, mais pour prendre conscience de mon propre état. »

(Remarque.)

Les écrivains écrivent :

1° Parce qu'ils y sont poussés par une force inévitable.

2° Parce qu'ils espèrent de cet exercice notoriété et gloire.

3° Parce qu'ils espèrent argent et profit.

4° Parce qu'écrire est le moyen de matérialiser le labeur intellectuel de quelque nature soit-il.

5° Parce que l'écrit souvent est lui-même un acte, une forme de l'action, l'accompagnement, préparation ou conclusion de l'action : l'influence de l'écrit, appréciation politique et prestige social.

6° Parce qu'écrire est un moyen de découvrir des idées, de les vérifier, de réaliser de la clarté dans les idées, de les classer, de les éliminer du champ de la conscience pour laisser celui-ci libre pour la production d'autres idées, pour établir des bases solides d'où la pensée s'élèvera plus haut et plus loin.

7° Pour la gloire de l'esprit humain en soi. (La devise de l'Ecole Polytechnique: *Pour la Patrie, les sciences et la gloire.)*

8° Parce qu'une force pousse l'écrivain à écrire comme les êtres dans la nature sont poussés à se reproduire. Ecrire pour être délivré du faix de la pensée qui doit s'extérioriser.

L'écrivain, le savant, l'artiste, sont ainsi à leur manière des mystiques. Mais tandis que les vrais mystiques entrent en possession de l'objet infini de leurs désirs, ils n'y atteignent jamais et sont d'éternels mécontents; ils souffrent de toute l'imperfection de leurs œuvres.

2. *Causes occasionnelles.*

L'œuvre est ou spontanée ou commandée. L'œuvre est occasionnelle, se produisant à l'occasion d'un fait soit extérieur à l'auteur, soit issu de sa propre vie, ou l'œuvre est essentielle, naissant du développement organique de sa pensée. L'œuvre est isolée ou elle fait partie d'un tout, d'une suite que ne marque pas nécessairement le titre. Elle est autonome ou rattachée à un tiers ensemble : collection ou plan.

Beaucoup d'écrivains reçoivent de leur temps beaucoup de suggestion qu'ils renvoient; « leur influence en beaucoup de cas est celle des agents de transmission qui mettent la puissance contagieuse de leur passion et la puissance séductrice de leur talent au service des idées qu'ils servent et qu'ils n'ont pas créées. Il est malaisé de distinguer leurs actions du mouvement collectif et des autres efforts individuels qui vont dans le même sens. »

(Lanson.)

L'histoire de la musique montre à quel point les œuvres furent déterminées occasionnellement. Ceci est marqué jusque dans leur titre. Dans le passé, la musique absolue, pour elle-même, a très peu existé. Aujourd'hui, les occasions d'écrire sont nombreuses. Ainsi les cours, les conférences, les thèses des étudiants, les rapports divers à présenter.

3. *Causes générales.*

a) Parmi les causes générales du développement de la production figurent: le développement des sciences; la diffusion de l'instruction; le perfectionnement de l'imprimerie; la création continuelle de bibliothèques, soit comme organismes indépendants, soit comme archives de sociétés ou d'institutions gouvernementales ou privées.

b) Des occasions générales d'écrire ont existé. Ainsi, pendant les trois premiers siècles du christianisme, il y eut un grand empressement vers la foi. Les païens ne dédaignaient point de combattre les arguments du christianisme et trouvèrent l'occasion de composer les plus magnifiques ouvrages. De là les belles apologies de ce temps qui comptent parmi les plus riches trésors de l'antiquité chrétienne. Dans la période de conversion des peuples du Nord, on ne trouve rien de tout cela.

Les temps modernes ont apporté avec les instituts, les administrations, les revues, les journaux, un élément de continuité dans la rédaction. Ce qui était réellement feuille volante et livres lancés dans l'espace autrefois, devient sorte de source permanente de production de données de toute espèce actuellement. Ce sont de grands organismes

(1) *Rouge et Noir,* 7-12-1932.

rédactionnels qui se constituent avec ces quatre caractéristiques : collaboration étendue, rédaction continuée, diffusion considérable, documentation auxiliaire constituée.

251.26 Comment on écrit.

a) Dans une enquête publiée dans *Victoire* en 1925, M. G. Picard a demandé aux écrivains «comment naissent vos livres ? Enfantez-vous dans la douleur ou dans la joie ? Suivez-vous votre inspiration ou utilisez-vous un plan ». Albert Cim, dans son livre *Le travail intellectuel,* rapporte d'une manière amusante des faits et des anecdotes sur les méthodes et les manies des auteurs célèbres, s'ils écrivaient mieux avant ou après le repas, sobre ou après avoir bu, etc.

b) Voici des exemples : Buffon écrivait en manchettes de dentelles. — Goethe ne pouvait rédiger qu'un petit nombre d'heures, le matin. — Darwin ne pouvait travailler que très péniblement et dans la position couchée. — Emile Zola, on le disait laborieux, mais il ne cessait d'affirmer son goût pour la paresse. — Gambetta au cours de ses promenades, parlait avec ses compagnons de marche comme s'il voulait essayer ses idées. — F. Croisset ne jetait que quelques indications sur un chiffon de papier, laissant à la logique de l'idée le soin d'en déterminer la forme. — Balzac se servait d'immenses feuilles de papier, écrivant au centre l'idée noyau et la développant par des textes écrits dans tous les sens. — Comte a écrit (*Système de politique positive*, I, p. 11) : « Cette reconstitution directe du pouvoir spirituel me suscita promptement une méditation continue de 80 heures ».

La vie des écrivains réalise toutes les formes de l'existence. Il en est d'heureux et de malheureux, de riches et de pauvres, des connus et des inconnus, des comblés de gloire et d'honneur et des méconnus. Flaubert a dit les affres de qui veut bien écrire. Après la publication de leur premier livre, les Goncourt se brouillèrent avec leur famille. « Ecrire c'est se suicider; la gloire est une réhabilitation exceptionnelle ! » Dans ses « Origines de la Révolution française », M. Mornet dit : « Mon livre est le résultat de dix années de recherches directes et assidues sur ce sujet, de trente années d'étude sur le XVIIIe siècle. En bonne méthode, j'aurais dû aller passer plusieurs années dans une vingtaine de villes pour y poursuivre des recherches semblables. » — Netchaiev, précurseur de Lénine, enfermé dans les prisons du Tsar, reçut après plusieurs années, une ardoise et de la craie, avec lesquelles il s'adonna à cette œuvre de Sisyphe : écrire et dessiner, puis essuyer l'ardoise pour recommencer un travail condamné à disparaître aussitôt fait.

c) L'écrivain, l'artiste, au moment où ils produisent, sont dans un état psychologique spécial. Pour Souriau, la création artistique est un acte inconscient, accompli dans un état d'hypnose où s'effacent les idées normales (conscientes).

La vie d'un livre comme celle de l'homme subit une période de gestation. Le livre a été conçu par l'auteur dans l'union de sa pensée avec l'inspiration bonne ou mauvaise ; dans l'étreinte de toutes ses forces intellectuelles et du génie lorsqu'un chef-d'œuvre doit en résulter. En épousant ses idées, l'auteur épuise toute la série des désirs et des désillusions. (Renée Pingremon.)

251.27 Rémunération des écrivains.

De quoi ont vécu, de quoi vivent les écrivains, que reçoivent-ils en retour de leurs ouvrages ?

a) Les desiderata de l'intelligence sont une chose, ceux des intellectuels tant de fois exprimés en sont une autre. L'intellectuel doit-il assimiler son travail à un métier, doit-il en conséquence vivre de son travail, et l'œuvre documentaire, expression de ce travail, sera-t-elle par conséquent œuvre « libre » ou œuvre « servile » ? Cette question s'est posée de tout temps et particulièrement du nôtre à raison de ces trois circonstances : accroissement du nombre des intellectuels, accroissement du rôle de l'intelligence dans la société, formes nouvelles que prend la «commercialisation et la professionalisation». (Professions libérales : médecin, technicien, avocat, ingénieur, éducateur, homme de science, tous ceux qui avec leur intelligence participent à la vie). (1)

b) Les auteurs anciens et ceux du moyen âge ont écrit en général pour se complaire à eux-mêmes, pour des buts éducatifs, dans l'espoir de dons ou parce qu'ils avaient l'aide de patrons littéraires ou d'hommes publics influents. Seulement des juristes, avocats et occasionnellement des impressarii demandaient des honoraires.

De tout temps cependant la littérature industrielle a existé. Depuis qu'on imprime surtout, on a écrit pour vivre. Mais en général, surtout en France, dans le cours du XVIIe et du XVIIIe siècle, des idées de liberté et de désintéressement étaient à bon droit attachées aux belles œuvres. Depuis, l'organisation purement mercantile a prévalu, surtout dans la presse. On usa de sa plume et de sa pensée comme de son blé ou de son vin. (Sainte-Beuve : Portraits contemporains. Paris, Calman Lévy). Le théâtre et le roman surtout passèrent pour ouvrir une carrière fructueuse. (Alexandre Dumas, Zola, Ponson du Terrail.) La poésie distribuait aussi la richesse à certains. (Victor Hugo, Lamartine.)

« Notre temps a fait de la littérature un métier. Etrange conception des lettres, dit Bernard Grasset *(La chose littéraire)*. Comme la peinture, la littérature suscite trop de vocation. Il y a plus de 1,000 marchands de tableaux, plus de 3,700 gens de lettres patentés. »

Au XVIIIe siècle, il n'y avait pas d'hommes de lettres vivant de leur plume. (La Bruyère donne pour rien ses *Caractères* au libraire Michallet). Le tirage de luxe d'au-

(1) Les desiderata de l'Intelligence française. Enquête du *Mercure Universel* (n° de juin 1932). — Discussions et travaux de la Confédération Internationale des Travailleurs Intellectuels et des Confédérations nationales affiliées.

jourd'hui formait alors le grand tirage. (La *Henriade* ne dépasse pas 2,000 exemplaires.) Les hommes de lettres vivaient grâce aux pensions du roi ou aux libéralités des Mécènes. (A. Brule: *La vie au XVIII° siècle. Les gens de lettres.)*

c) Voici des exemples de sommes payées à des écrivains : Milton vendit son *Paradis perdu* au libraire Symons pour cinq livres sterling. Depuis les éditions de l'œuvre en Angleterre et dans toute l'Europe ont produit plus de millions qu'il n'y avait d'oboles dans ces cinq livres. M. Ohnet a 100,000 lecteurs. Emile Zola a gagné deux à trois millions en écrivant ses romans. Flaubert recevait de son éditeur pour *Madame Bovary*, pour des droits durant vingt ans, une fois payé, une somme de 500 francs. Un romancier qui peut difficilement produire deux romans par an reçoit 2,500 à 2,700 francs par volume. Avant la guerre en Russie, on payait 500 francs par feuille de 40,000 lettres. En Allemagne, à un auteur qui veut se faire connaître, on payait 60 à 80 marks par feuille. Dans ses *Souvenirs*, l'éditeur américain, M. Mac Clure, qui avait publié les *Aventures de Sherlock Holmes*, raconte que, pour les six premiers récits, il versa à Conan Doyle la somme de 6,480 francs, soit 1,080 francs par récit. Pour les six récits suivants, il versa 9,920 francs, soit 1,320 francs par récit. Les honoraires ne cessèrent ensuite d'augmenter. Il y a quelques années, quand Conan Doyle publia une nouvelle série d'aventures de son héros favori, l'éditeur américain acheta 1,200,000 francs le droit de reproduction aux Etats-Unis. — *A l'Ouest, rien de nouveau* a rapporté à M. Remarque, en francs belges, à peu près douze millions de droits d'auteur.

d) La tâche désintéressée de l'écrivain se maintient. Renan a écrit: « J'ai eu trop de plaisir à faire ce livre pour que je demande d'autre récompense que de l'avoir fait ». Au contraire, un autre auteur a dit que « la grande satisfaction du travail accompli, c'est de n'avoir plus à l'accomplir! »

251.3 Opérations de la facture intellectuelle.

a) Les opérations du travail intellectuel qui conduisent à l'élaboration d'un livre, d'un article ou d'un document quelconque forment elles-mêmes tout un cycle où l'on distingue les six phases principales suivantes : 1° le choix du sujet; 2° la préparation: lecture, recherches; 3° la rédaction; 4° la préparation du manuscrit pour la publication; 5° la publication; 6° la suite du livre dans sa destinée.

b) Les diverses opérations ne sont décrites ci-après que schématiquement et pour ce motif, elles peuvent laisser l'impression de simplicité. Dans la pratique, elles relèvent en réalité d'un ensemble de précautions, de complications et de manipulations techniques qui forme l'objet des exposés étendus auxquels sont consacrés les ouvrages spéciaux. Van Hoesen (Bibliography) appelle « Bibiographie pratique » tout ce qui concerne ces diverses opérations. Le mot angais « Authorship » y est souvent appliqué.

251.31 Choix du sujet traité. Matière.

Le sujet est choisi librement ou imposé.

a) Les écrivains sont placés devant l'infinité des sujets possibes.

L'Univers est inépuisable. Les connaissances sont sans limites, les œuvres et documents aussi. Comment distinguer le principal de l'accessoire, l'utile du futile, l'opportun du suranné, l'intéressant du monotone. Un double facteur influe sur le critère du choix. Le temps: à mesure qu'il s'écoule l'importance est moindre. Ex.: En temps de crise toutes les nouvelles sont utiles, mais passées ces journées, c'est du bavardage. La distance : ce qui est près touche plus que ce qui est loin. Par ex.: le détail de ce qui se passe dans une ville n'a guère d'intérêt pour ceux qui vivent à ses antipodes.

b) Dans les sciences, les sujets à traiter sont indiqués par l'état auquel est arrivé chaque science et le problème qui s'impose à chaque moment aux chercheurs. En littérature les grandes sources d'inspiration sont l'homme, la nature, la société, l'histoire, l'existence, les livres.

Une matière est lontemps traitée incidemment ou comme partie d'un ouvrage, avant de donner lieu à un traité qui lui soit exclusivement consacré. Ainsi la Biologie, la Sociologie, ainsi la Documentation, ainsi les divers arts (ex.: l'opuscule de *Arte illuminandi* qui date du XIV° siècle, est le premier manuel consacré à l'enluminure, mais bien antérieurement il en est question dans des traités plus généraux).

251.32 La préparation de l'œuvre. Lectures. Recherches.

La préparation implique lecture, recherche, méthodologie, choix, définition et limitation du sujet de recherche, collectionnement, arrangement et sélection des matériaux, prise de notes, compilation de la bibliographie, critique des sources.

1. *La recherche.*

La recherche est de trois ordres: 1° l'observation, expérimentation, voyage, enquête; 2° la méditation, la réflexion; 3° la consultation de la documentation, soit les travaux de tiers (voir bibliographie), soit sa propre documentation.

Il est bon de réfléchir au sujet avant de se lancer dans la recherche bibliographique et de continuer à y réfléchir à tous les stades de la lecture et de la rédaction.

Des ouvrages nombreux ont été publiés sans la manière d'opérer le travail de recherches. Ainsi Schluter *How to Do Research work;* Reeder *How to Write a thesis.* Chaque matière à sa propre méthodologie; il y a toutefois une méthodologie générale; la philosophie, la logique applicable à toute pensée scientifique. La philosophie, en particulier la logique en traite. Par ex. la *Logique* de Giard, *Grammair of Science* de Pearson. Pour l'histoire, on a *Lehrbuch der historischen Methode* d'Ernest Bernheim (1908), *Writing of History* de Flug, *Introduction aux Etudes historiques* de Langlois et Seignobos.

Pour la médecine, l'*Introduction générale aux études médicales, leur technique*, du Dr Paul Chavigny. Pour la philosophie et la littérature, *Problems and methods of Literary Criticism*, de Morize; *Research, synthesis and preparation* (in Humanitic and social sciences) de A. H. Nason.

2. *Les Notes.*

a) L'élément matériel premier de tout travail intellectuel est la note. Les savants en dépouillant un ouvrage prennent parfois autant de notes que de pages.

Les notes sont de diverses sortes.

1. Notices bibliographiques, livres jugés utiles à connaître, à lire, à relire, ou livres déjà lus; passages, parties d'ouvrages, formant source. — 2. Citations, extraits, copie de quelques phrases intéressantes avec indication de source exacte. — 3. Critique des ouvrages, analyse d'un paragraphe ou d'une page. — 4. Idées originales, esquisses d'hypothèses scientifiques, canevas d'articles ou de chapitres; place ou division du sujet, phrases heureuses, titres à ne pas oublier, simples pensées, idées déjà rédigées, idées résumées ou en tableaux, phrases de transition.

b) Observer le principe monographique. Un élément, une fiche; une fiche, un élément. On peut employer plusieurs fiches si la place manque sur une seule. Il est préférable de n'écrire que sur un côté de la fiche, en vue du découpage et du collage ultérieur. Mais des exceptions sont possibles.

Les notes étendues et le manuscrit préparé pour l'impression seront établis sur feuilles planes ou pliées en deux. Il est préférable de n'avoir que deux formats : feuilles et fiches. Avoir soin de donner son titre, sa rubrique à chaque fiche et de lui assigner le numéro de classification de la table des matières de l'ouvrage.

c) Dans l'élaboration de la pensée et de l'écrit, les notes sont à la fois des jalons et des représentants de réalités existantes. Impossible de les négliger : elles s'affirment être et force est bien d'en tenir compte. Aussi le répertoire est comparable à une « machine à penser ».

d) Il faut se hâter de noter les idées qui semblent pouvoir être fécondées. Elles sont souvent très fugitives et c'est parfois quand on les recherche plus tard, dans la collection des notes, qu'on est en mesure d'en tirer tout le parti qu'elles comportent.

e) La confrontation des notes les unes avec les autres fait jaillir d'autres idées, même tardivement.

f) Au moment d'écrire, les notes sont ou bien utilisées telles quelles (on les colle à leur place sur des feuilles de manuscrit) ; ou bien on les refond dans une nouvelle rédaction enrichie alors de contributions provenant de diverses sources, soi-même dans des réfexions ou observations antérieures, autrui dans les rappels de documents.

Une méthode consiste à donner simplement aux fiches du manuscrit un numéro courant dont il est fait référence alors aux divisions correspondantes du plan. C'est plus rapide à établir, mais moins efficient, car on ne peut lire, relire, remanier, compléter les fiches en s'y prenant en plusieurs fois. Ceci est possible avec l'autre méthode quand les fiches sont elles-mêmes disposées dans l'ordre du manuscrit et que les modifications apportées au plan en cours de travail se répercutent immédiatement sur l'ordre même des fiches.

Se servir des notes réunies, mais ne pas vouloir à tout prix les utiliser. La composition de l'ouvrage demeure indépendante des notes, et l'on recourt à celles-ci comme à un auxiliaire. Toutefois les notes étant représentatives de faits ou de réflexions constructives ou critiques, on ne peut les négliger sans faillir aux préceptes de la science qui veut un exposé vrai et complet.

g) Cependant, ne pas abuser. Il faut limiter les notes afin d'éviter deux grands inconvénients. D'abord l'encombrement: une multitude de notes obligent à une multitude de relectures au moment de l'utilisation et à la difficulté de leur trouver place dans l'ensemble. Ensuite les notes rendent paresseuse la mémoire et écartent son opération qui s'accompagne ordinairement d'une opération de jugement, de synthèse et de mise au point actuel. Mais ces deux inconvénients n'enlèvent rien à la haute utilité ou plus exactement à l'indispensable nécessité des notes.

h) L'ouvrage tiré des notes présente bien des imperfections. Il y a redites sur les points qui se trouvent avoir été traités à diverses reprises et des lacunes sur ceux qui, pour quelque raison exceptionnelle, se trouvent n'avoir point été touchés. La pensée évolue et les points de vue changent. Même si la direction générale reste bien identique, les expressions d'hier peuvent ne plus satisfaire pleinement aujourd'hui et tel détail d'ici ne plus s'accommoder avec tel détail de là. En bien des cas les indications à reprendre sont tantôt trop fragmentées et tantôt trop complexes, parfois de développement à proportion trop inégal et parfois surtout trop liées à l'objet qui en était l'occasion pour pouvoir toujours être utilement détachées, retenues pour elles-mêmes et réunies en un tout intelligible à lui seul et vraiment présentable. (Fr. Simiand. *La méthode positive en science économique*, p. 4.) (1)

(1) Voir aussi n° 233 *Place des notes dans les ouvrages* et n° 257 *Lecture des notes.* 412.6 *Système des fiches et feuilles, ou système de livres, cahiers et registres.*

251.33 Rédaction, composition : le manuscrit qui « s'écrit ».

Rédiger : c'est toute l'œuvre littéraire, toute l'œuvre de la rhétorique et du style (voir nº 225).

1. *La réalisation de l'œuvre.*

a) L'auteur opère son choix entre tous les sujets, entre toutes les formes littéraires et documentaires et, pour le traiter, entre tous les ordres de disposition, entre toutes les idées, toutes les possibilités de phrases, entre tous les mots. Car élaborer une œuvre, c'est procéder à une sélection continue.

b) L'écrit peut et doit être la pensée à l'état le plus parfait; les paroles s'envolent, les écrits restent. Boileau a dit : « C'est ordinairement la peine que s'est donnée un auteur à lire, à perfectionner ses écrits, qui fait que le lecteur n'a pas de peine en le lisant. » Ailleurs il a dit: « Vingt fois sur le métier remettez vos ouvrages, polissez-les sans cesse et les repolissez. » Satena a dit : « Un écrit qui sent le travail n'est pas assez travaillé. » Et H. Taine a donné cette définition : « Un écrit quel qu'il soit ne fait que manifester une âme.» Ecrire un livre, disait Verhaeren, c'est faire un acte de volonté. Il s'agit durant trois mois, six mois, un an ou plus, à concentrer son esprit sur un même sujet, à s'y intéresser, à le dominer, à l'embrasser.

c) Un livre représente des milliers de coordinations d'idées. Tout un livre est présent à l'esprit de l'auteur au moment où il l'achève.

Le lecteur qui consulte un gros livre de 500 pages, parfois de mille et plus, s'est-il rendu compte de la manière dont l'auteur avait dû procéder pour rédiger son ouvrage ? Il n'a pas la naïveté de croire que le savant compose en écrivant son texte d'affilée, commençant à la première et finissant à la dernière ligne. Les procédés suivis sont fort intéressants à connaître; de leur comparaison et examen, il est possible de dégager des conseils généraux, voire une méthode de composition.

d) Pour réaliser l'œuvre, il y a d'abord le tempérament de l'auteur; puis sa préparation générale; puis l'inconscient qui a travaillé en lui, amassant des documents pour ses réflexions futures, puis la documentation spéciale de son sujet; enfin l'ambiance intérieure et extérieure de l'heure et le réflexe normal contre les images cérébrales qui seront successivement évoquées par l'esprit.

Devant le papier blanc, et une fois la plume à la main, la pensée va se développer, se dérouler, se dévider. Elle est comparable au fil qui se débobine, à la pelote de fil. La pensée est orientée vers un point central et c'est à l'exposer, à l'expliquer, à le « correlater », à en dire les conséquences que la pensée s'efforce. Dans le document, et par écrit, la pensée procède à la manière dont elle le fait dans la conversation et par la parole.

e) C'est au moment d'écrire que s'achève l'édifice de la pensée. Des matériaux, des données réunis en notes, se dégagent nettement alors une idée d'ensemble, une thèse, ou une organisation.

« Lorsque le travail de préparation une fois accompli, l'écrivain réalisateur qui compose s'est par un effort *sui generis*, placé au cœur de la question, il éprouve une sorte de sentiment inspirateur qui s'épanouit en livres ou en articles. Non que les développements du livre ou de l'article achevé, avec la multiplicité des idées et des mots, puissent être contenus en raccourci dans un sentiment initial parfaitement indivisible, mais ce sentiment (un schéma dynamique) possède en soi on ne sait quelle puissance de les susciter. » (Bergson.)

Ecrire, c'est un procédé de création et non seulement d'expression. La plume à la main l'écrivain non seulement transcrit une pensée qu'il aurait formée préalablement, mais il l'élabore. Des idées lui viennent en écrivant par le jeu des associations; il doit les clarifier en les revêtant de mots nécessaires à les exprimer; il doit les systématiser par la nécessité même où il est d'en présenter un exposé et de les rendre explicites; il est placé devant les incohérences, les trous, les isolements d'une conception simplement ébauchée. La vision limitée du point à résoudre canalise alors son attention et facilite l'effort de création.

f) Tout ouvrage doit avoir une sorte de vie intérieure qui doit animer le plan et lui donner de l'unité. Les différentes idées émises ne doivent être que des faces d'une idée plus générale qui les englobe toutes. C'est la loi supérieure de tous les arts qui tâchent de faire concourir tous les détails d'une œuvre quelle qu'elle soit: tableau, statue, pièce en vers, à la traduction d'un sentiment unique.

« Je donnerais presque comme une loi, dit F. Sarcey, qu'il ne faut avoir qu'une idée mère, qui s'éclaircit et se confirme par trois ou quatre groupes de développements successifs. » Tout le discours est un; il se réduit à une seule proposition mise au jour par des tours variés. Un sujet bien composé est comme un animal vertébré.

g) Des ouvrages sont écrits d'affilée. D'autres subissent beaucoup d'étapes, leurs auteurs les revoient, les refondent à plusieurs reprises. Leurs manuscrits aux passages biffés, aux pages intercalées, aux corrections à encres diverses laissent voir leur pensée à la recherche de la formation définitive.

L'idée peut aller aussi en s'accumulant (idée cumulative). On rédige alors séparément, mais parallèlement, les exposés particuliers à des dates successives. Un premier mémoire d'abord, puis un deuxième qui cumule le premier et le deuxième, puis un troisième qui cumule le deuxième et le troisième.

h) L'enseignement est une préparation à l'art d'écrire. Les humanistes apprennent à organiser la vie mentale, à créer les hiérarchies des idées et des concepts; voire à composer des écrits, à mettre en relief l'important et dans l'ombre l'accessoire. Ecrire exige de l'entraînement. Taine disait: « Voilà quarante ans que j'écris le français et je m'aperçois chaque jour que je ne le connais pas encore. » « On doit apprendre à écrire comme on apprend le piano et le violon, dit Georges Remy: longuement, patiemment, durement. » Camille Lemonnier passa une partie de ses nuits à faire des « gammes littéraires », à s'imposer à lui-même des tâches de labeur, celle d'exprimer de vingt façons différentes une même idée: « la nuit tombe » ou « la lune brille sur le toit ». Toute sa vie, sans jamais passer un jour, il lut le dictionnaire, ne se lassant pas de vérifier le sens exact des mots, d'enrichir ou de rafraîchir son vocabulaire. Céline, l'auteur du « Voyage au bout de la nuit », a recommencé de sa main cinq ou six fois cet énorme ouvrage et ne s'est décidé qu'avec peine à le livrer à l'éditeur. Il en écrit un autre qui, affirme-t-il, ne sera prêt qu'en 1938.

i) Le procédé de composition aura évidemment une influence sur la composition elle-même. 1° Le procédé synthétique : avoir une idée maîtresse et se mettre à écrire pour la développer, en subordonnant les faits et les arguments, donner le maximum d'unité et de force à la pensée, utiliser les trouvailles d'idées et de mots qui s'opèrent tandis qu'on écrit. 2° Le procédé analytique: enregistrer un à un sur fiches les faits et les idées et de ces matériaux faire sortir une pensée dominante, s'assurer que rien n'est oublié, donner à la réalité la première place de préférence à tout développement brillant, mais privé de toute la force synthétique, mystérieuse et subconsciente même de la pensée en travail qui s'écrit directement et d'un jet.

2. *Les Règles.*

a) L'art de la composition littéraire (rhétorique) donnera les directions générales pour écrire, comme la logique donne celles pour penser. Tous les principes de la composition et de la rhétorique, de l'exposé scientifique, de la classification sont à mettre en œuvre. Il y a des principes généraux, des règles particulières, des conseils et des recommandations. A la vérité, il n'en faut pas trop abuser. L'œuvre est plus importante que les règles et place doit être laissée au renouvellement des formes comme du fond. (1)

(1) Kolman Mikszath, à qui l'on demandait une préface pour une « Théorie de la nouvelle », se borna à raconter cette histoire. Un forgeron, passé maître comme spécialiste de la cataracte, fut convié par les professeurs à faire l'opération devant eux. Il y réussit avec son simple couteau, mais quand il eut appris d'un des maîtres toutes les complications et tous les dédales de ce monde qu'on appelle l'œil et toutes les catastrophes qu'un petit tremblement de sa main, une palpitation plus forte de ses veines, un glissement minuscule de son couteau, pouvaient amener, il n'osa jamais plus opérer une cataracte, ni même guérir un simple compère-loriot. « Ce sort, conclut Mikszath, serait aussi le mien, si pour votre livre, j'allais apprendre tout ce que la science exige d'une œuvre littéraire: jamais plus je n'oserais écrire une nouvelle. » (*Nouvelle revue de Hongrie*, mai 1933, p. 509.)

b) Les opérations intellectuelles de l'art d'écrire concerne : 1° le fond: invention des idées (décider ce que l'on dira) ; 2° la forme: disposition des idées (composition des idées proprement dites ou plan). Etablir dans quel ordre on le dira. Développement des idées (élocution, rédaction ou sigle) ; dire tout au long ce qu'on a décidé de dire.

c) La composition est un travail complexe. Il exige une analyse minutieuse et détaillée des faits (dissection) et à créer les hiérarchies des idées et des concepts, voire à composer des écrits, à mettre en relief l'important et dans un sélectionnement des matériaux; la reproduction des textes dispersés dans des documents multiples et difficilement accessibles. Il faut éviter de transformer un exposé en une simple nomenclature de faits et de dates qui provoque la monotonie. Il faut reviser complètement ce qui n'est que préparatoire et accessoire; distribuer la matière avec équilibre.

d) Composer est l'acquit d'une longue évolution littéraire. Que l'on compare, par ex., deux poètes séparés par plusieurs siècles, Archiloque de Paros et Horace. Le premier procède par soubresauts; il est peu capable de suivre le fil d'une pensée bien ordonnée; le second sait mettre de l'ordre dans ses sentiments et composer.

3. *Le plan.*

a) Le plan est l'ordonnance des ouvrages, le canevas sur lequel va s'opérer la tapisserie. Méthode à suivre dans l'exposition du sujet. C'est d'importance capitale.

Le sage d'Orient ne s'inquiète d'aucune classification, d'aucun ordre. Il médite profondément. Il formule des « versets » et les écrit à la suite. Ainsi sont composés les livres sacrés et la Bible et le Koran.

Mais l'Occidental veut de l'ordre et celui-ci a grandi, à mesure que le temps écoulé a permis d'y atteindre plus complètement.

b) On a vu l'importance de l'ordre dans l'exposé (n° 22). Certains auteurs y ont excellé. Ainsi Saint-Thomas. Dans sa Somme, il réduit les objections à un petit nombre semblable aux aphories d'Aristote; elles préparent à la thèse générale et sont souvent aussi intéressantes que la solution du problème dans le corps même de l'article. Mais le progrès bibliologique de St-Thomas se révèle surtout dans l'ordonnance systématique: nul ne l'a égalé avant ni après lui, et il a beaucoup contribué à donner une vue nette et profonde sur l'ensemble des dogmes. Et chaque jour grandit la préoccupation d'une méthode plus serrée dans l'exposé des données. On lit fréquemment dans la présentation d'un livre anglais. « The contents of the book have been arranged in a manner which renders them easy to read and to master ».

c) L'art de la composition organise tous les chapitres d'un livre, toutes les périodes, toutes les phrases pour l'action, pour le but poursuivi par ce livre. Le plan des livres tend à s'identifier avec la classification même des données scientifiques, avec l'architecture des idées.

d) Tracer le plan du travail, un plan vivant qui croîtra et se modifiera en cours du travail lui-même. Le plan sera la future table des matières: il servira à préciser chaque idée, à lui donner sa juste place, à montrer l'idée et les divisions, à éviter des répétitions et des digressions. Le plan est propre à l'ouvrage, c'est une classification spéciale, personnelle. Le plan recevra lui-même une décimalisation spéciale. On établira la concordance avec la classification décimale qui est universelle et impersonnelle et qui permettra de puiser aisément dans les matériaux de la documentation.

252 Facture matérielle. Reproduction. Imprimerie.

1. — *Notion.*

a) Les documents une fois établis en original, il y a lieu pour un grand nombre d'entre eux de les reproduire en multiples exemplaires. Au cours des âges, des efforts constants ont été faits pour réaliser cette multiplication au moindre effort et coût. Au début il n'existait qu'un seul moyen : la copie, c'est-à-dire la reproduction à la main des duplicata de la même manière qu'avait été réalisé l'original. A ce procédé primitif se sont substituées successivement des opérations plus efficientes. L'Histoire du Livre en retrace l'évolution. Actuellement, on peut distinguer quatre espèces de moyens. L'imprimerie (documents imprimés, publication). La machine à écrire (documents dactylographiés ou ronéographiés). La photographie (documents polygraphiés). On y ajoute la reproduction par moulage, calque ou pochoirs de documents objets. Ainsi la reproduction est un fait général en documentation. L'imprimerie est le procédé le plus général. C'est d'elle qu'il sera surtout question ici.

b) L'imprimerie donne une puissance d'effets extraordinaire à l'idée écrite. Rien de ce qui y touche est négligeable.

c) L'imprimerie est à considérer: 1° comme métier; 2° comme industrie et commerce; 3° comme art; 4° comme auxiliaire de la documentation, par conséquent de la Science, de l'Education et du Progrès social.

d) L'imprimerie a bénéficié de tous les progrès accomplis par les divers arts résultant eux-mêmes de l'application des sciences: par l'art des machines qui a perfectionné les presses et appliqué la vapeur comme force motrice; par la chimie sur laquelle repose la lithographie et tout l'art de la reproduction photographique; par l'électricité qui donna lieu non seulement à la galvanoplastie, mais à l'emploi du moteur électrique. (1)

2. — *Historique.*

a) L'invention de l'imprimerie a été réellement un développement et non pas un fait soudain, une découverte accidentelle, ni le résultat de quelque cause ou groupe de causes localisées en un lieu et un temps. La pratique d'imprimer avec un coin et avec une presse est aussi ancienne que les sceaux cylindriques de Babylone et est démontrée par les sceaux anciens et moyenageux. La presse elle-même a eu son prototype dans la vieille presse à écrou employée au moyen âge pour quantité de buts (reliure des manuscrits, pressage du papier, fabrication du vin, etc.). On voit naître alors deux procédés distincts : la xylographie consistant en une incision dans le bois d'une image reproduite à l'envers et encrée ensuite (cartes à jouer, livres-blocks; illustrations des livres primitifs); la typographie consistant en caractères individuels découpés ou fondus en blocs séparés de même hauteur. L'impression sur bois, comme le papier, serait venue de Chine, mais ce pays n'aurait pas poussé l'invention jusqu'à la typographie. Il y avait des blocs gravés sur bois en Italie et en Allemagne avant le XVe siècle. On vit des moralistes et le clergé essayer de donner un caractère moral aux jeux de cartes en mettant sur leurs fonds des dessins religieux ou scientifiques. (Ars moriendi, apocalypse, Biblia Pauperum, Canticum canticorum, Speculum humanœ salvationis). Ces publications allaient au peuple tandis que la noblesse possédait ses admirables manuscrits enluminés, les Missels et les Livres d'heures.

Le moment et le lieu de la première impression européenne par caractères mobiles et le nom de l'mprimeur ou de l'inventeur demeurent encore toujours un sujet de

(1) *Modern Printing*, by the British Printer. Thanet House, Fleet street 8c, London. 5 sh.

Greffier, Désiré. — *Les règles de la composition typographique, à l'usage des compositeurs, des correcteurs et des imprimeurs.* Ce sont les lois créées par les maîtres et un long usage qui sont exposées dans ce livre. Paris, A. Muller. Prix: 1 fr.

Degaast, H. — *Manuel d'apprentissage pour les industries du livre* (20 volumes illustrés). Paris, aux Orphelins d'Auteuil.

Thibaudeau, F. — 1924. *Manuel français de typographie moderne.* Vol. 1-3. Paris, Bureau de l'éd. 1924 (suite de la Lettre d'imprimerie). Vol. 1. Typographie moderne. XVI. 583 p. 2-3 album d'alphabets.

Boivin et Lecene. — *Le livre illustré moderne* (histoire technique). Cercle de la Librairie. 4 fr.

Morison, Stanley. — *Four centuries of Printing.* (A survey of the development of the art of printing from the beginnings down to 1924).

Turpain, A. — *De la presse à bras à la linotype et à l'Electrotypographie.* Revue générale des sciences pures et appliquées. Nov. 15, 1907.

L'imprimerie et la pensée moderne. Bulletin officiel des Maîtres imprimeurs, Paris.

discussion. Gutenberg à Mayence vers 1550 ? Coster en Hollande ? Castaldi en Italie ?

Quoi qu'il en soit, l'invention de Gutenberg, associé à Johann Fust et Peter Schoeffer, paraît devoir être limitée à la fonte des caractères et ce furent ces trois hommes qui commencèrent réellement à produire les premiers livres imprimés (le Catholicon, la Bible de 42 lignes, le Psautier). Par des circonstances diverses et notamment le sac de Mayence, l'invention fut portée au dehors: Bamberg, Cologne, Augsbourg, Nurenberg, Bâle, Italie. (1)

b) L'invention de l'Imprimerie participe du caractère complexe de toute invention. Sont mis en œuvre des éléments divers dont les inventeurs n'aperçoivent pas ordinairement la diversité des rapports ni les développements qu'elles portent dans leurs flancs.

D'après les documents véridiques d'un procès, nous savons que Gutenberg, en 1439, s'associa des compagnons pour perfectionner la fabrication des miroirs (Spiegeln) dont il espérait tirer profit à la foire et au pèlerinage d'Aix-la-Chapelle; nous savons qu'il craignait que ses amis ne disent que c'était de la sorcellerie.

L'association, qui comprenait un certain Hans Riffe, fut dissoute. Il résulte des pièces découvertes depuis qu'à Strasbourg, de 1436 à 1439, Gutenberg se livrait à des recherches onéreuses et secrètes ayant l'imprimerie pour objet (presse). A Avignon, de 1440 à 1446, Walter Riffe (probablement parent de Hans Riffe exclu par Gutenberg de l'Association) inventa les caractères mobiles en métal. A partir de 1445 à Mayence, Gutenberg réalisa la combinaison de la presse et du caractère mobile.

D'autre part, les miroirs en acier poli étaient connus depuis longtemps et n'offraient rien de mystérieux dans leur fabrication, mais c'est en Allemagne à cette époque que fut inventée la glace étamée si largement exploitée à Venise avec cadres de verre biseauté. Or, le nom de miroir (Spiegel, Speculum) était donné à de petits ouvrages parfois illustrés de gravures, et imprimés sur placard tabellaire la première fois en Hollande vers 1420-1430. Les plus anciens miroirs manuscrits remontent au XIIIe siècle, époque où Vincent de Beauvais composait son Speculum Mundi. On possède des miroirs obtenus au poinçon et au burin. On est amené à penser que l'association créée par Gutenberg avec des graveurs et des orfèvres avait pour objet précisément l'impression de ces miroirs sur plaque de métal. Il est intéressant de noter, en ces origines lointaines, une autre association, celles des idées où l'on voit à l'œuvre, d'une part les liaisons parfois tenues au début dans toute invention et, d'autre part, les liaisons avec le Miroir. Le livre reste bien un miroir et élevé au degré d'encyclopédie comme l'a voulu Vincent de Beauvais, il est Miroir du Monde. (1)

c) Quand en 1470 fut installée la première presse à imprimer en France, dans la Sorbonne même, l'Université de Paris avait sous son contrôle plusieurs milliers de parcheminiers, copiers et relieurs, fournisseurs des maîtres et des étudiants.

Au XVIe siècle, il aurait fallu 6,000 heures de travail à un des ateliers de copistes alors existant pour arriver à produire 10,000 exemplaires d'un de nos journaux de 4 pages. Le matériel actuel permet de réaliser le même travail en 175 heures. Les machines modernes mettent les artisans du XXe siècle à même d'exécuter des ouvrages qui exigeaient autrefois les efforts conjugués de 34 hommes.

Les premiers imprimeurs paraissent bien n'avoir eu d'autre idée de l'importance de leur travail. Ils regardaient le nouvel art, comparé avec le travail de la plume, simplement comme un procédé plus rapide et moins fatigant de produire des livres.

d) L'hisoire de l'imprimerie est de nature à intéresser d'autres que des spécialistes. Elle comprend: 1° l'histoire des inventions qui ont sûrement développé cet art; 2° l'histoire de sa diffusion et de son influence dans les divers pays et dans les divers ordres de sciences.

L'imprimerie n'a cessé de se développer depuis Gutenberg. Evolution marquée par ces étapes: 1° caractères gravés sur bois; 2° caractères mobiles; 3° presses; 4° gravure; 5° lithographie; 6° presse à vapeur; 7° rotatives; 8° machines à composer; 9° télautographie.

Les dates suivantes marquent des étapes :

1436. Invention de Gutenberg.
1820. Première presse à vapeur.
1850. Clichés de photogravure.
1870. Rotative ou machine continue.
1886. Machine à composer.

e) La diffusion de l'imprimerie commencée à Mayence vers 1450 n'a atteint l'Abyssinie qu'en 1923.

Les imprimeries se développent : elles sont de plus en plus nombreuses, elles s'installent dans tous les pays, terres métropolitaines et coloniales; elles augmentent leurs travailleurs et leur outillage et leurs installations.

f) Des collections relatives à l'imprimerie et à son histoire (outillage et matériel) ont été formées dans divers musées, notamment au Musée du Livre de Leipzig, au Musée Gutenberg à Francfort, au Musée Plantin à Anvers, au Victoria et Albert Museum à Londres.

Les progrès de l'imprimerie sont résumés régulièrement

(1) Une bonne histoire abrégée de l'imprimerie a été donnée par Van Hoesen et Walter dans leur « Bibliography enumerative and historical ».

Voir aussi : Winship. Gutenberg to Plantin. Cambridge, Harvard University Press, 1926. — R. Peddie. Books on the practical side of Printing. Bibl. Soc. Trans. 9 (1906-18), p. 1. — Morison and Jackson. Brief Survey of printing. N. Y. Knopf, 1923.

(1) Pierre Gusman. — Avant d'être imprimeur, Gutenberg fit-il des miroirs ? *Toute l'Edition*, 10 juin 1933. — D'après les recherches de l'Abbé Requin.

dans le *Gutenberg-Jahrbuch* édité par A. Ruppel, Verlag der Gutenberg-Gesellschaft, à Mayence.

3. — *Imprimeurs et Imprimeries.*

a) Les grands imprimeurs du XVe et du XVIe siècle ont été Koberger en Allemagne, Froben à Bâle, Alde en Italie, Wynken de Worde en Angleterre, Estienne en France. Au XVIIe siècle, les Elzevirs en Hollande.

Les imprimeurs ont obtenu souvent de hauts patronages. Ainsi Colard, Mansion, Alde Manuce, Caxton. Les Estienne furent aidés par les rois de France. Plantin fut l'Architypographe de Philippe II.

b) Il y avait autrefois privilège d'imprimer. Celui accordé en 1644 à René Descartes pour ses œuvres porte :

« L'invention des sciences et des arts accompagnée de » leurs démonstrations et des moyens de les mettre à » exécution, étant une production des esprits qui sont » plus excellents que le commun, a fait que les Princes » et les Etats en ont toujours reçu les inventeurs avec » toutes sortes de gratifications, afin que ces choses intro- » duites en lieux de leurs obéissances, ils en deviennent » plus florissants. »

c) On ne sait pas si les marques d'imprimerie ont été employées d'abord comme marque de commerce pour protéger les droits de l'éditeur contre les actes de piraterie ou s'il faut les considérer comme des signatures d'artistes. Dès le XVIe siècle, elles deviennent un élément important de la décoration de la page titre. Les marques sont des symboles de toute espèce, des personnifications accompagnées de devises. (Landauer en a relevé 2000). Plantin avait un compas avec la devise « Labore et Constantia », les Elzevirs, un Sage, une Sphère, une Minerve.

d) Les premiers imprimeurs furent à la fois imprimeurs et éditeurs. C'est au XVIIe siècle, période troublée excepté dans les Pays-Bas, que s'opère la séparation entre l'imprimerie et l'édition. La division actuelle par branches spéciales de l'impression, de l'édition et de la vente au détail date du XIXe siècle.

e) Il y avait sous François Ier 12 imprimeurs, éditeurs, libraires. En 1800, il y avait 60 libraires à Paris. En 1909, on comptait : 300 éditeurs, 3600 imprimeurs, 5000 libraires détaillants. Le nombre des imprimeries se répartit approximativement à raison d'une imprimerie :

en Belgique	par	3,500 habitants
en Suisse	par	3,697 habitants
en Néerlande	par	4,000 habitants
au Danemark	par	4,250 habitants
en Italie	par	4,850 habitants
en Allemagne	par	6,250 habitants
en Angleterre	par	6,743 habitants
en Autriche	par	9,155 habitants
en Suède	par	10,657 habitants
en Hongrie	par	12.680 habitants
en Lettonie	par	16,665 habitants
en Finlande	par	18,584 habitants
en Norvège	par	11,403 habitants
en Tchécoslovaquie	par	11,420 habitants

f) Les imprimeries sont classées par spécialités : typographie, lithographie, offset, journaux à grand tirage, livres d'art, catalogues d'art, travaux publicitaires artistiques, héliogravure, tri et quadrichromie, procédé typorelief, colonnes d'art, affiches, actions et obligations, registres, étiquettes, cartonnage, calendriers, blocs-éphémérides, timbrage en relief, etc.

g) « Le sage et magnifique imprimeur vit dans l'intérêt du livre : le choix de la lettre et du format, la vignette, les ornements, le frontispice, le colophon et le titre sont les événements de sa vie ; il y porte la même conscience et la même ferveur que le héros à ses plus grandes actions. Lui-même, il lève la lettre ou la fait lever sous ses yeux, la titre, la pèse et il la dose ; il mesure la marche ; il fixe les formes et les impose dans le châssis ; rien ne lui est étranger de son état ; architecte, il est aussi le maçon, le tailleur de pierre, le couvreur et même le gâcheur de mortier. Quand on tire les feuilles sur la presse à bras, il peut dire qu'il a mis la main à tout l'ouvrage. Il est bien le maître de l'œuvre. » (André Suarès.)

h) L'imprimerie est indépendante, autonome ou incorporée dans un complexe plus général. C est le cas de l'imprimerie d'un journal où dans le même édifice, elle se trouve réunie aux services de rédaction, d'édition et de librairie ou vente et même d'association quand le journal en est l'organe.

Ainsi l'imprimerie qui s'est établie d'abord en office distinct, en vertu de la division du travail, tend à faire partie des plus grandes organisations. Ainsi, bien des instituts scientifiques, des organismes sociaux, des établissements industriels ont installé des imprimeries chez eux.

i) Il y a les grandes imprimeries d'Etat, telles que l'imprimerie Nationale de Paris, l'Imprimerie Nationale à Washington, les imprimeries d'Etat de l'U. R. S. S., d'une importance croissante. La première, vers 1875, avait une production mesurée par 11,000 volumes. La seconde compte aujourd'hui plus de 125 machines à composer.

4. *Opérations.*

a) Une fois composé par les auteurs (écrivains, journalistes, périodicistes, rédacteurs), le manuscrit pour être reproduit, multiplié, doit subir les opérations diverses de l'imprimerie et de toutes les catégories diverses de personnes entre lesquelles se divisent celles-ci.

L'impresion d'un travail nécessite les opérations suivantes : composition typographique, tirage des épreuves, corrections, mise en pages, impression, séchage et satinage s'il y a lieu, brochage.

b) Quand le manuscrit de l'auteur arrive au bureau de l'imprimeur, il doit être enregistré, examiné succinctement pour indiquer la justification, l'interlignage, les caractères, voire les machines sur lesquels il doit être composé. On conseille que le manuscrit passe aussi sous les yeux du correcteur.

c) Composer, c'est assembler les divers matériaux mis par le fondeur à la disposition du typographe (lettres, blancs, espaces, cadrats, interlignes, lingots, garnitures, vignettes), c est constiuer ainsi des lignes, des pages, des tableaux et en faire des blocs à quadrature parfaite prêts a etre imposés d'abord, tirés ensuite.

On a appelé du nom de graphisme l'ensemble des conditions de la typographie du livre. C'est le résultat d'une collaboration entre l'imagination de l'auteur et des artistes, et les nécessités ou limitation de la machine.

Le livre doit être, au point de vue du graphisme, le résultat de la collaboration de l'écrivain, de l'imprimeur et du lecteur. Ils ont chacun des exigences inconsidérées souvent de l'autre. C'est un compromis entre les trois sortes de desiderata.

L'auteur doit connaître l'essentiel de l'imprimerie, les ressources qu elle offre pour le graphisme de la pensée. Il doit intervenir auprès de l'imprimeur.

L'auteur fera bien d'accompagner son manuscrit d'une note de recommandation à l'imprimeur. Il y reproduira les différents éléments du livre ou document et indiquera son choix, sa décision ou ses préférences. Par ex.: caractère, corps, justification, titres, pagination, etc.

L'art d'imprimer est tout un art, et bien des procédés existent qui permettent à des industriels peu scrupuleux d'imprimer le minimum de texte sur le maximum de pages. Lors de la fixation de prix, l'attention sera portée sur la largeur de la justification, la grandeur des caractères, l'espace des interlignes, le placement des titres au départ des lignes aves texte continué plutôt que leur placement au milieu de pages.

5. — *Procédés de reproduction.*

a) Un principe technique domine toute la reproduction. Ligne ou image ne s'expriment originairement que par une opposition d'ombre et de lumière. C est elles qu'il s'agit de reproduire et de multiplier. Trois grands moyens: 1° une matière (encre, couleur de toute espèce) qui appliquée sur la partie de la surface à reproduire va se transposer sur la surface substratum de la reproduction. La matière sera ou en creux ou en relief, toutes deux pouvant également recevoir la fine lamelle d'encre à transposer. La matière sera d'une pièce comme dans le bloc gravé ou le cliché, ou sera faite d'éléments mobiles servant à composer les ensembles comme les caractères typographiques. 2° La lumière transperçant la surface écrite ou immergée ou se réfléchissant sur elle et allant, à la même grandeur, diminuée ou agrandie, la reproduire sur une autre surface soit d'une manière fugitive, soit d'une manière permanente (photographie sur verre, sur papier). 3° La combinaison de la lumière et de la surface, l'image projetée venant se fixer sur une matière avec des creux et des pleins suffisants pour en constituer à son tour une matrice fixe rentrant dans la première catégorie.

b) L'écriture s'opère directement (par ex. plume, crayon) ou à l'intermédiaire d'un tiers corps (par ex. composition en caractères d imprimerie). On écrit sans duplicata (copie à la presse, écriture à l'encre à copier; copie carbone obtenue à l aide d'un crayon, d'une pointe spéciale, d'un très fin stylo ou de la machine à écrire).

c) Il y a divers procédés d'impression, dont les principaux sont la typographie et la lithographie. La typographie repose sur les caracteres d impression mobiles composés à la main, ou sur les caractères composés à la machine, soit ligne par ligne (linotype), soit caractère par caractère (monotype). La lithographie est le procédé d'impression par lequel on obtient sur une feuille de papier ou de métal l'empreinte de ce qui a été écrit, dessiné, gravé ou reporté sur une pierre de nature particulière.

d) Cliché. — On établit à l'aide d'un métal fusible des planches solides qui reproduisent en relief l'empreinte d'une composition typographique, d un dessin, d un bois gravé et qui peuvent être utilisés pour le tirage de multiples exemplaires. Le cliché, c'est le relief en métal obtenu par les procédés de clichage, sur lequel est exécuté le tirage en série d'une composition typographique, d'un dessin ou d'un bois gravé.

1° Plomb ou stéréo : obtenu en coulant dans un flan préparé (carton fait avec des feuilles de papier superposées) de l'alliage à caractères d'imprimerie qui, après solidification, est aplani et dressé à l envers. 2° Galvano: obtenu avec des pots galvanoplastiques de cuivre dans un moule, ou une empreinte, exécuté soit en plomb, soit plus généralement en gutta percha ou en cire. La coquille de cuivre ainsi obtenue est placée à l'envers, puis consolidée en y coulant de l'alliage à caractère; l'envers est ensuite raboté et monté sur bois. 3° Cliché zinc: clichés typographiques obtenus par photogravure sur zinc. 4° Simili : le cliché simili est la reproduction d'une photographie au moyen de la similigravure. 5° Trait : le cliché au trait est la reproduction d'un dessin exécuté à l'encre noire sur un carton blanc et ne représentant aucune trace de demi-teinte, donc rien que des traits et des points noirs sur blanc. En allemand et parfois en anglais, on désigne par autotype le procédé connu en France et en Belgique sous le nom de similigravure. Par héliogravure, on désigne tous les procédés de gravure faisant intervenir la lumière. Le mot est aussi appliqué comme synonyme de photogravure, terme qui désigne des procédés conduisant à l'obtention de planches gravées en taille douce dont les noirs sont creux. La photogravure comprend les procédés utilisant la photographie pour l'obtention de planches ou de clichés gravés et destinés à l'impression typographique. En anglais et en allemand, ce mot désigne exclusivement les procédés connus en France et en Belgique sous le nom de « Héliogravure ». Par photomécanique, on désigne les différents procédés utilisant la photographie pour la création d'un cliché.

e) Depuis 1910, deux nouveaux modes d impression ont fait leur apparition et après de longs et pénibles essais et tâtonnements, se sont imposés par la rapidité d'exécution et la beauté de la production. L'un est la *Rotogravure* ou photogravure rotative en creux, qui utilise des cylindres de cuivre gravés en creux; l'autre est la *Rotocalcographie* ou impression *off-set*, qui procède du report sur blanchet ou étoffe caoutchoutée (rotoprint).

f) Reproduction des images.

Il y a aujourd'hui trois modes principaux de reproduction des images : 1° Impression en relief : les images se présentent sous forme de clichés au trait ou de clichés tramés (similigravure). 2° Impression planographique : l'image ne comporte aucune dénivellation, aucun relief. Elle est étendue sur une pierre ou sur une plaque de zinc préalablement recouverte d'une couche sensible et seule la préparation que l'on fait subir à cette plaque empêche l'encre de se reposer sur l'image toute entière (procédé lithographique ou Offset). 3° Impression en creux : à l'inverse du procédé en relief, le cliché est formé d'une multitude de creux de profondeur variable, dans lesquels l'encre se dépose plus ou moins profondément. Une raclette nettoie le relief (procédé héliographique tramé ou au grain de résine).

g) De nouveaux procédés de reproduction sont inventés tous les jours, pour la multiplication à petit ou à grand nombre. La reproduction d'éditions originales épuisées est faite par des procédés zinco-photographiques; les procédés de revivescence des encres d'imprimerie (anastatique), des procédés de calquage, du « noir-blanc » (Schwartzpresse). Pour la reproduction en petit nombre d'exemplaires, on dispose aussi de nombreux moyens tels que les hectographes (chromographes à base de gélatine) et les machines à stencil. Après les procédés à la lumière et la plaque, la photo-chimie pourra trouver d'autres succédanés à la vieille typographie: l'impression aux rayons X. Elle doit pouvoir impressionner les feuilles par masse sans qu'on soit obligé de les déployer devant les presses.

h) La documentation normale repose sur le sens de la vue. Une documentation spéciale a vu le jour pour ceux qui sont privés de ce sens, les aveugles. Un système d'écriture-lecture a été inventé reposant sur le sens tactile, des appareils ont été créés pour mettre en œuvre le système et chaque jour s'accroît le nombre de documents. On a réalisé d'autre part la composition de la musique par des procédés typographiques.

6. — *Caractères.*

a) Les caractères sont fondus. De vastes établissements industriels sont consacrés exclusivement à cette opération.

b) Les caractères des premiers livres imprimés sont lourds et archaïques, difficiles à déchiffrer. On cherchait à se rapprocher le plus possible des manuscrits du temps, à les imiter. Puis on améliora, quand l'invention fut dévoilée, mais toujours le caractère restait gothique. Les Italiens les premiers créèrent les caractères romains. Alde inventa l'italique (aldin, cursive) d'après l'écriture de Pétrarque. Alde obtint le privilège de l'emploi exclusif de ce caractère en Italie.

Le roman gravé par Claude Garamond est devenu le type modèle de toute l'Europe, surtout si l'on veut considérer que cette régularité de forme qu'on exige aujourd'hui dans la fonte des caractères n'existait pas dans les types créés il y a trois siècles. Alors l'œil seulement guidait le graveur dans son travail; aujourd'hui il dispose d'instruments de précision qui permettent de donner aux poinçons et aux matrices une justesse mathématique. En 1592, les Elzévir font graver leurs caractères. Ce qu'on a cherché, ce sont les formes régulières afin de faciliter la lecture des caractères.

c) Dans un même ouvrage, tous les types de caractères employés doivent appartenir à la même série : l'unité de l'œuvre l'exige. Au sujet de la grosseur des caractères, nombre de lettres à la ligne, force de l'interligne, il y a des règles qui ont pour but de réduire au minimum la fatigue du lecteur. Les dispositions de lignes, de forme, de proportion, de lumière, de régularité ont leur importance. Le problème est de laisser le plus de blanc possible tout en donnant aux pleins et aux déliés des lettres la grosseur indispensable pour qu'on puisse les lire facilement même avec une vue médiocre.

d) La Oxford University Press est à même d'imprimer en plus de 150 langues différentes.

e) La hauteur de caractère se mesure soit selon le système métrique, soit selon divers types dont les principaux sont les systèmes Didot et Fournier. Chacun de ces types comporte une série de subdivisions qui sont basées sur le système de points typographiques. Le point typographique vaut deux points ou 1/16 de l'ancienne ligne; savoir actuellement environ 1/3 de millimètre ou 0.376 millimètre. On a établi en conséquence des lignomètres. Ainsi une ligne, d'après le lignomètre Didot 6, correspond à la hauteur de 2.25 mm, donc à la ligne dite Nonpareille.

Le système typographique Didot fut fondé par Firmin Didot au début du XIXe siècle. Il est appliqué par la plupart des imprimeries françaises et belges. Ce système a perfectionné celui établi au milieu du XVIIIe siècle par Pierre Simon Fournier.

Dans le journal, on mesure la hauteur et la largeur de la surface imprimée d'une page; le nombre de lignes par page; le nombre de colonnes par page; la largeur d'une colonne.

Tableau comparé des corps typographiques

CORPS en points	ANCIENNES DÉNOMINATIONS				
	FOURNIER	DIDOT	ANGLAIS	ALLEMAND	ITALIEN
3	»	Diamant	Diamont ou Excelsior	Diamant ou Half petit	Diamante
3 1/2	»	»	Brilliant	Brillant	
4	»	Perle	Semi-Brevier	»	Perla o Milanina
5	Parisienne	Sédanoise ou parisienne	Pearl	Perl.	Parigina
5 1/2	»	»	Agate (1)	»	
6	Nonpareille	Nonpareille	Nonpareil	Nonpareille	Nonpariglia
7	Mignonne	Mignonne	Minion	Kolonel	Mignona
7 1/2	»	Petit-texte	»	»	
8	Petit-texte	Gaillarde	Brevier	Petit	Testino
9	Gaillarde	Petit-romain	Bourgeois	Borgis	Gegliarda o Garamoncino
10	Petit-romain	Philosophie	Long-Primer	Korpus	Garamone
11	Philosophie	Cicéro	Small Pica	»	Filosofia
12	Cicéro	St-Augustin	Pica	Cicéro	Lettura
13	»	»	»		»
14	St-Augustin	Gros texte	English	Mittel	Silvio
16	Gros-texte	Gros-romain			Testo
18	Gros-romain	Petit-parangon	Three line nonpareil	Tertia	Parangone o grosso testo
20	Petit-parangon	Gros-parangon			Ascendonica
22	Gros-parangon	Palestine			
24	Palestine	»	(2)	Doppelcicero ou Text	Palestina
28	Petit-canon	»			Cannoncino
32	Canon	»			Cannone
36	Trismégiste	»			Sopra canoncino
40					Corale
44	Gros-canon	»			Ducale
48					Reale
56	Double-canon	»			Imperiale
72	Triple-canon	»			Imperiale-Papale
76					Papale
96	Grosse-Nonpareille	Grosse-nonpareille			Papale cancelleresco
100		Moyenne de fonte			Grosso di fonderia

(1) Employé dans l'Amérique du Nord pour les annonces, l'agate fut introduit en France par les machines à composer.

(2) En Angleterre, les multiples se comptent soit sur la nonpareille, soit sur le cicéro ; on dit par exemple, pour le corps 24 *four line nonpareil* ou *two line pica.*

Les caractères allemands sont fondus sur le point Didot. Les caractères anglais sont fondus sur un point spécial imaginé par les Américains. Ce point est basé sur l'*inch* ou pouce anglais, lequel correspond à 72 points. A titre de comparaison : il y a 2,660 points Didot et 2.835 points anglais dans un mètre.

f) Les anciennes casses ne contenaient que les lettres de l'alphabet et sous quelques aspects seulement. Le nombre de types s'est accru, mais le progrès de la page imprimée s'annonce sous l'empire d'une triple préoccupation. Répondre aux desiderata de la physiologie de l'œil, très étudiée dans les laboratoires visant à la lisibilité meilleure et plus rapide; donner satisfaction aux besoins esthétiques de plus en plus précis et qui veulent faire du livre une œuvre d'art; enfin pouvoir composer à la main, non seulement les écrits, mais tout ce qu'exigent les nombreuses notations autres que l'écriture: la musique, les diagrammes et cartogrammes, les figures schématiques.

7. — *La composition mécanique.*

a) La machine a pénétré triomphante dans l'imprimerie. Elle ne supprime pas l'intervention de l'homme ni l'intelligence de ses mains. La machine obéit à qui la guide; elle donne à l'ouvrier typographe le collaborateur qui exécute pour lui toute la partie fastidieuse du métier, comme le placement lettre à lettre dans le composteur, comme le monotone et long travail de la distribution.

La machine à composer, avec ses divers progrès, présente les avantages suivants : caractère toujours neuf, instrument de travail très rapide; erreurs typographiques à corriger moindres, car il n'y a plus de lettres manquantes, de caractères retournés, de chiffres difficiles à lire, de lettres cassées, mélangées; des caractères de divers types rendus aisés, facilité de conserver certains textes pour la réimpression, alors qu'autrefois il fallait en ce cas immobiliser une partie du matériel. La machine à composer compose à l'heure 5000 lettres et en redistribue 15000. Les machines à composer sont aujourd'hui assez nombreuses : la linotype, la monotype, l'intertype, la typograph.

b) La machine monotype offre l'avantage d'un clavier de petite dimension séparé de la fondeuse. On peut ainsi faire fonctionner le clavier dans un bureau, loin de la machine et produire un travail dans les mêmes conditions que la machine à écrire ordinaire. Ceci peut permettre l'économie d'une transcription. Par ex., des fiches bibliographiques, notamment celles du dépouillement des périodiques, les extraits ou copies d'ouvrages peuvent se faire sans danger de voir souiller les originaux ni obligation de les transporter au dehors.

c) L'Intertype Corporation fournit maintenant ses machines avec un nouveau dispositif permettant le cadratinage et le centrage des lignes, appareil qui ajoute à la machine Intertype les avantages mécaniques suivants : le cadratinage automatique et instantané sur n'importe quelle longueur de ligne, sans emploi de cadratins et d'espaces-bandes; 2° centrage, au milieu d'une ligne, d'un titre sans emploi de matériel à espaces; 3° cadratinage ou centrage d'un texte, d'un mot et même d'une seule lettre, avec ou sans emploi de matériel à espaces.

Un bouton de contrôle se trouve sur l'étau de la machine et à portée de la main de l'opérateur. Le bouton abaissé, la machine centrera un texte, des mots, un mot, une seule lettre sur une longueur quelconque de ligne, sans autre attention. Le bouton levé, la machine cadratinera automatiquement la ligne non comblée.

d) De la composition à la machine, on peut attendre des progrès dans plusieurs directions. Les bandes perforées de la monotype, où demain une même frappe marquera des caractères visibles, deviendront des clichés précieux, lisibles par tous, pour l'utilisation multiple des mêmes textes. La simple machine à écrire, nantie de caractères typographiques et réalisant la justification automatique, fournira de son côté les épreuves qu'il suffira ensuite de passer à la lithographie. On a parlé d'une machine à composer photographique moins compliquée et encombrante que la typographie. Des lettres disposées sur un support de verre sont éclairées à l'appel d'un clavier qui fait fonctionner les lampes; un dispositif de miroir et prisme renvoie l'image de la lettre à photographier sur une plaque au préalable sensibilisée et qui se déplace automatiquement après chaque photographie. Mais il y a la justification et la correction. (1)

(1) *Revue suisse de l'Imprimerie*, 1933, juin, p. 15

8. — *Presses et autres machines.*

a) La presse Marinoni, inventée en 1872, a modifié de fond en comble la confection matérielle des journaux. Elle a contribué à l'essor du journal dans le monde entier.

La presse de Gutenberg devait à peine produire une feuille à la minute, alors que nos presses peuvent imprimer de 30 à 1600 exemplaires dans le même laps de temps. Les dernières rotatives ont un potentiel de 100.000 journaux à pages multiples en une heure.

b) Les machines à relier font merveille. Elles tendent de plus en plus à cueillir mécaniquement le volume au sortir de la presse, à plier les feuilles mécaniquement, à les coudre mécaniquement, à les mettre en presse mécaniquement. On estime que ces machines ont décuplé la puissance de production des ateliers de reliure.

9. — *Organisation de l'imprimerie.*

a) Dans la plupart des pays, les imprimeries ont une forte base corporative, patrons d'un côté, ouvriers de l'autre, parfois des corporations mixtes. Les organisations établissent des contrats collectifs et de véritables codes en la matière. Il existe un Congrès international des Imprimeurs; il a chargé une Commission d'organiser un bureau international d'études pour l'industrie du livre.

b) Il existe de remarquables musées de l'imprimerie, entr'autres le Gutenberg Museum de Mayence, le Musée de Berne, le Musée Plantin à Anvers, le Musée du Livre à Leipzig. Certaines grandes imprimeries ont formé des petits musées. On a créé des collections de documents typographiques. La Bibliothèque typographique de Jersey City. La Bibliothèque des arts graphiques d'Edmond Morin à Paris. La Bibliothèque du Kunstgewerbe Museum à Berlin.

253 Distribution et Circulation du Livre et du Document.

253.0 Généralités.

a) Une fois établi, en original ou en reproduction, le livre, le document, sont objets de distribution. Celle-ci s'est organisée progressivement au cours du temps. Elle dispose maintenant d'institutions et de systèmes perfectionnés. Il y a lieu de distinguer la distribution matérielle liée à des opérations de transport et la distribution intellectuelle ou diffusion des données incluses dans les documents avec comme conséquence l'influence de ces données.

b) Le temps de diffusion des ouvrages est souvent fort long. Ainsi Dante fut fort peu connu en France jusqu'à la fin du XVIIIe siècle; sa renommée date de l'époque romantique. Celle de l'épopée du Tasse, *la Jérusalem délivrée*, date particulièrement en France du XVIIe siècle. Shakespeare y pénètre au XVIIIe siècle; alors on le traduit et on l'imite.

c) La distribution du livre se fait : 1° par vente; 2° par échange; 3° par don. Il y a lieu de considérer ici : 1° l'édition; 2° la librairie; 3° le service des transports et communications.

d) Produire un livre est la chose laborieuse, compliquée, longue que l'on sait. Il est fini et tout commence seulement. Il faut maintenant le faire lire. Les poètes décrits par Boileau arrêtaient les passants pour les prier d'écouter leurs vers. Les auteurs d'aujourd'hui bien souvent ne sont-ils amenés à des procédés analogues.

Diffuser un livre par le monde, a dit Schiller, est une œuvre presque aussi difficile que l'écrire.

Il ne suffit donc pas d'écrire, d'imprimer, d'éditer, il faut encore se préoccuper de ce que deviendront les ouvrages qui voient le jour. Lancés dans le grand tourbillon bibliographique, ils doivent finalement parvenir à qui peut les utiliser. Là est le point ultime du processus. Comme il n'est pas possible d'établir une relation immédiate entre le livre et son lecteur, des relais ont dû forcément être créés. Il en est deux très importants : la librairie et la bibliothèque et chacun d'eux se dédouble, selon qu'il s'agit du livre lui-même ou de son substitut, la notice bibliographique pour la librairie et la notice catalographique pour la bibliothèque. Le problème général se pose en ces termes : entre la multitude des livres d'un côté, la multitude de lecteurs de l'autre, comment faire pour qu'un livre particulier parvienne vite, aisément et sûrement à un lecteur particulier qui le désire ou auquel son auteur le destine. C'est là un problème de distribution du livre et celle-ci doit être organisée à l'aide d'une instrumentation appropriée, qui, au premier chef, doit comprendre la classification.

e) Il serait intéressant ici de posséder des coefficients pour évaluer la vitesse de propagation d'une idée par le Livre.

Quel temps s'écoule-t-il entre le moment où le fait est découvert, l'idée conçue et le moment de la lecture. Il y a une durée nécessaire pour écrire, imprimer, distribuer, faire rendre compte, faire lire. Cette durée est variable d'après les procédés employés à cet effet.

253.1 L'Edition.

1. — *Notion.*

a) L'éditeur est celui qui fait imprimer et prend le soin de publier les ouvrages des autres. L'éditeur est comparable à l'entrepreneur d'argent d'un édifice. C'est lui qui établit le rapport entre les diverses spécialités qui coopèrent au livre. On donne aussi le nom d'éditeur à l'homme de lettres et au savant qui revoit et prend soin de publier les ouvrages des autres.

b) L'éditeur est le noyau du monde du livre, placé entre l'auteur, l'imprimeur, le libraire et le public. Les éditeurs ont des responsabilités : 1° vis-à-vis de l'auteur qui, en lui, a confié ses espoirs de réussite; 2° vis-à-vis de la Nation dont il ne doit pas trahir la cause intellectuelle en publiant des produits inférieurs; 3° vis-à-vis du public, dont il ne doit pas abîmer la santé morale, mais qu'il ne doit au contraire songer qu'à fortifier et à élever. (Henri Jacques). Il faut des capitaux importants, pour mener à bien une affaire d'édition, où l on traite avec plusieurs industries, pour permettre d'attendre les rentrées provenant de la vente des livres qui s'échelonnent parfois sur de longs délais, pour entretenir, animer la publicité.

« Si le livre est le véhicule de la pensée, la maison d'édition est le chemin, le canal, le fleuve, la voie. Entre l'écrivain et l'éditeur, il doit y avoir alliance, collaboration. » (Pierre Georges.)

2. — *Historique.*

a) On a beacoup discuté si les personnes auxquelles les Romains donnaient le nom de libraires achetaient aux auteurs le droit de publier et de vendre leurs ouvrages. Comme le livre était écrit à la main, il n'y avait pas nécessité de constituer de stocks et l auteur pouvait à tout moment apporter des changements à son œuvre. Les libraires et les éditeurs au moyen âge ne constituaient qu'une même corporation.

La fondation des universités de Bologne, Padoue, Florence, Paris, Oxford et d'ailleurs, du XIIIe au XVe siècle et durant la Renaissance, rendit plus apparente l'importance du livre. Des colonies de scribes et de libraires s'installèrent autour des universités et y établirent de grands « scriptoria ». (1)

Après l'invention de l'imprimerie, on voit se dégager la fonction d'éditeur (imprimeurs imprimant leurs propres livres). A la Révolution, la profession d'éditeur fut déclarée libre et sans autre condition qu'une patente. Celle-ci disparut plus tard.

b) Autrefois en Angleterre, il était coutume de publier certains livres sur le principe du partage des profits et pertes parmi un nombre convenu d'éditeurs et de libraires. Cet usage a subsisté jusqu'au milieu du XIXe siècle. C'était extraordinairement des ouvrages pour lesquels les droits d'auteur avaient cessé d'exister. (Ex. dictionnaire de Johnson). Il y avait jusqu'à 200 actionnaires. Cette méthode ouverte à tous créait un monopole dans bien des cas, car tous les intéressés étaient actionnaires et maintenaient les prix hauts. William Pichering se mit seul à attaquer la corporation des éditeurs en publiant de belles éditions à bon marché des classiques anglais (Aldine Poets, Small books On Great Subjects, etc.).

c) L'histoire de l'édition n'est pas entièrement écrite, mais les grandes firmes ont publié l'histoire de leur officine. Des maisons d'édition plongent leurs racines loin dans le passé. En Angleterre, par exemple, la maison

(1) Cf. Delalain. Etude sur la librairie parisienne du XIIIe au XVe siècle.

Rivington remonte au XVIe siècle, Longman au XVIIe, Murray au XVIIIe.

d) Les transformations du monde de l'édition ont fait l'objet d'un ouvrage piquant de Bernard Grasse « La Chose littéraire ». Jadis les acheteurs de livres formaient une aristocratie : ils sont devenus une démocratie. La révolution s'est accomplie en France, surtout depuis 1919, depuis le jour où la publicité a commencé à être employée par les éditeurs au service des écrivains. Après la publicité, la mode bibliographique (c'est-à-dire le snobisme qui rapporte), les prix littéraires et les collections ont contribué à arrêter l'homme de la rue devant la vitrine du libraire. On a donc artificiellement multiplié les besoins de lecture et du même coup décuplé le nombre des ouvrages édités, on a fait de l'inflation littéraire. Les auteurs, au nombre de 3,700, sont réunis en syndicat. La critique a cessé d'être impartiale.

3. — *Espèces.*

a) Il y a cinq grandes classes d'éditeurs : 1° les éditeurs proprement dits (offices, firmes, sociétés ou particuliers) qui font de l'édition sur une base commerciale ; 2° les éditeurs de revues, de journaux ; 3° les associations et institutions qui accessoirement éditent leurs publications ; 4° les gouvernements, les administrations publiques et institutions d'utilité publique ; 5° les particuliers.

b) Les associations et institutions ne poursuivent pas de but lucratif (sociétés spéciales, sociétés de bibliophiles, associations scientifiques, artistiques et littéraires). Ainsi la nouvelle « Maison de publication de la Christian Science » de Boston, dont l'édifice n'a pas coûté moins de 4 millions de dollars, est un centre d'édition (Christian Science Monitor, Christian Science Journal, Christian Science Sentinel et toute la littérature publiée par la société).

Des organismes politiques et sociaux sont éditeurs. En Hollande, par exemple, l'*Arbeiderspers* est une vaste concentration de toutes les éditions socialistes et ouvrières. Elle dispose de plus de 900 personnes, édite sept quotidiens, plusieurs hebdomadaires et journaux syndicaux, une revue mensuelle *De Socialistische Gids*, des livres de doctrine, des ouvrages scientifiques et des romans.

Les universités anglaises et américaines sont à la fois leur propre imprimeur et leur propre éditeur : Oxford University Press, The University of Chicago Press, The University Press, Cambridge. Il a été créé à Paris, depuis la guerre, une coopérative « Presses Universitaires de France ». (1)

Le monde scientifique se préoccupe du mode le plus économique de publication des travaux de science. Il envisage notamment la création d'imprimeries et de maisons d'éditions coopératives.

b) Certains auteurs sont leur propre éditeur. Ils passent eux-mêmes tous contrats en ce qui concerne impression, papier et reliure de leurs œuvres. La librairie dont le nom figure alors sur leurs livres n'est que leur distributeur. Ainsi de nos jours Bernard Shaw est son propre éditeur. Certains de ses romans dépassent 70,000 exemplaires.

c) Autrefois les œuvres étaient dédiées à des mécènes. Aujourd'hui, il se constitue des comités de patronage ou des comités d'honneur formés de collectivité de noms ; on recourt aux associations et on publie « sous leurs auspices » ou bien on établit quelques relations entre l'ouvrage et les autorités officielles (ouvrage subventionné par ...).

d) La « Book Society » a instauré le système suivant : tous les mois des épreuves de livres à paraître sont envoyées au comité de sélection de la société dont le choix est imposé par la majorité des votes. Les membres de la société reçoivent un exemplaire du livre choisi. Ils peuvent l'échanger contre un des ouvrages mentionnés dans la liste supplémentaire des volumes recommandés.

e) Les Soviets de Russie ont mis à la base de leur constitution l'auto-détermination des peuples. A l'ancien régime basé sur une seule culture, celle de la nation dominante, la Russie, ils ont substitué un régime de liberté de culture nationale. Il s'en est suivi l'édition intensive de littérature en langue nationale. A cette fin a été créé à Moscou l'organe dit « Edition Centrale des Peuples ». Il publie des livres en 42 langues différentes, entr'autres dans les langues des peuples éloignés, tels que Yakoutes, Tchouvaches, Ziriens, Ossetes, Occates, etc., peuples dont plusieurs ne possédaient pas l'écriture. Les syndicats (ils ont plus de 10 millions d'affiliés) possèdent une vaste presse et éditent une littérature de masses sur les questions les plus variées du mouvement syndical, du travail et de l'autodidaxie. Pour la diffusion de la musique dans les masses, le Gouvernement soviétique a entrepris une grande œuvre d'édition de musique concentrée au sein du secteur musical des éditions d'Etat.

f) Le Gouvernement mexicain a créé un Office d'Edition. Dépendant du Ministère de l'Instruction publique, il dispose d'ateliers d'impression et de reliure moderne. Il publie toute une série de publications en rapport avec l'œuvre d'éducation populaire : livres scientifiques, scolaires, publications standardisées et autres, tous documents propres à intensifier la vie actuelle du pays. Le matériel fourni facilite l'action d'ensemble, coordonne les efforts, généralise les résultats.

4. — *Extension de l'édition.*

a) Le monde de l'édition étend chaque jour le cycle de ses activités. Il y a maintenant à Madras et Bombay

(1) Travail, de M. Caullery, sur les « Presses Universitaires » et diverses entreprises coopératives d'impression et d'édition existantes hors France (présenté à la Confédération des Sociétés Scientifiques françaises).

(Indes), à Shanghai, à Sydney, à Capetown, d'importantes maisons d'éditions. (1)

b) En 1920, il existait 13,049 maisons d'édition et de librairies allemandes, dont un tiers réservé à l'édition et deux tiers à la librairie d'assortiment.

c) Lors de son centenaire, la librairie Hachette, qui est maintenant au capital de 43 millions de francs et qui embrasse le cycle complet de tout ce qui touche au livre, a déclaré recevoir une moyenne de 541 lettres par heure, 9 par minute. La moyenne de fabrication des livres et publications est de 22 millions d'exemplaires par an. Elle a des intérêts dans diverses papeteries, à l'étranger et dans des fabriques de pâte à papier qui alimentent les usines françaises ses fournisseurs. Elle imprime elle-même une partie de ses livres, soit dans son imprimerie, soit dans des imprimeries qu'elle commandite. Elle a créé les Messageries des journaux Hachette, les Bibliothèques des gares, pour la diffusion du livre et des journaux français à l'étranger « l'Agence générale de Librairie et de Publication ».

5 — *Contrat d édition et mode d'édition.*

a) Les contrats entre auteur et éditeur ont trois formes: 1° l'éditeur édite aux frais de l'auteur; 2° l'éditeur achète le manuscrit, ou une édition, ou une traduction; 3° l'éditeur paye une redevance (pourcentage royalty). L'auteur doit surveiller le tirage et l'habitude criticable des « passes ». L'auteur reçoit des exemplaires pour sa distribution gratuite, la diffusion d'ordre scientifique. (1)

b) On a élaboré un contrat type d'édition. L'Institut International de Coopération Intellectuelle a abordé l'examen de cette question.

c) Il y a divers modes de publication des livres : 1° par souscription avant l'impression; 2° par fascicules ou livraisons; 3° après achèvement. Les éditions dites « par souscription » consistent à imprimer et distribuer quelques centaines ou milliers de bulletins de souscription annonçant la parution prochaine d'une œuvre. Les ventes par avance enlèvent ainsi à la publication les atlas économiques qui peuvent s'opposer à son impression.

6. — *Déontologie des éditeurs.*

a) Voici la belle définition de l'éditeur proposée par les Tchécoslovaques au récent Congrès International des Editeurs : « Le véritable éditeur doit avoir l'ambition de déployer dans le domaine de la culture une initiative propre; de ne pas se borner à demander à la vie intellectuelle ses moyens d'existence, mais aussi à lui apporter quelque chose, à l'aider dans son développement. Aider le travail vivant d'artistes et de penseurs, représentatifs de leur temps, travailler moins pour aujourd'hui que pour demain et assurer sa part de risques avec l'espoir d'arriver finalement à vaincre toutes les difficultés. Mettre l'honneur du métier au-dessus de toutes les perspectives de gain. »

b) La fonction de l'édition va se précisant chaque L'édition ne saurait plus être considérée comme une industrie en soi, à part parmi toutes les autres et mal soudée aux besoins mêmes du livre. L'édition prend conscience de son devoir d être conforme aux principes les plus avancés de la technique et de satisfaire aux desiderata les plus adéquats de la sociologie progressive. La fin idéale des opérations éditrices est de répandre parmi les hommes le maximum de biens intellectuels, ayant forme littéraire et documentaire. Reste à savoir comment cette fin peut se concilier avec les buts intéressés du commerce; des écrits comme ceux de Karl Meinicke, « Das Buchhandel in das gerstige Lage Gegenwart » cherchent à répondre à cette question.

M. Gaston Zelger a publié en 1928 un *Manuel d'Edition et de Librairie* résumant pour la profession et son apprentissage, tout ce qui est essentiel de connaître.

7. — *L'édition, l'intelligence et la publicité.*

a) L'édition est conditionnée par trois grands facteurs: 1° l'argent : éditer est une opération commerciale. Elle s'insère dans le cycle économique et comme telle elle est productrice de salaires, d'achats, d'impôts et de gains. Elle a permis d'édifier de grandes fortunes. 2° L'intelligence: éditer est une opération d'ordre intellectuel, mettant au service de la vérité, des sciences, des lettres, des arts, de l'éducation des moyens de diffusion par le livre et le document. 3° La propagande : éditer permet de mettre en œuvre ces mêmes moyens au bénéfice de causes d'ordre politique, économique, social et politique. Dans l'édition l'intelligence a besoin d'être protégée à la fois contre l'argent et la propagande, soit qu'elle ait ses propres organes d'édition, soit qu'organisée elle-même par influence ou pour traiter collectivement avec l'édition d'affaires ou de propagande, il lui soit possible d'obtenir ainsi une part minimum des marques de distinction extérieure. La confusion des buts est un péril.

b) La publicité joue un grand rôle dans le lancement d'un ouvrage. Un ouvrage d'un auteur inconnu peut se vendre s'il est soutenu par une publicité habile. Le prix de la moindre publicité efficace est de plusieurs milliers de francs. De vives critiques s'élèvent contre l'organisation de ce qu'on a appelé le bluff littéraire. On a dénoncé le « syndicat parisien de la littérature alimentaire ». Fondation de prix, procédés publicitaires, les collections, les beaux livres faits de pauvres textes, les grands papiers. Une maison recrute ses « poulains » et

(1) Les listes des éditeurs sont données dans le *Cleggs' international directory of Booksellers, publishers, etc.* (édition 1931); *Lexicon der deutschen Verlage*, Leipzig 1930; les listes des éditeurs jointes aux bibliographies nationales.

(1) What editors and publishers Want Liverpool Literary Year Book press, 1925.

les impose; elle prétend créer l'événement littéraire. Par des coups d'audace, elle conquiert le lecteur; avec ingéniosité, elle s'entend à le retenir.

Les éditeurs trop souvent bourrent le crâne en disant « le public aime ça ». Les éditeurs ne doivent pas suivre la foule, mais la précéder en publiant les écrivains qui par leur personnalisme affirmé révèlent un esprit original indépendant.

c) D'autre part, les causes qui limitent la publicité des imprimés destinés aux hommes spéciaux sont : tirages trop restreints, hauts prix provenant surtout d'un luxe exagéré dans les planches, insertion d'articles hors de leur vraie place ou dans des ouvrages et revues qui concernent des objets trop variés, absence de tables propres à faciliter les recherches dans de longues séries.

d) L'édition au service de la propagande occupe une place considérable. Il serait curieux de connaître les sommes dépensées directement ou indirectement par les gouvernements à cet effet. Il n'y a pas seulement l'U. R. S. S. ni les anciens belligérants. En fêtant son Centenaire, la Librairie Hachette a dit s'être mis au service de la pensée française. Il y a les propagandes religieuses, celles de la Foi à Rome, la Société biblique de Londres. Il y a la littérature de tous les partis politiques et sociaux, de toutes les associations à but social.

e) Des éditeurs sont engagés largement dans les luttes politiques. Ainsi en Allemagne, pour les œuvres de littérature sociale, certains comme Ernst Rowolt avaient approuvé le mouvement de gauche, tandis que d'autres comme la Hanseatische Verlagensteld fournissaient l'armature intellectuelle du mouvement national-socialiste.

8 — *Organisation commerciale.*

a) Les maisons d'édition modernes se sont données une puissante organisation commerciale et financière. Parmi les valeurs de placement, il en est peu qui offrent la sécurité d'une maison d'édition. En effet, alors qu'en industrie la durée d'un brevet est limitée à 15 années, la propriété littéraire ne cesse que 50 ans après la mort de l'auteur. Un fonds se constitue dont la valeur ne saurait décroître. Cette valeur n'a guère d'égale dans d'autres branches du commerce ou de l'industrie. La maison d'édition riche d'un fonds de propriétés littéraires, offre toute la sécurité des entreprises à monopole, un monopole multiple et de longue durée. (1)

b) Au début, les imprimeurs éditeurs publièrent indifféremment tout ce qui était offert à leur activité : livres religieux, sciences, romans, etc. Ce n'est que dans le courant du siècle dernier que nous voyons l'éditeur se cantonner dans une spécialité : enseignement, droit, médecine, etc., au fur et à mesure du développement de la clientèle et sous la pression de la concurrence.

c) Le phénomène de la concentration s'est poursuivi dans l'édition. Au cours du XIXe siècle, on trouve en Allemagne une spécialisation croissante de maisons indépendantes; cette tendance atteint son plein développement après la guerre grâce à l'adoption des principes de la rationalisation moderne. Parallèlement, on observe un grand mouvement qui tend à imposer de plus en plus le trust et le cartel, mouvement déterminé non seulement par des raisons d'ordre purement commercial ou littéraire, mais aussi par une orientation nouvelle des façons de penser.

En France, on a assisté à l'accaparement de tous les débouchés commerciaux de librairies, de kiosques, de gares, de marchands de journaux et même de maisons d'édition.

Les grands consortiums d'éditeurs et libraires sont souvent plus nuisibles qu'utiles, parce que dirigés infailliblement vers des buts politiques ou financiers.

9. — *Organisation corporative.*

a) Dans tous les pays les éditeurs ont formé des organisations corporatives, tantôt spécialisées à la seule édition, tantôt comprenant aussi les libraires.

b) En France, la Société des Gens de lettres concentre la présentation des œuvres de ses membres aux éditeurs, aux revues, aux journaux. Les textes de ces œuvres sont généralement polycopiés. Cette organisation ne va pas sans une certaine commercialisation de la littérature, et le « tirage à la ligne », où se complaisent tant d'auteurs professionnels. Les textes reproduits donnent lieu en effet à un droit fixe de tant la ligne qui revient aux auteurs par l'intermédiaire de la société.

c) Il a été fondé un Congrès International des Editeurs. Après une interruption de 18 années, il a repris ses travaux en 1931 (9e série); 16 nations y ont participé. Le Congrès s'est réuni à Bruxelles en juillet 1933.

253.2 La Librairie.

Dans la chaîne des opérations du Livre il est réservé à la Librairie de recevoir les ouvrages tout confectionnés de la main des Editeurs et de les offrir en vente aux acheteurs. A première vue c'est fort simple. En fait c'est d'une complication considérable. Car à l'encontre de tout autre commerce, celui du Livre présente trois caractéristiques: A) Les objets vendus sont différents d'ouvrages à ouvrages. Ailleurs ils sont fongibles, ici ils sont individuels. Une Librairie possède ainsi des centaines et des milliers de livres distincts en un nombre plus ou moins grand d'exemplaires. B) Les objets désirés par les acheteurs lui sont ordinairement peu connus. Les acheteurs viennent s'approvisionner d'aliment intellectuel, de nourriture li-

(1) Prospectus la « Société des Editions de la Sirène ». Calman Lévy se vit adjuger pour 500 francs, à la mort de Baudelaire, la propriété des œuvres du poète vendues par ses créanciers. Durant les cinquante années qu'en a duré la propriété littéraire, le seul recueil des « Fleurs du mal », souvent réédité, a rapporté une centaine de mille francs.

vresque, mais fort souvent ils ignorent l'existence même de ce qu'ils vont acquérir. C) Enfin une Librairie n'est pas seulement une maison de vente; c'est une agence intermédiaire entre les livres offerts et les livres demandés. Le libraire ne saurait tout avoir en magasin, et l'acheteur lui ne saurait voir son choix limité à ce que le vendeur possède actuellement en magasin.

Le recours aux commissionnaires s'impose aux auteurs qui font imprimer directement leurs œuvres sans s'adresser à un éditeur.

253.21 Conception de la librairie.

La condition de la librairie, la conception du libraire présentent des particularités de pays à pays.

1. *Situation et statut du libraire.*

Le libraire, aux Etats-Unis, est un véritable négociant et non pas un simple dépositaire. Il risque son argent sur chaque livre. Il ne connaît pas les envois d'office, ni les comptes dépôt, ni surtout les retours à l'éditeur. Il est soumis à toutes les obligations qui régissent l'achat et la vente de marchandises. Ces quelques traits suffisent à différencier des libraires continentaux le libraire américain. Ce statut conditionne toute la politique du libraire et de l'éditeur américains, ainsi que leurs rapports mutuels. Puisqu'il achète et vend, puisqu'il avance des capitaux, le libraire américain doit être sérieusement préparé aux responsabilités de sa profession, aussi bien du point de vue commercial que du point de vue littéraire. Acheter des livres pour les revendre suppose une culture qui permet de juger de leur valeur intrinsèque et une connaissance pratique des goûts de la clientèle. Puisque ses frais d'exploitation ne se bornent pas aux seuls frais généraux et que son stock représente son capital personnel, le libraire américain ne fait pas de son magasin un tombeau pour ses livres; aussi applique-t-il à leur vente les méthodes commerciales modernes qui font leurs preuves dans les diverses branches du négoce: étude du marché, approvisionnement rationnel, comptabilité adéquate et inventaire permanent, vente scientifique, mailing list et publicité. Puisqu'il doit acheter les ouvrages qu'il propose en vente et que, si l'on peut juger d'un coup d'œil la qualité matérielle d'un livre, son contenu spirituel échappe aux cerveaux non préparés, le libraire américain ne s'engage dans la profession qu'après des études générales suffisantes et une formation technique spéciale qu'il peut acquérir soit dans les Universités, soit aux cours institués par l'American Library Association.

2. *Notion.* — La librairie a pour fonction d'être l'intermédiaire entre les centres de production des publications (éditeurs) et le public acheteur des publications.

Le libraire américain ne sait pas se croiser les bras dans sa boutique, en attendant que le client daigne faire le sacrifice d'entrer lui offrir son argent. Non, il doit susciter la vente; faire de la prospection rationnelle; mettre en valeur les services de sa firme et les avantages qu'ils procurent; suivre la publicité des éditeurs et s'efforcer d'en bénéficier; profiter des fêtes saisonnières pour offrir à sa clientèle les livres qu'il présume devoir l'intéresser, car il connaît ses goûts et peut s'en faire une force. Sa publicité éveille le désir, active la demande, et les services qu'il leur rend font de ses clients ses obligés fidèles.

Service est le mot d'ordre.

3. *Devoirs du libraire.* — Les libraires sont les guides conseillers de leurs clients. Ils partagent dans une large mesure, avec les écrivains, avec les éditeurs, le noble exercice d'un rôle d'éducateur et d'orienteur de la pensée vers le bien, le vrai et le beau.

4. — *Espèces.*

Il y a diverses espèces de librairies : 1° librairies d'assortiment ou librairies de détail; 2° librairies anciennes, antiquariats, bouquineries, vente de livres d'occasions; 3° maison de commande en librairie; 4° librairie ambulante, librairie de colportage.

5. — *Centres du commerce des livres.*

Il y a eu de tous temps des centres de production et de commerce des livres. A Rome, après les conquêtes et les butins de la République, autour des Universités créées du XIIIe au XVe siècle (scriptoria). Au XIIIe siècle, le commerce des livres à Paris seul occupait plus de 6,000 personnes, copistes, relieurs, enlumineurs.

La Renaissance stimula la production des copies et des nouveaux ouvrages. Après la chute de Constantinople, Venise devint le centre du commerce des manuscrits. Cordoue sous les Maures fut un centre pour le commerce des manuscrits arabes et plus tard des manuscrits hébreux. En Suisse, à Constance et à Bâle, durant le Concile de l'Eglise au XVe siècle. Paris, place de manuscrits, retarda longtemps l'introduction de l'imprimerie.

Aujourd'hui les capitales sont des centres de commerce de livres. Outre celles-ci, en Allemagne, Leipzig, Cologne, Munich, Francfort; en Italie, Milan et Turin; en Espagne, Barcelone; en Belgique, Anvers.

253.22 Organisation de la librairie.

L'édition et la librairie constituent de par le monde une force immense. Cette force a commencé son organisation et cette organisation est déjà largement universelle. Mais il reste bien à faire pour que toutes les réalités et potentialités existantes dans l'édition et la librairie reçoivent leur plein effet, pour qu'elles soient reliées à l'ensemble du mouvement vers un progrès supérieur.

a) *La librairie allemande.* (1) — L'organisation de la librairie allemande est remarquable. Le « Börsenverein der

(1) Hans Köster. — L'organisation de la Librairie allemande. Toute l'édition n° 345, 346 et suivants.

deutschen Buchhändler » ou Bourse des libraires est devenu une institution appartenant à l'ensemble de la corporation. Fondé en 1825, le nombre des membres est de 338 (1830), 1156 (1875), 3562 (1913), 5264 (1932). La Bourse est installée dans la Deutsche Buchhandlerhaus.

Une comptabilité centrale est à la base, ainsi qu'une réglementation générale et une concentration des expéditions. Le Börsenblatt für den Deutschen Buchhandel est la propriété de l'Association, ainsi que la Bibliographie (Hinrichs) est l'Annuaire officiel de la librairie allemande. L'Ecole supérieure de librairie a été fondée en 1851. Dès 1888 commença la réglementation commerciale des libraires et la réglementation de la vente au public. Les infractions à ces règlements entraînaient d'une part l'exclusion du Börsenverein et l'interdiction de profiter de ses institutions et établissements, d'autre part le « boycottage ». Ces règlements assurent à l'Association une autorité absolue. Leipzig a grandi sans cesse en importance comme ville du livre. Elle parvint à s'assurer par le système des livraisons à condition, un quasi monopole de la vente des productions des éditeurs. Déjà en 1839, il y avait parmi les libraires représentés à Leipzig, 701 maisons d'édition. Il était trop compliqué et trop coûteux pour le libraire de passer ses commandes et de renvoyer directement ses invendus aux différents éditeurs. A Leipzig tout le trafic de livres pouvait se faire relativement vite et sans trop de frais. Dès 1842 fut créé un « Bureau de commandes» qui se chargea de distribuer rapidement aux destinataires le courrier des libraires arrivé chez les commissionnaires. Le nombre de maisons représentées augmenta de 2662 (1844) à 10980 (1914). En 1926 fut créé le « Bureau d'échange de colis » (Pakettauchstelle). En Allemagne le nombre des libraires était de 500 au début du XIXe siècle; vers 1850 leur nombre atteignit 1750. Ce nombre s'accrut beaucoup après que la liberté professionnelle eut été officiellement reconnue. La librairie allemande fait facilement des remises de 40 % à l'étranger. Elle considère la vente des livres en d'autres pays comme un moyen de propagande et non pas uniquement comme une transaction commerciale. Elle n'hésite pas à envoyer les ouvrages en communication.

Le Börsenverein a arrêté en avril et mai 1933 un ensemble de mesures pour prendre sa place dans le IIIe Reich et travailler selon les principes qui président à l'organisation nouvelle de la Nation allemande. Tous les commerçants allemands du livre seront désormais obligés de faire partie du Börsenverein. Le commerce du livre sera « concessionnalisé », une part active et décisive étant accordé au Börsenverein dans l'organisation et l'application du système de concessions. Toutes les entreprises d'édition ou de librairie qui sont actuellement gérées par l'administration publique seront transmises à des entreprises privées. Il sera interdit aux syndicats, aux associations, aux partis politiques, d'exploiter des entreprises de librairie. Lutte pour la dépréciation du prix des livres; examen obligatoire d'état pour les commis libraires; mesures contre les clubs de livres, entreprises à la fois d'édition et de librairie, qui devront être reprises par des maisons d'édition et de librairie; interdiction de la vente des livres par les grands magasins; mesures contre les bibliothèques modernes de prêt de livres. Un comité d'action a été nommé, avec pleins pouvoirs, composé de cinq personnes, dont un représentant du Ministre de l'Education populaire et de la Propagande, deux éditeurs et deux libraires; de ces quatre derniers, trois appartiennent au parti National-Socialiste. Les diverses associations professionnelles et régionales d'éditeurs et de libraires affiliés au Börsenverein ont été invitées à procéder à un renouvellement de leurs comités. (1)

b) *Aux Etats-Unis.* (2) — On y poursuit une surveillance et une réglementation librement acceptée. Les contrôles du budget et des stocks en librairie, la collaboration pour la propagande, l'information du libraire sur les nouveautés (publicité faite par les éditeurs pour les libraires). — Multiplication des postes de vente des livres. Publications centralisées de bulletins bibliographiques destinées à la distribution par les éditeurs à leurs clients. Etudes généralisées du lecteur et du marché. Informations à ce sujet données par le libraire à l'éditeur.

Organisation d'exposition de nouveautés à chaque renouvellement de saison ou pour des commémorations. Réglementation stricte des usages commerciaux: date de mise en vente des livres, vente aux prix marqués, délai avant la réédition à bon marché d'un livre, réglementation des soldes d'éditeurs, avertissements donnés à l'avance des rééditions et des soldes projetés par les éditeurs.

Aux Etats-Unis, on prévoit la disparition progressive des librairies privées et leur remplacement par les marchands de journaux et les drug stores (pharmaciens). La cause ? Trop de livres, trop de publicité, trop de bluff organisé autour des nouveautés toujours sensationnelles, l'inflation sur toute la ligne.

c) La librairie hollandaise a une très ancienne organisation. Le *Bestelhuis* d'Amsterdam est une institution collective de la librairie très perfectionnée.

d) En France, *La Maison du Livre* est née d'un acte de sympathie de 150 éditeurs et de 800 libraires. Elle est un des agents les plus actifs de la propagation du livre français dans le pays comme à l'étranger.

Les services comprennent :

1° Le *Service de Distribution des bulletins de commande*, qui achemine rapidement chez les divers éditeurs les commandes des libraires en leur économisant des frais de poste.

(1) Voir *Börsenblatt*, 3 et 18 mai 1933.

(2) Rapport Cheney sur les conditions économiques du livre aux Etats-Unis.

2° Le *Service de Commission*, ou centre d'approvisionnement pour les libraires.

3° Le *Service de Groupage* des remises faites par les divers éditeurs, sur l'ordre de leurs clients, et l'expédition des colis ainsi formés, conformément à des instructions fixés d'avance.

4° Le *Service des Retours* qui répartit entre les divers éditeurs les invendus renvoyés par les libraires.

5° Le *Service des Abonnements* qui permet au libraire de souscrire des abonnements à un très grand nombre de journaux et périodiques.

A cette série de Services se rattache le *Bureau de Chemin de fer* installé à la Maison du Livre Français pour son usage exclusif.

Il y a en outre :

Le *Service Bibliographique* qui répond aux questions les plus variées concernant la recherche des livres.

Les *Tables Bibliographiques* (mensuelles et trimestrielles) qui tiennent les libraires au courant des *nouveautés* dans tous les genres d'édition.

Le « *Bulletin de la Maison du Livre Français* » qui les met en contact avec la vie de l'édition, les progrès techniques ou commerciaux réalisés dans l'industrie du livre.

Les *Cours de librairie* qui, avec ceux du *Cercle de la Librairie*, préparent les jeunes gens à connaître et à comprendre leur profession.

e) En France, on a regretté les grands libraires du temps de Louis-Philippe, de la Restauration, de Napoléon, les Didier, les Renduell, les Lavocat, qui tenaient bureau d'esprit et savaient faire de la réclame aux grands hommes. On a proposé de scinder la librairie en deux comme totalement différents : 1° Le libraire, librairie ou ressuscitement de la vieille licence de librairie qui ne s'accordait qu'à des gens cultivés et à la page. Cette licence comporterait le droit de monopole de la vente du livre à 12 fr. et au-dessus, et du livre in-18 Jésus ou in-8° Couronne qui sont les livres de bibliothèques ; 2° Les libraires-cafés standards, libraires-parfumeurs, libraires-confiseurs, vendant le papier, romans à bon marché, récits de journaux de modes, soldes truqués de vieux bouquins à 12 fr. rebrochés à 6 fr. et autres révolutions dans la librairie. (1)

Les libraires sont amenés à régler les rapports collectifs entr'eux et les éditeurs. Le Congrès des Libraires français a réclamé la constitution d'une commission mixte entre les éditeurs et les libraires.

On voit s'accroître l'importation et l'exportation des livres, la création des librairies de nationalités diverses dans les pays étrangers (ex. : librairie française à l'étranger, librairies étrangères en France).

On a proposé la création de grands dépôts régionaux de livres qui préserveraient les libraires détaillants du fléau de l'incendie ; les livres y seraient déposés sans avoir à regagner par de coûteux transports les magasins de l'éditeur.

f) Le commerce du Livre et de la Presse a pris les formes de la Société Anonyme, des actions et des obligations, de l'inscription des valeurs à la Bourse ou au marché en banque. C'est ainsi qu'à Paris, on trouve à la cote l'*Agence Havas*, le *Didot Bottin* (Annuaire), *Le Temps*, *Le Figaro*, *Le Petit Journal*, *Le Petit Parisien*, *Les Publications Périodiques* (Desfossé), la *Librairie Hachette*, *Les Publications Périodiques Marinoni* et de nombreuses imprimeries et fabriques de papier.

La Librairie Hachette, par exemple, en 1932, après amortissement de près de 13 millions, a accusé un bénéfice net de 16,5 millions ; outre le dividende de 110 fr. par action, il y a report à nouveau de 11 millions 375,000.

253.23 Formes et institutions de la librairie.

253.231 *MAISONS DE COMMISSION.*

Maison de Commission. — Le réassortiment du libraire est chose complexe puisqu'il doit s'adresser à un nombre important de fournisseurs, les éditeurs, qui vendent des produits qui leur sont particuliers et en général non interchangeables, car ils répondent aux besoins ou aux désirs les plus divers. Il y a donc, pour ainsi dire, émiettement dans le travail auquel le libraire doit se livrer. Il y aura fatalement, si l'on n'y prend garde, émiettement dans les transports, et par suite, supplément de dépenses. Or, le libraire n'a pour rémunération que sa remise sur le prix marqué. Cette remise est une sorte de forfait que l'éditeur a conclu avec le libraire et dans lequel celui-ci doit comprendre tous ses frais et son légitime bénéfice. Il importe donc pour le libraire de diminuer le plus possible la proportion de ses frais.

D'autre part, la clientèle veut que l'on aille vite. Le livre est d'autant plus désiré que l'on a pu le trouver immédiatement.

C'est de cette nécessité de restreindre fortement les frais du libraire et de le réapprovisionner promptement que sont nées les maisons de commission.

253.232 *COLPORTAGE. LIBRAIRIE AMBULANTE.*

a) Les colporteurs ont joué un grand rôle depuis l'invention de l'imprimerie. Ils vendaient ordinairement des livres bon marché, almanachs, ouvrages religieux ou de caractère populaire. Ils furent les précurseurs du « quai » à Paris. Leurs services furent requis souvent par des sociétés religieuses et d'autres propagandistes. Au XVIe siècle, en Angleterre, ils ont répandu les tracts des Puritains, des royalistes, des catholiques. Au XIXe, ils ont distribué des Bibles et des tracts religieux. (1)

---

(1) Sylvain Bonmariage, *Mercure Universel*, juin 1932, p. 27.

(1) Charles Nisard. — Histoire des livres populaires ou de la littérature du colportage. Paris, Amyot, 1854, 2 v.

b) Le développement de la presse quotidienne, le progrès de l'enseignement primaire, la diffusion du livre, l'établissement du libraire régional, ont porté un coup à peu près décisif à la littérature de légende, de calembredaines et de billevesées, qui était celle d'autrefois.

c) Le colportage des livres a été et reste un moyen de vente du livre. Dans les centres éloignés des Etats-Unis, les livres ne parviennent en général à la connaissance du public que par le moyen de colporteurs. Il n'y a pas de magasin bien approvisionné pour satisfaire les goûts et éveiller la curiosité des lecteurs.

Une innovation a consisté en automobiles aménagées en librairies. Elles sont destinées à offrir les ouvrages en vente dans les villes où la librairie n'est encore organisée que d'une manière rudimentaire.

253.233 *MESSAGERIE.*

De grands services de messageries des journaux et périodiques ont été organisés. En France les Messageries Hachette font le service de distribution et d'encaissement aux kiosques, aux gares. Elles expédient chaque jour jusqu'à 275,000 kg. de papier imprimé en 58,000 colis. La vente à Paris groupe à l'aide de 15 voitures-navettes 55 dépôts parisiens fournissant eux-mêmes plus de 260 libraires-papetiers et kiosques. Les services des abonnements, remplaçant les administrations, mettent sous bande et expédient en temps et lieu les journaux à 1,055,000 abonnés.

Les Messageries ont pris une grande importance. Maîtresses des bibliothèques de gares et de kiosques, elles ont puisé dans leur monopole le moyen d'exclure de la distribution certains organes qui leur déplaisaient. Les détaillants et dépositaires de France, appuyés par les journaux exclus, ont mené une campagne de protestation. S'appuyant sur la forme de société anonyme, des messageries pourraient faciliter une intrusion de l'étranger. On a demandé un contrôle de l'Etat. (1)

253.234 *LIBRAIRIE ANCIENNE.*

1. L'achat et la vente des ouvrages anciens font l'objet d'une branche spéciale de la librairie, dite « Bouquinerie » ou « Antiquariat ». Elles donnent lieu à de puissantes organisations.

2. Ainsi, de grosses maisons acquièrent le stock entier de certains périodiques et de certains livres et les remettent alors en vente aux prix qui en permet la raréfaction sur le marché. Des maisons ont aussi un département spécial pour les dissertations et les tirés à part. Elles acquièrent des bibiothèques entières. Elles ont des agents dans le monde entier assurant l'entrée continuelle de livres d'occasion. La combinaison avec des services de librairie moderne complète le système. La concentration des inscriptions aux périodiques transférée ensuite aux éditeurs donne des facilités de toutes sortes tout en activant les expéditions. Elles ont des comptes bancaires et chèques postaux en tous pays, des agences dans les principaux centres universitaires. La centralisation des commandes chez un seul libraire comporte réduction des frais. Les expéditions de livres et fascicules de périodiques, peuvent être faites en même temps. Les comptes sont réglés avec une seule maison. La maison Gustave Foch, Leipzig, a des succursales à Berlin, à New-York, à Tokio et à Osaka. La maison annonce qu'elle est en relation avec 50.000 clients; que son dépôt permanent de thèses, annuaires et tirés à part dépasse 500,000; que dans son Bulletin bibliographique mensuel (Bibliographisches Monatschrift), elle a mentionné environ 150,000 ouvrages. Elle a mis en distribution 664 catalogues dont certains comprennent jusqu'à 600 numéros. Elle annonce la mise en vente de 15,000 monographies, dissertations, programmes et brochures concernant tout le domaine de la philologie classique pour 5,000 RM.

La H. W. Wilson Company annonce qu'elle dispose pour son service d'échange des périodiques de plus de 1 million d'exemplaires de numéros de 3,000 périodiques. Elle en a dressé un catalogue.

3. D'une manière générale, comment se procurer les livres qui sont hors de la circulation ou épuisés ? (Out of the way — and out of print). Il y a la librairie ancienne (antiquariat), les ventes publiques de livres, les doubles dont les Bibliothèques et les particuliers sont décidés à se défaire. Des catalogues sont publiés et dans les livres demandés (par ex. « Books wanted» publié dans « The Publisher and Bookseller »). Mais tous ces moyens manquent de rapidité parce que sans lien et décentralisés. L'Office International de Bibliographie a étudié un projet qui consisterait à établir aux côtés du Répertoire Bibliographique Universel une « Bourse Internationale » l'antiquariat réalisé sous forme de livres offerts sur fiches vertes et de livres demandés sur fiches roses. Les librairies anciennes et les particuliers établiraient les premières et moyennant une légère taxe les feraient insérer dans le Répertoire de la Bourse. Les bibliothèques, les particuliers et les libraires aussi agiraient pour compte de leurs clients ou dans le but d'intégrer certaines collections, dresseraient et enverraient les fiches roses. L'offre rencontrerait automatiquement la demande dans le Répertoire. Ainsi pendant la guerre, pour faciliter à se rejoindre les familles des évacués et refoulés, fonctionnait à Genève le grand répertoire sur fiches de la Croix Rouge.

4. *Livres d'occasion.* — Le Börsenverein allemand a pris des décisions relatives à la vente des livres d'occasion : a) tout ouvrage dont l'édition est épuisée peut être inscrit d'office sur un catalogue de librairie d'occasion; b) par contre, il est interdit de livrer à prix réduit, à la place des exemplaires d'occasion de l'édition épuisée que l'on

(1) Un jugement récent au sujet des Messageries Hachette contient de très suggestifs attendus.

n'aurait plus en magasin, des exemplaires neufs d'une édition nouvelle; c) il est interdit de vendre ou d'annoncer comme devant être vendus à prix réduits des volumes non encore publiés ou dont certaines parties seulement sont parues; d) quand il s'agit d'un ouvrage épuisé, comprenant plusieurs fascicules anciens qui auraient été complétés au moyen de fascicules nouveaux, la vente aux prix des livres d'occasion ne sera autorisée que si la partie complémentaire constitue un fragment minime par rapport à l'ouvrage pris dans son ensemble.

253.235 *FOIRES AUX LIVRES.*

A côté de la librairie fixe, il y a les foires aux livres (Book fairs, messe). Elles étaient particulièrement importantes en Allemagne. Débutant à Francfort, elles se transportèrent à Leipzig où elles furent florissantes et cette ville devint le centre de la librairie allemande. Les foires ont contribué à la diffusion du livre. Celle de Leipzig donna lieu aux catalogues, origine des bibliographies commerciales systématiques et fit naître la corporation des libraires allemands. Les foires allemandes furent des moyens de réunir les éditeurs, les érudits, les auteurs et les acheteurs de livres.

253.236 *VENTES PUBLIQUES.*

Les ventes publiques de livres constituent une opération importante du commerce général de la librairie. Elles sont notamment des moyens de liquider des collections après décès ou lorsque les propriétaires sont forcés de vendre. Ces ventes contribuent à déterminer le prix des livres anciens sur le marché. On leur consacre des catalogues souvent remarquables rédigés par des bibliographes experts. Il est publié aussi en Allemagne, en Angleterre et aux Etats-Unis des recueils d'ensembles sur les ventes publiques de l'année (Jahrbuch der Bücherpreise, bearbeitet von Gertrud Hebbeler, vol. XXVI, 1931, XIII-342, Leipzig, Harrassowitz). (60 ventes en Allemagne, Autriche, Hollande, Scandinavie, Tchécoslovaquie, Hongrie, 4,500 ouvrages indexés). A Paris, les ventes publiques de livres ont lieu à l'Hôtel Drouot.

253.24 **Modalités diverses.**

1. *Spécialisation.* — La librairie est générale ou spéciale. Il y a des librairies spécialement consacrées à la vente du livre d'enfants. (1)

2. *Concentration.* — La concentration s'opère aussi dans la librairie allemande. La firme « Vereinigung Wissenschaftlicher Verleger De Gruyter et Co » de Berlin (V. W. V.) avait absorbé en 1922 les firmes G. J. Göschen, Guttentag, George Reimer, Karl J. Trubner, Veit et Cie.

(1) Ex. La librairie Walter Schatzki, Francfort.

3. *Librairies non commerciales.* — Des services commercialisés de librairie existent qui ne poursuivent pas le but lucratif, mais sont établis sur la base du « Self-supporting ».

Ainsi, le service de librairie tchnique organisée par les firmes industrielles et commerciales spécialisées afin de documenter leurs clients.

Des Universités ont établi des services de librairie. Ainsi l'Université de Columbia, par exemple, possède une librairie qui vend à prix réduits aux étudiants les ouvrages utiles à leurs études (The Columbia University Bookstore).

4. *Distribution gratuite de livres.* — En Uruguay, l'Encyclopedia de Educacion, publication trimestrielle consacrée aux travaux étrangers et publiée par la Direction de l'Enseignement primaire et normal est envoyée gratuitement aux directeurs des Ecoles publiques de l'Etat qui ont à la conserver dans la Bibliothèque scolaire comme propriété de l'établissement qu'ils dirigent.

5. *Monopole.* — La Librairie d'Etat est officielle en U. R. S. S. En Yougoslavie, l'agence Avala a été déclarée à partir du 1er août 1932 concessionnaire de l'importation monopolisée des revues et journaux de l'étranger.

253.25 **Méthodes.**

La librairie met en œuvre divers systèmes de diffusion du livre.

a) Librairie d'assortiments.

b) Système de sollicitation à domicile, ou colportage perfectionné (vente d'ouvrages à l'intermédiaire d'agents, de courtiers, de commis voyageurs).

c) Le mail order business ou la vente à condition.

d) Système des annuaires, dans les journaux et revues, consistant à concentrer une publicité énorme sur un seul article à la fois.

Parmi les procédés de publicité on a imaginé de sacrifier tel livre en glissant une page dans chaque paquet envoyé aux clients tout en ayant soin d'indiquer la source.

e) Les libraires ont instauré les soirées de signature où les auteurs eux-mêmes paraphent leurs ouvrages.

f) On a repris à un prix réduit les exemplaires d'une édition antérieure aux souscripteurs de l'édition nouvelle. Ex.: L'*Andreescher Handatlas* reprend pour 10 M. les premières éditions des acheteurs à 32 M. de l'édition nouvelle; on peut donc acheter pour 22 M. au lieu de 32 M.

g) On a établi des distributeurs automatiques de livres dans les gares: 12 livres à choisir.

h) Des livres sont offerts en prime par les journaux: un livre est l'accessoire de l'abonnement. Autrefois vers 1835, on vendait des livres en France avec des billets de loterie. Le Roman et les Guides remboursables sont des formes modernes du livre vendu avec prime.

i) L'envoi à vue pour quelques jours à domicile de publications d'un ordre indiqué, facilite les achats des personnes qui n'ont pas le loisir de passer chez le libraire.

j) La Bücherzettel, en usage en Allemagne, est une espèce de carte postale sur laquelle on écrit d'un côté l'adresse d'un éditeur ou d'un simple libraire d'assortiment, et de l'autre le titre du livre désiré, avec sa propre adresse. On affranchit et l'on jette à la poste. Trois ou quatre jours après, le facteur apporte l'ouvrage, en touche le prix qui, moyennant un droit très minime, est reporté chez l'expéditeur.

253.26 Prix et commission.

Le prix des livres est de tous les taux. Depuis la guerre il a subi des modifications constantes.

a) Un exemplaire du Décret et des Décrétales, bien écrits et bien corrigés sans aucun luxe de miniature ou d'enluminure coûtait une somme qui représentait environ 1200 fr. de notre monnaie. Au XIIIe siècle, les jeunes canonistes commencèrent à trouver en location ces manuscrits chez les stationarii. En 1303 les livres scolaires ne coûtaient que 7 deniers à 10 sous. En 1463 Jean Fust vendait sa fameuse Bible de 1464 à 40 couronnes (environ 375) et au-dessus. Un in-folio valait au XIIIe siècle 400 à 500 francs de notre monnaie. A la fin du XIVe siècle une copie du Roman de la Rose se vendait à Paris 833 fr.

Après l'invention de l'imprimerie, le prix d'un même ouvrage tomba de 500 fr. à 3 fr.

b) Stanley Jast évaluait en 1904 à 5 s. par ouvrage le prix moyen des livres édités en Angleterre. (1)

Pour 29 revues scientifiques allemandes dont M. Roquette a donné la liste, avant la guerre le prix de l'abonnement annuel s'est élevé de 438 M. en 1870 à 1,187 M. en 1900.

De gros romans populaires, 350 pages, étaient vendus avant la guerre à 65 centimes. Mérouvel, etc.

Avant la guerre *le prix marqué*, le fameux et alors classique 3 fr. 50 prix marqué, était vendu 3 fr., 2 fr. 75 et quelquefois 2 fr. 65.

c) En novembre 1917, il pouvait être dit au Comité du livre que le prix du papier a augmenté de 100 à 400 %, le prix des encres dans la même proportion, le carton pour cartonnage et reliure de 700 %.

La hausse du prix des livres (fr. 25 ce qu'il y a 20 ans eût coûté fr. 2.75) donne un nouveau cours au prêt des livres et aux cabinets de lecture.

« Aujourd'hui on estime que le volume in-16 Jésus ou in-8º Couronne à 6 fr. français, lorsqu'il n'est pas un solde déguisé, constitue un véritable *dumping*, une concurrence déloyale, une surenchère démagogique, seulement possible par des combinaisons équivoques sur les droits d'auteurs, la qualité matérielle du volume, etc. »

(Sylvain Bonmariage.)

(1) The Library, 1904, p. 146.

Le livre de bibliothèque, aux Etats-Unis, au Canada, se vend 2.5 dollars, en Allemagne et en Angleterre environ 35 fr. français. En France, la proposition a été faite que le prix du livre de bibliothèque soit fixé à un minimum de 15 fr. par volume de 300 pages, par un accord intervenu entre le Cercle de la Librairie et la Société des Gens de lettres de France.

d) Des efforts sont faits maintenant pour maintenir la vente aux prix marqués. Avilir le prix du livre « c'est rendre précaire et le bénéfice raisonnable du libraire et celui de l'éditeur. C'est risquer d'entamer le prestige littéraire qui a des droits et des devoirs. Le livre, en effet, est un objet unique et il est aussi raisonnable d'admettre pour lui la fixation d'un prix qu'on l'admet pour une spécialité pharmaceutique ou un parfum ».

Henry-Jacques.

Le Congrès international des Editeurs a émis le vœu que les Associations nationales de Libraires et Editeurs fassent entre elles des accords bilatéraux fixant officiellement le prix de vente de leurs livres dans chaque pays, accords devant obligatoirement être déposés au Bureau permanent du Congrès qui sera chargé de provoquer lors d'une prochaine session le dépôt d'un projet de Convention internationale. En cas d'impossibilité d'accord, le prix de vente devra être au minimum le prix fort de vente du marché intérieur.

e) La commission du libraire varie. Elle va de 20 à 50 %. Elle a pris autrefois la forme 3 exemplaires livrés par 2 achetés au prix fort.

f) Les morts vont vite, les livres aussi. L'un chasse l'autre et les livres du jour relégués aux étages supérieurs des vitrines et aux arrière-boutiques, celui de la veille en attendant qu'il aille rejoindre dans les soldes, c'est-à dire qu'ils se retrouvent aux étalages et sur les catalogues avec un rabais de 60 ou 75 %.

g) On a beaucoup lu pendant la guerre. Dans l'après-guerre immédiate et pendant quelques années, l'industrie du livre atteignit le maximum de sa prospérité. Puis vint la crise. Il faudrait pouvoir déterminer dans quelles mesures la diminution graduelle de vente doit être imputée au manque d'argent et combien à la diminution d'intérêt pour le livre.

Les crises économiques atteignent aussi le livre. Les causes générales influent ici. Parmi celles-ci on a énuméré le cinéma, la T. S. F., le phonographe, l'automobile. Il y a aussi le peu de valeur de certains livres d'éditeurs qui éditent n'importe comment, n'importe quoi de n'importe qui.

h) Le livre doit devenir bon marché à 6.50 ou 3 sous. Le livre devenant une sorte de journal plié et cousu, pouvant se conserver et faire série. Tel est l'avenir du livre démocratique moderne. Le paysan et l'ouvrier savent lire maintenant; mais il faut qu'ils aient de quoi lire. Ils veulent autre chose que des almanachs.

Haustaux.

253.27 Commerce extérieur.

253.271 *EXPORTATION.*

Les livres en certains pays ont une réelle importance quant au commerce extérieur. Les statistiques douanières les considèrent au poids. En 1928, il a été importé en France 41,899 quintaux (livres 12,702, journaux et périodiques 28,490, cartes 211, musiques 686). Il a été exporté pour 202,894 quintaux (livres 44,806, journaux et périodiques 55,896, cartes 544 et musiques 122,894). Il est donc exporté cinq fois plus de livres français à l'étranger qu'il n'est importé de livres étrangers en France.

L'Allemagne a entré en France en deux ans et demi 19 millions de volumes.

253.273 *DROITS DE DOUANE.*

Le régime douanier des livres est très variable. Au Danemark existe la gratuité du livre. Aux Etats-Unis les livres commandés par les Bibliothèques ne paient pas de droit.

Dans certains pays, afin de favoriser la presse, les imprimeries et l'instruction en général, l'importation du papier d'impression est libre de droit, ainsi que celle des livres imprimés. (Chili.)

253.28 Installations et coutumes.

253.281 *LES LOCAUX ET LES INSTALLATIONS.*

La vieille Officine de Librairie change profondément son aspect. Elle prend l'allure ouverte des rayons des grands magasins ; elle n'est souvent que la succursale d'une organisation à branches multiples, elle devient à la fois magasin, stock, montre, cabinet de lecture et bientôt centre d'informations et de renseignements bibliographiques.

L'architecture de notre temps présente ces deux caractéristiques : elle est fondamentale, elle se plie aux nécessités propres à chaque espèce de travail et de destination, d'autre part installation, outillage sont en liaison et soudure directe de l'édifice et des locaux eux-mêmes. L'étalage du libraire ne doit être que la préface attrayante du magasin, de l'office lui-même.

Le confort rivalise avec le luxe et la beauté dans les salons de vente. Ambiance raffinée, fauteuils moelleux, fleurs fraîches. Certaines librairies, comme celles de Brentano's, de Scribner's ou de Macmillian, sont de véritables palais. Les autres, moins somptueuses, s'efforcent néanmoins toujours de présenter les livres dans un milieu approprié. Que nous voilà loin de ces cubes rébarbatifs de volumes uniformes, embrigadés par rayons, auxquels nous sommes encore, hélas ! trop habitués. Là-bas, le livre se présente dans un décor digne de sa primauté intellectuelle ; il n'est pas le pauvre bouquin auquel on fait moins d'honneur qu'à une quelconque épicerie.

La disposition de l'office de librairie (architecture-installation-classement) a donné lieu à bien des inventions. Ici on s'efforce d'emmagasiner le plus de livres possible ; là on l'installe de façon à permettre aux clients de feuilleter confortablement les livres exposés sur les tables ; ailleurs on tente de séduire le public par une impression saisissante d'abondance et de variété, ailleurs encore la librairie déborde jusque sur le trottoir et l'on revient indirectement aux auvents d'autrefois.

253.282 *LES ETALAGES.*

Le « Publishers' Weekly » a organisé pendant le premier semestre 1932 un vaste concours d'étalages de librairie dans tous les Etats-Unis, dont on peut dégager les lois suivantes :

Les meilleurs étalages sont ceux qui s'adressent au plus grand nombre, qui donnent une idée de ce que l'on peut trouver à l'intérieur, qui arrêtent le passant, l'obligent à entrer et le disposent dans l'état d'esprit idéal pour entendre sans résistance le plaidoyer du vendeur. Les bons étalages tiennent le plus juste milieu entre la surabondance et la pauvreté ; ils forcent l'attention par tous les moyens honnêtes ; ils présentent les marchandises à hauteur d'œil, dans une disposition agréable et parlent le plus possible à l'imagination ; ils frappent lorsqu'il est nécessaire de frapper ; ils se font au besoin baroques, étourdissants, mais se parent de dignité avec la même aisance ; ils captent la badauderie par des photos, des affiches, des scènes pittoresques, des curiosités de toutes sortes ; ils présentent un ensemble de livres différents, avec autant d'attractivité qu'un seul titre ; ils offrent des rééditions avec autant d'enthousiasme que la toute dernière nouveauté à 5 dollars ; ils utilisent l'actualité pour soutenir l'intérêt ; ils font connaître les à-côtés de l'histoire du livre ou de l'auteur. L'étalage peut frapper, cajoler, piquer ou exciter, mais jamais il ne peut ennuyer ; s'il vend des ouvrages pour enfants, il les vend aux adultes aussi bien qu'aux gamins ; s'il expose des livres à un dollar, il invite celui qui ne lit pas à le faire et le lecteur habituel à lire davantage ; s'il prône un livre *qui doit être lu*, il explique le pourquoi ; chaque semaine il est nouveau, frais, attrayant et au goût du jour. L'étalage est le meilleur vendeur. Il faut ne ménager ni temps ni peine et pour le réaliser habilement ; ces efforts paient leur dividende par un accroissement général des ventes et par une recrudescence d'intérêt pour la maison.

Une réforme fut accomplie par la librairie le jour où elle étala les livres au dehors et offrit les livres à tous en permettant d'examiner leur contenu, supprimant ainsi toute surprise à l'acheteur.

On a regretté qu'on n'ait assez tiré parti de la rue pour vendre les livres. — Ni les vendeurs en plein vent sur la place publique, ni les marchands au marché ne vendent des produits bibliographiques et pourtant quelles possibilités ainsi offertes. (1)

Les « bazars de livres » ont été longtemps une curiosité des villes turques. Ils contenaient toutes les variétés de la littérature musulmane, les œuvres des auteurs turcs, arabes ou persans, anciens et modernes.

253.283 *COMPTES DES CLIENTS.*

La bonne organisation des comptes entre libraires et clients est une cause de bon rapport et une source d'efficience dans les relations aux Etats-Unis.

L'acheteur est le bienvenu qu'il faut choyer. On lui fait crédit sans difficulté. On lui ouvre un «charging account», compte courant réglable en fin de mois. Une facture provisoire accompagne chaque fourniture, et quelques jours avant l'échéance, un relevé parvient au client qui en vire le montant par chèque, en même temps qu'il paye son loyer, son eau ou son électricité.

253.284 *REGLEMENT DES COMPTES. COMPTABILITE.*

Dans toutes les branches du commerce les méthodes de règlement des comptes se perfectionnent. L'importance de bons usages est grand surtout pour les comptes de détails, innombrables en principe et ne pouvant supporter les frais ordinaires de la comptablité et du recouvrement. En Allemagne les délais de règlement des comptes entre éditeurs et libraires ont fait l'objet d'une lutte acharnée. Les règlements s'effectuent maintenant deux fois par an. Une organisation unifiée existe actuellement pour le payement. (Office de payement et d'escompte.)

253.285 *DOCUMENTATION ADMINISTRATIVE. LE CONTROLE.*

1. La Documentation administrative de la Librairie (Documentation en rapport avec les opérations du travail de librairie) repose notamment sur : 1° la bibliographie et les annoncements de nouveautés; 2° les fiches de stock; 3° les bulletins de commande.

2. *Le contrôle.* — Les ventes des exercices précédents, leurs moyennes par catégorie, par auteurs et par éditeurs, doivent servir pour estimer l'importance des achats futurs; le contrôle du stock permanent, fait d'une manière régulière et rationnelle, est absolument nécessaire pour diriger les achats à l'avenir.

Sur entente de l'« American Publishers Association », de l'« American Booksellers Association » et du « Publishers' Weekly », a été adopté un modèle standard de cartes de stock, donnant en même temps des informations pratiques et concises. Le recto de la carte porte le nom de l'auteur et celui de l'éditeur, le titre, la date de publication, la classification, le format, le nombre de pages et le prix. Une description synoptique, en soixante mots environ, résume l'action et les principaux caractères, s'il s'agit d'un livre de fiction, ou expose l'idée maîtresse pour les autres cas. Dans un emplacement réservé, on indique le marché possible et si ce marché est populaire ou intellectuel ou spécialisé.

Les ouvrages pour enfants sont classifiés par catégories d'âge. Si le livre appartient à une collection, celle-ci est mentionnée. Un autre emplacement est destiné au rappel des livres parus du même auteur, à leurs résultats de vente et au rapport que ses œuvres antérieures présentent avec le livre actuel. Le verso de la carte est entièrement disponible pour les indications de la commande et du stock. Trois colonnes sont réservées à la date, au stock et à la commande. Le travail est donc très simplifié; on peut à tout moment connaître l'état du stock et relever le nombre de ventes réalisées en un temps donné. Ces cartes de stock sont fournies libéralement par les éditeurs.

On trouve, en outre, dans chaque librairie, un système de contrôle des budgets d'achats, de ventes, de dépenses et d'apurement du stock; ainsi, les détaillants n'achètent pas au delà de leur capacité de vente, et, par conséquent, n'accumulent point outre mesure des volumes qu'ils ne parviennent pas à écouler.

253.286 *CLIENTELE.*

Les firmes allemandes Karl May, Herder et C°, Eugen Diederichs ont fait des enquêtes parmi leurs clients sur les motifs d'achat des livres. L'une de ces enquêtes, basée sur 17,935 réponses à 115,486 questionnaires, a conclu que le lecteur avait acheté le livre pour les motifs suivants :

1° Il l'avait déjà lu dans une bibliothèque ...	5.55 %
2° Il avait lu un ouvrage de la même collection	44.40
3° Un ami le lui avait recommandé	8.45
4° Il l'a vu à l'étalage	1.40
5° Il a lu une annonce	1.60
6° Il l'a reçu en cadeau :	
a) à Noël	20.15
b) à son anniversaire	11.05
c) occasions diverses	7.49
	100.00 %

253.287 *EMBALLAGE.*

L'emballage des livres a une réelle importance. Sous sa forme présente, il se compose d'une feuille de papier d'emballage, de plusieurs feuilles de macule, une étiquette, un ficelage. Sous sa forme plus avancée, l'embal-

(1) M. Rafael Alberto Arrieto. *El Libro y la Calle*, paru dans « Boletin de El libro y el pueblo », Mexico, sept. 1929.

lage se fait en boîte de carton de grandeur différente correspondant aux formats courants. C'est plus solide, moins pesant, plus rapidement fait, de bonne présentation et se prêtant aux vérifications postales et douanières.

253.29 La documentation dans la Librairie.

a) Il faudrait que dans chaque librairie l'acheteur puisse se trouver en quelque sorte chez lui, et pour cela qu'il n'ait pas, de librairie en librairie, à s'initier à d'autres principes de classement, de catalogue, de dispositions matérielle. Le propre d'un réseau c'est de retrouver les éléments essentiels dans chacune de ses stations. Supposons que nos grands réseaux de chemins de fer aient placé les voyageurs dans la nécessité d'étudier l'aménagement de chaque gare avant de pouvoir recourir à ses services : quelle complication et quelle perte de temps. Supposons que les services de navigation, la Poste, le Gaz, l'Electricité aient fait de même. Le rythme de notre civilisation serait tout autre et chaque nouvelle invention contribuerait à compliquer la vie plutôt qu'à la simplifier.

b) Les ouvrages mis en vente sont aujourd'hui placés sur les rayons dans les conditions tout à fait arbitraires, si bien que le grand principe « sers-toi toi-même » ne saurait être mis en action. Il en serait différent si la classification universelle (La Classification décimale) était appliquée à ce classement. Sachant qu'à la même division 7 par exemple, correspondent partout les rayons portant les ouvrages sur les Beaux-Arts, tout lecteur connaissant les indices des matières qui l'intéressent peut les retrouver. Pour les agents de la librairie ce serait un énorme gain de temps, car la classification, enseignée dès l'apprentissage ferait s'y retrouver par chacun partout, quels que soient les pérégrinations et déplacements de maison en maison.

c) Un catalogue du contenu des rayons devrait être mis à la disposition des acheteurs en même temps qu'il servirait à tous les agents intéressés. La consultation de ce catalogue est plus rapide que l'examen des ouvrages mêmes. Il est pour chacun un auxiliaire de la mémoire. Ce catalogue devrait être établi sur fiches ; il devrait être classé à la fois par auteur et par matière, pour cette dernière partie selon la classification décimale appliquée ici comme aux rayons et établissant un parallélisme parfait entre le classement des ouvrages eux-mêmes et celui de leur catalogue.

d) Mais le catalogue devrait être complété par un Répertoire Bibliographique, établi en combinaison avec le catalogue, bien distinct de lui, mais également sur fiches et selon la Classification décimale. Ce Répertoire devrait comprendre les ouvrages fondamentaux en toute matière et en particulier les ouvrages récents. Ce serait un puissant instrument de vente. Ce qu'on ignore on ne saurait le désirer. Tant de livres excellents, merveilleux, précieux, d'un prix insignifiant comparés aux services qu'ils sont appelés à rendre, tant de ces livres existent que nul, ni les lecteurs-acheteurs, ni les agents-libraires ne connaissent, ou s'ils en ont eu connaissance, ils n'en ont point retenu les titres et les auteurs.

e) Il faudrait aussi que chaque librairie soit reliée à son Office national de Bibliographie et de Documentation. Tous les offices nationaux sont appelés à voir se relier à eux les Offices spéciaux ou locaux de documentation ; d'autre part, ils sont appelés aussi à être reliés aux autres offices nationaux et à l'Institut International de Bibliographie et de Documentation. En conséquence, chaque librairie serait une station du Réseau universel, c'est-à-dire que tout lecteur-acheteur s'adressant à elle pourrait recevoir par son intermédiaire toutes les indications bibliographiques désirables sur la matière qui l'intéresse. Bibliographie ici est synonyme de moyens de vente.

f) Il faudrait également que toute librairie possède et mit en place d'usage permanent le volume des Tables de la Classification Décimale. Ces Tables, comme il va être expliqué, comprennent actuellement soixante mille divisions systématiques ordonnées, représentées toutes par des numéros classificateurs ; elles sont accompagnées d'un index alphabétique dont le manuscrit est de la dernière simplicité. Ces Tables serviraient d'instrument pour tout le classement des livres sur les rayons, pour celui du catalogue répertoire, pour les demandes de renseignement. Mais il aurait encore ce résultat de rappeler ou d'apprendre au lecteur les tenants et les aboutissants des questions auxquelles il s'intéresse. Feuilleter ces tables, c'est recevoir vingt suggestions diverses toutes également utiles pour les études, pour l'information, pour les applications de la vie pratique. C'est donc aussi l'instrument pour l'extension des ventes.

253.291 *SOURCES D'INFORMATIONS.*

La Documentation a une double fonction à remplir en Librairie. a) Renseigner le libraire sur les livres à vendre pour la librairie. b) Renseigner les clients sur les livres existants. Dans la conception d'un Réseau universel de la Documentation, chaque librairie peut être assimilée à une station à maintenir en liaison permanente avec les centres nationaux et avec le Centre Mondial du Réseau. La Librairie comme la Bibliothèque est le point de contact avec le lecteur, avec le pubic. Elle a le plus grand intérêt à servir de canal entre eux et les centres d'informations d'une part, les centres d'approvisionnements d'autre part.

Les libraires américains ont tout un outillage pour s'orienter dans la masse croissante des publications et choisir celles qui leur paraîtront les plus faciles à écouler parmi leur clientèle. Il existe à cet effet toute une presse spécialisée : bibliographies générales ou particulières, journaux et magazines littéraires, catalogues des éditeurs, organes de l'«American Library Association», de l'«American Association of Bookpublishers», des «Booksellers Clubs» et des bibliothèques. La revue hebdomadaire officielle de la corporation des libraires, *The Publisher's Weekly*, éditée à New-York, constitue la source principale d'informations. Chaque semaine, elle publie quelque cent pages de précieuse substance : critiques d'ouvrages récents, annonces des nouveautés sous presses, statistiques des best-sellers, biographies d'écrivains, reproductions d'illustrations, portraits d'éditeurs, études sur les procédés de fabrication, bibliophilie, curiosités, conseils pratiques, résultats d'expériences, méthodes d'organisation, suggestions d'étalages, campagnes de publicité, leçons de vente, etc. Sans oublier un double index alphabétique par auteurs et par titres de tous les ouvrages, fiction et non fiction, sortis de presses aux Etats-Unis pendant les huit jours qui précèdent. Revue très complète, comme on le voit, et dont la documentation est de premier ordre. Il y a aussi la volumineuse « Publisher's Trade List Annual » qui, depuis soixante ans, publie un relevé par éditeurs et par auteurs de tous les livres américains en vente.

La librairie a la publicité comme instrument de travail, mais publicité d'information, de documentation : envois de catalogues, d'analyses de livres ; démonstrations de l'intérêt de tel ouvrage, de l'agrément de tel autre, de l'utilité d'un troisième ; offres de recherche et d'assortiments.

Il existe un Répertoire international de la Librairie. (1)

253 292 *ENSEIGNEMENT PROFESSIONNEL.*

Le Cercle de la Librairie de Paris a organisé des Cours de librairie ; il songe à les compléter par des cours par correspondance. On a demandé que soit conféré à ces cours un caractère officiel. Ils donneraient ainsi à nouveau à la Librairie la place que celle de l'ancienne France devait à son brevet et à ses privilèges dans l'Armorial des métiers.

Voici le syllabus des cours d'achat et de vente de livres à Colombia University, de New-York :

1. *Sélection et achat des livres.* — Etude de la profession avec applications à l'achat de livres de fond. Choix des éditions répondant aux besoins des divers marchés. Détermination des quantités à acheter. Ristournes. Conditions de paiement. Méthodes d'achat et autres problèmes d'ordre pratique. Exercices pratiques de commande. Démonstrations de vente par un représentant d'éditeur, exposant les facteurs qui affectent l'achat des livres à paraître.

2. *Aspect pratique de la vente des livres.* — Etude de l'emplacement et de l'installation d'un magasin de librairie. Commandes et disposition du stock. Réclame et publicité. Tenue des livres et de l'inventaire permanent. Statistiques. Prévision de ventes, etc. Histoire du commerce de librairie. Histoire de la fabrication du livre et étude des procédés modernes. Démonstrations pratiques sur chaque sujet et discussions. Visites aux établissements représentant les divers aspects de l'industrie du livre, de l'imprimerie à l'office d'édition et de la maison de gros aux librairies de diverses catégories. Recherches à l'extérieur par les élèves avec obligation d'en donner rapport à leurs condisciples.

Les cours sont donnés par des professionnels, directeurs d'établissements très importants et connus pour leur modernisme. Ce ne sont pas de simples théories qu'ils enseignent, mais les moyens pratiques que leur expérience leur a fait juger comme les meilleurs.

253.293 *CONCLUSIONS SUR L'ORGANISATION DE LA LIBRAIRIE.*

Pour les raisons dites, il importe de voir organiser la fonction des libraires et d'arriver à faire de chacun de leurs offices une station active d'un vaste réseau de la documentation. Ce réseau comprend notamment les Maisons centrales du Livre ou Bourse du Livre pour les approvisionnements, les Offices de Bibliographie et de Documentation pour les informations, les Bibliothèques pour la diffusion.

A) Devenir une station de ces réseaux implique d'en accepter les réglementations, les standardisations, les coopérations, les recommandations. Tout ce qui concerne le rapport avec les maisons centrales est déjà en heureux développement. Pour en apprécier tous les avantages il est bon de rappeler l'état chaotique et désordonné du commerce du livre il y a quelques décades encore. Alors l'esprit corporatif n'avait pas encore créé les puissantes organisations d'aujourd'hui, alors les rapports étaient peu internationaux et la confiance actuelle ne présidait pas toujours aux relations.

B) Les rapports avec les Bibliothèques ont aussi été longtemps mal compris. Il semblait qu'offrir des livres en lecture publique était enlever des acheteurs à la lecture privée. Le grand développement des Bibliothèques publiques, principalement dans les pays anglo-saxons et germaniques, a démontré que le contraire est vrai. La Bibliothèque est un agent de diffusion du Livre et plus un livre est connu plus il s'achète. La Bibliothèque fait gratuitement au livre la meilleure des publicités.

C) Les desiderata quant à la Documentation générale sont actuellement pressants. Il y a lieu de les organiser.

253.3 Transports, postes, télégraphes, téléphones.

253.31 Généralités.

a) La documentation a le rapport le plus étroit avec les moyens de transport et de communication : transport des documents eux-mêmes tout élaborés ; communication à distance des sons (voix) ou des signes (alphabet ou

(1) Clegg, James. The International Directory of Booksellers.

images) avec lieu de réception des documents constitués, tandis que d autres avaient été établis au lieu d'émission et pour faciliter celle-ci. Tout ce qui concerne le développement des moyens de communication intéresse au premier chef la documentation à ces deux points de vue : rapidité plus grande dans la transmission des données qui doivent prendre place dans les documents; accélération dans l'expédition des documents eux-mêmes et leur mise aux mains des lecteurs, spectateurs ou auditeurs.

b) Les moyens de communication se développent en trois phases : 1° d'abord la parole, plus tard les signaux (feux nocturnes, messages africains par les tam-tam) ; plus tard les courriers; 2° communication par l'écriture; 3° l'imprimerie; 4° communication par des moyens mécaniques : système postal, télégraphe, téléphone, radio, chemin de fer, auto, bateau, avion.

c) Le transport des livres et des documents a suivi au cours des âges tous les progrès des moyens matériels successivement inventés et appliqués, messages à pied, à cheval, en diligence, bateau, chemin de fer, auto, avion. Il se sert de tous les moyens de communication dont l'évolution à travers les âges a été extraordinaire. (1)

d) Il est impossible ici de donner un aperçu, même sommaire, de l'immensité et de la variété qu'a atteint de nos jours le réseau universel des transports et communications. Force est de référer aux études à ce sujet. Mais il est important d avoir toujours présent à l'esprit l'existence de ce réseau avec toutes les possibilités actuelles et aussi futures.

253.32 La poste.

1. — *Notion.*

La Poste consiste essentiellement à transporter des correspondances, les unes manuscrites ou personnelles (les lettres), les autres imprimées et impersonnelles (les livres, revues et journaux). La poste se sert des moyens employés pour le transport des personnes et des marchandises; elle y ajoute en certains cas ses propres moyens (par ex. les pigeons voyageurs, les fusées postales, etc.) ou des moyens qu'elle organise en admettant des tiers à son usage (par ex. les malles-poste). La Poste réalise une des institutions les plus bienfaisantes et sympathiques que le gouvernement ait instaurées. Elle donne à chaque homme le moyen facile et peu coûteux d'entrer en rapports directs avec tous les autres hommes, quelqu'éloignés qu'ils soient. Les correspondances distribuées par la poste sont comme autant de flèches qui peuvent être tirées en droite ligne de tous lieux sur tous lieux. Un timbre, une boîte aux lettres et la communication est assurée jusqu'au fond des déserts africains ou australiens.

(1) The Pageant of transport through the ages, by W. H Boulton. London, Sampson.

2. — *Historique.*

Dès les origines de la civilisation, il s'est établi partout des services de courrier. Les sauvages eux-mêmes ont leurs courriers et leurs messages. Cyrus installa dans son empire la transmission des messages par relais. Deux lettres adressées de Bretagne par César à Cicéron arrivèrent, l'une en 26, l'autre en 28 jours. Sous Dioclétien, il y avait déjà une poste pour le compte des particuliers. Charlemagne en 807 fit établir des courriers dans l'Italie, l'Allemagne et une partie de l'Espagne. En Allemagne, en 1500, Tour et Taxis proposa et obtint la régie des Postes. Sous Louis XIII, les particuliers commencèrent à faire transporter leurs propres correspondances par les courriers royaux. Sous Louis XIV, le port d'une lettre de Paris à Lyon coûtait 12 sous.

La ferme des postes, instituée en 1672 en France, était acquise pour un million; moins de 100 ans après, cette somme avait décuplé. Sous Louis XVI, il y avait dans tout Paris six boîtes aux lettres. Plus tard, partout la poste fut organisée en service d'Etat. En 1839, Rowland Hill fit adopter le prix unique d'un penny pour le transport des lettres dans toute l'Angleterre. En 1844, on adjoignit en France des bureaux ambulants aux trains de chemins de fer. L'Union Postale Universelle date de 1867. Aujourd'hui les postes sont des sources de revenus pour les gouvernements; le réseau postal s'est immensément étendu; les hôtels des postes sont des édifices complexes et somptueux.

3. — *Statistiques.*

Le Post Office Britannique occupe 230,000 agents. En 1905 déjà, il avait été distribué par l'Union postale universelle 2,600 millions de numéros de journaux servis par abonnements postaux, 32,140 millions de correspondances (lettres, cartes postales, imprimés, papiers d'affaires et échantillons).

Les chiffres suivants se rapportent à la distribution annuelle dans une seule ville, Bruxelles, centre d'environ 700,000 habitants (d'après les statistiques de mars 1932) (1) 60 millions de lettres, 16,030,000 cartes postales, 21 millions 600,000 pièces de services, 40,200,000 journaux, 1 million 896,000 échantillons sans valeur, 935,000 papiers d'affaires, 47,980,000 imprimés, 20 millions imprimés non adressés ni affranchis (2), 3,370,000 cartes de visite.

4. — *Opérations de la poste.*

a) La Poste a successivement étendu le nombre de ses différents services (correspondances, journaux, caisse d'épargne, encaissement et versement, etc.). Elle compte

(1) *L'Union Postale*, août 1933.

(2) Imprimés de toute nature y compris les journaux et tracts politiques non pourvus de l'adresse des destinataires ni des figurines d'affranchissement, à remettre dans toutes les maisons du canton postal à raison d'un exemplaire par maison.

en Belgique 14 services. La poste emploie l'expression générale « objet de correspondance ». Le développement du colis postal récemment acquis, celui du chèque postal, d'autre part, leur apporte l'aide la plus précieuse.

b) La poste transporte tous les documents. Elle a établi toutefois des maximum de dimensions, poids et des exceptions à raison du contenu. Les bureaux postaux auxiliaires établis dans les grands organismes mêmes qui sont producteurs de documents facilitent l'expédition (par ex. : à la Société des Nations à Genève, à l'Institut International d'Agriculture à Rome). Le système de boîtes ou box dans les bureaux de poste publics facilitent la distribution à toutes les heures. En certains pays, la poste admet le dépôt d'imprimés en masse sans adresse. Ces envois sont distribués aux personnes exerçant la profession désignée par l'expéditeur. On vise les annonces réclames et prix courants.

c) En novembre 1929, il y a eu à Genève une Conférence européenne relative aux transports de journaux et périodiques (documents: 1930, § III, 1).

d) La recherche des adresses constitue un grand travail pour la poste. On ferait un volume, dit M. Zacione, avec les adresses grotesques, absurdes, incohérentes, inintelligibles des correspondances qui arrivent périodiquement au bureau des rebuts, après avoir passé sans résultat par les mains de tous les agents qualifiés. Il cite l'exemple d'une lettre qui porte « A Monsieur mon fils à Paris », une autre à Lyon « A. M. M... demeurant dans la maison auprès de laquelle il y a un tas de neige » ; une autre « à M. Durand, même adresse que la précédente ». Déjà en 1862, les lettres aux rebuts étaient de 2,175,206, dont 100,176 pour adresses incomplètes, 638,257 pour adresses à destinataires inconnus, 1,086 lettres sans suscriptions, 1,435,687 lettres refusées.

5. — *Timbres-poste.*

a) Le premier timbre date de 1840. Autrefois, il y avait de simples cachets postaux appliqués à la main sur les enveloppes. Le nombre des timbres actuellement existant dépasse 60,000. Ce nombre a doublé depuis 1913. Les Etats se sont mis à faire des tirages dans des buts fiscaux : éditions nouvelles et surchargées. Il y a les innombrables timbres de commémoration. A l'initiative de Rowland Hill, l'Angleterre employa seule le timbre pendant 10 ans. La France l'adopta en 1850. L'Office de Tour et Taxis l'introduisit en Allemagne en 1850. Dès 1653 cependant, on vendait en France des billets de port payé.

Au Congrès postal universel de 1906, la proposition fut faite du timbre universel à 10 centimes.

b) Les timbres ou les coupons-réponse constituent un instrument monétaire utilisé dans de nombreux cas. Le « timbre mondial », émis dans certaines conditions, constituerait le commencement d'une monnaie mondiale.

c) Les timbres-poste sont les plus petits documents. Certains timbres sont des chefs-d'œuvre d'imagination, de composition et de dessin.

d) Les conditions de fabrication sont fort complexes pour éviter les fraudes d'oblitération et d'annulation. Les ateliers du timbre se servent de matériel permettant l'impression en typographie, en taille-douce et en héliogravure. Le papier employé est d'une texture et d'une composition adéquates à la destination (moitié chiffon, moitié bi-sulfate). En 1931, l'atelier du timbre a fabriqué 670 millions de timbres-poste belges, représentant une valeur d'affranchissement de 390 millions de francs et 45 millions de cartes postales. Ces fabrications ont nécessité, pour ce qui concerne les timbres, 500,000 mètres carrés de papier (soit 40,000 kg.) et 12,000 kg. de gomme du Sénégal. Les feuilles sont contrôlées une à une ; ce qui échappe à la mise au rebut par suite de malfaçon ira faire la joie des collectionneurs et donner lieu à une valeur parfois énorme. (1)

e) Les timbres ont servi à la propagande. Ils ont fait connaître villes, sites, grands hommes et institutions ; ils ont servi à commémorer des événements. Ils ont été employés aussi pour des propagandes. Les Soviets ont annoncé leur intention d'éditer des timbres antireligieux ; antérieurement des correspondances avec timbres espagnols, portant atteinte au respect des convictions, ont été interdites aux Etats-Unis.

Les timbres de circonstances sont émis par les administrations des postes souvent après concours. (2) En France, le timbre antituberculeux, créé en 1925, produit annuellement environ 20 millions récoltés pendant le seul mois de décembre. Tout est motif et occasion à renouvellement, à commémoration. Les faits de commémoration étendent en quelque sorte le symbolisme de la timbrologie et sa signification documentaire.

f) Les timbres font l'objet de collections. Ils atteignent des prix formidables basés sur la rareté et non la beauté. Un Mauritius (île Maurice) est estimé jusqu'à un million de francs belges. Les deux Mauritius qui suivent sont taxés un demi-million. Un timbre de Guyane anglaise vient ensuite. C'est par centaines de mille que l'on compte les collectionneurs, par millions disent certains. Toute une organisation existe : les catalogues, les marchands, les publications et revues philatéliques, les bourses aux timbres, les associations philatéliques internationales, des experts, des études pour parer aux falsifications, des collections publiques. Le British Museum possède une collection qui lui fut donnée par un riche marchand de la Cité et qui vaut des millions. Elle est exposée en un meuble spécial dont les cadres disposés en armoires se tirent au moment de la vision. Les timbres les plus

(1) Belga. Les vignettes postales en taille-douce et en héliogravure. *La chronique graphique*, 1932, p. 167.

(2) Le timbre néerlandais de la Paix. Bulletin interparlementaire, juin 1933, p. 114.

précieux sont conservés en coffres-forts. De même au Musée de la Poste à Berlin. Les timbres constituent un instrument monétaire utilisé dans de nombreux cas. L'université de Cleveland a institué un cours de technique philatélique. Certains journaux philatéliques (notamment *Der Philatelist)* ont publié une bibliographie philatélique.

On publie des albums fac-similés de timbres en feuillets reliés ou à reliure mobile. On peut aussi établir les collections de timbres sur fiches ; la méthode offre l'avantage d'un accroissement indéfini et de rendre la division du classement très détaillée, par pays et année d'émission. Les fiches divisionnaires indiquent les pays et les groupes d'années.

6. — *Secret des correspondances.*

La poste assure le secret des correspondances. Toutefois en temps normal, dans certains pays, on décachète les lettres des citoyens suspects ou soupçonnés ; l'espionnage est instauré par ce procédé. On constate que l'ouverture des lettres n'épargne point les plus hauts fonctionnaires qui se surveillent les uns les autres. La censure postale allemande s'est exercée récemment sur les correspondances en transit. Ceci pousse à la création de services postaux aériens directs et pose la question de l'internationalisation de la poste.

7. — *Franchise postale.*

Les organismes de documentation sont dignes de disposer de la franchise nationale et internationale par tous moyens de transport et de communication. Ils sont par excellence les instruments de mise en relations, déterminant à leur suite des activités d'ordre économique. L'I. I. B. a eu la franchise postale avant la guerre et la XIIIe Conférence Internationale de Documentation a retenu son attention sur ce point. Le Musée du Congo à Tervueren jouit dans toute l'Afrique belge du privilège de la franchise de transport ; toute personne peut remettre au poste le plus voisin une pièce quelconque à destination du musée.

8. — *Instrumentation.*

La poste a créé une instrumentation et une mécanisation de plus en plus étendue et dont quelques types sont susceptibles de généralisation dans d'autres domaines de la documentation.

Des machines permettent d'estampiller en une heure 4,000 lettres par machine à main, 12 à 15 mille par machine à manivelle, 35 mille par machine électrique rotative. Le déplacement des lettres à l'intérieur des bureaux importants, celui des sacs à dépêches dans les centres de tri et dans les gares a lieu au moyen de tri-porteurs mécaniques, de monte-charges et de tracteurs, tube pneumatique, glissoires en tobogans.

Machine à affranchir au moyen d'empreintes apposées par la poste.

Tri automatique opéré à la poste de Rotterdam, Buenos-Ayres. (1)

9 — *Poste aérienne.*

La commission préparatoire aéro-postale européenne de Prague, juin 1931, a élaboré un projet général de lignes postales aériennes reliant les capitales de l'Europe et ses principaux centres d'activités. (Union Postale, juillet 1931, page 231). Pendant que de nuit les hommes suspendent le travail, les avions transportent leurs messages préparatoires de nouveaux travaux.

Le développement de l'aviation dans son stade actuel a surtout une utilité postale. Il fait passer de 1 à 5 la vitesse de transmission et le livre en est un des bénéficiaires. Le cœur de l'Afrique, de l'Asie, de l'Amérique du Sud, sera bientôt relié régulièrement au cœur de l'Europe et de l'Amérique du Nord. L'aviation révolutionnant les transports, transforme les conditions de distribution des correspondances et des imprimés. Il fait plus encore, il se moque de la censure. Déjà il avait en ce rôle pendant la guerre. Il le reprend aujourd'hui. Un aviateur italien n'est-il pas allé (juillet 1930) jeter sur Milan des petits documents antifascistes ?

253.33 Télégraphe.

1. — *Notion. Historique.*

Tous les télégraphes ont cela de commun qu'ils servent à transmettre rapidement des nouvelles à des distances plus ou moins grandes. On distingue les télégraphes *aérien, optique, pneumatique, électrique.* Depuis longtemps, le télégraphe aérien était connu par les Chinois, mais ce n'est qu'à la fin du XVIIIe siècle que l'on combina l'usage des lunettes d'approche avec celui des signaux aériens. La télégraphie aérienne fonctionna en France jusqu'à l'établissement des télégraphes électriques (1846). Il existait alors 5 grandes lignes partant de Paris et aboutissant à Lille, Strasbourg, Toulon, Bayonne et Brest. La distance moyenne entre les stations était de 12 kilomètres. La *télégraphie optique* repose sur l'emploi de rayons lumineux rendus sensiblement parallèles, qu'on interrompt à intervalles déterminés. Les premiers essais datent du siège de Paris en 1870. On peut utiliser le jour la lumière du soleil et la nuit une lumière artificielle quelconque. Enfin la télégraphie pneumatique n'est qu'un système de transport rapide de dépêches, dans des tubes où l'on fait circuler l'air au moyen de pompes. Les dépêches déposées dans de petits cylindres sont chassées rapidement jusqu'au point d'arrivée. Ce système est employé notamment à Paris, à Londres.

2. — *Technique.*

a) L'évolution technique du télégraphe électrique marque les étapes suivantes : 1° Le *Wheastone* à simples si-

(1) *L'Union Postale*, février 1932. Automécanisation postale de l'Hôtel des Postes de Buenos-Aires, par M. Ramon R. Tula, Directeur des Postes.

gnaux indiqués fugitivement sur un cadran. 2° Le *Morse*, avec expression écrite de signes longs et brefs émis par un manipulateur. Le système a été transformé après quelque temps en appareil pour l'audition, à raison de 60 mots à la minute. 3° Le *Hughe*, avec clavier. Capacité 120 mots à la minute. 4° Le *Baudot*, qui permet à son opérateur de se servir de la même ligne avec un débit de 550 lettres. 6° Le *télétype*, application de la machine à écrire. 7° Le *Siemens*, sur le principe du Baudot, mais avec intervention d'un clavier perforant les lettres sur les bandes qui passent ensuite à vitesse accélérée devant l'appareil de transmission. 8° Le Dr. James Robinson a inventé un appareil télégraphique qui permet de transmettre par un seul fil jusqu'à 40 télégrammes à la fois (au maximum 6 à 7 jusqu'ici). 9° Le *télautographe*, qui transmet l'écriture à la main, a été mis en fonctionnement entre Paris, Lyon et Strasbourg. Déjà en 1865, l'administration des postes adoptait le pantélégraphe de l'Abbé Caselli. Plus tard, le télautographe a fonctionné à l'intérieur des hôtels et des usines (Amérique). On peut entrevoir la révolution que va faire le nouvel appareil. Les quatre opérations du langage : parler ou entendre, écrire ou lire, vont pouvoir se faire à distance. On opérera directement dans les grands livres de commerce des inscriptions réciproques et on supprimera l'intermédiaire de la poste et des banques (comptabilité télautographique).

b) La technique du télégraphe a mis en lumière des faits importants dont pourront tirer fruit notamment l'enregistrement, la perception, la documentation des données et informations. 1° Par l'électricité (électro-aimant) des signaux sont transmis à distance. Ces signaux, longs et brefs, points et traits, sont combinés diversement pour former un code alphabétique. Il y a donc transformation entre divers systèmes de signes, ici électriques, là alphabétiques. 2° Le courant électrique est quasi instantané. D'autre part, l'opération humaine d'écrire avec des signaux électriques ne l'est pas, car la réflexion exige du temps. Comme l'établissement des lignes électriques est d'un coût élevé et qu'il faut les utiliser au maximum, on a tourné la difficulté en divisant l'usage d'une même ligne entre plusieurs opérateurs, agissant quasi simultanément et en basant les opérations non plus sur un acte d'attention, mais sur un acte réflexe (mise en œuvre de l'inconscient). C'est le principe du Morse, du Hughes et du Baudot. 3° Le cœur humain bat à raion de 90 × 2 = 180 mouvements à la minute. C'est le rythme qui a été adopté pour le Baudot, réalisant ainsi un principe de Psychotechnique. 4° Des claviers ont été introduits, mais ils ont des dispositions particulières à chaque cas, éloignant de la conception du clavier universel.

3. — *Statistique.*

Avant la guerre, d'Europe dans l'Extrême Orient, 4 millions de mots étaient transmis, dont 2,5 millions par la Russie. Actuellement plus de 14 millions de mots sont transmis. L'Allemagne, par exemple, a envoyé en 1933, 10,869,204 de télégrammes ordinaires en service ordinaire et 9,709,111 en service international limité au continent, 1,064,687 hors du continent.

4. — *Forme des télégrammes.*

Les télégrammes constituent une grande variété de types : ordinaire, sur formule de luxe, différé, de presse, télégrammes-lettres, de fin de semaine, de souhaits et félicitations, télégrammes urgents, télégrammes-mandats, phototélégrammes.

5. — *Organisation des services.*

On est arrivé graduellement à la fusion complète des services du télégraphe, des câbles, de la radiotélégraphie et du téléphone. L'évolution moderne tend à la disparition du télégraphe en tant qu'entité administrative distincte. Les progrès réalisés dans la technique de la transmission et le fait qu'une proportion considérable de télégrammes sont déjà transmis par téléphone indiquent que la distinction faite entre transmission orale et transmission lettre par lettre est artificielle.

6. — *Contrôle.*

La censure suivant les temps s'exerce aussi sur les télégrammes. Au début de la guerre mondiale, l'Amirauté anglaise fit remonter par des pêcheurs les câbles allemands et les fit couper, isolant subitement le Reich de toute communication avec l'étranger. Des Compagnies privées de télégraphe sont exploitées à perte à raison des avantages indirects pour leur propriétaire : priorité d'envoi des télégrammes et peut-être contrôle des télégrammes des tiers.

7 — *Codes en langages convenus.*

La Conférence Télégraphique internationale, Madrid 1932, a réglementé à nouveau les télégrammes dont le texte est constitué à l'aide de mots ayant une signification donnée par un code déterminé. Ces codes, mots réels ou formés de mots artificiels sont construits librement. La base est le mot de cinq lettres sans accent.

253.34 Téléphones.

1. — *Notion.*

Le téléphone, inventé par Bell et généralisé après le télégraphe, réalise la transmission directe de la voix. Ses installations sont devenues automatiques, les abonnés paient proportionnellement au nombre des communications. Les réseaux nationaux des téléphones sont reliés les uns aux autres. Il y avait en 1932, en Belgique, 300,000 postes téléphoniques, dont 265,000 automatiques (63,000 postes en 1914). La téléphonie inter-océanique est organisée. Il est maintenant possible de communiquer de Grande-Bretagne avec plus de 93 % de l'ensemble des abonnés téléphoniques du Monde. L'utilisation simultanée du télégraphe et du téléphone a été une création technique (système Van Rysselberghe) ; il n'en est résulté aucune limitation du nombre ni de l'efficacité des canaux de conversation.

2. — *Téléphone et documentation.*

a) La communication téléphonique remplace les lettres (ou les visites). Elle a l'avantage de la rapidité (instantanément sont échangées questions, réponses, nouvelles questions, nouvelles réponses, discussions en détail, accords). Mais tout s'y envole : *verba volant.* Il est donc bon de confirmer par lettre ou d'établir pour soi une note, un memorandum qui dans la documentation sera traitée comme une lettre.

b) Des appareils récemment inventés ont pour objet de permettre l'enregistrement automatique des conversations, notamment en cas d'absence du correspondant. D'autres appareils permettent de répondre d'un point central à des questions posées ; ainsi l'heure au téléphone.

c) Même excellentes, les relations téléphoniques ou télégraphiques ne peuvent remplacer la conversation directe. Hindenburg et Ludendorf en durent convenir pendant la guerre en cherchant à fusionner le grand quartier général qui était à Charleville avec le quartier impérial qui était à Plessis (sept. 1916).

254 Répartition et diffusion du Livre.

1 — *La répartition en général.*

L'économie du livre, bien intellectuel, implique, comme l'économie des biens matériels, elle-même la fonction de répartition. Qui possède les livres et par quels processus sont-ils répartis entre les possesseurs ? En fait, la répartition est fort inégale : 1° Entre les pays. Des pays anciens possèdent des collections anciennes qui manquent aux pays neufs (ex. l'Italie, la France, l'Allemagne, le Paraguay, la Nouvelle Zélande). Des pays riches capables d'acquérir les livres anciens comme les Etats-Unis et les pays pauvres comme les Républiques de l'Amérique centrale. 2° Entre individus : les classes riches peuvent acquérir des œuvres dont doivent se priver les classes moins avantagées par la fortune, à raison du prix ou du temps d'ouverture des bibliothèques. 3° Entre professions : celles fondées sur l'érudition et celles sujettes à constantes transformations (médecine, technique) ou impliquant un vaste champ de données à mettre en œuvre en chaque cas (droit). 4° Entre les villes et les campagnes. Les villes concentrent des livres et des collections publiques, surtout dans les capitales ; ils manquent dans la province et dans les campagnes. 5° Entre agglomérations où la répartition du livre est bien organisée et celle où elle fait défaut (ex. les Etats-Unis, l'Allemagne). La statistique tend à chiffrer les totaux de la répartition du livre et les coefficients par catégories d'habitants des livres mis à leur disposition.

On verra peut-être un jour naître un droit social nouveau, le droit pour tout homme, pour tout citoyen d'un pays (ou du monde) de pouvoir disposer d'un ensemble minimum de livres. Ce droit serait analogue au droit à l'éducation qui a pris la forme non seulement du droit d'aller gratuitement à l'école, mais l'obligation de la fréquenter (instruction obligatoire).

Toute civilisation est un produit artificiel, elle se réalise sous l'empire des connaissances élaborées en sciences systématiques par l'intelligence. Plus ces connaissances seront répandues dans le corps social, plus pourra progresser la civilisation. D'où la nécessité de le distribuer largement, et ceci doit se faire par les canaux de l'Education, de l'Information, de la Documentation.

2. — *Dépôt légal.*

a) Le dépôt légal consiste dans la remise obligatoire par l'éditeur, l'imprimeur ou l'auteur, d'exemplaires de tout ouvrage ou périodique publiés.

b) Le motif du dépôt légal a varié avec les âges. Il était destiné à la censure d'abord (Zensurexemplar), puis à la protection contre la reproduction (Schutexemplar), puis dans l'intérêt des collections et finalement dans l'intérêt de la bibliographie, c'est-à-dire des intérêts scientifiques (Studienexemplar). Le dépôt légal est à la base de la bibliographie nationale. Il est désirable qu'il soit complet et rapide, qu'il s'étende à toutes les publications, livres et périodiques, que les sanctions de la loi soient effectives.

c) Le dépôt légal a été prescrit le 5 août 1617 par un édit du roi Louis XIII, édit prescrivant de déposer gratuitement à la Bibliothèque royale deux exemplaires de tout ouvrage imprimé. Ce fut l'origine du dépôt légal. Le nombre des exemplaires à déposer a varié au cours des temps, allant jusqu'à 9. Réduit à 5 exemplaires sous l'Empire, le dépôt n'est plus actuellement que de deux exemplaires.

d) Le dépôt légal existe dans beaucoup de pays. Le nombre d'exemplaires à déposer varie. En Russie, il atteint 24.

3. — *Distribution gratuite.*

La distribution gratuite est désirable pour des œuvres de science et pour celles que les propagandes spéciales désirent voir largement répandues. Cet envoi devrait être fait aux Universités, Bibliothèques, Institutions scientifiques, Organisations internationales, afin de porter la connaissance des publications dans tout centre d'étude et d'action internationale. Les auteurs devraient s'attacher à faire le dépôt gracieux de leurs œuvres dans quelques grandes bibliothèques de divers pays. De même les institutions par leurs éditions. La Carnegie Dotation distribue des petites bibliothèques concernant la question de la Paix.

4. — *Prêt des ouvrages entre bibliothèques.*

1° Le prêt est à distinguer selon qu'il s'agit de manuscrits, d'imprimés rares ou uniques, d'anciens livres, de gravures ou photographies, cartes ou autres espèces de documents. 2° Comme raison d'être du prêt, il faut considérer : a) que le travail scientifique ne peut progresser qu'avec la consultation possible de tous les ouvrages renseignés par la bibliographie et qui se trouvent dispersés dans les bibliothèques en des lieux où ne se trouvent pas toujours les travailleurs les plus qualifiés pour les utiliser; b) qu'il y a intérêt pour un pays à voir mettre en valeur par l'usage ses propres richesses bibliographiques; c) la notion d'une communauté intellectuelle universelle et d'une collectivisation des instruments et des produits du travail intellectuel gagne chaque jour du terrain. 3° Contre le prêt s'élève: a) tous les arguments en faveur des bibliothèques dites de présence qui donnent aux travailleurs l'assurance qu'ils pourront y trouver les ouvrages catalogués; b) tous les arguments contre les risques auxquels sont exposés les ouvrages qui sont transportés hors de la bibliothèque. 4° Les substituts du prêt sont: a) la réédition des ouvrages rares; b) la Photocopie; c) les voyages bibliographiques, comme il y a des voyages d'études en tous domaines. 5° Une organisation internationale du prêt entre bibliothèques demeure une institution désirable. C'est par une convention internationale qu'on peut la concevoir, convention ouverte à tous les pays et dont les diverses parties seraient facultativement accessibles. L'organisation doit être mise en rapport avec les autres organisations du livre dans le cadre de l'organisation mondiale de la documentation. Elle doit être reliée à l'organisation nationale et à l'organisation locale de la documentation.

Le prêt international entre bibliothèques a fait l'objet de nombreux travaux. (1)

5. — *Echanges internationaux.*

Le service international des échanges a été établi par la Convention de 1884.

a) L'idée première des échanges internationaux est due à la puissante organisation américaine, la Smithsonian Institution. Les Américains ayant désiré internationaliser l'idée, reçurent un accueil favorable en Belgique et Patronage très actif du Comte de Flandre. Malheureusement, en ces temps lontains où l'internationalisme commençait à peine, on s'abstint de donner à la Convention un organe permanent. Il s'en suivit qu'aucun perfectionnement ne lui fut apporté au cours des années. Des initiatives en vue de la réunion d'une Conférence Internationale de revision et d'extension furent prises avant la guerre en Belgique même. Toute la question fut abandonnée depuis à la Société des Nations, Commission de Coopération Intellectuelle.

Elle repose sur le principe que, comme échange d'expériences scientifiques d'informations, de matériaux, le livre est un des plus forts stimulants pour le développement de la pensée scientifique. (1)

L'importance des échanges est montrée, bien que sur un point, par le *Catalogue des dissertations et écrits académiques provenant des échanges*, publié par la Bibliothèque Nationale de Paris.

b) Il serait désirable notamment: 1° que l'échange fût organisé nationalement aussi bien qu'internationalement; 2° que les expéditions, de ou par les échanges, fussent plus fréquentes (colis postaux, au lieu de colis des chemins de fer); 3° que le principe à la base des accords de 1884 devienne une réalité, à savoir : la totalité de la production intellectuelle de chaque pays échangée contre la totalité de tous les autres pays. Le Service international des Echanges étant particulièrement favorable à l'échange des périodiques, il y a là le moyen d'établir des collections internationales de revues.

c) Les échanges internationaux prennent trois formes : 1° échanges avec équivalence immédiate (sorte de Bourse aux Livres); 2° échanges sans équivalence ni prestation immédiates: sorte de compte courant dont le crédit et le débit ne se soldent qu'au cours du temps; 3° distribution gratuite de publications par l'intermédiaire du Système des Echanges internationaux et sans que la réciprocité soit une condition.

d) La convention internationale de 1884 porte sur deux objets: 1° les publications des sociétés scientifiques; 2° les documents officiels, parlementaires et administratifs, ainsi que les ouvrages exécutés par ordre et aux frais des gouvernements.

e) En Allemagne, un décret du 5 janvier 1926 a créé le « Reichstarstelle im Ministerium des Innern » (Office d'échange au Ministère de l'Intérieur). Incombe à cet office le soin d'organiser les échanges officiels avec l'étranger, de susciter les relations (également avec les sociétés savantes), de réaliser l'envoi central à l'étranger et de répartir les envois de l'extérieur selon la méthode de la Smithsonian Institution. L'Office allemand a été aidé par la *Emergency Society of German and Austrian Science and Art*, créée par le professeur Boas de la Columbia University de New-York.

La Smithsonian Institution a donné la plus grande extension à ses propres services d'échange. Ses collec-

(1) J. Emler. — Prêt international entre bibliothèques. Fédération inter. des Associations de Bibliothèques. Publ. vol 4. La Haye 1932, p. 150. — Gustav Abb. Wege zum internationale Leihverkehr. Zentralblatt für Bibliothekswesen. 1933, p. 161.

(1) Institut International de Coopération Intellectuelle. *Guide des services nationaux de renseignements, de prêt et des échanges internationaux.*

tions sont versées à la Library of Congress. Le nombre de ses correspondants est de l'ordre de 30,000, celui des pièces échangées de 60,000. Elle accuse réception des envois sur carte formule.

f) En Russie, le service des échanges est organisé par V. O. K. S. (Société pour les relations culturelles entre l'U. R. S. S. et l'étranger). Il est en rapport avec 70 pays; il a été l'intermédiaire de transmission de 1,422,881 ouvrages de 1924 à 1933. Le nombre des correspondants permanents est de 4,368. Il n'était que de 118 en 1925. Le service provoque les échanges en même temps qu'il centralise les expéditions.

g) Dans sa réponse à la Société des Nations, le gouvernement portugais a présenté l'idée que les conventions internationales d'échange de Bruxelles devraient être exécutées selon un type uniforme et un formulaire commun. Ce gouvernement voit les avantages de la convention «dans la création de bureaux internationaux uniformément organisés et intimement liés entre eux, qui constituent l'instrument d'échange et d'information bibliographique entre les centres de culture intellectuelle des différentes nations (Universités, Académies, Collectivités scientifiques et littéraires) et entre les écrivains et les savants qui veulent entrer en rapport internationalement en échangeant leurs publications répandant leurs pensées ». (Journal de la Société des Nations, septembre 1928, p. 1413.)

h) On peut se représenter ce que serait pour le progrès général une organisation d'ensemble qui généraliserait au monde entier ce qu'a pu faire la Smithsonian Institution pour les Etats-Unis. Il y aurait 30,000 correspondants, tous des producteurs intellectuels, constituant annuellement dans 70 pays le dépôt de 60,000 publications. Vu ce qui existe déjà, l'organisation d'un semblable réseau d'échange, établi comme partie du Réseau Universel de Documentation, n'est certes pas au-dessus des possibilités actuelles.

255 Description du Livre. Inventaires. Catalogue. Bibliographie

255.1 Notion.

a) *Objet.* — La Bibliographie doit renseigner sur l'existence des ouvrages et sur leur valeur. Elle est l'inventaire, la description des ouvrages publiés, indépendamment du point de savoir dans quelles collections ou bibliothèques ils se trouvent. Elle constitue donc la source de nos informations concernant les livres existants et la base de toute documentation. Elle est l'intermédiaire entre les livres et les lecteurs.

b) *Modalités.* — La Bibliographie est réalisée sous des modalités différentes: a) les recherches bibliographiques auxquelles il est procédé par chacun individuellement et pour des cas particuliers; b) les recherches bibliographiques auxquelles il est procédé par des organismes dits officiels, services ou instituts bibliographiques; c) les travaux de catalographie ou bibliographie à l'état de manuscrit ou d'exemplaire original établi ordinairement sur fiches; d) les travaux à l'état d'imprimé.

c) *Fonctions de la bibliographie.* — La bibliographie considérée autrefois comme utile est devenue un instrument de travail indispensable. Elle a plusieurs buts (utilités, fonctions). 1° Enregistrer la production intellectuelle à toute fin et dans des conditions de travail scientifique, établir l'inventaire de cette production. — 2° Etablir le catalogue et le guide pour les recherches à travers cette production. — 3° Permettre de vérifier rapidement à quel point en est parvenu l'étude d'une question quelconque pour s'éclairer soi-même et éviter les redites: bénéficier de ce qui a déjà été fait et y apporter sa contribution personnelle. — 4° Permettre de suivre l'historique d'une question. L'histoire des idées, de la science, des diverses théories scientifiques se confond largement avec l'histoire des livres, la Bibliographie (par ex. l'Economie mathématique est presque toute entière dans les œuvres de ceux qui, de Isnard, Van Thunen et Cournot jusqu'à Fisher et Moore ont écrit sur ce sujet). — 5° Faciliter l'établissement des antériorités de toute nature (scientifique, technique, en matière de droit d'auteur, en matière de brevets). — 6° Notifier aux intéressés les ouvrages nouveaux dès qu'ils paraissent. — 7° Permettre de comparer les ouvrages. — 8° Mettre en valeur les collections actuelles de livres, de journaux et de revues. Sans bibliographie, elles ne seraient, comme tant de collections d'autrefois, que d'immenses nécropoles.

d) *Utilisation.* — Il y a lieu de recourir à la Bibliographie, notamment : 1° pour l'établissement d'une thèse; 2° pour approfondir une question qui paraît intéressante; 3° pour se renseigner sur quelque point de pratique professionnelle; 4° pour présenter un travail à une académie, une société scientifique, un congrès; 5° pour élaborer et tenir à jour un cours; 6° pour écrire un article, faire un livre, préparer une conférence. — Il importe de ne pas ignorer la bibliographie, mais aussi de ne pas s'y perdre. Elle est un moyen et non une fin.

e) *Sens et degré du terme Bibliographie.* — Au premier degré, la Bibliographie c'est la notice aussi exacte, aussi complète que possible d'un écrit, du moment que cet écrit a existé, bien qu'il ne soit pas toujours possible de se le procurer, comme par ex. pour un livre représenté par un seul exemplaire, un livre détruit, etc. La description prend la forme de *notice bibliographique*. Au 2ᵉ degré, la Bibliographie est la réunion et la présentation des notices bibliographiques en recueil limité aux écrits répondant à certaines conditions de fond, de forme ou d'auteur, déterminé par l'objet de la bibliographie et dont les notices ont reçu une certaine uniformité de manière à se présenter comme des unités d'un ensemble. C'est en utilisant les recueils et les autres sources de renseignements bibliographiques qu'on fait pratiquement de la Bibliographie.

f) *Statistique.* — Le nombre des bibliographies s'est accru considérablement. Il existe peut être 100,000 bibliographies et catalogues. En 1897, il y avait déjà à la Bibliothèque Nationale de Paris environ 75,000 titres classés comme bibliographies, dont 60,000 catalogues de bibliothèques et d'éditeurs ou libraires et 15,000 bibliographies spéciales. Et cela sans compter les bibliographies insérées dans les périodiques ou placées dans les ouvrages.

g) *Catalographie générale.* — La Bibliographie est un cas de la catalographie en général, celle qui concerne le livre.

1. La catalographie en général peut se définir : inventaire, relevé, liste catalogue, cadastre, en vue de connaître la consistance des ensembles de toutes choses (documents, êtres, phénomènes, événements, faits) ; établi à des degrés plus ou moins détaillés ; objectivement (caractères) et aussi subjectivement (appréciation, valeur) ; organisé en des ensembles plus ou moins universels ; donnant lieu à des ordres de classement divers basés sur les diverses caractéristiques et facilitant la recherche des choses ; permettant l'identification de la chose, c'est-à-dire l'affirmation d'un rapport entre un des exemplaires ou individus, et toute la classe décrite au catalogue.

2. Des études sont poursuivies pour l'identification des ouvrages reposant sur les signes (caractères) typographiques et sur le rapport ou substance (papier et filigrane. (1) Cette identification n'est pas sans analogie avec le système du Bertillonnage, système établi à l'origine pour l'identification des criminels et étendu à l'identification de tout groupe quelconque de personnes. On tend maintenant vers un système universel d'identification, reposant sur des signes naturels ou des marques conventionnelles appliquées sur les choses.

3. Le catalogue est, en une certaine mesure, un substitut de la chose, soit que l'on ne la possède pas ou qu'elle est de nature trop étendue, trop encombrante pour être conservée et maniée, soit que n'existant qu'en un exemplaire unique, on ne puisse lui faire prendre place dans des ordres de classement divers.

4. Dans la catalographie des objets, on distingue : la détermination des classes, des types, des choses. Par ex. les espèces végétales et animales que l'on décrit. Et les choses dans leur existence individuelle que l'on dénombre (statistique) et que l'on enregistre ou comptabilise de plus en plus. (2)

h) *Etendue des notices.* — La notice bibliographique peut prendre la forme représentative, signalétique. Elle peut comporter aussi tout ce qu'on dit de la chose (son histoire, sa valeur, ses corrélations). Ainsi la notice bibliographique a une étendue variée : simple citation, insertion dans les prospectus, les résumés, les comptes rendus, les catalogues. La notice va jusqu'à reproduire photographiquement la page, le titre, la table des matières, parfois la préface ou des pages spécimen empruntées aux passages ou aux illustrations les plus caractéristiques. Certains ouvrages donnent lieu à des études très développées (monographies).

i) *Extension de la Bibliographie.* — La Bibliographie a été étendue dans trois directions : 1° Catalogue des articles de revues, des parties des ouvrages, des passages ou textes particuliers ; 2° notes analytiques de plus en plus étendues, complétant les simples titres ; 3° dispositions répétant les notices ou leurs traductions en plusieurs séries : matière, lieu, temps, éventuellement forme et langue, ordre alphabétique de l'auteur.

j) *Défauts des Bibliographies.* — La plupart des bibliographies ont comme défaut : 1° leur particularisme : elles sont loin d'embrasser la production internationale, qu'il s'agisse de bibliographies en forme d'ouvrages ou de bibliographies périodiques ; 2° elles sont rapidement hors de date ; 3° la délimitation du champ couvert manque de précision.

k) *Desiderata de la Bibliographie.* — Les critères d'une bonne bibliographie sont : 1° précision ; 2° complétude ; 3° absence de répétition ; 4° forme bien disposée ; 5° valeur critique ; 6° publication rapide.

La grande pitié des bibliographies, c'est qu'elles sont commencées avec enthousiasme et ne sont pas continuées. Des individualités sont indiquées pour faire le travail, mais elles ne disposent pas de moyens. (1)

Les références bibliographiques doivent être établies avec le plus grand soin. Le trouble causé par des négligences a été mis en évidence par Pierre Butler (Bibliography and Scholarship. In. Bibl. Soc. of Amer. Paper 16, 1922, p. 52-63). Une liste de 80 titres cités dans un certain livre ont pu être identifiés dans un catalogue de Bibliothèque seulement en consultant 3,276 fiches.

l) *Bibliographie et Catalogue.* — Dans sa forme complète, le catalogue de bibliothèque est une bibliographie, mais il y a entr'eux ces différences. 1° La bibliographie décrit le livre en général, le prototype de chaque livre ou document. Le catalogue décrit des exemplaires déterminés, ceux d'une collection, d'un fond donné. La bibliographie

(1) Haebler, K. — *Typenrepertorium der Wiegendrucke.* Sammlung Bibliothekswissenschaftliche Arbeiten.

(2) « On connaît en Allemagne l'existence de chaque fusil ». Hitler, 19 octobre 1933.

(1) Souvent les ressources manquent aux organismes. Ainsi le grand *Index Medicus* fut interrompu quelques mois en 1895, puis continué jusqu'en 1899, date à laquelle il avait paru sombrer définitivement. Alors est fondée la *Bibliographia Medica* par Marcel Baudoin (dir. Richet-Potin). Elle paraît seulement de 1900 à 1908. En 1921, l'*Index Medicus* reprend, publié par l'Institut Carnegie. Puis sa suite est annoncée sous la direction de l'American Medical Association.

TABLEAU DES TYPES DE BIBLIOGRAPHIES

A. — QUANT A LA NATURE DES DOCUMENTS BIBLIOGRAPHIÉS (contenu)

Matières a	Lieu d'origine des publications b	Temps des publications c	Formes des documents d	Langue des documents e	Etendue f
1. Toutes les matières. 2. Une matière déterminée (spécifier par un indice décim.).	1. Tous les pays. 2. Un pays déterminé (spécifier par un indice décimal).	1. Tous les temps. 2. Rétrospectivement seulem. 3. Toutes les dates. 4. Certaine date (à spécifier éventuellement par indice décimal de temps). 5. Cour. seulem.	1. Toutes les espèces de docum. 2. Une espèce de document. 21. Livres. 22. Périodiques. 221. Art. de fonds. 222. Faits et chroniques. 223. Bibliographie et analyse.	1. Toutes les langues. 2. Une langue détermin. (à spécifier par indice décimal de langue).	1. Complet. 2. Choisie.

B. — QUANT A LA NATURE DE LA PUBLICATION BIBLIOGRAPHIANTE (contenant)

Types de notices g	Ordre de classement des notices h	Langues de la publication bibliographique i	Forme de la publication bibliographique j	Périodicité de la publication bibliographique k	Classement des Tables des Matières accompagnant les divers fascicules l
1. Notice abrégée. 2. Notice bibliographiq. complète. 3. Notice avec l'indication sommaire du contenu de l'œuvre. 4. Analyse, résumé de l'œuvre. 5. Notes critiques. 6. Faits eux-mêm. av. sources (informations documentées).	1. Numérique. 2 Alphabétiq. par auteurs. 3. Idéologique. 31. Analytique par mot matière. 32. Systématique. 321. Par mot. 322. Décimal. 323. Autres notations. 33. Géographiques (lieu de publ.). 34. Chronologiq. (date de publ.).	1. Notices en plusieurs langues. 2. Mixte (international). 3. Une langue déterminée (spécifier par l'indice décimal).	1. Sur fiches. 2. En volumes. 21. En volumes complets. 22. En fascicule. 3. En annexe à une autre publication. 4. En manuscrit. 41. Sur feuille. 42. Sur fiche.	1. Paraissant en une seule fois. 2. Paraissant périodiquement. 21. Tous les jours. 22. Paraissant plusieurs fois par semaine. 23. Semaine. 24. Quinzaine. 25. Tous les deux mois. 26. Tous les trois mois. 27. Annuellement 3. Irrégulièrement	1. Numérique. 2. Alphabétique par auteurs. 3. Idéologique par matière (sujet, lieu, temps). 31. Analytique. 32. Systématique. 321. Mots. 322. Décimal. 323. Autres notations. 33. Géographique. 34. Chronologique (temps de publition).

n'est que le catalogue détaillé d'une bibliothèque qui serait complète. 2° La bibliographie est un ouvrage fournissant un renseignement qui souvent épargnera d'avoir à chercher le livre même, tandis qu'un catalogue est établi d'abord comme une aide pour trouver les livres. (1)

m) *Coopération, division du travail, concentration.* — Le travail bibliographique est continu. Sans cesse des ouvrages récents viennent le compléter, le rectifier, l'agrandir. « Faire certains livres n'a pas de fin », dit l'Ecclésiaste. La bibliographie n'est jamais terminée : elle doit continuer. 1° A raison de la parution incessante de nouveaux livres et documents. 2° Parce que le travail accompli n'est pas réalisé dans des conditions satisfaisantes. 3° Parce que l'on est sans cesse préoccupé de refaire des bibliographies se différenciant à raison du champ couvert, de la destination, de l'étendue, de l'espèce de classement. Pour faciliter cet immense travail, éviter les recommencements ; on commence à introduire la coopération, la division des opérations du travail, la concentration des produits du travail.

n) *Conception nouvelle.* — En bibliographie, la conception suivante tend à prévaloir : 1° élaborer, recueillir

(1) Wheatley. — Bibl. Soc. Transactions, 1 (1892-93).

ou dépouiller selon des bases de plan, de coopération; 2° constituer les répertoires sur fiches manuscrites; 3° en confier la garde à une bibliothèque ou office bibliographique; 4° les charger d'organiser un service de renseignements (consultation sur place) ou communication de copies par correspondance.

255.2 Histoire de la Bibliographie.

a) Il y eut, dès la haute antiquité, des listes du contenu des bibliothèques et des relations parlant des livres. Avant l'imprimerie, les ouvrages sont désignés par les premiers mots du texte. C'est plus tard qu'on donne de l'importance au nom d'auteur; on commence même, dans l'ordre alphabétique, par ne tenir compte que des prénoms.

Lorsque paraît l'imprimerie, on voit bientôt les imprimeurs et les libraires eux-mêmes établir des catalogues dans un but mercantile : catalogues des « Mess » ou foires, catalogues de Plantin, etc. Au XVIIIe siècle on fait des catalogues destinés au grand public. Au début du XIXe siècle paraissent les premières bibliographies nationales périodiques (*Journal de la Librairie*). En 1895, une Conférence décide la création du Répertoire Bibliographique Universel et fonde, pour le réaliser l'Institut International de Bibliographie.

b) Dans l'évolution de la Bibliographie, on distingue trois époques : 1° universelle (polygraphique); 2° spéciale et nationale; 3° de coopération internationale. Ces époques sont déterminées par l'histoire même du travail scientifique.

c) L'Allemagne, qui donna naissance à la typographie, a été de tous temps une grande productrice de livres. Ceci explique qu'en ce qui concerne la Bibliographie nationale, elle ait ouvert la voie. Les autres nations européennes ont suivi. Puis les Etats-Unis qui s'adonnèrent avec ardeur à la tâche de l'organiser et de la rationaliser.

d) La Bibliographie a, la première, posé dans le livre le problème du Total, dépassant ainsi la Bibliothèque qui, à un stade précédent, avait posé le problème de la Collection. La Bibliographie ainsi a introduit dans toute la documentation l'esprit universel et encyclopédique qui l'entraîne et la transforme en ce moment. Cet esprit dépassant même la documentation, pénètre à son tour l'organisation du travail tout entier.

255.3 Types de Bibliographie. Caractéristiques.

Les bibliographies offrent des types divers. Le tableau ci-contre permet de les caractériser et d'aider ainsi à leur développement et à leur critique. Il serait désirable qu'un accord international intervienne quant à ces caractéristiques et à leur notation. Par suite, toute bibliographie indiquerait elle-même, concernant son caractère bibliographique ou catalographique, l'analyse exacte de ses caractères et du champ qu'elle couvre. Ainsi, par exemple, une formule, un peu longue peut-être, mais tout à fait précise, donnerait a, 2(3) — b, 1 — c, 32 — d, n — e, 4, etc.

255.4 Types divers de Bibliographies.

La bibliographie comprend les classes de travaux suivants qui portent le nom de « bibliographies ». Il importe de connaître leur existence et de pouvoir s'en servir.

1° Les *bibliographies nationales*, les unes rétrospectives et récapitulatives, les autres périodiques et courantes.

2° Les *bibliographies spéciales* (rétrospectives ou courantes, nationales ou internationales). Elles sont éditées pour chaque science, soit par des particuliers, soit par des organismes créés, patronnés ou subsidiés par des associations scientifiques ou par les pouvoirs publics.

3° Les *bibliographies dites universelles*. Elles portent sur l'ensemble des ouvrages. Le Répertoire Bibliographique Universel a été entrepris par l'Institut International de Bibliographie dans le but de concentrer en un inventaire unique toutes les informations publiées par les bibliographies particulières.

4° Les *bibliographies analytiques et critiques* (comptes rendus, analyses, résumés, annuaires, années, parties bibliographiques des revues). Ces bibliographies sont consacrées, les unes à la littérature générale, les autres aux disciplines spéciales. Elles renseignent sur le contenu et la valeur des ouvrages et complètent ainsi les recueils dits bibliographies-titres, qui se bornent de mentionner les titres d'ouvrages. La plupart des revues publient des comptes rendus et des analyses. La plupart des sciences ont leurs recueils spéciaux d'analyses et il en est publié aussi des recueils généraux.

5° Les *bibliographies choisies*. Elles ont procédé à des sélections basées sur certaines critères, qu'elles font connaître. Dans cette catégorie on peut ranger: les catalogues imprimés des bibliothèques, générales ou spéciales formées selon des principes rationnels; les guides bibliographiques qui constituent des introductions à l'ensemble des connaissances humaines ou à certaines d'entr'elles.

6° Les *bibliographies commerciales*. Elles sont produites par le commerce de la librairie, sous toutes formes : catalogues des éditeurs (officines); catalogues des librairies d'assortiment; catalogues de ventes publiques et catalogues de livres d'occasion (antiquariats). Les deux dernières catégories ont une importance pour le choix des livres dont l'édition est épuisée ou dont on désire acquérir des exemplaires offrant les meilleures conditions d'état, de prix et d'édition.

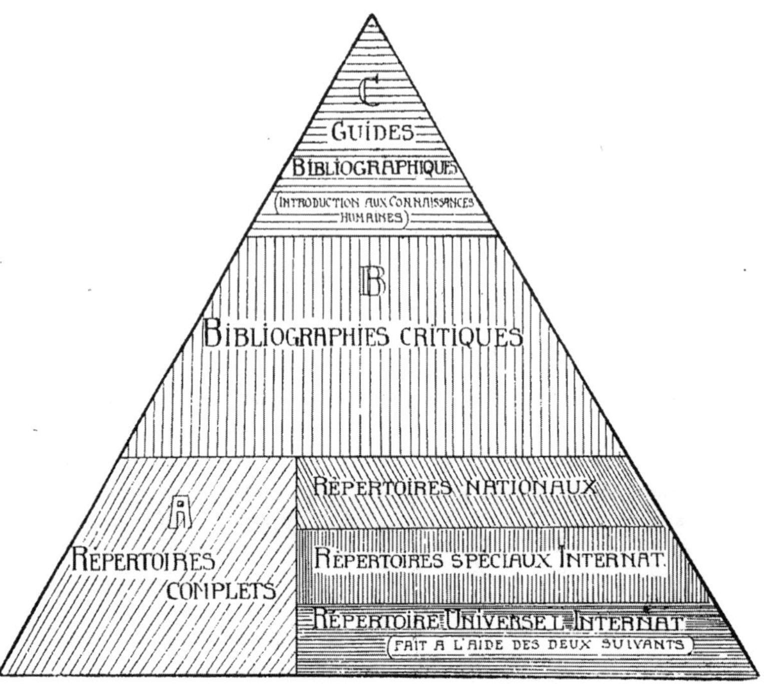

La Pyramide des Bibliographies.

7° *Sources bibliographiques.* Outre les travaux bibliographiques cités ci-dessus, il est un grand nombre de documents qui peuvent être tenus comme sources de renseignements bibliographiques, bien que n'ayant pas la coordination d'ouvrages : prospectus et catalogues d'éditeurs, comptes rendus de périodiques et de journaux, etc.

255.41 Bibliographie des Bibliographies.

Le grand nombre de bibliographies et de catalogues existants a conduit à composer des Bibliographies des bibliographies ou des Manuels de Bibliographie.

Si les livres sont des instruments de recherche au premier degré et les bibliographies des instruments au 2e degré, les Bibliographies de Bibliographies sont au 3e degré. Et comme le nombre de ces dernières s'est aussi considérablement accru, on a créé au 4e degré des Bibliographies des Bibliographies des Bibliographies. Un 5e degré a même été réalisé par une Bibliographie des B. des B. de B.

Les premières Bibliographies des Bibliographies étaient des listes de catalogues de Bibliothèque (Ph. Labbé, *Bibliotheca Bibliothecarum*, 1653). Peignot en 1810 a publié le premier Répertoire Bibliographique et en 1812 son extension en Répertoire Bibliographique Universel. Namur en 1838, dans son Manuel des Bibliothèques, publia 10,000 titres. En 1866, Petzholt publia sa *Bibliotheca Bibliographica*, œuvre fort soignée. Vallée dans sa Bibliographie des Bibliographies (1883), assez critiquée, a inclus des travaux parus dans les revues. En 1897, Stein, dans son Manuel de Bibliographie générale, essaya une synthèse de toutes les Bibliographies publiées jusqu'en 1896. Il en continua les données dans les Bibliographies modernes.

Le Manuel de Bibliographie historique de Langlois (1901-04) comprend dans sa première partie un Tableau des Bibliographies des Bibliographies.

Schneider a publié en 1923 son *Handbuch des Bibliographies*. C'est un choix et les bibliographies par matières en sont exclues.

Dans leur Bibliography de 1926, Van Hoesen et Walter font en texte continu un tableau général des Bibliographies.

La *Bibliographia Bibliographica* a été publiée par l'Institut International de Bibliographie (H. La Fontaine).

L'*Index Bibliographicus* est publié sous les auspices de la Société des Nations par MM. Marcel Godet et Joris Vorstius.

Un grand nombre de revues bibliographiques mettent à jour les bibliographies des bibliographies rétrospectives. Ainsi le *Zentralblatt für Bibliothekswesen, le Bibliographe moderne, l'Archiv für Bibliographie, Buch- und Bibliothekswesen, la Bibliothèque de l'Ecole des Chartes, The Library, The Library Journal, Revue des Bibliothèques, Revista delle Biblioteche, Revista de archivos bibliotecas y museos, Het Book, Bogens Verden*, etc., etc. L'*Index Bibliographicus*, répertoire international des sources de bibliographie courante est publié sous les auspices du Comité de Coopération intellectuelle. (1)

C'est Josephson qui a publié en 1913, à Chicago, la première bibliographie au 4e degré *(Bibliographies of Bibliographies)*.

255.42 Bibliographies Universelles.

Définition. — En principe une bibliographie universelle doit comprendre tous les livres existants. Il n'y a donc pas actuellement une telle bibliographie, mais des efforts pour y tendre et des œuvres si générales et si étendues qu'elles n'ont pas leur place dans les autres espèces de bibliographies.

Historique. — Il y a eu des catalogues généraux de bibliothèques dès le début de celle-ci. Le Catalogue de la Bibliothèque réunie à Alexandrie par les Ptolémées et qui devait comprendre 600,000 volumes. Le Catalogue (en vers) de la Bibliothèque de Callimachus. Le Lexicon de Suidas, la Naturalis historia de Pline qui devait mentionner, dit-on, 2,000 ouvrages différents. Au moyen âge, il y a des sources bibliographiques dans les œuvres des Encyclopédies et des Sommes du temps. Après l'invention de l'imprimerie, c'est Konrad Gesner qui produit la première Bibliographie Universelle, ***Bibliotheca Universalis***, ouvrage du XVIe siècle devenu rapidement fameux, qui fut supplémenté, indexé et résumé bien des fois. En 1698, Savonarole annonce un ***Orbis litterarius Universus*** qui fut perdu et qui aurait eu 40 volumes en manuscrit. Francesco Marucelli en 1701 commence son ***Mare Magnum***, avec 111 volumes manuscrits. Les catalogues des foires de Francfort, avec leur caractère international deviennent la base des compilations comme celle de Draud et Georgi, mais Langlois classe celle-ci avec les bibliographies choisies d'Ebert, Brunet et Groessel. (2)

On a tenté de dégager de la masse des millions de volumes écrits sur tous les sujets, à toutes les époques et dans toutes les langues, volumes conservés dans les longues galeries des bibliothèques, le petit nombre d'ouvrages qui ont reçu la sanction du génie et du temps. Ainsi a fait un Aimé Martin dans son « Plan d'une Bibliothèque Universelle » (Bruxelles, 1837). « Nombre très minime d'ouvrages si on le compare, dit l'auteur, à ces masses pondéreuses d'in-folio et d'in-quarto que le temps a frappés de mort et que les vers rongent sur leurs tablettes comme des cadavres dans leur tombeau ; nombre prodigieux si on ne considère que la multitude d'idées répandues dans chacun de ces livres, les principes qu'ils proclament et l'immense impulsion que l'ensemble de ces lumières peut donner au monde. » La Bibliographie Universelle ainsi comprise est nécessaire. Elle est appelée à offrir un tout complet du grand travail de l'Humanité depuis les premiers temps du monde civilisé jusqu'à nous. L'ensemble de ces divisions est une véritable histoire de l'esprit humain par les monuments mêmes de la pensée.

255.43 Les Bibliographies nationales.

1. — *Notions.*

Progressivement, mais sûrement, se construit le système des bibliographies nationales. Et il se construit avec autant plus de sûreté et d'efficience qu'il se propose d'être une branche articulée du système plus vaste de la documentation universelle.

a) Les Bibliographies nationales sont devenues les bibliographies fondamentales, car c'est la division par lieu de production qui donne la base la plus sûre et la plus rapide pour un premier enregistrement des livres. Ultérieurement les ouvrages sont repris dans les autres bibliographies. Mais il y a toujours intérêt à y recourir lorsqu'il n'existe pas encore de bibliographies spéciales, lorsqu'on veut des sources plus générales que celles contenues dans ces dernières, quand il y a lieu de vérifier les références, pour compléter les bibliographies spéciales qui souvent négligent les ouvrages anciens, pour connaître les tout derniers ouvrages parus, pour compléter les renseignements concernant les ouvrages déjà connus, mais que les bibliographies spéciales ne décrivent ni complètent. (Par ex. l'imprint, la collation, le prix).

b) Les bibliographies nationales, en général, contiennent les ouvrages publiés dans le pays par les auteurs du pays et sur le pays.

c) La compilation des bibliographies a trois sources : commerciale (associations d'éditeurs et de libraires) ; gouvernementale (dépôt légal, copyright) ; scientifique (le travail des bibliographies).

d) Les bibliographies nationales ont commencé par des listes d'imprimeurs souvent affichées à la porte de leurs officines ou dans les locaux universitaires.

e) Aucune bibliographie nationale n'est complète, achevée. Mais on la trouve plus ou moins achevée, répartie entre divers types de publications. Ainsi les ouvrages d'après les temps, avec une place à part pour les manuscrits et les incunables, les livres, les documents autres que les livres, notamment les cartes, gravures, musique ; les livres, les périodiques et les articles de périodiques, les œuvres d'après les diverses langues nationales parlées dans le pays ; la bibliographie en volumes ou sous forme

---

(1) Il n'y a pas de liste spéciale des travaux des congrès, conférences et réunions internationales de Bibliothèques et de Bibliographies. Des données à ce sujet sont à trouver dans le *Zentralblatt*.

(2) Voir une esquisse de l'Histoire de la Bibliographie dans Otlet et La Fontaine : la création du Répertoire bibliographique Universel. Bulletin de l'Institut International de Bibliographie, 1895.

Voir aussi : Erman, Wilhelm. ***Weltbibliographie und Einheitskatalog***, Bonn et Leipzig, 1919.

de publications continues; la bibliographie due à l'une des trois sources indiquées ci-dessous ou à la combinaison de deux ou trois, elle donne lieu à des recueils par ordre de date; par bibliographies locales, par matière systématique ou par matière alphabétique, il y a un système qui est cumulatif.

2. — *Types réalisés.*

Pour l'Angleterre, il y a lieu de faire ainsi les recherches. 1° Publication de la dernière semaine: *Publisher's Circular.* 2° Publication du dernier mois: *Publisher's Circular Monthly* ou *Bookseller.* 3° Pour le dernier trimestre: *Whitaker's Cumulative List.* 4° Pour la dernière année, le *Whitaker* ou l'*English Catalogue.* 5° Pour des ensembles d'années, l'*English Catalogue.* 6° Pour certains siècles, le *London Catalogue* ou les *Term Catalogues* ou le *Transcript of the Stationer Register.*

Mais on a en outre les grandes sources du Catalogue du *British Museum, de la Cambridge History of English Litterature.*

La France possède la Bibliographie de la France récemment réorganisée, le Catalogue mensuel de la Librairie française commencé par Lorenz et continué par Jordell, le grand Catalogue de la Bibliothèque Nationale et son Bulletin mensuel des récentes acquisitions françaises. La H. W. Wilson Company (New-York) a entrepris un vaste système de catalogue imprimé, dont les caractéristiques sont les suivantes: 1° En un volume (The United States Catalog) toutes les œuvres publiées en Amérique encore en librairie en 1928. Les titres arrangés en un seul ordre alphabétique sous l'auteur, le titre et le sujet (190,000 titres, 575 entrées, 3,164 pages). 2° Supplément. Cumulative Book Index 1928-32, 2,300 p. Il comprend tous les livres de langue anglaise. 3° Service courant pour l'année, paraissant en 12 fois en fascicules se cumulant par deux mois, quatre mois, six mois et douze mois. La publication donne l'indication du prix de l'éditeur, de l'édition, de la reliure et la date de publicité. Elle s'étend aux livres publiés par les éditeurs, les auteurs, les sociétés, les instituts, les livres publiés par souscription, un choix de documents gouvernementaux, les brochures.

Récemment de nouveaux progrès ont été réalisés en Allemagne. Ils émanent de la puissante organisation des Editeurs-Libraires unis dans le Börsenverein à Leipzig. Ils portent sur la Bibliographie allemande, la « Deutsche Nationalbibliographie ».

Les Allemands portent le génie et la patience de l'organisation dans le domaine intellectuel, comme déjà ils l'ont fait dans le domaine industriel sous le double signe de la rationalisation et de l'efficience. Sans doute la bibliographie coûte à établir et de l'argent et du travail, des soins aussi et des idées. Mais une méthode rationnelle trouve tant d'économies à faire par un meilleur enchaînement des opérations, que les ressources se trouvent. Elles sont assurées quand, aux utilités du travail fait, viennent s'ajouter d'autres utilités de grand rendement. Voici la chaîne :

1° Les producteurs du livre allemand, il y a bien des années, ont commencé par s'associer : éditeurs, dépositaires, libraires, et ils ont réalisé cette machinerie formidable qui a nom « Börsenverein » (Bourse du Livre de Leipzig). Les quelques 30,000 libraires répartis par toute l'Allemagne et dans un bien grand nombre d'autres pays ont eu un lien avec un centre, ce qui leur a facilité à la fois les commandes, les expéditions et les règlements de compte.

2° Cette organisation a créé de toutes pièces la *Deutsche Bucherei*, la grande Bibliothèque nationale allemande, où tout ce qui paraît en allemand, n'importe où, vient se concentrer. Ses volumes sont en quelque sorte des exemplaires témoins réunis à toutes fins, celles de la Pensée, de la Culture, de la Technique, de l'Administration et aussi celles du Commerce des Livres.

3° Les livres produits et offerts en vente, il faut les cataloguer; il faut aussi cataloguer la Deutsche Bucherei, il faut enfin élever un monument total à la Pensée allemande écrite et imprimée (Schriftum), à sa bibliographie. On a voulu faire en une fois les opérations nécessaires à ces trois objectifs autrefois distincts, séparés et recommençant chacun un même travail, ou à peu près, sur nouveaux frais. Le résultat est la *Deutsche National Bibliographie.*

4° Celle-là a procédé par fusion de ce qui existait et, sans dommage pour personne. C'est ainsi qu'a été élevée au rang et à la fonction nouvelle la publication bibliographique hebdomadaire ancienne et bien connue, le *Wöchentlichen Verzeichnisse.*

5° Pour être utile à toutes les bibliothèques, on a réalisé ces deux réformes : les notices des livres, au lieu d'être faites d'une manière sommaire et quelconque sont maintenant conformes aux règles catalographiques de l'instruction prussienne, au lieu d'être imprimées en pauvres petits caractères, elles se présentent maintenant en très beau texte.

3. — *Desiderata et recommandations.*

On peut formuler en ces termes les desiderata et recommandations des bibliographies nationales.

1° Principe. — La bibliographie nationale doit constituer un système complet à tous les points de vue : a) auteurs, b) éditeurs, c) matières, d) lieux, e) temps, f) formes, g) langues des publications.

2° Extension. — Le système doit comprendre : a) l'état civil de ce qui a paru, sous forme de description bibliographique; b) autant que possible l'analyse du contenu des ouvrages; c) leur classement; d) les indications catalographiques se référant aux grandes bibliothèques nationales ou spéciales du pays.

3° Quant aux formes. — Le système doit s'étendre à : a) livres; b) périodiques et journaux; c) contenu des périodiques (éventuellement articles de fond de grands journaux); d) publications, éditions sur fiches; e) gravures, estampes, photographies; f) cartes et plans; g) musique.

4° Quant au temps. — De l'origine à nos jours, en deux séries distinctes : a) partie rétrospective; b) partie courante périodique.

5° Quant aux matières. — Tous les sujets, concernant tous lieux et à tous les temps.

6° Quant aux auteurs. — a) Les auteurs nationaux, qu'ils habitent dans le pays ou à l'étranger (on peut indiquer ces derniers par une astérisque); b) auteurs étrangers publiant sur le pays, les habitants, les personnages ou les œuvres du pays.

7° Quant aux imprimeurs et éditeurs. — Toutes les publications imprimées dans le pays, qu'il s'agisse d'auteurs nationaux ou étrangers, de matières nationales ou étrangères.

8° Mode de publication. — Publication unique, mais sous différentes formes répondant à diverses utilités : a) forme volume ou fascicule à relier en volumes; b) édition sur papier pelure facilitant le découpage et le collage sur fiches; c) s'il se peut, édition sur fiches.

9° Rédaction des notices. — a) Notices complètes; b) règles catalographiques internationales; c) dispositifs permettant de répondre à la fois aux besoins de la bibliographie comme à ceux des catalogues de bibliothèques. A cet effet notamment impression des notices de référence (additional entries) sous les notices principales auxquelles elles se rapportent et la cote de placement portée par l'ouvrage dans le catalogue de la Bibliothèque nationale; d) un numérotage d'ordre continu des notices et dont les numéros sont placés à la fin de chaque notice, en bas, à droite.

10° Classement. — a) Classification systématique (classification décimale); b) vedettes analytiques ou mot matière indiquant brièvement le sujet traité par la publication (en bas, à droite).

11° Langue de la bibliographie. — La langue nationale : titre, avertissement, éventuellement les tables en les diverses langues, s'il y a plusieurs langues nationales, le corps de la bibliographie étant dans la langue originale de chaque ouvrage avec éventuellement traduction du titre en plusieurs langues sous forme de note.

12° Tables. — a) Table des auteurs et des titres des ouvrages anonymes; b) table alphabétique des titres des périodiques; c) table des entrées décimales complémentaires de la partie principale classée décimalement (indexation multiple, entrées par lieux); d) table analytique (alphabétique des matières avec renvoi aux indices de la classification décimale); e) principes des tables cumulatives; f) tables mensuelles, annuelles, décennales.

13° Couverture. — a) Couverture amovible, formant dossier; b) donnant sur son recto la table des principales rubriques dans l'ordre systématique, avec renvoi à la fois aux pages et aux numéros d'ordre des notices.

14° Suppléments. — Suppléments destinés à faire connaître les ouvrages des années antérieures qui n'ont pas été relevés dans les fascicules ou volumes des années où les publications ont paru.

15° Parties. — Parties distinctes : 1. pour les livres; 2. pour les titres de périodiques et journaux; 3. pour les articles; 4. pour les estampes, la musique.

16° Pagination. — Spéciale pour chaque partie.

17° Annexes. — 1. Introduction explicative; 2. historique des transformations de la publication; 3. statistique de la production bibliographique du pays conforme aux tableaux statistiques internationaux; 4. caractéristiques de la Bibliographie aux divers points de vue indiqués sous n° 255.2 et notamment la formule numérique de ces caractéristiques.

18° Moyen d'établissement. — a) Les ouvrages sont à rassembler par la Bibliothèque nationale du pays, soit par la voie de dépôt légal, soit par la voie d'achat ou de don des auteurs et éditeurs; b) ententes avec les imprimeurs, les éditeurs, les administrations publiques éditrices, les sociétés et corps savants, les associations d'éditeurs de journaux et de revues; c) correspondants dans les provinces.

19° Coordination. — Dans chaque pays la Bibliographie nationale devrait être établie de manière à combiner en un instrument unique les desiderata de la Science, ceux des Bibliothèques, de l'Edition et de la Librairie. A cette fin, notamment : 1° la bibliographie devrait être établie non seulement en volumes, mais aussi sur fiches; 2° cette dernière comme aux Etats-Unis combinée avec le certificat de dépôt aux fins administratives et du droit d'auteur; 3° tout livre devrait recevoir son numéro matricule en même temps que son indice numérique de classement. Le numéro serait désormais substitué aux longues descriptions, coûteuses d'écriture, de transmission télégraphique et de transmission comptable. La cote (France 1929, n° 1426) devrait suffire pour indiquer avec concision, précision et certitude tel ouvrage de tel auteur sur tel sujet, édité par telle firme en France en 1929. Cette désignation d'identité attribuée initialement à l'ouvrage serait imprimée sur lui, dans sa notice et sur les fiches y afférentes.

255.44 Bibliographie spéciale par matières.

Il y a des bibliographies spéciales de toutes les sciences, de presque tous les sujets spéciaux. Parmi les bibliographies spéciales, il est des œuvres considérables. Nous en mentionnerons seulement quelques-unes.

Ainsi l'International Catalogue of Scientific Litterature, l'Index sur fiches du Concilium Bibliographicum créé à

Zurich en 1895 par Herbert Haviland Field, l Index Catalogue suivi de l'Index Medicus, le Manuel de Bibliographie historique de Langlois, le Manuel de Lanson, le Guide to the Study of History, sous les auspices de l'American Historical Association.

En Histoire naturelle, Minéralogie, Botanique, Zoologie, la Bibliographie a besoin d'organisation. Son travail ne se confine pas au laboratoire ou à l'observatoire. Il est répandu à travers toute la terre et les publications de la plus obscure histoire locale peuvent contenir des observations de phénomènes naturels.

L'International Catalogue of Scientific Litterature. Ce catalogue a été entrepris par une organisation internationale sous les auspices de la Société Royale de Londres. Celle-ci avait publié le Catalogue of Scientific Papers, bibliographie du contenu des périodiques scientifiques de 1800 à 1900.

Le Catalogue of Scientific Litterature commencé en 1901 a édité jusqu'à ce jour 216 volumes contenant environ 3,000,000 de références aux périodiques de sciences de 34 pays. Il a cessé de paraître. Son organisation reposait sur un Bureau international à Londres et des Bureaux régionaux qui y envoyaient les fiches des travaux nationaux. Il était publié annuellement un volume par science. Une classification générale avait été élaborée, représentée par des lettres suivies d'un numérotage en quatre chiffres. On a fort critiqué le catalogue Retard, incomplet, trop peu de références croisées dans les index; classification insuffisante, se présentant dans son isolement et occupant presque toutes les lettres de l'alphabet, sans s'inquiéter des autres sciences, technique et sciences appliquées laissées de côté; non utilisation des bibliographies périodiques existantes, coopération restreinte; pas de souci de la Bibliographie universelle.

La Smithsonian Institution en décembre 1932 a présenté un plan pour la reprise des travaux du Catalogue International, en se fondant sur le fait qu'il existe encore une vingtaine de Centres nationaux de documentation pour la bibliographie scientifique qui sont entretenus par des fonds gouvernementaux. Le Plan nouveau consiste à réunir un fonds de roulement de 75,000 dollars que devraient verser des fondations éducatives ou des donateurs privés et à faire appel à des souscriptions en payant 50 dollars par an. Une liste de 1,000 noms a été dressée. On estime que la matière réunie par les Bureaux nationaux et non publiée a une valeur de un à deux millions de dollars.

Le Biological Abstracts a été rendu possible par l'aide de la Fondation Rockefeller de la Laura Spelman Rockefeller Memorial, de l'American Council of Learned Societies, du National Research Council.

255.45 Autres espèces de bibliographies.

a) Les bibliographies à base de formes ou de généralités dites parfois erronément « bibliographies spéciales » sont distinctes des bibliographies universelles et de celles à base de matières ou des bibliographies nationales. Leurs particularités les font grouper sous les titres suivants, d'après la caractéristique des ouvrages qui sert au groupement. 1° L'auteur, ex. auteurs, collectif, classes d'auteurs, plagiaires. 2° L'édition ou la publication (ex. premières éditions, ouvrages inachevés, éditions de luxe, éditions microscopiques, livres supprimés, exemplaires d'associations. 3° Affinité de contenu, par ex. Erotica. 4° Valeur ou usage: les meilleurs livres, les livres de textes, les livres de références, etc.

b) Il y a des types de bibliographies s'attachant à des caractéristiques secondaires, mais qui ont leur utilité, par ex. celles des éditions des classiques considérées comme définitives, celles des livres à bon marché des bons auteurs (Teubner, Tauchnitz, Everyman, etc.), celle des livres annoncés sans jamais paraître ou commencés à paraître et jamais achevés. Mais d'autres sont futiles. Par ex. celles-ci « Books primited in two point fly's eye type », livres imprimés sur des « yeux de mouche », c'est-à-dire sur le 8e de l'interligne des livres ordinaires.

c) Les bibliographies des publications officielles ont été faites sur le tard. Les documents officiels sont en nombre élevé. Les Blue Books anglais étaient d'environ cent par an avant la guerre. Ils paraissent sous les noms des divers départements ou administrations spéciales, ce qui rend les recherches difficiles. Les Etats-Unis ont donné les plus grands soins à leurs documents officiels. Ils en ont centralisé l'impression, les services du « Printing Office », la distribution dans ceux du superintendant of Documents, le collectionnement dans la Library of Congress, le catalogue dans les fiches éditées par cette bibliothèque. Voir les ouvrages de Swanton, *Guide to U. S. Government publications*, de Clarke, *Guide to the Use of the U. S. Government Publications*, Everhart, *Handbook of U. S. Public Documents*. Il y a maintenant les abondantes publications de la Société des Nations et du Bureau International du Travail. (1)

d) Les publications de sociétés, les dissertations et Festschriften ont été relevées dans nombre de recueils. Par ex. : Minerva, Index generalis, Handbook of Learned Societies, Bibliographie des travaux scientifiques de Deniker.

e) Il y a des listes de livres remarquables par leur histoire, leur association, etc. Ex. livres perdus et imaginaires, livres accidentellement détruits, livres supprimés, prohibés, expurgés (par ex. *Romans à lire et à proscrire* de Bethléem), livres en exemplaire unique, livres dédicacés, livres ayant appartenu à des célébrités, portant des autographes, des notes manuscrites, etc. Parmi les livres imaginaires, on a cité celui-ci du XVIIIe siècle: *Mémoire*

(1) Myers, Denys, P., *International Documentation, its classification and purpose*. In Libraries, 1927, p. 107-13.

sur l'usage des chats dans l'art musical et sur la manière de pincer leur queue pour les faire miauler en concert.

f) Anonymes et pseudonymes. — Il y a des bibliographies spéciales des ouvrages dont les auteurs sont anonymes ou pseudonymes. Ainsi Samuel Halkett and John Lang: *Dictionary of Anonymous and pseudonymous literature* (1926-1933).

g) Bibliographie à base de date des publications. — On a établi des bibliographies dans l'ordre chronologique de parution des ouvrages. Ex. Napiersky: *Chronologischer Conspect der Lettischen Literatur von 1587 bis 1830.* — En fait, tous les recueils périodiques de bibliographie constituent des bibliographies chronologiques, ce qui apparaît très sensiblement quand les collections se continuent sur plusieurs années. Les bibliographies spéciales sont souvent établies dans l'ordre chronologique qui est l'ordre du développement de la science. Ex. Maurice Lecat: *Bibliographie du Calcul des variations,* 1916. Le classement par ordre des ordres donne lieu à bien des particularités. Voir à ce sujet Vöge, A. Law : « Chronological arrangement of Subject cards in a dictionary Catalog. *(Library Journal,* 1917, n° 6, p. 441-443).

h) Catalogue des Editeurs, des Libraires et des Ventes publiques. — Les catalogues des éditeurs revêtent diverses formes. Catalogues complets (souvent véritable historique de leur maison). Catalogue de leurs livres nouveaux. Catalogue de leurs livres dits « de fonds », c'est-à-dire encore en vente. Les éditeurs publient des notices et circulaires, sur feuilles ou sur fiches, avec ou sans compte rendu, prêtes à l'insertion. Il existe des catalogues communs aux éditeurs d'un pays (par ex. en France le Le Soudier) ou d'une spécialité. Ce sont alors des catalogues individuels des maisons d'édition, imprimés aux mêmes formats et réunis par les liens d'une table commune des matières. Les catalogues des libraires paraissent en nombre considérable. Ils sont de caractère universel, traitant de tout. On a réalisé pour les librairies des tirages à part de la Bibliographie de la France, présentés sous le nom imprimé de divers libraires. Il y a les catalogues de bouquinistes (antiquariat), les catalogues des ventes publiques et la publication des prix auxquels y sont vendus les ouvrages. *(Book-prices Current).*

i) Bibliographie des meilleurs livres. — John Lubbock *(On the Pleasure of Reading)* a donné une liste des cent meilleurs livres. von Möllendorff *(Die Weltlitterature),* 975 livres avec une table de comparaison par pays montrant la part la plus importante de l'Italie. Sonnenschein *(Best Books)* a publié en 1910 une liste de 100,000 ouvrages, mais toutes les langues ne sont pas bien représentées. N. Roubakine *(Parmi les Livres).* Al. Philip publie annuellement un recueil *Best Books,* avec excellentes introductions et classements détaillés, une sorte d'histoire de la littérature scientifique. *Le Guide polonais des autodidactes.* L'*A. L. A. Catalogue* par l'American Library Association, édition de 1906, liste de 10,000 ouvrages de base, avec annotations et classés selon la classification décimale. Elle est supplémentée par *Booklist,* mensuel. L'*A. L. A. Reading with a Purpose, a series of Reading Course.* Kœller et Volckmar, *Kleine Literaturführer. Le Répertoire bibliographique de la Littérature française,* de Federn, etc., etc. L'Institut International de Coopération Intellectuelle a publié des listes d'ouvrages remarquables parus dans les différents pays au cours d'une année déterminée. Sous la direction de Tweney, le projet a existé d'un « Guide bibliographique international », classé décimalement. De nombreux concours ont été organisés pour déterminer les meilleurs livres : il en a même été un dont le jury était composé d'enfants de moins de 12 ans. Deux tendances sont en opposition : ceux qui voudraient qu'on procède à l'élimination des livres moins intéressants et les partisans de l'universalité. *Melius est abundare quam deficere.*

j) Ouvrages dits de référence. — On a défini les ouvrages de référence, les « clearing house des connaissances », les « bibliothèques en miniature ». Ils comprennent les encyclopédies, les dictionnaires, les annuaires, les traités et manuels concernant toutes les sciences et qui contiennent beaucoup de bibliographies. Buck G., *Keys to the Halls of Books* (1926), énumère 25 types de livres de références. — Mudge a publié *New Guide to Reference Books* (1923). — Kroeger, Alice B. *Guide to the study of Reference Books* (1917). — La Reynold's Library (Rochester, E. U.) a projeté de centraliser tous les catalogues des livres de référence. — Les congrès sont en nombre considérable (on en a compté plus de 3,000 de 1842 à 1910). Ils donnent lieu à des travaux abondants publiés en volumes séparés, en cahiers ou fascicules de publications séparées, dans les périodiques. — La bibliographie courante est complétée par la chronologie des événements et par les histoires de la science, de la littérature, de l'art, par les rapports sur les progrès réalisés dans les diverses branches des sciences et des activités. — Les *Tables annuelles de Constantes,* telles que les publie C. Marie et des organismes américains sont des auxiliaires de la Bibliographie limitée aux recherches quant aux données qu'elles enregistrent.

k) Biographie. — Il existe un grand nombre de recueils de biographies, les uns rétrospectifs, les autres courants, et des renseignements bibliographiques sommaires dispersés dans les dictionnaires et les annuaires. — Les histoires littéraires, Biobibliographie et Encyclopédie sont des sources importantes de bibliographie pour les auteurs de tous pays et de tous temps. Elles sont nombreuses : Zedler, Ersch et Gruber, Niceron, Joecher, Vapereau, Michaud, Hœfer. Il y a les dictionnaires de biographie nationale. Les renseignements sur les auteurs contemporains sont difficiles à se procurer. Il y a: Angleterre *Who's who*

(1933, 85e année), Etats-Unis *Who's who in America* (1932, 17e vol.), France, *Qui êtes-vous* (1924), Allemagne, *Wer ist's* (1928, 9e éd.), Italie *Chi e* (1928-1929), Pays-Bas, *Wie is dat* (1932, 2e éd.), R. K. *Wie is dat.*

255.46 Bibliographie des périodiques et des journaux.

Il y a lieu de distinguer la bibliographie des périodiques et celle des articles de périodiques; la bibliographie des journaux et celle des articles de journaux.

a) La bibliographie des périodiques prend souvent le nom d'Annuaire de la Presse. Le Congrès international de la Presse Technique 1928 s'est occupé d'un Annuaire international de la Presse Technique Mondiale. Stein, dans son *Manuel de Bibliographie générale*, donne le Répertoire des tables générales de périodiques de toutes langues. L'inventaire des périodiques scientifiques des Bibliothèques de Paris a été dressé sous la direction de M. A. Lacroix (Paris, Masson, 1924-25, 4 vol. in-8°) (Académie des Sciences). — La *World List of Scientific Periodicals published in the Years 1900-1921* (London University Press 1923) relève 24,678 titres. C'est un catalogue collectif des bibliothèques de Grande-Bretagne. Il propose des abréviations, donne les éditeurs, changements de titres et leurs dates, identité des périodiques ayant eu divers noms, dates d'interruption, indication des bibliothèques où un périodique peut être consulté ou obtenu en prêt.

b) *L'International Index to Periodicals*, que publie maintenant la H. Wilson Co est une table du contenu d'un large ensemble de périodiques publié 5 fois par an, le 6e fascicule est combiné avec le volume annuel qui cumule et refond les données de toute l'année. Tous les 4 ans, le volume de l'année est remplacé par un volume qui réunit cumulativement la matière avec les 3 volumes précédents. Les 4 volumes pluri-annuels de la collection couvrent ensemble les années 1907-1927, soit 21 ans, et comprennent 384,000 entrées Le mode de publication adopté permet d'annuler successivement les fascicules accumulés et d'utiliser l'immense matière selon un minimum d'ordre alphabétique recommençant.

c) Le problème de l'unification du système des abréviations des titres de périodiques a été étudié par la Commission de Coopération Intellectuelle, discutée par la Réunion des Bibliothécaires, examiné en liaison avec celle-ci par le Congrès International des Bibliothécaires à Rome. On possède maintenant dans la *World List of Scientific Periodicals* un instrument pratique pour les abréviations des titres des revues.

d) Des travaux considérables portant sur les dépouillements des périodiques ont été entrepris en tous pays et dans les différentes branches des sciences ou des activités. Ainsi, par exemple, le *Poole Index* américain, le *Schedularium* (fiches) du Concilium Bibliographicum, le *Catalogue of Scientific Papers* (XIXe siècle), le *Catalogue International de la Littérature Scientifique* (1900-1914). On trouve la liste de dépouillements dans la Bibliographie des Bibliographies et pour les temps récents dans l'*Index Bibliographicus*. Le *Poole Index* a été la première œuvre de cette nature. Il a enregistré en coopération, 590,000 articles de 470 périodiques différents et il a été continué par l'*Annual Literary Index* et par l'*Annual Library Index*.

La *Bibliographie de Belgique* a publié chaque année la liste des périodiques paraissant dans le pays. Pendant plusieurs années la *Bibliographie de Belgique* publiait aussi en coopération avec l'Office International de Bibliographie, un *Bulletin des Sommaires des Périodiques*. Les articles des revues y étaient relevés en forme bibliographique, munis chacun de leur indice décimal.

e) Les listes de journaux sont souvent données avec celles des périodiques. Il y a des bibliographies ou tables des matières de quelques journaux, recueils précieux pour s'orienter dans les faits contemporains. (Ex. :*The Times Index, New York Times Index*.)

f) La Bibliographie des Périodiques et des Journaux est une œuvre immense, elle ne peut être réalisée que par coopération et publiée sous forme de recueils divers. Elle est appelée à être concentrée dans le *Répertoire Bibliographique Universel*.

255.47 Catalogues des grandes bibliothèques.

a) Les catalogues des grandes bibliothèques sont des œuvres considérables, poursuivies à travers plusieurs générations. Les grands types sont ceux des Bibliothèques nationales de Paris, Londres (British Museum), Washington (Library of Congress), Berlin, Vienne, Madrid, Rome, Leningrad. Certains de ces catalogues sont imprimés, d'autres sont à l'état de manuscrit. Ils comportent des suppléments et des compléments. Parmi les catalogues imprimés, il y a lieu de citer ceux du Peabody Institute de Baltimore, de l'Université d'Edinburgh, de l'Université de Leyde, de la Bibliothèque Royale de Copenhague, de la Bibliothèque publique de Dresde, de la Bibliotheca National de Santiago. (1)

b) Les catalogues sont aussi anciens que les bibliothèques mêmes. Ils ont existé déjà dans les bibliothèques de Ninive, Babylone, d'Athènes, de Thèbes, Carthage, Rome, Alexandrie et autres de l'antiquité. Les catalogues primitifs et ceux des temps postérieurs étaient fort imparfaits; ils étaient ordinairement par noms d'auteurs ou disposés selon un ordre de matières plus ou moins arbitraire. Il n'y avait pas de règles fixes pour le catalogage. On se servait généralement de grands registres reliés, en laissant pour les intercalations des blancs rapidement rem-

(1) Répertoire des catalogues d'imprimés des principales bibliothèques du monde, dans Stein *Manuel de Bibliographie générale* (F. Milkau Centralkatalogue und Titeldrucke (1898).

plis, ce qui donnait lieu à toutes les complications, des surcharges, des compléments et des additions. L'œuvre du catalogue était un perpétuel recommencement, chaque fois suivant des systèmes différents. C'est vers le milieu du XIXe siècle que la catalographie a reçu une vive impulsion. On a adopté des catalogues sur fiches mobiles, se prêtant à l écriture à la machine. On a arrêté des règles catalographiques, on s'est entendu pour standardiser et à la fois généraliser et unifier règles et formats.

c) Espèces de catalogues. — Les catalogues des bibliothèques sont: *Quant à l'objet*, consacrés à l'ensemble des collections ou distinctement aux livres, aux périodiques, aux cartes et plans, aux manuscrits, aux incunables, aux ouvrages de référence. *Quant au classement* par auteur, par matière systématique, par matière ordre alphabétique. *Quant au mode d'établissement* manuscrit ou imprimé, en registre ou sur fiches, rétrospectif ou accroissement.

On peut diviser les espèces de catalogues en : A. *Catalogues généraux* : 1. catalogue onomastique ou alphabétique d'auteurs (name catalog) ; 2. catalogue méthodique ou systématique (subject catalog) ; 3. catalogue topographique (shelf list) ; 4. catalogue dictionnaire (dictionary catalog) ; 5. catalogue d'acquisition (inventaire, accessoire book). B. *Catalogues spéciaux.* — Ces catalogues sont en nombre illimité et peuvent correspondre à chaque espèce de fond ou collection: manuscrits, incunables, ouvrages rares et précieux, périodiques, partitions de musique, thèses académiques, gravures et estampes, cartes et plans, ouvrages en double ou incomplets, etc. Il y a intérêt à joindre au catalogue général, le plus grand nombre de ces catalogues particuliers.

d) Le catalogue général de la Bibliothèque nationale de Paris, qui est aussi la plus importante des bibliographies rétrospectives, est arrivé en 1933 à 122 volumes à la lettre N. Sur son histoire, consulter l'introduction de M. L. Delisle dans le T. I. du *Catalogue général des imprimés de la Bibliothèque Nationale.*

La publication photographique du Catalogue de la Bibliothèque Nationale de Paris va être facilitée par suite de l'action d'une Commission désignée par l'American Library Association. 40 bibliothèques américaines ont décidé de souscrire au catalogue, à raison de 250 francs au lieu de 125. Par ce supplément d'environ 2 millions de francs, le catalogue sera achevé en 11 années au lieu des 25 années prévues. Le procédé photostatique donnera lieu à 50 volumes par an avec 3,200 entrées, en cahiers de 50 pages. Chaque volume coûte 35 dollars relié, soit 11,000 dollars pour le tout. Une nouvelle édition du catalogue imprimé originairement de A à L a été entreprise par les procédés Catin (sorte de procédé anastatique). Le travail sera effectué par une organisation spéciale avec des catalogueurs retraités, recevant des appointements de 15,000 fr. soit la moitié du montant de leur traitement antérieur, mais qui s'ajoutent aux 15,000 fr. de leur pension elle-même.

e) Il y a crise dans les Catalogues des Bibliothèques en Allemagne. L'ancien catalogue systématique est victime de l'immense essor des sciences durant cette dernière dizaine d'années. La Deutsche Bucherei est passé au classement mécanique d'après le *Numerus currens.* Le catalogue systématique de la Bibliothèque de l'Etat de Prusse à Berlin, qui comprend plus de 1400 volumes in-folio (la Bibliothèque a 2 millions de volumes), est l'un des rares qui ait survécu aux assauts du temps. Un index alphabétique-matières, achevé aux trois quarts, lui a été joint. Le catalogue-dictionnaire n'a pu s'implanter jusqu'ici en Allemagne.

255.48 Catalogues collectifs de bibliothèque.

a) Entre les catalogues de bibliothèques particulières et la bibliographie prennent place les catalogues collectifs (Union Catalogue). Ils sont consacrés à l'inventaire des ouvrages possédés par un ensemble de bibliothèques. Par l'étendue du champ qu'ils couvrent, ils constituent une contribution importante à la bibliographie et peuvent même d'un certain point de vue être considérés comme une bibliographie choisie.

b) Les catalogues collectifs ont pris comme base, tantôt le lieu de dépôt (catalogue collectif des bibliothèques de telle ville, telle région), tantôt la nature des publications (périodiques ou manuscrits), tantôt la matière (livres de telle science).

c) Parmi les catalogues collectifs, on doit signaler l'Union Catalogue des Etats-Unis (Library of Congress), le « Gesamt Katalog » des bibliothèques de Prusse, le catalogue collectif de Stockholm et d'Oslo, le catalogue collectif des périodiques possédés par les bibliothèques de Paris, le catalogue collectif des bibliothèques de Belgique (Office International de Bibliographie et de Documentation). Des catalogues collectifs existent notamment en France pour les manuscrits, les richesses d'art et les fonds spéciaux des bibliothèques provinciales, les incunables.

d) Le *Gesamtkatalog der Preussische Wissenschaftlichen Bibliotheken* (Catalogue collectif des Bibliothèques scientifiques de Prusse), entrepris sur fiches en 1895, renferme maintenant en gros 2 1/2 millions de titres et est tenu continuellement à jour quant aux titres imprimés à Berlin. On en a commencé l'impression. Lorsque la publication sera terminée, il suffira à chacune des bibliothèques d'ajouter à la main sa cote propre à la suite des titres des ouvrages qu'elle possède dans son propre fond, pour avoir, en remplacement de son catalogue périmé, un nouveau catalogue composé avec unité. (1)

---

(1) H. Fuchs. — Das Gesamkatalog der Preussischen Bibliotheken und sein Ausbau zu einen Deutscher Gesamtkatalog. In *Von Bucherei und Bibliotheken.* Ernst Kuhnert dargebracht, Berlin 1928.

e) A l'initiative de M. Berghoeffer, la Bibliothèque Rothschild de Francfort sur Main a réalisé un catalogue collectif des bibliothèques de langue allemande (Samenkatalog wissenschaftlicher Bibliotheken der Deutschen Sprachgebiets). Commencé en 1891, il compte actuellement plus de 3 millions de titres avec 4 millions d'indications du lieu de dépôt du livre (Foundorten). C'est une refonte des catalogues imprimés et dactylographiés, ainsi que des registres d'entrée des bibliothèques scientifiques de langue allemande (Allemagne, Autriche, Luxembourg, Suisse et Hollande). Il est à base d'une quadruple classification, géographique, chronologique, par noms d'auteur et par matières. (1)

f) Le *National Union Catalogue*, catalogue collectif de Grande-Bretagne, se poursuit à l'initiative de la National Central Library (Londres) et de son Information Department (Inquiry Office of the Joint Standing Committee on Library Corporation).

g) Une entente est intervenue entre la Library of Congress et la American Library Association pour la préparation d'un catalogue américain *(Library of Congress Union Catalogue)*. Il s'agit d'arriver au catalogage de 8 à 9 millions de titres. Actuellement 7 millions sont déjà catalogués (6,600,000 de place de 5 millions de titres). La Rockefeller Foundation est intervenue dans le premier plan quinquennal de l'œuvre pour 50,000 dollars par an. On a porté l'effort sur les ouvrages les moins demandés (Unusual book), notamment ceux antérieurs à 1800 ou en langue étrangère avant 1870. Pour retrouver de tels ouvrages dans une bibliothèque universitaire de 144,000 unités à la Liste des Acquisitions il a fallu 41 1/4 heures et les 12,300 titres choisis ont pris 140 heures de copie.

h) On a formulé le regret que jusqu'ici l'entente, pour publier en commun leur catalogue, n'ait pu se réaliser entre les grandes bibliothèques du monde : Paris, Londres, Berlin, Washington.

Que les catalogues collectifs nationaux aient cependant un intérêt international est démontré notamment par le fait qu'à l'intervention de l'American Library Association et de la Bibliographical Society of America, une souscription a été faite en faveur du Preussische Gesamt Katalog par la Rockefeller Foundation.

255.49 Répertoire des collections.

On a établi des répertoires ou listes des grandes collections spéciales d'ouvrages existant dans certains pays. Ainsi, pour les Etats-Unis, l'*Index directory to special collections* (Richardson). Pour la Grande-Bretagne, le *Special Libraries Directory*, publié par A. S. L. I. B.

(1) Ch. W. Berghoeffer. a) Der Frankfurter Sammelkatalog, *Zentralblatt für Bibliothekswesen*, 1925. b) Vorschrift für den Sammelkatalog, 1927.

255.5 Résumés et analyses.

a) Les résumés forment l'exposé de la documentation. Ils consistent dans l'analyse sous une forme succincte de ce qui est contenu dans les documents (concision, condensation, extraction de la « substantifique moelle »).

b) La valeur des résumés est en fonction du choix des documents à résumer, du degré de plénitude que l'on peut attendre dans le nombre de renseignements, du degré requis d'originalité, de nouveauté et d'importance, enfin de leur exactitude et de leur fidélité.

c) Le résumé a une valeur en soi. La brièveté d'un exposé contraint à mettre en lumière les principes fondamentaux et à adopter un plan faisant ressortir à la fois la situation d'un sujet et son dynamisme interne.

d) On a abusé du résumé. Les Allemands avant la guerre, a-t-on dit, avaient fini par travailler au moyen des « Centralblätter ». Ils se dispensaient trop de recourir aux travaux mêmes et d'en recevoir l'impression complexe et directe d'une source primaire. Il faut avant tout travailler d'après ces sources. Les Américains ont tendance à reprendre une idée semblable ; tout y est aux abstracts. Cependant, malgré ces critiques, le résumé est un fait et il a son rôle à remplir. Les recueils de résumés doivent être comme un journal scientifique qu'on lit pour connaître les « nouvelles », pour être au courant *grosso modo* de ce qui se passe, pour ne rester dans l'ignorance totale d'aucun fait essentiel. Mais celui qui, se bornant aux journaux, ne lirait jamais le compte rendu des Parlements, ni les livres de pièces diplomatiques, ni les mémoires et souvenirs des hommes mêlés à la vie publique, celui-là aurait une bien fausse idée de la Politique.

e) Il y a des recueils généraux d'analyse. La *Review of Review* a inauguré autrefois un type bien spécial. Le *Reader's Digest* publie chaque mois ce que son auteur estime de plus typique dans les revues. *Lu* et *Vu* déclarent parcourir 3,000 journaux par semaine.

f) Les recueils d'analyses, de résumés spécialisés sont en premier lieu les *Centralblätter* et les *Jahresberichter*, publiés en Allemagne pour presque chaque science. Les Américains ont réalisé de grands recueils. Ex. : *Sciences, Physical, Biological, Social Science abstract*, etc. Ce dernier s'étend sur plus de 1,000 pages par an, analyse 3,000 périodiques en 35 langues, donne plus de 22,000 analyses, est soutenu par un millier de souscripteurs.

g) Des efforts ont été faits pour coordonner, normaliser, standardiser, concentrer la publication des résumés, notamment par le National Council of Research de Washington et la Commission de Coopération Intellectuelle de la S. D. N. En 1920, la Confédération des Sociétés Scientifiques françaises a présenté le projet d'une publication d'analyses des travaux scientifiques du monde entier avec un budget annuel de 2,517,000 francs. On a calculé (vers

1922) qu'il faudrait 4,000 pages pour analyser, résumer annuellement tous les travaux de chimie et que cela coûterait 90,000 fr. A la Conférence de la Library Association (Blackpool, sept. 1928) une discussion a eu lieu sur le sujet « Book reviewing ». Introduit par un rapport de M. C. Squire, il a été dit entre autres que la première condition pour analyser un livre c'est... de l'avoir lu.

h) On a préconisé l'« Auto-referat », publication de résumés faits par les auteurs eux-mêmes de leurs mémoires. Ces résumés sont publiés en même temps que le mémoire original et éventuellement avec traduction en espéranto ou une autre langue. La Fédération Dentaire Internationale a établi une méthode d'analyse bibliographique très détaillée avec modèles et commentaires (Bulletin de la Fédération dentaire internationale, 1928, p. 4)

i) Graduellement s'est constituée une technique du Résumé. Elle a été décrite dans maintes instructions rédigées par les collaborateurs des publications qui les publient. (1) Les recommandations suivantes s'en dégagent: 1° longueur du résumé établi à 3 % de l'original; 2° style direct, évitant les mots qui ne sont pas nécessaires, les circonlocutions; 3° bien distinguer ce qui est nouveau, original et accroît la science des autres parties (compilations des faits, résumés de littérature, bibliographies). Nouvelles applications ou nouvelles circonstances d'applications de faits ou principes communs, nouvelles interprétations, théories ou hypothèses. Résumés d'information plutôt que descriptifs; résultats obtenus; 4° établir l'index des recueils de résumés d'après les résumés et n'y insérer que ce qu'ils contiennent; 5° limiter le résumé des livres au point de vue, au but, à la caractérisation du contenu, à l'indication de ce qu'ils contiennent de neuf; 6° tendre vers une standardisation, mais tenir compte qu'elle dépend des matières. Par ex. en sciences, c'est plus facile en taxonomie que dans le domaine donnant lieu à expérience; en technique les brevets ont leurs revendications (ou claim); 7° diriger les lecteurs par les résumés vers les livres et les articles, d'abord vers ceux qui doivent retenir leur attention à raison de la nouveauté; faire servir aussi le résumé à l'information de qui n'a pas accès aux ouvrages analysés; 8° dégager dans chaque branche de science divers ordres de données qu'il y a lieu de suivre et d'indiquer dans les analyses. Ainsi, en ce qui concerne la Taxonomie, la Faunistique et la Floristique, voir Biological Abstracts. (2)

(1) *Guide for collaboration in the preparation of abstracts for Biological abstracts*, 1928, 12 p. avec modèles.

(2) Sources : V. J. Jastrow a étudié théoriquement les règles des *Jahresberichte. Handbuch zu Litteratur berichten. Im Anschluss an die Jahresberichte der Jahresberichte der Geschichtwissenschaft*. Berlin, 1891, in-8. — A. S. L. I. B. a réuni une collection d'instructions remises à leurs analystes par certaines publications. Elle en a discuté la méthode dans ses réunions *Aslib Information*, June 1933). — Rosenhain, Dr. 1928. Scientific Abstracting *(A. S. L. I. B. Bulletin)*. — Ahren, Wilhelm. Ein Vorschlag für das Buchbesprechungswesen. *Börsenblatt f. den D. Buch.* 89, 1922, S. 877-881. — Savage and Baker. *Manual of Descriptive Bibliography for Library Catalogue*, London, Library Supply Cy. — Picard Edmond. Comment doivent être rédigés scientifiquement la notice et l'argument d'une décision judiciaire. *Pandectes Belges*, introduction, 1886.

255.6 Citations La Bibliographie dans les ouvrages.

a) Les ouvrages d'érudition et de science se présentent avec leur appareil bibliographique dans le texte, au bas des pages, au commencement ou à la fin des chapitres ou en une liste placée en appendice et classée soit dans l'ordre des chapitres, soit en un ordre unique de classement numérique, chronologique ou alphabétique. La citation est un moyen de preuve et de contrôle. Seuls les poètes cachent à leurs commentateurs la source de leur inspiration et de leurs allusions et n'accompagnent pas leurs vers d'indications bibliographiques.

b) Délivré de ces immenses lectures sous lesquelles l'imagination et la mémoire sont également écrasées, les anciens avaient peu de documents à consulter; leurs citations ne sont presque rien, et quand ils renvoient à une autorité, c'est presque toujours sans indication précise. Hérodote se contente de dire dans son premier livre *Cléo* qu'il écrit d'après les historiens de Perse et de Phœnicie; dans son second livre *Euterpe*, il parle d'après les prêtres égyptiens qui lui ont lu leurs annales. Il reproduit un vers de l'*Iliade*, un passage de l'*Odyssée*, un fragment d'*Eschyle:* il ne faut pas plus d'autorité à Hérodote ni à ses auditeurs des jeux olympiques. Thucydide n'a pas une seule citation: il mentionne seulement quelques chants populaires. Tites-Live ne s'appuie jamais d'un texte, des auteurs, des historiens rapporteurs, c'est sa manière de procéder. (1)

c) La citation est souvent abrégée et l'on a discuté les moyens d'y parvenir. Ainsi pour l'Ecriture Sainte, il y a une méthode conventionnelle (Matt. VI, 7); pour les incunables la référence prend par ex. la forme (Hain, 10.029). Il faut condamner les « loc-citato » ou loc. cit. (ouvrage cité) qui obligent à remonter de page en page.

d) On a critiqué la méthode des citations. Les uns disent « Les citations n'ont que la signification d'une opinion que l'on partage et qu'on ne saurait mieux exprimer ». Les autres combattent la méthode des citations parce qu'elle présente d'insurmontables difficultés. « Si vous êtes capables de repenser les questions, vous ne pouvez pas ne pas les transformer. Alors les citations vous jugulent. La méthode des citations donne au texte dix fois la longueur raisonnable. La moindre idée aujourd'hui est explorée, le nombre de mémoires grossit. Vous astreignant à citer, vous répétez vingt fois la même chose par

(1) Chateaubriand. Etudes ou discours historiques sur la chute de l'Empire romain. Préface, p. 10.

ignorance, pour réfuter pour louanger. Le nombre des idées générales se réduit alors à peu de chose. Le professeur a justement pour fonction de recueillir ce résidu d'idées dans le fatras des mémoires. (Bouasse).

255.7 Formes et modes de reproduction.

a) Quel que soit leur objet, leur type de structure ou leur destination, les bibliographies et catalogues sont, quant à leur forme, ou manuscrites ou imprimées ; et quant à leur mode de reproduction, établis sur registres, en volumes ou fiches. Les modes de reproduction sont à la main, à la machine à écrire, au multiplicateur (stencil), par cliché typographique (galvano), sur plaque litho-linographique, par reproduction photographique (Photostat), par microphotographie (Photoscope, Cinéscope).

b) Longtemps, les catalogues furent manuscrits, puis ils s'imprimèrent. La tendance aujourd'hui est de revenir à l'état manuscrit (dactylographié) à cause du travail et du coût des catalogues imprimés.

c) L'impression des fiches (production emmagasinement, conservation) ont fait l'objet d études nombreuses et approfondies. Un système efficient consisterait à pouvoir conserver la matière des notices et à faire les tirages en cas de besoin. Le *Concilium Bibliographicum* a fait dès 1896 les premières réalisations à base de typographie. L'I. I. B., dans les années 1897 à 1900, a fait des essais basés sur les plaques zinco-lithographiques. Plus tard ont été proposés les procédés linotype et monotype, les procédés à base de photographie, puis l'Adrema.

Les machines à adresses sont venues révolutionner techniquement la bibliographie, car elles permettent d'établir sur stencil, à l'aide de simples machines à écrire aux caractères variés, les matières des notices ayant jusqu'à neuf lignes. On peut ensuite les reproduire à volonté, sur fiches ou en listes. La notice bien établie et complète à l'origine peut donner lieu à des publications à volonté, prêtes à prendre place dans n'importe quel cadre de classement, et en tel nombre de duplicata qu'il est jugé nécessaire. La machine opère aussi la sélection, permettant de tirer en plusieurs exemplaires, ou de ne pas tirer telle ou telle fiche indiquée. On a calculé qu'une personne, par an, pourrait établir 20.000 fiches selon cette méthode. (1)

d) La généralisation du catalogue imprimé sur fiches réaliserait de grands avantages : identité entre les catalogues et la bibliographie, celle-ci, et avant tout le Répertoire Bibliographique Universel, pouvant incorporer toutes les fiches ; impression par les bibliothèques ; ventes de fiches à l'unité pour les catalogues des autres bibliothèques ; réimpression continue au fur et à mesure des besoins ; possibilité un jour d'entente entre toutes les grandes bibliothèques pour ne pas dupliquer inutilement le travail, ces bibliothèques possédant toutes une partie des mêmes livres. On peut établir des répertoires et catalogues sur fiches en utilisant les catalogues imprimés ; mais c'est assez coûteux. On a calculé qu'il faudrait plusieurs milliers de dollars pour découper, coller et classer toute l'accumulation des suppléments au catalogue du British Museum. Le catalogue sur fiches supprime ces frais ; elles sont des contributions directement intercalables.

e) On peut considérer la forme du catalogue imprimé sur fiches du format 12 1/2 × 7 1/2, comme supérieure à toutes les autres. On a le grand exemple de la Library of Congress, les exemples des bibliothèques de Berlin, de La Haye, de la Bibliographie russe (Palais du Livre). La Société des Nations publie sur fiches internationales les notices de ses publications. L'American Arbor Library (Michigan) a commencé sous cette forme l'impression pour ses services et celui de 25 autres bibliothèques qui lui achètent ses fiches. L'éditeur Wilson, aux Etats-Unis, ajoute des fiches catalographiques à ses éditions. Des firmes publient de leurs nouveaux ouvrages des fiches. Ex. : *Verein Deutscher Ingenieur Zeitschrift, Maschinenbau, Archiv für Warmenwirtschaft und Dampfkesselwesen*, etc.

f) Toutes les tentatives faites en Amérique pour publier des fiches de catalogues échouèrent aussi longtemps que l'entreprise fut établie sur une petite échelle. Elle réussit merveilleusement du jour où la Library of Congress prit l'affaire en mains et donna à tous l'assurance d'une continuité et d'une régularité parfaite. Le catalogue de la Library of Congress est établi sur fiches du format international ; des exemplaires en ont été déposés dans certaines bibliothèques ; le catalogue est en connexion avec les entrées du copyright ; il est pratique pour le prêt international, le service du photostat. Il y a plus de 44,000 souscripteurs aux fiches. Chacun peut acheter par unités, qu'il désigne les fiches éditées par la L. C. Celle-ci a toujours en stock un certain nombre d'exemplaires et procède à des réimpressions. Les fiches portent un numéro d'ordre, les cotes de la Classification de la Bibliothèque et, maintenant aussi, celle de la Classification décimale. On commence à imprimer sur les livres eux-mêmes, page de garde, le n° de la fiche du Congress. Tout possesseur de l'ouvrage peut ainsi facilement s'en procurer la fiche. Ainsi est évité aux bibliothèques particulières un travail répété de catalographie.

g) La méthode d'impression à la linotype, pourvu que l'on ne consacre qu'une ligne à chaque notice (one title, one bar linotyp method) permet d'utiliser à bas prix la même composition typographique pour l'ordre alphabétique et l'ordre géographique (ex. : *Index Directory of Special collections de E. C. Richardson*).

L'impression à la linotype facilite aussi l'établissement des tables et des catalogues dits cumulatifs. Le procédé de la cumulation permet d'éviter les recherches sous plusieurs séries à classement alphabétique ou méthodique recommençant.

(1) E. Morel. « Mécanique et Bibliographie ». *La Librairie*, 15 déc. 1933.

255.8 Etablissement des Bibliographies et des Catalogues.

255.81 Notion et but.

On a traité ici ce qui est commun à l'établissement de bibliographies, de catalogues de bibliothèques et de catalogues de toutes collections de publications quelconques. Le catalogue a quatre buts : 1° c'est une liste, un inventaire du contenu d'une collection dressé à toute fin ; 2° c'est une description des ouvrages, relevant certaines de leurs caractéristiques essentielles ; 3° c'est une collection de notices représentant les ouvrages eux-mêmes, sous une forme concise, qui facilite toutes les manipulations, celles-ci pouvant s'opérer ou se préparer sur des « signes » au lieu de l'être sur les « choses signifiées » ; 4° c'est un dispositif spécialement déterminé pour retrouver aisément les livres que l'on cherche, alors qu'on ne connaît que l'une de leurs caractéristiques, par exemple le nom de l'auteur ou le sujet traité.

L'art de dresser les catalogues, la catalographie, est un art tout de précision. Il s'agit de ramener à l'unité des éléments aussi multiples et dissemblables que les livres d'une collection, il s'agit ensuite de former un tout avec les parties, à la manière dont on procède au montage d'une machine avec des pièces séparées. La possibilité de fonctionnement, la solidité, l'élégance de la machine, dépendent de l'exacte conformité de chaque pièce au plan qui en a été préétabli.

255.82 Répertoire ou Catalogue alphabétique des auteurs.

1. *Notion et but.* — Le répertoire ou catalogue alphabétique a pour but de renseigner sur les ouvrages existants ou possédés par telle bibliothèque en faisant la recherche d'après leur auteur, ou, pour les anonymes, les inconnus et les périodiques, d'après leur titre.

2. *Parties.* — Il comprend trois divisions : a) les auteurs ; b) les anonymes ; c) les périodiques. En fait, rien ne s'oppose à réunir en une seule série alphabétique, les fiches des ouvrages à auteurs et celles des anonymes, si on le juge utile, à la condition de signaler alors les périodiques dans le répertoire des matières, à la division « périodiques », ce qui peut avoir de réels avantages pour les bibliothèques peu considérables.

3. *Forme.* — Il est établi de préférence sur fiches manuscrites, dactylographiques, imprimées ou photographiques. Il prend éventuellement la forme livre (publication, registre, classeur à feuillets mobiles).

4. *Notices.* — Pour les auteurs et pour les anonymes, les fiches sont établies conformément aux règles des répertoires bibliographiques.

5. *Ordre de classement.* — 1° Les notices se succèdent dans l'ordre alphabétique des noms mis en vedette, comme dans le dictionnaire : *Dupont* avant *Durand* ; *Lemercier* avant *Lemonnier*. 2° le prénom sert d'élément de sous-classement parmi les notices portant un même nom de famille (homonymes). 3° Pour chaque auteur les ouvrages se succéderont suivant la date de leur publication ; on placera en tête les ouvrages non datés, puis les plus anciens, pour finir par les plus récents. C'est pour permettre ce sous-classement que la date d'édition est mise en vedette dans les notices. 4° Les notices relatives aux différentes éditions d'un même ouvrage ou à ses traductions, sont placées à la suite de la notice relative à l'ouvrage original.

255.83 Répertoire ou Catalogue méthodique des matières.

1. *Notion et but.* — Le répertoire ou catalogue méthodique des matières a pour but de faire connaître les ouvrages existants ou possédés par la bibliothèque sur une matière déterminée : science, technique, questions sociales, personnage, époque historique, etc.

2. *Forme.* — Il est établi suivant la même forme matérielle que le répertoire ou catalogue alphabétique (n° 255.82).

3. *Classification.* — Le catalogue méthodique est établi d'après l'ordre de la classification méthodique et en appliquant la notation de celle-ci (numéros classificateurs, lettres ou signes). Les observations suivantes s'appliquent au catalogue dressé d'après la classification décimale.

a) *Ouvrages traitant de plusieurs matières.* — Lorsqu'un ouvrage traite de plusieurs sujets, il est représenté dans le *catalogue méthodique* par plusieurs fiches classées sous les nombres respectifs de ces sujets. Toutefois le volume n'est classé sur les rayons qu'au nombre correspondant au *sujet principal* de l'ouvrage, ou, si les divers sujets sont également importants, à celui qui se présente le premier dans l'ordre de la classification décimale. C'est ce nombre ou, s'il y a lieu, celui du sujet principal, qui figure seul alors dans la cote de placement. Sous peine de confusion, il est nécessaire, en pareil cas, de reproduire cette cote de placement sur chaque duplicata des fiches tant du répertoire alphabétique que du répertoire méthodique. Ainsi, par exemple, l'ouvrage « Sarrien, Louis. — 1885. — *Manuel de Physique et de Chimie* » sera indexé [53(02) + 54(02)]. Il figurera dans le catalogue alphabétique par deux notices indexées l'une 53(02) et l'autre 54(02). Si cet ouvrage portait, par exemple, le numéro d'inventaire 1525 la cote de placement de l'ouvrage serait $\frac{53(02)}{\text{N}^{\circ}\ 1525}$ car l'indice décimal 53(02) se présente le premier dans la classification. Comme il a été dit, la cote de placement est reproduite intégralement sur les deux notices.

b) *Corrélation avec le placement sur les rayons.* — Le système de classement du catalogue est indépendant du système adopté pour le classement des ouvrages sur les rayons. Alors même que l'on n'emploie pas la Classification décimale pour ce classement, cette classification peut être appliquée sans difficultés spéciales au catalogue. Seules, en ce cas, seront modifiées les cotes de placement qui, par exemple, pourront comporter simplement les numéros d'inventaire, si l'ordre du placement adopté est celui de ces numéros.

255.84 Répertoire ou Catalogue analytique (alphabétique) des matières.

1. *Notion, but.* — Le répertoire ou catalogue analytique, ou plus exactement la partie analytique du catalogue général, est formée d'une série de notices catalographiques, classées par mots-matières se référant au sujet traité dans les ouvrages et disposées dans leur ordre alphabétique. La catalogue analytique peut remplacer le catalogue systématique, mais il est préférable qu'il le complète, de manière à disposer pour les recherches, en plus de l'inventaire, d'un système à trois branches : auteurs-alphabétique pour les recherches par noms d'auteur, méthodique-décimal pour les recherches systématiques et par classe d'idées, analytique-alphabétique pour les recherches spécialisées. Les trois parties du catalogue concourent alors au but désiré. En cherchant dans l'analytique, on retrouve sur les notices l'indice décimal utilisé comme cote de placement et, à l'aide de cet indice, on peut retrouver facilement dans le catalogue systématique, les ouvrages de la même classe.

2. *Choix des mots-matières.* — Les mots-matières sont empruntés aux mots du titre, principalement les substantifs. Ils peuvent être, en outre, des mots suggérés par la connaissance du contenu, notamment par la table des matières et, d'une manière générale, tous les mots sous lesquels il peut y avoir présomption que l'ouvrage pourrait être recherché. Les œuvres littéraires et théâtrales, les œuvres musicales, les œuvres classiques en toutes matières figurent sous leur titre (premier mot du titre, article excepté).

Le choix des mots-matières (vedettes, sujets, headings, stichwörther) ne saurait être laissé à l'arbitraire, à raison de la synonymie de termes possibles et de la répartition des matières sous des rubriques de compréhension et d'extension différente. On a établi des listes de termes choisis avec indication par référence croisée du mot principal sous lequel il y a lieu de commenter les notices. (M. W. Mac Nair, *Subject headings used in the Dictionary Catalogues of the Library of Congress*, Washington, 1928). A cet effet, on a préconisé aussi de se servir de l'Index alphabétique de la Classification décimale qui réalise un système concret de rubriques. (1)

3. *Notices.* — On établit autant de duplicata de la notice qu'il y a de mots-matières intéressés. Sur la fiche principale on inscrit, en note, tous les mots utilisés afin de pouvoir aisément les retrouver, s'il survient quelque motif de modifier ou d'éliminer les diverses notices relatives à l'ouvrage. Le mot sous lequel doit être classée chaque notice est inscrit en vedette, en haut de la fiche à droite, à la place qu'occupe l'indice décimal sur les notices destinées au catalogue méthodique.

4. *Classement.* — Trois systèmes sont possibles :

1er système : le catalogue analytique peut former une série alphabétique distincte. On crée des groupes par des fiches divisionnaires au fur et à mesure des besoins et de telle sorte que les recherches soient aidées, à raison d'une fiche divisionnaire par 20 ou 50 fiches portant les notices.

2e système : les notices du catalogue analytique sont combinées en un seul ordre de classement avec les notices du catalogue des auteurs. On forme alors ce qu'on appelle un catalogue-dictionnaire. Les ouvrages anonymes, classés au premier mot du titre, dans le catalogue des auteurs, constituent déjà une contribution au classement analytique. En ce cas, il peut être préférable d'inscrire les mots-matières en vedette à la place qu'occupe le nom d'auteur, afin de faciliter le feuilletement du catalogue en présentant toujours à la même place l'élément sous lequel est opéré l'ordre alphabétique. Pour ne rien changer à la disposition type de la notice, on se borne alors à ajouter une ligne supérieure, ayant cette destination.

3e système : On insère dans le catalogue analytique fusionné avec le catalogue des auteurs, les mots de l'index alphabétique de la classification décimale. On dispose alors, pour les recherches, d'un dictionnaire général concentrant tous les modes de référence.

255.85 Notice catalographique.

Pour établir le catalogue, on dresse de tout ouvrage une notice qui en constitue la description signalétique.

1. *Eléments de la notice.* — La notice comprend : les vedettes, le corps de la notice (titre, collation, adresse bibliographique, contenu et notes bibliographiques).

A) Les vedettes sont formées des noms d'auteurs (ou de leur équivalent s'il s'agit d'ouvrages anonymes), des mots matières, du millésime des indices classificateurs (ou cote de placement). Les vedettes occupent la première ligne de la notice et le commencement de la seconde. Elles varient d'après la partie du catalogue à laquelle sont destinées les notices.

B) Le corps de la notice comprend : a) la description bibliographique ; b) le titre de l'ouvrage ; c) la collation ou description matérielle interne, spécifie le nombre de volumes, le format, la pagination, le nombre et la nature des cartes, plans, etc., qui constituent un ouvrage ; d) les renseignements d'édition (adresse bibliographique) comprenant le lieu d'impression et la firme (nom de l'éditeur), la date d'édition, le prix ; e) les notes comprennent des indications nécessaires à l'intelligence du titre ou relatives au contenu de l'ouvrage, sujets traités, parties et cha-

---

(1) Trebst, Hans. *Studien zu einer analytischen Sachkatalogisierun.g* Z. f .B. (1931) S. 36 ff. und S. 119 ff.

0.125

Nom (11), Prénoms (12)

Millésime (15). — *Titre de l'ouvrage* (211). — Nom, prénoms et qualités de l'auteur (212, 213).

Lieu d'édition (221), firme (éditeur) (222), année (223), quantième édition (224), nombre de volumes (231), format (232), nombre de pages (234), illustrations (234), prix (225).

[Notes (3) — Notes analytiques — Notes critiques — Indices divers de la classification, etc.]

0,075

Provenance de la notice (4).
Titre de la collection (41).
Bibliographie (42).

Service intérieur (5).
Cote de placement (51).

Destination de la fiche (52)

DURAND, Charles 537

1921. — *Traité général d'Electricité,* par Charles Durand, professeur au Collège de France.

Paris. L. Maillard, 1921, 3e édition, 2 vol. (0,24 × 0,165), XXII, 440-475 p. 12 pl. 20 francs.

[Electricité théorique, Electricité appliquée. — Chap. VII, théorie des ions. — Ouvrage pour spécialistes.]

[537+537.18+621.3]

Bibliographia Universalis. Contribution nº 117. Fiche nº 224.
Louis Forchamps.* 1933.

Nº 418
537

Catalogue méthodique.

---

pitres importants; les renseignements essentiels au sujet de l'auteur, des détails bibliographiques historiques et des références qui ne figurent ni au titre, ni à l'adresse bibliographique, ni à la collation. La critique des ouvrages peut s'établir par des notes portant sur la valeur des ouvrages et leur utilisation, ou par des indications telles que celles-ci : ouvrage mauvais ou nul au point de vue de sa valeur scientifique intrinsèque, livre contraire à telle ou telle doctrine philosophique ou religieuse; livre de moralité mauvaise ou douteuse; livre à placer à part, en réserve et à communiquer à bon escient; livre recommandé comme un des meilleurs de son espèce; livre pour telle catégorie de lecteurs (enfants de tel âge, adolescents, femmes, etc.); ouvrage d'initiation, de préparation, de complément; livre pour la vulgarisation; livre pour les spécialistes; livres utiles pour l'enseignement, les œuvres ou l'administration.

C) Cote de placement (lorsqu'il s'agit du catalogue d'une bibliothèque ou collection déterminée).

D) Destination de la notice. — Les notices catalographiques reposent sur une description des éléments principaux qui constituent les livres et sur les distinctions à établir entre les diverses variétés de ces éléments. Ces éléments ont été énoncés sous le nº 11.

Tableau des Règles Catalographiques

I. LES VEDETTES.

II. *NOM DE FAMILLE OU NOM COLLECTIF DE L'AUTEUR.*

Anagrammes. — Donner le nom de l'auteur, s'il est connu, avec renvoi à l'anagramme.

Anonymes. — Répertorier l'ouvrage au premier mot du titre, sans tenir compte de l'article pouvant se trouver en tête : reproduire celui-ci entre parenthèses. Si l'auteur est connu, faire un renvoi à son nom et placer ce nom entre crochets; s'il est supposé, le signaler par un (?).

Collaborateurs. — Le premier nom, ou le plus connu. Renvois aux autres (Voy. *Anonymes*). — Les œuvres de quatre auteurs, et plus, sont portées aux anonymes avec renvois aux noms des auteurs.

Femmes. — Sous leur nom indiqué sur l'ouvrage avec référence éventuelle au nom de jeune fille ou au nom du mari.

Illustrateurs. — Leur nom est porté sur la notice s'il figure sur la page titre et des notices spéciales leur sont réservées dans le catalogue alphabétique.

Initiales. — Les auteurs désignés par des initiales sont classés parmi les anonymes, à moins que l'on ne puisse identifier les initiales.

Noms composés. — Ne pas séparer deux noms réunis par un tiret—. Ex.: Petit-Radel.

Noms originaux. — Les noms sont reproduits dans leur forme originaire. Les noms, autrefois latinisés, sont écrits dans la forme qu'ils affectent dans leur langue maternelle, avec référence à la forme latine ou française plus connue (Pétrarque, Petrarca; Cicéron, Cicero).

Noms multiples. — Mentionner d'abord le nom patronymique et d'origine pour les auteurs français, italiens, espagnols, allemands, etc. (Exceptions nombreuses, comme pour Fénélon, Voltaire.) — Pour les auteurs anglais le dernier nom est le principal, le premier jouant le rôle d'un prénom.

Particules. — Les particules *de, d', von* (allemand), doivent être rejetées à la suite de la mention des prénoms, ou, à défaut de prénoms, placées entre parenthèses à la suite du nom. Ex.: Avezac (d'); Unienville (baron d'); Rauville (Hervé de); Magnon de St-Elier (Ferdinand); Pelzeln (A. von). Les autres particules *du, des, O'* (irlandais), *Mc* ou *Mac* (écossais), *van, ten, ter, tot, de* (néerlandais), *da* (portugais), *den, zu, zum, zur* (allemand) et les articles *Le, La, Les* font partie du nom. Ex. : Da Cunha; Den Bush (von); Du Bois; La Bourdonnais (Mahé de); Le Gentil; L'Homme; Mac Leod; O'Brien; Van der Maesen; Van-Neck. Les noms des saints sont précédés des mots *Saint* ou *Bienheureux*.

Personnages. — Si l'auteur est un personnage princier, antique ou mystique, on inscrit le nom sous lequel il est connu dans l'histoire. Il en est de même pour les noms des hommes illustres (ex. Michel-Ange).

Polyonymes. — Le véritable nom, ou le pseudonyme le plus répandu, avec renvois.

Prénoms joints. — Quand le prénom a été réuni au nom de famille par un tiret, inscrire le nom de famille et faire un renvoi au nom composé. Ex.: Martin, Voy. Aimé-Martin.

Pseudonymes. — Donner le nom de l'auteur s'il est connu, en le faisant suivre du pseudonyme entre crochets avec la mention *pseud.* Faire un renvoi au pseudonyme, en signalant celui-ci par la mention *(pseud).*

Signé. — Noter avec la mention (signé:) tout nom d'auteur ne figurant pas au titre, mais seulement en signature.

Traducteurs. — Indiquer seulement le nom de l'auteur avec renvoi à celui du traducteur. De même pour le préfacier, le commentateur.

Ouvrages collectifs. — Les revues, journaux, recueils, collections, figurent sous leur titre. Les publications et pièces officielles figurent sous le nom des administrations et organismes dont elles émanent: Ministère, Province, Commune, au nom de l'organisme le plus spécial avec référence générale unique à celui de l'organisme hiérarchique supérieur. Les publications des associations, académies, institutions, corporations, firmes, figurent sous le nom des entités dont elles émanent.

12. *PRENOMS.*

A la suite du nom, le ou les prénoms intégralement si possible, sinon les initiales en se conformant aux indications mêmes du livre. Unir les prénoms ou les initiales par un tiret. Les personnes qui, comme les princes souverains ont perdu, dans l'usage commun leur nom de famille seront citées par leur prénom, suivi du nom du pays et ensuite du n° d'ordre (ex.: *Louis* (France XIV).

13. *TITRES ET QUALITES.*

Certaines qualités (abbé, amiral, colonel, docteur, général) s'indiquent avant les prénoms ou initiales des prénoms, immédiatement après le nom. Mais il peut être indiqué comme il est dit ci-après sous 213.

14. *CLASSIFICATION.*

Mentionner, sur la même ligne que le nom de l'auteur, en alignant sur l'extrême droite de la notice, soit les indices classificateurs décimaux, soit les mots matières. Les indices portés ici varient pour chaque ouvrage suivant qu'il s'agit de notices principales ou secondaires (renvois).

15. *MILLESIME.*

Signaler le millésime (date) en tête de la seconde ligne, à gauche, sous le nom d'auteur et avant le titre. Le séparer du titre par un tiret. Lorsque l'auteur a pris date par le mois de l'année, l'indiquer. (Voir 223.)

2. **CORPS DE LA NOTICE.**

21. *DESCRIPTION DE L'OUVRAGE.*

211. *Titre de l'ouvrage.* — Reproduire intégralement, entre deux tirets, le titre de l'ouvrage (à moins qu'il ne soit trop long, en respectant son orthorgaphe, même défectueuse; mais en ce cas, signaler les fautes par l'indication entre parenthèses *(sic)*. — Ne pas suivre la ponctuation du titre, si ce n'est dans les notices détaillées de livres rares, en faisant alors usage du signe || pour marquer la fin de chaque ligne et reproduire la disposition matérielle des titres. Ne pas reproduire les tirets qui peuvent se trouver dans les titres pour indiquer des parties; les remplacer par d'autres signes, tels que : 1, 2... — Abréger éventuellement les titres trop longs en indiquant par des points ... les parties supprimées. — Le caractère & doit être transcrit dans la langue du titre : et, and, und, en ... — Les mots en d'autres langues que celle du titre se reproduisent en italiques. — N. B. - Le titre d'un mémoire ou d'un article paru dans un périodique s'énonce aussi intégralement. Comme source, on y fait mention seulement du nom du périodique, suivi de la ville d'édition et de la date (avec n°, éventuellement la série avec les pages initiales et finales). — Les articles sans titres sont répertoriés sous un titre sommaire précédé du mot : « Sur... » inscrit entre crochets [sur...]. Les notices qui décrivent les périodiques en tant que collections portent la périodicité, l'existence des tables, leur forme; une † si le périodique a cessé de paraître.

212. *Nom et prénom.* — Répéter le nom et le prénom de l'auteur dans la copie du titre, qu'il précède ou suive le titre et indépendamment de la mention déjà faite en vedette sous 11.

213. *Titres et qualités.* — Citer ici les titres (nobiliaires ou épiscopaux) et les qualités, comme ils sont donnés sur la page titre. Ex.: José-Maria de Hérédia, de l'Académie Française; vice-amiral Jurieu de la Cravière, de l'Académie Française; J.-B. Rolland, de Kessang, explorateur; Mgr Amand-René Maupoint, Evêque de St-Denis (Réunion).

22. *RENSEIGNEMENTS D'EDITION.*

(Adresse bibliographique, collection, imprint. — N. B. S'il s'agit d'articles de périodiques, le titre et le lieu d'édition.)

221. *Lieu d'édition.* — L'indiquer *en italiques* et dans la langue du titre; à son défaut noter en italiques *(s. l.) sans lieu.* Le lieu s'indique entre parenthèses lorsqu'il est notoirement connu, bien qu'omis dans le titre.

Indiquer éventuellement les tirages, avec précision s'ils sont opérés sur papiers spéciaux.

222. *Firme* (Editeur). — **La désigner, avec l'initiale** du prénom; à défaut constater l'absence du nom : *(s. n.) sans nom.*

223. *Date.* — L'indiquer en chiffres arabes, ou *(s. d.) sans date*, ou *(s. l. n. d.) sans lieu ni date.* Indiquer les dates extrêmes des premier et dernier volumes d'un ouvrage (1885-1893). Si la date est donnée à la fin du livre, de la dédicace ou de la préface, la noter entre parenthèses. La date figure aussi au millésime comme dit sous 115. Indiquer s'il y a lieu, les dates qu'indiquent les auteurs, d'achèvement ou remise du manuscrit, de lecture devant des associations, d'impression.

224. *Edition.* — Indiquer l'édition, sauf la première, à moins qu'il ne soit utile de la signaler. La mentionner à la place où elle est notée dans le titre, quand il y a des explications, et en tous cas avant le tiret ou l'alinéa qui doit précéder l'adresse. Indiquer éventuellement la date des diverses éditions.

225. *Prix.* — Si possible, indiquer le prix de l'ouvrage (prix marqué sur le volume). S'il s'agit d'un périodique, prix d'abonnement à l'année et au numéro, s'il est vendu ainsi.

23. *COLLATION.*

231. *Nombre de volumes.* — Indiquer: Un vol., 2 vol., 3 vol., ou encore 2 tomes en un vol.

232. *Format.* — Spécifier le format, entre parenthèses, en centimètres, hauteur d'abord (24 × 16 1/2). On arrondit les fractions au demi-centimètre.

233. *Pagination.* — Spécifier le nombre de pages ou de colonnes (Ex. XXII — 572 pp. ou 1.144 col.) Compter le verso de la dernière page imprimée lorsqu'il a été laissé en blanc, mais non les pages suivantes bien qu'appartenant à la feuille d'impression. Dire si les volumes sont reliés ou brochés, tous étant destinés à leur mise en commerce. Sur les notices de catalogues indiquer si l'ouvrage a été ou non relié. Les reliures présentent un intérêt artistique ou historique.

234. *Illustrations.* — On distingue les « vignettes » qui sont des illustrations imprimées sur les mêmes feuilles que le texte et qui entrent dans la pagination et les hors-texte, imprimés sur feuille distincte et non paginée. Signaler spécialement, et en indiquer le nombre s'ils sont hors-texte ou s'il s'agit d'un album ou d'un atlas : planche éventuellement en couleur (pl. pll.), figures

(fig. figg.), frontispice (front.), portrait (port.), carte, plan. Signaler dans les notes ceux des documents de cette espèce qui sont incorporés dans le texte et qui présentent quelque intérêt spécial à faire ressortir.

3. **NOTES.**

a) *Notes analytiques :* contenu, chapitres importants. Eventuellement reproduction de la notice analytique insérée dans l'ouvrage même par l'auteur ou l'éditeur; éventuellement le sommaire ou la table des matières; l'indication annexe de bibliographie jointe à l'ouvrage; l'indication des catégories de personnes auxquelles l'œuvre est destinée. b) *Notes critiques:* appréciation, utilité pour certaines catégories de lecteurs. c) *Notes historiques:* Sources ayant inspiré l'œuvre; indication de la suite de l'œuvre, tels que procès, polémiques, imitation, traductions, supercheries, falsifications. Eventuellement indications relatives à la personnalité de l'auteur. d) *Notes bibliographiques :* références éventuelles à des notices descriptives plus complètes ou à des comptes rendus critiques importants. e) *Etat physique :* description de l'état physique de l'exemplaire s'il s'agit d'un catalogue. f) *Classement:* énumération des divers indices de la Classification décimale ou des mots matières sous lesquels l'ouvrage doit ou peut figurer dans la Bibliographie ou dans le Catalogue (analyse sous forme d'indice). g) *Traces :* indications sur les fiches principales de toutes les fiches additionnelles qui en ont été faites, de telle sorte qu'en cas de changement, de correction ou de déplacement, toutes les fiches se rapportant à un ouvrage puissent être retrouvées et que le changement puisse être apporté à travers tout le système. h) *Lieux de dépôts.* — Dans les bibliographies il peut être utile d'indiquer la cote de la Bibliothèque Nationale du pays où est publié l'ouvrage, ou éventuellement celle d'autres bibliothèques. Pour les ouvrages précieux ou rares, notamment les manuscrits, indication éventuelle des lieux de dépôt.

4. **PROVENANCE DE LA NOTICE.**

Les fiches imprimées portent des indications de provenance afin de pouvoir à tout moment les identifier. Ces indications comprennent : 41 Le titre de la collection éditée à laquelle appartient la fiche avec le n° d'ordre de cette collection. Les fiches des contributions au Répertoire Bibliographique Universel (Bibliographia Universalis) portent le n° de ces contributions. 42 Le nom du bibliographe avec éventuellement la date de publication de la notice et le signe * (autopsie) s'il déclare avoir eu personnellement sous les yeux l'ouvrage décrit.

5. **SERVICE INTERIEUR.**

Tandis que toutes les autres indications de la notice sont générales, celle-ci se réfère uniquement au service intérieur.

51. *Cote de classement.*

La cote (call number) consiste en une marque ou symbole indiquant en abrégé respectivement la place, la classe, l'auteur, l'œuvre, la date et l'édition. La cote est la reproduction de celle placée sur le livre lui-même pour l'insérer à sa place propre sur les rayons. La cote est portée séparément dans les catalogues de bibliothèques même si elle est la même que l'indice de la classification décimale. Cette indication est utile pour les duplicata de la notice à entrer sous des indices décimaux autres que celui servant au placement sur les rayons. Elle est utile aussi pour les duplicata destinés au catalogue analytique par mots matières et dont ces mots prennent la place de l'indice décimal de la vedette.

52. *Destination de la fiche.* — On indique celle des parties du répertoire ou du catalogue à laquelle est destinée la fiche.

2. *Espèces de notices : principales et secondaires.*

Le catalogue n'est qu'une réunion de notices rangées selon l'ordre adopté pour leur classement : classement onomastique, classement systématique, classement analytique. Les ouvrages y sont signalés partout où les chercheurs peuvent être désireux de les obtenir. De là deux sortes de notices : 1° les notices complètes (notices principales) classées comme entrées principales et qui sont considérées comme siège complet des renseignements donnés sur les ouvrages; 2° des notices abrégées (additionnelles ou secondaires) qui ne font mention que de quelques renseignements renvoyant pour le surplus à la notice principale. Entre les notices principales et les notices secondaires un lien s'établit donc sous forme de *référence* (renvoi). On renvoie de la notice secondaire à la notice principale mais non pas inversement. Les références peuvent être faites de notices à notices ou d'entrées à entrées, ces dernières étant considérées comme faites à un groupe de notices et non à des notices déterminées. En principe, la notice ou fiche principale sera la plus complète. Elle contiendra toutes les données utiles. Les autres fiches seront dérivées d'elles, soit *in extenso,* comme simple duplicata, soit par extrait de la notice principale, et d'elle aussi procéderont les inscriptions à faire sur les livres eux-mêmes (étiquetage, tamponnage, *ex-libris).* Les vedettes servent à l'entrée des notices dans les catalogues. Elles peuvent changer d'après la destination de la notice à l'une ou l'autre partie du catalogue.

3. *Disposition matérielle des notices.*

L'aspect des notices bibliographiques a une très

grande importance. Un catalogue ne se lit pas, il se consulte. On y a recours pour des recherches variées qui portent tantôt sur un point, tantôt sur un autre. Elles doivent donc avoir un maximum de lisibilité et être disposées de manière que l'œil puisse aisément y découvrir l'élément désiré en faisant abstraction de tous les autres. Ce résultat peut être obtenu comme suit :

1° L'écriture sera particulièrement soignée. La lisibilité sera sa première qualité. Pas de lettres avec fioritures. Les noms propres seront écrits en caractères romains (majuscules des textes imprimés). On fera usage de grandeurs et de grosseurs variées suivant l'importance des éléments et l'opportunité de les mettre en lumière par des alternances dans leur disposition.

2° On aura soin de disposer les textes sur les fiches de manière que les indications mises en vedette apparaissent à la partie supérieure de la fiche, sans marge trop grande. Bases du classement, les vedettes doivent, lors de la consultation des répertoires, pouvoir être lues d'un coup d'œil, sans avoir besoin de découvrir toute la fiche.

3° Chaque élément formant la notice reçoit sa place fixe, toujours la même, déterminée par des raisons d'utilité et de corrélation et présentée sous une forme distinctive. Les duplicata, extraits ou inscriptions dérivées, reçoivent autant que possible, la même place et la même forme, de façon à réaliser le maximum d'unité, d'homogénéité, tant pour l'écriture que pour la lecture.

4. *Modèles.*

Les modèles ci-contre montrent ces dispositions types, présentées d'abord sous forme d'indication générale avec référence aux numéros du tableau des règles catalographiques et, ensuite, par un exemple concret.

5. *Rédaction des notices. Règles catalographiques.*

a) L'immense variété des ouvrages et la nécessité de les retrouver dans de très grands catalogues ont donné lieu à des règles catalographiques très détaillées pour la rédaction des notices et le choix des vedettes nécessaires au classement alphabétique. Divers codes de ces règles ont été publiés. Le Code de l'Institut International de Bibliographie a pris ces règles pour base, notamment les règles anglo-américaines et les a coordonnées. Le tableau ci-contre en résume l'essentiel. Les divers éléments qu'il présente doivent être transcrits sur la notice, dans l'ordre selon lequel ils figurent au tableau et selon la disposition des modèles ci-dessus.

b) Les règles concernent : 1° les livres et documents décrits soit en leur prototype même dans les bibliographies, soit en des exemplaires particuliers déposés dans une bibliothèque ou un lieu déterminé ; 2° la description de ces livres et documents ; 3° leur description sous une forme catalographique. Les règles concernant la Bibliographie reposent donc sur les trois notions générales déterminées précédentes du livre, de la description et de la catalographie.

c) Les règles bibliographiques sont : 1° les unes générales et divisées d'après les divers éléments de la description bibliographique ; 2° les autres spéciales et divisées d'après les diverses espèces de livres et documents à décrire en indiquant, suivant les cas, des dérogations ou des compléments aux règles générales. Les espèces et les parties du livre sont donc à la base de l'établissement et de l'étude des règles bibliographiques.

d) Trois questions se posent : 1° quels éléments doit porter la notice ; 2° sous quelle forme rédiger ces éléments ; 3° où, dans l'ouvrage ou ailleurs, trouver l'indication qui concerne l'élément.

e) La description du livre doit être : a) externe (titre, date, colofon, tomaison, n° de page et de folio) ; b) interne, synthétisant en une brève indication son contenu, fond et forme : doctrine, plan, méthode, langue.

A la description du livre devrait se joindre une critique (brève, spontanée et fraîche, comme dit Menendez y Pelayo), de manière à exprimer l'impression qu'on pourrait avoir pour la simple lecture, un homme ingénieux et érudit.

f) On peut distinguer, quant aux caractères à introduire dans la description des ouvrages, quelques catégories fondamentales exigeant une description : a) le manuscrit ancien ; b) les Incunables ou premières impressions, jusque 1500 ; c) les livres anciens jusque 1800 ; d) les livres modernes. En principe les ouvrages anciens de 1500 à 1800, bien que classés quelquefois à part dans les bibliothèques, sont décrits d'après les règles catalographiques générales.

g) Il y a des règles relatives : 1° à tout catalogue, répertoire, bibliographie quelconque ; 2° à tout catalogue par matière ; 4° enfin des règles propres au catalogue décimal. En outre les diverses espèces de bibliographies ou catalogues (inventaire, auteur, matière) ont des corrélations qu'il y a lieu de déterminer.

h) Si l'on fait des livres avec des livres, on fait aussi des bibliographies avec des bibliographies, donc de seconde main. En principe, on ne doit donner la description d'une œuvre qu'en l'ayant sous les yeux. Cependant, faire autrement, c'est perpétuer des bibliographies incomplètes et souvent inexactes, par accumulation successive de fautes de copie et de non vérification des notices. Mais d'autre part l'utilisation des notices déjà rédigées est une nécessité, car le travail ne saurait être toujours recommencé.

i) Les instructions du Code des règles catalographiques sont nombreuses. Elles offrent grand intérêt parce qu'on a été amené à y résoudre des difficultés de différentes espèces ou les mêmes difficultés de différentes manières. Elles constituent donc la documentation la plus précieuse pour l'établissement du code des règles internationales. Pour les règles catalographiques internationales voir les *Actes de la Conférence Internationale de Bibliographie et de Documentation.* T. I. Bruxelles, 1908 et Bruxelles, 1910. — *Manuel du Répertoire Bibliographique Universel*, I. I. B. Bruxelles, 1907. — *Bulletin I. I. B.*, fasc. 1/2, 1910. Voir aussi les divers rapports de la Commission des Règles Bibliographiques internationales aux Conférences de Documentation. — Bureau Bibliographique de France, *Instructions sur le dépouillement des publications périodiques françaises rédigées en vue de la préparation du Répertoire Bibliographique Universel*, 1906. — Parmi les règles catalographiques importantes, on doit citer notamment : Règles de la K. K. Hofbibliothek de Vienne (1901), Règles des bibliothèques prussiennes, 1910. — *Règles et usages observés dans les principales bibliothèques de Paris* (1913). — *Katalogregler för Kungl. bibliotheket*, Stockholm (1916). — Règles de la Bodleian Library (1918). — Règles du British Museum, 1920. — *Forslag til Katalogeringsregler*, par le Norks biblioteks forenings Katalogkomits (1921). — *Regels voor de titelbeschrijving*, vastgesteld door de Rijkscommissie van advies inzake het bibliotheekwezen (Leiden, 1924). — *Katalogisierungsregler for norke biblioteker* (1925). — *Instrucciones para la redaccion de los catalogos de las bibliothecas del Estado*, Madrid, 1926. — *Biblioteca apostolica Vaticana. Norme per il catalogo degli stampati*, (la Citta del Vaticano, 1931, VII, 400 p. (1)

j) Les règles catalographiques ont fait l'objet d'études théoriques fort présentées, tendues et pleines d'intérêt. Ces études sont les unes tout à fait générales, les autres sous forme de commentaire de règles en vigueur. Ainsi Dale, *Erbauterungen zu den Instruktionen für die alphabetischen Kataloge der preussischen Bibliotheken* (1927). — de Greve, *Praktyken en theorie der Titelbeschrijving* (1930, commentaire des règles hollandaises).

(1) *Mann, Margaret.* — Introduction of Cataloguing and the Classification of Book. (Principles, objectives, detail of actual practices. Discusses classifications systems Kind of Cataloge).

— *Wisconsin University Library School.* Cataloguing rules on cards comp., by Helen Turnell. New ed Madison 1919.

— *John Crerar Library*, Chicago. Cataloguing rules. Supplementary to the Cataloguing rules, compiled by the Committee of the American Library Association and to the Supplementary Cataloguing rules, issued on cards, of the Library of Congress. Chicago, the Board of Director, 1916.

— *Schamourine, E. J.* Le catalogue alphabétique. Palais central du Livre, Moscou 1932 (en russe, évolution de la théorie catalogisme. Bibliographie abrégée classée).

— *J. Van Hove, F. Remi, J. F. Vanderheyden.* Règles catalographiques à l'usage des Bibliothèques de Belgique. Catalogue alphabétique d'auteurs et d'anonymes, Bruxelles 1933, 256 p.

— *Biographie de Belgique*, t. I. Introduction : Sur les principes qui ont servi de base au classement alphabétique des notices dans la Biographie.

256 Critique, Censure, Contrôle scientifique.

256.1 Généralités.

1. — *Documentation et valeur des livres.*

La détermination de la valeur des livres demeure la grande affaire. Ce principe prend place à côté de celui de la conservation avec catalogage du total des documents et tous deux sont à la base de l'organisation de la Documentation. Il faut déterminer la valeur des livres parce que d'une part tous n'ont pas un égal mérite et d'autre part l'usage de tous les livres pour tous les lecteurs est une impossibilité.

2 — *L'examen des livres.*

Il peut prendre diverses formes : la critique, la censure, le contrôle scientifique. L'examen peut avoir deux buts différents : le jugement du livre au point de vue du respect de la vérité scientifique, le jugement du livre au point de vue de fins autres que cette vérité, telles que fins sociales, morales, politiques, militaires, etc.

— *Lévy, Edouard.* Le manuel des prénoms. Un vol. in-8° de VII + 312 pages. Préface de Pierre Mille. Prix : 12 fr. Paris. Imprimerie administrative centrale, 1922.

— *Van Wijk, N.* De transkriptie van russische eigen namen. 's Gravenhage, secretariaat der C. V. V. O. L. B. 1925.

— *Walter F. K.* 1912. Abreviations and technical terms used in book catalogs and in bibliographies. Boston, *Library of Congress.* Notes on the Cataloguing. Calendaring and Arranging of Manuscripts. Washington, 1931.

— Guppy, Henry. Suggestion for the Cataloguing of incunabula. Aberdeen, the University Press.

— *Hanson, I. C. M.* Rules for corporate entry. New York, 1905.

— *Schiwedetzky, G.* Amtliche Drucksache, Berlin 1925.

— *U. S. Superintendant of Document.* Author heading for U. S. public document, Washington, Government Printing Office, 1907.

— *Hantzsch, Victor.* Die Landkartenbestände der Königlichen öffentliche Bibliothek zu Dresden. Leipzig, Harrassowitz, 1904. (Beihefte zum Zentralblatt fur Bibliothekswezen XXVII).

— *American and British Library Association.* Catalog Rules : author and tike entries. Chicago 1908.

— *Bibliothèque Royale de Belgique.* Bureau de documentation des études byzantines et slaves. Tableau de transcription des alphabets cyriliques. Bruxelles, 1932.

— *Library of Congress.* Preservation of maps. How they are classified, preserved and cataloged. The method employed in the L. C. « New York Tribune », 1899, 28 nov.

— *Schmidt-Phiseldeck, Kay.* Musikalien. Katalogisierung Ein Betrag zur Lösung ihrer probleme. Leipzig, Breitkopf & Haertel 1926.

— *Wallace Ruth.* The care and treatment of music in Library. Chicago, American Library Association, 1927. A. L. A. Committee on Cataloguing Contribution n° 1).

— *Mac Nair, Mary Wilson.* Guide to the cataloguing of periodicals. (3e ed.) Washington Government Printing Office 1925 (Library of Congress).

3. — *Critique.*

La critique est l'examen raisonné des ouvrages d'esprit. Au lieu d'enseigner directement les principes et les règles, la critique en fait l'application à l'ouvrage d'autrui. Elle ne se borne pas à blâmer; elle juge; et son mérite essentiel est d'être impartial dans ses jugements, libre de tout préjugé, dégagée de toute passion, au-dessus de toute faiblesse. Elle n'a en vue que de favoriser, par une juste appréciation des ouvrages d'esprit, le progrès des sciences et des arts. (1)

L'œuvre d'ensemble de la critique, c'est celle d'un commentaire du livre et de la production intellectuelle.

On distingue la critique : a) d'après son objet : littéraire, dramatique, artistique, politique et social, scientifique, bibliographique, la critique des textes; b) d'après le caractère, privé ou officiel de ceux qui exercent la critique; c) d'après la forme donnée à la critique : opinion ou jugement d'autorité; d) d'après les suites ou sanctions.

4. — *Caractères de l'œuvre à critiquer.*

Une œuvre peut être : 1° riche ou pauvre d'idées ou de faits; 2° complète ou incomplète; 3° bien ou mal composée, sortie du sujet, digression, disproportion, livre organisé ou non suivant des idées directrices, conclusions dépassant les prémisses ou manque de plan; 4° bien ou mal écrite (clarté, éclat); 5° bien ou mal annotée : références de 1re ou 2e main; citations distinctes d'une même œuvre; 6° contenant ou non des répétitions; 7° de style lourd et monotone ou de style léger, agréable, élevé; 8° s'il s'agit d'une œuvre d'imagination, avoir des intrigues invraisemblables.

5. — *Forme de la critique.*

La critique est double : positive ou négative, constructive et destructive. Elle a pour fonction : 1° de coopérer avec les auteurs à la formation des critères dans tous les domaines : vérité scientifique bien morale, justice sociale, beauté dans l'art, dans la nature et dans la vie, la possibilité d'application pratique; 2° d'appliquer les critères à l'appréciation des ouvrages; 3° de former ainsi les lecteurs à la connaissance des critères et de les aider à formuler des appréciations sur les ouvrages et conséquemment à mieux choisir leur lecture et les sources de leur information. La critique se différencie du travail descriptif de l'annonce des ouvrages, de leur catalogage, de leur bibliographie et du travail d'analyse et de résumé. En fait, critique et bibliographie s'unissent largement.

Le jugement critique peut être simple et net. « Votre livre est excellent; votre livre est détestable. » Il peut être un jeu de nuances, ce qui n'est pas nécessairement « le jeu des contredits ». Parfois la critique est *ad hominem* et, retournant à l'auteur ce qu'il a dit aux lecteurs, devient à son tour sermon et conseil. Le silence de la presse officielle peut être plus terrible que la critique.

(1) R. P. Broekaert : Le guide du jeune littérateur. 1882, p. 218.

6. — *Les critères.*

a) Il n'y a de critique fondée que s'il existe des critères. Et les critères reposent en définitive sur une Table des valeurs. La détermination de cette Table, a dit Nietsche, et en particulier des plus hautes valeurs, est le fait capital de l'Histoire universelle, puisque cette hiérarchie des valeurs détermine les actes conscients ou inconscients de tous les individus et motive tous les jugements que nous portons sur leurs actes. (1)

Les critères pour le jugement du livre seront de deux sortes : 1° pour juger de sa crédibilité ou valeur scientifique; 2° pour juger de son degré de séduction ou valeur littéraire.

b) On peut ramener à cinq les critères principaux : 1° vérité scientifique; 2° beauté; 3° bonté; 4° justice sociale; 5° efficience dans le travail. L'utilisation simultanée de ces critères peut seule fonder la critique. (2)

c) Le travail supérieur de la critique consisterait à éliminer l'erreur du vrai, le mauvais du bon, le répété de l'original.

d) A quoi reconnaîtra-t-on sans contredit qu'un livre a vraiment de la valeur? On pourrait répondre : à ce qu'il s'impose au lecteur qui aurait voulu d'abord se dérober à son emprise. Mais c'est là du subjectivisme.

e) Les catholiques affirment les critères que la valeur d'une œuvre littéraire est en raison directe de la concordance avec la doctrine catholique.

7. — *Les critiques.*

Les critiques doivent être des hommes cultivés qui savent mesurer leurs jugements et l'exprimer en langage nuancé. Ils ont eux-mêmes à se prononcer selon les critères, des normes, des lois, des principes, qui ne sont autres que les données scientifiques. Il y a une différence entre l'action critique et l'action publicitaire. Le but est de mettre en relief les vraies valeurs et de laisser dans l'ombre fausse gloire et réputation surfaite. Un critique doit consacrer sa vie à ce genre de travail qu'il a choisi. Son but est de diriger les talents, de leur montrer les moyens dont ils disposent et de les aiguiller vers l'œuvre totale dont ils sont capables. L'auteur écrivait pour ses lecteurs. Le critique est un des lecteurs qui se lève et s'exprime au nom de tous les autres. En principe, le critique doit être indépendant. Dans plus d'un grand journal, le critique dépend du directeur de la publicité.

Il y a maintenant le « prière d'insérer », petit papillon imprimé qui accompagne les volumes du « service de

(1) Lichtenberger. — Philosophie de Nietsche.

(2) N. Roubakine : Organisation biblio-psychologique de la bibliothèque d'instruction générale (1933).

presse ». Il appelle l'attention des critiques sur le caractère essentiel de l'ouvrage, offre des renseignements, propose des préjugés favorables à un choix préalable.

8. — *Efficacité de la critique.*

Les critiques n'ont guère que des sanctions morales pour leurs jugements ; l'efficacité de ceux-ci est donc limitée. Certains critiques ont été jusqu'à demander de boycotter des livres (ex. Revue des Lectures, dr. l'Abbé Bethleem). Une critique consciencieuse ferme empêcherait de naître bien des livres sans intérêt. Elle aiderait l'éditeur qui n'aurait plus à redouter qu'on lui oppose en face d'un insuccès justifié qu'on a eu bonne presse ; elle supprimerait les vingt placards de publicité (payés) dont s'amusait M. Rosny, il ramènerait le temps où le public, avant de choisir, regardait la critique. (Gabriel Beauchesne)

Discuter les mérites d'une œuvre, ce n'est pas la détruire. C'est guider son auteur dans la voie qui conduit au mieux. La critique hautement comprise est ici la collaboratrice directement associée à une œuvre qui devient commune (auteur, critique, public).

En U. R. S. S. on a donné une forme systématique à la critique dramatique. L'auteur d'une pièce peut être appelé à la discuter avec un comité d'autres auteurs, à répondre à leurs critiques et par suite, s'il y a lieu, d'apporter à son œuvre les modifications jugées utiles.

9. — *Organismes.*

Il existe une association de la critique qui publie un bulletin « La Critique Littéraire ». Une association des critiques poétiques est tentée. Il existe un Congrès international de la Critique dramatique et musicale. Il a traité de la sauvegarde par tous moyens de la liberté de la critique, qu'il s'efforcera de faire garantir par des lois ; de l'extension aux critiques de tous les pays des avantages et des droits conquis par une asociation nationale.

256.2 Critique et Histoire littéraire.

a) La critique littéraire analyse les procédés des littérateurs. (1)

Il y a deux moments différents, d'abord on lit pour comprendre un auteur et pour se l'assimiler ; à un autre moment, on envisage la littérature comme un document et on cherche à situer l'auteur.

En histoire littéraire, le but est de connaître une individualité, d'en pousser la description jusqu'à la plus fine nuance ; les moyens : tout individu, quoique unique est situé quelque part dans le temps et dans l'espace, toute œuvre, quoique unique, est située dans quelques moments de la vie de son auteur.

On ne peut prétendre à définir ou à mesurer la qualité ou l'énergie d'une œuvre littéraire, sans nous être exposés d'abord directement, naïvement à son action. L'élimination entière de l'élément subjectif n'est donc ni désirable ni possible et l'impressionnisme est à la base de notre travail.

L'histoire littéraire est une partie de l'histoire de la civilisation et comme toute histoire, elle s'efforce d'atteindre des faits généraux, de détacher les faits représentatifs, de marquer l'enchaînement de faits généraux et représentatifs. (L. Auzon)

La littérature est la réussite de quelques grands artistes. « Avant de lire un chef-d'œuvre, je ne sais pas, d'information personnelle, que c'en est un ; je vais donc toujours à la découverte, je suis bien obligé de lire tout ce qui m'est accessible, et c'est par un hasard heureux que je rencontre le chef-d'œuvre. » (S. Etienne)

La critique littéraire connaît deux méthodes, la méthode évolutive et le commentaire impressionniste. Une troisième méthode consisterait à décrire les états de sensibilité que l'art a exprimés.

b) La critique de Boileau est toute dogmatique. Elle rend des sentences au nom de règles que les classiques croient immortelles. La beauté est absolue : il n'y a qu'un genre de beauté, la beauté classique. En dehors d'elle, il n'y a que désordre et mauvais goût. (La querelle des anciens et des modernes). Pour Mme de Staël et Chateaubriand, la beauté des œuvres littéraires est relative ; elle dépend du temps, des circonstances, de la race, de la religion, des mœurs et de la forme de la société. Villemain montre le rapport étroit entre les idées philosophiques, les mœurs et les lettres (XVIIIe siècle). Sainte-Beuve s'astreint à une critique impersonnelle, réaliste, scientifique. Il s'efforce de sortir de lui-même pour entrer sans prévention dans l'auteur qu'il étudie. Il l'interroge aussi bien sur son caractère physique, sur son tempérament que sur la force de son esprit ou la complexité de son âme.

Taine tâche de faire de la critique une véritable science. Pour lui les phénomènes de la vie intellectuelle et morale étaient gouvernés par des lois aussi rigoureuses que celles du monde physique. L'homme est un animal d'espèce supérieure qui produit des philosophies et des poésies, à peu près comme les vers à soie font leurs cocons et comme les abeilles leur ruche. Le but de la critique est de chercher les causes qui ont déterminé la naissance d'un chef-d'œuvre. Ces causes si multiples soient-elles se ramènent à trois groupes : l'influence de la

(1) Lanson : La méthode de l'Histoire Littéraire (Revue du Mois, 1910, t. II, p. 403). — Paul Van Tieghem : La question des méthodes en histoire littéraire. (Premier Congrès International d'Histoire littéraire, Budapest, 21-23 mai 1931). (Bulletin des Sciences historiques, 1931). — Etienne, S. : Défense de la Philologie. Bibliothèque de la Faculté de Philosophie et Lettres de l'Université de Liége, fasc. LIV, 1933.

(1) J. B. Besançon et W. Struik. Précis historique et anthologie de la littérature française. *Le Critique*, II, p. 325.

race, du milieu et du moment (historique). La critique de Brunetière se base sur les théories évolutives de Darwin et de Haeckel. Les genres littéraires vivent d'une vie indépendante et analogue à celle des espèces animales, c'est-à-dire qu'ils naissent, se développent, s'organisent et se désagrègent sous l'action des circonstances qui leur sont favorables ou hostiles. Les œuvres littéraires sont unies entre elles par un lien choisi ; les œuvres antérieures exercent une action sur celles qui leur ont succédé ; le moment a une importance capitale. La critique d'Anatole France est impressionnante. Son scepticisme lui défend de juger les écrivains d'après un système toujours discutable. Sa sensibilité d'artiste qui goûte avec délices les beautés littéraires, le pousse à confier au public les impressions que les livres ont produites sur lui. A propos des ouvrages littéraires, il en arrive à raconter les aventures de son âme. Pour Jules Lemaître, impressionniste aussi, la critique est l'art de jouir des livres en affinant par eux ses sensations.

Le rôle dictatorial de la critique anglaise a été tenu longtemps par l'Athœneum. Il a été dévolu depuis au supplément littéraire du *Times*.

Bernard Shaw aime à prévenir les critiques de ses œuvres et les fait précéder d'une critique préventive.

Le temps est l'autorité suprême qui juge les livres, un juge qui ne se laisse jamais ni éblouir, ni tromper. Le temps, c'est la réflexion de l'humanité. (Aimé Martin)

F. Vézinet a publié un intéressant recueil « Le XVIIe siècle jugé par le XVIIIe », recueil de jugements littéraires choisis et annotés. On y constate que malgré leurs divergences de goûts et d'idées, les auteurs du XVIIIe siècle se rencontrent dans un commun éloge de leurs prédécesseurs. Certaines pages ont plus qu'un intérêt historique. Ce sont des modèles de fine et judicieuse critique. (Ex. : le parallèle de Racine et de Corneille, par Vauvenargues).

« Tout comme il y a des idées en l'air, écrit Byvanck, il semble que dans l'atmosphère intellectuelle d'une société soient répandus des germes de situations morales analogues qui, fécondés par les esprits en quête de manières artistiques, se modifient suivant les personnalités où ils sont tombés. »

Tout se passe comme si l'Esprit adressait une question générale aux divers esprits d'une même génération. Une conversation s'engage, un drame se noue, où tous, bon gré mal gré, sont acteurs. La tâche du critique consiste à recueillir, ordonner et classer les réponses, puis à dresser des suites littéraires. La technique littéraire retrouve ou même crée la logique des produits de l'esprit. Une critique munie d'antennes capte et rassemble de lointaines analogies. (1)

(1) Byvanck. Un Hollandais à Paris en 1891, p. 1944. Paris, Perrin, 1892.

« La Mission de Claudel », par Victor Bindel. — La Revue catholique des Idées et des Faits.

256.3 Critique scientifique.

a) En science, la critique est une condition essentielle ; c'est une critique d'idée. Les savants se critiquent entre eux pour l'avancement de la science, leur commune préoccupation. Au delà de toutes les critiques ils demeurent liés les uns aux autres par la déférence, par l'estime, par l'amitié ou par une communauté d'aspirations. Se critiquer réciproquement, c'est faire preuve de l'importance qu'on attache aux œuvres et aux théories, car si elles n'étaient éminentes, chacune en leur genre, quelle serait la portée de la critique.

b) La science avance « à coup de provisoire » et il faut se résigner à l'étape de l'approximatif. Dès lors forcément le document scientifique aura comme caractéristique à son premier stade d'être inévitablement incomplet et inexact.

On arrivera à des publications provisoires soumises à critiques pendant un certain temps, comme déjà en font les comités de standardisation et la Commission de la Classification décimale (tentative édition).

Les grands savants prennent soin de faire lire leurs épreuves par des collègues et d'accueillir leurs observations de fond et de forme.

c) L'esprit critique est avant tout nécessaire pour faire de la bonne critique. Et cet esprit exige l'aptitude de trouver le lien et les analogies entre les diverses propositions, constitutions, théorèmes, phénomènes, parties de science, qui apparaissent sans lien et souvent même en dicordance ; l'aptitude à trouver la genèse la plus naturelle des faits, l'unité dans la diversité, l'ordre dans le chaos, les lois dans le désordre ; l'aptitude de voir l'utilité, la vérité et de supprimer ce qui est superflu, inutile, faux. Il n'est homme de génie s'il ne possède l'esprit critique, car le génie procède par synthèse. (V. G. Cavallero.)

d) D'une manière générale la critique est inorganisée : 1° elle n'a pas de critères formulés en système ; 2° elle ne s'applique qu'à un nombre restreint d'œuvres ou travaux (1) ; 3° les critiques formulées et publiées demeurent dispersées quant au lecteur ; elles rejoignent rarement l'œuvre critiquée (insuffisante bibliographie des critiques) ; 4° absence de sanctions des critiques, soit qu'il n'y ait plus d'éditions subséquentes de l'œuvre critiquée, soit que l'auteur n'en tienne aucun compte et ne se donne pas la peine de les refuter.

e) Par contrôle scientifique, il faudrait entendre les mesures organiques destinées à établir la valeur des thèses et des conclusions. A cette fin, il faudrait déterminer qui jugera et selon quelle procédure. Le jugement devrait appartenir à des organismes ou agents relevant des associations internationales dûment organisées et tenues pour

(1) Voir ce qui est dit au n° 255 de Bibliographies critiques et de leur utilisation.

les plus hautes autorités scientifiques dans chaque domaine de leur compétence. Le processus des discussions en soutenance de thèses remonte au moyen âge; il donne une indication de ce qui peut être fait, mais il devrait être amélioré. Y aideraient l'expression de règles scientifiques et de règles bibliologiques, ainsi que la possibilité de connaître l'état exact de la position de la science sur chaque question par le moyen de la documentation bien organisée.

f) La notion de l'expert et de l'expertise se développe. L'expertise devient un acte général. Elle consiste à donner un avis motivé sur l'état actuel des connaissances en les appliquant à un point concret déterminé. En matière juridique, l'affirmation d'un état de législation donné est le « parère ». La notion du parère est à généraliser en tous domaines. L'expertise alors serait un mélange de parère et de critique.

g) Il y a les conclusions des congrès nationaux et internationaux. Ces conclusions sont prises à la suite des procédures régulières qui vont toujours en se précisant; introduction des questions à l'ordre du jour, enquêtes, rapports des commissions, discussion en forme, votation, ultérieurement codification des résolutions. (1)

h) Il y a des essais de contrôle en certains domaines. Par ex. la question de la revision des manuels d'histoire. Elle a fait l'objet de travaux d'un Comité d'experts de la Société des Nations, congrès international pour l'enseignement de l'histoire (La Haye, 2 juillet 1932). Ils ont eu leur écho au Comité pour le désarmement moral créé par la Conférence internationale pour la limitation et la réduction des armements. On a proposé une procédure pour arriver à la revision. Tout historien ayant à formuler un grief le transmettrait au Comité national du pays auquel appartient l'auteur incriminé. Certains ont été jusqu'à entrevoir des mesures gouvernementales et disciplinaires. On a mis en lumière des difficultés de concilier le respect de la vérité historique avec la courtoisie internationale, avec la liberté de penser et les droits individuels. (2)

i) D'une manière générale, on pourrait se représenter ainsi une organisation générale de la critique scientifique. Tout livre annoncé par la voie de la bibliographie serait critiqué par l'Organisation critique. La critique bien distincte du résumé ou analyse consisterait essentiellement à rapprocher l'ouvrage critiqué des autres ouvrages similaires en montrant ses relations avec eux et ses rapports avec la science considérée dans son ensemble. La confrontation avec le *Dossier universel* de chaque question constituée par la documentation serait donc le moyen d'opérer facilement et sûrement cette œuvre de critique. L'organisation de la critique consisterait donc en un office mondial ayant ses règles et ses moyens de travail. Il procéderait de lui-même à la critique de certains ouvrages importants et serait à la disposition de tous auteurs pour procéder sur demande à la critique préalable de leur ouvrage, à la manière d'un office de brevets. L'ouvrage critiqué serait disséqué en toutes ses parties et chacune rapprochée de la matière antérieure. L'auteur serait invité à dire lui-même ce qu'il revendique comme nouveau. Il soulignerait ces passages dans l'exemplaire remis à critique. On considérerait que tout le restant ne serait que secondaire, moyen connu de développement et d'argumentation.

j) Il serait désirable que la critique scientifique fasse une place aux critères et aux jugements d'ordre proprement bibliologique: la forme et l'état matériel du livre, sa conformité avec les règles préconisées, ses caractéristiques au point de vue de la psychologie des lecteurs, etc.

256.4 Censure en général.

I. — *Notion.*

a) La censure est une critique officielle des écrits accompagnée de sanctions matérielles. Il y a la censure civile et militaire et la censure religieuse. (Voir aussi n° 259.2 destruction des livres.)

b) Pendant tout le moyen âge en France, la librairie fut soumise à la triple censure du clergé, des universités et des parlements. Lorsqu'on comprit quelle aide puissante l'imprimerie et la librairie pouvaient donner aux idées nouvelles, on prit contre elles les mesures les plus rigoureuses. Ainsi François Ier, nommé le Père des Lettres, ordonna par un édit, d'ailleurs rapporté, la fermeture de toutes les boutiques de libraires, sous peine de mort.

c) La censure gouvernementale peut s'étendre à toutes les espèces de publications, aux communications postales, télégraphiques, téléphoniques et radiophoniques. En février 1933 les journaux et toutes les publications communistes ont été interdites pour quatre semaines dans toute la Prusse, celles de la Social-démocratie pour 14 jours. Les correspondants même de la presse étrangère ont reçu des avertissements.

d) Une forme indirecte de censure est l'interdiction de transport quand les moyens de transport sont aux mains de l'Etat (postes, chemins de fer). Le domaine de la censure s'étend avec les sphères où la pensée peut pénétrer et agir. Maintenant il y a la censure de la radio et du cinéma.

On a demandé un service de censure, joint au service de douane à la sortie pour protéger la renommée de la

(1) Code des vœux et résolutions des Associations Internationales. Publication de l'Union des Associations Internationales, Bruxelles.

(2) Institut International de Coopération Intellectuelle 1932. — La revision des manuels scolaires contenant des passages nuisibles à la compréhension mutuelle des peuples. 234 p.

pensée française à l'étranger contre la sortie de sales et mauvais livres. (André Cadoret)

Le règlement scolaire modèle des écoles primaires supérieures (28 décembre 1888) dit à l'art. 15 : « Le Ministre peut interdire l'usage dans les écoles des ouvrages d'enseignement, de lecture ou de prix, qui seraient contraires à la morale, à la constitution ou aux lois. »

e) La pensée ligotée trouve cependant vingt moyens de s'exprimer quand même. Ce sont les publications interdites, celles qui circulent sous le manteau; c'est à défaut d'écrits, la conversation, la réunion secrète, voire la société secrète. Ce sont les formes variées que prend le Folklore pour exprimer des protestations, avec ou sans précision; par ex. à Rome, le Pasquino (d'où Pasquinade), la statue au pied de laquelle, pendant quatre siècles, se sont attachés les libelles ou les vers contre le Pape souverain de la ville (1); en Belgique les protestations contre l'occupant allemand pendant la guerre mondiale.

f) La censure, disent ironiquement les écrivains réactionnaires, améliorait le style des auteurs, elle les contraignait à l'ingéniosité. En leur accordant trop de licence, on leur a fait perdre l'art des sous-entendus.

2. — *Historique.*

Les trahisons et les lèse-majesté ont été punies depuis le commencement des temps. Les livres religieux hérétiques ont été brûlés par Constantin et les autres empereurs chrétiens. La pratique fut continuée pendant le moyen âge par les autorités ecclésiastiques et les gouvernements civils. Savonarole brûla les livres de ses adversaires. L'invention de l'imprimerie, en facilitant la multiplication des livres, accrut le danger des livres aux yeux des autorités civiles et religieuses. Les premières licences, les premiers privilèges accordés aux imprimeurs, étaient en partie inspirés par le désir de contrôle.

Toutes espèces de restrictions vinrent limiter les imprimeries; presses et livres furent confisqués et brûlés; imprimeurs et auteurs furent emprisonnés et parfois exécutés. Les premières listes de livres censurés furent publiées à Paris (1544), Louvain (1546) et Venise (1549). Le premier Index romain de livres défendus parut en 1559. Il entrava l'expression de la pensée mais ne l'arrêta pas. Les réformateurs contre qui étaient prises les mesures ripostèrent par des mesures non moins sévères à l'égard des œuvres catholiques.

La simple possession de certains livres a été interdite bien des fois au cours de l'histoire. Au Portugal, par ex., les Juifs doivent attendre Manuel II pour pouvoir avoir des synagogues et posséder des livres hébreux.

Un arrêt du Parlement de Paris du 16 août 1666 défendait de vendre « aucun libelle ou écrit qualifié *gazette à la main*, sous peine pour la première fois de bannissement et pour la seconde des galères ». La Bruyère peut dire « Un homme né chrétien et français est fort embarrassé pour écrire, les grands sujets lui étant interdits et les petits lui étant défendus ». Duclos commença en 1770 une conférence en ces termes : « Messieurs parlons de l'éléphant; c'est la seule bête un peu considérable dont on puisse parler en ces temps-ci sans danger... » Cette politique de censure dura juqu'à la Révolution et fit beaucoup souffrir l'édition française. L'Assemblée Nationale l'abolit.

Mais elle fut rétablie sous Napoléon. Dans une notice consacrée à Lalande, Jarrin raconte l'interdiction d'écrire faite à celui-ci sur l'ordre de Napoléon par l'Institut. La Restauration, la monarchie de juillet, Napoléon III et le gouvernement de la grande guerre se sont servis de la censure. Louis Veuillot, le grand pamphlétaire catholique qui eut particulièrement à souffrir des restrictions apportées sous le second empire à la libre expression de la pensée, s'est exprimé à ce sujet dans « Les odeurs de Paris » et dans « Le Prologue du fils de Giboyer ».

3. — *Dans les divers pays.*

La censure a existé dans presque tous les pays; suivant les temps, elle y a été plus ou moins rigoureuse. Pratiquement presque tous les gouvernements retiennent le droit de censure, de supprimer ou de confisquer les publications de caractère immoral ou révolutionnaire.

a) Aux Etats-Unis, des efforts pour rétablir la censure ont été faits récemment en connexion avec la controverse des «Fondamentalistes» et l'enseignement de la théorie de l'évolution. Chicago a été le siège d'une agitation pour « cent pour cent d'Américanisme dans les livres d'enseignement ».

b) La Russie tsariste avait comme instrument le caviar. Bien des difficultés sont faites en URSS à la liberté de la pensée écrite et parlée. L'Imprimerie est largement officialisée. La plus jeune fille de Tolstoï n'a pu réaliser une édition complète des œuvres de son père (cent volumes) à raison de leur caractère religieux.

c) Les organes de presse italiens sont sous le contrôle exclusif du gouvernement, les éditeurs des principaux journaux sont nommés ou révoqués directement par le Duce. En outre, le bureau central de Rome donne, chaque jour, des « recommandations » sur la politique internationale, les livres nouveaux, etc.; de plus, les informations venant de l'étranger sont centralisées, filtrées et redistribuées. C'est le régime dit de « vérité imposée ».

d) Le gouvernement allemand d'Hitler a pris des mesures allant jusqu'à l'expulsion contre les journalistes étrangers coupables à ses yeux de donner des événements qui se déroulent en Allemagne une version autre que celle qui est officiellement admise. Le gouvernement a chargé une commission de reviser les catalogues pour

(1) *Pasquino*, par Renato et Fernando Silenzi, Milan, Valentino Bompiami (Recueil de satires populaires depuis l'an 1500).

établir un « index des œuvres étrangères au caractère allemand ». Cette commission fixera également la liste des journaux et revues qui seront tolérés dans les salles de lecture. Les livres mis à l'index seront brûlés sur une place publique. Les étudiants assurent qu'ils cloueront au pilori les écrits non allemands. Les livres marxistes et communistes réunis en mai 1933 pour être brûlés atteignaient le chiffre de un million.

e) La guerre mondiale, qui a été une collectivisation de toutes les forces des pays en lutte, a mobilisé les plumes et même les consciences. (1)

Pendant la guerre était puni le « défaitisme militaire », expression de tout doute au sujet de la victoire finale. Après la guerre, on connut le défaitisme social; les doutes au sujet de la supériorité du système capitaliste et la sympathie pour le communisme de l'URSS firent l'objet de censure. Tout récemment, en Autriche, le gouvernement a proposé une loi pour la répression du défaitisme monétaire dans ses manifestations écrites ou orales. On ne pouvait s'exprimer en termes inquiétants sur la stabilité du schilling.

f) L'ordre du jour du Grand Quartier général français en date du 25 août 1917 concernant les recommandations à faire à la Presse est très remarquable. Il prescrit ce qu'il faut éviter, ce qu'il faut dire; il contient des observations sur la psychologie des soldats liseurs de journaux. (2)

La censure recevait des consignes: ne pas démoraliser le pays, en conséquence supprimer tout ce qui pourrait influencer défavorablement l'optimisme officiel et obligatoire. Par exemple: ne pas laisser signaler les pertes subies, les avions abattus, les navires coulés, les villes bombardées; échopper les descriptions aussi horribles que véridiques de ceux qui ont vu, bref conserver à la guerre cette allure franche et joyeuse que le Kronprinz n'a pas été seul à y découvrir.

Depuis les révélations de Pierrefeu (Plutarque a menti) on connaît les recettes subtiles de l'art du communiqué.

g) La censure militaire a d'étroits rapports avec le service de sûreté militaire et celui-ci avec le service d'information (dit espionnage quand on désigne le service de l'ennemi).

Au secret militaire correspond les efforts pour se procurer des pièces, des photographies, les lire, les voir, tout au moins. C'est l'espionnage. Toutes les armées ont des services dits de renseignements: 2e Bureau en France, Intelligence Service en Angleterre, etc. Les historiographes de la grande guerre rapportent qu'avant la bataille devant Amiens (Somme) en mars 1918, l'Intelligence Service avait percé à jour, dès février, le plan de l'ennemi; il avait vraiment lu dans ses projets à dossiers ouverts. La divulgation ou la recherche des secrets d'ordre militaire est punie de mort ou de détention perpétuelle par l'ordonnance d'Empire destinée à réprimer « la trahison contre la nation allemande ».

4. — *Censure religieuse. Prohibition.*

a) L'Eglise a défendu aux fidèles l'accès direct aux écritures sacrées. Elle estime qu'une bonne préparation théologique est nécessaire. Elle craint les fausses interprétations, les citations erronées, les accommodations impropres voire irrévérencieuses et même obscènes. Pour ne pas errer, il faut connaître, outre le latin, le grec, l'hébreu et l'araméen. (1)

b) On a assisté à de curieuses interdictions. Chargé par le Pape de réorganiser les écoles de France en 1225, le Cardinal le Coursoni, celui qui donna à la corporation des maîtres et étudiants d'alors le nom d'Université, autorisa l'enseignement de la dialectique d'Aristote, mais interdit sa physique et sa métaphysique. Il y a eu les expurgations au XIIIe siècle, au moment où parut dans le monde chrétien les traductions greco-latines et arabo-latines d'Aristote. On voit le Pape Grégoire IX charger trois théologiens de Paris d'examiner ces livres. Ils doivent en préparer un texte expurgé qui puisse être mis dans les mains des étudiants. La revision toutefois demeure à l'état de projet. Saint Albert le Grand et Saint Thomas d'Aquin ont continué à commenter les œuvres d'Aristote, dont la lecture était interdite sous peine d'excommunication.

c) Pour défendre la vérité religieuse contre les attaques des hérétiques fut organisée l'Inquisition. D'après Llorente, l'Inquisition espagnole, de 1481 à 1808, a jugé 341,021 individus, dont 31,912 ont péri sur le bûcher et 17,699 ont été brûlés en effigie; les autres ont été condamnés à des peines moindres mais toujours graves. On prétend que la Bibliothèque de l'Escurial renferme un exemplaire de tous les ouvrages qui ont été brûlés par l'Inquisition.

d) Une bulle de Léon X, lancée le 14 juin 1520, condamna comme hétérodoxe 41 propositions de Luther en lui accordant soixante jours de réflexion pendant lesquels il aurait à se rétracter sous peine d'encourir l'excommunication. Luther répondit en écrivant *Contre la Bulle de l'Antéchrist*. Le 10 décembre, il brûla la bulle d'excommunication avec le droit canon, les écrits d'Eck et d'Emser contre lui et plusieurs ouvrages de scolastique et de casuistique en disant : « Parce que tu as affligé le Saint du Seigneur, sois affligé par le feu Eternel ». Il avait annoncé cet autodafé par une affiche publique.

e) Il y a des formes de critique officielle. Les propositions extraites des livres font l'objet de dénonciation à

(1) Demartial : La mobilisation des consciences.

(2) Berger, Marcel et Allard, Paul. — Les secrets de la censure pendant la guerre. (Edit. les Portiques, 144.)

(1) Giuseppe Ricciotti. — *Bibbia e non Bibbia Brescia*, Morcelliano, 1932.

Rome et éventuellement de condamnation. (Ex. Les luttes à Rome au XVIIe et XVIIIe siècles au sujet de la querelle des cérémonies chinoises.) Les Docteurs en Sorbonne admettaient ou condamnaient *ex-officio* certaines thèses. Quand ont paru certains ouvrages, les Papes ou bien les ont condamnés, ou bien ont formulé des propositions qu'ils ont condamnées en déclarant ensuite qu'elles se trouvaient dans l'ouvrage. (Ex. Le Livre de Jansenius). Des docteurs ont fait remarquer que l'Eglise aussi a procédé négativement, disant contre les hérétiques ce qui n'est pas son dogme mais qu'elle n'a pas exposé explicitement ce que contient celui-ci.

f) La censure religieuse existe encore sous la forme de l'approbation ou de l'imprimatur de livres ayant caractère théologique ou ecclésiastique. L'imprimatur n'engage pas l'Eglise.

g) L'Eglise romaine a instauré l'Index des livres prohibés *(Index librorum prohibitorum)*. Une congrégation romaine en est chargée. Si tel livre est mis à l'index et non tel autre, qui est encore plus fort, cela tient à ce que l'attention de l'Eglise est attirée sur un livre, soit par une dénonciation qu'on lui a faite, soit par une question qu'on lui a posée, soit par une campagne qui a été menée au sujet de ce livre, soit surtout à cause de la célébrité de l'auteur.

257 Utilisation du Livre. La lecture.

257.1 Notion de la lecture.

Lire, c'est prendre connaissance du contenu des livres, c'est recueillir ce que les auteurs ont consigné dans les livres. Lire, c'est l'action de comprendre et s'assimiler la pensée d'autrui par l'intermédiaire de caractères graphiques. Pour comprendre, les connaissances nouvelles doivent venir faire corps avec les connaissances antérieurement acquises. Il s'agit d'une opération de corrélation.

257.2 Nécessité et avantages de la lecture en général.

Tout homme doit chercher à vivre en tant qu'être intellectuel, ce qu'il est, et, par conséquent, il doit développer son intelligence sans se laisser absorber entièrement par les fonctions d'ordre automatique ou subalterne. D'autre part, le livre offre le meilleur de la pensée réfléchie et coordonnée des meilleurs esprits. La lecture, dès lors, s'impose à tout homme, car elle entretient la vie de l'esprit qui a besoin de se nourrir d'idées, comme le corps a besoin d'aliments. Une vie sans lecture sera toujours une vie médiocre. Confucius disait déjà : « Apprendre sans penser, c'est perdre ses peines; penser sans apprendre est périlleux. » Sénèque écrivait : « Réfugies-toi dans l'étude, tu échapperas à tous les dégoûts de l'existence. L'ennui du jour ne te fera pas soupirer après la nuit et tu ne seras pas à charge de toi-même et inutile aux autres. »

Le livre est l'instrument d'une gymnastique cérébrale et sentimentale aussi, qui nous entraîne à être plus clairvoyants et moins impulsifs, qui nous habitue, par l'effort d'une réflexion intime, à exploiter sans relâche toutes nos sources personnelles de raison et d'émotion (Pierre Guitot-Vauquelin). Le livre est un ami, un consolateur, un guide. il est celui qui nous aide à formuler nos pensées et nos sentiments demeurés vagues et imprécis; il nourrit de sa substance et procure le réconfort spirituel. Retenons cette phrase d'une vieille femme simple et ridée disant au bibliothécaire, en rapportant un livre : « Que de beaux sentiments, un tel livre égaie les heures sombres et nous aide à vivre ».

Au point de vue social, on constate que l'éducation par le livre est, de toutes, la plus économique (La Bibliothèque, l'Université du Peuple, l'Autodidaxie méthodique).

257.3 Buts divers de la lecture.

La lecture peut avoir divers buts : 1° La culture générale (formation de l'esprit); 2° La récréation (utilisation des loisirs); 3° L'instruction (la science transmise par le manuel l'autodidaxie); 4° L'information et la documentation (renseignements).

Il faut lire toute sa vie : 1° Dans la prime jeunesse, car c'est le moyen d'acquérir le vocabulaire, d'apprendre à bien s'exprimer, d'ouvrir l'esprit. Toute la matière enseignée, revue sous l'angle de la lecture apparaît plus ample, réelle, donnée d'une vie nouvelle, plus importante. 2° Lire comme étudiant. C'est le moment où l'intelligence est conduite vers les hauts sommets, un moment où l'on dispose de loisirs. Lire, c'est écouter plusieurs maîtres, l'ensemble des maîtres. 3° Lire une fois entière dans la vie active, car alors le contact direct avec les réalités qu'il faut savoir maîtriser et discipliner fait revoir encore différemment les choses et toute l'expérience déposées dans les livres par ceux qui les ont composés est susceptible alors de vivifier et d'amplifier extraordinairement l'expérience personnelle qui s'acquiert. 3° Lire au moment où l'on se retire de la vie active, à l'heure dite de la retraite et qui devrait être précieusement l'heure d'un renouveau intellectuel à raison des grands loisirs qu'elle apporte pour la lecture. Les livres se chargent encore de signification quand ils sont lus et aussi relus après une vie déjà longue, faite à la fois d'étude, d'action et de sentiments mis en œuvre. (1)

(1) Mazel, Henri, 1906. — *Ce qu'il faut lire dans sa vie.* (Cycle complet de lectures systématiques embrassant toutes les périodes de l'existence et conduisant l'homme jusqu'à son âge mûr, l'esprit enrichi de tout ce qu'il aurait retenu de son voyage à travers la littérature universelle.)

257.4 Manières diverses de lire.

Il est diverses manières de lire et d'utiliser livres et documents :

1° Lire en entier d'une traite et d'affilée, comme le permettent les œuvres littéraires; 2° S'instruire et apprendre en lisant et en relisant. S'assimiler un ouvrage en l'analysant la plume à la main pour en faire la base de réflexions personnelles ou de discussions ultérieures dans des groupes d'enseignement mutuel; 3° Consulter certains passages des livres reconnus par soi-même ou sur références de tiers, certains éléments, chapitres ou faits pour y recueillir des informations sur des questions particulières et les utiliser dans ses travaux; 4° Parcourir rapidement les livres en les feuilletant et les maniant. On fait ainsi une première reconnaissance dans le vaste domaine des livres, on entre en contact avec les ouvrages classiques fondamentaux célèbres, ou on applique sa mémoire visuelle et topographique à l'examen d'une collection entière; 5° S'astreindre à un cycle de lectures graduées, variées, suivant un plan arrêté d'avance et pouvant s'étendre sur plusieurs années et même sur la vie entière.

Toutes ces opérations intellectuelles sont bien différentes. Toutes ont leur utilité, pourvu qu'elles interviennent avec discernement et soient appropriées à chaque cas, suivant les livres, les lecteurs ou les buts poursuivis par la lecture.

a) *Lecture formative. La Lecture et la Culture.* — L'éducation générale comporte toutes les connaissances et tout le développement personnel que doit ambitionner une personne désireuse de s'assurer les bénéfices multiples de l'ère de perfectionnement où nous vivons.

« La lecture formative » a pour but de rendre l'individu plus intelligent et meilleur. Elle accroît le sentiment, élargit les conceptions de la Nature et de la Vie de l'Homme, de la Société et de l'Univers, elle inspire l'amour du travail, de l'effort et le sentiment de la dignité humaine. On s'élève par la lecture d'un beau livre, on sort de la matérialité ambiante.

b) *La Lecture systématique.* — La lecture systématique s'opère d'après un plan de lecture. Celui-ci s'établit soit à la manière des programmes de l'enseignement, qui déterminent les questions et leur ordre, soit à la manière des syllabus qui indiquent les sources à consulter et les lectures à faire. Des « Guides pour autodidactes » (autodidaxie, enseignement par soi-même) sont plus complets et se rapportent mieux à l'enseignement supérieur. Les guides polonais et russes sont des modèles dont il n'existe pas d'équivalent en français. (1) Les cours par correspondance dont l'extension est très grande dans les pays anglo-saxons, s'appuient en grande partie sur des lectures systématiques à faire.

La lecture est forcément parcellaire. Elle peut tendre à devenir encyclopédique. Mais elle ne saurait produire d'elle-même la synthèse dans l'esprit suivant les capacités et les besoins de chacun. Il faut encore que des lectures d'ordre général interviennent pour aider à cette synthèse, fruit des générations auxquelles sans grand travail et temps ne peut accéder l'esprit livré à lui-même. Longtemps l'enseignement a manqué d'organisation et de synthèse. On doit envisager maintenant la nécessité d'organiser la lecture en s'inspirant de la manière dont on a organisé l'enseignement, en évitant une simple juxtaposition dans des compartiments ébauchés et souvent avec des méthodes archaïques.

c) *La Lecture instructive ou scientifique.* — Elle a pour but de meubler l'esprit des connaissances générales et spéciales et d'aider à la formation des opinions. — Les lectures scientifiques doivent fortifier l'esprit, rectifier le jugement, augmenter la mémoire en étendant les facultés assimilantes. Le cerveau est le filtre des idées, c'est à lui de passer au crible tout ce que nous lisons, tout ce que nous entendons. L'essentiel est de se former le jugement qui décide en dernier ressort ce qu'il y a lieu de retenir ou de rejeter et ainsi, chacun, sur les matières qu'il étudie et en présence des contradictions des auteurs, est amené à sélectionner ce qu'il tient pour vrai et à constituer en quelque sorte son propre système. C'est une synthèse qui s'opère en chaque esprit, mais une synthèse qui a ce caractère d'être toujours perfectible, accrue et modifiable. Il n'y faut aucun entêtement et, s'il faut tenir à ses idées, lorsqu'on les croit justes et vraies, il ne faut pas hésiter à les modifier, lorsque d'autres sont reconnues plus justes. Penser librement est bien, penser selon la vérité est mieux. — « L'art de lire des livres de sentiment consiste à se laisser aller au sentiment. Mais l'art de lire des livres d'idées consiste en une comparaison et un rapprochement continuels. Matériellement on lit un livre d'idées autant en tournant les feuillets de gauche à droite qu'en les tournant de droite à gauche, c'est-à-dire autant en revenant à ce qu'on a lu qu'en continuant à lire. Le livre à idées, autant et plus encore qu'un autre livre, ne peut pas tout dire à la fois; sa signification se complète et s'éclaire en avançant et on ne le possède que quand on a tout lu. Il faut donc, à mesure qu'il se complète et qu'il s'éclaire, tenir compte sans cesse, pour comprendre ce qu'on en lit aujourd'hui, de ce qu'on en a lu hier et, pour mieux comprendre ce qu'on en a lu hier, de ce qu'on en lit aujourd'hui. » (Emile Faguet). Il s'agit de prendre possession des faits, des idées, du

(1) Voir l'analyse de ces guides dans le *Bulletin de l'Institut International de Bibliographie*, 1911; voir aussi Boïarsky, (*Enseignement autodidacte* dans la collection *Le Musée du Livre*, Bruxelles).

style de l'auteur, peu importe comment s'opère cette prise de possession.

d) *Lectures répétées.* — Il faut une lecture sans cesse répétée. Un grand penseur, un grand poète, représentent une haute synthèse de la nature psychique. On ne saurait les comprendre de prime abord. On comprend différemment suivant les âges, les circonstances publiques ou privées, les autres lectures faites, l'expérience personnelle acquise. Après la guerre mondiale soufferte par nous, que n'avons-nous mieux compris dans les auteurs lus autrefois ?

L'esprit est un, et son fonctionnement précède toute expression complètement formulée. Entre une idée et les autres idées, entre une idée et les manières variées de l'exprimer il y a *lutte* dont le résultat est précisément l'œuvre produite. On choisira donc, parmi les grands écrivains, celui pour lequel on se sent la plus forte et la plus étroite sympathie, puis parmi les ouvrages de cet écrivain, celui que l'on sent et admire le mieux. Alors, ayant pris ce livre, on le lira sans cesse, sans repos, sans trève, comme un Luthérien lit sa Bible ou comme un bon Anglais lettré lit son Shakespeare. Cette fréquentation obstinée d'un maître, dit Théodore de Banville, vaudra mieux que d'étudier plusieurs modèles. Il fera comprendre et saisir les procédés par lesquels l'expression vient accoucher de l'idée. Il fera percevoir la lutte de l'esprit avec lui-même, avec la langue, de l'esprit toujours plus large et plus profond, que la formule dans laquelle lui-même s'efforce de s'enserrer.

e) *Lecture documentaire et Information.* — La documentation consiste à prendre connaissance de ce qui a été dit d'original ou d'important, sur une question. Pour travailler avec méthode il faut d'abord s'enquérir du point de savoir si le sujet qu'on examine a été étudié déjà et à quels résultats d'autres sont parvenus. Il faut essayer ensuite, au moyen de nouvelles découvertes ou de l'étude plus approfondie des sources déjà connues antérieurement, de faire avancer la science et de modifier les résultats précédemment obtenus. C'est la Bibliographie qui renseigne sur les sources qui constituent la documentation, c'est l'Encyclopédie qui aide à résumer ce que contient ces sources.

f) *La Lecture annotée.* — Annoter un livre, c'est accompagner la lecture d'écriture. L'annotation se fait : a) au simple signe : soulignage, croix ou trait dans la marge ; b) par des mots ou phrases écrites en marge ; c) par des annotations sur papier séparé, fiches, feuilles, carnet ou cahier. L'annotation se réfère : à une meilleure compréhension par soi-même du texte, à des réflexions personnelles sur l'écrit, à des extraits utiles pour des travaux que l'on fait, à un résumé pour mieux s'assimiler le sujet traité. L'annotation du texte sur l'écrit tend souvent à le compléter et mettre en forme, ainsi qu'aurait dû ou pu le faire l'auteur : divisions et parties notées par chiffres ou lettres, mots importants soulignés et mis éventuellement en couleur ; phrases exprimant les thèses ou propositions principales : références aux pages antérieures ou postérieures, références à d'autres auteurs.

L'annotation sur le livre l'abîme ; elle lui enlève son aspect original, est troublante pour les lecteurs subséquents. Mais le livre destiné à l'étude, le document destiné à l'action gagnent à être annotés : livres scolaires, cours d'université, ouvrages utilisés pour acquérir une science, lettres et rapports. Pour soi-même, ce qu'on a annoté gagne en valeur pour revoir, repasser une matière, réfléchir à un exposé, saisir du premier coup d'œil, pour autrui aussi. Il y a les ouvrages publiés avec annotations (notes, versions, scolies). — Le livre, les collections, des bibliothèques non publiques ou formées pour les besoins propres à un établissement, sont avantageusement annotés. Ce sont des instruments de travail. Les offices et services de documentation, notamment, ont avantage à faire les annotations sur les livres pour aider au travail de catalographie, de résumé, d'analyse et dissection, de copie, etc.

g) *Lecture récréative.* — Elle délasse, distrait, console, retrempe. Re creative = re-faire le moi. « Les Livres, remèdes de l'âme ».

257.5 Mécanisme intellectuel de la lecture.

La bonne lecture n'est pas le résultat d'un acte spontané. Elle doit être organisée ; l'esprit doit être formé, il faut une méthode. Sans système, la lecture ne saurait conduire à la culture et à l'usage pratique des connaissances contenues dans les livres. Il faut constamment produire des types plus élevés de lecteurs.

La plus noble tâche du bibliothécaire, comme du maître et de l'aîné pour le jeune frère, c'est d'apprendre à lire et à s'instruire. Lire, ce n'est pas épeler, ce n'est pas répéter à la vue les mots et les phrases, c'est comprendre, s'assimiler, réagir intellectuellement. A son stade le plus élevé, lire c'est le prélude de la pensée originale et de la production intellectuelle.

Le livre bien fait est un véritable édifice intellectuel, une synthèse d'idées et non uniquement une collection classée de renseignements. Il expose des arguments pour démontrer, il enchaîne des faits pour mettre en évidence des aspects, des points de vue. Les mots, les phrases, les chapitres, se succèdent comme moyens d'exprimer, d'expliquer, de faire comprendre et sentir une pensée unique, mais complexe, divisée, ramifiée. Tant que la pensée du livre n'est pas perçue, comprise, assimilée, le livre n'est pas bien lu. Souvent les yeux seuls suivent un texte et l'intellect ne participe pas à la lecture : on ne comprend rien jusqu'à ce que l'attention étant plus concentrée, la terminologie mieux interprétée, tout à coup la lumière se fait pour la page, pour le chapitre, pour le livre. Le phénomène mental est analogue à celui du débutant qui sait épeler les syllabes d'une phrase bien avant qu'il ne peut en saisir le sens. Les yeux de l'esprit doivent lire en même temps que les yeux du corps et, certes, ce n'est pas la même chose. Longtemps, la Psychologie dut se borner à des analyses. Aujourd'hui cependant, nous nous approchons du mystère de la pensée qui est synthétique. La pensée qui jaillit d'un jet, la langue elle-même qui n'apparaît plus en ses catégories grammaticales abstraites, mais en son expression totale, toutes ces catégories n'étant que des moyens, le but étant l'essentiel. (1)

Les études psychologiques ont conduit à définir les types mentaux chez l'enfant et chez l'adulte. Ces études transportées dans le domaine du livre, ont acquis une importance capitale. Elles sont fondées sur la relation entre les auteurs, les livres, les lecteurs et déterminent les réactions particulières des uns sur les autres. Une branche spéciale « La Bibliologie psychologique », s'en occupe.

257.6 Recommandations au lecteur.

1° N'entreprendre aucune lecture trop au-dessus de ses forces et de ses connaissances. Cela peut détourner du goût des lectures sérieuses. Ceci ne doit pas détourner de la volonté de prendre un livre de science du degré supérieur et de s'attacher à le lire et à le relire jusqu'à ce qu'on le comprenne; 2° Tout livre commencé doit être achevé, à moins de répugnance invincible; 3° Relire le livre auquel on aura trouvé un réel profit, mais dont certaines parties restent obscures. Mais ne pas le relire immédiatement, un intervalle est nécessaire qui permet aux notions acquises de se classer à leur place logique dans la mémoire. Le subconscient doit avoir le temps de faire son œuvre; 4° Eviter de trop lire. S'il est bon de lire, il est meilleur de vivre. Les livres sont des reflets de la vie quand ils ont de la valeur. Ne pas se contenter du reflet : entrer directement dans la vie. Observer soi-même à l'exemple des observateurs : « Il est nécessaire d'étudier la réalité en même temps que les livres. » (La Rochefoucauld) ; 5° Eviter de mal lire, c'est-à-dire rapidement et superficiellement, de lire trop de journaux et des livres dont la valeur est minime. C'est perdre son temps, affaiblir la mémoire et former une habitude pernicieuse en ce sens qu'on n'arrive plus à lire autrement les écrits qui ont droit à l'attention. La mémoire s'affaiblit parce que les impressions sont floues, fugitives et que le cerveau perd l'habitude de retenir des impressions nettes et durables. En lisant, chercher moins à absorber qu'à assimiler; 6° A. Vanner (La Clarté Française, p. 70), donne les conseils suivants : *Comment faut-il faire une lecture littéraire ?* On peut distinguer deux étapes : « a) Dans la première, » lisez sans prendre de notes, sans consulter de diction- » naire, bref lisez pour votre plaisir, sans vous voir » obligé de déployer tout un appareil qui suffit parfois » à dégoûter de la lecture les esprits mal disposés. Vous » n'en apprendrez pas moins quantité de mots, d'idées » et de faits intéressants, de tours et d'expressions que » vous retrouverez instinctivement et qui vous donne- » ront de la facilité. Vous obtiendrez plus sûrement cet » avantage et vous serez plus sensible à la beauté du » style, si vous lisez de temps en temps à haute voix » et si vous apprenez par cœur quelques pages de chacun » de nos grands écrivains. Au besoin, notez les ouvrages » que vous avez lus, faites-en une très brève analyse et » résumez en quelques mots l'impression que vous en » gardez. b) Dans la deuxième étape, quand vous cher- » cherez à pénétrer les secrets de bien dire ; vous pourrez » relever les passages les plus remarquables de vos lec- » tures pour décomposer les procédés qui correspondent » le mieux à vos qualités ou qui s'opposent à vos défauts. » Etre prudent dans cette méthode et n'avoir rien qui » ressemble à des *carnets d'expressions*, sous peine de » perdre toute originalité. »

7° E. Faguet *(L'Art de Lire*, Paris, Hachette, 1912) fait de son côté les recommandation suivantes : *Comment lire.* Question capitale. Deux règles fondamentales : « a) lire » lentement : L'art de lire c'est l'art de penser avec un peu » d'aise. Par conséquent, il a les mêmes règles générales » que l'art de penser. Il faut penser lentement. Il faut » lire lentement, il faut penser avec circonspection sans » donner à errer à sa pensée et en se faisant » sans cesse des objections ; il faut lire avec circonspec- » tion et en faisant constamment des objections à l'auteur, » car lire c'est penser avec un autre, penser la pensée » d'un autre, et penser la pensée conforme ou contraire » à la sienne, qu'il nous suggère. b) relire : pour mieux » comprendre, pour jouir des détails et du style, pour se » comparer à soi-même à deux moments différents de sa » vie et de son développement. »

8° « L'art de bien lire est des plus importants. Le » temps strictement mesuré qu'on accorde à la lecture, » accordez-le exclusivement aux œuvres des grands esprits. » Chaque école a ses maîtres et ses écoliers, ses chefs- » d'œuvre et ses pauvretés. C'est réaliser une grande » économie de temps et de travail que de suivre un bon » guide qui, vous faisant passer rapidement devant le » banal et le médiocre, vous convie seulement à regarder » les fleurs rares et à goûter les fruits savoureux. »

(Schopenhauer.)

257.7 Lire en prenant des notes.

On s'assimile les idées, on conserve dans la mémoire les notions, en combinant autant que possible

(1) Voir Delacroix. Le Langage.

les trois modes de perception et d'action motrice : voir (lire des yeux), articuler et écouter (lecture à voix haute), tracer les caractères (écrire).

Deux opérations demeurent étroitement connexes dans l'enseignement au degré supérieur et dans la formation personnelle scientifique aussi bien que dans l'enseignement élémentaire : la lecture et l'écriture. Le résumé de ce qu'on lit, les extraits textuels, l'annotation des faits qu'on juge saillants, dignes d'être retenus, les réflexions personnelles que font faire la lecture, sont indispensables à la bonne assimilation du contenu des ouvrages. C'est le moyen de repasser soi-même par le chemin qu'à parcouru l'auteur.

Mais les notes ainsi prises ont un valeur autre encore que celle d'un simple exercice. Conservées, classées, remaniées, constamment accrues par d'autres notes puisées à d'autres sources, elles peuvent constituer un véritable livre : le livre particulier à chacun et dont chacun puisse dire « Mon Livre », « Mon Encyclopédie », quintescence de tout ce par quoi on a été intéressé, abrégé de tout ce que l'on a appris, mémoire artificielle de tout ce que l'on désire pouvoir se rappeler.

La méthode rationnelle pour lire avec fruit est donc complétée par la méthode rationnelle de prendre des notes. Il convient de les prendre judicieusement, de les rassembler et de les coordonner en des répertoires personnels bien classés. 1° La prise de notes sur fiches ou feuillets mobiles disposés en fichiers ou répertoires, doit avoir la préférence. Les fiches, en effet, constituent en quelque sorte le prolongement de notre cerveau; elles conservent fidèlement l'enregistrement des données que notre mémoire devient impuissante à retenir à cause de l'accroissement constant des connaissances, elles fournissent les éléments graphiques sur lesquels notre réflexion pourra s'exercer. Les notes que nous prenons complètent constamment cet organe extra cérébral qu'est le fichier. Comme c'est le cas pour un cerveau bien organisé, dont la remémoration est prompte, elle nous fournissent immédiatement le renseignement nécessaire. 2° Les fiches seront classées par matières, soit alphabétiquement comme dans un dictionnaire, soit systématiquement, comme dans la classification décimale.

L'emploi des fiches classées conduit à l'habitude de classer méthodiquement dans l'esprit ce qu'on y retient. L'esprit adopte graduellement, pour ses propres opérations de mémorisation, les mêmes procédés d'enregistrement et de groupement dont il voit et apprécie le fonctionnement matériel dans la classification par fiches. De là ce résultat que la mémoire est rendue plus étendue et la remémoration plus prompte.

Les fiches seront utilisées telles qu'elles dans les travaux (articles, livres composés, cours, conférences, discussions). Elles ont le double avantage ultérieurement : éviter de nouvelles transcriptions souvent sujettes à erreur; contraindre l'esprit à tenir compte de faits et d'idées annotés à divers moments, affirmés par divers autres esprits et qui expriment autant d'aspects différents d'une même chose. Les notes ainsi nous soustraient à l'unilatéralité. Nous n'entendons plus le son d'une cloche mais les sons d'un carillon.

257.8 Lire à haute voix.

Lire à haute voix fait mieux pénétrer le sens des idées, notre mémoire des mots s'enrichit et notre élocution se perfectionne.

La lecture à haute voix joue un rôle capital. La parole écrite paraît souvent plus pauvre que la parole dite, pour exprimer l'ensemble des état psychiques, car elle ne peut être accompagnée de gestes et d'émotions. La lecture à haute voix, surtout celle du maître, redonne au texte ce qui lui a été enlevé. Il y a lieu de lire à haute voix à l'école, en famille, entre amis et même tout seul.

Les séances de lecture à voix haute en petit groupe sont recommandables. On choisit des extraits d'auteurs qui intéressent la généralité du groupe. On commence par quelques mots sur l'auteur et sa vie; après lecture on répond aux questions, on relit certains passages, on discute ensemble les difficultés. On peut former des cercles de lecture autour de la bibliothèque (25 personnes dans un cercle au maximum). Ces lectures peuvent s'opérer suivant un plan systématique. On pratique les séances de lecture surtout dans les pays slaves. (Voir aussi les cycles de lectures préparés par la National Home Reading Union).

Au delà de la lecture, il y a l'« apprendre par cœur ». On apprend des poésies, des passages entiers de livre; les livres saints.

La récitation de textes de mémoire, la lecture de textes ont une grande place dans les procédures, les rituels, les liturgies, dans l'art. Par ex., le serment en justice; les paroles d'ouverture et de clôture prononcées par le président dans les assemblées; les préliminaires lus de certains actes notariés; les offices lus, chantés ou récités.

257.9 Questions diverses.

257.91 Physiologie de la lecture.

1. Mécanisme de la lecture. — La lecture courante des mots, des chiffres, des notes de musique, etc., comporte des mouvements oculaires, des saccades d'amplitude variable. Le plus petit angle que l'œil puisse parcourir latéralement est de 5'. Cet angle est en rapport inverse de la distance des caractères aux yeux; il est plus petit de loin, plus grand de près. La fatigue oculaire est

aussi en raison inverse de cet angle, plus grande dans la vision de loin, où l'angle est plus petit, et moindre dans la vision de près, où l'angle est plus grand.

Pour ces motifs et à cause des dimensions plus considérables des images perçues, les enfants préfèrent la lecture rapprochée. C'est là, toutefois, avec les lésions correspondantes de l'accommodation et de la convergence, une cause fréquente de l'esthénopie, c'est-à-dire de la fatigue oculaire. Il faut tenir compte néanmoins des habitudes personnelles.

Les lignes ne sont vues que partiellement, par section, et chaque section correspond à une saccade. On lit 20 lettres environ par section, un peu plus si les lettres sont étroites ou petites, un peu moins si elles sont longues et grandes. Chaque saccade avec arrêt consécutif dure en moyenne une demi-seconde. On peut enregistrer les saccades de lecture avec une tige appliquée sur les conjonctives et reliée à un tambour résonnateur qui communique avec les oreilles par deux tubes en caoutchouc; on perçoit d'ailleurs les saccades en appliquant simplement la pulpe du doigt sur la paupière.

L'Université de Chicago possède un instrument de 600.000 dollars servant à photographier les différents mouvements et positions des yeux pendant la lecture. Les photographies enregistrées sur un film de cinéma montrent la position des yeux à chaque 25e de seconde. Des changements résultant des découvertes faites grâce à cet appareil, ont été effectués dans l'enseignement de la lecture.

La lecture peut devenir aussi automatique que l'audition verbale. 1° Chez les gens peu habitués on peut voir des mouvements d'articulation de la parole accompagner la lecture. 2° Chez les gens entraînés l'articulation et l'audition se font mentalement. 3° Dans les cas extrêmes, ces intermédiaires finissent par disparaître complètement de la conscience pour ne laisser subsister que la compréhension réduite souvent, elle aussi, au minimum. (Delacroix.)

Comment apprendre à lire, à commencer par les petits ?

Les reherches se poursuivent, notamment en Amérique et Allemagne. Les lettres et les mots sont des abstractions. Mais le terme corrélatif d'abstrait c'est le concret. Il faudrait d'abord donner la lecture, aux grands peut-être comme aux petits, par image et apprendre à raconter, à exposer ce qu'ils voient; de là on viendrait à réaliser ce principe : « de la chose au signe ». (Travaux de Gansberg, Greyerz, Lay, Enderlim, L. H. Lanbek, Neue deutsche Schule, février 1932)

Il y a la lecture globale du Dr Decroly.

2. L'œil. — La lecture reste conditionnée par l'organe de la vue. Tout ce qui peut améliorer celle-ci ou améliorer les conditions où elle s'exerce est favorable à la lecture. De nouvelles études ont été entreprises sur l'acuité visuelle et ses variations. M. Danjon nous les relate. La structure discontinue de la rétine impose sa valeur. L'acuité visuelle est mesurée au moyen d'une mire de traits parallèles et équidistants séparés par des intervalles de même épaisseur. En éloignant progressivement de la mire, on constate qu'il existe une distance limite au delà de laquelle les traits se fondent en une tache grise uniforme. L'angle limite sous lequel on voit alors la distance qui sépare les axes de deux traits consécutifs s'appelle pouvoir séparateur de l'œil. Ce pouvoir varie avec la brillance de la mire et le contraste entre les traits noirs et le fond. Il y a là des observations qui devraient déterminer le choix des caractères et du papier et les conditions de lumière pour la bonne lecture. (1) Il y a dans le seul nerf auditif 3,000 fibres distinctes. Une éducation appropriée de l'oreille pourrait la rendre capable de saisir une multitude de combinaisons musicales infiniment plus compliquées que celles qui lui sont aujourd'hui accessibles. L'étude des organes de la vue n'a pas encore atteint la même précision que l'étude des organes de l'ouïe, mais on en sait déjà assez pour avoir le droit de tirer des conclusions analogues.

257.92 Hygiène visuelle.

a) *Conditions optima. Distance.* — La lecture doit être faite à 30 centimètres environ dans des conditions normales d'éclairage, de composition, de papier, etc. Myopes, presbites, astygmates, doivent veiller à se servir de verres appropriés à leur vue dont il convient, de période en période, de constater l'état. Prendre soin des yeux comme du bien le plus précieux qu'on possède.

b) *Eclairage.* — L'éclairage minimum sera de dix bougies. Avoir un bon éclairage. Lumière abondante. Eviter éclairage trop vif, éblouissant, tel que le soleil donnant directement sur les pages. Il faut une lumière douce, égale, tamisée, plutôt que vive et éblouissante. D'abord lumière solaire, puis éclairage électrique, par incandescence, mais avec abat-jour pour concentrer toute la lumière sur la page, ou éclairage à manchon par incandescence.

Un œil donné voit avec plus ou moins de netteté, dans des conditions d'éclairage déterminées, suivant l'état où cet éclairage met: a) l'acuité visuelle (l'acuité est dite d'autant plus grande que sont plus voisins les points que l'œil distingue nettement l'un de l'autre) ; b) la sensibilité relative de l'œil, sa facilité d'apprécier les différences d'éclat et de couleur. Comme le regard n'embrasse à la fois qu'un champ extrêmement limité et se déplace donc continuellement, la netteté dépend encore de la rapidité de perception, de la rapidité d'accommodation. La durée

(1) Danjon: Revue d'optique, mai 1928 (analyse dans Revue scientifique, 1929, p. 245).

psosible de l'observation soutenue d'un même point sans que l'image se trouble, est mesurée par la continuité de vision. L'œil est une « chambre noire ». Le cristallin est l'objectif. Il reçoit de chaque point de l'objet éclairé un faisceau de rayons lumineux, qu'il concentre en un point correspondant au fond de la chambre. Le bon éclairage doit répondre à sept conditions : 1. réaliser un éclairement assurant une vision nette ; 2. répartir judicieusement la lumière suivant la destination du local ; 3. éviter les trop grands contrastes d'ombre et de lumière ; 4. éviter l'éblouissement par le trop vif éclat des foyers ; 5. gouverner les reflets ; 6. gouverner les ombres ; 7. assurer la constante propreté des appareils.

c) *Attitude hygiénique.* — En lisant ou écrivant, tenir le corps droit et sans raideur, de manière à éviter le dos voûté et les déviations de la colonne vertébrale, si fréquentes chez les travailleurs intellectuels. Mieux vaut bomber la poitrine et ramener les épaules en arrière, de manière à donner aux poumons le plus d'espace possible pour se dilater dans la cage thoracique. Utilité d'alterner la position debout avec la position assise. Autant que possible éviter de pencher la tête sur un texte, se servir d'un pupitre, ou tenir le livre à la main à la hauteur des yeux. Ne pas lire ou étudier étendu de tout son long, la tête reposant en arrière, parce qu'il en résulte une plus grande fatigue pour les yeux.

d) La lecture dépend de la lisibilité des textes. (1)

e) *Fatigue.* — Si les yeux sont fatigués par la lumière ou le travail, les baigner à l'eau bouillie simplement ou par quelque application à eau de camomille, bouillie également, en éliminant toute impureté.

257.93 Technologie de la lecture.

Les conditions optiques du livre imprimé sont les suivantes :

1. *Le papier.*

a) Epaisseur. — Le papier des livres doit être opaque pour que les caractères imprimés au verso ne transparaissent pas. Il ne faut jamais de « buvard » qui laisse fuser l'encre dans l'impression et tache la page opposée.

b) Couleur. — Les papiers très blancs, bleuâtres, gris ou glacés sont à rejeter à cause des reflets ou de l'insuffisance de lisibilité.

La meilleure teinte est *la couleur bois* (Javel) très reposante, *la couleur crême* (Risley), *la couleur rose, la teinte blanc mat et terne.*

Le papier dit double carré de 22 kg. à la rame est d'une épaisseur courante très convenable.

(1) British Medical Research Council, Report on the legibility of type by R. L. Pyke, 1926, et le chapitre de Koopman, Booklover and His Books, Boston, 1927.

2. *Caractères.*

a) Famille. — L'impression en caractères latins doit être préférée (Soenneken). Elle devra être parfaite pour éviter les bosselures. Les caractères gothiques, grecs, etc., de lisibilité plus difficile sont à éviter. Javal le premier a insisté sur la visibilité et la lisibilité des caractères d'imprimerie.

b) Grandeur. — Javal propose un nombre de lettres de 6 1/2 par centimètre, et qui correspond au caractère dit « 9 points » ou « gaillarde ».

Cohn et Weber sont du même avis, en proposant le caractère d'un millimètre et demi ; mais ils le considèrent comme un minimum. Risley pense qu'il doit avoir 3 mm. de hauteur, 0.25 mm. d'épaisseur.

c) Forme. — La forme carrée, aussi large que haute, paraît préférable.

d) Œil. — L'œil du caractère dépendant de la largeur de la lettre et de l'épaisseur du trait, doit être de grosseur moyenne.

3. *Lignes.*

a) Longueur des lignes. — La longueur des lignes ne devrait pas excéder 8 à 10 cm. (Javal, Berlin) avec 50 à 60 lettres.

Dans le format in-quarto, il sera préférable de disposer le texte en deux colonnes, séparées par un intervalle de 3 à 4 millimètres.

b) Interlignes. — L'interlignage sera en rapport avec la grosseur des lettres. Dans le cas de caractères petit-romain, il aura 2.5 à 3 millimètres.

257.94 Le rôle du livre et la lecture dans l'enseignement par soi-même. — L'autodidaxie.

a) *Notions de l'Enseignement par soi-même.* — Le terme *autodidaxie* (auto : soi-même ; didasco : j'enseigne) s'emploie pour désigner l'art d'apprendre sans maître, le talent de s'instruire et de se former soi-même sans école ni enseignement systématique (self education). Aujourd'hui l'école en réalité forme chacun mais il est nécessaire de se développer par soi-même, de se maintenir au courant. Les médecins, les physiciens, les chimistes, les techniciens qui ont fait leurs études universitaires ou polytechniques, il y a un quart de siècle et qui n'ont pas suivi par une documentation permanente les progrès de la science, ne s'y retrouvent souvent plus par suite des modifications apportées dans les théories aussi bien que dans leur application. L'historien Gibbon a pu dire · Tout homme reçoit deux éducations, l'une qui lui est donnée par les autres, la seconde beaucoup plus importante qu'il se donne à lui-même.

b) *Développement historique.* — Pour des raisons différentes, l'Angleterre, l'Amérique, la Russie et la Pologne sont des pays d'autodidaxie. L'Angleterre parce que le prolétariat y est cultivé, l'Amérique pour le même motif et parce que les distances y sont grandes, la Russie parce que le peuple y manquait de liberté, la Pologne parce que la langue y a été persécutée.

c) *Formes diverses.* — L'enseignement personnel revêt des formes multiples : enseignement direct et collectif constituant l'enseignement postscolaire par cours publics, conférences, excursions, visite de musées et d'usines, etc. (universités populaires) ; l'enseignement semi-direct, comme les cours par correspondance (International Correspondance School de Scranton) ; l'enseignement indirect ou purement personnel, l'autodidaxie par excellence, aidée par les bibliothèques, les salles de lecture, les éditions populaires, les programmes d'études privées, les guides de lecture.

d) *Choix de Livres: Guide de la lecture.* — Il est nécessaire de choisir ses lectures.

1. Comte s'en occupe dès 1854 et indique 150 volumes ; Sir John Lublock en indique cent (The Hundred best books). 2. Le Magasin pittoresque, les Pages Libres, l'Intermédiaire des chercheurs et des curieux, la revue italienne Coenobium ont ouvert des enquêtes à ce sujet. 3. H. Mazel en 1906 publie au *Mercure de France* «ce qu'il faut lire dans sa vie», ouvrage surtout d'ordre littéraire et philosophique. 4. De Brandis en 1911, publie chez Schleicher « Comment choisir nos lectures », plan de lectures tant scientifiques que littéraires. 5. American Library Association Catalog (choix de 8000 volumes destinés aux bibliothèques populaires). 6. Travaux et revues de la National Home Reading Union, Londres 1889. 7. Les travaux russes : a) Programme de lectures à domicile (Programmy Domacheniago Tchtenia) par un groupe de professeurs de Moscou (Vinogradov, Tchouprov, Milioukov) ; b) Programme de lectures pour l'autodidaxie (Programmy Tchtenia dlia Samoobrasovania) par un groupe de professeurs et de savants de Pétrograd (Kovalewsky, Pavlov, Borodine, Skabitckevski, Kariev, Roubakine), comprend un programme encyclopédique et des programmes spéciaux. 8. Le Guide polonais, *Programme pour autodidacte* (Poradnik dla Samoukow) s'étendant à la fois aux études élémentaires, moyennes et supérieures (exposé dans le Bulletin de l'Institut International de Bibliographie. Le Guide des Autodidactes, une œuvre polonaise d'enseignement par le livre, Bruxelles 1909. 9. Lazare Boïarsky. L'autodidaxie et un guide rationnel de lecture. Le Musée du Livre (Bruxelles, fascicule n° 39, 1917). 10. A travers les livres, de Nicolas Roubakine.

e) *Organisation de l'autodidaxie.* — L'importance sociale de l'autodidaxie justifie que les pouvoirs publics et les dirigeants du monde intellectuel se préoccupent de lui donner une organisation rationnelle. Rien ne contribuerait mieux à établir l'unité fondamentale de la pensée sociale parmi tous les peuples qu'un grand ouvrage, sorte d'encyclopédie des études, élaboré par les savants de tous les pays, destiné à tous les degrés de l'enseignement, et utilisant toutes les renommées acquises, toute l'expérience des guides de lecture antérieurs.

257.95 Orientation des recherches nouvelles.

Nous ne sommes qu'au début des études sur la lecture. Un immense matériel commenté a été rassemblé, mais il est insuffisant encore et des expériences surtout sont nécessaires. Signalons quelques points.

a) Le livre est l'objet intellectuel intermédiaire entre l'auteur et le lecteur et que celui-ci doit comprendre. Le perfectionnement peut porter également sur les trois termes.

b) Le livre et la lecture sont intimement liés à l'avenir de l'Intelligence. Il paraît vraiment possible d'améliorer l'expression des choses dans le livre lui-même et aussi la compréhension par l'esprit des choses exprimées bibliologiquement.

c) Il faudrait étudier les réactions de l'esprit devant les diverses formes d'une même idée qui constituent une échelle à degrés continus : la chose (l'oiseau par ex.) à l'état réel dans la nature, la même chose dans les collections ou musées ; les moulages de telle partie, de tels appareils, de telles fonctions ; les monographies, l'image, le texte descriptif et explicite ; le texte sous la forme subtile de la poésie qui a pris la chose pour sujet.

d) La lecture est une sorte de devination ; l'esprit guidé par l'œil, est toujours en avance sur la parole qui traduit ce qui est écrit. On pourrait comparer tout texte aux vagues de la mer que doit franchir le bateau. Si celui-ci est petit, il devra suivre tous les creux des vagues ; s'il est grand, il pourra fendre les vagues et gagner ainsi sur le temps de l'itinéraire.

e) On lit horizontalement, mais aussi verticalement et diagonalement. On lit jusqu'à ce qu'on ait appris de quoi il s'agit. On saute les lieux communs, les redondances et les répétitions. On saute ce qu'on sait déjà ou ce qui n'a pas d'intérêt pour ce que l'on cherche.

f) On distingue entre la lecture sonore (externe) et la lecture silencieuse (interne). Au fond, la vraie distinction est entre la lecture explicite et la lecture implicite.

g) N'y a-t-il pas une prédisposition héréditaire à la lecture? Le long effort des générations antérieures, surtout depuis que le peuple tout entier s'est mis à lire, ce long effort n'a-t-il laissé quelque trace dans une structure modifiée du cerveau ? (1)

h) Comprendre plus, plus vite, plus complètement, plus profondément, c'est le but même à assigner à l'intelligence. Dès lors toute amélioration de la lecture, laquelle

(1) Ch. Richet. —*Stabilité des caractères acquis.* Académie des Sciences de Paris. 7 août 1933.

consiste à comprendre le contenu d'un document, conduit à perfectionner l'intelligence.

i) Sont en présence ici la logique exprimée dans le livre à lire, et la psychologie selon les lois de laquelle procède l'esprit qui lit. La logique offre le procédé par lequel les liens mêmes des choses exprimées par les termes du langage sont mis en évidence alors qu'ils n'apparaissent ni directement ni spontanément. La logique procède discursivement comme notre esprit. Si les rapports entre A et C ne sont pas évidents, en les rapprochant tous deux, dit-elle, par l'intermédiaire de B, l'implication implicite jusqu'alors devient explicite. C'est la fonction du syllogisme qui se ramène à la formule: Si A est dans B et C aussi dans B, alors A est dans C.

j) Pour bien comprendre le mécanisme de la lecture, il faut voir en lui l'inverse du mécanisme de l'écriture. Une fois bien connu comment nous pensons, nous parlons et nous écrivons, une fois constaté que nous procédons par simplification, intuition et sous la forme implicite, il nous est plus facile de concevoir comment nous lisons.

k) Que se passe-t-il quand il y a compréhension? Le cerveau procède à un travail actif pour saisir le lien entre deux ou plusieurs choses. Le cerveau opère à la manière dont il est procédé à l'établissement d'une liaison entre deux lieux physiques: on crée une route et celle-ci est la représentation matérielle de la liaison. Y a-t-il dans le cerveau quelque connexion anatomique ou physiologique (commixture) qui se formerait matériellement pour réaliser matériellement la connexion psychique? Et s'il en était ainsi, l'hérédité se comprendrait mieux comme aussi la facilité de faire profiter une connexion établie à tous les autres, de faire même qu'un simple exercice intellectuel, comme l'étude des langues anciennes, serve à délier l'intelligence même, à la rendre plus apte à toutes autres études.

l) L'admirable de la compréhension des nombres! Il suffit d'avoir une fois pour toutes compris les dix chiffres, les dix rangs de chiffres et leurs rapports les uns aux autres, pour comprendre ensuite tous les nombres.

m) Le langage n'est peut-être que le développement analytique et grammatical du cri qui lui est synthétique. Une pluralité de voies est ouverte pour exprimer une pensée quelconque (par ex. l'ordre différent des mots, la voie active ou la voie passive), ce qui tendrait à faire croire à la prépondérance de la pensée implicite sur la pensée explicite.

n) La fraîcheur d'impression et l'intuition est le propre des natures simples. La fixation intellectuelle de l'intelligence est produite par l'abus de la pensée explicite. Celle-ci enferme l'esprit comme en une carapace solide et lourde dont il a peine à s'évader. Pensons à l'abus de la scolastique après les belles périodes du thomisme au moyen âge.

o) Pensons-nous en forme de langage (mots ou images) qui exige un certain temps d'audition et même de vision) ou bien pensons-nous intuitivement au moyen de quelque chose de très subtil, *sui generis*, permettant de percevoir instantanément et d'induire ou de déduire sans lenteur ce que nous avons perçu? En ce dernier cas que serait ce « Quelque chose », et comment arriver à le fixer directement pour, ainsi, parvenir à des complexes plus puissants? La notation, qui est une véritable condensation d'idée, le schéma qui en est une abstraction et une simplification nous mettent sur le chemin de la découverte.

p) L'organisation peut prendre trois directions: les institutions, les opérations, les fonctions. On voit la lecture s'exercer simultanément dans toutes les trois. Un vague sentiment peu à peu se formule et se prépare en ces termes: Qu'un humain qui ne lit pas est un homme aussi dangereux à lui-même et à autrui que celui qui n'est pas passé par l'école. La lecture quasi-obligatoire est en voie de se réaliser par des moyens de persuasion et non de contrainte. On pourrait déjà parler d'un *débit* de lecture continue. En langage des chiffres, on aurait le débit heure individu moyen, d'où un débit-heure national pour tous les individus du pays et mondial pour leur totalité. Ce débit (D) est facteur du nombre et de l'étendue des livres (L), du nombre et de l'intensité de fonctionnement des organismes de distribution (Librairie et Bibliothèque) (B + L), des dispositions d'esprit et du goût des lecteurs (E), ainsi que du temps dont ils disposent (T).

D'où cette formule :

$$D = L \times B \times E \times T.$$

Sans pouvoir le préciser par des chiffres, on peut cependant affirmer que le débit mondial des lecteurs en 1930 a dépassé le débit des années antérieures. (1)

258 Influence du Livre. Amour du Livre.

Une fois produit et répandu, quelle influence a le Livre ? L'examen de cette question soulève divers points : la diffusion plus ou moins rapide des écrits; la propagande et l'opinion publique; l'influence particulière de la poésie et du roman; le livre et l'action; l'amour du livre et les diverses manières de s'y intéresser; la bibliophilie et le mécenat.

258.1 Influence du livre.

258.11 En général.

a) L'utilisation du livre est directe, localisée, immédiate dans la lecture et la consultation. Elle est aussi indirecte,

(1) Mirguet, Victor : *La lecture expressive.* — Riquier, Léon : *Leçons de lecture expressive.* — Legouvé, Ernest : *L'art de la lecture.* — Yoland, Victor : *Le bon langage.* — Mlle Tordeus : *Manuel de prononciation.* — Sigogne : *L'art de parler.*

diffusée, à terme, à raison de l'influence qu'elle exerce soit chez l'individu ou dans le corps social (formation culturelle, formation de l'idéologie et de l'opinion). Le livre a une influence qui est individuelle ou sociale. Elle s'exerce différemment et dans des proportions différentes suivant les genres.

b) La mise en mouvement d'idées nouvelles rencontre fréquemment une « résistance au départ » ; elle se développe au contact des principes préexistants. Beaucoup d'auteurs ne trouvent aucun écho parmi leurs contemporains. Marche d'une idée nouvelle : réaction naturelle contre l'autorité des idées traditionnelles (succès de scandale) auquel succède celle de la curiosité, qui à son tour provoque l'étude et la critique ou la raillerie. Le livre de Marco Polo décrivant son voyage en Asie ne trouva aucune créance auprès des Vénitiens. Ils n'y voyaient dans l'ensemble qu'un tissu de fables, œuvre d'une imagination extraordinaire. Le livre resta longtemps à l'état de manuscrit et copié à quelques exemplaires seulement ; puis il fut imprimé au début du XVIe siècle et se répandit en Europe. Au contraire, Jules Verne a produit plus de quarante volumes également passionnants pour plusieurs générations d'adolescents. Que d'idées et de sentiments n'a-t-il fait entrer dans des milliers de jeunes têtes ?

c) Un auteur finit par avoir un cercle de lecteurs. En continuant à écrire, il multiplie et élargit un tel cercle.

« Les paroles demeurent, et quand certaines affirmations ont été lancées, personne, pas même celui qui les a prononcées, n'est maître d'en limiter la portée et d'en limiter le retentissement qui, d'écho en écho, s'élargit dans l'Univers. Qui oserait prétendre que Luther, Zwingle et Calvin ne renieraient pas le protestantisme d'aujourd'hui ? » (Ernest Denis)

258.12 Propagande. Opinion publique.

a) La propagande est une action en vue d'obtenir des adhérents à une cause, à une doctrine, à un parti, à une association, à une institution, à une confession, à une foi. La propagande, de nos jours, se fait largement par le document. De grandes organisations ont donné une idée de ce que l'on peut obtenir par une propagande systématique, continue, sur une grande échelle : la propagande pour la foi catholique, les propagandes des partis politiques, notamment du socialisme et du communisme, la propagande des gouvernements pendant et après la guerre mondiale, la propagande touristique, etc. La propagande, à raison de son caractère intellectuel, se distingue de la publicité qui vise des fins commerciales. Mais l'une et l'autre ont à tenir compte de principes psycho-sociologiques communs et se servent partiellement de moyens identiques.

b) La propagande a pour but de provoquer un changement de la mentalité, en introduisant des notions nouvelles dans les esprits, en y combattant les notions existantes, ou en créant un état générateur de certaines actions. La propagande a existé de tous temps. De nos jours elle s'exerce pour des causes politiques, économiques, sociales très diverses. Elle prend l'allure d'efforts massifs disposant de ressources très importantes.

c) La propagande est apparentée d'une part à l'éducation-instruction, d'autre part à la publicité-commerce. Elle s'exerce par la parole, l'exemple, la manifestation, mais surtout par la documentation sous ses diverses formes.

d) L'ensemble des lecteurs forme l'opinion publique. Elle a sur la production des auteurs une influence analogue à la « consommation » sur la production économique. « Il n'y a pas de Bourse de valeur littéraire des écrits, de la valeur artistique des peintures, dit Tarde, mais elle tend à se former par le groupement des critiques littéraires, des critiques d'art, dans les capitales et par les académies, dont la première destination était, ce semble, de remplir cet office de Bourse morale et esthétique en servant de métronome à l'opinion ». La Presse en se répandant tend à rendre plus semblables les exemplaires des jugements individuels dont l'ensemble s'appelle l'opinion. (1)

e) Des groupes particuliers à buts divers s'organisent pour influencer l'opinion générale : buts intéressés, politiques, commerciaux, religieux, moraux ; buts désintéressés : arts, sciences, lettres, religions.

On sait assez bien comment, c'est-à-dire par prédications enflammées et contagieuses d'apôtres, est née en chaque pays d'Europe, s'est propagée et s'est consolidée au moyen âge la foi chrétienne. On sait par quelles causes — propagation des idées scientifiques successivement découvertes et jugées contraires au dogme — la foi de chaque peuple a décliné. On sait par quelles causes opposées, par prédications nouvelles de nouveaux apôtres apportant de nouveaux arguments, elle s'est ravivée ici et là. L'Eglise catholique a organisé la Congrégation de la propagande de la Foi. Au moment de la réforme, les écrits de Luther volaient de mains en mains et parcouraient l'Allemagne entière avec la rapidité de l'éclair, remuant puissamment les esprits. En juillet 1521, les Juifs d'Anvers (les marans) ont une caisse commune qui pourvoit aux frais d'impression des ouvrages de Luther en espagnol. Par des moyens détournés, ils font pénétrer ces livres en Espagne. (2) Peu après les Anglais les imitent par l'importation des Bibles hérétiques en Grande-Bretagne. (3) En 1890 déjà, la Société Biblique de Londres comptait 5,297 sociétés auxiliaires. Les recettes dépassaient cinq millions, dont moitié provenant de la vente de Bibles. En 1889, elle avait dépensé depuis l'origine (1804) 275

---

(1) G. Tarde. *L'opinion et la foule*. Paris, Alcan, 1901.

(2) C. D. I. P. Frédériq. — *Corpus documentorum. Inquisitionis pravitatis Neerlandicœ.* Gand, 1902-1906, v. p. 394.

(3) *Bulletin des Archives d'Anvers*, II, p. 309.

millions de francs, avec près de 4 millions de volumes mis en circulation par an et, dès 1889, des traductions de la Bible au nombre de 275.

f) Sous toutes les formes, la littérature de propagande prend une formidable extension. Trois facteurs y contribuent : Le fait que l'organisation sociale, qu'elle soit locale, nationale ou internationale, repose de plus en plus sur la persuasion et le libre consentement, et non sur la force et la violence (formation de l'opinion publique). 2° L'instruction des masses. 3° Le progrès des arts graphiques (reproductions, affichage, journal).

g) L'Allemagne hitlérienne, arrivée au pouvoir, a concentré tous les moyens de propagande en une seule main, celle de l'énergique M. Goebels : Presse, Radio, Cinéma, etc. Il s'est agi de justifier les actes du gouvernement devant l'opinion publique sans craindre aucune contradiction. Action positive par une telle propagande; action négative par la censure.

258.13 Influence de la poésie.

a) De même que la lanterne magique illusionne la vue, la poésie illusionne l'esprit. La tyrannie qu'exerce l'imagination sur les intelligences incultes est si grande, qu'un enfant ému par le récit d'histoires invraisemblables, celle du *Petit Chaperon Rouge,* par exemple, pleure, tremble de peur et s'impressionne au point de ne pas oser sortir la nuit, par crainte d'être surpris par le fauve; il sait pourtant bien que les loups ne parlent pas. (Macaulay: Etudes littéraires).

Le poète, dit Grosse, a dans la main le violon enchanté du conte allemand: dès la première note, le guerrier abandonne son épée, le travailleur laisse tomber l'outil, le savant ferme son livre, et mus par les mêmes sentiments, leurs cœurs vibrent à l'unisson, et s'identifient avec celui du poète. En poésie, écrit Shelley, on passe de l'admiration à l'imitation et de l'imitation à l'identification. En prose, quelle que soit la part de l'imagination, il faut donner quelque chose à l'esprit, car c'est une règle élémentaire de l'art oratoire, qu'on cherche vainement à persuader l'auditeur, avant de l'avoir convaincu et d'avoir détruit les raisons qu'il oppose à la thèse. La poésie au contraire atteint aussitôt le but, elle pénètre au plus intime du cœur, s'y enferme, s'en empare et le domine complètement (1) La poésie est la musique des idées. Celles-ci, dit Monti, ne produiront jamais une forte impression si elles ne sont accompagnées de l'harmonie.

b) Les Spartiates n'admettaient point de poètes parmi eux, se basant, d'après Plutarque, sur ce qu'ils écrivaient des choses plus douces que salutaires. Platon, dans le 8e livre de sa République, proposait de défendre la poésie, à ceux qui n'étaient point des modèles de bonnes mœurs. Quintilien ne voulait pas qu'on expliquât aux enfants les vers d'Horace et des autres poètes. Cicéron reprochait aux poètes de remplir l'esprit de mollesse et de briser le nerf de la vertu. Virgile, dans sa dernière disposition testamentaire, ordonne de livrer l'Enéide aux flammes; Luther n'admet point dans les classes Juvénal, Martial et Catulle.

(1) Lopez Pelaez. *Les ravages du livre.* Ch. XV, La Poésie, p. 233.

c) « Une atrocité, dit Valera *(Nuevos estudios criticos)* a moins d'importance en vers qu'en prose, pourvu qu'elle soit dite avec élégance. En vers, la moitié des lecteurs ne s'attache point au sens; de sorte que le poète peut blasphémer et maudire à son aise, se convertir en machine infernale qui lance des oraisons jaculatoires au diable et des insultes à Dieu, sans que le lecteur soit perverti ou scandalisé, car il ne fait guère attention qu'à la mélopée endormante du vers. Comme s'il assistait à une bataille sans y prendre part, il est aveuglé par la fumée, assourdi par le bruit, mais ne voit point où sont dirigés les coups. »

d) L'influence de la poésie, remarque Macaulay, est plus grande sur les imaginations enfantines que sur les adultes, comme elle fut plus puissante chez les peuples primitifs et sauvages que chez les nations civilisées. La prédominance des poètes actuels est bien inférieure à celle des antiques bardes, allemands ou gaulois. Nous concevons avec peine les effets terribles produits par les tragédies d'Eschyle, les convulsions des rapsodes qui chantaient les vers d'Homère et l'insensibilité des Mohawk entonnant le chant de la mort.

258.14 Influence du roman.

a) Le roman est la production littéraire la plus en vogue. Il occupe la première place dans les lectures; c'est sans contredit le livre qui compte le plus grand nombre de partisans. Sur 100 ouvrages pris au hasard dans les bibliothèques publiques, il y a 80 romans; sur 100 livres vendus, 95 appartiennent à la même catégorie.

b) Le roman est le genre le plus compréhensible et le mieux approprié de notre siècle. Il remplit le vide laissé par la disparition de l'épopée. Il a son fondement dans la nature même de l'homme: l'aspiration à l'idéal par la noblesse de l'esprit humain non satisfait des mesquineries, des misères de la vie réelle. Sous forme de fables, de contes, de romans, de fabliaux, de livres de chevalerie, il acquit dans tous les temps et chez tous les peuples une grande importance, mais il n'atteignit jamais une vogue comparable à celle dont il jouit dans notre société démocratique. Le roman a remplacé l'épopée, incapable de contenir dans ses moules l'idéal et la vie des peuples modernes. Il égale par conséquent toute la splendeur du genre épique dans les temps anciens. (1)

c) Les personnages du roman s'insinuent peu à peu dans l'âme du public qui finit par se convaincre que ce

(1) Lopez Pelaez : *Les ravages du livre.* L'auteur étudie spécialement les romans.

sont des êtres réels et effectifs et peut-être, dans son for intérieur, donne-t-il plus d'importance à leurs idées qu'à celles des hommes qui l'entourent. (Ledesma)

d) La littérature contemporaine est dans sa majeure partie une glorification de l'acte sexuel. A en croire beaucoup de nos romanciers modernes, la satisfaction la plus noble, la plus élevée que puisse se proposer un être humain, c'est la satisfaction d'un instinct qui nous est commun avec les animaux. (F. Payot, *L'Education de la Volonté)*.

e) La lecture excessive des œuvres qui nous occupent constitue une sorte de suicide spirituel, car elle absorbe la pensée propre, éloigne le goût des investigations scientifiques, rabaisse le sens du réel, exalte l'imagination au dépens des autres facultés, peuple l'esprit d'inutiles représentations, trouble par des images impressionnantes l'attention, la méditation et la réflexion nécessaires à l'étude et débilite les énergies de la volonté, incapable de mener à bout le développement logique d'une démonstration. (Lopez Pelaez).

f) La lecture des romans peut finir par altérer violemment la régularité du fonctionnement des nerfs et produire des troubles cérébraux très profonds. De toutes les causes qui ont altéré la santé des femmes, la principale a été la multiplication des romans en ces derniers temps, car elles surtout éprouvent des émotions intenses à leur lecture. (Tissot.) Physiologiquement, l'émotion produit la contraction ou dilatation des vaisseaux, des spasmes des muscles organiques... comme aussi des exaltations et des dépressions, des clartés et des obscurcissements de l'esprit. (Don Raphael Salillos.) Il n'est pas rare que les femmes adonnées à ces lectures souffrent d'hystérie, aient des cauchemars et, pour le plus futile motif, éclatent en sanglots nerveux. Après avoir lu un roman qui les a impressionnées, certaines personnes sentent leur esprit s'obscurcir, perdent la mémoire et restent quelque temps comme hébétées, sans trop savoir où elles sont. Le roman est pour certains une véritable suggestion dégénérant en folie et actes criminels. (1)

g) L'étude des troubles même physiologiques causés par la lecture des romans est une voie permettant d'établir des relations entre le mot lu, sa représentation mentale et la réalité. (Psychologie bibliologique.)

258.15 Influence du livre sur l'action.

Deux opinions sont en présence. Les criminalistes italiens proclament l'impuissance des idées dans le champ de la réalité. (Ferri: *Les criminels dans l'art.)* Un raisonnement a beau convaincre notre raison, nous ne changeons point pour cela de conduite. Notre vie se trouve divisée en deux parties, l'une théorique, l'autre pratique. La perpétuelle contradiction qui existe entre elles serait grotesque si elle n'était générale. Les théories scientifiques, les croyances religieuses et les opinions politiques manquent d'influence déterminante sur les actions des individus; celles-ci ont au contraire un indice et un effet d'un tempérament pycho-physiologique dans un ambiant physico-social déterminé. Croyances, opinions et théories sont trois effets de la même cause; c'est la résistance plus ou moins visible du tempérament et du milieu. Les hommes naissent idéalistes, positivistes, matérialistes ou mystiques. Dans la variété d'opinions scientifiques, religieuses ou politiques qui les entourent, ils s'approprient celles qui répondent le mieux à leurs dispositions embryonnaires. L'anthropologiste italien C. Ferrero dit que, malgré nos plaintes raisonnables sur l'art moderne, spécialement sur la poésie si souvent pessimiste, satanique et macabre, le mal a quelque compensation et même certain avantage; c'est comme une soupape de sûreté, une espèce d'émonctoire servant de contrepoids aux tendances anormales qui, sans lui, se transformeraient en action. Beaucoup d'hommes se contentent d'une satisfaction purement littéraire, plastique ou musicale. On a fait observer que s'il en est ainsi, pour que la conséquence déduite fut certaine, il faudrait que les poètes et les artistes se limitassent à manifester dans leurs productions l'état de leur esprit sans les faire connaître aux autres. (Lopez Pelaez).

La suggestion d'une œuvre d'art n'a pas la même forme que la suggestion directe et immédiate d'un fait vu et perçu; mais la diffusion est plus grande et le rayon d'action plus étendu.

D'autres soutiennent, au contraire, que le livre peut conduire à l'action. « Tout ce qui familiarise l'esprit de l'homme avec une mauvaise action, observe Darwin dans le *Livre de la Destinée,* augmente sa facilité à la réaliser. » — « Penser à une action dispose à son exécution, dit le physiologiste Gratiolet. » L'action après tout, ce n'est autre chose qu'une idée qui a pris corps. Et toute idée prend corps lorsqu'elle rencontre sur sa route un homme vivant. Nous sommes ce que veulent les auteurs.

« Il n'est aucun d'entre nous qui, descendu au fond de sa conscience, ne reconnaisse qu'il n'aurait pas été tout à fait le même s'il n'eût pas lu tel ou tel ouvrage, poème ou roman, morceau d'histoire ou de philosophie. » Paul Bourget, préface du *Disciple*.

Le lecteur d'un livre se fait d'une certaine manière disciple de l'auteur, au magister duquel généralement il se confie et se livre. (Lopez Pelaez.)

L'action du livre et de la Presse sur les âmes est bien connue de l'Eglise qui s'est réservée le pouvoir de dispenser les livres, d'organiser la censure ecclésiastique et d'une manière continue d'attirer l'attention sur ce qu'elle appelle les mauvaises lectures (livres contraires au dogme et à la morale).

(1) Marc: *La Folie.* — Bourget: *Le Disciple.* — José Ingenieros: La Psychologie des simulateurs *(La Lecture,* 1905). — Dr Moreau: *Œuvres.* — Ferri: *L'Homicide devant l'anthropologie criminelle.* — Cervantès : *Don Quichotte.* — Spencer : *La morale des divers peuples.* ples. 234 p.

La parole parlée, dit Zaccharie dans sa *Storia polemica della prohibizione dei libri,* est la flèche volante qui blesse au passage ; la parole écrite est le dard qui s'enfonce au plus intime de l'âme. Ce qui est écrit peut se lire bien des fois et comme le fruit défendu du paradis terrestre, tente continuellement la vue.

Si nous sommes tous portés à imiter ce que nous voyons, chez les femmes la faculté d'imitation, remarque le Dr Roussel (système physique et moral de la femme), prend un caractère absolument morbide. Il y en a qui ne peuvent voir un accès spasmodique sans en éprouver elles-mêmes de pareil. Il y a des poisons pour l'âme comme il y en a pour le corps. Les fausses maximes produisent une mort aussi dure que les puissances vénéneuses, et le nombre des poisons intellectuels est aussi grand que celui des poisons physiques. (Proal : *La criminalité politique.)*

Il importe beaucoup de savoir quels livres circulent dans les mains des hommes, dit Mélanchton.

« Joie, douleur, amour, vengeance, sanglots et rires, passions et crimes, tout est copié... Voilà le livre. L'encre surnage dans cet océan de sang et de larmes... Une pensée traduite du chinois ou du grec, prise dans Seneque ou Saint Grégoire, a préparé un avenir, pesé sur un caractère, a décidé d'un destin... Unissez à l'autorité de la poésie l'intérêt du roman ; la trace imprimée est ineffaçable comme la tache de sang sur la main de Macbeth... Et cela sans qu'on note, sans qu'on comprenne que le cœur bat grâce à l'œuvre d'un autre. Très rares sont ceux qui portent la marque du livre dans la tête ou dans la poitrine, sur le front ou sur les lèvres. Pauvre cœur qui avance ou retarde et se règle sur les lettres comme la montre se règle sur le cadran solaire. Le livre s'empare de vous, il vous suit des genoux de votre mère au banc de l'école, de l'école au collège, du collège à la caserne, au palais, sur la place et jusque sur le lit de mort, où suivant le volume feuilleté pendant la vie, vous aurez une heure dernière soulagée ou chrétienne, lâche ou vaillante. » (Jules Vallès, *Les Réfractaires.)*

258.2 Amour du livre. Bibliographie. Bibliomanie.

a) L'amour du livre donne lieu à la formation des « Amateurs de Livres », au Mécénat et aux Hauts Protecteurs, qui favorisent la production des beaux livres, à un ensemble de principes et même d'organisation qu'on a appelé la Bibliophilie. Celle-ci a fait naître un grand nombre d'ouvrages qui en ont traité et dont certains sont déjà fort anciens. (1)

(1) Richard de Bury : *Philobiblon.* — Jackson, H. : *The anatomy of bibliomanie,* N. Y. 1932, 869 p. — *Philobiblon,* Zeitschrift für Bücherliebhaberei, Leipzig, Harrasowitz.— *Het Book. — Zeitschrift für Bücherfreude. — Library, Bibliofilia. — Nordisk Tidschrift för Bok- och Bibliothekvasen.*

b) La bibliophilie rationnelle doit reposer sur le concept des plus belles éditions appréciées, d'après les critères de la beauté du livre (esthétique du livre), quant à l'exécution typographique, la correction du texte, la beauté et la fraîcheur de la reliure.

La perfection du livre serait dans les livres les plus vrais quant aux idées, les plus parfaits quant à leur établissement matériel, les plus beaux quant à leurs aspects extérieurs.

c) La Bibliophilie a un grand rôle. Elle répand l'amour et le goût du livre. Son objet est souvent général, mais l'art ordinairement le purifie. Et puis, il faut admettre la logique de certains sentiments nécessaires pour l'imposer, nécessaire donc pour que dans les grandes choses, à son tour il s'affirme. Les bibliophiles ont sauvé de l'oubli maintes œuvres et grâce à eux, les collections ont été préparées et complétées.

d) La bibliographie soulève plusieurs questions. Fluctuation dans les mouvements bibliophiliques. Un engouement pour le beau livre s'est développé ces dernières années, et surtout après la guerre par suite d'une inflation générale où la spéculation prédominait. Doctrines esthétiques, simples curiosités ou bizarreries qui ont présidé à la ruée des activités vers la bibliophilie, forme soudain remuante de production. Procédés divers d'illustration, choix des papiers, reliure, etc. (Questions générales examinées ailleurs). Catégories diverses d'amateurs de livres, observation de cas spéciaux, amour sincère ou hypocrite. Société et groupes de bibliophiles. (1)

e) Le respect du livre, le goût du papier imprimé est parfois inné. Mais il s'acquiert. Rien mieux que l'histoire du livre ne peut le développer. Dans la VIe semaine de Missiologie (Louvain), des missionnaires ont dit : Les Indiens du Punjah témoignent du plus profond respect à l'égard des livres sacrés. Si une doctrine est extraite de leurs pages, on ne la discute pas. Les Sikhs déposent leurs livres saints sur une litière couverte d'étoffes précieuses et ne permettent pas qu'on s'en approche sans avoir auparavant enlevé ses chaussures. Si les distributions de Bibles — par millions — organisées par les protestants, ont des avantages, celui de faire connaître la personne et l'enseignement du Sauveur, elles ont aussi ce désavantage de discréditer dans une certaine mesure les Livres Saints des chrétiens. Un livre qui se distribue aussi libéralement, que l'on charge en vrac dans une auto, ne peut être aux yeux de l'Indien illettré, un livre fort précieux.

f) Les beaux livres, à côté de leur valeur intellectuelle, ont une valeur marchande. Celle-ci s'estime à trois degrés : valeur de l'œuvre ; valeur de l'édition ; valeur de l'exem-

(1) Clément-Janin & Kieffer, René. — *Essai sur la bibliophilie contemporaine* (de 1900 à 1928). Illustrations et planches nombreuses qui donnent l'impression en raccourci d'une merveilleuse bibliothèque de livres d'art.

plaire (complet et bien conservé). On dira, par ex., dans une appréciation : « Bon exemplaire de la belle édition de cet important et rare ouvrage. » — « Ouvrage complet, sans taches, surcharges ni déchirures. » La rareté est un autre élément de la valeur. Il n'est pas intrinsèque, mais extrinsèque, dépendant de circonstances extérieures à l'ouvrage lui-même. Il y a les éditions numérotées, les ouvrages épuisés et peu communs.

g) La bibliophilie commence avec l'amour des livres pour le contenu et la forme matérielle du livre et finit en bibliomanie qui fait peu attention au fond et s'attache à la forme en l'associant à la rareté purement accidentelle du livre. Pont de Verdun a écrit cet épigramme connu :

> C'est elle ! Dieu ! que je suis aise !
> Oui, c'est la bonne édition.
> Voilà bien, pages neuf et treize,
> Les deux fautes d'impression
> Qui ne sont pas dans la mauvaise.

h) De plus en plus la bibliophilie est devenue une mode. La spéculation et le snobisme s'en mêlent. Les amateurs de livres vraiment désintéressés deviennent rares. Le problème qui se pose au collectionneur est de savoir quels auteurs seront recherchés et quelle sera l'importance de leur cote marchande. Par des procédés de publicité, on cherche à monnayer en quelque sorte la postérité, en attribuant à tel ou tel livre, dès sa publication, une valeur qu'il n'aurait acquise, suivant la logique des choses, que deux ou trois cents ans après. La bibliophilie devient, au dire des uns, « une spéculation pour malins » ; selon les autres, on peut aujourd'hui employer cette expression « Illettré comme un bibliophile ». (1)

259 Conservation, Altération, Destruction du Livre et du Document.

259.1 Conservation.

a) Les livres et les documents ne sont pas essentiellement des biens corruptibles, périssables ou qui se détruisent par l'usage qu'on en fait. Ce sont des biens à durée continue pour lesquels s'imposent des mesures de conservation leur permettant de traverser les âges. Ces mesures visent à la fois la conservation physique et la sécurité sociale ; elles ont à se concilier avec les mesures propres à en faciliter l'usage. Ces points ont été traités notamment sous le n° 26 *Collections* et n° 283.1 *Hygiène*.

b) Distinguant entre l'existence intellectuelle d'un livre et son existence matérielle, on arrive à considérer que le livre est conservé pourvu que quelques exemplaires, un seul tout au moins, ait pu être sauvé de la destruction. On peut alors le reproduire. C'est le cas de la plupart des livres parus depuis un certain temps.

c) Les ennemis du livre qui nécessitent des soins et des mesures de conservation sont : 1° La poussière. Eviter de battre les livres ; les épousseter. L'aspirateur permet de combattre la poussière. 2° L'humidité, elle couvre les livres d'une affreuse lèpre blanche qui marque les pages de taches jaunâtres et donne aux volumes l'odeur de moisi. On combat l'humidité par l'aération. Eviter de placer les livres dans des armoires fermées, les éloigner des murs. Le sulfate de carbone élimine l'humidité. 3° Les insectes. Il en est de diverses espèces. L'humidité chaude engendre toute une famille de petits vers qui creusent des trous dans les pages. Leurs désastres sont grands dans les pays chauds, au Brésil par exemple.

d) Le livre est vivant. Jusqu'ici cette expression avait un sens figuré. Mais les travaux du Dr Galipe, présentés à l'Académie des Sciences (3 nov. 1919, C. B. n° 18, t. 69, p. 814) lui donnent une signification propre. Dans la substance même du papier et du papyrus continuent à vivre certaines bactéries appelées improprement granulations et qui résistent à tous les agents physiques ou chimiques. Leur vitalité est telle qu'ils se conserveraient depuis deux mille ans.

259.2 Destruction, altération, vol et élimination.

259.21 Généralités.

a) Comme tout objet créé par l'homme, le livre dans sa vie est soumis à trois sortes d'actions : 1° celle que lui inspire le travail humain, finalisé et rationalisé ; 2° celle inhérente aux forces naturelles qui ont été incorporées et soumises en lui ; 3° celle des forces extérieures en œuvre dans la nature et dans la société. En tant qu'organisme intellectuel, les livres participent au cycle biologique : naître, se développer, se reproduire, mourir. Dans sa phase de construction, il sera accru et procédera par assimilation d'autres livres, par combinaison de ceux-ci avec sa structure et ses éléments. Durant sa vie, il sera soumis aux accidents fortuits, aux maladies organiques, la mutilation, la dissolution, la destruction et la fin du livre (maladie, accident, amortissement et fin du livre). (1) Dans sa phase de destruction, il sera divisé, combiné, fusionné, éliminé, et il mourra.

b) La durée des œuvres doit s'envisager quant à celle de leurs divers éléments. 1° L'élément matériel : il est en général le plus fragile ; le livre s'use, s'abîme, se détruit. Il y a l'eau et le feu, il y a les chocs et toutes

(1) John T. Winterich : *A primer of Book collecting* (London 1928). — Bernard Grasset : *La chose littéraire*, Paris, Gallimard 1929. — Emile Henriot : *Sur la Bibliophilie*. « Gazetet de Lausanne », 9 mai 1930.

(1) Dryon, F. — *Essai bibliographique sur la destruction volontaire des livres ou bibliolyties*. Paris, 1889, in-4°, extr. du Livre.

les causes de dislocation, de déchirure, il y a la poussière et la saleté qui s'étendent. En principe, on veut un livre durable, mais les conditions économiques conduisent souvent à un livre éphémère. 2° L'élément linguistique : la langue du livre lui assure une durée efficiente en rapport avec l'existence de la langue employée à l'état vivant dans la communauté des lecteurs. 3° L'élément intellectuel ; il vieillit, il est périmé, le succès des premiers jours s'écarte de lui.

c) Malgré ces conditions relatives, le livre cependant aide à la pérénité des choses. Tout change, tout finit, tout meurt et toutes les entreprises humaines sont relatives. Les ruines des civilisations et des villes, une Palmyre, par ex., dont Rome envia la richesse et Athènes la beauté, et qui fut réduite à rien. Mais le livre encore est là pour perpétuer son nom et raconter ses splendeurs ; il est plus indestructible que les monuments et la pierre.

d) Le respect du livre et du document se justifie pour des raisons de morale humaine, sociale. Pour des raisons de morale divine aussi : le devoir d'honorer en toutes circonstances le créateur dans la créature, étendu aux œuvres de celle-ci.

Pour un Chinois, détruire un papier écrit, c'est un péché. Tuer un livre, a dit Milton, c'est commettre un attentat plus grave que le meurtre d'un homme.

Les livres sont des personnes morales et intellectuelles. On n'a pas le droit de les détruire dans une société civilisée, alors qu'on n'y exécute plus la peine de mort sur des personnes physiques.

e) La destruction et la perte des livres prend quatre formes suivant qu'elle porte sur : a) un exemplaire ; b) l'œuvre entière ; c) de grands ensembles de livres, comme par exemple des bibliothèques ; d) les monuments littéraires de tout un peuple, de toute une civilisation.

259.22 Durée des livres.

a) L'économie des denrées périssables donne lieu à une production sans cesse renouvelée (ainsi les denrées nécessaires à l'alimentation). Les livres et les documents ont largement un caractère périssable. Ils contiennent des données, faits, chiffres, opinions, que le cours du temps modifie. Les livres ainsi ont constamment à se renouveler.

b) Faut-il prévoir et mettre en œuvre des modes volontaires d'élimination ? D'abord il faut répondre à cette question : Tout livre, tout imprimé, tout document doit-il être conservé ? Oui, disent les totalistes, car : *nullus est liber tam malus quin in aliquid prodest.*

Eliminer ? La génération actuelle ne saurait choisir. L'autre ne l'osera plus. Mais que faire devant l'accumulation des livres où tout se crée incessamment et où presque rien ne meurt. Des historiens affirment que déjà aujourd'hui, pour le seul régime de Napoléon, aucune vie ne serait assez longue pour en parcourir seulement les sources. Mais, d'autre part, qu'en serait-il de nous si, depuis la fondation de l'Empire romain, il y a 2000 ans, toute l'Administration, toute l'Histoire et toute la Science des anciens avaient été écrites, enregistrées, voire publiées ? Que ferions-nous de toutes ces masses de papier ? A les lire et à les consulter, nous perdrions le temps de vivre notre vie.

Donc si le document est le moyen de se souvenir, la question revient en partie à se demander s'il est désirable que l'Homme conserve le souvenir de tout. La réponse exige réflexion. Voici, par exemple, le Christianisme, voilà Jésus-Christ ; contrairement aux fondateurs de religions, il n'a pas écrit lui-même. Cependant, aux dires des Evangiles et de l'Eglise, il a passé sa vie à instruire ses apôtres en leur disant d'aller de par le monde redire son enseignement. Il n'a nullement désiré que les Evangiles soient le récit de sa vie, limités au nombre de quatre ; il y eut d'autres récits écrits qui disparurent. Mais combien précieux ces écrits. Que ne seraient aujourd'hui pour les Chrétiens la découverte de l'un d'eux. Cet exemple mémorable éclaire le rôle du document. Qui jugera de la destruction nécessaire ? Pour juger ne faut-il pas commencer par tout recueillir ?

c) L'élément intellectuel aura la durée propre soit à l'idée exacte et vraie, soit à une forme adéquate et harmonieuse, soit à l'une alliée à l'autre. Il y a des ouvrages périmés, il en est devenus inutilisables. Ainsi, il y a des travaux résultant de longues années d'études et qui font justement oublier tous les travaux antérieurs. Il s'établit un « struggle for life », une lutte pour le meilleur livre.

C'est à tort que nous attribuons généralement à la littérature d'aujourd'hui des qualités de durée et de longévité qu'elle ne peut posséder dans son ensemble. Tout grand homme doit mourir deux fois, dit Paul Valery : la seconde quand son influence cesse de s'exercer, quand son empire intellectuel et moral s'écroule.

Il n'y a pas d'œuvre éternelle. « Une œuvre qui dure est une œuvre qui gêne l'apparition d'œuvres nouvelles. L'œuvre passée n'a plus qu'une valeur historique, elle ne peut servir qu'à permettre au chercheur de saisir par quelles phases la spontanéité humaine a passé ; mais elle n'a aucune valeur comme œuvre d'art, parce que l'œuvre d'art est un monument de la grande vie humaine, l'humanité en jouit pleinement un instant, puis il passe à jamais et doit pour elle n'être plus rien. Autrement ce serait matérialiser l'œuvre d'art, en faire une chose à laquelle on s'attache, un souvenir obsédant de la chair. (1)

d) Ouvrages perdus et retrouvés. — Des quantités d'œuvres de toutes les civilisations sont perdues. Nous ne possédons plus qu'une partie de l'antiquité grecque,

(1) André Deleage. — *L'Esprit*, 1932, p. 155.

dont les trésors étaient immenses. Ainsi de tant de poètes rivaux dans le génie tragique, il n'en est que trois dont les œuvres sont arrivées jusqu'à nous : Eschyle, Sophocle et Eurypide. Encore de ces trois auteurs ne possédons-nous qu'une faible partie de leur œuvre. Les découvertes dans les bibliothèques sont des « redécouvertes ». Ainsi, on a retrouvé en 1891 la *Constitution d'Athènes*, par Aristote, alors que l'on croyait cet ouvrage à jamais perdu. Par quel miracle furent retrouvés les ouvrages d'Aristote, au fond d'une cave, où les racheta pour très peu de chose, le bibliophile Apellicon ? Un autre ami des livres, qui s'inquiétait peu de les payer, Scylla, surnommé l'heureux, parce qu'il épargna la ville d'Athènes, s'empara de la bibliothèque du bonhomme Apellicon et la porta dans Rome en grand triomphe.

e) Il y a des ouvrages morts-nés, ceux qui ayant été annoncés n'ont jamais parus, alors que déjà au moins leur manuscrit a été élaboré. Il y a des ouvrages dits à suites qui, après quelques livraisons, n'ont pas été achevés. Il y a eu la disparition aussi de bien des livres qui ne virent jamais le jour et dont les manuscrits sont restés introuvables. Mais le contenu de ces livres peut avoir été connu de savants en rapports avec leurs auteurs et ainsi avoir exercé une influence malgré tout, bien que par des intermédiaires.

f) Il y a peut-être des lois générales qui président à la destruction des livres comme à leur production. Les maisons et les mobiliers ont été remplacés par d'autres au cours des siècles. Les bibliothèques ont été remplacées par d'autres bibliothèques. Que de fois l'Humanité a renouvelé ses sciences et ses arts, ses laboratoires et ses musées : renouvellement, amortissement, destruction.

g) La mesure de la raréfaction des livres peut être donnée par le *Gesamt Katalog* des bibliothèques prussiennes. On a constaté que les bibliothèques autres que la Bibliothèque Royale de Berlin possèdent 40 % de livres que celle-ci ne possède pas. Donc les grandes bibliothèques ne sont même pas des organismes suffisants pour la sauvegarde des livres.

259.23 Historique.

De tous temps, les livres ont été assimilés à leur contenu, aux systèmes religieux, philosophiques, sociaux, politiques dont ils étaient les expressions. C'est une des raisons de leur destruction. Les livres des chrétiens furent détruits par les païens, quand ils refusèrent de reconnaître la religion de l'Etat et de sacrifier aux grands dieux de l'Empire, ensuite les livres des païens par les chrétiens. Dès 380 à 1380, les fauteurs du texte revisé de la Bible en ont détruit bien des exemplaires, alors qu'ils s'efforçaient d'en établir un texte unique sur la terre. Plus d'une fois les païens avaient fait tous leurs efforts pour anéantir les livres des chrétiens et des juifs. Dans la persécution excitée contre les juifs par Antiochus, les livres de leur foi furent recherchés, déchirés et brûlés, et ceux qui refusèrent de les livrer furent mis à mort, comme on le voit dans le premier livre des Macchabées. En 303 Diocletien fit publier à Nicodémie un édit par lequel il ordonnait que tous les livres des chrétiens fussent brûlés, leurs églises détruites et qu'on les privât de tous leurs droits civils et de tous emplois. Plusieurs chrétiens, parmi lesquels se trouvèrent des évêques et des prêtres, succombèrent à la cruauté des tourments et livrèrent leurs livres à Diocletien. Celui-ci fit aussi brûler en 290 les vieux livres d'alchimie sur l'or et l'argent, afin que les Egyptiens ne pussent s'enrichir par cet art et en tirer une source de richesses pour les révoltes contre les Romains. (1)

Les livres religieux hérétiques ont été brûlés par Constantin et les autres empereurs romains. La coutume fut continuée durant le moyen âge par les autorités ecclésiastiques et les chefs civils. Savonarole brûla les livres de ses adversaires. L'invention de l'imprimerie accrut le danger des livres aux yeux des autorités civiles et ecclésiastiques. Les imprimeries se virent entourées de restrictions. Les presses et les livres furent confisqués, les livres brûlés. Imprimeurs et auteurs furent emprisonnés et parfois exécutés. Des listes de livres censurés furent publiées à Paris (1544), Louvain (1546) et Venise (1549). Le premier index romain des livres prohibés parut en 1559. La censure ecclésiastique se fit sévère après le Concile de Trente. De leur côté, les réformateurs répondirent par des mesures drastiques contre les ouvrages catholiques. En Angleterre, on tortura Worde qui avait vendu des livres hérétiques, et les cendres de Wyclif furent jetées au vent. Le vandalisme a semé aux quatre coins du monde les enluminures des traités arabes que l'on retrouve dans des expositions d'art oriental, tandis que les textes qui les accompagnaient sont irrémédiablement perdus. En Amérique, le gouverneur royaliste de la Virginie, Berkeley, remerciait Dieu de ce qu'il n'y avait pas d'imprimerie dans sa province.

259.24 Formes de la destruction.

a) Les causes de la destruction de livres sont nombreuses : 1° l'usure naturelle ; 2° la destruction par accident ou par hasard ; 3° la perte par ignorance ; 4° la destruction volontaire par les auteurs ou les propriétaires ; 5° la destruction par faits de guerre ou de révolution ; 6° les incendies ; 7° les autodafés ; 8° les faux et les altérations ; 9° le vol.

b) Il y a destruction par effacement : ineffaçable se dit de l'écriture, des traits, des caractères, en un mot d'un signe formé ; indélébile se dit plutôt de la matière du

(1) Berthelot. — *Collection des anciens alchimistes.* Introduction, p. 4.

signe, de l'encre, par exemple, qui a servi à tracer les caractères. Au figuré, on dira d'un souvenir qu'il est ineffaçable et d'une tache qu'elle est indélébile. Ce qui s'écrit se corrige, se biffe, s'efface ou se détruit. Quatre modalités de l'anéantissement. Biffer n'est pas effacer. Dans l'ancienne France, des arrêts du Conseil ordonnaient parfois au Parlement de biffer des remontrances de ses propres registres.

Au moyen âge des moines ignorants détruisaient quantités de manuscrits anciens en effaçant les textes par ponçage du vélin et en s'en servant pour y transcrire des œuvres religieuses (d'où palimpsestes). Heureusement on parvint plus tard à reconstituer une partie des textes primitifs sous les textes superposés.

c) Il y a des destructions partielles sous forme de mutilation. Après que les *Fleurs du Mal* de Beaudelaire eurent été condamnées (1857), l'éditeur, Poulet-Malassis, au lieu de détruire les exemplaires qui lui restaient, les mit en vente après s'être contenté de couper les six pièces condamnées.

d) A côté de la destruction des livres et des documents, il y a la destruction de l'ordre qui y a été apporté dans les collections. Déranger cet ordre, ne pas remettre en place, c'est un acte de véritable destruction. Le livre peut encore être là et tout entier: la collection est détruite dès que la série qu'elle constitue a été altérée ou détruite. (1)

e) Il y a destruction à entrevoir du livre comme tel par extension de ses substituts. Dans la *Mort du Livre* de Maurice Escoffier, est sonné le glas du livre évincé par la T. S. F. On a répondu à l'auteur que tout au plus cinq ou six chapitres radiodiffusés seraient supportables à l'audition et qu'une cinquantaine de livres au plus pourraient être diffusés en une année.

259.25 Destruction pour causes naturelles.

a) Trois facteurs influent sur la vie physique du livre : 1° la qualité de l'édition, le papier; 2° la qualité de la reliure; 3° la manière dont le lecteur traite le livre.

b) La destruction du livre provient de l'usure, par les suites des manipulations et des accidents de toute nature survenus au cours de la vie d'un livre. Les ouvrages des bibliothèques très fréquentées, particulièrement ceux des bibliothèques les plus populaires, ont une vie limitée. On peut estimer qu'après dix ans un tiers des livres sont inutilisables et dépréciés. La vie d'un livre qui passe 12 fois par an par des mains différentes est encore plus courte. Dans les bibliothèques qui ne comportent pas de grands ensembles aussi complets que possible, il y a lieu de procéder à des éliminations. Ce sont des espèces de destruction de livres par rapport aux organismes possesseurs. Cette élimination porte sur les ouvrages périmés ou en mauvais état. Elle doit avoir pour corollaire non la destruction des ouvrages eux-mêmes, mais leur envoi dans d'autres dépôts.

c) Il y a destruction des livres par les insectes. Les remèdes préventifs souvent essayés ne sont pas d'une efficacité générale (naphtol, benzine, sublimé corrosif mélangé à la colle, rayon de bois imbibé de sulfate ou d'acétate de cuivre). Certains procédés sont dommageables pour les livres, tels le battage des volumes, le sulfure de carbone. A la suite d'un concours instauré par le Congrès international des Bibliothécaires en 1900, trois mémoires ont étudié le problème et y ont répondu de manières diverses.

d) Les progrès de la technique, en produisant du mauvais papier, sont facteurs de la destruction des livres.

e) Malgré les précautions, il est nécessaire d'envisager la reproduction des livres et des documents. Les œuvres finissent par se détériorer et s'anéantir. Il faut donc prévenir la destruction intellectuelle en opérant des reproductions à temps. C'est une manière de course au flambeau qui ne peut jamais s'interrompre.

259.26 Le feu.

a) Le papier reste fort inflammable, mais compact dans la forme du livre, il l'est moins. On a démontré récemment dans des expériences à Magdebourg que le chaume des toitures pouvait être rendu incombustible par compression de la paille. Pour le feu, il faut de l'air.

b) Le feu a détruit bien des livres au cours de l'histoire. Avant la guerre la bibliothèque de Turin, depuis la bibliothèque de l'Abbaye de Tongerloo au nord d'Anvers, à Paris les collections documentaires du Pavillon hollandais de l'Exposition Coloniale de Vincennes.

c) Les manuscrits abîmés, détériorés sont reconstitués. Dans les Memorie della Reale Academia della Scienze di Torino (2e série LIV) et dans l'Encyclopedia Chimico supplément annuel 1905, M. Guareschi, qui fut chargé après l'incendie de la bibliothèque de Turin de procéder aux essais de reconstitution de manuscrits détériorés, a consigné l'intéressant résultat de ses recherches.

259.27 Destruction volontaire des documents.

a) Les livres et les documents donnent lieu à destruction, volontaire, occasionnelle ou systématique, isolément ou par grands ensembles. Quand y a-t-il lieu à semblable destruction et quelles normes devraient présider à une destruction rationnelle ? Il faut distinguer selon les cas, mais toujours procéder avec circonspection.

b) Il y a lieu à destruction périodique de certains papiers personnels (correspondance, notes manuscrites,

(1) Sur le désordre qui fut introduit en 1924 dans la Bibliothèque Mondiale à la suite d'un désastreux déménagement d'office, voir la Publication de l'Union des Associations Internationales : *L'Affaire du Palais Mondial.*

papiers d'affaires, papiers de familles) ou élimination dans les classeurs et dans les répertoires de toute nature, des éléments devenus surannés ou qui ne présentent plus d'intérêt, sont devenus encombrants. Le papier se déchire ou plutôt on déchire le papier. Chacun est juge de ce qui, de sa propre production et de ce qu'il reçoit, doit recevoir la destination du panier. Le désencombrement nécessite une destruction continue et l'on peut dire qu'il y a des cas où la destruction du papier est aussi utile que la production. Ainsi les essais personnels, les notes, dont on est certain que la substance a passé en d'autres notes.

c) Les éditeurs détruisent volontairement un grand nombre d'exemplaires de livres, quand après un certain temps les stocks restent accumulés Certains éditeurs et intermédiaires, amateurs, ne vont-ils pas jusqu'à une destruction en vue de raréfier l'ouvrage et d'accroître sa valeur économique ou valeur de collection La destruction est l'ultima ratio des éditeurs. C'est une des formes de la mort du livre. On retrouve un bénéfice en récupérant le prix du vieux papier (6 fr. les 100 kg. avant la guerre et on comptait que le papier entrait pour environ 1/10 dans le prix coûtant d'un ouvrage).

d) Parmi les plus éphémères des imprimés sont les journaux et les affiches. Il est des livres qu'il est utile de voir exister nombreux à un certain moment, mais qui, sauf des témoins, sont appelés à disparaître ensuite. Ex. : les anciens indicateurs de chemins de fer, anciens livres de classe. Mais il faut des exemplaires conservés. Beaucoup d'organisations ne conservent les collections de journaux et de revues que pendant six mois, un an ou trois ans et s'en débarrassent ensuite en vieux papier. Beaucoup pourraient être conservés par transfert dans les collections publiques.

e) Il doit être procédé à la destruction régulière des archives des administrations publiques, en particulier de la correspondance et des papiers d'affaires. L'administration des Etats-Unis a réglementé avec beaucoup de précision la destruction de certaines pièces. Ex. *Regulations to govern the destruction of Records of Carriers by water* (1929).

f) Les documents sont détruits notamment par l'envoi aux vieux papiers, mise au pilon, mise au feu. Des industriels achètent partout le papier, promettant de le détruire. Ils le soumettent à un tri par qualité. Quelquefois il est procédé à la destruction devant notaire, comme dans le cas de titres au porteur. Des œuvres s'occupent à faire recette avec le vieux papier (ex. les Invalides de guerre). Les vieux journaux ont bien des destinations. Ils servent à envelopper les légumes, nettoyer les souliers, garantir les pieds du froid, faire du feu, entourer la marmite norvégienne, confectionner des matelas de rognures de papier, tapisser, sécher les glaces et les carreaux lavés, etc.

259.28 Destruction par les guerres et les révolutions. Autodafé.

a) Le bilan effrayant des destructions et des vandalismes consécutifs aux invasions des barbares, à l'invasion des Normands, à la Guerre de Cent ans et de Trente ans, aux Guerres de religion et à celles qui accompagnaient l'introduction de la Réforme ; les martelages et les incendies révolutionnaires, les destructions de la guerre mondiale.

b) La Bibliothèque de Louvain fut détruite par un incendie tandis que les Allemands occupaient la ville. Elle fut reconstruite à l'aide de dons américains sur les plans de l'architecte Whitney Warren. (1)

Pendant la guerre mondiale, d'autres bibliothèques furent sinon directement incendiées, du moins si mal traitées que périrent quantités de livres. Il y eut les incendies des maisons et édifices qui, sans être des bibliothèques, contenaient des livres. La guerre aussi créa une famine de papier qui amena les boutiquiers à sacrifier de nombreux livres. (2)

---

(1) Il y eut l'affaire de la « balustrade de Louvain » qui devait être placée sur la façade de la Nouvelle Bibliothèque. Elle portait ces mots : *Furore teutonico diruta, dono americano restituta.* En juin 1928, Mgr Ladeuze, recteur de l'Université, s'opposait à son placement et déclarait qu'il allait lui en substituer une autre ne portant aucune inscription. Un groupe d'étudiants s'étant opposé à leur tour à son placement, Mgr Ladeuze la faisait alors installer sous la protection de la police. Un matin de juillet, un ouvrier, Félix Morren, la brisait et était condamné de ce fait à 1 mois de prison. Un procès s'en était suivi engagé contre l'Université par l'architecte Warren, qui exigeait qu'on mît la balustrade avec l'inscription. Il insistait d'autant plus vivement que cette inscription avait été approuvé, disait-il, par le Cardinal Mercier. Après avoir gagné en instance, Warren perdait en appel, puis en cassation. Gain de cause restait alors à l'université. C'est dans ces conditions qu'une nouvelle balustrade dépourvue de toute inscription fut replacée en mai 1933. Huit jours après, le même ouvrier Morren l'abattit une seconde fois à coups de marteau alléguant qu'il considérait la balustrade sans inscription comme étant celle d'Hitler.

(2) La guerre atteint de plusieurs manières la production intellectuelle. Quand elle éclate, elle détruit brutalement des valeurs existantes et anéantit des productions. A l'état de préparation, la paix armée soutrait des hommes jeunes à la production et pendant leur service militaire les empêche de produire. On peut s'imaginer ce que sera une nouvelle guerre. Un avion ordinaire pourrait porter aisément 1000 projectiles dits « Electrons » de la forme d'un œuf et pesant un kilo. Il allumerait mille foyers d'incendie qu'aucun des moyens actuellement connus ne peut éteindre. En utilisant le gaz, le Phosgène ou Lewisite, ce serait la destruction et la mort sur d'immenses étendues. — En Angleterre, comme le papier de journaux manquait, on envoya au pilon de grandes collections de documents officiels qui n'avaient pas été distribuées. Les paysans russes avaient peu de Bibles et ils étaient en général illettrés. Mais les Bibles qui étaient dans les campagnes, ils s'en sont servis pendant la guerre civile pour faire des cigarettes !

c) Pendant la guerre sino-japonaise, dite par euphénisme répression du brigandage, on eut à déplorer à Chapeï la destruction irréparable de la Bibliothèque de l'Extrême-Orient et de stocks de la maison d'édition China Commercial Press.

d) Le butin de guerre a souvent porté sur les livres. Pendant les guerres de la Révolution et de l'Empire, chaque conquête amenait à Paris (d'Autriche et d'Italie notamment), l'envoi de quelques précieux objets d'art ou de littérature, destinés à enrichir le trésor national. C'était acquis soit comme trophée, soit en vertu de convention stipulée dans les traités. A la chute de l'Empire, la France fut contrainte à des restitutions. Après la guerre mondiale les traités ont compris des stipulations relatives aux collections. A côté des destructions, il y a eu les grands pillages de livres, analogues aux pillages des œuvres d'art, par ex. les manuscrits et les livres de la Géorgie, qui ont été transférés à Moscou, d'où plus tard ils ont été retournés.

e) Les étudiants de l'Académie des Beaux-Arts de Leningrad ont mis en jugement l'ex-directeur M. Masslov et son assistant, coupables d'avoir détruit 60,000 œuvres d'art et reproductions en plâtre de l'ancien régime. M. Masslov estimait, après la révolution d'octobre 1917, qu'il fallait faire table rase de toute la production bourgeoise et capitaliste qui ne répondait pas à l'idéologie communiste.

f) Les chefs du IIIe Reich ont déclaré : « nous supprimons des livres le mot marxisme ; il ne faut plus que dans 50 ans un seul Allemand connaisse la signification de ce mot ». La Bibliothèque centrale de la Maison du Peuple de Leipzig et la bibliothèque Schoenluk ont été détruites.

g) Tout le long de l'Histoire on a brûlé des livres. (1) Comme l'a reproduit le peintre De Vos dans un tableau du Musée ancien de Bruxelles, Saint-Paul à Ephèse livre aux flammes des livres juifs. Les bulles du Pape ont ordonné l'anéantissement de maints ouvrages condamnés par les tribunaux ecclésiastiques.

Le 10 décembre 1520, Luther brûla solennellement, à Wittenberg, la bulle du Pape Léon X, avec les décrétales de ses prédécesseurs, le corps du droit canon et la *Somme* de St-Thomas d'Aquin. En France, le Parlement ordonnait autrefois que les livres, objets d'une condamnation, seraient brûlés par le bourreau. Pascal avec ses *Provinciales*, Fénélon avec son *Télémaque*, Rousseau avec son *Emilie* et tant d'autres furent victimes de cette disposition.

(1) Farcrer, James Anson. — Books Condemned to be burned. London, Stock, 1892.

Un autodafé de 20,000 livres a eu lieu le 9 mai 1933 à Berlin. Un immense feu en cinq parties fut allumé au milieu de la place, du pétrole ayant été jeté sur le bois. Les étudiants jetèrent au feu les livres apportés par les autos. Une foule immense assista au spectacle et les musiques jouèrent. L'incendie eut lieu à minuit, l'autorisation du Ministre de l'Intérieur ayant tardé jusque là. Le prince Auguste Wilhelm assistait en personne à l'autodafé. Les autodafés de Berlin se répétèrent dans plusieurs villes allemandes. Une immense répercussion de ces faits se produisit dans beaucoup de pays, arrachant des protestations violentes de la plume des écrivains. *Non credo*, nous ne croyons pas qu'un fait pareil en l'an 1933 soit compatible avec n'importe quelle civilisation. (1)

259.29 Faux et altérations. Vol.

a) Les altérations, les faux constituent une des manières d'enlever aux documents leur intégrité intellectuelle. Le Code pénal vise les faux et les altérations en écritures publiques ou arithmétiques, en écriture de commerce ou de banque. Il les punit de travaux forcés à temps ou à perpétuité. Pour l'atteinte à l'intégrité morale des œuvres, voir n° 274.5 *Censure*.

b) On a volé de tous temps et on continue à voler des livres partout. Le vol des livres ne constitue pas une destruction de livres proprement dite. Mais lorsque le vol est opéré au détriment d'une collection constituée, il est pour celle-ci une destruction partielle. Plus la collection est complète, plus le vol a de portée dommageable. Les moines de Saint-Victor avaient un tel amour des livres qu'ils allaient jusqu'à excommunier ceux qui les leur dérobaient. Les hommes riches parfois peuvent avoir intérêt à faire voler des pièces là où elles sont. Ainsi le vol de pièces dans le procès de Madame Hanau en France et le vol qui s'effectua dans le procès Coppée en Belgique.

c) Le vol et les altérations possibles obligent à des précautions parfois obstacles au progrès. Ainsi le libre accès aux catalogues et aux collections est rendu impossible s'il a pour conséquence des appropriations indues. Or, s'il n'y a libre accès, on est amené dans les bibliothèques à ne pas donner un ordre systématique aux ouvrages et à se contenter de l'ordre d'entrée, parfois même on s'abstient d'un catalogue systématique, la mémoire du bibliothécaire devant y pourvoir.

(1) Récit du *Telegraaf* d'Amsterdam, 11 mai 1933 (Avondblad, 4e bladz., p. 13. — Voir notre protestation dans *La Librairie*, Paris.

26 ORGANISMES DE LA DOCUMENTATION. ENSEMBLES CONSTITUÉS. COLLECTIONS ET TRAVAUX,

a) Dans l'exposé antérieur, on s'est attaché à analyser le livre et les documents en leurs constituants, leurs parties, leurs espèces, leurs fonctions ou opérations.

L'œuvre particulière y est l'unité.

Ici, l'unité est le point de départ et la partie composante d'un ensemble plus étendu formé d'une collection d'unités semblables considérées comme les parties ou sous-multiples d'une unité supérieure ou multiple.

b) Une collection est la réunion d'un grand nombre de choses ou objets du même genre, assemblées pour l'instruction, le plaisir, l'utilité. Ex. : collection de livres, de tableaux, de médailles, de coquilles, de minéraux.

E puribus Unum. — « Un seul fait de plusieurs », cette devise est essent'ellemnet celle des collections.

c) Au début les documents ont fait l'objet de collections pour les amateurs. Leur goût, qu'ils poussaient souvent jusqu'à la manie, s'est épuré en se généralisant, puis il est devenu l'auxiliaire des études sérieuses et des patientes recherches. Finalement les collections s'affirment à la base même de la science.

d) Les objets des collections présentent des cond'tions particulières d'après leur nature : dimensions, état solide ou liquide, objet *in natura* ou à l'état d'échantillon, à l'échelle réelle, en réduction ou en agrandissement, rare ou à profusion, ayant en conséquence, valeur et caractères précieux, etc., ou dépouillé de valeur commerciale.

e) Les ensembles ou collections formés comme bases sur le trinaire fondamental des facultés humaines — connaissances, actions et sentiments — donnent lieu à trois grands groupes : 1° Ceux qui se rapportent aux connaissances et à l'étude. Ils ont en général un caractère impersonnel, leur aménagement est de caractère principalement statique. 2° Ceux qui se rapportent aux activités pratiques. Ils ont en général un caractère personnel ou limité à une sphère déterminée d'intéressés; leur aménagement est de caractère principalement dynamique comme l'impose l'utilisation des pièces pour suivre le mouvement des opérations. 3° Ceux qui se rapportent au sentiment et à l'imagination, les documents de littérature et d'art. Ils sont dans la réalité concrets et rattachés au premier groupe (sciences).

f) Il y a autant d'espèces d'ensembles, de collections, autant d'espèces d'organismes chargés de prendre à leur formation qu'il y a d'espèces de documents. Dans la réalité tantôt plusieurs collections de documents sont confiées à un même organisme, tantôt elles sont réparties entre plusieurs organismes. On retrouve ici ce qui existe dans toutes les activités et organisations humaines, notamment dans l'industrie et dans l'administration publique, dans les institutions scientifiques en général.

La Bibliographie a donné lieu à certains offices autonomes qui se sont développés en offices de documentation. Il y a tendance à les associer aux bibliothèques ou mieux à développer les bibliothèques jusqu'à y comprendre les offices de documentation. D'autre part on a aussi résolu la question des complexes Bibliothèques-Archives-Musées-Office de documentation. Des noms spéciaux ont été donné à ces organismes qui s'appellent de l'un ou de l'autre des organismes composants. (Ex. Le British Museum est à la fois Musée et Bibliothèque).

Il y a aussi des organismes pour les films (Cinéma), pour la T. S. F. (Station de Radio), pour les représentations théâtrales (Théâtre). Il en a été traité avec les matières respectives.

Il doit être traité de cinq grands organismes : les Offices de Bibliographie et de Documentation (n° 261), les Bibliothèques (n° 262), les Archives anciennes (n° 263), les Bureaux, Offices, Secrétariats (archives courantes, documentation, administration) (n° 264) et les Musées (collections de spécimens, objets, modèles) (n° 265).

Le même nom s'applique ordinairement aux organismes, aux collections et aux édifices dans lesquels elles sont placées, ces organismes étant chargés à la fois de la formation des collections et de leur conservation, de leur utilisation.

Ces organismes présentent ces trois caractéristiques :

1° En eux se relient l'ensemble des conditoins relatives au but assigné : les objets, les opérations, les fonctions, le matériel, les locaux, les personnes.

2° Leurs dénominations indiquent ce qu'ils ont de principal, mais les fonctions dévolues à chacun des organismes se retrouvent fréquemment au titre accessoire chez les autres. Ainsi, une bibliothèque a un musée et des archives et réciproquement. En certains pays la même institution les comprend tous au même titre.

3° On retrouve en toutes ces institutions une similarité d'opérations auxquelles convient en grande partie une unité de méthodes. Toutes ont en commun de s'occuper du document. Toutes, pour les utilisateurs, le public lecteur, visiteur, client, sont des distributeurs d'informations.

261 Les Offices et Services de Bibliographie et de Documentation.

261.1 Généralités.

a) L'importance qu'a pris la Bibliographie (catalographie) a conduit à la création soit de services distincts qui ont cet objet au sein des grandes institutions, principalement les bibliothèques,, soit d'institutions autonomes : les Offices de Bibliographie.

b) Les Offices sont nés de deux nécessités : 1° Celle de donner plus d'ampleur au travail bibliographique en le confiant à un personnel spécialisé qui puisse lui assurer la rapidité, la régularité et la continuité qui font défaut aux travaux entrepris par des auteurs individuels et volontaires. L'organisation la plus efficiente de la bibliographie est en effet devenue une fonction du monde scientifique, eu égard à la continuité et à l'efficience de la recherche scientifique elle-même.

2° La nécessité de rendre ces travaux indépendants de l'impression trop onéreuse par leur extension même. Les Offices ont pu poursuivre leurs travaux à l'état de manuscrit permanent.

c) Les travaux des offices sont donc tantôt à l'état de prototype, originaux et non publiés, tantôt à l'état d'impression. Ils sont ou non accessibles au public, gratuitement ou moyennant rémunération; on peut les consulter sur place où seules des copies sont délivrées après demande par correspondance.

d) L'Office International de Bibliographie, qui a été créé en 1893, est le premier office en ordre de date et il a pris immédiatement la forme coopérative et internationale. Depuis les offices se sont multiplié, soit généraux pour un pays, soit spéciaux pour une branche de science ou d'activité. Les bibliothèques qui avaient réalisé d'admirables catalogues de leurs livres, les éditeurs de bibliographies de livres qui avaient créé des organisations pour leurs publications, se sont trouvés débordés quand à la fin du siècle dernier, les périodiques scientifiques ont été produits de toutes parts et ont eu bientôt concentré le plus récent et le plus important de la production en sciences. Il était impossible à chaque bibliothèque de répertorier le contenu des périodiques qu'elle recevait. La fonction nouvelle créa l'organe nouveau.

e) Mais de nos jours un mouvement nouveau se dessine. Les grandes bibliothèques ont à ce point développé leurs séries et collections qu'elles sont devenues de véritables centres de documentation intégrale. (1) A côté d'elles, surtout dans les pays anglo-saxons, se sont multipliées les Bibliothèques spéciales (Special Libraries), qui sont devenues de véritables offices de documentation (Information Bureau).

261.2 Opérations d'un Office.

Les opérations d'un Office de Documentation peuvent être réalisées à quatre degrés.

I. La Bibliographie proprement dite organisée en répertoires de la manière dite au n° 255 et dont l'ensemble soit aussi un duplicata fragmentaire du Répertoire Bibliographique Universel.

II. Répertoires autres que le Répertoire Bibliographique. 1° Répertoires biographiques : renseignements sur les auteurs (à combiner avec le répertoire bibliographique par auteurs). 2° Répertoires des pseudonymes (idem). 3° Répertoire des Editeurs (à combiner avec le répertoire général des personnes, collectivités et matières). 4° Répertoire des termes bibliographiques, en annexe. 5° Répertoire des abréviations (à combiner les unes avec les termes bibliographiques, les autres avec le Répertoire Bibliographique des auteurs, périodiques). 6° Répertoire des mots-matières (à combiner avec l'Index alphabétique des Tables de la classification décimale).

Ces divers répertoires existent en germe et ont fait l'objet de discussions ou de simples études. L'Office International de Documentation s'est attaché à les concevoir comme des parties d'un Répertoire Universel et s'appuyant les uns sur les autres.

III. La Bibliographie est une partie de la Catalographie Générale des Documents. Celle-ci s'est étendue aussi aux estampes et gravures, aux photographies, aux cartes et plans, à la musique, à l'épigraphie, aux monuments et médailles, aux disques phonographiques, aux films cinématographiques, les pièces des musées et les objets présentés pour des buts de documentation. Au delà les données de la nature, de la technique, de l'archéologie. D'où cette conséquence: nécessité de concevoir un catalogue général embrassant toutes les espèces et toutes les formes de documents, élargissant les cadres du Répertoire Bibliographique Universel qui n'en est donc qu'une partie, et traitant des autres parties selon une méthode analogue (notice, description, fiche ou élément pour les établir, classification, coopération).

IV. A un degré ultérieur la catalographie peut s'étendre indistinctement à tout ce qui peut aider le travail scientifique ou la vie pratique et donner lieu ainsi à nombre de Répertoires utiles.

261.3 La recherche bibliographique.

La recherche bibliographique donne lieu aux observations suivantes :

a) La recherche peut porter sur un ouvrage, un auteur, une question, une matière ou sur une science toute entière.

b) Elle peut porter sur n'importe quelle caractéristique des ouvrages dont on connaît seulement l'un ou quelques caractères individuels, l'un des caractères (par ex. l'auteur, le titre, l'éditeur ou le lieu de publication, etc.) ou seulement la classe (par ex. le sujet, le lieu ou le temps traités).

c) La recherche peut s'opérer suivant deux modes : 1° Avec des répertoires bien établis et relativement com-

(1) Sur l'organisation pratique d'une section catalographique dans une Bibliothèque, voir J Van Hove : *Bulletin de la Presse Périodique belge*, 1933, n° 1.

plets, la bibliographie s'en constitue par voie descendante en partant des premiers travaux et en suivant l'histoire du développement. 2° Dans le cas contraire, par voie ascendante, en partant des dates les plus récentes pour remonter progresssivement dans le passé. On bénéficie ainsi immédiatement des recherches bibliographiques faites par les auteurs les plus récents. C'est autant de travail économisé.

d) Pour la recherche sur un sujet déterminé : 1° Voir un Manuel des Bibliographies qui renseigne les Bibliographies spéciales existantes. 2° Consulter la dernière et la plus complète de ces bibliographies. 3° Les bio-bibliographies des savants qui se sont occupés de la matière. 4° Les diverses bibliographies nationales, spéciales et universelles, s'il n'y a pas de bibliographie propre à la matière ou si celle qui existe a besoin d'être contrôlée à raison des incertitudes dans les notices. 5° Mise à jour de ces données en consultant les bibliographies périodiques concernant la matière et les bibliographies périodiques générales qui embrassent toutes les matières.

e) Dans les Offices de documentation et dans les Bibliothèques savantes et spéciales, les recherches se font sous la direction d'un bibliothécaire ou « documentaliste » expérimenté. Les chercheurs ont donc à leur disposition les catalogues de l'institution, les index et collections bibliographiques, le bibliothécaire.

f) Ces recherches seront facilitées à mesure que sera réalisé, avec centre et station, le Réseau Universel de Documentation. Dès ce moment, chacun peut s'adresser à son centre, l'Office International de Bibliographie à Bruxelles, au Palais Mondial.

261.4 Comment se procurer les œuvres mentionnées dans les bibliographies.

Pour les livres modernes, l'indication du lieu d'édition seul suffit pour aboutir à l'éditeur, en recourant aux bibliographies nationales. Pour les périodiques, revues, annuaires, universellement connus, il suffit en général d'écrire à la maison d'édition pour se les procurer. Pour les ouvrages de mérite déjà anciens qui ne sont pas dans le commerce, leurs prix peuvent atteindre des taux élevés et le lecteur est désarmé. Il faut alors écrire et 7 fois sur 10 peut-être, on ne reçoit pas de réponse. Parfois, pour avoir un simple numéro de revue on exige un abonnement d'un an. (Allemagne, Etats-Unis, Angleterre). Dans ce cas on peut conseiller d'écrire à l'auteur aux bons soins de l'éditeur dont on connaît l'adresse.

Trois organisations auxiliaires seraient désirables :

1° Un vaste dépôt mondial de périodiques vendables au numéro (Librairie des Périodiques).

2° Un répertoire international des ouvrages d'occasion (offres et demandes).

3° Un bureau international d'adresses. L'Office International de Bibliographie a examiné les possibilités d'établir ces deux derniers répertoires en annexe à ses répertoires. Il a été amorcé dans une petite mesure.

Les auteurs devraient conserver quelques exemplaires de leurs écrits, surtout des tirés à part, pour pouvoir parer aux demandes éventuelles et sporadiques.

262 Les Bibliothèques. Collections de Livres.

Il y a lieu tout d'abord de se former une conception de ce qu'est une bibliothèque, de ce que sont les divers types de bibliothèques.

Puis, une fois arrêté le type de bibliothèque qu'on se propose de constituer, il s'agit de procéder à sa formation et de la faire fonctionner. La bibliothèque est un organisme, une entité qu'on appelle à l'existence et dont on règle la vie selon des principes techniques et des méthodes rigoureuses. Les opérations à cette fin concernent les installations matérielles, le choix et les moyens d'acquérir les livres, l'organisation des livres en collection, leur utilisation, leur entretien, leur conservation.

262.2 Conception de la Bibliothèque.

262.11 Notion, définition.

Par *Bibliothèque* on entend une collection d'ouvrages choisis selon certains principes directeurs, mis en ordre matériellement, catalogués selon un certain système, facilement accessibles aux travailleurs et assurés de conservation dans l'état que leur ont donné les auteurs et les éditeurs. La Bibliothèque réunit une partie des livres dont l'étude en soi a été faite précédemment. Elle a pour fonction d'organiser la lecture sous une forme collective.

Le mot *Bibliothèque* désigne donc un organisme dans un sens restreint, s'entend aussi des lieux aménagés spécialement pour rendre la lecture aisée et agréable. On applique encore le mot à la désignation du meuble où sont rangés des livres.

Les Bibliothèques publiques dignes de ce nom sont des collections d'ouvrages systématiquement choisis dans toutes les branches des connaissances ou dans la spécialité qui fait l'objet de l'institution, parfaitement catalogués et largement mis à la disposition des lecteurs qui peuvent y recourir comme à de vastes offices d'information et de documentation.

Les Bibliothèques comprennent en même temps tout le produit du travail intellectuel et les moyens d'accroître ces produits. Elles sont à la fois les magasins, les laboratoires et les instruments de la science. Au point de vue de l'enseignement et de la diffusion des connaissances, elles sont les alliées et les compléments de l'Ecole et de l'Université, et doivent fonctionner comme éléments mêmes de l'organisation de l'éducation du Peuple.

La Bibliothèque publique est un organe collectif qui a pour but de socialiser la lecture et d'en faire un service public de l'ordre intellectuel et éducatif. Au lieu d'obliger chacun à se procurer individuellement des livres et à les lire chez lui, la bibliothèque réunit des collections mises à la disposition de tous et pouvant être consultées et lues dans des salles communes.

La Bibliothèque moderne s'est transformée. Elle était une force passive, une énergie latente, un simple potentiel d'énergie. Elle est devenue une force active pour la communauté, une énergie déclanchée. Elle est au premier chef, un organisme social.

La Bibliothèque publique est le véritable organisme social qui doit faire naître et développer l'intérêt du public pour les choses de l'esprit. Petites ou grandes, toutes les bibliothèques devraient aider à la diffusion de la pensée et du progrès intellectuel placé à la base de la vie, de l'industrie et de la collectivité.

L'expérience prouve que ce ne sont pas les lecteurs qui manquent mais les bibliothèques qui ne sont pas adaptées aux lecteurs.

La Bibliothèque est un « laboratoire », c'est le laboratoire ou atelier intellectuel outillé et agencé à cette fin. Carlyle a dit : « La véritable université, à notre époque, est une collection de livres. »

262.12 Histoire des Bibliothèques.

a) L'histoire des bibliothèques peut se diviser en quatre périodes : 1° dans les temps anciens (Egypte, Assyrie, Rome) ; 2° au moyen âge : l'œuvre des moines ; 3° au temps moderne ; 4° à l'époque actuelle (bibliothèques, en Amérique). (1)

Les plus anciennes bibliothèques en Egypte et en Mésopotamie ont été les archives des rois et celles des Temples. On n'y retrouve preuve de lecture publique. Même en Grèce où toutes les formes de littérature ont été développées au plus haut point, et où l'habileté à lire et à écrire a été presque générale, beaucoup plus de personnes écoutaient les discours, les pièces de théâtre et la poésie qu'il n'en était qui lisaient.

On pense que c'est Assurbanipal (568-628 av. J. C.), petit-fils de Sennacherib, qui, le premier, fit une collection d'œuvres littéraires et l'aménagea de manière à pouvoir s'en servir. Les débris de cette bibliothèque forment une masse assez considérable pour que leur contenu comprenne dans le format des livres modernes, plus de cinq cents volumes de cinq cents pages, in-4°.

Il y a eu des bibliothèques en Chaldée, en Perse, en Egypte (Osymandias) et leur origine remonte jusqu'au 3e millénaire. Les bibliothèques étaient alors logées dans les temples et avaient un caractère religieux, Athènes (Pisistrate), Bibliothèque d'Alexandrie (700,000 volumes) et de Pergame. Au IVe siècle, sous les empereurs, il y avait 29 bibliothèques à Rome. (Les immenses collections qui existaient à Rome dans le Temple de la Paix).

La chute de l'Empire romain amena la destruction des bibliothèques. Au moyen âge, les bibliothèques se reconstituent lentement dans les monastères et les écoles épiscopales. La fondation des Universités entraîna celle des Bibliothèques (la Sorbonne). A la Renaissance un grand développement se produisit grâce à la protection des rois et des princes amis des lettres. La révolution nationalisa les bibliothèques (Bibliothèque Nationale). Les temps modernes créèrent la Bibliothèque Publique, dont le type le plus accompli a été réalisé dans les Etats-Unis et l'Angleterre.

Les bibliothèques chrétiennes du moyen âge étaient principalement consacrées à des livres religieux. Quand l'Eglise devint proéminente au point de vue temporel aussi bien que spirituel, les églises et les monastères devinrent des centres d'études laïques.

Dans les pays neufs comme les Etats-Unis, les bibliothèques ont été créées pour l'instruction et la documentation de chacun. Les bibliothèques les plus importantes se trouvent là où il y a le plus de population agglomérée. En France, en Allemagne, en Italie, en Espagne, en Belgique, en Hollande, au contraire, les bibliothèques sont de dates anciennes, elles sont encore des salles de musées de livres précieux ou curieux, fréquentées moins par le grand public que par des érudits. L'idée de la bibliothèque pour tous y est récente et n'a pris pied que peu à peu. C'est beaucoup plus le hasard qu'une pensée réfléchie qui a présidé à son développement.

b) Des facteurs externes ont agi.

L'évolution de la Bibliothèque s'est faite parallèlement à celle du Livre, de l'Instruction et de la Culture intellectuelle. Mais son développement a influencé directement l'état général de la mentalité publique et de la recherche scientifique.

La constitution et la disposition intérieure des bibliothèques ont toutes une évolution influencée par le nombre croissant des Livres existants et des lecteurs, obligeant à des modes de plus en plus resserrés d'emmagasinement, tout en permettant l'accès facile des livres.

Les anciens papyrus étaient disposés dans des casiers ; les manuscrits du moyen âge dans des coffres. Plus tard on dispose les volumes (grands in-folio) sur des pupitres et on les y enchaîne. Puis les livres, rendus à la liberté,

(1) Sur l'histoire des bibliothèques, consulter :
Lipsius, Justin : *Histoire abrégée des Bibliothèques*. Anvers, 2e éd. 1607. — Savage, Ernest Albert : *Old English Libraries*. — Hessels, Alfred : *Geschichte der Bibliotheken*, Göttingen, Hochschulverlag, 1925. — Van Hœsen et Walter : *Bibliography*, p. 406. — Les articles généraux sur les bibliothèques dans les encyclopédies comme l'*Americana*, la *Britannica*, Meyer, Larousse, etc. — Consulter aussi les traités généraux de Grœsel, Greenwood, Edwards, Spofford.

sont placés dans des armoires, le long des murs. Ensuite on a formé des alcôves et des étages. Les magasins ont été séparés de la salle de lecture dont les proportions deviennent toujours plus grandes. Plus récemment on a multiplié les salles de lecture que l'on spécialise et répartit à proximité des magasins spéciaux.

c) D'une manière générale, les bibliothèques ont passé par plusieurs stades, avant d'être telles que s'offrent à nous aujourd'hui les plus perfectionnées d'entr'elles.

1er stade : Les bibliothèques sont « épigraphiques » sur les murs des Temples et des Palais. — 2e stade : Les bibliothèques sont celles des souverains (La Librairie des Rois). — 3e stade: Les bibliothèques s'ouvrent au public, ayant encore peu de livres et peu de lecteurs; ceux-ci étaient installés dans des salles au milieu des livres. — 4e stade: Les livres et les lecteurs augmentant, on crée une salle de lecture publique et un magasin de livres séparés. — 5e stade: Institution des Bibliothèques nationales. — 6e stade : La salle de lecture s'agrandit, mais on l'aménage en salle de travail en y laissant des livres de références qui dispensent de recourir sans cesse aux magasins (ex.: Bibliothèque Nationale, Bibliothèque du British Museum). — 7e stade : On ajoute à la salle de travail une salle pour les catalogues et les recueils bibliographiques. — 8e stade: On ajoute des salles de travail spéciales, à proximité des magasins. On y dépose des ouvrages de références et des duplicata de catalogues spéciaux (New York). — 9e stade: On pousse plus loin encore la spécialisation. On crée des cabinets de travail particuliers pour les travailleurs choisis et des « boxes » pour consultation au milieu même des magasins de livres (Harvard). — 10e stade : la bibliothèque s'adjoint musée, archives, service de documentation (dossiers) ou va elle-même s'organiser en service spécialisé auprès des institutions qui sont en ordre principal consacrées à l'un ou à l'autre de ces objets. La bibliothèque ainsi s'étend à tout le domaine de la documentation.

262.13 Développement actuel des Bibliothèques. Bibliothèques dans les divers pays.

Le mot bibliothèque est élastique, il s'applique à un meuble contenant quelques ouvrages ou à une collection de millions de volumes telle que celle du British Museum de Londres et de la Bibliothèque Nationale de Paris.

Les bibliothèques se sont, de nos jours, considérablement multipliées, elles ont ajouté à leurs services, leurs collections de livres se sont accrues, et le public s'adresse à elles en plus grand nombre. Exemples : bibliothèque possédant 4 millions de volumes (Paris, Nationale); desservant une moyenne de mille lecteurs par jour (Londres, British Museum) ; disposant d'un personnel de 400 personnes (Washington, Library of Congress) ; ayant des sections pour les imprimés, les revues, les journaux, les manuscrits, les estampes, les photographies, la musique, les impressions pour aveugles (Washington, idem).

Les magasins de livres (stocks) sont à peu près entièrement métalliques; ils sont à étages très rapprochés (12 étages et plus) d'une capacité de plusieurs millions de volumes (Washington). A la nouvelle Bibliothèque de l'Université d'Harvard, 60 professeurs ont un cabinet personnel, au contact même de ce magasin, ils peuvent y recevoir leurs étudiants, ils ont la clé de la bibliothèque ce qui leur permet d'y venir travailler la nuit comme le jour; d'autre part, 300 boxes munis de tables sont aménagés dans le magasin pour permettre le travail près des rayons à des étudiants gradués munis d'une autorisation spéciale. A l'étage supérieur, 34 salles de travail, avec bibliothèque spéciale de livres d'usage courant, sont aménagées pour le travail des étudiants dans chacune des sections ou départements (mathématiques, français, allemand, sanscrit). Le British Museum à Londres, la Public Library de New York, la Bibliothèque de Harvard, pour ne citer que celles-là, sont ouvertes de 9 heures du matin à 10 heures du soir. La Bibliothèque du Congrès a un personnel de plusieurs centaines d'employés, celle de Harvard en a plus de 100. On imprime les catalogues de bibliothèque sur fiches et de grandes salles de catalogues précèdent les salles de travail. L'on tend vers des collections complétées. Par ex. sur la question de l'«efficiency», la Bibliothèque de New York a publié une liste de 1,200 titres et elle possède tous ces ouvrages.

La Bibliothèque de Harvard a 1,200,000 volumes, celle de York 1,000,000, celle de Columbia 550,000. La Centrale des Bibliothèques de New York reçoit une moyenne journalière de 10,000 visiteurs. Il est remarquable de constater qu'on a pu rassembler, en un siècle, aux Etats-Unis presque toute la production intellectuelle que l'on avait mis des milliers d'années à créer en Europe.

La Bibliothèque de New York mouvemente annuellement 11 millions de volumes. L'ensemble des Bibliothèques Nationales de France ont à dépenser 3,500,000 francs. La Bibliothèque Nationale de Berlin seule a 16 millions de francs. Chaque bibliothèque d'université prussienne a eu un crédit moyen de 525,000 fr.

Les bibliothèques ont un système de succursales, branches, sous-branches, stations (par ex. dans les écoles, les hôpitaux, les prisons, etc.). Elles ont aussi commencé un système d'extension au dehors à la manière de l'extension universitaire (Library extension, service par correspondance et colis postal). On a créé des services régionaux de bibliothèques (County library) comportant une collection centrale de livres distribués dans toute la région par l'intermédiaire des bibliothèques locales, des stations du service postal et des wagons de livres itinérants (book-wagon).

a) *Angleterre.* — L'Angleterre possédait beaucoup de bibliothèques au moyen âge; elles furent en partie perdues à la Réforme. Les bibliothèques d'Oxford et de Cambridge paraissent avoir précédé la fondation des bibliothèques universitaires ailleurs. Le British Museum est le plus grand centre d'activité scientifique anglais. Il date de 1753 et ses collections ne le cèdent qu'à celles de la Nationale et de la Bibliothèque Lénine. Il reçoit annuellement environ 60,000 volumes par le Copyright.

En Angleterre, il y a 500 systèmes de bibliothèques, installés dans un millier de bâtiments. Cent millions d'ouvrages par an circulent dans les mains des lecteurs. A Croydon par exemple, agglomération de 200,000 habitants, 700 lecteurs se présentent par jour aux bibliothèques.

L'Angleterre et le Pays de Galles travaillent à réaliser un système de bibliothèques embrassant l'ensemble du pays. (1) Il comprend : 1° un système de groupes locaux autour des centres ou foyers formés par des bibliothèques importantes. Les campagnes elles-mêmes sont desservies. 2° Un système de bibliothèques spéciales appelées à mettre leurs ressources en commun par l'Association of Special Library and Information Bureaux et l'Association of University Teachers. 3° Une bibliothèque centrale devant suppléer aux besoins de l'ensemble, (ancienne Central Library of Student, à transformer en une institution nationale). Le tout repose sur le principe de la coopération volontaire et le desiderata que chaque bibliothèque désormais se sente la partie d'un système général.

De 700 bibliothèques anglaises, la plus petite possède 5,000 volumes et toutes ont une salle de lecture avec journaux et revues et beaucoup une salle spéciale pour enfants.

b) *Etats-Unis.* — Ils occupent le premier rang pour les bibliothèques: nombre de volumes, utilisation, perfection des méthodes. Son œuvre propre est la bibliothèque publique, pour la masse plutôt que pour les recherches scientifiques. Mais à côté, elle a créé aussi des bibliothèques savantes auprès de ses universités et de ses collèges, et des institutions scientifiques. La Library of Congress a 3,500,000 volumes. La New York Public Library en a 3,000,000 avec 46 branches et environ 400 autres organes de distribution. La Library of Congress comprenait en 1924 3 millions de livres et brochures, 900,000 cartes, 1 million environ de morceaux de musique, 500,000 gravures. Il a été dépensé 8 millions de dollars pour l'édifice, 3,5 millions pour l'achat des collections et l'ameublement, depuis 20 ans un million de dollars pour le service et les travaux.

Aux Etats-Unis il y avait, en 1915, 8,302 bibliothèques dont environ 3,000 possédaient au moins 5,000 volumes Les riches particuliers (Carnegie, notamment), ont fait des donations importantes, mais l'impôt spécial pour les bibliothèques y rapportent 35 millions de francs. Le corps de l'Association des bibliothécaires américains comprend 4,000 membres. Beaucoup de ces bibliothèques ont des succursales et rayonnent vers les campagnes par des bibliothèques circulantes.

c) *Hollande.* — Le petit pays de Hollande a donné un soin particulier à ses bibliothèques.

En Hollande on comptait, en 1919, 56 communes avec une ou plusieurs bibliothèques comprenant salle de lecture et avec une moyenne de 5,000 volumes.

« Leeszalen » de Hollande avaient (avec les succursales) en 1908: 6; en 1933: 110 salles de lecture (dans toutes les communes de plus de 20,000 habitants, il y a maintenant une salle de lecture, subventionnée par l'Etat). Nombre de livres en possession de l'ensemble des bibliothèques publiques: 1913: 100,000; 1933: 1,800,000. Fréquentation: 1908: 300,000; 1931: 2,100,000. Recettes: 1903: Fr. 25,000; 1931: Fr. 1,780,000. Subventions de l'Etat: Fr. 250,000. Les particuliers environ Fr. 500,000.

d) *Belgique.* — Les grandes bibliothèques sont: la Bibliothèque Royale de Bruxelles, fondée en 1827, mais héritière des collections formées déjà par les ducs de Bourgogne, les Bibliothèques de Gand, de Louvain, maintenant celle de l'Université de Bruxelles, la Bibliothèque des Bollandistes, le Musée Plantin-Moretus. Après la guerre, pendant laquelle la lecture avait été intensifiée, un mouvement s'est dessiné en faveur de l'organisation de bibliothèques publiques. Une législation spéciale est intervenue.

En Belgique, en 1921, des 2,639 communes, il en est environ 1,500 qui ne possèdent aucune bibliothèque publique. Parmi les 1,600 reconnues par le Ministère, petit est le nombre de celles qui sont convenablement outillées, installées et dirigées (Rapport parlementaire Heyman). De ces bibliothèques, si l'on excepte celles de l'agglomération bruxelloise et des chefs-lieux de province, 601 possédaient moins de 300 volumes et 46 plus de 3,000 volumes. Ces bibliothèques fonctionnent en général comme service de prêts et n'ont point de salle de lecture.

e) *Tchécoslovaquie.* — La Tchécoslovaquie est (avec la Belgique) le premier pays qui ait rendu obligatoire l'établissement des bibliothèques publiques. Chaque agglomération doit avoir sa bibliothèque et les villes de 10,000 habitants doivent nommer un bibliothécaire. Dans les villes plus petites, une personne qui a suivi des cours de bibliothéconomie pendant un mois doit être nommée. Le Ministère de l'Education fournit un traité d'administration de bibliothéconomie à la communauté et inspecte la bibliothèque. La loi exige que le cinquième de tous les livres de chaque bibliothèque ait un contenu instructif (1928).

f) *France.* — Les anciens rois firent les premières tentatives pour former des bibliothèques. Effort non systéma-

(1) Voir à ce sujet le rapport de Sir Frédéric C. Kenyon, directeur du British Museum et Président du Board of Education Departmental Committee Public Library dans *Library Journal*, 1 January 1928, p. 11.

tique. François Ier créa la Bibliothèque Royale de Fontainebleau qui fut transférée à Paris et devint la Bibliothèque Nationale. Elle grandit sous Louis XIV et Colbert. A la Révolution et sous Napoléon, on y déversa les collections venues des couvents ou formant butin de guerre. Elle a maintenant plus de 4 millions de volumes, 125,000 manuscrits et 300,000 gravures.

La Mazarine, l'Arsenal, la Bibliothèque Ste Geneviève, la Bibliothèque de la Sorbonne, sont toutes quatre de première importance. Une multitude de bibliothèques scientifique, artistique, historique, sociale dépendent des Universités, des administrations, des villes.

La bibliothèque publique en France est en retard.

La plupart des institutions qui portent le nom de bibliothèque, ne sont pas des bibliothèques publiques au point de vue moderne. Elle ne répondent que bien imparfaitement aux besoins de la communauté. Elles sont incomplètes ; ce sont, fréquemment, des salles petites, mal tenues, pauvrement éclairées, avec des rayons resserrés, montant jusqu'au plafond ; le public ne peut faire choix d'un livre qu'en consultant un mauvais catalogue déchiré, souvent périmé, qu'on doit feuilleter hâtivement sur un pupitre à l'entrée de la salle. Les bibliothécaires sont généralement des personnes qui n'ont reçu aucun enseignement professionnel et qui sont si surchargées de travail et si occupées par leur carrière véritable, qu'elles ne sauraient montrer envers la Bibliothèque que peu d'activité et peu d'intérêt (Jessie-Carson).

g) *Allemagne.* — Les grandes bibliothèques sont celles de Berlin, Munich, Dresde, Göttingen, Heidelberg, Leipzig, Tubingen. Beaucoup de bibliothèques d'associations scientifiques. Un système excellent de prêts entre bibliothèques. Une grande expansion de bibliothèques populaires. Dans le domaine technique, un grand développement a été réalisé par la Bibliothèque des Ingénieurs allemands, celle du Patentamt, celle du «Deutschen Museum de Berlin », la Deutsche Bücherei à Leipzig.

h) *Italie.* — Elle a de magnifiques collections de livres. Elle eut des collectionneurs privés possesseurs de larges bibliothèques à l'époque de la Renaissance. La vieille Bibliothèque du Vatican, commencée au IVe siècle par le pape Damase, a été réorganisée selon les principes modernes par le pape actuel qui fut, lorsqu'il était cardinal Rati, bibliothécaire de l'Ambrosienne de Milan. La Laurentienne de Florence (Medicis-Laurenziana), la Biblioteca Nazionale de Florence, la Vittorio Emmanuele de Rome, les Bibliothèques de Naples, Palerme, Turin, Bologne, Padoue. En Italie fasciste, on continue d'agiter le problème de doter toute commune d'une bibliothèque populaire pourvue de bons livres, bien attrayante. On demande que s'en occupe l'« Opera Nazionale Dopolavoro ».

i) *Russie* .— Ce pays possède de très grandes bibliothèques. Celle de Leningrad (4,260,000 vol.) a été récemment doté d'un nouvel édifice. A Moscou, la Bibliothèque Lénine. Suivant le décret soviétique du 4 mai 1920, toutes les bibliothèques de la République forment dans leur ensemble le réseau unique des bibliothèques de l'Etat. La réforme intérieure est analogue à celle des musées et des archives. L'administration dépend d'organismes spéciaux du Commissariat de l'Instruction publique.

j) *Vatican.* — La Bibliothèque du Vatican est ancienne et riche. Son origine remonte au début du XVe siècle, à Martin V. Elle fut victime d'une catastrophe foudroyante, une partie s'étant écroulée. En 1932, le Pape Pie XI a inauguré le nouvel édifice.

k) *Société des Nations.* — Dès sa fondation, la S. D. N. a établi sa bibliothèque. La donation Rockefeller de deux millions de dollars lui assure un édifice joint au nouveau Palais des Nations à Genève. (1) Le Bureau international du Travail possède une grande bibliothèque.

l) *Organisations internationales.* — Elles ont réalisé de grandes bibliothèques. Celles du Palais de la Paix (La Haye), de l'Institut International d'Agriculture (Rome), de l'Union Panaméricaine (Washington). L'Union des Associations a organisé en Bibliothèque Mondiale celle du Mudaneum (Palais Mondial à Bruxelles).

262.2 Les espèces de Bibliothèques.

262.21 Généralités.

Il existe un nombre considérable de bibliothèques. Elles sont différenciées par le public à qui elles s'adressent (bibliothèques savantes et non savantes) ; par la nature des collections (bibliothèques générales et spéciales) (livres nationaux ou étrangers) ; par la sphère d'action sur laquelle s'étend leur organisation (bibliothèques communales ou municipales, régionales ou provinciales, nationale, internationale).

On peut classer les bibliothèques de la manière suivante :

1° Les grandes bibliothèques nationales : elles ont pour but de conserver toute la production nationale et de former de grandes collections générales, en vue des études et des recherches de toute nature. 2° Les bibliothèques publiques, établies dans tous les centres de population et destinées à multiplier les facilités de lecture et d'étude pour le public en général. 3° Les bibliothèques des institutions scientifiques d'étude ou d'enseignement ; universités, instituts, observatoires, musées, jardins botaniques, etc. 4° Les bibliothèques des administrations publiques : ministères, parlements, municipalités, services publics de toute espèce. 5° Les bibliothèques des associations scientifiques, des corps savants et des sociétés qui poursuivent des buts d'intérêt général dans tous les do-

(1) Sevensma T. P. — *La Bibliothèque de la Société des Nations.* Paris, Champion, 8°, 1930.

maines de l'activité. 6° Les bibliothèques des associations et des institutions internationales, dont l'objet est de réunir autant que possible les publications de tous les pays relatives à leur spécialité. Ces dernières catégories de bibliothèques sont particulièrement intéressantes à raison de leur spécialité. Elles sont avant tout destinées à leur personnel, s'il s'agit d'institutions, à leurs membres, s'il s'agit d'associations. Toutefois elles sont généralement accessibles aux travailleurs qui en sollicitent l'usage.

Les bibliothèques peuvent aussi être disposées spécialement pour diverses catégories de lecteurs. Les grandes catégories sociales s'affirment ici : les hommes et les femmes, les enfants, les vieillards; les malades, aveugles, prisonniers, les travailleurs de l'agriculture, des industries, des mines, de la pêche, les employés, etc.

La bibliothèque du type universitaire se distingue de la bibliothèque publique en ce qu'elle n'est pas destinée aux personnes de tout âge, et de matière, d'intelligence et d'expérience, mais aux étudiants, aux professeurs, aux spécialistes, aux chercheurs. A ce type se rattachent les bibliothèques scientifiques dites de recherches, organisées au sein des instituts. (1)

Les cabinets de lecture sont des lieux publics où, moyennant une rétribution, on lit des livres et des journaux. De nouvelles formes de bibliothèques sont sans cesse produites. Bibliothèques dans les jardins (Madrid, Rome), bibliothèque circulante organisée en voiture de tramway (Munich), en autobus (Etats-Unis). Bibliothèques dans les trains (Tchécoslovaquie). Projet de bibliothèque postale (Belgique). Bibliothèque en liaison avec les conférences par radio (League of Nations Union, Londres).

262.22 La Bibliothèque publique.

La Bibliothèque publique ne peut être tenue comme une œuvre de charité mais comme un véritable service public, comme une branche principale de l'enseignement post-scolaire. Elle doit, à ce titre, être au premier chef un facteur puissant du développement intellectuel et moral de la nation.

La Bibliothèque publique ou Bibliothèque municipale est entretenue au moyen de taxes ou de dons volontaires. Elle fonctionne dans le cadre de la loi. Elle n'est pas réservée à une classe spéciale comme les bibliothèques de sociétés savantes ou d'universités ; elle est destinée à la communauté, à toute personne.

La bibliothèque municipale, dit M. Coyecque, dans ses publications récentes, est faite pour tout le monde. Elle s'adresse à tous, elle est collectivement la bibliothèque personnelle de chacun, les uns y trouvant le complément de celle qu'ils possèdent, les autres la compensation de celle qu'ils n'ont pas. Distraire, instruire, informer, voilà, dit-il, le programme intégral de la bibliothèque municipale.

Les bibliothèques municipales offrent ce trait commun : œuvre de vulgarisation scientifique et littéraire en même temps que centres d'information pratique, elles ne sont pas comme les savantes, des conservatoires dont les effectifs, gardés et perpétués, s'accroissent indéfiniment; chez elles les livres passent et ne demeurent; il s'agit ici moins de quantité que qualité; la bibliothèque met à la disposition du public ce qu'il y a de meilleur et de plus récent, pour la forme, pour le fond, et pour l'un et l'autre, et en l'espèce, ces deux termes sont souvent connexes; dans les domaines scientifiques, techniques, professionnels, sociologiques, l'ouvrage tenant compte des derniers progrès ou de la dernière législation; en littérature, des représentants de tout le mouvement contemporain, des spécimens de tous les genres, des produits de toutes les écoles; pour les classiques des éditions récentes, aussi attrayantes qu'étaient retardataires celles de la vieille pédagogie, dans les domaines de l'histoire, l'ouvrage qui utilise les prodigieuses ressources de la photographie et de ses dérivés industriels.

La Bibliothèque municipale est doublement encyclopédique ; elle embrasse à la fois l'ensemble des connaissances et l'ensemble de la population; il n'y a pas une branche du savoir qui n'y trouve sa place; il n'est personne dans la cité qui n'ait intérêt à s'en servir, ne fût-ce que pour apprendre ou connaître ceux qui la fréquentent régulièrement.

La Bibliothèque est un des organes de la vie collective, ni plus ni moins nécessaire ou superflu que les autres, le réservoir, le gazomètre, le marché ou l'école; c'est le magasin d'approvisionnement intellectuel. C'est en dernière analyse, et par-dessus tout, l'atelier où doit se former l'esprit public, dans des conditions supérieures à celles que comportent les deux autres façonniers de l'opinion, la conférence et le journal.

Une bibliothèque n'est pas un « magasin de livres où l'on se borne à distribuer des numéros »; c'est une œuvre d'enseignement public dont peuvent et doivent dépendre dans une large mesure l'éducation de la nation et la formation de l'esprit public.

Les principes exposés dans ce traité ont pour but d'établir la bibliothèque suivant les données rationnelles. L'ensemble des livres que la bibliothèque contient forme un organisme dont toutes les parties sont solidaires. Embrassant l'intégralité des connaissances, elle est encyclopédique; disposant les ouvrages suivant les cadres d'un ordre rigoureux, elle est conforme à la classification des connaissances. Semblable bibliothèque est l'image de la science elle-même; ses livres, pourvu qu'ils soient choisis parmi les meilleurs, les plus clairs et les plus récents, sont l'expression écrite même des connaissances.

(1) Waas. — Volkstumliche und Wissenschaftliche Bibliotheken. *Zentralsblatt für Bibliothekswesen*, 1926, p. 476-79.

Dépositaires du savoir, ces ouvrages sont des maîtres qui parlent quand on les interroge et à eux tous ils constituent une véritable université littéraire, où sont représentées toutes les branches de l'enseignement par la lecture.

262.23 Bibliothèques pour enfants.

1. En général, il existe des bibliothèques spéciales pour enfants (de 8 à 14 ans). Il existe aussi des sections enfantines dans les bibliothèques générales. — Le progrès de la lecture, dans la Nation, par l'initiation de la jeunesse. — Choix scrupuleux des meilleures livres et en quantité suffisante. — Intervention plus active du bibliothécaire auprès des petits lecteurs. L'heure du conte dans la bibliothèque et à l'école. — Résumé, par l'enfant, des livres lus. — En Angleterre, les bibliothèques pour enfants ont donné lieu à une circulation de 100,000 volumes par an.

Dans la bibliothèque publique de Washington, la section des enfants est particulièrement bien organisée pour renseigner le public sur la littérature destinée à la jeunesse. Un service de consultation pour adultes y a été créé; l'une contient les livres qui peuvent être empruntés par les parents pour leurs enfants, l'autre environ 1,600 titres formant une exposition sous le nom de « Bibliothèque idéale pour enfants ».

2. *Organisation.* — Les bibliothèques pour enfants peuvent exister spécialement à cet effet ou comme département d'une autre bibliothèque, ou comme bibliothèque dans les écoles. Salles pour enfants: partie pour la lecture sur place, partie pour le prêt à domicile. Tables pour permettre aux enfants de faire leurs devoirs. Tables pour les revues d'enfants; tables pour les ouvrages de références.

3. *Livres pour enfants.* — Quatre catégories: *a)* alphabets historiés pour enfants ne sachant pas lire; *b)* ouvrages similaires avec une certaine quantité de textes simples, pour enfants en dessous de neuf ans; *c)* livres pour enfants de neuf à douze ans; *d)* livres pour enfants au-dessus de 12 ans.

4. *Catalogue des bibliothèques pour enfants.* — Se représenter que l'enfant doit pouvoir se servir de tels catalogues. Eviter que leur terminologie ne soit celle des adultes. Les rubriques du catalogue s'inspireront des titres des livres mêmes. On évitera les abréviations et signes bibliographiques. (Voir un exemple d'application de la Classification décimale à de tels catalogues dans Berwick Sayers, *The Childrens library*, p. 56.)

5. *La Bibliothèque à l'Ecole.* — L'Ecole doit aider la Bibliothèque à apprendre à lire systématiquement et avec fruit, apprendre à manier et respecter les livres. Petite bibliothèque à l'école même; envoi des enfants à la bibliothèque publique pour compléter, par des lectures, les leçons données ou à préparer. Les livres classiques des écoliers constituent le noyau de la bibliothèque personnelle qui deviendra la bibliothèque de la famille; complément désirable de ces livres par des introductions et des tables des matières les reliant les uns aux autres et en faisant de petites encyclopédies bien étudiées. Réciproquement la Bibliothèque doit aider l'Ecole : utilisation des loisirs et des vacances des écoliers; fourniture à l'école de livres de lecture.

Les conditions de la *Bibliothèque de travail* à l'école s'étudient. Elles prennent de l'importance à raison inverse de la lutte pour destituer de sa position privilégiée le Manuel scolaire. (Ve Congrès de l'imprimerie à l'école, 2 août 1931. Rapport Freinet-Ruch.) Pour familiariser la jeunesse avec les Bibliothèques, les Américains possèdent un Manuel très pratique élaboré par MM. Hutchins, Johnson et Williams *(Guide to the Use of the Library.* A Manual for College and University Student, 1929).

262.24 La Bibliothèque du particulier.

1. *Composition.* — La bibliothèque du particulier doit être conçue d'après des principes rationnels en tenant compte des ressources dont on dispose pour les acquisitions, de l'espace pour les emmagasiner, du temps nécessaire pour la mise en ordre et des soins à donner aux ouvrages.

En principe, il n'est pas désirable pour la généralité des particuliers, d'avoir des quantités de livres, mais il lui faut en posséder de bons, de beaux et, pour les questions scientifiques, de modernes. La bibliothèque privée se composera de trois sortes de livres: 1° un fonds encyclopédique, choix d'ouvrages généraux ou livres de références sur toutes les matières, permettant, sinon d'étudier, du moins d'avoir immédiatement quelques notions sur n'importe quelles questions rencontrées au cours de la vie et des études; 2° les ouvrages relatifs à la spécialité, à la profession, aux études et aux occupations courantes. Ces livres-là doivent être aussi complets et aussi nombreux que possible; ils ne devront pas se borner strictement à la spécialité, mais comprendre aussi des ouvrages relatifs aux branches auxiliaires; 3° les ouvrages relatifs aux questions qui intéressent occasionnellement.

La place des livres que l'on ne consulte plus ou que l'on consulte très peu est dans les bibliothèques publiques. Il y a même, pour un homme d'étude, un intérêt réel à éviter l'encombrement chez lui. Le mieux est de remettre en dépôt ou de faire don aux bibliothèques publiques et spécialement à celles des sociétés scientifiques dont il fait partie, les ouvrages inutilisés par lui, notamment les ouvrages surannés et ceux relatifs à des questions étudiées occasionnellement et dont il ne s'occupe plus. Il est certain ainsi de pouvoir retrouver ces livres le jour où il pourrait en avoir besoin, ceux-là et tous les autres sur la même question, que posséderait la bibliothèque.

2. *Méthode.* — Les méthodes pour l'organisation des bibliothèques en général sont applicables aux bibliothèques des particuliers, notamment en ce qui concerne le placement des ouvrages sur les rayons et le catalogue.

3. *Organisation d'ensemble.* — Le Docteur L. Berczeller (Vienne) a étudié la condition des bibliothèques privées et proposé une organisation très intéressante de ces bibliothèques basées sur les chiffres qu'il présente. Un travailleur intellectuel lit en moyenne journellement l'étendue d'un volume d'une valeur de 10 Mk., soit 3,000 Mk. par an, et comme sa durée moyenne de capacité et de travail est trente-cinq ans, cela fait, avec l'intérêt, 200,000 Mk. A la fin de sa vie, le travailleur serait donc théoriquement en possession d'une bibliothèque de plusieurs milliers d'ouvrages ayant coûté une somme élevée et nécessitant un espace étendu; en se basant sur le lecteur type au volume par jour et à l'existence de 100,000 travailleurs travaillant dans les seules sciences naturelles, on arrive à un capital de 5 milliards de Mk. qui aurait à être investi dans ces bibliothèques privées, si elles étaient rationnellement constituées. Ces chiffres montrent la nécessité des bibliothques publiques dont les fonds sont communs.

4. *Bibliothèque familiale.* — Il est tout un apostolat à organiser: répandre parmi les peuples et la petite bourgeoisie le goût de la bibliothèque familiale jointe à la table d'études des enfants.

5. *Bibliothèque de Bibliophiles.* — A côté des bibliothèques privées, il y a celles des bibliophiles. Ces dernières sont basées sur le choix de livres beaux et rares. Peu étendue en général, toutes les opérations du livre peuvent s'en ressentir. On les place dans des armoires fermées, on classe sommairement et d'après les caractères extrinsèques, on s'abstient de placer des marques apparentes au dos des livres, on catalogue en petit carnet à reliure mobile, on achète aux ventes publiques ou par commission donnée à des libraires spécialisés. (1)

262.3 Parties, collections, fonds, services et départements.

a) Les bibliothèques sont: 1° des ensembles composés de diverses parties ou collections; 2° des organismes faisant fonctionner divers services; 3° des centres opérant divers travaux. Par suite, la bibliothèque a une organisation centralisée unique où elle est divisée en départements distincts appelés de noms divers, mais placés sous une direction générale unique.

b) La bibliothèque contient les catégories d'œuvres suivantes souvent constitués en divisions spéciales: 1° livres; 2° brochures; 3° ouvrages de référence; 4° publications officielles; 5° journaux officiels (contenant les lois, les traités et les actes législatifs les plus récents; 6° documents officiels des gouvernements, des parlements et des grandes administrations (règlement, annuaires officiels, comptes rendus des débats parlementaires, texte de projets de lois et de budgets, rapports soumis aux corps législatifs des différents ministères, statistiques, etc); 7° manuscrits (cabinet des manuscrits, cabinet des cartes et plans); 8° cartes de géographie et atlas (plans de bâtiments, machines et appareils); 9° gravures (cabinet des estampes); 10° périodiques (périodicothèque); 11° journaux quotidiens (hémérothèque); 12° photographie (photothèque); 13° musique.

c) Des collections distinctes sont formées à raison du format (in-folio) ou du caractère spécial des livres (enfer, censure, immoraux).

d) Il y a éventuellement les collections de documents autres que les publications et qui se rapportent à la documentation générale, telle que la cinémathèque, la photothèque, les archives anciennes, les archives encyclopédiques documentaires (dossiers), les objets de musée.

e) La lecture et la consultation sont favorisées par la diversité des salles de lecture, l'accession aux rayons des bibiothèques, dites de référence, des tables de travail au sein des collections, des salles de travail réservées aux travailleurs scientifiques faisant des travaux de longue haleine, des cellules de travail. A la Bibliothèque Universitaire Ann Arbor, les docteurs de l'hôpital peuvent demander qu'on leur lise, par téléphone, quelque article dont ils ont immédiatement besoin.

262.4 Technique et organisation des Bibliothèques (Bibliotechnie, Bibliotéconomie).

262.41 Généralités.

a) La technique des bibliothèques a été fort développée. Elle entre dans des détails de plus en plus particuliers et précis. Renvoyant pour ceux-ci aux traités spéciaux sur la matière, dans le présent exposé il ne sera question que des données générales. (1)

---

(1) Consulter les ouvrages de Muhlbecht, Otto: *Buchlielhberei*, 1898. — Slater: *How to Collect Book*, 1905. — Winterich: *Primer of Book Collecting*, 1927. — Allans : *Book-Hunter at home*, 1922. — Willis's: *Bibliophily*, Boston 1921.

(1) Milkau. F.: *Handbuch der Bibliothekswissenschaft*, 2 vol. 1932-33. — Morel, Eugène: *Bibliothèque*. Essai sur le développement des bibliothèques publiques et de la librairie dans les deux mondes, Paris 1908. — Briscoe, W. A.: *Library planning*. A compilation designed to assist in the planning, equipment and development of new libraries, and the reconstruction of old ones, London 1927, 141 p. — Coyecque, Ernest: *Code administratif des bibliothèques d'études*, Paris 1929, 2 vol. (organisation, cadres et traitements). — Paul Otlet: *Manuel de la Bibliothèque publique*, publication n° 133 de l'Institut International de Bibliographie, 1925, 166 p. — Trozet, Léo: *Manuel pratique du Bibliothécaire*. Préface de MM. Pol Neveux et Charles Schmidt. Paris, E. Nourry, 1933.

b) Une bibliothèque n'existe pas par elle-même. Il faut la former, à la manière dont on construit un édifice ou une machine. Elle n'est pas un amas de livres. Il faut constituer une collection, c'est-à-dire créer un véritable organisme intellectuel, dont les parties soient en corrélation les unes avec les autres et réalisent le maximum de rendement avec le minimum d'effort et de travail.

c) Comme toute « construction », celle de la bibliothèque suppose des matériaux (les livres), un plan (la classification), des procédés (les méthodes), un outillage (le matériel), un personnel, des opérations et une organisation.

Ensuite quand la bibliothèque est formée, il s'agit de la maintenir à hauteur de sa tâche, de l'amortir, de faire fonctionner les services relatifs à son utilisation. Tout cela exige des opérations d'ordre administratif et d'ordre exécutif, les unes et les autres relevant d'une direction confiée à des personnes ou à des corps responsables. Le tout forme une unité : l'organisation.

d) *Opérations.* — La suite des opérations comprend l'acquisition des ouvrages, le traitement des livres à l'entrée, le catalogue, la classification. Une place à part doit être faite à la réorganisation des bibliothèques anciennes selon de nouveaux principes. La communication et le prêt des ouvrages, la coopération aux travaux et services organisés en commun avec les établissements similaires.

e) Grande ou petite, une bibliothèque doit avoir une administration, doit être dirigée avec ordre selon un statut ou règlement. Les conditions spéciales et locales déterminent en chaque cas ces principes.

262.42 Acquisition.

a) Il y a quatre modes d'acquisition : 1° par dépôt légal ; 2° achat ; 3° donation des auteurs ou éditeurs et des collectionneurs ; 4° échange.

b) Les achats constituent une fonction importante de la bibliothèque. Le choix des livres à acheter s'opère à l'aide des catalogues, bibliographies, circulaires, résumés, etc. Les desiderata sont exprimés par les lecteurs. Des directives doivent présider aux achats. La règle doit être l'impartialité. Pour faciliter les acquisitions, on a établi des listes choisies ; on a déterminé des proportions entre les ouvrages des diverses branches.

c) Pour leurs achats, les bibliothèques s'adressent aux libraires, selon des modes les uns concentrés, les autres dispersés. Des firmes puissantes sont organisées pour alimenter régulièrement les bibliothèques des livres dont elles ont besoin.

d) Le livre rare a tendance à aller dans les bibliothèques publiques comme les tableaux rares dans les musées officiels. Le peuple et les donateurs pensent que c'est là qu'ils auront le maximum de chance de survivre et de pouvoir être communiqués à qui saura le mieux l'utiliser. C'est une sorte de communisme intellectuel.

e) « Il faut des bibliothèques complètes, dit M. Zanitzky, directeur du Palais Central russe du Livre. Seule la bibliographie est la mesure de l'intégralité d'une bibiothèque. Le lecteur doit avoir à sa disposition la littérature complète d'aujourd'hui, au moins par cette raison que les époques de valeur historique universelle ne sont pas très fréquentes. »

Impressionné par la production quantitative toujours croissante du livre, on a posé récemment le problème de l'élimination de certains livres de certaines bibliothèques et le problème de la redistribution des collections. La conservation des prototypes de toutes les publications est une chose, la présence de livres peu consultés dans certaines des bibliothèques sont choses différentes.

L'accroissement au centre des villes est en certain cas énorme : ainsi au British Museum, 1600 mètres de rayonnage sont ajoutés chaque année. En 1931, on ajouta à la collection 22,567 livres, soit une moyenne journalière de soixante livres nouveaux ou rééditions de livres anciens. La Bibliothèque Nationale de Paris est dans une situation analogue.

On est amené à envisager : 1° l'établissement de vastes magasins nationaux extra muros ; 2° la redistribution des collections. Le hasard a souvent fait les choses ; la raison doit les rectifier. Concentration, fusion, transfert, échange. De toute manière systématisation, organisation de réseaux avec centrales, branches et succursales, principe affirmé que tout ce qui appartient à la communauté doit être aménagé au mieux de la communauté ; 3° agrégation des doubles à la Bibliothèque mondiale. Les périodiques étant l'aile marchante de la science, une bibliothèque scientifique vaut par l'existence de ces trois facteurs : 1. richesse en revue ; 2. leur accessibilité au maximum (mise à disposition directe, arrivée ponctuelle et rapide des fascicules) » 3. leur catalogue, alias leur bibliographie.

262.43 Opérations à l'entrée.

Les opérations suivantes sont à faire à l'entrée des volumes, dans l'ordre même indiqué ci-après :

1° *Ouverture des paquets.* — Si les arrivages sont accompagnés de factures ou bordereaux, leur contenu sera vérifié, le bordereau pointé et paraphé par le vérificateur, qui annotera soigneusement sur cette pièce les anomalies éventuelles.

2° *Examen du livre.* — Il y a lieu, dès l'entrée, de constater l'état matériel de chaque livre. *a)* Correspond-il à la commande, à la liste ou pièce qui accompagne l'envoi ; *b)* Est-il complet, pas d'omission de parties, d'omission ou déplacement de planches annoncées dans les tables ; *c)* Est-il en bon état : détériorations matérielles, taches, reliure ou brochage défaits ? *d)* Ne constitue-t-il pas un double ?

3° *Ouverture de chaque volume.* — Découpage des pages : emploi d'un bon coupe-papier (les lames de couteaux ou ciseaux ne conviennent pas); découper, en suivant, de gauche à droite. Pour obtenir que les pages demeurent droites, ouvrir les pages par petits paquets en appuyant légèrement le long de la marge intérieure. Eviter l'écrasement brusque du dos.

4° *Détermination du classement de l'ouvrage.* — On la fait à ce moment, car elle est nécessaire aux opérations ultérieures: l'enregistrement à l'inventaire, l'estampillage et le catalogue. L'indice classificateur peut être inscrit d'abord au crayon sur la couverture même du volume, en attendant tout enregistrement.

5° *Inscription à l'inventaire.* (Voir ci-après). — Les ouvrages en continuation et les périodiques sont inscrits sur leur fiche alphabétique déjà existante. On y trouvera leur numéro d'inventaire et leur indice de classement.

6° *Marque de propriété.* — Dès qu'un livre est porté à l'inventaire, il doit être considéré comme faisant partie de la collection et doit recevoir une marque de propriété. Tout lecteur étant susceptible d'emprunter à plusieurs bibliothèques, il faut empêcher des confusions lors de la restitution des ouvrages. En cas de décès ou de départ du détenteur, ses commettants doivent pouvoir se rendre compte de l'origine et de la propriété des ouvrages trouvés chez lui. La marque de propriété doit empêcher aussi le troc ou la circulation illégale des ouvrages appartenant à la bibliothèque. La marque peut prendre deux formes: le timbrage et l'ex-libris. a) Timbrage: Le timbrage des volumes convient bien pour les bibliothèques servant à des lecteurs nombreux. Il comporte le simple estampillage de la firme de la Bibliothèque, avec mention de la ville et éventuellement de l'adresse où elle a son siège. On peut faire usage de tampons humides ou de timbres secs (à relief). Ces derniers ont le désavantage de n'être pas assez apparents, mais ils ne font pas tache sur le livre. La place du timbre est en premier lieu sur la page titre du volume ou au verso de celle-ci, ensuite sur les éléments encartés, sur les fascicules d'un même ouvrage, et sur les cartes et gravures. Si on préfère respecter ces éléments quand ils présentent un caractère d'art qui aurait à en souffrir, on timbre au dos. Pour plus de précaution, on tamponne encore une page déterminée dans le corps du volume, par exemple, pages 5 105, 205 et chaque 05. Le tampon doit être de petit format, et les caractères simples et nets. L'encre doit être visible, indélébile et rapidement sèche. L'encre rouge est visible et sèche vite. On y ajoute du siccatif. Eviter couleurs à l'aniline. — b) Ex-libris: Le système qui a été employé en premier lieu comme marque de propriété est celui de l'ex-libris. Celui-ci est gravé ou collé à l'extérieur ou à l'intérieur de la reliure (armes, dessin, figure allégorique ou légende, ou combinaison de ces éléments). Une place est réservée pour l'inscription de la cote de l'ouvrage. Ce système convient encore actuellement, notamment pour les bibliothèques personnelles. Il peut être cumulé avec le ssytème du timbrage. (1)

7° Etiquetage des volumes. — Il a pour but l'indication de la cote de placement des volumes, qui doit être bien apparente. Il peut servir par surcroît de marque de propriété si l'étiquette porte imprimée la firme de la Bibliothèque. C'est la marque de propriété la plus visible et remplissant le plus pratiquement son office, mais elle n'exclut pas l'application du timbre et l'emploi de l'ex-libris car l'étiquette peut être décollée accidentellement ou volontairement. Elle comprend l'indice de la classification décimale et le numéro d'inventaire de l'ouvrage. On compte six espèces de symbole pour exprimer les divers éléments qui servent à classer les livres sur les rayons. 1° La classe (indice décimal ou indice d'une autre classification). 2° L'auteur (les Cutter numbers). 3° Le titre de l'ouvrage (les Cutter numbers); il est nécessaire de l'indiquer s'il est plusieurs livres d'un même auteur dans la même classe. 4° L'édition (s'il y a plusieurs éditions, indiquer par le nombre usuel de l'édition. 5° La date: table de Biscœ avec nombre arbitraire (date réelle de l'édition ou date abrégé). 6° Emplacement spécial qui correspond à diverses séries ou à des fonds. Par ex.: les lettres des formats (q) quarto et (f) folio. Et toutes désignation de fonds par des lettres A, B, C, etc.

L'étiquette a la forme rectangulaire, le format, 1/6 de fiche est recommandé. Elle se place au bas de la couverture ou de la reliure, dans l'angle inférieur gauche, toujours à la même place et à la même distance pour tous les volumes. Si le volume est assez épais, on peut placer sur le dos, tout en bas, une étiquette qui prend alors la forme ronde, ovale ou rectangulaire à coins coupés. En aucun cas elle ne peut couvrir des textes. On peut aussi remplacer l'étiquette par un timbre humide, de même grandeur, appliqué sur les couvertures des volumes brochés. Après l'étiquetage, les volumes sont rangés sur les rayons dans l'ordre des numéros d'inventaire, jusqu'à ce qu'on puisse les incorporer à leur place respective dans les collections.

---

(1) Les collections d'ex-libris présentent non seulement un intérêt pour l'art, mais aussi pour l'histoire des bibliothèques. Les répertoires d'ex-libris auxquels elles donnent lieu constituent de véritables listes historiques des bibliothèques privées. Le nombre de ces répertoires, pour telle ou telle région, devient de plus en plus grand. On les termine aujourd'hui par des tables alphabétiques générales des armoiries, des devises et des noms propres, renvoyant aux notices descriptives des armoiries elles-mêmes et permettant ainsi de les identifier facilement. L'équivalent de l'ex-libris appliqué sur les documents de toute espèce devrait être dit *Ex-Documentis* et faire l'objet d'une certaine standardisation. C'est à l'Allemagne que reviendrait l'honneur d'avoir inventé, vers le milieu du XVe siècle, l'*ex-libris;* on en trouve la première mention en l'an 1480. Un siècle plus tard, on trouve des ex-libris en France et en Angleterre.

262.22 Catalogue.

a) Le catalogue est un élément capital de la bibliothèque. Sans catalogue, elle est un corps sans tête.

b) On a traité avec la bibliographie sous le n° 261 tout ce qui concerne le catalogue.

c) L'inventaire se combine avec le catalogue, mais il est de première importance. L'inventaire peut être établi soit sur registre soit sur fiche. Les inscriptions y étant établies au jour le jour ou dans un ordre numérique suivi, les avantages des fiches quant à l'intercalation sont moindres; ceux de la répartition du travail entre plusieurs n'existe que dans les grands établissements ou lorsqu'il s'agit d'arriéré. L'inventaire est comparable au Livre Journal dans la comptabilité. Il peut servir de base aux autres écritures des autres parties du catalogue qui, s'il est complet, peuvent en être extraites à la manière dont les écritures du Grand-Livre, qui classe les articles par comptes, sont extraites du Journal. L'inventaire en registre peut s'établir pour chaque ouvrage, soit en un texte continu, les déterminations suivant les diverses caractéristiques à décrire, soit en colonnes.

Les caractéristiques à mentionner sont les suivantes : 1° Date de l'entrée de l'ouvrage (mois, jour et année). 2° Numéro d'ordre de l'inventaire. 3° Indice de la classification. 4° Les indications d'ordre bibliographique : auteur, titre, etc. 5° Reliure, leur état. 6° Nombre d'exemplaires. 7° Mode d'acquisition, achat, prix. 8° Valeur actuelle. 9° Donation (nom du donateur). 10° Echange. 11° Observations diverses.

d) Les bibliothèques sont devenues des organismes de bibliographie et elles sont d'autre part des organismes de coopération à la bibliographie. Elles y sont amenées par leur propre catalogue, par le catalogue collectif national ou local, qu'entreprennent certaines d'entre elles — par les travaux bibliographiques qu'elles élaborent, qu'elles éditent ou que font les membres de leur personnel. (Ex. Library of Congress, Preussische Staatsbibliothek).

262.44 Placement sur les rayons.

262.441 *NOTION ET BUT.*

Les ouvrages ne sauraient être placés pêle-mêle sur les rayons. Il faut un ordre en relation avec le catalogue. Le but de tout classement est de faciliter la recherche. Du classement qu'on donnera aux livres sur les rayons dépendra le plus ou moins de facilité qu'on aura à les retrouver. La cote de placement est la marque ou étiquette apposée sur les ouvrages et qui porte les éléments destinés à déterminer la place à occuper sur le rayon par chaque ouvrage dans la série constituée par la collection bien ordonnée de tous les ouvrages. La cote de placement sert donc à retrouver les livres. Elle est le lien entre le catalogue, les ouvrages et les rayons sur lesquels ceux-ci sont déposés. Elle doit donc être portée sur les notices du catalogue, sur les ouvrages eux-mêmes, et en outre fournir des repères portés de distance en distance sur les rayons. La cote de placement est en corrélation directe avec le système adopté pour le placement. Sa forme et ses éléments diffèrent donc d'après lui.

262.442 *SYSTEME DE PLACEMENT DES LIVRES.*

Trois systèmes fondamentaux de placement sur les rayons sont possibles. Ces systèmes s'excluent, il faut choisir l'un d'eux et s'y tenir rigoureusement.

Les *formats*, les *fonds* et la disposition matérielle des rayons viennent apporter quelque complication et devraient être combinés avec le système adopté.

A) *Placement par numéro d'inventaire.* — Le système de placement le plus simple est celui de l'ordre des numéros matricules attribués aux ouvrages dans l'inventaire. Les ouvrages s'ajoutent les uns à la suite des autres, à mesure de leur arrivée. La recherche s'opère d'après leur numéro. Les périodiques formant série à part, sont suivis chacun d'un espace libre correspondant à leur accroissement normal.

B) *Placement dans l'ordre systématique décimal.* — Ce placement est opéré par indice de la classification décimale subdivisé par numéro d'inventaire. On écrit la cote sous la forme

$$\frac{\text{n}^\circ\ 324}{511} \quad \text{ou} \quad \boxed{\frac{\text{n}^\circ\ 324}{511}}$$

Sur les rayons les ouvrages eux-mêmes sont placés dans l'ordre des divisions décimales. On obtient ainsi un parallélisme parfait entre le placement sur les rayons, le catalogue méthodique par matières et la classification décimale. L'ordre adopté peut être celui de la classification abrégée (division du 1er, 2e ou 3e degré) ou de la classification détaillée et complète. Les ouvrages traitant de plusieurs sujets sont placés sur les rayons à l'indice du sujet principal. On peut les rappeler sous les autres indices au moyen de cartons ou de planchettes portant la notice abrégée de l'ouvrage et renvoyant à l'indice du sujet principal.

C) *Placement par ordre alphabétique.* — Les ouvrages dans ce système sont disposés sur les rayons dans l'ordre même du catalogue alphabétique. Si un auteur est représenté par plusieurs ouvrages, on sous-classe les titres de l'ouvrage, ordonnés eux-mêmes alphabétiquement. Pour faciliter ce classement, on établit des tables qui transforment les groupes de lettres des noms, en groupes de chiffres. (1)

(1) Aux Etats-Unis, les Tables de Cutter et de Biscoe. Les Russes en ont fait une adaptation à la forme et à la fréquence de leurs noms propres. Voir Griorjev, J. V.: *Distribution et conservation des livres dans les bibliothèques*, Moscou 1931, p. 23.

262.443 *CHOIX ENTRE CES METHODES.*

C'est la nature des collections, le caractère de la bibliothèque et des lecteurs auxquels elle est destinée, la place et le personnel dont on dispose qui doivent faire décider du choix d'une de ces méthodes. Ainsi, le classement en trois formats (Octavo, Quarto, Folio) suivi du numéro de l'inventaire en trois séries est le plus simple pour la mise en place immédiate, le moins sujet à changement et le plus facile au moment du prêt et pour le recollement d'inventaire. (1) Mais le classement selon l'ordre systématique décimal détaillé offre de son côté divers avantages qui font défaut au classement par format et par numéro d'inventaire. Ce qui réduit le travail du bibliothécaire n'est pas toujours ce qu'il y a de mieux pour les lecteurs. Les bibliothèques en Amérique sont, pour la plupart, classées d'après le sujet des ouvrages, c'est-à-dire le numéro donné à ce sujet dans la classification décimale C'est le système qui convient là où le lecteur est admis à choisir lui-même, dans les rayons, les ouvrages qu'il désire consulter ou emporter. Il trouve ainsi réunie toute la littérature d'un même sujet. Le classement par sujet exige des espaces de réserve à chaque division, dans une mesure correspondante aux accroissements probables. Cette mesure est difficile à évaluer et des remaniements s'imposent soit périodiquement (par exemple au recollement des inventaires), soit lorsqu'un développement imprévu oblige d'étendre l'espace réservé à une division. La détermination du sujet d'un ouvrage ne peut être faite que par un personnel instruit, apte à discerner à quelle classe appartient un ouvrage et à lui attribuer le numéro classificateur correspondant. Cette opération nécessite un examen de l'ouvrage et prend, naturellement, un certain temps. Le grand avantage de voir grouper ensemble tous les ouvrages et périodiques traitant d'un même sujet implique donc un sacrifice d'espace, de matériel et de travail qui fait qu'on y renonce là où les ressources et le personnel sont limités. Mais là où ces considérations n'entrent pas en ligne de compte, et notamment dans les « bibliothèques de travail » constituées surtout pour l'usage du personnel d'un établissement ou d'une administration, qui a intérêt à compulser à un moment donné l'ensemble de tous les ouvrages possédés sur un sujet donné, on envisagera comme idéal l'arrangement des livres sur les rayons dans l'ordre même des sujets dont ils traitent. Là, le but à atteindre, une consultation complète, facile et rapide est assez important pour considérer comme éléments accessoires les reclassements ou les réserves d'espaces.

---

(1) Les in-folio, à raison de leurs dimensions sont avantageusement conservés à plat. Lorsqu'ils sont dressés, les ouvrages voisins les pressent et les abîment. On a créé un type de meuble spécial pour conserver et lire les in-folios dans les petites bibliothèques (armoires des atlas).

262.45 Le prêt des livres.

a) Le prêt ou communication des ouvrages prend deux formes. 1° Prêter des livres en lecture dans la bibliothèque seulement, avec des conditions d'accession variant d'après les catégories d'ouvrages. 2° Prêt des livres au dehors, soit simultanément avec le prêt de l'intérieur, soit seulement le prêt au dehors, réduisant la bibliothèque à un magasin de livres sans salle de lecture, soit le prêt au dehors limité à des ouvrages en double ou facilement remplaçables.

b) Pour enregistrer les prêts, on a imaginé des dispositifs ingénieux permettant d'un seul coup d'œil de connaître ce qui est sorti, quand est sorti et qui a reçu. Ainsi est assuré le contrôle. Les lecteurs sont appelés à concourir à ces opérations en rédigeant eux-mêmes les bulletins de demande ou s'ils ont libre accès aux rayons. Les prêts peuvent être enregistrés soit sur fiches, soit en registres. Les mentions suivantes ont une utilité pour l'identification ou pour la statistique. 1° Bibliothécaire de service. 2° Numéro d'ordre des prêts. 3° Numéro d'inventaire de l'ouvrage. 4° Classification décimale du livre. 5° Auteur. 6° Titre. 7° Tome. 8° Etat du livre. 9° Date du prêt. 10° Nom et signature de l'emprunteur. 11° Age de l'emprunteur. 12° Sexe. 13° Nationalité. 14° Profession. 15° Date de la restitution. 16° Nom du bibliothécaire qui a reçu le livre. 17° Observation. Ces mentions sont très complètes; elles peuvent être simplifiées au 2°, 3°, 9°, 10° et 15°.

c) Le prêt de livres à domicile a fait de remarquables progrès dans certaines bibliothèques .Les demandes faites par cartes postales sont desservies à domicile par la poste ou par service d'auto.

d) Le prêt entre bibliothèques se développe. En 1926-1927, la Bibliothèque de l'Etat de Prusse a envoyé 59,299 imprimés et en a reçu 2,866; celle de Bavière 24,354 et 1,848; celle de l'Université de Goettingen 15,115 et 3,447. Le règlement du prêt intérieur en Allemagne date du 25 février 1924; un règlement commun des 30 mars et 5 mai 1925 règle le prêt hors de l'Allemagne. Ce prêt est une importante conquête de l'organisation des bibliothèques. Il permet aux travailleurs intellectuels, quelle que soit sa résidence (pourvu qu'il existe dans celle-ci une bibliothèque d'Etat, régionale, universitaire ou de haute école ou institut) de se procurer sans frais de port ou d'emballage, sans voyages coûteux, tous les livres nécessaires à son travail, détenus par les bibliothèques d'Allemagne.

262.46 Locaux, installations, mobilier, outillage.

a) Les bibliothèques sont disposées dans des édifices spécialement aménagées à cet effet et contenant des installations et du mobilier appropriés.

b) Un édifice de bibliothèque doit être une construction libre de toutes parts, ou constituant une aile de bâtiment en soi, afin de répondre aux desiderata du silence, de l'aération, de la lumière nécessaire. Il faut tendre à faire parcourir un chemin minimum au livre pour parvenir jusqu'au lecteur; il faut aussi séparer distinctement les deux grands services d'une bibliothèque, celui relatif au travail intérieur de manipulation des livres et celui relatif à l'utilisation des livres par les lecteurs. (1)

Nous avons suggéré qu'à Paris un jour la Bibliothèque Nationale et le Louvre soient reliés par des passages souterrains et qu'à l'intermédiaire du Palais Royal, consacrés aux extensions et à la concentration des collections éparses, il soit formé un seul immense complexe consacré à la documentation dans tous ses aspects.

c) L'architecte J. Witkiewicz-Koszcyc a exprimé l'avis qu'il est impossible de faire un projet rationnel d'édifice de bibliothèque pouvant subir des agrandissements à l'infini. On peut construire l'édifice en plusieurs étages, mais le programme doit être défini et prévoir un tout complet et une possibilité d'agrandissement limité. L'examen des bibliothèques existantes démontre qu'elles nécessitent une reconstruction au bout de 50 à 60 ans. Le développement des possibilités techniques est en rapport avec le développement de la lecture des livres. Après 50 ans la génération nouvelle devra résoudre la question d'une façon différente en harmonie avec tous les progrès réalisés simultanément dans la technique, dans la société et dans la documentation.

d) Les installations techniques progressent sans cesse: éclairage, distribution mécanique des livres, circulation de l'air.

263 Les Archives (Archives anciennes)

1. — *Notion.*

a) Les archives sont les titres juridiques de l'Etat, des provinces, des communes, des établissements publics et privés et des particuliers. Les « archives historiques » sont celles qui sont antérieures à une date déterminée. Elles sont accessibles au public par opposition aux « archives administratives », qui servent exclusivement aux besoins de l'administration et qui ne peuvent jouir de la même publicité. Les documents anciens forment des masses considérables.

b) La constitution des archives a pour objet notamment la conservation des titres juridiques, la documentation de l'histoire, les informations scientifiques de caractère social.

c) On distingue les archives quant à la propriété (archives officielles ou privées), quant à la publicité (archives publiques ou secrètes), quant à l'objet (archives administratives ou scientifiques).

2. — *Historique.*

En France, l'Assemblée Constituante, par voie de confiscation, a mis à la disposition de l'Etat, c'est-à-dire de tout le monde, une foule d'archives privées et de collections particulières: archives, bibliothèques et musées de la Couronne, archives et bibliothèques de couvents et de corporations supprimées. On les a réparties entre quelques établissements nationaux. Le même fait s'est produit sur une moins grande échelle en Allemagne, en Espagne et en Italie.

Les Archives nationales de France renferment plusieurs millions de titres, répartis dans environ 300,000 cartons, liasses, registres et portefeuilles; elles s'augmentent chaque jour de documents dont les administrations n'ont plus besoin pour les affaires courantes. En Angleterre, une Commission royale de 1914 s'est occupée de la question des archives. (Voir rapport Edwards, nº 13.) (1) En Russie, le Gouvernement des Soviets a pris un ensemble de mesures nouvelles pour la centralisation et le classement des archives.

3. — *Archivistique. Méthodes.*

La science des archives, créée par Mabillon sous le nom de Diplomatique, n'a cessé de se développer. Des méthodes très précises ont été élaborées pour l'organisation des archives. (2) Il en a été discuté dans les Associations d'archivistes et les Congrès internationaux des bibliothécaires et des archivistes. La manière dont les archives sont traitées a des identités fondamentales avec le traitement des livres dans les bibliothèques: disposition en magasin, inventaire et catalogues, communication publique des pièces, etc. Mais il existe aussi des différences marquées.

---

(1) La nouvelle Bbiliothèque de l'Ecole des Hautes Etudes commerciales de Varsovie, qui abrite provisoirement la Bibliothèque Nationale Polonaise (architecte Jean Witkiewicz Koszcyc) réalise une nouvelle disposition de locaux: les salles de lecture sont placées immédiatement au-dessus du magasin à livres et reliées à lui par des monte-charges électriques. Ainsi le livre se trouve à une distance minime du lecteur, son trajet étant vertical et d'un étage seulement. Dans l'édifice, 1,000 étudiants peuvent travailler aisément et simultanément. L'édifice a été construit en 17 mois et demi.

(1) Il y a les archives des organisations secrètes de l'«Intelligence service » dans les archives du Foreign Office, des ministères, du château de Windsor. (Les pièces passées à l'état historique mais qui intéressent les intrigues des cours), du British Museum (sans indication de provenance) de Scotland Yard (les portraits des espions) de l'Amirauté et du War Office (plans, graphiques, épures du contre-espionnage). Les archives de l'Intelligence service restent à l'abri d'un attentat convoité, d'un incendie criminel. Il y a des gens très haut placés de par le monde qui, de tous temps, eussent bien aimé considérer comme détruits certains dossiers ». (Les hommes aux mille visages). «Indépendance Belge, 21 oct. 1933 ».

(2) *Manuel pour le classement et la description des archives*, par S. Muller, J. A. Feith et Fruin. Traduction française du hollandais, adaptation aux archives belges, par Jos. Cuvelier, adaptation aux archives françaises, par H. Stein. La Haye, A. de Jager, 1910.

4. — *Inventaire et mode de conservation.*

a) Partout où la chose est possible, il faut classer les archives comme elles le furent à l'époque où existèrent les corps et administrations dont elles proviennent et l'inventaire doit refléter ce classement. Le rétablissement de ce classement primitif est presque toujours possible. La durée éternelle, à laquelle on doit viser dans les travaux de l'espèce ne peut être obtenue que par les inventaires basés sur le classement rationnel ressortant des archives mêmes. Il faut donc respecter les fonds (principe de provenance) et donner dans l'inventaire une image exacte de l'organisme ou de l'institution dont on veut faire connaître les archives. (J. Cuvelier). « Un fonds d'archives bien ordonné doit offrir dans la distribution des documents l'image extérieure de la structure organique de l'Etat, comme le bon architecte laisse deviner dans la façade la destination et la structure interne de l'édifice » (Léopoldo Galcotti).

b) Un effort considérable a été fait dans la plupart des pays pour opérer le dépouillement systématique des archives : tableaux, index, répertoires, inventaires et catalogues d'actes. Les archives ainsi traitées analytiquement sont les matériaux classés de l'histoire. Les ouvrages synthétiques d'histoire peuvent vieillir, ne plus répondre à la conception de l'heure, tandis que les archives demeurent permanentes. « La tâche de l'archiviste doit consister exclusivement, dit J. Cuvelier, à faire des travaux d'analyse qu'il mettra à la disposition de l'historien. *Sic vos non vobis.* Pendant ses heures de bureau, l'archiviste sera l'encyclopédiste de l'histoire, fournissant tour à tour des renseignements sur les documents de toutes les parties de l'histoire. » — R. Galli a proposé de former à Rome une collection complète des inventaires imprimés de tous les dépôts d'archives du monde *(Nuova Antologia,* juillet 1895).

c) Les archives anciennes sont conservées sous trois formes : registres, dossiers, cartons. Les registres présentent la forme d'origine que l'on ne saurait modifier. Les cartonniers doivent être évités autant que possible, sauf pour les chartes et diplômes (parchemins et sceaux) qui doivent être placés sous enveloppes et rassemblés en cartons qui les protègent. Les dossiers constituent le mode le plus pratique. Ils sont extensibles à volonté, ils prennent donc le minimum de place et, disposés sur les rayons, on s'aperçoit facilement qu'ils ont été déplacés.

5. — *Centralisation.*

On a projeté en France de faire dépendre d'une seule administration les archives de tous les ministères. En Autriche, M. Redlich a demandé que les archives forment un organisme unique qui embrasserait toutes les archives de l'Etat, tant des administrations centrales que provinciales, et comprendrait un personnel commun avec une direction scientifique. M. Mayr y a proposé que toutes les archives soient réunies dans un même bâtiment. Napoléon Ier conçut la pensée de réunir à Paris les archives de l'Europe entière et il y envoya pour commencer celles du Vatican, du Saint-Empire, de la Couronne de Castille, etc., que l'on dût plus tard restituer.

6. *Rapport entre la documentation administrative et les archives.*

On désigne sous le nom d'archives les dépôts de titres et de documents authentiques de toute espèce qui intéressent un Etat, une personne, une ville, un établissement public ou privé, une compagnie, un particulier. Des relations organiques doivent être établies entre les archives courantes qui constituent la documentation des administrations et les archives anciennes. 1° Il est désirable de voir les grandes administrations transférer périodiquement aux archives de l'Etat les documents devenus inutiles pour le service courant et désignés de commun accord par une commission composée de fonctionnaires des administrations et des archives de l'Etat. Le transfert est une opération qui a pour but le désencombrement, la sécurité des archives, la mise à la disposition des travailleurs scientifiques. Il est fait d'après les circonstances. Parfois la loi le réglemente. Ainsi, dans certains cas, une nouvelle législation rend inutile les pièces antérieures. On a proposé de fixer le terme moyen de vingt-cinq ans, sauf à admettre des exceptions. Un duplicata du catalogue est transféré avec les archives. L'original cependant demeure à l'administration de manière qu'elle puisse à tout instant faire revenir les pièces dont elle aurait besoin. Les dépôts d'archives sont, en un certain sens, des succursales du service de documentation des administrations. Ils sont, pour les pièces du passé, « les Centrales des Centrales de documents » (1). 2° Il est désirable que le traitement des archives courantes soit assuré de telle sorte, qu'après leur transfert aux dépôts d'archives, elles n'exigent plus qu'un minimum de classement et de catalogage. Si les archives administratives (documentation administrative, archives modernes) étaient bien classées au moment de leur constitution ce classement demeurerait après leur versement aux archives.

7. — *Destruction des pièces.*

Plusieurs pays ont arrêté des dispositions très précises pour la mise au rebut et l'élimination de certains documents d'archives (voir les règlements des archives anglaises et italiennes). Tout document officiel doit être tenu comme propriété de l'Etat. Toute administration doit avoir la faculté de transférer à tout moment aux archives

(1) J. Cuvelier. *De la nécessité des versements périodiques des documents administratifs dans les dépôts d'archives.* Rapport au Congrès International des Sciences administratives 1910. (4-1-12).

de l'Etat (service central ou départemental) les documents dont elle n'a plus l'usage. Dans toute administration une personne doit être désignée ayant la responsabilité de la garde des documents et de leur transfert éventuel aux archives nationales. La direction de celles-ci, jamais elle seule, doit avoir le droit d'ordonner la destruction des pièces de l'accord des diverses administrations intéressées. La guerre mondiale a détruit d'énormes quantités d'archives, bien que, d'autre part, elle en a préparé beaucoup pour l'avenir.

8. — *Archives économiques et sociales.*

a) On a formé des archives économiques et sociales contemporaines : collections des documents imprimés ou manuscrits, intéressant l'histoire d'une commune au point de vue artistique, économique, social et politique. Il s'agit non pas de livres ou de brochures, qui ont leur place indiquée dans une bibliothèque, mais de feuilles volantes distribuées sur la voie publique, de prospectus de maisons de commerce, de préférence des prospectus illustrés ou accompagnés d'échantillons, de programmes illustrés de théâtre, etc., en un mot de tout un ensemble de documents de la vie journalière, d'un caractère extrêmement fugitif et, par conséquent, voués, de la part des particuliers, à une destruction immédiate :

b) On a institué notamment en Hollande plusieurs dépôts d'archives de grandes firmes commerciales.

c) Il faudrait (localement, régionalement, nationalement, internationalement) des dépôts généraux où il soit possible à tous, gratuitement s'il s'agit d'institutions publiques scientifiques ou d'utilité publique, moyennant payement pour les autres, de déposer les papiers hors d'usage fréquemment mais qu'il importe de ne pas détruire. Ces dépôts pourraient être installés hors des centres.

9. — *Une Internationale des Archivistes.*

L'Institut International de coopération intellectuelle a réuni, en 1931, un comité international d'archivistes, dont les sessions seront dorénavant périodiques. Ce comité est composé des directeurs d'archives d'Etat de neuf pays : Allemagne, Autriche, Belgique, Espagne, France, Italie, Grande-Bretagne, Pays-Bas, Suisse. Il a estimé que le travail de coordination des administrations centrales d'archives devait porter notamment sur la publication d'un guide international des archives, sur l'échange de facsimilés paléographiques, sur l'unification de la terminologie ainsi que sur des échanges de professeurs et conférenciers entre les différentes institutions ou écoles formant des archivistes.

264 Les Administrations. Documentation administrative.

(Bureaux, Secrétariats, Archives courantes.)

264.1 Notions fondamentales.

a) On définit la documentation administrative (distincte de la documentation scientifique), celle qui procède de l'administration des choses. C'est l'ensemble des opérations documentaires et des documents eux-mêmes qui enregistrent, inscrivent, prennent note de l'activité pratique au fur et à mesure qu'elle se produit, aux fins de communication, de mémoire et de preuve.

b) La documentation administrative constitue l'outillage de l'administration. C'est l'ensemble des pièces qui renseignent les chefs et les agents et leur permettent dans toute circonstance de prendre des décisions en connaissance de cause. De même qu'une usine élabore des produits, une administration élabore des documents. Mais dans l'usine le produit est le but; dans l'administration le but est l'action administrative laquelle ne peut s'exercer qu'en s'accompagnant de documents, en s'incorporant en eux.

c) La documentation administrative se rapporte à toute administration. Qu'il s'agisse de celle des organismes publics (l'administration proprement dite) ou de celle des organismes privés ; que les organismes poursuivent des buts lucratifs ou des fins économiques ou sociales ; que les organismes soient des collectivités ou des bureaux et studios de particuliers, de mêmes principes, une même méthode régissant la documentation administrative sous toutes ses formes et dans toutes ses applications.

Les Anglais disent « Registration » (Record Department). Les Allemands disent « Registratuur ». Les Français disent « Archives » et parfois « Enregistrement » ; mais le premier de ces termes étant aussi employé pour désigner le document ancien et le second étant aussi appliqué à un organisme fiscal, l'administration de l'enregistrement, aucun d'eux d'ailleurs ne couvrant exactement le contenu de ce qu'ils doivent signifier, il semble préférable d'employer le mot « Documentation administrative ».

c) La documentation administrative est directement dérivée de l'administration elle-même et celle-ci se modèle sur l'organisation qui est donnée à l'action (travail).

264.2 L'Administration. Les transformations survenues parallèlement aux transformations de la Société.

1. — *Place dans l'ensemble.*

La documentation administrative occupe la place suivante dans le tableau synoptique des choses et des propriétés présenté selon un développement dichotomique.

a) La Vie humaine et les autres formes d'existence. b) La Société et la partie non sociale de l'existence de l'homme. c) Le Gouvernement et la Vie sociale privée. d) L'Administration et les autres modes d'activité officielle. e) La Documentation et les autres fonctions de l'ordre administratif.

2. — *L'Administration.*

La notion de documentation administrative est fonction des notions de documentation, d'une part, d'administration, d'autre part.

Or, la notion de la documentation s'est transformée; la notion de l'administration aussi. C'est qu'en dépit des apparences, en dépit des régressions momentanées, locales ou spéciales, la civilisation et le progrès général sont à l'œuvre partout, transforment tout et chaque chose. C'est peu ou mal comprendre le processus dans lequel nous sommes indétachablement engagés que de ne pas envisager de ce point de vue les grands problèmes. Cette formule en triptyque doit l'emporter : « A civilisation nouvelle, administration nouvelle; à administration nouvelle, documentation nouvelle ».

3. — *Processus à l'œuvre dans les sociétés.*

Les grands processus qui sont simultanément à l'œuvre et influent les besoins de la documentation sont notamment ceux-ci :

a) Notre société s' « économise » ou s' « industrialise » de plus en plus, c'est-à-dire qu'elle attend sa vie matérielle d'une extension du machinisme, d'une production en grand et, partant, d'une concentration de toutes les fonctions économiques.

b) Elle s' « intellectualise », c'est-à-dire qu'à l'empirisme se substitue la rationalisation ou application raisonnée de la science.

c) Elle s' « universalise », c'est-à-dire qu'elle étend ses structures et ses activités à la fois dans les divers domaines (liaisons étroites de tous les départements de la vie sociale) ; dans l'espace (tous les pays) ; dans le temps (continuité évolutive du processus en visant à un développement progressif constant).

d) Dans l'ensemble des activités sociales, à côté de celles des individus et des groupes, les activités de l'Etat et de ses divisions (central, régional, local) accroissent leur importance comme organes de la coordination des activités individuelles et comme agents des activités collectives utiles à la communauté tout entière.

e) L'administration revêt des formes nouvelles qui toutes requièrent un développement de la documentation.

4 — *Formes caractéristiques nouvelles de l'administration.*

a) Que l'on envisage la formule communiste (collectivisme, marxisme) ou la formule dictatoriale (fascisme) on aboutit des deux côtés à un développement des fonctions de l'Etat avec, comme corollaire, celui de l'administration.

La conception d'une administration limitée a dû céder presque partout à celle d'une large intervention des pouvoirs publics dans la vie économique, sociale et intellectuelle. Tout à l'extrême est maintenant l'administration communiste de la Russie des Soviets. L'Allemagne est à demi socialisée. En Autriche, à Vienne, la municipalité est intéressée dans 66 entreprises, principalement dans celles du bâtiment, des constructions électriques et des machines. Cet intérêt dépasse la moitié du capital pour certaines entreprises et même la totalité pour d'autres.

La grande transformation, c'est que maintenant l'administration doit être au service du public et non pas l'inverse. Comme sous le régime aristocratique ou oligarchique où l'administration était l'organe du prince ou des élites privilégiées, l'administration, organe de la collectivité doit assumer tout ce qu'il est plus efficient de lui faire faire en commun et par voie réglementaire plutôt que de le confier aux particuliers livrés à eux-mêmes. L'administration alors apparaît comme un énorme appareil, une machinerie dont il importe de savoir se rendre maître pour qu'à son tour elle ne se rende pas elle-même maîtresse de ses maîtres.

b) Aux formes traditionnelles, l'administration ajoute des formes nouvelles. Grandissent considérablement, en ce moment, les entreprises ou services de nature mixte. Jusqu'ici, on n'avait comme formes juridiques de l'activité de la puissance publique dans l'ordre économique, que la régie et la concession. La régie dans laquelle la collectivité publique se fait entrepreneur, se charge de gérer elle-même le service à ses risques et périls, par ses propres employés et agents auxquels elle commande, qu'elle dirige et qui reçoivent des traitements et salaires fixes; la concession par laquelle la collectivité publique confie l'établissement et l'exploitation du service à un entrepreneur privé, le plus souvent à une société, qui supporte les aléas de l'entreprise, mais est généralement seule à en cueillir les bénéfices et qui, sous la seule réserve de se conformer aux diverses stipulations du cahier des charges, peut la gérer suivant les méthodes et dans les conditions qui lui semblent les meilleures.

A ces deux systèmes et comme modalité s'ajoutent le système de la régie intéressée, où l'exploitation est confiée à un régisseur (individu ou société), rémunéré proportionnellement à la dépense et aux bénéfices; et le système de l'affermage, ou remise de l'exploitation à un intermédiaire qui paye une redevance forfaitaire en gardant pour lui le reste des bénéfices.

La formule de l'économie mixte associe la collectivité concédante, représentant l'intérêt public avec la compagnie concessionnaire, représentant le caractère industriel de l'entreprise; elle partage entre les deux parties contractantes les charges sociales, les responsabilités de la gestion, les bénéfices et les pertes: cette formule relie en quelque sorte toute la puissance publique à l'activité privée; elle offre une conciliation entre le droit public et le droit commercial ; elle sert d'intermédiaire entre l'administration et l'économie.

La société anonyme peut être la forme juridique donnée à l'économie mixte, le pouvoir public lui faisant un apport en nature ou en argent en représentation duquel il reçoit des actions qui lui confèrent voix délibératives et même des sièges dans le Conseil d'administration ; sièges d'ailleurs pouvant lui être réservés en dehors de toute élection, en raison de son caractère de puissance publique et des intérêts généraux qu'il représente. (1)

c) L'administration comparée révèle l'existence de nouvelles structures et de nouvelles activités administratives. Retenons notre attention sur quelques exemples. Dans l'organisation municipale moderne de Vienne fonctionne un Office de Contrôle (Kontrollambt). Il a trois attributions, théoriquement distinctes, mais pratiquement interdépendantes ; ce sont : le contrôle des gestions ; le contrôle des comptes ; le contrôle de l'organisation.

Quant à la gestion, l'Office a pour devoir suprême de tenir la municipalité continuellement et entièrement au courant de ses constatations et de découvrir toutes les défectuosités économiques. Ses fonctionnaires examinent journellement sur place les opérations économiques. Ils s'assurent que les données des comptes et des dossiers sont conformes à la réalité. Quant au contrôle d'organisation, il est la condition indispensable pour que le contrôle des gestions et celui des comptes puissent s'exercer avec efficacité. Il doit approuver les projets modifiant l'organisation où il prend des initiatives dans ce sens. Au cours de ses vérifications journalières, il est à même de recueillir une expérience étendue et de faire bénéficier immédiatement toutes les organisations municipales des constatations faites dans l'une d'elles en matière de défectuosités ou de perfectionnement.

d) Certaines grandes administrations (l'aviation en France, par ex.) en arrivent à constituer de véritables intégrations de toutes les techniques. Son organisation se compose de services complets et parallèles où le nombre de freins est réduit au minimum et où chacun suit directement son travail : le service de recherches, le service technique, le service de fabrication, le service des bases extérieures et, pour l'information de tous, le service de l'Office de Documentation.

e) En même temps, on assiste à la création, au sein même de l'administration, d'organes de coordination et de liaison. Citons les transformations apportées aux organismes du Gouvernement central en Angleterre à l'avènement du Gouvernement travailliste ; les plans présentés en France pour faire de la Présidence du Conseil un organe coordinateur entre les divers Ministères (travaux du groupe d'études administratives Fayol à ce sujet). Le plan mis en œuvre en Serbie-Croatie.

(1) Rapport de Maurice Felin, dans *L'Administration Locale*, 1930, p. 938.

f) De loin, dans divers pays, on organise la mobilisation de la nation en cas de guerre. Une vaste organisation corrélative s'en est suivie, mi-militaire, mi-civile.

5. — *La rationalisation du progrès.*

En fait, aujourd'hui toutes forces actives de la Société sont en lutte contre la routine et l'empirisme pour le progrès et la rationalisation. Mais il a été démontré à surabondance que la routine trouve un point d'appui dans les règlements administratifs qui, par la lenteur de leur élaboration, sont le plus souvent en retard sur la technique, même au jour de leur approbation. Une meilleure documentation de l'administration obviera en partie à ce vice rédhibitoire. Les règlements administratifs doivent prendre aujourd'hui une forme souple pour s'adapter au progrès. Leurs données essentielles doivent périodiquement être revues et corrigées à la lumière des résultats nouveaux. Une collaboration incessante est nécessaire, entre les administrations, les organismes scientifiques, les grandes industries.

6. — *La Science et l'Administration.*

Le rôle de la science a été graduellement introduit dans les affaires sociales et la science y vient agir à la fois sur l'administration et sur la documentation.

a) Au temps de l'autocratie, c'étaient les conseillers privés du Prince, personnes choisies arbitrairement par lui et dont les avis donnés secrètement ne devaient pas nécessairement être suivis.

b) Puis vint l'organisation d'une hiérarchie de fonctionnaires faisant rapports et propositions, mais c'étaient des agents payés, ne jouissant d'aucune indépendance d'esprit. Le problème reste d'ailleurs ouvert, aujourd'hui encore, du droit du fonctionnaire quant à l'obéissance aux ordres irrationnels ou soulevant l'objection de sa conscience.

c) Les experts ont été nommés ensuite. (1) Ils sont désignés à raison de leur compétence connue et ils sont supposés libres de toute entrave dans l'exposé de leur opinion. Simple supposition cependant, car le fait même de leur désignation implique un choix intéressé et, en fait, l'expert est rarement indépendant.

d) L'organisation objective de la fonction scientifique en fixant par un statut régulier les rapports entre les pouvoirs publics et leurs administrations, d'une part et, d'autre part, les organismes savants indépendants avec les travaux ou services dont ils sont chargés par conventions.

(1) Mi-janvier 1930, le Gouvernement espagnol faisait paraître une note officieuse contenant ce passage : « Persuadé de l'injustice de la campagne de diffamation » qui est menée à l'étranger contre la situation économi- » que de l'Espagne, le Gouvernement a décidé d'inviter » quatre ou six experts étrangers en sciences économiques » et financières à visiter l'Espagne et à étudier la situa- » tion afin d'émettre un avis autorisé. »

264.3 Le problème et sa solution.

Le problème général de la documentation administrative peut se formuler ainsi : 1° Comment les unités administratives (Etat, provinces, municipalités) peuvent-elles offrir à tout moment et donner à connaître à leurs administrés la présentation documentaire de leur situation? 2° Comment sortir du désordre dans l'action et s'élever à une coopération de plus en plus régulière et étendue, du degré local et national au degré international? Comment faire que chaque organisme établisse sa propre documentation en s'orientant vers une organisation mondiale des activités humaines et un Plan Mondial ?

La solution posée est celle-ci : a) Considérer par la pensée comme une et indivisible, chaque unité administrative envisagée, quelle que soit sa division en organes distincts (directions, départements, sections, services, etc.). b) Donner au point de départ un exposé, une description analytique et intégrale, une situation de l'entité considérée (documentation statique). c) Enregistrer systématiquement et continuellement toutes les modifications particulières qui surviennent dans cette situation et cela au fur et à mesure qu'elles se produisent et selon une forme telle qu'elle affecte, élément par élément, de la plus petite à la plus grande, chacune et toutes ensemble, les données de cette situation (documentation dynamique). d) Périodiquement confronter la représentation intra-documentaire ainsi obtenue avec la réalité documentée externe en opérant toutes les rectifications et ajustements requis.

264.4 Principes généraux d'organisation.

1 — *Organisme.*

Tout organisme (établissement industriel, commercial, administratif ou scientifique) constitue une unité qui nécessite, pour son fonctionnement normal, un certain nombre de « documents » ou écrits divers, sous forme de feuilles, fiches, tableaux, reliés en livres, cahiers ou carnets, ou détachés et mobiles (formules au sens général du mot). Il y a le plus grand intérêt à ce que tous ces documents forment eux-mêmes une unité correspondante (unité de l'organisme documentaire) et que, par suite, des simplifications, des compléments, des enchaînements y soient établis. Et l'on dira de même de l'œuvre, l'institut, l'établissement, le service et l'administration publique. L'entreprise est une œuvre au sein de laquelle la vie se manifeste par des mouvements multiples qu'il s'agit de suivre et de comptabiliser, si l'on veut se rendre compte de la façon dont se comporte l'organisme. Mais il n'y a pas dans la vie de l'entreprise que des mouvements intérieurs. Cette œuvre qui la figure est en contact avec l'extérieur; des mouvements d'échange existent entr'eux qu'il faut connaître, des conditions existent qui ont des répercussions de l'un à l'autre (E. des Fages).

A tout organisme (individu, administration, firme, etc.) correspondent quatre ordres d'unités qui s'interfèrent et se combinent. 1° Unité réelle (physique). 2° Unité juridique (statut). 3° Unité comptable (patrimoine). 4° Unité documentaire.

La division de tout organisme s'opère en services, départements ou sections. Ils comprennent la coexistence des personnes, des choses, des locaux et emplacements, tout à l'état statique et à l'état de fonctionnement dynamique, soit les opérations dans le temps et dans l'espace.

2 — *Action organisée.*

L'action organisée (le Travail) donne lieu à la mise en œuvre d'un certain nombre de facteurs essentiels dont l'existence et les rapports réciproques peuvent être ramenés aux douze termes de la formule suivante :

« Dans le But (A), précisé et développé selon le Plan (B); répartis dans le temps suivant le Programme ou Budget (C) en exécution des Instructions et des Ordres (D) en se conformant aux méthodes (E), soumettre la matière et les objets (F) à une série d'opérations (G) en faisant intervenir les agents personnels individuels ou collectifs (H), les agents matériels (matières, formes ou propriétés) et les machines, outils ou instruments (J) de manière à obtenir les produits ou Résultats (K) destinés à être intégrés dans les ensembles (L). »

3. — *Action documentée.*

Le fonctionnement de toute administration doit être accompagné de documents. Il y a lieu de réaliser au cours des opérations, un enregistrement continu des données administratives essentielles, enregistrement opéré sur des documents adéquats et permettant une circulation constante des données administratives nécessaires aux travaux à travers tout l'organisme documentaire. La documentation, dédoublement et miroir de l'action ainsi définie intervient: 1° pour chacun des douze termes envisagés; 2° pour chacun de leurs rapports mutuels deux à deux, ou plus de deux à plus de deux; 3° à chacun des moments du temps de leur interaction; 4° à chacun des lieux de l'espace où elle se produit.

4. — *Eléments de la documentation.*

1° Les écritures qui sont simples ou composées (analytiques et synthétiques) et tendent vers des rédactions unifiées et standardisées (formule). 2° Les ensembles documentaires ou collections de données documentées qui contiennent les écritures similaires. 3° Le classement assigné aux écritures dans le document et assigné aussi aux documents dans l'ensemble ou collections qu'ils constituent. 4° Le contenant ou réceptable matériel des documents. 5° Les relevés (statistique, comptabilité, mesures), d'après les écritures faites, et consistant en comptage dont les données numériques (totaux, moyennes, coefficients, indices) expriment, d'après les enregistrements administratifs, l'état global, absolu ou relatif des données « administrées ». 6° Les rapports périodiques ayant pour objet: a) de déterminer la situation des éléments administrés à des dates successives (état ou bilan) ; b) de proposer les objectifs prochains, orientation et travaux. 7° Les décisions qui sont : a) des ordres, s'il s'agit de chefs hiérarchiques ; b) des résolutions, s'il s'agit de corps ou collèges ayant autorité ; c) des conventions ou accords, s'il s'agit d'ententes intervenues entre entités indépendantes. 8° Les données à enregistrer ont, toutes, une portée administrative, mais elles peuvent être de différents ordres : 1. comptables, 2. juridiques et légales, 3. techniques.

5 — *Caractéristiques des pièces.*

Les pièces que comprend l'unité documentaire présentent les espèces et caractéristiques suivantes : 1° Les pièces dites imprimés, pièces manuscrites, pièces reçues du dehors ; 2° celles établies à l'intérieur ; 3° les pièces de base (pièces mères), pièces originales et les pièces qui en sont dérivées (résumés, extraits, éléments à porter sur d'autres pièces) ; 4° les pièces elles-mêmes, leur catalogue et le simple énoncé des rubriques ou des indices servant à leur maniement, à leur distribution et à leur placement c'est-à-dire la classification.

6 — *Corrélations.*

La soudure doit être établie entre les publications administratives, la correspondance administrative et tous les « enregistrements » d'ordre administratif qui viennent prendre place dans des registres, des listes, des répertoires. Une grande clarté est apportée dans le dédale de la documentation en posant désormais ce principe : que la base et la source première de toute documentation est constituée par les enregistrements intérieurs, en étant tenus comme derniers les deux autres formes (soit les correspondances à destination connue d'une part, d'autre part les imprimés qui ne sont en fait que des correspondances à destinataires impersonnels, universels, inconnus). Correspondance et imprimés peuvent, à un certain moment, être en avance sur l'enregistrement, mais il importe alors d'y introduire leurs données essentielles de caractère général ou permanent, et cela immédiatement après qu'elles auront été établies dans la correspondance ou les imprimés. C'est le moyen de disposer, pour les données administratives, d'un répertoire quelque multiples et variées en soient les formes et les expressions. Un ensemble totalitaire et continu qui soit pour les données et les amdinistrations, leurs éléments, leurs groupements, leurs répercussions, l'analogue de ce que sont les opérations chiffrées en argent dans la comptabilité.

Toutes les données administratives et par conséquent tous les documents qui les contiennent sont rattachés les uns aux autres selon le principe de la classification. Elle est synthétique, procédant du général au particulier, de manière à passer des faits et résultats généraux aux faits individuels et particuliers.

7. — *Classification.*

La classification détaillée de l'entité administrative (structure, fonction, but, organes, activités, éléments avec lesquels ou sur lesquels elle agit), cette classification est unique quel qu'en soit le développement.

8. — *Formes de la documentation.*

L'ensemble de la documentation est représenté par trois ordres d'éléments : a) archive des pièces remises en dossiers ; b) le répertoire des notices disposées sur fiches ; c) l'atlas des tableaux synthétiques résumant et coordonnant les données de l'un et de l'autre d'une manière synoptique et visuelle. Archive, répertoire et atlas se complétant l'un et l'autre, leur objet commun est la réalité administrée elle-même. Ils ne sont déterminés distincts, au point de vue matériel, que par les nécessités de la dimension de leurs pièces et, au point de vue intellectuel, par les nécessités inhérentes au mode adopté pour l'enregistrement.

9. — *Plan.*

Le plan détaillé de l'entité ; plan dressé en conformité de son but, de son programme et qui soit une projection par avance de la réalité future proposée aux efforts de l'entité. Un budget est la partie financière d'un tel plan comme la loi et le règlement en est la partie juridique, les uns et les autres étant à compléter par d'autres parties du plan général.

10. — *Bilan administratif.*

La mise des données en forme telle que toutes concourent à constituer pour l'entité le bilan administratif de son efficience. Par là il faut entendre une disposition de la documentation qui, en procédant de résumé en résumé, et de condensation en condensation, rende possible, non seulement de se représenter et de chiffrer les facteurs dominants de la vie totale de l'entité avec leurs causes, conséquences et incidences, mais encore, en regard de chacun d'eux, les coefficients mesurant, d'après le plan, les objectifs à atteindre. L'efficience sera exprimée par l'écart en plus ou en moins entre les chiffres de l'état réel et ceux de l'état proposé.

11. — *Manuel.*

Dans chaque organisme établir un Manuel Général comportant : 1° la classification synthétique de l'organisme mise en rapport de concordance avec la classification décimale universelle (1) ; 2° la description de l'organisme

(1) Pour les développements, voir les travaux de l'Institut International de Bibliographie et de Documentation et les collections types et comparées formées au Palais Mondial. En particulier, voir : 1° La Classification universelle décimale. 2° L'Atlas administratif. 3° La collection comparée des formules, par établissement et dans leur unité organique, par types de formules comparées. 4° Les traités Paul Otlet : a) Manuel de la Documentation Administrative (publication n° 137) ; b) Sur les possibilités pour les entités administratives d'avoir à tout moment leur situation présentée documentairement (publication n° 162).

et des opérations à faire; 3° une collection générale de formules avec observations expliquant leur emploi.

12. — *Partition administrative.*

Tendre à doter l'administration de tout organisme d'un document central, coordonnant tous les autres documents et qui soit pour le commandement et la vue d'ensemble des activités de l'organisme, l'analogue de ce qu'est, pour la cohésion d'action des musiciens, la partition du chef d'orchestre. La partition d'orchestre comporte autant de portées horizontales que de parties ou groupes d'instruments de l'orchestre et ces portées sont coupées verticalement par les barres de mesure du temps, de telle sorte qu'un synchronisme parfait est assuré entre tous les instruments. La « partition » administrative est à diviser en bandes horizontales par services et à subdiviser ensuite par bandes verticales correspondant aux moments du temps où les opérations sont à effectuer. Dans les grands organismes, la partition administrative peut être conçue et donner lieu, par dédoublement, à un mécanisme déroulant automatiquement la partition et mettant en mouvement, à distance, d'autres mécanismes secondaires déclanchant la mise en mouvement des parties afférentes à chaque service et les avertissant par une signalisation visuelle ou auditive.

264.5 Questions diverses.

1. — *Statistique, Comptabilité et Métrie.*

a) A la documentation administrative se rattachent étroitement la *comptabilité* (notamment: tenue des comptes, bilans, budget, prévision, contrôle, comptabilité mécanique), la *statistique* (recensement et statistique résultant des enregistrements administratifs, mesures des phénomènes, coefficients et constantes sociales, répertoires manuscrits et annuaires imprimés, statistique mécanique), l'établissement des *atlas administratifs.*

b) Statistique, comptabilité et métrie sont distinctes. 1° La statistique, c'est le comptage des phénomènes caractéristiques selon leurs unités naturelles concrètes : des hommes, des maisons, des terres cultivées, etc. 2° La comptabilité, c'est l'enregistrement du mouvement des valeurs économiques d'un patrimoine ramené à l'étalon de valeur monétaire, le franc ou tout autre type de monnaie. 3° La métrie, c'est la mesure de tous les phénomènes caractéristiques ramenés chaque fois aux étalons propres à chaque phénomène. Mais tout en demeurant distinctes l'une de l'autre, statistique, comptabilité et métrie ont entr'elles d'étroites relations: 1° il y a lieu d'établir des unités-étalons pour chaque catégorie ou aspect de phénomène, comme on l'a fait pour la monnaie: 2° de se servir des comptages statistiques pour établir leurs mesures réelles; 3° d'établir des formules générales de situation à tout point de vue à la manière des comptes actifs et passifs et des bilans. (1)

2. — *Documentation scientifique et technique dans les administrations.*

Parallèlement à l'organisation de la Documentation administrative, toute administration doit veiller à organiser une documentation en conformité avec les méthodes et les desiderata généraux reliés au Réseau Universel. 1° Publications et Catalogues de ses publications. 2° Bibliothèque et Echanges nationaux et internationaux. 3° Bibliographie. 4° Dossiers documentaires.

265 Les Musées.

265.1 Notions.

a) Un musée public est tout édifice servant de dépôt pour la conservation d'objets relatifs à l'art, l'histoire, la science ou l'industrie, qui est ouvert au public pour l'étude de ces sujets (Henry Miers). En principe, un musée peut comprendre des animaux et des plantes vivantes, des livres et les œuvres de peinture et de sculpture. Mais les collections de cette nature prennent nom Jardin Zoologique, Jardin Botanique, Bibliothèque, Galerie de Peinture. Le musée se différencie des autres institutions de la documentation en ce qu'il comprend soit les pièces ayant trois dimensions alors que les autres documents sont présentés sur des surfaces, soit des pièces destinées dans leur arrangement à être vues et non à être lues.

b) Les musées modernes constituent de formidables accumulations d'objets. Ce sont les magasins de la nature et de la civilisation. Les musées de peinture, au commencement de ce siècle comptaient déjà plus de 25,000 œuvres. Quand le Natural History Museum de Londres a occupé ses locaux actuels, le transfert a duré trois ans. Les seuls poissons fossiles y comptent plus de 9,000 numéros. Le National Museum de Washington a entré plus de 200,000 spécimens par an. Plus de 150,000 vases se trouvent dans les grands musées d'Europe. Le Musée historique des Tissus de Lyon comprend 400,000 échantillons.

c) Les musées sont devenus des « Trésors » collectifs. Ils sont pour la collectivité entière ce qu'étaient les anciennes collections royales pour les seuls détenteurs du pouvoir; ils sont aussi, au point de vue intellectuel, ce qu'au point de vue spirituel ont été les trésors des cathédrales. Les musées, par leurs merveilles, nous étonnent, nous enchantent, nous éblouissent. Leur vue nous donne des émotions salutaires ou bien constitue pour nous un enseignement profond.

---

(1) Voir Paul Otlet : Statistique et Comptabilité de l'I. I. B. n° 137 et 162 mentionnées ci-dessus. Rapport sur l'avenir de la comptabilité dans Congrès International de Comptabilité, 1923. Etudes sur le Bilan Mondial : « France Comptable », 1932 et 1933.

d) Les choses rassemblées en leur entier, ou par échantillons (partie d'une matière homogène) constituent des documents par le fait de l'intention qui préside au rassemblement (collection) et qui sont utiles à l'étude, à l'enseignement, à la recherche.

e) La présentation des objets, au repos ou en mouvement, les musées, les expositions, les démonstrations, ont les plus grandes affinités et sont en un certain sens les espèces d'un genre commun basé d'une part sur la vue des choses, d'autre part sur le fait que les pièces sont essentiellement à trois dimensions.

f) M. Paul M. Rea, Président de l'American Association of National Enseignement a présenté les observations suivantes (1)

« L'idée essentielle du musée, outre sa fonction de conservation des données de la science, dit l'auteur, est l'interprétation des idées associées avec les objets dans les collections. Le musée appelle à l'organe sensible le plus rapide et le plus vivant que nous possédons : l'œil. Ils sont donc des institutions d'enseignement visuel. Les principes de l'enseignement visuel sont essentiellement les mêmes quelle que soit la nature de l'objet, qu'il soit d'art, d'histoire ou de science; qu'il soit fait appel au public en général ou à des groupes choisis. Et tous ont encore le problème de la présentation. Ce problème implique non seulement la technique, mais la psychologie et il est éclairé par le problème similaire que rencontre l'annoncier commercial dont la tâche est également d'arrêter l'attention et d'imprimer des idées.

g) Le développement d'un musée peut être comparé à celui d'un enfant: les progrès visibles d'un jour à l'autre sont petits bien que la croissance à la fin de l'année soit grande. Un musée ne saurait être considéré comme chose réalisée une fois pour toutes et fixée. La stagnation est la mort pour le musée. La conception désirable est celle d'un cadre constamment complété, amélioré quant aux pièces présentées et quant aux points de vues mis en évidence. (1)

265.2 Muséologie. Muséographie.

a) La *muséologie* ou *muséographie* est l'ensemble des connaissances, des principes et des règles pratiques relatives à la réunion, montage, à la disposition des objets réels en vue de conservation, d'étude, d'enseignement ou de démonstration, soit en collection permanente ou musée, soit par l'utilisation des objets comme auxiliaire de la graphie dans la démonstration des idées.

b) Les musées soulèvent en grande partie les mêmes questions que les bibliothèques : objet et but; organisation (Fondation et statuts, direction, personnel, membres). Administration (finances, budgets, recettes et dépenses) ; opérations : (formation de collections, catalogue, préparation, étiquetage, inventaire. Catalogue, conservation, présentation démonstration), Musée, cartes de recherche, de documentation, d'étude, de diffusion et d'information.

Les musées d'objets et la muséographie trouvent leur place dans la documentation, soit qu'on les considère comme une partie intégrale de celle-ci, au sens large, soit qu'ils constituent des sources auxiliaires d'information, soit que certains principes, certaines méthodes, soient communs à l'un ou à l'autre domaine, soit encore qu'il existe des connexions étroites entre musées et bibliothèques.

Le musée, c'est le livre *in natura*.

d) Des organismes ont été constitués pour l'étude de la Muséographie. Ainsi l'American Association of Museum, la Société des Musées allemands, la Junta de Museos de Ciencias Naturales, Madrid, etc.

L'Office International des Musées, organisé par la Commission de Coopération Intellectuelle de la Société des Nations étudie diverses questions intéressant directement les administrations nationales des Beaux-Arts, notamment l'exportation clandestine des œuvres d'art, la formation professionnelle des restaurateurs d'œuvres d'art, les précautions à prendre en cas de transport par voie de mer, la collaboration internationale entre les cabinets de médailles, l'étude des problèmes de la construction moderne des musées, l'unification des catalogues des musées, l'élaboration des méthodes unifiées pour la rédaction de ces catalogues et à la rédaction des étiquettes placées dans les musées eux-mêmes, etc. L'office publie la revue Mouseion.

265.3 Historique.

a) Noë avait dans l'arche le plus beau musée d'histoire naturelle qui soit. Alexandre le Grand, d'après la tradition plus ou moins vraie, avait au cours de ses expéditions militaires, fait rassembler une grande collection d'animaux qui servit à Aristote à écrire son histoire naturelle. Certains pensent que ce fut plutôt une sorte de Jardin Zoologique. Les anciens appelèrent d'abord musée, un temple de Muses. Puis le nom s'appliqua à tout endroit consacré aux muses, c'est-à-dire à l'étude des belles lettres, des sciences et des arts. Tel fut le *Musée d'Alexandrie*, que Ptolémée II, Philadelphe, fit construire vers

---

(1) *Bulletin of the International Association of Medical Museums*, déc. 1922.

(1) Murray, D. Museum their History and their use. 3 vol. Glasgow, 1904. — Flower, W. H. Le rôle et l'organisation des musées d'Histoire naturelle. Revue scientifique, vol. XLIV, p. 385. — A report on the public museum of the British Isle. (Other than the National Museum) by Sir Henry Miers to the Carnegie United Kingdom Trustee 1928. — Lowe, Dr. A report on American Museum Work, by Dr. Lowe. Dunfermline Carnegie United Kingdom Trustees. — Coleman (Laurence Vail) Manual for Small Museum, New-York. — Mouseion. Revue Internationale de Muséographie. Publiée par l'Office International des Musées, Paris. — The Museum. Illustrated Journal devoted to museum activities and interests.

le milieu du IIIe siècle av.-J.-C. et qui renfermait, outre la fameuse bibliothèque, des salles de cours, des salles d'élèves et des logements pour les professeurs. Le tout périt dans les flammes.

b) Les collections artistiques ont eu un développement distinct à Athènes; dans une des ailes des Propylées on avait réuni des œuvres de plusieurs peintres célèbres. (Pinacothèque). A Rome: les chefs-d'œuvre enlevés à la Grèce furent placés dans des endroits publics. On ornait les monuments publics de peintures; des riches citoyens réunissaient des curiosités naturelles. A Byzance, Constantin rassembla les œuvres d'art et les répartit dans la ville. Les princes et les riches formaient des collections publiques.

Au moyen âge il n'y eut pas de musées artistiques, mais les églises, les couvents, les abbayes en tinrent lieu. La renaissance opéra des fouilles. Les rois, les villes et les grands eurent des collections plus ou moins précieuses qui devinrent les noyaux de la plupart des grands musées publics. (Médicis, Florence; Papes, Vatican; Escorial, Madrid; François Ier et Louis XIV, Louvre). Les collections des princes furent au début des souvenirs personnels, la collection de portraits de parents et intimes; le trésor privé, les insignes et les joyaux de la couronne, les meubles, les tapisseries, les verreries, les porcelaines, ce que les souverains ont emporté de leurs voyages, ce que les ambassadeurs étrangers leur ont apporté de cadeaux.

A la fin du XVIIIe siècle intervient l'idée de faire servir les œuvres d'art à former le goût de la population. A partir de la Révolution, on concentra les collections des couvents et les musées sont devenus des institutions publiques. Ils dépendent encore, en certains pays du domaine de la Couronne, mais ils sont inaliénables. Le Louvre a été le premier musée vraiment national qu'il y ait eu en Europe. Pendant les guerres de l'Empire, les Français emportèrent quantités d'œuvres d'art, notamment de Belgique. En 1801 on créa des dépôts dans 15 villes.

Les musées scientifiques ont leur origine dans les cabinets de curiosités naturelles qui naissent avec les sciences naturelles. Les progrès de la navigation, les voyages, les découvertes, les grandes conquêtes coloniales puis, surtout au XVIIIe siècle, l'habitude d'embarquer des naturalistes pour chaque lointaine expédition rassemblent en Europe des collections de presque tout ce qui vit sur le globe, animaux et plantes. Un long et laborieux travail de description et de classification mit de l'ordre dans la multitude des formes et aboutit à une série d'inventaires qui nous servent encore aujourd'hui. Pour les parfaire, certains ont suivi les explorateurs dans les dernières terres inconnues, d'autres ont parcouru les mers. De nombreux amateurs ont recueilli dans une région tous les êtres qui leur plaisaient. Depuis cinquante ans, les navires océanographiques ont révélé un monde nouveau, vivant dans les profondeurs des eaux. Le bilan des êtres vivants s'enrichit ainsi constamment de formes nouvelles. Dès 1619 est publiée une liste de Cabinets scientifiques. En 1681 est installé le Hall d'Anatomie et le Théâtre public de l'Université de Leyde. Vers 1750 est fondé le Musée de Brukman de Wolfenbüttel qui contient des curiosités artificielles. Les chambres des anciens alchimistes, les cabinets de physique, les salons scientifiques du XVIIIe siècle sont des contributions à la formation des musées scientifiques.

265.4 Transformations des musées.

Une transformation similaire à celle des Bibliothèques semble en voie de se produire actuellement dans les musées. Elle prend diverses directions :

1° Les musées étaient autrefois des conservatoires d'objets rares et précieux. Sans leur enlever ce caractère, on cherche à en faire aussi des centres de documentation pour les objets à voir: (documents à trois dimensions); compléter les objets, soit en les reproduisant, soit en montrant leur liaison et enchaînement, soit en les commentant à l'aide de textes choisis. 2° Les musées, faits d'objets originaux, constituent des collections nécessairement incomplètes. On s'efforce de reproduire les objets en fac-similés de toute nature ou en modèles réduits et de rendre ainsi possible l'intégration de séries formées par les originaux que possède une collection. 3° Il n'y avait des musées que pour certains domaines des connaissances et des activités pratiques. Progressivement le Musée devient une forme et une méthode s'appliquant à tous les domaines (science, technique, sociologie, histoire, littérature, médecine, commerce, droit, etc.). 4° Dans une même localité les musées et collections étaient séparés, disséminés, laissés là où les circonstances les avaient fait naître. L'idée de musée général, collectif, universel, se fait jour. Les divers musées ne sont plus considérés que comme des départements ou des branches d'un musée central, à la manière dont les collections de la bibliothèque sont considérés comme des fonds et les établissements destinés comme des succursales. 5° Le musée était autonome et isolé parmi toutes les institutions de l'ordre intellectuel. Il tend à prendre une place coordonnée dans l'ensemble de ces institutions envisagées selon le principe supérieur d'une organisation générale du Travail Intellectuel: Rapports du Musée avec le livre (Bibliothèque), avec l'Enseignement (Ecole et Université), avec la Recherche (Instituts) avec les applications sociales (La vie en général). 6° Le Musée dans son organisation demeurait soit local, soit régional ou national. On considère de plus en plus maintenant l'ensemble des musées d'une localité, d'une région, d'un pays et, maintenant, l'ensemble des musées du monde. Et cela non seulement pour l'interéchange des collections, mais pour la coopération à des travaux d'élaboration en commun.

265.5 Méthodes.

Le travail muséographique consiste : 1° à réunir les pièces ; 2° à déterminer les pièces ; 3° à les classer ; 4° à les étiqueter ; 5° à en dresser le catalogue ; 6° à consacrer une notice spéciale aux pièces caractéristiques ou à des ensembles ; 7° à disposer les objets soit en séries dites de magasin et de réserves, soit en exhibition et démonstration dans des galeries publiques pour les études ; 8° à organiser la division du travail de la coopération.

1. *Collectionnement.*

Les collections ne doivent pas être réunies au hasard. Il faut une méthode, une systématisation dans le collectionnement des objets choisis, spécialement demandés ou créés. Il ne faut pas se borner uniquement à ce qu'apporte le cas fortuit des donations. On distingue les salles d'exposition qui constituent l'essentiel des réserves où l'exclusive ne s'impose pas. Le succès d'un musée est d'avoir un plan bien défini, un système organisé de collectionnement des objets et ensuite de faire appel à l'apport par les particuliers soit des pièces elles-mêmes, soit de l'argent pour les acquérir.

2. *Classement.*

Il est chose capitale dans le musée ou dans la bibliothèque. On a suivi des méthodes très variées d'après l'espèce de musées, fondées sur la nature des objets ou la distinction de l'institution. On suit l'ordre historique (chronologie, école) ou géographique (pays, régions) ou simplement (d'après le système en usage dans les sciences. En suivant, pour le classement des objets, le même ordre que celui des textes dans les ouvrages, les deux sortes de documentation, bibliographique et muséographique, sont présentées comme complémentaires l'une de l'autre. Dans un Musée du type documentaire, le visiteur trouve les objets rassemblés systématiquement dans une représentation évocatrice de la vie ce qu'on sait d'essentiel sur l'ensemble de ces objets et sur chacun d'eux.

3. *Catalogue.*

Les musées organisés ont leur catalogue dont le rôle est semblable au catalogue dans les bibliothèques. Mais ici vu le nombre de pièces relativement bien plus restreint et leur classement systématique on a développé davantage la description des pièces et les mentions d'origine.

Les catalogues de musées constituent une littérature considérable. Les accroissements et transformations des musées donnent lieu à des éditions nouvelles de catalogues qui ont besoin d'être tenus à jour, amplifiés, détaillés, approfondis avec des inscriptions toujours plus proches de la vérité.

Les catalogues sont de valeur très inégale ; il serait utile d'établir des conditions minimum pour de telles œuvres. Les catalogues d'objets et ceux des livres impliquent de simples notices signalétiques ou des notices détaillées ; un seul ordre de choses ou plusieurs ordres (par n° d'inventaire, par notice, par pays, par date, par catégorie d'abjes) ; ils sont à l'étatt de manuscrits ou imprimés, de fichiers ou de registres ; ils sont réservés à l'administration des musées ou mis aussi à la disposition du public. Le catalogue, guide pratique du musée, expose la matière dans l'ordre des salles. Une introduction générale place immédiatement le visiteur dans l'esprit même des collections exposées Les musées, par certains catalogues qu'ils établissent, fournissent des réponses aux demandes de renseignements et leurs vastes répertoires sont devenus des centres d'études. Ce fut là, par exemple, le but primitif du Musée Germanique de Nuremberg. Comme pour les livres encore, il y a les catalogues collectifs ou communs, les catalogues des catalogues, les listes (directory ou annuaires) des collections et des musées. (1)

4. *Présentation. Moulage.*

Il s'est formé toute une technique du moulage, de la présentation des pièces et de l'art d'opérer les démonstrations : machines découpées de manière à montrer le mécanisme ordinairement caché ; machines mises en mouvement sous la pression de boutons électriques ou de leviers ; diorama ou théâtre en miniature, sur lesquels les objets sont montés en une présentation dramatique ; cinéma et projections en plein jour (Day-light motion-picture) complétant les objets par des vues en mouvement, etc...

5. *Locaux.*

Les locaux des musées ont donné lieu à des édifices typiques qui constituent un groupe important parmi les édifices monumentaux. Comme toute l'architecture, celle-ci tend à être de plus en plus fonctionnelle. Les locaux ont donc toute la diversité que créent les circonstances et l'état des fonds dont on dispose. En principe il faut s'affranchir des formes et des espaces donnés en les pliant à la démonstration et non l'inverse. Si le musée doit être un traité visualisé, objectif et synoptique, la répartition des locaux y consacrés partira du même principe que celui qui, dans le livre, préside à la répartition par chapitre, par section, par paragraphe, pour aboutir à la phrase et au mot. On considérera donc des grands espaces rectangulaires bien éclairés qui seront divisés à l'aide de cloisons mobiles disposées de manière à former salles, stands et panneaux.

6. *Coopération.*

On a peu pratiqué jusqu'ici la coopération et l'assis-

(1) Pour les Herbiers, par exemple, on possède : 1° la liste des herbiers d'administrations publiques, des sociétés et de particuliers ; 2° l'énumération alphabétique d'auteurs et collectionneurs, avec indication des herbiers qu'on peut consulter sur les échantillons authentiques, avec références aux sources permettant d'affirmer les faits. Indication sur le lieu actuel des collections.

tance mutuelle dans le domaine des musées. La coopération peut prendre des formes diverses : a) distribution des doubles; b) échange; c) prêts temporaires; d) conférences pour discuter des points d'intérêt commun; e) les associations de musées. Un système central de musée municipal avec galerie d'art et branches dans les divers quartiers de la ville a été instauré à Glasgow, Hull, Manchester et Norwich. Le système du pays de Galles créa des liaisons entre le Musée national à Cardiff et les musées locaux.

265.6 Expositions. Foires. Démonstrations.

a) Aux Musées se rattachent les Expositions. Elles sont : locales, régionales, nationales ou internationales, temporaires ou permanentes (musées fixes ou circulants) ; elles sont particulières et spéciales ou générales et universelles.

b) Les Expositions universelles internationales figurent parmi les fêtes ou manifestations publiques qui caractérisent les temps modernes. Déjà Mansard avait inauguré au Louvre (1609) des expositions de peinture et de sculpture. Un siècle plus tard (1798), on voyait, à Paris encore, la première exposition des produits de l'industrie. Les expositions de ce genre ne tarderont pas à se multiplier en France et à l'étranger. Mais la première *Exposition universelle internationale* n'eut lieu qu'en 1851 à Londres, au Palais de Cristal. Vinrent ensuite : la première exposition universelle internationale de Paris (1867) ; celles de Vienne et de Philadelphie (1876) ; la 3e de Paris (1878) la 4e, la plus brillante en 1889; celle de Chicago (1893), pendant laquelle se tint le fameux *Parlement des religions;* celle de Paris 1900 et celles récentes en Amérique, St-Louis et Chicago. En Belgique, Bruxelles, Anvers et Liége.

c) On organise des expositions pour reconstituer pendant quelques semaines, quelques jours des ensembles qui furent une fois, mais que le temps a dispersés. Par ex. : l'Exposition du « Grenier des Goncourt » (Paris, mai 1933, 473 numéros).

d) les expositions ont de grandes analogies avec les musées. Comme eux, elles présentent des choses à la vue, mais pour une durée temporaire et non permanente. Les expositions, en quelque sorte, ce sont les choses en voyage accompagnées des hommes qui les expliquent.

c) Après les expositions ambulantes ou circulantes, on a vu les trains et les bateaux expositions. Aussi on a organisé des trains-expositions ayant jusque 18 voitures, stationnant dans de nombreuses villes, (train canadien, train belge).

f) les Foires, dont l'origine remonte haut dans le moyen âge, ont pris un grand développement après la guerre. Basées sur la présentation d'échantillons, elles se rapprochent des expositions.

g) Montrer peut être une opération documentaire quand la chose à montrer est un document : «Mostra» diton en italien. Et il y a l' «Ostension de la Sainte Tunique du Christ» à Trèves.

Le renouveau des méthodes transforme les expositions. Ainsi l'Exposition de la Révolution fasciste, à Rome, a été rendue efficace pour la propagande : un art dynamique, passionné sinon brutal, qui rassemble en une synthèse changeante et exaspérée les objets les plus disparates. Le journal, l'affiche, la chanson, la caricature, la photographie, l'insigne, l'emblème, le vêtement, l'arme, le drapeau. (E. Condroyer). Les 18,000 documents fascistes y sont présentés en 30 salles, non point à la manière neutre, académique et solennelle des musées d'art, mais d'une méthode agressive et diverse qui se tient à égale distance de la mise en scène théâtrale et de la publication (1). On a cherché par les lumières, les couleurs, les formes à susciter chez le visiteur un tension d'état d'âme dont chacun le prépare aux documents qu'il va découvrir.

265.7 Monuments. Sites. Ruines et Fouilles.

a) Les monuments sont des documents du point de vue scientifique, historique ou esthétique. Ainsi les œuvres d'architecture, créées par l'homme, anciennes ou nouvelles, à l'état conservé et à l'état de ruine. Ainsi également les sites naturels.

b) Monuments et sites sont décrits, catalogués, reproduits. Des mesures sont prises pour leur classement (au titre de monument national). Il est des organismes chargés de leur protection. (Commission des sites et des monuments).

c) Des fouilles ont été entreprises en divers endroits depuis des temps déjà reculés. En ce siècle, une recrudescence d'excavation due à la rivalité et à la coopération de divers pays a mis à jour des centres archéologiques de première importance dans toutes les parties du monde. Ainsi l'expédition suédoise, à Chypre, à elle seule, a découvert plus de 18,000 objets. Certaines protestations se sont élevées contre la profanation des tombeaux, et l'on s'est plu à reconnaître dans la mort violente des violateurs la mise en œuvre des puissances magiques des Pharaons troublés dans leur dernier sommeil

(1) Voir *Bruxelles*. Janvier 1934, p. 4.

27 PERSONNES.

Dans la Documentation interviennent des organismes et des personnes spécialisées. Un exposé systématique complet exigerait qu'il en fut traité ici, distinctement et séparément. Ainsi le voudrait une analyse et une synthèse intégrales. Mais en vue d'éviter des répétitions, on s'est borné à traiter de ces matières aux divers sujets spéciaux avec lesquelles ils ont des affinités et aussi sous la division 4 *Organisation*.

a) Le livre est un des produits de l'activité humaine qui exige le plus d'opérations distinctes. Celles-ci, au cours du temps, ont été réparties selon les principes de la division et de la coopération dans le travail, entre une série de personnes et de fonctions.

b) Les *Auteurs* (écrivains, savants, publicistes) établissent le manuscrit des ouvrages. Ils sont les créateurs des livres et les signent. Ils en ont la propriété qu'ils peuvent céder en tout ou en partie. Les *Editeurs* se chargent de leur diffusion et de toutes les opérations d'ordre commercial; ils sont, en quelque sorte, les entrepreneurs généraux du livre, groupant sous leur direction, les différents métiers et professions. Ils ont tendance à se spécialiser dans un genre. Les *Imprimeurs* (typographes, lithographes, graveurs, photograveurs, etc.) reproduisent le livre en multiples exemplaires sur commande des éditeurs ou des auteurs. Les *Libraires* s'occupent de la vente des livres neufs. Ce sont les dépositaires des éditeurs. Les *Bouquinistes* (librairies d'occasion, librairies anciennes, antiquariats), s'occupent des livres anciens. Les *Bibliographes* font les catalogues, les descriptions des livres, les *Critiques* les jugent. Les *Bibliothécaires* les conservent et les distribuent.

c) Le monde du livre a une organisation collective puissante : associations et syndicats; maisons ou bourses du livre avec centrale de commandes; organismes pour l'exportation et l'expédition à l'étranger, catalogues collectifs, publications professionnelles. Des règlements et des contrats collectifs ainsi qu'une législation locale, nationale et internationale, organisent les rapports juridiques du livre et de ceux qui y travaillent.

d) Des organismes correspondent à chacune des grandes fonctions, opérations, groupes, personnes. Ex.: Imprimeries, Librairies, Bibliothèques, Archives, Offices de Bibliographie et Documentation, etc.

28 CORRÉLATIONS ENTRE LES DIVERS ÉLÉMENTS DU LIVRE ET DU DOCUMENT

280 Généralités.

Une étude générale des corrélations du livre prendra place dans le cadre suivant, dont certaines parties seulement ont été traitées ci-après.

281 Corrélations en général : rapports entre les divers éléments, parties, espèces. Fonction du livre et du document.

282 Corrélation avec les idéalités :
- .1 Le Vrai (La Science).
- .2 Le Beau (L'Esthétique).
- .3 Le Bien (Morale). Le livre et l'action.

283 Corrélation avec les utilités.
- .1 Santé. Hygiène.
- .2 Economie.
- .3 Droit.

Le tableau général des corrélations est donné *in fine* de l'ouvrage.

283.2 L'Economie et le Commerce des Livres. Biblio-économie.

Le livre, sa confection, sa circulation, sa conservation, sa répartition, son utilisation sont des matières à opération économique. Il y a une Biblio-économie.

Comment, d'autre part, les facteurs économiques influencent-ils le Livre ?

Le livre et l'économie. — Dans le livre sont représentés les trois catégories économiques : le capital par les éditeurs, le travail par les ouvriers des industries du livre, l'intelligence par les auteurs. On peut aussi classer les auteurs parmi les travailleurs, étant donné d'une part le rôle prépondérant qu'ils jouent dans la confection du produit et le fait d'autre part que leur apport d'intelligence ne s'applique pas à la direction de l'industrie du livre elle-même.

Etudié sous son aspect économique, le livre nous fait retrouver chez lui les grandes catégories de la période moderne.

1. La division du travail.
2. La commercialisation : valeur nouvelle qui s'ajoute aux autres.
3. L'industrialisme, capitalisme (part plus grande des capitaux fixés dans l'établissement des imprimeries).

Production. — Toutes les questions économiques générales se posent pour le livre.

Elles sont orientées vers l'organisation des cinq forces : Capital, Travail, Savoir, Consommation, Etat coordinateur.

L'organisation des écrivains devant les éditeurs, des lecteurs devant les uns et les autres pour les prix et la qualité.

Si l'on prend en considération les frais de transport

aux Etats-Unis, les frais d'assurance, les droits de douane, de commission et la différence dans le coût du papier, on peut aisément calculer qu'un livre vendu en France au prix de fr. 3.50 pourrait être mis en vente aux Etats-Unis, s'il y était imprimé, au prix de 2 fr. et peut-être au-dessous de ce prix.

La part des auteurs. — Travail intellectuel. Vivre de son esprit : écrire dans les journaux, faire des traductions, donner des leçons.

La commercialisation du livre. — On se plaint du mercantilisme des directeurs qui au lieu d'exercer une bienfaisante magistrature, n'ont que le souci de s'enrichir. On peut se plaindre même du mercantilisme des « marchands de papier ».

La littérature industrielle que dénonçait déjà Nizard vise simplement au succès, c'est-à-dire au tirage.

Demain, un syndicat puissant de littérateurs et d'éditeurs jettera à profusion sur le marché mondial une abondante et ignoble littérature de guerre. La littérature militariste qui s'est ajoutée à la littérature policière se développera d'une façon intense et complexe. (Guilbeaux.)

Il est désirable que les producteurs intellectuels, artistes, hommes de lettres, savants, puissent trouver des moyens de vie en dehors des œuvres qu'ils produisent pour leur propre satisfaction et dont le public ne peut apprécier assez vite la valeur pour qu'ils en puissent vivre comme producteurs.

Comment l'intelligence peut-elle se protéger contre la tyrannie de l'or ? Charles Mauras a traité cette question dans « L'Avenir de l'Intelligence ».

La Confédération des travailleurs intellectuels dans les différents pays, la Confédération internationale des Travailleurs intellectuels (C. I. T. I.) s'emploient à la défense des intérêts économiques et juridiques des écrivains.

La Société des Gens de Lettres s'occupe des intérêts matériels des écrivains. Aussi tel feuilleton est de reproduction interdite aux journaux qui n'ont pas traité avec elle.

Le domaine de la documentation est partagé entre la Commercialisation (action d'industrialisation et d'organes privés opérant pour un profit) et son inverse (action d'individus et d'organismes de caractères publics ou privés opérant sans profit et pour le bénéfice de la communauté).

Le commerce dispose de moyens quasi illimités sous la forme de capital rentable. Celui-ci par ses avances ou crédit permet d'entreprendre des travaux à récupération éloignée. La communauté dispose des fonds publics et de ressources volontaires qui sont aussi considérables mais qui ne sont pas mis à disposition du travail et des services avec la quantité, la rapidité et la régularité désirables.

Il y a maintenant développement simultané dans les deux sens : commercialisation d'une part des services publics, travail scientifique d'autre part. La tradition a fait des travaux et des services de l'esprit des œuvres hors commerce, ainsi les savants, les poètes, les philosophes, les prêtres. (Les clercs ne faisaient œuvre servile.) Il y a eu de ce fait pour les biens intellectuels une sorte de communisme, bien que le petit nombre de lettrés, des écrivains dans le passé ait établi une différence entre les biens intellectuels et les biens moraux au partage desquels très tôt tous étaient appelés (les œuvres de religion, de morale, les œuvres de salut). De nos jours le socialisme et le communisme, éloignés au début de ce qui concerne l'intellectualité, entendent ériger certains travaux en services publics (Ex. : organisation des bibliothèques, des musées de l'édition, de la librairie, de la bibliographie, dans la Russie des Soviets).

D'autre part l'édition d'ouvrages est devenue presque entièrement commerciale, le magazine, le journal, la librairie l'est tout à fait, la critique aussi ; il y a des cabinets de lecture payants avec abonnements à domicile. Il y a des offices de documentation commercialisés.

283.4 Le Droit et le Livre.

1. *En général.*

Le droit qui a pour objet la réglementation des relations sociales étend son domaine sur les choses du livre. C'est d'une part la liberté et la réglementation de la presse (imprimerie, vente, circulation), d'autre part les droits privés auxquels donnent lieu les œuvres écrites, le vaste domaine de la propriété littéraire. Ce dernier droit comprend deux parties bien distinctes : le droit au maintien de l'individualité de l'œuvre, prolongement de l'individualité de l'auteur, le droit aux avantages économiques de l'œuvre en tant qu'objet ayant une valeur monnayable.

La liberté, la personnalité, la propriété sont les données des institutions générales d'ordre juridique. Elles se présentent à l'occasion du Livre et du document. Là où il y a une ou des choses, objet de production, un ou des agents humains de la production et un processus productif, là il y a des droits sur des choses ou des droits de personnes ou à l'égard de personnes, et des droits de faire ou de ne pas faire.

Toute une législation, locale, nationale, internationale, régit le livre. Elle est prolongée par des réglementations collectives, volontaires, éditées par les Associations et les syndicats. La liberté d'écriture, la censure officielle. Le droit d'auteur, les dispositions relatives à l'imprimé et à la presse, à l'affichage, le colportage, la vente et à la distribution postale des imprimés sont des parties du droit de la documentation. Les contrats collectifs entre auteurs et éditeurs, entre syndicats de typographes et patrons imprimeurs, entre libraires et éditeurs, entre bibliothèques, sont autant de dispositions et règlements organisant la vaste matière documentaire dans le cadre des lois générales et spéciales.

2. *Droit international.*

Le droit d'auteur international a été déterminé par la Convention de Berne. Passée en 1886, revisée en 1908 et en 1914, elle assure dans les pays adhérents, la même protection à chaque auteur ressortissant d'un Etat unioniste qu'aux nationaux de ce pays, même si cette protection est plus étendue que celle prévue par la loi étrangère de l'auteur. En bénéficient toutes les œuvres littéraires, ou artistiques, en ce qui concerne les droits de reproduction, traduction, représentation et adaptation. Les Etats-Unis ne sont pas parties de la convention de Berne. D'après le système du copyright d'après lequel, pour voir respecter ses droits chez eux, un auteur devant jusqu'ici faire une déclaration de son œuvre et payer une taxe. Un mouvement se produit actuellement en faveur de l'entrée du pays dans l'Union. L'U. R. S. S. a établi le communisme dans le domaine littéraire comme dans le domaine économique. Elle s'approprie toutes les œuvres étrangères qu'elle juge intéressantes pour en faire tel usage qui lui semble bon.

La Convention de Berne de 1886 revisée à Rome en 1928, sera revue de nouveau en 1935. Dans la séance du 18 mai 1934 de l'Académie diplomatique internationale, M. Ernest Lemonon a préconisé le dépôt légal international et l'établissement de sanctions internationales pour le droit d'auteur.

Les citoyens doivent être garantis dans leur personne, leur domicile, leurs papiers, leurs propriétés contre toute perquisition et saisie. La Constitution de Pennsylvanie (art. 8 chap. 1 de la loi de 1873) le dit formellement.

Etablissement d'un droit de domaine sur les ouvrages étrangers proposés au Congrès du Livre à Paris.

Les citoyens doivent être garantis dans leur personne, leur domicile, leurs papiers, leurs propriétés contre toute perquisition et saisie. La Constitution de Pennsylvanie (art. 8, chap. 1 de la loi de 1873) le dit formellement.

(*) *L'élaboration de ce Traité, dont l'impression s'est poursuivie au cours de l'année 1933, a été interrompue en 1934 par les pénibles événements de la Fermeture du Palais Mondial exposés in fine. Les incidents précurseurs de cette fermeture sont survenus tandis que la composition en était arrivée à cette page 328.*

3

Les Livres et les Documents

Unités ou Ensembles considérés au point de vue de la Bibliologie comparée

30 Généralités.

Le livre et le document, après avoir été envisagés en soi-même (partie 2), ont à être considérés aussi en tant qu'unité individuelle concrète, en tant qu'ensemble et dans leur totalité. D'où le cadre suivant dont certaines parties seulement sont considérées ci-après.

31 Des livres en tant qu'unités.

311 Ouvrages individuels, livres célèbres ou répondant à des particularités intéressantes (monographies bibliographiques).

312 Ouvrages d'un même auteur : leurs corrélations.

313 Ouvrage d'une même catégorie d'auteurs : leurs corrélations.

32 Des livres et documents en tant qu'ensembles.

321 Dans les diverses matières (sciences et activités pratiques).

322 Dans les divers pays (distribution des livres dans l'espace).

323 Aux diverses époques (évolution, histoire du livre).

324 Sous les diverses formes (classes de livres). La littérature.

325 Dans les diverses langues (le livre dans les langues).

33 Des livres et documents considérés dans leur totailté.

323 Histoire du livre.

1. *Histoire des diverses parties du livre.*

Le livre a une longue histoire : chacun de ses éléments, chacune de ses parties et de ses espèces est le produit d'un développement parfois très lent. — Ecriture : le Livre a ses origines dans celles de l'écriture figurative et du tracé des signes conventionnels. (Paléographie ; science des écritures). — Substance : Il fut d'abord inscription murale (Epigraphie), tablette ou rouleau en terre cuite, tablette de bronze, de cire, ardoise. Plus tard il s'écrivit sur papyrus et parchemin, puis sur papier originaire de Chine. — Forme : il eut, dans l'antiquité, la forme rectangulaire, avec les tablettes de cire juxtaposées ; il fut fait de feuillets superposés et reliés avec les codex. Aujourd'hui il tend à la feuille ou fiche, mobile ou liassée en reliure mobile (monographie). — Reproduction : il fut écrit à la main (manuscrit), puis gravé sur bois (xylographie), puis composé à l'aide de caractères mobiles (imprimerie, Gutenberg). On le reproduisit par la pierre (lithographie), puis par la photographie (photogravure, héliogravure, phototypie), puis par des procédés chimiques (anastatique ou reviviscence des encres). — Illustration : Remonte à la plus haute antiquité, enluminure, miniature, puis gravure en relief et en creux. — Reliure : très ancienne, devient un art à Byzance au Xe siècle, se développe en Italie au XVIIIe, en France au XVIe et au XVIIe, renaît de nos jours.

2. *Histoire générale.*

a) Antiquité. — Invention et transformation des écritures, constitution des langues en langages littéraires. Le Papyrus. Les premières littératures : la formation des genres littéraires. Premiers essais de rédaction dans les sciences. Conservation des textes sacrés dans les temples et palais. Influence de l'esclavage : le cercle étroit des lettrés, des philosophes et des savants. Les polygraphies « de omni re scibili ». Les premiers encyclopédistes : Aristote.

b) Moyen âge. — Les barbares détruisent les bibliothèques. Les moines recopient les manuscrits. L'époque des manuscrits : Au XIIIe siècle, invention du papier de chiffon. Le moyen âge, grand par son art, sa philosophie, sa théologie. Peu de créations littéraires. Développement des sciences presque nul. Les «Miroirs» et les «Sommes», formes de l'idée encyclopédique.

c) Renaissance et temps modernes. — La Renaissance découvre l'antiquité. Epoque de l'érudition : reproduction, traduction, commentaire des ouvrages. Vers 1436, invention de l'imprimerie. Elle se répand dans toute l'Europe avec la Réforme. Développement de la gravure. Les guerres de religions utilisent les livres. Au XVe siècle, le livre se constitue avec les traits essentiels qu'il a encore aujourd hui. Plantin à Anvers (vers 1550). Fondation à Paris de la Bibliothèque nationale (1595), et de l'imprimerie nationale. Les premiers journaux. La constitution des sciences en corps de doctrines autonomes. XVIIIe siècle : les idées travaillent le peuple. L'encyclopédie de Diderot et d'Alembert. Le rôle des livres, du pamphlet et des journaux politiques dans la Révolution française. XIXe siècle : les inventions mécaniques appliquées à la production du Livre; la reproduction photomécanique de l'image; le triomphe de la démocratie; la diffusion de l'enseignement; le régime constitutionnel dans les grands Etats basé sur la liberté de la parole et de la presse; progrès dans l'organisation administrative des Etats et rôle des imprimés de toute espèce à ce point de vue. Développement des sciences sur la base de la division du travail; organisation rationnelle de la librairie et de la presse scientifiques; la revue, le journal d'information. La librairie et l'édition se font universelles, les bibliothèques géantes et les éditions géantes. Organisation internationale du Livre et de la Documentation.

3. *Les Phases.*

Toute histoire est divisée en deux manières : par date (chronologie), par phases (phaséologie, stades, époques). En vertu de la première, on se borne à déterminer la localisation d'un événement dans le temps, en vertu de la seconde, on détermine la division du temps d'après la durée de quelques grands faits subordonnant ou influençant les autres et s'étant succédé selon une certaine ratio. La chronologie est commune à l'histoire générale et à l'histoire spéciale bien que, dans ce dernier cas, il ne soit fait mention que des faits généraux influençant les faits spéciaux et, quant à ceux-ci seulement, les faits intéressant la spécialité à l'exclusion des autres. Les phases au contraire sont distinctes, selon qu'il s'agit d'histoire générale ou d'histoire spéciale, distinctes aussi d'après chaque histoire spéciale.

L'histoire générale est divisée en préhistoire, antiquité (5000 ans), moyen âge (1000 ans), nouvel âge (350 ans), âge présent (120 ans). Au point de vue *matériel*, l'histoire du Livre présente les grands faits suivants qui délimitent autant de phases : 1. avant l'écriture; 2. l'invention de l'écriture; 3. l'invention du papier; 4. l'invention de l'imprimerie, les revues et les journaux périodiques; 5. la lecture généralisée et la production en masse; 6. la multiplication de l'image; 7. les nouveaux substituts du livre (radio - phono - film).

Au point de vue *intellectuel*, l'histoire du livre est divisible en un nombre très divers de phases qui se confondent avec celles de l'histoire des sciences, des lettres, des arts, de l'éducation, de la vie économique, sociale et politique.

En établissant les phases du développement historique de chaque élément, et de tout l'ensemble, cela à divers points de vue, on arrive au résultat de mieux concevoir toute l'évolution. (1)

4. *Histoire des livres et histoire des réalisations.*

L'histoire de la littérature est l'histoire des livres et celle de l'influence des livres. Ce n'est pas celle de la politique. Pendant de longues périodes la pensée des livres et la conduite des affaires politiques sont tout à fait distinctes. Quand on passe à l'action, les choses changent. Il ne s'agit plus seulement de raisonner, de discuter, de proposer, il faut tenter d'agir. Tant qu'il n'y a en présence que des écrivains et des lecteurs, la valeur d'une idée ne dépend que de l'intelligence et du talent de l'écrivain et de l'accent, de la compréhension des lecteurs. Si l'on commence au contraire à réaliser, c'est la réalisation qui compte. On voit une opinion réformiste devenir une opinion agressive puis une opinion révolutionnaire. (Daniel Mornet.) Histoire des idées d'un côté, histoire des activités de l'autre.

324 Le livre et la littérature.

1. *Notion.*

a) La Littérature est l'ensemble de la production littéraire d'un pays ou d'une époque. Au sens large, par littérature on peut aussi entendre toutes sortes de livres. Une partie importante de la Bibliologie doit consister à étudier les lois générales de la production, de l'échange et de la consommation littéraire.

Les œuvres de littérature fournissent la source la plus abondante pour l'étude comparée du livre aux divers points de vue bibliologiques.

C'est la littérature aussi qui a fourni la majeure partie de la production bibliographique. Pour beaucoup d'hommes, le livre littéraire est tout le livre.

b) Dans sa préface des *Contemplations*, Victor Hugo a défini ainsi le contenu de la littérature : « Une destinée est écrite là jour à jour. Ce sont là en effet toutes les impressions, tous les souvenirs, toutes les réalités, tous les fantômes vagues, riants ou funèbres, que peut contenir une conscience, revenus et rappelés rayon à rayon, soupir à soupir et mêlés dans la même nuée sombre. C'est l'existence humaine sortant de l'énigme du berceau et aboutissant à l'énigme du cercueil; c'est un esprit qui marche de lueur en lueur en laissant derrière lui la jeunesse, l'amour, l'illusion, le combat, le désespoir et qui s'arrête éperdu, au bord de l'infini. Cela commence par un sourire, continue par un sanglot et finit par un bruit de clairon dans l'abîme. La littérature découvre une âme, un cœur, une souffrance, une vertu, un vice. »

(1) Muller-Lyer. — *Phasen der Kultur. The History of Social development* a mis en œuvre cette méthode en sociologie, notamment en économie.

c) Au point de vue individuel, la littérature répond à ce but : « chercher son âme dans une autre âme, explo- » rer le monument éternel laissé par les classiques anciens, » s'abreuver à cette rivière féconde, percevoir la lumière » des soleils qui dans le passé ont transpercé le monde » de leurs rayons magnifiques, fréquenter la société des » grands esprits. »

La foule, quoi qu'on prétende, adore la littérature Elle apprécie les inventions des poètes, le drame de la fantaisie, les découvertes de l'inspiration. Elle sait bien que les romans ne sont pas autre chose que des secrets de famille, et cette révélation audacieuse aguiche la curiosité de tous les passants inexprimés.

d) La littérature est aussi vaste que la pensée humaine. C'est la manifestation intellectuelle de l'humanité dans ce qu'elle a de plus élevé avec les Arts, la Science et avec les Inventions.

Pour créer une littérature, il a fallu que l'homme dispose de loisirs. Partout où il est parvenu à s'en créer un peu, aussitôt la littérature a fleuri.

Sous ses formes multiples : poésie, drame, histoire, éloquence, la littérature fut la première éducatrice des peuples. Elle eut d'abord pour base l'étude et pour but l'exposition lumineuse de ces faits naturels sur lesquels est fondée la science moderne. Elle apparaît la première dans l'enfance des sociétés, dès que l'homme sait coordonner ses idées et possède le moyen de les transmettre. Elle fixe d'abord, dans un langage incorrect et grossier, les faits mémorables, transmet les noms des héros, des pasteurs du peuples ou des dompteurs de monstres ; puis, s'enhardissant, elle dépeint les grands spectacles de la nature ; chante les guerres et adresse des hymnes aux dieux.

Quand la littérature a produit ainsi une certaine masse d'œuvres remarquables, l'examen même de ces inspirations directes crée une autre source de littérature, la critique qui juge et compare entr'elles les productions des âges précédents.

e) La littérature n'est pas un miroir de la société. L'expression littéraire peut renforcer certains traits de la réalité, elle peut en combattre d'autres, ou les passer sous silence. La littérature n'est donc pas un reflet mais une recomposition de la vie. Il arrive souvent qu'elle accuse des divergences qui dans la réalité se compensent et s'effacent. Une psychologie des nations basée sur la littérature risque fort d'aboutir à des résultats trompeurs et artificiels. (1)

f) Utilité de la littérature. — On peut donner des buts divers à la littérature. La littérature doit servir le peuple, relier les générations les unes aux autres, faire la conscience de l'Humanité. En détruisant les formes désuètes, en construisant avec les éléments nouveaux, en maintenant l'héritage et l'acquit, elle doit être à la fois au service de la Tradition et de la Révolution.

g) La littérature a donné lieu : 1° aux œuvres elles-mêmes, à leur collection dans les meilleurs textes ; 2° aux écrits sur les œuvres de la littérature, écrits répartis en quatre groupes : a) exposé de l'enchaînement de la production des œuvres ; b) la littérature comparée ; c) la critique littéraire (voir n° 254) ; d) la théorie littéraire (voir n° 224.1). (1)

L'étude littéraire des œuvres est entrée dans un détail extrême avec la discipline nouvelle dite la stylométrie. Ainsi pour établir la chronologie des écrits de Platon, Winsenty Lutoslawski a créé toute une méthode. (The origin and growth of Plato's logic, 1897.) Cette méthode a son point de départ dans un relevé minutieux de plus de 500 particularités qui caractérisent le style des derniers écrits de Platon, le *Timée* et les *Lois*. Elle a été décrite pour les lecteurs de langue française par M. P. Tannery dans un article de la *Revue Philosophique* (1899, p. 159)

2. *Historique.*

a) Les littératures, en tant que l'ensemble des productions des écrivains d'une nation, d'un pays, d'une époque ont donné lieu à des productions immensément nombreuses et parmi elles à des œuvres magistrales. Ont existé successivement les littératures indoue, hébraïque, chinoise, grecque, romaine, les littératures italienne, espagnole, française, allemande. Il y a aussi les littératures russe, scandinave, hollandaise-flamande, hongroise, polonaise, roumaine. Et d'une manière générale chaque langue possède ses œuvres littéraires, notamment les langues rendues récemment à la liberté : la littérature lettone, lithuanienne, finoise et toutes les littératures particulières des nationalités comprises dans la Russie des Soviets.

b) Les littératures ont procédé largement les unes des autres ; en Occident, elles ont procédé très directement des lettres- greco-latines. Le vieux français et le vieux provençal, les langues d'oc et d'oïl, dérivées notamment du latin, créent des œuvres communes et imitées partout. (Epopées françaises). Au XVe et au XVIe siècle, l'Italie est un foyer lumineux auquel d'autres nations empruntent leur lumière. L'Angleterre et la France rayonnent aussi simultanément au XVIe siècle ; au commencement du XVIIe siècle, la France emprunte son théâtre à l'Espagne et ses madrigaux à l'Italie. A la fin du XVIIe siècle, c'est au contraire l'Italie et l'Espagne qui empruntent à la France. Au XVIIIe siècle, les littérateurs français s'enjouent de l'Angleterre, et en transportent chez eux la philosophie, puis le théâtre. La Russie produit une littérature largement française. Au XIXe siècle, le Romantisme, puis le Réalisme sont de tous les pays. Au XXe siècle apparaissent des formes de littérature internationale.

(1) Curtius. — *Essai sur la France.* Paris, Grasset 1932.

(1) Verest, J. (S. J.). — *Manuel de Littérature. Principes. Faits généraux. Lois.* 3e édition, 676 p.

3. *Histoire de la Littérature.* (Littérature comparée).

a) L'histoire littéraire au sens large doit s'attacher à l'histoire des formes littéraires, à celle des formes bibliologiques et documentaires, à celle du contenu des œuvres. Elle comprend d'après les œuvres l'histoire des idées, celle du sentiment et aussi celle de l'action. (1)

b) L'histoire de la littérature. — Demogeot (Histoire de la Littérature française)) a défini ainsi cette histoire :

« Ce n'est pas seulement des écrivains, des artistes de langage plus ou moins habiles que nous cherchons dans cette longue revue littéraire; c'est l'élite des esprits de chaque temps, les représentants intellectuels de la nation. Toute pensée dont une époque a vécu, toute idée qui a servi de flambeau à une génération se trouvent nécessairement reproduites pour nous sous sa forme privilégiée. Envisagée ainsi l'histoire de la littérature française est donc l'histoire même de l'homme sur une grande échelle, une étude de psychologie sur le genre humain. Nous suivons avec une religieuse émotion la grande biographie de cet individu immortel qui, comme dit Pascal, vit toujours et apprend sans cesse. Chaque époque littéraire est un des moments de sa pensée, chaque œuvre une des vues de son esprit, ou un des battements de son cœur. »

c) La littérature naît, fleurit et meurt. Les œuvres correspondent à la sensibilité, aux goûts, à la compréhension d'une époque, d'un moment, puis elles deviennent périmées, elles passent, elles tombent dans l'oubli. De-ci de-là l'une d'elles survit ou ressuscite, c'est le chef-d'œuvre ou l'œuvre qualifiée telle et qui va s'ajouter au trésor des siècles.

d) Les Histoires de la Littérature constituent pour les œuvres littéraires les inventaires choisis, classés et critiques les mieux établis.

« Le critique s'arrête seulement aux œuvres littéraires, c'est-à-dire aux idées, sentiments, expériences, rêves, que l'art a revêtu d'éternité. De plus en plus la littérature circonscrit son domaine à l'étude du cœur humain. »

(Lanson. *Histoire de la Littérature française*, p. 1411.)

e) Les traités de littérature, même les mieux enrichis de citations traduites plus ou moins fidèlement, ne font connaître les œuvres que bien vaguement. Le seul moyen de les estimer à leur juste valeur consiste à se reporter à leurs textes originaux.

f) Il est presque impossible de comparer les différentes littératures entr'elles au point de vue de leur valeur respective; car, sans parler des préférences possibles, il est peu de gens à qui plus de deux ou trois littératures soient familières.

g) De nombreux et puissants facteurs agissent pour donner à la littérature le même caractère universel qu'ont revêtu la science et la civilisation elle-même. (La littérature et l'internationalisation.)

(1) Ex.: *Histoire du sentiment religieux en France*, par l'abbé Brémond.

4 *Littérature orale. Tradition.*

a) La tradition est la transmission orale de récits vrais ou faux, faite de bouche en bouche et pendant un long espace de temps. Elle est la mémoire de l'Humanité (Gabriel), le lien du présent avec le passé (Lacordaire), le point de départ de toute spéculation sur l'avenir (Proudhon). Il y a des traditions historiques conservées dans la mémoire par des récits épiques; des traditions mythiques, produits spontanés de l'imagination interprétant à sa manière la nature et ses phénomènes, des traditions remontant aux origines même de l'humanité, mais obscurcies et altérées. Bien des nations, n'ayant pas le livre, ont été réduites à confier à la mémoire seule leurs lois et leurs poèmes.

b) La littérature parlée fut à l'origine; elle s'est poursuivie à travers l'antiquité et le moyen âge; elle se perfectionne encore aujourd'hui. Il y a un siècle les frères Grimm ont recueilli la collection des contes populaires allemands. Les conteurs, véritables artistes oraux, possèdent le don inné du détail et cette saveur précieuse capable d'entraîner l'auditeur.

La littérature orale existe encore aujourd'hui. Par ex. celle des Bantonos du Congo Belge. Les idiomes y sont multiples. Les apologies et les contes de la brousse remontent à de très lointaines origines. Leur langue est pleine d'ordre, et de méthode. Dans leurs contes s'affirment des concordances avec ceux des Egyptiens et d'autres peuples civilisés. (1)

5. *La matière littéraire.*

a) La matière littéraire comme la matière scientifique (toutes deux alimentant la matière bibliologique) va en se développant et en s'amplifiant.

Toute l'histoire littéraire en démontre la lente élaboration. Elle n'offre que bien rarement l'exemple d'une élaboration spontanée.

b) « Le génie classique a eu ses grandes beautés, mais on peut le critiquer de n'avoir pas châtié les vices et les crimes des dieux et des rois, en leur prêtant une noblesse de langage qui ne correspond guère à la bassesse de leurs sentiments. Le romantisme a opposé le grotesque au sublime, la laideur à la beauté, l'intérêt personnel à l'altruisme et il a donné aux crimes et aux vices humains, une place souvent excessive. Le nouveau genre littéraire devra s'imposer l'auguste mission de fouiller dans les replis les plus profonds de l'âme pour nous révéler toutes les nuances, toutes les délicatesses des qualités et des vertus humaines. Avec une maîtrise qui

(1) G. D. Périer. — *Musée du Livre: Exposition du livre colonial.* Octobre 1931.

non seulement surmontera tous les dangers de la monotonie, mais encore en fera ressortir l'incomparable valeur morale, soutien de la beauté littéraire parvenue à son plus haut apogée. »

c) Prospérité ou crise, ordre ou révolution, guerre ou paix, les œuvres littéraires jaillissent intarissablement. Voici la nouvelle littérature russe. Dans la préface de « La Défaite » par Alex. Fedeev (Editions Sociales internationales), Maurice Parijanine écrit : « Notre littérature » prolétarienne a une tâche essentielle : celle de montrer » comment, dans l'atmosphère d'une grande révolution » sociale, le « vieil homme » quelles que soient ses ori- » gines, réagit aux événements, comment se forme l'hom- » me d'un nouvel âge, qui appartiendra corps et âme à » la collectivité, qui sera membre actif et utile dans un » état socialiste... »

Et l'on voit des œuvres comme « Nous autres » de Zamiatin décrire l'antagonisme, dans un univers caractérisé par la mécanisation à outrance, entre la raison et l'imagination, l'ordre établi et l'attrait subversif de la révolution, entre l'individualisme et la soumission complète à la collectivité, entre la notion de bien, représentant tout ce qui est admis et la notion de mal représentant tout ce que l'homme étouffe de lui-même.

d) La littérature contemporaine a été tour à tour romantique, idéaliste, parnassienne, réaliste, symboliste, éprise d'idées internationalistes.

Deux grands courants traversent la littérature actuelle : 1° ceux qui proclament la littérature pour la littérature; 2° ceux qui disent: Littérature veut dire vie exaltée, vie consolée. Le métier fait la pensée de l'écrivain, comme la pensée fait le métier. Ame, cœur, intelligence, doivent être unis dans tout acte, à toute minute de la journée. N'écrire qu'avec la main qui agit.

6. ***Genres littéraires.***

a) Il y a une multitude de genres littéraires.

Lors de la lutte des classiques et des romantiques, un académicien disait en 1824 : « Les genres ont été reconnus et fixés, on ne peut en changer la nature ni en augmenter le nombre. »

Dumas Père recevait Madame Bovary de Flambert et écrivait : « Si c'est bon cela, tout ce que nous écrivons depuis 1830, ça ne vaut rien. »

En fait, entre les différents genres littéraires, il n'y a pas eu de solution de continuité. Au moyen âge, l'histoire était mêlée de roman et le roman de l'histoire.

En littérature, on a inventé des genres nouveaux et on en invente encore: tel le genre opérette inventé sous le second empire.

b) Les mêmes formes, les mêmes idées à exprimer peuvent donner lieu à vingt formes différentes. Contes pihlosophiques, dialogues, discours, conférences, rêveries, théâtre. « Tout livre qui a exercé son influence sur le mouvement de la société a eu son allure propre qui ne permet guère de le classer. Qu'est-ce Don Quichotte, et Pantagruel, et Faust ? » (M. Barrès.)

En tant que forme d'un même fond littéraire, et selon l'ordre chronologique d'apparition, la pensée est exprimée la première par le roman; le théâtre a habituellement un retard.

c) Description. — Dans une description, il n'y a pas d'action ou du moins d'action unique. L'ordre des parties est facultatif.

Il faut savoir répartir les détails en quelques groupes nettement séparés, afin de donner à la description toute la clarté désirable. Pour cela une vue générale de l'objet à décrire est souvent nécessaire. On indique ensuite les différents points qu'on traitera et l'on développe ceux-ci l'un après l'autre. Quand on visite un monument, il ne suffit pas de visiter successivement toutes les parties, il faut y jeter un coup d'œil d'ensemble.

La description comprend le tableau et le portrait. Le tableau est une description dont le titre conviendrait également à l'œuvre d'un peintre et qui ne renferme pas autre chose que ce que l'artiste pourrait fixer sur la toile. C'est une description destinée à remplacer le tableau qu'on n'a pas sous les yeux. Le portrait est une description physique et morale.

d) Narration. — En rhétorique, c'est la partie du discours qui comprend le récit des faits : l'*exposition* la précède et la *confirmation* la suit. On distingue la narration *oratoire* de la narration *historique* et de la narration *poétique*. Celle-ci est laissée à l'imagination du poète. La narration historique, au contraire, doit exprimer l'exacte vérité; quant à la narration oratoire elle s'accommode au discours et expose les faits sous le jour le plus favorable à la cause. On cite Démosthène, Cicéron, Bossuet, comme ayant excellé dans ce genre. On étend aussi le nom de narration à toutes sortes de récits et d'exercices littéraires par lesquels les humanistes se préparent à suivre les cours de rhétorique.

e) Conte. — On comprend, sous ce nom, tout un genre de littérature, en prose ou en vers, qui a été cultivé très anciennement et chez divers peuples. L'Asie nous a donné : les *Contes indiens* de Bidpay, qui vivait, dit-on, deux mille ans avant J.-C.; les *Fables Milésiennes* d'Aristide de Milet, regardées comme la source du roman grec; les *Mille et une Nuits* de Saadi, poète persan. L'Occident a eu: les *contes chevaleresques* et les *romans* de nos trouvères; les *contes de fées (Chaperon rouge, Petit Poucet, Peau d'âne, Barbe bleue)*; les *contes-nouvelles (Decaméron* et *Heptaméron)*; bref, les contes de toutes sortes: fantastiques, philosophiques, moraux.

f) Epopée. — La Divine Comédie n'est pas une création subite, le sublime caprice d'un artiste divinement doué. Elle se rattache au contraire à tout un cycle antérieur, à une pensée permanente qu'on voit se reproduire périodiquement dans les âges précédents ; pensée uniforme d'abord, qui se dégage peu à peu, qui s'essaye diversement à travers les siècles, jusqu'à ce qu'un homme s'en empare et la fixe définitivement dans un chef-d'œuvre. (C. Labitte.)

g) Mythe. — Il diffère de l'allégorie et la fable en ce qu'il est moins une création des poètes qu'un produit spontané de l'imagination populaire. Le *mythe* joue un grand rôle à l'origine des religions qui tombèrent dans le polythéisme et l'anthropomorphisme, comme celles de l'Inde et de la Grèce (la Mythologie). Souvent il traduit des faits historiques, embellis par la reconnaissance ou l'admiration populaire ; ainsi les mythes de Jupiter, de Janus, etc., qui paraissent avoir été d'anciens rois ; d'autres fois il exprime de grands phénomènes naturels, comme la lutte du jour et de la nuit, le désordre des éléments pendant la tempête, la foudre, les tremblements de terre ; d'autres fois, enfin, il porte avec lui un sens moral : ainsi le mythe de Prométhée, celui de Pandore.

h) Littérature érotique, pornographique. — Elle s'est signalée autrefois par sa truculence ou sa courtoisie, ses prétentions philosophiques ou son mépris de tout spiritualisme ; aujourd'hui elle est marquée du signe de la ruse intellectuelle, sa caractéristique n'est ni dans la complaisance, ni dans l'audace, ni dans le réalisme, mais dans la vogue de l'anormal, du morbide et du malsain. (1)

« Mettre tant de descriptions, tant de scènes, tant de recettes de péchés mortels, sous les yeux de jeunes gens effervescents, sous les yeux de jeunes filles que leur maman a déjà mille peines à empêcher de jouir des apéritifs défendus avant le mariage, ou des époux qui s'ennuient d'être toujours en tête à tête avec le même partenaire, les documenter comme on fait, les enflammer, les exciter, augmenter la force explosive, diminuer leur force de résistance, dérégler ne fût-ce que pour quelques heures, mais on ne sait jamais le frein de leur conscience : cela, ce n'est pas bien du tout, c'est même très mal, surtout de la part d'un homme qui professe le respect de la morale chrétienne et qui reconnaît qu'il y a lieu d'obéir aux 6e et 9e commandements de Dieu. *Luxurieux point ne seras, de corps ni de consentement. L'œuvre de chair ne désireras qu'en mariage seulement.* » (L'abbé Englebert sur les *Bacchantes* de Daudet, mises à l'index. *Revue Catholique*, des idées et des faits. 1932.04.15, p. 114.)

i) Livres futiles. — Il n'est de composition futile ni ridicule qui n'ait été faite. Des œuvres littéraires existent dont les auteurs ont omis à dessein une lettre de l'alphabet (lipogrammatique). Pindare composa déjà une ode qui était dépourvue de la lettre S. Nestor de Laranda, contemporain de l'empereur Sévère, fit une Illiade en 24 chants dont le premier était sans A, le second sans B et ainsi des autres. Le moyen âge a vu naître quelques ouvrages de cette nature où des Italiens modernes ont aussi excellé.

j) En dehors de tous les genres, il en est deux qui partagent tous les autres : le genre ennuyeux et le genre intéressant.

7. *Poésie.*

a) De l'inspiration naquit la poésie, ce *langage des dieux*. Il serait injuste de ne voir dans la *poésie* et dans la *prose* qu'une distinction fondée dans la mesure, la cadence et l'observation des autres règles poétiques. Ces deux formes de la parole répondent surtout à deux manières bien différentes de sentir et d'exprimer le vrai et le beau. Combien de versificateurs laborieux, dit E. Blanc (Dictionnaire Universel de la Pensée), qui n'ont pu jamais se dégager de la prose, tandis que des prosateurs mieux doués s'élevaient sans effort et sans prétention à une sublime poésie ! Il y a deux tendances qui sollicitent inégalement toutes les âmes. Les uns charmés par les tableaux de leur imagination, émus du pressentiment de l'infini et de l'expectative d'une révélation suprême, cherchent des horizons nouveaux, comme ces hardis navigateurs à qui l'ancien monde ne suffisait plus. La terre, malgré son immensité, leur paraît trop étroite ; ils aspirent sans cesse à une vie supérieure, idéale, où les spectacles de leur imagination et les conceptions enchanteresses de leur esprit ne seraient plus de vains rêves. C'est parmi eux qu'il faut chercher les poètes. Il en est d'autres, au contraire, que l'imagination ne séduira jamais, et que les possibilités entrevues ne sauraient distraire du fait qui vient de s'accomplir ou qui se prépare. Sans danger de tomber jamais au-dessous de la réalité, comme aussi sans espoir de s'élever au-dessus, ils suivent une voie uniforme, non sans mérites et sans honneur. C'est parmi eux qu'on choisira plus d'un esprit judicieux et ferme. Mais qu'ils renoncent à l'espoir d'être jamais poètes. Heureux celui en qui l'imagination la plus vive s'allierait à la raison la plus ferme et la mieux éclairée. Mais qui peut hériter en même temps de toute la verve des poètes et de toute la raison des philosophes, succéder à Homère en même temps qu'à Aristote, écrire l'*Iliade* en même temps que la *Métaphysique* ?

b) Genres. — Il y a plusieurs genres de poésie. Au point de vue du but que poursuit le poète et de la forme qu'il choisit, on distingue les poésies *lyrique*, *épique* ou *héroïque*, *dramatique*, *didactique* ou *philosophique*, *élégiaque*, *pastorale* ou *bucolique*, *érotique*, *satirique*, la poésie *descriptive* (très pratiquée au XVIIIe siècle). Selon les matières ou selon la façon dont elles sont traitées, la poésie est dite *sacrée* ou *profane*, *sérieuse* ou *légère*, *badine*, etc. Au point de vue du rythme et de la mesure,

(1) Raoul Derwere. — « L'érotisme dans la littérature moderne ». *La Revue nationale*, Bruxelles, 15 avril 1933.

La Société des Nations a organisé une enquête par rapports annuels sur les publications obscènes (livres, images, photographies, périodiques, films, cartes et cartes postales). Les questions s'inspirent de l'accord de 1910 et de la convention internationale de 1923.

la poésie est dite *rhytmique* ou *métrique*. Dans la première, on observe la cadence et le nombre de syllabes, mais non leur quantité, car elles sont toutes réputées égales : telle est la poésie moderne en général et celle aussi des Orientaux. Au contraire, la poésie métrique repose sur la quantité des syllabes, dont les unes sont brèves et les autres longues : ainsi, la poésie grecque, latine, allemande (v. les *Histoires de la Littérature* et les *Traités de Poésie)*.

La *poésie lyrique* est le plus élevé de tous les genres en poésie, celui qui exprime le mieux l'enthousiasme et réclame le plus d'inspiration, ainsi nommé parce qu'elle se chantait sur la lyre. Il comprend l'ode et ses diverses formes : dithyrambe, hymne, cantique, cantate, etc. On l'étend aussi à la ballade, la chanson, l'élégie, le sonnet et même aux opéras et aux drames destinés à être chantés. On trouve, dans la Bible, d'admirables modèles de poésie lyrique (psaumes, cantiques de Moïse, etc.). Les lyriques grecs, et en particulier Pindare, ont brillé aussi aux premiers rangs. Parmi les Romains, on trouve Horace et Catulle. La poésie liturgique très riche, renferme des joyaux. Le moyen âge eut les œuvres de ses troubadours.

c) Phases. — On distingue trois phases dans la création poétique : l'univers fournit au poète son innombrable matière et une ébauche de forme que l'esprit élabore et achève ; la seconde phase consiste dans cette transformation et purification spirituelle ; la troisième évolue, du point de vue humain, les objets poétiques ainsi créés. S'en tenir aux fins esthétiques, c'est prendre le poète pour tout l'homme, adorer des idoles et s'exposer à mourir d'inanition dans un musée encombré de chefs-d'œuvre. Poète est maître chez soi : dans l'acte de construire ses poèmes, il est seul juge de ses moyens et de ses fins propres. Mais la maison du poète n'est pas l'univers ; ses œuvres font partie intégrante de l'avoir humain, elles sont utiles à la cité et à la civilisation. Le poète se sépare de l'homme pour travailler, mais se subordonne à l'humanité pour la servir. (1)

d) Objet. — La poésie exprime deux choses : 1° des idées ; 2° des sentiments. Et très souvent les deux sont amalgamés.

La poésie a ou peut avoir sa forme, sa couleur, sa musique et en outre elle dispose du verbe sans lequel tout le reste est forcément un peu vague et qui ajoute à toutes les autres qualités la lumière de l'esprit et la splendeur du vrai. (Paul Souday.)

Etre poète c'est avoir le don de l'Image, du Rythme, de l'Emotion, de la Musicalité, de l'Evocation.

(Ed. Picard.)

Toutes les méditations du poète sont des extases et tous les rêves sont des visions.

e) Le souci métaphysique. — A la poésie, expression de la vie spirituelle des peuples, on a donné comme fin l'expression de l'humain, le souci métaphysique ou le jeu gratuit. On peut se demander si la poésie moderne a une tendance générale ou si au contraire elle manque de direction, si elle est vivante ou morte, comme certains le prétendent ; s'il y a avantage ou non aux échanges réciproques entre poésies de divers peuples, notamment entre la poésie occidentale et la poésie orientale ; s'il y a lieu à la liberté des vers ou au retour à des formes rigoureuses.

Pour certains artistes, l'acte de création littéraire, c'est prendre conscience des choses de l'univers en leur vérité, leur nudité originelle, à renaître avec elles, à les recréer en esprit après Dieu. « Je suis l'Inspecteur de la création, dit Claudel, le Vérificateur de la prose présente, la Solidité de ce monde est la matière de ma béatitude. *(Art Poétique.)* Dans les œuvres littéraires, la poésie a construit une métaphysique du cœur. Dans la création imaginaire, le récit objectif semble avoir pour fonction de manifester une métaphysique de l'intelligence. L'art dramatique, la tragédie surtout, une métaphysique de la volonté.

La poétique est l'aspiration vers l'infini. (A. Delacour.)

f) Le vers. — Aux époques primitives, où l'écriture était ignorée ou peu répandue, on eut recours aux formes synchroniques et régulières de la poésie pour faire entrer plus facilement les préceptes dans l'esprit populaire. (Un Hésiode qui ne parle guère que par aphorismes.)

g) Historique. — On a distingué trois périodes dans l'histoire du vers. 1° Période physique où l'homme traduit d'une façon purement émotive ce qu'il ressent. Dans un état d'émotion, les battements du cœur et la tension des nerfs s'expriment sous une forme rythmique. 2° Période physico-mécano-intellectuelle, au cours de laquelle le rythme se confond avec la technique du vers. Ainsi, ne pouvant adopter ni le système greco-romain (quantitatif, qualitatif), ni le système germanique (accentuel), les Français ont compté les syllabes et le rythme consiste à observer des règles numériques. 3° La période intellectuelle ou psychologique ou révolutionnaire, l'individu suit ses tendances naturelles, ses inclinaisons, ses émotions. Certaines expériences de laboratoire tendent à faire penser que le vers nouveau français est basé sur des accents, voir même sur des quantités. (1)

h) La mise en pages. — Ordinairement la mise en pages des vers est la figure visible du rythme. Dans certaines éditions de poésies françaises, les vers ne sont pas alignés selon le nombre de syllabes, mais selon leur longueur apparente, qui n'a aucune valeur métrique et dépend du hasard des mots et de l'orthographe. (Ex. Edition de *Fleurs du mal*, 1917. Edition de Verhaeren par la Société littéraire de France.) Les vers libristes ont adopté une troisième méthode qui consiste à mettre tous les vers sans distinction sur la même ligne.

(1) Victor Bindel. — « La mission de Claudel ». *Revue catholique des idées et des faits.* 1933.05.12.

(1) Thieme, H. P. — *Essai sur la civilisation française*, 1933.

Paul Fort, qui écrit des vers réguliers, les imprime d'un seul tenant, sans aller à la ligne, comme de la prose.

i) La forme poétique. — Le poème, par toutes les complications de rythme, de césure, d'allitérations et de rimes qu'il suppose est la forme supérieure de création spirituelle, car « la matière de la pensée, c'est le langage qui est pour elles ce que les machines sont pour le feu qui ne devient utile que lorsqu'il est engagé et emprisonné en elles ». (Rageot.)

j) Prosodie musicale. — Le rythme joue dans le langage un rôle important. Dans certaines langues, la signification d'un mot se modifie suivant l'emplacement de l'accent. Le langage lui-même peut être considéré comme une musique inorganique, étant fécond en modèles rythmiques et contenant dans ses inflexions une mélodie latente. Dans la poésie, les modèles rythmiques du langage s'organisent en rythmes véritables par l'alternance des syllabes accentuées et non accentuées, ou simplement par leur association en groupes réguliers. Le rythme poétique peut être comparé au rythme musical, mais ses combinaisons sont infiniment moins nombreuses. Il existe deux genres de poésie : 1° la poésie *qualitative* fondée sur la qualité. C'est celle des langues classiques, grecque et latine, et des langues germaniques. Ces langues étant fortement rythmées et les syllabes fortes ou faibles, ou longues et brèves, par conséquent fort distinctes l'une de l'autre, celles-ci sont disposées d'après des modèles rythmiques réguliers, maintenus d'un bout à l'autre de la pièce. 2° La poésie *quantitative*, fondée surtout sur la quantité des syllabes. C'est celle de la langue française qui n'est pas rythmée mais accentuée seulement. C'est en vain que des poètes humanistes de la Renaissance avec Baif tentèrent d'y adapter des rythmes antiques. (E. Closson.)

k) Surréalisme. — Le surréalisme a fait la critique de la poésie-raison ; il a montré que la poésie était activité libre de l'esprit et que cette activité ne pouvait être dirigée par la raison qui représente nos acquisitions passées et les fige ; la raison qui exprime les étapes parcourues de la science ne doit pas même servir à marquer celles de l'art ; c'est dans une association libre et non dans une idée définie que doit se marquer le temps d'arrêt où la pensée se pose, se fixe sur les mots. Une image ? Non, pas nécessairement une image, un rapprochement des choses les plus imprévues possible et qui est pourtant connu tout de suite comme essentiel. « J'ai tendu des guirlandes d'étoile à étoile et j'ai dansé », dit Rimbaud. (1)

l) La poésie scientifique. — Des poètes ont accepté une mission qui à travers les âges a été en s'amplifiant. Ils n'ont pas séparé la pensée de la forme, mais de leur verbe magnifique ils ont approché de la science attachée aux idées, travaillant à la découverte de l'Univers et de nos destinées. Cette science, ils ont commencé à la connaître de l'extérieur, et puis de plus en plus de l'intérieur. Ils vont à l'interroger sur les inconnues universelles et nous-mêmes, lui demandant des émotions, des enthousiasmes, ou de poignantes appréhensions. La vraie poésie scientifique est atteinte lorsque le poète a pénétré dans la science et ainsi est devenu le centre vibratoire conscient et émis de la connaissance scientifique. Cette poésie léguée de l'Inde à la Grèce, à Lucrèce, entrevue au moyen âge, est représentée plus près de nous par Chenier, Delille, Leconte de Lisle, Richepin, Sully Prudhomme, par Verhaeren, par René Ghil. Tous ils composèrent une œuvre unique, s'emparèrent des hypothèses savantes et se montrèrent dans la zone de la philosophie voisine avec la science et firent sortir directement l'émotion, ajoutant parfois de nouvelles hypothèses en vue de multiplier les rapports vers des nœuds de synthèse pour mieux scruter les ténèbres qui nous entourent. (1)

(1) André Deléage. — L'Internationale de l'Art. *Esprit*, 1932, p. 155.

(1) E. A. Fusil. — La poésie scientifique, de 1750 à nos jours (édition Scientia, 87, boul. St-Germain, Paris). Article à ce sujet par René Ghil dans *Les Cahiers Idéalistes français*, juillet 1918, p. 178.

8. *Le Roman.*

a) Le roman demeure un genre immense.

On estime que la presse quotidienne publie 50,000 romans par an dont 95 % sont fournis par les « fabriques de romans ».

b) Des romanciers s'efforcent de nous intéresser par la nouveauté ou le savant embrouillement de leurs intrigues. D'autres plus fins nous proposent des études psychologiques ou de mœurs. Il en est qui ont pour but de créer une atmosphère et d'obliger le lecteur à y entrer. Le roman idéal combinerait les trois genres : nourri d'une forte intrigue, il serait aussi un document psychologique ou social et baignerait en outre dans une atmosphère d'une densité, d'un pouvoir de suggestion particulier. (Georges Remy.)

c) Le roman a été jugé avec sévérité.

Production d'un esprit faible, écrivant avec facilité des choses indignes d'être lues par des esprits sérieux.

(Voltaire.)

Le roman, genre détestable car il permet de ne pas conclure. La société étant faite d'hommes et de manants, d'ignorants et de savants, décrire ce qui est, c'est parler à la fois des uns et des autres avec une égale sympathie.

d) « Tout futile qu'il soit, un roman a beaucoup plus de chance qu'une œuvre doctrinale de refléter une *conception collective*. Nul public ne lit un roman qui lui déplaît. On peut dire que le succès d'un roman qui a laissé quelques traces dans l'histoire est astreint à une double condition. D'abord il faut qu'aux yeux d'un large public il ait exprimé la vie d'une époque ; mieux encore que sa vérité, sa ressemblance, c'est-à-dire une sorte de synthèse de la réalité et de l'idéal ; la combinaison complexe de ce que cette époque ou cette nation ont été en fait, et de ce qu'elles se sont cru être, ou de ce qu'elles ont voulu être ou paraître. Car c'est dans ces conditions complexes qu'une société se reconnaît dans une œuvre et l'adopte; on l'appellera justement « l'expression de cette société » en ce sens là, mais en ce sens là seulement, qui n'est pas toujours bien compris. Par là le roman est un livre représentatif. (A. et C. Lallo. La guerre et la paix dans les romans français. *Mercure de France*, 1.VII.1917.)

9. *Littérature et science.*

a) Pour certains le dessein essentiel du roman doit être d'ordre philosophique et scientifique. Taine met sur le même pied le romancier, l'historien et le savant et les invite tous trois à collaborer à « la grande enquête sur l'homme ». Le romancier, dit Louis Barras, doit être un historien et surtout un philosophe et un savant. Pour lui, le roman sentimental, romanesque, faussement historique a fait son temps; il doit céder le pas au roman logique, psychologique, philosophique et scientifique, écrit avec une méthode rigoureuse et bonne d'observation, qui décrit les mouvements du cœur humain et dont nous retirons enseignement et direction. Car le roman dans sa forme la plus haute, c'est de la vie sous ses aspects multiples, observée et mise dans un livre par le travail de l'art.

Dans *La Vie en Fleur*, Anatole France a écrit : « Les sciences séparées des lettres demeurent machinales et brutes; et les lettres privées des sciences sont creuses, car la science est la substance des lettres ». L'union de la littérature contemporaine avec la science demeure intime, car sans vérité une œuvre ne saurait durer. (Paul Voivenel.) Des savants ont eu une grande culture littéraire associée à la forte culture scientifique, non seulement livresque mais vécue. Paré, Palissy, Cabanis, Cuvier, Laplace, Lacépède, Volney sont de grands savants et de grands écrivains. Pour le poète, toute rencontre, tout événement n'a de valeur qu'autant qu'ils lui fournissent une matière verbale. (1) Pour le savant, au contraire, cette rencontre fournit matière théorique.

b) Dans un livre scientifique, à l'opposé d'une œuvre littéraire, les idées ne sont pas noyées dans une phraséologie compliquée. On y gagne en clarté, en précision. Les faits restent eux-mêmes, sèchement, froidement avec leur valeur propre intrinsèque et exacte. Les contemporains accordent au fond une révérence que les prédécesseurs accordaient à la forme. Mais, a-t-on répondu, l'imprécision dans l'exposé des idées est un charme pour le cœur. On a distingué les harmonies du langage humain fondées sur la raison et non sur l'esthétique. Ce qui est trop précis ne satisfait pas l'esthétique, élément de la littérature, et entre par là même dans le cadre de la science. Ce qui est trop dispersé ne répond pas à la fixation nécessaire à une observation scientifique.

c) Le style nouveau est le style de la simplification. Le modernisme se traduit essentiellement par cette formule : l'adaptation rigoureuse de l'objet à sa destination est génératrice de beauté, tout au moins d'eurythmie. (L. Van der Swaelmen.)

Le style c'est l'empreinte sur la tradition de la vie elle-même, consciente seulement de créer.

Les mots, les phrases qu'ils forment, les livres dont ils sont composés, sont en quelque sorte les « prisons » des idées. Formuler exactement celles-ci, voilà le grand problème de toute rédaction, partant de toute documentation. La lettre tue, l'esprit vivifie. L'esprit, la pensée doit donc être tenue comme première et primordiale, tandis que la lettre écrite doit apparaître comme son approximation plus ou moins proche.

(1) Maïokovski. Comment on fait un poème. *Europe*, 15 juillet 1933.

4

Organisation rationnelle des Livres et des Documents

Biblio-Technie, Biblio-Economie

a) Après avoir déterminé ce qui est (Documentation énumérative, descriptive, historique), il y a lieu de déterminer ce qui doit être (Documentation normative). C'est l'objet de cette quatrième partie du traité: L'organisation rationnelle des livres et des documents. C'est l'Economie (Biblio-Economie) et la Technique (Biblio-Technie).

b) Il sera traité séparément et successivement des points suivants (ils sont précédés de leur numéro) :

41. Principes généraux et méthodes à mettre en œuvre pour réaliser l'organisation.

42. Eléments ou ensembles réalisés dans une organisation à quatre échelons.

421. Les unités. Elles sont constituées par les documents.

422. Les divers ensembles (collections et services). Ils sont formés par la réunion des documents similaires et leur mise en œuvre.

423. Les organismes. Ils sont constitués par la réunion des dits ensembles.

424. Le Réseau Universel de Documentation. Il est formé de tous les organismes unis par une convention sur le but, le travail et la méthode, les liens de coopération et les rapports d'échange.

c) Dans cette partie on considère l'ensemble de la documentation, ses buts, ses parties composantes, ses unités, ses collections, ses opérations et formats. On examine de quelle manière il y a lieu de les traiter et de les aménager de manière à en former des ensembles et à leur degré supérieur, réaliser une organisation universelle et mondiale. Les moyens, les méthodes, l'outillage, les relations entre organismes sont examinés en fonction de ce but ultime. Il s'agit donc avant tout de rapports généraux, de liaisons corrélatives.

En tête du traité, sous le titre *Fundamenta* (0) on a résumé les directives générales à ce sujet.

d) L'organisation décrite ci-après est en partie celle qu'ont commencé à mettre en œuvre l'Office et l'Institut International de Bibliographie et de Documentation. Nous l'avons développée sur divers points, à titre de commentaires ou de suggestions nouvelles, et en attendant qu'interviennent des décisions collectives internationales.

41 PRINCIPES GÉNÉRAUX ET MÉTHODE D'ORGANISATION

Quelles que soient les œuvres à créer, les ensembles à constituer, des principes généraux et une méthode sont nécessaires. Pour une organisation rationnelle et mondiale, ils doivent être universels. Il y a donc lieu de traiter ici : 1° des principes; 2° de la méthode; 3° de l'outillage; 4° des locaux; 5 du personnel; 6° des opérations; 7° des autres facteurs d'organisation (finance, convention, réglementation).

411 Les Principes généraux.

Des principes généraux ont à être formulés en ce qui concerne: 1° les documents eux-mêmes et leurs espèces; 2° la documentation en son ensemble; 3° le problème; 4° le but et le plan; 5° les principes d'unité, d'universalité, de standardisation, coopération.

411.1 Les documents.

a) L'examen antérieur doit faire conclure aux distinctions suivantes: 1° la réalité; 2° le document qui est la représentation de la réalité sous une forme soit littéraire (le biblion, l'écrit, le texte), soit graphique ou plastique (l'Icone, l'image).

b) En principe on peut distinguer suivant un ordre croissant de combinaisons :

1° La Réalité (Réalia) (ex. une science, un paysage, une personne), soit la Réalité dans son ambiance ou milieu naturel, soit la Réalité dans une collection d'objets (muséographie).

2° L'Image (Icone). Elle reproduit la réalité. On distingue la reproduction directe de la réalité. Elle s'opère par l'un des procédés suivants: tableau, aquarelle (en couleurs) isolé ou mobile ou fixe (fresque), plafond, encadrement dans une paroi dans un objet, dessin (noir ou couleur), gravure, photographie, sculpture.

3° La reproduction d'une reproduction de la réalité.

Par les mêmes procédés: tableau, dessin, gravure, photographie, etc.

4° Les écrits (Biblion). On distingue qu'ils sont ou relatifs directement à la réalité ou bien relatifs à une image, et alors ils sont : a) ou relatifs à une reproduction de la réalité, soit tableau, dessin, gravure, photographie, sculpture; b) ou relatifs à une reproduction d'une reproduction faite à son tour par tableau, dessin, gravure, photographie ou sculpture.

c) Les réalités, les images, les écrits peuvent, les uns comme les autres, donner lieu: 1° à des collections soit particulières soit universelles ;2° au catalogue de ces collections particulières, soit le catalogue universel.

d) Le répertoire des éléments de la réalité (Réalia) est un inventaire des choses, êtres et phénomènes, au point de vue de la chose elle-même, du lieu et du temps, dans les trois séries.

e) Le musée est une collection d'objets réels.

f) Dans les organismes documentaires, on peut procéder de deux manières: 1° ou bien on constitue en services distincts les collections de choses réelles, les diverses formes de reproduction, les diverses formes d'écrit, soit les catalogues et les répertoires selon les diverses formes de reproduction. 2° On peut au contraire combiner en une série unique plusieurs collections, catalogues ou répertoires qu'il serait possible en principe de distinguer.

g) On peut opérer les classements des diverses collections et de leurs catalogues ou des répertoires en prenant des bases différentes pour les unes et pour les autres, de façon à permettre des recherches à plusieurs entrées.

Le tableau général suivant résume toutes ces distinctions.

1. Réalité. 2. Reproduction de la réalité. 3. Ecrit sur une reproduction de la réalité.	1. Choses elles-mêmes. 2. La mention de chose dans la classification. 3. Le catalogue général inventoriant les choses en elles-mêmes ou appartenant à des collections déterminées. 4. Le catalogue (général ou particulier) de documents relatifs aux choses.	1. Auteur de l'original. 2. Auteur de la reproduction.

411.2 La Documentation.

Par documentation on entendra à la fois l'ensemble des documents et la fonction de documenter, c'est-à-dire d'informer à l'aide de documentation. Il a été traité de ce point dans la partie 1.

411.3 Le problème.

Il y a un problème central à la Documentation comme à toutes les disciplines. Par le fait que le Document est non pas une donnée naturelle mais bien une œuvre dépendante de la volonté humaine, ce problème est de l'ordre de l'action et de son progrès. Comme tous les problèmes d'ordre pratique il ne peut être résolu que progressivement et par approximation successive. La solution dépend de bonnes méthodes, de coopération dans le travail, d'organisation dans les efforts. Le problème se pose en deux parties: quant à l'établissement du livre et du document; quant à leur utilisation.

1. *Quant à l'établissement du livre et du document.*

a) On distingue: 1° *Les Livres,* dans leur ensemble, ont pour fin la transcription des connaissances scientifiques; 2° *La Science* a pour but la connaissance de la réalité; 3° *La Réalité* est l'ensemble des choses corporelles qui existent (monde ou univers).

b) Le but idéal assigné est : pour la *Science* qu'elle soit complète et parfaite et couvre intégralement le champ de la réalité; 2° pour les *Livres,* qu'ils soient complets et parfaits et couvrent intégralement le champ de la science. Les livres devraient donc être les « miroirs » de la réalité.

c) Critique de l'état actuel: 1° quant à la science: a) la science actuelle est incomplète en ce que les connaissances ne couvrent qu'une partie du champ de la réalité (inachèvement de la science); b) la science actuelle ne comprend pas que des vérités (erreurs de la science).

2° Quant aux livres: a) les livres ne transcrivent qu'une parties des données scientifiques et par conséquent qu'une partie de la science (inachèvement des livres); b) ils transcrivent nos connaissances fausses comme nos connaissances vraies (erreurs des livres); c) ils transcrivent plusieurs fois les mêmes connaissances (répétitions); d) ils ne rassemblent pas les exposés des connaissances en quelques ouvrages, mais les divisent et les éparpillent en d'innombrables volumes (fragmentation et dispersion); e) ils ne coordonnent pas les faits exposés suivant leur degré d'importance et d'utilité (mélange du principal et du secondaire).

d) Le problème de l'établissement du livre est donc double: 1° rendre possible la transcription de l'intégralité de nos connaissances; 2° permettre d'extraire de la masse innombrable des livres les connaissances vraies, en écartant les erreurs et les répétitions et en les ordonnant de manière à les sérier et à dégager le principal de l'accessoire.

Deux comparaisons éclairent le problème: il faut mettre de l'ordre dans les «montagnes» de papiers et de documents; il faut créer une « métallurgie » du papier, faire

411.43 Organisation. Concentration du travail et décentralisation.

a) On peut définir l'organisation, l'ensemble des principes et des dispositions pour relier entr'eux d'une façon permanente tous les éléments concourant à un simple ensemble ou à une suite d'acte. C'est à l'organisme formé par cet ensemble et à ses organes reliés aux autres organes qu'est dévolu le soin de veiller à cet ensemble, à son unité, à sa continuité, à son adaptation, à l'éloignement de tout ce qui pourrait le troubler et le détruire, à la réalisation de tout ce qui peut l'améliorer et le développer.

b) L'organisation détermine l'organisme et l'organisme à son tour détermine l'organisation. C'est la fonction qui, en s'exerçant, crée l'organe; c'est l'organe formé (la structure) qui réalise la fonction. Il y a action et réaction, réciproques et continues. Avec l'avènement du règne humain caractérisé par l'intelligence, un facteur nouveau intervient, la finalité des actes, l organisation préconçue, la préfiguration des fins et des buts, en conséquence des plans et des programmes.

L'organisation dès lors se présente à trois stades ou degrés. 1° L'organisation est purement idéologique; elle est dans la pensée. 2° L'organisation est représentée par un organe de caractère social: une convention qui marque un accord convergent de volonté, une institution, un organisme. 3° L'organisation prend un caractère matériel, elle est incorporée dans des objets, des machines, des installations, des locaux.

L'organisation de la documentation doit se poursuivre simultanément et parallèlement dans les trois domaines : idéologique, institutionnelle, matérielle.

c) D'une manière générale, tout ce qui est en dehors du point de vue spéculatif (la pensée pure) et intéresse le point de vue pratique (l'action) donne lieu à «Economie» (organisation, aménagement, gestion, administration) et à Technique. Il y a une Economie et une Technique de la Documentation et elle embrasse les quatre fonctions de production, distribution, répartition, consommation. (Document-économie, biblio-économie, document-technie, biblio-technie.)

Les enfants parlent sans connaître la grammaire, les paysans chantent sans connaître la musique; ainsi les hommes pour la plupart lisent et écrivent sans se préoccuper de technique littéraire ni documentaire. L'élaboration, la connaissance et la diffusion de cette technique perfectionneront les documents dans la mesure où la grammaire et la théorie musicale ont pu perfectionner la langue et la musique. De même les hommes sont sociables; ils se rapprochent et concourent spontanément sans prendre pleinement conscience de la réalité sociale, de la science sociale (sociologie), des techniques sociales. Mais c'est sur la base de ces dernières que finalement il est travaillé au progrès social.

Dans le domaine des livres et des documents en particulier, il y a lieu d'arriver à la conscience d'une organisation, d'une économie, d'une technique. L'organisation rationnelle en tout domaine implique buts et plans, coopération, division et répartition du travail, méthodes, ententes.

d) Tandis que tous les objets autour de nous se transformaient rapidement, le livre a offert longtemps ce contraste qu'en sa forme externe il demeurait quasi immuable. Malgré l'évolution de la pensée scientifique, le contenu bibliologique, les modes d'enregistrement de nos connaissances faisaient peu de progrès.

La Pensée de l'homme depuis un siècle a largement un contenu nouveau, science, technique, arts, littérature, sociologie: l'idéologie a été sinon entièrement révolutionnée, tout au moins profondément modifiée et immensément augmentée. A ce contenu il n'est pas possible que ne correspondent des moyens nouveaux d'expression, une adaptation du contenant: le livre, les documents.

Mais depuis quelques années ces points ont fini par faire l'objet d'études et de mouvements. Des innovations réelles se sont produites. Nous sommes seulement à un commencement.

Un certain nombre d'idées et d'inventions ont apporté un progrès considérable à la documentation: la publicité reconnue nécessaire des travaux scientifiques; la collaboration; la conception d'un cycle reliant toutes les opérations, tous les travaux; la classification; la fiche et le répertoire; l'office de documentation, l'encyclopédie, l'idée de règles, normes, unités s'appliquant au travail et aux productions intellectuelles comme au travail et aux productions industrielles.

e) Au cours des siècles écoulés une technique et une organisation ont été données à la production matérielle des livres (l'imprimerie) et à leur distribution (librairie). C'est un exemple et la justification de la demande d'organiser aussi les autres parties. Ainsi en imprimerie les lettres ont été standardisées (le point typographique), les règles de correction d'épreuves, largement déjà le format. Il y a toute la belle organisation de la librairie avec ses centrales et ses bourses.

On commence à se rendre compte que le travail relatif au livre ne peut gagner en puissance qu'en s'aidant d'un outillage appropriée, qu'il ne peut s'y opérer de la coopération pratique qu'à l'aide de méthodes unifiées et coordonnées. Dans ce double ordre d'idées, chaque jour apporte quelque progrès.

g) On objectera : 1° l'organisation proposée est trop vaste. Mais la pensée elle-même n'est-elle une vastitude incompressible ? 2° L'heure est trouble, cahotique, ce qui divise l'emportant sur ce qui unit. Mais pourquoi ne pas scruter à fond les divergences pour dégager les convergences ? 3° L'organisation se développera d'elle-même avec le temps sans qu'il soit nécessaire de la déterminer. Mais les esprits ont renoncé en tous domaines aux fatalités résignées pour présider directement eux-mêmes aux destinées. L'idée est lancée. Il est toujours temps de présenter de nouveaux arguments ou d'approfondir les premiers.

g) L'organisation de la Documentation est à réaliser à cinq degrés :

I. *Livre et Document.* — L'organisation de la multiplicité des données graphiques et intellectuelles pour en constituer l'unité du livre et du document. a) Livre particulier. b) Livre Universel (Encyclopédie).

II. *Collection de Livres et de Documents.* — L'organisation de la multiplicité des livres et des documents. a) Collections particulières (Bibliothèques, Hemerothèques, Iconothèques, Photothèques, etc.). b) Collections universelles : *Bibliotheca Universalis, Iconographia Universalis.*

III. *Organismes ou Offices de Documentation.* — a) Organismes spécialisés ou localisés. b) Organisme universel.

IV. *Réseau Universel de Documentation.* — a) Centre du Réseau. b) Station du Réseau.

V. *Corrélation.* — a) Avec le Travail intellectuel. b) Avec l'Organisation mondiale en général.

411.5 Des divers principes.

Sont à mettre en œuvre les principes : 1° unité ; 2° universalité ; 3° expansibilité ; 4° rationalisation, normalisation, standardisation ; 5° coopération ; 6° publicité ; 7° Sériation des efforts.

411.51 Unité (Complexité).

L'Unité consiste à concevoir comme un seul ensemble toute la Documentation et à tendre constamment à y ramener tout ce qui aurait tendance de s'en éloigner.

411.52 Universalité (Complétude).

L'organisation d'ensemble proposée embrasse les diverses espèces de documents, de collections et d'organismes aux quatre étapes suivantes :

1° Prototype universel (idéaux). La réflexion scientifique combinée avec l'invention établit à l'état théorique idéal ce qu'il est désirable que soit l'organisation dans son ensemble et dans ses parties. Elle crée ainsi sous chaque partie le Prototype Universel ayant un caractère purement idéal, et constamment susceptible de développement et de revision.

2° Les standards : par convention on établit pour tous les ordres de documents, collections et organismes, les standards et unités. Il y est procédé par recommandations, règles et conventions.

3° Les documents, collections et organismes, du type universel, se conforment aux standards arrêtés et se réalisant dans toutes les parties ou stations du Réseau Universel. Ces collections devraient être désignés par une nomenclature systématique avec termes internationaux (latin). *Editio Universalis. Bibliographia Universalis. Bibliotheca Universalis. Atlas Universalis. Projectio Universalis. Encyclopedia Universalis. Museum Universale.*

4° Collections et organes centraux et ensembles constitués d'une manière conventionnelle sous la direction d'organes centraux mettant en œuvre la coopération.

411.53 Expansibilité (règle). Méthodes universelles et applications particulières.

a) Les méthodes arrêtées sont expansibles. Elles se développent à divers degrés, mais à partir du degré supérieur, celui du maximum d'étendue et de complexité.

Chaque élément de la méthode et de l'organisation offre une échelle de degrés, allant du plus simple au plus complexe (très petit, petit, moyen assez grand, très grand) « qui peut le plus peut le moins ». Des règles destinées à la documentation universelle ne se trouveront donc pas en défaut devant les nécessités de documentations particulières. Pour celles-ci chacun est libre de n'appliquer les méthodes et les règles que jusqu'à un tel degré de détail qu'il juge utile.

b) L'application de ces principes généraux donnent lieu aux observations suivantes : 1° Les règles catalographiques détaillées, comme il importe pour la description des ouvrages rares, les incunables par exemple, peuvent de réduction en réduction se limiter à deux lignes et même à une ligne. 2° La classification peut être simplifiée jusqu'à ne faire usage que de 1, 2 ou 3 chiffres, de n'employer certaines divisions communes (la langue par exemple) ou ne pas employer du tout de subdivisions communes, ou seulement 5, 3 ou même une décimale. 3° La forme matérielle des catalogues peut être celle de fiches en fort bristol ou se réduire s'il le faut à un catalogue imprimé ou manuscrit en volume. 4° Les ouvrages et articles seront analysés et il y a des règles à cet effet, mais on pourra s'abstenir de toutes notes analytiques, de contenu ou de critique. On pourra appliquer un système complet de duplicata et de références ou les limiter aux plus essentiels. 5° On pourra, dans l'organisation de la bibliothèque et des collections de documents eux-mêmes, disposer les pièces dans l'ordre strict de la classification, intercaler à leur place quand les ouvrages ont des références multiples, des cartons repérés en tel nombre qu'il est fait des fiches de références dans les catalogues ; on pourra même diviser une grande bibliothèque encyclopédique en sections correspondant aux principales divisions de la classification, de manière à rapprocher les travailleurs eux-mêmes des ouvrages et à leur donner libre accès aux rayons. On peut n'appliquer le principe du classement systématique sur les rayons qu'à la salle de lecture et y donner libre accès aux rayons, tandis que dans les magasins l'ordre suivi serait celui des numéros d'accession ou d'inventaire, avec éventuellement respect des divers fonds antérieurement constitués.

c) Ainsi les méthodes universelles constituent comme un réservoir général. Il appartiendra à chaque organisme de déterminer lui-même le degré auquel il les appliquera et l'étendue qu'il entend leur donner. *Le Manuel Général des Méthodes* sera donc complété par des instructions écrites, élaborées dans chaque établissement, et dans lesquelles se trouveront incorporées les décisions prises quant à l'application du manuel.

d) Le principe d'expansivité de la méthode offre plusieurs avantages. 1° Tout travail opéré une fois, à quelque degré élémentaire soit-il, est utilisable pour tout travail ultérieur. On sait exactement où l'on va; on peut commencer par n'importe quel bout; on est assuré de pouvoir à tout moment faire mieux et plus complet, de pouvoir faire face à l'accroissement subit ou considérable des collections, aux exigences nouvelles qui s'imposeraient. 2° Ceux qui ont à édifier de grandes architectures de documents (bibliothèque, catalogue, répertoires, archives, services y affectés) se sentent en communion de travail avec tous ceux qui de par le monde appliquent les mêmes méthodes, de pouvoir comme eux coopérer au développement et au perfectionnement des méthodes et des stations d'un réseau universel, et d'être activement reliés au centre de la Documentation Universelle. 3° Pour ceux qui ont à se servir des collections et à recourir aux services des Bibliothèques et Institutions documentaires, c'est avantageux de n'avoir à connaître qu'une seule méthode, générale, synthétique, unique, malgré ses degrés de développement et par suite de se sentir immédiatement « chez eux » partout où on les applique, ce qui fait gagner du temps et permet d'utiliser plus à fond les ressources documentaires de ces établissements. 4° Est rendu possible de plus en plus l'établissement en coopération de certains travaux et services. On s'élève ainsi progressivement à la conception de l'Unité de la Documentation corerspondant à l'Unité des Connaissances: par la pensée, toutes les Bibliothèques, toutes les Archives, tous les Musées, tous les Offices de documentation du monde constituent des branches idéelles d'une seule grande Organisation Universelle dont toutes les œuvres sont, par voie de libre lecture, vision, consultation, prêt, copie ou échange, à la disposition de tous.

« *Ut omnes uniti sint* ». L'on se trouve ici au cœur du problème général du temps présent et aussi de tous les temps: individus et société, égoïsme et altruisme. L'homme a-t-il avantage aux formes supérieures de la socialité (solidarité, fraternité); est-il capable de s'élever jusqu'à elles par un effort conscient, rationnel, dirigé, constant ? Evidemment cet effort ne se justifie que s'il y a échange, réciprocité, mutualité. Mais il faut bien commencer et avoir conscience que le cercle ultime d'expansion, l'universalité et la mondialité, sauront ne pas détruire les cercles de l'individu, de l'institut, de la nation, mais au contraire les épurer de ce que l'égoïsme a nui à leur développement même.

411.54 Rationalisation, normalisation, standardisation.

a) Les règles à suivre pour la standardisation de la documentation ne sauraient être arbitraires. Elles doivent être coordonnées non seulement entr'elles, mais avec toutes les autres standardisations et surtout avec les manières de faire les plus généralement suivies parce qu'elles sont les plus naturelles ou les plus conformes aux habitudes sociales.

b) Les mouvements naturels sont basés sur l'usage prédominant de la main droite. Tous les gestes actifs, tous ceux qui exigent de l'habilité, de la force, de la grâce sont faits par la main droite.

Or les mouvements de la main droite sont commandés par la position du pouce qui, en se superposant aux autres doigts, fait de la main un instrument de préhension apte à tenir un outil, un ustensile et à le manier aisément. Ce fait détermine la position de la plume et la direction de l'écriture qui, chez les occidentaux, est universellement dirigée de gauche à droite et de haut en bas.

La droite demeure la place d'honneur. (L'Evangile déjà fixe cette place. Le Christ à la droite de son Père.) On peut le justifier par la facilité de venir en aide à qui l'on veut honorer. On laisse autrui sur sa droite en marchant, car si l'on va au-devant de lui c'est plus facile pour le saluer du chapeau, pour lui tendre la main.

c) Dans la documentation il est naturel de ramener le plus de règles au livre et à la page du livre. Ceci conduit à quatre directions ou bases fondamentales : 1. de gauche à droite (sens de l'écriture et de la lecture); 2. de haut en bas (id.); 3. retour pérodique à la ligne d'abord, à la page ensuite, au lieu d'une continuité de ligne et d'une continuité de papier; 4. angle inférieur de gauche, base de tous les alignements. Cet angle est fixe quelle que soit la dimension.

D'où les applications suivantes : 1. les livres sont placés sur les rayons de gauche à droite, de haut en bas, en recommençant après chaque rayon et après chaque travée. 2. Les fiches dans les répertoires sont classées de devant en arrière; l'ordre chronologique des fiches est aussi d'avant en arrière; les tiroirs sont disposés de haut en bas, et par rangées distinctes d'un seul tiroir. 3. Dans un dossier, les lettres anciennes sont classées les premières. 4. Dans les fichiers et les classeurs, les fiches divisionnaires sont placées devant les documents et non derrière; les becs et encoches sont disposés de gauche à droite et en ordre strict de subordination (et non en chevauchant et en recherchant la visibilité des titres, bientôt en vain quand de nouvelles fiches sont introduites dans la série). (1)

411.55 Coopération. Collaboration.

a) Devant le travail à accomplir, l'homme peut avoir deux attitudes : l'isolement ou la coopération. Aucune œuvre ne pouvant se réaliser à l'appel d'un simple commandement donné aux choses, il faut que le travail s'élabore successivement. Il est possible qu'un même homme opère la suite des opérations nécessaires par une division introduite dans son propre travail, il est possible aussi qu'une répartition des tâches intervienne et que, pour des motifs divers, l'homme obtienne le concours d'autres hommes. C'est l'acte de socialité par excellence. Ces motifs peuvent être la contrainte, l'échange des valeurs ou l'acte désintéressé en considération de la personne d'autrui, ou du travail à réaliser.

b) Les rapports étant devenus internationaux, ils ont amené la collaboration internationale. Il importe désormais d'envisager et de traiter également les choses de la documentation sous l'aspect universel et mondial.

c) La question se pose ici de l'obligation ou de la liberté dans la coopération. En tous domaines un minimum étant nécessaire, n'est-ce pas par tous les moyens possible qu'il faut le réaliser ? L'exemple du Radio est typique. L'U. R. S. S. y agit à sa guise, elle ne coopère pas à l'organisation mondiale des ondes ; elle interfère, par ses propres ondes, dans tout le système mis en œuvre par les autres pays.

d) Dans les méthodes, bases de la coopération, il y a cinq étapes : 1° elles commencent par une idée théorique ; 2° ensuite elles s'appliquent individuellement ; 3° puis elles font l'objet de recommandations ; 4° finalement de règles ; 5° et on entrevoit le moment où des lois et aussi des conventions et traités internationaux, conclus entre gouvernements, imposeront certaines règles sans lesquelles des travaux fondamentaux ne peuvent se poursuivre.

411.56 Publicité des œuvres et des travaux scientifiques.

Cette publicité est à la base de tout ce qui s'entreprend dans le livre, lequel lui-même se définit « une publication ». On distinguera, entre la possibilité de connaître des faits et l'effort pour les faire connaître effectivement du très grand nombre des individus. La science, la technique, les industries, la conduite des affaires publiques doivent passer, graduellement de l'état de secret à l'état de publicité. Pour les lois, les brevets, le casier civil, l'état civil, les informations administratives telles que les statistiques, on a organisé la publicité.

Devant la multiplicité des travaux qui attendent leur tour de publicité, on sera amené à réaliser leur enregistrement dans des offices spéciaux où chacun pourra en obtenir copie (expédition).

411.57 Sériation des efforts. Etapes.

La différence est grande entre une création de toute pièce, avec des puissants moyens d'idées, d'hommes, d'argent et une organisation reliant des éléments existants et qui ont chacun leurs propres moyens d'existence et de direction. On peut obtenir tout de la contrainte dans le premier cas ; il faut attendre tout de la bonne volonté dans le second cas. L'analogie est frappante ici entre l'organisation scientifique et la synthèse scientifique. Celle-ci s'opère constamment et spontanément dans la liberté avec, à la base, les myriades de résultats analytiques, particuliers et, au sommet, les directives générales, et les principes formulés par les esprits synthétiseurs. Cette synthèse s'opère ainsi en quelque sorte d'elle-même. Le Livre, qu'il faut organiser, est une réalité vivante et ses organismes fonctionnent à la manière de tous les organes sociaux, partie spontanément, partie délibérément, rationnellement, conventionnellement. Le corps de la Documentation *(Corpus documentarium)* donne armature et soutien à la matière bibliologique *(Materia bibliologica)*, laquelle se confond elle-même avec la science, l'art, la littérature, la technique et toute l'action. Il importe de ne détruire que ce qu'on a remplacé, de ne réformer que dans un cadre général, de savoir reconnaître avec tact et subtilité ce qu'il faut laisser à la vie propre et ce qu'il faut, au contraire, placer directement dans un cadre logique et naturel. En conséquence, toute l'organisation définie et conventionnelle doit procéder suivant les étapes déterminées par les circonstances. Il faut savoir préparer et mûrir l'action et considérer qu'en organisant certains îlots dans le vaste fleuve, on donne déjà une direction au flot lui-même.

412 Méthodes.

Les méthodes comprennent : 1° les règles unifiées et codifiées ; 2° le collectionnement systématique des documents eux-mêmes ; 3° la classification offrant un cadre commun à toutes les divisions de l'organisme et sous les numéros desquels figure tout sujet susceptible de l'intéresser ; 4° le système de rédaction analytique et synthétique, monographie et polygraphie ; 5° le système des formats ; 6° le système des fiches et feuilles à classement vertical ; 7° le système des duplicata et références consis-

(1) Le *Deutsche Normenausschuss* (Conseil allemand de la Normalisation) s'occupe depuis plusieurs années de la rationalisation dans le domaine des bibliothèques. Il poursuit l'application du DIN-format aux formats des livres et des revues, l'unification des titres cités (Zitiertitel), de la classification et d'autres matières. Le sous-comité pour la normalisation des bibliothèques est présidé par le Directeur Général Dr Kruss, délégué à la Commission de Coopération Intellectuelle de la S. D. N.

tant à faire figurer un même document dans les diverses séries fondamentales de la classification auxquelles ils se réfèrent ; 8° le système des répertoires et celui des dossiers disposés dans les classeurs verticaux formant des ensembles organisés. 9° Méthodes documentaires universelles et applications particulières.

Dans l'élaboration des méthodes universelles, il a été procédé par l'Institut International et dans ce traité de deux manières différentes :

1° Certaines méthodes ont été élaborées directement.

2° D'autres, déjà réalisées en dehors, ont été adoptées mais revisées, élargies, intégrées au système général.

412.1 Règles unifiées et codifiées.

Il faut des règles précisant et coordonnant les formes des documents et les ensembles qu'ils constituent : règles susceptibles de perfectionnement, formes et ensembles pouvant être conçus selon des types fondamentaux, les uns traditionnels, les autres nouveaux. Les règles bibliographiques et documentaires internationales ont à faire l'objet d'un « Code coordonné de la Documentation ».

La question des méthodes domine l'art du Livre, de la Bibliographie, des Bibliothèques, comme elle domine l'art de toutes les autres disciplines. Par les méthodes, celui qui traite le livre est nanti des moyens qui lui donnent sa compétence et sa technicité. Il y a une Technique générale du classement des documents, une Technique bibliologique, une Bibliotechnie.

La technique repose sur ce principe fondamental : appeler à l'existence réelle des conceptions et des idées, en tenant compte des conditions de l'espace et du temps. Les opérations dans les organismes documentaires s'inspirent de ce principe et peuvent ainsi être définies une distribution adéquate des objets, des ressources et des énergies, selon le lieu et le moment. « A vrai dire, dit Coyecque, tout est technique, en d'autres termes, pour faire une chose et pour la bien faire, il faut avoir appris à la faire ». Toute technique, pour guider efficacement l'action, doit être fondée sur la science de l'objet dont elle s'occupe. Il y a une technique du Livre et du Document, une Bibliotechnie ; et elle doit reposer sur la science du livre et du document, la Bibliologie.

412.2 Collections systématiques.

Le collectionnement est l'action de réunir en collections. Les documents existants formant des séries, on est naturellement conduit à les réunir tous et à former ainsi en corps réel, ce qui n'a jusque là d'existence que comme ensemble idéal.

Les catalogues universels sont des préfigurations des collections universelles. Ainsi le catalogue des livres existants (bibliographie) figure en avance l'ensemble que sera un jour la collection des livres réunis en bibliothèque ; le catalogue des objets préfigure la collection des choses ou le musée. L'exemple typique est celui des collections de timbres-poste. Chacun, par le catalogue édité de toutes les émissions timbrophiliques, peut connaître à l'avance sur quoi doit porter son effort de collectionneur. Et il en est ainsi de toute série de pièces, documents compris, dont on poursuit systématiquement la réunion, soit par la concentration de pièces inconnues recherchées, soit par la mise ensemble de pièces connues et décrites d'avance.

412.3 Classification et classement.

L'importance de la matière et le fait que les Tables de la Classification Décimale, dont la 2e édition vient d'être achevée, contiennent de nombreuses indications de principes et de méthdes, nous font réduire des développements qui pourraient paraître de proportions démesurées à cette place.

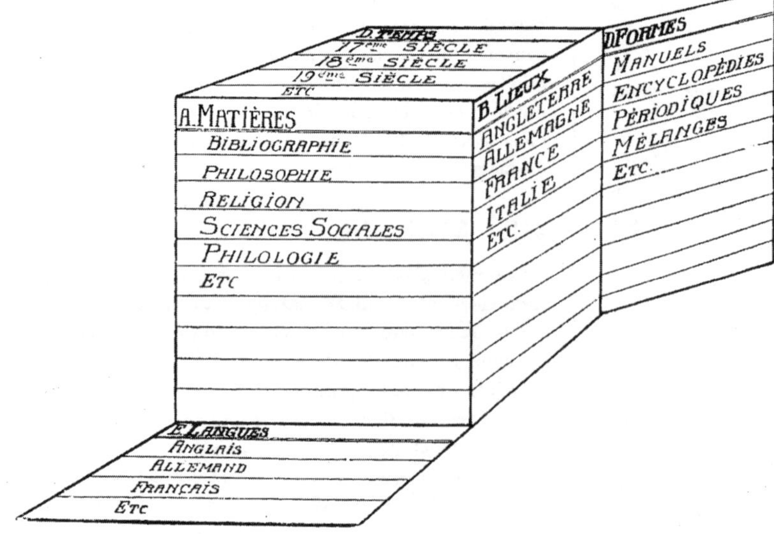

LA CLASSIFICATION BIBLIOGRAPHIQUE :

La masse de livres délaissée à différents points de vue, successivement ou simultanément (subdivision) selon les cinq caractéristiques suivantes : A. Matière ; B. Lieux ; C. Temps ; D. Formes ; E. Langues.

412.31 Notion de la classification.

On entend par *classement* bibliographique, l'art de disposer les ouvrages d'après leur matière (sujet ou contenu) et par *classification*, le tableau ou les tables qui disposent les connaissances dans l'ordre où doivent l'être les ouvrages eux-mêmes.

La classification bibliographique est un ordre de suite. Elle se développe en une série linéaire unique dont tous les termes occupent, les uns par rapport aux autres, une place ou rang désigné par un signe (mots, nombres ou symboles quelconques ordonnés en système).

La classification est l'armature de l'organisme intellectuel qu'est la bibliothèque ou une collection de documents. Elle a de multiples utilités: 1° elle sert au choix des ouvrages, car elle constitue un véritable plan d'acquisition; 2° elle est utile à la lecture car elle présente le plan d'un cycle de lectures fondamentales (autodidaxie); elle sert aussi pour l'étude de la terminologie, pour l'ordonnancement des matières de l'encyclopédie; 3° le catalogue méthodique de la bibliothèque et des collections est fondé sur elle; 4° le placement des ouvrages sur les rayons et des documents dans les classeurs est opéré dans son ordre; 5° elle constitue un classement des connaissances dans l'esprit.

1. — *Division de l'étude.*

Une étude complète de la classification embrasserait les questions suivantes :

A. — La classification en général. — Taxonomie.

1. Préliminaires. Définition. Importance. Rapports et corrélations avec la Science en général, la Logique, le Langage, l'Ecriture et la Notation, la Documentation, les objets et les arts. 2. Notions fondamentales. Réalité et conception, l'individu et la classe, les catégories. Les ordres taxonomiques fondamentaux. 3. Degrés dans la classification : Classification d'une chose, d'une science, de l'ensemble des sciences. 4. Espèces de classification : naturelle et conventionnelle. 5. Notation, expression de la classification : mots-matières, symboles. 6. Formes de la classification: alphabétique (analytique), méthodique (synthétique).

B. — La classification décimale universelle (C. D. U.).

1. Notions, Historique et Développement. 2. Caractéristiques et Plan de la classification. 3. Notation. 4. Rubriques et nombres simples ou composés. 5. Les Tables systématiques, alphabétiques, synthétiques. Concordance avec les principales classifications. 6. Emploi. Applications et indexations diverses: Publications (titres, tables et index), Catalogue (bibliographie), Collections (bibliothèques); musées; répertoires, archives et dossiers divers, brevets, législation, statistique, comptabilité. 7. Editions diverses de la C. D. 8. Examen critique de la Classification; réformes proposées. 9. Organisation de la coopération pour le développement de la C. D.

2. — *Classification théorique.*

Classer est la plus haute opération de l'esprit, celle qui implique toutes les autres. L'esprit s'élève à mesure qu'il est susceptible d'abstraction, de systématisation et de synthèse. Classer donne lieu à quatre opérations distinctes, quatre démarches successives de l'intelligence.

a) De la multiplicité des choses (être, objets, phénomènes, événements) dégager par comparaison les classes ou types les plus généraux et établir ensuite les rapports entre eux selon les lignes d'une architecture intellectuelle d'ensemble (systématique, construction de la science).

b) Désigner chacune des divisions ou rubriques du Tableau de la Classification ainsi obtenu par une notation adéquate, cotes ou indices (Langage).

c) Ensuite, pour chaque objet qu'il y a lieu de classer (note, livre, fiche, document quelconque), reconnaître sa place dans la classification comme contenu par rapport au contenant; fixer cette place en inscrivant sur l'objet la notation correspondante (indexation).

d) Enfin, former la collection ou l'ensemble des objets à classer (livres, documents, etc.) de telle sorte que son ordonnancement reproduise l'ordre même de la classification (classement).

3. — *Difficulté de la classification.*

Cependant, dans l'état actuel d'avancement des connaissances :

a) La Science dans sa plus grande partie n'est pas encore construite et les desiderata d'une structure logique (induction et déduction) ne sont pas satisfaits.

b) Le langage usuel n'est pas adéquat pour dénommer les concepts scientifiques car: a) ce langage est aussi multiple et varié qu'il est de nations, alors que la science elle, est universelle; b) ce langage consiste en un système de vocables reposant sur de superficielles et lointaines analogies remontant aux âges d'ignorance de l'Humanité. (Ex.: le nom Soleil dérivé d'une racine sanscrite qui signifie brillant sert à désigner un corps bien déterminé du système solaire); c) les vocables rangés selon l'arbitraire de l'ordre alphabétique des lettres qui les transcrivent ne révèle rien de l'ordre systématique des choses que révèle ou formule la science.

412.32 Types de classification bibliographique.

Il existe d'innombrables systèmes de classement. Tous cependant peuvent se ramener aux types du tableau suivant :

- Classification systématique.
- Classification alphabétique.
  - Sans notation.
  - Avec notation.
    - Notation par chiffres.
    - Notation par lettres.
    - Notation par autres symboles.
    - Notation par combinaison de chiffres, lettres ou symboles.

412.33 Classification alphabétique. Classification décimale.

La classification alphabétique fait usage de mots, noms propres et noms communs, rangés dans l'ordre de l'alphabet, à la manière du dictionnaire: elle est pratique parce qu'elle n'exige aucun instrument intermédiaire pour le classement.

Mais la classification alphabétique par matières a sur la classification décimale les désavantages suivants : 1° elle éparpille la matière sous des rubriques classées arbitrairement dans l'ordre des lettres et non point dans l'ordre des idées comme le fait la C. D.; 2° elle oblige chacun à fixer soi-même son choix sur les rubriques à utiliser tandis que la C. D. offre un cadre tout prêt; 3° elle oblige à écrire des mots plus longs que les chiffres, il en est surtout ainsi lorsqu'on désire diviser le mot principal par des mots secondaires ou ceux-ci par des mots tertiaires, alors qu'il suffit d'ajouter aux nombres décimaux un ou deux chiffres; 4° les mots-matières n'ont de signification qu'en une seule langue, tandis que les indices de la C. D. sont internationaux; 5° tout classement alphabétique par l'arbitraire du choix des mots a un caractère personnel, tandis que la C. D. a un caractère impersonnel et universel. Par elle est rendue possible la centralisation automatique de documents et de données émanant des sources les plus diverses; 6° dans l'échange des correspondances, si le correspondant A a eu soin d'inscrire l'indice de classement des pièces sur la copie et sur l'original et cela par une seule frappe, il dispense le correspondant B de procéder lui-même au classement chez lui des originaux. D'où dans l'ensemble une économie de 50 % dans le classement de ces pièces.

412.34 Principales classifications systématiques.

Les classifications françaises ont fort vieilli: telles celles de Brunet, de la Bibliographie de la France. — Dans les pays anglo-saxons on connaît les classifications de Dewey (Decimal Classification), de Cutter (Expansive Classification), de James Duff Brown (the Subject Classification). La Bibliothèque du Congrès, à Washington, a sa propre classification. H. E. Bliss (*The Organization of Knowledge* in Libraries, 1933) a présenté une critique des grands systèmes et formulé des propositions pour une classification nouvelle. (1)

(1) Ont spécialement traité de Classification bibliographique dans leurs écrits: Bishop, Bradford, Ch. Coulson, Charles A. Cutter, Carl Diesch, H. H. Field, Donker Duyvis, Rudolf Forke, Rudolf Gjelsness, Hanauer, E. Krelt, E. Wyndham Halme, H. Lafontaine, Margaret, Mann, Charles Martel, William Stetson, Mervil, Julia Petter, Ernest Cushing, Richardson, Ch. Richet, W. C. Bernwick Sagers, Georg Schneider, H. Sebert, A. R. Spofford, A. Law Vöge, etc.

412.35 Historique des systèmes existants.

L'histoire des classifications bibliographiques, dites aussi systèmes bibliographiques, est très ancienne et très longue. Elle permet de constater les influences diverses successives qui se sont exercées sur elles. Sans entrer dans aucun détail, voici quelques faits généraux qui caractérisent les grandes étapes parcourues.

On ne sait rien de bien précis sur les systèmes de l'antiquité, bien qu'il soit certain qu'il aient existé. On connaît les systèmes du moyen âge basés sur le trivium et le quadrivium. Ils servaient aux bibliothèques des monastères, des cathédrales et des châteaux. Au XVIe siècle, avec le développement de l'imprimerie et le progrès des doctrines de liberté religieuse et politique, il y eut des tentatives d'innovation. Gesner en donna le premier exemple.

Au XVIIe siècle, on vit apparaître les systèmes philosophiques fondés exclusivement sur un classement *à priori* des connaissances humaines. C'est la suite des traités de Bacon et des autres réformateurs des méthodes scientifiques. Ces classifications, cependant, furent appliquées avec une extrême réserve. Au XVIIIe siècle, au contraire, on remarqua parmi les systèmes bibliographiques les mêmes tendances à suivre la tradition ou à appliquer de nouveaux classements à base philosophique. L'ouvrage de Gabriel Peignot (1802) dit bien, par son titre même, toute l'influence exercée sur les systèmes par les progrès de la classification des sciences :

« Essai d'un système bibliographique calqué sur les trois divisions de l'Encyclopédie et précédé d'une notice sur l'ordre observé par Bacon, d'Alembert et Diderot, dans le tableau sommaire des connaissances humaines. (1)

Au XVIIIe siècle et au commencement du XIXe siècle régnait l'idée, spéciaement chez les écrivains français, qu'il appartenait au bibliographe d'apprécier la valeur de tous les livres qu'il enregistrait et d'indiquer la place exacte que tout livre devait occuper dans une classification logique de toute la littérature basée sur une classification antérieure de toutes les connaissances. Mais, peu à peu, on en vint à condamner comme impossibles ces sortes de classifications et l'on revient aux anciennes méthodes. La classification de Brunet, dans son *Manuel du Libraire* (1810), marque ce retour. Cette classification était, au fond, celle créée par les libraires érudits du siècle précèdent et qui, longtemps fut utilisée en France et au dehors.

Dans l'ensemble du mouvement bibliographique, la France s'est signalée par un très grand attachement à la tradition. L'Angleterre a produit des systèmes pratiques et presque toujours conformes aussi à la tradition. L'Alle-

(1) Peignot, *Dictionnaire raisonné de Bibliographie*, t. I, pp. 256-289.

magne s'est manifestée par des systèmes qui, dans les divisions principales, étaient fondés souvent sur des considérations philosophiques assez vagues. L'Amérique s'est attachée surtout à adopter des dispositions pratiques et uniformes. Dans sa *Bibliotheca bibliographica*, parue à Leipzig en 1866, J. Petzholdt décrivait déjà, dans l'ordre chronologique de leur création, 115 systèmes bibliographiques dont le premier remontait à 1347. Depuis cette époque, plus d'une soixantaine sont venus s'y ajouter.

Une certaine unité s'impose, ou tout au moins la superposition, aux systèmes particuliers, d'un système général auquel ils seraient tous rapportés et qu'on appliquerait chaque fois qu'il n'existerait pas de motifs impérieux de s'en écarter.

A côté des classifications bibliographiques, on a vu se former d'autres types de classification visant à des buts utilitaires. Ce sont d'abord les classifications des grandes expositions universelles. Depuis 1853 (Londres), date de la première d'entre elles, ces classifications ont été en se simplifiant, se détaillant et se coordonnant. Des esprits éminents y ont travailé (par exemple: Le Play, en 1855). Dans la forme dernière que leur a donnée le Comité international des expositions, elles représentent le fruit de beaucoup d'expérience. Les classifications adoptées dans les grands musées ont été l'objet de soins spéciaux et il existe aujourd'hui des musées de tout. Il existe aussi des classifications d'une très grande importance pratique destinées au classement des brevets d'invention, au classement de la statistique (industries et professions), au classement des marchandises (tarifs et statistiques des douanes), à l'organisation des grands magasins, etc. Une mention leur est due dans cette brève revue de l'Histoire des classifications.

412.36 La Classification décimale.

a) *Principe.* — L'Institut International de Bibliographie est passé outre à ces difficultés que le temps seul pourrait aplanir. Pour les fins de l'Organisation de la Documentation, il a placé au-dessus de tout l'existence d'une classification qui soit universelle, standardisée et immédiatement formée, fût-elle même conventionnelle et incomplète en son expression. Il a élaboré, en deux éditions successives (1095 et 1927/29) une Classification pratique.

b) *Caractéristique.* — La Classification décimale répond aux dix caractéristiques de la définition suivante :

1° Classification systématique dans sa disposition et encyclopédique dans son contenu.

2° Notation décimale, dont les nombres se combinent entre eux selon certaines fonctions correspondant aux aspects fondamentaux des documents.

3° Classification exposée dans des Tables à doubles entrées, l'une méthodique et l'autre alphabétique.

4° Permettant à volonté une indexation sommaire ou détaillée.

5° D'application universelle à toutes espèces de documents et objets.

6° A toutes les collections ou parties d'un organisme documentaire.

7° Appropriée aux besoins de la science spéculative et à ceux de l'activité pratique.

8° Susceptible à la fois d'invariabilité et de développement illimité.

9° Instrument prenant place dans l'Organisation internationale de la Documentation.

10° La Documentation conçue elle-même comme base de l'Organisation mondiale du Travail intellectuel (voir Publication n° 51 de l'Intitut International de Bibliographie).

c. *Fondement.* — L'unité de classification est indispensable pour mener à bien le travail documentaire. On avait élaboré jusqu'ici 170 classifications bibliographiques différentes. Or, aucune coopération n'est possible si chacun reste cantonné dans son système. Il a donc été nécessaire d'unifier le classement et de proposer l'adoption d'une Classification universelle, à la manière dont la Convention française conçut la nécessité d'un système universel de poids et mesures. En 1895 la première Conférence Bibliographique Internationale fit choix à cet effet de la Classification décimale en adoptant tout un plan pour son développement. En 1904 parut l'édition des tables développées.

L'édition toute nouvelle de la Classification décimale, publiée par l'Institut International de Bibliographie a été achevée en 1933. Elle comprend en ses tables méthodiques 66,000 divisions et dans son index alphabétique environ 40,000 mots. L'œuvre est comprise dans un volume de 1,153 pages à 2 ou 3 colonnes. La Classification décimale a reçu à ce jour les plus larges applications en relation avec le Répertoire Bibliographique Universel. Due à Melvil Dewey en sa forme initiale, elle est maintenant le résultat d'une vaste coopération dirigée par l'Institut, coopération volontaire et anonyme offrande de pensée et de travail à la communauté humaine.

Toutes les connaissances y sont représentées en leur cycle entier; l'encyclopédie du savoir. Le principe en est très simple. Un classement alphabétique par mot-matière est trop empirique pour satisfaire aux besoins de groupement et de système de la science. C'est l'éparpillement; c'est la difficulté de manier les expressions complexes que l'on trouve dans la terminologie moderne de discipline telles que la médecine, la technique, les sciences sociales; c'est surtout l'impossibilité d'asseoir la coopération internationale sur une base aussi étroitement nationale que les langues différentes pour chaque pays.

La Classification décimale, elle, se présente comme une vaste systématique des connaissances, sorte de «table de matières des tables de matières» de tous les traités et périodiques spéciaux. Mais comme il serait impossible de retrouver dans semblables classifications la place assignée à un sujet par rapport à un autre sujet, un numérotage marquant l'ordre, s'impose. Ce numérotage est décimal, ce qu'un exemple fera bien comprendre. Voici l'allotropie, elle sera classée ainsi :

5e classe Sciences naturelles.
4e groupe Chimie pure.
1re division Théories chimiques.
7e subdivision Allotropie.

soit : 541.7.

Ce nombre 541.7 est dit décimal car le savoir tout entier est constitué par l'unité, dont chaque science est une fraction, et chaque question particulière est une décimale d'un ordre plus ou moins subdivisé. Pour abréger, l'on a supprimé le zéro de la notation complète, qui serait 0.541.7, le zéro se serait répété devant tout nombre. Le nombre formé de chiffres, ici « cinq, quatre, un, sept » peut s'énoncer distinctement sous cette forme, ou encore en groupant les chiffres par tranche de trois comme au téléphone on les groupe par deux, soit en énonçant ainsi : « cinq-cent-quarante et un, sept ». Le nombre demeure seul pour désigner un sujet, car on a laissé tomber naturellement les mots sous-entendus, et toujours les mêmes, de « classe, groupe, division et subdivision ».

La classification est encore dite décimale, par ce que c'est en dix classes puis, dans chacune d'elles, en dix groupes, ou moins puis dans chaque groupe en dix divisions ou moins que l'on répartit toutes les matières. Il suffira de traduire les mêmes tables dans toutes les langues pour que le même numéro **541.7** ait dans toutes la même signification ; il suffira de subdiviser ce nombre par de nouveaux chiffres décimaux, correspondant à des subdivisions de l'« allotropie » (soit l'isomerie, la tautomerie, la polymerie) pour suivre le développement scientifique futur dans toutes ses ramifications ; il suffira enfin d'inscrire ce nombre sur tout document, livre, brochure, article, notice bibliographique, pièce quelconque qui concerne l'allotropie pour assurer son classement suivi dans l'universalité des questions scientifiques.

L'index alphabétique de la table renvoie au numéro classificateur de chaque mot, comme l'index d'un livre renvoie aux pages. Et grâce à son indice le document se retrouvera avec la même facilité qu'un lieu désigné sur la sphère par des degrés de latitude et longitude.

A ce premier principe, très remarquable, de la classification décimale s'ajoute un second : la combinaison des nombres classificateurs entre eux chaque fois qu'il y a utilité d'exprimer une rubrique composée ou complexe. Voici la question de la Statistique 31 et celle des industries chimiques, **66**.

Une convention admet que les nombres s'unissent par le simple signe : et l'on peut écrire.

31:66 Statistique des Industries chimiques.

Ceci marque la relation générale mais un sujet a aussi une situation dans l'espace et dans le temps. Il peut s'agir d'industries chimiques en France et ce limité à une période telle que le XIXe siècle (c'est-à-dire de 1800 à 1899). Le signe caractéristique des divisions de lieu étant la parenthèse et celui des divisions de temps les guillemets (doubles parenthèses) on pourra former l'indice composé 31:66 (44) «18» Statistique des Industries chimiques en France au XIXe siècle.

Soit une expression de quatre nombres formés ensemble de 8 chiffres séparés par trois signes caractéristiques pour exprimer, en fonction de l'universalité du savoir, quatre rubriques subordonnées, exprimées en écriture courante par 53 lettres. Comme tous les termes de ces nombres sont réversibles, ils peuvent servir sans difficulté à un classement géographique ou chronologique aussi bien qu'idéologique. On dira par exemple :

(44) 31:66 «18» France-statistique — industrie chimique XIXe Siècle (classement à base de lieu).

«18» (44) 31:66, XIXe Siècle, France-statistique-industrie chimique (classement à base de temps).

Les subdivisions expliquées ici, de la relation et de la situation (lieu et temps) des rubriques peuvent être complétées selon le cas par des subdivisions de documentation, relative à la forme et à la langue du document (par exemple : revue, en italien). Enfin on aura des subdivisions communes à toutes les parties d'une science eu même à toutes les industries pour exprimer certains points de vue, certaines questions que l'on retrouve dans plusieurs : par exemple : Composition des corps, propriété, préparation, serait exprimé par le numéro 02,03,05 ajoutés à n'importe quel corps chimique.

Par exemple 546.52 Thallium.
546.52.02 composition du Thallium.
546.22 Soufre.
546.22.02 composition du Soufre.
546.22.05 préparation du Soufre.

En vertu de la loi des combinaisons et des permutations, les tables de classification existantes permettent de former à volonté des millions de nombres classificateurs composés. De même que la numération arithmétique ne nous donne pas tous les nombres déjà formés, mais nous procure le moyen de les former quand nous en avons besoin ; de même la classification nous fournit le moyen de créer des nombres classificateurs au fur et à mesure que les documentations arrangées nous présentent des rubriques composées à traduire en notation chiffrée.

5. *Progrès en voie de réalisation.*

La Classification décimale va sans cesse en se perfectionnant, grâce au principe de la décimalisation mis en œuvre par la collaboration aujourd'hui déjà fort étendue de spécialistes de tous pays.

Parallèlement se poursuit l'élaboration : a) d'une structure synthétique des sciences (logique et méthodique) ;

b) d'une classification scientifique et philosophique (Taxonomie) ; c) d'un langage scientifique et d'une notation rationnelle)(Terminologie et symbologie). De la classification synthétique, une ou multiple, et en constante évolution, on peut se reporter, par voie de concordance, à la Classification décimale elle-même qui possède ainsi en elle un nouvel ordre d'entrées, complémentaire de celui qu'elle a déjà dans son index alphabétique.

c) *Concordances entre classifications.*

Des concordances peuvent être établies entre la classification décimale considérée comme classification universelle auxiliaire et les classifications spéciales en usage. Exemples :

	Class. décim.	Intern. Catal.	Cutter	Halle (Hartwig)
Calcul intégral. . .	517.3	A. 4000	—	Pc, I. 3B
Littérature allemande.	843	—	Y.V.	Dc

a) La classification décimale a trois caractères : 1° Conventionnel et standardisé ; 2° Auxiliaire ; 3° International. Elle ne vise à être ni la plus logique des classifications, ni l'unique. b) L'élaboration de cette classification jusqu'à celle qui sera continuée par la tenue à jour, se développent dans le cadre des idées suivantes : La classification décimale, faite maintenant des tables systématiques et d'un index alphabétique sera complétée par des tables synthétiques qui n'auront pas de notation propre, qui pourront constamment se transformer et adopter les variantes des divers systèmes et écoles en présence. La classification décimale pourra périodiquement, après de grandes durées de temps, faire l'objet de refonte radicale, de manière à ne pas opposer son intangibilité aux nécessités du progrès des sciences et de la vie. L'Institut International de Bibliographie, en liaison avec d'autres organisations intéressées, poursuivra les études relatives à la classification en général, (Théorie et pratique : Taxonomie), de manière à établir les éléments des tables synthétiques et ceux de la refonte périodique.

412.37 Développement de la classification en général dans quatre directions différentes.

Un immense effort a été fait à travers les âges, et plus particulièrement au XIXe siècle, pour améliorer les classifications et pour en approfondir les notions fondamentales. Confondus à l'origine, ces efforts, aujourd'hui, se portent sur quatre objets différents :

1° *La théorie de la classification,* qui relève de la logique. Cette théorie s'est précisée et enrichie d'observations nouvelles.

2° *La systématique* de chaque science, de chaque ordre de connaissance, énumération des êtres étudiés, leur sériation naturelle, cadre des études et des organisations d'études.

3° *La classification des sciences,* ou relation entre elles de toutes les branches des connaissances devant satisfaire aux lois de la logique et se fonder sur toutes les systématiques particulières, tout en s'abstenant des détails de celles-ci.

4° *La classification bibliographique et documentaire,* dont l'objet tout utilitaire est la mise en ordre et la récupération rapide et sûre des pièces et documnets de toute nature. Elle vise à être aussi pratique et complète que possible. Elle se conforme aux lois de la logique, elle utilise les systématiques particulières et la classification des sciences. Mais elle renonce à être une œuvre de la raison théorique pour se borner à en être une de la raison pratique. La continuité, la stabilité, ses desiderata principaux, justifient les discordances avec l'ordre scientifique rigoureux. Et son caractère propre dérive encore d'un autre fait. Devant servir à l'ordre dans les documents et non dans les idées, il ne lui suffit pas d'énumérer, dans ses divisions, des êtres et des phénomènes ; elle doit énumérer aussi des documents et la manière dont les notions y sont combinées et incorporées. Ce fait influence le groupement même des rubriques. La classification, en effet, doit pouvoir servir au classement des ouvrages anciens comme à celui des ouvrages modernes, à ceux qui développent leur sujet selon des plans traditionnels comme à ceux qui les développent seon des vue nouvelles. La classification bibliographique et documentaire est donc semblable, dans son développement, à une langue. On y a constamment ajouté, abandonnant au temps le soin de laisser tomber en désuétude quelques parties, mais ne procédant jamais par refonte radicale ni synthèse nouvelle. La langue possède des mots et des formes de tous les âges ; elle multiplie ses exceptions selon les besoins, elle n'a d'autre but que d'être expressive, c'est-à-dire de pouvoir tout dire et être sûre d'être comprise. Ainsi la classification, fleuve sans cesse accru de rivières, de ruisseaux, s'est constituée d'additions successives et a conservé dans son lit tout ce que le temps a charrié vers elle. Elle a cherché à tout classer et à permettre, à tout moment, de tout retrouver. Mais quoique désormais bien distinctes, la théorie logique des classes, la systématique, la classification des sciences et la classification documentaire s'influencent étroitement et les progrès de l'une profitent à toutes les autres.

412.38 Taxonomie générale. Science de la classification.

Le fait qu'on a pu relever et décrire près de 200 classifications différentes du seul ordre bibliographique, sans parler des classifications élaborées dans les sciences, donne une base objective à la Taxonomie. Ce terme a été proposé par Durand de Cros dans son ouvrage : « Essai de Taxonomie » (Paris, Alcan).

Il convient de le réserver à l'étude historique, comparée, théorique et technique de la classification en général et de toutes ses espèces ou formes.

D'une manière générale toute classification est une création consciente. A ce point de vue, il est difficile de distinguer ici, comme dans la langue, entre ce qui est inconscient et conscient, naturel et artificiel. (Bien que dans la langue même il fallut dès l'origine reconnaître cet élément conscient.) Cependant entre le propos délibéré d'une classification universelle et la simple élaboration d'une classification empirique pouvant répondre à des besoins pratiques, il y a une distance telle qu'il importe de distinguer pour en traiter, comme dans la langue elle-même, trois disciplines distinctes.

1° *La Taxonomie historique et comparée*, consacrée à la description des classifications existantes aux lois de leur production, à leur confrontation systématique. Dire ce qui est, doit être ici la préoccupation exclusive.

2° *La Taxonomie constructive*. — Elle s'attache à diriger l'évolution et la transformation des classifications existantes. (Depuis 1912, Ph. Karblinger a proposé une linguistique constructive ayant en vue de faire que les linguistes s'occupent des langues naturelles et de leur évolution dirigée, de la même manière que les académies interlinguistiques s'occupent des langues artificielles).

3° *La Taxonomie normative*. — Système total de théories et techniques servant à la production d'une classification universelle. (Le terme de linguistique normative a été proposé par X. de Jezierski en 1927 pour dénommer une discipline analogue en ce qui concerne la production des langues universelles.)

L'aptitude logique est un attribut de la classification. Plus une classification est logique et plus elle est apte à ordonner de manière exacte tout ensemble d'idées, de documents ou d'objets. Il n'y a pas de classification qui ne satisfasse plus ou moins à cette condition. L'expérience il est vrai, démontre qu'on peut arriver à classer une matière plus ou moins difficile avec n'importe quelle classification. Mais l'introduction d'un formalisme logique. qui n'existe pas dans les classifications usuelles, apparaît comme de haute utilité.

Il y a lieu également de placer les études de taxonomie dans le cadre plus général des études connexes : antécédentes, conséquentes ou parallèles : La classification a les rapports les plus étroits avec : 1° La Documentation. 2° L'histoire des sciences. 3° La Philosophie générale des sciences. 4° La Logique : 5° Les études sur la langue et en particulier « l'interlinguistique » ou études des langues artificielles. 6° Les données relatives à la notation en général (Symbolie, pasigraphie). 7° Celles relatives à la représentation graphique : schéma. 8° Les données relatives aux mesures (métrologie).

412.4 Documents analytiques et synthétiques. Monographie et polygraphie.

On distingue le document analytique et le document synthétique, la monographie analytique et la polygraphie synthétique. Par une analyse bien conduite, les choses se décomposent en éléments derniers ; par une synthèse complète, les éléments divisés peuvent se regrouper dans leur unité première ou selon d'autres types d'unité.

Analyse et synthèse sont des méthodes fondamentales, qu'il s'agisse de conceptions ou de choses réelles. Appliquées intégralement et systématiquement, elles facilitent l'organisation.

412 5 Système des formats.

a) Le papier est la matière qui est le plus universellement employée. La suppression de ses innombrables formats et leur remplacement par quelques-uns serait économique et efficace.

b) *Formats appliqués par l'Institut International de Bibliographie.*

Ces formats, déterminés, en centimètres, sont :

1° *Format fiche :* 7.5 × 12.5 posée dans le sens de la largeur. Ce format a été adopté par les Conférences Internationales de Bibliographie. C'est le format de l'ancienne carte postale universelle. Il y a concordance entre les mesures métriques (7.5 × 12.5) et les mesures anglaises (3" × 5").

2° Le *format quarto* (dit machine ou coquille) : 21.5 × 27.5. Format appliqué aux dossiers des archives documentaires. Les publications faites en ce format se recommandent particulièrement pour les motifs suivants : a) la division en deux colonnes donne la justification conforme aux desiderata de la physiologie de l'œil ; b) la disposition des marges apporte une économie aux frais d'impression à égalité de matière imprimée ; c) l'identité de formats avec celui de la correspondance et des notes dactylographiées facilite l'insertion dans les dossiers des fascicules ou des feuillets qui en sont détachés.

3° Le *format carte postale*, à raison du grand nombre de documents photographiques édités à cette grandeur (9 × 14) posé dans le sens de la largeur.

4° Le *format tableau*. La série des planches du Musée Mondial et de l'Atlas de ces planches (Encyclopedia Universalis Mundaneum : Atlas) est établi sur ce format (64 × 67).

5° Le *format (23 × 24 mm)* pour l'établissement des vues à projeter. Ce format est utilisé tant par les microfilms que par les microgrammes constitués par leur impression sur papier. C'est le format international adopté par la cinématographie.

c) *Format DIN.*

Réalisé dès 1923 par la Deutsche Industrie Normung, d'où le nom de Normalisation Format DIN, adopté en

1928 au Congrès International par 11 pays. Tous les formats ont pour rapport de leurs dimensions : $1 : \sqrt{2}$.

La surface d'origine est la feuille de papier de 1 m2 qui a pour dimensions 841 × 1189 mm. Les formats suivants sont déduits de celui-ci par pliage ou coupage par moitié dans le sens de la plus grande dimension. Chacun de ces formats a pour appellation la lettre A suivie du chiffre de plis nécessaires pour l'obtenir, à partir du format d'origine qui s'appelle A0. Le format intermédiaire se déduirait d'une série B et les intermédiaires des intermédiaires d'une série C calculée de la même façon par moyennes géométriques.

La préférence doit aller à la série A et on ne doit passer aux séries suivantes qu'en cas d'absolue nécessité.

d) Aux Etats-Unis et en Grande-Bretagne les essais ont porté sur la simplification du nombre de formats existants. Constatant que le format DIN entraîne une dépense supplémentaire de papier d'environ 10 %, on a élaboré en France un nouveau système basé sur les nombres Renard, dits aussi « nombres normaux » déjà appliqués internationalement dans diverses industries, notamment la métallurgie et l'électricité et applicables à tous les problèmes, formats, poids et tolérances diverses. Le principe est celui-ci : dans l'établissement d'une série rationnelle de nombres croissants, représentant des dimensions, poids, surfaces, volumes, vitesse, puissances, mesures quelconques, les écarts séparant deux nombres consécutifs de cette série doivent être progressifs et calculés proportionnellement aux nombres qui les encadrent. Le format français proposé est une série principale : carré 45 × 56 cm. (format actuel) deux séries complémentaires, Raisin 50 × 64 cm., Jésus 56 × 72 cm. (1)

Pratiquement on obtient pour l'in-quarto carré soit le papier machine ou format feuille opposé au format fiche. 1° Format DIN A4, 21 × 29,7 cm. 2° Format traditionnel français in-4° coquille 21 × 27 cm. 3° Format en dimension Renard 21,5 × 27 cm.

e) On a cherché aussi une standardisation du poids du papier selon une gamme normale sur le principe du poids au mètre carré. On peut ainsi conserver un même grammage ou même forme quel que soit le format. Des tableaux dérivant de la série Renard ont été établis : calculs des poids à la feuille plano brut et à la rame de 500 feuilles des trois formats proposés.

Pratiquement et approximativement on divise le poids en grammes au mètre carré par 8 pour le carré et on obtient en chiffres arrondis le poids en kilogrammes à la rame correspondante. Inversement on multiplie par 8 le poids en kilogrammes de la rame pour obtenir le poids en grammes au mètre carré. Les papiers seraient désormais livrés et facturés au poids net.

(1) Voir rapport de M. J. Danguin à la XIIe Conférence de l'I. I. D.

f) Dans l'édition (procédé de l'Offset par ex.) de formulaires, aides-mémoires des ingénieurs, etc., notamment dans les bureaux d'études, on est appelé à reproduire des dessins, croquis, plans, formules, composition quelconque. La commodité et le minimum de perte exigent que les rapports de dimensions (largeur et longueur) des formats des documents à reproduire et de ceux destinés à recevoir la reproduction soient identiques ou très rapprochés. Les systèmes DIN et Renard y répondent.

g) En résumé la normalisation du papier est en voie de s'opérer sans être encore acquise. Pour la réaliser, il faudra tenir compte de ces deux facteurs : 1° Les rapports plus ou moins étroits mais indéniables qu'ont entr'elles des industries qui paraissent à première vue totalement indépendantes et les fabrications correspondantes ; par ex. : éléments de machines à fabriquer le papier, éléments de machines d'imprimerie, caractères d'imprimerie, emballages, réceptacles. 2° Les desiderata de tous les intéressés doivent être pris en considération : ceux des usagers, la consommation, doit avoir le primat sur la production en premier lieu et en tenant compte des efforts antérieurs accumulés dans les bibliothèques, dans les offices de documentation, dans l'I. I. B. ; en tenant compte aussi des gros utilisateurs de papier, tels que administrations publiques, banques, compagnies de chemins de fer, grosses industries ; des intérêts des producteurs : fabricants de papier, les imprimeurs, les constructeurs de machines à imprimer, les transformateurs du papier, les constructeurs de machines à transformer le papier.

412.6 Le système de fiches ou feuilles et le système des livres, fascicules ou registres.

1. — Le livre traditionnel est formé de feuillets reliés portant chacun un texte en lignes à lire de gauche à droite et successivement de haut en bas (les Orientaux écrivent et lisent des lignes de haut en bas ; les anciens avaient des « volumes » où le texte était enroulé).

2. — En fait, le contenu d'un livre peut être représenté par une seule ligne continue mais sectionnée en parties égales qui correspondent chacune à une page et ensuite à une ligne de page. Ce sectionnement est matériel ; il ne concorde pas avec le sectionnement selon les divisions intellectuelles de l'idée (chapitres, sections, paragraphes, alinéas).

3. — La disposition sous forme de feuilles ou fiches mobiles qui ne soient pas fixées par brochage ou reliure, permet d'obtenir les avantages des trois principes suivants :

a) *Principe de la monographie.* Chaque élément intellectuel d'un livre est (après avoir été sectionné de l'ensemble du texte) incorporé en un élément matériel correspondant.

b) *Principe de la continuité et de la pluralité d'élaboration.* Alors qu'un livre est élaboré intellectuellement par un seul ou par quelques collaborateurs et arrêté après achèvement, les fiches permettent d'y travailler à un nombre illimité de personnes ; il ne doit jamais être tenu pour achevé.

c) *Principe de la multiplication des données.* Pour faire figurer les diverses données sous les divers ordres de classement (par exemple les ordres idéologiques, géographiques, chronologiques, etc.), on en multiplie les fiches.

4. — Les fiches ou feuillets s'organisent en Répertoires, disposés en Fichiers ou Classeurs, avec disposition verticale avec l'intermédiaire de fiches divisionnaires ou de dossiers.

5. — La Classification décimale exprime des classes dans un ordre relatif et non dans l'ordre absolu de nombres consécutifs. Elle fait fonction de pagination pour les Fichiers et Classeurs.

6. Deux méthodes générales sont en présence : fiches (feuilles) ou livres (registres). La première repose sur la mobilité des éléments composés, la seconde sur leur fixité. En combinant le système des fiches et feuilles avec le principe monographique, on obtient une coïncidence parfaite dans le document entre l'unité intellectuelle et l'unité physique du support écrit, entre le sectionnement de la pensée et les sections du livre dans le concret.

412.7 Le système des duplicata et références.

Un même document ne peut figurer en même temps qu'à une seule place, et cependant, à raison de ses caractéristiques, il peut relever de plusieurs séries. Pour obvier à cette difficulté, on se sert de duplicata (doubles) ou de références. Les notices d'un catalogue sont des représentants de documents catalogués : il y a là une application fondamentale et étendue du système duplicata-références. Mais le système est généralisable. Par ex., dans une bibliothèque, on pourra intercaler, aux places indiquées par la classification, des planchettes ou des cartons renvoyant aux places où le livre même a été classé en ordre principal. De même, dans un musée. En réalité, il s'agit moins de classer les documents que d'alimenter par les documents les diverses divisions ouvertes dans la classification. Celle-ci joue le rôle d'une sorte de catalogue préétabli de la collection à former.

412.8 Le système des répertoires et classement.

Le Répertoire a grandi petit à petit à côté du livre et ses perfectionnements tendent à créer un type nouveau qui modifie radicalement notre conception traditionnelle.

Un livre, au point de vue de sa forme, peut être défini un ensemble de pages coupées de même format et rattachées ensemble de manière à former un tout. Il n'en a pas été toujours ainsi. Longtemps le livre fut un rouleau, un volume (volumen). Sur la matière qui remplaçait alors le papier, papyrus et parchemin, on écrivait alors sans discontinuité, du commencement à la fin. Pour lire un tel livre, il fallait le dérouler. C'était assurément peu pratique pour la consultation de tels ou tels passages et pour l'écriture au verso. Le Codex, qui fut introduit dès les premiers siècles de notre ère, et qui est la base de notre livre actuel, obvie à ces inconvénients. Il est formé de feuilles pliées, disposées en pages qui se superposent, pivotant autour de l'axe du dos engagé dans la reliure ou le brochage et pouvant recevoir l'écriture au recto et au verso. Mais ses défauts sont nombreux. Il constitue une chose finie, terminée, non susceptible d'accroissement. La Revue, avec ses fascicules successifs, est venue donner à la science un moyen continu de concentrer ses résultats ; mais, à son tour, le recueil qu'elle forme a rencontré l'obstacle du désordre. Impossible de rassembler les notices portant sur des matières similaires ou connexes ; elles s'ajoutent pêle-mêle les unes aux autres dans les numéros successifs de la publication, et quand il s'agit d'y opérer des recherches, force est de manipuler des masses volumineuses et lourdes de papier. Les Tables y aident sans doute et de là les améliorations qu'on y a apportées : tables de matières, les unes systématiques, les autres analytiques ; tables des noms de personnes et de lieux. Les tables annuelles sont précédées de sommaires mensuels et suivies de tables générales, refondues tous les cinq, dix ou vingt-cinq ans. C'est un progrès, mais le Répertoire en est un plus grand encore.

Le Répertoire a pour principe de dissocier ce que le livre a amalgamé, de ramener tout complexe à ses éléments et de consacrer une page à chacun de ceux-ci. Les pages sont ici, suivant le format, des feuilles ou des fiches. C'est le principe de la monographie poussé jusqu'à ses dernières limites. Plus de reliure, ou s'il en existe une, elle est mobile, c'est-à-dire qu'à tout moment les fiches rassemblées par une broche, une tringle de fixation, un anneau, une ligature quelconque, peuvent reprendre leur indépendance ; on peut y intercaler des fiches nouvelles, déplacer les anciennes et procéder à un reclassement.

Nous possédons dans le Répertoire un instrument nouveau approprié à l'enregistrement analytique et monographique des faits, des idées, des informations. Le système s'est perfectionné par des fiches divisionnaires variées de formes et de couleurs, disposées de manière à exprimer extérieurement le cadre de la classification adoptée et à réduire ainsi au minimum le temps de la recherche. Le Répertoire s'est perfectionné encore par la possibilité d'utiliser, par découpage et collage, des matériaux imprimés sur grandes feuilles, ou même des livres publiés sans souci de servir à des répertoires, dont deux exemplaires peuvent, l'un par le verso, l'autre par le recto, fournir les matériaux nécessaires. Allant plus loin, on a emprunté aux machines à statisiques du type de celles en usage dans le Census de Washington, le principe de « machines à sélectionner », au moyen desquelles, dans des masses énormes de matériaux accumulés on opère les recherches mécaniquement, la machine, parmi les milliers de fiches qui lui sont présentées, ne retenant que celles qui répondent à la question posée.

412.9 Méthodes documentaires universelles et Applications particulières.

412.91 Principe.

L'Institut International de Bibliographie a poursuivi l'élaboration et l'adoption d'une méthode générale, universelle. Elle part de ce principe « Qui peut le plus peut le moins ». Des règles applicables à la Bibliographie et à la Documentation Universelles ne se trouveraient donc pas en défaut devant les nécessités des collections particulières. Pour celles-ci il est loisible de décider de n'appliquer les règles que jusqu'à un certain degré de détail (par exemple les règles catalographiques). De divers côtés sont préparés des développements de ces règles. Voici une contribution :

412.92 Application du principe :

a) Les règles catalographiques, détaillées comme il importe pour la description des ouvrages rares (introuvables) peuvent de réduction en réduction se limiter à des notices de deux lignes et même d'une ligne.

b) la classification peut être simplifiée jusqu'à ne pas employer certaines subdivisions communes (la langue par exemple) ou pas de subdivisions communes du tout, ou seulement 5, 3 ou même 1 décimale.

c) La forme matérielle des catalogues peut être celle de fiche en fort bristol ou se réduire s'il le faut à un catalogue imprimé ou manuscrit en volume.

d) Les ouvrages et articles seront analysés et il y a des règles à cet effet, mais on pourra s'abstenir de toutes notes analytiques, de contenu ou de critique. On pourra appliquer un système complet de duplicata et de références ou les limiter aux plus essentiels.

e) On pourra dans l'organisation de la Bibliothèque et de Collections de documents eux-mêmes disposer les pièces dans l'ordre strict de la classification, intercaler à leur place, quand les ouvrages ont des références multiples, des cartons repérés à tel nombre comme il est fait des fiches de références dans les catalogues, on pourra même diviser une grande Bibliothèque encyclopédique en sections correspondant aux principales divisions de la classification, de manière à rapprocher les travailleurs eux-mêmes des ouvrages et à leur donner libre accès aux rayons; mais on peut n'appliquer le principe du classement systématique sur les rayons qu'à la salle de lecture et y donner libre accès aux rayons, tandis que dans les magasins l'ordre suivi serait celui des numéros d'accession ou d'inventaire, avec éventuellement respect des divers fonds antérieurement constitués.

413 Moyens matériels: Matières et outillage; Mobilier; Installations.

a) Tandis que les méthodes sont des moyens intellectuels de réaliser des œuvres et des ensembles, il est indispensable aussi de disposer de moyens matériels : 1° outillage ; 2° mobilier ; 3° installation ; 4° matières.

413.0 Généralités.

La main de l'homme est et reste le premier des outils et, quels que soient les instruments créés, elle demeure d'une importance capitale, fût-ce pour mettre en œuvre l'outillage. Développer dans la main, par l'exercice et l'application, la rapidité, la sensibilité, la précision du geste, la force, l'accoutumance à la fatigue est donc de première utilité. (1)

1. — *Notion :* La machine est un prolongement a) des organes de perception de l'homme (sens) ; b) des organes qui conservent et combinent les données perçues (mémoire et raisonnement) ; c) des organes d'action et d'expression (mains, pieds, corps, tête, voix).

2. — *But :* Le but de la machine est d'aider, remplacer ou intensifier la puissance de l'homme dans ces trois directions.

3. — *Opération :* La machine est appelée à s'appliquer aux trois opérations : a) Ecrire (machines à écrire, à imprimer, à photographier). b) Lire (gramophone, machines à projeter). c) Pensée (enregistrer les observations : thermomètre, baromètre-enregistreur : combiner les données : machines à calculer et à résoudre les équations, faisant les quatre opérations arithmétiques fondamentales, établissant les moyennes et les proportions).

413.1 Outillage. Les machines du travail intellectuel.

Sous nos yeux est en voie de se constituer une immense machinerie pour le travail intellectuel. Elle se constitue par la combinaison des diverses machines particulières existantes dont, malgré l'individualisme et le particularisme des inventeurs, les liaisons nécessaires s'entrevoient. Cette machinerie est aujourd'hui à peu près exclusivement au service de l'industrie, du commerce, de la finance. Demain on la mettra au service de l'administration et du travail scientifique et alors ce seront de merveilleux résultats généraux qui en seront recueillis.

413.12 Machines pour les diverses opérations.

Pour marquer où nous ont conduit les perfectionnements les plus récents, il convient de grouper les faits sous des rubriques par grandes opérations ; enregistrer les faits, les multiplier, les transformer, les conserver en des ensembles, les présenter à la lecture, les synthétiser, transporter les documents.

(1) Rodin sculpta une admirable collection de mains qui exprimaient chacune le caractère du modèle.

413.121 *ENREGISTREMENT.*

La première fonction est l'enregistrement.

413.121.1 *Dicter.* — Machine pour la fixation de la parole. Le dictaphone enregistre selon les principes du phonographe. Il a été inventé une machine à sténographier en écriture lisible, la sténotype.

413,121.2 *Ecrire.* — Les machines à écrire sont devenues des instruments ultra-perfectionnés. Le clavier s'universalise ; les machines sont sans bruit ; on peut les emporter en de petites valises de peu de poids ; on en a rendu interchangeables les parties de manière à remplacer les éléments visés sans devoir sacrifier tout le bâti.

413.122 *MULTIPLICATION.*

A la machine à écrire par frappe à plat, on obtient en une fois jusque 20 copies carbone (Elliot Fisher). Les duplicateurs se sont fort perfectionnés depuis le minéographe Edison. Leur stensil se conserve longtemps et peut servir plusieurs fois. On a dans la « roto-métal » une véritable petite imprimerie permettant d'obtenir des textes et des dessins et de conserver indéfiniment les clichés obtenus sur plaque métallique. Pour certains éléments fréquemment employés, on a les clichés formés par les adressographes, clichés qui peuvent se relier les uns aux autres en longues chaînes.

413.123 *OPERATIONS ET TRANSFORMATIONS.*

413.123.1 *Calculer.* — Les plus fondamentales des opérations intellectuelles se font aujourd'hui par machines ; ce sont les opérations du calcul : additionner, soustraire, multiplier, diviser, extraire les racines. Le choix des machines est grand, depuis la simple règle à calcul jusqu'à la machine agencée.

413.123.2 *Comptabiliser.* — Il s'agit ici de réaliser en liaison trois opérations : écrire, calculer, répéter l'écriture selon les divers ordres de classement adoptés : opération par ordre chronologique ou journal, opérations par entités, physiques ou juridico-économiques, opérations par comptes internes représentant des ensembles. On a imaginé le principe de l'écriture ou de la frappe à la machine unique, à opérer non plus par simple copie, mais par superposition des divers documents comptables qui ont à recevoir la même inscription, mais chacune dans leurs cadres appropriés. Des systèmes divers existent, modalité du même principe, dont le papier carbone est le médium. Mais il y a du carbone plus ou moins bon, sensible, ineffaçable, ne salissant pas ; il y a des dispositions ingénieuses pour rendre plus rapide et plus sûre l'intercalation des documents qui doivent recevoir les mêmes mentions. Il y a le principe de la machine Elliot Fisher qui procède dactylographiquement, qui opère simultanément les calculs en colonnes, horizontales et verticales, retient et transcrit séparément les totaux seulement, facilite les inscriptions multiples sur pièces diverses et procède éventuellement avec des papiers en bobines dont le découpage ne peut se faire qu'ultérieurement.

413.123.3 *Sélectionner.* — Cette opération est réalisée par les machines Power et Hollerith. Le principe est l'emploi des fiches perforées selon les lignes des colonnes allant jusqu'à 44 et même 85 et représentant chacune les dix chiffres. Qu'il s'agisse des quantités et des nombres qui les représentent, ou des caractéristiques avec leur degré traduit en nombre, les perforations y relatives sont opérées par perforateur à clavier. De toutes les fiches mises au hasard en paquet, la sélectionneuse écarte seulement celles qui répondent à une ou à plusieurs conditions (catégorie ou classement). La calculatrice installée sur la sélectionneuse même opère les additions et groupements de chiffres. La machine à écrire, qui y est également adjointe, enregistre les résultats. Certes, ces machines merveilleuses laissent entrevoir un vaste avenir pour le travail de la documentation. Elles reposent essentiellement sur la réduction des données caractéristiques d'une matière quelconque en un code chiffré, la transcription des données de toute feuille d'information sur des fiches perforées ayant maintenant 85 colonnes, la réunion et la conservation de ces fiches dans n'importe quel ordre, la machine à sélectionner pouvant à tout moment extraire des tas celles qui répondent à des questions données. Deux applications peuvent être entrevues, l'une aux fiches (catalographiques, bibliographiques, signalétiques), l'autre aux feuilles mobiles servant à toute documentation et même correspondance et dont le talon serait disposé en tableau de nombre à perforer. Ces nombres seraient ceux de la classification décimale.

413.124 *CONSERVATION ET CONSULTATION ULTERIEURE DES DONNEES.*

413.124.1 *Individualiser les données.* — Le principe des fiches a été généralisé. Il réalise le principe de la « monographie » (inscription d'une seule espèce), la mobilité (intercalation à volonté), l'accumulation des données sans retranscription ni recouvrement, la coopération, les fiches, établies n'importe où, pouvant se rejoindre ensuite pour former un seul ensemble.

413.124.2 *Conserver.* — Des meubles dits « classeurs » ou « fichiers » ont été réalisés aux fins de conservation des fiches et des feuilles isolées ou groupées. Ce sont des tiroirs à classement vertical ; on y forme des groupes à l'aide de fiches divisionnaires et des dossiers. On dispose de « cavaliers » de toute couleur pour présenter à la vue les caractéristiques à mettre en évidence en fin du classement principal.

Il y a aussi les livres à reliure de feuillets mobiles, qu'ils soient à anneaux ou du type Kolonazo.

413.124.3 *Classer.* — La mise en ordre des fiches est assurée par la classification dont la classification décimale représente le type le plus avancé. Ses indices numériques une fois portés sur les fiches en facilitent le classement régulier.

413.124.5 *Consulter.* — Retrouver rapidement les données enregistrées, conservées et classées. Fiches, fichiers ou livre mobile, classification, sont déjà des moyens de faciliter considérablement la consultation. Mais on a été plus loin en s'avançant dans deux directions, la visibilité et l'accessibilité.

a) Pour assurer la visibilité, devant l'impossibilité de tout étaler, on a cherché à faire voir de chaque fiche une petite surface sur laquelle puissent être portées les inscriptions essentielles (appareils cardex, findex, etc.). On a ainsi des dispositifs où les fiches sont placées horizontalement en des tiroirs plats et y sont superposées, sauf sur la largeur d'une bande, et sont individuellement fixées par quelque système. Comme il faut pouvoir retirer les fiches rapidement afin d'y porter les inscriptions des comptes selon la méthode de la frappe unique, on a perfectionné les premiers dispositifs ; les fiches sont placées verticalement dans des baquets ayant forme de tiroirs, mais selon un échelonnement répété. En outre la fiche est distincte du porte-fiche ; tandis que celui-ci demeure fixé la fiche peut s'enlever pour toute écriture nécessaire, pour tout traitement à l'aide de la sélectionneuse-trieuse. D'autre part le livre à reliure mobile est à volonté placé, lui aussi, dans un baquet où après « reliure » les feuilles reprennent le caractère de fiches mobiles et peuvent être lues de haut en bas sans déplacement, ou bien être enlevées pour n'importe quelle manipulation complémentaire.

b) L'accessibilité des fiches est rendue plus facile par ces divers dispositifs. Il advient cependant que si les documents deviennent très nombreux, la multiplication nécessaire des classeurs ou des livres mobiles exige des déplacements pour la consultation. S'il s'agit d'une simple intercalation, il n'y a guère de difficultés. Mais il n'en est plus de même s'il s'agit de la récupération des documents pour y apporter une écriture complémentaire qui doit se faire sur une machine fixe (par ex. la frappe multiple, ou même, la contfrontation rapide des pièces qu'il faut avoir sous les yeux pour déterminer ou vérifier quelques rapports entre données fixes). L'idéal serait d'avoir tout document à portée de la main. De là des tables de travail avec tiroirs divers, des dispositifs de tables circulaires avec siège rotatif au centre, des meubles classeurs à la portée de la main et des yeux et installés sur roues. Un principe nouveau vient d'être réalisé : le classeur sur rail à moteur électrique. On le place sur le sol perpendiculaire à la table de travail. Il avance ou recule sous l'action des doigts opérées sur une simple roulette. Sans déplacement de la personne, le document désiré vient s'offrir à la main et à l'œil.

413.125 *TRANSPORT DES DOCUMENTS.*

Le transport des documents nécessite des dispositions et des classeurs spéciaux.

1° *Le carnet de fiches.* — (Petit format, voir sa description). Le portefeuille pour les pièces précieuses (format en harmonie avec le carnet). Eventuellement le carnet de fiches peut contenir la carte d'identité et la monnaie de papier.

2° *La serviette* ou portefeuille (grand format). — Trois types possibes : a) serviette à deux poches, avec soufflets se repliant l'une sur l'autre ; b) serviette à une poche avec fermeture à clé ; c) portefuille pouvant se placer verticalement sur la table et offrant les documents dans un ordre classé.

3° *Les sacs de toile* pour le voyage, petit et grand format, couleur grise ou noire. — Ils ne pèsent pas et permettent de maintenir distincts les papiers, de les transporter en un ordre classé, car il suffit d'enlever, dans leur ordre, fiches et dossiers des classeurs et de les placer dans les sacs. Ceux-ci n'importe où, sur une table, une cheminée, une planche d'armoire, permettront de reconstituer un classement vertical. Les livres à emporter pourront éventuellement être emballés dans des sacs en toile analogues.

4° *La malle-classeur.* — Disposition d'une malle, ou d'une simple caisse, aménagée en classeur de telle sorte que, le couvercle ouvert ou enlevé, on se trouve en présence d'un meuble offrant toutes les facilités pour classer des dicuments ; les livres sur leur rayon, dossiers et fiches dans leurs casiers, écritoire et papeterie à portée de la main. Ces malles-classeurs sont disposées pour servir éventuellement de meuble de démonstration et de propagande dans les expositions.

413.13 *INVENTIONS A FAIRE.*

Les inventions ne sont pas dues exclusivement aux inventeurs. Les usagers des inventions peuvent utilement agir sur leur production en faisant connaître ce qu'ils désireraient voir inventer. Un problème bien posé est à moitié résolu, dit l'adage. Cette moitié revient en tâche notamment aux organisations internationales qui rendent service à tous leurs membres en concentrant chacune en une liste permanente, revisée et tenue à jour, les principaux desiderata proposés à l'attention des inventeurs. (1)

(1) Il y a une vingtaine d'années une liste d'inventions-clés fut dressée et publiée en liaison avec les Offices de Brevets (M. Michel). Ces inventions étaient celles sur

Il n'est question ci-après que des inventions désirées dans le domaine de la Bibliographie et de la Documentation. L'invention est la mise en œuvre de l'imagination créatrice guidée par les principes scientifiques. Elle peut porter soit sur une machine ou appareil, sur un dispositif, sur une méthode ou sur un mode d'organisation et de coopération.

1. *Impression.* — Un procédé pour impressionner les feuilles de papier en masse sans avoir à les déployer et à les passer sous la presse. (Suggestion : impression au rayon X de papier coupé à dimension et disposé en tas.)

2. *Clichés.* — Moyen économique et rapide de produire les clichés à insérer dans les textes imprimes. (Suggestion : s'inspirer de ce qui a été fait pour la musique où la continuité de la portée de ses notes a été réalisée au moyen d'éléments distincts. Une « police » de ligne courbes et brisées, de surfaces polygonales et circulaires, unités élémentaires de tout diagrammes, figures, dessins simplifiés qui pourraient être composés à la main.)

3. *Photographie.* — a) Un papier sensible (photographie) bon marché permettant sans grandes dépenses la reproduction des textes et des images extraits des livres et documents (une substance moins coûteuse que l'argent). b) Un appareil de poche permettant de photographier instantanément et économiquement tout passage ou image d'un livre à consulter dans une bibliothèque ou en lecture sur la table de travail. c) Un moyen de fixer sur papier transparent les photographies projetées en grand afin d'obtenir ainsi un cliché ou calque pouvant servir à la multiplication héliographique.

4. *Ecriture.* — a) Combiner un stylet avec des crayons de plusieurs couleurs et la gomme à effacer. b) Intensifier la rapidité d'écriture à l'aide des machines. (Suggestion : écrire des mots entiers, voire des phrases. Voie ouverte par la machine de l'inventeur C. C. Bolston.)

5. *Lecture.* — Imaginer une machine, un dispositif ou une méthode permettant d'accroître la rapidité soit de la lecture ou soit de la prise de connaissance du contenu d'un texte, d'un livre, d'un document quelconque.

6. *Machines à sélectionner (machines à statistiquer).* — Possibilités avec les machines à sélectionner dites machines à statistiquer (Hollerith, Power) de rechercher les possibilités suivantes : a) Se servir de simple papier. (Suggestion : on pourrait réserver au bas de chaque lettre, feuille de correspondance, rapport, note, relevé quelconque, un emplacement réservé au cadre de perforation. Par suite les documents originaires pourraient servir eux-mêmes à réaliser mécaniquement toutes les opérations de classement et de récupération ultérieure.) b) Disposer au moins de la possibilité d'écrire lisiblement à la main sur la fiche toutes les indications caractéristiques utiles. c) Avoir à sa disposition une centaine de colonnes de chiffres afin de pouvoir multiplier les caractéristiques. d) Pouvoir sélectionner, parmi un ensemble de fiches diverses, celles qui portent un numéro individuel particulier et obtenir mécaniquement leur mise en ordre selon la série progressive des numéros.

7. *Ecriture et lecture directe.* — Transformation mécanique de la parole en écriture lisible et inversement de l'écriture en parole. (Suggestion : se baser sur une écriture phonétique, photographie d'une part, gramophone d'autre part. Transformer les inscriptions sur les disques en lettres et les lettres en sons.)

8. *Télélecture.* — Comme application particulière de la télévision. 1° Donner des textes en lecture à distance. 2° Permettre à chacun par un dispositif approprié de prendre connaissance à distance de textes publiquement exposés à cet effet. 3° Permettre la vision à distance des textes de livres disposés sur les rayons d'une bibliothèque ou des feuilles réunies en dossiers dans les classeurs. (Service : accroître ainsi la diffusion des collections des Bibliothèques et des Offices de documentation.)

9. *Téléscription.* — Comme application particulière de la télémécanique, réaliser la possibilité : a) d'écrire facilement à distance ; b) d'ajouter à distance des inscriptions à des textes existants ; c) d'opérer ces inscriptions sans déplacer les textes des livres ou des classeurs. (Suggestion : le téléphotographe ; le téléphonographe Zoller qui permet à tout téléphoneur d'écrire en chiffres à distance le message destiné à son correspondant qui ne répond pas).

10. *Mobilier.* — a) Améliorer la table de travail quant à la possibilité d'accès et de classement des documents y déposés et de l'agencement avec elle des machines et instruments auxiliaires du travail intellectuel. (Suggestion : la table de travail avec position du travailleur au centre même.) b) Etablir une table de travail à surfaces à écrire multiples, sur lesquelles puissent être étalés, séparément et distinctement, les éléments nécessaires à différents travaux en cours, sans avoir à déplacer et reclasser ces éléments chaque fois qu'un travail est momentanément interrompu pour procéder à un autre. (Suggestion : la table de travail en forme de roue dont les rayons soient faits de tablettes articulées et mouvantes à volonté. Une telle table a été réalisée au XVIIIe siècle.) c) Faciliter le double mouvement de classement et de consultation des documents au moyen d'un classeur de grande capacité toujours ouvert, à la portée de la main et des yeux, mobile sur rail (droit ou circulaire et actionné à l'électricité).

lesquelles, à ce moment, il était surtout important que se portât l'ingéniosité des esprits à raison des répercussions heureuses qu'elles auraient sur toute la technique et l'utilisation industrielle des sciences. Une telle liste mise au point devrait être, republiée maintenant, mais complétée par les listes en son domaine propre aurait établi chaque grande association internationale.

11. *Atelier de travail intellectuel.* — a) Relier les uns aux autres en une série continue les divers appareils déjà inventés pour le travail de bureau. b) Coordonner entr'eux les appareils au point de vue des formats, de la réduction des espaces, de la combinaison de diverses machines en une seule, du synchronisme opérateur de plusieurs machines.

12. *Cabinet de travail.* — Coordonner, en les simplifiant, les complétant en accroissant leur efficacité, les différents éléments (mobilier, appareils et accessoires) constituant le cabinet de travail (bureau, studio) d'un travailleur intellectuel.

13. *Machine à traduire.*

Une méthode nouvelle est possible pour la traduction instantanée et simultanée en plusieurs langues des discours dans les assemblées et les congrès internationaux.

Le développement normal des Réunions Internationales rend urgente la solution du problème des langues. En attendant la généralisation de l'esperanto, force est de recourir à des traducteurs. Mais que de perte de temps, quel ennui aussi pour les membres d'un congrès que la traduction en deux, souvent en trois langues de tous les discours et interventions. Nous proposons une méthode nouvelle : à mesure que parle l'orateur, les traducteurs, au lieu de résumer oralement les paroles entendues, feraient le résumé analytique par écrit sur des bandes de papier qui seraient immédiatement projetées sur un écran. Le dispositif est simple. Derrière le bureau de l'assembée, ou de la tribune des orateurs, est placée une toile blanche dans un encadrement avec le recul nécessaire pour la projection en pleine lumière (méthode connue). Les traducteurs sont assis devant le bureau en tel nombre qu'il est désiré avoir de traductions en langues différentes. Chacun est installé à son écritoire sur lequel se déroule automatiquement une bande de papier transparent ou de celluloïde et cela à une vitesse qu'il peut régler selon qu'il est nécessaire pour suivre la parole. Les bandes passent immédiatement dans la lanterne qui les projettent sur la toile. Le texte peut venir s'y accumuler en plusieurs lignes en disposant à cet effet de plusieurs lanternes ou d'une. Il y aurait autant d'écrans que de langues traduites. Le télautographe peut venir en aide. L'appareil ici décrit est utilisable aussi pour les professeurs et conférenciers et destiné alors à remplacer l'écriture ou le dessin au tableau noir.

413.14 Desideratum général.

Aujourd'hui toutes les machines se présentent séparément. Chaque inventeur, chaque constructeur a eu en vue de mécaniser ou de rendre plus facile une opération. Quelles soient groupées en une seule unité et voilà leur rendement singulièrement amplifié. Il y a évidemment à cela des obstacles : les hommes sont plus portés à la spécialisation qu'aux ensembles. Attendu que les brevets maintiennent les cloisons étanches, le mercantilisme se porte vers ce qui est d'un rendement immédiat. Il faut cependant envisager semblable unité, le bureau organisé à la manière de l'atelier, avec en perspective le travail, divisé, continu, en série, à la chaîne, le « tablier de Ford ». Nous devons avoir un complexe de machines associées qui réalise simultanément ou à la suite les opérations suivantes : 1° transformation du son en écriture ; 2° multiplication de cette écriture tel nombre de fois qu il est utile ; 3° établissement des documents de manière que chaque donnée ait son individualité propre et dans ses relations avec celles de tout l'ensemble, qu'elle y soit rappelée là où il est nécessaire ; 4° index de classement attaché à chaque donnée ; perforation du document en corrélation avec ces indices ; 5° classement automatique de ces documents et mise en place dans les classeurs ; 6° récupération automatique des documents à consulter et présentation, soit sous les yeux ou sous la partie d'une machine ayant à y faire des inscriptions additionnelles ; 7° manipulation mécanique à volonté de toutes les données enregistrées pour obtenir de nouvelles combinaisons de faits, de nouveaux rapports d'idées, de nouvelles opérations à l'aide des chiffres.

La machinerie qui réaliserait ces sept desiderata serait un véritable *cerveau mécanique et collectif*. Qu'on tende plus ou moins consciemment à la réaliser, c'est l'évidence même pour qui se tient au courant des efforts qui sont faits actuellement de toute part. Affirmer avec précision sa conception générale et sa désirabilité, c'est hâter le moment où elle sera.

413.15 Utilisation généralisée.

Aujourd'hui les entreprises industrielles, commerciales, financières sont à peu près les seules à bénéficier des admirables moyens mécaniques qui existent, pour aider et régler le travail intellectuel. Seules ces entreprises ont l'argent nécessaire. Mais demain il n'en sera plus ainsi. Les besoins de la rationalisation généraliseront cet emploi des machines et, par là même, hâteront les inventions qui sont à faire :

A .— *Dans le domaine pratique :* 1° les organes économiques ; 2° les administrations publiques (Communes, Provinces, Etats, Société des Nations) ; 3° les œuvres sans but lucratif.

B. — *Dans le domaine théorique :* il y a les Instituts scientifiques, locaux, nationaux, internationaux.

On entrevoit dès maintenant ce que pourraient être les grandes centrales du travail intellectuel combinant à la fois les services de direction, de secrétariat, de comptabilité, de documentation et d'études, c'est-à-dire tout ce qui, dans les organismes, est intelligence réfléchie, précise, objective, scientifique, coordonnée, le cerveau même qui doit agir, comme la conscience sensible qui perçoit les données, la mémoire qui les retient, la pensée qui les intellige et les combine, la volonté qui transmet les ordres aux organes d'exécution représentés par des usines, des magasins, des services, des administrations, des instituts scientifiques. Ces grandes centrales seraient, répétons-le, des cerveaux collectifs fondés largement sur des cerveaux mécaniques.

413.3 Installations.

Les installations peuvent être définies : l'agencement intérieur de l'outillage, du mobilier, des objets ; leur mise en relation avec les locaux, leur disposition conforme aux nécessités des opérations du travail, de l'action d'ensemble, les liens matériels qui font du tout une vaste « machinerie ».

Le Mobilier, les installations, les locaux : Au sens profond ce sont là de véritables machines. De leur disposition favorable et bien conçue dépend le rendement du travail. Les types perfectionnés ont été établis et c'est méconnaître les lois de l'efficience que de les ignorer. Le plus puissant sera le mieux outillé.

L'agencement des installations est capitale. A l'existence autonome et distincte des éléments constituant matériel et mobilier se superpose une existence solidaire et collective. Ils forment système à l'égard du travail intellectuel qu'ils servent à accomplir et à l'égard de documents produits par ce travail. En eux-mêmes les éléments du matériel sont largement statiques ; rapprochés et disposés en ordre ils deviennent dynamiques.

413.4 Matières.

Les opérations du Livre et du Document nécessitent des matières. C'est, en premier lieu, le papier, mais c'est aussi le carton, la toile, le celluloïd, le verre, la gomme, les encres, les couleurs, etc. Le perfectionnement de ces matières, leur choix, la manière de les préparer et de s'en servir ont grande importance quant aux objets finalement produits. La bonne organisation veut que rien ne soit négligé à ce sujet, que les conditions optima des matières soient déterminées, connues et appliquées. On peut mettre à profit dans ce but le travail accompli pour la spécification des grandes adjudications publiques et les normes arrêtées par les corporations industrielles.

414 Les Locaux. Architecture.

1. **Situation.** — 1. Situation centrale. — 2. Exposition à l'Est : le Midi favorise l'éclosion des insectes et l'Ouest engendre l'humidité. — 3. Eviter le voisinage de la poussière et ce qui peut la faire naître. — 4. Eviter un voisinage bruyant. — 5. Eviter, pour les dépôts de livres et de documents, les rayons du soleil qui abîment les reliures et jaunissent le papier et par la dessiccation le rendent friable.

2. **Architecture et décoration.** — L'architecture moderne repose sur l'adaptation de la forme à la destination. Un organisme documentaire est un ensemble de fonctions qui ont besoin de s'exercer en une espace. L'architecture est la technique qui divise, répartie ... organe l'espace. L'aspect extérieur et intérieur doit être riant. La décoration des salles, l'aspect architectural des bâtiments doivent retenir toute l'attention. Importance d'une ornementation artistique de bon goût. Des œuvres admirables ont été réalisées en Angleterre et en Amérique. (Voir les ouvrages spéciaux). L'idéal est un immeuble séparé, dans un jardin. Prévoir l'avenir, les agrandissements.

3. **Types des locaux.** — Selon les lignes d'un développement progressif, on peut passer par les stades suivants :

1° Simples rayons dans une salle ayant une autre destination (par ex. : un Bureau, une salle d'Ecole) ; 2° Salle unique mais exclusivement consacrée à la bibliothèque ou à l'office; 3° Appartement (Salle de lecture, magasin, vestiaire) ; 4° Bâtiment spécial entièrement consacré à la bibliothèque; 5° Complexe de bâtiments affectés à toutes les institutions similiaires et dont la bibliothèque soit le centre. (Ex. : Ensemble de bâtiments scientifiques et éducatifs réuni dans le rayon d'une Université, ensemble de bâtiments consacré à la science, aux arts et aux lettres; ensemble d'édifices consacrés aux administrations ou ministères. La maison de tous, le mémorial de la guerre aux Etats-Unis, réunissant toutes les institutions postscolaires et sociales).

4. **Composition des locaux.** — Il y a lieu, selon l'importance de l'organe documentaire, de prévoir une ou plusieurs salles de lecture, de salles de dépôt, de manutention (arrivage et, éventuellement catalogage), d'élaboration de travail (ateliers), de direction et d'administration, de vestiaires pour les lecteurs et pour le personnel, avec remisage de bicyclettes, autos, etc. ; installations sanitaires et lavabos (importance de la propreté).

5. **Rayons et magasin de livres.** — Système divers suivant l'étendue des collections : 1° Rayons disposés dans la salle de lecture; en hémicycle, pour permettre l'accès libre des rayons tout en facilitant le contrôle; 2° Rayons placés dans une salle voisine, à l'abri du vol et de la poussière; 3° Rayons placés dans des salles éloignées, des magasins, s'il est nécessaire, mais mis alors en communication facile par monte-charges, appareil électrique de transport intérieur, téléphone, tube pneumatique, etc.

6. **L'Eclairage.** — Lumière naturelle abondante, sans point d'éblouissement; lumière venant d'en haut ou de gauche. — Lumière artificielle : électricité bien ta-

misée, (verre mat ou abat-jour), ou gaz avec bec à incandescence. La meilleure lumière est l'électricité : le gaz endommage les livres. — Arranger les tables des lecteurs de manière qu'elles reçoivent le maximum de lumière sur toute leur surface. La lumière venant de gauche ou d'en haut est la meilleure. Eviter que l'ombre d'un lecteur soit projetée sur la place occupée par un autre lecteur. Laisser assez de place pour que les lecteurs, en passant, ne dérangent personne. — Eviter de placer les rayons à contre-jour. Quand la lumière vient de côté, les rayons doivent être placés le long des murs ; si la lumière vient d'en haut, on peut les placer en alcôve ou perpendiculairement aux murs. Des rideaux doivent intercepter les rayons du soleil trop fort.

7. **Le Chauffage et l'Aération.** — Précautions contre l'incendie, la poussière, l'air trop sec. Température élevée préjudiciable au travailleur intellectuel (18° maximum). Le chauffage par radiateurs à eau chaude est le meilleur. Les feux ouverts sont dommageables pour les livres.

L'aération se fait par les fenêtres pour les salles occupées par les personnes. Trous d'aérage et ventilateurs électriques. On a construit récemment des magasins hermétiquement clos, dont l'air est renouvelé seulement par des ventilateurs (envoi d'air purifié de toute poussière.)

8. **Nettoyage.** — Précautions contre la poussière. Avantages des aspirateurs de poussière par le vide. (Voir n° 273.)

415 Personnel de la Documentation.

a) Aux diverses branches de la documentation, à ses différents stades et moments, est attaché un personnel nombreux et excessivement spécialisé, depuis l'écrivain, l'imprimeur et l'éditeur jusqu'au libraire, au bibliothécaire, aux agents des Offices de documentation. Parmi ces personnes on pourrait même ranger les usagers de la documentation, les lecteurs et ceux qui se livrent à des consultations et à des recherches.

b) La terminologie est en retard sur les faits. On avait besoin d'un terme générique exprimant toutes les catégories de personnes qui ont intérêt aux livres et aux documents. On a essayé le néologisme de « Documentateur » ou « Documentaliste ». Il y a diverses manières de s'occuper du livre et il faudrait pouvoir les désigner chacune en particulier et toutes en général. Le cas est analogue à celui de l'art dont il est diverses manières de s'occuper : artistes et artisans (créateurs, interprêtes, copistes) ; critiques et experts ; amateurs, connaisseurs, collectionneurs ; mécènes et protecteurs ; marchands, antiquaires, éditeurs d'art, directeurs de spectacles, impressario ; il y a aussi les pouvoirs publics, hauts protecteurs.

c) Il a été question précédemment de diverses catégories de personnes en rapport avec le livre. On se limitera ici au Bibliothécaire, ce qui en est dit pourrait largement s'étendre à d'autres catégories.

415.1 Le Bibliothécaire.

1. *Conception de la fonction.* — Le Bibliothécaire a pour fonction d'organiser et d'administrer la Bibliothèque. Le Bibliothécaire est une combinaison d'éducateur, d'homme d'étude, d'homme d'œuvre, d'administrateur, d'organisateur. Le but suprême qu'il doit se proposer c'est de faire connaître les possibilités du livre. Le Bibliothécaire sera animé d'un triple esprit : 1° *L'esprit qui anime l'intellectuel :* se souvenir constamment que le livre et, par conséquent, la Bibliothèque, relève du domaine des forces scientifiques, esthétiques, morales, spirituelles. 2° *L'esprit technique :* faire que toute action, toute opération, soit effectuée sans cesse avec le maximum de technicité selon les meilleures méthodes, avec la meilleure matière, le meilleur outillage, le meilleur personnel, afin d'atteindre le maximum de rendement. 3° *L'esprit social :* rendre sensible et présente la préoccupation sociale, vouloir l'utilité pour le grand nombre, travailler à l'amélioration de la société.

Le chef d'une bibliothèque est aidé de collaborateurs : Bibliothécaire-adjoint, rédacteurs, copistes, gens de service.

2. *Qualités requises du Bibliothécaire.* — Le Bibliothécaire aura une culture générale sérieuse et une formation professionnelle. Il aura des qualités morales notamment le tact, un bon tempérament qui dérive en grande partie d'une bonne santé, entretenue hygiéniquement, la patience, l'initiative, l'ordre, la méthode, l'exactitude, la mémoire, le désintéressement.

Toutes les qualités générales requises par un travail intellectuel sont demandés au Bibliothécaire : l'attitude résolue ; être décidé à réussir, à triompher des difficultés. — La persévérance : achever ce qu'on a commencé. — La continuité : l'uniformité dans les efforts, la régularité. — La concentration dans le travail. — L'enthousiasme qui n'est autre chose que l'intérêt intensifié ; le « feu sacré ». — L'ambition : désirer intensément atteindre un résultat c'est se rapprocher du résultat. — La largeur de vue : tolérance, curiosité intellectuelle, désir de progrès.

Le Bibliothécaire remplira son rôle social en faisant remplir pleinement sa fonction à la Bibliothèque elle-même. Il sera un agent actif de la culture intellectuelle dans son milieu. Il aura l'amour de son métier et sera l'auxiliaire de la science, le « *Servus Servorum Scientiæ* ». Le « Serviteur des Serviteurs de la Science ». Il aura aussi l'amour du progrès de sa Bibliothèque : enrichir toujours ses collections, perfectionner leur agencement, les faire connaître, les faire utiliser.

3. *Formation professionnelle.* — Le Bibliothécaire acquerra une formation professionnelle. Ce sera le résultat de la fréquentation d'un cours de bibliothèque, d'exercices pratiques, éventuellement d'un stage, et toujours de lectures. La formation une fois commencée, le Bibliothécaire aura à la continuer indéfiniment car il aura à se perfectionner et à se tenir au courant.

Le Bibliothécaire suivra le mouvement universel en faveur des bibliothèques. Il suivra ce mouvement dans son pays, mais aussi dans le monde entier, là surtout où ce mouvement est le plus intense, notamment en Amérique, en Angleterre, en Italie, en France, en Allemagne, dans les Pays Scandinaves, en Hollande et en Suisse. Il aura à cœur que son pays profite de l'expérience universelle, qu'il ne soit pas en retard sur l'étranger, qu'il apporte, lui aussi sa contribution au progrès général.

4. *Connaissances du Bibliothécaire.* — Le Bibliothécaire doit être un érudit. Quel programme d'étude lui assigner sinon celui d'approfondir et développer le programme scolaire, collégiaire, universitaire lui-même. Il doit avoir des notions étendues d'histoire (les événements dans le temps), de géographie (les choses dans l'espace), de sciences (la réalité même en ses trois divisions : la Nature, l'Homme, la Société), de littérature et d'art (ils expriment les impressions, émotions, réactions humaines au contact des choses et des idées). Le Bibliothécaire doit avoir une idée des applications des sciences à la vie pratique et ne pas être incapable de s'élever jusqu'à la compréhension des grandes synthèses philosophiques. Le Bibliothécaire doit être un encyclopédiste ; il doit s'intéresser à l'ensemble des connaissances humaines. Dans une société au travail intellectuel spécialisé comme la nôtre, la Bibliothèque, avec l'Ecole et l'Université, est la seule Institution qui présente l'ensemble des connaissances et qui se préoccupe de leurs liaisons.

5. *Travaux du Bibliothécaire.* — Le Bibliothécaire saura « travailler ». La conception du travail s'est modifiée en ces dernières années sous l'empire de certaines idées : organisation, sériation et division du travail, efficacité, rendement maximum (efficiency). Le travail intellectuel, après le travail manuel, a été influencé graduellement par ces mêmes préoccupations

Le Bibliothécaire doit lire. Sans doute cette lecture ne doit être faite au détriment de ses fonctions qui ont à s'exercer dans l'intérêt des lecteurs. Le Bibliothécaire est tout d'abord un agent chargé de faire fonctionner un service et ses fonctions ne doivent pas être conçues par lui comme une sinécure, une retraite intellectuelle. Mais cette réserve faite, il doit lui-même donner l'exemple de l'étude et de la lecture.

6. *Assistance au lecteur et au chercheur.* — Le Bibliothécaire, en tous temps, prêtera assistance au lecteur, surtout au lecteur inexpérimenté. Afin d'être le plus utile, il s'efforcera de bien connaître l'état intellectuel et les besoins du milieu où la bibliothèque est placée. Une distinction sera faite entre l'assistance intellectuelle et l'assistance morale. La première consiste à aider le lecteur à mieux se diriger vers ce qu'il cherche réellement. La seconde tend à se substituer à lui dans sa direction morale et à l'influencer dans un certain sens. — Le personnel des bibliothèques publiques donnera sa pleine assistance intellectuelle, technique, mais s'abstiendra de toute assistance morale qui pourrait porter ombrage à la liberté de conscience du lecteur ou transformer la bibliothèque en auxiliaire de propagande politique, philosophique ou religieuse. Une bibliothèque publique doit être essentiellement une institution impartiale et neutre.

7. *Devoir scientifique du Bibliothécaire.* — Toutes les professions, des plus humbles aux plus élevées, ont un double devoir scientifique. 1° La pratique de chacun de ceux qui les exercent doit s'appuyer sur la science qui fonde la profession. 2° Chacun aussi doit s'efforcer d'apporter, à la science commune, une contribution d'observation, de réflexion, d'expérience, d'invention. Une conception scientifique de la profession élève et agrandit ; elle fait sortir de l'isolement et « socialise » l'intelligence.

416 Opérations.

a) Les opérations relatives aux Livres et aux Documents s'enchaînent et forment un cycle ; les unes conduisant à la préparation des travaux (manuscrits) et à leur publication), les autres intervenant après que l'œuvre est née, qu'elle a revêtu les conditions nécessaires à son existence individuelle. Ce sont les opérations nécessaires à sa diffusion et à son incorporation dans le total de la Documentation, l'Encyclopédie ou le Livre Universel.

b) Il est opportun de considérer dans leur ensemble les diverses opérations et manipulations auxquelles donnent lieu l'élaboration du document. Tout progrès réalisé sur quelque point peut avantageusement retentir sur les autres.

c) Les services à assurer internationalement pour les travailleurs intellectuels et le public en général sont les suivants : 1° vente des ouvrages ; 2° communication et prêt des ouvrages ; 3° fournitures de renseignements bibliographiques ; 4° fournitures d'analyse et résumé ; 5° fournitures de reproductions de documents (copies manuscrites, dactylographiques, photoscopiques) ; 6° traductions des documents ; 7° fournitures de rapports de mise au point.

417 Autres facteurs d'organisation

Parmi les autres facteurs d'organisation il y a à ranger la finance, les conventions, la réglementation.

1. *Finance.* — Chaque organisme, chaque travail se développe dans le milieu économique de la société. Il y a donc lieu à financement c'est-à-dire à disposition de moyen d'argent nécessaire pour payer personnel,, matières et premier établissement.

Les conditions de financement sont particulières à chacun. Mais il serait désirable de voir constituer un Fonds mondial pour subvenir aux insuffisances de fonds spéciaux et leur assurer des compléments en vue de dispositions et tâches onéreuses nécessitées par l'organisation internationale.

2. *Convention.* — C'est par une Convention générale,

instrument de caractère juridique que pourra être réalisée l'organisation.

La Convention serait l'expression des rapports naissant de Conventions scientifiques. Il est désirable que les conventions particulières soient unifiées et rattachées à la convention générale.

3. *Règlement.* — Les dispositons d'ordre technique, celles relatives à l'organisation des services intérieurs et de la coopération ont à prendre forme de règlements édictés par les organismes à tous degrés. Ces règlements sont, quant aux dispositions internes les analogies des conventions quant aux dispositions externes.

42 LES ÉLÉMENTS OU ENSEMBLES A RÉALISER

Comme il a été annoncé, il y a lieu de traiter successivement: 1° des documents; 2° des ensembles ou collections; 3° des organismes documentaires; 4° du réseau universel; 5° des rapports avec le Travail intellectuel et l'Organisation mondiale.

L'organisation est à cinq échelons.

421 Les Livres et les Documents (premier échelon de l'Organisation).

Premier échelon de l'organisation: chaque document est constitué d'un ensemble de faits ou d'idées présentés sous forme de texte ou d'image et ordonné selon un classement ou un plan qui est déterminé par l'objet ou le but que se proposent ceux qui les rédigent. Il y a lieu de considérer l'organisation de la rédaction, de la publication et de la distribution des livres et documents.

421.1 Règles concluant les Publications.

421.10 Généralités.

a) Une orthographe existe pour les mots, une grammaire pour les phrases, une logique pour les propositions, une rhétorique pour les développements. Serait-ce tout, et ne devrait-il pas aussi y avoir un art de composer des articles, des livres, des revues, un art documentaire. Ce serait absurde de le nier. A la vérité, cet art existe déjà, mais informulé. Ce qu'il importe présentement c'est d'exprimer semblable méthodologie.

b) La rédaction du Document (livre, article, simple pièce) est à l'origine du cycle documentaire. Cette rédaction détermine largement ce qui sera ensuite, car c'est avec toutes ses qualités et ses défauts que le document est entraîné ensuite. Une erreur de pensées, une expression inadéquate, une faute d'impression, un inachevé bibliographqiue seront répétés sans que nul ne puisse y porter remède réel dès que la distribution et la diffusion auront commencé. Il importe donc d'avoir des règles des normes. Celles-ci ont à être formées, comme il a été dit au sujet des règles en général. Elles ont à envisager également, à tous les degrés successifs propres à celles-ci, des prescriptions de trois ordres : 1° Les espèces bibliologiques, c'est-à-dire les formes bibliographiques proprement dites, à commencer par les dispositions matérielles. 2° Les espèces littéraires qui s'expriment dans les formes intellectuelles des diverses catégories d'exposés. 3° Les espèces scientifiques, c'est-à-dire le fond lui-même. Ces règles doivent prescrire, en chaque matière et conformément aux besoins de l'analyse et de la synthèse, la manière régulière, rapide et largement aidée de moyens automatiques de procéder à l'édification continue de chaque science par concentration et comparaison des données.

c) Les règles de la documentation doivent viser : 1° la rédaction des textes scientifiques (précision, intégralité et comparabilité des descriptions scientifiques; composition, division et distribution des diverses parties des publications, certification de ces dates; mode de citation des divers éléments rapportés, illustration, etc.) ; 2° la forme interne des publications qui comprennent et donnent structure à un ensemble de textes (terminologie et langues, abréviation et notation, emploi de l'illustration et du schéma, table et index, etc.) ; 3° la forme matérielle et dimension des publications (caractères, unification des formats, publication en fascicules et en feuilles détachées, moyens de découper les revues et d'en incorporer les numéros dans les dossiers des répertoires de documentation) ; 4° la diffusion (édition, lecture, conservation dans les bibliothèques).

d) Ces règles documentaires, utiles pour chaque publication considérée isolément, sont précieuses, surtout si l'on envisage leur ensemble. Elles doivent s'inspirer du principe qui a été formulé en ces termes. Considérer que toute publication, si minime soit-elle, est une contribution à l'œuvre scientifique totale. A cette fin, il faut : a) que toute publication en tant que contenant des résultats soit faite sous une forme comparable, utilisable, susceptible d'être intégrée à l'ensemble du corps documentaire de la science; b) que les collections systématiques soient établies par addition et juxtaposition d'éléments partiels; c) que l'entente intervienne pour la coopération aux publications générales. En conséquence, tout en constituant en lui-même une œuvre indépendante ayant sa fin propre, et tout en subordonnant sa rédaction à cette fin, chaque travail doit pouvoir également être considéré comme une contribution à l'édifice général de la science. En ce sens tout auteur doit se considérer comme collaborateur d'une sorte de grand livre universel consacré à l'exposé intégral de la science et formé intellectuellement de l'ensemble de publications faites; tout travail particulier doit être considéré par la pensée comme une partie d'un tel exposé. Le Livre Universel de la science est supposé être le total des ouvrages publiés; il a aujourd'hui une existence purement intellectuelle. Mais il tend aussi vers une existence matérielle de plus en plus complète grâce aux grands travaux de codification, de compilation, de retranscription systématique et synthétique à donner au savoir dans les traités, les encyclopédies, les atlas, la catalographie, la bibliographie. L'indexation possède maintenant une technique remarquable, destinée à relever tout ce qui s'est publié relatif à toutes les matières.

L'immense travail qui s'accomplit de cette manière n'est qu'un travail indirect et un travail de seconde main. Il doit nous conduire à deux autres espèces de travaux :

1° Extraire des publications le texte même auquel se rapportent les références bibliographiques, les diviser et les disséquer, en redistribuer les données dans le cadre d'un ordre unique, celui adopté par leur catalographie, de manière à rassembler directement tout ce qui concerne un même sujet, à faciliter la confrontation des textes par leur juxtaposition. 2° Conformer les textes eux-mêmes au moment où ils se rédigent. Il s'agit des règles et à des formes rationalisées et unifiées, il s'agit de substituer des normes à l'arbitraire, à l'incohérent, et à l'inutile, à substituer à une individualisation des écrits qui ne tiendrait pas compte des autres écrits similaires et complémentaires, des modes de rédaction apportant une économie au travail ultérieur de classement, catalographie, analyse, redistribution et codification synthétique.

On objectera que c'est là une atteinte grave à la liberté d'écrire, intolérable joug imposé à la pensée qui entend se mouvoir dans les directions et sous les formes que détermine lui-même quiconque écrit.

Nous répondrons qu'il nous faut maintenant un double système d'écrire, celui de la vie et celui de la science. L'un, le système littéraire pouvant être fait de concisions, d'ellypses, de fantaisies, d'originalité, d'à-peu-près même. L'autre, le système scientifique, tout en rigueur, qui use d'une terminologie précise alors même qu'elle serait longue et peu musicale; qui construit la phrase toujours de la même manière, qui répète des lieux communs et des faits élémentaires parce que c'est la vérité et qu'il faut être complet : qui loin de dissimuler l'échafaudage du raisonnement, celui de la composition s'efforce de le mettre en lumière pour mieux s'assurer que les conditions de vérité ont réalisé le système scientifique; enfin, qui, délibérément accepte s'il le faut d'être pédant, guindé, et même ridicule à l'égard du premier, le système littéraire. (1)

e) L'immense travail qui s'accomplit de cette manière, n'est qu'un travail indirect et un travail de seconde main. Il doit nous conduire à deux autres espèces de travaux :

f) Le travail scientifique tend à une connaissance de plus en plus complète, de plus en plus exacte. C'est par approximation successive, « à coups de provisoire », que l'on avance. La théorie est le centre de toute science.

Les savants additionnent leurs efforts pour réduire les principes le plus possible, pour leur donner une forme plus pure, plus vigoureuse, plus simple, pour en préciser le véritable sens et le défendre contre des objections trop rapides. On a pu parler dans ce sens de la « lignée » d'une théorie et suivre celle-ci, en tant que méthode appliquée, dans une série d'œuvres traitant de points particuliers ou concrets.

En certains domaines, telle l'économie, la théorie en est encore au simple dégrossissement. Le progrès des sciences consiste à évoluer de l'état qualitatif et descriptif à l'état quantitatif et causal. Les sciences offrent trois types : 1° parfaitement quantitative, l'astronomie de position ; 2° imparfaitement quantitative, la physique et encore plus la chimie, multiplicité colossale de petits phénomènes enchevêtrés ; 3° la science imparfaite, dont les phénomènes bien que statisticables, échappent à une théorie quantitative. (2)

Le raisonnement mathématique sert d'instrument auxiliaire et provisoire, pour déduire plus commodément et avec plus de sûreté des conséquences qualitatives de prémises qualitatives. Car notre capacité de déduire en langage ordinaire est incomparablement plus faible qu'en langage mathématique.

Mais la difficulté mathématique subsiste. Pareto (Manuel) cite le cas, relativement très simple, d'un marché de cent individus et de 700 marchandises. Il y aurait 70,699 conditions à considérer, et par conséquent un système de 70,699 équations à résoudre. Cela dépasse pratiquement la puissance de l'analyse algébrique et cela la dépasserait encore davantage si l'on prenait en considération le nombre fabuleux d'équations que donnerait une population de

(1) Ces questions ont fait l'objet de maints travaux à l'intermédiaire ou en connexion avec l'I. I. B. Citons notamment le code pour la documentation paru en 1919, les rapports présentés au congrès international de la Presse périodique, de la Presse technique et de la photographie documentaire. Parmi les travaux extérieurs à l'I. I. B. il est utile de rappeler les discussions qui ont eu lieu en 1918, à la Faraday Society de Londres (The coordination of scientific publication) discussions qui se sont prolongées et déveoppées ultérieurement dans l'organisation anglaise de l'A. S. L. I. B.

Aux Conférences internationales de Documentation de 1932 et 1933 des rapports ont présenté des propositions à ce sujet.

(2) Painlevé : Introduction de la Théorie (mathématique) de l'Economie politique de Jevons, 1909.

quarante millions d'habitants et quelques milliers de marchandises.

h) Le tableau suivant résume les distinctions qui s'imposent à tout exposé et au sujet desquels des règles sont nécessaires.

1. *Quant au fond.*

Les données (faits et idées). Elles se présentent :

11 A l'état particulier (un fait ou une idée).

12 A l'état d'ensemble (toute une science).

2. *Quant à sa modalité*, l'Exposé se rapporte :

21 A ce qui est. On l'a sous-distingué en :

211 La description, les caractères de la chose. Elle se rapporte :

211.1 A la chose en soi (description proprement dite).

211.2 A la situation de la chose dans le temps (narration).

211.3 A la situation de la chose dans l'espace (exposé géographique).

212 L'explication. Elle concerne la démonstration, les lois, les arguments, l'enchaînement logique des propositions ; déduction et induction ; arguments et preuves.

22 A ce qui devrait être : le plan (projet, programme),

3. *Quant au document.*

31 Un élément de document.

32 Un ensemble d'éléments : livre et document comme une unité.

33 Un certain ensemble de livres et documents (collection).

34 La totalité des livres et des documents.

4. *Quant aux corrélations.*

41 Le document envisagé en lui-même, isolément de tous les autres.

42 Le document envisagé dans ses relations avec les autres documents similaires de même espèce.

421 Description complète.

422 Catalogue.

423 Résumé.

424 Codification (fusion).

Ces questions ont fait l'objet de maints travaux à l'intermédiaire ou en connexion avec l'I. I. B. Citons notamment le code pour la documentation paru en 1930, les rapports présentés au congrès international de la Presse périodique, de la Presse technique et de la photographie documentaire. Parmi les travaux extérieurs à l'I. I. B. il est utile de rappeler les discussions qui ont eu lieu en 1918, à la Faraday Society de Londres (The coordination of scientific publication) discussions qui se sont prolongées et développées ultérieurement dans l'organisation anglaise de l'A.S.L.I.B.

421.11 Recommandations concernant les publications en général.

Les recommandations suivantes tendent à faciliter la conservation, le classement, le catalogage des publications, à assurer le signalement rapide et permanent, à tous ceux qu'elles peuvent intéresser, à la rattacher à tous les ouvrages de même ordre, à l'intégrer dans les cadres de l'organisation générale donnée à la documentation. Ces recommandations s'adressent conjointement à l'auteur, à l'éditeur et à l'imprimeur.

a) **Titre :** explicite par lui-même; accompagné s'il est nécessaire d'un sous-titre explicatif et d'un titre général de collection.

b) **Nom d'auteur :** nom de famille accompagné du ou des prénoms et de la qualité ou profession.

c) Millésime ou date d'impression de l'ouvrage indiqué en évidence sur la publication elle-même.

d) **Edition :** indiquer s'il s'agit d'un tirage nouveau, d'une réimpression, d'une édition nouvelle impliquant addition, suppression, correction, ou d'une refonte et mise à jour.

e) **Format :** adopter les formats standardisés ou a défaut de décision encore générale à ce sujet les systèmes de format sur lequels de larges accords ont été réalisés.

f) **Division :** division claire en chapitres et sections; rubrication ou intitulé des paragraphes : leur numérotage. Titre de haut de pages correspondant aux chapitres et aux paragraphes. Faire que toute page extraite par découpage porte encore les indications minimum d'origine. Se servir d'une division propre à l'ouvrage exprimée en notation décimale; après chaque paragraphe indiquer les indices de la classification bibliographique universelle.

g) **Sommaire :** reproduction des entêtes des chapitres.

h) **Conclusion :** annoncer clairement le sujet traité; présenter des conclusions; compléter l'exposé par un résumé succinct. Donner éventuellement ces résumés en plusieurs langues, notamment en langues internationales.

i) **Pagination :** en caractères apparents sur l'un des côtés des pages, le côté opposé étant régulièrement réservé à l'indice numérique des chapitres ou paragraphes. Paginer toutes les pages, même les « belles pages », les paginer en chiffres arabes; exceptionellement en chiffres romains (toujours pour les parties extrinsèques telles que préface ou annexe). Pagination au haut ou au bas de la page, mais en ayant soin qu'elle ne dépare pas l'aspect de la page, qu'elle soit très visible, même en feuilletant lors d'une consultation, qu'il n'y ait pas de chiffre entre deux tirets longs qui forment lignes et donnent l'impression d'un commencement dans une pagination supermarginale ou d'une fin dans une pagination inframarginale.

j) **Tables :** table méthodique et index analytique (alphabétique, matières, noms, lieux, dates). Dans cet index introduire à leur ordre alphabétique tous les mots qui peuvent venir à l'esprit du chercheur dans le domaine considéré et introduire aussi dans le même ordre alphabétique des rubriques sous lesquelles soient réunis les mots renseignés. C'est la manière de doubler en quelque sorte la table alphabétique par une table idéologique.

k) **Illustrations :** joindre au texte les illustrations qui en facilitent la compréhension (images concrètes, photographies, images abstraites, graphiques, schémas, cartes).

l) **Typographie :** Caractères très lisibles, traditionnels puisqu'il ne s'agit pas d'ouvrages de bibliophiles, bonne subordination des caractères de différentes grandeurs et types. Se conformer aux conditions générales de la page typographique (caractères, espaces, marge, justification). Subordination des caractères d'après la subordination des matières. Les caractères gras, même en bas de casses, dominant les caractères ordinaires, même majuscules. Eviter la multiplication de titres ou rubriques au milieu de pages, quand il est possible de les placer au départ de la première ligne d'un texte. Eviter la multiplication des lignes et tirets sans utilité. Information secondaire en petit texte. Le choix des caractères a de l'importance. Les caractères d'impression ont toute une histoire. Les artistes, des maîtres imprimeurs ont créé des types remarquables. Les catalogues de ces caractères constituent une publication essentielle d'une bonne imprimerie. Les utiliser pour fixer le choix.

m) **Papier :** de bonne qualité, pas trop lourd, légèrement teinté pour ne pas fatiguer la vue et de qualité permettant d'éviter avec l'âge le jaunissement, les piqûres et les cassures.

n) **Reliure :** ou tout au moins cartonnage protégeant les livres. Rognage des feuilles s'il s'agit de livres brochés, afin d'éviter aux lecteurs la perte de temps que nécessite le découpage des pages.

o) **Indication bibliographique :** ajouter aux ouvrages ce qui peut faciliter leur rapide catalogage et aider aux recherches bibliographiques, notamment :

1° Au verso intérieur du titre, imprimer dans un encadrement de la grandeur d'une fiche, la notice bibliographique de l'ouvrage (avec indice de classement) qu'il suffira ensuite de copier pour le catalogue de toute bibliothèque publique et privée; 2° encarter dans l'ouvrage cette même notice reproduite en trois exemplaires sur trois fiches libres ou répétées trois fois sur le même feuillet et destinés à être collés sur fiches pour former automatiquement les catalogues et répertoires; 3° établir ces divisions et celles de la classification bibliographique universelle (tables succinctes, mettant simplement en regard les numérotages correspondant des deux tables sans spécifier la traduction des divisions). Semblable concordance, si elle recevait une large application, faciliterait extraordinairement la consultation des ouvrages, car il suffirait pour une même recherche de se reporter au même numéro classificateur dans les divers ouvrages; en outre, cette table fournit le moyen de multiplier les références bibliographiques dans les répertoires et facilite l'utilisation du livre par le moyen de découpage dans les dossiers documentaires; 4° faire les annonces bibliographiques de l'ouvrage dans les bibliographies courantes; rédiger le prospectus du livre de manière a en faire une notice donnant une idée, objective du contenu et méritant d'être conservée à défaut de l'ouvrage même; y reproduire la table des matières; 5° déposer les exemplaires prévus au dépôt légal ou à la bibliothèque nationale du pays. Faire d'autres dépôts, notamment un dépôt international facultatif pour assurer la diffusion de l'ouvrage et s'assurer contre les risques et la destruction; 6° indiquer sur la couverture ou ailleurs les autres ouvrages du même auteur et de brèves indications biographiques; 7° donner des références bibliographiques aussi exactes et complètes que possible en note au bas des pages, à la fin des chapitres ou à la fin de l'ouvrage.

421.12 Recommandations concernant les publications périodiques.

Il serait désirable d'obtenir de tous les périodiques l'observance d'un certain nombre de principes et de règles, ce qui faciliterait grandement leur usage et les opérations subséquentes à la publication. Si pour l'éditeur d'une revue, la tâche s'achève quand elle est imprimée ou distribuée, une autre tâche commence pour ceux qui ont à la conserver, à la cataloguer et à l'utiliser. Ceux-là ne sont plus en présence d'une seule publication, mais d'un nombre considérable de publications différentes. Ils ont à les traiter comme des collections et, à cette fin, il importe qu'ils puissent autant que possible retrouver en chacune certains éléments sous formes de dispositions identiques facilitant la formation des ensembles et des totaux. A cet effet les dispositions suivantes sont recommandées. Elles complètent les dispositions précédentes communes à toutes les espèces de publications.

1° **Contenu, matières traitées.**

a) Etudes originales, monographie sur des points particuliers.

b) Travaux d'ensemble faisant connaître l'état d'une question (bilan, rapport sur l'avancement de la science).

c) Résumés tenant le lecteur au courant des faits du domaine.

d) Bibliographie: titre, résumés tenant au courant de ce qui est publié dans le domaine.

e) Calendrier des faits futurs.

f) Information sur les mouvements des Institutions, des Associations et des Personnes.

2° **Titres :** Toute liberté est laissée quant au choix du titre des périodiques. Il arrivera fatalement que dans plusieurs pays, mais traduits en langues différentes, soit adopté un même titre. Avoir soin d'éviter des titres trop longs, difficiles à retenir et encombrants dans les citations. Mieux vaut un sous-titre. Un titre parlant indiquant bien l'exacte matière traitée est désirable dans les sciences.

3° **Abréviations des titres :** Des travaux importants, des discussions ont mis en lumière l'intérêt qui s'attache à la bonne désignation en abrégé des titres des périodiques. (1) De toutes manières il est désirable que le périodique porte bien lui-même en évidence le signe abréviatif par lequel il est désigné.

4° **Dates :** La date doit figurer bien en évidence sur chaque fascicule. L'année bibliographique des Périodiques commence le 1er janvier et non pas au cours de l'année. On trouve dans les revues allemandes une date précédée des mots mentions : « Redaktionsschluss ».

5° **Citation des périodiques :** On a proposé la désignation du périodique par un numéro et par un sigle combiné. **(1)**

Tomaison, numérotation, pagination : Les références dans les périodiques sont à faire d'après l'année et la tomaison (et non seulement d'après la date et la page). Ceci est utile après que les fascicules ont été reliés. La pagination se fait parfois continue à travers plusieurs années. Ceci abrège le mode de référence. Le Bulletin de l'Union de la Presse Périodique porte : 41° année sociale (3e du Bulletin juillet-août-septembre 1931, n° 1176 de la collection).

6° **Format :** Adopter un des formats usuels. L'unification des formats a fait l'objet d'études et de discussions. Le Congrès International de la Presse Technique et Professionnelle s'en est occupé en les sessions de 1929 et 1930. Le format D. I. N. commence à être très généralement accepté. Il comporte la composition en deux colonnes. Celles-ci se recommande parce qu'elle est de lecture facile (repérage des yeux après chaque ligne), parce que si on use de la composition mécanique, les lignes à rejeter pour corriger les épreuves sont moins longues, donc économie d'argent ; enfin parce que l'on dispose de larges surfaces pour la présentation des illustrations, et qu'on évite deux marges sur quatre.

7° **Justification et mise en page :** Eviter les justifications trop larges. Elles fatiguent l'œil par la difficulté des repérages après chaque fin de ligne. Elles empêchent aussi le découpage et collage sur fiche des extraits.

(1) Travaux de la Commission de Coopération Intellectuelle.

Hanauer a proposé un n° d'ordre permanent. Pollard a publié dans son « World List » des sigles abréviatifs. Arundele Esdaille propose de combiner les deux.

8° **Caractère typographique :** Employer des caractères bien lisibles, agréables à l'œil.

9° **Pagination :** Chaque page constitue un tout repéré, éventuellement détachable.

a) En haut de chaque page l'indication du sujet, de l'article ou de la rubrique générale avec l'indice décimal (indication repérée si l'article est en continuation).

b) Au bas de chaque page le titre de la revue, sa date et la pagination. Celle-ci en grands caractères très lisibles et placés vers la marge extérieure pour faciliter la consultation sans devoir ouvrir les pages entièrement (exemple : la revue *Le Papier*).

10° **Grandes rubriques ou titres collectifs :** Indiquer le sujet de la rubrique en mots matières avec indice décimal correspondant. On obtient un titre d'aspect agréable en le plaçant dans un encadrement au haut de la page de départ de chaque grande rubrique avec au milieu les mots, à droite l'indice décimal et à gauche répétition du nom ou de quelque vignette appropriée (ex. : Le Papier, 1930.01.15). (1)

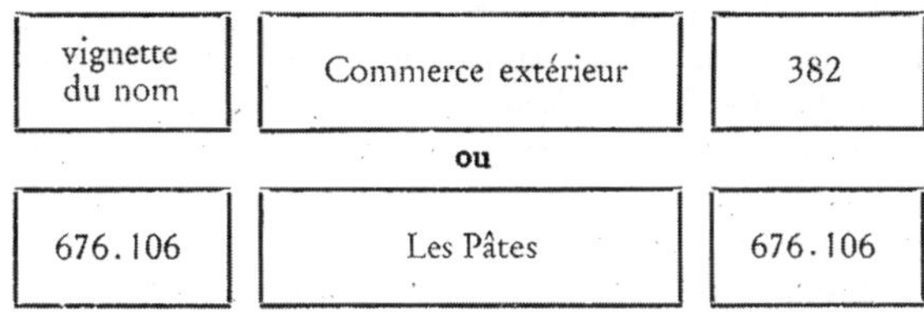

11° **Parties officielles ou non officielles :** Dans les organes d'associations on distingue avec soin la partie officielle de la partie non officielle. Dans les revues allemandes, par ex., on trouve la mention « Schluss des Redaktionellen Teils ».

12° **Le Périodique et le Traité :** Le périodique ayant des rapports avec le traité exposant les matières similaires, la liaison est désirable : 1° En faisant dans le Périodique des références constantes au traité. 2° En faisant du périodique un substitut du traité. En ce cas s'efforcer :

a) d'indexer en détail chaque partie ;

b) de se référer constamment de l'une à l'autre ;

c) d'établir des tables systématiques détaillées ;

d) de rendre facile la séparation de chacun des articles pour en former dans les dossiers une Encyclopédie Documentaire.

(1) *Le Papier*, revue technique des industries du papier et du livre (Paris) applique la C. D. sous quatre formes (voir n° de janvier 1930) :

1° Les articles portent les indices de la C. D.

2° Les pages de la revue portent les indices de la C. D. conjointement avec les chiffres de la pagination.

3° Le sommaire est divisé en trois colonnes : Titres, pages, rubriques en C. D.

4° « Fiches documentaires » indications en forme de fiches incorporées à la revue des articles parus dans les années antérieures sur un même sujet indiqué en rubrique et en indice décimal.

13° **Calendrier des réunions et faits à venir :** Objet, organisme, date, indice décimal. (Ex. voir *Revue Internationale* 1912.)

14° **Illustration :** l'illustration est la deuxième langue d'un texte, une langue universelle (illustrer les articles : images, figures, schémas, cartes).

15° **Résumé des articles en d'autres langues :** Exemple : *Revue Economique Internationale.*

Bref résumé (contenu, analyse, thèse ou conclusion) ajouté à chaque article et destiné à être reproduit et éventuellement traduit.

16° **Sommaires :** Le sommaire portera notices bibliographiques complètes : sujet, page, rubriques sous forme d'indice décimal (ex. : *Le Papier,* 15 janvier 1930). La Société Française d'Electriciens publie mensuellement un résumé en esperanto de ses publications et l'envoie à des personnalités et institutions du pays et de l'étranger.

Adjonction à chaque numéro d'un Sommaire de son contenu, avec indice classificateur et analyse sommaire, publié de manière à pouvoir servir aux Répertoires par simple découpage et collage sur fiches.

17° **Tables :** La forme des Tables de Périodiques la plus recommandables est : 1) une Table systématique selon la classification décimale avec référence à la pagination ou à la numérotation des Analyses ; 2) un Index Alphabétique se référant seulement aux nombres classificateurs employés. (1)

Etablissement des tables de matières, tables annuelles et tables cumulatives sous une forme permettant leur utilisation directe pour les fiches bibliographiques.

Autant que possible, impression des articles séparés les uns des autres et placés de façon à pouvoir être découpés sans nuire aux articles voisins et versés dans les dossiers de l'Encyclopédie documentaire, en n'utilisant à cet effet qu'un seul exemplaire du périodique. Ce desideratum est réalisable en commençant les articles en belle page et, dans le cas où ils prendraient fin sur une page impaire, en partageant cette fin par moitié pour en placer, dans la mise en page, la dernière moitié au verso à la page paire.

18° On peut simplement établir, sous une forme concise, un Index Décimal des Matières : Indices décimaux avec la pagination (ex. : Revue *La Vie Internationale,* 1912).

19° **Publicité-Annonces :** La publicité est une condition financière d'existence pour un grand nombre de périodiques :

a) Il importe de donner à la publicité un caractère documentaire au maximum : publicité concernant les matières traitées, exposés des desiderata généraux et de la manière dont les produits, appareils et services y donnent satisfaction, explication à leur occasion des principes généraux : classement et indexation des annonces.

b) Possibilité du découpage et conservation dans les dossiers et fichiers.

c) Annonces placées éventuellement au verso des feuilles contenant les notices bibliographiques afin de faciliter le découpage et collage. Annonce éventuellement sous la forme de fiche à découper prête à être intercalée dans les fichiers. (Feuille d'annonces intercalée avec verso et recto consacrés aux annonces ou avec au verso seulement des annonces, le verso étant réservé à du texte documentaire).

d) Indexation décimale des annonces.

e) Certaines revues publient des « Tables de la publicité par matière » et « Index Alphabétique par firme ».

20° **Indexation des Périodiques :** L'indexation intégarle du Périodique selon la classification décimale universelle se recommande pour les motifs suivants :

1) Classement du périodique lui-même dans les Bibliothèques ;

2) Aide à l'établissement des tables des matières et à la bibliographie générale ;

3) Classement automatique des articles dans les dossiers après découpage ;

4) Sur les notes prises lors de la lecture de l'article, on peut porter directement l'indice qu'on a sous les yeux sans autres recherches dans les tables.

21° a) Indiquer les indices sur chaque article, également sur chaque information distincte d'une chronique, sur chaque notice bibliographique des comptes rendus ou des listes bibliographiques ; b) Si le sujet traité est complexe, indiquer les indices composés (matières, points de vue, lieux, temps, forme, langue) ; c) S'il est traité de plusieurs sujets, indiquer plusieurs indices.

22° **Organisation interne du Périodique :** Il n'est question ici de ce point que pour mémoire. La rédaction et l'administration du Périodique participe comme celle du Journal d'une double nature, celles d'un Institut Intellectuel (scientifique ou social) et celles d'une Administration industrielle et commerciale. La loi américaine du 24 août 1912 distingue, nettement pour les périodiques, le « Publisher », l' « Editor », le « Managing Editor » et le « Business Manager ».

421.2 Publication des Livres et Documents. L'Edition mondiale.

Notre temps renouvelle toutes les formes. Quelles nouveautés apporte-t-il dans celles de l'Edition : nouveauté réalisées, entrevues ou désirables ?

Les quatre grands facteurs qui agissent sur toutes les activités contemporaines sont ici à l'œuvre : commercial, scientifique, politique, social. Tout se commercialise, tout devient objet de science objective ; tout, directement ou indirectement, retentit sur l'Etat, organisme de la vie politique ; tout doit s'adapter à une

(1) Voir : Le type pratique du ***British Power and Fuels Bulletin*** : Pollard AFC and Bradford S. C. 1932. ***Systematic subject Index to periodical volumes*** : Report of Proc. 9th Conf. A. S. L. I. B. pp. 20-40.

situation qui consacre le droit de la masse, la démocratie.

L'Edition évolue dans le cercle de ces quatre facteurs; à elle de les coordonner en elle à ses propres fins : produire des livres efficients quant à la quantité et à la qualité.

Qu'il s'agisse de travail intellectuel ou de travail social, on a vu se multiplier les Associations. Celles-ci sont reliées entr'elles par les liens de la fédération allant des Fédérations locales, régionales, nationales, aux Fédérations internationales. Et toutes, constamment, produisent des publications qui vont, prenant chaque jour plus d'importance et de développement. En particulier, il faut tenir comme organes publicateurs de premier ordre les grandes Associations internationales de toutes spécialités. Elles sont la représentation des effets et efforts collectifs mondiaux en chaque domaine; elles incorporent en elles la souveraineté nécessaire pour statuer à l'instance supérieure sur les intérêts dont elles sont dépositaires et défenseurs. Elles entendent demeurer indépendantes du Pouvoir et de ses censures, de la Finance et de ses influences déformatrices. Leur action, leurs décisions, leurs travaux sont déterminants dans leur domaine respectif. Comme il y a actuellement en vie dans le Monde environ 400 Associations internationales, plus ou moins développées, mais ayant toutes, en germe tout au moins, un service de publication; elles constituent dans leur ensemble une force éditoriale de première importance. Mais celle-ci n'est pas organisée.

Au moment où tous les problèmes d'une meilleure organisation de la Documentation se posent et se discutent, il est opportun d'esquisser un plan où les forces intellectuelles, commerciales et politiques de l'Edition trouveraient leur place et pourraient librement coopérer sans empiéter les unes sur le terrain des autres.

Il a donc été proposé de constituer sous une forme à examiner (cartel, trust, coopérative, entente, institut), un grand groupement d'efforts. Pour la facilité appelons le ici A, et appelons B la vaste collection de publications dont il lui appartiendrait de doter le Monde.

L'Editeur collectif A serait constitué par toutes les Associations Internationales adhérentes. La Collection B comprendrait les diverses formes de publication dans lesquelles la pensée scientifique, informatrice, éducative est venue progressivement se couler. Ce serait, pour chaque domaine des connaissances et des activités, les dix formes suivantes :

1° un Traité général systématique;

2° un Dictionnaire alphabétique;

3° une Revue;

4° un Annuaire renseignant sur les personnes, et les institutions;

5° un Recueil de bibliographie : Titres et analyses;

6° une Année relatant les progrès des douze mois écoulés;

7° un Recueil inconographique des tables des données numériques;

8° un Atlas de tableaux synoptiques;

9° un Recueil des textes anciens ou classiques;

10° un système de Catalogue-Inventaire.

Il s'agirait donc, sous le haut contrôle des Associations de chacun des secteurs du cercle encyclopédique que couvrent en son entier ces Associations toutes ensemble, de voir se produire la véritable Encyclopédie de chaque Science, et, en totalisant, l'Encyclopédie Universelle des Connaissances.

Hors la spécialisation d'une part, la synthèse d'autre part, on ne saurait plus parler maintenant d'Encyclopédie.

Les temps révolus ont connu des formes de celle-ci. Les Traités d'Aristote ont « encyclopédifié » la science du temps. Les Hommes du Moyen Age y ont procédé à leur tour. Quand les Encyclopédies du XVIIIe siècle produisaient leur œuvre, le savoir avait tellement grandi qu'ils le répartirent non plus en traités, tomes et chapitres, mais en articles disposés alphabétiquement. Encore produisirent-ils une œuvre originale, enregistrant pour la première fois des données qui, sans eux, n'auraient été écrites si tôt et si bien. Après eux, on procéda à des dictionnaires, à des Encyclopédies de vulgarisation. Mais notre époque se ressaisit, elle veut aussi l'œuvre centralisée de haute envergure et de portée intellectuelle fondamentale; elle veut à sa manière réaliser le rêve séculaire de la concentration, du Biblion ou Livre universel.

Pour y parvenir, les Associations fédérées, l'entité A a la possibilité de s'adresser à l'entité collective B constituée en fait par toutes les Bibliothèques du monde. Si les Associations sont des coopératives, de producteurs intellectuels, les Bibliothèques sont des coopératives de consommateurs intellectuels. A elles d'acquérir, de classer, de cataloguer, de conserver de communiquer les livres aux chercheurs, aux lecteurs. Mais le devoir s'indique aussi pour elles d'aider à produire de meilleurs livres. Les Bibliothèques constitueraient donc chacune chez elles, en leur entier si elles sont générales, pour telle ou telle partie si elles sont spéciales, le dépôt de la Collection B : l'Encyclopédie coopérative mondiale. Elles deviendraient ainsi les stations organisées d'un grand réseau de distribution de l'information scientifique la plus complète, la plus récente, la plus autorisée. Chaque travailleur de l'intelligence serait certain de trouver chez elles l'expression à jour des connaissances organisées et ce qu'elles ont d'essentiel et de fondamental, introduction ou conclusion de toutes recherches s'étendant par la bibliographie à toutes les autres sources du savoir, confrontation générale à une commune mesure étalonnée et standardisée exprimant le meilleur de la Pensée commune, cerveau collectif dans les pages imprimées duquel viendraient se fixer la mémoire commune et la conscience intellectuelle de l'humanité, viendrait se refléter l'image constamment mobile du Monde.

Si les Associations Internationales ayant potentialité de produire sont 400, les Bibliothèques ayant potentialité de consommer, (donc d'acheter, de souscrire) sont bien plus de 1.000 dans les soixante nations qui se partagent les deux milliards d'humains. Relier les Associations par l'intermédiaire A au Réseau des Bibliothèques suffit théoriquement pour assurer la réalisation de B.

Mais un tel plan aussi viendrait donner l'impulsion la plus vive à l'Edition commerciale. Car les établissements privés d'Edition, groupe C, seraient invités à participer à l'œuvre. Tous les acheteurs particuliers leur seraient laissés. C'est-à-dire tout le tirage qui dépasserait les 1.000 exemplaires de base, à répartir, eux, systématiquement entre les Bibliothèques formant réseau. Et ce tirage pourrait être considérable pour certaines parties. D'autre part, la production solidement appuyée partout sur l'armature solide du système de l'Encyclopédie, serait d'un coup portée à un niveau supérieur. Des ouvrages particuliers verraient le jour, reliés par de multiples connexions au système entier, et ce serait là tout bénéfice pour l'Edition commerciale.

De son côté enfin, l'Edition d'Etat (désignons-la par D), mieux organisée elle-même, l'aiderait comme elle aidera l'**Edition mondiale.** Nous entendons par là que les publications des Gouvernements, de leurs Administrations, des Corps officiels auraient à recevoir elles-mêmes un plan de publication et à constituer, pour chaque pays, une collection cohérente et continue.

421.3 Distribution des Livres et Documents.

Un système international devrait être établi qui mette des exemplaires des travaux originaux à la portée de toute bibliothèque, de tout laboratoire même très éloigné de grands centres. Ce système serait le complément logique de la bibliographie. Alors seulement, tous les travailleurs scientifiques seraient assurés de travailler à une même œuvre commune et cela à l'aide des mêmes matériaux et des mêmes instruments de travail. C'était l'idée première des échanges internationaux. Elle a dévié, mais elle serait à reprendre sur les bases suivantes : (1)

(1) Voir la réponse du Prof. Strohl à l'Enquête de l'*Institut International de Coopération Intellectuelle*. 1933.

1° Le service serait établi en liaison avec le Centre International de Bibliographie et son Répertoire et avec le Service International des Echanges qu'il y a lieu de doter d'un Office central de distribution.

2° Il serait dressé d'une part une liste des publications, d'autre part une liste des bibliothèques, des instituts et des laboratoires, publications et organismes faisant partie du Réseau Universel de Documentation.

3° Un fonds financier mondial (qui devrait être constitué pour pourvoir aux divers services scientfiques d'utilité internationale) devrait intervenir pour fournir les compensations nécessaires aux publications. Les exemplaires en nombre voulu seraient ou distribués directement ou réunis aux services locaux d'échange, ou envoyés au Bureau central des Echanges. Celui-ci contrôlera tous les envois. (1)

4° A défaut de l'envoi des publications elles-mêmes, le service en procurerait les photocopies.

5° La publication dans certains cas pourrait être complétée par le dépôt au Bureau central d'un exemplaire manuscrit original. Ce dépôt vaudrait publication (publicité). Il serait annoncé dans les bibliographies. Il en serait donné reçu éventuellement avec copie photographique annexée (microphotos). (V. Projet du Science Institut) de Washington.

422 Les Ensembles : Collections, catalogues et services (2e échelon de l'Organisation).

422.0 Généralité.

a) Avec les livres et les documents considérés comme autant d'unités, on forme des ensembles : collections, catalogues et services. C'est le deuxième échelon de l'organisation.

b) Il y a lieu de constituer les collections en système mondial.

En principe, le système s'étendra aux grandes catégories de collections : 1° Livres (Bibliothèques). 2° Revues (Périodicothèque). 3° Journaux (Hémérothèque). 4° Documents officiels. 5° Brevets. 6° Manuscrits. 7° Cartes et plans (Mappothèques). 8° Images, estampes, dessins, photographies (Iconothèque). 9° Archives administratives. 10° Archives documentaires (extraits, découpures, encyclopédie documentaire). 11° Collections de modèles graphiques (technique du Livre). 12° Collections de spécimens de journaux et de périodiques. 13° Catalogue des notices et des catalogues commerciaux. 14° Disques, livre sonore (Discothèque). 15° Films (Cinémathèque). 16° Objets, modèles, échantillons, œuvres d'art (Musée : Stéréothèque).

c) Réseau des grands organismes. Le réseau général se divise en autant de réseaux que d'espèces d'organismes déterminant les espèces de collections.

(1) Voir à ce sujet les propositions du Prof. Mraie.

Ainsi il y aura des organisations relatives à la production et à la diffusion des journaux, des périodiques, des brevets, des images, des films, des informations par T .S. F., des musées.

d) On a traité ci-après des six formes principales : 1° Bibliographie ; 2° Bibliothèques ; 3° Encyclopédie ; 4° Documentation administrative ; 5° Archives anciennes ; 6° Musée.

422.1 Système mondial.

a) Il y a lieu de retenir spécialement l'attention sur quatre points : 1° établissement d'un type universel de notices bibliographiques ; 2° règles catalographiques universelles ; 3° système général de Bibliographie et Catalogue ; 4° le Répertoire Bibliographique Universel. Les deux premiers points ont été traités sous n° 255.85, p. 302 et p. 304.

422.11 Système général de bibliographie et catalogue.

a) On constate quatre phases dans le travail de la Bibliographie :

1° Il a été commencé autrefois dans les Bibliothèques par les grands catalogues de celles-ci. (1)

2° Il a pris ultérieurement un caractère autonome et propre avec les grands développements des périodiques et l'extension de la littérature scientifique et technique (Fondation de l'I. I. B.).

3° Il s'est progressivement développé plus tard sous les formes de la documentation générale par la multiplication des Offices et services de documentation.

4° Un rapprochement s'opère maintenant entre le travail des organismes proprement bibliographiques et celui des Bibliothèques? Les premiers tendant à comprendre aussi des collections de livres ; les secondes se complètent en centres de documentation.

b) Le système complet de Bibliographie doit s'étendre aux catégories de Bibliographie suivantes :

1° Bibliographie des Bibliographies, avec les Bibliographies des bibliographies des bibliographies.

2° Bibliographie universelle et internationale en général : a) histoire de la littérature universelle embrassant tous les pays et toutes les époques ; b) limité à quelque pays ou quelque époque.

3° Bibliographies spéciales.

4° Bibliographie nationale et Bibliographie de publications en une langue déterminée.

5° Bibliographie d'ouvrages de groupes d'auteurs ou de certains faits : a) publication des sociétés savantes ; b) thèses et écrits académiques ; c) publications officielles ; d) ouvrages anonymes ; e) pseudonymes, supercheries littéraires ; f) périodiques et journaux.

6° Catalogue de certains fonds : a) catalogues d'éditeurs ; b) catalogues de bibliothèques ; c) catalogues de libraires ; d) catalogues de ventes.

7° Bibliographie choisie : a) bibliographie générale choisie : bons livres, livres recommandés ; b) catalogues de livres défendus par certaines autorités civiles et religieuses.

8° Revues d'analyse et de critique dite « littéraire ».

9° Encyclopédies en général (contenant des références bibliographiques).

10° Biographies (contenant l'indication des œuvres des auteurs).

c) L'indexation décimale peut se faire en cinq moments différents : 1° Sur l'œuvre elle-même (le livre ou l'article paraissant dans les périodiques). 2° Sur les bibliographies primaires qui sont les Bibliographies nationales respon-

(1) On a imprimé le Catalogue général des manuscrits. A la Révolution les biens des congrégations et ceux des émigrés ayant été déclarés biens nationaux, leurs livres et manuscrits furent destinés à fonder dans tout le pays de grandes bibliothèques pour l'instruction populaire. Un inventaire était nécessaire. On eut l'idée de le faire servir à la confection d'un catalogue général de toutes les bibliothèques de Paris et des départements. A la suite d'instructions de 1790 et 1791, 1.200,000 fiches, représentant environ 3 millions parvinrent à Paris. C'était peu. En 1794, le conventionnel Grégoire présenta son Rapport sur la Bibliographie. On dut renoncer à l'idée du catalogue imprimé. On imprima plus tard le Catalogue général des livres imprimés de la Bibliothèque Nationale. Dans son introduction, Léopold Delisle fait allusion simplement à un catalogue collectif des Bibliothèques nationales de Paris (p. LXXVII). — La Commission internationale de coopération internationale ayant demandé que, dans chaque pays, fut fondé un centre d'orientation pour l'ensemble des collections publiques, M. Roland Marcel tenta d'abord de constituer à la Bibliothèque Nationale un catalogue sur fiches des fonds spéciaux et des Unica des bibliothèques de provinces, finalement il résolut d'élargir son enquête (confiée à M. Pol Neveux) et d'en publier les résultats. « Les richesses des Bibliothèques provinciales de France». Le répertoire est classé par ordre alphabétique de villes, et ne dit rien des Bibliothèques elles-mêmes. — Charles Martel, en 1896, *(Les Caatlogues collectifs ou communs à plusieurs bibliothèques)* déclara que « ce serait une vaine et dangereuse entreprise d'essayer, actuellement du moins, un catalogue de toutes les bibliothèques publiques ».

La publication photographique du Catalogue de la Nationale de Paris a été facilitée par suite de l'action d'une commission désignée par l'American Library Association : 40 bibliothèques américaines ont décidé de souscrire au catalogue à raison de 250 fr. au lieu de 125. Par ce supplément d'environ 2 millions de francs le catalogue devra être achevé en 11 années au lieu de 25 années prévues.

Voir aussi Marcel Godet, directeur de la Bibliothèque Nationale (Suisse). Mémoire concernant la création d'un catalogue général et d'un service de renseignements de Bibliothèques suisses (Association des Bibliothécaires Suisses). Berne 1927 (17 s.). 8°.

sables du catalogue national de chaque pays. Sur les Bibliographies nationales ou internationales qui publient les dépouillements primaires des périodiques. 3° Sur les Bibliographies empruntant leurs éléments aux bibliographies primaires. 4° Sur les catalogues et répertoires des bibliothèques en général. 5° Sur les notes et documents des fichiers et classeurs des travailleurs scientifiques.

Suivant celui des cinq moments sousdits auxquels intervient l'indexation, elle a une sphère d'utilité plus grande. Faite à la source sur les œuvres elles-mêmes, ou tout au moins sur les bibliographies primaires, elle suit le sort des œuvres et de leurs notices bibliographiques et catalographiques à travers toute leur circulation et distribution ultérieure. Un double effort doit donc être fait en vue à cette indexation. Il faut décider: a) les auteurs et les éditeurs; b) les publicateurs de bibliographies primaires.

422.12 Sur le Répertoire bibliographique universel.

1. *Définition et contenu.* — Le Répertoire Bibliographique Universel R. U. P. ou (Bibliographia Universalis) est conçu comme un catalogue dans lequel doit être enregistré intégralement et classée toute la production intellectuelle, sous une forme qui en constitue l'inventaire, et qui la rende largement accessible à tous et à toutes fins. Il doit s'étendre aux œuvres, comprendre les écrits de tous les temps, produits en tous pays, sous toutes les formes de toutes les matières. En doivent faire partie les livres, brochures, feuilles volantes, les périodiques, les journaux, les publications officielles, les ouvrages scolaires. En seront exclus la musique, les estampes, la numistatique, l'épigraphie, les pièces d'archives.

On ne se bornera pas à y mentionner les ouvrages comme unités. Quand ils formeront des collections, ils y figureront avec tous leurs éléments composants, c'est le cas des œuvres polygraphiques. C'est le cas surtout des périodiques. Le Répertoire contiendra leurs dépouillements, c'est-à-dire les notices de tous les articles qui composent chacun de leurs fascicules.

2. *Organisation du Travail.* — Le Répertoire Bibliographique Universel est conçu comme la somme des Bibliographies particulières. Le travail d'élaboration doit en être réparti sur une double base: nationale et internationale.

a) Les Bibliothèques nationales de chaque pays doivent accepter la responsabilité du catalogue des ouvrages nationaux. Elles sont qualifiées à cet effet étant instituées pour recueillir toute la production bibliographique de leurs pays respectifs. Elles cataloguent nécessairement leurs collections et beaucoup d'entr'elles ont reçu déjà la mission d'élaborer la Bibliographie nationale. Il est donc rationnel en envisageant une économie maximum des efforts de leur demander de combiner, en un seul, trois ordres de travaux: Leur catalogue, la Bibliographie nationale, la participation de celle-ci à la Bibliographie. A défaut de la Bibliothèque nationale, une autre organisation nationale, aussi large de but, et fédérative de constitution, doit assurer la fonction ici décrite.

b) Les Associations Internationales spécialisées doivent accepter chacune d'assurer le dpouillement intégral des priodiques de leur spécialité, soit par elles-mêmes, soit par quelque tiers organe placé sous leur contrôle. Les Associations Internationales évoluent rapidement vers un stade où elles assument les fonctions d'organisation internationale du travail intellectuel, dont fait partie la Documentation. Elles deviennent des fédérations groupant les Associations nationales de leur spécialité et dès lors leur est possible de procéder elles-mêmes à une répartition du travail par pays entre leurs diverses sections. Le dépouillement des périodiques est une œuvre qui dépasse les forces d'une Bibliothèque nationale, à moins qu'il s'agisse de petits pays à faible production. Les articles en général portent sur des sujets très particuliers et ils exigent, pour leur classement adéquat et détaillé, les connaissances de spécialistes aussi nombreux qu'il y a de sciences. Les Associations Internationales peuvent facilement recourir à la coopération de ces spécialistes. Ce sont leurs membres, les travailleurs intellectuels dans tous les domaines, qui sont les premiers intéressés soit à faire connaître leurs travaux dans ces périodiques, soit à connaître eux-mêmes les travaux qui se poursuivent partout.

3. *Centralisation, décentralisation.* — Si l'Institut disposait des ressources nécessaires, il serait possible d'opérer à son siège central de dépouillement de tous les périodiques, le classement des notices et leurs publications, l'envoi régulier à toutes les Bibliothèques, à tous les centres et particuliers intéressés. L'Institut constituerait dans son sein, des bureaux, se divisant la tâche entr'eux d'après les matières et il s'attacherait la collaboration de spécialistes qualifiés.

Une telle organisation permettrait de donner à l'œuvre entière l'ampleur, la régularité et l'efficience qu'on peut attendre d'un travail réalisé en grand par des méthodes standardisées et conduit en séries bien ordonnées, avec l'aide maximum d'un outillage technique. Une collection centrale de périodiques serait formée en connexion avec la Bibliothèque internationale. Ce serait sur le vu même des articles qu'il serait opéré. Il va de soi que tous, corps savants, éditeurs et particulier mêmes, seraient directement intéressés à envoyer gratuitement leurs périodiques à un enregistrement universel.

Comme pareille organisation, faute de ressources et d'accords pour les obtenir, n'a pu être réalisée jusqu'ici, c'est à la méthode décentralisée qu'il a fallu recourir. Celle-ci consiste essentiellement à faire supporter la charge du travail par les unités intéressées, et à opérer la corrélation des résultats de ce travail.

4. *Principes.*

a) Le R. B. U. est établi sur fiches de format universel. Il est divisé en deux parties l'une par auteur, l'autre par matière, cette dernière classée d'après la classification décimale, susceptible d'être largement distribuée. L'essentiel, c'est l'établissement, au siège central de l'Institut, d'un Répertoire prototype, que les travailleurs puissent consulter sur place ou dont ils puissent, sur demande par correspondance, recevoir des extraits répondant aux questions posées. Ceci réduit la dépense au minimum et, pour les copies, n'engage des dépenses qu'à mesure qu'elles sont couvertes par les intéressés. Peu de capital est donc nécessaire. Mais en même temps, on établit toute une échelle de moyens de reproduction de plus en plus satisfaisants et pouvant être employés simultanément suivant que des circonstances s'en présentent, reproduction photographique ou microphotographique (1) multiplication au duplicateur, impression dans des recueils spéciaux verso blanc ou en annexes, à des publications existantes, ou finalement impression directe sur fiches. Une collection de contributions du R. B. U. a été constituée.

d) On a distingué entre le Répertoire Prototype établi au siège de l'Institut (actuellement à Bruxelles) et les Répertoires dérivés et organisés d'après les mêmes méthodes dans les Centres d'études. Le premier, par définition, doit tendre à être complet. La conception des autres en fait des Répertoires limités à certaines parties déterminées par l'usage même qu'en peuvent avoir les organismes qui les établissent (Bibliothèques nationales, générales, spéciales, locales, ou internationales; Instituts et laboratoires; Universités, administrations publiques, associations, etc.). Ces répertoires sont appelés à concentrer dans chaque organisme ou service documentaire : a) l'ensemble des fiches reçues du dehors de différentes sources, et en premier l'eu du Répertoire Bibliographique Universel; b) l'ensemble des fiches rédigées sur place, avec éventuellement la combinaison en un seul ordre des notices relatives à la Bibliographie et de celles relatives au catalogue de la Bibliothèque de l'établissement.

5. *Modes divers de coopération.* — L'Organisation et la méthode du R. B. U. rend possible de nombreux modes de coopération par une infinité de coopérateurs. Un tableau en est dressé. Les auteurs, associations, corps savants, corps administratifs officiels: Envoi par ceux-ci de la liste complète de leurs écrits sur fiches dans la forme descriptive arrêtée. Les Bibliothèques: établissement de leur catalogue d'après les règles minimum, et envoi de copies, imprimées ou manuscrites. Les Editeurs: établissement, d'après ces mêmes règles, de leur catalogue et publication du prospectus des nouveautés sur fiches du format universel. Organismes ou particuliers, éditeurs de bibliographies nationales ou internationales, de guides, index ou liste bibliographiques: publication de leurs travaux en observant les desiderata minima. Editeurs de périodiques; publication, dans les mêmes conditions des tables de matières et de sommaires. Tous ces modes de coopération mis en œuvre simultanément et s'exerçant continuellement apporteront au R. B. U. d'importantes contributions. Ils s'ajouteront aux travaux poursuivis au siège central de l'institut et hâteront l'achèvement de l'œuvre.

6. *Etat actuel des travaux et de la coopération.* — Le Répertoire Bibliographique Universel a été fondé par la première Conférence Bibliographique Universelle, réunie en 1895. Il s'est développé par les efforts conjugués de l'Institut et de l'Office International de Bibliographie, créées cette année par cette même conférence. Au 1er avril 1934, le R. U. B.. comprenait 15,646,346 fiches. Il avait répondu à 27,000 demandes de renseignements; dans 142 contributions imprimées avaient été publiées environ un demi million de notices portant les indices de la classification décimale.

a) Catalogue collectif général des grandes Bibliothèques du monde. La Bibliographie renseigne sur l'existence des ouvrages, le catalogue sur leur possession par des Bibliothèques déterminées. Mais il va de soi que les notices sont fondamentalement les mêmes dans les deux cas. Il suffirait donc de porter sur les fiches bibliographiques les indications relatives au catalogue. En fait, dès aujourd'hui, le Répertoire a commencé à être combiné avec semblable Catalogue.

b) Répertoires portant sur des séries particulières de données contenues dans des documents bibliographiques. Ainsi les Répertoires des comptes rendus, des lois, des brevets, de la statistique, des constantes théoriques et pratiques, des illustrations documentaires. Ainsi encore les Répertoires à établir à l'usage spécial de la librairie ancienne et qui devraient servir à faciliter la rencontre de l'offre et de la demande des ouvrages à vendre de seconde main.

c) Répertoire des analyses. En principe le R. B. U. ne concerne que la bibliographie-titre (ou primaire). Mais il est tout désigné pour concentrer les notices bibliographiques analytiques (abstracts). Les notices de base sont identiques dans les deux cas. Il y a intérêt à voir se multiplier les informations sur le contenu des travaux, et même des notes sur leur valeur et éventuellement les critiques dont ils sont l'objet en ayant bien soin toutefois que ces deux dernières espèces d'éléments, de caractère personnel et subjectif, soient présentés sous la responsabilité d'un critique signant la notice. Enfin, dès aujourd'hui, le Répertoire Universel contient de nombreuses notices analytiques et l'I. I. B. a demandé, aux auteurs et éditeurs de telles notices, d'appliquer les recommandations générales relatives au format, aux fiches et à la classification décimale.

d) Le R. B. U. doit naturellement devenir le noyau central d'un Répertoire Universel de Documentation composé d'un ensemble de Répertoires Universels, chacun d'eux étant consacré à l'inventaire d'une des autres

(1) Sur les procédés microphotographiques, voir Publication n° 14' de l'I. I. B.

espèces de documents, ou du contenu de certaines publications envisagées dans leur détail ou dans le choix de certains de leurs éléments, en se basant sur les besoins constatés, ou sur les premières réalisations déjà opérées de divers côtés. Les mêmes principes d'organisation et de méthode sont applicables à ces différents inventaires et il va de soi que leur concentration dans une même organisation réaliserait les avantages d'une bonne coordination des forces. Ces inventaires devraient porter sur les matières suivantes : manuscrits, musiques, estampes, photographies et films, cartes et plans, œuvres d'art, objets conservés dans les collections et musées, archives, médailles et sceaux, épigraphes, phonogrammes, index des espèces naturelles et des monuments de l'homme.

e) Le Répertoire Bibliographique universel est, par avance, le catalogue dressé de la Bibliothèque mondiale idéale, formé aujourd'hui (à raison d'un exemplaire de chaque édition) par les livres existant dans toutes les Bibliothèques du monde. La Bibliothèque mondiale est en principe appelée à concentrer en un même lieu les exemplaires de tous les livres ou leur reproduction photographique.

C'est la description et le classement des documents (livres, périodiques et articles de revues, etc.) en distinguant la Bibiographie titre et la Bibliographie analytique. 1° Utilisation directe des bibliographies spéciales existantes. 2° Dépouillement, au point de vue des répertoires à former, des bibliographies générales, et dépouillement des comptes rendus d'ouvrages paraissant dans les revues. 3° Relevé systématique des articles paraissant dans les revues de la spécialité et des articles se rattachant à cette spécialité paraissant dans les revues générales. 4° Analyse interne des publications (Livres, rapports, articles, comptes rendus, etc.), catalographie, indexation des éléments distincts contenus dans ces publications en se plaçant au point de vue des questions.

Il y a lieu de constituer le système mondial de la Bibliographie, la Catalographie, les Répertoires d'information, à l'état de manuscrit original ou publié. En voici le tableau.

A. *Bibliographies.*

a) Dans chaque pays une Bibliographie nationale comprenant : 1° livres ; 2° périodiques (revues, journaux) ; 3° articles de périodiques. b) Dans chaque science une Bibliographie spéciale comprenant deux parties : 1° bibliographie titre ; 2° bibliographie analytique (résumé). c) Une Bibliographie des bibliographies : 1° courante ; 2° rétrospective. d) Le Répertoire Bibliographique Universel.

B. *Catalogues collectifs.*

Dans chaque pays un catalogue collectif notamment des ouvrages possédés par le pays. Eventuellement catalogues collectifs locaux. Le Répertoire Bibliographique Universel par auteurs combiné avec des indications sur le lieu de dépôt des ouvrages et faisant fonction de catalogue collectif des grandes Bibliothèques du monde.

Le Répertoire Bibliographique Universel au Palais Mondial.
Le Mundaneum.

C. *Répertoires divers.*

a) Répertoire International des Editeurs.

b) Répetroire International des Périodiques.

c) Répertoire International des Offices de Documentation existants.

d) Répertoire International des collections, services et travaux continus.

e) Répertoire International des positifs pour projections (a. Verres ou celluloïds. b. Microfims).

f) Répertoire International des films cinématographiques.

g) Répertoire International des disques.

h) Répertoire International des musées et collections d'art, des sciences, (objets naturels de technique (objets industriels), d'hygiène, de questions sociales, d'histoire.

i) Répertoire International des Universités, Hautes Ecoles et Instituts d'enseignement.

j) Répertoire International des Instituts et des Laboratoires de recherches.

k) Répertoire International des Spécialistes.

l) Répertoire International des Traducteurs.

m) Répertoires Internationaux de Producteurs (fabricants, produits).

422.2 Bibliothèques.

On a défini la Bibliothèque précédemment (n° 262).

422.21 Intégration des Bibliothèques.

Il y lieu de voir s'opérer l'intégration des Bibliothèques : Leur développement et leur transformation ont à se poursuivre en ce sens qu'elles soient pleinement des Offices de Documentation et des Laboratoires communs de travail scientifique basé sur les documents. Par définition, les Bibliothèques ont à être le vaste complexe qu'implique une telle tâche, se divisant en sections distinces, comprises aux diverses branches de la Documentation mais sont unies par des liens constants en une unité supérieure.

« Partout, dit Coylique, les Bibliothèques sont susceptibles de nouveaux progrès chez les uns par imitation et généralement en répondant à ce qui se fait de meilleur hors d'elles, pour les autres ce qui constituera par invention et expérimentation d'idées nouvelles. Il faut lutter contre ce progrès ; bereaucratie contre echnique ; emprise déficitaire contre doctrine féconde ».

422.22 Système national de Bibliothèques.

a) Il est désirable que soit établi un système national de Bibliothèques, chacune de celles-ci étant considérées comme l'une des stations d'un réseau général de distribution pour les besoins de la vie intellectuelle. b) qu'à ce réseau soient rattachées les bibliothèques existantes mais à moderniser, transformer, éventuellement à fusionner groupes s'il est reconnu utile. c) que dans toutes villes soient créées des Bibliothèques publiques avec salles de lecture et service de prêt à domicile. d) que soient développés les services de bibliothèques circulantes. e) que soit institué un service postal de Bibliothèques permettant à tout habitant du royaume de se procurer en prêt à domicile les ouvrages d'une collection centrale des dix mille meilleurs ouvrages en toutes matières moyennant garantie d'un versement à la caisse d'épargne, que le catalogue de cette bibliothèque rédigé sous forme de guide systématique pour la lecture, la documentation et l'enseignement autodidacte, soit répandu grauitement dans tout le pays.

422.23 Réseau mondial international de Bibliothèques.

La Commission de Coopération Intellectuelle s'est occupée de la coordination des Bibliothèques : 1° Elle a demandé l'institution, dans tous les pays qui possèdent une bibliothèque nationale ou centrale, d'un « Centre National » qui serait outillé de manière à fournir aux travailleurs intellectuels toutes les indications propres à les orienter sur les bibliothèques ainsi que les offices spéciaux, où ils seraient assurés de trouver la Documentation dont ils ont besoin. Ce « Centre » posséderait en outre, tous les instruments de travail nécessaires : collections de catalogues, imprimés, bibliographies, biographies ; répertoires de fonds spéciaux. 2° Les experts ont préconisé la création d'un « Centre International » destiné à servir de lien entre els différents centres nationaux.

Il aurait pour tâche de multiplier les contacts entre les divers organismes nationaux en même temps qu'ils se chargeraient de leur faire parvenir toute demande et information.

C'est la collection des documents eux-mêmes, maintenus chacun dans leur intégrité individuelle (livres et publications diverses de toutes espèces). La collection est disposée en des réceptables adéquats et rendue facilement accessibles.

Il y a lieu de constituer les Bibliothèques en un Réseau mondial, selon les quatre parties du tableau suivant :

1° Les Bibliothèques nationales générales.

2° Les Bibliothèques nationales spéciales.

3° Les Bibliothèques internationales spéciales.

4° La Bibliothèque Mondiale.

422.24 La Bibliothèque mondiale.

Les raisons d'être et les bases de la Bibliothèque mondiale sont les suivantes :

1. *Valeur symbolique de la Bibliothèque mondiale.* — Etablir par l'effort commun un monument au Livre, à la fois expression et instrument de l'intelligence. Honorer le Livre en soi comme on honore les œuvres d'art et les grandes manifestations du génie humain. Ce motif serait suffisant pour justifier l'existence de la Bibliothèque mondiale. Ici, c'est collectivement l'Humanité qui doit rendre cet hommage au Livre comme tant de Nations l'ont rendu dans leurs Bibliothèques nationales.

2. *Utilité pratique de la Bibliothèque.* — Constituer progressivement, au cours des années, un Centre du

Livre pour les études et les recherches et obvier ainsi aux difficultés inhérentes à l'exrême dispersion des ouvrages. Mettre cet instrument de travail à la disposition des organismes mondiaux, tant officiels que privés, qui eux-mêmes se sont rapprochés à Genève par les nécessités de la concentration et dont les bibliothèques particulières, purement administratives, ne sauraient satisfaire complètement à leurs besoins.

Mettre à l'abri, à l'endroit tenu comme le plus protégé du monde contre les guerres et les révolutions, un prototype de tous les ouvrages paraissant dans le monde. Par cet exemplaire de réserve, assurer les livres contre les autres dangers de destruction qui les menacent. Rendre aussi possible leur accès en tous temps, quelles que puissent être les prohibitions qui les frapperaient dans leur pays d'origine ou de dépôt.

3. *Composition générale de la Bibliothèque.* — La Bibliothèque recevrait : 1° toutes les publications officielles des Etats et de leurs administrations ; 2° celles des corps savants, éducatifs et sociaux ; 3° les revues ; 4° les principaux journaux quotidiens. Toutes ces publications doivent être reçues presque sans frais. Un exemplaire de contrôle de toutes les publications échangées par l'intermédiaire du service des échanges internationaux y serait déposé. De même, les auteurs y doivent envoyer leurs ouvrages, eux-mêmes ou leurs héritiers ; des collections privées doivent être sollicitées ou données en legs. Les Associations Internationales doivent être invitées à y déposer leurs propres fonds. Et les doubles ouvrages résultant d'une meilleure coordination des Bibliothèques nationales devraient servir avant tout à alimenter les collections et éventuellement à faciliter par elles le prêt international.

Au sein de la Bibliothèque mondiale doivent être constitués des Fonds Internationaux et Collections Internationales pour les brevets d'invention, les recueils des lois promulguées, les statistiques, les manuscrits et papiers d'archives modernes, les musiques, les photographies, les gravures, les films cinématographiques, les disques de phonographe, etc.

4. *Organisation et Coopération.* — L'organisation doit être celle d'une Fondation autonome, coopérative, administrant tous les fonds possédés ou déposés ; chaque participation doit pouvoir éventuellement conserver la propriété de ses ouvrages ou collections, mais en mettre en commun la jouissance. Les intéressés ont à être représentés au sein du Conseil d'administration de la Fondation.

En particulier, l'Association Internationale des Editeurs et celle des Auteurs et Editeurs devraient coopérer à l'Institution afin de réaliser au point de vue mondial, ce que les Editeurs allemands ont déjà fait à Leipzig pour le livre allemand (Deutsche Bücherei).

5. *Intérêt spécial pour les petits et moyens pays.* — Les grands pays ont pu réaliser des ensembles documentaires de haute valeur, tant pour leurs bibliothèques que pour leurs offices de législation étrangères, etc.) mais les petits pays ne peuvent espérer de longtemps réaliser par leurs seules forces des ensembles équivalents. Il ne leur reste donc qu'à accepter pour leurs ressortissants une situation infériorisée, ce qu'ils ne sauraient consentir sans déchéance, ou à être tributaires des grandes nations. Cette dernières solution n'est pas sans danger. Car la grande nation organise ses institutions documentaires à l'avantage de ses nationaux avant tout : langues employées, matières des collections développées, facilités d'accession, privilège dans l'ordre des services, mesures quant au secret des communications et à l'exercice des censures, etc. Dans l'état politique incertain des conventions bilatérales à ce sujet ne constituent pas une garantie absolue. En cas de guerre, de blocus, de révolution, de neutralité, de changement de régime intérieur, que deviendraient ces accords ? Dans ces conditions, la solution coopérative offre la solution la meilleure. La Bibliothèque mondiale, en tous ses départements, se présente comme un organisme coopératif et fédératif et chaque nation en étant membre, c'est sa chose pour partie indivise qu'elle est appelée à gérer dans son intérêt propre en même temps que dans celui des autres nations coopératrices.

6. *Bibliothèque des Associations Internationales.* — Il existe au moins une centaine d'Associations Internationales qui ont commencé des collections. Et toutes les Associations Internationales, sans distinction, sont en devoir et en situation d'en former, si les facilités à cet effet leur étaient données. La Bibliothèque mondiale est à même de les fournir dans les conditions les plus économiques et les plus avantageuses en réalisant simultanément un double objectif : mettre les Associations à même d'organiser leur propre bibliothèque et assurer en même temps l'accroissement des collections mondiales.

7. *Centre des Bibliothèques du monde et d'un Réseau Universel de Documentation.* — Il y a dans le monde aujourd'hui un millier de grandes bibliothèques et des dizaines de mille moyennes et petites.

De ce que la Pensée Universelle est une, de même tous les Livres dans lesquels elle trouve son expansion sont les éléments d'un grand Livre Universel idéal. Et toutes les Bibliothèques particulières qui les conservent sont des parties d'une Bibliothèque qu'en esprit on peut considérer universelle aussi, bien que divisée en multiples collections. Mais pour rendre sensibles à toutes ces bibliothèques les liens de solidarité intellectuelle qui les unissent, et pour faciliter à l'avenir les relations entr'elles, il convient qu'une Bibliothèque Mondiale leur serve de centre commun.

8. *Dépôt de sûreté en cas de guerre.* — Les dangers de guerre sont de nouveau si grands qu'il faut préparer d'avance pour une telle éventualité une protection des livres rares de tous les pays. De même que la Croix Rouge prépare dès maintenant les services à apporter en

cas de conflit, de même faut-il préparer un asile temporaire pour les Trésors de l'esprit. Il faudrait constituer quelque nouvelle Croix Internationale, une Croix d'Or, par exemple, organisant par avance les mesures tutélaires et un dépôt vers lequel, à la première alerte, pourraient être dirigés les plus précieux des ouvrages de partout. En 1914, des livres en hâte furent soustraits partout aux dangers. Mais les refuges qu'on leur a trouvés alors (et d'où souvent d'ailleurs ils sont sortis fort endommagés) ne seront plus sûrs désormais avec les méthodes de combat qui s'annoncent. La Convention Roerich s'est occupé d'une telle protection.

9. *Réalisation.* — Au sein des Instituts du Palais mondial, Mundaneum, la Bibliothèque mondiale a été commencée.

En principe toutes les Bibliothèques générales sont en puissance des Bibliothèques Universelles, et toutes doivent comprendre des fonds de tous pays. La Bibliothèque mondiale, à l'usage de la Bibliographie et de l'Encyclopédie mondiale doit être conçue comme un réseau faisant partie elle-même du Réseau Universel de Documentation. Au centre la Bibliothèque mondiale dans le réseau même Bibliothèque Collective services mondiaux au sein des Bibliothèques nationales. Le système des échanges de prêt et dépôt légal sont à développer en fonction de tels objectifs.

Des Bibliothèques Universelles de chaque science sont à constituer, possédant chaque écrit sur n'importe quel sujet ayant traité de la science. L'ensemble de ces Bibliothèques en des emplacements dispersés ou réunis en un même lieu constituerait d'elle-même la Bibliothèque comme le total de telles Bibliothèques.

On pourrait concevoir que la Bibliothèque mondiale un jour comme la Bibliothèque des prototypes, à partir au moins d'une époque déterminée.

422.3 L'Encyclopédie.

a) Tandis que la Bibliographie donne le catalogue des Livres et des Documents, que la Bibliothèque en constitue des collections, l'Encyclopédie opère sur leurs éléments pour en former de nouveaux ensembles où ils sont distribués, coordonnés et disposés dans les cadres de formats unifiés et d'une classification unique.

b) L'œuvre d'Encyclopédie s'opère sous cinq grandes formes :

1° *Dossiers encyclopédiques documentaires.* Ils sont formés de parties de documents, d'extraits de publications, sans transformation ni altération; on y insère aussi les petits imprimés ne pouvant prendre place dans la Bibliothèque.

2° *Répertoires encyclopédiques ou fichiers.* Ils sont formés des mêmes éléments que les dossiers documentaires et ne s'en différencient que par le format.

3° *Feuilles et fiches encyclopjériques.* Elles sont publiées directement en vue d'être utilisées dans les dossiers organisés.

4° *Atlas encyclopédique.* Il est formé de tableaux présentant les éléments essentiels.

5° *Codification encyclopédique.* Œuvre ultime de la documentation, elle a pour objet de condenser, généraliser, synthétiser les données des connaissances et des activités.

c) L'œuvre d'Encyclopédie peut être réalisée fragmentairement et par parties, mais elle se caractérise essentiellement par son caractère d'universalité. Toute sa méthode a pour but d'atteindre un jour cette universalité et de l'entrevoir idéalement dès maintenant.

d) Comme la Bibliographie et la Bibliothèque, l'Encyclopédie sous ces cinq formes présente ces trois degrés : 1° méthode d'organisation en gnéral utilisable par chacun, abstraction faite de toute liaison de coopération avec autrui ; 2° application génralisée des méthodes de telle sorte que des ensembles puissent être réalisé, facilitant les travaux indivuduels; 3° irganisation formelle de cettte coopération à l'intermédiaire d'un organisme général, élaborant ou dirigeant des travaux et formant des collections centrales, assurant le fonctionnement du réseau. Celui-ci est à rattacher au Réseau Universel de la Documentation. Le nom d'« Encyclopedia Universalis » lui serait réservé.

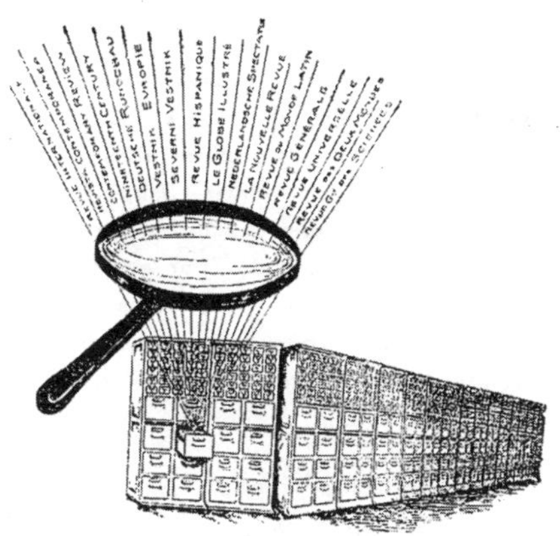

L'Encyclopédie documentaire.

422.31 Dossiers encyclopédiques documentaires.

Les Archives ou dossiers comprennent les pièces originales et les petits documents dans leur intégrité ou par fragments. Elles sont disposées en dossiers. Leur formation donne lieu au découpage des publications pour en redistribuer les éléments selon un ordée différent et former des ensembles de tout ce qui relève des mêmes questions. Les dossiers comprennent les extraits ou découpures de livres, de périodiques, de journaux, les notes manuscrites dactylographiées ou ronéographiées. Ainsi constitués, ils ont deux grands avantages : 1° Ces dossiers groupent les pièces réduisant ainsi au minimum l'effort de la consultation. 2° Ils permettent pour ainsi dire d'une manière automatique de saisir les choses plus objectivement et dans leur totalité, chaque document envisageant un point de vue, la réalité totale étant faite de l'ensemble de ces points de vue. 3° Ces dossiers portent en eux la possibilité d'une critique immédiate. Qui les consulte n'a pas à subir d'influence tendencieuse, mais est libéré des « préjugés » par la diversité même des sources réunies et aussi par les critiques variées présentées en tous les sens.

422.32 Répertoire encyclopédique ou fichier.

Ces répertoires sont formés des mêmes éléments que les dossiers documentaires. Ils ne s'en différencient que par le format (125 × 75 mm.). Ils sont constitués par découpage de publications, par extraits recopiés, par inscription directe sur les fiches, par dépouillement des données contenues dans les rapports et correspondances.

L'Encyclopédie est formée avec des Répertoires de faits sur fiches. Ces répertoires se rapportent soit aux questions, choses, objets, produits, soit aux pays, soit à l'historique, soit aux personnes et aux organismes. Ils sont disposés d'après les divers ordres fondamentaux de classification systématique (matière), historique (date), géographique (lieu).

422.33 Feuilles encyclopédiques et fiches.

Une fois admis le type de dossier et de fichier de l'*Encyclopedia Universalis*, il devient possible de publier et de distribuer des éléments destinés à les alimenter automatiquement. Ainsi, en premier lieu, les périodiques (revues, magazines, bulletins) sous la forme mobile; le recueil de pièces et documents (par ex. les rapports de conférences et congrès, les brevets, les statistiques, les lois, les conventions. Ainsi encore, comme fiches, les documents de toute nature: annonces d'ouvrages, éléments d'annuaires, calendriers futurs, cartes de visite, etc.

422.34 Atlas encyclopédique.

Sous le nom d' « Atlas Universalis Mundaneum », les Instituts du Palais Mondial se sont attachés à établir un vaste ensemble de tableaux consacrés chacun à un sujet déterminé et répondant ensemble au plan d'un exposé synthétique des données relatives au monde, à la nature, à l'homme, à la société, à l'histoire, à la géographie et à l'organisation universelle. (1)

Des ententes coopératives sont intervenues avec le Gesellschafts und Wischaftmuseum de Vienne (Ozbis Mundaneum). L'œuvre répond aux données suivantes :

(1) Paul Otlet, A. Oderfeld. *Atlas de la Civilisation Universelle.* Conception, organisation, méthode de la préparation du matériel didactique en coopération internationale. 1929. Public. n° 132 de l'Union des Associations internationales.

1° L'atlas est composé de tableaux qui peuvent prendre place aussi dans les Expositions et Musées et servent de matériel didactique dans l'Enseignement.

2° L'atlas est composé d'autant de planches qu'il y a de points à traiter d'après le plan d'études communes (ou classification).

3° Les tableaux sont standardisés dans leurs dimensions physiques, unifiés, harmonisés, coordonnés dans leurs dispositions graphiques.

4° L'atlas et les tableaux réalisent autant que possible la comparabilité des données, les diverses données d'un ensemble, d'un pays, des divers pays, les données des divers pays avec celles des sciences et celles de l'histoire.

5° Le tableau est le moyen graphique de présenter des données à l'esprit sous le mode le plus facile, le plus rapide, le plus complet. Le tableau doit épargner à qui le considère la tension de l'esprit résultant de la difficulté de comprendre, de saisir le sens, de rattacher ce sens à celui des autres données comprises antérieurement. Il y a l'art de distribuer les données en groupes bien distincts, clairs, harmonisés, de leur donner forme, grandeur, couleur adéquate (style du tableau).

6° Avec le tableau un mode d'expression nouveau des idées se crée. Les formes créées peuvent être généralisées et engendrer d'autres tableaux. L'ensemble des tableaux ainsi produits offre déjà une très grande variété de forme. On y trouve maints moyens d'exprimer des idées générales ou abstraites, qu'au premier abord on ne songerait pas à « tabuliser » ou dont on ne saurait comment le faire.

7° Chaque tableau de l'Atlas Universel sera soumis à revision successive des meilleures autorités, soit individuelles, soit collectives (associations, académies, congrès, agissant par leurs comités spéciaux). Chacun apportera les corrections désirables s'il y a lieu et le tableau sera ensuite revêtu de leur signature. Ces signatures ajouteront à sa valeur autoritative.

8° La matière de l'atlas est déjà largement existante et elle sera utilisée. Mais cette matière est dispersée à l'intérieur d'ouvrages souvent difficiles à se procurer ou elle est présentée à l'état de document séparé, mais de différentes grandeurs, à des échelles variées, sans lien systéensemble ou selon des parties homogènes.

Ainsi les atlas géographiques donnent les cartes, les matique, sans facilités par conséquent pour les acquérir panoramas géographiques donnent les sites, les albums historiques donnent les images des monuments, des objets usuels, des œuvres d'art. Mais ces recueils à eux seuls sont insuffisants, car ils sont séparés et non réunis et coordonnés. Il est ensuite d'autres formes de représentation que celles qu'ils mettent en œuvre, tels les schémas, les diagrammes, les tableaux synoptiques. En outre, il faut la coopération dans l'établissement des tableaux, la mobilité des feuilles pour faire facilement les combinaisons, la couleur.

9° L'analyse (division) consiste à établir séparément chaque élément aussi spécialisé soit-il. La synthèse (composition) consiste à regrouper les éléments. Le fait que les tableaux sont sur feuilles mobiles (fiches) permet la combinaison : ordre des parties et du tout, ordre de répartition selon l'espace ou lieu, ordre de succession dans le temps, etc. Les indices de classement facilitent ces utilisations diverses. Des notices spéciales indiquent et suggèrent les combinaisons possibles, les unes fondamentales, les autres secondaires.

10° Le principe de la synthèse doit présider aux tableaux, à savoir que toute donnée nouvelle acquise, en quelque domaine que ce soit, doit immédiatement exercer ses répercussions sur toutes les parties intéressées. A ce point de vue l'enregistrement de la science doit être construit à la manière de la comptabilité qui suit et enregistre tout le mouvements des valeurs, ainsi que les répercussions de ce mouvement. Chacun pour l'expression de sa pensée doit être invité à se servir des tableaux universels existants. S'il y fait objection, ce ne peut être qu'en raison de l'insuffisance de ces tableaux (incomplets ou incoordonnés) ou par le fait que lui-même n'est pas à la hauteur de la science récente. (1)

422.35 La Codification.

a) Elle comprend l'œuvre de codification et de coordination des données elles-mêmes. Elle donne lieu à extraits et retranscriptions dans les cadres d'une systématisation unique. Ce qu'on pourrait appeler le Livre Universel par opposition aux livres particuliers.

Les données elles-mêmes sont bien distinctes des documents dans lesquels ils sont relatés. Il s'agit d'organiser systématiquement des ensembles de ces faits et données. Pour chacun de leur ordre est établie une notice systématique type déterminant : 1. les éléments qui sont à relever pour chaque catégorie des faits ; 2. le mode selon lequel il y a lieu de les disposer sur la notice (Règles documentaires).

Pour l'établissement de ces notices, on met à contribution toutes les sources recueillies. Les documents de la bibliothèque, les dossiers sont dépouillés et on utilise aussi les données documentaires recueillies par voie d'enquête. On a soin d'indiquer sur chaque notice la source des données.

b) La codification est la forme ultime de la documentation qui s'attache aux ensembles. Le jour où tout le savoir sera codifié, l'esprit sera en possession d'un instrument incomparable, venant en aide à toutes ses opérations intellectuelles.

La codification consiste : 1° à ne dire les choses qu'une fois ; 2° à les dire en termes tels que l'idée générale précède l'idée particulière et s'élève ainsi au rang de principes, normes, lois, règles ; 3° à dire les choses d'une manière systématique et classée.

c) Il s'agit de ramener à l'unité élémentaire les multiplications et les complexités. L'opération présente des analogies avec la réduction des fractions à un même dénominateur et avec les transformations successives des expressions algébriques. L'opération revient à réduire les documents et leurs éléments documentaires et à intégrer ensuite les données de ces éléments, c'est-à-dire à les fusionner en éliminant les répétitions.

d) Le code est établi en dossiers ou atlas dont chaque feuille mobile est consacrée à la mise en tableau (tabulation) d'une donnée disposée selon les formes bibliologiques les plus adéquates (schémas, illustration) en original ou provenant du dépouillement systématique du contenu des publications.

e) La codification peut être puissamment aidée par des procédés mécaniques.

f) La codification doit être conçue en évolution constante. C'est la condition même de la science. Les thèses les plus fortement accrédités doivent être de temps à autre remises sur le tapis, passées au crible de la critique en tenant compte des nouveaux points de vue.

422.4 La Documentation administrative.

Les Archives administratives : Elles comprennent 3 pièces, les lettres, rapports, statistiques, comptes relatifs à un organisme. Elles donnent lieu à la formation : 1° de dossiers consacrés chacun à une personne ou entité, à une affaire ou question; 2° de répertoires ou fichiers réunissant selon des cadres unifiés les données analytiques de l'administration (Répertoire administratif général) ; 3° de tableaux avec texte, colonnes, schémas, images, condensant ces mêmes données sous une forme synthétique.

Par l'organisation de la documentation administrative, un

(1) La *Wiener Methode* (méthode de représentation statistique mise en œuvre par le Gesellschafts und Wirtschafts Museum in Wien) a été résumée ainsi : 1. visualiser les données statistiques par un nombre répété de figures et non pas de plus grandes figures ; 2. au lieu des cercles et des carrés, des rectangles qui rendent la comparaison plus facile ; 3. emploi d'images coloriées, de dessins en noir et blanc dits « Magnet-bilder » (pour exprimer les phénomènes de masse variables), diapositives mobiles et films dits de dessins ; 4. les couleurs claires réservées à la représentation des données déterminées, les grises pour les indéterminées, par ex. ce qui est organisé et inorganisé ; 5. symboles de couleur : vert = agriculture, blanc = forces hydrauliques (houille blanche). La représentation par images des données statistiques est une urgente nécessité si l'on veut mettre en œuvre la grande force populaire que contient la statistique.

La méthode a aussi reçu le nom de méthode Neurath ; des événements ont dû faire transporter à Lahaye le centre du travail commencé à Vienne. (International Foundation for the Promotion of Visual Education).

ensemble de dispositions est à arrêter aux degrés local, régional, national, mondial : (1)

1. *Objet de la documentation administrative.*

La Documentation Administrative moderne repose d'une part sur un certain nombre de principes formant corps de doctrine (Théorie) et d'autre part sur un certain nombre d'instruments qu'il y a lieu de voir mettre en œuvre (Pratique). La Documentation Administrative est assimilable à la comptabilité. Celle-ci a trait à l'enregistrement et aux calculs des données, relatives aux valeurs de chaque organisme comptable envisagé ; elle a sa théorie ; elle a ses livres et ses fiches essentielles ou auxiliaires. La Documentation Administrative procède à l'enregistrement des données d'ordre administratif tant intérieures qu'extérieures. Au sens large, elle comprend la comptabilité qui ne traite que d'un des aspects de l'administration, l'aspect économique.

2. *Importance.*

Le problème de l'administration s'est posé de notre temps avec une acuité qu'il n'a jamais eu. Les populations devenues immenses, leurs besoins et leurs moyens se complexifiant, leur interpénétration et leur interdépendance étant accrues, force est de réaliser plus d'ordre dans ce qui a vite dégénéré en chaos. Administration des hommes et des choses des intérêts publics et privés, des affaires civiles et militaires, à toute l'administration il faut de la documentation : pour collecter les informations et pour les coordonner, pour en calculer les décisions, pour les transmettre ensuite et en contrôler l'exécution. Il faut de la documentation à la fois fine et massive, sur papier ou en substituts du papier, mais encore et toujours de la documentation. Doit être aidée et soulagée la triple bureaucratie de l'Etat, du Capital et des Associations. Et la documentation pour toutes les trois, par au-delà les frontières, doit tendre vers l'unification et l'internationalisation. Pour les administrations communales l'Union Internationale des Villes a commencé à le faire ; pour les organismes d'affaires, la tâche en devra être assumée par la Chambre de Commerce internationale ; pour les gouvernements, par la Société des Nations.

3. *Principes fondamentaux de la documentation administrative.*

Ces principes sont :

a) Unité de l'organisme documentaire. — Tous, absolument tous les documents reçus du dehors et élaborés au dedans doivent constituer un seul et unique ensemble dans le cadre duquel une place doit être assignée à chacun.

b) Principe de l'action documentée. — Toute opération juridique de quelque importance créant ou liquidant des engagement, tout acte administratif modifiant les relations sociales, tout travail produisant ou transformant la matière, seront dédoublés par des documents ou inscriptions qui viendront les représenter, les rappeler, les préciser et permettront ainsi d'agir sur eux à distance. La partition musicale qui permet aux plus grands orchestres une interprétation fidèle de la pensée des compositeurs, telle est l'image de ce à quoi il y a lieu de tendre. Le dicton populaire n'affirme-t-il déjà que dans une entreprise qui marche tout va comme sur du papier à musique ?

c) Principe de la standardisation. — Les documents et pièces, tous indistinctement, rentreront dans l'un des formats de base format commercial (21 1/2 × 27 1/2), le format fiche (7 1/2 × 12 1/2), le format Tableau (64 × 67) ou système des formats D. I. N.

d) Principe de l'efficience. — Tout le travail dit de bureau par opposition au travail de l'usine, de l'atelier ou du chantier donnera lieu à la même rationalisation que ceux-ci, en visant à l'économie, à la division des tâches, aux opérations en « filières » reliées en « chaînes ».

4. *Instruments fondamentaux de la documentation administrative.*

Ces instruments sont :

a) Le plan général de l'organisation : — Direction, Personnel, Services, Opérations, Travaux types et Plan en constante transformation et modification comme l'entreprise elle-même.

b) La Classification générale des matières. — La Classification décimale universele de l'Institut International de Bibliographie actuellement publiée en une édition nouvelle et comprenant dans un seul ordre systématique les indices numériques de l'ensemble des choses naturelles et humaines, notamment toutes les industries, tous les commerces, toutes les institutions juridiques, toutes les sciences techniques et questions sociales. De ses 66,000 divisions, réserve quasi inépuisable, sont utilisées celles qui sont utiles à la manière dont, au fur et mesure des besoins, on se sert des mots du dictionnaire, des cartes de l'atlas, des numéros du guide téléphonique.

c) Le Manuel général. — Il centralise dans l'ordre même de la classification, les exposés, règlements et instructions, rapports qui ont un caractère durable. Il contient aussi les éléments nécessaire pour diriger l'action toute en coopération du personnel.

d) Les Formules. — Elles comprennent en un seul système, dont toutes les parties sont coordonnées les unes aux autres, l'ensemble des documents imprimés ou polygraphiés d'usage courant, dont les blancs sont remplis lors de l'emploi. Les formules sont établies en application des instructions du Manuel où elles se trouvent décrites et commentées ; elles portent un numéro d'ordre, l'indice de classement et la date d'établissement.

(1) Voir P. Otlet : *Manuel de la Documentation Administrative.* Publication de l'Institut International de Bibliographie.

e) Les Classeurs, Fichiers et Chemises. — Ce sont les contenants ou réceptables; ils sont de formats appropriés aux formats des documents. Ceux-ci après avoir été indexés conformément à la classification, viennent y prendre place et constituent les Collections, les Répertoires, les Dossiers.

5. *Opérations de la Documentation administrative.*

Le travail s'effectue selon la méthode que définissent ces principes, avec les instruments que leur servent d'auxiliaire, à l'aide aussi d'agents formé, et de machines et appareils qui viennent rendre de plus en plus mécaniques les opérations intellectuelles. A son origine, le travail a les documents pour matière première. A la fin, il a comme produit ou ces mêmes documents transformés et complétés ou des documents nouveaux. Le tout est tantôt à l'état statique, c'est-à-dire à l'état de conservation et de repos, rangé dans les Répertoires et Collections, tantôt à l'état dynamique, c'est-à-dire en voie d'élaboration, de circulation et d'utilisation.

6. *Liaison entre les Documentations scientifiques et administratives.*

En parallèle avec la Documentation administrative, selon plus ou moins de développements, mais au moins toujours avec un noyau, chaque organisme établit la Documentation scientifique et technique. Celle-ci est formée d'ouvrages, revues, journaux, catalogues, lois, jurisprudence, brevets, statistiques, cartes, photos, plans, publications commerciales de toute nature. Ces divers documents sont réunis en collections qui, elles, sont munies de catalogues et développées sous les trois formes essentielles: la Bibliothèque, les Archives encyclopédiques en Dossiers documentaires et le Répertoire Bibliographique. Les deux documentations, la scientifique et l'administrative, sont une d'esprit et une de méthode. A tout moment, elles sont à la disposition du chef, de ses adjoints, de leurs collaborateurs. A eux d'en jouer comme on joue d'orgues immenses dont tous les registres et toutes les clés sont là prêtes à émettre sûrement tous les sons que nécessite la composition musicale.

422.5 Les Archives anciennes.

Elles sont constituées par les documents anciens, ordinairement manuscrits et originaux, relatif à l'administration d'autrefois et qui comprennent notamment les titres juridiques des organismes publics et les papiers privés de familles et des établissements commerciaux.

Pour l'organisation des archives il y a lieu de revoir, étendre et développer les dispositions que l'on a commencé à prendre et à les arrêter aux degrés local, régional et mondial.

422.6 Organisation des musées.

Les collections muséographiques comprennent les échantillons, spécimens, modèles, pièces diverses, tout ce qui est utile à la documentation mais qui se présente comme objets à trois dimensions. C'est la documentation objective. Le musée est à traiter d'après les principes généraux et de la méthode générale, quant au collectionnement, au catalogue et au classement. Il y a donc analogie avec la Bibliothèque et les Archives.

Il y a lieu de donner aux musées et aux collections d'objets de toute nature une organisation aux degrés local, régional, national, mondial.

422.61 Plan général.

L'organisation des Musées doit s'opérer selon les trois formes suivantes :

1° Comme institution en soi, les Musées peuvent tendre soit vers une intégration verticale avec les autres institutions: Bibliographie, Bibliothèque, Encyclopédie, Musée; soit vers une intégration horizontale en multipliant leurs secteurs jusqu'à réaliser les Musées universels.

2° Dans leurs relations les uns avec les autres, les Musées tiendront à établir l'échange et la coopération, à se fédérer ou s'établir dans les rapports de centres, de succursales ou de divisions complémentaires.

3° Il y a lieu aussi de réaliser un Musée Universel Mondial, qui soit à la fois encyclopédique ou complet, et réalisé toutes forces nationales et internationales unies.

422.62 Le Musée Mondial.

Dans le Plan général, le Musée mondial, une des institutions du « Mundaneum », fondé en 1910, a pour but de « visualiser » les données relatives au monde et à son contenu. Il se divise en cinq séries de sections: 1° Sections nationales ou géographiques. Représenter chaque nation sous les divers aspects de son existence et de sa vie : le territoire, la population; la vie économique intellectuelle et politique; l'histoire du pays. 2° Sections historiques. Représenter une synthèse de l'histoire universelle: ce qui s'est passé au cours du temps et des âges. L'exposer non seulement comme l'enchaînement des grands faits qui ont déterminé les destinées de l'Humanité, mais comme l'évolution constante des dées, des mœurs et des forces sociales, comme la suite des civilisations du passé. 3° Sections scientifiques. Représenter le cycle des sciences et des activités pratiques, les représenter dans leurs données essentielles, leur développement historique et leurs progrès les plus récents. S'attacher à ce qui est d'importance humaine et mondiale; montrer chaque élément comme partie de l'Universalité; faire voir les corrélations, interdépendances et répercussions de toutes les parties de l'Univers: la Nature, l'Homme, la Société, la Vie devenue mondiale. 4° Section des problèmes mondiaux et de l'organisation mondiale. 5° Section d'art.

423 Organismes documentaires (3e échelon de l'organisation générale).

L'organisme documentaire est formé de l'ensemble des diverses collections, constituant elles-mêmes des ensembles de documents. Il réalise ainsi le troisième échelon de l'organisation internationale.

Il s'agit ici de la manière de constituer l'organisme documentaire lui-même, destiné à réaliser l'unité organique entre le personnel, les travaux et les collections.

a) Il y a lieu de tenir pour les organismes de la documentation les organismes suivants (dont il a été traité déjà sous le no 26) : 1o Les Bibliothèques (générales ou spéciales, des types dits scientifiqoes ou publics). 2o Les Archives anciennes. 3o Les Musées. 4o) Les Bureaux administratifs. 5o Les Offices de documentation qui participent de la nature des divers organismes précédents et qui sont eux-mêmes de deux sortes : a) les Offices ou Services de documentation soit indépendants, soit rattachés à des institutions scientifiques, des administrations publiques, des établissements ayant de buts sociaux ; b) les Offices ou Services d'information et de documentation des organismes industriels, commerciaux ou financiers. 6o Les cabinets des travail, les bibliothèques privées, les studios des travailleurs intellectuels où l'on trouve aménagés les collections de livres, les documents et répertoires en vue de l'étude et de l'élaboration des travaux intellectuels.

b) Quant à leur objet, ils sont généraux (encyclopédie) ou spéciaux. Quant à leur action et leur organisation, ils sont locaux, régionaux, nationaux, internationaux (mondiaux). Quant à leur caractère, ils sont les uns officiels, les autres privés, et certains sont mixtes.

c) La Documentation intéresse tous, mais à des titres et dans des proportions différentes. Deux sortes d'organismes y sont relatifs : les organismes proprement documentaires, ceux dont la documentation est la fonction principale et les organes accessoirement documentaires. Le concours de ces derniers est précieux comme producteur, distributeur ou utilisateur.

d) *Organes accessoirement documentaires.* — 1o Les Académies, les Sociétés scientifiques sont des centres de documentation. Elles se réunissent pour entendre des communications de leurs membres et les discuter. Elles ont des correspondants avec lesquels elles entretiennent des relations et qui les mettent à même de recevoir beaucoup d'informations. Elles font des publications et organisent une bibliothèque, souvent des archives.

2o Les Laboratoires et Instituts de recherches. — Ils possèdent généralement une documentation dans le domaine de leur objet. Il en est d'espèces assez différentes. Les Laboratoires biologiques, les laboratoires physiques et chimiques, les laboratoires industriels consacrés à l'étude des matières premières, des produits et des machines. Les Instituts de Sciences humaines et sociales.

3o Les Universités, établissements d'enseignement, écoles doivent être tenus aussi comme des centres de documentation. Ils procèdent en principe par la transmission orale de l'enseignement. Mais d'une part, les maîtres s'acquittent volontiers des fonctions d'informateur individuel et d'autre part, des bibliothèques, musées, archives et des collections de livres, d'objets, de documents, sont presque toujours annexées à ces institutions.

4o Associations internationales. — Elles sont nombreuses et certaines fort puissantes. On en a relevé 520 depuis 1842, la première en date. (1) Elles commencent par un Comité, puis un Congrès, un Bureau permanent, une transformation en association, finalement une organisation avec offices et services multiples. Chaque science, chaque branche d'actualité doit avoir son association internationale propre. On distingue trois types d'assocation internationale : celle qui s'occupe de la science du sujet et à qui appartient l'organe ; celle qui s'occupe des hommes qui professent la profession (protection, droit, défense économique et syndicale) ; celle qui s'occupe de donner son statut à la fonction sociale. Les associations internationales sont actives dans le domaine de la documentation (publication, collection, classification, etc.).

e) *Office de documentation.* — Un type nouveau d'institution est né : l'office de renseignement, d'information, de documentation. Des noms très divers lui ont été donnés (Service d'information, Bureau de renseignements, etc.). L'office est-il un type *sui generis* à côté de la Bibliothèque, du Musée, des Archives? Il ne semble pas. L'office est né d'une carence quadruple des bibliothèques . 1o carence en ce qui concerne le collectionnement des nouvelles espèces de documents sortant du cadre traditionnel ; 2o carence en ce qui concerne les méthodes les plus avancées pour le collectionnement, la mise en place, le classement et le catalogue ; 3o carence en ce qui concerne la spécialisation de la documentation ; 4o carence en ce qui concerne les services divers à rendre aux utilisateurs de documents (bibliographie, analyse, copie, etc.). Sur ces quatre points les bibliothèques du type traditionnel ont été débordées et la vie plus forte a, avec des organes nouveaux, pu s'adapter à des fonctions nouvelles ou élargies. Mais beaucoup de bibliothèques à leur tour ont suivi le mouvement, tandis que dans la conception théorique de la documentation, la ligne de démarcation est impossible à tracer. Il est donc désirable que les deux mouvements (Bibliothèques et Offices de documentation) se rejoignent, s'allient, se fusionnent même dans le cadre d'une organisation universelle.

L'Office de Documentation aura été nécessaire puisqu'il y a eu un moment de stagnation dans le développement de la Bibliothèque. Mais maintenant que l'œuvre d'excitation, de propulsion et de création a été effectuée, les deux

(1) Voir *Annuaire de la Vie Internationale*, publication no 47 de l'Union des Associations Internationales.

organismes ont à se rejoindre, l'Office doit se fondre dans le plus ancien et le plus important, la bibliothèque désormais entraînée dans le mouvement de croissance et de réforme. La duplication peut être cause de trouble et de gaspillage.

424 Le Réseau Universel d'Information et Documentation (4ᵉ échelon de l'Organisation internationale).

424.1 Principes du Réseau.

De l'enquête sur les faits, de l'étude sur les travaux et des organes existants, on peut dégager l'esquisse suivante d'une Organisation mondiale.

1° Il sera organisé un Réseau Universel mettant en rapport coopératif tous les organismes particuliers de documentation, tant publics que privés, à la fois pour la production et pour l'utilisation.

Le Réseau, de quelque manière que ce soit, doit relier les uns aux autres les centres producteurs, distributeurs, utilisateur, de toute spécialisation et de tout lieu. Il s'agit pratiquement que tout producteur ayant quelque donnée à faire connaître, quelque proposition à présenter ou à défendre — tout utilisateur ayant quelque information à recueillir pour avancer son travail théorique ou pratique — toute personne enfin puisse au moindre effort et avec un maximum de sûreté et d'abondance, entrer en possession de ce qui leur est offert.

Pour réaliser le Réseau, expression de l'organisation, il y aura un organisme universel de la documentation.

2° L'organisation couvrira le champ entier des matières de connaissances et d'activité, ainsi que l'ensemble des formes et des fonctions de la documentation.

3° Le Réseau s'organisera par le moyen d'une *Convention internationale*, comprenant autant d'objets particuliers qu'il existe d'ordres divers dans la documentation. Chacun déterminera ceux de ces objets auxquels il adhère. La Convention consacre la libre entrée et la libre sortie, en tous temps, de tous organismes existant qui répondront à des conditions minimum d'agréation. Le Réseau disposera d'un *Office mondial*, gardien de la Convention, organe promouvant à la coopération, la dirigeant, la rendant possible, organisant et administrant en son siège les collections centrales communes.

4° L'organisation impliquera la mise en œuvre des principes d'un plan général de coopération, coordination, concentration et spécialisation du travail, répartition des tâches entre organismes existants ou création d'organes nouveaux aux fins d'assurer des tâches anciennes. L'organisation se réalisera par concentration verticale, horizontale, longitudinale.

5° Les organismes de documentation seront multipliés de manière à répondre aux besoins constants. Ils seront spécialisés et couvriront chacun la partie du domaine général qui sera déterminé de commun accord.

Afin de rationaliser leurs activités et de les rendre plus efficientes, il sera procédé graduellement à une refonte des organismes documentaires ou de leurs activités par voie de fusion, séparation, concentration, décentralisation, création.

6° La Réparttion se fera selon les trois bases combinées a) de la matière (répartition verticale) (sujet ou science) ; b) du lieu (répartition horizontale) ; c) de l'espèce de fonction ou opération dcumentaire (répartition longitudinale.) [Publication, bibliothèque, bibliographie, archives, encyclopédie ou muséographie ; locaux régionaux, nationaux ou internationaux ; généraux ou spéciaux] ; la solution comporte approximativement cent matières, soixante pays, six formes de documentation, sous les deux modalités, production ou utilisation, soit un bloc ou réseau de 72.000 alvéoles. Au centre, au siège de l'Office mondial, seront rassemblées les collections générales ainsi que les services centraux d'échanges et de prêts, placés sous un régime de propriété commune et de gestion coopérative.

7° Relation. — Le Réseau général sera organiquement et hiérarchiquement constitué de telle manière qu'en chaque matière les organismes locaux seront reliés aux régionaux, ceux-ci aux nationaux, ces derniers aux internationaux et ceux-ci à l'organisme mondial. Mais à tous les degrés et dans tous les sens, les organismes *ad libitum* pourront entre eux coopérer, s'utiliser.

8° L'organisation nationale sera confiée à des organes nationaux groupant les forces officielles ou privées (Bibliothèques, offices et services existants).

L'Organisation internationale sera confiée à des organes internationaux sous l'autorité et avec la coopération desquels œuvreront les organes spéciaux. Les organismes spéciaux seront les uns privés (Associations internationales), les autres officiels (Société des Nations, Union Panaméricaine, Unions officielles des Gouvernements).

424.2 Eléments existant de l'organisation.

b) Les noyaux d'une telle organisation existent déjà a) Les Bibliothèques nationales avec leurs services de catalogues collectifs et de prêts ; b) Les Offices de documentation, les œuvres d'information, les bibliothèques spéciales en certains pays ; c) Les Unions nationales de Documentation ; d) Le Service international des échanges ; e) Les organismes qui produisent des catalogues et des bibliographies ; f) Les Bureaux des grandes publications périodiques ou à édition renouvelée : Journaux, Revues, degrés ; h) Les organismes de documentation, information et publication qui fonctionnent au sein des Associations sein de la Société des Nations ou en liaison avec elle : privées, mixtes ou officielles ; les services de cet ordre au Secrétariat, Bureau International du Travail, Commission de Coopération Intellectuelle, Organisation internationale des Transports, Organisation économique et financière, Comités nationaux de coopération intellectuelle ; i) L'Office et l'Institut International de Bibliographie et de Documentation.

Tous ces organismes fonctionnent. Ils répondent déjà largement aux conditions de l'organisation d'ensemble envisagée, et cela d'autant mieux que le plan a été dressé en vue de les utiliser au maximum.

425 Corrélations avec le Travail intellectuel et l'Organisation mondiale en général (5e échelon de l'Organisation).

Le Réseau Universel de Documentation lui-même doit prendre place dans l'organisation générale du Travail intellectuel et celle-ci dans l'Organisation mondiale elle-même. Ainsi le 4e échelon de l'organisation se complète par un 5e échelon qui le dépasse et le déborde, dont la tâche incombe à d'autres mais qui peut être largement aidé et orienté par lui.

425.1 Organisation internationale du travail intellectuel.

a) Dans la presque totalité des cas, le travail intellectuel a son origine et sa source dans les documents et, une fois accompli, il donne lieu à l'élaboration d'un document nouveau. C'est dire le lien étroit qui unit l'organisation de la documentation à celle plus générale du Travail intellectuel (1). Toute amélioration dans l'une se représente dans l'autre. Quant à la documentation, toute initiative qui y est prise dans le domaine voisin, en entraîne d'autres corrélatifs. C'est pourquoi son établissement et sa réforme doivent se poursuivre dans le cadre le plus large conçu par l'organisation du travail intellectuel lui-même.

b) La Documentation prend place dans la chaîne des opérations intellectuelles organisées : la recherche scientifique ; l'enseignement ; la documentation ; l'Information ; le Conseil (les conseils des services techniques ; l'Expertise ; l'Administration ; la Direction ; l'Exécution, l'action.

425.11 Plan général.

c) La science et le travail ont besoin d'une organisation qui, à la fois, s'étende : 1° à tous les pays ; 2° à toutes les parties du savoir ; 3° à toutes ses fonctions. Cette organisation doit être internationale et universelle.

Cette organisation implique : 1° la coopération des institutions libres (sociétés scientifiques, académies, universités et associations internaitonalse) ; 2° la coopération des gouvernements ; 3° l'établissement d'un centre international.

Les fonctions du travail intellectuel (but, activité) et les organes qui y correspondent (structure, institution) sont les suivants :

A) *Recherches scientifiques et inventions :*
Aa. Programme des recherches ; *Ab.* Inventaire des recherches intellectuelles ; *Ac.* Travaux. (Par les instituts, laboratoires, missions d'études, explorations).

B) *Méthodes : unification et standardisation :*
Ba Terminologie, nomenclature, notation, schéma ; *Bb.* Classification, systématique ; *Bc.* Système d'unités.

C) *Discussion :*
Ca. Conclusions scientifiques ; *Cb.* Décisions d'organisation ; *Cc.* Recommandations d'ordre pratique et social. (Par les associations, académies, fédérations.)

D) *Conservation de la science :*
Da. Publication ; *Dd.* Bibliographie ; *Dc.* Bibliothèque ; *Dd.* Encyclopédie ; *De.* Archives, dossiers documentaires ; *Df.* Muséographie ; *Dg.* Synthèse, codification.

E) *Enseignement et diffusion de la science :*
Ea. Enseignement ; *Eb.* Propagande scientifique, action sur l'opinion publique.

F) *Utilisation et application de la science :*
Fa. Santé publique ; *Fb.* Industrie et vie économique ; *Fc.* Administration et organisation juridique ; *Fd.* Développement social, moral, esthétique.

Fonctions du Travail intellectuel

Semblable organisation a besoin que ses organes permanents soient reliés à un organe central. Un tel organe a été défini et dénommé *Mundaneum*, et c'est à le développer que du côté des libres associations internationales ont commencé à œuvrer celles qui se sont groupées dans l'Union des Associations internationales et dans son Foyer, le Palais Mondial. Du côté officiel il y a tout le travail poursuivi par la Commission internationale de Coopération intellectuelle et par son Institut, l'Institut international de Coopération intellectuelle. (1)

---

(1) Sur la place de la documentation dans l'organisation du travail intellectuel voir les Publications de l'Union des Associations Internationales n° 97, 98, 105, 107.

(1) Voir le plan présenté par l'Union des Associations Internationales de la Conférence de la Paix de Paris (1919 et à la Société des Nations (Publications de l'I. A. I.).

425.12 **Le Mundaneum.**

1. *DEFINITIONS.*

Le Mundaneum, centre scientifique, documentaire, éducatif et social, se développe en trois directions : comme Idée, comme Institution et comme Corps physique de collections et de services. (1)

A. *L'Idée* : C'est la conception que, le monde étant reconnu un et interdépendant en toutes ses parties il faut maintenant chercher à l'observer et à comprendre cette unité, en déduire et faire connaître les conséquence pratiques pour la conduite individuelle et collective. Parallèlement à la multiplicité des sciences particulières, spécialisées et analytiques, est nécessaire une science générale, encyclopédique et synthétique ; parallèlement à la multiplicité des organisations, des constitutions et des plans particuliers, sont nécessaires une Organisation, une Constitution et un Plan mondial. Ainsi, la pensée de chacun pourra atteindre la conception du Tout ; l'humanisme poursuivi par l'éducation pourra devenir le bien de tous ; la civilisation devenant universelle et dirigée par des moyens rationnels, pourra enfin opposer victorieusement aux horreurs et aux confusions de la crise, de la guerre et de la révolution l'idéal et le bien de la prospérité, de la paix, de la justice et de l'ascension des hommes vers une plus haute destinée.

B. *L'Institution* : C'est un libre groupement des forces de l'esprit, une fédération d'organismes, une Union d'Associations nationales et internationales. Celles-ci conservent chacune leur autonomie mais pour la grande coopération intellectuelle, elles se rejoignent par les liens, soit de l'adhésion formelle en qualité de membre, soit d'accords précis formant convention, soit de la simple sympathie exprimée à raison de la communauté des buts et des efforts.

C. *Le Corps physique* : C'est l'ensemble des collections et des services destinés à être à la fois un résultat et un moyen des efforts, un Trésor et un instrument. Ils se groupent en devenir dans les cinq structures que les fonctions collectives ont déjà créées au cours de l'évolution intellectuelle, mais jusqu'ici séparément et localement et qu'il s'agit à la fois d'unir entr'elles et d'élever au degré mondial, à savoir : la Recherche avec séminaire et laboratoire ; la Documentation avec Bibliothèque, Bibliographie et Archives encyclopédiques ; l'Enseignement avec cours, conférences, semaines et quinzaines, formes d'Université ; les Congrès avec assemblées et commissions.

Cet ensemble vaste et complexe a été conçu et sa réalisation commencée selon les principes de totalité, simultanéité, gratuité, volontarité, universalité et mondialité.

(1) Sur le Mundaneum, voir les publications 116, 124, 128, 134 et 144 de l'Union des Associations Internationale.

Evidemment il faut des décades pour qu'une telle œuvre arrive à suffisance de réalisation pour que sans conteste tous puissent la reconnaître et l'utiliser. En ce moment elle peut déjà offrir le faisceau de ceux qui la reconnaissent et qui l'aident : individualités éclairées et estimées ; associations d'avant-garde, gouvernements soucieux de progrès général ; la Société des Nations vouée en principe à des objectifs similaires mais appelée à les atteindre par les voies administratives et officielles.

2. *HISTORIQUE.*

L'œuvre du « Mundaneum » remonte à 1895. C'est alors que fut fondé l'Institut International de Bibliographie, avec le but d'élaborer le Répertoire Bibliographique Universel. Ce fut la première création internationale d'ordre purement scientifique qui se proposât d'élaborer en collaboration un travail continu et d'en faire une propriété commune qui n'appartienne à aucune nation.

En 1898 furent jetés les premiers fondements de la Bibliothèque internationale, en 1907 ceux de l'Union des Associations Internationales définitivement fondée en 1910, au moment où se tint le premier Congrès mondial. Cette même année fut institué le Musée mondial.

Survint la guerre qui interrompit tout développement et plaça l'œuvre entière dans des conditions fort critiques. Des travaux furent cependant poursuivis en Hollande et en Suisse et, sous les auspices de l'Union, parurent en 1914, 1916, 1918, des travaux fondamentaux sur les événements considérés au point de vue international et sur l'organisation qu'il était désirable de voir donner aux rapports entre peuples sous le nom de Société des Nations.

En 1920, immédiatement après la guerre les Associations internationales firent un grand effort d'organisation et de coopération concentrant des œuvres existantes, en créant de nouvelles. Elles installèrent alors le centre intellectuel dans un vaste édifice provisoire mis généreusement à leur disposition par le Gouvernement belge, comprenant cent salles et couvrant environ un hectare. A ce moment fut créée l'Université Internationale.

En 1921 se tint au Palais mondial le Congrès international des Travailleurs intellectuels et, sur le plan qu'il arrêta, furent immédiatement poursuivies les négociations déjà engagées avec la Société des Nations, en vue de voir créer dans son sein, en coopération avec les Associations internationales, une organisation générale du travail intellectuel. Ce fut l'origine de la Commission de coopération intellectuelle.

En août 1922, des délégués officiels de vingt gouvernements arrêtèrent le salut érigeant le centre de Bruxelles en Fondation Internationale. En 1924, le Gouvernement belge reprit la disposition des locaux concédés pour les affecter à une destination d'ordre commercial. Après deux ans, un nouveau gouvernement consacra à nouveau les accords antérieurs. Le Palais Mondial put alors continuer à se développer. (1)

3. *PROGRAMME GENERAL.*

Cadre de la Documentation, du Musée et de l'Enseignement.

A) *Les Sciences.* (Données générales et synthétiques).

1. La quantité et l'étendue : Nombre et espace. Les Mathématiques. — 2. La matière et l'énergie : Les éléments et les forces, les corps célestes et la terre. La Physique, la Chimie, l'Astronomie et la Géologie. — 3. La vie, ses formes et variétés, sa continuité. La Biologie et l'Histoire naturelle. — L'esprit et son mécanisme, l'âme et ses facultés. La Psychologie. — 6. L'explication des choses et des systèmes. La Philosophie. — 7. La Divinité.

B. *Les Pays, les Nations.* (Vue d'ensemble. — Transformations récentes).

1. Pays d'Amérique. — Pays d'Asie. — 3. Pays d'Afrique. — 4. Pays d'Océanie. — 5. Pays d'Europe. — 6. Géographie générale, humaine et sociale.

C. *L'Histoire.* (Les grandes époques de la Civilisation et leur signification pour le moment présent).

1. Les origines de l'Humanité : La Préhistoire. 2. Ce que nous devons aux Egyptiens, aux Babyloniens, aux Perses et aux Juifs : Les peuples de l'Antiquité. — 3. Les origines de la civilisation occidentale : Les Grecs et les Romains. — 4. Ce qui s'est passé du IVe au XIVe siècle : Le moyen âge. — 5. La Renaissance et l'Humanisme. — 6. Avant, pendant et après la Révolution française. — 7. Aperçu de l'Histoire contemporaine. La guerre mondiale et l'après-guerre.

D. *L'Organisation de la vie internationale.* (Les problèmes mondiaux et les solutions proposées).

1. Les Milieux de la Nature nuisibles ou utiles à l'homme. La protection contre les calamités naturelles. — 2. La Santé, la Race, la Population, la Démographie. — 3. La vie économique : Production, distribution, finances, transport, travail. — 4. La Vie sociale : Consommation, répartition. Le Travail, les classes sociales. La Justice sociale. — 5. La Vie intellectuelle : Sciences, Arts, Lettres, Langue, Education Morale, Rlligion. Information. Documentation. Livre en prières. — 7. La Société des Nations : Pourquoi et comment elle fut instituée ; sa structure, ses activités, son histoire, sa réforme. — 8. Les Associations internationales : Organisation et activités. Les Congrès universel. — 9. La Synthèse mondiale : Comment l'Humanité peut réaliser un progrès plus rapide et une Civilisation plcs universelle. Constitution mondiale. Plan mondial. — 10. Les Instituts du Palais Mondial. Le Mundaneum. La Cité Mondiale.

4. *STATISTIQUE.*

(Etat des travaux et collections au 1er avril 1934).

1. Bibliographie (15.646.346 fiches), 27,000 consultations. — 2. Bibliothèque (175,000 unités). — 3. Hémérothèque (80,000 spécimens). — 4. Archives encyclopédiques documentaires (10,000 dossiers. — 1 million de

(1) Voir *in fine* ce qui est advenu à la fermeture du Palais Mondial par un acte arbitraire en réforme.

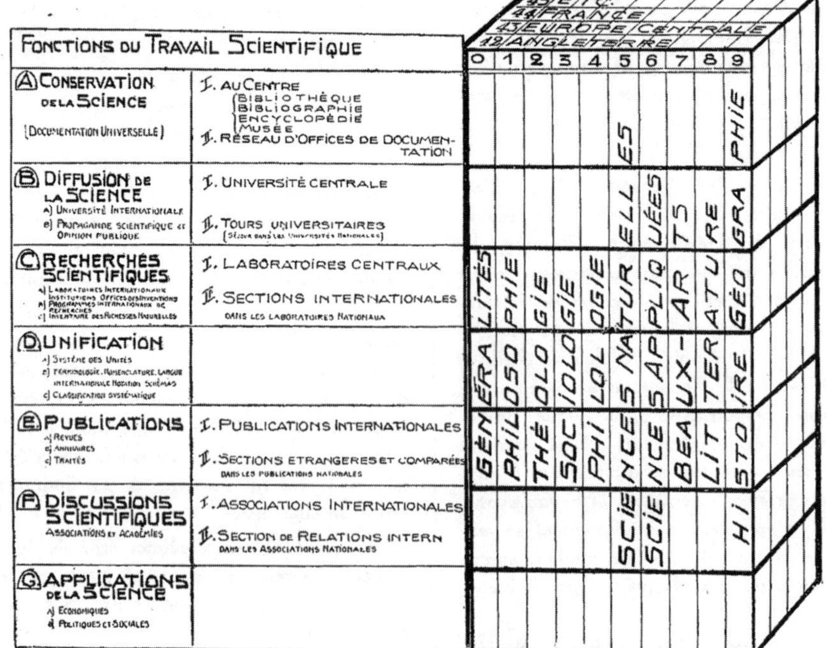

L'Organisation mondiale du Travail intellectuel.

pièces. — 5. Atlas Universel (6,000 tableaux). — 6. Classification (Tables décimales : 66,000 divisions. — 7. Films microphotographiques (4,500 images). — 8. Ciné-Mundaneum ; Séances documentaires et éducatives en liaison avec les cinémas. — 9. Enseignement (4 quinzaines internationales ; 552 conférences par 117 conférenciers en cycle triennal). — 10. Codification. (Résolution et conclusions des Associations Internationales). — 11. Publications originales : Série U. A. I. (141 numéros) : Série I. I. B. (170 numéros). — 12. Etudes et travaux : développement des six points du programme du Congrès des Associations Internationales. — 13. Musée : 60 salles, 15,000 numéros. — Des dizaines de mille visiteurs, dont 640 écoles.

425.2 Organisation mondiale en général.

425.21 Principe.

Le désordre survenu par la guerre mondiale et par ses suites, crise et révolution, ont amené graduellement les esprits à concevoir la nécessité d'une intervention rationnelle dans les rapports internationaux. Il semble donné à notre temps de travailler, bien qu'au milieu des plus grandes difficultés, à l'avenir d'une civilisation nouvelle, à base universelle, embrassant l'ensemble des nations entre lesquelles se distribuent les deux milliards d'humains. Semblable civilisation a besoin d'être organisée, d'être orientée et quant à ses facteurs essentiels, d'être dirigées. L'Intelligence, la Raison, la Science, la Technique. le Bien de l'Humanité, ont à y prendre la place occupée de nos jours par les Passions, l'Ignorance, l'Empirisme, les Egoïsmes et les Intérêts particuliers. Dès lors l'organisation du travail intellectuel doit elle-même être mise en corrélation avec l'organisation mondiale, et par elle l'organisation de la Documentation, institut de l'Intelligence. Ainsi les forces du Livre et du Document sont appelées à se mettre au service des plus hauts besoins de l'Humanité. (1)

L'organisation mondiale doit s'étendre aux six domaines de la vie sociale : la santé, l'économique, le social, le politique, l'intellectuel, le spirituel ; elle doit se rattacher de degré en degré au continental, au national, au régional, au local. Elle doit reposer sur les individus, libres mais disciplinés ; sur les associations privées prolongées en Associations internationales, celles-ci fédérées en Union des Associations internationales ; sur les pouvoirs publics et les gouvernements, ceux-ci unis en Société universelle des Nations ou République mondiale.

(1) Paul Otlet. Les *Problèmes internationaux et la guerre* (1916), dans la collection des Publications de l'Union des Associations internationales. — *Constitution Mondiale* (1917). — *La Cité Mondiale* (1927 et 1930).. — *Le Plan Mondial.*

425.22 Instruments de l'Organisation mondiale. La Cité mondiale.

Les instruments à mettre en œuvre sont la Constitution mondiale, le Plan mondial la Cité mondiale.

La Cité mondiale est conçue comme devant avoir trois buts principaux. 1° Etre un instrument pratique pour la coopération internationale, dans tous les domaines, à la manière dont, dans chaque pays, la Capitale facilite des coopérations au degré national. 2° Offrir l'occasion, toutes forces unies, de réaliser une cité modèle parce qu'elle serait réalisée selon un plan, en une fois, et soustraite ainsi aux contingences des cités anciennes difficiles à transformer. 3° Enfin constituer une représentation et un symbole permanent de l'unité humaine.

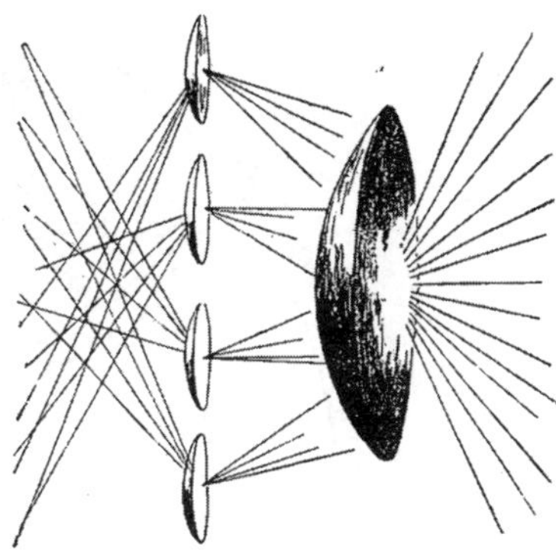

L'ACTION DU CENTRE MONDIAL.

Tels des rayons, les idées, les sentiments, les intérêts, et aussi les documents et les objets s'y rapportant sont collectés par les Associations internationales. Là, ils reçoivent une élaboration spécialisée. Ils sont ensuite dirigés vers le Centre mondial pour y être coordonnés, enrichis, synthétisés. Finalement, du Centre, ils sont renvoyés aux Associations de son degré et, diffusés de par le monde, ils contribuent partout à soutenir et développer

la Civilisation universelle.

La Cité mondiale peut encore se définir une Exposition universelle permanente, un grande Foire, un grand Marché ; une grande Bourse d'affaires de toutes espèces, une Institution centrale d'informations et d'enseignement agissant en véritable Université vivante. Chaque nation y aurait son Pavillon, chaque association internationale sa maison, chaque organe de la vie mondiale son Institut. La Cité mondiale, observatoire et miroir de la vie nouvelle du monde, serait établi en un lieu exterritorialisé. Elle serait pour les affaires temporelles ce que sont la Cité Vaticane et les cités religieuses de La Mecque, Jérusalem et Benarès pour les affaires sirituelles.

Selon sa conception théorique, et le temps aidant, la

Cité Mondiale offrirait de chaque ordre des fonctions plus coordonnée. Elle l'offrirait donc aussi quant à la l'expression, la plus rationnelle, la plus développée, la Documentation dont elle serait la Cité du Livre, la « Bibliopolis ». Mais toute entière, comme symbole et représentation, elle aurait à exprimer, à figurer, à démontrer. Aussi, son architecture toute entière serait-elle fonction de l'idée. La Cité Mondiale sera un Livre colossal, dont les édifices et leurs dispositions — et non seulement leur contenu —, se liront, à la manière dont les pierres des cathédrales se « lisaient » par le peuple au moyen âge.

Et ainsi vraiment une édification immense s'élèverait avec le temps : « *de la fiche à la Cité mondiale* ».

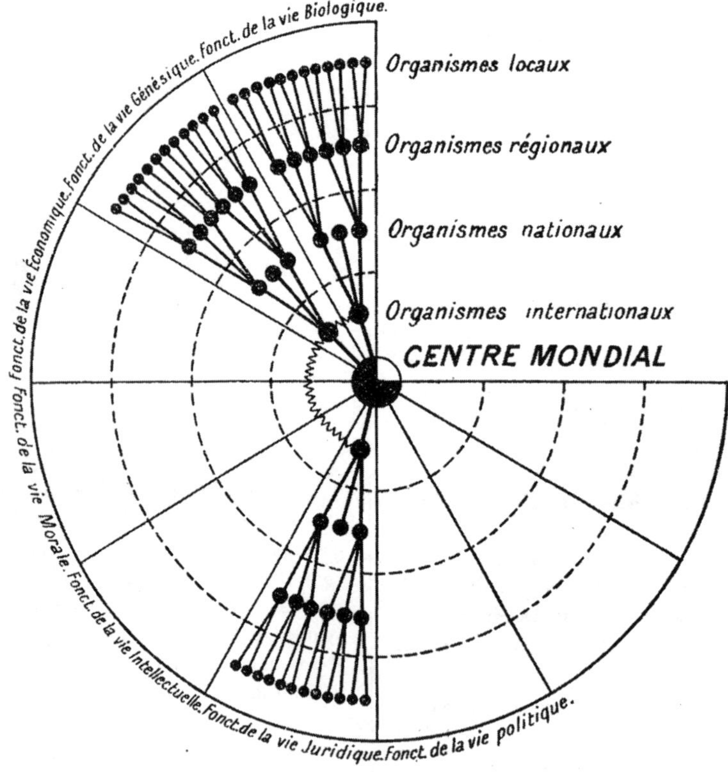

ORGANISATION MONDIALE.

Secteurs par fonction de la vie générale, — Oéganismes locaux, régionaux, nationaux, internationaux de ces diverses sentences ; Réseau de communication. de coopération et d'échanges à l'intervention d'un Centre Mondial.

5

Synthèse Bibliographique

De l'ensemble des données bibliologiques il faut pouvoir dégager quelques rapports ou lois générales ; et, posant les problèmes fondamentaux, esquissés des solutions, fussent-elles anticipées et d'un avenir lointain. C'est l'œuvre de la synthèse, après celle de l'analyse.

51. LES LOIS BIBLIOGRAPHIQUES.

Il y a lieu d'abord d'examiner s'i y a des lois bibliologiques et comment il faut les concevoir. Puis quelles sont ces lois. Les lois émises pour universelles s'appliquent-elles aux livres? Les lois établies dans d'autres domaines par diverses sciences ont-elles leur prolongement dans les domaines du livre et du document? Y a-t-il en outre des lois propres aux livres, des lois qui se superposent aux premières lois, qui les prolongent ou en sont indépendantes.

511. Des Lois en général.

a) Toute science se constitue en plusieurs étapes. Dans l'une on en amorce l'étude par la récolte des matériaux et la confrontation des résultats des faits. Dans l'autre on établit les rapports permanents entre les faits, c'est-à-dire les lois. En Bibliologie i faut entendre des faits généraux, communs à tous les livres considérés comme un tout organique dont chaque livre est une partie.

b) Devant la synthèse, les systèmes sont deux. Pour le premier système, la synthèse n'est que l'exposé du changement de l'univers et des causes immédiates qui président à ces changements ; elle ne pourra à tout jamais être que cela. Pour l'autre système la synthèse est possible, ou il sera tout au moins possible de connaître la raison première des choses.

Or, la synthèse du livre et du document, doit provisoirement se maintenir dans le cadre du premier système car leurs raisons ultimes nous échappent.

d) En Bibliologie, il semble que l'on n'a rien à expliquer puisque tout y est le fait de l'homme, le fait connu de l'homme. Il n'y aurait donc à étudier que les relations de but à moyens afin d'élargir la conception des buts et d'améliorer les moyens. Il en est bien ainsi pour la plus grande partie mais, de même qu'il ne suffit pas qu'un acte soit notre fait, même volontaire, pour en connaître les causes réelles et les répercussions, de même le livre, qui est bien notre fait, reste soumis aux mêmes questions fondamentales de la science que toutes autres choses. Peut-être même à raison de sa complexité est-il de nature à présenter ces questions avec plus de profondeur et d'amplitude.

d) La recherche des lois, de leur réalité, de leur coordination, de leur simplification est l'œuvre continue de la science. C'est déjà faire œuvre scientifique de poser les problèmes, d'indiquer des solutions provisoires.

L'on est d'accord, de nos jours, pour reconnaître le rôle nécessaire de l'hypothèse et pour reconnaître que, dans son élaboration, la science a besoin de revêtir la forme de théorie tout en admettant à mesure des progrès acquis, de voir une théorie nouvelle, plus adéquate à la réalité, prendre la place d'une théorie antérieure.

Les grandes lois, formulées même à l'état d'hypothèse, sont fécondes en découvertes ultimes et surtout en applications dans l'ordre des inventions.

e) Dans toutes les parties de ce traité, des faits généraux ont été présentés. On y renvoie. Ce qui est dit ici en est le complément et, en quelque sorte, la superstructure.

512. Les Lois universelles et celles des diverses sciences prolongées dans la Bibliologie.

Un exposé complet, science par science, objet de science par objet de science, devrait examiner leurs rapports réciproques avec le Livre et la Bibliologie. On se borne ra ici aux rapports les plus importants. Le Livre est à comparer successivement à un mécanisme, à un organisme, à un psychisme, à un sociologisme (voire à un théologisme).

Le problème ultime de la science et de la philosophie est de savoir si chaque ordre de phénomène est *sui generis*, s'il constitue une espèce distincte fondée sur un principe irréductible au principe de l'ordre antérieur, ou si, au contraire, il existe une continuité grâce à laquelle l'explication de l'ordre le plus simple, l'ordre physico-chimique, est suffisant.

Les lois scientifiques en général sont des explications des choses. Transportées d'un domaine à un autre, ces lois aident à mieux comprendre. Mille et mille arguments, empruntés à tous les ordres de la connaissance peuvent s'appliquer à l'examen des faits du livre et en renouveler la conception. Et la réciproque est vraie.

512.1 Lois universelles.

Les lois qui sont tenues pour universelles se vérifient pour le Livre et le Document.

A) Loi du changement et de l'évolution est universelle. Toutes les choses de la nature sont dans un perpétuel changement et portent en elles un éternel avenir. Chaque chose se développe toujours en passant graduellement par une série d'états de complexité croissante se continuant par des transitions insensibles. Pour concevoir clairement leur état présent, il faut toujours les étudier dans la série de leurs états antérieurs en remontant à leurs origines et les suivre pas à pas dans leurs développements successifs. Cette loi, on a pu le constater, se vérifie dans le Livre.

B) Les lois d'adaptation, de répétition et d'opposition. On peut les ramener aux tableaux de corrélation suivants.

	1. Cercle physique	2. Cercle vital	3. Cercle sociologique
A. adaptation	Combinaison chimique	fécondation	invention
B. répétition	ondulation	génération	imitation
C. opposition	choc	meurtre	guerre

Le Livre prend sa place dans ce tableau. Il est adaptation, répétition, opposition.

C) La loi de répétition amplifiante. En physique toute onde, toute vibration, tout mouvement tend à rayonner dans tous les sens où il peut théoriquement se propager, sous forme de son, lumière, chaleur. En chimie, les forces consistent en une circulation de mouvements enchaînés. En biologie chaque cellule, chaque animal, chaque plante a tendance à se propager suivant une progression géométrique. En sociologie, étant donné un groupe d'esprits en contact mental, si l'un d'eux conçoit une idée, une action nouvelle ou paraissant telle, et que cette idée ou cette action se montre avec une apparence de vérité ou d'utilité supérieure, elle se communiquera autour de cet esprit à trois, quatre, dix personnes et chacune d'elles à son tour la répandra autour de soi et ainsi de suite. (1)

Il y a répétition, expansivité universelle selon une loi géométrique. L'action du Livre est similaire, et sa loi est géométrique.

(1) G. Tarde. — Psychologie économique, 1902, p. 5.

512.2 Mathématiques.

Des mathématiques, il y a lieu de retenir surtout l'algorithme. Plusieurs aspects généraux de la réalité, la quantité, la forme, le mouvement, sont parvenus à s'exprimer sans mots, sans figures même, par une simple notation. La notation joue un rôle croissant dans les livres, dont on peut dire qu'ils sont des algorithmes. Ceci a été exposé antérieurement (n°s 222.21 et 222.24) (1)

512.3 Mécanique.

a) Le mécanisme qui étudie ou qui produit l'application de la mécanique est une combinaison d'organes ou de parties disposées pour la production d'un fonctionnement d'ensemble. Le Livre est un mécanisme, un dynamisme et à lui aussi on est amené à appliquer le mot d'Archimède :

« *Da mihi ubi consistam et terram loco dimovebo* .»

« Donne-moi un point d'appui, et je ferai mouvoir la terre. »

b) La Bibliologie établit un rapport entre le temps et l'espace. Selon Einstein et Oupensky, le temps serait la quatrième dimension de l'espace. Le livre est avant tout une corporalisation de l'idée à l'aide d'une surface graphisée. La 3e dimension est quasi inexistante à raison de la faible épaisseur du papier. Or, tout l'effort qui consiste à améliorer les formes bibliologiques a pour but de réaliser un gain de temps ou il y aboutit. Ainsi, réduire matériellement les surfaces du livre, comme dans le livre microphotographique, **c'est agir sur le temps** en réduisant la durée des maniements; réduire intellectuellement les difficultés de compréhension, c'est agir mêmement. Les données et les problèmes du continuum espace-temps sont implicitement inclus dans le Livre et c'est à la Bibliologie à les mettre en lumière.

512.4 Physico-Chimie.

La Physique, la Chimie, leur union en Physico-Chimie ont formulé entr'autres quatre grandes lois dont on trouve la vérification dans le livre.

A) La loi de la conservation de l'énergie, rien ne se perd, rien ne se crée, tout est transformation. Dans le livre aussi : les livres conservent l'énergie mentale, le contenu

(1) Voir notamment : 131 Généralité de la méthode. 132. Analyse et synthèse. 133 Pluralité des systèmes bibliologiques. 15 Rapports de la Biblologie avec les autres connaissances. 154 Science générale comparée.

Chez le musicien la notation musicale est l'aide presque indispensable de sa conception musicale. Il ne pourrait retenir ni avoir conscience de toute la musique avant d'écrire. Il fut un temps où l'on se préoccupa exclusivement de la notation, où la musique était devenue une sorte de mathématique. Sans doute le sentiment, l'inspiration faisaient défaut. Mais cette phase a préparé les possibilités de la musique ultérieure qui y a trouvé des modes d'expression nouveaux.

des livres passe à d'autres livres quand eux-mêmes ont été détruits ; et toute création bibliologique, si originale et si puissante soit-elle implique redistribution, combinaison et amalgames nouveaux des données antérieures.

B) La loi du moindre effort. Elle régit aussi l'évolution du livre.

C) La loi des cycles naturels. La nature offre de grands cycles fermés et sans cesse renouvelés, tel celui des eaux, fleuves et rivières se déversant dans les mers ; nuages formés par l'élévation des eaux sur les océans ; vents, arrêts de nuages par les montagnes, condensant pluie, alimentation des ruisseaux, rivières et fleuves. Dans le livre aussi on observe un tel cycle fermé et universel ; la chaîne des opérations de production, distribution, conservation, utilisation et destruction ; car en masse, journaux, périodiques, livres, vont au pilon et de là, à la papeterie, pour servir à d'autres publications.

D) La loi du comportement. Bien que fort contestée, cette loi se formule ainsi. Il n'y a dans les êtres vivants que des phénomènes d'ordre uniquement physico-chimique auxquels l'animal n'a pas de part volontaire et consciente. On ne saurait méconnaître qu'il n'y ait l'analogie d'un comportement. Bien que fort contestée celle-ci se formule ainsi. Il n'y a dans les êtres vivants que des phénomènes d'ordre uniquement physico-chimique auxquels l'animal n'a pas de part volontaire et consciente et on ne saurait méconnaître que dans le phénomène du Livre pris dans son ensemble, il n'y ait l'analogie d'une répétition quasi automatique : production des journaux, des revues, vente par la librairie, prêt par les bibliothèques.

512.5 Biologie.

Diverses lois de la biologie se retrouvent aussi être des lois de la Bibliologie. Et le Livre est un organisme.

E) La loi de phylogénie. Les individus constituent les espèces et ils s'enchaînent en longues lignées. Ainsi des livres.

F) La loi d'ontogénie ou loi de répétition abrégée et non amplifiée de la phylogénie. Elle se formule ainsi : Dans son développement embryologique chaque individu revêt successivement les formes par lesquelles a passé son espèce ». Cette loi est modifiée par celle de la Tachygénèse. « Certains individus sautent des stades entiers de l'évolution » (récapitulation acquisitive et accélération dans la récapitulation). Dans l'élaboration du Livre on constate qu'avant d'acquérir la forme qu'il présente à sa naissance publique, le livre a, chez l'auteur, traversé les phases de l'entogénie bibliologique. Et dans certains cas d'élaboration ultra-rapide, dircete il n'y a l'équivalent de la Tachygénèse. Les ouvrages fondamentaux (traités, premiers principes) vont d'édition en édition à se répéter et souvent en s'abrégeant. Le terme récapitulation lui-même est emprunté à la documentation.

D) Loi d'hérédité et de sélection. L'hérédité est le phénomène de la reproduction des êtres et de la formation, de la conservation ou de la disparition de leurs diverses fonctions vitales. (1)

A) Loi d'organisation. Tous les phénomènes de la vie forment une sorte de réseaux dont une seule maille ne peut se mouvoir sans que toutes les autres oscillent. Ainsi de tous les éléments d'un livre, de tous les livres entr'eux.

B) Loi d'adaptation. Effort des êtres vivants pour s'ajuster à leur milieu. Le monde de la pensée qui s'exprime dans les livres est aussi perpétuellement en mouvement. Et les moindres variations sur un point obligent l'esprit à des adaptations ; de là une mise au point perpétuelle des idées ; de là ces livres, ces écrits, qui pèsent à nouveau les questions qui les désétiquettent, les synthétisent différemment. Aussi quel corps de science pourrait se maintenir stable devant la nécessité de cette adaptation intellectuelle.

C) La loi de survivance du plus fort (struggle for life) ; cette loi est à interpréter très largement dans le sens d'une survivance des plus «intelligentes» assurée chez les êtres les plus évolués par l'intelligence avide de combat.

Parmi les livres aussi, il y a large lutte pour la vie, lutte pour se faire lire, triomphe et survivance du plus fort, la valeur intrinsèque étant qualité de force.

512.6 Psychologie. (2)

Le livre est un « Psychisme ». L'enregistrement qu'il réalise est comparable à la conscience humaine qui perçoit les rapports et relie les événements successifs, rapports dont l'ensemble et les interventions constituent aux yeux de beaucoup la conscience elle-même.

Le point a été traité sous le n° 155 *Psychologie bibliologique.* Il est simplement mentionné ici pour mémoire.

A) La loi d'équilibre. La psychologie la plus subtile conçoit l'intelligence comme une information du dehors, et la conscience comme une synthèse de ces informations. Posant en but de la vie, la liberté, elle tient celle-ci comme fonction à tout moment de l'équilibre le plus délicat entre le milieu interne et le milieu externe. Le Livre est une prolongation de l'information et celle-ci en s'amplifiant

(1) Johanssen : Exakte Vererbungslehre. (Science exacte de l'hérédité).

(2) Remarques complémentaires. 1. Il faut s'occuper du livre dans ses résultats psychologiques sur le lecteur. A quoi doit servir le livre? comment atteint-il le résultat cherché et aussi d'autres résultats? 2. Il existe des types intellectuels que l'on peut dégager par l'observation. 3. Ces types constiuent des types sociaux variables d'après les races, les milieux et les temps et que l'enquête aux fins bibliologiques, complétée par une statistique des grands nombres permet de déterminer (psycho-sociologie bibliologique). 4. Les livres sont les équivalents des textes ou moyens imaginés par les psychologues pour déceler, mesurer et classer les caractéristiques mentales des individus. 5. Les résultats de la réaction de la lecture sur les individus permet d'établir une appréciation de la va-

impose un effort accru de synthèse pour réaliser un état accru de conscience et de liberté.

B) La loi d'association. Le propre de l'esprit est de pouvoir associer le plus grand nombre d'idées ; de percevoir le plus nettement et le plus rapidement leurs rapports d'analogie et de différences ; de pouvoir les accumuler dans la mémoire. Le Livre et le document sont des instruments qui aident directement à l'exercice de ces fonctions.

512.7 Sociologie. (1)

a) La Sociologie a ramené à dix les lois du développement de l'organisation du travail social. (2)

On retrouve ces lois dans le Livre dont on peut dire qu'il est un « souslogisme ».

1° *La loi des dimensions* ou désir de s'étendre. Le Livre tend constamment à grandir ses dimensions en étendant les matières dont il traite.

2° *La loi de la forme* ou fonction de l'entrée continue de nouveaux éléments qui s'amalgament aux éléments antérieurs. Le Livre aussi voit entrer sans cesse dans sa structure de nouveaux éléments qui ne supplantent pas les premiers, mais donnent lieu à des formes synthétiques nouvelles, des structures franches, qui s'ajoutent aux structures anciennes.

3° *La loi des groupes organoplastiques* qui sont, en Sociologie, l'union familiale et l'union sociale, tous deux antagonismes durant toute l'histoire. En Bibliologie on constate la coexistence et l'opposition du Livre monographique et du livre d'ensemble (traité, encyclopédie).

4° *Loi de coopération :* La loi de coopération s'accroît aussi dans l'élaboration de toutes les parties et dans le fonctionnement de toutes les branches du Livre.

5° *Loi de différenciation.* Les Livres vont en se spécialisant et se différenciant de plus en plus.

6° *Loi d'intégration.* Parallèlement à la différenciation, les Livres vont en s'intégrant de plus en plus en un grand corps bibliographique qui s'étend à toute la matière (matière bibliologique) et en constitue une expression supérieure.

7° *La loi de centralisation* qui s'exprime par le désir d'uniformité dans la production. Le Livre tend aussi à s'unifier, sa production tend à s'amalgamer et à se trustifier.

8° *La loi de concentration.* — En vertu de cette loi, tout organisme fait effort pour concentrer ses forces et rendre son travail plus efficient. Semblablement les organismes du livre économisent leurs forces en concentrant leurs opérations et dans les livres eux-mêmes il y a une plus grande concentration des matières par réunion de celles contenues dasn les ouvrages antérieurs.

9° *Loi d'imitation.* — Dès qu'une forme de livres est créée, les auteurs s'empressent d'en faire des imitations.

10° *La loi d'associaion.* — Elle résume en une seule toutes les lois précédentes de développement et en vertu de laquelle il y a tendance croissante à accroître la « socialité », la « socialisation ». Dans le livre la même tendance est à l'œuvre. Tout ce qui originairement était individuel, isolé, dispersé, se rapproche et entre en rapport d'association.

b) La société est un tissu d'action « interspirituelle », d'états mentaux agissant les uns sur les autres. (1) Elle est un accord intermental, une connexion mentale, un groupe de jugements et de desseins qui se contredisent ou se contrarient le moins possible, qui se confirment ou s'entr'aident le plus possible. La société ainsi est un système qui diffère d'un système philosophique, en ce que les états mentaux dont il se compose sont dispersés entre un grand nombre de cerveaux distincts au lieu d'être ramassés dans le même cerveau. Le livre est le moyen de régulariser, de généraliser, d'amplifier ces actions interspirituelles. (2) (G. Tarde, *Psychologie économique*, p. 1.)

---

leur d'un livre au point de vue de son assimiliation. Il est des ouvrages, plus ou moins assimilables par tel ou tel type de lecteurs. 6. En conséquence on peut déduire des règles scientifiques auxquelles, en se plaçant au seul point de vue de cette assimilation, devraient obéir les auteurs afin d'obtenir le maximum de « lisibilité ». Ces règles devraient constituer comme un développement des règles de l'ancienne rhétorique ; elles devraient synthétiser, en un seul corps de doctrine, outre ces règles, celles que l'on a commencé à élaborer, les unes empiriquement, les autres scientifiquement, pour capter et retenir l'attention, produire des émotions, détourner des volontés et des résolutions, faire comprendre des notions et celà qu'il s'agisse d'individu, de groupe ou de masse. C'est la pédagogie ou manière de s'adresser à l'enfant ; l'art du propagandiste religieux, politique, du moraliste ou ethicien ; l'art du conférencier, de l'orateur, et de tous ceux qui parlent en public ; l'art du directeur et du conseiller religieux ; l'art qui intervient dans la critique scientifique.

(1) La Sociologie Bibliologique, dont il a été traité sous le N° 153, a pour objet de considérer, dans l'explication sociologique totale les faits se rapportant au facteur «livre» ; et réciproquement de chercher à expliquer les phénomènes du livre par des explications d'ordre sociologique.

(2) Müller-Lyer, History of social development, p. 255.

(1) Les sociologues ont d'abord cherché à la science des sociétés un fondement de l'ordre mécanique. Pour Quetelet (Le système social), le monde social est une sorte de système solaire. Comte emprunte les divisions de la sociologie, à la mécanique (partie statique, partie dynamique) et il parle de physique sociale. Carey imagine une chimie sociale. Spencer fait de la société un organisme et en retrouve chez elle toutes les fonctions. Tarde voit dans la société une fonction psychique.

(2) Ibidem, chapitre II : La valeur et les sciences sociales, p. 63.

c) La Sociologie a mis en lumière le caractère général de la notion de valeur. La valeur embrasse tout ce qui est humain et social. Elle est une qualité que nous attribuons aux choses comme la couleur, mais qui en réalité, n'existe qu'en nous, d'une vie toute objective. La valeur consiste dans l'accord des jugements collectifs que nous portons sur l'attitude des objets à être, plus ou moins, et par un plus ou moins grand nombre de personnes, cru, désiré ou goûté. La valeur se divise en trois grandes catégories qui sont les notions originales et capitales de la vie en commun : la valeur-vérité, la valeur-utilité et la valeur-beauté.

Le livre participe à ces trois ordres de valeurs par le vrai de ce qu'il présente, l'information utile qu'il apporte, l'élément de beauté qu'il matérialise.

512.8 Métaphysique. Métapsychique. Théologie.

a) Le Livre peut aussi être dit un « Théologisme ». Comme enregistrement, il est comparable à la Conscience Universelle que définissent les spiritualistes de l'ancienne et de la nouvelle Ecole ; à la Conscience divine définie par la Théologie ou la Conscience collective définie par la métapsychique (conscience collective, pensée sans temps et sans espace où toute réalité est représentée ; Dr. Osty).

b) Toujours plus d'analyse est la loi de l'esprit. Et par là on a vu la physique globale d'Aristote dissoudre son propre objet en se heurtant à la physique mathématique des modernes. Et par là on voit de nos jours la Sociologie dissoudre l'hypostase transcendant à la foule de ses membres au contact de la science statistique. A peine constituée avec sa conception et son objet propre, le Livre et le Document, la Bibliologie, science de la même lignée que la physique, la psychologie et la sociologie voit cet objet s'atomiser lui même sous l'action de la même analyse.

c) La Bibliologie, selon qu'on la prend, aboutit à un absolu ou s'en détourne. Pour elle également se pose la question de ses rapports avec la métaphysique. Par le biblion, représentation plus ou moins adéquate de la réalité, c'est au delà du langage que se pose le problème du nominalisme et du réalisme. « L'esprit, la science, le verbe, le document qu'il exprime, peuvent-ils saisir d'une étreinte intellectuelle l'absolu », ou bien, « les efforts du savant ne vont-ils qu'à donner de toutes choses, non pas une représentation adéquate, mais seulement une expression de plus en plus une et toujours commuable d'un esprit à un autre, sur laquelle l'accord universel des esprits puisse en fin de compte se réaliser ? » (1) Voir, dans le livre, l'intelligence aux prises avec elle-même, avec ses doubles, apporter bien des clartés aux plus anciens problèmes de la métaphysique.

(1) E. Dupreel. — Traité de Morale. 1932. Voir aussi critique de cet ouvrage par Marcel Decort, Revue catholique des idées et des faits, 4 août 1933.

d) La notion métaphysique et théologique de la béatitude (fin suprême, bien divin) distingue entre la béatitude objective de Dieu et la béatitude subjective ou autre par laquelle l'homme atteint cette fin suprême. La vision faciale, dans l'éternité, est affirmée ne pas devoir abolir les conditions individuelles qui lui sont compatibles. Car alors rien ne serait moins monotone, moins divers que l'amour de Dieu, qui en réalité s'épanche et fait retour à soi à travers les élus. (1) De ce même point de vue ne serait pas vain tout l'effort des littératures, favorisées dès qu'elles deviennent écrites, pour créer les formes, les espèces et les types représentés dans les livres et saisissables par eux. En conséquence, tout ce qui aura été créé d'individuel par le truchement ou Biblion n'aurait pas à disparaître quelque jour, résorbé dans l'infini.

Au contraire, la littérature aurait aidé à façonner la diversité des âmes et à s'opposer à la dénivellation ontologique qui existe entre l'objet supérieur et la possession de cet objet. Ainsi trouverait un fondement l'immortalité rêvée par les poètes pour leurs œuvres.

(1) J. Bellarmin. « Eternelle félicité des saints ». (Le Royaume de Dieu, la Cité de Dieu, la Maison du Seigneur, le Paradis).

513. Les Lois propres aux Livres.

1. *Le Livre, réalité nouvelle.* — Le livre, le document, ont apporté une réalité nouvelle distincte de toutes les autres : la matérialisation de la pensée. Comme la pensée est une image des choses, le livre est venu donner une reproduction, une copie du monde, celui-ci étant tenu comme le modèle. En effet, trois grands résultats ou lois bibliologiques, dominent l'immense accroissement de documents de notre temps : a) Il se constitue par les livres un véritable dédoublement des esprits, le « double de l'humanité ». b) Ce « double documentaire va en s'affranchissant de plus en plus de ses générateurs les écrivains, se détachent d'eux, il agit ensuite sans eux, et produit un effet en largeur par l'accumulation des données écrites et en profondeur par le processus toujours plus développé de l'abstraction et de la généralisation des idées que rend possible le document. c) Partout, la condition humaine, en est toute modifiée.

L'homme primitif n'avait même pas le langage à sa disposition. Plus tard, sachant parler, il vécut néanmoins dans un silence relatif puisqu'il ne pouvait le rompre qu'en présence de ses semblables. Maintenant l'homme vit dans l'ambiance d'une conversation continue ; des voix lui parlent directement, voix des documents, voix de la radio.

2. *Le Livre instrument de l'abstraction.* — Dans ce mécanisme, il est une force intellectuelle condensée qui, à la

manière de la vapeur, l'électricité, la poudre, sous un faible volume matériel, après déflagration et déclanchement, produit dans le cerveau une expansion de force considérable. Le mécanisme du livre réalise le moyen de former les réserves de forces intellectuelles : c'est un accumulateur. Extériorisation du cerveau lui-même, il se développe au détriment du cerveau, comme l'outillage se développe au détriment du corps. Dans son développement l'homme, au lieu d'acquérir de nouveaux sens, de nouveaux organes (par ex. trois yeux, six oreilles, quatre nez), a développé son cerveau par l'abstraction, celle-ci par le signe et le signe par le livre. (1)

L'histoire de l'humanité montre sa marche progressive pour matérialiser et objectiver les idées. Les étapes sont celles-ci : 1. intelligence qui conçoit ; 2. langage ; 3. écriture ; 4. livre ; 5. modèle ; 6. transformation technique par laquelle les choses deviennent ménagées et déterminées selon une fin humaine, elles aussi deviennent des expressions de l'abstrait.

Le livre-signe a ceci de spécifique qu'il est le moyen d'enregistrement intégral de la pensée en vue de sa transmission ; au delà il est une notation ou inscription intégrale de la réalité.

Et comme instrument intellectuel le livre sert non seulement à énoncer des théories, mais à les construire ; non seulement à traduire la pensée, mais à la former. Et il voit s'ouvrir maintenant devant lui toute la brillante destinée de la transcription mécanique.

3. *Le Livre, œuvre intellectuelle.* — Il est trois points de vue différents sous lesquels peut être appréciée l'œuvre intellectuelle. 1° L'artiste peut voir dans le livre la diversité des œuvres, « la source et la fin, pour ainsi dire divine, des choses ; l'alpha et l'omega de l'univers ». 2° Le savant peut être surtout préoccupé de construction intellectuelle cohérente et logique, d'élaboration des principes et des méthodes. 3° Le sociologue peut s'intéresser surtout à la manière dont les œuvres contribuent à constituer l'équilibre mental de la société, à assurer à tous les esprits une même hiérarchie des connaissances, un enchaînement de problèmes systématisés auxquels il aura été répondu par un certain nombre de livres capitaux. Deux fois dans le passé l'humanité a connu semblable

(1) *Signe et figure.* — Le signe (mot abstrait, ou symbole abstrait) a sur la figure (représentation concrète) trois avantages marqués : 1° Le signe est plus compréhensif. Ainsi le mot triangle, (ou son signe quand il existera par convention) représentera toutes les espèces de triangles, tandis que la figure ne peut représenter qu'un triangle d'une espèce déterminée, équilatéral, isocèle ou scalène. 2° Le signe est plus flexible. Ainsi les mots couleur ou grandeur permettent de séparer ces qualités de tous objets. 3° Le signe est plus précis. Ainsi placer trois cent douze figures l'une à côté de l'autre est plus confus que d'écrire leurs chiffres abstraits le nombre 312.

équilibre mental : avec le polythéisme homérique, dans la Grèce antique ; avec le système catholique dans la Chrétienneté du moyen âge. De nos jours la production des livres tend peut-être à reconstituer sous des formes nouvelles le bel équilibre que tant de facteurs étudiés conduisent à qualifier de toujours temporaire. (1)

4 *Le Livre, instrument d'illusion.* — L'homme vit largement d'illusion ; elle joue un trop grand rôle dans les mobiles de ses actions pour qu'il lui soit possible d'exister sans elle. « Une humanité à laquelle on enlèverait toutes ses croyances, dont on briserait tout idéal et qui verrait nettement la réalité des choses serait bientôt condamnée à périr. » (Gustave Lebon.) Le Livre, celui de la littérature, est largement un instrument générateur d'illusions. Le Livre ainsi répond à un besoin profond de l'être humain.

5. *Le Livre, instrument d'unité, de liberté, d'égalité sociales.* — L'homme peut être ramené à trois éléments : pensée, sentiment, action. Ces trois éléments coexistent et fonctionnent simultanément. Par suite, la vie psychique — le moi intérieur ou mental de chaque individu — est essentiellement représentation ou tendance. D'autre part, diverses entités humaines semblables coexistent ; elles ont des rapports entr'elles, soit à l'occasion des choses utiles qui sont en nombre limité, soit à l'occasion des personnes susceptibles également d'utilité, et en nombre réduit. La société est fondée sur le mutualisme ou le parasitisme, mais, dans les deux cas, avec au centre des buts, des organes et des moyens mis à leur disposition. C'est dans ce situs et ce processus que prend place le Livre-Document. C'est essentiellement une machine à produire des paroles et des images, et par conséquent une machine à reproduire la réalité. Son rôle se précise lorsqu'on l'intègre dans le cycle des opérations sociales qui se développe de la manière suivante :

D'abord apparaissent les choses seules (la Réalité). Puis, à leur égard, et pour obtenir ce qu'ils se proposent, les hommes y ajoutent l'extériorisation d'eux-mêmes et de leur intention, d'une part l'indication ou geste et la démonstration par l'exemple, d'autre part les exposés et les injonctions exprimées par la parole. Ensuite intervient le document, écrit et image qui dédouble les choses et dédouble les intentions des hommes à leur égard. Finalement des objets matériels se créent et des institutions sont établies, qui, les unes et les autres vont agir comme de nouvelles causes. Or, voici que notre temps donne au *social* un rang et une place qu'il n'a jamais connu dans les états de civilisation intérieures. Notre temps est celui de la guerre, de la révolution, de la crise, trois grands maux qui atteignent chaque individu et sur lesquels, isolément celui-ci ne peut rien. Et la guerre a réalisé une concentration de forces extraordinaires à base

(1) G. Tarde. — Psychologie économique, p. 95.

de plan unique et d'unité, tandis qu'en ce moment s'affirme une volonté de plan et de subordination de l'individu à la société.

C'est dans semblable milieu que se trouvent placés maintenant le Livre et le Document. De fait, et de par leur seule existence, ils aident ou ils entravent, ne pouvant être choses socialement indifférentes. D'intention et de finalité organisées, ils peuvent être utilisés dans un sens ou dans un autre :

A) Ou bien être les instruments d'un plan obligatoire, avec tout ce que cela implique, soit de création et de diffusion de documents favorables, soit d'élimination de documentation considérée comme contraire au but (jeu des influences, des censures, des destructions).

B) Ou bien être les instruments de la liberté intellectuelle aidant à dégager les individus de toute soumission mentale et de tout type de vie imposé.

Le Livre-Document est donc au cœur même de la bataille sociale ; il est un auxiliaire de première importance pour la gagner ou la perdre, la faire gagner ou la faire perdre.

Mais ne pourrait-il être davantage encore et faire que par lui le problème social lui-même soit posé en d'autres termes, évitant l'antinomie désespérante ou d'un plan producteur d'ordre, de sécurité, de grands avantages matériels, mais sacrifiant la liberté intellectuelle, ou de cette liberté mais en privant les individus de grands résultats à attendre du plan ?

Il est permis de voir la conciliation et la synthèse dans une mise en œuvre plus profonde des caractères propres aux deux éléments qui sont en présence, la Personne humaine et le Livre-Document. En effet : Tandis que les biens matériels sont en nombres limités, les biens intellectuels sont illimités. Or, ces biens, le Livre-Document permettant de leur donner existence corporelle, forme d'accessibilité et multiplication à l'infini. Il aide ainsi à modifier les conditions de l'existence individuelle et celle du lien social entre les individus. Quant à la personne humaine, la nature même de l'esprit, pourvu qu'il ait reçu son plein développement, l'incline vers le Vrai, le Beau et le Bien. Telle inclination est naturelle ; elle s'opère irrésistiblement de par la seule force psychique et intérieure, sans intervention aucune de la force matérielle extérieure. L'unité de plan et de conduite nécessaires aux grandes œuvres communes peut donc être attendue du seul jeu de la Science (le Vrai), de l'Art (le Beau), de la Moralité (le Bien). Et tous trois ont leur puissant auxiliaire dans le Livre.

6. *Le Livre instrument de bonheur.* — Ce point ultime de considérations est particulièrement prenant à une heure de l'Histoire humaine où les maux soufferts, et plus encore l'angoisse des maux possibles, contraignent à une interrogation sur les fondements de la vie, sur ses fins, sur la valeur du processus individuel et social où les hommes sont engagés.

Or, ici se rencontrent sur un même terrain les hautes sciences, les hautes philosophies, les hautes croyances, comme conclusions pratiques au moins, sinon comme méthodes, faits et démonstrations.

En effet, si l'homme est un ange déchu, il doit regagner son état pristine par un effort de perfectionnement et s'appliquer les promesses du salut. Et si l'homme au contraire, est un prolongement de la lignée naturelle des êtres, c'est vers un degré de progrès supérieur qu'il doit tendre en trouvant dans son ascension passée l'assurance de ses possibilités futures. Perfectionnement, dans les deux cas est le catégorique impératif.

Dans le second cas, c'est une évolution en deux temps. D'abord l'Humanité par de longs détours, par des luttes sans fin d'un état où elle n'avait ni la connaissance, ni la volonté, arrive à ses formes d'organisation actuelle.

Au cours des centaines de mille années de cette période, l'espèce humaine sut trouver, pour perdurer, un processus, l'intelligence et la conscience, la technique et la discipline sociale. Mais si par là l'espèce a été sauvée sa vie assurée, ce fut au prix du bonheur de l'individu. Arrive maintenant une ère nouvelle où la culture, si péniblement acquise, va pieusement devoir servir à l'amélioration du bien-être individuel.

Mais dans les deux cas, bonheur éventuel au delà, bonheur éventuel en deçà, de toutes manières il y a, pour y arriver, lutte méthodique et consciente. Dans les deux cas il y a confiance, il y a aussi satisfaction organique et psychique dans le fait de l'effort lui-même en voie de s'accomplir, indépendamment de la valeur du but auquel s'attache l'effort.

Telles étant les données de la destinée humaine, la grandeur du Livre apparaît dans l'une et l'autre des alternatives ; il contribue à résoudre le problème du bonheur pour chacun, soit qu'il apporte plus de moyens pour mener la lutte, — soit qu'il distribue la consolation, — soit qu'il permette à l'homme, quand il a, une fois payé son tribut aux tâches sociales et acquis son droit aux loisirs sans autres compensations, de s'évader de la société, de la planète, de lui même, à travers les chemins innombrables de la Fiction et de la Fantaisie. (1)

---

(1) Le tableau du bonheur a été décrit au cours de l'Humanité : Hésode dans *Les Travaux et les Jours ;* Fiduzi, dans le *Livre des Rois.* Platon parlait du royaume bienheureux de Kronos (*Politique* 169, Les Lois, liv. IV, où il est question de la cité future ; Aristote parlait de la vie parfaite ou de la félicité (eudaimonia) : *(Ethique,* liv. I, ch. IV, *Rhétorique,* liv. I et V). St-Augustin attesta le progrès (*De Civitate Dei* XXII, 24).

52 LES PROBLÈMES DE LA DOCUMENTATION.

1. PROBLEMES PROCHES.

Il y a les problèmes anciens et les problèmes nouveaux. Les problèmes des Bibliothèques et des Collections, celui de la Bibliographie et de la Catalographie, sont théoriquement résolus. Méthodes et organisation ont été arrêtées ; seule l'application est en retard. Les nouveaux problèmes qui retiennent l'attention sont trois : 1° Comment *publier* des livres et documents répondant aux desiderata d'une documentation optimum. 2° Comment, de livres parus, faire la matière de livres plus généraux, traités et encyclopédies en élargissant la conception de ceux-ci jusqu'à concevoir un *livre universel* pour chaque science, encyclopédie à tableaux synthétiques et analytiques permanents, réalisée en dossiers-classeurs, et confié pour chaque branche à un organisme spécial dépendant de son association ou congrès international. 3° Comment organiser la *lecture* ou utilisation systématique et généralisée des livres et documents.

2. PROBLEME ULTIME. SOLUTIONS HYPOTHETIQUES OPTIMA.

Pour mieux apprécier la valeur des solutions proposées, supposons un instant le problème résolu dans les conditions optima. Voici trois hypothèses :

A. Le cas limite serait évidemment celui où il ne serait plus nécessaire d'avoir recours au livre et à la documentation. Ceci adviendrait dans l'hypothèse d'un pur esprit ayant à tout moment la connaissance intuitive et complète de toutes choses, telles qu'elles sont, ont été et seront. C'est l'hypothèse théologique de la Divinité et de tous les esprits qui participent à sa nature omnisciente, omniprésente et éternelle. Pour Dieu, pour les anges et pour les élus, point nécessaire l'écrit et la documentation. (Il est vrai que la Bible, écrite pour les Hommes, révèle qu'il est dans le Ciel un grand livre sur lequel les anges vigilants inscrivent continuellement les mérites et démérites de chacun afin de faciliter l'œuvre du Jugement dernier.) Cette première hypothèse deviendrait peut-être partiellement réalisable par l'Humanité si arrivaient à s'affirmer et à se perfectionner les découvertes de l'ordre dit aujourd'hui « métapsychique ». Un état de clairvoyance et de prémonition généralisé enlèverait toute raison d'être au document.

B. Une hypothèse moins absolue, mais très radicale encore, supposerait que toutes les connaissances, toutes les informations pourraient être rendues assez compactes pour être contenues en un certain nombre d'ouvrages disposés sur la table de Travail même, donc à distance de la main, et indexés de manière à rendre la consultation aisée au maximum. Dans ce cas le Monde décrit dans l'ensemble des Livres serait réellement à portée de chacun. Le Livre Universel formé de tous les Livres, serait devenu très approximativement une annexe du Cerveau, substratum lui-même de la mémoire, mécanisme et instrument extérieur à l'esprit, mais si près de lui et si apte à son usage que ce serait vraiment une sorte d'organe annexe, appendice exodermique. (Ne repoussons pas ici l'image que nous fournit la structure de l'hectoplasme.) Cet organe aurait fonction de rendre notre être « ubique et éternel ».

C. De là une troisième hypothèse, réaliste et concrète celle-là, qui pourrait, avec le temps, devenir fort réalisable. Ici la Table de Travail n'est plus chargée d'aucun livre. A leur place se dresse un écran et à portée un téléphone. Là-bas au loin, dans un édifice immense, sont tous les livres et tous les renseignements, avec tout l'espace que requiert leur enregistrement et leur manutention, avec tout l'appareil de ses catalogues, bibliographies et index, avec toute la redistribution des données sur fiches, feuilles et en dossiers, avec le choix et la combinaison opérés par un personnel permanent bien qualifié. Le lieu d'emmagasinement et de classement devient aussi un lieu de distribution, à distance avec ou sans fil, télévision ou télétaugraphie. De là on fait apparaître sur l'écran la page à lire pour connaître la réponse aux questions posées par téléphone, avec ou sans fil. Un écran serait double, quadruple ou décuple s'il s'agissait de multiplier les textes et les documents à confronter simultanément ; il y aurait un haut parleur si la vue devrait être aidée par une donnée ouïe, si la vision devrait être complétée par une audition. Une telle hypothèse, un Wells certes l'aimerait. Utopie aujourd'hui parce qu'elle n'existe encore nulle part, mais elle pourrait bien devenir la réalité de demain pourvu que se perfectionnent encore nos méthodes et notre instrumentation. Et ce perfectionnement pourrait aller peut-être jusqu'à rendre automatique l'appel des documents sur l'écran (simples numéros de classification, de livres, de pages) ; automatique aussi la projection consécutive, pourvu que toutes les données aient été réduites en leurs éléments analytiques et disposées pour être mises en œuvre par les machines à sélection.

De telles hypothèses, toutes imaginatives qu'elles soient, la Bibliologie — science systématique et raisonnée du livre — doit leur faire une place. Toute science de nos jours n'arrive-t-elle pas à être guidée par quelque hypothèse limite qui apparaît comme une finalité synthétique, protégeant contre la dispersion et l'égarement dans le dédale infini des petits progrès analytiques. Si la chimie est devenue une science formidable, l'hypothèse, gratuite au début, de l'unité de la matière y est bien pour beaucoup de choses. Et les progrès de l'aviation ont été déterminés par l'hypothèse mythologique d'Icare le Volant.

53. AVENIR ET ANTICIPATION DU LIVRE.

1. — *Phases du développement.*

L'évolution de la Documentation se développe en six étapes. Au *premier stade*, l'Homme voit la Réalité de l'Univers par ses propres sens. Connaissance immédiate, intuitive, spontanée et irréfléchie. Au *deuxième stade*, il raisonne la Réalité et cumulant son expérience la généralisant, l'interprétant, il s'en fait une nouvelle représentation. Au *troisième stade*, il introduit le Document qui enregistre ce que ses sens ont perçu et ce qu'a construit sa pensée. Au *quatrième stade*, il crée l'instrument scientifique et la Réalité paraît alors grandie, détaillée, précisée, un autre Univers décèle successivement toutes ses dimensions. Au *cinquième stade*, le Document intervient à nouveau et c'est pour enregistrer directement la perception procurée par les instruments. Documents et instruments sont alors à ce point associés qu'il n'y a plus deux choses distinctes, mais une seule : le Document-Instrument. Au *sixième stade*, un stade de plus et tous les sens ayant donné lieu à un développement propre, une instrumentation enregistreuse ayant été établie pour chacun, de nouveaux sens étant sortis de l'homogénéité primitive et s'étant spécifiés, tandis que l'esprit perfectionne sa conception, s'entrevoit dans ces conditions l'Hyper-Intelligence. « Sens-Perception-Document » sont choses, notions soudées. Les documents visuels et les documents sonores se complètent d'autres documents, les tactiles, les gustatifs, les odorants et d'autres encore. A ce stade aussi l'« insensible», l'imperceptible, deviendront sensible et perceptible par l'intermédiaire concret de l'instrument-document. L'irrationnel à son tour, tout ce qui est intransmissible et fut négligé, et qui à cause de cela se révolte et se soulève comme il advient en ces jours, l'irrationnel trouvera son « expression » par des voies encore insoupçonnées. Et ce sera vraiment alors le stade de l'Hyper-Documentation.

2. — *Le Livre universel.*

a) Le livre futur (livre de demain, livre de l'avenir) est celui que par la pensée nous pouvons envisager comme devant succéder au livre d'aujourd'hui.

Il faut distinguer le livre futur, produit naturel et spontané des forces existantes non contrôlées ni dirigées, et le livre futur, produit rationnel de l'observation, de l'induction, de la déduction, de l'imagination, de la création.

La recherche concernant le livre à naître doit procéder comme celle du livre existant en envisageant successivement chacune des parties matérielles constitutives, chacune des structures, chacune de ses fonctions, chacun de ses aspects.

Les transformations portent sur tous ces éléments à la fois et tous réagissent réciproquement sur tous.

Le document type de l'avenir devra donc comporter en lui toutes les possibilités héritées, jointes à celles qu'il lui sera possible d'acquérir encore ; il sera une synthèse de caractéristiques acquises les plus efficientes, jointes aux finalités qui doivent lui être assignées.

b) La Bibliologie qui déjà considère tous les Livres comme une Livre qui s'accroît sans cesse, se doit de donner à cette expression une réalisation plus complète.

Ce qu'il nous faut c'est la « Somme des Sommes » « Summa Summarum », « le Livre Universel ». Tout le savoir dans ce qu'il a d'essentiel, concentré, exposé une fois, ordonne suivant les possibilités maximum pour la recherche analytique et synthétique, dans ce qu'il y a d'essentiel pour l'utilisation de toute la Documentation qui contient ce savoir dispersé, répété, inordonné.

c) Supposons tous les progrès actuels du livre, ceux proposés et ceux possibles, supposons-les réalisés simultanément, dans les mêmes documents ou ensembles de documents et cela sur une large échelle, nous aurons ainsi à la fois un état d'intégration et un état d'optimum qu'il importe de toutes ses forces d'atteindre. Ce sera, pour lui donner une courte appellation, *le Livre universel* (ou par d'autres qualificatifs le livre idéal, pur, synthétique, intégral, optimum, futur, anticipé). Son élaboration théorique et pratique, constamment développée, revisée, renouvelée, devrait devenir une œuvre commune, centrale, proposée constamment à tous les efforts. Elle implique que, selon la formule hypothèse, l'on puisse dire : « Le livre universel étant actuellement A (énoncé ici de toutes les caractéristiques), lorsque de ce livre seront réalisés aussi les éléments X ou Y, alors l'élément Z que nous proposons ici sera rendu possible. Exemple : « quand on aura le cinéma en couleur, on pourra établir des bandes de papier en couleur et par conséquent des livres cintiques coloriés à bon marché.

d) Le progrès du livre se fait dans quatre directions : 1° les petits progrès inhérents au développement propre de chaque livre ; 2° le progrès résultant de travaux de liaison avec l'ensemble des livres ; 3° le progrès dans les substituts du livre ; 4° le progrès à résulter d'une conscience de tous les autres progrès et du principe selon lequel l'évolution doit se poursuivre.

e) Sous sa forme nouvelle, le livre sera : 1° en croissance continue (fiches, feuilles, dossiers) ; 2° en redistribution des éléments ; 3° en coopération ; 4° en analyse-synthèse (tableaux-schémas) ; 5° en abrégé-développement ; 6° en contrôle autorisé exercé par les grandes associations ; 7° en théorie et en application internationale ; 8° en un Livre-Institut ou Institut-Livre consacré à chaque science et joint à un Institut central.

f) Comment parviendrons-nous à condenser, abréger, simplifier, rendre assimilable la science de notre temps? Elle est devenue si vaste qu'elle menace de dominer le cerveau de l'homme alors que celui-ci devrait dominer la science. Descartes, Leibnitz encore connaissent toute la science. Le plus grand savant de nos jours, Poincaré, connaissait toute la mathématique, la physique et une partie des sciences naturelles Et c'était tout. De grands moyens sont devenus nécessaires et l'on doit noter les suivants : 1° la division plus grande du travail; 2° le travail en coopération; 3° l'établissement de centres d'informations spéciales où l'on aura le droit de s'adresser pour toutes questions spéciales; 4° la systématisation ou synthèse qui remplace les millions de détails par quelques centaines de lois ou propositions générales; 5° la mathématique qui fournit avec ses formules des moyens de condensation puissants; 6° la visualisation par le développement des moyens instructifs de représentation et notamment schématiques; 7° le développement des machines intellectuelles; 8° le livre irradié fait pour la lecture par tous, soit par la lecture individuelle et l'audition d'un livre désiré, soit par la demande radiophonique de renseignements individuels; 9° la télévision: le livre, le document que sur demande on présentera à la lecture sur le téléviseur, soit pour tous, soit pour chacun. On peut imaginer, en attendant la télévision, des livres transcrits sur plaque phonographique à mettre en débit constant: chaque livre aurait sa longueur d'onde et serait rendu audible. (1)

g) Le progrès intellectuel général dépendra aussi des conditions suivantes qui toutes se rattachent à la Documentation :

1° Une langue plus simple, plus puissante, plus générale.

2° Une classification plus logique, plus universelle et d'une notation plus intégrale.

3° Une écriture plus unifiée, plus rapide, plus lisible.

4° Une illustration et une figuration plus générale.

5° Une mécanisation plus complète : pouvoir parler devant un appareil qui produise immédiatement la transcription écrite de la parole; inversement pouvoir présenter un texte écrit à une machine qui le lira à haute et intelligible voix.

6° Un exposé à la fois plus analytique et plus synthétique.

7° Une science plus comparable et mieux structurée.

3. — *La Classification, clé de voûte de la Pensée et du Document.*

a) L'Humanité est à un tournant de son histoire. La masse des données acquises est formidable. Il faut de nouveaux instruments pour les simplifier, les condenser ou jamais l'intelligence ne saura ni surmonter les difficultés qui l'accablent, ni réaliser les progrès qu'elle entrevoit et auxquels elle aspire.

(1) Sur les transformations du livre et son avenir, voir la mémoire Paul Otlet dans le *Festchrift* du Musée Gutenberg, Mayence 1925.

b) La *Connaissance primitive*, l'*Activité primitive*, la *Sensibilité primitive*, étaient fort simples, et elles étaient étroitement liées. La *Langue* créée alors fut un moyen d'exprimer les unes et les autres. Elles ouvrent à l'homme l'horizon nouveau et la possibilité de vaincre les premières difficultés. La langue en effet, lui donna un moyen de perfectionner la *Pensée* intérieure et la mémoire. Elle mit en sa possession un instrument grâce auquel il put déterminer en quelque sorte toutes les choses à sa portée, les évoquer, les analyser, les combiner. L'*Ecriture* fut inventée, autre moyen de s'exprimer, idéographiquement d'abord, alphabétiquemnt ensuite. La *Logique* se constitua parallèlement à la *Grammaire* et à la *Littérature* écrite. Il advint que les mots se formèrent séparément, mais tous s'interfluençant et constituant le système de la langue. Après un long temps, l'examen seul de son langage amena l'homme à constituer sa *Science* et sa *Philosophie*. Un jour vint où la *Méthode* s'affirma et par elle le moyen régulier d'examiner les choses en elles-mêmes, d'en découvrir de nouvelles, de refouler le langage au deuxième plan. La *Systématisation* des connaissances en fut accrue. La *Terminologie scientifique* fit ses premiers progrès et l'écriture alphabétique apparut insuffisante au point de faire place à la *Notation* et à la *Figuration*, au *Systématique*. La *Mesure*, c'est-à-dire la comparaison précise et exprimée en nombre fit son entrée et par elle les sciences se modelèrent peu à peu sur le type des *Mathématiques*, faisant place au calcul et revêtant la forme déductive. Cependant s'affirma la *Technique*, terme qui dans son sens large signifie les applications des sciences aux problèmes de la vie. *L'Activité* pure en fut entièrement transformée. Elle se fit raisonnée, englobant des ensembles de plus en plus larges, Par l'*Organisation*, la *Standardisation* et la production en séries elle accrut son *Efficience*.

c) Telle est à larges traits, l'esquisse de l'évolution accomplie, véritable déterminisme des faits, liés les uns aux autres et s'engendrant les uns les autres.

Le moment actuel est caractérisé par l'existence simultanée de tous les éements successivement acquis. Il est marqué aussi par la nécessité de les faire dominer par quelque idée ou formule d'ordre supérieur. Si cette idée n'intervient, le risque est grand, de voir ces éléments dispersés, opposés, contradictoires, l'impossibilité apparaît aussi si on laisse les choses aller d'elles-mêmes, de pouvoir réaliser les grands progrès entrevus. C'est dire que notre époque veut ardemment la *Synthèse*. Elle est convaincue de l'unité fondamentale des choses et de l'interdépendance de tout ce qui les compose. Elle sait que, quelle que soit la structure et la consistance de la réalité, elle ne peut saisir ni concevoir celle-ci qu'à travers son propre esprit dont la loi suprême est l'unité. A priorité, sa doctrine est donc l'*Universalisme*, c'est-à-dire un système qui embrasserait toute chose. Universalisme pour la

Pensée (synthèse ou Philosophie générale de la science), pour l'*Activité* (économie générale ou organisation), pour l'*Emotion* (coordination de la sensibilité, et union des arts) pour l'*Expression* (système général pour traduire pensée, action et émotion en termes intelligibles; pour en représenter avec un maximum de maniabilité, toutes les parties et leurs ensembles).

d) C'est dans un tel milieu qu'est placée la Classification. On ne saurait plus la concevoir détachée de lui. Une Science bien faite, c'est un Système, et un système c'est la classification. Une Activité ample, normale, régulière c'est de l'ordre qui se réalise et l'ordre c'est la classification. Une sensibilité épanouie c'est une Harmonie d'impressions et de sentments et l'harmonie c'est la classification.

Ainsi dans la classification doivent se retrouver, comme dans l'instrument intellectuel de la synthèse suprême, et les systèmes de la pensée et l'ordre de l'action, et l'harmonie de la sensibilité. Mais pour exister dans le domaine des réalités communicables, la classification doit s'exprimer. Cette expression elle-même ne saurait être que synthétique et par conséquent elle doit réaliser à son tour les progrès ainsi que ne peuvent plus prétendre nos pauvres langues et notre vieille écriture. Elle doit combiner à la fois le meilleur de ce qu'ont apporté la Terminologie scientifique, la Notation, la Figuration schématique, la Mesure et la Standardisation, la Mathématique (algorithme, formule, calcul).

e) La forme du langage exerce une influence prépondérante sur la forme de l'esprit. Le langage dirige inconsciemment notre mentalité, car il est l'élément essentiel de la pensée. Créer une Classification synthétique avec notation concise des idées, c'est doter l'esprit d'une véritable langue écrite universelle capable d'agir puissamment sur la forme elle-même de la Pensée.

f) L'idéal ainsi entrevu est-il possible à atteindre ? C'est déjà s'en rapprocher que de l'avoir clairement défini. Cet idéal permet de préciser les désidérata, condition première.

4. *La structure des connaissances.*

Cependant quand elle sera devenue vraiment active, la Documentation franchira une nouvelle étape; elle envisagera la structure même des divers systèmes de nos connaissances qu'on dénomme les Sciences. Combien peu l'on s'en préoccupe en ce moment, et dans quelle trop large mesure les résultats y sont attendus du hasard, de la simple juxtaposition des données, du groupement des matières d'après l'ordre empirique des programmes d'enseignement, lesquels déterminent à leur tour la publication des cours et fixent le moule traditionnel et classique dans lesquels viendront à être coulées trop empiriquement toutes les données.

Si le dépouillement des publications conduit à imaginer une véritable métallurgie bibliographique, si par elle on tendra à extraire le métal précieux de sa gangue inutilisable, il est un problème parallèle plus important encore: établir au jour le jour le cadre de la synthèse des faits et des idées. Ici, on touche presque aux derniers éléments de la pensée. Car la comparaison se faisant entre toutes les sciences, entre toutes leurs méthodes, tous leurs résultats, ce sont les grandes simplifications qui s'entrevoient, à la manière dont Mach à décrit le processus de la Pensée en quête d'économie, grâce aux lois qu'elle veut de plus en plus compréhensives, aux explications qu'elle échafaude valables de plus en plus de faits. C'est là un travail qu'on pourrait dire de « méta-bibliographie », tant il s'avance vers les régions transcendantes.

5. — *Le Livre, moyen d'universalité, d'ubiquité, d'éternité.*

Ciné, phono, radio, télé: ces instruments tenus pour les substituts du livre sont devenus en fait le livre nouveau, les œuvres au degré le plus puissant pour la diffusion de la pensée humaine.

Par radio, on ne pourra pas seulement entendre partout, mais on pourra parler de partout. Par télévision, on pourra non seulement voir ce qui se passe partout, mais chacun pourra faire voir ce qu'il voudra du point où il est. Ainsi, discours, musique, théâtre, musée, spectacle, manifestation, de son fauteuil chacun les entendra, les verra, y assistera et même pourra applaudir, ovationner, chanter en chœur, clamer ses cris de participation, ensemble, avec tous les autres.

Etre partout, tout voir, tout entendre et tout connaître, mais cela n'est-ce pas la perfection et la plénitude que l'homme, en souverain hommage et souverain bien, attribua à son Dieu lui-même. Par ces instruments d'ubiquité, d'universalité et d'éternité, l'homme se sera donc rapproché de l'état de divinité, de l'état présumé être celui des élus devant Dieu, c'est-à-dire la contemplation radieuse de la Réalité Totale.

Tout cela, rien moins, plus peut-être, se trouve en puissance dans le Livre !

des galeries d'approche vers ces montagnes, dont les flancs recèlent des trésors, en extraire le bon minerai et ensuite séparer le métal pur de sa gangue. L'extraction se fait d'une gangue pour le fer à raison de 40 à 65 %, pour le cuivre à raison de 7 à 8 %. Pour le radium, il faut des tonnes de Hornblende pour en extraire quelques milligrammes!

2. *Quant à l'utilisation du Livre et du Document.*

La connaissance des choses une fois acquise par quelques esprits et incorporée par eux dans les livres et les documents, il y a lieu de rendre possible, avec le minimum de temps et de peine, la même acquisition par tous les esprits qui peuvent en avoir besoin. Il s'agit là d'utilisation et de diffusion.

La documentation s'établit de nos jours sur la base d'une rationalisation et d'une organisation des ensembles des éléments en s'appuyant sur les données les plus avancées de la science et de la technique d'une part, du travail intellectuel et de l'industrialisation d'autre part.

Etablir le contact « entre l'élaboration de la pensée et l'enregistrement des connaissances ».

Le but se précise ainsi :

1° Accroître l'effet du livre et du document en tant que résultat corporel de l'enregistrement du savoir humain (efficace quant à la chose, l'espace et le temps, quant à l'individu et la société).

2° Aider à former de l'ensemble des documents un *Corpus Librorum* qui soit représentatif de la pensée universelle, de la science tenue comme systémation des connaissances.

3° Tenir ainsi le livre comme instrument du travail intellectuel, nécessaire à la fois à la connaissance ou à la transmission du savoir acquis et à l'élaboration des connaissances elles-mêmes.

Desiderata majeurs de la documentation.

a) Quant à la production et à la distribution : réaliser la documentation sous des formes et des modes tels qu'il soit possible d'en constituer des ensembles et de faire ainsi de chacun d'eux la partie s'insérant et s'incorporant aisément dans le tout.

b) Quant à l'utilisation : disposer d'une documentation : a) complète; b) aisément obtenable (1° démarches et formalités simples; 2° rapidité; 3° coût); c) assimiliation ou de lecture facile.

Le Tableau suivant présente les distinctions sur la base desquelles se pose le Problème de la Documentation.

a Institution	b Document	c Etat de la chose	d caractère	e étendue	f degré	g mode de conservation	h Forme
1. Bibliothèque	1. Fiche	1. La chose	1. Analytique	1. Totalité	1. Détaillé	1. Emmagasiné	1. Texte à lire
2. Bibliographie	2. Livre	2. Son résumé	2. Synthétique	2. Partie	2. Abrégé	2. Exposé	2. Image à voir
3. Archive	3. Dossier	3. Son catalogue			3. Choisi		
4. Encyclopédie	4. Tableau	4. Son nom					
5. Musée	5. Objet	5. Sa classification					

411.4 Buts, Plan, Organisation de la Documentation.

Comme toute œuvre de l'homme, le livre et le document sont déterminés par un but. C'est à lui qu'ont auteurs et coopérateurs à subordonner tous leurs travaux.

Le but, le plan général a été exposé au début de ce traité sous le titre *Fundamenta* (0). Il y est dit les tâches communes proposées à l'action de tous. La détermination des méthodes est en fonction notamment de ce but.

Les six buts à poursuivre dans l'organisation peuvent s'exprimer par ces six devises : davantage, du meilleur, plus ordonné, plus facile, plus vite, pour un plus grand nombre.

411.41 But.

Les Buts de la Documentation organisée consistent à pouvoir offrir sur tout ordre de fait et de connaissance des informations documentées : 1° universelles quant à leur objet; 2° sûres et vraies; 3° complètes; 4° rapides; 5° à jour; 6° faciles à obtenir; 7° réunies d'avance et prêtes à être communiquées; 8° mises à la disposition du plus grand nombre.

411.42 Plan.

Il y a lieu de: 1° décomposer; 2° définir; 3° classer et 4° mettre en relation les données relatives au livre-document considéré: a) dans son entité totale; b) dans ses parties ou éléments; c) dans ses opérations ou fonctions; d) dans sa genèse ou son histoire; e) dans sa distribution dans l'espace.

LE PALAIS MONDIAL. — LE MUNDANEUM.

Tableau Récapitulatif I	Par Opérations de la Documentation				
A Opérations	B Document	C Personnes	D Organisme	E Locaux	F Science-Technique Art.
1 Composition	Notes Manuscrit	Auteur Ecrivain Illustrateur	Particulier	Studio	Art. littéraire (grammaire et rhétorique)
2 Reproduction	Copie Exemplaire	Copiste-Dactylographe Imprimeur Photographe	Imprimerie	Bureau Atelier Atelier	Imprimerie Photographie
3 Distribution		Editeur Libraire	Maison d'éditions Librairie	Officine	
4 Catalographie	Notice Catalogue	Catalogueur			
5 Critique	Compte-rendu (critique)	Critique			
6 Collection		Bibliothécaire	Bibliothèque	Bibliothèque	
7 Codification	Code Encyclopédie	Compilateur			

N.B. - Ces deux tableaux montrent la corrélation générale de la Documentation. Ils complètent les tableaux présentés au cours de l'exposé de l'ouvrage. Ils montrent la nécessité d'une terminologie rationelle, complète, univoque, apte aux combinaisons des termes.

Tableau Récapitulatif II	Par échelons de l'Organisation de la Documentation

A. Echelons	B. Eléments ou Organes Unités ou ensembles	C. Développements		
		Ca. (En soi) Intégration des parties	Cb. (En rapport les uns avec les autres) Réseau	Cc. (En centrales mondiales) Institutions
1er Echelon Les livres et les documents.	1. Livres 2. Périodiques 3. Autres documents			Liber Mundialis Periodicum Mundiale
2e Echelon Les ensembles ou collections.	1. Bibliographie	Bibliographie universelle	Réseau des Bibliographies	Bibliographia Mundialis
	2. Bibliothèque	Bibliothèque universelle	Réseau des Bibliothèques	Bibliotheca Mundialis
	3. Encyclopédie 1. Dossiers 2. Atlas. Codification			Encyclopedia Mundialis
	4. Archives			Archivum Mundiale
	5. Doc. administrative 51. Publique 52. Privée			Documentation Administrativa Mundialis
	6. Musée	Musé universel	Réseau de Musées	Museum Mundiale
	7. Ciné-Radio-Phono			Ciné-Radio-Phono Mundialis
3e Echelon Les organismes documentaires.	1. Studios 2. Services de documentation des organismes divers 3. Offices de documentation autonomes 4. Bibliothèques (comme institution complexe)			Documentatio Mundialis
4e Echelon Le Réseau Universel de Documentation.			Réseau	
5e Echelon Les corrélations externes.	1. L'Organisation du Travail intellectuel		Réseau des Mundaneums	Mundaneum Maximum
	2. L'Organisation de la Vie mondiale		Réseau des Cités	Civitas Mundialis

Table sommaire de la Classification Décimale

0 Ouvrages généraux.

01 Bibliographie.
02 Bibliothéconomie.
03 Encyclopédies générales.
04 Essais en Collections générales.
05 Revues et Périodiques généraux.
06 Sociétés, Académies, Collectivités générales.
07 Journaux. Journalisme.
08 Collections. Polygraphie.
09 Manuscrits. Livres précieux.

1 Philosophie.

11 Métaphysique générale. Cosmologie.
12 Métaphysique spéciale.
13 Esprit et Corps.
14 Systèmes Philosophiques.
15 Psychologie.
16 Logique.
17 Morale.

2 Théologie. Religion.

21 Théologie naturelle.
22 Bible. Evangile. Ecriture Sainte.
23 Théologie dogmatique.
24 Pratique religieuse. Dévotion.
25 Œuvres Pastorales.
26 L'Eglise.
27 Histoire de l'Eglise.
28 Eglises et sectes chrétiennes.
29 Religions diverses.

3 Sciences sociales. Droit.

31 Statistique.
32 Politique.
33 Economie politique.
34 Droit.
35 Administration publique.
36 Assistance. Assurance. Association.
37 Enseignement. Education.
38 Commerce. Transport. Communication.
39 Costumes. Folklore.

4 Philologie. Linguistique.

41 Philologie générale.
42 » Anglaise.
43 » Germanique.
44 » Française.
45 » Italienne.
46 » Espagnole. Portugaise.
47 » Latine.
48 » Grecque.
49 » Langues diverses.

5 Sciences pures.

51 Mathématiques.
52 Astronomie. Géodésie. Navigation.
53 Physique. Mécanique rationnelle.
54 Chimie. Cristallographie. Minéralogie.
55 Géologie. Géophysique. Météorologie.
56 Paléontologie.
57 Biologie. Anthropologie.
58 Botanique.
59 Zoologie.

6 Sciences appliquées.

61 Médecine. Physiologie. Pharmacie.
62 Arts de l'ingénieur.
63 Agriculture. Agronomie.
64 Economie domestique.
65 Commerce. Transport. Organisation.
66 Industries chimiques.
67 Technologie mécanique.
68 Professions et métiers.
69 Construction.

7 Beaux-Arts.

71 Urbanisme. Architecture de jardins.
72 Architecture.
73 Sculpture. Numismatique.
74 Dessin. Décoration.
75 Peinture.
76 Gravure.
77 Photographie.
78 Musique.
79 Jeux. Sports. Divertissements.

8 Littérature.

81 En général.
82 Littérature Anglaise.
83 » Germanique.
84 » Française.
85 » Italienne.
86 » Espagnole. Portugaise.
87 » Latine.
88 » Grecque.
89 Littératures diverses.

9 Histoire et Géographie.

9 (3) Histoire ancienne.

Histoire moderne:
9 (4) Europe.
9 (5) Asie.
9 (6) Afrique.
9 (7) Amérique du Nord.
9 (8) Amérique du Sud.
9 (9) Océanie. Régions polaires.
91 Géographie et Voyages.
92 Biographie.

Sources : Bibliographie

1. La Bibliologie en toutes ses parties est riche d'une abondante bibliographie. Des sources ont été signalées au cours de l'ouvrage sous chaque matière.
2. Une Documentation a été largement rassemblée déjà au Palais Mondial (Mundaneum) sous les quatre formes de la Bibliographie, dans le Répertoire Bibliographique Universel; des ouvrages dans la Bibliothèque; des archives et notes manuscrites dans l'Encyclopédie documentaire; des tableaux, modèles, objets, spécimens et éléments de démonstration dans l'Atlas et dans le Musée. La Bibliologie y est classée aux Indices 002, 01, 02, 655.
3. Des Bibliographies imprimées ont fait une large place au sujet, notamment celles de Petzholt, Vallée, Stein, Schneider, Van Hoesen et Walter, et en ont donné des listes étendues et classées dans leur ouvrage: «Bibliography».
4. Les Tables et Index des Périodiques, des Recueils d'Associations, des Actes de Congrès consacrés au Livre, fournissent des dépouillements importants. De certains ensembles, il a été publié des Tables collectives, notamment George Watson Cole « An Index to Bibliographical Papers published by the Bibliographical Society and the Library Association », London, 1877-1932.

La Bibliographie courante est donnée par « Internationales Jahresbericht der Bibliographie » du Dr. Joris Vorstius (1933, 4e année).

POSTFACE

Ce livre, commencé par un clair matin, s'achève précipitamment un soir aux ombres déjà lourdes. Je le dédie à ma femme, compagne, collaboratrice et gardienne des bons et des mauvais jours. Je le souhaite aux mains de mon petit-fils, l'autre génération. Ne pouvant en remettre le sort à mes compatriotes, je le confie à mes amis de toutes les nations : Décimalistes, Documentalistes, Humanistes, Mundanéistes !

On rapporte qu'Héraclite ne parvenant pas à intéresser ses contemporains, jeta son manuscrit derrière l'autel du Temple d'Artémise, dans l'espoir qu'il y serait retrouvé plus tard par des hommes de meilleure compréhension. Ainsi nous en parvinrent des fragments, objet déjà d'une immense littérature. — Il n'y a plus de Temple d'Artémise, mais il y a l'Imprimerie, il y a les Typographes, obscurs et loyaux amis.

Bruxelles, hors le Palais Mondial, août 1934,
où le jour 15e, ici se réunit le Conseil de
l'Institut International de Documentation.

LIBER : LUX, INSTRUMENTUM, CONSOLATIO : FICTIO
MUNDUS : NATURE, HOMO, SOCIETAS, DEUS

NOVAM EVOLVERE HUMANITATEM — MELIOREM EXALTARE CIVILISATIONEM — ALTIORES CUM REBUS JUNGERE IDEAS — OPUS MAXIMUM INSTRUERE MUNDANEUM.

Annexe : DOCUMENTS

De l'Affaire du PALAIS MONDIAL

DOCUMENT I.

Bruxelles, le 3 mars 1934.

Au Comte de Broqueville,
Premier Ministre, Bruxelles.

Monsieur le Premier Ministre,

Nous venons de recevoir de Monsieur le Ministre des Travaux Publics une lettre datée du 28 février ainsi conçue :

« Monsieur le Secrétaire Général,

» J'ai l'honneur de vous faire savoir qu'en vue de donner aux Musées Royaux » l'extension qui leur est nécessaire, le Conseil des Ministres a décidé, en sa séance » du 10 de ce mois, qu'il y a lieu de remettre à la disposition de ses Musées les locaux » du Cinquantenaire occupés à titre précaire, par l'Union des Associations Interna- » tionales.

» Je vous prie, en conséquence, de bien vouloir prendre les mesures voulues » pour que ces locaux soient évacués pour le 31 mai prochain, au plus tard.

» Veuillez agréer, Monsieur le Secrétaire Général, l'assurance de ma consi- » dération distinguée.

» Le Ministre, SAP. »

Il doit y avoir certainement erreur causée par une information insuffisante. En effet, M. le Ministre des Sciences et des Arts, sous la date du 26 mai 1926, nous a écrit :

« J'ai examiné avec la plus grande attention le dossier du Palais Mondial et » je reconnais volontiers que des erreurs ont été commises. Les Gouvernements » antérieurs ont reconnu votre institution et ils ont pris l'engagement de vous » soutenir financièrement, en outre ils ont pris l'engagement de mettre des locaux » à votre disposition. En attendant que des locaux convenables puissent être édifiés, » vos collections ne seront plus délogées. »

Sur la foi de cette lettre, notre Union a entrepris un travail considérable et exposé de grands frais. Elle a fait partager les avantages de ces assurances à un grand nombre de groupes et d'associations belges et internationaux, ainsi qu'à divers pays représentés par leurs légations et consulats.

Nous avons donc l'honneur d'en appeler au Conseil des Ministres lui-même après qu'une enquête lui aura permis de reconnaître exactement le statut de notre Union et de ses Instituts du Palais Mondial, ainsi que des accords formels intervenus en leur temps avec l'Etat belge, accords à placer dans le cadre des votes initiaux du Parlement, des arrêtés royaux et des décisions de la Société des Nations.

Veuillez agréer, Monsieur le Premier Ministre, l'assurance de notre haute considération.

L'Union des Associations Internationales,
Le Secrétaire Général, Paul OTLET.

DOCUMENT II.

Après la fermeture du PALAIS MONDIAL

Le 1er juin à 6 heures du matin, par un acte d'arbitraire et de force, le Gouvernement belge a fait fermer le Palais Mondial.

Après un mois, le Palais Mondial n'a pas encore été réouvert. Toutes les tentatives amiables avant la fermeture avaient été vaines. Devant le traitement infligé, pour la sauvegarde de sa dignité d'abord, de son trésor d'œuvres intellectuelles ensuite, l'Union des Associations Internationales a estimé qu'il ne lui restait que les voies judiciaires. Les « Amis du Palais Mondial en Belgique » ont vivement conseillé cette manière d'agir et cela pour l'honneur des Belges, ont-ils dit, attendu que la Justice est aussi un des pouvoirs qui exprime officiellement l'opinion publique du pays.

Mais où va conduire le développement de l'affaire ? Les procédures sont lentes et, même gagné, un procès laissera derrière lui des animosités rendant l'atmosphère peu favorable.

Il est rappelé que le Palais Mondial a été organisé après la guerre par l'Union des Associations Internationales. Celle-ci fondée dès 1910 et groupant autour d'elle divers Instituts, Associations et Organismes internationaux, avait proposé en 1919 au Gouvernement belge un plan complet en vue de créer à Bruxelles, milieu déjà ancien de vie internationale, une institution ayant pour objet la libre coopération dans le domaine intellectuel. Le Gouvernement d'abord, et ensuite le Parlement, le Roi et l'opinion avaient accepté le plan. Il répondait à l'esprit de la Société des Nations et donnait à la Belgique une certaine compensation de n'avoir chez elle le siège de la Société. Ainsi en témoignent les actes, la correspondance, les débats parlementaires, la presse au moment de la création.

L'œuvre réalisée a reçu des développements matériels mesurés par le chiffre de 17 millions de pièces; elle est, dans le chef de ses fondateurs, administrateurs et amis, complètement désintéressée; elle est dans son total l'œuvre d'une offrande universelle; des milliers de coopérateurs lui ont apporté idées, travail, objet, argent et sentiments de sympathie. Tous les services ont été constamment publics et gratuits et sans qu'aucun droit d'entrée, de location, de visite ou de consultation ait été perçu. D'autre part aucune allocation secrète n'est venue altérer le caractère objectif et impartial de l'institution.

Le Palais Mondial, le Mundaneum — Palais des Nations, de la Civilisation et de la Paix — se dresse au cœur de la capitale de la Belgique comme un grand et volontlaire symbole de l'Humanité après la guerre.

Avec la Société des Nations à Genève, la Cour Internationale de Justice à La Haye, le Palais Mondial à Bruxelles est l'affirmation visible et permanente d'une volonté de répondre à l'appel impératif de l'Intelligence, de la Concorde, de la Collaboration.

Il est advenu que pour l'aider à surmonter des difficultés, paraissant toutes temporaires et nées d'un changement subit dans la politique internationale du Gouvernement, siège de son établissement, le Palais Mondial, à peu d'exceptions près, n'a pas trouvé les appuis officiels extérieurs sur lesquels il espérait pouvoir compter. Une action du dehors pour le protéger ne s'est produite ni efficacement, ni en temps utile. La protection demandée à la Société des Nations n'a pu être donnée. Le recours à la Cour Internationale de Justice a été reconnu impossible.

Si dans de telles conditions le Palais Mondial devait définitivement rester fermé, il semble bien qu'il ny' aurait plus place dans notre Civilisation pour une institution d'un caractère universel, inspirée de l'idéal indiqué en ces mots à son entrée : *Par la Liberté, l'Egalité et la Fraternité mondiales — dans la Foi, l'Espérance et la Charité humaines — vers le Travail, le Progrès et la Paix de tous !*

Mais rejetons les appréhensions pessimistes et continuons à avoir confiance en de puissantes interventions. Des interventions soit pour agir en médiateurs entre l'institution et le Gouvernement belge (modifié récemment dans sa composition), soit pour offrir, en Belgique même, un autre asile, soit pour aider au transfert en quelque lieu qui serait devenu plus sûr et plus accueillant.

1934. 07. 03. Paul OTLET.

Table des illustrations, tableaux et modèles

INDEX ALPHABÉTIQUE

TABLE SYSTÉMATIQUE DES MATIÈRES

SOMMAIRE

PAUL OTLET ET LE MUNDANEUM
AUX IMPRESSIONS NOUVELLES

Paul Otlet, fondateur du Mundaneum (1868-1944)
Architecte du savoir, Artisan de paix
Essai, ouvrage collectif, 2010

Le Mundaneum
Les archives de la connaissance
Essai, ouvrage collectif, 2008

L'Homme qui voulait classer le monde
Paul Otlet et le Mundaneum
Biographie, Françoise Levie, 2006

LES IMPRESSIONS NOUVELLES
EXTRAIT DU CATALOGUE

« RÉFLEXIONS FAITES »

Algoud, Apostolidès, Cerbelaud, Peeters, Sterckx
L'Archipel Tintin, essais

Jean-Marie Apostolidès
Cyrano, qui fut tout et qui ne fut rien, essai
Dans la peau de Tintin, essai
Lettre à Hergé, essai

Jan Baetens
La Novellisation, du film au roman, essai
Pour le roman-photo, essai
Pour en finir avec la poésie dite minimaliste, essai

Auguste Blanqui,
L'éternité par les astres, essai, préface de Jacques Rancière

Christian Chelebourg
Les Ecofictions, Mythologies de la fin du monde, essai

Luc Dellisse
L'invention du scénario, essai
L'Atelier du scénariste, 20 secrets de fabrication, essai
Le Tombeau d'une amitié, essai

François-Ronan Dubois
Introduction aux porn studies, essai

Jacques Dubois
Figures du désir, essai

Pascal Durand et Jean-Pierre Bertrand
La Modernité romantique, de Lamartine à Nerval, essai

Pascal Durand et Anthony Glinoer
Naissance de l'Éditeur. L'Édition à l'âge romantique, essai

Pierre Fresnault-Deruelle
Images à mi-mots. Bandes dessinées, dessins d'humour, essai

Christian Gatard
Bureau d'études, récit de société

Alexandre Gefen
Inventer une vie, essai

Christophe Genin
Miss.Tic, femme de l'être, essai
Le Street art au tournant, essai

Thierry Groensteen
La bande dessinée, mode d'emploi, essai
Entretiens avec Joann Sfar, entretiens
M. Töpffer invente la bande dessinée, essai

Patrice Hamel
Mozart dirige le commandeur, mise en scène

Nathalie Heinich
Comptes rendus à Benjamin, Bourdieu, Elias, Goffman, Héritier, Latour, Panofsky, Pollak, essai
Faire voir. L'art à l'épreuve de ses médiations, essai
Sortir des camps, sortir du silence. De l'indicible à l'imprescriptible, essai

Toyô Itô
L'Architecture du jour d'après, essai

Jean-Paul Jouary
Ferran Adrià, un philosophe à elBulli
Préhistoire de la beauté. Et l'art créa l'homme, essai

Jean-Marie Klinkenberg
Petites mythologies belges, essai
La langue dans la cité, essai

Vincent Laisney
Sept génies, essai illustré

Françoise Levie
L'Homme qui voulait classer le monde,
Paul Otlet et le Mundaneum, biographie

Nicolas Livecchi
L'enfant acteur. De François Truffaut à Steven Spielberg et Jacques Doillon, essai

Fanny Lorent
Barthes et Robbe-Grillet, essai

David Martens et Christophe Meurée
Secrets d'écrivains, essai

Jean-Paul Morel
Camille Claudel, une mise au tombeau, essai

Benoît Mouchart
À l'ombre de la ligne claire, biographie

Xavier Noël
Paschal Grousset.
De la Commune de Paris à la Chambre des députés, de Jules Verne à l'olympisme, biographie

Benoît Peeters
Hitchcock, le travail du film, essai
Lire Tintin. Les Bijoux ravis, essai
Écrire l'image, un itinéraire, essai

Benoît Peeters et Jacques Samson
Chris Ware, la bande dessinée réinventée, essai

François Provenzano
Vies et mort de la francophonie. Une politique française de la langue et de la littérature, essai

Jean Ricardou
Une maladie chronique, théorie

Olivier Roche et Dominique Cerbelaud
Tintin. Bibliographie d'un mythe, essai illustré

Pierre Sterckx
Tintin Schizo, essai

Henri Van Lier
Philosophie de la photographie, essai
Histoire photographique de la photographie, essai
Anthropogénie, essai

Daniel Vander Gucht
L'expérience politique de l'art, essai

Collectif
L'État de la bande dessinée. Vive la crise ?, essai

Collectif
Valéry pour quoi ?
précédé de “Lettres et notes sur Nietzsche” par Paul Valéry

Collectif
Lire Claude Simon,
Actes du colloque de Cerisy sous la direction de Jean Ricardou

Collectif
L'œuvre en morceaux
sous la direction de Livio Belloï et Michel Delville

Collectif
Jean Prévost aux avant-postes
sous la direction de Jean-Pierre Longre et William Marx

Collectif
L'État de la bande dessinée. Vive la crise ?

Collectif
Le Tournant des années 1970, Liège en effervescence
Sous la direction de Nancy Delhalle, Jacques Dubois, Jean-Marie Klinkenberg

Collectif,
Les Styles de Deleuze, essais
sous la direction de Adnen Jdey

Collectif
L'Association, une utopie éditoriale et esthétique, essai

« TRAVERSES »

Pierre Ahnne
J'ai des blancs, roman

Paul Andreu
Les Eaux dormantes, roman

Jean-Marie Apostolidès – Luc Giard
Konoshiko, roman graphique

Jan Baetens
Made in the USA, poésie
Cent fois sur le métier, poésie
Vivre sa vie, une novellisation en vers du film de Jean-Luc Godard
Slam, poèmes sur le basket-ball
Cent ans et plus de bande dessinée (en vers et en poèmes)
Pour une poésie du dimanche
Autres nuages, poèmes illustrés par Olivier Deprez
Le Problème du Sud, poésie
Ce Monde, poésie

Jimmy Beaulieu
À la faveur de la nuit, bande dessinée
Le temps des siestes, roman graphique

Matthieu Berthod – Charles-Ferdinand Ramuz
L'homme perdu dans le brouillard, bande dessinée
Cette beauté qui s'en va, bande dessinée

Frédéric Boilet
L'Apprenti Japonais, textes, dessins et photographies
Le Rayon vert, bande dessinée

Frédéric Boilet et Laia Canada
286 jours, roman photographique

Jean-Christophe Cambier
Temps mort, récit
Appels d'air, récit

Felipe Hernandez Cava et Pablo Auladell
Je suis mon rêve, bande dessinée

Luc Dellisse
Le Jugement dernier, roman
Le Testament belge, roman
Le Professeur de scénario, roman

Les Atlantides, roman

2013, année terminus, roman

Franck du Boucher et Hervé Gauville
Ci-gisent, récits

Raymond Federman
La voix dans le débarras, édition bilingue, préface de Marc Avelot

Bruno Fern, Typhaine Garnier, Christian Prigent
Pages rosses, recueil

Philippe Fumery
Les voies navigables, roman

Hélène Gaudy
Vues sur la mer, roman

Cyril Gely et Eric Rouquette
Signé Dumas, récit

Thomas Gunzig
Kiss & Cry, récit illustré

Simon Grennan
Courir deux lièvres, bande dessinée

Felipe Hernández Cava et Pablo Auladell
Je suis mon rêve, bande dessinée

Corinne Hoex
Ma robe n'est pas froissée, roman

Décidément je t'assassine, roman

Le grand menu, roman

Alain Jugnon (coordonné par)
Redrum, essai

Caroline Lamarche
Mira, récit

Caroline Lamarche – Charlotte Mollet
La Barbière, récit illustré

Emmanuelle Lambert
Mon grand écrivain, récit

Un peu de vie dans la mienne, roman

La Tête haute, roman

Stéphane Lambert
Mark Rothko, rêver de ne pas être

Jeanne Loyseau
Les mésaventures de Jeanne, scènes

Chantal Montellier
TGV, conversations ferroviaires, récits illustrés

Jean-Pierre Mourey et Léo Perutz
Le Cavalier suédois, bande dessinée

Benoît Peeters
Omnibus, une biographie imaginaire de Claude Simon, roman
Villes enfuies, récits et fragments

Marie-Françoise Plissart, Benoît Peeters, Jacques Derrida
Droit de regards, roman-photo

Rossano Rosi,
De gré de force, roman
Le jeune Soir, roman
Pocket Plan, recueil de poèmes
Stabat pater, roman

Raoul Ruiz et Benoît Peeters,
Le Transpatagonien, roman

Eric Sadin
Sept au carré, performance poétique

Aude Samama et Jorge Zentner
Lisbonne, dernier tour, bande dessinée

André Sarcq
Aux hommes tués deux fois, poésie

Magne Skåden
Un jour la montagne s'est déplacée, récit

Olivier Smolders
La part de l'ombre, textes et photographies
Voyage autour de ma chambre, textes et photographies

Nils Trede
Le Nœud coulant, roman

Martin Vaughn-James
La Cage, roman graphique
suivi de « La Construction de *La Cage* » par Thierry Groensteen, essai
L'enquêteur, roman graphique
Chambres noires, roman graphique

Alexandre Wajnberg
8 minutes 19 secondes, poème scientifique

Louis Wiart
Le Sommeil n'est pas un lieu sûr, roman

Sandrine Willems
Les petits dieux, récits :
Chardin et le Lièvre
La Dame et la Licorne
Tchang et le Yéti
L'Homme et les Loups
Carmen et le Taureau

Artémis et le Cerf
Borgès et la Lézarde
Jérôme et le Lion
Nietzsche et les Oiseaux
Abraham et l'Agneau
Franju et le Porc

Le roman dans les ronces ou
La légende de Charles VI, roi fou, et de sa servante, roman

Le sourire de Bérénice, roman

À l'Espère, roman

Éros en son absence, roman

L'Extrême, roman

Sandrine Willems - Marie-Françoise Plissart
Élégie à Michel-Ange, récit illustré

« FOR INTERIEUR »

Mireille Abramovici
À l'encre rouge, récit

Anonyme
Moi Vincent B. Une expérience de la vie sans drogue

Jean-Marie Apostolidès
L'Audience, roman

Aurélia Aurita
Fraise et Chocolat, bande dessinée

Fraise et Chocolat 2, bande dessinée

Fraise et Chocolat, l'intégrale !, bande dessinée

Je ne verrai pas Okinawa, bande dessinée

Buzz-moi, bande dessinée

LAP !, bande dessinée

Jimmy Beaulieu
Les aventures, bande dessinée

Mireille Calle-Gruber et François Buffet
Claude Simon. La mémoire du roman, essai illustré

Antoine Bouvier
Les Enfants sans tête, bande dessinée

Christian Bussy
Les surréalistes au quotidien, petits faits vrais

Jean-Christophe Cambier
Hors sujet. Journal d'une auto-analyse

Alain Doucet
Chauffeur-livreur ! récit

Axel Hardivilliers,
Journal d'une graphomanie
Chronique d'un journal fleuve 1995-2010

Stéphane Lambert
Mon corps mis à nu, récit

Jeanne Moulin
Être un caillou, récit

Joseph Ndwaniye
La Promesse faite à ma sœur, roman

Jean-Benoît Puech
Par quatre chemins, entretiens

Christian Rullier
Dernières Outrances, confessions

André Sarcq
Carnet d'exténuation, poésie

Gilles Sebhan
London WC2, roman
Mandelbaum ou le rêve d'Auschwitz, récit

Frédéric Sojcher
Le fantôme de Truffaut, récit

Paul Tabet,
L'ami Santelli, récit

Sandrine Willems
Carnets de l'autre amour, essai

« JEUNESSE »

Aurélia Aurita – Frédéric Boilet
Vivi des Vosges, bande dessinée

Thierry Groensteen
Parole de Singe, roman

Daniel Kammer
Ma guerre de Troie, roman

David Louyot
Toi aussi, mon fils !, roman

Achevé d'imprimer en mai 2015
par Pulsio.net, France
ISBN 978-2-87449-299-0 - EAN 9782874492990
Dépôt légal : août 2015